编委会

编委会主任：陈　炜

副　主　任：熊建中

编辑部主任：车茂娟

副　主　任：赵　丽　周作昂

成　　　员：廖　彬　周　怡　丁　娟　兰　想　贺　嘉
　　　　　　朱　莉　王亚敏　伏　雪　唐　静

新常态下
四川经济发展新动力研究文集

产业篇

四川省统计局　编

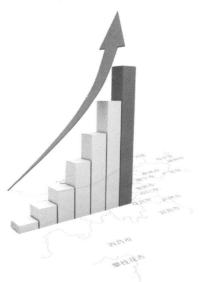

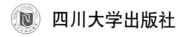

XINCHANGTAI XIA
SICHUAN JINGJIFAZHAN XINDONGLI YANJIUWENJI
CHANYEPIAN

四川大学出版社

责任编辑:李勇军
责任校对:孙滨蓉
封面设计:墨创文化
责任印制:王 炜

图书在版编目(CIP)数据

新常态下四川经济发展新动力研究文集. 产业篇、区域篇、综合编 / 四川省统计局编著. —成都：四川大学出版社，2016.9
ISBN 978−7−5614−9894−1

Ⅰ.①新… Ⅱ.①四… Ⅲ.①区域经济发展−四川−文集 Ⅳ.①F127.71-53

中国版本图书馆 CIP 数据核字（2016）第 219755 号

书 名	**新常态下四川经济发展新动力研究文集（产业篇、区域篇、综合编）**
编 著	四川省统计局
出 版	四川大学出版社
地 址	成都市一环路南一段24号 (610065)
发 行	四川大学出版社
书 号	ISBN 978−7−5614−9894−1
印 刷	成都金龙印务有限责任公司
成品尺寸	185 mm×260 mm
插 页	6
印 张	47.25
字 数	1157 千字
版 次	2018 年 4 月第 1 版
印 次	2018 年 4 月第 1 次印刷
定 价	198.00 元

◆读者邮购本书,请与本社发行科联系。
电话:(028)85408408/(028)85401670/
(028)85408023 邮政编码:610065
◆本社图书如有印装质量问题,请
寄回出版社调换。
◆网址:http://www.scupress.net

版权所有◆侵权必究

前　言

中国经济在经历 30 多年的快速增长之后，经济发展的基本模式、产业业态以及增长动力都已经今非昔比，用过去的眼光看待中国经济、用过去的思维思考中国经济已经既不准确，也不现实了。2014 年 5 月习近平总书记在考察河南的行程中第一次提及"新常态"："中国发展仍处于重要战略机遇期，我们要增强信心，从当前中国经济发展的阶段性特征出发，适应新常态，保持战略上的平常心态。"

四川作为中国西部重要省份，在新常态宏观发展环境下，2013 年经济社会进入中高速发展通道。面对"中高速、优结构、新动力、多挑战"的新常态特征，四川积极认识新常态、适应新常态、引领新常态，先后出台多项相关鼓励扶持政策，引领经济平稳发展。

为更好地服务新常态下四川经济社会发展，翔实地记录四川当前发展历程，深入地分析四川经济社会发展方方面面的有关情况，为各级部门推进新常态下四川经济社会发展提供决策参考和数据支撑，四川省统计局联合省内高校和科研机构，围绕全省、重点区域、21 个市州以及重点行业发展新动力，开展新常态下四川经济发展新动力近 50 个系列课题研究，由此汇编成书。

2016 年，是"十三五"开局之年，是实现全面小康的攻坚之年，是全面深化改革的重要一年。四川省统计局要继续发扬实事求是、勇于创新的精神，不断吸取各方经验，弥补不足，努力提高《新常态下四川经济发展新动力研究文集》的编写水平，为新常态下四川经济社会发展，作出统计人应作的贡献！

四川省统计局

目　　录

依托内需市场的四川产业发展研究

一、国内消费需求与经济发展的新动力

（一）国内消费需求是经济发展的新动力

改革开放 30 多年来，我国经济高速增长的动力主要源于经济改革、资本投入、劳动力红利和出口贸易。目前，我国经济进入新常态，发展速度正从高速增长转向中速增长，发展方式正从规模速度型粗放增长转向质量效率型集约增长，经济结构正从增量扩能为主转向调整存量、做优增量并存的深度调整，发展动力正从传统增长点转向新的增长点。新常态不仅是一个经济周期，更是一个新时代，必然要求经济发展速度变化、结构优化和动力切换。在此背景下，寻找经济发展的新动力是我国经济向新常态过渡的关键，如何找到、找准新动力则是寻找新动力的关键，亟须通过发现新的增长点形成经济发展的新动力，以适应整体经济形势的演变。

目前，从国内消费需求变化来发现新的增长点，把扩大消费、升级消费，以此推动产业升级作为未来经济增长的拉动力已逐渐成为一种共识。消费升级也称为消费结构的升级，是指在消费水平和消费质量提高的基础上不断合理优化消费结构，不断由低层次向高层次发展变化的过程。从国内消费需求来发现新的增长点主要有以下几点原因。

1. 外向型经济发展遭遇困境

改革开放以来，外向型经济有力地推动了我国经济的高速增长，外贸依存度由 1978 年的 7.9% 跃升到 2006 年 65.2% 的历史最高点。沿海的广东省外贸依存度长期持续超过 100%，2007 年更高达 160.4%。

全球金融危机爆发以来，世界经济进入深度调整期，欧美国家掀起再工业化热潮，国际市场需求萎缩。随着外需的急剧减少，我国沿海省区外需主导型和外向型发展模式遭受重创，产业开工不足。我国外贸依存度已由 2006 年的 65.2% 下降到 2014 年的 41.5%，外需对我国经济的拉动作用明显减弱。在当前的世界经济格局下，我国的外向型经济，特别是东部沿海地区的外向型经济仍具有一定的发展空间。然而就内陆地区而言，依靠比较优势承接沿海地区产业转移，发展外向型经济，扩大外需市场面临更加严峻的挑战。

2. 新常态下国内居民消费结构提升与转型

新常态的一个重要的趋势性变化与消费有关。从国内消费需求看，过去消费十分匮

乏,收入水平低,消费呈现模仿式、平均化、排浪式的特征。而现今,由于收入水平提高、收入差距拉大,虽然不排除个别的消费会形成排浪式的特征,但多样化、个性化的消费已渐成主流。消费为生产创造动力,从而促进经济增长,消费趋势的变化将会引发经济增长速度和结构的调整,逐级提高的消费力带来逐级提高的消费需求,而逐级提高的消费需求则产生逐级提高的生产需求,从而形成新的消费热点和经济增长点,创造出逐级提高的经济增长动力,实现消费需求与经济增长之间的良性循环。

3. 消费需求是市场和经济活跃的根本力量

消费需求是最终需求,是市场和经济活跃的根本力量,其在三大需求中对经济增长的拉动作用最为平稳、持久,是国民经济保持持续稳定较快增长的内在因素,更是经济增长的内生动力。中国的内需对经济的贡献不足 40%,而全球发达国家普遍达到了 70% 以上。早在 20 世纪 90 年代,我国便提出了扩大内需的方针,力图更多地依靠国内市场需求来支撑我国经济发展。但多年来,我国一直重视外需市场的开拓,而忽视了国内需求市场的培育与利用,发展模式上出现了失衡和偏差。只有从区域的视角来审视扩大内需的途径,当国内大多数区域形成了内需为主的发展模式时,中国经济才能从整体上实现内需拉动。

(二)促进国内消费需求的途径

任何需求都是指有支付能力的需求,消费需求一方面取决于支付能力,另一方面则取决于需求的量,即市场需求规模。近年来,我国居民消费结构发生了巨大的变化,正面临一种“收入需求断层”,对于低收入人群来说有消费需求欲望无支付能力,对于中等收入人群来说有消费需求欲望、有一定支付能力但不敢消费,而对高收入人群来说有支付能力无消费欲望。因而促进和激发国内消费需求的途径也主要从这三方面着手。

1. 有消费需求欲望无支付能力的人群

对于有消费需求欲望无支付能力的群体就是要不断提高国民收入水平,创造条件让更多群众拥有更多财产性收入,尤其是要提高低收入群体收入水平。与中高收入群体相比,低收入群体消费需求大、消费意愿强,消费空间和潜力大,具有较大的消费潜力。因此,要不断调整收入分配制度,综合运用税收和转移支付等各种调节手段,不断增加中低收入者的收入,努力缩小城镇居民的收入差距,大力提高中低收入群体的消费水平。

2. 有消费需求欲望有一定支付能力但不敢消费的人群

对于有消费需求欲望有一定支付能力,但不敢消费的人群主要是不断提高社会保障水平,消除消费的后顾之忧。消费是由持久收入决定的,未来收入和支出的不确定性,降低了居民消费倾向。20 世纪 90 年代中期以后,随着各项体制改革的不断深化,各项配套改革明显滞后,致使居民的未来收入和支出的不确定性明显增强,直接引起消费者预期的变化。在收入预期不稳定导致消费意愿下降的同时,由于支出的不确定性增加进一步导致了消费意愿下降、储蓄意愿增强。从收入看,由于社会各阶层收入结构发生重大变化,工资性收入比重降低,奖金、津贴、补贴等其他收入比重增加,这些变化使得居民难以形成稳定可靠的收入预期；从支出看，福利性消费体制逐渐被市场性消费体制所替代，养老、医疗、就业、住房、教育等社会福利制度不断改革，原来由国家承担的大部分费用转变为由居民承担，居民的负担因此加重，由此制约了居民提高当前消费的积极性，从而从整体上制约了消费水平的提高。今后，应不断提高我国社会保障范围与社会保障项目，提高社会保障水平，逐渐减少并消除居民的后顾之忧，使其对未来充满信心从而增加即期消费。

3. 有支付能力无消费欲望的人群

对于有支付能力无消费欲望的人群：一是寻求新的消费热点，推动消费升级；二是激发和满足多样化、个性化的消费。随着居民收入水平的提高以及收入差距的拉大，多样化、个性化的消费已渐成主流，收入较高具有支付能力的居民对现有模仿式排浪式的消费品缺乏需求意愿，其消费热点已转向档次更高且更具个性化的消费品，而市场上却缺乏供其消费的产品。因此，应充分发掘其消费潜力，培育新的消费热点，改善消费环境。为培育新的消费热点，应加快发展信息消费和养老、健康等服务消费，支持绿色节能环保产品消费、文化创意产品等个性化消费。

以上是从一般意义去认识和促进国内消费需求。然而，以国内消费需求推动产业升级作为未来经济增长的拉动力还需要考虑两个问题：一是需求的量，即市场需求规模大小。中国是一个人口大国，自身就是一个巨大的消费市场，国内消费需求有着巨大的增长潜力。二是市场需求的区域分布。我国是一个国土辽阔的国家，不同的区域市场与物流成本有关，特别是对那些技术独占性不强的生活消费品而言，物流成本高低对区域市场的占有起着相当的影响。同时，区域消费市场还有地域消费特性。所以，对一个具有较大市场需求规模的区域而言，应建立与消费市场结构相适应的生产结构，尽最大可能去占领本地消费市场，使之成为推动本区域经济发展的重要动力。

二、区位与人口条件对四川经济发展的影响

四川是我国最为典型的内陆省区，运输物流成本偏高。同时四川又是人口大省。这一区位特征在很大程度上对四川产业有着极大的影响。

（一）四川内陆区位与内陆型经济特征

1. 四川的内陆区位

我国国土辽阔，单面靠海，东西相距 5200 公里，大陆 30 个省区中有 19 个内陆省区，内陆区域广阔。按照与沿海距离的远近，一般可以划分为近内陆（距海岸线 500 公里以内）、中内陆（距海岸线 500－1000 公里以内）、中深远内陆（距海岸线 1000－2000 公里以内）和深远内陆（距海岸线 2000 公里以上）四类区域。四川地处我国西部地区，深入大陆内部纵深超过 1000 公里，属我国中深远内陆省区，既不靠海也不沿边，四周为高山围阻，与周边区域难以形成较广接触面的联系，只能通过数量有限的交通通道与沿海地区、其他省区以及世界各国相联系，其内陆型区域特征非常明显。

表1　中国19个内陆省区分类

省级行政区	近内陆	中内陆	中深远内陆	深远内陆	沿边
吉林	✓				✓
黑龙江	✓				✓
江西	✓				
北京	✓				
安徽	✓				
湖北		✓			
山西		✓			
湖南		✓			
河南		✓			
宁夏		✓			
内蒙古			✓		✓
云南			✓		✓
甘肃			✓		✓
陕西			✓		
四川			✓		
贵州			✓		
重庆			✓		
青海				✓	
西藏				✓	✓
新疆				✓	✓

2. 四川内陆型经济特征

(1) 远离海洋，运输及物流成本高

由于地处中深远内陆，四川距我国沿海主要港口城市的陆上交通距离都在2000公里以上（见表2、表3）。同时我省地处四川盆地，四周为高山围阻，交通基础设施建设成本高、周期长，货物运输距离远、在途时间长，运费及物流成本高，其物流成本一直高于全国平均水平1个百分点以上。2014年，全省全社会物流总费用与地区生产总值的比率为18.7%，比全国平均水平高2.1个百分点；2013年，全省运输费用占全社会物流总费用的比重达到63.6%，比全国平均水平高11.1个百分点。

以到美国的20英寸集装箱运输为例，绵阳与无锡、佛山相比，其物流成本分别高出46.5%和30.8%（见表4）。交通运输成本成为四川与其他区域或者国家发生经济联系时最大的制约条件。随着道路和运输组织的改善、交通运输技术的进步，四川地区与沿海之间的运输成本、物流成本以及时间成本将会有较大幅度的降低，但面对2000公里的运输距离，运输及物流成本高的现实仍然难以从根本上加以改变。

表2 成都至沿海主要港口城市的铁路运输距离

沿海主要港口城市	运输距离（km）
上海	2351
天津	2185
广州	2527
青岛	2063

表3 成都至沿海港口公路集装箱运输距离与运行时间

运行期间	目的港	里程（km）	运行时间（天）
成都—上海	洋山港	2508	2
成都—深圳	盐田港	2400	2
成都—天津	天津港	2230	2
成都—连云港	连云港	2491	2

表4 2010年绵阳、无锡、佛山三市物流成本比较

城市	至美国的物流费用（元/20英尺集装箱）
绵阳	14264
无锡	9735
佛山	10906

资料来源：赵放，区际贸易中的物流通道成本研究，西南交通大学硕士论文。

（2）深入内地，开发陆地邻国市场缺乏优势

我国大陆19个内陆省区中有7个省区与周边国家相邻。即使是新疆这样距离海岸线3000-5000公里的深远内陆省区也可以凭借与周边国家漫长的边界线相接，发展边界贸易和过境贸易，扩大外需市场，融入国际经济发展的大环境。

四川是一个最为典型的内陆省区，既不靠海，也不沿边，北与陕甘相接，南与云贵相连，西与青藏毗邻，东与重庆交界，与中亚、东南亚和南亚均有邻省相隔。成都距最近的边贸口岸云南河口的公路距离也有1280公里。由于没有陆地国境线和边贸口岸，与云南、新疆、黑龙江等陆地沿边地区相比，发展边贸、开拓邻国市场缺乏优势。

（3）地处四川盆地，对外经济社会联系不畅

四川地处四川盆地及盆缘山地地区。四川盆地北靠秦巴山地，西邻青藏高原，南望云贵高原，东出长江三峡，四周被高山大川围堵，只能通过数量有限的通道与周边省区和沿海地区相联系，自古有"蜀道之难，难于上青天"之称，对外交通基础设施相对薄弱，建设难度大、投入成本高，对外经济社会联系不畅。

3. 内陆型经济特征对四川消费需求的影响

由于地处内陆腹地，长期以来我省经济活动的外向程度低，对外开放水平不高。

（1）外贸依存度低，外需支撑不强

改革开放以来，四川一直致力于扩大对外开放，打造内陆经济开放高地。2014年进出口总额、出口总额分别较1999年增长了21倍、30倍，外贸依存度、出口依存度分别由1999年的5.5%、2.5%提高到2014年的15.4%、9.8%，外需成为影响四川经济增长的不可忽视的因素。

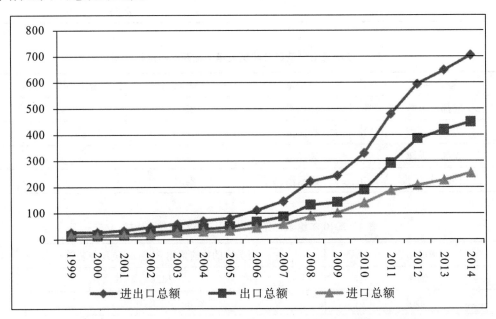

图1 1999—2014年四川进出口总额、出口总额与进口总额（亿美元）

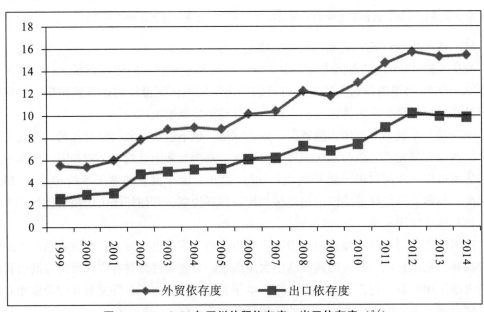

图2 1999—2014年四川外贸依存度、出口依存度（%）

但无论是外需的总量规模还是对外需的依赖程度四川都远远低于沿海及近内陆省区。进出口总额仅相当于广东的 6.5%、江苏的 12.5%、上海的 15.1%，出口总额仅相当于广东的 6.9%、江苏的 13.1%、浙江的 16.4%（见表5）。四川用了 16 年时间才将外贸依存度提高 10 个百分点，如果再提高 10 个百分点，恐怕还需要 10 年甚至更长的时间，而且提升的空间有限。也就是说，对于地处中深远内陆的四川而言，其经济发展主要不是依靠外需来支撑。

表5　2014 年四川与沿海及近内陆部分省区进出口比较

省区	外贸依存度（%）	进出口总额（亿美元）	与四川的相对比（%）	省区	出口依存度（%）	出口总额（亿美元）	四川的相对比（%）
广东	99.2	10767.3	6.5%	广东	59.5	6462.2	6.9%
江苏	54.1	5637.6	12.5%	江苏	32.8	3418.7	13.1%
上海	123.7	4664.1	15.1%	浙江	42.5	2733.5	16.4%
北京	121.1	4156.5	16.9%	上海	53.3	2010.6	22.3%
浙江	55.25	3551.5	19.8%	山东	15.2	1447.5	31.0%
山东	29.1	2771.2	25.4%	福建	29.5	1134.6	39.5%
四川	15.38	702.5	—	四川	9.8	448.5	—

（2）比较优势不突出，难以全面深度参与全国及全球产业分工

由于运输距离和货物在途时间长、物流成本高，对于体积较大、附加值不高、运输及物流成本占总成本比例较大的产品而言，四川很难在全国乃至全球范围形成较大的竞争优势。以四川为例，近年来四川在全国具有一定优势的工业产业门类仅有 52 个。

运输距离和货物在途时间长、物流成本高更对四川参与全球产业竞争形成了巨大的障碍，其资源优势、劳动力优势在很大程度上被高昂的物流成本所抵消，比较优势不突出。

（二）四川人口大省特征

四川历来是我国的人口大省，重庆直辖之前四川一直是我国人口最多的省区。重庆直辖后，四川总人口虽然有所减少，但人口大省的地位没有动摇。2014 年全省户籍人口 9151.2 万人，仅次于河南、山东，居全国第三位；常住人口 8140.2 万人。仅次于广东、山东、河南而居全国第四位。

从全球人口与潜在的消费市场来看，四川自身就是一个巨大的消费市场。按 2014 年的全球人口统计，在全世界所有国家中，以户籍人口规模计算四川可居第 15 位、占全球人口的 1.26%，在欧洲和北美州仅次于俄罗斯可居第二位；以常住人口规模计算四川可居全球第 17 位，在欧洲仅次于俄罗斯和德国、超过法国、英国、意大利、西班牙、加拿大等多个欧美国家，也超过南非、韩国、马来西亚等亚非国家。庞大的人口规模为形成广阔的消费市场奠定了基础。

表6　世界各国人口排名与四川省人口比较（截至 2014 年 6 月）

排名	国家	人口（万）	占世界人口百分比（%）
1	中国	136407	18.84
2	印度	126751	17.51
3	美国	32262	4.46
4	印尼	25287	3.49
5	巴西	20204	2.79
6	巴基斯坦	18515	2.56
7	尼日利亚	17841	2.46
8	孟加拉国	15845	2.19
9	俄罗斯	14253	1.97
10	日本	12703	1.75
11	墨西哥	12380	1.71
12	菲律宾	10006	1.38
13	埃塞俄比亚	9648	1.33
14	越南	9254	1.28
15	埃及	8338	1.15
16	德国	8263	1.14
17	伊朗	7845	1.08
18	土耳其	7584	1.05
19	刚果—金	6933	0.96
20	泰国	6720	0.93
21	法国	6464	0.89
22	英国	6349	0.88
23	意大利	6111	0.84
24	缅甸	5370	0.74
25	南非	5318	0.73
17	四川（常住人口）	8140.2	1.12
15	四川（户籍人口）	9151.2	1.26

（三）分析与思考

自机器大工业出现以来，尤其是在经济全球化的背景下，内陆与沿海在发展条件和发展环境方面存在着巨大的差异。

经济全球化背景下，生产外包成为全球产业的典型分工形式，形成国际化的产业分工体系。海洋运输因其运量大、运费低、航道四通八达而成为生产全球化、贸易全球化的主要支撑，依托海洋空间开展生产和交换也就成为全球经济活动的主要形式，沿海国家和一国沿海地区也因临海的优势而成为要素集聚和最为有利的经济活动空间。目前，全球贸易总运量中的三分之二以上、我国绝大部分进出口货物都是通过海洋运输方式完成运输的。因此，沿海地区在发展外向型经济、参与国际竞争、融入全球产业分工体系方面具有得天独厚的区位条件和突出优势，经济外向度高，对国际市场需求的依赖程度大，外需成为沿海地区经济发展的重要支撑。

内陆地区尤其是中远和深远内陆地区，受空间成本和时间成本的制约，物流成本高，在利用国际资源要素、参与全球产业分工方面面临一系列障碍，也不利于接受沿海发达地区的辐射和带动，经济外向度低，难以完全依靠外需支撑其发展。改革开放以来，东部沿海地区与中西部内陆地区发展差距愈拉愈大，其原因复杂、涉及面广，显而易见是与其所处的地理区位条件并由此在有效利用国际市场和资源要素方面的难度较大有着内在的关系。

以 2014 年我国大陆省区外贸依存度为例，外贸依存度能够超过 50％都是沿海及近内陆省区，中内陆省区特别是中深远和深远内陆省区除极其个别外，外贸依存度都在20％以下（见表7）。

表7　2014 年中国大陆省区外贸依存度与地理区位

省区	外贸依存度（％）	沿海	近内陆	中内陆	中深远内陆	深远内陆	沿边
上海	123.67	✓					
北京	121.73		✓				
广东	99.22	✓					
浙江	55.25	✓					
江苏	54.11	✓					
天津	53.21	✓					
福建	46.09	✓					
重庆	41.80				✓		
山东	29.13	✓					
海南	28.32	✓					
辽宁	24.87	✓					
新疆	18.66					✓	✓
江西	17.01		✓				
广西	16.16	✓					
黑龙江	16.16		✓				✓
四川	15.38				✓		
西藏	15.26					✓	✓

续表

省区	外贸依存度（%）	沿海	近内陆	中内陆	中深远内陆	深远内陆	沿边
安徽	14.76		✓				
云南	14.44				✓		✓
河北	12.71	✓					
宁夏	12.37			✓			
吉林	11.94		✓				✓
河南	11.63			✓			
湖北	9.83			✓			
陕西	9.68				✓		
山西	7.96			✓			
甘肃	7.91				✓		✓
贵州	7.30				✓		
湖南	7.17			✓			
内蒙古	5.12				✓		
青海	4.67				✓		

从世界范围来看，远离海洋、运输及物流成本高，是困扰内陆型区域发展的全球性难题。世界经济史表明，内陆型国家在过去上百年的工业化进程中，除了瑞士、以色列等国以外，少有成功的先例[①]。

在经济全球化、区域一体化背景下，四川如果不能真正走出内陆城市的发展困境，充分利用国内外两个市场、两种资源，积极参与国内外竞争，加强区域经济合作，在全国和全球产业分工体系中扮演重要角色，就将始终处于全国和全球经济的边缘，也难以实现发展上的跨越。

由于地处中深远内陆，远离海洋，没有陆地国境线和边贸口岸，四川要去占领省外市场、国外市场需要克服物流成本高的障碍，因而在与其他省区争夺国外消费市场和东中部地区国内消费市场方面有着天然的劣势。但另一方面，四川人口众多、经济发展条件好、消费市场潜力大，具备发展内需经济的基础条件，应当更加充分地利用区域内部市场，研究产业发展的内部市场需求，建立与内需消费市场相适应的生产体系，尽最大可能去占领本地消费市场，使之成为推动本区域经济发展的重要动力，探索以内需为主导的经济发展模式。

---

① 巨文忠. 关于建立西部长期持续发展基础的若干思考，中国经济时报，2006 年 7 月 27 日。

三、四川工业发展与工业消费品市场

（一）四川轻重工业的演变发展

重工业生产的产品大部分作为生产资料，轻工业产品大部分作为消费品，轻重工业的比例大体能够反映出区域工业结构的特征和区域内外市场需求的关系。

新中国成立之初四川工业结构以轻工业为主。1952年四川轻工业产值占工业总产值的62.8%，1957年轻工业产值达到历史最高的74%，高于重工业48个百分点。

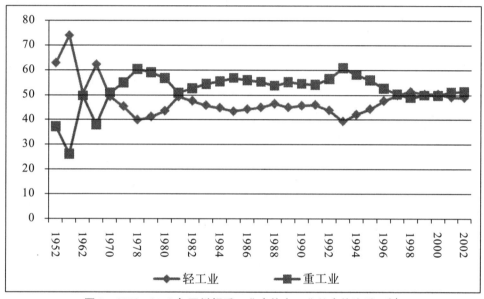

图3　1952—2002年四川轻重工业产值占工业总产值比重（%）

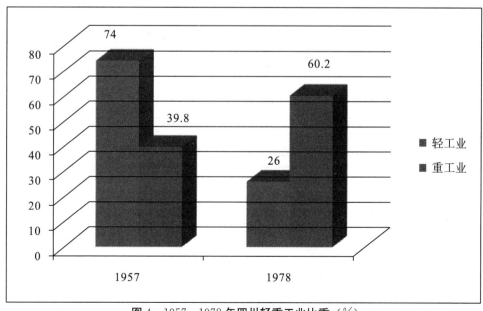

图4　1957、1978年四川轻重工业比重（%）

经过"一五"至"三五"特别是"三线建设",国家在四川进行了现代工业的布局,开启了以重工业为主的工业建设,四川重工业比重迅速提高,形成了以钢铁、机械制造、天然气化工、盐化工、武器装备为主的重化工业结构。1967年四川重工业产值超过轻工业产值并不断稳步上升。至改革之初的1978年,四川重工业占比已在60.2%,反而高于轻工业20.4个百分点。

改革开放后,为纠正"重工业过重、轻工业过轻"的情况,四川开始调整轻重工业结构,加强了轻工业的发展,轻重工业比重经过几次反复,重工业比重开始从1993年60.8%的历史最高点逐步下降,轻工业比重则有所有上升。20世纪90年代后期至21世纪初,四川轻重工业已各占半边天下。但在国有及规模以上工业中,重工业仍然占据着绝对的主导地位。2003年至今,四川国有及规模以上工业总产值中,重工业比重均高于60%。2014年全省规模以上工业总产值中重工业比重仍达到66.3%。

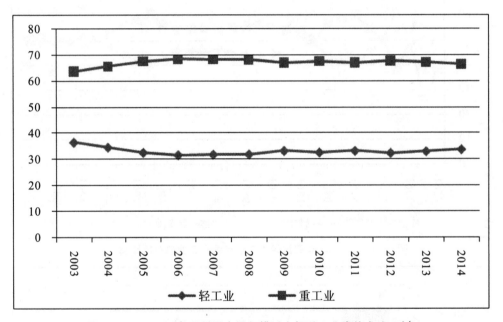

图5 2003—2014年四川国有及规模以上轻重工业产值占比(%)

从四川工业总资产的门类分布来看,重工业资产比重显然高于轻工业。当然重工业的特点之一就是资本密集型,但也能在一定程度上反映出四川轻重工业发展的现状。

表8 2013年四川按行业分组的工业企业法人单位资产总计

工业门类	资产总计(亿元)
电力、热力生产和供应业	8157.2
计算机、通信和其他电子设备制造业	3444.4
非金属矿物制品业	2748.8
化学原料和化学制品制造业	2595.3
黑色金属冶炼和压延加工业	2483.2

续表

工业门类	资产总计（亿元）
酒、饮料和精制茶制造业	2260.6
石油和天然气开采业	1775.7
通用设备制造业	1728.3
汽车制造业	1601.4
专用设备制造业	1552.9
煤炭开采和洗选业	1184.2
农副食品加工业	1178
电气机械和器材制造业	1068.2
医药制造业	1000.5
金属制品业	785.4
水的生产和供应业	723.5
石油加工、炼焦和核燃料加工业	664.9
有色金属冶炼和压延加工业	608.2
黑色金属矿采选业	585.1
铁路、船舶、航空航天和其他运输设备制造业	585
食品制造业	549.6
橡胶和塑料制品业	532.4
开采辅助活动	525.9
纺织业	464.9
有色金属矿采选业	407.8
非金属矿采选业	385.4
燃气生产和供应业	373.4
造纸和纸制品业	363.7
家具制造业	328
木材加工和木、竹、藤、棕、草制品业	282.3
印刷和记录媒介复制业	263.5
其他制造业	257
皮革、毛皮、羽毛及其制品和制鞋业	170.8
化学纤维制造业	166.9
烟草制品业	144.2
金属制品、机械和设备修理业	126.2
纺织服装、服饰业	120.6

工业门类	资产总计（亿元）
仪器仪表制造业	91.3
废弃资源综合利用业	75.7
文教、工美、体育和娱乐用品制造业	55.3
其他采矿业	9.1

资料来源：四川省第三次全国经济普查主要数据公报。

目前，从全国范围来看，四川具有优势的是电子信息、装备制造、能源开发、油气化工、钒钛钢铁、饮料食品、现代中药七大产业，其多数都属重工业。具有优势的工业产业类别中，主要分布于装备制造、清洁能源、农产品加工、高技术、化工、采掘和冶金等行业。

表 9　四川具有优势的工业行业

优势工业行业	
白酒制造	铁路机车车辆及动车组制造
肉、禽类罐头制造	气体、液体分离及纯净设备制造
天然气开采	饲料加工
汽轮机及辅机制造	汽车修理
缫丝加工	化学矿采选
水力发电	铁合金冶炼
锅炉及辅助设备制造	日用玻璃制品及玻璃包装容器制造
畜禽屠宰	香料、香精制造
中药饮片加工	建筑工程用机械制造
与天然气开采有关的服务活动	玻璃纤维及制品制造
冶金专用设备制造	铅锌矿采选
羽毛（绒）加工	绝缘制品制造
光纤、光缆制造	技术玻璃制品制造
无机盐制造	中成药制造
光学玻璃制造	通信终端设备制造
发电机及发电机组制造	铅锌冶炼
氮肥制造	半导体分立器件制造
面制品制造	人造纤维（纤维素纤维）制造
家用影视设备制造	其他基础化学原料制造
石油钻采专用设备制造	汽车车身、挂车的制造

续表

优势工业行业	
其他金属加工机械制造	燃气生产和供应业
肉制品及副产品加工	啤酒制造
其他常用有色金属冶炼	果菜汁及果菜汁饮料制造
铜矿采选	麻纺织
兽用药品制造	无机酸制造
精制茶加工	

资料来源：《四川省宏观经济数据库》

总的来说，长期以来四川的工业结构一直是以重工业为主，轻工业总体较为薄弱，最终消费品生产相对落后。四川以重工业为主的工业结构，使其省内工业消费品主要由省区外部提供，区域外部生产提供的工业消费品随处可见，本地生产提供的工业消费品则少之又少。甚至许多四川具有绝对生产优势的产品（如速冻食品、纸产品）都是由区外提供。

表10　2007年四川产品及原材料流入流出情况（万元）

产业	流出	流入	净流出（流入）
农林牧渔业	5801571	424512	5377058
食品制造及烟草加工业	5959360	988614	4970746
化学工业	3024852	1568777	1456075
金属冶炼及压延加工业	4052063	2637843	1414220
交通运输设备制造业	2209276	814986	1394289
纺织业	846330	175040	671290
石油和天然气开采业	604976	55138	549838
交通运输及仓储业	349860	15704	334156.1
电力、热力的生产和供应业	245134	126068	119065.6
工艺品及其他制造业	47777	26177	21600.79
水的生产和供应业	1584	270	1313.61
信息传输、计算机服务和软件业	14018	21259	−7241.36
通信设备、计算机及其他电子设备制造业	2105039	2127000	−21960.7
废品废料	1136	50350	−49214.2
仪器仪表及文化办公用机械制造业	28363	259196	−230834
非金属矿物制品业	494926	1114576	−619651
金属矿采选业	127799	868872	−741073

产业	流出	流入	净流出（流入）
纺织服装鞋帽皮革羽绒及其制品业	415250	1190763	−775514
造纸印刷及文教体育用品制造业	239977	1032834	−792857
煤炭开采和洗选业	134033	971361	−837328
木材加工及家具制造业	131668	1154602	−1022934
电气机械及器材制造业	543162	2321866	−1778704
非金属矿及其他矿采选业	21464	2152826	−2131362
石油加工、炼焦及核燃料加工业	61025	2618018	−2556993
金属制品业	367887	3297361	−2929474
通用、专用设备制造业	3408386	9368140	−5959753
总计	32136148	35653347	−3517200

资料来源：2007 年四川投入产出表。由于没有找到近年的投入产出数据，仅使用 2007 年的资料。

（二）四川以内需为导向调整工业发展方向的必要性与可能性

1. 以内需为导向调整工业发展方向的必要性

在中国经济进入新常态，以扩大消费、升级消费推动产业转型升级，培育未来经济增长新动力的背景下，四川有必要立足典型内陆省区和人口大省带来的巨大内需市场，重新审视工业的发展方向，大力发展区域内需型工业。

一是可以充分挖掘自身内需消费市场。四川人口众多，自身就是一个巨大的消费市场。2014 年全省社会消费品零售总额达到 11665.8 亿元，居全国第 9 位。占领本地市场就相当于占领了德国、法国、英国、意大利、西班牙、加拿大、南非、韩国、马来西亚等其中一个国家的市场，相当于占领了若干个中小国家的市场。与此同时，四川位于西部的中心和中西部的连接地带，北接陕甘，南连云贵，西邻青藏，东通重庆及华中和沿海，是西北、西南地区产业最为集中、发展水平最高的省区，其辐射影响范围涵盖广大西部地区，具有向省外、区外拓展市场的便利条件。事实上，云贵北部、西藏以及陕甘南部一直是四川主要的产品输入地，从而也进一步扩大了四川的消费市场规模。

二是可以物流成本高的劣势转化为产业发展优势。四川物流成本高的原因主要源于向外输出产品过程中的长距离运输。与此相对应，省外输入四川的工业消费品同样也存在物流成本较高的难题。发展以内需为主的消费品工业，既能极大地削减四川物流成本高的工业发展劣势，又能提升与省外工业消费品竞争的成本优势。

2. 以内需为导向调整工业发展方向的可能性

发展内需型工业的重要条件是区域内部自我供给能力强，货物运输距离短。四川在原料及能源供应、生产体系以及运输条件方面具备大力发展内需主导型工业的条件。

（1）资源丰富，原料及能源自给率较高。

四川能源、矿产、生物资源丰富，地域组合优良，消费品工业原材料来源广泛。动植物资源丰富，种类繁多，拥有4000多种植物资源。丰富的矿产资源、动植物资源和能源使四川发展消费品工业的原料及能源自给率高。

（2）农业基础雄厚，工业体系完备，自我供给能力强。

川渝地区农业发展条件优越，历史长、基础好、规模大、品种全，是我国重要的商品粮基地。丰富的农产品为满足区内居民日常消费和发展农产品加工提供了良好条件。

四川拥有4000年的开发历史，是西部近代工业的发端地。新中国成立后四川一直是国家最为重要的开发区域，是国家"三线建设"的核心和主要区域。经过抗日战争时期沿海工业大规模内迁、"三线建设"时期的大规模工业布局、改革开放后新兴工业建设和传统工业改造，轻工业具有一定的基础。

表11　2013年四川轻工业发展现状

主要指标	指标值
工业企业单位（个）	4687
总产值（亿元）	11645.15
资产总计（亿元）	7933.07
主营业务收入（亿元）	11442.96
利润总额（亿元）	889.27
全部从业年平均从业人数（万人）	13.11

（3）劳动力充裕，教育科技实力较强，要素供给充沛。

四川人口总量大、密度高，是我国劳动力资源最丰富的省区之一。2014年，全省城乡劳动力资源总数达到6490.0万人，城乡就业人员达到4833.0万人，农村劳动力转移输出2472.2万人。国家级科研机构、各类科研院所和高等院校数量较多，研究水平较高。

四、依托内需市场促进四川产业发展的基本思路与对策建议

（一）基本思路

基于内陆省区经济活动的内在特性，立足于自身的市场规模和资源优势，四川应当确立以内需为主、兼顾外需的发展模式，以国内市场为主、兼顾国际市场，依托巨大的内需市场和既有的产业基础，构建起相对完整的工业体系，使大部分日用消费品能够实现自我满足、自我支撑，构建内陆型"资源—加工—市场"体系（即资源分布在内地，加工制造主要在内陆核心区，产品以内销为主），更多地依靠内需实现经济增长，率先形成内需主导型经济区，培育内陆核心增长极，带动深远内陆区发展，走出一条有别于沿海地区的发展道路，形成经济增长的新动力。

(二) 产业发展方向

构建起相对完整、以内需为主、外需为辅的工业产业体系。

1. 以满足内需为主，大力发展不适宜长距离运输的产业

货物运输距离远、在途时间长，运费及物流成本高，使四川在参与全国尤其是全球产业竞争中处于劣势。另一方面，运费及物流成本高对于试图进入内陆地区的沿海和国外企业而言，同样是一种巨大的市场进入障碍。从满足内陆地区自身需求角度看，体积较大、附加值不高、运输及物流成本占总成本比例较大的产品，也就是四川具有比较优势的产业，因为唯此距离最经济。

2. 以满足外需为主，积极发展适宜长距离运输的产业

从参与全球产业分工的角度看，四川未来的重点产业应当选择单位运输成本低廉的产业，大力发展体积小、价值高、附加值大、运费成本占产品总成本比重低、承受运价能力大的产业，如电子信息、生物医药、机电产品、精密仪器仪表、化妆品、高档服装等。事实上，近年来低运输成本也成为外商在四川直接投资的一种重要的产业取向。近年来，从世界 500 强企业在四川直接投资趋势来看，电子信息等高科技产业的发展势头超过了资源主导型的传统制造业。体积小、价值高、附加值大的工业制成品通常都是技术含量较高的产品，发展这类产业需要有雄厚的科技实力和专业技术人才的支撑，这一方面也恰好是四川的优势所在。

3. 以消费结构为基础，大力发展生产生活资料的产业部门

与消费结构相匹配的轻工业部门，充分地利用区域内部市场，建立与消费市场结构相适应的生产结构，尽最大可能去占领本地消费市场，使之成为本区域经济发展的重要动力，推动主导内需型经济发展模式的建立。

4. 以竞争实力为基础，大力发展具有竞争优势产业

充分发挥四川在国内外市场长期形成的产业竞争优势，大力发展装备制造、农产品加工等优势产业。

(三) 对策建议

依托内需市场促进四川产业发展，既需要国家政策层面的支持，也需要四川自身的积极努力，为此提出以下对策建议。

1. 从战略高度充分认识内需主导型经济发展模式

进一步加强和提高认识，深入认识和深刻把握四川内陆区位和内陆经济的特征，以消费市场变化、消费结构升级引领四川产业发展，从战略层面建立内需为主、外需为辅的产业发展模式。

2. 充分利用两种资源、两个市场，形成两个相对独立的工业体系

正确处理好内需与外需的关系，充分利用两种资源、两个市场。第一个"资源—加工—市场"体系，其资源主要来自省内，加工制造在省内，产品以本省及周边省区内销

为主；第二个"资源—加工—市场"体系，加工制造在省内，市场主要在全国及国外，产品以出口为主、内销为辅。

3. 调整优化工业结构，大力发展消费品工业

一方面，摒弃单纯强调产业高端、技术高端、产品高端的偏向，以消费需求为导向，强化"本土造"的意识，大力发展能够满足本省日常生活需求的消费品工业，提高产品质量和档次，创造更多的名优产品，提升产业竞争力，挤占省内消费品市场，使大部分日用消费品能够实现自我满足、自我支撑。

另一方面，顺应国内消费需求升级的新趋势，主动适应消费升级、引领消费升级，大力发展新兴消费品工业，推动传统消费品工业转型升级，形成消费品工业发展的新优势。

4. 深化体制机制改革，加快市场化进程

深入推进体制机制的改革创新，大力发展非国有经济，引导和推动企业面向消费市场，增强市场意识、创新意识和竞争意识。

5. 进一步加快交通基础设施建设，降低与周边省区市场的物流成本

建立以成都为枢纽，内畅外联、通江达海抵边的多层次综合运输体系，有机结合水、路、空交通线路形成现代立体快速交通网络，加强与周边省区的交通连接，降低物流成本，拓展内陆消费市场。

新常态下四川农业产业化发展新动力研究

2014 年中央经济工作会议指出，中国经济步入形态更高级、分工更复杂、结构更合理的新阶段、新常态。汶川地震以来，中央政府加大了对四川灾后重建的投资力度，带来了 2008 年－2011 年的高速发展。随着 2012 年灾后重建工作陆续结束，国家的大量投资不复存在，四川省同全国一样，进入以"中高速、优结构、新动力、多挑战"为特征的经济发展新常态，四川农业产业化的发展也步入一种新常态。在此阶段仅仅依靠大规模的政府资金投入已不可能，这就要求四川省为自身经济的发展寻找新的突破口。随着"一带一路"的推进以及亚洲基础设施投资银行的成立，西部地区又迎来了经济发展的新机遇。与中国经济"新常态"的发展步伐一致，四川省经济发展也将迎来自己的"新常态"。本文主要根据农业产业化发展相关理论以及四川省在过去十二年的发展，分析四川省经济发展各个阶段的特征，采用 DEA 模型计算出农业投入产出的效率，寻找四川农业产业发展的新动力，探索能够使四川省农业经济继续发展的模式及其实现机制。

1 农业产业化发展理论

1.1 威廉姆森的产业组织理论

科斯（1937）[①] 从交易成本角度考察了产业组织中的市场行为，并解释了企业存在原因和规模决定的问题。威廉姆森（1985）[②] 在此基础上重新发现科斯定理，运用交易费用理论解释纵向一体化现象。威廉姆森认为纵向一体化的经济组织结构能够达到节省交易费用的目的。以威廉姆斯为代表的新制度经济学派，侧重通过产权和组织结构的特征，分析企业市场行为的变化及其对市场绩效的影响。农业产业化经营过程中，产业组织纵向一体化程度越高，越有利于交易成本的降低。

---

① （美）罗纳德·哈里·科斯. 企业、市场与法律 [M]. 盛洪，陈郁，译. 上海：格致出版社，上海三联书店，上海人民出版社，2009.

② Williamson. The Economic Institutions of Capitalism [M]. New York：Free Press，1985.

1.2 亚当·斯密的分工与协作理论

威廉·配第（1662）① 认识到了专业化对劳动生产力的积极作用。恩格斯（1886）② 指出，不单由现有生产力量的扩大而导致的新兴生产力，都将引起分工的进一步发展。亚当·斯密（1776）③ 第一次对分工协作理论进行了系统的阐述，认为劳动分工是提高劳动生产率的重要原因，同时还能产生规模效益。农业产业化经营过程中，通常由龙头企业或专业化合作组织提供产前、产中、产后的系统性服务，并带动农户进行农业生产。农业产业间的分工与协作，打破了传统农业生产规模小、商品化程度低和三次产业联系少的被动局面，形成了农业产业化经营供产销一条龙的经济格局。④

1.3 马歇尔的规模经济理论

亚当·斯密（1972）⑤ 曾经指出劳动分工的基础是一定程度的规模生产。适度的规模生产形成了既降低平均生产成本又提高经济效益水平的规模经济效益。此后，马歇尔（1890）⑥ 对规模经济报酬进行研究，结果发现：随着生产规模的不断扩大，规模报酬依次会经过递增、不变和递减三个阶段。农业产业化经营作为规模生产的典范，同样存在规模经济的现象。

1.4 大卫·李嘉图的比较优势发展理论

大卫·李嘉图（1817）⑦ 以劳动价值论为基础提出了比较优势理论，认为在不同地区之间存在着产品生产上的劳动生产率差距。不同地区应该"两优相权取其重，两劣相衡取其轻"，集中生产并卖出具有比较优势的产品，避免具有比较劣势的产品，这样可以在节省劳动力资源的同时获得提高劳动生产率的好处。各具特色的地理环境和产品优势，要求不同地区根据自身情况选择发展具有比较优势的农业产业，例如平原地区可以重点发展粮食生产，盆周山区以林业和养殖业为重点发展对象，高原地区则把畜牧业和草业种植放在重点发展的位置上。

1.5 里昂惕夫的要素禀赋理论

亚当·斯密和大卫·李嘉图理论的共同点是将劳动力视为衡量生产成本和劳动生产

---

① （英）威廉·配第. 赋税论 [M]. 邱霞，原磊，译. 北京：华夏出版社，2006.
② （德）恩格斯. 路德维希·费尔巴哈和德国古典哲学的终结 [M]. 编译局，译. 北京：人民出版社. 1997.
③ （英）亚当·斯密. 国富论（下、下卷）[M]，杨敬年，译. 西安：陕西人民出版社，2001.
④ 卫志民. 近70年来产业组织理论的演进 [J]. 经济评论，2003（1）：86～90.
⑤ （英）亚当·斯密. 国民财富的性质和原因的研究 [M]. 郭大力，王亚南，译. 北京：商务印书馆，2005.
⑥ （英）马歇尔. 经济学原理（上卷）[M]. 朱志泰，译. 北京：商务印书馆，2005.
⑦ （英）大卫·李嘉图. 政治经济学及赋税原理 [M] 周洁，译. 北京：华夏出版社，2005.

率的唯一标准。赫克歇尔和俄林（1931）[①] 的要素禀赋理论认为生产活动所需的要素除劳动外，还应将土地和资本要素考虑在内。里昂惕夫（1951）[②] 通过建立投入产出模型，研究结果丰富了生产要素禀赋的内容。他认为应该突破传统的劳动、土地和资本生产要素限制，把技术、生产组织、人力资本、规模经济、管理同时纳入生产要素的考虑范畴。农业产业化经营要求对自然资源禀赋、人力资本、生产组织结构、管理才能等多种生产要素进行合理有效的整合，以实现农业产业比较优势的发展。

2　四川省农业产业化发展的现状分析

本文对农业产业化发展的现状分析主要分为两个部分：投入方面和产出方面。

2.1　农业投入要素现状

从 2003-2014 年四川省的各项农业投入要素数量总体呈现出上升趋势，但是期间波动明显，部分指标更是经历了小幅下降过程。本文选取：农林牧渔业从业人员数量、农村生产费用支出、农业机械总动力、有效灌溉面积、化肥施用量、农村用电量以及农作物播种面积七项指标来反映农业投入要素，具体投入数量如表1，指标的选取可划分成三个部分：人员投入上选择农林牧渔业从业人员，可以很好地反映四川省农林牧渔业的劳动力投入；资本投入选取生产费用支出，将其与四川省农业生产而非生活性支出进行区分；固定资产和科技的投入选取机械总动力进行评价，反映农业产业化的机械化程度，进而从另一方面反映出农业生产组织的规模化程度；有效灌溉面积，化肥施用量和农村用电量以及农作物播种面积则能从土地和其他资源使用效率上较为全面地评价四川省农村发展现状。

表1　2003-2014 年农业各项投入要素数量

年份	农、林、牧、渔业从业人员（万人）	生产费用支出（亿元）	农业机械总动力（万千瓦）	有效灌溉面积（万公顷）	化肥施用量（万吨）	农村用电量（亿千瓦时）	农作物总播种面积（万公顷）
2003	2,482.80	213.59	1,891.06	250.30	208.40	99.90	908.50
2004	2,445.70	262.63	2,006.78	250.30	214.70	107.80	924.44
2005	2,421.50	304.08	2,181.70	249.50	220.92	112.90	941.69
2006	2,306.90	287.15	2,344.87	248.70	228.2	117.70	953.08
2007	2,266.22	329.90	2,523.05	250.00	238.2	123.30	939.09
2008	2,186.18	368.70	2,687.55	250.70	242.84	128.20	943.00
2009	2,144.13	373.35	2,952.66	252.40	247.97	133.77	947.10

①　（瑞典）戈特哈德·贝蒂·俄林. 区际贸易和国际贸易 [M]. 逯宇铎，译. 北京：华夏出版社，2008.

②　（美）沃西里·里昂惕夫. 1919-1939 年美国经济结构：均衡分析的经验应用 [M]. 王炎库，邹艺湘，译. 北京：商务印书馆，1993.

续表

年份	农、林、牧、渔业从业人员（万人）	生产费用支出（亿元）	农业机械总动力（万千瓦）	有效灌溉面积（万公顷）	化肥施用量（万吨）	农村用电量（亿千瓦时）	农作物总播种面积（万公顷）
2010	2,083.20	369.59	3,155.14	255.31	248.00	141.70	947.30
2011	2,043.36	458.43	3,426.10	260.10	251.20	148.60	956.00
2012	1,991.30	441.39	3,694.03	256.62	252.83	155.96	964.32
2013	1,955.79	392.67	3,953.09	261.65	251.14	163.51	968.22
2014	1908.95	518.48	4,160.12	266.63	252.13	169.57	966.86
变动额	−573.85	304.89	2,269.06	16.33	43.73	69.67	58.36
变动率（%）	−23.11	142.75	119.99	6.52	21	69.74	6.42

注：数据来源于四川统计年鉴，2014年数据来自于2014年四川省国民经济和社会发展统计公报。

根据表1，从整体上可以看出除由于新型城镇化和工业化带来了农村劳动力向外转移导致农林牧渔业的从业人数减少外，其他各项农业投入要素的投入量都逐年上升。农作物的播种面积和有效灌溉面积两种投入指标变化幅度较小约为5%，主要是由于土地的固有属性，不可能人为地增加或减少；而其他投入要素如农业机械总动力、化肥施用量以及农村用电量等指标有大幅的变动，主要是由于这些要素的投入与经济发展和技术水平紧密相关。根据各个投入要素的变动情况和变动比率，可以将其变动情况具体归纳为三个部分：

2.1.1 农林牧渔业的从业人员数量呈现出下降趋势

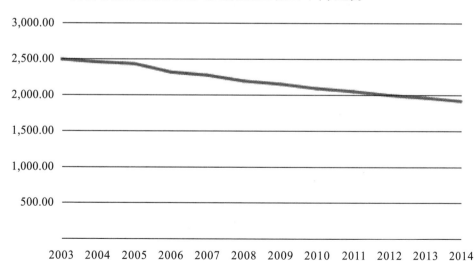

图1 农林牧渔业从业人员数量（万人）

农林牧渔从业人员总体呈下降趋势。图1汇总的从业人员从2003年2482.8万人下降为 2014 年 1908.95 万人，下降比率为 23%。农林牧渔从业人员的下降与四川省的劳动力转移大省的地位是分不开的，每年四川省都有大量农村劳动力由于城乡间收入差距选择离开农村进入城市。

2.1.2 土地相关的投入要素增长有限

由图 2 可以看出，在过去的 12 年间，与土地面积有关的农业投入要素总体变动较小。2014 年农作物播种面积相对于 2003 年增加了 58.36 万公顷，增长率为 6.42%，同时有效灌溉面积增加了 16.33 万公顷，增长率为 6.52%。从整体的变动趋势来看会发现农作物播种面积与有效灌溉面积先后经历了先上升后下降再上升的变化过程。说明随着城市化的推进，土地的不可再生性、土地撂荒等原因，播种面积增加日益困难；农田水利建设的滞后，有效灌溉面积增加也会遇到瓶颈。

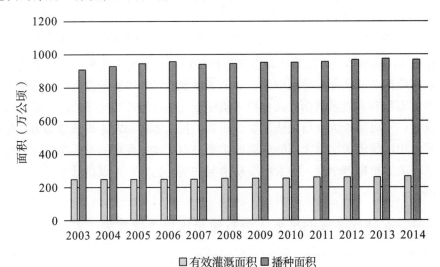

图 2　土地相关要素的投入变动趋势

2.1.3 机械和能源投入要素大幅增加

机械和能源投入要素主要包括农业机械总动力、生产费用支出、化肥施用量和农村用电量四个指标。

由图 3 可以看出，在过去投入增长幅度最大的农业机械总动力，从 2003 年的 1891.06 万千瓦增加到了 2014 年的 4146.12 万千瓦，共增加了 2069.06 万千瓦，增长率 119.99%。

从图 4 中可以看出，农村的用电量和农村化肥施用量在过去的 12 年间发生了较大变化。其中生产费用支出从 2003 年的 213.59 亿元增加到了 2014 年的 518.48 亿元，增加了 304.89 亿元，增长率为 142.75%；农村用电量从 2003 年的 99.9 亿千瓦时变成了 2014 年的 169.57 亿千瓦时，共增加了 69.67 亿千瓦时，增长率为 69.74%；同时化肥施用量也从 2003 年的 208.4 万吨增加到 2014 年的 252.13 万吨，增加了 43.73 万吨，增长率为 21%。

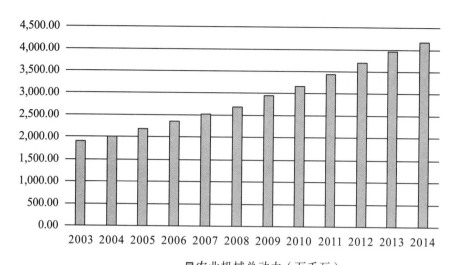

图 3　农业机械总动力的变动趋势

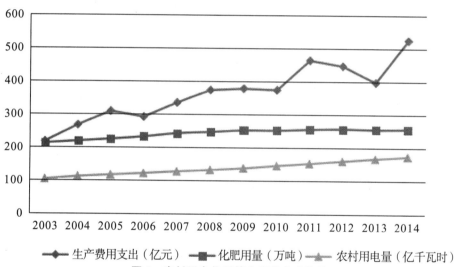

生产费用支出（亿元）　化肥用量（万吨）　农村用电量（亿千瓦时）

图 4　农村用电化肥等支出的变动趋势

2.1.4　化肥农药等投入要素不断增加，农产品质量安全存在隐患

从表 2 可知四川省为了保证产量和收入，农药、化肥、农用塑料薄膜等不利于环境保护的化学产品仍在大量投入使用。一些规模化的禽畜养殖业粪便又没有循环利用，一些养殖户没有将粪便进行处理直接排出，造成了四川省部分地区水质和土壤环境恶化，而另一些种植户却又缺乏大量的农家肥，农业面源污染问题较为严重，生态脆弱性加剧，农产品质量安全存在隐患。

表 2　2006－2012 年四川省农药、化肥、农用塑料薄膜使用量（万吨）

指标	2006 年	2007 年	2008 年	2009 年	2010 年	2011 年	2012 年
农药使用量	5.83	6.03	6.08	6.19	6.22	6.19	6.03
农用化肥施用折纯量	228.16	238.17	242.84	247.97	248	251.23	253.03

指标	2006 年	2007 年	2008 年	2009 年	2010 年	2011 年	2012 年
农用塑料薄膜使用量	9.633	9.942	10.32	10.92	11.42	12.22	12.68

2.2 农业产出现状

虽然从投入要素的变动趋势中没有发现存在明显的时间界限，但是四川省农业产业化产出变化有明显的分区。对于农业产出本文主要选取四个指标来进行表示：生猪出栏头数、农林牧渔业总产值、油料作物产量和粮食作物产量。根据四川统计年鉴的相关数据整理得到表3。在所选取的四个指标中，农林牧渔总产值是反映农业综合产值的指标；四川省作为全国的农业大省，其主要农产品就是粮食和生猪，因此选取粮食产量、油料产量以及生猪出栏头数作为农业产出指标。

表3   2003—2014年农业产出数量

年份	农林牧渔业总产值（亿元）	粮食（万吨）	油料（万吨）	生猪出栏头数（万头）
2003	1,784.49	3,183.30	217.10	7,490.28
2004	2,252.28	3,326.53	226.25	8,103.34
2005	2,457.46	3,409.19	232.34	8,817.32
2006	2,602.10	2,859.80	217.27	6,905.58
2007	3,370.17	3,026.90	228.47	6,014.67
2008	3,686.20	3,140.30	249.94	6,429.41
2009	3,689.81	3,194.70	261.76	6,915.35
2010	4,081.81	3,223.50	268.52	7,175.20
2011	4,932.73	3,292.30	278.45	7,000.64
2012	5,433.12	3,315.70	286.56	7,170.76
2013	5,620.26	3,387.10	290.44	7,311.20
2014	5,888.10	3,374.90	300.79	7,445.00
变动额	4,103.61	191.60	83.69	−45.28
变动率（%）	229.95	6.01	38.54	−0.6

根据表3，可以从总体上看出四川省农林牧渔业的生产总值、粮食产量和油料产量整体呈现出上升的趋势。生猪出栏数量与2003年相比有小幅下降，主要是由于现代农业种养殖技术和机械化程度的提高，促进了农林牧渔业产值的增加，同时由于大量农村劳动力外出务工，减少了生猪的饲养数量。

2.2.1 农林牧渔业生产总值逐年上升

在过去的11年间农林牧渔业产值从2003年的1,784.49亿元增加到了2014年的5,

888.1亿元，累计增加了4,103.61亿元，增长率为229.95％。根据上述数据计算出农林牧渔业总产值的增长率，结果如图5：

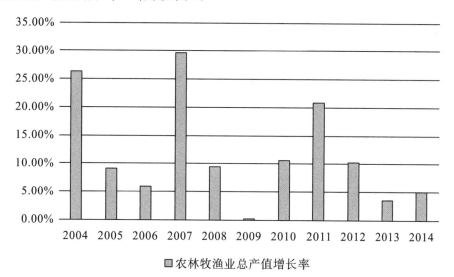

图5　农林牧渔业生产总值增长率

根据图5，我们可以看出虽然农林牧渔业总产值在不断增加，但是各年份的增长率却有较大差距。存在高速增长的年份如2004年和2007年，超过了25％；也存在增长率几乎为零的年份如2009年，仅有0.1％；其余年份的产值增长率为5％~10％。

2.2.2　粮食产量表现出先减少后增加的变动趋势

根据表3中的相关数据，我们绘制出四川省主要农作物产量的变动趋势图，见图6：

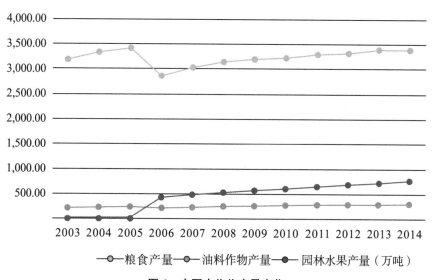

图6　主要农作物产量变化

注：由于未找到园林水果2003年—2005年的产量数据，因此图中只有2006年以后的数据。

根据图6,我们可以看出主要农作物产量总体上呈缓慢增长趋势,其中与粮食产量相比,其余两种农作物(油料和园林水果)产量较低。2011年-2014年油料和园林水果产量线呈现出发散状态,后期两者差距可能会进一步加大,而粮食产量由2005年的3409.19万吨下降到2006年的最低值2,859.80万吨,下降幅度超过了16%,在此之后平稳上升。2003年粮食产量是油料作物的14.6倍,而2005年粮食产量下降后,两者的比例下降为13.16倍,一直到2014年,两者差距进一步缩小为11.22倍,表明两者的产量差距的缩小。一直保持平稳上升的园林水果与粮食的产量之差也呈拉近的态势,由2006年的6.74倍缩小到2014年的4.44倍。2003年-2014年的12年间,粮食产量总体上的增产速度小于油料作物与园林水果。

2.2.3 生猪出栏头数呈现出波动较大的趋势

根据表3中的生猪出栏头数,绘制出其变动趋势图,见图7。

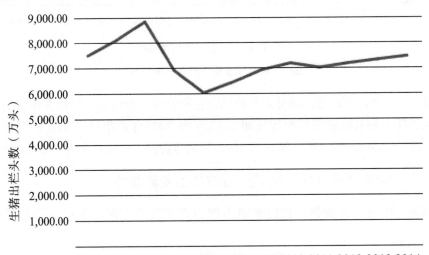

图7 生猪出栏头数变化

由图7可以看出,四川省的生猪出栏头数在过去12年呈现出剧烈波动趋势。生猪出栏头数在2005年的极大值点为8817万头,在2007年大幅下降到6014万头后,2014年底缓慢上升到7445万头,仍没有超过2005年的最大值,且在2010年-2011年间再次经历了小幅下降。

2.3 四川省农业产业化的旧常态、超常态和新常态

根据上述对2003—2014年农业投入要素和产出结果的分析,我们可以将此期间分为三个阶段,即旧常态、超常态和新常态。其中,旧常态时期是2003—2007年,超常态时期是2008—2011年,新常态时期是2012—2014年。根据上述数据,计算出各个阶段的指标增长率的平均数据,如表4,并且在表4基础上,做出了投入与产出在三个阶段下的变化率对比雷达图,如图8、图9。

表 4　分阶段投入产出部分指标变动率（％）

阶段　　指标	旧常态阶段（2003—2007 年）	超常态阶段（2008—2011 年）	新常态阶段（2012—2014 年）
投入 农林牧渔从业人员下降率	−1.80	−1.67	−2.24
投入 有效灌溉面积变动率	−0.02	0.92	0.84
投入 播种面积变动率	0.66	0.34	0.37
投入 农业机械总动力变动率	5.93	6.25	6.19
产出 农林牧渔总产值变动率	13.56	7.50	6.11
产出 粮食产量变动率	−1.00	1.18	0.83
产出 油料作物变动率	1.03	2.74	2.61
产出 生猪出栏头数变动率	−4.29	2.15	2.08

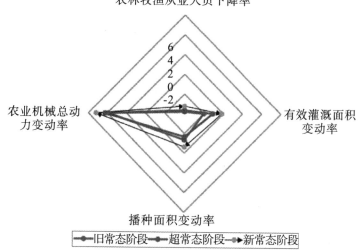

图 8　投入指标变动率对比图

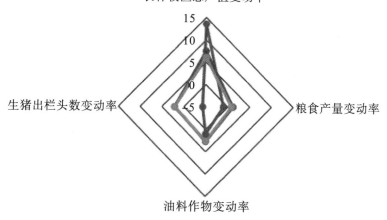

图 9　产出指标变动率对比图

从以上图表中可以看出，除了园林水果的近直线式变化趋势外，在超常态阶段的三项指标都有着很高的增长率，其中农产品产量、油料作物产量和生猪出栏头数增长率分别达到了1.18%、2.74%、2.15%，在整个12年的观察期中为最高。而在进入到新常态阶段后，增长率都有所下降，2012—2014年的增长率分别为：农产品产量0.83%；油料作物2.61%；生猪出栏头数2.08%。投入方面的变化同样存在阶段性特征。特别是农业机械总动力上，超常态阶段的年平均增长率为6.25%，与其他两个阶段的差距较为明显，更加充分地说明了这一特殊时期，四川省农业由于汶川地震后灾后重建收到的外部投资数额较大，对农业的影响较大。综合以上分析，可以看出，第一阶段的旧常态下，多数指标的增长性都良好，体现的发展态势优良，这主要是因为这一阶段下农业产业化程度较低，各项农业指标基数小，发展空间大，农民及相关农业就业人员信心充足，且这一时期总体经济形势乐观，自然禀赋条件优良且自然灾害少；进入超常态阶段四川省受地震的影响及震后政府和各方力量的扶持，体现出来的是靠外部投资拉动的农业经济的发展，保住了一定的增长率，甚至出现了三个阶段中的最高增长率，但不应作为经济发展的常态；进入到新常态阶段明显和前两个阶段区别开来，各项经济指标理性增长。

2.3.1　2003—2007年四川省农业产业化发展的旧常态

在这一时期，各项投入与产出指标平稳上升，其中投入指标中播种面积、灌溉面积和生产性支出，产出指标中的农产品产量、油料作物产量和生猪出栏头数，经历了2005—2006年的小幅下降趋势。农业机械总动力，农业用电与化肥使用量基本呈直线上升趋势，生产性支出和播种面积的变化表现呈波动上升，两者同样在2006年出现了下滑趋势，灌溉面积指标也在2006年出现了小幅下降。

2.3.2　2008—2011年为四川省农业产业化发展的超常态

在2008年至2011年的4年间，四川省的经济发展速度有所提高，出现了上述的多项指标增长速度的最大值。自2008年汶川地震以来，中央加大了对四川的各项政府投入，特别是雅安市、巴中市、甘孜阿坝等高原山地经济基础设施条件较为落后的地区更是加大了扶持力度。以雅安市为例，2007—2011年农业机械总动力的投入增长比例为7.5%、10.7%、8.6%和9.9%，保持在比较高的水平上。

2.3.3　2012—2014年为四川省农业产业化发展的新常态

经过几年的快速发展，从2011年开始由于灾后重建工作的大体完成，四川省农业投入产出的增长速度趋于平缓。这一时期充分体现了自2012年新一届领导班子的农业改革所释放的红利，经济发展保持了一个理性的稳定的增长态势：中高速、优结构、新动力、多挑战，这是四川省农业产业化所表现出来的新特征——即农业产业化的新常态。各市州的发展总体保持匀速进行，地处盆地平原地区的成都、绵阳、德阳和遂宁等城市继续发挥平原地理地形优势，加快推进城镇化；高原少数民族地区发挥优势产业——畜牧业；山地丘陵地区则增加了一些新型农业组织：比如绵阳市三台县新型农业经营体系的建设。截至

2014 年 3 月底，四川省各类新型经营主体总数达到 1557 家，经营主体拓展到了专业大户、家庭农场、农民专业合作社、农业产业化龙头企业、社会化服务组织，其中，各种经营主体数量分别达到了 832 户、120 户、407 家、86 家和 102 个。

3 四川农业产业化的投入产出效率分析

对效率评价的方法有很多，数据包络法（DEA）是广泛采用的方法。数据包络法（DEA）是运用数学工具评价经济模型的非参数规划方法，该方法不要求具体的分布假设和函数形式，不要求权重数，也不要求物理量纲的指标转换，适用范围广且计算简单，适合大部分情况下的效率分析，本面对四川省及各地市州农业产业化的经营效率分析采用数据包络法（DEA）。

3.1 模型原理

根据 DEA 模型原理推导出的结果为：

$$D^t(X^t,Y^t)=\min\theta.$$
$$(CCR)_{\text{s.t.}}\begin{cases}\sum_{j=1}^n X_j^t\lambda_j\leqslant X_k^t\\\sum_{j=1}^n Y_j^t\lambda_j\geqslant Y_k^t/\theta\\\lambda_j\geqslant 0;j=1,2,\cdots,m\end{cases}\tag{3-1}$$

$$D^{t+1}(X^{t+1},Y^{t+2})=\min\theta.$$
$$(CCR)_{\text{s.t.}}\begin{cases}\sum_{j=1}^n X_j^{t+1}\lambda_j\leqslant X_k^{t+1}\\\sum_{j=1}^n Y_j^{t+1}\lambda_j\geqslant Y_k^{t+1}/\theta\\\lambda_j\geqslant 0;j=1,2,\cdots,m\end{cases}\tag{3-2}$$

$$D^t(X^{t+1},Y^{t+1})=\min\theta.$$
$$(CCR)_{\text{s.t.}}\begin{cases}\sum_{j=1}^n X_j^{t+1}\lambda_j\leqslant X_k^t\\\sum_{j=1}^n Y_j^{t+1}\lambda_j\geqslant Y_k^t/\theta\\\lambda_j\geqslant 0;j=1,2,\cdots,m\end{cases}\tag{3-3}$$

$$D^t(X^t,Y^t)=\min\theta.$$
$$(CCR)_{\text{s.t.}}\begin{cases}\sum_{j=1}^n X_j^t\lambda_j\leqslant X_k^{t+1}\\\sum_{j=1}^n Y_j^t\lambda_j\geqslant Y_k^{t+1}/\theta\\\lambda_j\geqslant 0;j=1,2,\cdots,m\end{cases}\tag{3-4}$$

其中 X_j 指投入要素变量。Y_j 指产出要素变量。其中，λ_j 指第 j 个要素的权数。X_P 是指第 P 个投入变量。$D_t(X_t,Y_t)$、$D_{t+1}(X_{t+1},T_{t+1})$、$D_t(X_t,Y_t)$ 和 $D_{t+1}(X_{t+1},Y_{y+1})$ 都是不同时期的产出距离函数。

全要素生产率（TEP）可由技术变化和技术增长变化的乘积计算出来，具体的计算公式如下：

$$M_{t,t+1} = \left[\frac{D_t(X_{t+1},Y_{t+1})}{D_t(X_t,Y_t)} \times \frac{D_{t+1}(X_t,T_t)}{D_{t+1}(X_t,Y_t)}\right]^{\frac{1}{2}} \times \frac{D_{t+1}(X_{t+1},Y_{t+1})}{D_t(X_t,Y_t)} \qquad (3-5)$$

3.2 指标选取和数据来源

根据数据可得性、指标的代表性以及模型要求，选取了如表 5 所示的指标。具体而言，农林牧渔业总产值指标衡量了农业产业化的成果，选择粮食产量指标是因为四川省是粮食主产区，农林牧渔业从业人员指标代表了农业产业化的人力投入，农作物播种面积指标代表了农业产业化的土地投入，农业机械总动力指标代表了农业产业化的机械投入。本部分的数据来源于历年四川省统计年鉴。

表5 农业产业化经营效率的评价指标体系

类别	指标
产出	农林牧渔业总产值
	粮食产量
投入	农林牧渔业从业人员
	农作物播种面积
	农业机械总动力

3.3 模型计算结果

根据上述 DEA 模型原理以及选取的数据指标，使用 Deap2.1 软件对四川省农业产业化的经营效率进行计算，结果如下：

3.3.1 四川省农业产业化生产效率变动分析

在 2003—2014 年期间，四川农业的适当规模经营和资源合理配置使得四川省农业产业化经营效率维持平稳。而原本是经营效率发动机的科研投入却没有发挥应有作用，阻碍了四川省农业产业化经营效率的提高。

从表 6 可以看出，这 12 年间四川省农业产业化的全要素生产率的平均值为 0.863，而且有 10 年的全要素生产率大于 1，有 2 年的全要素生产率小于 1，这表明四川省农业产业化经营效率在 12 年间整体呈下降趋势，其中有 10 年的农业产业化经营效率呈上升趋势，有 2 年的农业产业化经营效率呈下降趋势。而且这 11 年间考虑科技进步后其生产效率下降了 13.7%。综合效率是对决策单元的资源配置能力、资源使用效率等多方面能力进行综合衡量与评价的指标。综合效率的平均值为 1.000，说明在这 12 年间四川省农业产业化的经营效率不升不降。纯技术效率是衡量资源配置效率的生产效率，纯技术效率的平均值为 1.000，说明由于资源分配均匀使得四川农业产业化经营效率维持平稳。规模效率是衡量企业规模因素影响的生产效率，规模效率的平均值为 1.000，说明由于规模经营水平没有改善四川农业产业化经营效率。技术效率是衡量科技水平的生产率，技术效率的平均值为 0.863，说明科研投入不足使得四川省农业产业化的经营效率没有提升，反而使得四川省农业产业化的经营效率下降了 13.7％。

表6 2003—2014 年期间四川省农业产业化经营效率变动情况

年份	综合效率	技术效率	纯技术效率	规模效率	全要素生产率
2003—2004	0.999	0.406	1.001	0.999	0.405
2004—2005	1.001	1.119	1.000	1.001	1.121
2005—2006	1.000	0.323	1.001	0.998	0.323
2006—2007	1.000	1.052	1.000	1.000	1.052
2007—2008	1.005	1.062	1.003	1.002	1.067
2008—2009	0.999	1.003	0.999	1.000	1.002
2009—2010	1.000	1.047	1.001	0.999	1.047
2010—2011	1.005	1.054	1.003	1.002	1.059
2011—2012	0.990	1.065	0.993	0.997	1.054
2012—2013	1.001	1.000	1.000	1.001	1.001
2013—2014	0.999	1.026	1.001	0.999	1.026
平均值	1.000	0.863	1.000	1.000	0.863

注：上述指标>1表示促进经营效率提高，<1表示阻碍经营效率提高。以下同此。综合效率＝纯技术效率×规模效率。

3.3.2 四川省分地区农业产业化经营效率变动分析

按照四川省人民政府办公厅关于印发成渝经济区成都城市群发展规划（2014—2020）和南部城市群发展规划（2014—2020 年）的通知的分类①，把四川省分为盆地平原地区、盆周丘陵地区、高原少数民族地区三个地区，并进行农业产业化经营效率变动分析，其中盆地平原地区包括成都、德阳、绵阳、乐山、眉山5个地市州，盆周丘陵地区包括自贡、泸州、广元、遂宁、内江、南充、宜宾、广安、达州、雅安、巴中、资阳12个地市州，高原少数民族地区包括攀枝花、甘孜、阿坝、凉山4个地市州。

1. 盆地平原地区农业产业化经营效率变动分析

在 2003—2014 年期间，盆地平原地区农业的合理资源配置和适当规模经营使得盆地平原地区农业产业化经营效率维持不变。而本应是经营效率的核心动力的科研投入缺

---

① 四川省人民政府办公厅. 成渝经济区成都城市群发展规划（2014－2020 年）和南部城市群发展规划（2014－2020 年）的通知［EB/OL］. http://www.cdpsn.org.cn/policy/dt202137446.htm.

位，阻碍了盆地平原地区农业产业化经营效率的提高。

表7 2003—2014年盆地平原地区农业产业化经营效率变动情况

地市州	综合效率	技术效率	纯技术效率	规模效率	全要素生产率
成都	1.000	0.963	1.000	1.000	0.963
德阳	1.000	0.829	1.000	1.000	0.829
绵阳	1.000	0.837	1.000	1.000	0.837
乐山	1.000	0.828	1.000	1.000	0.828
眉山	1.000	0.813	1.000	1.000	0.813
平均值	1.000	0.853	1.000	1.000	0.853

由表7可知，这12年间盆地平原地区农业产业化的全要素生产率的平均值为0.853，而且盆地平原地区包括的5个市州的全要素生产率都小于1，这表明盆地平原地区农业产业化经营效率在2003—2014年间整体呈下降趋势。而且这11年间考虑科技进步后其经营效率下降了14.7%，全要素生产率不高阻碍了盆地平原地区的农业产业化经营效率的提高。综合效率的平均值为1.000，这说明综合效率使得盆地平原地区农业产业化的经营效率维持不变。作为综合效率其中一个来源的纯技术效率的平均值为1.000，这说明由于合理资源配置使得盆地平原地区农业产业化经营效率维持平稳。综合效率另外一个来源的规模效率的平均值为1.000，这说明由于规模经营使得盆地平原地区农业产业化经营效率不增不减。技术效率的平均值为0.853，这说明科研不足阻碍了盆地平原地区农业产业化的经营效率的提升，致使盆地平原地区农业产业化的经营效率下降了14.7%。

2. 盆周丘陵地区农业产业化经营效率变动分析

在2003—2014年间，盆周丘陵地区的资源配置合理使得盆周丘陵地区农业产业化经营效率提高，但由于核心科研投入不足，阻碍了盆周丘陵地区农业产业化经营效率的提高。

从表8观察可知，这12年间盆周丘陵地区的农业产业化的全要素生产率的平均值为0.848，而且盆周丘陵地区包括的12个地市州的全要素生产率都小于1，这表明盆周丘陵地区农业产业化经营效率在2003—2014年间整体呈下降趋势。而且这12年间考虑科技进步后其经营效率下降了15.2%，全要素生产率不高阻碍了盆地丘陵地区的农业产业化经营效率的提高。综合效率的平均值为1.001，这说明由于综合效率的推力，使得盆周丘陵地区农业产业化的经营效率上升了0.1%。作为综合效率其中一个来源的纯技术效率的平均值为1.001，这说明由于合理资源配置使得盆周丘陵地区农业产业化经营效率上升了0.1%。综合效率另外一个来源的规模效率的平均值为1.000，这说明由于规模经营使得盆周丘陵地区农业产业化经营效率不升不降。技术效率的平均值为0.847，这说明科技研发滞后阻碍了盆周丘陵地区农业产业化的经营效率的提高，致使盆周丘陵地区农业产业化的经营效率降低了15.3%。

表8 2003—2014年盆周丘陵地区农业产业化经营效率变动情况

地市州	综合效率	技术效率	纯技术效率	规模效率	全要素生产率
自贡	1.000	0.858	1.000	1.000	0.858
泸州	1.000	0.831	1.000	1.000	0.830
广元	1.000	0.817	1.000	1.000	0.817
遂宁	1.000	0.867	1.000	1.000	0.867
内江	1.010	0.872	1.010	1.000	0.881
南充	1.000	0.848	1.000	1.000	0.848
宜宾	1.000	0.852	1.000	1.000	0.852
广安	1.000	0.828	1.000	1.000	0.828
达州	1.000	0.839	1.000	1.000	0.839
雅安	1.000	0.888	1.000	1.000	0.888
巴中	1.000	0.802	1.000	1.000	0.802
资阳	1.000	0.873	1.000	1.000	0.873
平均值	1.001	0.847	1.001	1.000	0.848

3. 高原少数民族地区农业产业化经营效率变动分析

在2003—2014年期间，高原少数民族地区农业产业化的合理规模经营使得高原少数民族地区农业产业化经营效率提高。而本应是经营效率的核心推力的科研投入缺位，阻碍了盆地平原地区农业产业化经营效率的提高。

表9 2003—2014年高原少数民族地区农业产业化经营效率变动情况

地市州	综合效率	技术效率	纯技术效率	规模效率	全要素生产率
攀枝花	1.000	0.870	1.000	1.000	0.870
甘孜	1.000	0.879	1.000	1.000	0.879
阿坝	1.000	0.963	1.000	1.000	0.963
凉山	1.000	0.835	1.000	1.000	0.835
平均值	1.000	0.886	1.000	1.000	0.886

从表9可以看出，这12年间高原少数民族地区的农业产业化的全要素生产率的平均值为0.886，而且高原少数民族地区包括的4个地市州的全要素生产率都小于1，这表明高原少数民族地区农业产业生产率在2003—2014年间整体呈下降趋势。而且这12年间考虑科技进步后其经营效率下降了11.4%，全要素生产率不高阻碍了高原少数民族地区的农业产业化经营效率的提高。综合效率的平均值为1.000，这说明由于综合效率的作用使得高原少数民族地区农业产业化的经营效率维持平衡。作为综合效率其中一个重要来源的纯技术效率的平均值为1.000，这说明由于资源配置恰当使得高原少数民

族地区农业产业化经营效率维持不变。综合效率另外一个重要来源的规模效率的平均值为 1.000，这说明由于适当规模经营使得高原少数民族地区农业产业化经营效率没有变化。技术效率的平均值为 0.886，这说明科技研发滞后阻碍了高原少数民族地区农业产业化的经营效率的提高，致使高原少数民族地区农业产业化的经营效率降低了 11.4%。

综上所述，盆地平原地区农业的合理资源配置和适当规模经营使得盆地平原地区农业产业化经营效率不变，盆周丘陵地区的资源配置合理使得盆周丘陵地区农业产业化经营效率提高，高原少数民族地区农业产业化的合理规模经营和适当资源配置使得高原少数民族地区农业产业化经营效率没有变化。三个地区都存在科研投入不足的问题，阻碍了农业产业化经营效率的提高。

3.3.3 四川省分阶段农业产业化经营效率变动分析

表 10 四川省分阶段农业产业化经营效率变动情况

阶段	综合效率	技术效率	纯技术效率	规模效率	全要素生产率
旧常态阶段 (2003—2007 年)	1.000	0.627	1.001	0.999	0.627
超常态阶段 (2008—2011 年)	1.001	1.034	1.001	1.000	1.036
新常态阶段 (2012—2014 年)	1.000	1.013	1.000	1.000	1.013

由表 10 可知，在旧常态阶段全要素生产率的平均值为 0.627，考虑科技进步后由于全要素生产率较低使旧常态阶段四川省农业产业化经营效率下降了 37.3%。综合效率的平均值为 1.000，这说明综合效率使得旧常态阶段四川省农业产业化经营效率不增不减。综合效率重要来源之一的纯技术效率的平均值为 1.001，这说明由于资源配置合理使得旧常态阶段四川省农业产业化经营效率上升了 0.1%。综合效率另一个重要来源的规模效率的平均值为 0.999，这说明由于规模经营不合理使得旧常态阶段四川省农业产业化经营效率下降了 0.1%。技术效率的平均值为 0.627，这说明科研不足阻碍了旧常态阶段四川省农业产业化的经营效率的提升，致使旧常态阶段四川省农业产业化的经营效率下降了 37.3%。综上所述，旧常态阶段四川省农业产业化的合理资源配置使得盆地平原地区农业产业化经营效率提高。而本应是经营效率核心动力的科研投入缺位，阻碍了旧常态阶段四川省农业产业化经营效率的提高。

从表 10 可以看出，在超常态阶段全要素生产率的平均值为 1.036，考虑科技进步后由于全要素生产率提高使超常态阶段的四川省农业产业化经营效率上升了 3.6%。综合效率的平均值为 1.001，这说明综合效率提高使得超常态阶段的四川省农业产业化经营效率上升了 0.1%。作为综合效率重要来源之一的纯技术效率的平均值为 1.001，表明资源配置合理使得超常态阶段的四川省农业产业化经营效率上升了 0.1%。综合效率另一个重要来源的规模效率的平均值为 1.000，这说明由于规模经营使得超常态阶段的四川省农业产业化经营效率不升不降。技术效率的平均值为 1.034，这说明科研投入提高致使超常态阶段的四川省农业产业化的经营效率提高 3.4％。综上所述，超常态阶段的四川省农业产业化的合理资源配置和提高科研投入使得盆地平原地区农业产业化经营效率提高。而适当规模经营使得四川省农业产业化经营效率不增不减。

如表 10 所示，在新常态阶段全要素生产率平均值为 1.013，考虑科技进步后由于全要素生产率提高使新常态阶段的四川省农业产业化经营效率上升了 1.3％。综合效率的平均值为 1.000，这说明综合效率使得新常态阶段的四川省农业产业化经营效率不增不减。作为综合效率重要来源之一的纯技术效率的平均值为 1.000，表明资源配置得当使得新常态阶段的四川省农业产业化经营效率维持均衡。综合效率另一个重要来源的规模效率的平均值为 1.000，这说明由于规模经营使得新常态阶段的四川省农业产业化经营效率维持不变。技术效率的平均值为 1.013，这说明科研投入提高致使新常态阶段的四川省农业产业化经营效率提升 1.3％。综上所述，新常态阶段合理规模经营、资源合理配置使得四川农业产业化效率不变，高科研投入使得四川农业产业化经营效率提高。

4 新常态下四川农业产业化发展模式创新

4.1 新常态下四川农业产业化发展模式面临的挑战

同全国一样，四川的农村改革先行于城市改革。在改革开放初期，利用"先试点再推广"的方式，在广大的农村施行了联产承包责任制，逐步放开农民生产与经营的自由权，取消或者改善一系列限制农业发展的农业税等政策制度，大大提升农民的生产积极性，推进农业产业发展，以粮食产量为例，四川省 1980 年粮食产量为 2599.7 万吨，而 2014 年这一数据已经增长为 3374.9 万吨。

农业虽然经历一系列改革，但依然没有从根本上改变原有的城乡二元体制，在城市工业化高速发展的同时，农业发展劣势表现得尤为突出。在分析四川农业传统模式时，考虑到我国制度的特殊性，在传统的二元经济结构模式中加入政府部门，形成三部门模式进行分析。

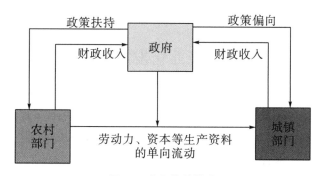

图 10 农业传统模式

在此模型中，农村部门与城市部门分别以农村居民和城镇居民为主体，而且他们分别代表着农产品市场的供给者和需求者。政府则扮演着更为复杂的角色：作为决策者，政府部门带领其他两部门实现整体发展；作为管理者，农业与非农产业发展速度的差异性需要政府部门积极协调；作为监督者，农业产业链各个环节的实现都需要政府予以监督。

在进入新一轮的发展阶段时，传统的农业产业化模式也不得不面临着新的挑战与困境：

1. 农产品供求矛盾的凸显

在传统的农业产业化模式中，农民追求的是短期利益最大化，而政府所希望得到的结果往往是粮食总产量的增加。然而随着生活质量的改善，人民早已改变了单一的饮食结构，市场需求呈现多样化。以城镇居民消费水平作为参考，2014 年四川省城镇居民人均食品支出为 6470 元，而该数据在 2000 年仅为 2014 元，增幅接近 2 倍。然而旧模式对市场需求，以及与产品质量和经济效益的联系都不能完全适应，农产品常常出现阶段性短缺或者滞销的现象。

2. 要素投入结构的改变

在传统模式中，农业产业增长主要依靠川内主要资本、资源、劳动力的大规模、粗放式投入，而技术进步的要素贡献率并不突出。然而随着工业化与城镇化的进一步完善，川内农村资本与资源，特别是剩余劳动力正向城市部门进行着大规模地转移，"人口红利"逐渐减少。川内农村劳动力共计 3324.30 万人，而从事第一产业的劳动力 1955.79 万人，农村劳动转移比大约为 41.17%。四川省省内大约 97.46% 的土地地形为山地、丘陵与高原。[①] 而四川省内大量的耕地处于山区地带，不利于推动机械化，农村大量耕地荒置，空心化日益严重等问题凸显，农业产出也必将受要素结构改变的影响。

3. 产业链利润分配偏离农民

农业产业链包括农产品生产、加工、流通、销售等各个环节，而传统的农业模式中，农民大多数只是单纯地负责农产品的生产，而生产环节往往只占农业产业体系价值构成中较小的部分，更多价值体现在加工、流通、销售环节。另外，由于中间环节的不规范，同一环节又会出现不同主体之间的流转，对产品利润进行层层剥削。因此，传统模式下的农业生产者所获得利润非常小，对农业生产的激励作用锐减。

4.2　新常态下四川农业产业化发展模式创新基本思路

2014 年四川省粮食产量共计 3374.9 万吨，同比减产 12.2 万吨，减幅达到 0.36%。在对粮食产量影响力中，种植面积对整体产能影响占 10% 左右，而亩产效率占比达到约 90%。[②] 可以看出，过去几十年实行的农业产业模式对四川农业整体的发展做出了突出贡献。然而，随着工业化发展、市场化改革的深入，传统的农业模式已经开始呈现出

---

① 母世杰. 四川省丘陵山区农机化发展现状与对策 [J]. 四川农机. 2009 (4)：8—10
② 2014 年四川省粮食产量 3374.9 万吨，仍位居全国第七位. 新华网四川频道 [EB/OL] http://www.sc. xinhuanet.com/content/2015—01/16/c_1114014281.htm

不能适应生产力发展要求的迹象。

我国现行的家庭联产承包责任制最大的特征在于将土地分成小块进行生产与经营，土地细碎化直接的弊端是不利于机械化的推进，"排斥了采用现代农业改良措施的任何可能性"。① 借鉴已有发展理论以及国外的先行经验，农业产业组织化将是农业发展模式改变的必然方向。参考国内外其他地区农业发展经验，对四川省自身农业产业化发展模式的创新可以从以下两个方面考虑：

（1）优化产业链，降低交易费用，调整整合各利益主体的纵向创新。为实现产业链上的经营主体一体化，在农业产业化进行转变的初期，重点应放在通过各类产品契约建立合理的经营主体之间的合作关系。具体地表现在不同的农业经营模式上，如"公司＋农户""公司＋大户＋农民""公司＋合作社＋农民""公司＋租赁农场"等组织形式，根据不同实际情况进行与之最适应的模式创新，将有效促进农业产业的发展。

（2）提升农业产业效率，实现规模收益的横向创新。在理想的经营规模下，农业产业不仅可以提高生产效率，带来内在规模收益；还能提升农业产业在市场中的竞争力，带来外部规模收益。而扩大现代农业经营规模的关键在于：充分促进生产要素的流动、大力促进农业技术的进步。②

4.3　新常态下四川农业产业化发展模式

4.3.1　盆地平原地区农业产业化发展模式

以盆地平原地区为核心的四川盆地中央区，由于其地理位置与地理地貌的优越性，交通、通信、经济实力、机械化程度等农业生产条件在全川始终处于绝对优势地位。这一地区地势平坦，利于大规模机械化的生产，2014 年盆地平原地区机耕面积达到 50.93 万公顷，占全省的 52％；地处城市郊区，便于利用城市工业化成果，也有利于农产品的后期加工、流通与销售，2014 年公路通车里程达到 28995 公里，货物周转量达到 237434 万吨/公里，高于全省其他地区；而且这一地区地势平坦，利于大规模机械化的生产。因此，在这一地区正逐步实现以农业产业园为代表的农业产业一体化的经营模式。在该地区，可以支持引导工商资本涉足并发展农业业务，也可以让农民成立综合农业企业，或者两者兼备的组织模式，使得其农业体系从生产、加工、流通与销售整个产业链都可以在同一地点实现。该地区的农业模式将是用现代综合农业企业替代传统小农生产的现代农业模式。

① 王朝明，徐成波. 中国农业生产经营体制创新的历史逻辑及路径选择——基于马克思恩格斯农业发展思想的视角［J］. 当代经济研究. 2013（11）：40－46

② 蔡海龙，农业产业化经营组织形式及其创新路径［J］. 中国农村经济，2013，（11）：4－11

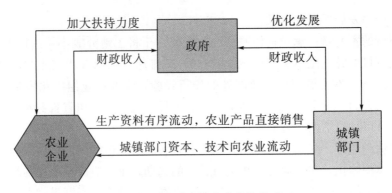

图11　平原地区农业产业化模式

4.3.2　盆周丘陵地区山区农业产业化发展模式

在盆地平原地区周围,围绕着地域广袤的丘陵山地,这里有着面积为228.08万公顷的耕地,占全省耕地面积的58.43%。这些地方没有盆地平原地区的区位优势,硬软件条件也相对落后,例如:丘陵山地地区机耕面积只有33.29万公顷,只占其耕地面积的14.60%,对比全川也只占所有机耕面积的33.90%,由此要想在这些区域实现产业链的一体化是具备一定难度的,在这些地方应该采取因地制宜的方式来整合产业链。

首先,城镇化趋势不可逆,大量的劳动力、资本等生产要素流向城市部门,造成山区农地的荒置,劳动力质量与数量的下降,山区农业规模化生产势在必行。其次,在组织山区农业生产组织化的基础上,政府可以积极引导城市部门的现代企业进入农业,或者鼓励农民自发组织产品加工等企业,实现生产与加工的整合。另外,在部分条件受限制、加工环节无法实现的地区,除推广发展生产环节的组织化与规模化外,可以使中间环节脱离农产品生产地,并致力于中间环节的整顿,理清利润分配机制,推动产业链各环节参与主体收入最优化。

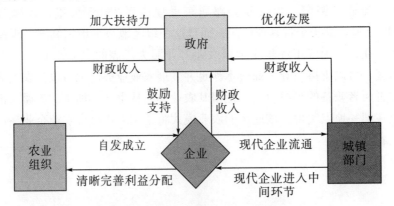

图12　盆周丘陵地区农业产业化模式

4.3.3　高原少数民族地区畜牧业产业化发展模式

四川省阿坝州、甘孜州等地区位于青藏高原东部的横断山脉,也就是"高原少数民族地区",这些地区是四川最大的畜牧业产区和生态屏障,肩负着生态保护与发展畜牧业的双重使命。① 然而近年来，由于高原地区经营方式的不完善，不少地区出现了植被荒漠化比较严重、牧民经济效益增长缓慢并存的双重不利局面。

首先，根据大卫·李嘉图的比较优势发展理论，高原地区应该依靠自身自然资源，集中发展其畜牧业。然而对高原地区的统计分析，畜牧业在其第一产业中占比仅为43.12%，而拥有川内11.4%耕地面积的高原地区，所生产的粮食产值仅占全省的8%，区域第一产业结构明显不合理。川西少数民族地区地处青藏高原边缘；森林和草场覆盖面积大、退耕还林、退牧还草潜力大；自然资源独特，民族文化浓郁；是四川生态环境最为脆弱的地区，生态环境保护压力大。有利于大力发展生态旅游和优势特色农产品和畜牧产品生产。

其次，大力推广现代畜牧业的科学生产技术。对高原地区农业产业化影响力分析，技术效率的平均值为0.938，这说明还需要从科技研发着手，从畜牧基地的科学建设到畜禽品种的科学安排，以及蓄养技术的开发与应用，产业前期规划、中期执行与后期服务都要体现其科学性，保证畜牧业产品的质与量，从而促进整个高原农业的产业化与市场化。

最后，着力打造区域优势品牌，努力打造"高原少数民族地区特色畜牧产业"。在发展川西牦牛等传统产业的同时，积极引进现代牛奶制品等成熟大企业，合作开发利用高原畜牧资源，走出一条"生态、自然"的高原产品路线。

5　新常态下四川农业产业化发展新动力及实现机制

5.1　新常态下四川农业产业化发展的新动力

结合新常态下的四川步入工业化中后期阶段的现状，以及四川农业产业的发展进程，可以将新形势下的农业产业化发展新动力总结为以下几点：

5.1.1　政府推进改革进一步释放"制度红利"

十八大报告将市场确定为资源配置的决定性力量，并在之后开始了新一轮更深入的市场化改革。政府推进在农村土地制度、农村金融制度、社会保障制度等方面的制度改革必将刺激生产要素的更合理流动，以及资源的优化配置，市场空间的扩大也将提高农业产业的效率，激励农业产业化进一步发展。

5.1.2　消费需求的改变促使农业产业市场化

随着人民可支配收入的增加、自身消费心理以及外部消费环境等因素的变化，目前消费者对农产品的消费需求特征已经不仅仅局限于对数量的基本要求，更追求产品质量的提高，以及其需求结构从单一变为更加多样。人们不同的消费需求，对农业产业不只

---

① 西部高校院所共促青藏高原生态建设和畜牧业发展［EB/OL］http://difang.gmw.cn/sc/2013－11/18/content_9514411.htm

是个挑战,更应该是其自身发展的机遇。农业产业化应该着力调整生产经营方式,丰富产品品种,建立农产品认证制度提升农产品安全性和产品质量。引导农业产业主体主动走进并适应市场,只有市场化才能带来更多的发展机遇与动力。

5.1.3 新型城镇化推进城乡一体化

参考发达地区低于20％的农村人口占比,在未来很长一段时间内,四川的工业化与城镇化还将持续,农村劳动力、资本等生产要素也向城镇部门持续流动。以城乡统筹发展为理念的新型城镇化有利于重新整合城乡资源要素,以科技创新推进传统农业向现代农业的转变,实现城乡一体化,农业产业化经营向集约化发展,提高农业生产经营效率。

5.1.4 一、二、三产业协调发展实现农业现代化

农业产业现代化发展需要资金、技术、市场的支持,因此,推动农业产业化要大力发展规模农业、精细农业和生态农业,以农业企业、农民专业合作社、家庭农场等形式提高农业组织化程度,重组产业链,建立一、二、三产业协同发展的新机制,最终实现农业现代化。

5.2 新常态下四川农业产业化发展新动力实现机制

5.2.1 新动力的发现、培育与释放机制

随着经济增长进入新常态,“城市反哺农村”初显成效,美丽新村建设“好评如潮”,如何更好地依托四川天然优势寻找到新常态下农业发展的新动力成为当务之急。四川作为一个盆地,有其独特的自然环境,针对以成都为代表的平原地区,以巴中、广安为代表的盆地丘陵地区,以甘孜、阿坝为代表的川西高原地区,不同地区在产业链的发展程度上存在明显的差异。就本研究中提到的制度改革、科研投入、技术支持等均应顾及四川不同类型地区的比较优势。只有把握住四川农业发展现状,抓住三个类型地区发展关键点,发挥地区优势,才能合理引导农业产业化发展,培育出强而有力的发展新动力,释放出积淀于农业中的强大发展力。

5.2.2 新动力发挥的市场主体及其作用

新常态下的四川农业产业体系中,城乡居民是现代农业产品的需求者,其需求特征表现为“量大、类多、质高”,农产品需求结构的改变是刺激农业产业发展的直接动力。生产环节中,组织化生产将会替代原先的小农生产模式,农业生产组织(农业公司、农场等)将替代农民成为农产品的供给者。农业生产的组织化不仅能提高农业生产效率,也有利于保证农产品生产质量。而原先的个体农民则需要相应地转换自己的角色:首先农民可以以土地经营权入股等方式成为新农业组织的股东,参与分红;同时,农民也可以作为劳动力个体受聘于新农业组织,挣取个人劳动工资,农民收入来源的增加有助于推动现代农民的培养和农业市场化的进程。

现代农业产业链上的加工、流通、销售等中间环节，不能再依赖于原先散乱无序的中间商，而应该交由分工明确、效率更高的现代企业完成。例如：加工环节可以由当地农业生产组织成立专门加工公司或者引进城市食品等加工企业；流通环节则可以交予遍布全国的物流公司；销售环节中，除去维护传统渠道外，农产品也能够并且应该进入互联网营销模式，利用互联网优势，分享互联网红利等。充分合理地将已经相对先进的工业化、城镇化成果应用于农业产业，实现有机互动，加快其实现现代化的步伐。

5.2.3 新动力市场机制的健全与完善

农业产业市场机制的健全和完善有利于提升整个农业产业体系，增加整个社会的经济效益。而其市场机制的健全依赖于所涉及的主体相互影响和相互作用的结果。

投入机制。在农业市场化建设进程中，各种矛盾都会得到体现：土地、资本等生产要素配置不科学，政府的公共化服务常常不能及时到位，农民整体素质仍然偏低、无法接受先进科学生产技术等，这一类情况的出现，表明了我们还需要建立健全投入机制，注重生态环境的改善，建立减量化投入模式。投入减量化是指农业生产的投入端，在保证生产运行的同时，尽最大可能减少要素的投入。农业生产的要素投入包括：土地、水、种子、肥料、农药、能源。为此，应该重点发展"六节"的减量化农业。"六节"即节地、节水、节种、节肥、节药、节能。四川省人口众多，人均资源有限，生态脆弱，更有必要采取投入减量化模式发展农业。

利益机制。市场机制的建立意味着各参与主体所追求的都是其自身利益，因此在农业市场体系中，市场化程度将决定着各主体所关心的风险承担程度以及利益分享比例。科学合理的利益分配机制也将有助于农业市场化的实现。

约束机制。农业市场化在增加各参与主体的同时，也加大他们承担的市场风险。农业产业链上的任一环节出现不利于市场化的行为，都会对其他环节主体的利益造成侵害。因此，在农业市场化进程中，适当的约束机制为整个产业体系的良好运转提供保障[①]。

农产品认证和安全生产机制。我国于2005年实行了有机产品认证制，但在实施的过程中由于认证成本高，社会诚信的缺失，有机认证出现"叫好不叫座"的现象。因此，应制定切实可行的具体措施，对有危害食品安全行为的生产经营主体，实行不良行为记录、失信信息共享、诚信约谈、向社会公示、实施重点监管和推行行业禁入等，放大失信违法成本。通过常态化食品安全黑白名单管理，推动形成守信受益、失信必损，一处失信、处处受制的利益导向和明信知耻、惩恶扬善的道德风气，全面提高四川省食品安全的诚信水平。将抓好源头治理，开展产地分级分类管理，净化产地环境，下力气解决高度剧毒农药违规使用、抗生素激素滥用、非法添加有毒有害物质等突出问题；以龙头企业、农民合作社、家庭农场、种植大户为重点对象，以菜篮子产品为重点，开展标准化生产、规模化养殖示范创建活动，同时稳步发展无公害农产品、绿色食品和有机

---

① 杨春梅，郑继兴. 现代农业市场化体系构建与运行机制［J］. 商业经济，2010，9：32—34

食品①。

5.2.4 新常态下的政府作用及政策保障

一直以来，政府在宏观调控中扮演着至关重要的角色，自经济步入新常态时期，如何更好地形成农业产业化发展新动力，也成了一个重要的课题。在四川省不同时期、不同区域的农业产业模式中，政府始终占据着重要位置，其对四川农业的发展有着重要作用与意义。当农业在工业化的浪潮中逐渐显露其劣势时，政府是维护其继续发展的重要力量。政府对农业的扶持，主要表现在其财政补贴保障、农民生产保障、适度产业保护以及以工促农等众多政府政策制度上，政府通过这一系列支农政策，保护、激励着农业的生产与经营。在整体经济发展的一定阶段，四川省步入"新常态"的特殊历史时期，政府应该统筹全局，实事求是、因地制宜地实施科学有效的农业政策，使政府职能能真正得以体现。

加大财税政策支持，扶持龙头企业。以成都为代表的盆地平原地区，因其发展程度较其他地区更为成熟，在产业链中也能做到生产、加工与销售一体化，在此地区应致力于引进扶持现代涉农企业，支持农业产业一体化将会有效的带动农业产业化发展，为新常态下的经济社会发展贡献力量。一是支持原有龙头企业开展基地建设、建立研发机构、进行技术和设备改造、节能减排，逐步壮大自身规模；二是适当给予涉农企业财税优惠政策，鼓励现代企业涉足农业产业，充分利用其已有资金、设备等资源发展农业。

增加技术支持，促进盆地丘陵地区农业产业化，稳定农民就业。这些地区没有明显的区位优势，农业水平落后于平原地区，政府首先应集中于改善其交通、通信等基础设施，保证农业信息、生产资料、农产品等更顺畅地流通与交换；政府支持以农业大学、农业研究所、区域农业试验站为核心的农业科研体系的发展，并及时推广高效率的农业科技，改善四川山区农业科研乏力的局面；科学引导山区生态移民，放宽土地等生产要素资源交易，合理整治山区农村空余宅基地与撂荒地，鼓励农业生产经营的规模化与组织化；政府以利益为诱导，充当城市企业与农业生产组织的牵头人，促成并监督农业产业链中间环节各主体之间的契约关系。

因地制宜，着力发展高原地区绿色生态畜牧业。高原地区由于其特殊的自然禀赋，其发展途径应该有别于省内其他地区：这些地区由于粮食种植业效率较低，应将畜牧业培养发展为区域优势特色产业。政府应该力主推广建设现代高原牧场，促进高原牧民与现代畜牧产业公司的合作关系，用科学饲养技术取代原有的自然放牧，提升高原畜牧业的产出水平和整体质量。

---

① 周伟. 我省将出台食品安全黑白名单制度［N］. 四川日报，2015-08-12

新常态下保障四川粮食安全的新动力研究

四川作为农业大省、人口大省和全国 13 大粮食主产区之一，是全国最大的粮食消费大省，仅次于广东的第二大粮食调入大省，必须高度关注本地的粮食安全。当前，经济发展进入新常态，粮食安全问题也进入一个新常态。一是粮食生产投入要素结构出现深刻变化。耕地资源减少、质量下降，化肥、农药、农膜等超出合理水平，农村劳动力结构性短缺加剧，劳动力、资金等生产要素从农村向城市单向流转开始向城乡双向流动转变。二是粮食消费需求结构快速转变。大批供给粮食的农民转变为消费粮食的市民，饮食结构从温饱型转向小康型，人均口粮消费量趋于下降而饲料转化和食品加工用粮大幅增加。三是粮食支持政策结构悄然转型。粮食产业支持政策从均等化转为向重点区域和重点环节倾斜，从普惠制向精准化转型。经济社会发展过程中耕地减少不可避免、"非农化"和"非粮化"趋势难以逆转、农药和化肥等再增无益甚至有害、粮食生产资源和环境承载能力双重制约、粮食价格和补贴遭遇双重上限、增加粮食产量和提高粮食品质双重需求均要求转变生产方式、调整生产关系。在新常态下，维护全省粮食安全的原动力正在逐步减弱甚至消失，必须要有寻找到新的动力才能实现保障粮食安全的目标。

一、新常态对四川粮食安全的影响

习近平总书记说："中国经济呈现出新常态。"经济新常态下粮食安全也呈现出新常态。从全国来看，我国粮食正呈现生产量、进口量、库存量"三量齐增"的反常现象，在我国资源环境约束日益加大、粮食供求长期处于紧平衡和国内粮食生产成本快速攀升、粮食价格普遍高于国际市场的情况下，要把饭碗牢牢端在自己手上面临着诸多挑战。在新常态下，粮食安全不仅包括总量安全，还包括质量安全、结构安全和生态安全。因此，四川粮食安全包括四个方面的要求：一是增加粮食产量，保障供给，实现总量供求平衡；二是提高粮食质量，保证品质，满足城乡居民吃得安全；三是实现食物结构平衡，优化种植结构，最大化利用耕地资源和光热资源；四是确保生态安全，转变资源环境利用方式，促进粮食产业可持续发展。因此，四川粮食问题与全国相比虽然具有一些自己的特征，但新常态是全国所处的大环境，新常态下的主要特征必将对我省粮食安全产生深远影响。

（一）增长速度放缓对四川粮食安全的影响

新常态下经济发展速度从高速增长转为中高速增长，这意味着经济增长速度放缓，对于粮食安全而言，将产生两个方面的影响。一方面，经济增速放缓将降低对粮食的间接需求，减轻保障粮食安全的压力。从全球范围来看，经济下行将导致燃料酒精、生物柴油等生物能源的生产利润下降，从而减少对用作生物燃料的玉米等作物的需求；从国内来看，经济下行将减少白酒、饲料等行业对粮食的需求，而我省是白酒大省和生猪调出大省，生产白酒和饲料所需粮食总量较大，经济增速放缓对此影响较大。另一方面，经济增速放缓将压缩粮食的盈利空间，提高耕地非粮化比例。整体经济增速放缓导致房地产等行业不景气，工商资本投向农业、农村的意愿增强，现有数据表明，工商资本进入农业从事粮食生产经营的极少，流转土地大多用于非粮产业甚至是非农产业。2013年全省家庭承包耕地流转总面积为1360.68万亩，其中流转用于种植粮食作物的面积仅为443.35万亩，仅占流转总量的32.58%。此外，土地价格、人工成本持续上升将进一步压缩粮食的盈利空间，对于稳定粮食播种面积和产量极为不利。

（二）需求结构升级对四川粮食安全的影响

随着城镇化进程的持续推进，农村人口持续向城镇转移，生活水平提高和膳食结构改善，消费从"吃得饱"向"吃得好""吃得健康"转型，虽然人均口粮消耗量呈下降趋势，但需粮食转化而来的肉蛋奶等消费需求增加，尤其是四川饲料、酿酒等加工转化用粮将成为拉动四川粮食消费增长的重要引擎和粮食供需缺口的重要来源，加上对粮食等食品的品质要求不断提高，保障粮食数量和质量安全的压力进一步加大。四川2014年的城镇化率为44.90%，比2006年提高10.6个百分点，仅2014年全省就有70万农业转移人口在城镇落户。以宜宾为例，作为全国大型酿酒基地，该市规模以上白酒企业年产量在40万吨以上，每年粮食需求在120万吨以上，大量从省外调进或国外进口。

（三）支持政策调整对四川粮食安全的影响

国务院2015年1月发布了《关于建立健全粮食安全省长责任制的若干意见》，我省也于6月出台了《四川省人民政府关于贯彻落实粮食安全省长责任制的意见》，把粮食安全责任落到实处。在新常态下，虽然国家重要会议以及文件均表示要确保农业投入只增不减，但汪洋副总理在2015年中央农村工作会议上明确表示，要"大家都懂得'大河没水小河干'的道理，得有过紧日子的思想准备"。就四川而言，在新常态下，财税收入下行压力更大，因此，不可能与前几年一样实现农业投入尤其是粮食产业投入的大幅持续增长。汪洋副总理同时也强调，要"把资金管理好、整合好，取消无用无效的、减少重复低效的、堵住跑冒滴漏的，集中用于关键的地方，有效改善资金的配置方式"。同时，将继续实施种粮农民直接补贴、良种补贴、农机具购置补贴、农资综合补贴等政策，2015年一号文件还明确提出"强化对粮食主产省和主产县的政策倾斜"。这意味着漫灌式支持政策将成为过渡，而精准扶持将成为新常态。我省正在进行粮食直补改革试点等改革，并通过落实粮食安全省长责任制，加快构建以基本农田划定、高标准农田建设、粮食新型经营模式、梯级粮食储备新机制、粮食仓储物流设施建设、新型粮食流通业态和发展粮油食品产业集群等为主的粮食安全保障体系，从而有助于提高全省粮食安全的系统性保障能力。

（四）发展动力转换对四川粮食安全的影响

在新常态下，经济发展动力"从要素驱动、投资驱动转向创新驱动"。在城乡要素流转加剧的情况下，虽然城市人才、工商资本开始向农业农村流动，但从目前的情况来看，仍然处于劳动力、资金等要素从农村向城市、从农业向二、三产业大规模净流动的态势。一方面，大规模依靠农药、化肥、除草剂等要素投入增加粮食产量的路径不仅不可持续，甚至对粮食质量安全造成严重的负面影响。另一方面，由于粮食产业的弱质性特征突出，工商资本进入农业农村流转土地的"非农化""非粮化"比重大，而且对普通农户形成较为明显的"挤出效应"。因此，维护粮食安全迫切需要创新驱动。目前不论是以粮食生产、储运、加工技术等为重点的生产技术创新，还是以粮食生产经营业态、组织形式、利益联结机制等为核心的生产关系调整均与现实需要具有明显的差距。所以，发展动力转换可能造成旧动力丧失、新动力缺失并存的局面，从而导致保障粮食安全动力不足。

二、四川粮食安全新形势

在新常态下，四川粮食安全问题更为复杂，粮食安全问题既呈现出新的特征，又面临着新的挑战和机遇。总体而言，保障四川粮食安全面临着更为严峻的形势。

（一）四川粮食安全问题呈现的新特征

1. 粮食增速低于全国平均水平且增长势头逆转

长期以来，四川作为西南的重要粮仓，在保障全省市场供应和工业等用粮的同时，每年都要向重庆、云南、贵州、西藏等周边省（区）提供大量商品粮。近年来四川粮食紧平衡特征十分明显。到 2014 年，全国粮食总产量达到 60709.9 万吨，实现"十一连增"，而四川作为西南地区唯一的粮食主产省，全年粮食总产量只有 3374.9 万吨，比2013 年减产 12.2 万吨，减幅为 0.4%，结束连增势头（见表1）。即使在四川粮食连增期间，总体增速也低于全国水平。从 2007 年到 2013 年，四川粮食实现"七连增"期间，总产量从 2859.8 万吨增加到 3387.1 万吨，累积增长 18.44%，同期全国粮食总产量累积增长 20.86%，增速比全国水平低 2.42 个百分点。

表1　2006－2014 年四川粮食总产量

单位：万吨，%

年份	2006	2007	2008	2009	2010	2011	2012	2013	2014
数量	2859.8	3026.9	3140.3	3194.7	3223.5	3292.3	3315.7	3387.1	3374.9
同比增减	−16.1	5.9	3.7	1.7	0.9	2.1	0.7	2.2	−0.4

数据来源：《2014 年四川省国民经济和社会发展的统计公报》《四川统计年鉴 2014》。

2. 粮食播种面积稳定单产水平影响大

2007 年以来全省粮食"七连增"期间，全省粮食播种面积一直稳定在 640 万公顷

以上，虽然播种面积有一定的波动，但波动幅度很小。期间粮食播种面积最高为2013年的646.99万公顷，最低为2010年的640.13万公顷，差值仅6.86万公顷，仅占总面积的1%（见表2）。全省粮食单产水平和播种面积中，单产水平是全省粮食总产的主要影响因素。从2014年的情况来看，亦是如此。2014年全省全年粮食面积646.74万公顷，仅比2013年减少不到0.04%，因此，面积对全年粮食产量的影响仅占一成左右，单产下降的影响则占九成左右。单产下降是耕地质量下降、自然灾害等诸多因素综合作用的结果，其中最为主要的是普通农户疏于管理，"种懒庄稼"所致。

表2　2006—2014年四川粮食播种面积

单位：万公顷

年份	2006	2007	2008	2009	2010	2011	2012	2013	2014
面积	644.9	643.76	642.2	641.38	640.13	643.7	646.54	646.99	646.74

数据来源：《四川统计年鉴2014》。

3. 产粮大省从粮食净调出省转变为粮食净调入省

1959年至1961年连续三年全国饥荒期间，四川外调粮食147亿斤。20世纪90年代以后每年净调入粮食均在100亿斤左右，在全国粮食中心逐步北移的过程中，四川从"总量平衡、丰年有余"的格局逐步过渡到"紧平衡"。近年来，四川粮食调入量大幅增加，2011年的粮食净调入已达1150万吨，2013年省外调入粮食达1419万吨。四川粮食安全形势出现根本逆转，从过去的紧平衡状态转变为仅次于广东的第二调入大省。

4. 粮食结构性矛盾突出

从产出结构来看，2014年全省谷物类粮食作物减产，而豆类和薯类作物增产，其中稻谷和玉米分别减产23万吨和10.5万吨、薯类增产14.8万吨。在马铃薯纳入主粮的大背景下，四川作为全国马铃薯优势种植区之一，2014年四川马铃薯增产11万吨，增产3.9%，占全国60.3万吨增量的17.46%，比全国同期3.39%的增幅高0.51个百分点。从消费结构来看，随着城镇化进程的持续推进，农村人口持续向城镇转移，生活水平提高和膳食结构改善，消费从"吃得饱"向"吃得好""吃得健康"转型，虽然人均口粮消耗量呈下降趋势，但需粮食转化而来的肉蛋奶等消费需求增加，尤其是四川饲料、酿酒等加工转化用粮成为拉动四川粮食消费增长的重要引擎和粮食供需缺口的重要来源，加上对粮食等食品的品质要求不断提高，进一步加大保障压力。四川2014年的城镇化率为44.90%，比2006年提高10.6个百分点，仅2014年全省就有70万农业转移人口在城镇落户。以宜宾为例，作为全国大型酿酒基地，该市规模以上白酒企业年产量在40万吨以上，每年粮食需求在120万吨以上，大量从省外调进或国外进口。

5. 产粮大县稳粮增粮压力加大

全省产粮大县在保障粮食安全上呈现出四个特征：一是粮食总产占比大，二是粮食增产贡献大，三是粮食商品化率高，四是粮食发展潜力大。根据国家统计局四川调查总队首次发布的产粮大县调查结果，全省183个县（市、区）中，82个国家产粮大县粮食产量2790.8万吨，占全省粮食总产量3387.1万吨的82.4%。但是，产粮大县发展

48

相对滞后却是不争的事实，对提高产粮大县发展粮食的积极性和能力极为不利。一是粮食产业经济效益低、税收贡献小导致发展粮食产业成为"亏本买卖"。一方面，普通农户种粮收入远低于务工收入，宏观上国家要确保粮食安全和农民依靠种粮增收积极性低的矛盾十分突出。根据国务院发展研究中心副主任韩俊的研究数据表明，2009 至 2011 三年期间，全国三种主粮的平均收益只有 223.4 元/亩，粮食种植实际收益增长缓慢，甚至出现负增长。由于粮食价格基础水平低、涨幅小，对农民的吸引力小（见表3）。另一方面，产粮大县发展粮食产业的资金支出多收益小，县地方政府"亏本买卖"难以持续。二是由于发展所需土地约束大、粮食产业经济贡献小、农村基础设施欠账多等因素的叠加作用，产粮大县工业化城镇化发展受限导致县域经济社会发展遭遇"雪上加霜"。三是政策制度逆向激励导致产粮大县在区域发展竞争上陷入"恶性循环"，就产粮大县内部而言，是"粮食贡献越大、承担义务越多，粮食生产越多、财政负担越重"；就产粮大县外部而言，是"产粮大县支持销粮大县、穷县补贴富县"。如产粮大县（市）广汉市 2013 年在地方财政收入 33.55 亿元、财政总支出 49.3 亿元的情况下，本级财政还安排资金 68 万元用于种粮大户补贴。这些补贴实际上随着粮食从产粮大县调往销粮大县的过程悄悄地"转移支付"给了销粮地，而粮食生产地却未能获得粮食销售地相应的利益补偿，导致粮食主产区与主销区在社会责任和发展利益再分配中的不平等，加剧区域发展的不平衡。

表3　三等籼稻（每50公斤）最低收购价

单位：元

年份	2008	2009	2010	2011	2012	2013	2014
早籼稻	75	90	93	102	120	132	135
中晚籼稻	76	92	97	107	125	135	138
粳稻	79	95	105	128	140	150	155

数据来源：国家发展和改革委员会网站。

（二）保障四川粮食安全遭遇的新挑战

保障粮食安全，四川不仅面临着人口增长、土地匮乏、水资源紧缺等传统因素的制约外，还面临着资源环境双重"紧箍咒"、粮食收购价格和补贴政策"天花板"等全国性的新挑战，而且还面临着自身经济社会结构变化带来的新挑战。如何在多重挑战下保障粮食的数量和质量安全、短期和长期安全，是亟待破解的难题。

1. 粮食生产的微利性与增加农民收入矛盾更加突出

四川作为传统农业大省，农民人均收入水平较低。2014 年，全省农民人均纯收入为 8803 元，比全国平均水平低 1089 元。生产粮食所需的种子、农药、肥料和人工成本不断快速上升与粮食价格低位缓慢增长形成了鲜明的对比。在粮食收购价格和补贴政策遭遇"天花板"的情况下，生产粮食的盈利能力将进一步下降，微利性特征将更为明显。普通农户种粮一年的收入甚至不如外出打工一月的收入。即使在成都平原的现代粮食产业基地核心区——连山镇，一年两季粮食规模种植的亩平纯收入也只有 387 元。加上务工收入水平相对较高，粮食生产对农民增收的作用和贡献小，普通农民种粮积极性不断下降，种粮目的从"商品化"向"自给型"倒退。

2. 农地关系快速调整与粮食补贴政策偏差矛盾加剧

为了稳定粮食产能，我国从十年前开始逐渐建立粮食生产补贴体系，但是目前很多补贴属于"黄箱"范围，按照WTO的规定，"黄箱"综合支持量不得超过总产值的8.5%，而目前对小麦、玉米和稻谷等的支持已接近8.5%的上限，粮食补贴体系不仅遭遇到补贴总量已达极限的制约，而且还面临着补贴对象瞄准性差、农民受益有限等多种尴尬。随着农村人口的持续快速流动和产权制度改革的深入推进，据四川省农经总站的统计资料显示，通过出租、转包、转让、互换和股份合作等方式，2013年全省家庭承包耕地流转面积达已占全省家庭承包经营耕地总面积的23.3%，若加上农户通过赠与等方式而未纳入统计的流转面积比例将更高。人地关系快速调整与原有"普惠制"补贴政策的矛盾加剧，导致农民把这些补贴当成是一种土地常规收益，而且承包户不管是种田还是抛荒都能获得，不少农民即使抛荒也不愿低价流转，导致促进粮食生产的政策激励刺激作用在递减甚至形成"逆向激励"。

3. 传统生产模式快速瓦解与新型农业经营主体培育滞后的双重矛盾

四川是人口大省也是劳动力输出大省，在全省城镇化和工业化快速推进的大背景下，农村"空心化"、农业"兼业化"、农民"老龄化"问题尤为突出。目前大多数农村区域实际务农的劳动力平均年龄高达60岁左右，导致农村家庭由多种经营向单一经营转变，为自食而种地引致商品经济向自给经济倒退，结果是农业的兼业化和粗放化不断发展。仅2013年，四川纯农户减少7.9万户，传统一家一户的超小规模经营模式快速衰退。与此同时，虽然种粮大户、粮食生产专业合作社等处于增长态势，但总体而言发展十分滞后，而且在新型农业经营主体中占比低。2013年，四川从事粮食产业的家庭农场有1500家，仅占全省家庭农场总数的23.93%；从事粮食产业的合作社有2050家，仅占全省合作社总数的5.76%，今后"谁来种粮""如何种粮"的问题十分严峻。

4. 粮食规模化经营与土地非农化、非粮化并存

当前全省农业正处于加速转型的关键期，传统农业能否顺利实现向现代农业的历史性跨越，从根本上看取决于土地流转和适度规模经营的进程是否能够平稳有序地推进。粮食适度规模经营不仅有利于提高粮食的生产效率和粮农的经济效益，也更有利于提高粮食品质、保障粮食质量安全。随着土地流转的快速推进，大量工商资本进入农村，一些地区"非农化"和"非粮化"现象严重，典型调查显示，外来业主流转耕地从事农业生产活动的，主要是种植蔬菜、瓜果、药材等附加值更高的经济作物，更有甚者打着休闲农业、观光农业的旗号改变土地用途，导致用于生产粮食的耕地大量减少，"非粮化"与土地流转相伴、非粮化比例大幅高于土地流转比例的特征十分明显。2013年全省家庭承包耕地流转总面积为1360.68万亩，占全省家庭承包经营耕地总面积的23.3%，其中流转用于种植粮食作物的面积仅为443.35万亩，仅占流转总量的32.58%。

5. 农户家庭储粮"蓄水池"功能快速弱化

实行粮食仓储是国家实施粮食宏观调控、保障粮食安全的重要途径，而我国目前实

行的是中央储备、地方储备和农户自储三级粮食储备制度。由于种粮农户减少、产量减少以及市场购买方便程度增加和更换高品质粮食等因素的影响，农民家庭储粮普遍呈显著减少趋势，原有的分散和减弱粮食安全压力的"蓄水池"作用迅速减弱。农民把"米缸"建在市场上，不仅加大了粮食安全的平衡矛盾，也加剧了中央和地方粮食收储的压力。粮食政策性收储成为市场收购的主渠道，粮食储备的仓容压力加大，储备粮收购贴息、轮换亏损的财政压力巨大。

（三）保障四川粮食安全面临的新机遇

在新常态下，保障粮食安全面临着诸多新挑战，但同时也面临着许多新机遇。因此，既要沉着应对挑战，主动适应新常态，更要抢抓机遇，争取引领新常态。

1. 粮食支持政策含金量提高的机遇

中央一号文件连续十二年关注"三农"工作，党的十八大和十八届三中全会都将粮食安全问题纳入治国安邦的重要内容，把保障粮食安全列为今后一个时期的首要任务。在经济总体形势持续下滑的严峻形势下，依然保持农业补贴政策连续性和稳定性，并调整改进"黄箱"支持政策，逐步扩大"绿箱"支持政策实施规模和范围，而且还将强化对粮食主产省和主产县的政策倾斜。四川作为全国 13 个粮食主产省区之一，必将得到更多的政策倾斜。

2. 深化改革释放红利的机遇

四川在深入两化互动城乡统筹战略的过程中，不断拓展城乡统筹和农村改革试点范围，一方面，改革将加剧农村人口"老龄化"，由此形成的"老龄农化"既可能是挑战，也可能是低成本适度规模经营的重要途径。另一方面，随着农村产权制度改革、供销合作社综合改革、农村金融体制改革、农村户籍制度改革以及城乡要素自由流动和基本公共服务均等化配置等改革内容的协调推进，将为培育新型经营主体、转变粮食生产经营方式、优化粮食区域布局等创造更加良好的制度条件。

3. 新型经营体系构建的机遇

构建新型农业经营体系是破解"谁来种粮""如何种粮"难题的有效渠道。四川是全国农村土地承包经营权确权登记颁证整体推进的 3 个试点省之一，也是西部唯一的省份。四川在农村劳动力稀缺、传统小农经营模式快速瓦解的背景下，不断加大新型农业经营体系建设力度。2014 年，四川省委办公厅、省政府办公厅联合下发《关于加快构建新型农业经营体系专项改革方案》，为促进家庭经营、集体经营、合作经营、企业经营共同发展，构建以家庭经营为基础、合作与联合为纽带、社会化服务为支撑的现代农业经营体系提供强有力的支撑。

4. 粮食消费需求升级的机遇

粮食消费需求升级对于保障粮食安全而言既是挑战也是机遇。有需求才有供给，有市场才有生产，粮食消费需求的转型升级必将带动粮食产业的转型升级。随着生活水平的提高，加上全省农村人口快速向城镇转移，粮食消费需求必将升级，质量安全将逐步上升为粮食供求的主要矛盾。这既提高了对粮食安全工作的要求，也为促进粮食种植结构的调整和粮食生产经营方式的转变提供了强大的动力，将加快粮食生产从依赖农药、化肥和土地、水资源过度使用的发展路径向绿色、健康、安全、可持续的发展路径转变。

三、维护四川粮食安全的原动力再认识

动力是一切力量的来源。粮食产业作为弱质产业，劳动力投入量大，利润率低，长期以来，在粮食消费需求持续刚性增长的情况下，主要是三大动力支撑着粮食产量的增长，从而维护着四川的粮食安全。

（一）产粮增收解温饱

在传统的经营模式下，土地是农户赖以生存的基本生产资料。"民以食为无"，在"温饱问题"是群众面临的主要问题时，发展粮食最核心的动力就是解决温饱问题，因此，在有限的土地资源上，农民主要以种植粮食作物为主，而以种植经济作物为辅。种植粮食既是农户解决温饱问题的首选，也是增加收入的主要来源。虽然随着生活水平的提高，农业种植不断调整，粮食播种面积在农作物总播种面积中的比例不断变化，但到目前为止，粮食播种面积仍然占到农作物总播种面积的三分之二。1952 年，四川粮食播种面积为 686.1 万公顷，在农作物总播种面积中占比高达 81.7%，到改革开放之初的 1979 年，粮食播种面积达到历史最高值 762.3 万公顷，农作物总播种面积中粮食播种面积也达到 85.5% 的最高值。

随着农民收入的多元化，粮食在农民收入中所占比例急剧降低。2014 年，四川农村居民人均纯收入 8803 元，比 2013 年增加 908 元，同比增长 11.5%，家庭经营纯收入为 3571 元，比 2013 年仅增加 250 元，增长 7.5%，家庭经营纯收入在收入中仅占 40.6%，比 2005 年的 61.6% 相比下降 21 个百分点。随着食物来源的多元化，粮食（原粮）的人均消费量也趋于下降，2013 年，全省农村居民人均粮食（原粮）消费量为 154.3 千克，比 2005 年 222.4 千克的人均消费水平减少 68.1 千克，降幅达 30%。在以上两大因素的共同作用下，加上农村的老龄化特征和粮食的微利性特征，农户种粮增收解温饱的动力不复存在，农户种粮行为从解困增收向为自食而种转变，从而引致粮食从商品经济向自给经济倒退。

（二）农药化肥促增产

家庭联产承包责任制和杂交水稻的推广是促进增加粮食供给的重要动力，然而，长期以来维持粮食增产的主要动力则是农药化肥的大量施用。以化肥为例，1952 年，四川全省化肥施用量仅为 0.4 万吨，到 1978 年增加到 52.5 万吨，随着近年来农村劳动力的减少，加上长期施用化肥带来的依赖性，在农家肥施用量大幅减少的同时，化肥的施用量激增，到 2013 年，全省化肥施用量达到 251.1 万吨，是 1952 年化肥施用量的 600 多倍，施用强度达到 628.7 千克/公顷，是国际公认的化肥施用安全上限是 225 千克/公顷的 2.8 倍。农药化肥的大量施用甚至是超量施用一方面维系着粮食产量的稳定，但另一方面却带来了土壤酸化和板结严重、地下水污染、空气污染和农产品农药残留超标、

品质降低等一系列严重问题，严重透支了土壤肥力和生态环境。

在资源环境双重"紧箍咒"的制约下，再增加农药化肥的投入不仅无益，甚至有害，不能再依赖农药、化肥和土地、水资源过度使用的发展路径；在粮食消费需求升级，质量安全逐步上升为粮食供求主要矛盾的形势下，不能再注重粮食数量而轻视粮食质量。在上述两大因素的叠加影响下，粮食生产必须从依靠拼资源消耗、农资投入和生态资源的粗放经营转变向绿色、健康、安全、可持续的发展路径，注重提高质量和效益。

（三）分解任务缓压力

在粮食体制改革过程中，形成了粮食主产区、产销平衡区和主销区三大功能区，其中，四川、黑龙江、吉林、辽宁、内蒙古、河北、江苏、安徽、江西、山东、河南、湖北、湖南等13个省区市被确定为粮食主产区，山西、广西、重庆、贵州、云南、西藏、山西、甘肃、青海、宁夏和新疆等11个省区被确定为产销平衡区；北京、天津、上海、福建、广东、浙江和海南等7省市为粮食主销区。因此，在维护全国粮食安全的责任中，13个产粮大省被赋予了更重的任务。2013年，13个产粮大省粮食产量占全国粮食总产量的76%。

然而，这样的任务分解却加剧了全国粮食安全紧张局势。一方面，全国13个主产区中，只有黑龙江、吉林能够持续地提供异地农业资源，而其他地区，由于土地、水资源等农业生态的恶化，提供异地农业资源已经勉为其难。四川作为13个产粮大省之一，不仅从粮食净调出省转变为粮食净调入省，而且从过去的紧平衡状态转变为全国仅次于广东的第二调入大省。另一方面，产销区划分带来的后果还包括中央财政的涉粮投入和补贴对平衡区和主销区缺乏实质性的支持行动。加上粮食"省长负责制"及其向下级政府衍生的各级政府首长负责制，没有具体配套的硬性处罚规定。因此，平衡区、主销区将"吃粮"压力逐步推向主产区，以最大限度地分享中央政府提供的粮食安全公共产品，而各级地方政府除了有些压力外，没有动力帮助中央政府提供粮食安全类公共产品。为了完成粮食生产的"政治任务"，也为了获得更多的粮食支持政策，粮食播种面积、粮食产量等主要指标虚高已经成为常态。因此，虽然以分解指标的形式在一定程度上缓解了保障全国粮食安全的压力，但却加大了粮食主产区的压力，不仅造成了"穷省补贴富省"的困境，形成了"粮食贡献越大、承担义务越多，粮食生产越多、财政负担越重"的恶性循环，还导致一些地方存在放松粮食生产、忽视粮食流通、过度依靠中央的现象。就四川而言，在目前的制度体系下，产粮大县政府及农民的产粮行为呈现出三大基本态势。一是从投入来看，经济实力弱导致不能大幅提高粮食产能；二是从收益来看，比较效益太低导致不愿主动生产粮食；三是从责任来看，地方政府不敢大张旗鼓放弃粮食生产。因此，中央和省重视粮食安全问题而大力发展粮食产业与地方推动经济社会全面发展不愿发展粮食产业的选择存在"矛盾"，而地方政府和农民的理性选择却形成了一定的"默契"，这样的格局无疑会让产粮大县政府及农民的实际行为更加固化。

四、保障四川粮食安全的新动力

四川作为农业大省和人口大省,吃饭问题始终是治蜀兴川的头等大事。从当前和今后一段时期的形势来看,在粮食需求上面临着人口持续增长的趋势导致粮食需求总量保持刚性增长,以稻米、面粉等粮食直接消费为主向以肉品消费为主的趋势,导致对粮食的间接消费量大幅增加,城市化使大量农民从食品生产和销售者转变为食品净消费和购买者等因素的多重影响。在粮食供给上,不仅面临着城市化和工业化进程不断推进导致水资源短缺、土地非农化、耕地非粮化等共性问题,还面临着人地矛盾突出、地块细碎化、农村劳动力大量流出等特殊问题,维护粮食供求平衡的任务十分艰巨。

在新常态下,粮食产业支持政策从均等化转为向重点区域和重点环节倾斜,从普惠制向精准化转型;经济社会发展过程中耕地减少不可避免、"非农化"和"非粮化"趋势难以逆转、农药和化肥等再增无益甚至有害、粮食生产资源和环境承载能力双重制约、粮食价格和补贴遭遇双重上限,增加粮食产量和提高粮食品质双重需求均要求转变生产方式、调整生产关系。同时,保障粮食安全的主要着力点是增加粮食供给能力,而全省产粮大县是增加粮食供给能力的重点和关键所在。产粮大县地方政府和种粮农民均为保障粮食安全做出了巨大的贡献,必须健全产粮大县粮食利益补偿机制,才能为发展粮食提供足够的动力。因此,新常态下保障四川粮食安全的新动力是围绕粮食适度规模经营调整粮食政策,构建针对产粮大县地方政府及粮食生产经营主体的利益补偿机制。概括起来,新常态下保障四川粮食安全主要有三大新动力。

(一)新型粮食经营主体增产提质动力

与传统生产模式快速瓦解相对应的是新型农业经营主体的不断发育。虽然目前四川粮食生产仍以普通农户为主,但家庭农场、专业大户、合作社以及龙头企业等新型粮食经营主体不断涌现。新型粮食经营主体与普通农户生产粮食的本质不同在于,新型粮食经营主体生产粮食不再是以自食为目的,而是以营利为目的。传统意义而言,粮食市场属于完全竞争市场,而且属于微利行业。新型农业经营流转土地生产粮食,不仅要支付流转费用,还要获取平均利润,因此必须走提质增效之路。一方面,新型农业经营主体打破家庭联产承包责任制下一家一户超小规模经营的局限性,走适度规模经营之路,通过规模化、机械化经营降低单位成本,获取"规模经济"。另一方面,在消费需求多元化和消费者日益看重粮食质量的市场背景下,新型农业经营主体多在适度规模经营的基础上,选择消费者喜爱的新品种,并采用绿色甚至有机的生产方式,走出粮食同质化竞争的"红海"。随着新型粮食经营主体的发育,其内在的利益刺激不仅将促进其通过粮食适度规模经营提高粮食生产的效率,提高粮食单位面积产出量和劳均产出量,而且还将不断提高粮食品质和质量。

(二)地方政府稳粮增粮内在动力

为加快构建国家粮食安全保障体系,进一步明确地方政府维护国家粮食安全的责任,国务院于 2014 年 12 月 31 日出台了《关于建立健全粮食安全省长责任制的若干意见》（国发〔2014〕69号），不仅明确要求"各省（区、市）人民政府必须切实承担起保障本地区粮食安全的主体责任，全面加强粮食生产、储备和流通能力建设"，而且明确了责任范围，指出省长（主席、市长）在维护国家粮食安全方面承担的责任是：稳定发展粮食生产，巩固和提高粮食生产能力；落实和完善粮食扶持政策，抓好粮食收购，保护农民种粮积极性；管好地方粮食储备，确保储备粮数量充足、结构合理、质量良好、调用高效；实施粮食收储供应安全保障工程，加强粮食流通能力建设；深化国有粮食企业改革，促进粮食产业健康发展；完善区域粮食市场调控机制，维护粮食市场稳定；健全粮食质量安全保障体系，落实监管责任；大力推进节粮减损，引导城乡居民健康消费。四川于2015年6月23日下发了《四川省人民政府关于贯彻落实粮食安全省长责任制的意见》（川府发〔2015〕34号），不仅落实了粮食安全责任，还配套了相关政策措施，并明确了任务分工，维护粮食安全的地方责任得到极大强化，促进"政治压力"向"内在动力"转变。

（三）中央粮食政策调整优化动力

在中央领导重要讲话和系列政策文件中，不仅将强调高度重视国家粮食安全，不断增强粮食生产能力，牢牢把"饭碗"端在自己手中，而且提出加快建立各级财政农业投入稳定增长机制，并重点支持农业基础设施建设、结构调整、可持续发展、产粮大县和农民增收等，并且新增补贴向粮食等重要农产品、新型经营主体和主产区倾斜，致力于提高粮食政策的针对性、精准性和实效性。中央粮食政策的调整优化，不仅将提高粮食主产区地方政府的抓粮积极性，也将提高粮食经营主体的积极性，从而有效改变抓粮稳粮动力不足的局面。

五、培育激发四川粮食安全新动力的对策建议

在粮食安全原动力快速衰减甚至消失、新动力逐步涌现并且增强的背景下，新动力将为保障全省粮食安全甚至为全国粮食安全做出尽可能多的贡献提供有效支撑，因此，采用相应的政策措施充分培育并激发四川粮食安全的新动力显得尤为重要。

（一）以粮食适度规模经营为导向构建新型粮食经营体系推进机制

针对"谁来种粮""如何种粮"的问题，在深化农村改革过程中，以推进粮食适度规模经营为重点加快构建新型粮食经营体系。

1. 壮大粮食适度规模经营主体

通过现场观摩、经验交流、外出考察、大专院校和科研单位集中培训等多种形式加强农民特别是种粮大户生产能力、管理能力和经营能力的培养。同时，鼓励和引导有志于粮食生产的年轻大学生到农村创业，从资金、业务培训、税收优惠、土地流转政策上给予充分支持，培育一批拥有现代农业科技知识、愿意从事粮食生产的新型农民。

2. 培育为粮食适度规模经营服务的新型农业社会化服务组织

加强财政对粮食科研的投入，强化粮食新品种选育和种粮、储粮新技术以及粮食加

工技术对保障粮食的支撑作用。扶持农民专业合作社、供销合作社、专业技术协会、农民用水合作组织、涉农企业等社会力量广泛参与粮食生产产前、产中、产后服务，开展工厂化育秧、机插秧以及植保和机收等服务活动。

3. 为适度规模经营提供政策支持

各地在农村产权制度改革中，针对流转土地粮食经营的主体优先开展土地经营权抵押担保试点，破解发展粮食适度规模经营的资金瓶颈。将惠农补贴资金增量通过拓展中小型农机补贴范围、加大农机购置补贴力度等方式向种粮适度规模经营户特别是种粮大户和合作社倾斜，对种粮大户、以粮食生产为主的家庭农场和粮食生产专业合作社等建设晾晒场、仓储设施及购买农机等投入的资金需求给予政策担保、利息优惠等政策。同时，建立严格的企业租赁农户承包地准入和监管制度，防止流转农田"非粮化"、"非农化"。

（二）以提高政策瞄准性为核心优化粮食政策导向机制

在中央粮食政策调整优化的背景下，主动适应"黄箱"政策向"绿箱"政策转变的趋势，在保持农业补贴政策连续性和稳定性的前提下，强化粮食激励约束政策的导向性。

1. 优化补贴内容

针对全省粮食补贴项目多、资金分散、行政成本高、补贴效果不明显的现状，将资金进行整合，形成粮食生产能力综合提升"套餐"项目，有效避免"撒胡椒面"导致的激励不足。同时，根据四川粮食生产中面临的晾晒、储存等实际困难和发展粮食适度规模经营的突出矛盾，将粮食烘干设备、储存设备等纳入农机补贴范围，并对相应的用电和燃油等进行补贴。

2. 转变惠农政策补贴形式

惠农补贴资金增量向种粮适度规模经营户倾斜，按照"多产粮多受益"的原则分配，将粮食直补、良种补贴和农资综合补贴等补贴政策与粮食实际种植面积和产量、质量挂钩，切实提高补贴的瞄准性。探索对不同种植规模的种粮农民、种粮专合组织及种粮公司实施不同种粮补贴标准的措施和办法。

3. 优化粮食作物保险制度

针对我省地形地貌复杂、防灾减灾能力较弱、粮食因灾损失大的情况，提高粮食作物保险水平，提高中央和省级补贴保费的比例，探索农民按不同费率缴纳保费、保险公司分级承保的风险保障制度，并恢复无赔款续保优待机制，以减轻参保主体负担和行政运行成本。

（三）以提高产粮大县积极性为重点，完善粮食生产经营利益补偿机制

全省产粮大县作为生产粮食的主力军，对于保障粮食安全具有十分重要的作用，但由于粮食产业的弱质性，产粮大县为了保障粮食安全牺牲了很多利益，发展相对滞后。因此，在粮食安全省长责任制下，必须提高产粮大县的积极性。

1. 优化现有经济补偿机制

要优化产粮大县奖励资金分配机制，在加大奖励资金总额的基础上，将粮食播种面积、粮食产量以及商品量绝对值及增幅均考虑在奖励资金分配影响因素之中，以更好地调动产粮大县抓好粮食生产的积极性。要优化税收政策，改变农产品深加工企业增值税税收"高征低扣"现象，支持粮食主产区发展粮食深加工形成完善的产业链，并逐步减少粮食主产区粮食深加工增值税税收上交中央和省、市的比例，直至农产品加工增值税收入全部留在粮食主产县，增强其自我发展能力。

2. 调整考评激励机制

强化考评奖励约束机制，充分调动产粮大县政府的积极性。一要增加产粮大县粮食生产销售情况在县域经济发展考核中的比重。目前对全省县域经济发展按照市辖区、重点开发区县、农产品主产区县和重点生态功能区县四类进行分别考核，有利于优化考核"指挥棒"的作用。在此基础上，为了保障粮食安全，加大粮食生产任务分解落实情况的考核权重，促进产粮大县加大对粮食生产的重视程度。二要建立与产粮大县粮食生产及任务完成情况挂钩的一般性转移支付制度。针对多数产粮大县财政入不敷出，在发展粮食产业中财税收入损失大的实际情况，将粮食总产量及分解任务完成情况与一般性转移支付挂钩，并加大产粮大县一般性转移支付的力度，从根本上改善产粮大县的财政状况，从源头上提高产粮大县的积极性。三要优化农田水利等与粮食生产密切相关基础设施建设的立项和资金配套制度。目前许多农业项目均采用竞争立项的方式，竞争立项"鞭打快牛"有利于提高效率，但多数产粮大县由于基础差、资金配套能力弱，常常在竞争中处于劣势，而且在改变条件较差地区的基础设施中具有更大的边际生产率，因此在农田水利等基础设施建设上应更多地考虑公平，有规划地、有计划地循序推进，并将后续项目申请立项与已立项项目的完成考核情况挂钩。同时，逐步降低与粮食产业密切相关的农田水利和粮食晾晒设施、粮仓粮库等建设及维护项目的县级配套比例，取消产粮大县地方财政粮食风险基金配套等要求，从而加快产粮大县基础设施的改善，提高粮食生产、储存能力。

3. 构建均衡发展促进机制优化

首先是探索利益补偿顶层设施。在省政府的组织下依据粮食缺口指标，根据粮食主要产销关系建立粮食产销区对口帮扶的利益补偿机制，扭转"穷县补贴富县"的局面，形成优势分工、协调发展的格局。其次是量化补偿。将粮食富余供给量或者是粮食需求缺口提供量作为利益补偿的基准，形成多供粮多得补偿的良性循环机制，促进粮食主销区将少生产粮食获得的其他发展机会的增值收益合理地让渡给粮食主产区以弥补多生产粮食的机会成本。再者是拓展补偿途径。区域之间的补偿不仅是经济的补偿，也可以是基础设施建设、公共服务配套、优质品种、技术支援等方面的支持，甚至是管理方法、经营模式输出和新型经营主体培训等，具体内容通过双方协商确定，尽可能实现产粮大县之"所短"与销粮大县之"所短"的有效衔接，促进区域之间、区域内部协调发展。

4. 强化生态效益补偿机制

充分考虑产粮大县在耕地保护、粮食生产中的生态贡献，建立长效的生态补偿机制。一方面是设立省级耕地保护基金。产粮大县耕地保护任务重、区位条件相对较差，根据产粮大县工、商用地指标少、价格低，而市辖区及重点开发区工、商用地指标多、价格高的情况，在全省土地出让金中，抽取一定的比例形成省级耕地保护基金，其中小部分用于弥补其在经济发展中将土地用于第二、三产业生产而丧失的机会成本，大部分用于农户对耕地保护的奖励，从而确保耕地保护制度有效落实，维持现有的粮食生产能力。另一方面是增加粮食生产生态保护的补贴。采取发达国家普遍实行的有关保护粮食生产生态安全的措施，比如实行土地休耕补贴，对采用有机肥替代化肥、采用绿色防控技术替代农药等行为给予适当的补贴，提高粮食质量和可持续发展能力。

新常态下四川工业转型升级发展研究

一、四川省经济发展现状分析

（一）国内外经济环境

从国际经济环境来看，发达经济体的增长逐步好转，但分化严重。美国由于在去杠杆化、加强金融监控、促进产业回归等方面取得成效，加上近几年的量化宽松货币政策，经济出现复苏势头。欧盟经济仍处于艰难调整期，欧债危机的阴影仍没有完全散去，多数国家的内部调整与改革困难重重，经济恢复缓慢。虽然也实行了量化宽松货币政策，但经济增长仍处于低迷状态，特别是南欧国家的危机还没有过去。日本经济增长在强刺激政策下，虽然扭转了20多年的基本停滞状态，但增长仍不稳定，由于公共债务巨大、人口老龄化进一步加剧，日本可能维持一种低速增长状态。新兴市场和发展中经济体的增长放缓，面临诸多挑战。发展中国家发展的大趋势没有发生逆转，但也出现严重分化。新兴经济体分化尤为明显，巴西、俄罗斯陷入负增长，中国经济由高速增长进入中高速增长的新常态，只有印度经济出现超常增长。由于能源、资源价格大幅度下跌，资源依赖型经济体普遍出现困难，陷入低增长状态。总的来看，当前世界经济缓慢复苏的态势没有改变，不同经济体增长分化的趋势也逐渐清晰，与此同时，地缘政治的冲突有所增加，大宗商品的价格降幅较大，均增加了世界经济复苏的不稳定性和不确定性。

从国内经济环境来看，当前，中国经济正处在转型升级、结构调整的关键阶段，经济增速从过去的高速增长回调到中高速增长，主要经济指标增速有所放缓，国内经济进入提质增效升级的重要时期。与改革开放30多年来接近两位数的高速增长相比，中国经济步入以中高速增长为标志的"新常态"，这不仅意味着经济增速的放缓，更意味着经济增长动力的转换和经济发展方式的转变。在更长的时间段里，中国将处于中高速增长的"新均衡常态"。从短期来看，产能过剩制约着经济的稳定运行，投资、消费结构失衡抑制着内需的扩大，不断积累的金融风险影响着经济的健康发展，资源和能源的短缺影响着经济发展的空间，保持经济持续发展的难度进一步加大。而从长远来看，中国经济发展的基本面没有改变，支撑经济增长的动力仍然强劲，中国经济回旋余地较大，有条件保持经济持续较快发展。

（二）四川省经济发展情况分析

近年来，面对国际、国内经济下行压力持续加大的复杂严峻形势，四川省主动适应经济发展新常态，深入实施"三大发展战略"，采取有力措施稳定经济增长，坚定不移转方式调结构，四川省经济保持了总体平稳、稳中有进、稳中有好的运行态势。2015年四川省实现地区生产总值（GDP）30103.1亿元，按可比价格计算比上年增长7.9％，增速比全国平均水平高1个百分点。其中，第一产业增加值3677.3亿元，增长3.7％；第二产业增加值14293.2亿元，增长7.8％，比2014年回落1.5个百分点；第三产业增加值12132.6亿元，增长9.4％。虽然，四川经济增速有所放缓，但是在新常态下经济增长的结构在持续改善，增长的质量有所提高，经济内生的新动力有所集聚，四川经济正在向好的预期方向发展。从长远来看，中央全面深化改革、实施内陆沿边开放战略、支持跨区域和次区域发展、推进新型城镇化等措施为四川提供了较多的积极因素和有利条件。此外，成渝经济区发展上升为国家战略，天府新区升级为国家级新区，国家加快建设"新丝绸之路经济带""21世纪海上丝绸之路""长江经济带"，大力推进"中国制造2025""大众创业、万众创新""互联网＋"等工作，将不断释放改革红利，拓展内部需求和外部市场，为四川省带来加快产业结构调整和转型升级、提升核心竞争力和发展质效的重大战略机遇期，这必将带动四川迎来新一轮大发展。

二、四川省产业结构及工业发展现状

（一）第二产业比重及贡献率均有所提高

从三次产业的结构来看，四川拥有独特的自然环境及生态资源条件，自古以来就是典型的农业经济大省，农业长期在全省经济中占主导地位。1949年，全省三个产业比重仍为69.6：10.9：19.5，工业及服务业比重很小，结构顺序呈"一、三、二"型。新中国的成立，开启了全省工业化进程，工业及服务业的比重逐步提升，农业比重开始下降。直到1986年，全省工业总产值才首次超过农业，三产比重变为35.8：40.7：23.5，结构顺序变为"二、一、三"型。到1998年，第三产业首次超过一产，三产结构变为26.3：42.7：31，结构顺序呈"二、三、一"型。21世纪以来，全省通过加快新型工业化进程，实施工业强省战略，大力发展现代服务业，经济结构持续优化，三产结构由2000年的23.5：39.2：36.8调整为2014年的12.4：48.9：38.7。

从三个产业对经济增长的贡献来看，在1993－1999年，四川省一产业对地区生产总值的贡献处于较高水平，在16％－30％之间波动，二、三产业贡献率波动均较大；2000年后，二产业贡献率呈稳定增长的态势，一、三产业贡献率逐渐达到稳定状态，对四川省经济增长的贡献稳定为二产业占第一位，三产业第二，一产业最低。其中，2008年出现拐点，主要是由于四川省受地震影响较大，经济增长减速，而二产业占GDP比重较高，其产出增长减速导致其对经济增长贡献大幅减弱，而一产业经济本来基数较低，其对经济增长贡献相比之下自然会有所提高。从近二十年来的总体趋势来看，三产业贡献率走势较为稳定，一、二产业贡献率变化波动较大，在1999年之前，一、二产业贡献率水平差异不大，2000年以后，二产业贡献逐渐增大，到2004年以后，二产业已成为支撑四川省经济增长的主要因素。在近两年，三产业贡献率逐渐变大，二产业贡献率相应减弱，一产业基本不变。

表 1　1993—2014 年四川省地区生产总值及指数

指标名称	1993	1994	1995	1996	1997	1998	1999	2000	2001	2002	2003
GDP（亿元）	1486.08	2001.41	2443.21	2871.65	3241.47	3474.09	3649.12	3928.20	4293.49	4725.01	5333.09
GDP 增速（%）	113.1	111.3	110.7	110.6	110.5	109.7	106.6	108.5	109	110.3	111.3
一产业（亿元）	449.38	597.37	662.46	770.02	880.28	912.24	926.03	945.58	981.67	1047.95	1128.61
一产业增速（%）	105	104.4	105.5	107.3	106.2	104.6	105	102.3	105.7	105.6	105.1
二产业（亿元）	580.38	782.77	980.91	1156.01	1265.32	1324.01	1349.63	1433.11	1572.01	1733.38	2014.80
二产业增速（%）	120.1	117.3	111.5	109.2	111.6	110.8	106	108.2	110.2	111.9	115.2
三产业（亿元）	456.32	621.27	799.84	945.62	1095.87	1237.84	1373.46	1549.51	1739.81	1943.68	2189.68
三产业增速（%）	113.5	110.7	114.7	115.4	112.8	112.2	108.6	113.1	109.8	111.5	111.2

续表 1　四川省地区生产总值及指数

指标名称	2004	2005	2006	2007	2008	2009	2010	2011	2012	2013	2014
GDP（亿元）	6379.63	7385.10	8690.24	10562.39	12601.23	14151.28	17185.48	21026.68	23872.80	26260.77	28536.7
GDP 增速（%）	112.7	112.6	113.5	114.5	111	114.5	115.1	115	112.6	110	108.5
一产业（亿元）	1379.93	1481.14	1595.48	2032.00	2216.15	2240.61	2482.89	2983.51	3297.21	3425.61	3531.1
一产业增速（%）	106	105.8	102.6	104.8	101	104	104.4	104.5	104.5	103.6	103.8
二产业（亿元）	2489.40	3067.23	3775.14	4648.79	5823.39	6711.87	8672.18	11029.13	12333.28	13579.03	14519.4
二产业增速（%）	118.3	117.8	118.2	120.4	113.7	119.5	122	120.6	115.2	111.5	109.3
三产业（亿元）	2510.30	2836.73	3319.62	3881.60	4561.69	5198.80	6030.41	7014.04	8242.31	9256.13	10486.2
三产业增速（%）	110.9	110.7	114.2	112.5	112.1	112.4	110.2	111.2	111.6	109.9	108.8

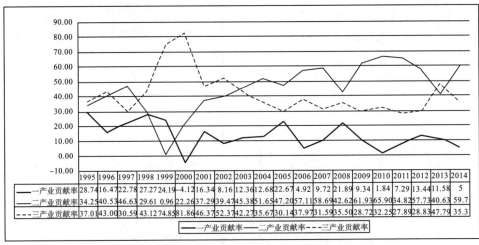

	1995	1996	1997	1998	1999	2000	2001	2002	2003	2004	2005	2006	2007	2008	2009	2010	2011	2012	2013	2014
——一产业贡献率	28.74	16.47	22.78	27.27	24.19	-4.12	16.34	8.16	12.36	12.68	22.67	4.92	9.72	21.89	9.34	1.84	7.29	13.44	11.58	5
——二产业贡献率	34.25	40.53	46.63	29.61	0.96	22.26	37.29	39.47	45.38	51.65	47.20	57.11	58.69	42.62	61.93	65.90	34.82	57.73	40.63	59.7
----三产业贡献率	37.01	43.00	30.59	43.12	74.85	81.86	46.37	52.37	42.27	35.67	30.14	37.97	31.59	35.50	28.72	32.25	27.89	28.83	47.79	35.3

——一产业贡献率 ——二产业贡献率 ----三产业贡献率

图1 1995年－2014年四川省三个产业贡献率（%）[①]

（二）新型工业化进程加快推进

中华人民共和国成立前，四川省工业经济基础非常薄弱。1949年，全省工业总产值仅7.11亿元，仅占全省经济的10.9%。新中国成立后的"一五、二五"计划及"三线"建设开启了四川省工业化进程，到1978年已初步建立起了较完整的工业体系。改革开放后，特别是21世纪以来，四川省通过实施工业强省战略，有效加快了新型工业化进程，工业已成为支撑全省经济发展的主导力量。2014年，完成全部工业增加值12409亿元，增长9.4%，对经济增长的贡献率为52.5%；规模以上工业企业达12947户，41个规模以上行业大类中有37个实现增加值增长；规模以上工业企业实现主营业务收入37559.7亿元，增长8.1%，实现利税总额3897.2亿元，下降0.4%。全省工业布局持续优化，重大产业基地和产业集群建设加快，四川省已成为国内最大的水电、钒钛产业基地，国内三大重装制造基地之一，国内第二大稀土生产基地及西部最大农产品加工基地，可持续发展能力显著提升。

（三）优势产业集聚集群集约发展

21世纪以来，四川省优势产业由最初的以电子信息、水电、医药化工、机械冶金和饮料食品为主的五大支柱产业，调整为"7+3"优势产业，目前又进一步优化为七大优势产业。近两年，全省积极组织实施七大优势产业培育发展方案，有效促进了优势产业的集聚集群集约发展。

1. 装备制造产业

全省积极打造成德绵自内资装备制造产业带。实施重大技术装备"3+9"工程，即着力打造德阳、成都、自贡3大装备制造基地，重点发展清洁高效发电设备、重型机械

---

① 分析四川省各产业发展对经济的贡献及变化趋势时采用产业贡献分析方法，以反映各产业发展对经济的支撑。计算方法为：某产业贡献率=某产业贡献量（即增量）/总贡献量（即总增量）×100%，在计算四川省1995年以来的三个产业贡献率时，采用地区生产总值指数计算各产业增量的可比值，以剔除价格变动因素。

及容器、石油天然气钻采输送设备、轨道交通设备、工程施工机械、节能环保设备、航空航天装备、智能制造装备、民生用机械设备等9条产业链。2015年1—11月，四川省机械装备制造业（规模以上）累计完成工业总产值7318.54亿元，同比增长5.3%（不含汽车，累计完成工业总产值5120.37亿元，同比增长5.01%）。

2. 电子信息产业

在联想、英特尔、富士康、仁宝、纬创和长虹、九洲、国腾、迈普等一批知名企业的带动下，产业规模快速扩大，计算机、新一代显示器件、数字家电、网络通信、卫星导航、集成电路等产业链加快构建完善，产业综合配套能力、创新发展能力显著增强。近期受国内外宏观环境影响，四川省电子信息产业招商引资和投资规模均出现明显下降，增速开始趋缓。2015年1—8月，全省规模以上电子制造工业增加值增速放缓，其中计算机、通信和其他电子设备制造业下降0.4%；软件与信息服务业保持较快增长，实现主营业务收入1837亿元，同比增长24.7%；软件业务收入1392亿元，增长16.6%，制造业与软件及信息服务业的比重进一步优化。

3. 汽车制造产业

一汽大众、一汽丰田、四川现代、中国重汽、吉利、江淮等一批整车企业和德国博世、宝马N20发动机等一批关键零部件项目相继落户建设，成都、资阳、绵阳等汽车制造基地（园区）快速发展，已形成以中型载货汽车、中轻型客车、越野车、微型车、天然气汽车、改装车、专用车等整车为龙头，以汽油发动机、车桥、方向机、轴瓦等关键零部件为配套的汽车产业体系，产业配套体系日臻完善。2015年1—11月，全省汽车制造产业生产情况有所回落，行业效益仍保持两位数增长，11月当月全省实现整车制造8.1万辆，同比下降11.0%；1—11月，实现整车制造96.7万辆，同比增长9.1%；规上工业增加值增速同比增长10.6%。

4. 饮料食品产业

近年来，四川省抓住居民消费升级的重大机遇，坚持把发展饮料食品产业作为农产品加工业的重点，通过"公司＋农户＋基地"模式，着力提升农产品深加工水平，切实加快农业工业化进程，逐渐成为推动工业经济增长的新亮点。重点打造成德资眉内宜泸饮料食品产业带，重点发展优质白酒、烟草、肉食品、粮油制品、方便食品、泡菜、饮料与果蔬加工等产业链，稳步扩大四川饮料食品产业在全国的优势地位。2015年1—11月，全省2217家规上食品工业企业共实现主营业务收入5653.4亿元，较同期累计增长5.8%；实现利润总额382.7亿元，较同期增长3.57%；实现利税642.5亿元，较同期增长4.56%；完成出口交货值49.1亿元。

5. 能源电力产业

四川省发挥独特的水电、天然气资源禀赋和风电、光伏发电装备制造业的雄厚基础及开发条件，大力推进资源就地转化，重点发展攀西和三江流域特色资源产业带，加快水能和特色矿产资的开发和综合利用。2014年，全省年发电量2930.7亿千瓦时，比上年增长18.0%，其中：水力发电2341.3亿千瓦时，增长26.4%，占总发电量的79.89%，火力发电581.6亿千瓦时，下降7.0%。截至2015年5月底，四川省全省并

网装机容量突破 8000 万千瓦。其中，水电 6370.63 万千瓦，占总装机容量的 79.6%；火电 1583.65 万千瓦（含垃圾发电 17 万千瓦），占总装机容量的 19.79%；风电 35.25 万千瓦，占总装机容量的 0.44%；太阳能 13.72 万千瓦，占总装机容量的 0.17%，水力发电在四川省能源电力体系中占据绝对主导地位。

6. 油气化工产业

四川以天然气、硫、磷、盐等为原料的化学工业，经过几十年的建设发展，已成为全国重要的化工产业基地，重点建设"成眉乐自泸宜遂南达"化工及新材料产业带，发展石油化工、天然气化工、盐化工、氯碱化工、磷硫化工、煤化工等。当前，四川省油气化工行业经济运行总体基本平稳，工业总产值与销售产值增幅持续向好，主营业务收入基本持平，效益指标继续好转。2015 年 1—11 月，四川省油气化工行业完成主营业务收入 3861 亿元，同比下降 0.4%，其中，11 月完成主营业务收入 383.4 亿元，月环比增长 2.89%；1—11 月实现利润总额 241 亿元，同比增长 37.6%。

7. 钒钛稀土产业

四川省钒钛钢铁及稀土产业已具备较为雄厚的产业基础。钢铁产业培育了"一大四骨干"（即：攀钢集团和川威集团、达钢集团、德胜钢铁集团、西南不锈钢的四个骨干企业），形成了以高速铁路用钢轨为代表的铁道和大型材系列，以家电板、汽车大梁板、石油管线钢为代表的板材系列，以优质无缝管为代表的管材系列，以及棒线材和特殊钢系列等 5 大标志性产品。四川突破了钒钛磁铁矿采选、冶炼、加工、提钒、提钛及钛白粉生产等一整套技术，钒钛资源综合利用水平不断提高。攀西地区成为我国最大的钒产业基地和钛原料基地，攀枝花钒钛产业园区成为钒钛产业集群发展的核心区。2015 年 1—9 月，累计生产生铁 1302.3 万吨，同比下降 10.7%；粗钢 1437.8 万吨，下降 9.3%；成品钢材 2026.3 万吨，下降 2.5%；1—7 月累计生产钛白粉 36 万吨，同比下降 4.3%；单一稀土金属 152.9 吨，同比增长 19.8%。

（四）高新技术及战略性新兴产业实力不断增强，高端产业发展较快

近年来，四川省高度重视高新技术及战略性新兴产业发展，不断加大扶持力度，产业实力不断增强。2015 年 1—6 月，全省纳入统计的规模以上高新技术企业 2006 家，资产总额达到 10747.1 亿元，实现工业总产值 5464.8 亿元，同比增长 5%，主营业务收入为 5024.8 亿元，实现利润 260.6 亿元，从业人员为 98.4 万人（见表 2），预计全年高新技术产业产值将超过 1.3 万亿元。1—6 月，全省六大战略性新兴产业实现产值 2711.2 亿元，同比增长 12.3%。

表 2　2015 年 1—6 月四川省规模以上工业高新技术产业主要经济指标

指标名称	企业数（个）	工业总产值（亿元）	工业销售产值（亿元）	出口交货值（亿元）	主营业务收入（亿元）	利润总额（亿元）	资产合计（亿元）	从业人员（万人）
高新技术产业	2006	5464.6	5304.8	1164	5024.8	260.6	10747.1	98.4

资料来源：四川省科技信息网：http://www.scsti.org.cn/index.asp。

五大高端成长型产业发展较快，2015年上半年，四川航空、航天器及设备制造业产值同比增长27.1%，信息安全产品产值增长30%，新能源汽车产量增长近3倍。页岩气和节能环保装备发展态势良好。2015年以来，四川省政府先后公布了《四川省信息安全产业发展规划（2015—2020年）》《四川省航空与燃机产业发展总体规划（2015—2020年）》和《四川省新能源汽车产业发展规划（2015—2020年）》，将更好地促进五大产业的发展。

（五）产业园区整体实力显著提升

近年来，四川省产业园区数量和规模不断扩张，已成为各市州承接产业转移、加快优势产业聚集、提升科技创新和促进产城一体化建设的重要载体，以及集聚效应突出、辐射带动力较强的产业集聚区，在促进全省经济发展中发挥了重要作用。目前全省已有各类产业园区204个，其中国家级开发区17个（国家级高新开发区7个，经济技术开发区8个，综合保税区1个，出口加工区1个），省级园区44个。"十二五"时期以来，全省产业园区发展较快，主要经济指标持续增长，综合实力明显提升。2014年，全省204个产业园区实现主营业务收入2万亿元，占了全省共有总收入的60%，园区从业人员达到300多万，全省规模企业的入园率超过了6成，集中率达到68%。其中，61个省级以上开发区，实现主营业务收入18558.7亿元，工业总产值17948.2亿元，成都高新区销售收入已超过2千亿元，成都经济技术开发区也超过了1千亿元，超过500亿元的有5个，包括绵阳高新区、德阳经济技术开发区、德阳高新区、双流经济开发区和资阳经济开发区；过100亿元的有30个。这些园区在聚集优势产业，特别是促进全省装备制造、电子信息、汽车、钒钛稀土、食品饮料和油气化工等优势产业发展方面发挥了重要作用。如成都、绵阳及乐山市的高新区及遂宁经济技术开发区等，有效促进了全省电子信息聚集发展；成都经济技术开发区、绵阳经济技术开发区、资阳经济开发区以及青白江工业园区等，成为全省汽车产业发展的主战场。

（六）工业企业组织结构持续优化

大企业大集团实力不断增强，2015年，四川长虹、新希望、五粮液等14家企业入围中国500强企业，入围企业平均营业收入达470.7亿元。1—9月，全省营业收入10亿元以上企业共424户，实现营业收入11676.11亿元，占全省规模以上工业企业营业收入的42.11%；实现利润628.38亿元，占全省规模以上工业企业利润总额的43.61%；全省规模以上工业企业达13247户，资产总计38015.1亿元。中小企业创新创业活力不断被激发，1至9月重点监测中小（微）工业企业工业总产值、营业收入同比分别增长8.46%、7.85%；1至9月，全省1218户成长型中小企业，实现营业收入1724.6亿元，同比增长7%；945户小巨人企业实现营业收入3214.6亿元，同比增长7.2%。全省高新技术企业达到2199家，另有58家国家级及669家省级企业技术中心。

三、四川省工业发展面临的突出问题与挑战

四川省工业整体实力在不断提升的同时，也存在工业增长形势严峻，产能过剩，工业发展质量不高，企业规模偏小，主导产业结构和布局仍需进一步调整等亟待解决的问题。

（一）工业增长形势严峻

当前四川省工业经济运行面临形势严峻。一是经济下行压力较大，全国经济运行进入调整期，四川省工业经济运行受到较大影响。二是工业生产上游供给趋紧，劳动力、资金、能源等要素成本上升，对工业的生产产生一定影响，一般制造业面临的市场竞争压力加大。三是市场的有效需求不足，引发价格持续走低，目前宏观市场特别是生产资料市场并未好转，PPI 近四年来持续下降（2012、2013、2014、2015 年分别为 98.6%、98.7%、98.7%、96%）。四是工业投资自 2013 年 7 月下降至个位数后继续下降，影响新增生产能力，工业发展后劲相对减弱。五是美国等发达国家经济复苏步伐放缓，致使外贸出口增长不及预期。六是以酒为代表的饮料企业持续低迷。近几年受宏观政策调整，全国全省贯彻中央的精神，推行勤俭节约精神，以酒为代表的饮料企业销售市场急剧萎缩，生产情况不容乐观，特别是走高端路线的企业受冲击尤为明显，而四川是酒、饮料的生产大省，酒、饮料在工业中的比重非常高，对工业影响较大。

（二）产能过剩给工业经济带来较大压力

目前四川省工业结构中，重化工业比重近 70%，6 大高耗能行业、传统资源型行业增加值占全省比重约 40% 左右，全省排名前 10 位的规模以上工业行业除电子信息和汽车制造外，多属于传统制造业，其中有 4 个高耗能行业，部分行业产能明显过剩，即使是电子信息类产业，也主要分布在劳动密集环节。同时，产业科技创新能力不强，高新技术及战略性新兴产业比重较低。由于近两年国家加快产业结构调整和淘汰落后产能，当前四川省产能过剩的产业发展困难，钢铁产业消耗的能源和产生的废弃物，均占到全国能源消费总量和废弃物排放总量的十分之一，淘汰压力巨大，依赖高投入和高消耗的传统重化产业增速明显放缓，在本轮结构调整中，这类企业不仅淘汰数量多，成为"去产能"重点对象，暂时保留下来的企业经营也很困难，部分行业产能过剩已成为阻碍全省工业经济发展的重要原因。

（三）工业发展质量不高，企业规模偏小

四川省七大优势产业中除食品饮料、能源电力等行业在全国具有较大优势外，其他产业在可比较的范围内，与先进省市还存在较大差距。从电子信息及汽车产业来看，虽然四川省近几年发展较快，但与广东、江苏等先进省（市）相比还有较大差距，规模以上电子信息产业完成主营业务收入仅是广东的六分之一和江苏的五分之一左右，汽车产量只有他们的三分之一左右，产值也少很多，整体实力亟待提高。从装备制造、油气化工、钒钛稀土等产业来看，规模和实力与先进省（市）相比也有较大差距，且发展面临

周边省（市）的竞争也越来越大。除了整体行业发展与先进省（市）存在差距，四川省工业企业的规模也普遍偏小，具有竞争力的企业较少。2014年四川规模以上工业企业数排名12位，仅相当于各东部省份的三分之一，规上企业中户均实现主营业务收入，全国为5.19亿元，四川只有2.87亿元。在2014年中国制造业500强企业中，四川上榜企业18家，在全国排名前十，但和浙江92家、江苏45家、山东62家相比，还有较大差距。此外，据测算，我省具有竞争优势的工业产品数与山东、江苏等东部省份差距明显。企业规模小不利于实现必要的行业集中度，也不利于发挥龙头企业对配套小企业的牵引、带动作用。

（四）主导产业结构及布局仍需进一步调整

四川省高新技术及战略性新兴产业的规模和实力仍然非常有限，整体竞争力和引导带动能力亟待增强，传统产业和高耗能产业的比重仍较大，产业发展动力不足，还需要寻找和培育新的增长点以支撑经济发展，优势产业布局也有待完善。目前，四川省已经形成了一些重大产业基地和产业集群，园区建设也初现成效，但在电子信息、汽车、重大装备、能源电力等领域，五大经济区及各市州之间在产业规划、区域分工协作及产业相互配套等方面还存在协调不足、缺乏配合等问题，甚至存在相互激烈竞争等问题，充分发挥各市州资源及区位优势，明确区域分工和功能定位，进一步优化全省优势产业空间布局，形成区域分工合理、协作配套紧密的产业体系，仍是全省产业布局调整的努力方向。

四、四川省工业增长动力机制的转换

在连续保持了多年的高速增长后，支撑工业经济发展的动力已经发生了深刻的变化，过度依赖投资、规模扩张和资源消耗获得的增长难以为继，土地、能源、劳动力等低成本优势不断减弱，环境及资源承载能力约束日益强化。

（一）工业投资增长乏力，消费需求仍然不足

从工业投资来看，虽然四川省高度重视第二产业投资逐年下降的突出问题，但四川省工业投资增速从2012年3月开始回落，2013年7月份回落至个位数（9.1%），2014年上半年回落到2.3%，接近零增长，工业投资增长乏力。2015年1—11月，四川省累计完成工业投资6805.6亿元，同比增长3.7%，占全社会固定资产投资的比重为28.4%，较2014年同期下降1.9个百分点，这意味着工业投资占整个经济固定资产投资的比重有所下降。持续低增速的工业投资意味着未来新增的工业生产能力将会减少，工业失去新的增长动力，将会严重削弱下一步工业增长的后劲。

表3 2015年1-11月四川省分行业固定资产投资情况表

指标名称	1-11月累计 (亿元)	累计增长(%)	投资占比(%)	较2014年同期 提高百分点
全社会固定资产投资	23975.69	10.6	100	0
第一产业	759.48	30.0	3.2	0.5
第二产业	6886.64	4.0	28.7	-1.9
工业	6805.55	3.7	28.4	-1.9
第三产业	16329.57	12.9	68.1	1.4

数据来源:四川省统计局。

从工业品市场需求来看,消费仍然不足,工业品销售价格持续下降,工业生产者出厂价格指数PPI自2012年已经连续四年负增长,2015年1-11月同比下降3.5%,其中,11月下降3.9个百分点,且降幅呈逐月扩大的趋势。省内的钒钛钢铁、食品饮料、化工、建材等产品,库存积压较多,有1657家规模以上工业企业亏损,亏损面达12.6%,企业盈利下降明显。

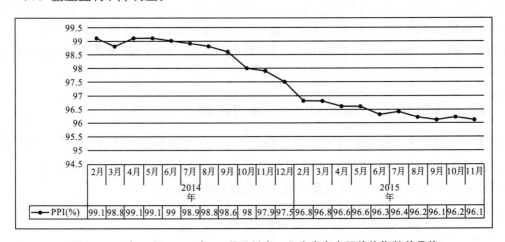

图2 2014年1月-2015年11月四川省工业生产者出厂价格指数单月值

此外,受供需关系变化的影响,企业面临的市场竞争压力不断增加,区域竞争也在不断加剧。四川与重庆、陕西、湖北、河南以及云贵等中西部省市,在主导产业选择方面有许多类似的地方,尤其是电子信息、机械装备制造、食品饮料、油气化工、生物医药、汽车等产业都是各地竞相发展的重点领域,因此,在市场开发、招商引资和承接产业转移等方面都存在着激烈竞争,能否在竞争中获胜,赢得产业发展的先机,已成为影响全省工业经济持续稳定增长的重要因素。

(二)要素禀赋发生变化,要素驱动难以为继

1. 劳动力供需矛盾日益突出

伴随老龄化进程的推进,四川人口红利衰减、劳动力供给不足问题将不可避免的产

生，四川省工业发展的要素禀赋正在发生根本性转变。从四川省目前的劳动力情况来看，一是农村剩余劳动力的存量在年龄、文化程度上，都明显不如已转移的劳动力占优势。农村劳动力经过多年的转移输出，目前仍留在农业生产的劳动力中，以小学文化程度和文盲居多，且年龄在 45 岁以上的占了 70％以上，20 岁以下的主要是初高中辍学学生。二是产业转移并未带来产业劳动者的转移。随着四川省经济发展加快，承接产业转移的力度加大，一大批原来在东部的产业项目相继落户四川，但原产业工人并未随产业到四川就业，现有劳动者缺乏工作技能和经验，而新的产业工人培训需要一个过程。三是随着经济发展方式的转变和经济结构的调整，四川省着力发展高端产业和产业高端，新型产业不断涌现，而技能人才无法满足产业用工需要。高素质劳动力、青壮年劳动力需求不断增加与文化程度低、技能缺乏的就业困难群体相对过剩的矛盾日益突出。①

2. 工业企业用地成本将逐步上升

2014 年以来土地节约集约利用的规制加强，2015 年中央继续推行节约集约用地政策，在以往制度框架的基础上，逐步转向细化完善、强调政策支撑作用发挥、注重业务全流程规范管理等，具体表现为：一是鼓励盘活利用存量土地；二是开展低效工业用地调查清理；三是规范节地评价考核制度体系。未来几年，国内经济下行压力依然较大，土地的保障任务仍然艰巨，土地政策将会继续坚持最严格的耕地保护和节约用地制度，工业用地价格的政策性上涨是必然趋势。随着"一带一路"倡议逐步开展，相关城市开发加速，工业用地价格上涨预期明确，四川省工业用地价格将出现明显上涨。

3. 企业融资"难、贵、慢"的问题仍然突出

自 2015 年 5 月以来，四川省工业贷款增速已连续 8 个月呈下降趋势，且 11 月、12 月均为负增长。截至 2015 年 12 月底，全省以制造业、电力、矿业等为主的工业贷款余额为 8020.33 亿元，同比下降 0.63％，环比下降 1.28％，比年初减少 41.58 亿元，占全行业贷款余额总额的 31.11％。其中，制造业贷款余额 3848.49 亿元，同比下降 7.82％，环比下降 2.33％，占工业贷款余额总额的 47.98％。工业企业融资"难、贵、慢"的问题仍然突出。从企业层面来看，有的企业产能过剩，负债率高，盈利能力下降，有的企业规模偏小，管理不规范，抵押物不足，导致部分企业在经济下行中信贷条件进一步恶化。从金融机构层面来讲，随着经济下行，部分银行为防控自身风险实施紧缩信贷政策，惜贷压贷、减贷抽贷行为较为普遍，经营中还存在以贷转存、存贷挂钩、借贷搭售、转嫁成本的做法以及违规收费等现象。

4. 资源环境承载能力有限

当前的资源和环境已经难以长期支撑目前的工业发展模式。2014 年 12 月中央经济工作会议中已经明确提出中国环境承载能力已达到或接近上限，必须推动形成绿色低碳循环发展新方式。随着新环保法、"水十条""大气十条"等相继实施，国家实行能源和水资源消耗、建设用地等总量和强度双控行动，四川省能源资源和环境硬约束日趋凸

---

① 参考四川省社会科学院主编的《2015 年四川经济形势分析与预测》中的《四川省人口与劳动就业分析与预测》相关分析结果。

显，土地、环境作为要素正在变得越发稀缺，难以支撑当前工业领域的大量消耗。

（三）创新环境不断改善，创新驱动空间较大

1. 新技术革命为创新驱动提供了历史机遇

目前，世界新一轮新技术革命的不断深化，新一代信息技术、互联网＋、智能技术、生物工程、新材料及新能源等技术日趋成熟，不断催生新的产品、新的产业、新的理念和新的商业模式，为世界工业经济发展注入了强劲活力。欧美发达国家借此提出了工业 4.0、再工业化等全新发展战略。我国也制定了《中国制造 2025》发展规划，推动工业企业积极采用最先进的技术装备和工艺，发展智能制造、绿色制造和精准制造，并将互联网＋等技术应用于企业的研发设计、经营决策、生产管理和营销服务等环节，带动产业整体与新一代信息技术融合发展，并提出实施"大众创业、万众创新"战略，全面激发市场活力。同时，牢固树立生态环保理念，加快节能减排新技术、新设备、新工艺的推广应用，提高清洁生产、绿色生产能力，全面提升资源开发利用效率，降低污染物排放水平，构建绿色生态制造业体系，促进工业整体转型升级。四川省也积极制定了《中国制造 2025 四川行动计划》，全力推动制造业转型升级。近期，四川还不断加大扶持力度，全力支持高新技术和战略性新兴产业发展，相继出台了五大高端成长型产业发展规划，培育扶持新的产业增长点，工业企业所面临的创新空间正在快速拓展，使企业能够以关键技术研发开拓新的市场领域，进而形成以技术创新推动工业发展的新常态。

2. 工业生产方式的转变为创新驱动提供了技术需求

目前，工业领域的机器人保有量快速增加，企业在研发设计方面应用数字化工具的普及率大幅提高，信息化在企业运行中的作用日益提升。工业生产方式正在由要素投入向信息化、智能化投入转变，这种转变为创新成为工业发展的主要驱动力提供了技术需求。

3. 创新环境不断改善，企业研发进入快速增长期

2011 年、2012 年、2013 年，四川省 R&D 经费分别为 294.1 亿元、350.86 亿元、399.97 亿元，分别增长 8.7%、19.3%、14%，R&D 经费占 GDP 的比重分别为 1.4%、1.47%、1.52%，呈逐年提高的态势，有力地推动了科技领域的改革与发展。工业企业享受较大创新政策扶植，按执行部门分组，2011 年、2012 年、2013 年，四川省工业企业 R&D 经费分别为 4.31 亿元、4.49 亿元、4.43 亿元，占企业的比重分别为 89.4%、92.5%、91.4%，工业企业是企业创新的主要力量。

从四川省的工业创新能力来看，在与 2013 年 GDP 排名前 12 的省份中，四川规模以上工业企业 R&D 经费占主营业务收入比重、规模以上工业企业开发新产品经费占主营业务收入比重、新产品投入产出比、规上工业单位企业有效发明专利数排名分别为 12、10、12、5，除有效发明专利数较高外，其他指标数据明显低于其他省份，高新技术及战略性新兴产业比重较低，产品竞争力相对较弱，有较大的提升空间。

表4　2013年部分省份工业行业科技投入及产出指标数据

部分省份	规模以上工业企业R&D经费占主营业务收入比重（%）	规模以上工业企业开发新产品经费占主营业务收入比重（%）	新产品投入产出比	规上工业单位企业有效发明专利数（件）
四　川	0.0048	0.0061	11.59	0.81
江　苏	0.0094	0.0126	11.81	1.15
湖　北	0.0082	0.0088	14.03	0.64
广　东	0.0119	0.0136	12.81	2.41
山　东	0.0080	0.0077	14.00	0.47
浙　江	0.0111	0.0133	18.11	0.58
河　南	0.0050	0.0045	18.01	0.34
河　北	0.0051	0.0044	14.40	0.36
辽　宁	0.0064	0.0064	12.18	0.45
湖　南	0.0086	0.0094	19.34	0.89
福　建	0.0085	0.0081	12.95	0.49
安　徽	0.0075	0.0098	13.50	0.88
四川省排名	12	10	12	5

在当前全国经济增长乏力的背景下，投资对四川省工业经济的拉动仍然非常重要，但应调整工业投资结构，提高投资效率；而要素驱动对工业经济的作用受到一定客观因素的限制，应在当前的客观环境下，挖掘要素驱动潜能，提高要素投入的质量；技术创新对四川省工业经济的拉动提高空间非常大，应鼓励四川省工业经济发展的技术创新力量。

五、四川省工业经济转型升级的方向

在目前中国经济新常态和四川工业发展条件下，要解决四川工业发展中所面临的突出问题，需要加快推进四川工业发展新旧推动力的转换与产业的转型升级。因为，随着世界工业发展趋势向智能化、互联网方向转变，工业转型升级和结构调整的内涵已不再局限于简单的产业升级和结构优化，而需要更多关注工业生产方式的变革，加大供给侧的结构改革，发挥创新对工业的驱动作用，实现产业价值链升级。

四川工业要走"高科技、高效益、高就业、信息化、绿色化、服务化"的道路。未来，四川工业需要加快对油气化工、食品饮料等传统制造业的改造提升；促进电子信息、装备制造等优势产业做优做强；大力发展工业互联网，加快推进"互联网＋制造业"，重点发展智能制造，促进产业结构优化升级，加强生产性服务业的发展，逐步提高生产性服务业比重。

（一）以选择高端产业，发展高端制造业与战略新兴产业作为产业结构高级化的方向

新兴产业既是目前工业发展的新增长点，又是未来工业发展的主要方向。作为新兴事物，新兴产业在各国各地区间的发展差距并不大，在产业发展的初期阶段存在进行颠覆性创新进而赶超的战略机遇。而且许多新兴产业是传统产业的新发展，四川已经建立起门类比较齐全的工业体系，具备由传统产业迅速向新兴产业扩展的基础条件；同时，中国具有市场规模优势，能够给新兴产业的发展提供有力的需求支持；中国新兴产业的发展已经初具规模，2015 年，战略性新兴产业增加值占国内生产总值比重将达到 8% 左右，已经具备了进一步发展的基础。

四川工业转型升级需要抓住发展战略中新兴产业的机遇期，选择高端产业，以发展战略中的新兴产业和高端制造业作为工业产业结构高级化的发展方向。依托我省较强的科研技术实力和制造业基础，充分发挥人才、资源及环境等方面的优势，加快培育和发展新一代信息技术、高端装备、新能源、新材料、生物医药、机器人、新能源汽车、航空航天及节能环保等高端制造业，抢占技术及价值链高端环节，扩大产品市场占有率，尽快使它们成为我省制造业发展的主导力量，形成新的产业竞争优势，以顺应时代发展潮流，在与世界各国各地区的竞争中赢得先机。

1. 加快发展新一代信息技术产业

重点推进物联网、大数据、云计算、集成电路、新型显示、高端服务器等核心基础产业发展，围绕信息获取、传输、处理技术及其运用，加快发展新一代移动通信、下一代互联网核心设备和智能终端的研发及产业化，推进三网融合、物联网及云计算的研发和应用，重点突破智能信息处理和泛在网络、北斗导航应用、智能感知与识别处理、数据分析和挖掘等关键技术。加强 5G 技术的研发和应用，带动新型智能终端、新一代基站、网络安全等设备，推动核心信息通信设备体系化产品与应用大规模发展。积极打造以"互联网+"为引领的新兴产业形态。发展具有自主创新技术的信息安全高端成长型产业，重点推动信息安全系统产品与应用产业、安全可靠终端产品与相关制造业、安全可靠芯片与集成电路产业，打造网络信息安全高地。加快成都软件名城建设，建设国家重要的新一代信息技术产业基地。

2. 新能源和智能电网装备制造

重点发展新能源装备制造业，加快开发百万千瓦级核电二代、三代核岛、核岛系统集成和常规岛主设备，核二、三级管道、泵阀等核辅设备、核电站运行维护专用设备及新型核燃料元件等重要产品。推动百万千瓦级大型水电机组、大型抽水蓄能机组、大功率风电机组、生物质能发电成套设备、高端输变电装备等领域实现新突破。加快页岩气勘探、开发设备的研发及制造。积极发展太阳能电池及组件、大容量储能电池、动力电池以及智能电网。开发太阳能并网发电和离网独立应用技术和产品；努力提高锂电池存储效率，积极研制钒液流电池、钠流电池、储氢燃料电池等新型储能装置；加快发展高压、超高压、特高压、高端输变电装备，以及智能电网开关、变电设备、实验设备、电

缆和关键元器件等，加快建设国家重要的新能源高技术产业基地。

3. 高端装备制造业

重点发展航空、航天装备、卫星应用和导航装备、高效清洁发电设备、海洋工程装备、城市轨道交通、高速铁路设备等。加快开发军机、公务机、民用飞机等整机和国产大飞机、支线飞机机头、机身等关键部件，以及大型航空发动机整机及零部件、航空电子系统产品，建设国家重要的民用航空高技术产业基地；积极开发空间服务系统、亚轨道科学研究火箭等，全力打造国家重要的高端装备制造产业基地。

4. 新材料产业

加快发展金属功能材料、高端低（微）合金材料、高分子材料、无机非金属材料、高性能复合材料、化工新材料及其他前沿新材料。重点发展我国工业经济发展所需的钒钛合金、铝镁合金、锂合金、镍基合金、高温合金、特种钢材等金属材料。围绕工程塑料、特种橡胶、其他功能性高分子材料等领域开展集中攻关，力争尽快突破一批关键核心技术瓶颈，并尽快实现产业化。积极发展新型功能材料、先进结构材料、生物医用新材料、高性能纤维及其复合材料、超硬材料等新材料，加强共性基础材料研发和产业化。做好超导材料、纳米材料、碳素材料、石墨烯、生物基材料等战略前沿材料的研制和产业化进程，实现基础材料的升级换代，加快建设国家重要的新材料产业基地。

5. 生物医药及高性能医疗器械产业

重点发展创新药物和生物育种，开发以生物技术药物、新型疫苗、新靶点化学药、诊断试剂等为重点的创新药物研发和生产，推进以先进医疗设备、医用材料等为重点的生物医学工程产品的研发和产业化，支持发展高产、优质、抗病、抗逆生物育种产业，加快生物基材料发展。大力实施"名医、名药、名企"战略，努力打造川药品牌，以品牌带动现代中药产业的快速发展。重点发展医疗电子、医疗器械、医用机器人等高性能诊疗设备及生物 3D 打印技术等，加快建设国家重要的生物高技术及高性能医疗器械产业基地。

6. 数控机床和机器人制造业

积极开发一批精密、高速、高效、柔性数控机床及智能集成制造系统。加快高档数控机床和智能制造设备前沿技术的开发应用。以提升可靠性、精度保持性为重点，开发高档数控系统、伺服电机、轴承、光栅等主要功能部件及关键应用软件，加快实现产业化。重点围绕汽车、机械、电子、危险品制造、国防军工、化工、轻工、食品饮料等领域需求，开发工业机器人、特种机器人及生产加工成套设备。通过关键岗位"机器换人"改造计划，加大生产设备和生产线的数字化、自动化改造力度，提升研发设计环节的数字化、智能化改造水平。积极开发医疗健康、家庭服务、教育娱乐等服务机器人。加大设计研发力度，加快突破机器人关键零部件及系统集成设计制造等领域的技术瓶颈。引进培育一批专业化的龙头企业，带动我省机器人产业健康发展。

7. 节能环保装备产业

重点发展高效节能技术产品，开发节能电器、半导体照明（LED）、无极灯等绿色照明产品。积极发展先进环保技术装备和产品以及环境监测仪器,推动资源循环利用关键共性技术研发和产业化。加快突破高效节能锅炉、固体废弃物处理、大气污染防治、水污染治理、高效节能电机、低温余热发电装备、节能电力装备、资源综合利用装备八大领域技术瓶颈,加快实施节能技术装备、环保技术装备、资源综合利用技术装备"三个产业化",加快培育一批龙头骨干企业,引领制造业实现低碳、绿色发展。重点培育打造成都节能环保高端装备制造和服务、自贡节能环保装备制造、绵阳节能家电及资源综合利用、攀枝花—西昌钒钛稀土资源综合利用、遂宁高效照明、德阳机械零部件产品再制造、资阳节能装备及高效照明、达州—广安循环经济、雅安废弃石材综合利用等一批节能环保产业集聚区,形成以自贡、成都为核心基地,辐射带动一批特色产业园区的发展格局,努力打造全国重要的节能环保技术装备研发制造基地。

8. 航空航天制造业

依托中航工业成都飞机设计研究所、成飞集团、成发集团等研发制造机构,着力加强航空与燃机设计、研发、制造、试验、维修等关键核心技术攻关,加快航空与燃机重点优势产品示范应用和产业化,推动航空与燃机制造服务业协调快速发展。重点推动大中型飞机重大部件、主要机载系统和关键设备制造;发展飞机整机制造,包括干支线民航、通用航空等航空与燃机服务业;推动压气机、燃烧室、高温叶片、热障涂层等试验件和样机制造,推动燃气轮机及航空器高端零件制造。壮大龙头企业、强化引领支撑,培育"专精特"中小骨干企业,增强协作配套能力,提高航空与燃机产品国产化和自主化水平。加快形成以成都为中心,德阳、绵阳、自贡为紧密协作层的"一个基地、三个集聚区"的发展格局,努力建成国内一流、国际先进的飞行器与燃机综合研制生产和应用基地。力争到 2017 年,全省航空与燃机产业经济规模达到 800 亿元。

9. 新能源汽车制造业

加快纯电动车、插电式(含增程式)混合动力汽车、清洁能源及燃料电池整车的研发制造。并以整车制造为牵引,以电机、电控、电池三大核心部件技术创新为突破,以充换电基础设施建设为配套,培育壮大重点骨干企业,加强产学研结合,强化推广应用,创新运营模式,扩大开放合作,提升重点产品技术水平,实现关键材料、关键工艺和生产装备的国产化,尽快掌握汽车低排放、信息化、智能化核心技术,提升动力电池、驱动电机、先进变速器、轻量化材料、智能控制等核心技术的工程化和产业化能力,加快形成一批具有自主知识产权的核心技术、行业标准和产品品牌,合力打造集研发、配套、生产、试验、售后和服务为一体,国内一流、国际领先的新能源汽车产业集群,推动产业规模、产品结构、质量效益和竞争力水平全面提升。到 2017 年,新能源汽车产业总产值达到 300 亿元,产能达 10 万辆,建成中西部重要的新能源汽车基地。

(二)以占领产业链高端、推进价值链升级作为促进产业升级的重要方式

随着国际分工体系从产业间分工转变为产业内和产品内分工,产业链条呈现出片段化的趋势,一件产品从设计、开发,到生产制造、营销、消费、售后服务、循环利用,

各种价值增值活动分散于全球范围内的多个企业，形成了全球价值链。全球价值链体系有助于促进企业重组生产系统，提高内部过程的效率，全球价值链体系下的产业升级，将产业升级的内涵由传统模式下一国内部不同产业部门之间的升级替换，扩展到产业部门内部的工艺、产品、功能等附加值程度的升级和扩展。在全球价值链体系下，可以通过"过程升级""产品升级""功能升级"和"链条升级"促进产业升级；可以通过融入全球价值链，增加出口行业以及与出口相关行业的附加价值，实现工业生产能力和生产效率的整体性提升。

四川特色优势产业中，大部分为资源依赖型产业，例如饮料食品、油气化工、钒钛钢铁及稀土等产业。这类资源加工型产业需要通过加大科技研发，提高资源开发效益，延伸产业链，向产业链高端发展。需要用世界新技术革命的最新成果与现代制造业结合所产生的新技术、装备、工艺和理念改造提升我省的电子信息、装备制造、食品饮料、钒钛稀土、油气化工和汽车等传统制造业，构建柔性、个性化定制、绿色、智能、精致的生产技术体系和产业创新链，大力发展高端产品，提升高端环节在产业整体中所占比例，抢占产业链及价值链高端，带动产业整体向高端领域发展，增强产业核心竞争力，努力形成四川现代产业体系发展的核心力量。

1. 电子信息制造业

依托长虹、九州、英特尔、中芯国际、富士康、联想、戴尔、京东方等大型龙头企业，加快集成电路、新型显示、电子基础材料和关键元器件、计算机制造和仪器、消费类电子整机制造及配套、软件和信息服务等领发展，构建从设计研发、半导体原材料及元器件、芯片及集成电路、光电显示、数字视听、网络通信到终端产品制造、市场营销及配套服务为主的较完整的产业体系。同时积极培育军工电子、医疗电子、航空电子、航天电子、汽车电子等高端产业。鼓励大型龙头企业采用机器人、智能制造、绿色制造等先进技术和工艺，提高智能、绿色、柔性及个性化定制制造水平，增加高端产品的数量和种类，同时大力发展设计研发、营销、以及软件和信息服务等产业，加快培育一批具有自主知识产权和品牌的企业及产品，带动产业整体向高端领域发展，尽快形成新的核心竞争力。加大产业布局调整力度，逐步形成以成都、绵阳为中心，以成－德－绵－广（元）、成－眉－乐－雅、成－遂－南－广（安）和成－资－内－宜四条产业带为扩散轴线，多个城市相互配套、相互协同的产业新格局。

2. 装备制造业

依托东方电气、东方锅炉、二重、成飞集团、四川宏华、川开实业、南车集团等龙头企业，加强以水电、火电、燃气为重点的发电设备研发制造，开发大型水电机组、大功率超临界和超超临界循环流化床火电机组、重型燃气轮机组。重点发展重型装备、机车车辆、轨道交通设备、工程机械、数控机床、节能环保装备、油气钻采、薄煤层综合开采等成套设备和关键零部件产业。积极开发航空航天、海洋等领域高端铸锻件产品。加快推动高端装备制造实现技术和产品的重大突破，推动传统优势装备上档升级，推行智能制造、绿色制造和柔性制造，提高制造业服务化水平，由"制造"向"制造＋服务"转型升级，巩固我省作为国家重大技术装备制造业基地的重要地位。

3. 油气化工产业

推进石化深加工及精细化发展，培育壮大石油化工、精细化工和橡塑深加工等产业链，建设四川石化产业基地及下游深加工产业集群。调整天然气化工产业结构，发展天然气制取高效复合肥、乙炔、氢氰酸、烯烃等。推进气盐氟结合，发展化工新材料、新领域精细化工产品、生物化工。加强资源综合联产开发，加大节能减排和清洁生产，推动实现产业向绿色低碳转型，朝着资源转化水平高、精深加工程度高、产品附加值高、技术先进、绿色生态制造的方向转变，努力实现产业基地化、集约化和高端化，建设西部最大和最具竞争优势的天然气化工特色产业基地。

4. 汽车制造

依托现有产业基础和布局条件，重点培育和发展乘用车、重中型载货汽车、中轻型客车、越野车、微型车、天然气汽车、改装车、专用车等整车项目；并依托一汽大众、一汽丰田、沃尔沃、四川现代、吉利汽车、重汽王牌、东风南汽等整车骨干企业和重点产品，延伸产业链，加快发动机、车桥、方向机、变速箱、减震器、轴瓦等关键零部件配套产业发展；同时积极发展汽车研发设计、营销及售后服务体系，努力构建完整的汽车产业体系，并在此基础上尽快健全产业自主创新体系，提高自主研发和创新驱动发展能力，增强产业核心竞争力。加快推进"一带、一区、七园区"发展，将四川建设成为我国中西部地区重要的现代汽车制造基地。

5. 食品饮料产业

依托新希望集团、五粮液、泸州老窖、娇子集团等龙头企业，充分发挥川酒、川猪、川菜、川烟、川茶等品牌优势，推动农产品精深加工和综合利用，重点发展名优白酒、肉制品、粮油、茶叶、泡菜、特色果蔬等特色优势产业，打造白酒酿造、粮油、茶叶和烟草加工、果蔬、泡菜、川菜调味品和肉制品加工等产业链，带动相关配套产业聚集发展，提升产业聚集效应。同时大力发展地方名优特食品，壮大农产品深加工龙头企业，提升产品附加值，培育打造本土品牌，扩大市场占有率。加快建设以川西、川南和川东北名优茶种植、加工为特色的中国名茶核心区，以眉山、成都、南充为重点的泡菜、川菜调味品产业核心区，打造泡菜和茶两大千亿产业集群，建设国家重要的农产品深加工基地，引领我省农业现代化水平的不断提高。

6. 钒钛钢铁及稀土产业

以建设攀西国家级战略资源创新开发试验区为重点，加强科技攻关和成果转化，以钒钛开发促进钢铁产业转型升级，加快发展具有钒钛资源特色的钢铁工业，引导全省钢铁工业加快结构调整，逐步淘汰落后产能，尽快实现转型升级；大力发展钒钛精深加工，重点发展氯化法钛白、高档专用钛白等高端产品，加快发展钛合金及钛材等，积极开发大飞机制造及航空航天、海洋工程及船舶制造、医疗器械、高端消费品等系列钛合金材料及深加工制品。钒产业稳步提高冶金用钒规模水平，重点开发钒电池、高品质钒钢等，大力发展钒铝合金、氧化钒薄膜材料等。加强产业链整合延伸，提高附加值，大力发展循环经济、精深加工及应用，着力提高资源综合开发利用水平，实现钒钛钢铁及稀土产业的持续健康发展，努力将攀西建设成为世界级钒钛钢铁产业基地。

六、四川工业转型升级的路径

（一）以技术创新作为驱动工业转型升级的核心动能

技术创新是改造传统工业、发展新兴产业、促进价值链升级的主要手段。创新已经上升为国家战略，成为工业转型升级的关键。做好技术的原始创新和开放式创新，对工业长期发展起决定性作用。原始创新是塑造工业核心竞争力的关键。发达国家都很注重对核心技术和关键技术的保护，尤其是对中国的技术引进施加了重重限制。即使已经成熟的关键技术，都难以通过技术贸易途径获取。同时，在中国着力发展的新兴产业领域，多数核心技术尚未完善，也无从借鉴，只能依靠自主创新。对重大科学发现、技术发明、原理性主导技术进行原始创新，可以获得具有战略意义的核心技术，奠定新兴产业发展的技术基础。

因此，充分利用多种形式进行开放式创新，是提高工业整体技术实力的主要途径。四川工业已经参与到国际分工，可以通过购买国外先进设备、专利权和生产许可证，通过跨境企业收购、兼并，通过在国外设立研发中心进行委托设计，通过对FDI带入技术的消化吸收等形式在世界范围内获得新技术，并在此基础上进行再创新。而开放式创新能够有效减少技术创新的风险，缩短技术应用时间。

（二）深入推进"两化"融合，加强工业化与信息化同步发展

加快工业化与信息化"两化"融合，加快推进"互联网＋工业"，促进信息化与工业化的深度融合，优化生产工艺流程，实现制造业智能化，实现制造业工艺流程优化，供产销生产流程的优化，提升企业经营管理效益，增强四川制造业核心竞争力。深入实施新型工业化、城镇化双轮驱动战略，要把加快推进新型工业化、城镇化作为促进经济社会平稳较快发展保障。要加快发展四大城市群，提升城市群的服务功能、辐射功能、集聚功能，为新型工业化提供有力支撑。

（三）以采用新的生产和组织方式作为改造传统工业的手段

世界工业正在以一种新的方式进行革新，通过网络化、数字化、智能化技术逐步向工业领域进行渗透和普及，使新技术与传统产业相融合。这种渐进式的变革会改变传统的工业生产和组织模式，在现有产业的基础上孕育出新模式和新业态。这些技术并非来自重大的颠覆性技术突破，而是来自长期的积累、应用和普及，对于中国工业来说，这并不存在难以逾越的技术门槛。这一革新过程并不会对产业结构产生根本性影响，而是对工业进行整体性升级，达到提高工业发展整体质量和效率的效果。目前，中国已经进入了智能化生产的加速发展时期，智能化正在成为改造中国工业的重要手段。四川工业的转型升级无疑需要跟上世界工业发展的步伐，将工业与"互联网＋"进行深度融合，从设计、制造、管理、销售各个重要领域进行创新改革，以新的生产和组织方式对传统工业进行提档升级，实现智能制造，提高产品的生产效益和产品的品质。

（四）绿色低碳，提升能源资源利用效率和促进可持续发展

主动淘汰落后产能和落后生产方式，有助于促进企业在世界范围内加快引入新产品和新的生产方式；有助于促进企业改变内部生产经营活动，主动向具有更高附加价值的设计、开发、品牌、营销、售后等上下游链条转型实现链条内跨行业转型，进而提高企业的产品质量、生产效率和产品附加值水平。

1. 规范淘汰一批传统高耗能高污染低效的产业

（1）加大对规模小、档次低、能耗高、污染重、质量差的产品的整治力度，限制发展、淘汰一批，为产业健康发展营造良好环境。（2）在化解产能过剩矛盾方面，将加强对钢铁、有色、建材等产能过剩行业发展趋势的预测，制定有针对性的工作方案和措施，消化一批产能、转移一批产能、整合重组一批产能、淘汰一批落后产能。将有序关停企业落后产能，还将研究和探索建立淘汰落后产能指标置换机制。

2. 实施重大技术改造项目，推进传统产业升级

在传统产业改造升级方面，实施重点技术改造升级项目是必要的措施与手段。政府一方面划拨部分专项资金用于传统制造业的提档升级，一方面还需要通过政府政策环境与市场的手段来激励企业加强对创通制造业的转型升级，提高能源消费价格，增强环境评审要求，提升企业的能源消耗成本和环境污染代价来提高企业运行成本；通过改善居民的消费需求，激励传统产业加快转型升级，提升产品质量，降低能耗和环境污染；政府还可以对低耗低污染产品予以税费返还的激励措施鼓励企业加快对传统制造业的转型升级。

（五）加大开放合作，借助"一带一路"和长江经济带战略，使产业布局优化和发展要素聚集

加强开放合作，深入推进"一带一路"倡议，并依托长江黄金水道，融入长江经济带，充分发挥行业管理部门、地方政府在产业转移和合作中的引导作用，以及市场在资源配置方面的基础性作用，加强规划、资源和市场的对接，研究制定制造业产业转移与合作的相关政策，推动建立健全沿长江"省、市对接、协同推进"的合作机制。在承接东部部分制造业转移的同时，积极拓展研发设计、提供技术服务等产业价值链高端延伸的市场；立足产业承接地区自身特色优势，合理布局四川制造业，引导产业有序转移与承接。促进新型工业化产业示范基地和产业园区建设，促进区域协调发展。

七、政策建议

（一）加大对创新工业的政策支持力度

随着以创新驱动和互联网+带来的对工业的新一轮革命，未来工业发展的方向逐渐清晰，这也拓展了产业政策发挥规划和引导作用的空间。为此，需要加强产业政策的引导，建立相应的财税金融扶持政策，加快实施制造业发展纲要，打造智能化、信息化的现代制造业，提升四川工业的核心竞争力。

1. 切实提高金融政策对工业经济的支持效果

根据经济发展实际适当下调利率和准备金率，降低社会融资成本；提高定向降准和定向再贷款力度，缓解小微企业融资难题。

2. 实施有效的财税政策改革

采取财政贴息、加速折旧等政策手段，推动企业采用新技术设备淘汰落后生产能力，促进传统产业的改造和升级。通过扩大结构性减税范围，减轻企业税费负担水平，加大财政税收政策支持力度。

3. 通过产业政策，加快推进高耗能、高污染行业的关停并转

在市场机制下，通过税收、价格手段使环境成本得以呈现，以抑制高耗能、高污染行业的发展，并促进其在行业内进行企业整合重组，提升资源的使用效益，降低对环境的污染，实现循环经济效益。

（二）深化科技体制改革，以技术创新驱动工业转型升级

加快推进四川科技创新，使得科技创新成为四川经济发展的核心驱动力，进一步深化科技体制改革，构建符合科技发展和市场化规律的技术创新管理体系。

1. 建立有效的科技管理体制

协调好政府、科研机构和企业在科技研发中的关系，充分发挥企业主体作用、政府协调作用和科研机构人才支撑作用，鼓励企业加大研发投入，加快推进科研机构改革转型，促进科技成果转化。

2. 提高科研资金的使用效率和产出效率

将国家资金支持的重点放在基础技术、战略性新兴技术和少数重大技术上，创新政府专项资金的使用方式，规范对企业研发行为的直接资助。

3. 提升中小企业在创新体系中的地位与作用

加大研发费用加计扣除、高新技术企业税收优惠等政策落实力度，引导创新资源向企业集聚，促进技术、人才等创新要素向企业流动，使企业成为技术创新的源头与主体；加大对中小企业创新的财政金融支持，将促进中小企业创新上升到国家战略。

4. 优化创新环境

切实加强专利保护力度，完善创新激励机制，提高科研人员研发创新积极性。

（三）拓展贸易思路，以全球价值链思路承接产业转移

积极参与全球价值链，利用全球价值链促进四川工业产业升级，以促进贸易和投资的自由化、便利化为目标，进一步简政放权、扩大开放、完善市场机制、促进市场竞争和公平。对竞争、投资、资本流动、知识产权、创新、科研、教育培训、金融、税收、劳工标准、中小企业等诸多领域的现有政策进行梳理和调整。

1. 需要降低企业融入全球价值链的难度

促进国际贸易自由化，不断深化海关通关业务改革，简化企业申报管理，缩短产品

通关时间。促进投资便利,不断修订外商投资产业指导目录,缩减外商投资限制类条目,建立准入前国民待遇加负面清单管理模式,健全外商投资监管体系,打造稳定、公平、透明、可预期的经营环境,促进外商投资的流入。

2. 为来川投资企业价值链升级提供支撑

企业在参与全球价值链时,能够顺利实现价值链升级的必要条件是投资地区具备高质量并且不断提升的人力资本和知识储备。因此,需要注重对工业设计、生产、研发、服务、设计专业人才的培养。同时,加大简政放权力度,建立公平、竞争性的市场环境,降低企业向价值链上下游转型的难度和成本。

(四) 加强多层次人才的引进和培养

1. 实施四川人才队伍中长期建设方案

围绕四川建设工业强省与工业新型化发展目标,需要制定四川人才队伍中长期建设方案,加快完善四川多层次人才教育培训体系,加强创新人才、高技术人才的培育;以重大专项和重大工程为依托,建立相应的高端人才培育和高端人才引进机制。

2. 加快推进职业教育改革,提升人力资本素质

随着人口红利的逐渐减弱,迫切需要提高人力资本的素质,改善劳动力供给结构,以满足于工业转型升级的需要。这就要地方政府加大职业教育的投入力度,建立多层次的职业教育体系,扩大职业教育规模。建立科学合理的职业教育体系,努力提高中等职业教育和中等职业学历教育质量,吸引初中和高中毕业生参加职业学历教育。加快建立农民工培训体系,将低学历、低技能的农民工培训为高技能的现代产业工人。需要建立制度化、专业化的在岗职工和待岗职工的培训制度,全面提高劳动力专业技能。

3. 加强创新人才培养

加大对研究型大学与基础研究机构的创新人才培养支持,鼓励研究型大学和科研机构加大从事基础性研究和原创新研究的力度,提升四川重要研究型大学与科研机构的创新能力;建立大企业大集团创新人才培养机制,鼓励大企业进行基础性研究。

4. 加强中小企业经营管理人才培养

建立对中小企业经营管理者培训机制,着力加强对企业特别是中小企业经营管理者培训,提高中小企业经营管理队伍整体素质。

(五) 增强资金要素保障

1. 加大地方投融资体制改革,优化地方投融资环境

加快四川地方融资体制改革,改善对高技术企业特别是科技型中小企业的信贷服务和融资环境。在国家加快推进资本市场建设与完善的支撑下,要加快建立完善地方资本市场体系,构建良好的地方性证券场外交易市场和非证券化的产权交易市场,加强推进四川工业企业与资本市场的对接,增加四川工业企业直接融资的比例,鼓励本地企业进入地方性资本市场进行资本运作,加快四川工业企业通过兼并重组,推进产业转型升

级。加快发展创业风险投资，积极为企业技术创新服务，为不同类型、不同所有制企业提供公平的竞争环境。建立银企政联系机制，优化间接融资渠道，完善四川工业企业的信用体系，创新融资担保模式，增强中小企业融资能力，降低融资成本，增强间接融资对工业企业的支持力度。

2. 加大财政支持力度

充分发挥政府的引导作用，在积极争取上级部门经费支持的同时，增加本级财政科技投入，优化资金投向。通过创设产业转型专项资金，加大对传统工业企业对传统技术的改造与提档升级，加快传统工业转型升级；通过设立技术创新政府引导资金，结合社会创投与天使资本，对产业创新型项目进行孵化，加快技术创新与技术转化使用。

3. 优化税费支持政策

加快制定鼓励工业企业应用新技术、新专利推进工业转型升级发展的优惠税费政策，鼓励企业使用新技术、新工艺，生产新产品，对于新产品增值税税率予以一定期限的减免；建立完善退税政策，鼓励工业企业以优质新产品开拓欧美发达国家市场。

（六）优化企业发展环境

1. 健全法律法规、优化法制环境

加快制定并完善相关法律法规，优化法制环境。建立健全地方性法规，推动法制建设，建立良好的法制环境，为市场经济保驾护航。通过不断地完善知识产权和竞争方面的法律法规，构建自主创新的法律保障体系和知识产权政策，为企业创新活动创造适宜的技术、经济、社会环境，形成鼓励创新的法制环境。建立有效的市场监督机制，从而保证市场竞争中工业企业行为的合理、合法性，确保制造业市场竞争的公平性。

2. 加快信息化建设，打造"互联网＋"硬环境

信息化基础设施是推进工业化与信息化融合发展，实现"互联网＋制造业"，发展以智能制造为核心的先进制造业的基础支撑。着力加快全省信息化建设，提升覆盖城乡的信息网络硬件基础设施，推进企业、城镇、农村信息工程建设，打造良好的互联网信息化环境。

3. 搭建服务平台，创建服务"双创"环境

（1）创建技术创新公共服务平台。以政府"搭台"，科研单位、大专院校参与，行业协会骨干企业"唱戏"的联动方式，鼓励在重要产业园区搭建技术创新服务平台，提升技术创新能力。（2）创建综合公共服务平台。主要包括：完善制造业领域知识产权公共服务平台，定期发布各重点领域知识产权态势，促进企业提高创造、保护、运用和管理知识产权的水平；优化检验检测公共服务平台，由政府财政统一投入，质监部门统一管理，把质监技术机构打造成广大企业的"产品诊所"；建立知识产权投融资平台，通过整合政府、金融机构、中介机构、社会团体等资源，拓展专利质押融资渠道，引导金融机构、投资机构开展专利权质押融资业务；完善标准信息公共服务平台。加快推进国际贸易壁垒通报、标准技术信息等公共服务平台建设，为企业提供研制、采集、查询、推广于一体的标准信息服务体系。

新常态下"中国白酒金三角"行业发展现状及趋势研究

　　世界白酒看中国，中国白酒看川黔，川黔白酒看"金三角"。为了优先发展优势产业，让更多的川酒进入国际市场，提升中国白酒在国际上的竞争力和影响力，2008年，四川省委省政府提出了建设"中国白酒金三角"这一战略性举措，为四川省白酒产业的发展提供了一个重要的战略性平台。目前，在我国经济发展的宏观与微观环境下，"中国白酒金三角"的白酒产业发展遇到了巨大的挑战。一方面受通货膨胀、经济增速下滑与限制"三公"经费三重因素的影响，高端白酒量价齐跌，正面临着成本上升、销售不畅的压力；另一方面，随着国际酒类品牌纷纷抢占中国市场，白酒产销量占整个饮料酒总产量的比重逐年下降的现象也较为突出。因此，"中国白酒金三角"的白酒产业发展战略、发展思路与产业深度调整在所难免。

　　新常态是相对于我国白酒产业黄金十年增长期（2003－2012）而言的，高速增长期已经成为历史，"中国白酒金三角"的白酒产业也进入了一个新的调整期，酿酒企业需要重新正视与审视新常态下的白酒产业新动向、新趋势，进而制定出适应当前经济和社会发展规律的白酒产业发展规划。

　　本文主要分析"中国白酒金三角"白酒产业的市场结构和效率，得出新常态下"中国白酒金三角"白酒产业绩效情况。研究结果表明，"中国白酒金三角"白酒产业的效率和市场集中度是影响绩效的主要因素，提高"中国白酒金三角"白酒产业的经营效益和产业的集中度是提升产业绩效的重要途径，并从市场整顿、企业效益和品牌效应三个方面对"中国白酒金三角"白酒产业绩效的提升提出建议。

一、绪论

（一）研究背景

1. "中国白酒金三角"区域概况

　　"中国白酒金三角"位于四川和黔北，即：泸（州）－宜（宾）－遵（义）拥有集气候、水源、土壤"三位一体"的天然生态环境，为酿制纯正优质白酒提供了得天独厚、不可复制的适宜环境。"中国白酒金三角"主要包括核心三角区、延伸区和协作区三部分。核心三角区位于北纬27°50′～29°16′、东经103°36′～105°20′最佳酿酒纬度带的长江（宜宾－泸州）、岷江（宜宾段）、赤水河流域，因其拥有独特的水源、土壤、空气、微生物及原粮、窖池、技艺、洞藏等优势资源，被联合国教科文组织、粮农组织专家誉为"在地球同纬度上最适合酿造优质纯正蒸馏白酒的地区"，是中国浓香型、酱香型白酒的发源地和固态蒸馏白酒的高端品牌集聚区，拥有酿酒窖池 34000 余口，其中 100 年以上窖池 1600 余口，20 年以上窖池 14400 余口；延伸区位于涪江和岷江流域沿线，以成都、德阳、绵阳、遂宁等地为承载点；协作区主要包括巴中、内江和凉山等地。

"中国白酒金三角"地区不可复制的独特地域性资源，为酿造优质白酒提供了得天独厚的生态条件，成为中国最著名的美酒聚集地，孕育形成了享誉全球的以五粮液、泸州老窖、郎酒等国际品牌和剑南春、沱牌、水井坊等中国著名白酒品牌为龙头，董酒、习酒等二线品牌为支撑，红楼梦、国粹等三线品牌为补充的较为完整的白酒品牌体系。构成了该区域白酒产业在中国颇为强大的整体竞争力。

2. 新常态下的"中国白酒金三角"基本情况

2012 年是中国白酒产业的转折点，翻看"中国白酒金三角"白酒产业的各项数据，从 2007 年开始进入高速增长，在 2011 年到达顶峰，然后在 2012 年开始呈现下滑趋势，经过 2013 年、2014 年两年的迷茫和调整之后，行业逐渐呈现出进入另一种发展态势的趋势，"中国白酒金三角"酒业发展也由此将出现新的"常态"。

2014 年"中国白酒金三角"规模以上白酒企业 337 家，累计生产白酒 350.0 万千升，全国占比 27.8%，居全国第一。共完成主营业务收入 1837.80 亿元，同比增长 3.26%；实现利税 336.44 亿元，同比增长 −19.36%，其中利润总额 179.55 亿元，同比增长 −26.90%。

表1　2014 年中国白酒行业前 10 省区排名

年度	全国前十名省区
2008	四川、山东、河南、辽宁、湖北、江苏、安徽、内蒙古、河北、贵州
2009	四川、山东、河南、辽宁、湖北、吉林、内蒙古、江苏、安徽、河北
2010	四川、山东、河南、辽宁、江苏、安徽、吉林、湖北、内蒙古、河北
2011	四川、河南、山东、辽宁、江苏、内蒙古、吉林、安徽、河北、湖北
2012	四川、山东、河南、江苏、辽宁、湖北、内蒙古、吉林、安徽、黑龙江
2013	四川、山东、河南、江苏、湖北、内蒙古、吉林、辽宁、黑龙江、安徽
2014	四川、山东、河南、江苏、湖北、内蒙古、吉林、黑龙江、辽宁、安徽

2014 年，"中国白酒金三角"规模以上企业主营业务收入 1838 亿元，全国占比 34.9%。无论是从规模上、利润上还是在效率和资产质量上，白酒行业也居于四川省省内前列。而 2013 年是白酒产业十年黄金发展期的最后一年，"中国白酒金三角"规上企业主营业务收入为 1900 亿元，略高于 2014 年。2013 年四川白酒行业收入和利润增长首次出现放缓，2014 年产量同比增长 5.6%（全国为 2.5%），主营业务收入增长速度 5.6%（全国为 2.8%）；利润则出现负增长，两大白酒产地中，宜宾白酒企业 2014 年利润 107.23 亿元，比上年下降 24.5%，泸州 2014 年利润 84.6 亿，比上年下降

10.0%,同期全国白酒行业总利润下降幅度为12.6%。

(二)研究目的及意义

考察中国白酒产业近年来的发展,自2008年以来,"中国白酒金三角"在白酒产业中一直占据全国白酒行业的龙头地位。2013年,四川白酒产量占全国总产量27.43%,主营业务收入占全国35.7%,利润占全国30.6%,在创收和盈利方面超过全国平均水平,对处于"中国白酒金三角"区域内的居民生活有着积极影响。

与此同时,"中国白酒金三角"白酒市场也面临着挑战,由于受通货膨胀和经济增速放缓双重因素的影响,高端白酒消费大幅减少,以50元、100元两个价位为主的50元至300元价格带成为居民消费的主流,对"中国白酒金三角"中高端白酒市场产生了冲击,同时,"中国白酒金三角"中高端白酒市场的价格政策对区域内二、三线白酒品牌也产生了明显的挤出效应。

此外,随着国际酒类品牌纷纷抢占中国市场,白酒产销量占整个饮料酒总产量的比重逐年下降。因此,研究"中国白酒金三角"白酒产业发展趋势有重要的现实意义和必要性。

本文从新常态下"中国白酒金三角"白酒产业的现状入手,分析新常态下白酒产业的市场结构、企业效率,白酒产业集中度的变化趋势,实证检验影响新常态下白酒产业绩效的主要来源,为"中国白酒金三角"白酒产业提升竞争力提供理论依据及其对策建议。

二、"中国白酒金三角"白酒产业市场结构分析

(一)"中国白酒金三角"白酒产业现状

"中国白酒金三角"白酒产业地域性特征明显,拥有适宜酿酒粮食作物与微生物生长的良好自然环境,区域内白酒产业产值占到全省将近10%的比例,为四川经济发展做出了卓越贡献。近六年(2009-2014)来,"中国白酒金三角"白酒产业在保持较高产量基础上实现总体增长,其产量从2009年的156万千升增长到了2014年的350万千升,增幅近124%,年均增幅为20.72%。而2012年,受宏观经济环境影响,"中国白酒金三角"白酒产量出现了近六年的负增长。

2012年下半年,全国白酒消费市场发生重大变化。"中国白酒金三角"白酒产业由于规模和结构的原因,首当其冲受到影响,市场供需逐渐发生逆转,经济效益加速下滑。与其他产酒大省相比,主要指标回落幅度较大。"中国白酒金三角"白酒产业结构调整的体征已经呈现。

经济新常态下,处于白酒产业中的"中国白酒金三角"要面对各路产业资本之暗流涌动、明流频出的现状。一是因为目前白酒行业正处于下行期,进行白酒产业反周期操作是产业并购、重组与整合的最高境界。从"三公消费"到"限酒令",再到"禁酒令"的适时出台,加上塑化剂事件阴影等影响,白酒市场遭受了前所未有的"寒潮"。

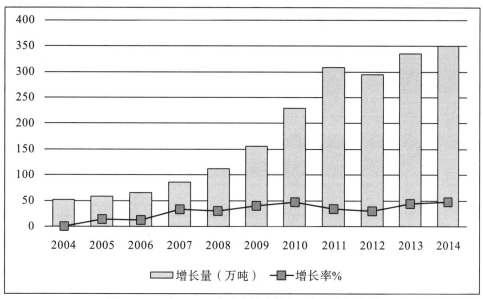

图1　2004年-2014年"中国白酒金三角"白酒产量

对于品牌白酒来说，销量下滑在40％左右，市场的整体反应在50％以上。而且在价格上下滑也比较明显，五粮液的零售价下滑20％以上，批发价下滑也至少在30％以上。二是因为白酒产业较高的盈利能力和较低的负债率表现历来都会吸引资本的关注，寻找优质企业保持持续追踪、寻找合作模式、等待最佳的收购时机。"中国白酒金三角"得天独厚的白酒资源，备受各路产业资本青睐。所以，此时的"中国白酒金三角"随着产业竞争层次提升，其他行业竞争加剧，越来越多的资本进入白酒产业。未来新的白酒大王最有可能在资本运作、产业重组与并购中诞生。

新常态下"中国白酒金三角"白酒企业积极应变。一批名优白酒企业相继推出符合大众消费的中低价位产品，导致二三线品牌和原酒企业市场空间被挤压而出手应战，市场竞争加剧。白酒品牌化竞争越来越激烈，不仅表现在高端市场，而且中低端产品的品牌化发展速度也在加快。

从四川省统计局的数据来看，截至2013年底"中国白酒金三角"川内白酒生产企业共有1785家，规模以上企业共333家，形成"六朵金花"（五粮液、泸州老窖、沱牌舍得、水井坊、剑南春、郎酒）、白酒企业30强（含"六朵金花"）和其他较小规模企业三个档次。

从图1可以看出，自2009年至2014年，"中国白酒金三角"白酒产量总体特征呈"升-降-升"的趋势。从2009年的156万千升增长到2010年的229.80万千升，呈现出上升趋势。而随后的2011年与2012年遭遇中国白酒产业的严冬，增速下滑，在2012年甚至出现负增长。对此，"中国白酒金三角"积极调整与应对，白酒产业逐渐恢复增长，显示出了"中国白酒金三角"具有强大的适应能力与满足市场需求能力。

"中国白酒金三角"在白酒产业中的产业效率自2012年开始，一直处于下降态势。2014年，四川白酒的产销率为90.53％，是"中国白酒金三角"白酒产销率的近10年最低值。白酒总产量供给大于需求，厂商关系从先款后货变为先货后款。2014年，"中国白酒金三角"川区规模以上企业完成产量 350 万升,增长率 48.05%。但白酒企业的效益却大幅下滑,利税和利润分别同比下降。2013 年白酒企业利润总额 246.7 亿元,下降 16.1%,2014 年白酒企业利润总额 179.55 亿元,下降 26.91%。在与全国白酒企业的竞争中,四川白酒占市场份额有所下降。

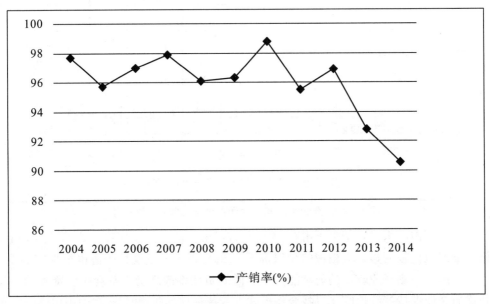

图 2 2004 年至 2014 年白酒产销率

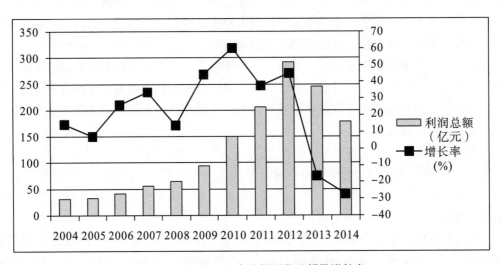

图 3 2004 至 2014 年白酒利润总额及增长率

从图 4 中可以看出,"中国白酒金三角"川区白酒产业的就业人数增长与产业发展业态基本趋于一致,也呈现出"升—降—升"的形态。2009 年的从业人数增长率为 4.28%,2011 年的从业人数增长率为 29.6%,增速迅猛。而 2012 年,受宏观环境影响,迅速降至 5.7%,2013 年也呈现出下降趋势,增长率为 -3.6%,2014 年略有回升,增长率为 -2.74%。

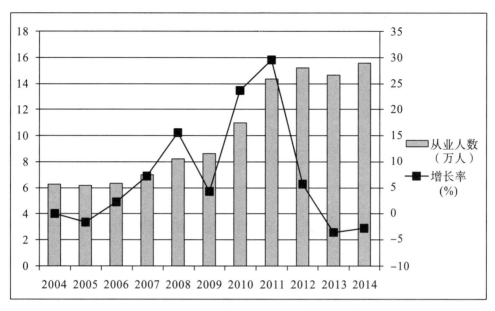

图4　2004至2014年白酒行业从业人数及增长率

"中国白酒金三角"川内白酒企业数量从2009年到2013年一直呈上升趋势，表明我国白酒产业的进入壁垒比较低，企业数量在不断增加。2009－2011年，就业人数增加较快，说明企业规模扩张速度比较快，但产业内企业的整体规模不大。2014年"中国白酒金三角"白酒企业的数量有所波动，主要原因是2012年后，白酒行业"黄金十年"的结束，以及白酒产业深层次的结构调整，给白酒企业带来了一定的压力。

（二）新常态下的"中国白酒金三角"白酒产业发展的五大特点

1. 经济指标全国占比下降

"中国白酒金三角"白酒产区的产量、主营业务收入、利税、利润分别占全国比重为27.84％、34.95％、27.47％、25.69％。与上一年相比产量比重上升0.41％，而主营业务收入、利税、利润分别下降0.74％、3.23％、4.96％，特别是利税、利润下滑加速。白酒是主产区泸州、宜宾两市白酒企业利税合计为287亿元、利润合计为168亿元，占四川省白酒利税和利润比重分别为85.31％、93.69％，与上年相比利税和利润全省占比分别下降4.75％和2.42％，其中泸州全年利税下降幅度均达25％以上，利润下降幅度达30％以上。

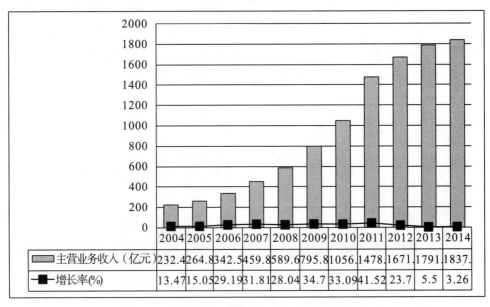

	2004	2005	2006	2007	2008	2009	2010	2011	2012	2013	2014
主营业务收入（亿元）	232.4	264.8	342.5	459.8	589.6	795.8	1056.	1478.	1671.	1791.	1837.
增长率(%)	13.47	15.05	29.19	31.81	28.04	34.7	33.09	41.52	23.7	5.5	3.26

图5 "中国白酒金三角"白酒产区的主营业务收入

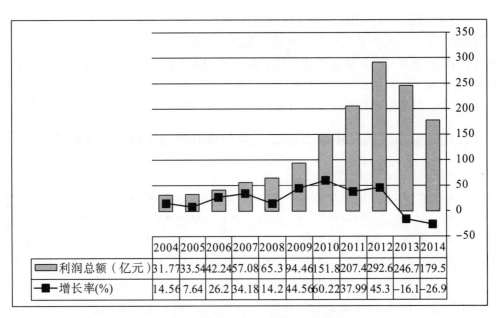

	2004	2005	2006	2007	2008	2009	2010	2011	2012	2013	2014
利润总额（亿元）	31.77	33.54	42.24	57.08	65.3	94.46	151.8	207.4	292.6	246.7	179.5
增长率(%)	14.56	7.64	26.2	34.18	14.2	44.56	60.22	37.99	45.3	-16.1	-26.9

图6 2004至2014年白酒利润总额及增长率

2. 产业结构调整加快

随着移动互联网快速发展，白酒企业集体性进入到"互联网+"时代，越来越多白酒企业意识到互联网不可阻挡的力量。五粮液、泸州老窖、剑南春等白酒核心企业均制定了比较清晰的互联网战略。如五粮液提出优选电商渠道代理平台，建立五粮液初级阶段的电商渠道运营体系；规范常规产品考核，创建互联网专属产品设计研发中心及专属产品运营推广体系；利用电商宣传和推广资源整合线上线下资源等五项新政，推进"互联网+"战略。泸州老窖自2012以来相继与中国电信、酒仙网进行合作，开创了泸州老窖线上同步销售的营销新模式,除此之外,如剑南春、全兴大曲以及郎酒等酒企也积极探索"互联网+"新模式。

"中国白酒金三角"资本市场动力十足,白酒高毛利率、高分散度都决定了产业并购空间很大,中粮集团、娃哈哈集团、平安信托等纷纷入川收购白酒企业,同时,"中国白酒金三角"龙头企业也纷纷出川进行企业并购,如五粮液收购河北永不分梨公司、泸州老窖在东北建立灌装基地。"中国白酒金三角"并购、重组、股改等时有发生,标志着区域内白酒企业步入并购整合、优胜劣汰新阶段。

为应对白酒产业结构调整,"中国白酒金三角"于2015年上半年相继推出一批符合大众消费的中、低价位产品上市,如:五粮液推出"五粮特曲""五粮头曲"等新品,泸州老窖推出了"中国故事·红绵柔、金绵柔、尊绵柔"三款中端新品,投放了"工农牌"特曲,"会唱歌的小酒""三人炫",提供了玉龙圣山、圣鹿源等养生酒产品。"泸小二"就在原有基础上,尝试生产不同色彩的产品,以满足不同特点和喜好的消费者,扩大中低端市场份额。

3. 市场价格趋于合理

2016年上半年,五粮液集团适时推出经销商稳定普通五粮液等主流产品价格政策措施,奠定了五粮液稳健的价格基调,泸州老窖、郎酒、剑南春等也相继出台了稳健的价格政策,助推中国白酒进入到价格期。五粮液和泸州老窖分别把主导产品价格下调到600元左右,以理顺市场价格"倒挂"现象,稳定高端产品品牌形象。同时推出中低端产品、壮大腰部产品,构建合理产品价格体系。

中国白酒业正在形成重要的"腰部壮大"的价格现象,特别是"100-300"价格带的形成,使得白酒价格具备了高度的市场稳定性。

4. 营销模式多元化

随着白酒消费市场的变化,信息化与白酒产业深度融合,传统销售模式面临挑战,白酒产品商业渠道面临压力巨大,区域性经销商面临结构性调整。白酒企业主动运用电子商务等新型销售平台,拓展了新的销售渠道,营销模式呈现"多元化"的趋势。五粮液、泸州老窖都成立了定制酒营销公司提供个性化服务。

5. 消费观念发生转变

根据酒类消费调查数据显示,尽管"中国白酒金三角"有着源远流长的酒文化,但在80后90后心目中,白酒已不再是酒类消费的首选。越来越多的年轻消费者正被洋酒"时尚、感性、浪漫"的酒文化感染熏陶。中国传统白酒消费群体正面临着现代生活理念、方式的激烈碰撞和挑战。

(三)"中国白酒金三角"市场结构分析与测量

1. 测量方法

集中度是衡量行业市场结构的一个重要指标。影响某产业市场集中度的因素包括:规模经济,在某一特定市场上,规模经济水平越高,大企业的效率越高,其竞争能力越强,在市场上所占市场份额也就越大,市场集中程度越高;市场容量越大,企业扩张的余地越大,新的企业也越容易进入,大企业所占份额就可能变小,从而市场集中度就会降低。

集中度的测量指标主要包括以下几种:行业集中度指数、赫尔芬达尔一赫希曼指数、勒纳指数、基尼系数、洛伦兹曲线等。考虑数据的可获得性,本文主要采用行业集中度指数和赫希曼指数(HHI指数)来衡量"中国白酒金三角"白酒产业的市场集中程度。

行业集中度指数即行业率,一般以某一行业排名前n位的企业的销售额(或生产量等数值)占行业总的销售额的比例来度量,一般以CRn来表示。国际上一般以CR4作为衡量行业市场结构的重要指标,CR4越大,说明这一行业的集中度越高,市场竞争越趋向于垄断;反之,集中度越低,市场竞争越趋向于竞争。根据美国经济学家贝恩和日本通产省对产业集中度的划分标准,将产业市场结构粗分为寡占型(CR4≥30%)和竞争型(CR4<30%)两类。其中,寡占型又细分为寡占Ⅰ型(CR4≥85%)、寡占Ⅱ型(75%≤CR4<85%)、寡占Ⅲ型(50%≤CR4<75%)、寡占Ⅳ型(35%≤CR4<50%)和寡占Ⅴ(30%≤CR4<35%)。

HHI指数即赫尔芬达尔一赫希曼指数基于该行业中企业的总数和规模分布,即将相关市场上的所有企业的市场份额的平方后再相加的总和,HHI指数能更好地体现市场企业的数量和竞争程度。

2. "中国白酒金三角"白酒产业的市场集中度的测量分析

以"中国白酒金三角"白酒产业历年的产品销售收入为基数,以白酒产业前十大企业的销售额为分子计算其市场份额。数据来源于国四川省统计局和国泰君安数据库。

从表2中可以看出,"中国白酒金三角"白酒产业整体的集中度一直不高,CR4在2011年最高也达到了19%,整个产业属于竞争型。

表2 "中国白酒金三角"白酒产业的集中率指标

年份	2009	2010	2011	2012	2013	2014
CR1	0,. 053	0.057	0.075	0.060	0.061	0.058
CR4	0.131	0.13	0.19	0.18	0.185	0.186
CR8	0.157	0.155	0.22	0.21	0.20	0.202
CR15	0.183	0.179	0.249	0.20	0.19	0.187

从CR4和CR8的趋势来看,首先两者的升降趋势是一致的,其次白酒产业的市场集中度先经历了2008到2009年的上升阶段,再从2011到2014年,市场集中度一直处于下降通道,下降到2013年CR8只达到20%,再到2014年达到20.02%。

从整体来说,"中国白酒金三角"白酒产业的集中度CR4<30%,按贝恩的分类处于竞争型,产业集中度仍然较低。"中国白酒金三角"白酒产业集中度低的原因,从产业整体来看,"中国白酒金三角"白酒企业数量众多,品牌杂乱,甚至还有大量散酒企业;从企业自身战略来看,白酒频频涨价,通过限量提价,呈现出高端白酒市场集中度比较高、中低端白酒市场竞争激烈的状况。

表3　"中国白酒金三角"10家白酒企业的HHI指数

年份	2009	2010	2011	2012	2013	2014
HHI指数	0.0058	0.0060	0.0118	0.0115	0.0117	0.1119

从表3可以看出,"中国白酒金三角"白酒产业HHI指数的一个基本走势,先经历了从2009—2011年的一个短暂上升期,再从2012年开始下降,直到2014年才开始趋向上升,"中国白酒金三角"白酒产业的HHI指数很低,很大一部分原因是"中国白酒金三角"大大小小的白酒企业众多,HHI指数的变化过程,也在一定程度上体现了我国白酒企业数量的一个变化过程。由于2008—2009年白酒产业表现出了骄人的利润率,导致2008—2011年白酒企业猛增,经过行业秩序整顿后,白酒产业的集中度从2011年开始逐渐上升。

三、"中国白酒金三角"白酒产业的效率及趋势分析

(一)"中国白酒金三角"各级别企业的经营效率及趋势

中国白酒各级别企业的经营效率主要从资本收益率、人均利润、人均营收和人均产量等方面进行分析。

表4　"中国白酒金三角"主要酒类企业效率

	资本收益率(%)	人均利润(万元)	人均营收(万元)	人均产量(千升)
五、泸	0.21	27	86	20
剑、郎、沱、水	0.02	4	27	8
30强(排除六朵金花)	0.42	18	227	123
其余规上企业	0.26	11	145	50

"中国白酒金三角"白酒企业中,五粮液、泸州老窖的各项指标在区域内均名列前茅,而素有白酒行业六朵金花之称的另外四朵金花剑南春、郎酒、沱牌与水井坊在所有规上企业与"六朵金花"之外的30强排名之中,都处于最低水准,说明了在白酒产业新常态下,这四家企业的转型升级、营销模式与生产经营存在严重问题。

从资本收益率(%)方面看,"六朵金花"之外的30强企业最高为0.42,甚至高过五粮液和泸州老窖的0.21,主要原因是五粮液和泸州老窖两家企业由于庞大的固定资产规模,引致了资本收益率被摊低,剑南春、郎酒、沱牌与水井坊,资本收益率0.02,说明了这四家企业在2013年出现了较低的利润水平。

从人均产出和人均利润方面看,"六朵金花"之外的30强企业和其余规上企业人均产量高,为123千升/人,而人均利润低,18万元/人,说明这些企业没有处于市场的领导者地位,缺乏相应的定价能力与价格的决定权利,在企业的生产经营上只能是以量取胜,以质求生,同时还说明了这些企业有着非常强的生产能力与市场发展潜力。

（二）"中国白酒金三角"各级别企业的经营绩效及趋势

"中国白酒金三角"各级别白酒企业的平均资产负债率乃至75%分位数都处于正常水平，行业整体负债水平呈现健康状况。

从应收账款在营业收入中占比来看，"中国白酒金三角"整个白酒行业仍然很正常；剑、郎、沱、水四家平均最高，为13.74%；30强企业中，均值低于75%分位数。

从存货方面看，"中国白酒金三角"各级别企业2013年存货都出现了明显的增长（除了五粮液和泸州老窖外）。六朵金花中的剑南春、郎酒、沱牌、水井坊中，仅剑南春存货就增长了近9倍，郎酒集团增长了60%；其余两个级别企业中，存货均值增长均超过25%；其余规模上企业里面，有半数的存货增长低于7%，但也有三成企业的存货增长高于30%。

表5 "中国白酒金三角"主要酒类企业经营状况变化（%）

	资产负债率		应收账款营业收入比		存货增长	
	平均	75分位	平均	75分位	中位数	75分位
五、泸	31.83	39.51	3.79	4.10	3.88	3.88
剑、郎、沱、水	48.72	58.76	13.74	25.08	288.75	860.13
30强（排除六朵金花）	54.36	83.87	8.61	4.02	6.52	21.82
其余规上企业	44.03	61.23	7.76	7.84	6.98	51.98

（三）"中国白酒金三角"不同区域的白酒经营绩效及趋势

"中国白酒金三角"不同区域酒类企业经营效率并不一样，无论从资产收益率、人均利润、人均营业收入、薪酬，还是企业数量上看，泸州均名列前茅，泸州地区白酒企业绩效明显高于其他地区，说明了泸州高效率的白酒企业数量众多。宜宾地区在薪酬指标上略逊于泸州与德阳市，其他指标均在"中国白酒金三角"产区内排名第二，说明了宜宾地区的白酒类人力资本管理出现了问题，形成了产业增长与劳动力增长的匹配度不相符问题。

表6 企业效率地区之间比较

	资产收益率（%）	人均利润（千元）	人均营业收入（千元）	薪酬（元）	企业数量
其他	0.20	73.13	533.38	29401	59
成都*	0.12	65.72	526.10	24161	23
德阳	0.09	37.87	533.31	31858	39
宜宾	0.20	54.34	787.42	28175	67
泸州	0.39	158.82	1545.08	32514	144

＊主要来自邛崃、崇州和大邑。

四、研究结论及政策建议

(一)主要结论

通过对"中国白酒金三角"白酒行业的分析研究,本课题得出三点结论。

第一,尽管白酒行业正在经历深层次调整,"中国白酒金三角"行业产销量和收入仍然是上升的,从"中国白酒金三角"白酒企业的市场集中度、企业经营效率看,整个区域整体发展都很健康。这说明市场对"中国白酒金三角"白酒的需求仍然非常扎实,当前的产业调整是一个挤泡沫、去伪存真的过程。从一些企业具体的产值数据来看,存货增加、销售模式与渠道老化等问题比较严重。

第二,"中国白酒金三角"中,"六朵金花"中的剑南春、郎酒、沱牌舍得、水井坊四家企业问题相对较多,分析了这几家企业在新常态下的应对模式与措施后,课题组认为,这几家企业受到高端白酒向下的"挤出效应",形成产业绩效的不佳结果。

第三,相对于"中国白酒金三角"中其他的地市州,泸州白酒集中发展区的企业整体表现优于其他地区,它的成功经验究竟在何处以及如何表现出集聚的产业效应,值得我们做后续详细调查研究。

(二)政策建议

"中国白酒金三角"市场集中度比较低,基本上处于完全竞争阶段,而且企业的总效率、纯技术效率和规模效率是影响白酒产业绩效来源的主要因素。因此,从市场、企业、品牌提升等方面对"中国白酒金三角"白酒产业发展提出政策建议。

1. 深入推进地理标志产品区建设

结合"中国白酒金三角"地理标志产品的特点,充分利用特色地域优势,针对不同香型白酒所需的酿造条件,进行科学规划,出台相应的发展政策,整合、兼并、重组以解决白酒企业"小、散、乱"的现象。建议各地方政府研究和借鉴国外红酒地理标志产品区域品牌建设经验,推动白酒区域性品牌联盟建设的发展。鼓励龙头企业和中小企业合理分工协作,合力推进地理标志产品区建设,打造区域品牌,提升中小企业的生产能力、技术水平和管理水平,培育和增强白酒产业的整体效率。

2. 努力开拓市场,培育新的消费群体

企业经营者,要树立现代的营销理念,满足消费者需求,以恒定的优质获得消费者的信赖,从而获得更大的市场份额。

年轻群体是未来白酒的主要消费群体,要吸引、留住未来最有潜力、最有影响力的目标消费群体。企业要在文化传播、产品开发、营销渠道等方面不断进行创新,培养新一代消费群体对白酒的兴趣和爱好,才能使其成为中国白酒的忠实消费者与"白酒文化"的传播者,才能支撑白酒行业的未来。

此外,"中国白酒金三角"企业也应积极"走出去"开拓海外市场,寻求海外消费群体。伴随着"一带一路"倡议的推进,中国白酒产业迎来了新的发展机遇,白酒企业

应积极走向国际市场，在尊重国际惯例的前提下，积极参与海外市场的竞争，努力学习和借鉴国外先进管理经验、技术、品牌运营等，从而提升自我创新能力以便发掘更多消费群体。

3. 促进行业加快调整

全面贯彻落实"四川省435发展规划"中有关发展白酒产业战略部署，需要政府坚持以企业需求为主导，为"中国白酒金三角"企业提供法律、行政和金融方面的支持，加快白酒产业园区建设，实现大批中小白酒企业向专业化、社会化发展，产生较强的内部规模效应，促进产业区域分工和新型产业基地的形成，推动地方经济社会发展，集中治理污染，节约治理环境的成本，促进产业国际竞争力的提高，充分发挥产业园区功能，充分发挥"四川中国白酒金三角"酒业协会作用，加快"中国白酒金三角"行业调整的步伐。

4. 加强人才队伍建设

白酒行业要实现长足的发展，人才是关键。培养酿造和营销人才，建立一支高素质的酿造和营销队伍，是提升白酒档次和增强其竞争力的基础。"中国白酒金三角"企业应重视人才发展、提升人才专业化素养、多种形式培养和引进人才，积极与四川"中国白酒金三角"发展研究院合作，为企业发展储备人才，为企业人才搭建平台配置资源，建立以绩效为导向的激励约束机制，以创新驱动战略来提升行业整体创新力。

5. 创新营销模式

低成本的新营销渠道或将替代传统的厂商－中间商或批发商－客户的销售渠道。白酒的宣传可尝试微博、微信、电影、电视剧、新闻媒体、电视生活栏目等花费成本略低的形式。不同白酒产品要根据其自身物质、精神文化、工艺特点进行消费群体的营销定位和创新。

6. 促进健康白酒文化的提升与传播

健康白酒文化有助于"中国白酒金三角"白酒产业转型。饮品产业发展到一定阶段，其文化的特色打造、系统规范和多渠道渗透输出是必然，最典型的莫过于咖啡、葡萄酒等。加强白酒文化营销，促进健康白酒文化的构建与传播，促使白酒企业从行业高度来认识和分析问题，更注重站在消费者的角度和立场，加强与消费者的沟通，从而对白酒企业市场定位、品牌宣传、营销策略等都会产生变革性的影响。

新常态下成都汽车产业发展动力研究

成都作为新兴的汽车城市，做大做强汽车产业，不断优化和调整汽车产业结构是其重要任务之一。尤其是在区域经济发展的新常态背景下，成都汽车产业发展也进入了新常态。面临外部环境和内部条件均发生变革的客观背景，如何突破成都目前传统汽车产业发展的瓶颈和困境，紧跟产业技术革新和国际汽车产业发展潮流，认清成都汽车产业未来的发展方向，通过寻找、培育、释放推动成都汽车产业发展的新动力，在产业转型的过程中实现产业升级，是政府、汽车行业以及汽车企业都亟须思考和解决的现实问题。

基于此，本课题以新常态为宏观背景，以产业发展动力为主题，对成都市汽车产业进行了研究。首先，本课题厘清了成都汽车产业发展的现状，提炼出了目前成都汽车产业发展过程中存在的问题。其次，分别从经济环境、政策环境、社会环境的角度，对成都汽车产业发展的环境进行了分析。再次，在明确汽车产业发展现状的基础上，结合经济新常态下对汽车产业发展的要求，顺应与世界汽车产业接轨的发展趋势，提出了成都汽车产业要在经济发展新常态下进行动力重塑，实现推动产业发展的原动力向新动力的转换，这些转换分别是：由资源要素扩张驱动向技术改革创新驱动转换，由卖方生产投资驱动向买方市场消费驱动转换，由汽车产业单一驱动向关联产业融合驱动转换，由外部企业引进驱动向内外企业共生驱动转换，由追求产能提升驱动向质量环保双赢驱动转换；为实现成都汽车产业发展的动力重塑，保证新动力的成功培育和释放，进而提出新常态下成都汽车产业发展新动力的培育和释放机制：汽车产业链创新建设机制、汽车产业链利益统筹机制、汽车产业链资源整合机制、汽车产业链共生互促机制、汽车产业链低碳转型机制。最后，再制定相关的保障措施，来优化成都汽车产业发展的外部环境，强化财政补贴政策集中力度，加快建设物流配送区域网络，内引外联完善汽车产业链条，建立健全金融市场服务体系，鼓励企业自主技术创新改革。

通过对新常态下成都汽车产业发展动力的研究，使成都汽车产业充分挖掘自身优势，积极利用外部机遇条件，在研发设计、物流贸易、文化旅游等领域寻找具备潜力、可行性较高的发展方向，推动综合性汽车城的建设，实现产业转型和升级的目标，提升汽车产业的核心竞争力。

一、成都汽车产业发展的现状分析

通过对成都汽车产业发展的现状分析，指出目前发展过程中存在的问题，为新常态下成都汽车产业的动力重塑奠定基础。

（一）成都汽车产业发展的现状及特点

近年来，成都汽车产业快速发展，产业规模迅速壮大，初步建立了涵盖轿车、SUV、载货汽车、客车等多品种整车和汽车零部件的生产配套体系，具备了较为坚实的产业基础，汽车产量和销量逐年提高，增长速度超过全国平均水平，汽车产业实现了质的飞跃。从市场发展看，成都汽车消费扩张发展期基本结束，进入平稳增长期。表1中，成都汽车产量自2010年开始，每年以倍增的速度发展，年均增速达40%左右，但随着一汽大众、一汽丰田、沃尔沃等重大项目相继竣工达产，增速有所下降，预计未来成都汽车产销量将进入15%—20%的稳定增长期。

表1 2010—2014年成都汽车产销量情况

年份 \ 指标	产量（辆）	销售量（辆）	总量（亿元）	增减（%）
2010	93819	93298	—	—
2011	181809	174184	—	—
2012	392374	389854	295.90	42.00
2013	758934	749256	432.12	45.20
2014	933993	923522	—	15.40

数据来源：成都市第三次经济普查数据。

目前成都汽车产业发展呈现出以下特点：

1. 汽车产业整体规模快速提升

近年来，成都汽车产业规模迅速扩大，在全市工业经济和国民经济中的地位也在快速提升，汽车产业正在成为成都经济发展中的重要推动力。2014年，全市共生产各类整车93.4万辆，整车和整机主营业务收入1074.5亿元，增长18.9%，首次迈上千亿台阶。特别是2014年全国汽车整车产量为2372.29万辆，同比增长7.26%，而成都经济技术开发区汽车整车产量达到89.7万辆，约占全国的3.8%，产量增幅约是全国的3倍。

具体经济数据见表2：

表2 2014年区（市）县规模以上汽车工业企业主要经济指标

地区 \ 指标	企业数（个） 绝对数	企业数（个） 占全市的比重（%）	亏损企业	亏损面（%）	工业总产值 绝对数	工业总产值 占全市的比重（%）	利润总额 绝对数	利润总额 占全市的比重（%）	资产总计 绝对数	资产总计 占全市的比重（%）	产品销售率（%）	资产负债率（%）
成都市	196	100	35	17.86	14156501	100	1674868	100	9257524	100	98.6	61.48
高新区	5	2.55	1	20	83408	0.59	2565	0.15	87246	0.94	93.3	62.99
天府新区	0	0	0	0	0	0	0	0	0	0	0	0
锦江区	0	0	0	0	0	0	0	0	0	0	0	0

指标 地区	企业数（个）		亏损企业	亏损面（%）	工业总产值		利润总额		资产总计		产品销售率（%）	资产负债率（%）
	绝对数	占全市的比重（%）			绝对数	占全市的比重（%）	绝对数	占全市的比重（%）	绝对数	占全市的比重（%）		
青羊区	2	1.02	0	0	72845	0.51	3974	0.24	82944	0.9	97.3	53.83
金牛区	1	0.51	0	0	2297	0.02	25	0	1331	0.01	99.5	47.17
武侯区	0	0	0	0	0	0	0	0	0	0	0	0
成华区	3	1.53	1	33.33	12608	0.09	148	0.01	25922	0.28	101	64.82
龙泉驿区	86	43.88	17	19.77	12164363	85.93	1584243	94.59	7312005	78.98	98.8	61.65
青白江区	4	2.04	1	25	276484	1.95	1755	0.1	271492	2.93	87	51.85
新都区	21	10.71	1	4.76	718408	5.07	42270	2.52	623485	6.73	98.8	61.56
温江区	5	2.55	1	20	60809	0.43	487	0.03	118340	1.28	114	68.57
金堂县	11	5.61	2	18.18	47868	0.34	820	0.05	33147	0.36	99.2	72
双流区	13	6.63	0	0	214044	1.51	21059	1.26	126086	1.36	97.5	53.68
郫都区	23	11.73	3	13.04	320332	2.26	6742	0.4	335151	3.62	98.7	65.81
大邑县	10	5.1	3	30	118033	0.83	10416	0.62	149135	1.61	95.3	61.91
蒲江县	0	0	0	0	0	0	0	0	0	0	0	0
新津县	0	0	0	0	0	0	0	0	0	0	0	0
都江堰市	4	2.04	3	75	32275	0.23	−780	−0.05	54533	0.59	97.4	59.71
彭州市	5	2.55	1	20	21951	0.16	770	0.05	16613	0.18	95	56.37
邛崃市	0	0	0	0	0	0	0	0	0	0	0	0
崇州市	3	1.53	1	33.33	10777	0.08	376	0.02	20093	0.22	99.5	73.03

数据来源：成都市第三次经济普查数据。

2. 汽车产业体系初步形成

截至2012年底，全市共有汽车整车、汽车零部件生产企业130多家，其中整车生产企业16家，汇集了一汽大众、吉利高原、四川一汽丰田、重汽王牌、一汽解放等国内知名企业，全球四大豪华品牌之一的沃尔沃汽车也落户成都。成都汽车整车制造涵盖了轿车、SUV、中型客车、重型货车、轻型货车、改装汽车等众多产品，形成了多领域全面发展的新局面。

在整车制造的带动下，成都汽车零部件工业发展迅速，配套能力不断提高。目前成都拥有德尔福派克成都分公司、成都航天模塑股份公司、成都丰田汽车内饰件公司、佛吉亚（成都）排气控制技术公司、成都云内动力有限公司等汽车零部件生产企业。产品涉及汽车底盘、车身、车桥、车用减震器、汽车仪表、汽车座椅等领域，产品不仅立足本地配套，部分产品也进入了上汽集团、北京吉普、广州本田、重庆长安、安徽奇瑞、浙江吉利等整车企业的配套体系。

近几年，成都在汽车电子领域上发展迅速，拥有德国博世底盘控制系统公司、成都威特电喷有限公司、四川红光汽车机电有限公司、康达（成都）电子有限公司、四川大科星集团公司、成都锦江电器（电子）制造公司等汽车电子产品生产企业，电喷发动机节气门体、车用空燃比氧传感器、GPS、行车记录仪等已具备一定的生产规模和市场占有率。

以成都市经济技术开发区为例，2014年，一汽大众四期、东风神龙乘用车成都基地、沃尔沃油电混合动力汽车项目等一大批重大项目相继入驻经济技术开发区，目前经济技术开发区已累计引进一汽大众、一汽丰田、吉利、沃尔沃等11家整车企业，搭建了年产170万辆整车生产平台和汽车千亿产业集群。与此同时，汽车零部件方面亦有突破，2014年经济技术开发区汽车零部件企业突破290家，本地配套率提高5%；汽车零部件产业主营业务收入达260亿元，增长18.2%。

3. 汽车产业集群效应初步显现

成都汽车产业正在加快形成"大园区承载大产业"的新格局，为汽车产业集群化发展提供了良好的空间。成都经济技术开发区作为产业集群的核心区，汇集了一汽大众、一汽丰田、吉利高原、川汽集团、一汽客车、一汽专汽、吉利沃尔沃等10余家整车企业以及近百家汽车零部件生产企业，逐步成为我国重要的汽车产业制造园区。新都区、青白江区、双流区、郫都区等地逐步成为商用车和汽车零部件产品重点辐射区，围绕整车发展，扩大配套，延伸产业链，形成外延产业集群。

4. 新能源汽车产业化稳步推进

受成都新能源汽车示范推广试点工作拉动，全市新能源汽车产业化稳步推进。整车领域，成客公司双电模式纯电动公交车和增程式气电混合动力公交车、川汽集团纯电动公交车和轿车、重汽王牌纯电动洒水车和垃圾车、一汽川专纯电动洒水车和高压清洗车等21个新能源车型进入工信部《车辆生产企业及产品公告》。关键零部件领域，中科来方掌握锂离子电池生产全部核心技术，研发生产的动力电池隔膜和水性黏合剂，产品技术水平在全国领先；黄铭锂动力具有纳米磷酸铁锂正极材料、六氟磷酸锂电解质等材料生产技术和能力；银鑫新能源在锂动力电池研制生产方面具有一定基础；四川宝生新能源在镍氢电池研发方面处于全国领先。另外，成都市还引进了成都瑞华特公司电动汽车生产基地和电动汽车检测中心、韩国SK集团锂电池隔膜等项目。

（二）成都汽车产业发展中存在的问题

成都市汽车产业已初步形成集"造贸娱创服"为一体的发展格局，基本搭建起了百万辆整车的生产平台，汽车零部件配套企业呈加速聚集的态势，但是与国内外其他地区的汽车产业相比，尚存在以下主要问题：

1. 汽车产品品牌形象模糊

国内外很多汽车产业聚集地都有其代表品牌，例如：德国沃尔夫斯堡的大众、美国底特律的通用、吉林长春的一汽、重庆的长安、安徽芜湖的奇瑞等。

成都目前正加快推进"两化"互动、"产城一体"的可持续发展，力争打造国际化、世界级的国际汽车城，成为中国现代汽车产业新高地。其汽车产业综合功能区现有包括一汽大众、一汽丰田、吉利高原、吉利沃尔沃等在内的多家整车企业，生产汽车类型覆盖轿车、SUV、客车、卡车、专用车等。尽管汽车企业多，汽车类型也多，但是这些企业及其生产的汽车都还不足以单独承载成都汽车产业的品牌认知形象。

2. 自主研发能力不足，缺乏技术人才

成都科研能力在西部地区具有一定优势，但在汽车整车与零部件研发、设计以及汽车专业人才培养上与国内其他汽车产业聚集区尚有较大的差距。成都整车企业的研发中心多在国外和省外；一些零部件企业具备了一定的设计研发能力，但整合资源攻关核心关键技术的较少；培养汽车技术人才的职业学校还处于起步阶段，未形成规模，培养出的人才数量和质量都难以达到成都汽车产业发展对人才的要求。

3. 关键零部件缺失，配套体系不健全

成都汽车产业机械类和电子类零部件配套企业较多，产品种类多样（产品涉及汽车减震器、机油泵、水泵、汽车仪表、各类电机、电瓶、燃油箱、汽车线束、汽车座椅、内饰件等），但是发动机、自动变速箱等核心关键零部件产品缺失较为严重。

4. 汽车产业链后端发展良莠不齐

汽车产业链后端主要包含汽车贸易、汽车博览、汽车回收、汽车物流、汽车金融、汽车服务等多个方面。目前成都在汽车贸易、汽车博览等方面发展较好，表现在成都汽车消费市场成熟，私车保有量位列全国第三；成都国际汽车展截至2015年已成功举办了十七届，跻身全国汽车展前四。但成都在汽车回收、汽车物流、汽车金融、汽车服务等方面发展相对滞后。

5. 以纯电动汽车为主的新能源汽车发展处于起步阶段，关键技术较落后

成都新能源汽车市场需求潜力巨大，而且四川丰富的稀土和锂矿资源，也为成都发展车用镍氢、锂离子动力电池提供了原材料保障。尽管具备了市场和资源条件，但成都在电池、电机和电控等关键技术的研发上，与国外还有较大差距，基础配套设施（充电站、充电桩、电池维护及回收等）尚不完善，新能源汽车的政府扶持力度和国外相比还需加强。

6. 汽车产业链整合力度不够，以产定销的模式仍居主流

2015年以来，汽车消费增长乏力的状况越来越明显，即便是在大多数生产企业都实施降价促销政策后，乘用车消费依然疲软。面临汽车消费市场后劲不足的外部环境，成都汽车产业链整合力度不够，以产定销的模式仍居主流，导致汽车厂商矛盾突出。一方面，汽车生产企业不愿意与经销商进行充分的沟通，将产销目标强行分解给经销商，导致经销商库存过高，运营成本居高难下；另一方面，有的生产企业单方面增加销售网点，将4S店数量增加等同于销量增加，导致市场竞争由良性转向恶性。在库存居高不下和市场过度竞争的双重压力下，经销商为消化库存，盘活现金，达成厂家设定的销售目标，不得不赔钱卖车以期能够快速回笼资金，使得价格（而非服务的能力与质量）成为决定销量的主要因素，经销商普遍亏损。

二、新常态下成都汽车产业发展环境分析

在明确成都汽车产业发展现状的基础上，以新常态为宏观背景，分别从经济环境、政策环境、社会环境的角度，对成都汽车产业发展的环境进行分析。

（一）经济环境分析

2014 年，成都全年实现地区生产总值 10056.59 亿元，突破万亿大关，按可比价格计算比上年增长 8.9%，增速分别比全国、全省平均水平高 1.5、0.4 个百分点，站上了"新常态、万亿级"的全新起点。其中第一产业增长 370.8 亿元，同比增长 3.6%；第二产业增长 4561.1 亿元，同比增长 9.8%；第三产业增长 5124.7 亿元，同比增长 8.6%。全年规模以上工业增加值按可比价格计算比上年增长 12.2%，居副省级城市首位，其中汽车产业和电子信息产品制造业分别增长 15.4% 和 13.7%。

成都 2014 年实现居民收入稳定增长，城镇居民人均可支配收入达到 32665 元，增长 9.0%，农民人均纯收入 14478 元，增长 11.5%，收入增长使市民的汽车购买力得到提升，但与此同时，国际石油价格上涨导致我国汽柴油价格持续升高，也使汽车使用成本上升。

总体而言，成都市的经济发展保持了稳定的增长态势，良好的外部环境为汽车产业的发展提供了优越的平台和充分的资源保障。

（二）政策环境分析

新常态下与汽车行业相关的新政策出台更强调尊重产业发展规律、市场规律、经济规律。

1. 国四排放标准全面实施

按照工信部 2014 年第 27 号公告要求，2015 年 1 月 1 日起柴油车国四排放标准在全国范围内实施，国三柴油车不得销售。国四排放升级，将淘汰一些产品技术落后的企业，成就起点较高的新品牌，市场格局由此发生改变。2015 年，受国四排放标准升级的影响，重卡和轻卡市场格局或将发生改变，轻卡行业将更为明显。

2. 上调成品油消费税

继 2014 年年末两次提高燃油税后，2015 年 1 月 12 日，财政部、国家税务总局印发的《关于进一步提高成品油消费税的通知》规定，自 1 月 13 日起，将汽油、石脑油、溶剂油和润滑油的消费税单位税额每升提高 0.12 元，由现行每升 1.4 元提高至 1.52 元。三次提高成品油消费税单位税额，目的是实施宏观调控，有利于合理引导消费需求，促进节约利用石油资源，减少大气污染物排放。

3. 打破汽车维修垄断局面

由交通运输部等十部委参与审批的《关于征求促进汽车维修业转型升级提升服务质量的指导意见》于 2015 年 1 月 1 日执行，旨在更好地解决汽车维修市场结构不优、发展不规范、消费不透明等问题。该《意见》明确要求破除维修配件渠道垄断，鼓励原厂

配件企业、生产企业向汽车售后市场提供原厂配件和具有自主商标的独立售后配件；允许授权配件经销企业、授权维修企业向非授权维修企业或终端用户转售原厂配件；车主享有使用同质配件维修汽车的权利。这意味着消费者将来有可能在普通修理厂，以更低的成本享受与4S店一样的维修服务，汽修垄断局面将被打破。

4. 车内空气质量强制性标准

关于汽车空气质量，我国现在只有参考性标准，并无强制性标准。而市场上经常传出汽车室内空气污染的报道。2015年，环保部将在现有《乘用车内空气质量评价指南》上进行完善和修改，并在2015年出台车内空气质量强制性标准，这将倒逼企业技术升级。

（三）社会环境分析

作为西南地区重要的中心城市，成都市2014年末户籍人口达到1210.7万人，2014年成都市城镇居民人均可支配收入为32665元，比2013年增长9.0%，农民人均纯收入为14478元，比2013年增长11.5%，汽车消费群体庞大，本地购买能力较强。

2014年国内汽车保有量将近1.4亿辆，全国有31个城市的汽车数量超过100万辆，其中成都汽车保有量排在全国第三，拥有汽车总量336.1万辆，仅次于北京和重庆，而且成都也暂未出台任何关于机动车限购限牌的政策。自从2013年以来，成都每日（工作日）平均新上牌汽车1874辆。此外，全市驾驶人374.18万人，排名副省级城市第一。

成都是"中国赛车第二城"，是继上海之外，第二个能够长期固定举办全国性甚至国际性高端汽车赛事的城市；成都车展更是中国四大车展之一，会展消费流行。随着各种汽车赛事和会展的举行，汽车文化逐渐渗透到人们的生活之中，而且成都市民消费观比较前卫，包容心强，对于各品牌、各档次、各款式的汽车都有一定的购买倾向。

综合成都汽车产业发展的经济环境、政策环境、社会环境，考虑到宏观经济背景，成都汽车产业在新常态背景下，市场需求和消费能力仍将不断增长，产业发展将由增量向提高质量转变，总体呈现出微增长的特征。

三、新常态下成都汽车产业发展的动力重塑

"认识新常态，适应新常态，引领新常态，是当前和今后一个时期我国经济发展的大逻辑"。新常态之"新"，意味着不同以往，新常态之"常"，意味着相对稳定。本课题理解的"新常态"是指：我国整体的经济和社会环境正在发生的一场变革，并由这场变革所带来和呈现出来的一种全新的发展状态。经济新常态，意味着我国经济发展的条件和环境已经或即将发生诸多重大改变，中国经济将告别传统的不平衡、不协调、不可持续的粗放增长模式。汽车产业作为中国经济的一部分，其发展也必将步入新常态。结

合我国经济新常态的九大特点和趋势①，为新常态下成都汽车产业的发展进行动力重塑，实现推动产业发展的原动力向新动力的转换。

（一）由资源要素扩张驱动向技术改革创新驱动转换

成都汽车产业发展的动力要由资源要素扩张驱动向技术改革创新驱动转换。这里所说的创新驱动是广义和综合的，核心就是提高生产效率，包括提高劳动生产率、资本产出率和全要素生产率。当前，我国劳动力成本攀升，土地、矿产资源等供求关系发生变化，汽车产业生产要素低成本优势减弱。再加之世界上其他新兴经济体和发展中国家利用相对更低的生产要素成本优势，对我国低成本优势形成替代效应。这些情况表明，成都汽车产业继续依靠生产要素大规模、高强度投入支撑汽车产业发展已经越来越困难，必须更多依靠技术进步和人力资本质量提升，使创新成为汽车产业发展的新动力，由汽车制造向汽车"智造"迈进。

（二）由卖方生产投资驱动向买方市场消费驱动转换

从汽车消费市场来看，汽车消费扩张期基本结束，进入平稳增长期。2000 年以来，我国汽车产销量保持年均增长 20%，而从 2011 年开始，增速有所下降，特别是 2015 年以来，国内汽车消费增长乏力的状况越来越明显。即便是在大多数生产企业都实施降价促销政策后，乘用车消费依然疲软，产销量更是同比下滑，专家预计未来 10 年我国汽车产销量将进入 7%—10% 的稳定增长期。

从汽车消费需求来看，汽车进入提档替换需求的消费周期，"模仿型排浪式消费"阶段基本结束，汽车消费档次不断升级；消费者对汽车的整体性能要求和多样性用途追求逐步提高，个性化、多样化消费渐成主流。可见，依靠大规模的卖方生产投资，由爆发式的生产增长带动市场消费将难以为继。成都汽车市场已经开始渐渐远离"卖方市场"，开始一步步向"买方市场"迈进。对于汽车制造商和汽车贸易商来说，谁掌握了客户，谁的销售模式更容易被客户接受，谁就将在市场竞争中获得优势。

（三）由汽车产业单一驱动向关联产业融合驱动转换

汽车产业具有关联产业多、带动性强的特点，与其直接关联的上下游产业部门多达 150 多个，对其他产业及整个国民经济影响重大。与汽车产业保持紧密联系的部门多数为制造业部门，其中：其他通用设备制造业、钢压延加工业、汽车制造业、其他电气机械及器材制造业、电力热力的生产和供应业、有色金属冶炼业等部门与汽车产业的直接

---

① 消费需求：模仿型排浪式消费阶段基本结束，个性化、多样化消费渐成主流；投资需求：传统产业相对饱和，而基础设施互联互通和一些新技术、新产品、新业态、新商业模式的投资机会大量涌现；出口形势：低成本比较优势发生了转化，高水平引进来、大规模走出去正在同步发生；生产能力：企业兼并重组、生产相对集中不可避免，新兴产业、服务业、小微企业作用更加凸显；生产要素：人口老龄化日趋发展，农业富余劳动力减少，要素的规模驱动力减弱，经济增长将更多依靠人力资本质量和技术进步；市场竞争：正逐步转向质量型、差异化为主的竞争；资源环境：环境承载能力已经达到或接近上限，推动形成绿色低碳循环发展新方式；经济风险：风险总体可控，但化解以高杠杆和泡沫化为主要特征的各类风险将持续一段时间；资源配置：全面刺激政策的边际效果明显递减，既要全面化解产能过剩，也要通过发挥市场机制作用探索未来产业发展方向。

关联程度最为紧密。此外，近年来批发零售业、交通运输业、计算机信息服务业等第三产业部门也已成为对汽车产业的一种重要中间投入。

重庆直辖后，成都汽车产业基本清零，产业发展基础比较薄弱，不同于上海、广州等城市具备比较完善的汽车基础工业配套，长期以来几乎是依靠单一的汽车制造来带动整个行业发展，产业链上游的零部件供给和下游的汽车服务发展较为滞后。面临汽车产业价值链向两端加速转移，零部件、汽车售后服务逐渐成为新的利润增长极这一客观趋势，汽车关联产业的融合发展将成为成都汽车产业发展的新动力。

（四）由外部企业引进驱动向内外企业共生驱动转换

由于基础薄弱，成都汽车产业在技术上走的是"引进－模仿－再引进－再模仿"的道路，至今尚未形成完全意义上自主创新的跨越式发展模式。过去，成都实行以"市场换技术"的策略，曾成功引进国外汽车整车生产技术，使本地的汽车生产企业学到了一些先进的技术和管理经验，汽车质量和产量逐年提高。但这一战略同时抑制了本土汽车企业的自主创新，特别是核心技术缺乏，关键技术被外方公司掌控，自主研发能力不强。在合资合作的过程中，合资企业以"全球采购"代替国产化，更多地使用大件组装的方式，导致逐渐丧失自身的技术创新能力，这严重制约了成都汽车产业持续、健康、稳定的发展。

随着汽车产业竞争的日益激烈，仅依靠引进外来企业和技术已不能满足成都汽车产业发展的需要，成都汽车产业需要由外部企业引进驱动向内外企业共生驱动转换，将引进外来企业和技术与提升本地汽车企业的自主研发能力并重对待。

（五）由追求产能提升驱动向质量环保双赢驱动转换

当前，成都汽车产业存在大而不强的问题，产销量逐年递增的光环难掩竞争力不强的短板，有大企业但没有大品牌。成都自2006年至今，累计推出了几十款自主品牌车型，但大多自主品牌与低端产品或低技术画上了等号，其品牌价值却远远低于合资品牌，始终没有形成强有力的竞争力，显现出自主品牌的弱势地位。尤其在国际金融危机中，造成有些企业一度忽视甚至放弃自主品牌的局面。

近年来，大规模生态环境污染事件频发，尤其是各地相继出现大范围、持续性雾霾污染事件，让全社会的环境保护意识空前高涨。面对陡然增大的环保压力和民众诉求的倒逼，越来越多的城市出台"限行、限停、限牌、限购"等政策措施，资源环境对汽车产业发展的硬约束在不断增强，汽车产业形成绿色低碳循环的发展新模式势在必行。

可见，提升汽车产品质量，打造优势自主品牌，智能化、低碳化的发展导向将成为成都汽车产业发展的新动力。

四、新常态下成都汽车产业发展新动力的培育和释放机制

为实现成都汽车产业发展的动力重塑，保证新动力的成功培育和释放，提出新常态下成都汽车产业发展新动力的培育和释放机制：汽车产业链创新建设机制、汽车产业链利益统筹机制、汽车产业链资源整合机制、汽车产业链共生互促机制、汽车产业链低碳

转型机制。

（一）汽车产业链创新建设机制

1. 积极发展汽车设计产业

依托成都在设计上的教育资源优势和生态宜居的城市环境，积极吸引国内外汽车设计和研发人才，大力引进国内外知名汽车设计公司落户成都，重点支持整车概念设计、造型设计、结构设计和汽车零部件相关设计和开发，通过10－20年的努力，将成都打造成西部领先的汽车设计之都。

表3 国内主要汽车设计企业

企业名称	地点	主要客户	服务内容
苏州云逸汽车设计有限公司	苏州、北京、长沙	北汽福田、日产、时风、比亚迪	整车开发、CAE/NVH整车试验、发动机开发及变速器开发、样车试制工装设计、汽车电子零部件开发及咨询、台架道路试验投产服务
上海同济同捷科技股份有限公司	上海	一汽集团、东风集团、上海通用、东南三菱、长安马自达	概念造型设计、产品定义规划、概念草图设计、二位效果设计、三维造型设计、主模型制作等
阿尔特（中国）汽车技术有限公司	全球分支机构	奇瑞汽车、上海汽车	整车开发、发动机动力总成设计、样车制造工装设计、整车强度、刚度、模态分析、零部件开发咨询等
简式国际汽车设计有限公司	北京	北汽集团、东风汽车有限公司、华泰汽车	商用车整车设计、造型设计、车身及底盘设计
芜湖佳景科技有限公司	芜湖	奇瑞汽车（全系）	概念设计、模型制作、工程设计、技术支持
上海双杰科技有限公司	上海	上汽、大众、一汽、南汽、吉奥、力帆、江铃、江淮、陆风、长城	车身设计、模型制作、工程设计、技术支持
上海合科科技有限公司	上海	北汽福田、东风设计工程研究院、东风集成内饰件有限公司、上汽集团汽车研究所	车身设计、发动机动力总成设计、汽车电子开发、样车制造工装设计、整车强度、刚度、模态分析、零部件开发咨询等

资料来源：机械工程研究院。

2. 推动汽车电子研发和创新

政府引导鼓励汽车企业和研发机构积极参与汽车研发与设计，重点发挥成都在电子信息研发和创新上的基础优势。充分利用高校研究资源、科研机构和企业研发中心，设立科技创新平台；依托成都国家质检院，引进国际化、专业性的汽车及零配件检测认证机构；吸引优势企业建立技术研发中心和工业设计基地；引进汽车电子研发机构和高端研发人才，发展汽车电子研发和创新，推动汽车电子产业与软件产业、电子信息材料、多媒体应用等多产业融合发展。

3. 积极开展产学研联动

由市政府有关部门牵头，鼓励四川大学、成都电子科技大学、西南交通大学等科研院校与企业共同组建汽车电子产业创新联盟，联合开展汽车电子的创新技术研究，申请设置省级或国家级汽车电子工程（技术）中心，形成以企业为主体，政府、大学、科研院所、重点试验室、中介机构等多方参与的汽车电子创新和服务体系。

（二）汽车产业链利益统筹机制

1. 改革汽车品牌销售的"授权−代理"模式

2005年实施的《汽车品牌销售管理实施办法》将"授权−代理"模式确定为我国汽车经销领域的基本商业模式，此模式使汽车企业在与其授权经销商的厂商关系中处于支配地位。实行这种模式的后果是，当市场持续快速扩大时，经销商能够实现盈利，双方均能满意；但当市场增长不如预期，供需失衡开始显现时，汽车企业再将目标强行分解给经销商，采用强制搭售、强行补库、自动分配车辆、绑定商务政策等手段向经销商压库，经销商的盈利就会愈发困难，最终受损的是包括生产企业、经销商在内的产业链整体利益。这种模式使汽车产业链的利益分配由乘用车生产企业制定并主导，进而造成产业链利益格局出现失衡。

2014年全国工商联汽车经销商商会根据商务部的要求对全新的《汽车销售管理办法（征求意见稿）》进行了研讨并给出了相应的修改意见。新修改的管理办法弱化了厂家对于经销商的控制。可以预见的是，新办法发布之后汽车品牌经销商的备案工作可能会被彻底取消。厂家对于经销商的授权也从现在的一年一次变为五年一次，授权期内厂家如果要与经销商提前解约还需要回购设备设施并赔偿相关的投入。虽然新的《汽车销售管理办法》还没有正式发布，但是可以肯定未来汽车企业和经销商之间的关系将从现在的主仆关系上升为平等的合作关系。通过改革"授权−代理"模式，尊重经销商的选择，允许经销商按照自己的需求进货，将利益更多地转给经销商，使其能够保持盈利，才能激发出经销商的经营热情，激活市场。

2. 汽车企业改变以我为主的经营理念

将"以销定产"从口号切实转变为企业的经营指导方针，真正以市场和消费者为导向来决定企业的发展方向。通过与经销商充分沟通，制定科学的销量目标和商务政策，将经销商的利益诉求纳入企业总体发展战略中予以通盘考虑：消费者需要什么，企业就生产什么；市场需要多少，企业就生产多少；由过去的生产标准化转变成生产灵活化，由过去高速生产转变成弹性生产。"以销定产"的方式将为经销商的库存松绑，放弃之前传统的"返利"政策，构筑起厂商与经销商良性的产销生态。

汽车生产企业还应改变传统的考核办法。目前绝大部分汽车企业都是在年初制定目标，然后给经销商下达任务，年终时根据销售业绩给予不同的返点。在这种压力下，经销商往往会采用压库存、大幅降价等手段完成目标，大大降低了品牌价值和客户满意度，而以市场占有率作为考核目标，可以榨干销售中的"水份"。

3. 汽车产业链与利益链要有效匹配，打造和谐产业链

政府部门或汽车行业协会等专门组织必须首先准确定位产业链的关键环节，通过制定产业竞争规则等引导汽车相关企业财务资源的配置方向；建立汽车产业链上各利益主体，特别是弱势主体表达利益要求的公共平台，跟踪产业链收益在利益主体间的分配格局和不同的利益获得方式，超额收益采取优势主体补贴加政府扶持相结合的方式反哺整条汽车产业链；建立经销商协会、标准管理委员会、技术研发协会等组织作为产业链上各利益主体的代言人，通过参与机会公平、谈判力量相当的多方合作，彼此之间形成相互依存的利益分配格局，使各个利益主体都得到满足，实现汽车产业链运作的和谐成本最小化。

（三）汽车产业链资源整合机制

1. 汽车产业链由点到线的纵向整合

纵向整合着眼于汽车产业链环节的完整性、延伸力以及耦合度，实现由点到线的过渡。以整车企业作为核心，与区内零部件配套企业开展技术合作，整车企业可以把部分开发任务外包给零部件配套企业，或者帮助零部件配套企业进行开发；同样零部件配套企业也可以主动参与到整车开发过程中甚至进行超前开发，逐步消除整车厂与配套厂的配套壁垒，形成良性互动发展机制。同时，逐步强化零部件配套企业、汽车生产企业和汽车服务企业的供应链协作关系，提高企业间的协作效率，使成都汽车产业链得以完善与延伸，进而融入全球汽车产业链。

2. 汽车产业链由线到面的横向整合

横向整合着眼于汽车产业链整合范围的横向集群式扩展，实现由线到面的飞跃。成都汽车企业可以运用兼并、重组等资本运作方式，或智力资本和知识投资的方式来与汽车关联企业进行合作，比如技术研发、设备安装调试、模具制造和仓储物流等企业。通过横向协作，关联企业为龙头汽车企业提供配套服务，构建以新的辅助性产品（服务）为中心的汽车产业链，最终形成集中度高、关联性强、群体效应显著的产业集群。

3. 汽车产业链由面到网的侧向整合

侧向整合着眼于不同性质的产业链间整合，其实质是产业整合，实现由面到网的过渡。基于公共服务平台，成都汽车企业可以借助资本驱动来整合物流、金融、信息等通用型服务配套产业，对产业链进行网络化、多功能化的扩展，避免出现产业链同构造成的恶性竞争与资源浪费。目前汽车产业价值增值的重要领域之一转向了汽车服务业，公共信息服务平台建设成为汽车运营商重要的竞争手段。在新一代物联网技术快速发展的背景下，成都汽车产业应该利用这一契机，尽快适应生产制造业与服务业融合的趋势，培育集产品服务、物流服务、信贷融资服务于一体的汽车服务体系，通过这种综合制造服务来获得增值和竞争优势。同时，应加强汽车商业模式的创新，建设具有综合性服务功能的汽车网络销售店、汽车代理机构、租售式汽车俱乐部、连锁维修服务模式等，使产业链的各个主体风险共担、渠道分享，合作更为紧密。

（四）汽车产业链共生互促机制

1. 汽车研发与生产的共生互促

积极搭建与汽车产业高端化发展相适应的公共技术服务体系。加强公共研发平台建设和管理，加大对汽车后市场产业关键技术攻关的支持力度，加深对行业关键环节、共性技术的研究。在政府资金和政策引导下，将汽车企业、院校、科研机构进行商业化、市场化、产学研的联动整合，形成一个或几个技术研发平台，由参与的自主品牌资源共享，持续地、务实地形成成都汽车开发核心技术能力。

加大资金投入，探索建立成都汽车科研单位发展专项资金，用于对汽车科研重点企业发展、技术创新升级、人才开发等方面的扶持，并综合运用技改贴息、经费补助和奖励等多种方式支持汽车研发企业发展。

加强政策倾斜，对成都汽车科研项目，特别是科研高端项目，在资金投入、发展规划、税费减免、服务设施等方面给予政策优惠。

2. 汽车产业与资本的共生互促

引导民间资本助力汽车产业。随着发改委对民间资本的市场准入条件放宽，对民间资本进入汽车产业的管制也逐渐放宽，各省也相应出台了民间资本投资汽车产业的政策。成都市要重点鼓励民资进入先进制造业，投资电子信息、装备制造、汽车、轻工、纺织、建材、生物医药、新能源等产业的技术进步与技术改造、节能减排及结构升级等方向的重点产品和工艺技术。引导民间资本助力汽车产业需要消除对民间资本进入汽车产业的障碍，一方面要加强民营企业市场准入方面的公共财政支持，争取民营企业在准入起点上公平，另一方面调整市场准入政策，编制"鼓励、允许、限制、禁止"民营经济市场准入的汽车产业目录，对民营企业投资进行引导。

强化成都汽车产业在汽车金融领域的布局。由政府成立的"汽车金融工作领导小组"牵头组建公益性金融服务平台，解决汽车产业相关高新技术企业的融资难问题，开辟企业融资的绿色服务通道；支持现有区域内各类金融机构包括已有商业银行、科技支行、小额贷款公司根据区内汽车研发企业实际情况，创新金融产品，针对中小型企业的不同阶段提供个性服务。

3. 本地企业与外来企业的共生互促

强化政府招商力度，加强汽车整车企业引进，着力引进一批世界知名、全国一流的中高档汽车制造企业，进一步提升汽车现有车型和汽车产量，打造成都汽车产业整车多元化生产格局；围绕汽车整车企业引进一批零部件配套公司，特别是汽车引擎、变速箱、底盘等关键零部件企业来到成都经济技术开发区落户生产；建设完善的汽车零部件配套链，解决零部件企业配套能力不足，形成园区零部件生产与配套的核心竞争力。

除此之外，本地企业要加强对核心关键技术的自主研发，提升本地汽车企业的自主研发能力，通过本地与外国企业的互相帮扶，将本地企业的劳动力优势、后发优势和熟悉国内市场与制度的优势，与外国企业的品牌影响能力、技术引领能力、先进管理能力协同发挥作用。

(五) 汽车产业链低碳转型机制

1. 继续推进新能源汽车示范工程

抓住国家落实"节能和新能源汽车发展规划"的机遇,以成都节能与新能源汽车示范推广试点工作为先导,加快推进城市公交车领域、市政公共服务领域、公园和旅游景区推广使用新能源汽车的步伐。

2. 推进新能源汽车技术研发

鼓励和支持成都瑞华特等新能源汽车企业申报 863 计划、973 计划、科技支撑计划等专项支持计划,并按照国家、省、市有关规定给予资金扶持。支持新能源汽车企业的产学研联合攻关,集中突破新能源汽车的关键技术研发。

3. 引进新能源汽车关键零部件企业

加大招商引资和国内外大企业的合作,积极引进动力电池系统、驱动电机系统和电动汽车控制系统的龙头企业和研发机构,形成产业集聚。

表 4 国内主要电池和电机生产企业

动力电池企业	比亚迪、深圳比克、浙江万向、中航锂电、天津力神、福建宁德时代、山东神工海特、潍坊威能、深圳沃特玛、合肥国轩、中信国安盟固利、北大先行、新乡中科、河南环宇、上海奥威、上海德朗能、天津捷威动力、东莞新能源、浙江佳贝思、江苏春兰等
驱动电机企业	上海电驱动、北京中纺锐力、湘潭电机、上海大郡、南车时代、精进电动、上海御能、天津清源、江苏微特利、大连普传、浙江尤奈特、大连天元、中山大洋、宁波韵升、永济新时速、重庆赛力盟、中科易能等

资料来源:根据国家信息中心资料整理。

五、新常态下培育和释放成都汽车产业发展新动力的保障措施

为实现成都汽车产业做大做强,各级政府部门要在政策引导、推动产业集聚、完善配套服务过程中发挥主导作用,为新常态下培育和释放成都汽车产业发展新动力提供保障。

(一) 强化财政补贴政策集中力度

加大资金支持力度。成立成都汽车产业发展基金,对重点整车项目、汽车电子、汽车设计等项目用地、生产线建设、办公用房建设提供适当补贴,对汽车电子企业、汽车设计企业孵化和培育上市提供资金支持,对汽车产业引进研究机构、高层次人才给予特殊的资金支持。

落实税收优惠政策。贯彻落实国家高新产业园区、高新技术企业的税收优惠,全面梳理同研发、设备进口、技术改造相关的税收政策措施,对于重点引进和培育的整车、汽车电子、汽车设计等项目,应适当增加地方税收的返回力度,提高成都承接汽车产业转移的竞争力。

强化土地等要素保障。确保重大整车企业、汽车电子企业的用地指标，对重大项目做到优先批复，确保重大项目落地。完善交通、水电、通信等基础设施和生活配套设施，为企业发展创造良好的发展环境。

（二）加快建设物流配送区域网络

加快推进成都公路口岸、西部"无水港"成都龙泉物流中心建设投运，着力构建物流功能平台。积极协调推进经济技术开发区铁路专用线、成昆外绕线、绕城高速、第二绕城高速、成安渝高速、成自泸高速公路等外部交通体系建设，科学规划汽车产业综合功能区内部交通组织，全面夯实物流运输基础。

加快乐山港建设投运。岷江航电开发工程实施后，离成都仅 120 公里的乐山港将升级为"成都港"。该港口建成后，1000 吨级船舶可以常年从上海、重庆等地直航"成都港"，大件运输出川的"瓶颈"将彻底消除，新建的"成都港"将成为长江上游内河第一港，将有效弥补成都经济区水运短板，对构建成都经济区"公路、铁路、水运、航空"无缝对接的立体交通体系，促进区域内交通运输和现代物流业发展，加速形成以成都为中心的西部综合交通枢纽具有重要意义。

加快实施与泸州港的战略合作方案，稳步推进与寸滩港、宜宾港的合作谈判，大力推动公铁水联运。

（三）内引外联完善汽车产业链条

整车制造企业方面：紧紧围绕现有龙头制造企业，狠抓项目落地实施，在项目安排、要素保证、配套环境等方面给予重点支持，推动已开工项目加快建设、尽快投产。鼓励一汽大众、吉利高原、重汽王牌等已投产企业在现有产品的基础上，积极引进新产品和新技术，扩大产量，提高产能利用率。同时，密切关注国内骨干优势企业的投资动向，积极开展洽谈合作，重点推动国内骨干优势汽车企业兼并拥有乘用车生产资质的川汽集团，鼓励国内龙头客车企业兼并蜀都客车生产企业，通过兼并重组，引进新的企业和整车生产能力。

零部件制造配套方面：围绕整车龙头企业和项目积极招商引资，大力引进核心配套和关联配套企业，大力发展本土零部件企业。抓住汽车零部件产业地位上升的机遇，整合现有由市国资委出资的汽车零部件企业，组建成都汽车零部件工业集团，依托集团整体优势，积极寻求战略合作，与前来成都投资的国内外汽车零部件企业建立合资企业，推动本土零部件企业的发展壮大，充分发挥本土企业根植性强、产业带动效果明显的优势，提高成都汽车零部件产业竞争力。

汽车服务和文化产业方面：围绕汽车零配件、汽车装饰用品、二手车的贸易和服务，进一步完善促进汽车贸易的政策体系，优化区域布局，促进汽车贸易和服务企业的集聚；全方位推进汽车文化产业发展，以营造特色汽车文化产业为主体，全力拓展汽车博物馆、国际赛车场等实体工程，突出城市特色，以国际商用车展览会为重点，打造国际化、专业化的汽车展会；加大国际汽车赛事的引入，营造汽车运动和汽车旅游良好氛围，使赛车成为成都的又一张城市名片，将成都建设成为重要的汽车文化城市。

（四）建立健全金融市场服务体系

拓宽汽车金融公司的融资渠道。支持汽车金融公司通过信贷资产证券化等方式发行汽车金融债券，支持汽车金融公司参与银行间同业拆借，支持汽车金融公司上市。

完善汽车金融基础设施。健全成都市个人征信体系，为汽车金融公司的发展营造良好的社会信用条件：建立征信机构，规范数据采集和使用，建立相应的失信惩罚体制；建立汽车金融公司可以共享的信用网络，商业银行、保险公司、汽车金融公司等机构联合，根据自身业务掌握的客户信息来组成消费者信用档案库，并在特定互联网上做到信息互通与共享；建立完善的征信机构体系和评价机构体系，逐步开放征信服务市场；培育企业和个人信用调查与评价中介机构，建立起企业和个人信用记录档案。

适当放宽汽车金融服务公司的业务范围，支持汽车金融公司创新。随着外资银行及金融公司的介入、国内市场环境的变化以及我国汽车产业的发展，汽车金融公司对汽车后市场得以深度介入，政府应重新对汽车金融公司的功能和业务领域做出界定，适度放松对汽车金融公司在融资、业务范围等方面的限制，使其以专业化的服务来推动汽车产业的整体发展，例如开办购车储蓄等。

（五）鼓励企业自主技术创新改革

加快轿车及乘用车科技创新和品牌建设。围绕轿车龙头生产企业，加强技术创新体系和开发能力的建设，发展自主知识产权乘用车工业。围绕客车、专用汽车等企业，发展"成都创造"自主品牌，建造商用车品牌体系。

加强零部件企业科技创新和自主知识产权建设。通过博世汽车底盘设计、江森汽车部件等一些国际知名零部件品牌企业的带动，加快龙泉造汽车零部件的研发与设计，通过成都经济技术开发区零部件配套园内众多企业的发展，实现规模型生产。

加强产学研结合。支持汽车企业利用成都科研、教育的优势，共建技术中心，共同开发新产品、新技术，共同实施技术改造等，不断开发拥有自主知识产权的关键技术和关键产品，增强汽车企业和汽车产业的综合竞争实力。

强化创新人才支持体系建设。支持有条件的高等院校增加汽车专业的招生指标和办学经费，倡导大专院校、科研院所与企业联合进行现有人才再培训，出台专门政策鼓励海内外汽车领域高级研究人才和高级技师到成都创业、发展。

完善创新政策体系。探索设立"汽车产业创新基金"，对科技创新在投资、贷款、贴息、税收、国有资金经营和利用外资等方面给予支持；鼓励私人资本进入汽车开发能力建设领域；对重点技术中心建设项目，给予适当贴息；鼓励汽车企业技术中心科研人员以技术要素参与收益分配；鼓励汽车企业加大对重要科技开发项目有功人员的奖励。

新常态下南充油气化工产业发展动力研究

省委、省政府在规划石化及下游产业时，以四川石化基地（彭州）为龙头，把南充作为三大基地（彭州、南充、彭山）之一，完成上下游一体化，初步形成四大产业集群（石油化工、新材料、精细化工、橡塑深加工）石化产业体系。南充市委、市政府按照全省统一部署，结合打造川东北区域中心城市和成渝经济区北部中心城市的战略，全力打造四川省和成渝经济区石油天然气化工基地。几年来，全市上下齐心协力，充分利用原有基础和优势，在南充经济开发区打造一个产值超千亿的化学工业园区，目前晟达新材料、联成化学、石达化工等大企业已经入住，化学园区建设已现雏形。

我们认为，经济发展的新常态下，经济发展应该更加注重效益和质量，尤其是全国都处在转变经济增长方式，调整产业结构的关键时期，南充作为西部欠发达地区，要缩小与全国、全省的差距主要还是靠工业，但工业能否做到异军突起，关键是能否做到从实际出发，突出南充的特色，寻找出能拉动南充经济快速增长的新动力。南充的实际是什么，特色是什么，新动力又是什么，是本文研究的重点。

一、正确认识经济发展的新常态

2014年5月，习近平总书记在河南考察时首次提出我国经济发展要适应"新常态"，这表明，国内经济发展增速逐步放缓，向高效率、低成本、优结构、可持续转变。"新常态"也成为经济工作新的指导思想。从经济学角度看，主要反映为经济发展从高速增长转为中高速增长，经济结构不断优化升级，从要素驱动、投资驱动转向创新驱动。

（一）新常态下，经济增速更加体现发展规律

改革开放以来，中国经济持续了30多年的高速增长，取得了巨大的经济成就。过去经济保持高速增长，其实际是一种低基数基础上，过度耗费资源的粗放型增长，是一种不可持续的增长。经过30多年的发展，经济总量增大，资源环境压力巨大，难以维持高速增长。新常态下，经济增速换挡回落，从高速增长转为中高速增长。经济由过去的粗放型转为高效率、低成本、可持续，当前我国经济增速在7%-8%的区间，仍然属于中高速的区间，回顾发达国家经济发展的历史，经济发展由"高速"到"中高速"，再到"中速"，经济发展趋势有一定的规律性。反映到我国经济速度上，下行不是短期的，也不是周期性的调整，而是将彻底告别过去的高速增长，回归到正常的发展状态。

（二）新常态下，经济发展更加注重质量效益

经过 30 多年高速增长，我国经济水平上了一个新台阶，经济的体量大了，家底厚了，百姓的生活也得到改善，但是当前经济正处在三期叠加（增长速度换档期、结构调整阵痛期、前期刺激政策消化期），经济的快速增长给资源环境造成巨大负荷，部分行业产能过剩，高新技术行业的占比偏低等，经济的结构性矛盾和粗放的增长方式到了必须进行调整的时候。新常态下，经济总量的扩大趋势将放缓，经济质量将得到提高。经济发展更加追求结构优化，高耗能企业、劳动密集型企业占比将逐渐减少，第三产业比重将不断提升；市场成为资源配置的主体，在资源配置中起决定性作用，政府的干预越来越少。

（三）新常态下，经济发展更加依靠创新驱动

改革开放以来，拉动中国经济快速增长的"三驾马车"中，由于居民收入偏低，消费对经济增长的拉动不足，主要靠投资和出口拉动。从投资看，改革开放之初，中国经济百废待兴，基础建设几乎从零开始，大量的投资是驱动经济保持快速增长的重要原因；从出口看，我国出口的产品科技含量不高，自主产品较少，其主要是廉价的劳动力和自然资源浅加工的出口。也就是说驱动经济快速增长，依靠的是廉价的劳动成本，自然资源的过度耗费和大量的投资驱动。当前，世界经济的竞争其实质是科技的竞争，归根结底是人才的竞争。经济发展更加强调可持续性，依靠技术变革、深化体制机制改革等创新模式将成为主旋律。新常态是新的探索，宏观调控就必须创新思维、创新方式，要统筹稳增长、促改革、调结构、惠民生、防风险，充分发挥市场的决定作用，激发企业和社会活力，真正实现"万众创新"，培育经济发展的内生动力，加快经济转型升级，实现结构更加优化，由此更好地改善民生。

二、准确定位南充经济发展现状

（一）从发展阶段看，经济正由工业化初期向中期过度

目前国际国内经济学家对工业化发展阶段的判断标准有很多，通用的主要是 H. 钱纳里提出的人均 GDP 划分办法、西蒙·库兹涅茨产业结构划分办法、约翰·科迪等学者提出的制造业占 GDP 比重划分办法和依据配第一克拉克定理划分办法。我们利用南充市 2014 年的主要统计指标（见表1），运用上面的各种判定方法，分别对南充工业化所处的阶段进行判定。由于南充经济发展水平不均衡，各个判定方法所得出的结论可能有所区别，我们将对各个结论进行综合评价，对南充工业化所处的阶段进行综合判断。

表1　国际通用的工业化所处阶段划分标准

发展阶段指标	前工业化阶段标准	工业化阶段标准			后工业化阶段标准
		初级阶段	中级阶段	高级阶段	
人均 GDP（2005 年，美元）（经济发展水平）	745－1490	1490－2980	2980－5960	5960－117000	11700 以上
三次产业结构（一产 A；二产 I；三产 S）	A＞I	A＞20％，且 A＜I	A＜20％，且 I＞S	A＜10％，且 I＞S	A＜10％，且 I＜S
制造业增加值占 GDP 比重（工业结构）	20％以下	20％－40％	40％－50％	50％－60％	60％以上
一产从业人员占比（就业结构）	60％以上	45％－60％	30％－45％	10％－30％	10％以下
城市化率（空间结构）	30％以下	30％－50％	50％－60％	60％－75％	75％以上

从人均 GDP 看，2014 年南充市人均 GDP 为 22639 元，折合 2005 年价美元为 3642 美元，经济处在工业化中级阶段的中期；从三次产业的结构看，2014 年，南充市三次产业结构为 21.9：50.9：27.2，第一产业为 21.9％，大于 20％，经济处于工业化初级阶段的末期；从制造业增加值占比看，2014 年制造业增加值占比约为 36.3％，经济处在工业化初级阶段的末期；从三次产业的从业人员看，三次产业从业人员占比为 38.3：22.8：38.9，第一产业从业人员为 38.3％，经济处于工业化中级阶段的中期；从城市化率看，2014 年南充市城镇化率为 42.4％，经济处在工业化初级阶段的末期。综合上述结果判断，南充经济处于工业化初级阶段的末期，但具备了一些工业化中级阶段的特点，即经济发展正向工业化中级阶段的过渡。

（二）从人均指标看，南充经济远落后于全国、全省平均水平

从人均指标看，南充的主要经济指标均远远落后于全国、全省的平均水平，下面从人均 GDP、人均财力、人均消费和城乡居民收入等几个方面进行对比。2014 年，南充市人均 GDP 达到 22639 元（见表2），比四川平均水平低 12489 元，占四川平均水平的 64.4％，比全国平均水平低 24013 元，占全国平均水平的 48.5％，还不足全国的一半；南充市人均财力水平十分有限，远远落后于全国、全省平均水平，2014 年仅为 1208 元，比四川平均水平低 2550 元，占四川平均水平的 32.1％，比全国平均水平低 9053 元，占全国平均水平的 11.8％；南充市人均消费达到 9369 元，比四川平均水平低 4963 元，占四川平均水平的 65.4％，比全国平均水平低 9815 元，占全国平均水平的 48.8％；南充市城镇居民人均可支配收入达到 21223 元，比四川平均水平低 3158 元，占四川平均水平的 87.0％，比全国平均水平低 7621 元，占全国平均水平的 73.6％；南充市农民人均纯收入达到 8555 元，比四川平均水平低 248 元，占四川平均水平的 97.2％，比全国平均水平低 1337 元，占全国平均水平的 86.5％。

表2　南充市主要人均指标与全国、全省对比

指标	总量（元）			差距（元）		占比（%）	
	南充	四川	全国	四川	全国	四川	全国
人均GDP	22639	35128	46652	−12489	−24013	64.4	48.5
人均财力	1208	3757	10261	−2550	−9053	32.1	11.8
人均消费	9369	14331	19183	−4963	−9815	65.4	48.8
城镇居民可支配收入	21223	24381	28844	−3158	−7621	87	73.6
农民人均纯收入	8555	8803	9892	−248	−1337	97.2	86.5

（三）从内部结构看，南充经济增长主要依靠工业拉动

自2000年以来，南充GDP连续14年保持2位数增长（见表3），2014年GDP增速为7.2%（2014年主要是受宏观经济下行和南充最大的工业企业炼油厂关停双重影响）。从产业结构上看，2000年，南充产业结构为"一三二"，到2002年，第三产业超过第一产业，产业结构变为"三一二"，2005年，第二产超过第一产，结构变为"三二一"，2006年，第二产超过第三产，结构变为"二三一"，2007年，工业占比超过第三产业。从增速上看，近15年，GDP年均增速达到12.7%，工业增加值的年均增速达到20.2%，比GDP年均增速高7.5个百分点。从贡献率来看，第一产业受速度低的限制，贡献率一直比较低；第二、三产业贡献率较高，尤其是2003—2013年，第二产业贡献率均高于第一、三产业（2014年受宏观经济下行和南充最大的工业企业炼油厂关停双重影响，第二产业贡献率低于第三产业）。第二产业中，工业对经济的贡献率占绝对地位，尤其是2006—2012年，工业对经济的贡献率一直保持在50%以上。由此可以判断，工业是拉动南充经济增长的主要动力。

表3　南充市经济增长及分产业的贡献率

年份	GDP		工业			贡献率（%）			
	总量（万元）	增速（%）	总量（万元）	增速（%）	占比（%）	第一产业	第二产业	工业	第三产业
2000	1714405	10.5	339119	20.0	19.8	17.2	53.2	45.2	29.6
2001	1898384	10.4	397670	19.0	20.9	11.5	45.3	36.3	43.2
2002	2102738	10.3	442917	14.0	21.1	14.0	38.4	28.9	47.6
2003	2393039	12.0	518578	16.5	21.7	17.4	43.8	30.2	38.8
2004	2900766	12.6	663003	21.3	22.9	18.4	47.2	38.9	34.4
2005	3369981	13.3	856641	24.2	25.4	9.4	57.1	44.9	33.5
2006	3992042	13.8	1220052	29.8	30.6	−2.3	69.5	54.7	32.8
2007	5107572	14.7	1611981	25.2	31.6	11.1	57.3	49.7	31.6
2008	6056500	14.5	2081522	26.3	34.4	8.2	68.7	57.4	23.1
2009	6862762	14.9	2484900	24.4	36.2	6.0	70.6	57.3	23.4

年份	GDP		工业			贡献率（%）			
	总量（万元）	增速（%）	总量（万元）	增速（%）	占比（%）	第一产业	第二产业	工业	第三产业
2010	8278238	15.3	3330234	27.0	40.2	6.0	73.1	66.6	20.9
2011	10294802	15.3	4327408	22.2	42.0	6.6	71.1	58.1	22.3
2012	11803603	14.2	4980522	17.8	42.2	6.9	70.9	53.1	22.2
2013	13285528	11.0	5509293	11.7	41.5	6.5	67.5	46.5	26.0
2014	14320202	7.2	5763106	6.0	40.2	10.8	51.4	36.4	37.8

（四）从发展趋势看，油气化工将成南充工业经济龙头

从拉动经济增长的动力看，工业是拉动南充经济增长的主要动力。在工业的内部结构中，油气化工产业一直是南充工业的重要组成部分。到2017年，南充油气化工产业将初具规模，发展速度明显加快，领跑国民经济，预计实现增加值120亿元，占全部工业增加值的15%以上，对GDP增长的贡献率超过10%；到2020年，油气化工产业成为南充工业的龙头产业，预计实现工业总产值突破千亿元，增加值突破350亿元，占全部工业增加值的30%以上，对GDP增长的贡献率超过40%。油气化工占比及贡献率均远远高于汽车汽配、丝纺服装、食品加工等几个行业。也就是说，油气化工将成为工业经济的龙头，是拉动经济增长的主要动力。

表4 2013—2020年南充市分产业预计情况

指标	2013年（亿元）	2017年（亿元）	2020年（亿元）	贡献率（%）	
				2013—2017	2017—2020
GDP	1329	1850	2400	100.0	100.0
第一产业	297	360	410	12.1	9.1
第二产业	689	970	1340	53.9	67.3
工业	551	770	1100	42.0	60.0
油气化工	67	120	350	10.1	41.8
汽车汽配	92	130	180	7.2	9.1
丝纺服装	62	90	100	5.3	1.8
食品加工	84	120	150	7.0	5.5
其他	246	310	320	12.4	1.8
建筑业	138	200	240	11.9	7.3
第三产业	343	520	650	33.9	23.6

综述，南充经济发展水平相对落后，从发展阶段看，目前正处在工业化初级阶段的末期，向工业化中级阶段过渡；从经济发展水平看，经济发展水平与全国、全省还有较大差距，加快发展势在必行；从产业结构看，工业是拉动经济增长的主要动力；从发展

趋势上看，油气化工产业将成为工业的龙头，是拉动经济快速增长的主要动力。

三、油气化工产业的发展现状及布局

近几年，市委、市政府审时度势，抓住川东北石化产业被列为四川省加快工业结构调整重点的机遇，深入分析周边市州产业发展情况及我市发展油气化工产业的比较优势，将该产业的发展作为工业发展战略性支撑产业的重大部署，南充的油气化工产业发展取得了较大突破。

(一) 南充油气化工产业发展现状

油气化工产业在南充工业经济中占有相当高的比重，2013 年产业销售收入占全市规模上工业销售收入的 14.9%。油气化工产业链条长，产品覆盖面广，与居民生活息息相关，对拉动南充经济起着十分重要的作用。经过多年发展，南充油气化工产业覆盖了天然气开采、石油加工、化学原料和化学品制造等多个行业，形成石油化工、天然气化工、特种化工三大板块。

1. 石油化工

主要产品有机械润滑油、石油制品、乙炔、化学涂料、化学助剂等。2014 年，该板块共有石达化工、光亚聚合物、立信能源等 14 户企业，从业人员 0.59 万人，整个板块实现销售收入 59.45 亿元，获得利润总额 3.55 亿元。此外，PTA 生产能力每年可达 100 万吨的晟达化学新材料有限责任公司已经初步建成，2015 年有望开工，鑫达、联成、经纬、天巨、蜀光、鑫丰等新招引企业正在抓紧筹建，若这些企业正常投产，按目前设计的生产能力预计年产值可达 300 亿元，将带动油气化工产业跨越式发展。

2. 天然气化工 (含农化工)

主要产品有天然气、氮肥、尿素、碳铵等。2014 年，该板块共有龙岗天然气净化厂、宏泰生化、飞龙化工、兰天化工、阆中化工等 9 户企业，从业人员 0.43 万人，整个板块实现销售收入 76.54 亿元，获得利润总额 4.95 亿元。其中龙岗天然气净化厂实现销售收入突破 50 亿元，该厂设计原料气日处理能力为 1200 万立方米，厂区主要设备废气物处理、装备自动控制和事故应急处理系统等达到了三项国际先进水平，在单套装置处理能力、数字化气田管理系统、三维应急地理信息系统及环境保护节能水平上实现了四项国内领先。

3. 特种化工

主要产品有工业用氧、硫黄、火药、烟花等。2014 年，该板块共有永生化工、领邦科技、西充凤和烟花、西充红旗烟花、南部永定花炮、南部雄狮花炮等 18 户企业，从业人员 0.55 万人，整个板块实现销售收入 44.09 亿元，获得利润总额 2.70 亿元。其中永生化工是国家批准的民用爆破器材定点生产企业，现有员工 400 余人，实现销售收入突破 10 亿元，具备 1.5 万吨乳化炸药和 1.5 万吨改性铵油炸药生产能力，产品主要应用于矿山、煤矿工程施工，具有行业垄断性质，生产规模和效益具有较高的稳定性。

（二）南充油气化工产业发展布局

产业布局以南充经开区石化产业园区为基础，引领南充油气化工产业发展。南充化学工业园区近期（2010-2015 年），重点发展石油化工、生物新能源化工、天然气化工及其深加工项目，产业链延伸扩张，发展 PTA 系列、苯系列、甲醛系列、醋酸乙烯系列、"1，4-丁二醇"系列、氨系列、耗氯和耗碱系列等一批系列化、深加工项目。中远期（2016-2025 年），发展以天然气为基础原料的高科技化工产业及其延伸项目，建设以天然气制丙烯（MTP）和天然气制乙二醇项目为标志，生产多种高技术含量、高附加值的有机原料和合成材料产品；同时，建设 100 万吨/年重油催化热裂解制烯烃工程，与中国石油彭州大乙烯项目形成产业链互补的格局。

1. 石油化工产业链

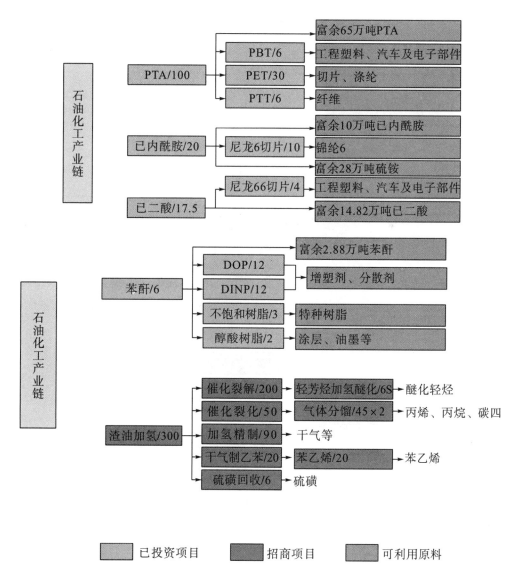

2. 盐气结合化工产业链

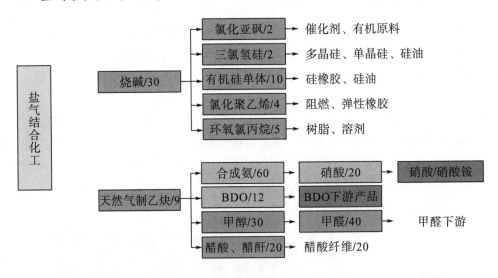

3. 精细化工产业链

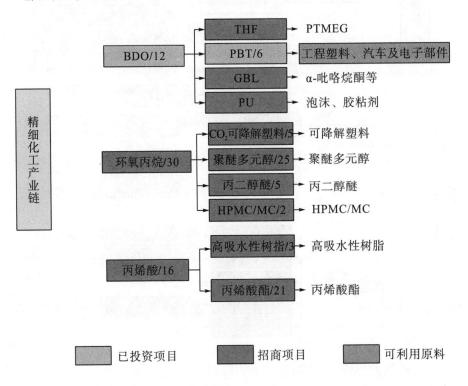

4. 生物质新能源产业链

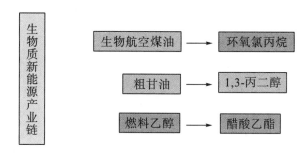

█ 已投资项目　█ 招商项目　█ 可利用原料

5. 化纤和塑料产业链

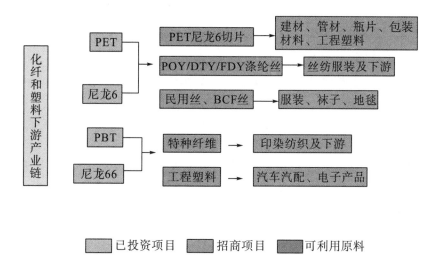

█ 已投资项目　█ 招商项目　█ 可利用原料

四、发展油气化工产业的基础及优势

油气化工产业是南充传统重点产业，尽管南充最大的企业炼油化工总产关停，油气化工产业仍是南充工业支柱之一，在经济的新常态下，南充发展石化产业的基础和优势更加明显。

（一）地理区位独特

一是竞争力优势。南充在承接产业转移过程中拥有较大竞争力，特别是石化产业，因其特殊性，应尽量避免靠近中心城市，南充与成都、重庆距离适中，拥有做强做大的区位优势。二是区域中心城市优势。南充正在打造川东北区域中心城市，拥有雄厚的经济基础，经济总量在川东北居首，农业、工业、服务业都具备一定规模。三是立体交通优势。南充以公路、铁路、水运、航空为主的立体式物流通道基本形成，作为全省次级综合交通枢纽,南充将成为对接川陕甘、泛珠三角和华东地区的"桥头堡",成为内陆向东部过渡的节点和平台,"一园区、四中心、七节点"物流体系,正在加快构建。

(二)产业基础良好

南充炼油厂是川东北最早的炼油企业,虽然现在已经关停,但其对南充石油产业打下了坚实的基础。光亚科技公司成功开发的"缔合聚合物驱油剂""智能凝胶"精细化工产品,属国家专利产品;蓝天化工的亚氨基二乙腈、石达公司的聚丙烯已形成一定的生产能力。目前南充拥有一批石化企业,具备40万吨合成氨、120万吨碳铵、30万吨尿素、7.5万吨聚丙烯、5万吨日化产品、2.4万吨民用炸药、40亿立方天然气采输等化工生产能力。此外,已建成的千亿级产值的化工园区,为油气化工产业的腾飞搭建了宽阔的平台。

(三)自然资源充足

南充龙岗气田天然气储量大,质量好,日产气量可达120万立方米,天然气硫含量只有每立方米30克左右;南充是西南地区最大岩盐沉积盆地核心区域,盐卤资源储量超过1万亿吨,仅市区周边440平方公里范围盐卤储量就达1100多亿吨,且有品位高、质量好、易开采等特点;嘉陵江在我市境内流域面积达7.67万平方公里,境内干流长301公里,年过境水径流量269.8亿立方米,水量丰富,水源可靠,出境断面水质长期稳定达到三类标准;境内水能蕴藏量200万千瓦,嘉陵江南充段9级航电工程装机容量达92万千瓦,年发电量达45亿千瓦时;根据四川省环境保护科学研究院的分析论证,南充市石化园区评价河段和区域环境容量丰富。中国国际咨询公司对南充化学工业园资源环境承载力专题调研明确指出:"南充水资源丰富,交通便利,大气环境及水环境承载力极具优势""规划中的化学工业园距离城区较远,地处城市下风、下水,且有一定高程的天然屏障,大气风险影响范围内无县城等重大保护目标,适宜作为四川石化基地下游产业加工区"。近期在西充县鸣龙镇、槐树镇发现大量页岩气储备量,中石油计划投资3亿元勘探,若此发现属实,南充页岩气产业将有可能蓬勃发展10-20年。

(四)承载能力较强

一是有政策保障。市委、市政府高度重视油气化工产业的发展,把油气化工产业确定为全市的经济龙头,把化工产业园区建设视为重点工程,这为油气化工产业发展提供了制度保障;二是有原材料保障。除具备丰富的自然资源外,对于南充稀缺的原材料,也与中石油集团公司签订《石化资源产业发展战略合作协议》,确保了发展石油天然气化工所需的苯、对二甲苯、天然气等原料;三是有园区作为载体。南充经济开发区(化学工业园)作为油气化工产业集聚发展的基地,在产业规划、建设布局、配套设施、物流功能等方面都按国际、国内领先水准规划建设。目前,该园区基础配套设施建设基本完成,部分企业达到投产条件,正在申报国家级园区。

五、发展油气化工产业的困难与挑战

（一）经济形势错综复杂，产业发展面临挑战

从宏观经济形势看，形势不容乐观。金融危机之后，欧洲又现债务危机，当前经济仍然没有完全恢复；受全球经济形势影响，加之我国经济正处在调结构、转方式的关键时期，经济增速进入中高速的新常态。从行业发展现状看，存在产能过剩现象。石化产业出现普遍性产能过剩，传统产业和部分新兴产业产能过剩严重，南充涉及的炼油、PTA、尿素、磷肥等产品过剩程度也比较严重，已严重影响了行业的盈利情况。从行业发展趋势上看，产品需要升级换代。未来十年我国对油气化工产品的需求仍将保持在8％左右，但主要是对高端石化产品的需求，所以需要对现有产品进行升级来适应市场需求。

（二）原料受到上游限制，产品不能无缝衔接

一是PTA生产受到上游原料制约。年产百万吨PTA的晟达新材料已经落户南充，而生产PTA需要PX，南充没有PX，这需要从四川石化取得原料，虽然有材料供应协议，但是从一定程度上受到制约。二是PTA下游产品承接能力有限。PTA的下游延伸产品主要是聚酯纤维，聚丙烯腈、聚酯、聚酰胺，为纺织化纤产业提供原料，但我市现有企业难以全面承接。三是天然气化工产品单一。虽然我市天然气资源丰富，但用气主要集中在化肥的生产上，附加值偏低，缺乏高科技、高附加值项目，优势得不到发挥，急待深度开发。

（三）产业核心技术不强，创新驱动能力较弱

过去，油气化工产业发展主要依靠资源支撑；将来，油气化工产业需要技术革新来支撑。目前，国家石化行业正在制定行业质量标准，各企业也在进行内部调整优化，重在淘汰落后产品、落后工艺。南充企业是否经得起考验，能否较好的生存下来，是摆在当前的一个难题。一方面，产业技术结构层次低下。原有的部分油气化工企业存在生产设备落后，工艺有待提高，产业链短、深加工强度低，产品精细化率不高等问题。另一方面，自主创新能力薄弱。原有的油气化工企业普遍规模小，缺乏资金进行科技投入；政策支持力度有限，难以解决根本困难；人才匮乏，专业性、复合型人才及管理人才急待引进和培养。

（四）节能减排压力增大，环保面临重大挑战

传统油气化工产业是高污染、高风险行业，人们对建设化学工业园心存顾虑，有抵触情绪，南充市委、市政府加强了宣传引导，避免了像其他石化产业生产基地出现的大规模群体事件，但是并不代表南充没有这方面的隐患，如何真正做到无污染面临挑战。一是节能减排压力增大。油气化工产业是一个高污染的行业，国际国内都有严格的排放标准，南充通过了国家和省级的环境测评，也是高标准建设，但以后如何严格监管成为

摆在我们面前的新课题。二是安全监管压力较大。油气化工也是一个高危行业,危险系数较高。尤其是天津物流园化学品爆炸之后,大家更加关注。南充如何做好这方面的工作,排除安全隐患。

六、加快油气化工产业发展对策建议

(一)要与汽车汽配无缝衔接,形成经济增长双动力

吉利南充新能源商用车研发生产项目已经落户南充,将建成年产新能源商用车10万台和燃气发动机5万台的生产基地,总投资70亿元人民币。项目建成后,将积极布局培育南充本地与新能源汽车配套的汽车零部件产业,协助提升南充本地企业关键零部件研发制造水平,投产后3年,本地零部件配套率内达到50%。汽车的很多零配件原材料就是PTA的下游产品,应重点围绕现代汽车生产需要,重点招引汽车塑料、轮胎、高分子改性材料、复合材料企业生产纳米涂料、橡胶轮胎、PA合金和共混材料取代金属用作汽车内饰件、外饰件、车体和机罩下部件。利用聚苯硫醚、聚酯等改性工程树脂(塑料)、玻璃钢、太阳能极硅材料等产品方面,为我市汽车汽配产业发展既提供配套,又加快产业升级。要充分整合石化产业与新能源汽车的资源,做到无缝衔接,形成拉动南充经济快速增长的"双动力"。

(二)全力做好产业承接转移,完善油气化工产业链

一是充分利用好油气化工下游产品,谋划好化纤纺织业。针对油气化工下游产品进行调查,哪些下游产品南充现有企业可以利用,如美华尼龙、嘉美印染(芳纶1414)、依格尔纺织等,政府进行重点培育;哪些下游产品南充现有企业还不能利用,要有针对性地进行招引企业,重点引进国内外战略性投资者特别是世界500强企业落户南充,要突出发展新型高性能化纤、高性能碳纤维材料、超细织物短纤维、生物可降解纤维等功能性高分子材料,形成上游的PTA、聚酯、尼龙,中游的化纤织造、染整,下游的塑料制品、家纺服装组成的完整产业链。二是支持现有企业转型升级。支持阆中化工、川龙化工等企业采用高新技术改造传统产业,扩大合成氨产能,并在合成氨过程中联产甲醇,提高产品附加值,为化学工业园年产30万吨甲醛项目、年产40万吨醋酸项目、年产80万吨烯烃项目和年产3万吨四氢呋喃等项目配套;支持石达化工在化学工业园新上工业异辛烷的情况下,将丙烯生产装置继续保留并扩大产能,入股或者配套园区年产30万吨聚丙烯项目;引导宏泰生化利用其生产的部分尿素做原料,在化工园新上年产3万吨脲醛树脂项目,进一步提高产品附加值。三是建好化学园区物流企业。采用企业化运营管理模式,打造一个信息化、智能化、专业化的物流运营管理公司,主要负责晟达、中石油、联成大业主的原料及产品储存和运输,以期将物流设施与公路、铁路、港口连为一体,提供多模式运作的一体化物流服务。

(三)充分谋划利用现有资源,开发好天然气和盐卤

一是加大天然气替代石油在公共交通系统的利用。天然气是高效、优质、清洁能

源，用作汽车燃料具有低成本、低排放的特点。通过有计划的发展天然气发动机和燃气整车及其相关产业，提高天然气的利用效率。二是发展油气结合、气盐结合项目。在天然气化工产业发展难度大的背景下，充分利用区位条件好、交通便利、环境容量大的优势，开展油、气结合项目，以此带动天然气资源的就地转化。同时，利用我市丰富的盐卤资源，加快发展气、盐结合的氯碱化工及其相关的新材料产业。三是优选项目及产品、延伸产业，形成精细化工产业群。利用石油天然气及氯碱化工产业产品多，可延伸性强的特点，有针对性地规划相关系列化工产品的深加工，调整化工产品结构，精选发展技术含量高、附加值高、生产效益好的精细天然气化工产品，延伸产业链，发展产业集群，谋求石化产业做大、做长、做强。四是加快页岩气储备的勘测。页岩气作为省委、省政府确定的五大高端成长型产业之一，在发展战略上有重要意义，若勘测后西充县大量页岩气储备属实，应提前做好页岩气产业发展的谋划。

（四）解决原材料的供给问题，突出健康可持续发展

一是争取与中石油、中石化签订合约。与中石油、中石化签订合约，对于南充所需的原材料不局限于四川石化，争取将大的 PTA 上游产品企业落户到南充，彻底解决南充原材料的供给问题。二是争取政策上的倾斜。南充虽然有龙岗气田的优势，但南充的用气指标、用气价格并没有体现出优势，向国家发改委争取政策，多给指标，降低价格。同时允许地方政府建立 LNG 项目。三是高标准建设排污处理系统。引进世界顶级的油气化工排放物处理技术，购买好相关的设备，建设好相关的工业排放物处理的基础设施；着力搞好化工副产物和电池等产品的回收和无害化处理，最大限度地从源头上减少"三废"排放；扶持培育和鼓励专业化节能环保服务公司为重点企业、公共机构实施节能减排诊断咨询等服务。四是严格搞好环境监测监控。建立智能的环境监测系统，如果发现排放物超标，将实现智能化断电；建立南充市工业节能监察中心，配置专业人才和专业设备，推进节能减排监管体系平台建设，加强对重点化工企业和重大项目评价考核力度。

（五）创新驱动产业快速发展，集聚复合型人才资源

一是机制创新。要推进管理机制体系建设，做到创新驱动促转型、优化结构增优势、强化管理聚合力，要重视引导基础研究和原始创新，优化科技资源配置，加强产学研结合和转化。二是产品创新。要以市场为导向，着重发展新能源、新材料、精细化工类产品，以稀缺的油气化工产品为突破口，研发电子容器膜、环保、抗菌、保温等市场缺口较大的新产品、新材料，避免产能过剩和同质化竞争。三是技术创新。要抓住当前南充油气化工爬坡过坎、转型升级的关键时期，加大科技投入的比重，要推进技术创新体系建设，推进大宗石化产品优化升级，推进石化产业的高端化、差异化和绿色发展，做好石化产业信息化管理，做好可持续发展的技术储备，培育面向全国、全球的竞争新优势。四是集聚人才。营造良好、便利的工作和生活环境，建立和完善相应的吸引人才、留住人才的长效机制和政策配套措施。鼓励驻市各大中专院校与企业联合办学，定向培养和引进油气化工产业急需的复合型人才和科研人才，推动南充油气化工产业的技术进步。

新常态下四川旅游产业发展动力研究

新常态下，寻求促使中国经济"稳增长""调结构"的突破口和路径，成为各级政府亟待解决的问题。随着对"旅游业是综合性产业""旅游业是消费潜力大、消费层次多、持续能力强的新增长点""旅游业是兼具消费、投资、出口'三驾马车'功能的新增长点"产业属性认识的深入，把握"新常态将给旅游产业带来新的发展机遇"，中共中央逐步形成"旅游业是拉动经济发展的重要动力""旅游在扩内需、稳增长、增就业、减贫困、惠民生中的独特作用""在新常态下，旅游业是稳增长的重要引擎、是调结构的重要突破口、是惠民生的重要抓手"等科学研判，形成中共中央对旅游产业在促进整体经济步入新常态过程中地位和作用的新期待。基于此，科学认清新常态下四川旅游产业发展新形势，准确研判和发现促进旅游产业发展的新动力，并在此基础上有效培育旅游产业发展新动力，对于实现四川省委省政府对旅游产业在适应整体经济步入新常态过程中的新期待，促进旅游产业转型升级具有重要意义。

一、新常态下四川旅游产业发展新形势

（一）旅游产业愈益成为经济发展的新动力

四川旅游业在全省稳增长、促消费、惠民生大局中的作用更加凸显。2014 年四川旅游总收入达到 4891 亿元，首次实现一年增收 1000 亿元，同比增长 26.1%，迈上了新台阶。2014 年，我国旅游总收入约 3.25 万亿元，同比增长 11%，我省比全国增幅高出约 15.1 个百分点。从省内经济指标比较来看，2014 年四川地区生产总值同比增长 8.5%，由过去两位数的增长跌落到了个位数，而我省旅游业始终保持两位数的高位增长。

表 1　四川旅游总收入在全国及西部省市排名

年份	旅游总收入（亿元）		四川旅游排名	
	四川	全国	全国排名	西部排名
2010	1886.10	15700	9	1
2011	2449.15	22450	9	1
2012	3280.25	25866	9	1
2013	3877.40	32500	7	1

续表

年份	旅游总收入（亿元）		四川旅游排名	
	四川	全国	全国排名	西部排名
2014	4891.00	32500	6	1

资料来源：《四川省"十二五"旅游业发展规划实施评估报告》。

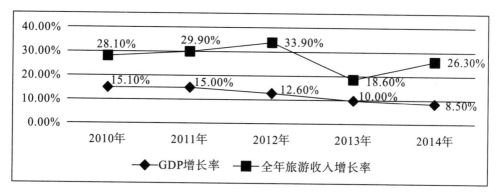

图1　2010—2014 四川 GDP 增长率与旅游收入增长率的对比分析

数据来源：根据 2010—2014 年四川省国民经济发展统计公报整理。

（二）旅游产业发展面临着国家战略释放的新机遇

虽然四川没有直接纳入"一带一路"倡议大通道的范畴，也身居长江经济带龙尾，但是无论是从历史角度和现实角度来看，四川旅游产业极具承接"一带一路"与"长江经济带"所释放出来的大开放、大交通、大市场等前所未有的新机遇的条件和能力。原因在于：

第一，从历史角度看，四川省是丝绸文化的发源地，是南方茶马古道的重要驿站，是中国对外开放的重要通道和物资提供者，是历史上对外大通道经济的重要节点和参与者。四川省与"一带一路"沿线国家和地区的政治、经济、历史文化、交通联系合作密切，如德国北威州和四川结为友好省区，150 多家德国企业或公司落户四川等。四川省已缔结国际友城关系 78 对，建立国际友好合作关系近 90 对，总数居西部前列。

第二，从现实角度来看，国家层面上高度认可四川在"一带一路"和"长江经济带"大通道经济中的价值和地位。四川（成都市）作为中国中西部交通枢纽和桥头堡，长江上游上水之地，是我国内陆开放型经济高地，也是实施"一带一路"七大高地之一。更值得关注的是，四川地处"长江经济带""丝绸之路经济带"和"海上丝绸之路"的结合部，具有南北通达、东西联动的独特位置，是沟通丝绸之路经济带与长江经济带的重要节点，是"一带一路"和"长江经济带"内各区域互联互通枢纽，更是"两带一路"相连的战略纽带。

第三，四川旅游资源品位和丰度全国数一数二，优势明显，目前已经成为"一带一路"所涉区域中最有吸引力的旅游目的地之一。互联互通，旅游先通。旅游业是"一带一路"和"长江经济带"最容易起步、最容易实现的领域，扮演着桥头堡和排头兵的重要角色。国家旅游局确定 2015 年为"丝绸之路旅游主题年"。四川生态环境优良，民族民俗文化独特,是中国旅游资源最富集的省份,拥有世界和国家级以上的资源 400 多处,旅游资源品位和丰度全国数一数二,优势明显,目前已经成为"一带一路"所涉区域中最有吸引力的投资目的地和旅游目的地之一(根据遨游网 2014 年对各省市数据分析结果显示,四川是最受欢迎国内自由行目的地 Top10 之一)。同时,旅游业是四川省委、省政府确定的优势和支柱产业,2014 年旅游总收入全国排名第六、西部第一。

(三)旅游市场全球化趋势正在提速

无论是在入境旅游,还是在出境旅游方面,四川省国际旅游市场在地域空间拓展上全球化趋势正在提速,这昭示着国际旅游发展的新机遇和新方向。

在全国入境旅游市场略有下降的背景下,2014 年四川省入境旅游市场逆势反弹,接待人数超过 2012 年 227 万人次的历史最高点,达到 240 万人次,同比增长 14.6%,创下历史新高。同时,入境客源市场份额分布更加均衡,入境游客结构更加合理。港澳台游客占 29%,外国游客占 71%。外国客源市场份额更加均衡,美国、日本、英国和韩国分列我省接待入境客源国前 4 位,位居第一的美国游客超过 25 万人次,同比增长 16%。占全省入境游客总数 10.7%。

从出境旅游来看,2014 年 1—12 月,四川省 42 家经营出境业务的旅行社共组织 123.79 万人次出境旅游,同比增长 66.8%。中国香港、中国澳门、中国台湾和泰国、韩国、日本仍为我省居民出境首选目的地,居民出境目的地在亚洲的比重为 85%,比 2013 年减少 4 个百分点,我省出境目的地多样化趋势逐步彰显。

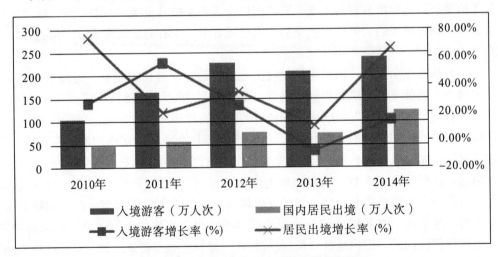

图 2 2010—2014 年四川出入境旅游市场情况

资料来源:2014 年四川省旅游业统计资料。

(四)旅游市场散客化和大众化趋势愈益明显

四川旅游市场的散客化趋势日趋明显,散客的绝对数和在客源总数中所占比重逐年增加。根据中国旅游研究院、携程旅游近日发布的《中国自由行发展报告》,我国旅游市场的散客化自由行趋势日趋明显,散客的绝对数和在客源总数中所占比重逐年增加,

2012 年国内旅游市场接近 30 亿人次，跟随旅游团的比例预计不足 5％。四川省旅游抽样调研表明，2014 年，自驾游出行愈加成为主流，超过半数的省内游客（56.8％）都是通过自驾游方式出行，比上年增长 16.6 个百分点，只有约 4.2％的省内游客委托旅行社安排出行，比上年下降 6.3 个百分点。面临散客时代的到来，在 2014 年 1 月 26 日四川省旅游产业发展领导小组办公室召开视频会议，省旅游局局长郝康理表示，随着《旅游法》的正式实施，多元化、个性化的旅游"散客时代"已经到来，自驾游增多，重点景区和繁华地段人员密集，各种群众性文体活动相对集中，旅游安全和服务保障的任务更加繁重，要注意旅游"散客时代"带来的挑战，这在 2013 年九寨沟游客滞留事件中得到充分体现。

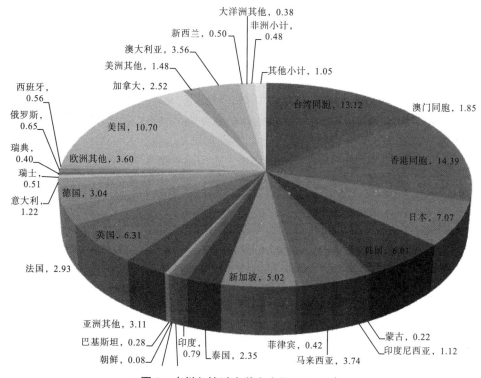

图 3　来川入境过夜游客人数占比（％）

资料来源：2014 年四川省旅游业统计资料。

宏观经济形势维持中速增长，公务、商务旅游需求放缓，老百姓常态化的旅游需求成为四川旅游市场需求的主力。从游客出游目的来看，四川旅游抽样数据表明，来川商务和公务会议等所占游客比例正在逐年减少。从人均旅游花费的增幅上看，2013 年旅游统计数据显示，成都、阿坝、内江、泸州、南充、资阳、雅安和德阳呈现下降趋势，其中德阳下降 12.5％。从星级酒店消费来看，2013 年我省 1-5 星级酒店共接待游客1730.28 万人次，同比下降 21.1％；出租率为 57.7％，比去年同期下降 12.9％。这既给四川旅游产业带来了现实的压力，也给四川旅游产业结构转型升级指明了方向。

表2　四川省商务和会议目的游客所占比例统计分析表

年份	商务（%）	会议（%）
2011 年	11.0	7.0
2012 年	10.5	6.0
2013 年	12.26	5.62
2014 年	6.7%	

资料来源：四川省旅游业经济运行分析报告2013年和2014年，因2014年统计口径与2013年之前不一样，故2014年商务会议综合为一个数据。

（五）旅游产业多点多极新格局初现端倪

四川旅游产业区域旅游发展仍不平衡，但旅游产业多点多极新格局初现端倪。从旅游收入绝对量来看，2013 年，旅游总收入排名全省第一位的成都，其总收入是排名第二的乐山的4倍，是排名最后的甘孜州的21倍。四川旅游产业区域旅游发展极不平衡，说明四川旅游产业增长和发展仍主要依赖于传统旅游城市核、精品旅游线和精品旅游景区，这为四川旅游产业纵深发展和提档升级设置了障碍和挑战。但是，从增长幅度来看，2014年全省旅游收入同比增长26.1%，同比增幅最大者为雅安市（54.09%），其次是攀枝花市（46.82%），再次为广安市（43%）及广元市（41%），均实现了大于40%的同比增长速率，这几个地区释放出了极强的增长信号。反之，四川省旅游发展核心成都市，川东旅游发展中心南充市和川南旅游发展中心宜宾市以及四川省精品旅游线路（九黄线和峨乐线）和景区九寨黄龙景区、峨眉乐山景区等，旅游总收入增长幅度正逐年递减。

表3　2014 年全省旅游总收入增长表

地区	旅游总收入	
	亿元	同比（%）
四川省	4891.04	26.1
成都市	1662.44	25.2
乐山市	386.76	21.0
南充市	253.32	20.8
宜宾市	256.06	22.7
阿坝州	242.53	23.7
攀枝花市	150.04	46.8
广元市	158.72	41.0
广安市	194.58	43.8
雅安市	108.66	54.1
凉山州	188.31	36.2

资料来源：四川省旅游业经济运行分析报告（2014）。

（六）创新和智慧旅游成为引领旅游产业发展的新动向

近年来，各级政府及市场主体勇于创新，敢于创新，极大地推进了四川旅游产业的快速发展。成都是世界旅游组织认定的中国三个"最佳旅游城市"之一、"2014最美中国榜——目的地城市""丝绸之路经济带营商环境城市"榜首、第六届TTG中国最佳旅游城市、亚洲金旅奖大中华区智慧旅游建设先锋城市、PATA国际旅游展杰出贡献奖（2013年）、中国最佳休闲城市（2013）、2013年度热门旅行目的地城市排行榜等等。

模式创新，开启旅游新纪元。早在1987年，成都开启了以"农家乐"为主题的乡村旅游，随着郫都区农科村、三圣花乡等一系列项目，成都成为农家乐的发祥地；2007年被批准为全国统筹城乡综合配套改革试验区，加速四川乡村旅游快速发展，并取得重大成就。当前四川乡村旅游发展经验已纷纷成为全国的学习榜样。同时，敢于创新新模式新业态，四川省西昌市开创了"火车背着汽车跑——四川探索自驾游新模式"，与往常的自驾游不同，这批游客是从成都乘火车来到西昌的，而分属他们的85辆爱车则已于前一天由火车运抵西昌；自驾游结束后，游客和他们的车辆仍将由火车分别运送离开。

技术创新，引领四川旅游行业发展。近年来，四川在智慧旅游、旅游标准化建设取得重大突破。创新"智慧旅游"管理和服务能力，2012年四川省旅游局启动"一库三网"工程，即旅游基础信息数据库、旅游政务网、旅游资讯网、旅游电子商务网，充分利用科技、大数据等新技术、新手段，全力推动智慧旅游服务、智慧旅游管理、智慧旅游营销体系建设，率先在全国成功运行全省旅游监管及安全应急管理联动指挥平台，运行效果在全国名列前茅，智慧旅游极大地提升了我省旅游管理和服务能力。

二、新常态下四川旅游产业发展新动力因素分析

经济新常态给四川旅游产业发展带来一系列约束、挑战和机遇，为了更好地实现向新常态过渡，充分发挥中央和四川省政府对旅游产业在适应整体经济步入新常态过程中的新期待，必须寻找促进旅游产业发展"新动力"。

新常态下，需求驱动力和要素投入驱动力等传统动力仍会发挥一定的作用，但难以成为促进四川旅游产业发展的核心动力。原因在于：一方面，在促进四川旅游产业转型升级发展过程中，传统需求和要素投入动力遇到了总体需求增长速度放缓，公务商务需求放缓，供给难以适应散客化、个性化需求等阻力，也遇到旅游资源愈来愈短缺，环境和文化保护等刚性约束，更会遗留因粗放发展带来的旅游服务质量不佳、资源环境文化破坏等需要后期花费更大代价消化的问题；另一方面，传统需求和要素投入动力机制在过去35年形成了惯性，产生了路径依赖和惰性，不寻求新动力机制，很难进一步激活其活力。

基于此，新常态下旅游产业发展必然回到提高旅游产业全要素生产率角度，即从制度变革、结构优化和要素升级三大因素着眼，培育和激发技术创新、需求结构优化、供给结构优化和制度体制变革四大新动力（见图4）的活力和合力，以此推进旅游产业转型升级。

新常态下,旅游产业动力系统包含两个层面的意思:一是技术创新、需求结构优化、供给结构优化和制度体制变革四大动力中的几个或全部共同作用,推动着旅游产业升级发展;二是系统内部的各个动力有着紧密的联系,特别是技术创新和需求结构优化。需求结构优化和供给结构优化之间是相互影响、相互作用的,制度体制变革又促进引发技术创新和供给结构优化动力作用的发挥。旅游产业发展开始可能是由一种动力在起着主导作用,其后便触发了更多的动力,经过多种合力共同作用,促进旅游产业的升级发展,步入新常态。

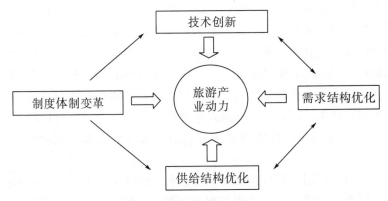

图4 新常态下旅游产业动力图

三、新常态下四川旅游产业发展新动力的培育

(一)国家战略背景下新开放动力的培育

新常态的特征之一是"高水平引进来、大规模走出去正在同步发生"。"一带一路"和"长江经济带"核心正是国际国内旅游大开放。旅游产业天然是一个开放性产业,同时是一个社会性很强的产业,对开放环境和政策依赖更高。新常态下,尤其是国家战略带动下,新开放是四川省旅游企业和旅游产业做大做强的新动力,主要包括观念体制开放、对外大开放、对内大开放、产业内部开放整合、产业之间开放融合五大开放新动力。

1. 观念体制开放

主要包括三个方面内容:

第一,新常态下,旅游业发展面临的形势和背景发生了重大变化:党的十八届三中全会做出了全面深化改革若干重大问题的决定,明确提出要使市场在资源配置中起决定性作用;《旅游法》正式颁布实施,对旅游者、旅游规划、旅游经营、旅游安全、旅游监督管理等方面都明确了法律规范;《国务院关于促进旅游业改革发展的若干意见》提出"加快政府职能转变,进一步简政放权,使市场在资源配置中起决定性作用",通篇体现了发展旅游以市场为导向、以满足市场需求为根本的精神。由此推之,新常态下四川旅游产业发展的核心观念:产业发展必须面向大众化国民化旅游需求,坚持以市场机制在满足大众需求中起决定性作用。

第二，国家、省政府都把旅游业确定为国民经济战略性支柱产业和现代服务业重要组成部分。但一些地方和部门仍认为旅游是"传统服务业""消费性服务业"，鼓励和扶持现代服务业发展的有关产业政策，旅游业没有能够"一体均沾"。应让我省地市州尽快建立"旅游产业是现代服务业"意识。

第三，新常态下，鼓励发展混合所有制经济，抓住在产权领域开放的机遇，鼓励旅游企业跨所有制（混合经济）发展壮大旅游集团。

2. 对外大开放

四川省委提出了"加快建设旅游经济强省和世界旅游目的地"的奋斗目标，通过国际大开放格局培育壮大旅游企业，提高四川旅游产业省际化、国际化程度，成为四川省旅游产业步入新常态，促进转型升级的关键抓手。原因在于：

第一，这是由旅游大企业的地位和作用决定的。旅游大企业作为旅游产业先进生产力的代表、旅游商业创新的探索者与产业使命的践行者。实践证明，旅游大企业在旅游产业的发展历程中承担了引领者的角色，发挥核心和主导的作用。旅游大企业的数量和质量正在日益成为一个国家或地区旅游产业综合实力的标志。

第二，四川省没有一家全国旅游 20 强旅游集团，与我省作为旅游大省地位极不相称。笔者通过与国际旅游大企业和国内旅游大企业对比研究发现，核心症结在于四川旅游企业省际化、国际化程度低。四川旅游企业，即使是川旅集团、文旅集团等旅游集团，业务地域范围也主要局限于市内川内，很少有走出省门，更别提国际化。这说明我省旅游企业通过省际化、国际化发展提高收入空间很大。

我省旅游企业国际化应充分利用中国公民大规模走出去的优势，结合"一带一路"国家开放战略，选择好目的地国家，在出境旅游需求国际化的基础上，实现旅游供给国际化，拓展旅游企业的收入空间。通过市场化方式在国际化过程中选择目的国家，可借鉴雅高酒店集团公司的经验，在企业国际化初期，最好选择经济发展水平与我省类似的发展中国家，或者与我省地理距离、心理距离、文化距离较近的国家进行跨国经营。我省公民旅游的主要流向，也是四川省旅游集团初次选择跨国目标市场时的重要依据，初期可以考虑东亚、中亚等国进行探索。

3. 对内大开放

前面已论述四川旅游企业走出省门，拓展旅游收入空间的重要性。培育这种开放新动力，必须基于旅游企业或集团公司核心竞争力和品牌，进行市场化拓展。比方说，成都文化旅游发展集团某种程度上在古镇古街产品打造和运营管理（宽窄巷子、平乐古镇、西来古镇等）上已形成了良好的品牌，同时也具备旅游策划、工程建设和旅游运营等一体化能力，可以借鉴国外旅游集团凭借其核心管理技术在中国进行托管式的低风险扩张或者以管理技术为核心拓宽产品品牌经验，不断向市外、省外等输送管理技术，以此为核心发动机，撬动集团发展壮大。与国际化选择目的地同理，笔者建议第一步最好选择云南、贵州和重庆，既有地缘和古镇古街资源较多的原因，也与云南、贵州等地是四川省游客出省旅游的主要目的地有关。

4. 产业内部开放整合

四川省旅游产业收入和旅游集团收入过分依赖门票经济,如都江堰青城山景区旅游总收入的 75.1% 来自门票收入,武侯祠门票收入占旅游总收入的 92.2%,即使成熟的乐山大佛景区也占比 54.7%,峨眉山向旅游度假区转变,仍占比 35.1%。国际和国内旅游经典案例表明,围绕为旅游者提供一站式综合服务的基本要求,强调旅游产业价值链上的业务整合,是一个旅游企业和一个地区旅游产业做大做强的根本途径。

以峨眉山景区和九寨黄龙为例,阐述产业内部融合培育的必要性和方向。一方面,峨眉山景区门票 495 元、九寨黄龙门票 500 元,来川旅游交通成本在全国也位居前列,景区游览性价比很低,低于国内其他很多知名景区,甚至比不上出国旅游,从港澳台来四川旅游的费用甚至比去日本、韩国的费用还高,一定程度抑制了市场需求;另一方面,九寨沟景区和乐山峨眉山景区产业集群中,宾馆、餐饮、娱乐、购物设施仍存在缺口,相关设施和消费层次设置的多样性严重不足。鉴于此,大九旅和乐山峨眉山旅游景区(或集团)应借鉴浙江杭州西湖(浙江旅游集团)、黄山旅游景区(集团)经验,重新认识门票收入在旅游企业总收入中的地位和作用,用集团思维指导景区和企业做大做强,鼓励景区通过纵向一体化方式向旅游产业其他要素进行延伸,打造以世界级旅游景区为核心的旅游产业集群。

5. 产业之间开放融合

产业之间开放融合,是四川省旅游产业做大做强的必然选择。通过产业融合,旅游企业可以获得更多更广的发展市场,并且不断地发展壮大自己。

实现产业之间融合,首先,正确引导和鼓励旅游消费的多元化,以需求的变动促进旅游产业融合的快速发展。需求的多元化是促进旅游产业融合的本质原因之一。其次,转变旅游资源的传统认识,省政府要加速资源旅游化进程(文化、农业、工业、水利、林业等),鼓励新型旅游资源的开发和发展,促进旅游产业的主动融合。第三,省委省政府实施资源兴旅计划,扩大涉旅部门对资源的开放程度,鼓励旅游企业从道路交通建设、城镇建设、新农村建设、工业园区建设等融入旅游功能,创新旅游新业态,大力推进旅游与文化、体育、农业、工业、林业、商业等相关产业和行业的融合。第四,鼓励旅游集团和大企业构建多产业交互平台,不断融合产生富有市场潜力的旅游新业态。出台相应政策扶持新型旅游业态,结合四川省实际,省政府可考虑将旅游房车、景区索道、游乐设施和数字导览设施等旅游装备制造业纳入四川省鼓励类产业目录。

(二) 多极多点战略背景下旅游产业新空间动力的培育

1. 四川旅游产业发展新空间动力的发现

云南省旅游产业发展经验表明,不断培育旅游产业发展新极核和新空间(西双版纳、昆明、丽江、大理等)是不断增强旅游吸引力,促进旅游产业不断深化发展和转型升级的重要途径。四川省面积大,位居全国第五。旅游产业规模大,旅游总收入位居全国第六。总体规模上基本匹配。但是与我国中部和东部省份比较,一方面,四川省旅游产业发展区域非均衡性特别明显,另一方面,四川资源地域异质性特别强、资源禀赋级别特别高，省域范围内尚未开发的世界级旅游资源特别多（如全国50%以上的尚未开发的世界级旅游资源在四川甘孜州），这为四川在多点多极战略下发展和培育新空间提供了机遇和条件。

首先，从全国范围而言，四川与东部省份，如山东、江苏、浙江等省份相比，四川单位土地面积贡献的旅游收入远远低于东部发达省（市）水平，四川单位土地面积旅游贡献的发展空间巨大。四川土地面积大，当单位土地面积旅游贡献提升后，旅游收入总产值增长空间大。

表4　我国部分省区单位土地面积旅游收入贡献表

省份	土地面积（万平方千米）	2014年旅游总收入（亿元）	每万平方千米贡献旅游收入（亿元）
四川	48.6	4838.3	99.6
山东	15.8	6192.5	391.9
浙江	10.6	6301.0	597.3
江苏	10.3	8145.5	793.9

资料来源：根据中国旅游统计年鉴和中国统计年鉴统计数据计算所得。

其次，根据对四川的典型市（州）旅游收入分析，具有区域型集散城市的市（州）旅游总收入以及单位土地面积贡献旅游收入明显高于其他市（州），如成都是四川的旅游集散城市、绵阳是川北地区旅游集散城市、宜宾是川南地区旅游集散城市、南充是川东北旅游集散城市、乐山属于成都经济圈和区域集散城市。由此可见，区域型旅游集散城市既有利于提升区域旅游发展，也有利于带动自身旅游收入的提升，四川旅游发展需培育更多区域旅游集散城市。

表5　四川部分市（州）单位土地面积旅游收入贡献表

市（州）名称	土地面积（万平方千米）	2014年旅游总收入（亿元）	每万平方千米贡献旅游收入（亿元）
成都	1.24	1662.3	1341.6
乐山	1.28	385.7	300.7
绵阳	2.03	277.3	136.7
阿坝州	8.42	242.7	28.8
甘孜州	15.30	80.3	5.2
凉山州	6.01	189.0	31.4
雅安	1.53	108.6	70.9
宜宾	1.33	256.1	192.8
南充	1.25	253.3	202.8
巴中	1.23	89.5	72.6

资料来源：根据四川省旅游业经济运行分析报告（2014）和四川统计年鉴统计数据计算所得。

再次，进一步分析，旅游资源富集的民族地区、盆周山区、革命老区，由于交通等基础设施建设滞后、地方经济条件和地理条件的制约，旅游产业总收入规模较小，区域发展极不均衡。数据显示，2014 年，旅游总收入排名全省第一位的成都，是排名最后的甘孜州的 20.7 倍，是巴中市的 18.6 倍，是雅安市的 15.3 倍。可喜的是，甘孜州、雅安市、巴中市、攀枝花市等地增幅明显高于全省平均水平，与之形成对比的是，成都、乐山、南充等相对较为成熟的旅游目的地区域增幅低于全省水平。

由此推之，四川藏区、秦巴山区和雅攀西片区将是四川省旅游产业提升发展的重点拓展新空间。

2. 四川旅游产业发展新空间动力培育的两大核心原则

以"聚合观光，动态度假"理念构建每个片区功能布局和产品体系。围绕一个度假旅游住宿集中区，如四川藏区康定、秦巴山区巴中市和雅攀西片区攀枝花市和西昌市，在其周边配置众多不同类型的旅游景区（点），通过便捷的公共交通运输体系，构建观光、文化娱乐、商贸、运动休闲、民俗体验等丰富的 N 个 1 日游、2 日游、N 日游产品体系，打造多个"聚合观光、动态度假"型旅游目的地，成为四川旅游产业新的发展极，使得四川旅游产业从单一发力转变为万马奔腾、竞相突破，推动四川旅游业转型升级。

以品牌提升旅游主题形象和质量。甘孜州以建设中国最美藏区为目标，积极建设最具魅力、最具活力的全域旅游示范区，使之成为"世界精品、中国特色、藏区一流"的世界级的自然生态旅游与康巴文化旅游目的地。雅攀西片区加快建设雅安生态文化旅游融合发展试验区，支持攀枝花建设首个"中国阳光康养旅游城市"，推动西昌环邛海湖建设国家级旅游度假区，打造中国西部冬季休闲度假目的地；川东北片区突出抓好乡村旅游和旅游连片扶贫开发工作，打造川陕绿色生态走廊、红色文化走廊和旅游扶贫示范带，探索建设秦巴国家公园和国家旅游扶贫示范区。

（三）旅游市场新需求动力的培育

1. "一带一路"倡议下入境旅游市场新需求的培育

首先，2013 年，四川省国内游客人数排名全国第四位，而入境游人数却为第 15 位。即使在西部地区，我省的入境游人数也排在云南、广西、陕西之后。以国内、国际市场接待之比来看，四川省 2006 年该比例为 118：1，2010 年为 258：1，2013 年国内国际市场份额的比例还是高达 232：1。入境旅游成为四川旅游产业发展短板和政府高度关注的领域，在"一带一路"倡议和四川省委省政府建设世界级旅游目的地的双重促进下，市场发展空间增大。

其次，如前所述，四川近几年来入境客源市场份额分布更加均衡。入境游客结构更加合理，四川省入境游客国别结构的洲际化、全球化趋势更加明显，这昭示着四川入境旅游发展可以拓展空间和新方向。对接"一带一路"倡议，我们不难发现下一步四川入境旅游发展新需求：穆斯林游客。因为，当前近 60 个国家参与支持，已经有 50 多个国家明确表示愿意参与"一带一路"建设。"一带一路"规划涵盖了中亚、西亚、东南亚、南亚、北非和东非，辐射东亚及西欧。从中国的新疆开始，到阿富汗、伊朗、伊拉克、沙特直至耶路撒冷，这一古老的丝绸之路是从唐宋以后，就逐渐发展为伊斯兰教文化区；而海上丝绸之路沿线诸国，如印尼、马来西亚等，也都是伊斯兰教占主导地位的国家。伊斯兰教深刻地影响着"一带一路"沿线一些国家的政治、经济、文化和国际关系走向。随着"一带一路"规划的实施，将使中国和沿线国家成为世界不可忽视的经济共同体，目前全世界约有 13 亿穆斯林人口，约占全球人口的五分之一，其中 17% 分布在东南亚地区，丝绸之路经济带不仅是中国和国家的经济合作体，也是四川作为"一带一路"的重要节点，庞大的游客将是入境客源新市场。

第三，"一带一路"带来的国际开放格局，为入境旅游发展带来数量巨大的入境旅游机会市场。据国家旅游局预计，"十三五"时期，中国将为"一带一路"沿线国家输送 1.5 亿人次中国游客、2000 亿美元中国游客旅游消费。同时我们还将吸引沿线国家 8500 万人次游客来华旅游，拉动旅游消费约 1100 亿美元。

第四，四川省具有对接穆斯林游客新需求的良好的基础，完全可以积极培育这个庞大的入境旅游市场。穆罕默德曾经说过：学问虽远在中国，亦当求之。说明穆斯林对中国文化的向往。新加坡穆斯林旅游咨询公司和万事达国际组织 2015 年 3 月联合发表调查报告，调查显示，中国是全球非伊斯兰国家中的最佳旅游目的地。四川省穆斯林人口 11.2 万人，分布在全省 180 多个市县，主要集中在成都、广元、绵阳等市及阿坝、凉山两州，有 126 座清真寺，穆斯林人口和清真寺分布与我国入境游客青睐的目的地基本吻合。

对伊斯兰国家来讲，是四川出境旅游的新市场，输送出境游客，可以为伊斯兰国家向四川输送游客打好基础。同时，组织研究穆斯林游客最喜欢的旅游目的地马来西亚的成功做法，规划设计差异化环境和产品，做好为穆斯林游客提供个性化设施和服务等准备工作。

2. "长江经济带"国家战略下旅游市场新需求的培育

来川的国内游客客源结构逐步优化。2014 年四川接待国内旅游者 5.4 亿人次，比上年增长 10.0%，我省国内游客人数排名全国第四位，接待国内游客数量增长快速。根据对来川省外游客来源地调研统计分析，存在两大特征：紧邻四川的周边省（市），如重庆、云南、贵州、山西、甘肃等，基于时间、空间和费用成本等因素来川旅游人数多；经济发达的部分省（市），如广州、上海、浙江、江苏、北京等，其经济往来密切，而其他省（市），特别是北方地区省（市）来川旅游的人数相对较少，说明空间地缘关系、经济交往密切程度等是吸附省外旅游游客的重要因素。

长江经济带的规划与建设，四川旅游市场迎来新契机。长江经济带涵盖上海、江苏、浙江、安徽、江西、湖北、湖南、重庆、四川、云南、贵州九省两市范围，总面积约 205 万平方公里，占全国 21.28%，总人口 57373.27 万人，占全国的 41.95%，国内生产总值约 282903.15 亿元，约占全国的 44.45%。2014 年，区域旅游接待人次和旅游收入均超过全国 40%，旅游发展水平和人均出游率高于全国水平。

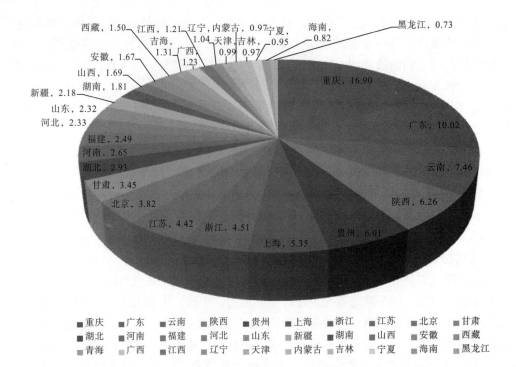

重庆，16.90
广东，10.02
云南，7.46
陕西，6.26
贵州，6.01
上海，5.35
浙江，4.51
江苏，4.42
北京，3.82
甘肃，3.45
湖北，2.93
河南，2.65
福建，2.49
河北，2.33
山东，2.32
新疆，2.18
湖南，1.81
山西，1.69
安徽，1.67
西藏，1.50
青海，1.31
广西，1.23
江西，1.21
辽宁，1.04
天津，0.99
吉林，0.97
内蒙古，0.97
宁夏，0.95
海南，0.82
黑龙江，0.73

■ 重庆 ■ 广东 ■ 云南 ■ 陕西 ■ 贵州 ■ 上海 ■ 浙江 ■ 江苏 ■ 北京 ■ 甘肃
■ 湖北 ■ 河南 ■ 福建 ■ 河北 ■ 山东 ■ 新疆 ■ 湖南 ■ 山西 ■ 安徽 ■ 西藏
■ 青海 ■ 广西 ■ 江西 ■ 辽宁 ■ 天津 ■ 内蒙古 ■ 吉林 ■ 宁夏 ■ 海南 ■ 黑龙江

图 5　来川省外游客人数占比（％）

数据来源：《2014 年全省旅游经济运行情况报告》。

表 6　2014 年长江经济带各省（市）相关统计数据表

省市	人口（万人）	GDP（亿元）	接待国内旅游者（亿人次）
上海	1373.37	23560.94	2.68
浙江	5508	40154	4.79
江苏	7960.06	65088.3	5.7
安徽	6082.9	20848.8	3.8
湖北	5816	27367.04	4.69
江西	4542.2	15708.6	3.11
湖南	6737.2	27048.5	4.1
云南	4713.9	11073.86	2.81
贵州	3508.04	9251.01	3.2
四川	8140.2	28536.7	5.4
重庆	2991.4	14265.4	3.49
合计	57373.27	282903.15	43.77
占全国比例	41.95％	44.45％	／
四川在 11 省（市）中的比例	14.19％	10.09％	12.34％

资料来源：根据各省市国民经济与社会发展统计 2014 年公报整理。

四川智慧旅游平台中心数据分析表明，长江经济带有些省份，如湖北、湖南等，与四川地缘近，目前接待人次还较低，是我省旅游市场新需求，近期可以重点培育。

要更好地对接和吸附"长江经济带"国家战略带来的旅游市场新需求，确定和培育四川独特而又鲜明的形象和主题是重中之重。四川地处长江上游，是长江的上水之地；作为长江上游生态屏障，地处生态上端，具有非常明显的生态优势；更值得一提的是，四川地质地貌极其奇特和多元，民族民俗文化独特而又丰富。可以说，四川上风上水的生态环境，大江大水的观光环境，安逸的生产生活环境，丰富多彩的民族文化，成就了天生的休闲度假基因，这正是应着手培育和营销的四川与其他省份不一样的主题和特色所在。

（四）智慧旅游背景下旅游供给新业态动力的培育

1. 智慧旅游背景下旅游供给新业态动力的发现

新常态下，以互联网为核心的技术，是社会经济生产力基础的变化。互联网改变了旅游业的市场基础、产业链和生态圈，以至于整个产业形态。互联网对旅游新业态正产生根本性的影响，互联网成为旅游产业步入新常态，促进旅游产业转型升级最基础的动力源。原因在于：

从需求角度来看，互联网以其更加便携、实时、精准、个性等特征，以及巨大的网民数量，深刻影响旅游者的消费行为，由此颠覆性改变着旅游市场需求结构、内容和形式。据中国互联网信息中心发布的统计报告显示，截至 2014 年 6 月，我国网民规模达到 6.32 亿人，其中手机网民规模达 5.27 亿，占整个网民规模的 83.4%，是全球第一大移动网络用户国家。在手机网民中，智能手机网民规模高达 4.8 亿，占比 91.1%。以手机作为终端上网正在成为中国网民获取资讯的首选方式。截至 2013 年 6 月，中国网民在网上预订过机票、酒店、火车票和旅行行程的规模达到 1.33 亿，占网民总数的 22.4%；其中，手机预订用户占比 39.8%。此外，2014 年，中国游客有 89% 通过网络媒体获取信息，有 84% 的中国游客旅行中使用社交媒体，其用于发布旅行体验的时间几乎和旅行游玩时间一样多。

从供给角度来看，根据艾瑞咨询公布的数据，2011-2014 年，中国在线旅游市场交易规模从 1672.9 亿元快速增至 2772.9 亿元，年均增长达到 29%；在线旅游 OTA 市场营业收规模从 90.5 亿元增至 142.6 亿元，年均增长 25.5%，远超同期传统旅游业态收入规模 14.3% 的增长速度。

互联网通过改变旅游者市场需求结构，使得旅游产业新业态充满了无穷的想象力，具有更多的可能性。互联网时代游客需求正在从传统的线下"吃、住、行、游、购、娱"六要素转向了线下线上的"6+N"需求要素时代，增加 N 要素包括咨询、虚拟体验、在线预定、在线购买、即时分享、投诉等。通过改变游客需求，互联网在线上不仅催生了传统旅游时代并未有过的虚拟旅游产品、旅游 APP、在线预订以及线上线下一站式旅游服务产品新形态新业态，还产生了"搜索-比较式""网络直销式"等更多新的旅游业态。

2. 智慧旅游背景下旅游供给新业态动力培育的两大方向

考虑到互联网+和智慧旅游平台的公共产品特征，建议省级政府旅游主管部门应主动争取对接国家旅游产业科技创新工程中心，建立"国家旅游产业科技创新工程西部中心"，立足四川、面向西部，聚集全社会力量重点开展基于互联网技术的旅游产业科技创新，积极加快旅游新业态的崛起与发展。

机票、酒店、度假是中国在线旅游市场的三大核心板块，分别占在线市场交易规模的60％、24％、14％，其中受国内休闲度假政策的牵引，2014年，中国在线度假市场成为在线旅游行业中最热门、发展增速最快的板块，市场交易规模突破400亿元，增速达到40.0％以上。考虑到机票和酒店在线业务市场格局已然形成，四川很难瓜分市场。结合四川省度假资源和产品丰富的特征，2013年12月四川省评定了13家首批省级旅游度假区，正在积极培育和打造国家级旅游度假区，休闲度假旅游成为四川省旅游产业转型升级的重要方向。因此，四川互联网＋可以重点着手在度假产品上下功夫。

四川是我国重要的少数民族集聚区，居住着藏族、羌族、彝族等多个少数民族，是"第二大藏区""唯一羌族聚集区""第一大彝族聚集区"，民族地区正好也是我省旅游资源最富集的地区。阿坝州九寨沟推出了"九寨千古情"文化演艺项目，2014年九寨沟文化产业演艺群实现营业收入1.69亿元，不仅提升文化旅游影响力，也为九寨沟旅游产业注入了一股新活力。基于此，立足科技与旅游融合理念，笔者建议在阿坝、甘孜、凉山等民族文化资源富集地区，着力开发有视觉冲击力、体验震撼力的演艺产品、运动休闲产品、体育赛事、博物馆、民俗体验馆、民宿等新业态。

（五）"大众创新，万众创业"背景下旅游供给新业态动力的培育

2012年，四川完成旅游项目投资中，企业自主投资414.26亿元，占投资总量的64.02％；政府投资128.23亿元，占投资总量的19.82％；2013年，全省完成旅游项目投资中，企业自主投资500.26亿元，占投资总量的65.10％。企业自主投资和民间投资比例不断增大，四川旅游产业民间广泛参与的多元化投资格局已经形成。2014年我省在建旅游项目总投资5283亿元，全年共完成旅游投资879亿元，同比增长17.8％，占全国旅游总投资的12％，在全国位居前列。四川逐步成为旅游投资热点省份。

新常态下，极具创新创业精神的市场主体，将在打造旅游经济升级版的过程中扮演决定性作用。首先，为适应旅游市场和技术环境发生革命性的变化的新常态，应鼓励和引导一大批有商业头脑和专业能力的年轻人进入旅游领域的创业。其次，紧跟如家、携程、海航、去哪儿等一批民营企业的步伐，推进民营企业逐步成长为旅游市场创新的引领者，使社会资本进入到旅游产业已经从策略性行为走向战略性行为，成为新常态。再次，鼓励和引导旅游企业做大做强，发挥市场主体引领者的作用。最终，通过创业型的新型业态的涌现，旅游大企业的引领，以及彼此之间有序的合作与竞争，激活并保证产业的生机与活力，推动传统业态和旅游企业主体特别是国有旅游企业的现代化变革，逐步确立旅游企业的市场主体地位，实现旅游供给结构优化。

（六）确保上述动力发挥作用的保障动力的培育

为了更好地促进上述五大新动力良性互动发挥作用，结合制约四川旅游产业发展重点症结，本报告提出组织保障动力机制、旅游用地创新机制、旅游统计体系完善、政府

考核方式转变、"四规合一"等五大保障动力。

进一步巩固和健全"大旅游"工作机制，充分发挥省旅游产业发展领导小组统筹协调作用，积极探索成立四川省旅游管理委员会，设立各地（市州）和县级旅游产业发展领导小组。每年召开1次会议或若干专题会议，研究并解决旅游业发展中的重大问题。在市（州）旅游产业领导小组下，成立由市（州）政府分管领导或政府副秘书长牵头，定期召开的联席会议制度。推动旅游资源富集地区，如"三州"与雅安市、攀枝花市等成立旅游发展委员会。

借鉴北京、上海、海南等地区涉旅用地创新办法，将景区建设用地纳入土地利用总体规划和城乡建设用地总体规划。重大旅游项目可适当配置房地产用地。全市旅游主题年活动确定的市级旅游重大项目，用地由市专项安排，项目所涉及的公益设施建设，减免市、区（县）两级土地出让金。对列入省旅游业发展规划的重大旅游建设项目和发展生态旅游项目用地给予支持；对投资10亿元以上的重大旅游建设项目用地计划由省专项安排。

四川率先成立四川省旅游局旅游统计工作委员会，探索建立满足旅游产业发展的、涵盖面广、与相关产业相连的旅游统计制度体系。2013年四川被国家旅游局确定为第二批旅游接待统计体系试点省。新常态下，以此为基础，进一步完善旅游统计体系，推进以过夜游客为国内旅游统计的核心指标体系改革和现代信息技术应用，建立以游客满意度、旅游环境和综合效益为核心的旅游专项统计方法和制度。统计数据必须以提高旅游市场结构解析能力为导向，通过大数据挖掘，为我省发现市场新需求，挖掘产业新规律，为我省旅游企业和产业做大做强提供服务。

建立完善发展考核评价体系，将主要工作任务纳入对省直部门的年度考核：对市（州）旅游接待人数、旅游收入、旅游增加值、旅游贡献率、政府引导性投资、带动就业人数等主要指标进行目标考核。值得说明的是，《国务院关于促进旅游业改革发展的若干意见》和我省相关旅游发展文件均提出创新发展理念和加快转变发展方式，提出"转型升级、提质增效"，因此，旅游发展的考核目标也应从过去注重数量型转变成注重质量型，强调发展要和转型升级、提质增效相结合，突出强调人均旅游人次、人均旅游消费等质量类指标。考虑到四川属于我国西部生态保护屏障和我国贫困发生率较高的地区，在旅游业作为支柱产业的县（市）、主体功能区限制和禁止开发工业园区，如甘孜州、阿坝州大部分地区，巴中市通江县等，应结合国务院出台的政府考核方式，将旅游扶贫、生态环境保护等指标作为政府核心考核指标。

充分总结和借鉴四川省旅游局在制订芦山地震区恢复重建总体规划时"1+N+1"模式和经验，试点开展旅游、经济社会发展、城乡、土地利用规划"多规合一"试点工程。建立并完善旅游规划编制、审批、执行、监督的程序规范，建立旅游规划与城乡、国土、基础设施、文化、农业、林业、水利等相关规划相互衔接的工作机制，加快形成旅游规划实施保障制度。

新常态下四川旅游休闲产业发展动力研究

2015 年是全面深化改革，进入经济发展"新常态"之年。经济发展新常态的实质则是高效率、低成本、可持续的中高速增长阶段，体现为缓增速、调结构、提质量。四川省作为西南旅游聚集地，在拥有丰富的自然与生态资源的同时，还拥有独特的民族文化、历史遗迹等人文资源，在发展旅游休闲产业中具有得天独厚的优势。发展旅游休闲产业不仅可以协调生态环境与产业发展，优化产业结构，促进消费的转型升级，促进新常态下经济可持续发展，同时也可以促进生态环境建设，完善生态涵养功能，推动区域交通基础设施和旅游服务设施建设，带动其他行业的发展。因此，新常态下四川省需大力发展旅游休闲产业，提升旅游休闲产业承载能力与服务能力。

一、旅游休闲产业概述

（一）旅游休闲产业的含义

关于旅游的定义，长期以来都处于相对模糊的状态。西方学术界在旅游基础理论问题上也存在核心概念认知混乱、科学体系不健全的现象。有学者指出国际上流行的旅游定义和概念不下 30 余种，旅游定义的复杂程度由此可见一斑。在我国国民经济行业分类标准中对于旅游业也没有十分明确的定义，其中直接与旅游业相关的仅仅只有旅行社一项。随着市场经济的不断发展，对旅游业简单的定义明显不能满足统计与研究的需求，也不符合旅游业的发展现状。旅游业对国民经济的带动作用是复杂的、多维的。从旅游业对经济的贡献来说，不仅促进经济总量的增加，同时也促进和带动相关产业的发展。正由于旅游业对于经济发展及其相关产业的传导效应，仅仅用旅行社一项来定义旅游业显然是十分粗略的，无法正确衡量旅游业的发展情况及其对经济发展的贡献。同时，对于决策部门来说，研究促进旅游业的发展措施也绝不是单纯地增加几家旅行社，而必须从旅游者的需求出发，考虑如何增加交通运输承载能力、餐饮业服务能力、景区保护和管理能力以及提供优质的旅游纪念产品等。

从需求的角度来看，旅游目的众多。或为舒缓疲劳，解除身心压力、放松心情，或为陶冶情操得到精神境界的提高，又或者是为获得精神和感官上的愉悦感和满足感。出于不同的旅游目的，必然会有相应行为活动的出现，因此产生对于旅游产品和服务的不同需求，当这种需求扩大到群体的时候旅游经济便随之出现。

因此，旅游业不应是单一的、静态的产业，而应该是多样的、发展的产业。旅游业是指以旅游资源为凭借、以旅游设施为条件、以旅游者为对象，为旅游者提供旅游活动所需产品和服务的经济活动单位所组成的综合性产业。从旅游业的定义，可以看出旅游业的两个特点。第一，旅游业的主体是旅游者。旅游者与一般意义上的消费者既有很大区别同时也存在一定联系。两者的不同在于，旅游者带有明显的休闲目的和空间迁移特点，依附于旅游业。同时，旅游者为满足自身需求和出行目的，必然会相应地购买一定的旅游产品和服务，因此从这个意义上来说，旅游者也是特殊的消费者。第二，旅游业是第三产业中一个综合性的行业。旅游业属于服务行业，然而在国民经济中旅游业并不是一项独立的产业。从旅游者的需求行为角度来说，其旅游过程中的"食住行游娱购"涉及多个行业，例如餐饮业、住宿业、交通运输业、娱乐业、零售业等。因此旅游业并不是单一产业，而是多维度的产业集群。由于第三产业的大量行业为旅游者提供消费，旅游业因此具有多样性和分散性特点。

（二）发展旅游休闲产业的重要意义

大众旅游时代的到来，使旅游业日益成为现代人类社会主要的生活方式和社会经济活动。旅游业是国民经济中的朝阳产业，发展势头十分强劲。根据世界旅游旅行理事会（WTTC）发布的数据，2013年世界旅游业占GDP的比重已经达到9.5%，超过了汽车工业和石油工业而一跃成为世界第一大产业。许多国家纷纷将促进旅游业发展提上日程并将旅游业定位为支柱产业。在我国，几乎所有的省区市都将旅游业列入战略性支柱产业，85%以上的城市、80%以上的区县将旅游业定位为支柱产业，旅游业无疑已成为新常态下优先发展的产业之一。

1. 旅游业产业关联性强，可提高社会资源配置效率

旅游业是一个关联带动性很强的综合产业，对相关产业的带动以及社会资源配置效率的提高都有着十分重要的作用。旅游产业从最初单纯的观光游览到如今的野外探险、娱乐购物、美食旅游、美容健身、温泉度假、人文缅怀等，所涉及的内容也愈发广泛。正是由于旅游休闲产业涉及活动众多，广泛涵盖了旅游休闲中"食、住、行、游、娱、购"等多方面消费需求，从而形成了餐饮业、住宿业、交通运输业、文化艺术业、零售业等多产业多维度交叉，全产业链整合，跨越一、二、三产业的现代产业集群和经济社会组织方式，对相关产业的带动效应十分明显。同时，旅游业以游客消费为主线串联起各种消费、各种要素、各种产业、各种服务，形成各类旅游相关产业群，对社会各种资源要素进行整合利用，提高了社会资源配置效率。旅游业在经济发展中的作用是对需求的拓展和组织，以市场为媒介对需求和供给进行组织，是提高社会资源配置效率的"催化剂"。

2. 旅游业是低能耗、环境友好型生态产业，可促进经济可持续发展

目前我国环境承载以及能源供给压力巨大，需大力发展低碳绿色循环产业。旅游业不同于高能耗、高污染的传统工业，旅游业作为第三产业具有低能耗、生态共享型等优点，是环境友好型的生态产业。根据国家信息中心课题组初步测算，旅游业万元产值能耗约为全国单位GDP能耗的1/6和单位工业增加值能耗的1/11，是汽车业万元产值能耗的1/7、房地产业的1/5、家电业的1/7。除资源消耗低外，旅游业废弃物排放少、

污染小,是举世公认的"无烟工业"。同时旅游资源不具有排他性,能够同时满足大量游客的观赏体验,若保护得当还可实现循环供给,属于天然的可持续发展产业,可与环境保护互惠互利,相得益彰。因此,旅游业对于经济的可持续发展有着至关重要的作用。

3. 旅游业大量吸纳劳动力,就业容量大,可促进就业

旅游业作为一个综合性服务产业集群,同时也是劳动密集型产业。由于旅游业属于第三产业,其绝大部分产品都是以劳务形式体现,对劳动力的需求量很大。与工业战略性新兴产业和高科技产业相比,旅游产业的发展能够提供更多的就业机会,就业岗位层次众多,发展旅游业对缓解就业压力有着重要作用。旅游业既有大量低门槛的就业,特别是适合农民、妇女、下岗职工或低收入人群等弱势群体就业,又有大量的创业机会,适合不同类型的高层次人才创业,也适合大学生和返乡农民工创业。2013 年,旅游直接和间接就业总人数达到 6441 万人,占全国就业总数的 8.4%。同时旅游业在消化农村剩余劳动力方面有突出优势,是扶贫方式最灵活、成本最低、返贫率最低、受益面最宽、拉动性最强、扶贫效果最好的行业。2014 年乡村旅游新增收入 400 亿元,新增就业约 20 万人,带动超过 3300 万农民受益。

4. 旅游消费层次多、潜力大,可扩大内需促进消费

新常态下要求改变要素驱动型经济发展方式为消费驱动型,摒弃粗放型经济发展方式,促进居民消费,扩大内需。旅游消费是最终消费、多层次多样化消费和可持续消费,具有很强的产业融合能力和巨大的增长潜力,是新常态下扩大消费的重要动力源。随着居民收入的不断增加,生存型消费在消费中所占比例已越来越低,而发展型消费、享受型消费所占比例则逐渐提高,旅游已成为居民的普遍消费,在推动消费升级中发挥着重要作用。当前,房地产、汽车、家电等传统消费热点已接近瓶颈期,增长速度呈下降趋势。旅游消费却不同,随着社会经济的发展旅游需求可以无限扩展,是消费"永动机",且加之产业关联性强可大幅度带动相关产业消费,扩大内需。

5. 旅游业对于优化区域布局、统筹城乡发展、推进城镇化建设具有重要意义

正是由于旅游业所具有的消费者流动性,使得各地区经济文化交流加快,旅游业的发展对打破区域分割、加强区域协调协同发展具有积极作用。不同的地区可打造具有特色的地区旅游业,从而发挥区域特色优势、促进区域交流和地区知名度推广。"互联互通,旅游先通"正在成为区域或次区域一体化的普遍规律。同时旅游业对于统筹城乡发展有着重要意义,为城乡间人流、物流、信息流、资金流构建了渠道、提供了载体,推动以工补农、以城带乡、城乡旅游优势互补的良性互动。发展乡村旅游,不但能促使乡村就业城镇化,促进基础设施建设,还能解决农村剩余劳动力就业问题,使村民脱贫致富,增加收入,提高生活水平。旅游业是推进新型城镇化建设的引领产业。发展旅游业有利于整合城镇各种资源,激活城镇文化、彰显城镇个性、提升城镇服务功能。

6. 旅游业可增强国民幸福感,满足精神文化需求,促进社会和谐

发展旅游业可提高人民生活质量,满足精神层面的需求。随着闲暇时间的增加以及生活水平的提高,人们越来越多地把目光转移到旅游产业上。通过旅游来获得精神享受

以及感官享受逐渐受到推崇，成为现代消费新常态。在旅游过程中感受不同的文化魅力，享受不同的环境体验，获得与众不同的审美情趣，对于促进人们身心健康和全面发展具有重要意义。旅游是新时期人们物质和精神文化需求的重要内容，旅游业是幸福导向、健康导向、快乐导向的产业，可增强国民幸福感、提升健康水平，同时是人们生活水平和生活质量提高的重要标志，是老百姓实实在在分享改革发展成果的体现。旅游还可以使不同地区、不同民族、不同文化的人们加深彼此了解，增加相互间的友谊、促进文化及民族的交流，增强社会包容、促进社会和谐。

二、四川省旅游休闲产业的发展现状及特点

（一）四川省旅游休闲资源概况

四川素有"天府之国"的美称，肥沃的土地、丰富的自然资源、多样的生态环境、悠久的历史文化构成了丰富的旅游休闲资源，不但拥有底蕴深厚的人文景观、绚丽多姿的自然景观，还拥有享誉中外的各色美食与大量物质文化遗产，旅游休闲资源得天独厚。境内景色优美奇特，从宏伟壮观的高原、山地、峡谷到盆地、丘陵、平原，从江河湖泊到名山瀑布，从岩溶地区到丹霞地貌，钟灵毓秀，湖光山色，风光旖旎。数亿年的地质运动造就了瑰丽的巴蜀景观，数千年源远流长的历史文化成就了灿烂的文化，同时也打下了汉、彝、藏、羌、苗、满等 15 个民族的文化烙印。

四川省同时还是中国拥有世界自然文化遗产和国家重点风景名胜区最多的省区，九寨沟、黄龙、乐山大佛、峨眉山、都江堰、青城山、卧龙、四姑娘山等被联合国教科文组织纳入《世界自然文化遗产名录》；剑门蜀道、贡嘎山、蜀南竹海、四姑娘山、西岭雪山等 9 处为国家重点风景名胜区。共有国家森林公园 11 处、自然保护区 40 处、省级风景名胜区 44 处。

截至 2013 年，四川省共拥有 586 家旅行社、255 个景区，其中 5A 级景区 9 个，4A 级景区 98 个，461 家星级饭店，其中五星级饭店 23 家、四星级饭店 108 家。

（二）四川省旅游休闲产业发展现状

1. 2014 年旅游总收入跨入千亿级俱乐部，但国际旅游指标低于全国平均水平

表 1　2000 年至 2014 年四川省旅游产业概况

年份	旅游总收入（亿元）	占当年GDP（%）	国内旅游收入（亿元）	国内游客（万人次）	外汇收入（万美元）	入境游客（万人次）
2000	258.00	6.57	248.00	5401.00	12187	46.20
2001	314.00	7.31	300.00	6335.00	16579	57.48
2002	380.20	8.05	363.62	7217.97	20015	66.72
2003	420.82	7.89	408.40	8403.52	14959	45.09
2004	566.23	8.88	542.26	11425.60	28885	96.62

年份	旅游总收入 (亿元)	占当年 GDP(%)	国内旅游收入 (亿元)	国内游客 (万人次)	外汇收入 (万美元)	入境游客 (万人次)
2005	721.26	9.77	695.67	13163.99	31595	106.28
2006	979.57	11.27	947.95	16580.56	39523	140.18
2007	1217.31	11.52	1179.90	18569.69	51388	170.87
2008	1091.52	8.66	1077.33	17456.00	21498	69.95
2009	1472.48	10.41	1452.77	21922.14	28856	84.99
2010	1886.09	10.97	1862.03	27141.30	35409	104.93
2011	2449.15	11.65	2410.57	34977.82	59383	163.97
2012	3280.25	13.74	3229.83	43500.00	79815	227.34
2013	3877.40	14.69	3830.04	48700.00	76476	209.56
2014	4891.04	17.14	4838.34	53500.00	85800	240.17
年均增长 (%)	23.39	—	23.64	17.80	14.96	12.50

数据来源:四川旅游政务网、国家统计局官网。

在旅游收入方面,2014 年四川省旅游总收入首次实现千亿级增长,全年实现旅游总收入 4891.04 亿元,2000 年至 2014 年间旅游总收入年均增长 23.39%,其中绝大部分来自国内旅游收入。同时 2014 年旅游总收入占当年 GDP 的 17.14%,比 2013 年提高 2.45 个百分点;国内旅游收入为 4838.34 亿元,年均增长 23.64%;旅游外汇收入为 85800 万美元,低于全国各省平均水平(183580.65 万美元),年均增长 14.96%。在旅游人数方面,2014 年四川省国内游客为 53500 万人次,高于全国各省平均水平(11648.39 万人次),年均增长 17.80%;国际入境游客 240.17 万人次,低于全国平均水平(414.48 万人次),年均增长 12.50%。总体看来,四川省旅游各项指标增长速度均位于全国前列,旅游发展潜力较大。

从比较结果中可看到,四川省国内游客人次数高于全国平均水平,而在国际入境旅游中四川省无论是旅游外汇收入还是入境游客人次数均低于全国平均水平。此外,国内旅游收入与国内游客人次数年均增长速度分别快于旅游外汇收入与入境游客人次。四川具有丰富的旅游资源,自然风光与人文遗迹均享誉全国,由此吸引了国内众多游客在川旅游,四川省国内旅游市场因而发展十分迅速。而由于内陆地域限制等因素,四川省国际入境旅游不及国内旅游发展速度且低于全国平均水平,国际知名度与国际旅游吸引力有待进一步提高。

2. 突发公共卫生事件与自然灾害对四川省旅游业有负面影响，尤其是国际旅游

表 2　2000 年至 2014 年四川省主要旅游指标环比增长　单位：%

年份	旅游总收入	国内旅游收入	国内游客	旅游外汇收入	入境游客
2001	21.71	20.97	17.29	36.04	24.42
2002	21.08	21.21	13.94	20.73	16.08
2003	10.68	12.32	16.42	−25.26	−32.42
2004	34.55	32.78	35.96	93.09	114.28
2005	27.38	28.29	15.21	9.38	10.00
2006	35.81	36.26	25.95	25.09	31.90
2007	24.27	24.47	12.00	30.02	21.89
2008	−10.33	−8.69	−6.00	−58.17	−59.06
2009	34.90	34.85	25.59	34.23	21.50
2010	28.09	28.17	23.81	22.71	23.46
2011	29.85	29.46	28.87	67.71	56.27
2012	33.93	33.99	24.36	34.41	38.65
2013	18.20	18.58	11.95	−4.18	−7.82
2014	26.14	26.33	9.86	12.19	14.61

　　从 2000 年至 2014 年四川省主要旅游指标环比增长速度来看，2003 年、2008 年、2013 年四川旅游发展存在异常情况。2003 年旅游外汇收入与入境游客人次均减少，其余指标增速较缓。而 2008 年 5 大旅游指标更是全面呈负增长，旅游外汇收入与入境游客更是减少 50% 以上。2013 年则与 2003 年有着相似的情况，不同的是旅游外汇收入与入境游客减少幅度较小。事实上这三年正分别是"非典"疫情全面爆发、汶川地震与雅安地震发生的时间段。突发公共卫生事件与自然灾害对四川旅游业造成了较大影响，仅 2003 年上半年"非典"疫情便让四川旅游损失 85 亿元。而 2004 年旅游外汇收入与国际入境游客人次分别环比增长 93.09% 与 114.28%，表明"非典"事件后四川国际旅游复苏十分迅速。此外，2003 年、2013 年四川省国内旅游收入与国内游客人次虽然增速较缓但仍有一定程度的增长，2008 年两者的减少程度远不及旅游外汇收入与国际入境游客人次，这表明突发公共卫生事件与自然灾害对四川国际旅游影响更大，这有可能是由于信息滞后所导致，国际游客因不能及时得到真实准确的疫情、灾情信息而对入川旅游望而却步。

3. 2014 年已提前超额完成"十二五"旅游业发展规划目标

表 3 四川"十二五"旅游业发展规划目标与实际完成对比

项目	旅游总收入（亿元）	占 GDP 比重（％）	国内旅游收入（亿元）	外汇收入（亿美元）	国内游客（亿人次）	入境游客（万人次）
"十二五"规划目标	4000.00	13.60	4012.00	8.50	3.99	240.00
2014 年实际数据	4838.34	17.14	4838.34	8.58	5.35	240.17
提前完成	838.34	3.54	826.34	0.08	1.36	0.17

从上表中可看出，四川省在 2014 年已提前 1 年全面超额完成"十二五"旅游业发展规划目标。

4. 四川省旅行社发展滞后，数量较 2013 年有所减少

从国家旅游局公布的 2015 年第一季度旅行社数据来看，四川省旅行社数量为 519 家，较 2013 年减少 67 家，排在第 22 位，且低于全国各省平均水平（873 家）。从旅行社组织接待国内旅游情况来看，四川省旅行社组织人次数为 1018925 人次，排在第 8 位，高于全国各省平均水平（657920 人次），旅行社接待人次数为 1095349 人次，排在第 10 位，同样处于全国各省平均水平（764791 人次）之上。此外，2013 年全国旅行社百强名单中四川仅有两家入围。这一情况表明，四川省旅游企业数量少、规模小的同时却要承载较大客流量，旅行社的发展滞后于旅游市场的发展，服务质量难保证。

旅行社作为主要的旅游企业，其经营状况以及规模大小与一个地区的旅游业发展水平息息相关。为分析四川省旅游业在全国范围内的竞争力，选取 2014 年《中国旅游统计年鉴》数据[①]，通过对各省市自治区的旅行社固定资产原价（万元）、营业收入（万元）、利润（万元）、营业税金及附加（万元）、利润率（％）、全员劳动生产率（万元/人）、人均实现利润（万元/人）、人均固定资产原价（万元/人）、从业人员（人）、企业数（家）这 10 个指标进行主成分分析来研究旅游业发展状况。

表 4 KMO 和 Bartlett 的检验

取样足够度的 Kaiser－Meyer－Olkin 度量		0.660
Bartlett 的球形度检验	近似卡方	542.492
	df	45
	Sig.	0.000

主成分分析是将多个原始变量信息进行提取与综合而得到较少的主成分，从而达到降维的目的，同时综合得到的主成分间也是相互独立的，若原始变量间相关关系较弱则不适宜使用主成分分析。因此应首先对原始数据做 KMO 和 Bartlett 检验，以此来判断这些变量是否适宜进行主成分分析。KMO 和 Bartlett 检验表分别给出了 KMO 检验与 Bartlett 检验的结果。KMO 检验所得值为 0.66，这一值介于不太适合主成分分析（临

---

① 原始数据量较大，见附表 1。

界值 0.6）与一般适合主成分分析（临界值 0.7）之间，且较偏向一般适合临界值。而从 Bartlett 检验所得伴随概率（十分接近 0）来看，可在 1% 的显著性水平下拒绝原假设，认为个变量间不是相互独立的。因此判断原始变量适宜进行主成分分析。

表 5　公因子方差

变量	初始	提取
固定资产原价（万元）	1.000	0.695
营业收入（万元）	1.000	0.968
利润（万元）	1.000	0.948
营业税金及附加（万元）	1.000	0.941
利润率（%）	1.000	0.615
全员劳动生产率（万元/人）	1.000	0.818
人均实现利润（万元/人）	1.000	0.810
人均固定资产原价（万元/人）	1.000	0.402
从业人员（人）	1.000	0.876
企业数（家）	1.000	0.724

表 6　解释的总方差

成分	初始特征值			提取平方和载入		
	合计	方差的%	累积%	合计	方差的%	累积%
1	6.242	62.417	62.417	6.242	62.417	62.417
2	1.556	15.556	77.974	1.556	15.556	77.974

采用默认的提取特征值大于 1 的主成分方法，最终得到 2 个主成分。首先从公因子方差表可看出，除人均固定资产原价损失了很大部分信息外，其余变量均被提取了 60% 以上信息，信息损失程度尚可接受，因此可认为主成分提取了原始变量大部分信息。而从解释的总方差表来看，选取的 2 个主成分的方差贡献率达到 77.97%，认为主成分综合了大部分原始变量的信息，可综合反映各省市自治区的旅行社经营情况及规模大小。

表 7　成分矩阵

变量	成分	
	1	2
固定资产原价（万元）	0.73	0.41
营业收入（万元）	0.96	−0.22
利润（万元）	0.97	−0.12
营业税金及附加（万元）	0.96	−0.14

续表

变量	成分	
	1	2
利润率（％）	0.03	0.78
全员劳动生产率（万元/人）	0.82	−0.38
人均实现利润（万元/人）	0.90	−0.04
人均固定资产原价（万元/人）	0.26	0.58
从业人员（人）	0.94	0.01
企业数（家）	0.72	0.46

由成分矩阵表可看出，第一主成分主要包含营业收入、利润、营业税金及附加、全员劳动生产率、人均实现利润、从业人员、企业数这7个变量的信息，主要反映的是各省旅行社的盈利能力、生产效率以及企业规模和数量，可看成是旅行社规模与产出信息的综合。第二主成分主要包含固定资产原价、利润率、人均固定资产原价这3个变量的信息，主要反映的是各省旅行社的固定资产投资水平与效率以及资金投入回报率，可看成是旅行社投入信息的综合。将2个主成分方差贡献率作为权重综合第一主成分得分与第二主成分得分，从而得到总体的综合得分。

表8 各省旅行社主成分得分及排名

地区	第一主成分		第二主成分		综合	
	得分	排名	得分	排名	得分	排名
广东	2.52	1	−0.42	19	1.93	1
北京	2.39	3	−1.26	27	1.66	2
上海	2.39	2	−1.41	30	1.63	3
江苏	1.24	4	1.24	4	1.24	4
浙江	1.24	5	0.97	7	1.18	5
山东	0.88	6	2.06	1	1.12	6
湖南	0.41	7	0.69	10	0.46	7
湖北	0.25	9	0.71	9	0.35	8
福建	0.31	8	−0.08	15	0.23	9
河南	−0.31	14	1.57	3	0.07	10
辽宁	0.08	10	−0.06	14	0.05	11
河北	−0.32	16	1.16	6	−0.02	12
重庆	0.02	11	−0.6	24	−0.1	13
黑龙江	−0.44	18	0.78	8	−0.19	14
天津	−0.32	17	0.28	11	−0.2	15
青海	−0.74	25	1.93	2	−0.2	16

地区	第一主成分		第二主成分		综合	
	得分	排名	得分	排名	得分	排名
内蒙古	−0.57	22	1.22	5	−0.22	17
安徽	−0.31	15	0.04	12	−0.24	18
四川	−0.25	12	−0.56	21	−0.31	19
山西	−0.57	21	−0.04	13	−0.46	20
云南	−0.27	13	−1.41	29	−0.5	21
江西	−0.52	19	−0.57	22	−0.53	22
海南	−0.53	20	−0.59	23	−0.54	23
广西	−0.62	23	−0.7	25	−0.63	24
新疆	−0.75	26	−0.3	18	−0.66	25
陕西	−0.63	24	−0.96	26	−0.69	26
贵州	−0.83	27	−0.22	17	−0.71	27
吉林	−0.9	28	−0.2	16	−0.76	28
甘肃	−0.92	29	−0.51	20	−0.84	29
西藏	−0.92	30	−1.3	28	−1	30
宁夏	−1.02	31	−1.42	31	−1.1	31

从主成分得分及排名表可看出四川省各个主成分的得分及排名以及综合得分及排名。四川省旅行社第一主成分得分为−0.25，排在第 12 位，第二主成分得分为−0.56，排在第 21 位，综合得分为−0.31，排在第 19 位。从得分均为负可见，四川省旅行社规模与产出水平效率、投资水平效率以及综合发展水平均处于全国平均水平之下。从排名来看，只有旅行社规模与产出水平效率排名较靠前，投资水平效率以及综合发展水平排名均较靠后。

一般说来，若变量间差距较均匀则得分与排名应该有一致表现。河北省旅行社第一主成分排名为 16（31 的中间项），得分为−0.32；吉林省旅行社第二主成分排名为 16，得分为−0.20；青海省旅行社综合排名为 16，得分为−0.20。可看出无论是第一主成分、第二主成分还是综合情况，排名处于中间项的省市自治区得分却为负。由此推测全国旅行社发展水平有较大分化，排名靠前的各省市自治区其旅行社规模与产出水平效率、投资水平效率、综合竞争力远高于排名之后的省市自治区。因此可知四川省旅行社与发展水平较高的省市自治区的实际差距大于排名差距，而第一主成分得分绝对值（0.32）大于第二主成分及综合得分绝对值分别为 0.20 与 0.20，说明这一情况在规模与产出水平效率中显得更加明显。

(三) 旅游休闲产业对四川经济发展的贡献分析①

1. 旅游休闲产业对三次产业的贡献

（1）近两年我省旅游业对 GDP 的贡献都在 10％以上，且呈增长趋势。

依据四川省统计局核算处提供的《2014 年全年地区生产总值报表》的相关数据以及四川省旅游局提供的旅游业总收入和旅游业增加值数据，将四川省 GDP 的行业分为第一产业、第二产业、旅游业和除旅游外的第三产业，采用贡献率分析法，测算四大行业对 GDP 的贡献和拉动点数。

旅游业对 GDP 的贡献两年都在 10％以上，呈增长趋势。2014 年旅游业对 GDP 的贡献从 2013 年的 11.09％上升到 15.14％，提升了 4.05 个百分点。同时，在 GDP 增速放缓的情况下，旅游业对 GDP 的拉动点数 2014 年比 2013 年还增长 0.06 个百分点，实属来之不易。2014 年四川省旅游业带动的 GDP 为 2701.06 亿元，占全省地区生产总值的 9.47％。因此，可将旅游业作为经济中高速发展阶段的新的增长点。

（2）2014 年我省旅游业对第一产业增加值贡献率为 16.38％。

2014 年四川省旅游业带动的第一产业增加值为 157.10 亿元，占第一产业增加值的 4.45％，较 2013 年提高 0.58 个百分点。

依据《2013 和 2014 年四川旅游对农民增收调查 25 个样本点的数据》推算旅游收入占农民纯收入比重分别为 7.9％和 9.7761％，剥离 2013 和 2014 年第一产业旅游业带动的增加值和扣除旅游业带动增加值外的第一产业增加值（剥离），在此基础上，采用贡献分析法计算贡献率和拉动点数，如表 9 所示。

表 9　四川省 2014 年旅游业对第一产业增加值贡献分析表　单位：亿元

	2014 年增加值		2013 年增加值		2014 年贡献（％）	2014 年拉动点数（％）
	总量	占比（％）	总量	占比（％）		
第一产业（未剥离）	3531.05	100	3368.66	100	100	4.82
旅游业带动的增加值	157.10	4.45	130.49	3.87	16.38	0.79
扣除旅游业带动的增加值（剥离）	3373.95	95.55	3238.17	96.13	83.62	4.03

上表可见，2014 年比 2013 年旅游业带动第一产业增加值增加了 26.61 亿元，占比提高了 0.58 个百分点。旅游业对第一产业增加值贡献率为 16.38％，即第一产业增加值的 162.39 亿元增量中 16.38％是由旅游业提供。2014 年第一产业增加值增速为 4.82％，旅游业拉动第一产业 0.79 个百分点。

由此表明，旅游业对第一产业的贡献不高，但发展潜力较大。四川乡村旅游不断壮大，发展势头很好，发展空间得到拓展，不仅成为农民增收的主渠道，也将成为现代农

---

① 由于篇幅所限未介绍相关计算方法及理论，相关报道及完整报告分别见人民网《四川省旅游业对全省 GDP 贡献超过 15％》与国家统计局统计信息技术与数据挖掘重点开放实验室课题报告《四川旅游业对经济发展贡献分析》。

业的新模式，必将成为发展现代农业的新的增长点。

（3）旅游业对第二产业增加值贡献率为9.8%，以间接贡献为主。

2014年四川省旅游业带动的第二产业增加值为318.04亿元，占第二产业增加值的2.19%，较2013年提高0.59个百分点。

表10　四川省2014年旅游业对第二产业增加值贡献分析表　单位：亿元

	2014年增加值		2013年增加值		2014年贡献（%）	2014年拉动点数（%）
	总量	占比（%）	总量	占比（%）		
第二产业（未剥离）	14519.40	100.00	13472.05	100.00	100.00	7.78
旅游业带动的增加值	318.04	2.19	215.36	1.60	9.80	0.76
扣除旅游业带动的增加值（剥离）	14201.36	97.81	13256.69	98.40	90.20	7.01

上表可见，2014年比2013年旅游业带动第二产业增加值增加了102.68亿元，占比提高了0.59个百分点。旅游业对第二产业增加值贡献率为9.8%，即第二产业增加值的102.69亿元增量中9.8%是由旅游业提供。2014年第二产业增加值增速为7.78%，旅游业拉动第二产业0.76个百分点。旅游业对第二产业的贡献较低，以间接贡献为主。

随着旅游业的纵深发展，旅游业对车船交通工具生产、游乐设施生产、土特产品加工、旅游工艺加工、旅游衍生品加工、信息终端及虚拟旅游的设备制造等行业，以及园林绿化、生态恢复、设施建造、艺术装饰等建筑行业需求不断增强，间接贡献不断增大，对第二产业的贡献将越来越明显。

（4）2014年我省旅游业对第三产业增加值的贡献为30.86%，以直接贡献为主。

2014年四川省旅游业带动的第三产业增加值为2225.92亿元，占第三产业增加值的21.59%，较2013年提高1.05个百分点。

为了连续观测四川旅游业对服务业发展的贡献，在2013年测算的基础上，2014年继续测算四川旅游业对服务业及其主要涉旅行业的贡献及其拉动点数，进一步分析四川旅游产业链对主要涉旅行业的拉动价值，凸显加大发展旅游业对涉旅行业的动力效应。

2. 四川省旅游业对税收的拉动作用

（1）旅游业税收平稳上升。

2014年四川省旅游业总税收为324.59亿元，与2013年261.41亿元相比增长了63.18亿元，增幅为24.17%；2013年四川省旅游业税收占四川省总税收2103.5亿元的12.43%，2014年四川省旅游业税收占四川省总税收2311.7亿元的14.04%，稳步增长；2014年四川省旅游业税收对四川省总税收的贡献率为30.35%。

（2）旅游产业链延伸较好，"弹性消费"税收高于"刚性消费"税收。

餐饮住宿、旅游购物、景区游览的税收比重排名靠前，三者合计约占旅游业税收的43.64%；娱乐、交通、通信、其他四个方面的税收合计约占旅游业税收的17.13%；所得税和附加税所占比例为39.22%。

2014 年，旅游购物、景区游览、娱乐等"弹性消费"税收比重为 33.2%，比餐饮住宿、交通等旅游过程中的"刚性消费"的税收比重（22.33%）高 10.87 个百分点，表明旅游产业链延伸较好，旅游"六要素"中"购、娱"所发挥的税收功能比较完善。详见下表：

表 11 2013、2014 年各行业旅游税收占旅游总税收的比重及排序

涉旅行业	归属国民经济的行业	2014 年占旅游业总税收的比重（%）	2014 年排序	2013 年占旅游业总税收的比重（%）	2013 年排序
餐饮、住宿	住宿和餐饮业	13.65	2	10.82	2
旅游购物	零售业	21.13	1	16.75	1
景区游览	旅游业	8.86	3	7.02	4
娱乐	娱乐业	3.21	6	2.54	6
交通	交通运输业	8.68	4	8.54	3
其他	—	4.16	5	3.3	5
通信	通信业	1.08	7	0.86	7
所得税		33.15		26.28	
城建附加	—	4.25		4.25	
教育附加		1.82		1.82	

（3）旅游业税收结构有变化，旅游消费水平提高、质量提升。

与 2013 年相比，2014 年旅游购物、餐饮住宿、景区游览、娱乐、交通税收占旅游业总税收比重有所上升，特别是旅游购物由 16.75% 上升到 21.13%，住宿和餐饮由 10.82% 上升到 13.65%，有了较大增长；只有通信税收占旅游业总税收比重有所下降，这与通信资费下降有关。旅游购物和住宿餐饮的比重增长，说明人们的旅游消费水平有了较大的提高，旅游消费质量也有了较大提升，这同时也带来了税收的增长。

3. 四川旅游业对投资的贡献

表 12 2014 年四川省旅游业对各行业投资拉动测算表

行业 / 指标	租赁和商务服务业	交通运输、仓储和邮政业	住宿餐饮业	文化、体育和娱乐业	批发零售业	其他	合计
2014 年增加值（亿元）	598.82	827.98	751.28	205.02	1586.78	6222.56	10192.44
2014 年分行业投资额（亿元）	237.92	3104.09	372.58	194.29	574.04	6818.88	11301.80
旅游带动各行业投资额（亿元）	87.60	1267.41	227.83	62.53	69.64	203.40	1918.41

续表

指标 \ 行业	租赁和商务服务业	交通运输、仓储和邮政业	住宿餐饮业	文化、体育和娱乐业	批发零售业	其他	合计
旅游业带动各行业投资占旅游带动总投资的比重（%）	4.57	66.07	11.88	3.26	3.63	10.60	100

（1）旅游业投资效果明显高于整个第三产业。

投资效果系数表示单位投资所创造的某行业增加值，代表的是投入产出效益。2014年四川省旅游业增加值为 2225.90 亿元，本文测算的旅游业投资总额为 1918.41 亿元，则有：旅游业投资效果系数＝2225.90/1918.41＝1.16，即旅游业每单位投资创造旅游业增加值 1.16。同理分别可得第三产业投资效果系数为 0.67。可见，旅游业投资效果系数比第三产业投资效果系数高出 0.44，即单位投资在旅游业中所创造的增加值高于整个第三产业，对整个第三产业而言旅游业的投入产出效益更好。

（2）旅游业投资占比较 2013 年稳步提升。

2014 年四川省旅游业带动各行业投资总额为 1918.41 亿元，占第三产业投资总额（15727.70 亿元）的 12.20%，比 2013 年（12.13%）提高 0.07 个百分点；占全社会总投资（23577.50 亿元）的 8.14%，比 2013 年（7.85%）提高 0.29 个百分点。

（3）旅游业带动的各行业投资不够平衡。

2014 年四川省旅游业带动各行业投资总额为 1918.41 亿元。其中，对交通运输、仓储和邮政业的拉动作用最大，达到 1267.41 亿元，占比高达 66.07%；带动最小的是文化、体育和娱乐业，为 62.53 亿元，占比为 3.26%。旅游业在对相关行业的拉动中最高的与最低的比例相差 62.81 个百分点，应增强文化、体育和娱乐业的旅游吸引力。

4. 四川旅游业对农民增收的贡献

2014 年在全省选取都江堰、邛崃、大邑、汶川等 25 个县（市、区）开展的旅游发展对农民增收贡献的调查结果表明：2014 年从事旅游业的农民家庭人均纯收入比上年增长 12.8%，比全省农民人均纯收入的增长快近 2 个百分点。根据调查的 2500 户汇总结果，2014 年从事旅游业农民家庭人均纯收入 12075.4 元，比上年增加 1369.5 元，增长 12.8%，其中，人均工资性收入 4393.4 元，同比增长 12.9%，人均家庭经营旅游业纯收入 6851.2 元，增长 13.1%，人均旅游财产性纯收入 737.9 元，增长 9.2%，人均旅游转移性纯收入 93.0 元，增长 12.8%。

（四）四川旅游休闲产业发展主要特点

1. 从业内融合到跨界融合

过去旅游休闲产业所涉及的活动较为单一，因此旅游休闲产业只需关注产业内部融合便可以获得较可观的发展市场。但随着旅游产业结构的升级、旅游休闲需求的多元化，新兴市场对于旅游休闲产业提出了更高的要求，要使之成为跨行业跨界合作的黏合剂才能增强竞争力。旅游休闲产业的跨界融合为四川省其他行业带来了更大的发展商机以及新的发展方向，带动四川农业、娱乐业、餐饮业、医疗保健等行业的发展。同时，跨界融合也为四川旅游休闲产业注入了更多的活力以及营销、经营理念与运作模式。"天府菜园坊"便是四川省"农旅"跨界融合的一次应用。参加这次"优质特色农产品进酒店"对接活动的是各大酒店和优质农产品生产基地的负责人，未来的发展方向是实现农产品生产厂商与酒店业的深度合作。农产品企业不单是为各大酒店提供原材料，还要通过酒店这一平台直接向消费者推销农产品。拥有现代信息化技术的农产品企业甚至可以通过与酒店的数据对接，以多媒体方式向消费者呈现其农产品的种植或饲养情况。

2. 从技术渗透到技术人本

信息技术的发展以及科学技术的进步带给了旅游休闲行业前所未有的发展机遇，四川省旅游休闲产业技术渗透已经达到新的高度。依托互联网技术、移动通信技术与电子支付手段，携程、去哪儿、途牛等互联网旅游产业在线平台及运营商迅猛发展，旅游休闲产业正在实现与电子商务的结合。然而消费者作为旅游休闲产业的主体，技术渗透不能不考虑到消费者的需求，因此从技术渗透到技术人本是大势所趋。如今四川省越来越多的景区如九寨沟、乐山大佛、黄龙溪古镇、亚丁风景区、都江堰等都实现了免费 wifi 全覆盖，现代科技逐渐渗透到旅游休闲产业中并为消费者带来便利。四川省还建立了旅游运行监管及安全应急管理联动指挥平台，不但可以反馈景区的实时信息，同时还包括了公安、交通、气象等部门的数据，为消费者的安全出行提供了一定的技术保障。另外值得一提的是，四川省建立的旅游大数据平台可利用三大运营商的大数据进行客源地分析和流量走势预测，有助于旅游预测警报、引导分流以及旅游营销。

3. 从"带病"增长到内生增长

过去，旅游休闲产业的发展数据或多或少地会受到市场之外因素的影响，对旅游人次等指标的盲目追求并不能为整个旅游休闲产业带来正面效应，因此调整旅游评价指标体系，摒弃"带病"、"带水分"甚至带泡沫的旅游经济增长模式变得十分迫切。新常态下四川旅游休闲产业应该由足够的市场需求来支持而不受领导意志影响，摒弃政府意志以及官员意志所形成的面子性旅游供给以及公款公务旅游消费所带来的经济增长，促进旅游休闲产业的市场化改革，转变旅游休闲经济增长方式。"带病"的经济增长方式显然是不被需要的，只有健康的市场化的旅游休闲增长才是真正的内生增长。

4. 从点线发展到全域旅游

传统旅游休闲产业对消费者需求的关注点往往具有片面性，以点线发展模式为主体。但是应该看到，消费者对于休闲旅游产品及服务的需求是多样、多元、多层次的，在立体化的消费需求下应转变传统的点线旅游发展模式为全域旅游。由线到面，这是四川省旅游休闲产业发展的方向。所谓全域旅游是指，各行业积极融入其中，各部门齐抓齐管，全城居民共同参与，充分利用目的地全部的吸引物要素，为前来旅游的游客提供全过程、全时空的体验产品，从而全面地满足游客的全方位体验需求。目前，川内城市纷纷加入打造全域旅游的行列，按照"把城市变景区、把资源变成产品、把旅客变成游客"的思路，依托现代科技大力发展智慧旅游与"互联网＋"旅游，致力于提高游客的全方位体验需求。

四、新常态下四川旅游休闲产业发展的机遇与挑战

过去30多年坚持改革开放，依托廉价的劳动力，主要靠投资拉动、出口导向实现了国民经济高速发展，几乎以年均10％的增速奔跑，从一个低收入国家跨入中等收入国家行列。但这种靠资源消耗、低效率的经济发展方式所展现的弊端也十分明显，高投入、高消耗、低效益、损环境的高速发展"常态"将难以为继，因此需要大力改革，转变经济发展方式。当前国民经济和社会发展面临增速换挡、转型阵痛和改革攻坚的多重任务，国内外多种因素的交织导致GDP增速回落已成定局，进入经济发展"新常态"。在面临GDP增速全面回落的情况下，与经济发展状况密切相关的行业势必受到一定程度的影响，加之八项规定的出台以及反腐倡廉新政等措施的推出，公款公务这一部分旅游消费受到遏制。应该看到，如果旅游业长期寄生在畸形的状态上是不可能持久的，以公务消费拉动的旅游市场的带病增长也与可持续发展相违背。因此，旅游业目前也面临着转型调整的艰巨任务。

经济结构调整，加速第三产业发展；发展方式转变，增强消费驱动力；国民收入持续增长，居民收入不断增加；经济结构调整，加速服务业发展；动力结构转换，增强内需消费的拉动力；民生改善，居民收入将持续增长。这些有利条件将进一步挖掘旅游消费潜力。这种大环境、大政策为旅游业提供了发展的土壤。上述利好因素的释放有一个过程，短期内不会达到立竿见影的效果。国民经济增速减缓为经济结构调整争取了必要时间和空间，消化产能过剩、外贸增长滞缓，部分居民休闲旅游消费将受到抑制；反腐倡廉新政引发消费结构变动，导致高端消费市场萎缩，而这些因素的叠加无疑会影响到旅游经济。新常态给消费造成的影响对旅游业的发展形成了潜在威胁，但同时也是旅游业转型升级的一个机遇，且从长期来看旅游业发展一定是机遇大于挑战。

同时，现代科学技术的发展使得旅游者的出行方式发生了巨大的改变，也能够通过技术与多产业的结合来满足消费者日益增长的旅游休闲需求。如今电子商务与旅游业的结合日益广泛，B2B、B2C、C2B等交易方式正开展得如火如荼，科技的发展正使得旅游业发生了翻天覆地的变化。新时期经济发展模式的转型、科技的发展特别是现代通信技术以及互联网技术的发展，在为旅游业带来新的机遇的同时，也带来了挑战。在旅游休闲产业信息化、技术化、多元化的发展过程中，将不可避免地加剧各地区旅游业的竞争程度，给四川省旅游业的发展带来了挑战，"逆水行舟，不进则退"，便是旅游休闲产业未来发展的真实写照。随着消费者对于旅游需求的增加以及对于旅游产品服务质量要求的提高，四川省需要紧紧围绕消费者来进行旅游业的统筹安排与规划，真正做到以人为本，才能在激烈的竞争中脱颖而出。

五、新常态下四川旅游休闲产业发展动力分析

(一) 从需求动力看，公务旅游等消费需求得到遏制，居民个人旅游消费将成为新动力

八项规定、反腐倡廉新政所引致的公务消费萎缩十分明显，这意味着旅游业将摒弃依附在公务旅游上的畸形发展状态，将逐渐规范旅游市场，使旅游业发展走向健康的轨道，开启转型新时期。与此同时，居民个人旅游消费将成为四川省旅游业发展的新动力。据统计，发达国家一般人均每年出游 8 次以上，而目前中国居民人均每年出游才2.6 次，由此可见我国居民旅游消费具有相当大的潜力。根据国际规律，当人均 GDP 达到 2000 美元时，旅游将获得快速发展；当人均 GDP 达到 3000 美元时，旅游需求出现爆发性增长；当人均 GDP 达到 5000 美元时，步入成熟的度假旅游经济，居民对于旅游休闲的需求将快速增长并呈多元化趋势，同时旅游消费能力也得到提高。早在 2011 年我国人均 GDP 便已突破 5000 美元大关，而旅游业规模与发达国家相比还有一定差距。世界发达国家购物收入占旅游总收入的 40％至 60％，这一数值在中国却长期徘徊在 20％左右。这说明四川省居民旅游消费仍有很大潜力，未来将是居民旅游消费发展的黄金时期。

(二) 从资源要素看，存量支撑难以为继，增量开发将成为新动力

旅游资源具有垄断性、不可替代性与不可模仿性，因此一般来说旅游资源存量的扩展十分困难。但随着旅游人次不断增多旅游景点的承载能力却没有相应的提高，将严重影响消费者旅游体验，对旅游旺季特别是黄金周的旅游带来较大影响的同时还可能存在安全隐患。据统计，四川省 2015 年五一黄金周九寨沟首日接待游客 7237 人次，同比增长 47.08％，黄龙景区次日接待游客 7237 人次，同比增长 52.13％。由于景区接纳能力有限，旅游资源存量将难以支撑迅速增长的客流量。周末以及黄金假期旅游景区内交通拥挤、人满为患，由此造成旅游观景变成看人海、景区游变成堵车游的情况已屡见不鲜。典型例子便是九寨沟游客拥堵事件，2013 年 10 月 2 日九寨沟游客太多进而出现滞留，景区内交通线路瘫痪以致游客心生怨气最终退票万余张。由此可见旅游资源的存量已难以支撑日益增长的旅游消费需求，增加供给需要开发新的旅游增量，吸引游客分流。

(三) 从旅游产品看，传统旅游项目已趋于成熟，新兴旅游产品开发将成为新动力

新常态更加注重提高效率而非一味地推崇数量至上，人们将越来越多地关注工作之余的身心调整，劳逸结合成为潮流趋势，休闲时代已然到来，对于旅游产品及服务的需求也越来越多元化。在传统旅游产品已逐渐趋于成熟的情况下，只有不断开发出新兴旅游产品及服务才能继续满足人们日益多元化的旅游消费需求。因此新兴旅游开发将成为旅游产业发展的新动力，直升机旅游、高端游乐园、野外探险、美食旅行等一系列新兴

旅游方式将使传统旅游项目得到极大拓展。2015年6月11日，四川首个低空旅游项目正式签约落户剑门关，这是一项利用直升机空中飞行，鸟瞰剑门关景区独特的地质、地貌和翠云廊古驿道绿色长龙的体验式项目。而随着在峨眉山金顶起降直升机的诞生，直升机空中游览项目的试运营已近在咫尺，未来直升机游览峨眉山或将成为常态化飞行。类似的旅游新项目将给传统的旅游产业焕发新动力。

（四）从制度供给来看，新一轮旅游政策红利释放将激活旅游产业发展的新动力

良好的制度环境是形成旅游发展动力的保障。成就新动力的关键是推进旅游市场化改革，依靠政府为旅游市场创新人才集聚等创造更好的条件，以便为旅游业发展提供高效的政策环境和制度环境。政策制度会对旅游业发展产生影响，包括旅游企业投资信心以及影响旅游业发展方向。如何促进和鼓励旅游消费，通过旅游政策制度的作用引导旅游休闲产业发展是形成旅游产业发展新动力的关键。可以预见的是，随着《国务院关于促进旅游业改革发展的若干意见》《关于进一步促进旅游投资和消费的若干意见》等政策发布以及四川省对于旅游政策措施的推出，新一轮政策红利释放将激活旅游产业发展新动力。

六、四川省旅游休闲产业发展的政策建议

（一）明确"5+1"新兴先导型服务业

为进一步推进我省产业结构调整和转型升级，增强科学发展，加快发展的产业支撑，2014年9月初，省委、省政府确定将电子商务、现代物流、现代金融、科技服务、养老健康服务业作为我省重点培育发展的五大新兴先导型服务业。四川省旅游休闲产业与五大新兴先导服务业的发展密不可分。其中科技服务业是以技术和知识为服务手段，以社会各行业为对象的社会服务行业。首先，旅游休闲产业需要有科技服务业的支持，才能实现景区实时信息反馈、旅游预测警报以及旅游流量大数据分析等功能，增强景区反馈能力、旅游安全应急响应能力以及数据分析能力。其次，电子商务业也在旅游休闲产业中扮演重要角色，促进旅游休闲业电子商务化可为游客带来诸多便利且便于旅游统计。特别是逐步实现景区门票网上预订功能，便于提前预计并控制游客数量，避免由于景区负荷过重而出现的交通拥堵问题，优化游客旅游体验。应将电子商务广泛应用于旅游产业，从网上在线景点门票购买到饭店、旅馆预订等。再次，现代物流业的发展对于整个服务行业都具有重要意义，如何建立更便利的物流节点以及物流配送体系，将关系到旅游产品及相关行业产品的整合，游客在旅游过程中所涉及的消费与现代物流业紧密相关。最后，现代金融业发展对于旅游休闲产业融资有着重要影响，要做大金融产业、健全融资担保体系、改善金融服务，全力支持旅游企业特别是旅游小微企业。

由于旅游业关联度高，综合性强，涉及国民经济的几十个部门，渗透到各地区、各行业。旅游业既依赖于其他许多行业，又促进和带动许多相关行业和地区经济的发展。尤其是旅游业属劳动密集型产业，就业容量大，低碳环保，对我省经济发展和社会稳定

意义重大。因此应将旅游业纳入新兴先导型服务业行列，形成独具四川特色的"5+1"新兴先导型服务业产业群。

（二）深入推进依法治"旅"，规范旅游市场秩序，改善四川旅游发展环境

政府是市场经济的宏观调控者、宏观经济的管理者同时也是产业相关政策措施的制定者，制定的每一条政策措施都对产业的发展有重大影响，甚至直接决定产业未来发展走势。促进四川省旅游休闲产业的发展，就要加强政府主导与宏观调控职能，完善促进旅游业发展的相关政策制度。

首先，要完善旅游休闲产业规范及法律法规，构建依法治旅、规范旅游市场的长效机制，联动各类执法力量，不断加大旅游综合执法力度，依法惩治违法违规行为，为旅游业的开展提供指导及约束作用，同时为旅游市场发展、旅游业人才聚集创造更好的竞争环境。

一是紧扣依法治省和全面深化改革总体部署，启动修订《四川省旅游条例》《四川省旅游行政处罚自由裁量权实施办法》等法规和规章，强化依法治"旅"、依法兴"旅"。深入贯彻落实国务院31号文件，出台《关于促进旅游业改革发展的实施意见》，明确全省旅游业改革发展的重点任务，推动各地加快旅游业改革发展步伐。

二是依法促进旅游市场秩序规范。按照"正本清源、建立机制、综合治理"的原则，联动各级政府和相关部门，深入落实《全省依法治旅规范市场工作方案》（2014—2016），不断加大在重大旅游违法违规案件联合检查督办、出境旅游管理、推行旅游合同示范文本、实施电子行程单监管、规范旅游客运市场和强化旅游企业用工管理等方面的工作力度。力争全省旅游合同示范文本使用率达到90%，旅游团队服务管理系统及电子行程单覆盖率超过80%。建立旅游客运"打非治违"长效机制。

三是依法构建"满意四川"旅游综合监管和服务体系。建立完善失信惩戒体系。建立违法违规定期通报机制，对旅游市场失序、游客投诉较多、社会影响大的违法违规企业和个人，将加大曝光力度并给予严惩；实行"黑名单"制度，工商、金融、旅游等部门联动，对严重违法违规旅游经营者，将其违法违规信息依法纳入工商、金融系统的信用信息公示平台。不断完善旅游服务质量管理体系。全面推广《四川省旅游景区质量等级提升标准》和《游客高峰时段旅游景区应对标准》，着力提升景区服务品质和应急保障能力；全面实施旅游地方标准和行业规范，塑造旅游品牌、提升旅游品质；对服务品质低、游客投诉多的旅游景区、星级饭店实施服务等级"退出制度"。构建旅游安全联合监管体系。落实旅游安全地方政府主体责任和相关部门的监管责任，联动省-市-县三级和各相关部门的安全监管力量，加强对重点环节、重点领域及重要时段的旅游安全排查，杜绝安全隐患；完善旅游应急预案，加大涉旅突发事件处置应急力度；建立旅游目的地安全风险提示制度，加快建设旅游气象服务示范区，筑牢旅游安全保障网络。建立文明旅游综合治理体系。发挥旅游行业协会作用，制定并实施《游客旅游不文明记录管理办法》，建立游客旅游不文明信息通报机制，依法对不文明旅游者进行处置。

其次，要从游客及旅游企业两方面入手制定鼓励旅游休闲产业发展的政策措施。一是吸引游客来旅游，可采取例如发行并推广四川旅游通票、多景区套票等等优惠政策来

鼓励游客入川旅游。二是支持旅游企业在川发展，推动旅游企业的准入制改革和投融资改革，促进旅游企业公平进入，降低旅游企业投融资成本，拓展旅游企业投融资渠道。对旅游企业积极落实已有的税费优惠并争取财政支持，制定新的与当前国家深化改革相匹配的税费优惠和财政支持政策。建议税务部门对重点扶持的旅游企业实行 1-3 年免税，对能带来新就业的旅游企业给予 1-3 年免税。

（三）不断开发新型休闲旅游产品，树立四川旅游品牌形象

旅游休闲产品作为游客旅游过程中提供所需各种服务的总和，在旅游休闲产业中发挥着吸引游客的重要作用。目前旅游产品同质化现象普遍存在，例如带有民族风格配饰、木梳与工艺品在各个旅游景区都有售卖，各个古镇的风格也十分接近，旅游产品同质化不利于提高四川旅游休闲产业竞争力。应该着力开发新型休闲旅游产品，实施市场化的旅游商品品牌提升计划，着力整合旅游资源的优势。

一是开发具有巴蜀特色的工艺品，大力设计、开发和生产一批特色文化旅游纪念品，例如与熊猫、川剧脸谱、川菜等相关的具有代表性的旅游纪念品。

二是突出旅游景区特点，塑造巴蜀特色旅游文化，推动重点旅游城市建设一批特色旅游商品街区，以摆脱旅游景区同质性来吸引游客，树立四川旅游品牌形象。

三是创新旅游模式，充分利用省内多样化的生态环境开发诸如乡村旅游、滑草等新型旅游项目，发展乡村旅游和互联网电商销售渠道，帮助农民销售农副产品和手工编织品。

四是围绕"两带"，构建旅游经济强省的重要支撑。推动"成德绵广眉乐"和"成渝"旅游经济带构建以市州为重点的区域旅游联盟，促进区域旅游要素集聚发展。指导"成德绵广眉乐"以城际列车开通为契机，深化打造三国文化体验、蜀道探险和佛文化等旅游产品线路；推动成渝旅游经济带紧密对接长江经济带规划，编制《长江经济带旅游发展规划（四川）》，推出一批盐文化、三江（长江、岷江、嘉陵江）文化等旅游新产品。

五是围绕"四区"，推动旅游多点多极发展。全力推动川西北片区深入实施《四川藏区旅游发展三年行动计划》，创新打造 10 条产品线路，加快建设最具魅力、最具活力的全域旅游示范区。川南片区主动对接长江经济带建设，实施川南城市休闲旅游发展战略，推出"中国白酒金三角"等特色旅游线路，围绕重庆客源市场打造川南休闲旅游产品。雅攀西片区依托自然生态和气候阳光资源，加快建设雅安生态文化旅游融合发展试验区，支持攀枝花建设首个"中国阳光康养旅游城市"，推动建设西昌环邛海湖国家级旅游度假区，打造中国西部冬季休闲度假目的地。川东北片区突出抓好乡村旅游和旅游连片扶贫开发工作，打造川陕绿色生态走廊、红色文化走廊和旅游扶贫示范带，探索建设秦巴国家公园和国家旅游扶贫示范区。

（四）加强四川旅游休闲产业基础设施建设，提升旅游服务质量

基础设施建设对促进四川省旅游休闲产业的发展同样有着重要作用，城市及景区基础设施与游客旅游体验息息相关。要加强城市以及景区配套设施建设，为游客提供舒适

的旅游休闲环境。大力推动旅游城市加快旅游集散、休闲设施及旅游服务区等公共服务设施建设。应加快建设旅游道路，推动各地大力提高通往景区道路的建设标准，扩建景区停车场、旅游安全应急中心、景区便民设施如厕所、座椅、小卖部。景区厕所建设在全国范围内一直广为诟病，普遍存在诸如不卫生、排队久、厕所标志不明显以致寻找难度加大等问题。如何使景区厕所布局更为合理、设施更加便利以及加强管理是旅游设施建设的重要课题。应启动全省旅游厕所建设管理达标工程，推动重点旅游地厕所新建和改造工程。目前全国各地正在研究如何进行"厕所革命"，相信随着《四川省旅游厕所建设管理三年行动计划（2015—2017年）》的公布，四川省在未来几年时间里也定会扭转现有局面。

强化旅游招商引资力度，增强全省旅游发展后劲。一是出台《四川旅游招商引资管理办法》，进一步创新旅游招商工作机制，加快探索旅游社会化招商模式。二是狠抓重大项目落地。推动各地将旅游投资纳入地方政府年度投资和招商引资工作任务，做好"新建、续建、完工和储备"四个一批旅游项目的分类推进，确保项目投资落地实施。三是扩大旅游融资渠道。加快推动设立"四川旅游产业基金"，撬动更多社会资本参与旅游开发建设。加强与工行、农行和开行等金融机构的"旅游投资"战略合作，组织举办银企对接会，联合推出一批四川旅游投资优选项目，引导金融机构加大对旅游重大项目建设的支持力度。

（五）加强宣传营销力度，全面提升四川旅游品牌形象

四川省拥有丰富的旅游资源，多样的生态环境以及独特的巴蜀文化，在提升旅游环境"硬实力"以及旅游文化"软实力"后还需要加大宣传力度，向世界人民展示巴蜀自然风采与人文风采，提升四川旅游品牌知名度。

一是全省上下联动，以国宝熊猫、成都美食之都、神奇九寨、天下峨眉、香格里拉、318国道最美景观大道和南丝绸之路等具有国际竞争力的品牌为支撑，持续开展"天府四川、熊猫故乡"国际旅游目的地品牌形象宣传，推动全省整体形象与各地旅游目的地形象有机衔接。整合政府和企业资源，加大在央视等国际国内主流媒体、新媒体平台宣传四川旅游品牌形象。

二是大力拓展入境旅游市场。实施《四川省入境旅游奖励试行办法》，调动市场主体积极性，大力宣传销售四川旅游产品，积极开通旅游国际直航、包机航线，招徕境外游客。加强与境外主流客源地合作，做实北美、欧洲（法国）、东亚（韩国、日本）和中国台湾营销中心。实施"欧洲熊猫粉丝四川探亲之旅"为主线的欧亚重点客源地的营销活动、启动"寻找川菜名馆暨美食之都全球营销"活动、四川境外直航城市旅游营销等国际营销活动。

三是全力办好重大旅游节会活动。通过举办重大旅游节会活动，打造国际性旅游营销平台，促进旅游投资，推动承办地旅游产品提档、设施建设、要素完善、服务提升，推广旅游精品线路。

（六）强化旅游保障工作力度，为四川旅游业发展夯实基础

一是充分发挥全省旅游学会和旅游科研基地智库作用，积极借智借脑，创新开展前瞻性和应用性理论研究，重点围绕"一带一路""长江经济带"等国家战略和四川省三大发展战略，开展对接"丝绸之路经济带"和"长江经济带"旅游发展、世界旅游目的地建设，培育旅游万亿产业、城镇群旅游发展、县域旅游发展、乡村旅游扶贫等方面的研究。围绕全国旅游工作会议精神，开展旅游服务质量管理体系、游客流量监测、落地自驾旅游、研学旅游等方面的专项研究。

二是实施人才兴旅战略。制定实施《旅游国际化人才教育和培训行动计划》，加快国际化旅游人才培养。加快建设国家旅游西部人才培训基地，充分发挥网络培训平台作用，实现在线培训人数达到 12 万人以上。整合各类资源，形成职责分明的省、市、县、企业四级联动教育培训体系，省级层面加大各类师资队伍培训，市级层面做好本区域旅游发展专项培训，县级和企业直接面对一线从业人员开展职业技能培训，全年培训人员 22 万人以上。加大与境外教育培训机构合作力度，积极争取国际旅游组织在我省设立旅游教育培训基地。

三是完善旅游统计考评体系。围绕旅游业对国民经济和社会发展的贡献，积极建立旅游业发展质量和规模效益的目标任务评价体系。指导、推动各地建立完善市（州）、县（区、市）、企业旅游统计体系，设立科学的旅游统计指标系统，配备稳定的专业统计队伍，严格执行旅游统计规范。加大对市州在旅游业增加值占地区生产总值和服务业比重的增量、入境游客增长、游客在旅游目的地停留时间和消费、旅游促进就业和农民增收等方面的考核力度。

附表：

全国旅行社主要经济指标

地区	固定资产原价（万元）	营业收入（万元）	利润（万元）	营业税金及附加（万元）	利润率（%）
北京	128538.2	6032936	255349.5	24282.68	4.23
天津	173064.9	382723.2	16509.75	2540.47	4.31
河北	137892.2	400431.3	28859.25	1851.21	7.21
山西	107338.4	376608.4	17911.92	1363.77	4.76
内蒙古	112837.4	189143.3	13667.26	1519.25	7.23
辽宁	128827.4	857915	43318.84	2883.51	5.05
吉林	52740.04	113452.8	4999.1	585.16	4.41
黑龙江	86986.56	281520.9	20744.45	2152.61	7.37
上海	515113.9	5616326	206432.6	17186.39	3.68
江苏	757470.6	2310578	89342.52	10140.16	3.87

续表

地区	固定资产原价（万元）	营业收入（万元）	利润（万元）	营业税金及附加（万元）	利润率（%）
浙江	549145.7	2408557	129780.3	11200.38	5.39
安徽	131356.2	579113.1	27994.99	2644.53	4.83
福建	303199.5	1441009	67361.88	5727.15	4.67
江西	144105.1	436538.2	11314.27	1930.41	2.59
山东	582386.4	1410415	93877.14	6953.27	6.66
河南	292556.9	314239	17946.46	1634.92	5.71
湖北	395362.1	1145208	61204.91	5650.46	5.34
湖南	494319	1299392	57642.82	5078.81	4.44
广东	514429.2	5442375	280065.4	24373.07	5.15
广西	51923.8	430367.7	18641.59	1660.2	4.33
海南	108121.9	432163.9	16462.7	1356.84	3.81
重庆	198979.2	1063550	41372.13	2929.98	3.89
四川	252292.7	741313	17485.06	5383.68	2.36
贵州	98262.8	187588.9	7811.95	744.12	4.16
云南	24264.46	1134313	39625.66	3700.37	3.49
西藏	108263.6	48872.33	1076.81	231.38	2.2
陕西	55018.57	472842.4	15584.69	1342.37	3.3
甘肃	10007.3	113664.6	5749.5	676.82	5.06
青海	78820.25	60557.11	4822.77	299.37	7.96
宁夏	7305.34	71396.54	2112.19	186.05	2.96
新疆	62131.21	196313.6	8800.31	979.66	4.48
地区	全员劳动生产率（万元/人）	人均实现利润（万元/人）	人均固定资产原价（万元/人）	从业人员（人）	企业数（家）
北京	191.95	8.12	32.72	31430	1145
天津	88.47	3.82	40.01	4326	383
河北	44.76	3.23	15.41	8946	1271
山西	48.55	2.31	13.84	7757	788
内蒙古	36.66	2.65	21.87	5160	890
辽宁	107.43	5.42	16.13	7986	1165
吉林	30.43	1.34	14.17	3728	553
黑龙江	58.42	4.3	17.05	4819	644

续表

地区	固定资产原价（万元）	营业收入（万元）	利润（万元）	营业税金及附加（万元）	利润率（%）
上海	254.84	9.37	23.37	22039	1139
江苏	110.52	4.27	36.23	20906	2073
浙江	87.45	4.71	19.94	27543	1988
安徽	61.44	2.97	13.94	9425	1037
福建	100.03	4.68	21.05	14406	784
江西	68.47	1.77	22.6	6376	768
山东	74.99	4.99	30.96	18809	2001
河南	41.37	2.36	38.52	7595	1133
湖北	66.57	3.56	22.98	17202	1058
湖南	102.9	4.56	39.14	12628	770
广东	123.29	6.34	11.65	44142	1656
广西	61.6	2.67	7.43	6986	513
海南	79.19	3.02	19.81	5457	352
重庆	123.67	4.81	23.14	8600	504
四川	86.32	2.04	29.38	8588	586
贵州	40.22	1.68	21.07	4664	273
云南	88.96	3.11	1.9	12751	622
西藏	68.54	1.51	15.18	713	102
陕西	62.12	2.05	7.23	7612	679
甘肃	40.25	2.04	3.54	2824	431
青海	36.57	2.91	47.6	1656	217
宁夏	58.14	1.72	5.95	1228	95
新疆	53.19	2.38	16.83	3691	414

新常态下四川省现代物流发展动力研究

引　言

2014 年 12 月的中央经济工作会议对我国经济发展的新常态做了准确的阐述，中国经济正在向形态更高级、分工更复杂、结构更合理的阶段演化；从高速增长转为中高速增长，增长动力更为多元；经济结构优化升级，发展前景更加稳定；经济发展方式正从规模速度型粗放增长转向质量效率型集约增长，经济发展动力正从传统增长点转向新的增长点，从要素驱动、投资驱动转向创新驱动。党中央和四川省委、省政府高度重视物流业的发展，2014 年 9 月，国务院出台了《物流业发展中长期规划（2014－2020 年）》，这是一个指导物流业发展的纲领性文件，是我国物流业在经济发展"新常态"下产业地位提升的重要标志，也是新一代领导集体重视物流业发展的具体体现。四川省人民政府根据党的十八大，十八届三中、四中全会和省委十届三次、四次、五次全会精神以及国务院《物流业发展中长期规划（2014－2020 年）》《四川省五大新兴先导型服务业发展工作推进方案》等，制定了《四川省物流业发展中长期规划（2015－2020 年）》。《规划》中明确提出，物流业是支撑国民经济发展的基础性、战略性产业。这样的战略定位将物流业的产业地位提到新的高度，极大地拓展了物流业发展空间。长期以来四川省物流业发展的动力主要来自连续增加的资本和人力的投入，属于要素驱动和投资驱动，即以低成本要素、高投入和生态环境为代价，形成了高速增长的物流生产能力。而新常态下，伴随四川经济进入从高速增长向中高速增长的换挡期，物流产业也进入了增速换挡和发展转型的关键时期。在经历了 1990 年—2000 年年均增长 20% 和 2001 年—2010 年年均增长 15% 的高增长阶段之后，四川物流产业正在进入 6.3% 的温和增长新阶段。随着人口红利减少、生产要素成本上升，数量扩张型、规模扩张型的物流发展模式已经难以为继，物流业发展的动力也将随之改变，寻求四川物流发展新的增长动力成为必然。

本研究结合四川省物流业发展的特征及省政府对物流业发展提出的目标要求，探讨新常态下四川省物流业发展新动力，并提出了具体发展建议，对于四川省物流业的健康稳定发展、对于支撑四川经济的升级转型，建立和完善四川现代物流服务体系等具有极为重要的理论价值与现实意义。

一、四川物流业发展的现状及特征

（一）规模不断扩大，总体运行进入温和增长阶段

近年来，四川物流业快速发展，已形成较大的产业规模，总体发展速度受经济新常态影响，其增速明显放缓，四川物流业结束了过去十多年 20％以上的高速增长，进入温和增长阶段。

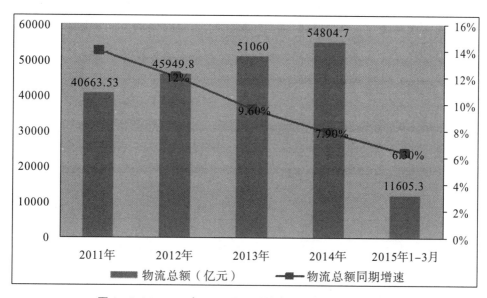

图1　2011—2015 年 1—4 月四川社会物流总额及同期增速

图 1 显示，2013 年四川物流总额首次实现一位数增长。2013 年、2014 年分别为 51060 亿元和 54804.7 亿元，分别增长了 9.6％和 7.9％。据最新资料统计，2015 年第一季度全省社会物流总额为 11605.3 亿元，同比增长 6.3％。由于增速降低，使长期掩盖在高速增长下的一系列问题开始浮现，倒逼物流行业加快转型升级。

图 2 显示，四川第三产业增加值占地区生产总值的比重不断上升，由 2011 年的 33.4％增加到 2014 年的 36.7％。

图 3 显示，四川物流业实现增加值占第三产业增加值的比重从 2010 年的 16.63％降至 2014 年的 15.13％，呈下降趋势，这也反映出单位 GDP 所需的物流规模有所下降，经济发展依靠高物耗增长模式正在发生积极转变。

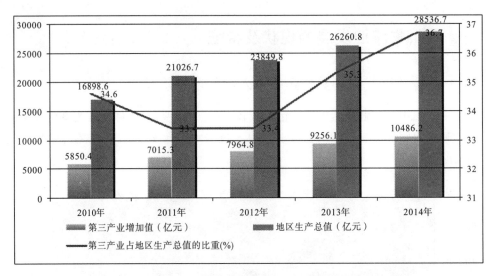

图2　2010－2014年第三产业增加值占地区生产总值的比重

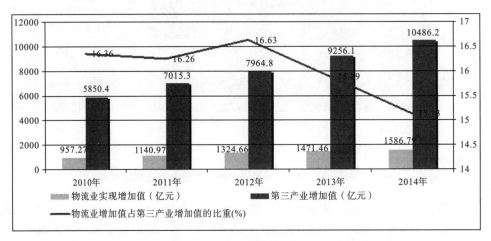

图3　2010－2014年四川物流业增加值占第三产业增加值的比重

（二）物流基础设施网络初步形成，但能够实现无缝衔接的综合物流运输网络体系尚未完善

经过不断建设，四川已逐步形成以成都为中心，以铁路干线、国省道公路为主导、航空和水运为辅助的综合交通运输体系，初步实现了航空、铁路、水运、公路、邮政协调配套的口岸立体开放布局，为全省国民经济和现代物流业的发展打下了坚实的基础，四川已成为西南地区的交通枢纽。

表 1   2014 年四川交通运输情况

交通运输		累计完成	增长速度（%）
公路运输	客运量（万人）	126691	2.05
	旅客周转量（万人公里）	6300265	5.15
	货运量（万吨）	142132	−6.3
	货运周转量（万吨公里）	15105064	18.64
水路运输	客运量（万人）	2677.32	12
	旅客周转量（万人公里）	26，534.71	−7.81
	货运量（万吨）	8361.09	17.76
	货运周转量（万吨公里）	1542221.73	−2.87
港口生产	港口吞吐量（万吨）	9156	11.73
	集装箱吞吐量（TEU）	441103	68.53

2014 年四川交通运输除了公路货运量、水路旅客周转量、水路货运周转量有所下降外，其余指标都有所增加。截至 2014 年底，四川公路、铁路、航空和水路等运输方式齐备。铁路营运里程为 3958 公里；高速公路通车里程为 5506 公里，"公路港"模式获全国推广；内河港口年集装箱吞吐能力为 218 万标箱。已建成进出川通道 23 条，其中：铁路 7 条、高速公路 15 条和水运 1 条。确立了西部铁路运输枢纽地位，成都双流国际机场实现年吞吐量 54.2 万吨，进一步巩固了国家级国际航空枢纽和西部地区门户枢纽的地位。公路以成都为中心，干、支线公路呈辐射状分布，同时，又辅以东西、南北线路的相互交织；铁路是四川沟通省内外运输的大动脉，已形成包括宝成铁路等 5 条铁路干线、8 条铁路支线和 4 条地方铁路组成的铁路网；长江横贯全省，是水路运输的干线，并与岷江、金沙江等支线沟通，在境内形成了一个天然的水路运输网络，泸州、乐山、宜宾是水路干道上的重要城市。四川还建设了商贸物流配送、生产资料及工业制成品物流、农村物流配送、国际物流、逆向物流、应急物流六大物流网络。

四川物流基础设施网络已初步形成，这对物流运作的"硬约束"将有所减缓，但要素成本、资源环境负担也会伴随加重，同时还存在着环渤海、长三角、珠三角三大经济区的运输通道不畅，各种运输方式之间配合不协调等问题，综合交通运输体系的最大功效还未得到充分发挥。四川自然资源丰富、人口众多、山峦起伏。公路运输承担着物流的主要重任。陆路方面，四川地形复杂，山高路陡，制约了陆路物流的发展，难以满足四川物流发展的需求。航空运输方面，虽已形成了以成都双流机场为中心的航空网络，但还不能适应未来四川物流发展的需要。水路方面，四川地域辽阔，河道密集，虽处于长江流域上游，但江河落差大，面窄，能真正用于物流的江河很少，物流基础设施未能与交通基础设施同步规划、同步建设和配套发展。公路、铁路、水运、航空等多种运输方式衔接不够，多式联运基础设施投入不足，能够实现无缝衔接的综合物流运输网络体系尚未完善。

（三）社会物流总费用增幅不断降低，但成本水平仍然偏高

2014－2015年第一季度，四川社会物流总费用增幅不断降低，但其成本水平仍然偏高。图4显示，2014年四川社会物流总费用增幅为7.2%，2015年第一季度降至4.8%，增幅明显下降。

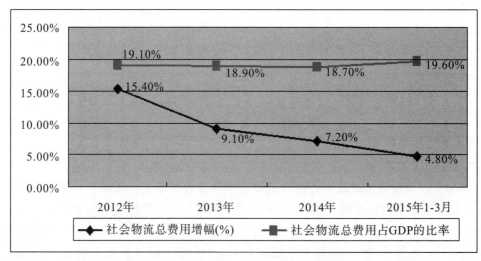

图4　2012－2015年1－3月四川社会物流总费用增幅及占GDP比率

四川社会物流总费用占GDP比率2013年为18.9%，2014年为18.7%，同比降低0.2个百分点，但2015年1－3月又回升到19.6%。物流成本下降受阻，下降的趋势尚未显现，正在倒逼物流产业寻求创新突破。

表2　2010－2014年四川与全国社会物流总费用对比

年份	四川		全国	
	社会物流总费用（亿元）	占GDP比率（%）	社会物流总费用（亿元）	占GDP比率（%）
2010	3276.76	19.4	71000	17.8
2011	3947.63	18.8	84000	17.8
2012	4556.40	19.1	94000	18.0
2013	4970.10	18.9	102000	18.0
2014	5327.30	18.7	106000	16.6

表2显示，四川物流总费用占GDP比率与全国水平相比依然较高，2012年比全国水平高出1.1个百分点，2013年高0.9个百分点，2014年高出2.1个百分点。与江苏省（2013年为15.2%，2014年为15.1%）的差距就更大了。

从物流总费用的构成来看，费用结构不合理，运输费用所占比重过大。2014年全省社会物流总费用为5327.3亿元，其中运输费用为3269.7亿元，运输费用占物流总费用的比重为62%，管理费用占9%，保管费用占29%。2014年全国运输费用56000亿元，占社会物流总费用的比重为52.9%；保管费用37000亿元，占社会物流总费用的

比重为 34.9%；管理费用 13000 亿元，占社会物流总费用的比重为 12.2%。与全国水平相比，四川的运输费用占物流总费用的比重高出 9.1 个百分点。

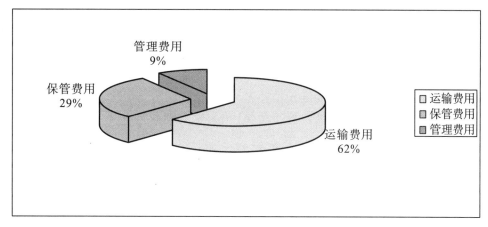

图 5　2014 年四川物流总费用构成情况

（四）物流主体发展迅速，但水平参差不齐

四川物流企业的迅速发展，使物流服务市场更加健全，国际物流服务能力大幅提升。2014 年四川已拥有国家 A 级以上物流企业 120 家，居中西部前列，聚集外资物流企业 35 家、国内大型物流企业 40 家。但物流企业规模普遍较小，发展水平参差不齐。目前四川物流企业多种所有制共同发展，以民营企业为主，"散、小、弱"等问题比较突出，大部分企业规模在 300 人以下，专业化程度低，技术水平、配送能力、运输能力以及服务能力均有限，难以满足市场需求，规模效益难以实现，不利于物流业集约化发展。在物流活动中，第一方物流和第二方物流在市场上占主导地位，第三方物流发展相对滞后。由于物流业市场准入门槛低、市场集中度低，物流各环节条块分割严重，无序竞争和服务同质化问题严重，造成了四川物流成本高、效率低等问题。

（五）物流发展水平显著提高，尚有较大提升空间

四川依托重要交通干线、中心城市和产业聚集地，已初步形成成都、川南、川东北三大物流区域。成都国际航空物流园区、青白江铁路集装箱物流园区、新都物流中心、遂宁中国西部现代物流港、泸州临港物流园、达州公路物流港等各具特色的物流集聚区相继建成，支撑西部物流中心的物流园区体系基本形成。传统运输业、仓储业加速向现代物流业转型，冷链物流、电商物流、快递物流、国际物流等加快发展，物流业的整体服务能力明显增强。物流公共信息平台已初步形成，物流标准化试点工作全面展开，物流现代化水平大幅提升，为发展现代物流提供了重要基础。

四川经济实力相对较弱，总体上看还处于起步的发展阶段，加之地处西部地区的特殊地理位置，交通设施不够发达，尚有较大的提升空间。

（六）物流基础工作有待进一步加强

近年来，四川省政府高度重视物流业健康有序的发展，省政府印发了《四川省西部

物流中心建设规划》《四川省第三方物流体系建设规划》《四川省五大新兴先导型服务业发展工作推进方案》等，并出台了促进物流业健康发展的实施意见。物流领域行政执法行为进一步规范。在基础性工作上有所加强，但也存在一些问题。如在物流统计方面，存在着物流统计核算指标体系、统计方法不完善，现行统计中缺乏部分物流统计资料，不能准确地反映物流业运行的情况等问题。在人才培养方面，物流企业以及物流从业人员迅速增加，在一定程度上满足了物流业发展的基本需要。但由于从业人员普遍素质较低，高级物流人才以及复合型物流人才匮乏，使物流在网络化运营、战略规划方面水平不高，从而导致企业内部效率低，管理成本上升，物流成本上升。

（七）物流业发展的主要动力正在发生变化

长期以来，我国经济发展的动力来自连续增加的资本和人力投入，四川物流业发展的动力主要是要素驱动、投资驱动，即以低成本要素、高投入和生态环境为代价，形成了高速增长的物流生产能力。随着人口红利的减少、生产要素成本的上升、资源配置效率和要素供给效率的下降，规模扩张型的物流发展模式已经不能适应新常态下四川省物流发展的要求。新常态下四川应根据社会需求结构、消费方式的转变对物流的需要，通过改革创新，来寻找物流发展的新动力。

四川是农业大省、人口大省、资源大省。随着农业生产力的提高，大量的剩余劳动力从农村和农业向城市制造业以及第三产业转移，形成了转移型增长。而传统的、低水平的物流主要从事运输、仓储、装卸搬运、配送等单一的、功能型的物流服务，这样的物流活动更倾向于劳动密集型，大量低成本的劳动力的加入，迅速扩大了物流活动的规模。同时，为了促进经济的发展，扩大经济规模，特别是在经济遇到困难时，往往由政府主导，采用各种经济刺激手段，加大投资，通过投资拉动经济，相应地也带动了四川物流业的发展。这样的结果是，物流业的竞争力主要来源于低成本、低技术、低价格、低利润和低端市场，但却付出了高能耗、高物耗、高排放代价，经济规模大而不强，增长速度快而不优。

二、新常态下四川现代物流业发展新动力因素分析

从根本上看，人类从事经济活动的原动力是人的生存与发展的内在要求，即满足人的需求、改善人的生活水平永远没有终点。正因为如此，经济发展才会有源源不断的动力，人类社会才能够薪火相传、绵延不绝。

经济学中对经济发展的动力有两种经典的观点：凯恩斯认为，经济发展的动力来自连续增加的资本和人力投入。而熊彼特认为，经济发展的动力并不是来自经济要素投入的增加，而是一种"创造性破坏"，即通过不断的内部革新从而达成产业转型的过程，或者通过不断发展新的经济模式和消费品来替代旧的经济模式和产品的过程。尽管熊彼特的创新理论一直被人们称道，但真正盛行的还是凯恩斯主义。只有当"投资拉动经济增长"的模式遭遇发展瓶颈时，熊彼特的"创新驱动发展"理论才会被人们所重视。改革开放30多年来，我国更多的是采用"投资拉动增长"模式，这一模式对国民经济总量的迅速扩大，对提高综合国力、改善基础设施建设、增加就业、消除贫困等发挥了重

要作用，不仅创造了中国经济增长的奇迹，而且还对世界经济增长做出了积极贡献。但是，其巨大成本随着时间的推移不断暴露出来，产能过剩严重、高耗能、高排放、生态环境恶化、企业技术创新乏力、资本回报率下降和边际产出下降、地方政府债务危机、社会矛盾增加等一系列问题，已成为经济可持续发展的严重障碍。

近年来，物流业作为重要的生产性服务业受到国家高度重视，物流业在国民经济中的产业地位稳步提升。在经济发展的新常态下，四川现代物流业发展的动力来自需求结构的优化、经济发展方式的转变、物流业的整合创新以及电子商务等新兴业态的特殊动力。

（一）满足社会需求是四川现代物流业发展的动力源

物流业是融合运输、仓储、货代、信息等产业的复合型服务业，是支撑和推动国民经济发展的基础性、战略性产业。随着国民经济的快速发展，社会对物流的需求也显著增加。物流需求可分为服务于生产系统的生产性需求、服务于特定行业的行业需求和服务于全社会的再生产过程的需求。

1. 满足社会再生产过程对物流的需求

从宏观上看，现代物流是维系区域经济各部门、各产业及各企业的纽带。经济活动是各种要素的聚集，通过有效的转换创造出商品。在此过程中，若没有发达的物流网络作为支撑保障，大量的产成品则很难顺利进入市场实现其使用价值，也会影响经济的基本运转。四川是西部人口最多、经济总量最大、资源富集的大省，是西部最大的工业基地、消费市场和物资集散地。四川在"两化"互动过程中，以新型工业化的推进，促进大宗商品和原材料大规模流动，形成新的物流集群；以新型城镇化的推进，促使资源合理优化配置，促进物流集聚区形成；以城乡统筹发展，促进农产品进城和农资、日用工业品下乡，加快城乡物流一体化发展。四川基本形成了五大经济带，并逐步形成了电子信息、装备制造、能源电力、油气化工、钒钛钢铁、饮料食品、现代中药等支柱产业。各区域之间、城乡之间、产业链上下游之间，生产基地与消费市场、生产企业与顾客之间都要以物流活动作为纽带进行联动。随着四川社会经济的快速发展，社会分工越来越精细，物流与各产业的融合会越加深入，社会对物流的需求就越迫切。四川社会经济发展客观上为物流业的发展提供了原生动力。

2. 满足工业生产对物流的需求

从服务于生产系统的角度看，凡是实体产品的生产经营活动客观上都需要物流服务，工业企业的运作是产生物流需求的源泉，工业企业是物流服务的最大需求者，工业企业的发展是物流业发展的动力源。生产企业的生产活动是从购进原材料开始，将原材料经过在制品、半成品在各生产环节之间完成加工转换，形成产成品后再通过销售物流送至相应的市场，企业的物流活动与其生产流程、生产工艺已经融为一体。随着社会分工越来越细，各个企业都是产业链中的一个环节，生产企业之间的物流作业量也越来越大。四川在工业化发展过程中，工业生产规模不断扩大，工业增加值由 2010 年的 7326.4 亿元增加到 2014 年的 12409 亿元，平均增速达 14.08%，这是四川物流业发展的基础。近年来四川正在积极培育一批战略性的新兴产业,改造提升传统产业,有序淘汰一批高污染、高能耗的落后产能,努力构建现代产业发展新体系。这一变化在客观上要求四川物流业随之升级转型,加快物流对工业领域生产性服务业发展,推动制造业服务外包,释放企业内部需求,形成社会化、专业化协作的现代物流服务机制。

3. 满足商品流通过程对物流的需求

转变经济发展方式的一个重要方面就是要着力扩大消费,通过扩大消费来拉动经济增长。消费的增加,使社会产品的流通量不断增加,相应地增加了对物流的需求。这不仅为实体经济带来了发展的驱动力,也为物流业的发展注入了强劲的动力。

商业流通企业根据市场行情与顾客需求,采购经销商品,并销售出去,这一过程伴随着频繁的物流作业。扩大内需、居民消费升级、居民消费需求快速增长,促使消费品物流配送体系的建立和完善。四川的消费品市场快速增长,社会消费品零售总额由2010年的6634.7亿元增加到2014年的11665.8亿元,平均增速达15.15%。相对于传统的商业业态,电子商务、网络零售等新兴业态的快速发展,带动电商物流、快递物流等新型物流业态快速发展。网络零售加速了消费跨区域、跨国界转变,迫切需要建立更加完善、便捷、高效、安全的消费品物流配送体系。通过互联网、物联网和电子商务与现代物流的融合,在更广的领域上,可促使农产品流通的一体化进程加快;特殊商品如药品、食品的流通体系将加快发展。现代物流的发展也会促进商业流通体系的变革和发展。

(二)电子商务的快速发展成为引领四川现代物流业发展的新动力

随着四川电子商务等新兴业态的快速发展、本土企业的增多,主体队伍的不断壮大,相应地拉动了电商物流、快递物流等新型物流业态快速发展,使其成为四川现代物流发展的一个新动力。

2014年,四川的电子商务市场交易额达1.2万亿元规模,同比增长33.5%,网络零售交易额1428.5亿元,同比增长54.7%。仅2014年11月11日(双十一),四川的网络零售交易额就达26.8亿元,排名全国第六,2013年与2014年排名相同,但交易额较2013年的17.7亿元增加了9.1亿元,在这些零售的交易背后都对应着和物流相关的业务活动。电子商务不断普及和深化,初步形成与实体经济融合的发展态势。根据《四川省人民政府办公厅〈关于印发四川省电子商务发展三年(2015—2017年)行动计划〉的通知》,四川电子商务发展的目标是:到2017年,四川成为全国电商应用水平最高、集聚程度最强和市场规模最大的地区之一,成为具有国际竞争力和区域辐射力的电子商务中心地域。力争到2017年,全省电子商务市场交易额超过2万亿元,网络零售交易额超过2600亿元,占社会消费品零售总额的15%,电子商务交易规模进入全国前5位。打造一批具有影响力的本土平台和骨干龙头,提升四川电子商务品牌知名度。力争到2017年,培育年交易额超1000亿元的企业5家、超100亿元的企业20家、超10亿元的企业50家,涌现一批具有区域影响力的电子商务知名平台20个、网上著名品牌100个。力争到2017年,全省电子商务进农村覆盖率超过70%,农产品专业市场电子商务应用率超过80%,农村网络零售额占农村社会消费品零售总额超过10%。建成15

个工业在线产业带，大型企业电子商务应用率超过 90％，中小企业电子商务应用率超过 70％。商贸企业电子商务应用率超过 90％，电子商务深度融合实体经济。《通知》中还对创新云计算、物联网、移动互联网技术支撑平台建设等工作提出了具体目标，到 2017 年，建成 3—5 个云计算、移动互联网技术及应用等新平台，3 个跨境电子商务平台，跨境电子商务交易额占进出口总额达到 10％以上。这些都将对四川物流行业带来巨大的商机，使电子商务成为四川现代物流发展的一个新动力。

（三）转变经济发展方式是推动四川现代物流业发展的重要动力

四川经济正处于从粗放型经济增长模式向集约型经济增长模式的转型阶段，经济活动开始从节约原材料的"第一利润源泉"，降低人力资源成本的"第二利润源泉"，转向追求降低物流成本的"第三利润源泉"，这是物流业得以持续发展的动力所在。

从要素驱动的外力增长到创新驱动的内生增长，这是处于工业化发展中期阶段的四川在发展方式上的转变，它要求不断释放和寻找新的发展动力。四川经济面临加快工业化进程与工业转型升级的双重压力。既要壮大工业规模以增强经济实力，加强科技创新以增强市场竞争力，既要关注"经济增长"，又要减少能源资源消耗以降低生产成本，减少污染排放以降低环境破坏，即关注"经济健康"，这是发展的必然要求，也是发展方式转变的主攻方向。从全要素生产率的角度看，就是要用技术进步、组织创新、专业化和生产创新等措施来提高要素的使用效率。从物流的角度看，就是"第三利润源泉"。

物流业与制造业、农业、流通业、建筑业之间是一种互依互动的关系。在制造业中，以物流为纽带，通过供应链管理，把生产过程从原材料和零部件采购、运输加工、分销直到最终把产品送到客户手中的过程，运用现代信息技术完成计划、控制、协调等经营活动，构成一个环环相扣的完整链条，实现整个供应链的系统优化和各个环节之间的高效率的信息交换，实现不增加或少增加要素投入的情况下，带来更多的产出。这就要求物流业提升发展水平，适应四川经济发展方式的转变。

（四）创新是推动四川现代物流产业升级的根本动力

伴随经济发展进入新常态，四川物流产业也步入发展动力转换的关键时期，物流产业的升级是物流业健康发展的关键，而创新则是推动四川物流产业升级的根本动力，通过运作模式创新、技术创新、制度创新，来推动物流产业的升级，逐步形成知识技术资本高度密集、高效运行的现代物流体系，提升社会物流效率，降低物流成本。

经过长期的建设和发展，四川物流业已经形成了适应要素驱动、投资驱动的物流运用模式。然而，这种运作模式在经济新常态下暴露出诸多的问题，还是沿用过去的物流运作模式，已经不能支撑四川经济的发展，因此迫切需要寻求新的增长动力。

从欧美国家物流产业的发展历程上看，创新是物流产业升级的重要动力。物流总费用占 GDP 的比重直接反映着物流效率的高低。20 世纪 80 年代前后，欧美国家都曾出现物流成本下降趋缓或停滞的局面。而多样化、深层次、大范围物流创新的出现和发展，极大地促进了全社会物流资源的优化配置和使用效率，有效地推动了发达国家物流成本水平持续稳步下降。如美国，物流成本占 GDP 的比例已从 20 世纪 80 年代的 16％

下降到目前的8%。通过创新，涌现出一系列新服务、新技术、新组织、新方式，推动了各发达国家乃至全球物流体系现代化及网络布局加快调整，逐步形成了知识技术资本高度密集、高效运行的现代物流体系。更重要的是，物流创新，特别是多式联运、第三方物流及供应链管理等新型物流方式的发展，可以更大程度上实现全社会物流资源要素的优化配置，有效地推动发达国家物流成本水平的持续下降和全社会物流效率的稳步提高。

在基础设施不断完善、新一代信息技术广泛应用的基础上，四川物流创新已经开始起步，多样化的新型服务模式、新型物流组织也不断涌现。总体上看，四川物流创新对物流效率提升的带动作用还不强，尚未成为我省物流产业发展的主要动力。其主要原因是：一方面，物流创新总体水平较低，表现为专业化、社会化的服务创新依然不足、物流组织创新活力不强、技术创新迫切需要向更大范围和更深层次拓展、物流方式创新进展依然缓慢。另一方面，物流产业创新驱动发展的效应尚未显现，表现为物流创新推动物流产业结构升级进展缓慢、新型物流体系尚未形成，对全社会物流效率明显提升的推动作用不强，突出表现在我省社会物流总费用占GDP的比率依然较高。同时，我省物流产业发展还面临准入审批多、多头监管、重复执法、标准体系不合理、资源优化配置与整合机制不健全、税收政策与创新引导机制不完善等问题的困扰，物流体制机制的改革创新尚未得到全面推进。因此，四川在物流运作模式创新、制度创新、技术创新方面存在很大的突破空间。

一是物流运作模式创新。传统的物流运作模式主要是物流企业为用户提供单一的功能性的物流服务，在这种模式下，物流的各环节相互脱节，运作效率低。新常态下，物流企业要为用户提供综合性的、个性化的服务，则必须创新物流运作模式，运作模式应向供应链管理模式转型。在供应链管理模式下，物流活动贯穿供应链上下游，掌握各类渠道资源，构建供应链一体化服务平台。物流企业通过延伸服务链条，承接企业物流业务，提供供应链增值服务，建立新型的产业联动战略合作关系，培育一体化竞争新优势，提高物流设施的系统性、兼容性，实现货物物流组织形式的无缝衔接，以更好地服务于四川经济的发展。通过运作模式创新，以提高物流业的服务水平和生产效率，降低物流成本。

二是制度创新。物流创新有赖于更加完善的市场经济体制，需要政府按照物流产业发展和创新的要求，破除原有体制的障碍，加快创新体制机制，为物流产业实现创新发展释放活力。政府通过创立新的、更具有效激励效能的制度来提高制度效率及其合理性，激发物流主体的积极性和创造性，消除各种体制性障碍，净化市场环境。

政府在制度上应进一步简政放权、放管结合，建立有利于物流资源整合和优化配置的体制机制。发展国际物流，鼓励物流业对外开放和"走出去"。大力实施创新驱动发展战略，提升物流业信息化和智能化水平，积极探索新型物流业态，大力倡导绿色物流，促进物流创新发展。通过制度创新加快传统物流转型升级，推动物流业与制造业、商贸业、金融业融合发展，物流功能向增值服务、高端服务领域延伸，提升物流服务效率。

三是技术创新。新一代信息技术加速发展能为物流创新提供新动力。当前，以物联网、云计算、移动互联网、大数据等为核心的新一代信息技术正在加速发展，其在物流领域的日益普及和广泛应用，将深刻改变物流资源配置的方式，促进物流产业加快转型升级，促进物流成本进入下降通道，提升物流运行效率，能在传统运输、仓储、搬运等业务基础上延伸物流活动的价值流程，创新物流服务业务，促进物流产业结构合理化，为物流产业实现创新驱动发展提供强大动力。

三、新常态下四川现代物流业发展的对策建议

（一）重点打造电子商务物流工程

前已所述，电子商务是四川现代物流发展的新动力，但电子商务在物流业中的应用还不够广泛。主要表现为：一方面，在物流中，基本的物品存储、货物的运输传送以及商务信息发送等物流环节还不能完全依靠电子商务手段开展，一定程度上延缓了物流网络化发展速度；另一方面，电子商务物流网络的管理水平不高，在相关商业信息的搜集和发布方面，准确性、及时性和全面性方面有待提高，信息资源不充足，这些都影响了物流企业内和企业间的信息交流和共享，使物流企业的发展受到了限制。

四川应重点打造电子商务工程，以更有效发挥电子商务对物流发展的带动作用。具体来说，应积极推进电子商务与第三方物流互动发展，建立以现代物流配送中心和高效信息管理系统为支撑的电子商务物流基地。加快建设物流配送领域综合信息服务平台，并与交通管理信息平台融合对接，使信息流、商流、资金流和物流高度融合、互动发展，达到事前测算流通路径成本、及时监控运送过程、事后数据分析，提供多样化和个性化服务等，提高现代物流综合服务水平，提升效率、降低成本。应制订实施快递与电子商务协同发展意见，促进信息沟通、标准对接和业务联动。加快建设快递物流体系，建成一批区域性快递物流集配中心，吸引制造商、电商、快递物流公司、第三方服务公司入驻。建立大型仓储中心和快件分拨中心，提高物流配送效率和专业化服务水平。同时制订利用相关交通工具从事快件收投业务技术规范，以推动城市管理部门完善相关管理办法。

（二）实施多点多极支撑发展战略改变物流布局，为物流业的发展注入活力

在2014年年底的四川省委经济工作会议上提出了实施多点多极支撑发展的战略，四川应抓住这个机遇，加速建设新的城市群和新的产业集群，改变原有物流格局，促进四川物流多点多极发展布局的形成。在多点多极物流网络布局支撑下，实现区域经济一体化发展和资源集约化配置，以增强多点多极支撑发展战略的内生动力。

区域经济发展首先要形成一些增长点和增长极，然后通过集聚效应和扩散效应带动整个区域经济增长。城市规模与结构理论认为，合理的城市规模和城镇体系是发挥城市辐射带动作用，促进区域协调发展的必然要求。随着区域经济发展规模和水平的提高，区域经济发展的增长点和增长极一般呈现由单一到复合、由少到多的发展轨迹。

四川经济正进入工业化中期阶段，处于经济快速发展时期，区域发展差异巨大，单

极支撑格局明显。作为单极的成都市，经济总量就占了全省三分之一之多，除成都外尚无经济总量超过 1500 亿元的市（州），尤其是省内各区域之间差距巨大。在四川处于全面建成小康社会的决定性阶段，实施多点多极支撑发展战略必然成为第一选择。多点多极支撑发展战略是新形势下四川省委、省政府立足四川实际作出的推进区域经济协调发展的重大决策，该决策必将加速新的城市群和新的产业集群形成，从而对物流格局产生根本性影响，促进四川物流多点多极发展布局的形成。

（三）结合"一带一路"、长江经济带建设，推动区域物流协调发展

"一带一路"的实施将是四川物流发展的重大机遇，这将使四川构建起一个全新的开放格局。过去的对外开放主力军是沿海地区，在"一带一路"倡议下，四川也将成为开放的前沿。从需求方面看，四川能满足"一带一路"沿线国家对轻纺产品、食品的需求。由于四川的农业发达，电力设备、机械制造等都有一定的优势，可跨出国门开展技术合作，沿线沿路很多国家都希望与四川合作。2014 年，全省共有两千多家企业的产品向沿线国家和地区出口，有六百多家企业从沿线国家和地区进口产品。据省商务厅统计，2014 年四川对"一带一路"沿线国家货物贸易总额为 212.1 亿美元，同比增长 7.7%。其中出口额 152.2 亿美元，同比增长 2.7%，进口额 59.9 亿美元，同比增长 22.6%。四川在"一带一路"沿线国家的工程承包额超过 40 亿美元。随着四川对外贸易的增长，也会带动四川国际物流的大发展。

四川拥有一条通往欧洲的蓉欧快铁大通道，全程 9826 公里，历时 10 天即可直达欧洲，正在为推动双边贸易贡献力量，这也为参与"一带一路"建设奠定了互联互通的物流优势。四川双流机场是国内第四大机场，开通国际（地区）航线已突破 80 条，国际航线数量居我国西部第一。四川省内泸州港、宜宾港、乐山港等港口水路通达，与公路、铁路和航空港形成密集的物流联运网络，这是四川融入"一带一路"的物流通道，"一带一路"的实施，是四川省物流业的发展战略机遇。四川应抓住这个战略机遇，充分发挥区位优势，推动区域物流协调发展。利用泛珠三角经济区，促进建立区域物流合作机制，推进区域物流一体化。

长江经济带涵盖上海、江苏、浙江、安徽、江西、湖北、湖南、重庆、四川、云南、贵州九省两市范围，总面积约 205 万平方公里，占全国的 21.28%，总人口占 57373.27 万人，占全国的 41.95%，总国内生产总值约 282903.15 亿元，约占全国的 44.45%，具有巨大的发展空间和发展潜力。建设长江经济带，是新时期我国区域协调发展和对内对外开放相结合、推动发展向中高端水平迈进的又一重大战略举措。发挥黄金水道的独特优势、抓好综合立体交通走廊建设是建设长江经济带的核心和关键。

四川作为长江经济带的"龙尾"地位，自然资源丰富，是长江上游最具分量和潜力的经济大省，也是构建"内河经济带"的西端支撑区域。丝绸之路经济带和长江经济带仅在四川有交汇，这就是把它们联系起来的纽带。四川在交通布局和通道建设上都发挥着不可估量的作用，四川向西、向北规划的几条铁路，包括到库尔勒、喀什的铁路，实际上就是和丝绸之路连接的通道，始发点都是成都。四川应该发挥战略支点作用，连接"两带"的发展。宜宾、泸州两港是长江上游两个最重要的港口，拥有长江上游稀缺岸

线资源和港口资源，是全省进出口贸易和国际物流东向出口的重要公、铁、水联运服务通道。

在长江经济带大战略背景下，四川物流发展提升可依托宜宾港和泸州港，打造长江上游航运物流中心，可将川南、攀西、滇东北、黔西北地区与长江中下游地区连为一体，形成沿海与内陆联动开发、开放的新格局。水路运输具有"运量大、成本低、距离长"等多种优势，合理有效利用两港及省内长江岸线资源，加快建设长江上游航运物流中心，对于四川深度融入国家长江经济带发展战略，打破物流成本高制约瓶颈，畅通我省产品东向出川大通道，提升企业对外竞争力具有重要的战略意义。具体建议如下：

第一，政府制定配套政策，出台具体发展指导意见，明确建设目标、建设重点、建设时序以及保障措施和优惠政策。

第二，明确宜宾港和泸州港两港定位，整合两港资源，采取错位发展模式，统筹经营、统一规划、统一管理和统一筹融资，以更好地发挥我省港口水运资源效用，提升对省外市场的综合竞争力。

第三，加快对航道进行改造升级，提升大吨位船舶通航能力。并规划建设连接港口的公路、铁路，畅通港口物流通道，实现铁、公、水、空多式联运，无缝衔接。

第四，调整沿岸产业布局，积极发展临港物流园区。四川的沿江产业结构布局不甚合理，化工、钢铁、重型装备、汽车等产业在四川盆地特别是成都平原地区分布较多，不但运输成本高，环境成本也很大。建议把四川盆地的化工、钢铁、新建重装、汽车等"笨、重、大"产业迁移到长江干流沿岸，发展临港经济，形成产业集聚，以利用长江航运降低物流成本，使成都平原地区腾出更多资源发展战略性新兴产业。同时，物流园区是我省打造长江上游航运物流中心的必要承载平台，也是发展港航物流产业的关键支撑，加大对宜宾、泸州两港沿江物流园区建设力度，加快建设我省长江上游航运物流中心的步伐。

第五，提升港口码头信息化水平。长江上游航运物流中心的建设，不仅需要实体资源的整合，也需要信息资源的整合。建设水运行业物流公共信息平台，使货源、车辆、船舶、仓储等信息实时共享，避免物流资源浪费，降低空车率、空船率，降低综合物流成本，提高企业竞争力。

长江经济带的建设，归根结底是临港经济、物流产业的发展。陆路和水路运输体系建设，使港口城市成为重要的综合交通枢纽。

（四）加强物流基础网络设施建设

如前所述，四川物流基础网络设施建设方面还存在诸多问题，还需要进一步加强物流基础网络设施的建设，即要积极推进综合交通运输体系建设，合理规划布局物流基础设施，完善综合运输通道和交通枢纽节点布局，构建便捷、高效的物流基础设施网络，促进多种运输方式顺畅衔接和高效中转，提升物流体系综合能力。加快铁路、公路、航空、内河水运和管道等重要基础设施建设，提升通道和网络的综合运输能力，尽快形成"畅通省内、连通国内、衔接国际"的物流通道。大力发展"公铁""铁水""公水"和"陆空"等物流服务联盟，以物流园区（中心）为主要载体，配备现代化中转转运设施，提高物流设施的系统性、兼容性，实现货物物流组织形式的无缝衔接。具体来说，要做好以下几方面工作：

一是加快建设以成都为中心的综合交通枢纽，形成省内相互衔接、互连互通的快速物流通道；二是通过东、南、西、北四个通道的建设，连接世界各主要经济体；三是畅通"空中走廊"，依托成都双流国际机场和新机场，形成连接全球的国际客货运航线运输通道；四是提高物流基础设施的应急保障能力，在铁路物流基础设施建设中，支持铁路货场、车站配套进出站公路、货场通道等配套设施建设，规划铁路货场应急转运通道、场地，建立铁路最后一公里应急转运体系，确保应急物流通道畅通；五是在重点铁路货场、机场和港口建设一批大型货物转运站和集装箱中转站，提高货物换装的便捷性；六是搭建公共运作平台和信息平台，建立各种运输方式物流信息共享、货源集结、运作管理等配套体系，发展多式联运，促进物流高效、便捷化运作。

（五）控制物流成本

对于四川物流成本水平偏高、物流费用结构不合理等问题，分析其原因：一是四川省地处西南内陆，不沿边，不靠海，运输费用高；二是过路费收费高，运输型物流企业过桥过路费占了运输总成本 20% 左右；三是条块分割严重，物流服务的社会化程度较低，企业自营物流比重高，物流企业规模小，先进技术难以推广，物流标准难以统一，迂回运输、资源浪费的问题突出等也是重要的原因；四是燃油价格高位运行，劳动力成本上升，环保成本不断增加，使资源要素成本持续走高，也拉高了社会物流总费用。根据四川的具体情况，降低物流成本应从以下几个方面入手：

一是优化运输结构。充分发挥铁路和水运运输费用低的优势，全面提高铁路、水路运输比重。抓住铁路改革机遇，加快新建干线铁路和支线铁路，推进铁路功能整合和扩能提速改造，促进铁路与重点物流园区、重要枢纽节点物流园区的专线铁路建设。主动有为迎接"高铁时代"，适应多品种、小批量、高附加值货物运输需求变化，大力推进集装箱运输，大力发展高铁快件业务，提高铁路零散快运市场份额。建设一批连接全省主要港口、重要工业基地的铁路支线，发展"铁水"联运，全面提升进出川水运能力和内河港口货运吞吐能力，提升川内长江、嘉陵江、岷江等通航能力，加快主要港口的专业化、规模化和现代化建设。积极推动港航资源整合和错位发展。

二是提升服务水平。通过完善和推广"公路港"物流经验，发挥公路运输适应性强、机动灵活、投资少、高效联结各个物流节点和各种运输方式的优势，支持和引导传统公路运输和货运场站转型升级。具体措施包括：加强普通货运车辆的厢式化更新，鼓励发展集装箱、冷藏、液罐等专业运输车辆；推进甩挂运输试点，建立甩挂运输站场，完善促进甩挂运输全面发展的政策法规和标准规范；鼓励开通城际货运专线班车，实现省内专线企业的集约化、信息化和组织化管理；建设交通运输公共物流信息平台，完善平台基础交货网络，加快推进跨区域、跨行业平台之间有效对接。引导运输企业利用先进信息技术，实现企业内部管理优化，提高运输效率，提升服务水平。

三是优化通行环境。采用先进的路桥收费方式，建设和完善全省高速公路电子不停车收费系统，以提高公路的通行能力；使公路收费走向电子化，不仅可以降低相应的管理成本，也有利于提高车辆的营运效益。同时，加快推进与全国联网工作，保障车辆便捷高效通行。积极采取有力措施，切实加大对公路乱收费、乱罚款的清理整顿力度。完善公路收费政策，严格执行鲜活农产品运输绿色通道政策，将免收通行费措施落实到位。

（六）进一步提高物流现代化水平

尽管四川物流业现代化水平近年来有大幅提升，但物流活动的社会化和专业化的程度还不高，劳动手段的先进性、劳动者的素质还有待提高。

一是提高物流专业化水平。一方面，开展定制化物流服务，来满足日益增长的个性化物流需求。另一方面，支持原有各行业内部和制造企业内部物流业务的社会化，发挥其专业化、精益化优势，提供公共物流服务。

二是加快企业物流信息系统建设。充分利用北斗导航、物联网、云计算、大数据等新一代信息技术，整合铁路、公路、水路、民航、邮政、海关、检疫检验等信息资源，促进行业、园区、企业物流信息与省、国家物流公共信息平台有效对接，实现信息互通、共享。加快企业物流信息系统建设，推进全程透明可视化管理，打通信息链，实现物流信息全程可追踪。鼓励物流园区、物流龙头企业通过战略联盟形式，共同搭建面向中小物流企业的物流信息服务平台，加强物流信息交互和共享，完善四川省物流公共信息平台功能。

三是加强物流标准化管理。物流业是一个综合性的行业，它涉及运输、包装、仓储、装卸搬运、流通加工、配送和信息等各个方面，而广义的物流更是涉及物流上下游企业间的贯通连接。长期以来，物流活动被人为地割裂为很多阶段，而各个阶段不能很好地衔接和协调，加上信息不能共享，造成物流的效率不高。在新常态下，应加大物流管理、技术和服务标准的推广应用，加快仓储、转运设施和运输工具标准化改造，积极推进运输工具准入标准化，提高物流服务的安全、优质、高效水平。各物流企业应采用标准化的物流计量、货物分类、物品标识、装备设施、信息系统和作业流程。积极引导省内物流企业参与国家标准、行业标准和地方标准的制定，促使地方标准、企业标准上升为国家标准和行业标准。加强物流标准的培训宣传。

（七）培育物流市场

长期以来，多数物流企业从事的业务都是以运输与装卸业务为主，辅之以仓储和配送业务，服务功能较为单一。随着经济发展的转型升级和现代物流业的快速发展，众多的物流企业开始逐渐新增库存管理、信息服务、物流咨询与物流系统设计等现代物流综合业务，物流市场主体格局也发生了很大变化，传统运输和仓储企业的市场主导地位逐渐减弱，提供综合性、专业化、一体化物流服务的企业市场份额逐渐变大，涌现出一批新型物流企业，一些大型工商企业内部物流部门也开始由企业物流向第三方物流企业转变，开展社会物流服务，更有部分第三方物流企业逐渐向提供更加专业的一体化物流服务延伸。培育物流市场可通过以下路径：

一是释放物流需求。对工业和商业企业按照分工协作原则，整合优化业务流程，将

非核心的物流业务外包,运用供应链管理与现代物流理念、技术与方法,逐步将原材料采购、运输、仓储等物流服务业务分离,实现供应链的一体化运作,发挥第三方物流的优势,构建物流公共服务平台,提供社会化物流服务,释放物流需求。实现加快企业资金周转,减少库存,优化工业、商贸业聚集区物流资源配置,促进市场繁荣的目的。

二是提高物流企业的能力。突出重点行业,依托重点企业,发挥物流项目的聚集效应。以第三方物流企业围绕制造业、商贸业和农业产业特点,扩大服务内容,拓展增值服务和高端服务。培育一批具有国际竞争力的大型综合物流企业集团和物流服务品牌。引导传统仓储、运输企业通过参股控股、兼并重组、合资合作等方式做强做大,扭转"小、散、弱"的发展格局,提升产业规模和发展水平。

三是促进产业联动。加快物流业与装备制造、汽车制造、电子信息、新材料、新能源等产业联动发展,支持物流企业建设与制造业企业紧密配套、有效衔接的仓储配送设施和物流信息平台,深入对接制造业物流服务。鼓励物流业与商贸流通企业对接,发展专业化、网络化、全流程的物流服务,创新物流合作方式和服务模式,发展共同配送。鼓励物流企业与金融机构合作开展融资租赁等增值业务,金融机构为物流企业提供更加便捷的融资、结算、保险等个性化服务。建立联动示范工程,对产业联动较好的发展模式进行总结、提炼,加以全面推广。

(八)促进集约发展

一是加快物流集聚区建设,形成规模优势。通过物流产业结构调整,对现有物流资源的综合利用,整合现有物流园区及物流设施,提高土地、设施等资源利用效率。对于同质化竞争明显的园区,通过调整功能定位,协同分工,推动整体升级。引导物流企业向物流园区集聚,形成物流资源的空间集聚发展模式,形成规模优势。通过建立战略联盟等形式,实现企业体制和服务内容创新,拓展增值服务和高端服务,提升企业核心竞争能力。推动物流与商流、资金流、信息流的集成化运作,提高物流运作效率和服务水平。

二是加快物流一体化进程,提高服务质量。利用新型管理模式,将传统运输、仓储企业向供应链上下游延伸服务,为制造业企业提供供应链计划、采购物流、入厂物流、交付物流、回收物流、供应链金融以及信息追溯等多功能、全流程的高端物流业务,由单一功能物流服务商向供应链管理服务商转型,实现物流服务一体化。依托城市连锁超市、批发市场、商贸企业与农村专合社、农产品生产基地,开展"农超对接""农校对接",优化物流组织模式,减少流通环节,解决"最后一公里"物流配送问题,实现农产品进城、工业品下乡物流服务一体化。

(九)优化物流发展环境

在物流统计方面,要完善物流统计报表制度,深入开展企业调查,进一步完善物流统计指标体系,推动各市(州)开展物流统计工作,形成统一的物流统计体系。开展物流业发展预警预测工作,及时向社会公布物流运行情况,引导物流市场健康运行。

在学术研究方面,要加强物流领域理论研究,积极推动"产学研用"结合。支持物流学科体系和技术技能人才培养体系建设，加快现代物流教育体系建设。

在物流人才培养方面，完善在职人员培训体系，鼓励培养物流业高层次经营管理人才，积极开展职业培训，提高物流业从业人员业务素质。

另外，还应发挥行业协会作用，鼓励行业协会健全和完善各项基础性工作，积极推动物流行业规范自律和诚信体系建设，使协会真正成为政府与企业联系的桥梁和纽带。

（十）大力发展绿色物流

物流活动的迅速增加，会给环境带来巨大的负担。这就要求在物流过程中抑制物流对环境造成危害，同时，实现对物流环境的净化，使物流资源得到充分利用。在四川物流业发展的过程中，要依托先进的物流技术和装备，大力推行绿色运输、绿色仓储、绿色包装，促进节能减排。采用先进的运输组织方式，减少返空率，提高车辆装载率；发展共同配送、统一配送、集中配送等配送组织模式；推广集装技术和单元装载技术，大力推动标准托盘应用及循环共用，促进物流各功能环节有效衔接；在各环节中，提高清洁能源的使用率，试点设立绿色生态型物流园区；优化仓库布局，采用现代化仓储技术，降低仓储损耗；增加包装材料的重复使用和回收再利用。同时还应加快建立绿色物流评估标准和认证体系，完善能耗和排放监测检测认证制度。

新常态下四川房地产业转型发展研究

在经历过去 30 多年的高速增长后，我国已经总体上进入中等收入阶段。当前，我国发展所面临的国际环境发生了深刻变化，过去以投资和资本扩张为主导，低要素成本驱动的粗放型增长模式现已难以为继。而随着劳动年龄人口和资本积累率的下降，潜在增长率降低将成为必然趋势和常态。特别是长期以来积累下来的产能过剩、财政金融风险加大和资源环境承载能力减弱等多重因素的叠加，都使得经济不可能再维持此前的高速增长。因此，减速或换挡成为经济发展内在因素导致的必然结果。

在 2015 年的"两会"上，国务院总理李克强在政府工作报告中提出，要采取多项措施来助力稳增长。明确了经济社会发展的主要预期目标，其中，确定 2015 年的国内生产总值增长 7% 左右。由此可见，在经济发展进入新常态的背景下，"稳增长、调结构"仍将是社会经济发展的重点。而随着我国经济发展进入新常态，作为与宏观经济密切相关的产业——房地产在经过了十几年的快速发展后，也面临着重大的转型机遇和严峻的转型挑战。今后一段时期，将成为我省乃至全国房地产业的增速平稳期、结构调整期、政策完善期和品质提升期。

一、新常态下四川房地产业发展现状及特征

（一）供给短缺状况得到明显改善

经过 20 多年的探索，我国基本建立起了包括具有社会保障性质的经济适用住房供应体系和商品房供应体系，实现了住房资金投入、产出的良性循环。特别是自 1998 年开始实行的住房分配货币化，更是有力促进了房地产业的迅速发展。近年来，在国家实施积极的财政政策，以投资拉动经济增长的政策导向下，四川固定资产投资快速增长，特别是房地产投资规模和建设规模年均增速都保持在两位数以上。四川城镇居民人均住房面积已从 2009 年的不足 30 平方米，达到 2014 年底的 35 平方米以上，绝大部分城镇居民的基本住房需求得以满足，房地产市场短缺的状况得到了极大的改善。

（二）房地产逐步回归消费属性

房地产业作为前期我国和我省经济增长的重要支柱，在改善居民住房条件，推动城市化方面功不可没。房地产产品具有消费品和投资品的双重特征，在房地产起步阶段，由于是从计划经济公房分配改革向市场经济逐步转变，商品住房起点低，供应量少，加之改革不彻底，市场需求也不旺，房价维持在较低水平。随着住房分配改革的深入，公

房分配逐渐退出历史舞台，市场需求逐步高涨，在相当长一段时间内，供应不能跟上需求上涨速度，供不应求局面比较明显，促使房价逐步抬升，这一现象在一、二线城市尤为突出。这一时期，房地产产品表现出的主要都是消费属性。随着房地产市场的快速发展，房地产逐渐显现出其投资属性。特别是由于不动产是获得银行贷款和其他方式融资的首要抵押品，投资房地产可以获得相对较高的财务杠杆。在房地产业的"黄金期"内，虽然租售比一直维持在低位，但房地产市场表现为持有房地产获得的价差收益较高。价差收益加上财务杠杆作用，吸引大量投机资金的涌入，这其中还不乏海外热钱，大量资金涌入又反过来助长房价的提高，房地产投资热度高涨，过度的投机性投资炒房，使得房地产产品逐渐背离了其最初的消费属性，甚至对经济造成巨大干扰，带来社会价值观混乱。

新一届政府吸取前些年房地产市场调控的经验和教训，着力从税收、金融、住房保障等多方面进行一体化设计，大力挤压房地产的金融属性等投资类属性，房地产的投资功能进一步弱化，消费属性逐渐成为房地产的主要属性。

（三）房地产市场局部回暖

近些年来，四川房地产投资及销售整体上一直呈现增长趋势，其间即使出现过阶段性的调整，但也会在短暂性的调整后，往往出现量价齐升的局面（参见表1、表2）。

表1　2010—2014年四川房地产投资额

单位：亿元、%

年份	房地产投资额	同比投资增速
2010	2194.63	38.17
2011	2819.17	28.46
2012	3266.40	15.86
2013	3853.00	17.96
2014	4380.09	13.7%

表2　2001—2014年四川商品房销售面积、销售额及销售单价

单位：万平方米、亿元、元/平方米

年份	商品房销售面积	商品房销售额	商品房销售单价
2010	6396.92	2647.34	4138.46
2011	6543.55	3218.04	4917.88
2012	6455.93	3517.72	5448.82
2013	7312.78	4020.27	5497.59
2014	7142.44	暂无可靠数据	

快速增长的势头在2013年出现显著变化。在各种调控政策的多重作用下，自2013

年下半年开始，四川房地产市场出现了经济增速持续放缓甚至局部明显下降的趋势。经历了一年多的稳定和调整，2015 年第一季度开始出现止缓苗头，第二季度更是出现局部回暖的迹象。据四川省统计局发布的数据，第二季度，全省房地产开发投资同比增长 12.5％；商品房施工面积增长 13.8％；商品房竣工面积下降 13.9％，商品房销售面积增长 4.3％，增速比 1－5 月回升 1.3 个百分点，连续 4 个月正增长。从区域看，成都市回暖迹象明显，省内二线城市小幅回暖，三、四线城市去库存压力仍然较大。

（四）房地产业格局进一步分化

1. 城市格局分化

从全省来看，房地产市场 2015 年已经出现较为明显的地区分化。成都作为省会城市和西部中心城市，由于聚集的资源多，需求集中，因此供给和存量相比需求都相对短缺，房价在经历了去年的停滞不前甚至阶段性下降后，2015 年以来呈现出稳定甚至小幅上涨的趋势；而绵阳等四川二线城市因为具有较好产业支撑，加之属于区域中心城市，其房价也相对稳定；资阳、康定等四川三、四线城市由于缺少产业支撑，加之前些年投资过快，库存积压较为严重，供过于求，面临较大风险，出现了房价下跌的现象。

2. 房企格局分化

2014 年以来，我省房地产业呈现出强者愈强、弱者退出或被兼并的格局。万科、华润、蓝光等全国和省内房地产龙头企业展现出更强的市场把控能力和资源吸聚能力，受到经济大环境的影响有限。与之相反，一些中小房企特别是近几年诞生的房企则面临着破产或被兼并的命运。龙头房企由于具有雄厚的资金实力和强大的品牌影响力，在取地节奏上远高于其他梯队的房企，充足且合理的土地储备保证了龙头房企未来更高的增长速度。因其具有更加多层次和畅通的融资渠道，融资成本也往往低于中小房企，因此龙头房企在规模扩张方面有更为优异的表现。一些即使存活的中小型房企，在资源、人才储备方面相对落后，加之受限于企业规模，在品牌建设、布局战略等方面也受到掣肘，市场份额在不断缩小。新常态下，今后较长一段时间房地产业集中度必将继续提升，房企格局分化也将持续存在。

（五）产业地位和受依赖度有所下降

受到唯 GDP 论英雄的政绩观影响，作为具有"立竿见影"效果的产业，房地产业得到各级政府重视和大力倡导，甚至被当作我国经济发展的支柱产业，因此，在过去相当长的一段时期得到了超快速的发展（参见表 3）。

表 3　2008—2014 年四川房地产投资额及占比

单位：亿元、亿元、％

年份	房地产投资额	全社会固定资产投资额	房地产投资占全社会固定资产投资比重
2008	1451.70	7602.40	19.10
2009	1588.37	12017.28	13.22

年份	房地产投资额	全社会固定资产投资额	房地产投资占全社会固定资产投资比重
2010	2194.63	13581.96	16.16
2011	2819.17	15124.09	18.64
2012	3266.40	18038.92	18.11
2013	3853.00	21049.15	18.30
2014	4380.09	23577.50	18.58

面对新一届政府在经济建设、作风建设和反腐倡廉方面展现出的"新常态",特别是在宏观经济调控方面,不再"唯GDP论"盲目追求高增长,而是冷静看待经济增速下台阶,社会发展存在"中等收入陷阱"危险的局面,力图在促就业、保民生条件下,转而更加重视经济结构调整,重视"五位一体"的均衡发展,避免以损害环境浪费资源为代价的重复建设,促进经济转型升级。在经历一段较长时间房价高速增长、需求旺盛的"黄金期"后,房地产业发展出现了巨大的转折,房地产成交量普遍萎缩,房价逐渐下跌,房地产去库存化速度缓慢。新的形势下,四川省也在积极谋求新的经济增长点,把加快培育和发展战略性新兴产业作为转变经济发展方式、优化升级产业结构、提升区域竞争力的重要内容和途径,尽力避免因房地产业可能出现的停滞和下滑对经济可能造成的不利影响,逐渐降低我省经济对房地产业的依赖,这也使得我省房地产业的产业地位开始下降,经济发展动力趋向平缓。

二、新常态下四川房地产业转型发展的必要性及动力分析

(一)四川房地产业转型发展的必要性

房地产业是在工业化、城市化和现代化过程中兴起、发展所形成的独立产业。时至今日,房地产业在我国仍然是国民经济的基本承载体,在推动工业化、城市化和现代化的进程中发挥了积极作用,已经成为现代社会经济大系统中一个重要的有机组成部分。房地产业的产业链长,关联度大,因此其感应度系数和影响力系数高于国民经济各产业部门的平均水平。作为为国家经济发展提供基本物质保证的产业,房地产业可以说是社会一切产业部门不可缺少的物质空间条件,甚至是各个产业部门的具体构成部分。房地产的规模、产品结构、布局是否合理、水平的高低和发展速度的快慢,都将影响着各行业的规模、结构、布局、水平和速度。房地产作为产业部门固定资产的重要组成部分,也直接参与价值生产和价值实现的经济过程,并形成商品生产和经营成本的重要内容。因此,房地产是构成整个社会财富的重要内容,对国民经济发展具有稳定而长远的影响。近些年来,四川省十分重视房地产投资在固定资产投资方面的作用,每年房地产投资占全省GDP的百分比都在两位数,而与此相对应,房地产业的快速发展为GDP增长带来的贡献大大超过投入,房地产业已成为四川经济发展各行业中不可或缺的一支重要力量。

必须清醒的是，不管是国家还是四川，都在积极调整经济结构，力图减少经济发展对房地产的依赖，这已成为房地产业面临的"新常态"。当然，这并不是说经济发展就可以不要房地产，而是房地产业将从以往的支柱性产业发展为基础性产业，进入到居民理性消费、企业理性开发和产品质量进一步提升的时代。保持房地产业健康稳定的发展，对于稳住经济的大局，提高百姓生活水平都是十分重要的。未来一段时间之内，平衡将成为房地产业的主流，房地产业既要适度贡献增长率，也要避免在环境、资源等多方再度积累矛盾。既要看到房地产业的作用仍然不可或缺，也要看到，逐步减少对房地产的依赖是一个趋势。可以说我国的房地产业将迎来一个回归本源的时代，四川房地产业必须顺应形势，尽量缩短"阵痛期"，加快转型发展步伐。

1. 房地产业转型是加快商品房去库存的客观需要

进入2014年以来，四川省商品房待售面积不断攀升。据省住建厅数据，截至2015年初，我省商品房库存近400万套。面对庞大的库存压力，四川省各级政府和有关部门顺势作为，采取了一系列的去压措施，除了全面取消房地产限购限价，取消"9070户型"要求，主动控制开发节奏、开发规模和敦促开发企业以合理价格销售外，还明确了在城镇危旧房棚户区改造中进一步提高货币化安置比例，以期消化市场约16%的存量房源。鉴于经济发展和行业生存需要，在去库存的同时，省住建厅仍然提出了"2015年全省力争完成房地产开发投资4800亿元、增长10%"的目标。可以预见，受大环境带来的销售放缓和投资进一步增长的影响，2015年我省商品房供应量将进一步增加，商品房去库存的压力仍然巨大。

2. 房地产业转型是改善土地供应结构的现实需要

过去经济的粗放式发展方式，造成了我省房地产业土地供应的增量浪费和粗放利用现象突出。一方面在我省各地普遍存在老城相对于郊区拿地慢、拿地成本高的状况，导致地方政府不愿啃旧城改造这块"硬骨头"，而是不断扩大城市边界，通过低价征收、高价出让的方式大搞新城新区建设，甚至不惜侵蚀和占用耕地，导致房地产业用地粗放，造成了土地的极大浪费。而另一方面在成都三圈层区域和一些地级市及下辖县市，土地供给成本低，土地来得相对容易而且便宜，传递的信号是土地并不稀缺，而且拿到土地转手就可以进行抵押贷款，政府也就相应可以获得土地收益。这就直接导致地方政府征地卖地和房地产开发企业买地的积极性高涨。近年来，不少地方还大量出现了供应出去的土地一直没有得到开发，长期闲置或低效利用。尽管国家对土地开发利用的时限有着明确的要求，对闲置土地的处置有着严格的规定，然而各地出于种种利益考虑，并没有严格执行相关政策，甚至与国家政策背道而驰，因此扩张式的囤地现象较为突出。在十八亿亩耕地红线的硬性约束下，原来单纯依赖土地增量进行城市发展扩张的模式已经难以为继。加快转变经济增长方式，向"土地存量"要"发展增量"，推动土地节约和集约利用，将成为我省的必然选择。

3. 房地产业转型是扩大房地产业带动面的需要

房地产业是一个具有融资量大、产业链长、波及面广以及高杠杆化、资源和人才密集等特点的行业，与其具有关联的上下游产业达200多个。尽管涉及众多产业，但房地产业对不同产业的带动能力在我省却呈现出巨大差异。据王瑶（2013）对四川省房地产业与其关联产业的关联度比较分析结果显示，2013 年我省房地产业每生产出 1 万元产品，所直接消耗的产品主要来自工业、金融业、批发和零售业、居民及其他服务业、交通运输和仓储业、住宿和餐饮业等 6 个产业，其价值分别为 5572 元、1536 元、656 元、649 元、437 元和 345 元。而房地产业每增加 1 万元总产值，作为中间投入的则主要是建筑业、金融业、居民服务和其他服务业、文化体育和娱乐业、租赁和商务服务业，其投入分别为 320 元、302 元、300 元、235 元、172 元。近两年来，这个比重没有发生太大变化。这表明房地产业的发展会促进工业和建筑业发展，带来金融市场的繁荣，推动社会服务和文化产业发展，但对其他产业的需求和带动作用十分有限确是不争的事实。这充分说明我省房地产业中间消耗过大，集约程度较低，还处在"数量增长阶段"，其主要带动的是资金原料型"硬产业"，这种不尽合理的消耗环节和产业关联，不仅容易导致市场价格虚高、市场过热和市场泡沫，甚至还有可能成为经济危机的导火索。因此。我们必须彻底改变这种局面，进一步扩大房地产业的带动面，促进房地产业的健康发展。

4. 房地产业转型是房地产业可持续性发展的必然要求

近年来，四川房地产业取得了十分可喜的成绩，对全省经济社会发展贡献十分突出。但由于受高额财政收入的诱惑，不少地方政府过分追求房地产高速增长目标，缺乏对环境保护和资源合理利用的重视，加上大多数房地产企业盲目追求利润，带来了资源、能源的大量浪费以及环境的严重污染，从某种程度上来讲，与经济、社会和环境的可持续发展的客观规律背道而驰。这主要表现为：（1）房地产企业大量短期行为，对生态资源造成极大破坏。在我省从事房地产业的企业众多，除了国字号的大型房企和省内知名龙头房企外，在地级市和县一级从事房地产的企业则是数量多而规模小，他们不但没有充足的资金与技术来保护环境与节约资源，而且在观念与管理水平上也往往局限于眼前利益。这种经营方式不可避免地导致大量短期行为，从而出现外部不经济现象。这其中既有开发商大片砍伐森林和占有耕地的情况，也有开发商无视城市规划，进行违章建设的情况；更甚者一些开发商为削减成本，往往采用耗能大、质量低劣的产品，甚至是偷工减料。结果是许多建筑物建成后，有害物质超标，建筑污水和垃圾处理率不达标等，破坏了生态环境。（2）开发失控以及无序开发，造成了大量土地资源的浪费。由于土地的供给弹性较小甚至是没有，土地的开发受到供给总量的限制，因此存在着对优势区位的竞争。在各地追求大开大建的城市发展目标导向下，全部的土地需求压力集中指向有限面积的精华土地之上，致使一些可更新资源从一些最适宜的土地上消失，给余下的可更新资源的土地造成了更大的压力。（3）结构性矛盾突出，空置率比较高。这一点在我省大部分地级市和县一级表现尤为突出。主要是因为大多数房地产投资者并没有把握市场现实需求，根据不同层次的消费者需要来加快结构的调整，未能很好地针对富裕阶层、中等收入和低收入阶层等多方面的需要来进行产品的设计与开发。这种房地产企业的结构性缺陷，虽然可以使投资者获得一些短期利益，但从长期来看，却会给行业带来巨大的风险。

面对这些突出问题，我们必须加快房地产业的转型升级，确保整个房地产业的可持续发展。

5. 房地产业转型是房地产业提升自我调节能力的必然选择

我国房地产的市场化进程可以追溯到 1998 年，但时至今日，这个市场仍未真正实现市场化。相反，这十多年来，房地产业可以说是我国被政策包围最为密集的行业。自 2003 年的"121 文件"开始，针对房地产市场的飞涨或不振，国家曾先后动用行政、金融、税收、土地等诸多手段对房价进行控制或提振。然而几轮调控下来，我国房地产市场却陷入"越调越涨、越涨越调"的怪圈中，调控成为名副其实的"空调"。

从历次的国家调控政策来看，对房地产市场的调控主要还是依靠行政手段打压和提振市场。这在短期内确实能够取得较为显著的效果，但这种有违市场规律的强力干涉，由于治标不治本，一旦放松，很容易使房价报复性反弹，这在历次宏观调控中已被充分证明。同时，我们如果认真梳理这些年来国家针对房地产业推出的调控政策，还会发现这些政策随意性其实很大，甚至一些政策由于不遵循市场规律，在实际效果上起到助推房价上涨的反作用。

由于这些年来，国家对房地产的调控已经成为一种常态，而房地产市场上的主体也早已习惯在政府的干预下生存，缺乏真正自我调节的意识和意愿。比如 2008 年，由于受经济大环境影响，包括房地产在内的不少产业举步维艰，而此时第一个跳出来向政府"呼救"的行业就是房地产业。房地产业就像一个被溺爱后又被严加管教的孩子，稍有受伤就要委屈地哭出来，而不愿意通过自己的努力爬起来。四川的房地产业也印证了这一点。这些年来，房地产业基本上成为我省各市州和区县政府最重要的"财源"。由于政绩的需要，不管房地产面临高涨的行情，还是遭遇困境，国家出台的调控政策到了地方都会大打折扣。更有甚者，一些地方政府为了局部利益，不惜通过制定其他政策来应对国家的调控。我省 2008 年就曾出现政府动用行政资源阻止房地产企业破产的案例。

正是因为这种生存和发展环境，我省乃至我国房地产业才会呈现出这样高度依赖政府干预的状态。虽然有相关政策不断刺激市场，帮扶着房地产业，但外力作用只治标不治本，要想获得长远的发展，最终还是需要房地产市场的自身调节。

（二）四川房地产业转型发展的动力

1. 新型城镇化稳步推进

新型城镇化是相对上一轮"城市化"而言的，上一轮城市化在实践中机械化地重视城市规模扩张、硬件建设和粗放式的人口迁移，有导致城市化后"逆城市化问题"的风险。新型城镇化是以城乡统筹、城乡一体、产城互动、节约集约、生态宜居、和谐发展为基本特征的城镇化，是大中小城市、小城镇、新型农村社区协调发展、互促共进的城镇化。新型城镇化与工业化、信息化相辅相成，需要产业转移、导入和递次升级，需要加强文化建设、社会建设等"五位一体"。

截至 2014 年底，四川省城镇化率低于全国平均水平约 8 个百分点，作为西部地区，四川的城镇化之路显得任重道远。针对中央提出的解决好"三个 1 亿人"的问题，四川省在 2015 年召开的全省城镇化工作会议中提出，到 2020 年要引导约 700 万人就近城镇化，常住人口城镇化率达到 54% 左右；促进约 800 万农业转移人口落户城镇，户籍人口城镇化率达到 38% 左右；改造约 350 万人居住的城镇危旧房和棚户区，全面提升城镇居民的居住条件。虽然新型城镇化不再是由房地产一个产业支撑的城镇化，但解决城镇化后的人口的居住问题，以及四川追赶全国平均水平甚至达到东部发达省份水平的新型城镇化过程，为房地产开发和房地产业发展提供了不小空间确是不争的事实。当然，随着我国经济发展方式的转变，城镇化进程的模式、节奏和步调必然也会发生根本性改变，房地产业也必将由"黄金期"过渡到"白银期"，全行业利润率趋向社会平均水平，稳定回报的房地产开发机会不再遍地都是，需要认真甄别遴选；同样，房地产项目开发成功更依赖于深耕细作。对开发商而言，短期内将面对"黄金期"向"白银期"过渡，解决"黄金期"尾声开发过热引起的存货积压等消化问题，这可能是一个艰难的过程，这个问题解决不好，会带来企业的生存危机；同时，还要面向长远，提升项目投资、市场营销及精细化开发等核心能力，才能在更加激烈的市场竞争中脱颖而出。

2. 信息化水平不断提升

随着计算机及信息技术的飞速发展，企业面临着知识化、数字化、虚拟化、网络化、敏捷化、全球化变革。企业的竞争力日益与企业信息化程度密切相关。信息技术、信息系统和信息作为一种资源，已不仅仅是支撑企业战略的工具，而是演变为决定企业战略的核心系统。信息战略成为企业战略不可分割的一部分；竞争优势也不再仅限于成本、差异性和目标集聚三种形式。企业信息化形成的独特竞争优势——知识优势逐渐成为企业竞争的优先级优势，这是不可阻挡的必然趋势。

自 2002 年开始，在国家相关部门的推动下，房地产业加快了信息化建设步伐，信息化与房地产业的蓬勃发展齐头并进、相辅相成，在房地产业的发展中展现出独特的优势。如"三维建模"等信息技术的广泛应用、房地产预警系统的建成和相关部门加强信息披露，不仅有利于城市房地产业的规划布局，还有效地促进了我国房地产业实现信息对称化，成为带动房地产业结构调整的重要推手。又如电子招标系统的推广应用、商品房数据库备案系统的建立、房地产中介监管信息化建设等系列信息化技术的利用，则在最大程度上为规范房地产业的市场秩序提供了重要支撑。不仅如此，信息化还为维护房地产业金融系统安全、提升房地产业的经营管理能力发挥了很好的保障作用。

随着信息技术的进一步发展，信息技术与传统产业将实现进一步融合。加快信息化建设，不仅是对我国房地产业的生产经营提出的更高要求，其作为房地产业的一项生存工程，也必将带来房地产业的深刻变革，促进房地产业更好地可持续发展。

3. 现代服务业蓬勃发展

《四川省服务业发展四年行动计划（2014—2017 年）》提出，将"大力推动服务业与新型工业化、新型城镇化、农业现代化融合发展，着力提高配套服务能力和支撑保障水平，积极构建区域协调、产业互动、结构优化、功能完善的现代服务业发展新体系，全面提高服务业整体发展水平，努力建设西部现代服务业强省"。预计到 2017 年末，现代服务业占全省 GDP 比重达到 40% 左右，对经济增长的贡献率超过 40%。现代服务业在我省未来经济社会发展中的重要性进一步凸显。加之，当前我国正处于从生产大国向消费大国的转型发展时期，作为与消费配套的服务业必将成为经济增长的新驱动力。

房地产具有显著的消费属性，房地产业与现代服务业的相互融合是一个大趋势，并将成为提升行业竞争力的主要推动力。很长时间以来，房地产服务业并没有受到应有的重视，但随着一系列的社会变革的深入推进和移动互联网的快速发展，未来房地产业与服务业相结合的创新地产将非常有市场潜力，把房地产服务业纳入现代服务业，将给房地产的可持续发展指明方向和提供新的动力。

4. 人民币国际化战略实施

2009 年，我国开始启动跨境人民币业务试点，正式开启人民币的国际化进程。经过 6 年的发展，人民币逐步被世界各国所接受，成为国际上普遍认可的计价、结算及储备货币，作为世界常用支付货币和储备货币。尽管人民币境外的流通并不等于人民币已经国际化了，但人民币境外流通的扩大最终必然导致人民币的国际化，使其成为世界货币。可以预见，未来五年人民币与英镑、日元等有望并驾齐驱，并成为可自由兑换的国际货币。

人民币国际化后，将有利于中国更好地融入世界经济，增加中国在国际上的话语权。人民币的国际化，不仅使得房企走出去变得更加容易，而且将为我国房企进入海外市场提供有力的金融支持。特别是房地产企业的并购将变得更加便利，而采用国际化后的人民币结算还可以克服国际贸易中的汇率风险。这些都将是房地产业的海外发展战略的重要机遇和坚强保障。

三、新常态下四川房地产业转型发展的方向

（一）轻资产运营模式

随着行业利润水平的下降和金融环境的收紧，轻资产运营模式将是房地产业转型升级的一个必然趋势。2014 年，包括万科、保利地产、世茂房地产在内的龙头企业相继提出了"轻资产"发展的战略转型，并且进行了轻资产运营模式的尝试。

轻资产运营模式就是以最少的占用自己的资金来达到利润最大化的一种运营模式，这种模式将使得公司的净资产收益率大多都能提高到 20％以上。四川房企的轻资产运营模式可以选择小股操盘、社区服务、房地产基金业务以及养老社区运营平台等路径。

（二）"地产＋X 产业"模式

所谓"地产＋X 产业"，是房企以产业为依托、地产为载体，实现土地的整体开发和经营，最终将项目构建成为产业价值链一体化的平台。产业地产是整合资源、承载与促进产业发展的地产形态，是一种将地产、产业发展和城市功能三方面的发展有机结合、相互促进的新商业模式。产业地产不仅可以整合产业群、提升产业效率，而且能有效地实现城市资源的市场化配置，调整产业结构，对地产企业来说良性的运转还可以保持地产行业的可持续发展，既顺应大势，又实现了双赢。四川房企可以选择"地产＋旅游""地产＋养老服务""地产＋文化"等"地产＋X 产业"发展模式。

（三）"地产＋X"跨界模式

在房地产调整期，大型房企为了可持续发展，不得不从"地产＋X"的模式中寻找跨界投资机会。"地产＋X"跨界模式是房企在房地产业以外，寻求新的产业领域的发展思路。据申银万国 2014 年 9 月份的调查报告显示，申万一级行业中的 142 家房企，其中涉及跨界转型的至少 41 家，占行业总数量的 29%。这 41 家房企的跨界转型主要涉及大医疗、大互联网、能源煤矿、金融、军工、材料、影视传媒以及互联网等八大领域。四川房企可选择"产城一体化"、地产与城市配套服务统筹布局等"地产＋X"跨界发展模式。

四、新常态下四川促进房地产业转型发展的对策建议

（一）促进市场细分，大力发展新兴业态

经历了跌宕起伏的过程，房地产业已经渐渐远离"暴利时代"。但是，我国尚处在投资渠道相对狭窄、通货膨胀压力加大的发展阶段，房地产投资仍然是闲置资金追求增值保值的首选。在政府通过调控打击投机，稳定住宅楼市的政策不变的倒逼机制作用下，房地产业树立多元化的发展思路，开发更加多元的业态形式已是十分紧迫和必要的。

作为西部经济大省和开放高地，四川在发展新兴房地产业态方面具有自身的独特优势，蕴藏着巨大的消费潜力。因此，作为四川房企，一是可以依托四川丰富而独特的旅游资源，抓住我国个人消费水平的不断提高和我省旅游度假的市场规模逐年增长的机遇，以及四川着力提升旅游产品品质的契机，充分利用好旅游牌，大力发展旅游地产。二是要针对四川人口老龄化以及计划生育政策带来的日益凸显的养老问题，站在为政府、社会和家庭分忧的战略高度，结合老年人的实际特点和养老需求，开发环境优美、设施便利的养老社区，切实通过发展养老地产减轻全社会的养老压力。三是要紧紧抓住我省众多开发区和园区的建立，大力发展产业园区地产、商业地产等其他更多形式的非住宅地产的发展，培育新的经济增长点，扩大有效消费。

（二）创新盈利模式，强化城市配套服务

在行业技术规范要求下，面向大众的房地产产品逐渐呈现出同质化的现象。然而市场是多元的，要想在产品同质化的背景下获得更为持久的收益，如果依循旧有的建房卖房思路显然是行不通的。而且在容量和需求最终有限的情况下，房地产一味数量式的扩张发展模式也是不可持续的。在房地产开发达到饱和之前，一些全国知名房企都在探索新的盈利模式。比如，万科立志要做城市配套服务商，提出"轻资产、重运营"的运行模式；龙湖转身生活服务集成商，提出做客户心中的好产品、好去处、好服务的"三好"目标，等等。纵观这些国内大型房企的发展思路，它们几乎都将"服务"作为今后发展的重点方向和新的盈利点。笔者十分认同房企由不动产开发商向服务提供商转型的发展思路。作为四川房企，要做到与城市同步发展，加强城市配套服务将是其创新盈利

模式和可持续发展的一条好的出路。这不仅是符合我省新型城镇化和城市发展规律和趋势的，也是四川房地产业迈向成熟的内在要求，更有商业配套、教育医疗配套、居住文化氛围等相关城市配套服务因素对客户选择带来的影响日益加重的原因。因此，房地产业只有不断增强综合开发能力，在做好房地产产品本身开发的同时，通过参与投资区域学校、医院、商场，甚至垃圾处理站等的建设，做到与城市同步发展。这样既能克服因城市配套服务不足给产品销售带来的不利影响，也可以树立自身的品牌形象。而这些配套也将在推动城市升级的同时，成为房地产企业收益新的增长点和持续点。

（三）植入互联网思维，促进房地产业与互联网深度融合

土地和资金是传统房地产业最核心的两个问题，融资能力和拿地能力展现的是传统房地产企业的核心竞争力。当前，土地和资金依然是房地产业上游起决定性作用的两个要素，然而随着移动互联网技术的应用和智能手机的普及，特别是电子商务的蓬勃发展，移动互联终端的广泛普及，传统的房地产生产经营活动方式都将发生深刻变化。

互联网技术的注入对房地产业的影响至少有以下几个方面：一是将改变房地产业的融资方式，能够为房地产业获得较好的融资机会。从资本市场的观点看，其实房地产市场是一个高风险市场。随着房企改革力度的加大，对于互联网技术的利用和开拓使得房地产市场可能会获得资本界的青睐。二是将增加对不同群体的不同产品需求的把握度，大大提高房地产产品的精细化和科技化程度。三是将克服存在于产品营销与客户之间时空限制，拉近彼此距离，从而改变房地产的营销模式。可以说，房地产注入互联网技术将产生乘数效应。因此，在房地产业植入互联网思维，充分利用信息技术的独特优势，推动房地产业与互联网深度融合，对于四川房地产业十分必要，也是必然选择。

推动房地产业与互联网的融合，可以从以下三个方面着手：一是要加强地产营销平台、地产中介等渠道的大数据融合。通过对大量客户资料深度挖掘，为地产开发商的户型设计、不同面积楼盘组合提供数据支撑，并针对不同用户特征，快速精准推荐房产，有效提高成交率和交易效率，并同步提升用户感知。同时，积极利用地产交易数据、用户居住等相关数据，分析预测房价走势、生活配套设施需求等，为产业链上下游相关企业决策提供数据支撑。二是要加快 APP 等平台开发，实现 O2O 完美结合和服务效率提高与增值服务的延伸。针对购房、租房者看房选房过程的繁琐，开发简单有效的移动 APP 等营销交易平台，提供各类购房资讯、优惠、楼盘联系、房贷计算、房价预测分析等等常用功能，让客户通过手机终端快速了解和掌握房产信息，甚至直接在线完成房产交易。三是要充分发挥新媒体的传播效应。利用微博、微信等新媒体，做好线上线下的立体设计，扩展和打造好房地产业的品牌传播及营销推广等的新阵地。

（四）实施走出去战略，引导房企开展海外投资

目前，无论是全国还是四川，大部分地级及以下城市商品房库存积压现象都比较突出，这些地区的房地产开发投资呈现出难以为继的局面。而万科、绿地等一些大型房企，因为较早实施国际化战略，则通过加快海外投资来减轻国内市场带来的压力。我省本土房企由于主要市场都局限在省内甚至市、县，在当前房地产投资区域和路径选择面

有限的情势下，选择开拓海外市场不失为上策。

这些年来，由于经济危机的影响，海外经济在较长的时间都处于低迷，因此，房地产价值处于低估态势。同时，海外成熟市场房价涨幅相对稳定、市场相对成熟、风险相对较小。加之，近年来我国海外移民人数呈不断增长态势。据调查机构显示，我国内地千万富豪中，正在考虑移民的占到约46%，已经移民或正在申请移民的占到14%；而资产在1亿元以上的富豪中，有移民意向的人比例高达74%，这些高净值人士都是海外房地产项目不可忽视的用户。所有这些因素，综合国家"一带一路"倡议的实施和人民币国际化程度的提升，都为国内房企迈向海外开展投资创造了有利条件。作为省内房企特别是较为成熟的骨干房企，应该积极而又慎重地拓展境外市场，这既是企业发展的需要，也与中国政府希望不断扩大对外投资相适应。

当然，海外投资风险也不可小觑。要成功"走出去"，一方面需要我省各级政府、各相关部门积极协调，做好政策的支持和帮扶。另一方面房企也必须做足功课，切忌盲目。既要充分考虑自身的资金状况和融资能力，也要对投资目的地的劳动力、技术等方面的商务成本以及市场需求进行细致调研；既要深入了解当地法律、政策、汇率、税收与我国存在的差异，也要充分考虑当地的语言和文化差异对生产经营可能带来的不利影响。

（五）建立符合省情的房地产市场调控长效机制

新一届中央政府更加注重发挥市场的自我调节作用，从近两年推出的有关房地产调控政策来看，房地产业的发展环境发生了积极变化：一是由过去依靠政府调控逐渐向政府调控与市场调控相结合、以市场调控为主转型，二是由过去频繁的行政调控逐步向建立长效机制转型。对此，四川应该准确把握中央要求和意图，结合省情完善住房、土地、财税、金融等方面的地方性政策，构建符合实际和市场规律的房地产市场调控长效机制。具体来说，可以从以下几个方面努力：一是要制定和完善地方性的法规，明确责权利。以法规的形式来约束各级政府单位、企业、客户等市场参与主体的行为。二是要完善住房供应政策。可以参照上海施行的共有产权保障房制度，将住房的产权与使用权分离，切实解决保障对象的居住困难，并且使之在出资额度内享受房产增值的收益，为今后家庭条件改善后进入住房市场提供可能。三是要积极响应国家财税政策改革，为国家房地产税改革创造条件。四是要探索适合省情的土地使用权出让方式和供应制度。在国家政策允许的前提下，争取有条件的放开土地二级市场，匹配相应的制度设计，发挥其繁荣土地市场，优化重组土地资源配置的积极作用，激活大量的低效存量土地。五是要加大房地产相关信息系统的覆盖。加快信息化建设进度，解决信息化发展不平衡的问题，打通我省在住房信息联网、不动产统一登记系统、人口基础信息系统之间的梗阻，真正实现全国相关信息系统的互联互通，为政府决策和房地产市场的健康发展提供准确的信息。

新型城镇化对四川房地产业的影响及对策研究

党的十八大强调要推进城镇化建设，坚持走中国特色新型城镇化道路。随后，中央和四川省的新型城镇化规划相继出台，为加快推进新型城镇化建设指明了方向。新型城镇化是扩大内需的最大潜力所在，是激活经济发展新常态下的增长新动力。四川新型城镇化的推进也将促进房地产业的进一步发展，房地产将仍是四川经济增长的动力之一。

本文首先介绍了四川城镇化和房地产市场的发展现状，提出新型城镇化是推动四川房地产业健康发展的动力因素。其次，重点研究新型城镇化对四川房地产业的影响。最后，提出了相应的政策建议，为政府相关部门提供决策参考。

一、四川城镇化与房地产业发展现状与特征

（一）四川城镇化发展稳步推进，但区域差异较大

四川省城镇化发展的进程与全国整体进程较为相似，但也有一定的差异。改革开放之前，四川的城镇化水平一直处于很低的水平，不到10%。1982年第三次人口普查时，四川城镇化率才到达14.27%；1990年第四次人口普查时到达21.29%；2000年第五次人口普查时到达26.69%；2010年第六次人口普查上升至40.18%，2014年进一步上升至46.3%。虽然四川城镇化率有了较大幅度的上升，但由于底子薄、基础弱、发展不平衡等省情，以及历史、政策等原因，四川的城镇化发展水平一直滞后于全国。回顾近年来的城镇化进程，大体呈现以下特征：

1. 城镇化发展水平稳步上升，与全国差距在缩小

根据四川和全国历年统计年鉴数据显示，虽然四川和全国的城镇化发展水平都在稳步上升，但是四川的城镇化发展水平始终滞后于全国平均水平。1982年到1990年，四川的城镇化率从14.3%提升至21.3%，提升幅度高于同期全国水平，与全国平均水平的差距从6.9个百分点缩小到了5.1个百分点。然而，1990年到2000年，四川城镇化发展水平和全国的差距却在拉大，上升至9.5个百分点，之后差距进一步拉大，2003年到达最大值10.9个百分点。2003年后，四川城镇化发展水平和全国的差距，总体上来说，呈现缩小的趋势，2014年缩小至8.5个百分点。

表1　1982—2014年四川和全国城镇化率

单位:%

年份	四川	全国	年份	四川	全国
1982	14.3	21.1	2007	35.6	45.9
1990	21.3	26.4	2008	37.4	47.0
2000	26.7	36.2	2009	38.7	48.3
2001	27.5	37.7	2010	40.2	50.0
2002	28.2	39.1	2011	41.8	51.3
2003	29.6	40.5	2012	43.5	52.6
2004	31.1	41.8	2013	44.9	53.7
2005	33.0	43.0	2014	46.3	54.8
2006	34.3	44.3			

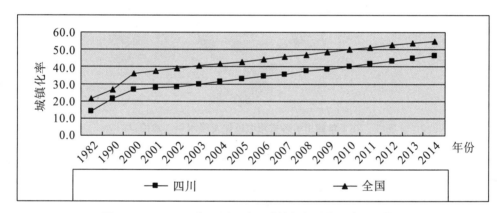

图1　1982—2014年四川和全国城镇化发展水平变化趋势图

2. 地区间城镇化发展不平衡，人口向大都市流动明显

省内各市州城镇化发展水平很不平衡，作为省会城市的成都，2014年城镇化发展水平达到了70.37%，而城镇化发展水平最低的甘孜州，仅为26.87%。从图2中也可以看到，成都、德阳、绵阳、攀枝花、自贡、乐山六市的城镇化发展水平处于第一个等级，均超过45%。巴中、广安和三州地区的城镇化发展水平处于最低的一个等级，均不到38%。

3. 各市州城镇化增速差异显著，大多数城市进入高速增长阶段

从2005—2014年四川城镇化的发展速度来看，各市州的城镇发展可以分为三类：第一类，城镇化快速发展的城市，这里列举了年均增速超过全省平均增速（3.8%）的城市，如：广元、遂宁、南充、眉山、宜宾、广安、达州、雅安、巴中、资阳、甘孜。第二类，城镇化较快发展的城市，如：自贡、泸州、德阳、乐山。这些城市的城镇化发展水平均在45%左右，年均增速均在3.1%—3.2%，处于较快速的平稳发展期。第三类就是城镇化发展较缓慢的城市：如成都、攀枝花、绵阳、内江、阿坝、凉山，前两个

城市城镇化发展水平已经超过 60％，处于较高的城镇化水平，增速放缓；绵阳和内江的经济发展水平处在全省靠前，但是城镇化发展速度相对较慢；阿坝和凉山则由于民族地区人口居住较为分散，城镇化发展滞后。

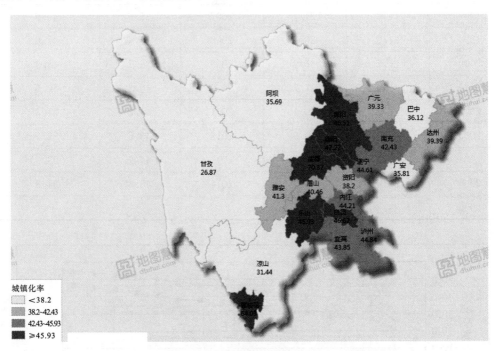

图 2　2014 年四川省各市州城镇化发展水平（单位：％）

表 2　四川省各市州城镇化发展水平

单位：％

地区	2005 年	2014 年	增速	年均增速	地区	2005 年	2014 年	增速	年均增速
成都市	59.9	70.4	17.5	1.8	眉山市	26.0	40.5	55.6	5.0
自贡市	35.0	46.6	33.2	3.2	宜宾市	28.3	43.9	54.9	5.0
攀枝花市	56.6	64.0	13.1	1.4	广安市	19.8	35.8	80.9	6.8
泸州市	34.0	44.8	31.9	3.1	达州市	25.5	39.4	54.5	5.0
德阳市	35.8	47.3	32.0	3.1	雅安市	29.3	41.3	41.0	3.9
绵阳市	36.4	46.5	27.8	2.8	巴中市	21.6	36.1	67.2	5.9
广元市	27.4	39.3	43.5	4.1	资阳市	23.7	38.2	61.2	5.4
遂宁市	31.7	44.6	40.7	3.9	阿坝州	27.9	35.7	27.9	2.8
内江市	34.7	44.2	27.4	2.7	甘孜州	17.6	26.9	52.7	4.8
乐山市	34.5	45.9	33.1	3.2	凉山州	24.5	31.4	28.3	2.8
南充市	28.3	42.4	49.9	4.6	全省	33.0	46.3	40.3	3.8

（二）四川房地产业发展总体稳定，但近年来略显疲软

随着四川经济的快速发展，房地产业发展总体稳定，但近年来略显疲软。当前四川的房地产市场发展现状呈现以下特点：

1. 房地产投资规模较大，增速先升后降

从已有统计数据来看，四川的房地产投资额不断增加，1995 年为 79.96 亿元，2000 年上升至 195 亿元，年均增速 19.6%；2010 年进一步上升至 2194.63 亿元，这十年年均增速到达 27.3%；2014 年到达 4380.1 亿元，这四年均增速回落到 18.9%。房地产投资总额占全社会固定资产投资的比重从 1995 年的 11.8% 上升到 2000 年的 14.0%，后又不断上升，2007 年到达峰值 22.7% 后有所下降，2014 年为 18.6%。

表3　1995—2014 年房地产投资额及占比

单位：亿元、%

年份	房地产投资额	全社会固定资产投资额	房地产投资占全社会固定资产投资比重
1995	80.0	677.3	11.8
1996	90.6	803.8	11.3
1997	100.3	949.3	10.6
1998	120.6	1184.8	10.2
1999	142.5	1220.7	11.7
2000	195.0	1403.9	14.0
2001	268.2	1573.8	17.0
2002	344.5	1805.2	19.1
2003	450.9	2158.2	20.9
2004	510.1	2648.5	19.3
2005	701.5	3477.7	20.2
2006	914.5	4521.7	20.2
2007	1326.8	5855.3	22.7
2008	1451.7	7602.4	19.1
2009	1588.4	12017.3	13.2
2010	2194.6	13582.0	16.2
2011	2819.2	15124.1	18.6
2012	3266.4	18038.9	18.1
2013	3853.0	21049.2	18.3
2014	4380.1	23577.2	18.6

2. 商品房销售市场总量依然增加，但增速放缓

商品房销售情况看，目前市场消费行为已逐步成熟，在宏观调控政策依然严厉的环境中，需求增长速度有所放缓。2001 年商品房的销售面积为 1414.7 万平方米，2007 年上升至 4923.84 万平方米，年均增速到达 23.1%；2008 年下降到 3501.27 万平方米；2009 年后又不断增加，2013 年增加至 7312.78 万平方米，其间年均增速为 5.2%；2014 年又略有下降，为 7142.4 万平方米。商品房销售额也呈现类似的变化趋势。

表 4   2001—2014 年商品房销售面积及销售额

单位：万平方米、亿元

年份	商品房屋销售面积	商品房销售额
2001	1414.7	193.5
2002	1867.0	257.7
2003	2460.9	349.3
2004	2102.0	330.5
2005	3402.5	662.0
2006	4100.2	931.1
2007	4923.8	1398.6
2008	3501.3	1105.5
2009	5967.7	2094.3
2010	6396.9	2647.3
2011	6543.6	3218.0
2012	6455.9	3517.7
2013	7312.8	4020.3
2014	7142.4	3997.4

3. 商品房价格逐年持续上涨，增长幅度有所下调

从四川商品房的价格来看，2001 年均价为 1367.97 元，2004 年上升为 1572.22 元，这三年房价增长较慢，年均增速为 4.7%。2005 年均价上升为 1945.49 元，2013 年为 5497.59 亿元，年均增长 13.9%。从房价的增速来看，可以分为两段时间，2005 年到 2011 年，房价增长较快，年均增速为 16.7%，2011 年后，房价增速放缓，年均增速降至 4.4%。

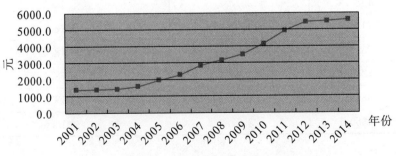

图 3   2001—2014 年商品房销售价格变化趋势图

（三）新型城镇化是推动四川房地产业健康发展的动力因素

1. 传统城镇化下四川房地产业发展表现的问题

传统城镇化存在不少问题，比如，城乡分割严重，农村的萧条与大城市病并存；区域间存在不平衡性，且区域之间缺乏良好的合作机制；过度发展导致资源过度消耗和环境破坏，忽视发展的质量；城镇创新能力明显偏弱，影响了产业升级和区域的可持续发展。传统城镇化也使得四川房地产业发展中凸显以下问题：土地供应仍以粗放型的增量供应为主；房地产行业的发展呈现地区严重失衡现象；房地产行业的产业带动效应极不均衡；房地产行业可持续性差，亟待转型；房地产市场自身调节意识弱，过多依靠政府干预。

2. 新型城镇化促进四川房地产业发展的动力分析

所谓新型城镇化，是指坚持以人为本，以新型工业化为动力，以统筹兼顾为原则，推动城市现代化、城市集群化、城市生态化、农村城镇化，全面提升城镇化质量和水平，走科学发展、集约高效、功能完善、环境友好、社会和谐、个性鲜明、城乡一体、大中小城市和小城镇协调发展的城镇化建设路子。新型城镇化的"新"就是要由过去片面注重追求城市规模扩大、空间扩张，改变为以提升城市的文化、公共服务等内涵为中心，真正使我们的城镇成为具有较高品质的适宜人居之所。党的十八大把生态文明建设放在突出重要的位置，提出坚持走中国特色新型工业化、信息化、城镇化、农业现代化道路，推动信息化和工业化深度融合、工业化和城镇化良性互动、城镇化和农业现代化相互协调，促进工业化、信息化、城镇化、农业现代化同步发展。2012 年底中央经济工作会议进一步提出，要走集约、智能、绿色、低碳的新型城镇化道路，这为我国城镇化指明了方向。随后，国家和四川省都先后出台了 2014—2020 年的新型城镇化规划。新型城镇化的建设将为四川房地产业的发展提供强大的动力，也指明了未来发展的方向。主要表现在以下几个方面：人口城镇化带来的新增住房需求；新型城镇化发展布局引导大中小城市的房地产业全面发展；集约、智能、绿色、低碳的城镇化发展道路促进房地产业的全面升级；经济转型消费升级，为产业、商业、旅游地产迎来发展契机；城镇基础设施和公共服务体系的全面提升，将为房地产业的发展提供保障。

二、新型城镇化对四川房地产业的影响分析

（一）农业转移人口落户城镇，城镇棚改，扩大了四川房地产市场需求容量

新型城镇化规划最大的亮点就是强调以人为本，推进以人为核心的城镇化，有序推进农业转移人口市民化。农业人口市民化过程中住房是一大关键的问题，让农民真正市民化须充分解决住房问题。

城镇化水平的提高，将为四川住房市场发展提供长期需求潜力。通过实证研究①也显示，四川城镇化每上升1个百分点，房地产市场需求将增加5.7%。根据《四川省新型城镇化规划（2014—2020年)》（以下简称《规划》）要求，到2020年四川城镇化率将到达54%，比2014年的46.3%高出7.7个百分点，城镇人口将增加624万人②，按照目前四川城镇居民人均住房建筑面积36.6平方米计算，到2020年前，城镇化水平提升带来的新增住房需求量约2.3亿平方米。

城镇棚户区改造和旧城改造，也为四川住房市场提供了需求支撑。《规划》指出要全面推进四川城市棚户区和城中村改造；有序推进城市老旧住宅区和古街古建筑综合整治；加快推进独立工矿区（煤矿）等行业棚户区（危旧房）改造；积极推进小城镇危旧房改造。提出在2014—2018年，开工改造各类危旧房棚户区156万户，2020年底前基本完成改造工作。从而需要为近470万人提供约1.7亿平方米③的住房。2014年数据显示全省的待售住房仅为0.12亿平方米，在施工的住房面积约0.82亿平方米，未来还需进一步增加住房容量。

可见，新型城镇化的快速推进，扩大了四川房地产市场需求容量，对四川房地产业的发展也会起到明显的促进作用。以成都市为例，目前已经设立天府新区、东部新城、西部新城、北改等重点经济建设改革开发区域，新型城镇化的推进对推动成都城市现代化和功能化起到良好的作用。新城建设、旧城改造都会为成都房地产市场的发展带来巨大空间。

（二）"一轴三带、四群一区"的城镇化发展格局，为四川房地产企业区域布局指明道路

《规划》提出，根据主体功能区和资源环境承载能力，优化城镇空间布局，构建以四大城市群为主体形态，大中小城市和小城镇协调发展的"一轴三带、四群一区"城镇化发展格局。其中，一轴是以成都为中轴。三带中的一个带是成德绵，连接云南，另一带指攀枝花，连接长江，最后一带指达州、自贡、宜宾、泸州，这一带可以连接到北海。四群指成都城市群、川南城市群、川东城市群、攀西城市群。而一区主要是指我省需要保护的区域——甘孜、阿坝。

"一轴三带、四群一区"的城镇化发展格局，使房地产企业看到，除了成都，其他城市房地产发展依然可为。成都城市群突出绵阳—成都—乐山城镇发展带，强化成都—遂宁城镇发展带、成都—资阳城镇发展带及三台—中江—淮口—简阳—成都新机场—仁寿城镇发展带，构建一体化城市群空间形态。川南城市群将推进内自泸宜聚合发展的川南大都市圈建设，加快沿长江城镇发展带、内泸—贵州城镇发展带和内宜—云南城镇发展带建设，构建多中心城市群空间形态。川东城市群将强化南达城镇发展带、广巴达城镇发展带和沿嘉陵江城镇发展带建设，构建开放型网络状城市群空间形态。攀西城市群

---

① 实证研究见附件。
② 假定常住人口不变估算出来的新增城镇人口数。
③ 按照2013年四川城镇居民人均住房建筑面积36.6平方米计算所得。

将强化安宁河谷—攀枝花城镇发展带和金沙江沿江城镇发展带，构建点轴状城市群空间形态。由此可见，四大城市群的发展，将促进四川大中小城市和小城镇协调发展，有利于缓解人口、资源向大城市集中的趋势，有利于分流像成都这样的大城市多年来居高不下的购房需求，大城市房价上涨的压力将会缓解。届时现有的大城市市场火爆，中小城市趋冷的房地产"市场分化"局面，必将随着新型城镇化的发展而变化。主攻大城市的知名房地产开发企业，在逐利原则的引导下，必将再次重返中小城市；现有躬耕于中小城市的中小房企，也将获得一个重整旗鼓再创业的好机会。根据四川省出台的《2013年全省加快推进新型城镇化工作方案》显示，2017年，全省城镇化水平要超过50%，实现城镇人口超过农村人口的结构性转变。绵阳、南充、自贡、泸州要力争跨入特大城市行列，遂宁、乐山、内江和德阳要跨入大城市行列。当前及未来几年，这些城市也是房地产业发展的重点区域。

（三）集约、智能、绿色、低碳的新型城镇化道路，推动四川房地产业的转型升级

中央经济工作会议提出要大力发展"集约、智能、绿色、低碳"的新型城镇化发展道路的"八字方针"，这也为四川的新型城镇化指明了方向。同时，这也对四川房地产业的发展提出了新的挑战和要求，即要改变传统房地产发展造成的土地利用率低，产品品质差，资源消耗大等问题。新型城镇化下房地产市场的发展应更加重视有质量、均衡、可持续的发展。

《规划》提出要优化城镇空间结构，提高建设用地的节约集约利用效率，走集约型城镇化发展。四川集约型城镇化的发展要求房地产业也必须向集约化转型。在房地产建筑开发过程中，要践行土地集约化利用的理念，不断提高对低效和闲置土地利用的效率；要对土地进行综合布局和规划，对低效土地寻求更高效的使用方式，根据土地的天然禀赋和优势，开发更为合适的房地产项目，从而提高土地的使用价值；要根据土地的使用类型和区位，合理确定建筑的密度和容积率，大力发展节地型建筑群体，从而使土地得以节约和集约；要对闲置土地进行保护，开发最为合适的建筑产品，使房地产业得以快速发展。智能城镇化，即城镇发展带来的问题要求以先进的观念和技术管理城市。《规划》中提出要推进智慧城市建设，统筹城市发展的物质资源、信息资源和智力资源利用，推动物联网、云计算、大数据等新一代信息技术创新应用，实现与城市经济社会发展深度融合。智能城镇化也要求房地产开发商和投资者对建筑智能化越来越重视，更好地满足人们对高品质居住、办公环境的需要。《规划》提出要加快绿色城市建设，将生态文明理念全面融入城市发展，努力增加绿色生态空间，大力推动绿色城市建设，构建绿色生产方式、生活方式和消费模式。绿色、低碳的城镇化发展要求四川房地产企业在追逐利润的同时应该更多地考虑社会效益和环境效益，争取有限资源的最大化利用，减少大而奢华的产品。因此，四川房地产业的发展应摒弃传统的追求数量增长，转向质量与品质上的提高。提高质量与品质的重要的途径就是新型建筑工业化，即采用产业化的方式生产和建造房子、标准化设计、工厂生产、现场安装、全装修，同时大量采用绿色、节能、低碳、环保的产品。

（四）经济转型消费升级，为四川产业、商业、旅游地产迎来发展契机

新型城镇化的推进，将助力四川经济转型、产业结构调整，也会使更多农民通过转移就业提高收入，通过转为市民享受更好的公共服务，从而使城镇消费群体不断扩大、消费结构不断升级、消费潜力不断释放，从而为四川经济发展提供持续的动力。经济转型消费升级也将带动产业、商业、旅游地产的发展。

所谓产业地产，是以产业为依托，以地产为载体，开发对象为标准化厂房、现代公寓、星级写字楼、产业综合体等。伴随着四川经济结构转型和产业转型与升级，产业地产在生态园区、智慧城市、物流地产等方面会迎来新一轮的市场发展机会。《规划》指出，将强化城市产业就业支撑，改善营商环境，增强经济活力，扩大就业容量，促进青年就业和农村转移劳动力、城镇困难人员、退役军人就业。稳定的就业带来持续可预期的稳定收入，才能给城镇新增人口实现购房需求的转化提供了可能，才能真正留住人。鄂尔多斯的康巴什新城人迹罕至，是一个典型的将城镇化简单理解为房地产化的失败案例，现在被叫作"鬼城"。形成康巴什"鬼城"的根本原因就是没有人气，没有产业的融合，它只是一个简单的造城运动，人口的导入，就业形不成可持续的发展。因此，产业地产将随着新型城镇化的推进，得到快速发展。

商业地产，即作为商业用途的地产，通常指用于各种零售、批发、餐饮、娱乐、健身、休闲等经营用途的房地产形式，以区别于以居住功能为主的住宅房地产，以工业生产功能为主的工业地产等。《规划》中也提出要加快发展商贸、文化、体育、旅游、餐饮、家政和社区等生活性服务业。居住环境只是保证老百姓生活幸福的一个方面，商业配套才会让老百姓生活更方便、更舒适、更开心。当前四川的许多中小城市商业配套还存在发展空间，还有很大的市场和需求。在新型城镇化的快速推动下，四川的中小城市商业地产将迎来前所未有的发展机遇。中小地产开发商业地产时，注意到消费结构和市场的变化，特别是商家的变化，进而去调整商业的定位和业态组合，而不能简单地复制模仿。

此外，在"新型城镇化"的过程中，伴随着城镇化深度加深，将有效刺激和引导农村居民旅游消费习惯以及消费模式向城镇居民的过渡和转型，这对于中国旅游业起到自上而下的积极催化效应，旅游行业将大幅受益，反过来，这将促使具有自然资源、人文资源的城镇和地区的旅游地产再度成为市场关注的焦点，伴随着城镇化深度加深，这些旅游地产也会带来新的发展机会。

（五）城镇基础设施和公共服务体系的全面提升，为四川房地产业的发展提供保障

城市基础设施投资短缺，建设滞后会在一定程度上制约房地产开发的规模和速度，影响建成项目的正常交付使用，甚至会对以后的使用者带来诸多的麻烦。同样，城市公共服务体系的缺失，也将很难使外来人口留下来长期居住，并购房安家。

《规划》中提出要提升城镇基础设施和公共服务体系。优先发展城市公共交通，积极发展城市大容量地面公共交通，加快换乘枢纽、停车场、公交站点和加气站等配套服

务设施建设;统筹给排水、燃气、电力、通信等地下管网和输配电线路建设,推动成都、自贡、绵阳、南充等城市启动地下综合管廊建设试点;按照国家相关标准规范要求,完善城镇公共服务体系,提高公共服务水平。城市基础设施的建设,方便了人们的出行,也对周围的房地产市场起到刺激作用。房地产开发企业通常会选择基础设施较全的区域进行开发,那会大大节省企业在开发初期所需要的征地、拆迁等成本,也降低了开发初期进行拆迁的各种不确定风险,增加企业的盈利空间。这样的城市基础设施建设投资有利于调动房地产企业进行开发投资的积极性,可以加速提高我省房地产开发投资水平。而公共服务体系的完善,有利于保障人们在城市长久居住,进而增加住房需求。因此,在新型城镇化中城镇基础设施和公共服务体系的全面提升,将会给四川房地产业的发展提供保障。

三、新型城镇化背景下四川房地产业健康发展的对策建议

(一)全面提升四川城镇化水平,推动房地产业的健康发展

正如诺贝尔经济学奖获得者、世界银行前副行长斯蒂格利茨说的一样,"中国的城市化与美国的高科技发展将是影响 21 世纪人类社会发展进程的两件大事。中国的城市化将是区域经济增长的火车头,将会产生最重要的经济效益。同时,城市化也将是中国在新世纪里面临的第一大挑战"。然而由于中国长期的城乡二元户籍制度,造成四川乃至全国城乡之间收入、就业、教育、医疗等方面的较大差异和不平等,从而阻碍了城镇化的发展。四川省委书记王东明在加快推进四川新型城镇化工作现场会上强调,推进城镇化要注重实现三个转变:由粗放增长向集约高效发展转变,由土地城镇化向人的城镇化转变,由城乡分割向城乡一体发展转变。新型城镇化将对未来四川加速城市建设和活跃城市经济起到至关重要的作用。

城镇化的发展也将给四川房地产市场带来巨大的商机。从实证研究结果可以看到,城镇化将对未来四川的住房需求产生极大的促进作用。城镇化过程带来大量的新增城镇人口将是未来住房需求的新型主体。城镇化是一个巨大的系统工程,在城市土地国有制的背景下,政府作为城市土地所有权的代理者和房地产业的公共管理者,有责任将新型城镇化与房地产业的协调发展作为其重要工作,通过运用经济、法律和行政的手段,促使新型城镇化进程与房地产业发展及城镇化空间演变规律相协调。除了政府的引导,更要发挥市场在资源配置中的决定作用,激发民间投资的活力,使这只看不见的手充分发挥其调节作用,通过市场化的手段配置土地、资本等要素资源,而不是靠计划。

(二)合理编制四川中长期住房建设规划,促进房地产业的理性供给

新型城镇化虽然为四川房地产市场的发展提供了良好的契机,有利于促进房地产市场的快速发展。但是,房地产市场的快速发展不能只是盲目的追求速度。要实现新型城镇化进程中的房地产市场健康、均衡、快速发展,需要合理编制四川中长期住房建设规划。尤其是需要考虑到三方面的内容:合理预计新型城镇化过程中带来的新增住房需求;合理规划房地产市场开发的产品结构;合理编制不同城市群的住房建设规划。对于

新增住房需求，要考虑新增住房需求的群体，如：是外来人口新增住房需求，还是棚户区、城中村改造所需。针对不同的群体，设计不同的规划方案。合理规划房地产市场开发的产品结构，也要考虑到不同群体的不同需求层次，结合人口结构、收入水平、产业结构、环境等因素设计出高、中、低等不同类型的住房，既满足高收入群体的改善型住房需求，又满足低收入群体的刚性需求。合理编制不同城市群的住房建设规划，主要针对四川四大城市群提出，每个城市群有着各自的特点，在编制中长期住房建设规划时应有所区分。

（三）建立健全四川住房保障和供应体系，满足广大人民群众的住房需求

随着新型城镇化的推进，四川城镇居民的住房刚需还很强烈。增加住房有效供给将是近期内住房政策设计的重中之重。因此，未来还需进一步建立健全住房保障和供应体系，增加住房供应，满足广大人民群众的住房需求。具体来看，需要做好以下工作：

第一，要增加普通住房建设，保障大多数人的住房需求。打破政府对土地供应的垄断，将政府和市场有效结合起来，适当增加普通住房的建设用地，保障房地产市场的合理投资。依法加快处置闲置房地产用地，对收回的闲置土地要优先安排用于普通住房建设。同时，继续加大对闲置土地的清查和整治力度，尽快统一和明确开发商捂盘惜售行为的界定标准。

第二，有序推进公租房建设，解决中低收入群众的住房困难问题。大力发展以公租房为主体、货币化住房补贴为主要辅助手段的住房保障体系，规范租赁市场，降低城市中低收入居民的居住成本。

第三，激活二手房存量住房市场，增加住房供应。住房存量流动带动住房增量提高，以弥补中国房地产市场中小户型供应不足，促进住房梯次消费，满足不同消费层次的住房需求。

（四）加强四川房地产行业监管和调控，保护消费者合法权益

根据《国务院办公厅关于进一步做好房地产市场调控工作有关问题的通知》（国办发（2011）1号）、《国务院办公厅关于继续做好房地产市场调控工作的通知》（国办发〔2013〕17号）以及国家住建部《关于进一步加强城镇个人住房信息系统建设和管理的通知》（建房〔2012〕198号）等文件精神，四川省也先后出台了《四川省人民政府办公厅关于切实做好房地产市场调控有关工作的通知》（川府办发（2011）16号）、《四川省住房和城乡建设厅关于进一步加强全省房地产市场信息系统建设工作的通知》（川建房发〔2013〕189号）和《四川省房地产市场信息平台建设技术导则》。这些文件中皆有关于加强房地产市场监控的具体办法，对房地产市场的监管更加清晰。总结起来，主要从以下几个方面着手：

第一，进一步完善商品房预售许可制度。预售许可是当前房地产销售管理的前期控制性措施，能有效降低市场交易风险。对于取得预售许可的商品住房项目，房地产开发企业要在十日内一次性公开全部准售房源及每套房屋价格，并严格按照申报价格，明码

标价对外销售。而对未取得预售许可的商品住房项目，房地产开发企业不得提前进行预售，需办理预售许可之后才能销售。

第二，加强房地产企业信用管理。各地要尽快结合实际情况，借鉴外地成功经验与做法，制定房地产企业诚信管理体系，建立企业信用管理平台，严格考核企业信用等级，通过网络等媒体对外公示，充分发挥舆论导向作用，使守信企业得到社会尊重和市场认可，失信的企业失去市场的青睐，购房消费者的权益得到最大限度的保护。

第三，健全房地产信息公开机制。各地区要及时主动发布商品住房建设、交易及房价、房租等方面的权威信息，正确解读市场走势和有关调控政策措施，引导社会舆论，稳定市场预期。房地产开发企业应将预售许可情况、商品住房预售方案、开发建设单位资质、代理销售的房地产经纪机构备案情况等信息，在销售现场清晰明示。

第四，加强市场监测。各地政府要继续加强房地产市场统计、分析和监测，及时针对新情况、新问题提出解决措施和办法。有关部门要及时发布市场调控和相关统计信息，稳定市场预期。对涉及房地产市场的不实信息，要及时、主动澄清。对诱导购房者违反限购、限贷等政策措施，造谣、传谣以及炒作不实信息误导消费者的企业、机构、媒体和个人，要进行严肃处理。

（五）大力发展四川养老地产，满足人口老龄化的需要

根据《2015年中国统计年鉴》数据显示，2014年底四川的人口老龄化程度居全国第二，65岁及以上老年人口比重达到14.0%。通过预测，2030年，该比重将进一步上升至20.77%。伴随新型城镇化的推进，城镇老年人不断增加，一部分由原有城镇老年人构成，另一部分是伴随子女入城的老年人。老年人需求和生活方式与年轻人不同，与子女分居的现象越来越普遍。

因此，伴随新型城镇化和人口老龄化的进程，养老地产逐渐成为四川目前迫在眉睫的民生问题之一，也为四川房地产市场开启了新的领域。这就需要政府配套相应的指导建议与优惠政策，如：明确界定养老地产的功能与建设标准；设立完整的体系，在规划、土地、税收、融资政策等方面加强对养老地产的支持力度等等。健康养老产业未来将发展成国民经济的重要产业，同时也将是新型城镇化过程中重点发展的产业，健康养老产业将能够有效支持新型城镇化的发展。因此，大力发展养老地产能促使四川新型城镇化与房地产市场在发展中实现互利共赢。

附件：新型城镇化对四川房地产业影响的计量分析

1. 计量模型及变量选取

以往的文献，定量分析多数是从房地产价格、投资与城镇化发展的关系进行的实证模型研究。本文旨在探讨新型城镇化发展过程中房地产供需均衡的新路径、新方法，希望通过量化城镇化水平与房地产的关联关系找到创新路径的思路突破。实证研究通过系统广义矩估计方法来研究城镇化对房地产市场的影响。

新型城镇化的本质是人的城镇化，因此本文将新型城镇化的量化指标确定为：城镇人口比重（urb），二、三产业就业人口比重（ind），以及人口数（pop）。课题将新型城

镇化与房地产市场的实证研究分成两个部分：城镇化与房地产需求、房地产供给与之间的数量关系，结合被解释变量和解释变量分别建立需求和供给两个模型：

（1）需求模型

根据以往的文献研究，大多数将商品房销售面积（SA）作为反映房地产市场的需求的被解释变量，本文亦如此。自变量除了新型城镇化的替代变量，还选取了商品房销售价格（P）作为控制变量，随着商品房价格的上涨，相应的需求则会受到一定程度的抑制，这也符合经济学中有关价格与需求关系的最基本表述。从需求角度分析建立的面板模型可表示如下：

$$SA_{i,t} = \beta_0 + \beta_1 SA_{i,t-1} + \beta_2 urb_{i,t} + \beta_3 ind_{i,t} + \beta_4 pop_{i,t} + \beta_5 P_{i,t} + u_{i,t}$$
$$t = 2006, \cdots, 2013; i = 1, \cdots, 21$$

（2）供给模型

本文也借用以往文献常用的指标房地产开发投资额（I）作为反映房地产供给数量的被解释变量，自变量除了新型城镇化的替代变量，还选取了以下变量：商品房的价格（P），随着商品房销售价格的上涨，房地产供给也会随之增加；商品房的销售面积（SA），销售面积越多，供给往往也会增加。从供给角度分析建立的面板模型可表示如下：

$$I_{i,t} = \beta_0 + \beta_1 I_{i,t-1} + \beta_2 urb_{i,t} + \beta_3 ind_{i,t} + \beta_4 pop_{i,t} + \beta_5 P_{i,t} + \beta_6 SA_{i,t} + u_{i,t}$$
$$t = 2006, \cdots, 2013; i = 1, \cdots, 21$$

2. 数据来源

根据数据收集的实际情况，本文选用四川省 21 个市州 2006—2013 年的城市面板数据主要来自历年《四川统计年鉴》。考虑到商品房价格与居民消费价格指数 CPI 密切相关，因此，本文以 2006 年作为基期，将该变量的相关数据做了平减处理。同时，为了减少模型拟合的异方差性，对商品房销售面积、房地产开发投资额、人口数、住房价格这四个变量分别取自然对数，其对数的差分可以表示发展速度，模型中的对数系数也是弹性系数。

3. 基于动态面板数据的实证分析

系统广义矩估计的回归结果见表 5，Sargan 检验、AR 检验以及模型的显著度和系数对应的标准差等统计量值可知，系统广义矩估计的两步估计优于一步估计。实证结果显示：城镇化速度对房地产市场需求和供给均有显著影响，城镇化每上升一个百分点，房地产市场需求将上升 5.7%，房地产供给将增加 2.1%，可见需求效应更加明显。二、三产业的从业人口比重对房地产市场也有显著影响，从业人口比重每上升一个百分点，房地产市场的需求将增加 6.1%，房地产供给将增加 2.4%，也是需求效应更明显。人口数的变化对房地产市场也有显著影响，人口数每增加 1%，房地产市场需求将增加 1.08%，房地产供给将增加 0.607%，同样是需求效应更大。

表5 新型城镇化对房地产市场需求和供给的系统广义矩估计结果

因变量 SA			因变量 I		
自变量	一步估计	两步估计	自变量	一步估计	两步估计
L.SA	0.335***	0.336***	L.I	0.133	0.144***

续表

因变量 SA			因变量 I		
	0.081	0.026		0.085	0.024
urb	0.051**	0.057***	*urb*	0.021	0.021***
	0.026	0.015		0.017	0.005
ind	0.050***	0.061***	*ind*	0.025*	0.024***
	0.018	0.012		0.014	0.005
pop	1.246***	1.080***	*pop*	0.593**	0.607***
	0.304	0.212		0.28	0.113
P	−0.419**	−0.527***	*P*	0.764***	0.788***
	0.212	0.126		0.151	0.049
_cons	−10.576**	−8.012***	*SA*	0.312***	0.308***
	4.216	3.209		0.059	0.019
联合显著 Wald 检验	0.000	0.000	*_cons*	−10.292***	−10.736***
Sargan test	0.000	0.8007		3.979	1.500
AR（1）	—	0.0014	联合显著 Wald 检验	0.000	0.000
AR（2）	—	0.1029	*Sargan test*	0.000	0.8003
obs.	147	147	*AR*（1）	—	0.025
			AR（2）	—	0.7397
			obs.	147	147

注：***、**、*分别表示在 1%、5%、10%的置信水平下显著，括号内为标准差。

新常态下四川文化产业发展动力研究

一、新常态下文化产业发展动力研究理论基础

（一）新常态下文化产业发展动力研究的背景和意义

我国经济发展进入新常态，正从高速增长转向中高速增长，经济发展方式正从规模速度型粗放增长转向质量效率型集约增长。2014 年 5 月，习近平总书记在河南考察时强调，我国经济发展处于重要战略机遇期，应"从当前我国经济发展的阶段性特征出发，适应新常态，保持战略上的平常心态"。2014 年 11 月 9 日，习近平总书记在APEC 会议开幕式的演讲中指出："中国经济呈现出新常态。"李克强总理在 2015 年的政府工作报告中指出，必须坚持不懈依靠改革推动科学发展，加快转变经济发展方式，实现有质量有效益可持续的发展。以新常态来判断当前中国经济的特征，并将之上升到战略高度，表明中央对当前中国经济增长阶段变化规律的认识更加深刻，这一认识正在对宏观政策的选择、行业企业的转型升级产生方向性、决定性的重大影响。新常态之"新"，意味着不同以往；新常态之"常"，意味着相对稳定，主要表现为经济增长速度适宜、结构优化、社会和谐。面对新的文化发展环境，文化产业发展要积极适应"新常态"，以新的发展方式推动"新常态"下的文化转型。通过深化改革调整文化生产方式，推动文化结构优化。

2009 年，《文化产业振兴规划》出台，标志着文化产业成为国家重点扶持的战略性新兴产业。2011 年，党的十七届六中全会提出加快文化产业发展，推动其成为国民经济支柱性产业，将文化产业的发展提升到了一个新的高度。在我国经济进入新常态的大背景下，传统产业相对饱和，新产品、新业态正大量涌现，融合发展渐成趋势，继续深化改革也成为各方共识。近年来，文化产业与科技、金融等领域融合发展，顺应了新常态的发展趋势。2012 年，四川省委推出《关于深化文化体制改革加快建设文化强省的决定》，通过一系列扶持政策，意欲提升文化产业为四川省支柱性产业。大力发展文化产业，是全面落实科学发展观、实现四川省经济社会全面协调可持续发展的重要内容，是增强四川省自主创新能力、建设创新型城市的有力举措。改革将助推四川文化从"量的扩张"转向"质的提升"。让文化创新驱动代替要素驱动，促进文化发展，融合也将成为文化的"新常态"。推进文化创意和设计服务与相关产业融合发展，打造文化创意产品、融合发展集聚区和融合展示平台。促进居民文化消费的政策措施，以提升文化消费对经济增长的拉动效应，助推经济结构升级转型。对于推进四川省产业结构升级和经

济发展方式转变，着力构建具有区域竞争力的现代产业体系，推动四川省调整与重组本地要素、优化升级产业结构，尽快使四川省成为全国重要的区域经济板块，成为西部的经济中心具有重要意义。

（二）"新常态"的基本内涵和一般特征

1. 新常态的概念与基本内涵

自 2008 年金融危机之后，全球经济增长乏力、政府债务危机加深、社会失业大量出现，世界进入一个新的经济周期，中国也出现了以产能过剩、经济放缓、结构调整为标志的经济新常态。

当前在全球新一轮的经济周期下，我国经济发展进入新常态，增长速度正从高速转向中高速，发展方式正从规模速度型粗放扩张转向质量效率型集约增长，经济结构正从增量扩能为主转向调整存量、做优增量并存的深度调整，发展动力正从传统增长点转向新的增长点。经济新常态在我国有着更为具体、深刻的内涵。主要体现在其对经济发展方式与经济发展结构的要求上。

在产能过剩的情况下，我国的生产组织方式，逐渐转向后福特式，更加注重满足消费者的个性需求与消费体验，生产将更加注重创新及产品的核心竞争力。故而创意将是新常态重要的经济要素，创新创意的生产模式将会是经济新常态下最为主要的生产模式。网络信息服务业、电子商务、互联网金融等新业态、新模式不断催生新的增长点，创意文化产业与互联网＋等新型产业形态将有力地推动改变经济方式。

经济结构调整包含两重内涵，其一是"转型"，即消除经济运行中的各类扭曲性的结构矛盾，改善经济中不适应发展需要的结构性问题，实现经济结构转型；其二是"升级"，即围绕市场经济规律，根据国家发展战略，主动实现经济结构升级，提升整体竞争力。

2. 当前新常态在我国表现的一般特征

进入新常态后，经济将表现出以下特点：经济增长率从原来的 10％ 左右，逐步过渡并稳定在 7％ 左右这一新的均衡点；经济结构出现转折性变化，消费、服务业、内需将成为增长的新动力；产业升级和创新驱动加快，劳动生产率提高，要素成本上升压力缓解；就业压力减小，产业结构与人力资本结构基本相适应；财政、金融产业等方面风险得到有效控制并下降；企业总体上能实现稳定盈利，政府财政与居民收入稳定增长，中等收入群体稳步扩大。[①]

中国经济发展进入新常态，其特征主要体现为：第一，经济增长速度由过去近两位数的高速增长转变为中高速增长的"七时代"；第二，经济增长的动力从"要素驱动"、"投资驱动"转向通过技术进步来提高劳动生产率的"创新驱动"；第三，经济增长的结构由以工业为主的增长转变为以服务业为主的增长，对外开放由主要靠引进外资和出口导向转向对外投资和资本输出。整体而言，我国经济发展方式正从规模速度型增长转向

---

① 刘世锦. 在改革中形成增长新常态［M］. 北京：中信出版社，2014。

质量效率型增长，以高知识性、高增值性、低资源消耗、低环境污染为特征的文化产业通过聚焦内容主业、运用科技等要素发展新兴业态等途径，正在实现提质增效升级，不仅能迅速增加第三产业比重从而优化经济结构，而且对传统产业文化内涵和品质的提升具有积极作用，成为新常态下经济发展的重要推动力。

（三）动力及动力机制的内涵与特征

动力指有利于产业发展的一切有利因素，诸多动力因子的相互协调推动产业发展形成动力机制。动力机制有着如下的特征：

首先，动力机制具有整体性。动力机制是一个合力系统，同其他任何系统一样，是由无数个"相互关联""相互冲突""相互交错"的动力因子及其能量组成的一个整体。

其次，动力机制具有"权变"结构性。任何一个系统，都有自己独特的适应环境条件变化的结构方式。在不同的环境下动力机制的结构与内容都是不同的。

最后，动力机制具有开放性和包容性。随着经济社会的发展，实践活动的不断深入，人类文明和科学技术的不断进步，社会主体自身潜能的不断发挥，各系统和组织之间的联系会更加紧密和频繁，促使这一合力系统将增添许多新的因素和要素。

二、新常态下四川省文化产业发展的新特征

（一）消费结构升级引导文化产业结构升级

经济新常态下，消费结构逐渐走出模仿排浪式特征，消费者的消费更加趋向个性化和创意，个性化、多样化消费渐成主流。产品生产与服务企业要积极创新产品，提高商品与服务质量，满足居民消费升级的需要。

2014年四川省全年实现地区生产总值（GDP）28536.7亿元，按可比价格计算，比上年增长8.5%。其中，第一产业增加值3531.1亿元，增长3.8%；第二产业增加值14519.4亿元，增长9.3%；第三产业增加值10486.2亿元，增长8.8%。三次产业对经济增长的贡献率分别为5.0%、59.7%和35.3%。人均地区生产总值35128元，增长8.1%。三次产业结构由上年的12.8∶51.3∶35.9调整为12.4∶50.9∶36.7。全年非公有制经济增加值17195.4亿元，比上年增长9.5%，占GDP的60.3%，对GDP增长的贡献率为66.9%。其中，第一产业增加值1422.1亿元，增长3.7%；第二产业增加值10549.6亿元，增长9.9%；第三产业增加值5223.8亿元，增长10.3%。

"十二五"期间，四川文化产业发展转变方式，创新思维，着力体制改革，加大政策扶持，多措施促进文化产业持续快速发展，文化产业综合实力显著增强。2014年，四川省文化及相关产业实现增加值1059.4亿元，比2010年增长103.3%，年均增长19.4%，明显高于同期GDP增长速度。

文化产业规模不断扩大，占GDP比重稳步提升。2014年，四川省文化及相关产业增加值占GDP比重3.71%，比2010年提升0.68个百分点，年均提升0.17个百分点。文化产业规模化集约化发展加快，规模以上文化企业发展迅猛。2014年末，四川省文化及相关产业规模以上法人单位1004个，比2010年增长143.1%，年均增长24.9%；

实现增加值 442.42 亿元，比 2010 年增长 192.7.3%，年均增长 30.8%。

随着居民人均收入水平的提高和人均生活消费支出的提高，对于中高收入群体，购买商品与服务时更重视的是购买活动所产生的愉悦的心情和能够带来满足感的体验。因此，高品质地、外观设计和功能具有新鲜感的产品，优质的服务加上不断创新的内容与体验方式才能吸引这一消费群体。

消费的多样化与个性化，就是产业组织形式逐渐向后福特制转变。后福特制的组织生产模式具有满足个性化需求、具有灵活弹性的特点。这也促使以大生产的制造业为核心的经济结构向以创意为核心的文化创意产业转变。以创意为核心的创意文化产业开始发展，科技对文化产业的推动作用也日益明显，文化产业依靠创意设计来带动引领其他产业的发展。

一般来说，文化产业的核心部分是传统意义上的艺术创作，包括音乐、舞蹈、戏剧、文学、观赏艺术、工艺品，也可以包括新兴的影视艺术表演、计算机与多媒体艺术等等。在新常态消费结构升级下，创意和科技就自然而然成为文化产业转型升级的主要推动力，以科技为形式，以创意为内容，产出高质量的文创产品。文化传承与创新相结合，把深厚的文化资源转化成文化生产力需要借助优势的先进的科技力量，科技与文化双轮驱动，文化是民族的血脉，科技是人类智慧的结晶，加快二者的深度融合，有利于培育新兴业态和新的经济增长点，推动产业结构优化和经济发展方式转变。

（二）"互联网＋文化产业"创新业态发展迅速

新媒体正以数字技术、信息技术、网络技术为基础，以强烈的冲击给民众的生活方式带来前所未有的变革，当前网络产业的发展已经成为一个国家与地区综合竞争力强弱的关键因素。因此，近年来网络产业也逐渐成为各国的战略产业。"互联网＋"逐渐成为我国经济发展的一个全新热点。所谓"互联网＋"是指互联网产业与一个传统产业联合发展。四川的文化产业发展应当与互联网等科学技术结合，提升文化产业的发展水平，催生文化产业新业态。

网络产业的发展不仅仅是微博微信等新媒体蓬勃发展，还有大型综合新闻网站等以及各市州网站的建立。

四川日报报业集团建立了以构建立体传播格局为根本目标的发展方针，加强网络与传统媒体纸媒的充分融合，充分挖掘数字媒体的价值。在多个重大主题报道过程中，集团综合运用多种传播途径、方法，成功地将纸媒、手机数媒、网站等多种传播媒介相结合，成功地建立起一个融合了多种媒体介质的立体传播平台。

"互联网＋文化产业"可以使传统文化产业中已经初级化的产品回到其成长期或成熟期，延长其生命周期或增加文化产品的文化附加值。同时，电子商务的快速发展，不仅改变了制造业的产品销售渠道，也为文化创意产品的发行与发展提供了一个极好的温床。不仅如此，电子商务的发展还带动了网络贷款、互联网支付、互联网金融投资等新的经济增长热点，为"互联网＋文化产业"注入了新的活力。

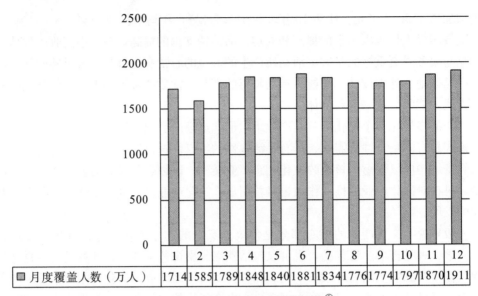

图1 2013年四川省网上购物人数[①]

月度覆盖人数（万人）	1	2	3	4	5	6	7	8	9	10	11	12
	1714	1585	1789	1848	1840	1881	1834	1776	1774	1797	1870	1911

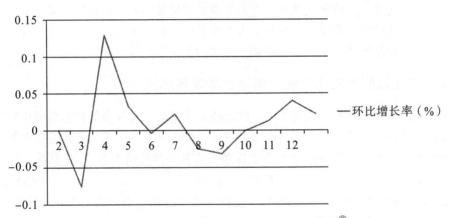

图2 2013年四川省网上购物人数月环比增长[②]

（三）文化产业跨界融合，推动制造业转型升级

在经济新常态下，文化产业以其独特的创意特性承担起拉动经济增长，带动引领其他文化产业发展的责任。同时文化产业通过创意、科技与其他产业跨界融合，整合资源实现文化产业＋的集约化发展，文化产业发展也逐渐走向产业集群。

文化创意产业涉及范围非常广泛，其服务涵盖的传统产业门类繁杂，单凭文化创意产业很难独立完成，需要多个产业共同协作完成，故而，文化产业的集聚化是必然的，同时文化产业的健康发展需要与其他产业相融合。发展文化产业，就要让相关的强势产业一同崛起。即使文化产业暂时没太强的竞争力，只要上游产业具有竞争优势，那么对文化产业的发展的影响仍是正面的。

---

① 本数据来源于石磊，魏宇昕，刘可. 四川大网络产业发展报告，四川省文化产业发展报告（2015）。
② 本数据来源于石磊，魏宇昕，刘可. 四川大网络产业发展报告，四川省文化产业发展报告（2015）。

在目前文化产业与旅游产业的结合是当前"文化产业＋"模式中相当成熟的模式，以文化为魂、旅游为体，切实加强文化内容与旅游产品的深度融合，充分发挥市场引导作用，发挥本区域自身优势，开发相关旅游产品，提升文化与旅游融合的关联性、互动性、整合性、辐射性，提升区域内文化旅游品位，推动文化产业健康发展。

2014 年四川省全年接待国内旅游者 5.4 亿人次，比上年增长 10.0％；国内旅游收入 4838.3 亿元，增长 26.3％。接待入境旅游者 240.2 万人次，增长 14.6％；实现旅游外汇收入 8.6 亿美元，增长 12.7％。全省累计出境游客总人数为 123.8 万人，增长 66.8％。全年实现旅游总收入 4891.0 亿元，增长 26.1％。文化产业与旅游产业的融合发展将进一步带动四川省文化旅游产业的健康发展。

四川有着全国唯一的羌族聚集区，最大的彝族聚集区、康藏核心区，少数民族歌舞、服饰、饮食、建筑吸引大量游客，当地的文创产品与旅游产品融合，文化产业与旅游产业相结合，取得了极好的成效，2012 年仅丹巴藏寨接待游客就达 34.19 万人次，入境游客 7668 人次，实现门票收入 172.103 万元，旅游与文化产业综合收入达 22223.89 万元。

三、新常态下四川省文化产业发展的机遇分析

（一）调整产业结构，必须增加产品和服务的文化附加值

调整产业结构，更加重视创意文化产业的重要性，以创意文化产业为核心，其他相关产业向创意集聚，尤其是制造业。科技与创意相结合形成的文创产品概念需要制造业的制造车间将其变为一个实体化的文化产品。在这一过程中，不仅仅是生产文创产品的过程，也是将创意植入工业产品之中，赋予工业产品较高的文化附加值。

2013 年四川省文化产业分层结构出现明显变化，相关产品的生产（相关层）高速增长（见表 1），文化产品的生产（核心层）则出现明显下滑（见表 1）。2013 年，四川省文化产业法人单位文化相关产品的生产（相关层）实现增加值 470.53 亿元，比上年增长 75.9％；文化产品的生产（核心层）实现增加值 467.9 亿元，比上年下降 18.0％。核心层与相关层的结构比由上年的 68.0∶32.0 调整为 2013 年的 49.9∶50.1。

表 1　2013 年四川省各行业文化产业法人单位主要统计指标[①]

类别名称	法人单位数	从业人员期末人数	法人单位增加值
	（个）	（万人）	（亿元）
全部文化产业法人单位	26339	48.80	938.43
第一部分文化产品的生产（核心层）	22363	31.33	467.9
一、新闻出版发行服务	553	3.02	63.29
二、广播电视电影服务	667	2.13	24.11

---

① 2013 年四川省文化产业发展简析，统计分析，2015（16）。

续表

类别名称	法人单位数	从业人员期末人数	法人单位增加值
	（个）	（万人）	（亿元）
三、文化艺术服务	5920	7.47	59.3
四、文化信息传输服务	783	3.02	77.53
五、文化创意和设计服务	4937	5.53	90.52
六、文化休闲娱乐服务	8673	7.79	105.36
七、工艺美术品的生产	830	2.37	47.79
第二部分文化相关产品的生产（相关层）	3976	17.47	470.53
八、文化产品生产的辅助生产	2645	7.82	185.52
九、文化用品的生产	1212	8.96	269.05
十、文化专用设备的生产	119	0.69	15.96

从上述数据中我们可以看出，四川省文化产业结构发生了较大的变化，文化产业的核心层发展速度开始放缓，但是相关层的发展速度依旧较快。在经济新常态下，创意文化产业逐渐在产业结构中居于核心的位置，通过创意与科技逐渐向其他产业渗透，提高产品的文化附加值，使其产品具有更高的核心竞争力。

创意文化产业是在 2015 年全国"两会"上提出的关于文化产业的新提法，这种新兴业态既有文化产业固有的内容性特征，与此同时更加重视科技对创意的作用，所以使得制造业等其他传统产业与创意、文化相结合产生新的文化产业业态。

（二）新型城镇化为文化产业提供了全新发展平台

2014 年"两会"上，国务院总理李克强在政府工作报告中提道：2014 年全国的工作重点将推进以人为核心的新型城镇化建设。同年，国家发改委发布《国家新型城镇化规划（2014—2020）》。这些政策说明：新型城镇化是我国完成现代化的必由之路，是扩大内需的重要途径，是推动新常态下经济社会科学健康发展的重要举措。

四川城镇化的发展为其城市文化产业与乡村文化产业的发展提供全新的发展环境与机遇。

1. 城市文化产业发展的机遇

一是城市文化产业格局的转变。

2011 年四川省"十二五"规划中明确提出了"一核、四群、五带"的区域规划与城镇体系。面对新型的城镇体系，文化产业发展布局也要做出调整，2012 年四川省政府工作会议明确了"一核四带"的区域布局和"5+2"的行业布局。

二是文化需求与文化市场发生改变。

李克强总理在政府工作报告中提到，"新型城镇化的核心是'人的城镇化'"。也就是农业转移人口的市民化。随着工业化和城镇化的发展，预计未来两年的时间里四川省城市人口将增加 1000 万左右，四川省未来城镇化接纳吸收的农村人口将达到 800 万人左右。

城市人口的大量增加对文化市场会产生极大的影响。一方面，人口的大量增加一定会带来文化消费需求的大量增加，另一方面农业人口的城镇化也为文化产业发展带来不同的文化需求。

2014 年全年四川省城镇居民人均可支配收入 24381 元，比上年增长 9.0%。其中，工资性收入 16279 元，增长 8.7%。人均消费性支出 18027 元，增长 10.3%。其中，居住支出增长 4.3%，家庭设备用品及服务支出增长 9.7%，交通和通信支出增长 17.3%。城镇居民恩格尔系数 40.1%。

"新市民"所带来的文化需求与市场的改变，迫使文化生产者必须面对文化市场的新形势、新需求，生产出适销对路的高品质文化产品，体现出文化产品的新特点。

2. 乡村文化产业发展的机遇

全年农村居民人均纯收入 8803 元，比上年增加 908 元，比上年增长 11.5%。其中，工资性收入 4016 元，增收 473 元，增长 13.4%；家庭经营纯收入 3571 元，增收 250 元，增长 7.5%；财产性纯收入 252 元，增收 50 元，增长 24.7%；转移性纯收入 964 元，增收 135 元，增长 16.3%。农村居民人均生活消费支出 6906 元，增长 12.7%。其中，居住消费支出增长 11.0%，家庭设备用品消费支出增长 17.5%，交通和通信支出增长 15.9%，医疗保健消费支出增长 12.9%。农村居民恩格尔系数 43.2%。

农业生产的集约化使农村劳动力的转移速度不断加快，土地的规模化与集约化也都为四川乡村文化产业的发展提供了新的便利条件。例如，雅安碧峰峡和成都欢乐谷都是对区域内的各种资源进行有效整合，走集约化、规模化经营的成功模式。

（三）经济放缓需要文化产业进一步刺激社会消费

经济新常态的一个明显特征就是经济发展速度的放缓，由高速发展逐渐转变为中高速发展，进入经济发展"七"时代。在这样的经济形势下，势必要通过提高产品中的文化附加值，将文化创意元素以科技的形式植入到各式产品之中，刺激吸引消费者进行消费。

从地区单位看，文化产业法人单位上"千家"的市（州）增多。2013 年，文化产业法人单位上"千家"的市（州）有 9 个，比上年增加 3 个。他们分别是：成都（8042 家）、绵阳（1776 家）、南充（1598 家）、宜宾（1470 家）、达州（1203 家）、德阳（1156 家）、泸州（1069 家）、乐山（1034 家）、遂宁（1000 家），9 个市（州）的单位总量占全省文化产业法人单位总数的 69.7%。

表2 2013年四川省各市(州)文化产业法人单位主要统计指标[①]

市(州)	法人单位数	从业人员期末人数	法人单位增加值	比上年增长	占GDP比重(%)	
	(个)	(万人)	(亿元)	(%)	2013年	2012年
四川省	26339	48.80	938.43	11.8	3.57	3.52
成都市	8042	17.62	453.13	11.8	4.97	4.96
自贡市	749	1.08	17.23	8.8	1.72	1.62
攀枝花市	662	0.68	17.62	10.3	2.20	1.95
泸州市	1069	2.45	38.21	11.2	3.35	3.09
德阳市	1156	2.21	27.35	11.1	1.96	1.65
绵阳市	1776	6.40	72.68	19.0	4.99	4.34
广元市	978	0.84	14.61	9.1	2.82	2.51
遂宁市	1000	1.85	25.09	8.5	3.41	3.09
内江市	741	1.00	22.62	8.1	2.12	1.95
乐山市	1034	1.82	47.60	12.4	4.19	3.73
南充市	1598	2.96	32.10	12.4	2.42	2.10
眉山市	827	1.43	18.49	11.3	2.15	2.08
宜宾市	1470	2.03	46.14	13.0	3.44	3.10
广安市	469	0.60	13.93	8.7	1.67	1.56
达州市	1203	1.60	29.67	9.0	2.38	2.19
雅安市	492	0.55	12.28	5.5	2.94	2.89
巴中市	829	0.89	11.96	13.9	2.88	2.61
资阳市	678	0.84	14.19	9.9	1.30	1.29
阿坝州	456	0.73	7.68	10.5	3.28	3.09
甘孜州	318	0.28	3.76	4.7	1.87	1.87
凉山州	792	0.94	12.09	9.6	1.00	0.91

从文化产业法人单位数量看,增长较快。2013年,我省文化产业法人单位26339家,比上年增长13.7%,比2008年第二次全国经济普查增长40.5%。

按规模分,四川省规模以上文化产业法人单位757个,比上年增长11.2%;规模以下文化产业法人单位25582个,比上年增长13.7%。按行业分,四川省文化制造业法人单位2633个,比上年增长14.7%;文化批零业法人单位1713家,增长9.9%;文化服务业21993家,增长13.8%。从发展速度看,重点文化服务业单位数量增长最快,速度远远大于规模以上制造业。

从文化产业三大行业的发展速度来看,呈齐头并进的趋势。2013年,我省文化制

---

① 2013年四川省文化产业发展简析,统计分析,2015(16)。

造业法人单位 2633 家，比上年增长 14.7％；文化批零业法人单位 1713 家，增长 9.9％；文化服务业 21993 家，增长 13.8％。

从行业结构看，文化服务业法人单位占绝对的主体地位。2013 年，我省文化服务业、文化制造业、文化批零业法人单位数占文化产业法人单位总数的比重分别为 83.5％、10.0％ 和 6.5％，文化服务业占比达八成以上。

表 3　四川 2013 年文化产业法人单位与 2008 年、2012 年对比表[①]

单位：个

指标名称	2008 年	2012 年	2013 年		
			绝对数	比 2008 年增长％	比 2012 年增长％
文化产业法人单位	18741	23174	26339	40.5	13.7
其中：规模以上	279	681	757	171.3	11.2
规模以下	18462	22493	25582	38.6	13.7
其中：制造业	1490	2295	2633	76.7	14.7
批零业	1193	1558	1713	43.6	9.9
服务业	16058	19321	21993	37.0	13.8

由此可见，在经济放缓的时期，一般来说，文化产业可能会得到发展。在经济新常态下，由于前几十年的经济发展，我国居民都已经实现温饱，甚至达到小康水平。在这种情况下，消费者的消费欲求便不再集中于生活必需品。经济放缓，居民的经济实力受到限制，又使他们无法再像经济高速发展时期那样消费奢侈品，所以只能将高端奢侈品的消费欲望转移到文化产品上来，即"口红效应"。文化产业还以其内容性对消费者的消费行为有着一定的引导和吸引作用。

（四）新常态下的大众创业，文化产业是重要领域

在中国经济进入新常态后，李克强总理曾多次提到"大众创业，万众创新"这一概念，而"大众创业、万众创新"是推动实施创新驱动发展战略的重要举措。张承惠认为，通过创新创业，企业可以提升产业竞争力，在国际竞争中抢占高地；可以改造传统产业，使其焕发新的生命力；可以吸收传统行业释放的劳动力，创造新的就业岗位；可以推动服务业大发展，为经济提供新的驱动力。

从供给来看，经济增长有两类原因，一类是在已有技术条件下增加资源的使用，比如资本和劳动力。在这类增长中，后进国家可以从先进国家学习新技术，并不需要自己开发。第二类就是发明新的技术，即创新。在经济新常态下创新创意对文化产业发展是最大的推动因素。创意的集聚其实质就是创意人才的集聚。"大众创业"对于文化产业而言，将会是一次创意人才资源快速积累的过程。

---

① 2013 年四川省文化产业发展简析，统计分析，2015（14）。

四、新常态下四川省文化产业发展的动力

波特钻石模型表明，决定一个国家或者地区的某种产业的竞争力有四个因素：一是生产要素；二是需求条件；三是相关产业和支持产业的情况，即这些产业及相关上游产业的竞争力；四是企业的战略、结构、竞争对手的情况。这四个要素之间存在双向作用。钻石模型在这四大要素之外又存在两个变量，即不可控的机遇与政府政策的影响。

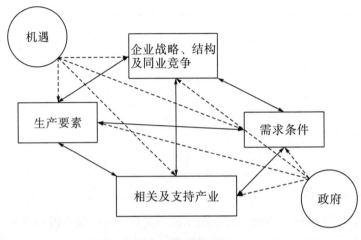

图 3　波特钻石模型

钻石模型的内在逻辑显示，产业集群与产业融合可以加速集群中的要素流动，提高生产效率。在经济新常态下，四川省文化产业的发展，产业间融合与文化产业和生产要素的融合是一个必然的趋势。

（一）文化与科技相融合的产业创新力

当前，由于网络技术的发展，"互联网＋"逐渐成为我国经济发展的一个全新热点。所谓"互联网＋"是指互联网产业与一个传统产业联合发展。四川文化产业发展应当与互联网等科学技术结合，提升文化产业的发展水平，催生文化产业新业态。加强文化资源创意策划和转化，完善各类生产服务网络，满足多样化文化消费需求。

"互联网＋文化产业"以互联网作为主要平台，同时兼顾手机 APP 对文化产业中的创意或者文创产品进行推广。互联网具有互动性的优点，可以使消费者与文化生产者直接沟通，使文化产品适销对路。四川新闻网传媒（集团）股份有限公司重组了四川新闻网、中国西部网、四川手机报、麻辣社区、舆情信息平台、四川发布等新媒体，其中四川新闻网是全国最早成立的省级新闻网站，也是四川省最大的综合性门户网站和重点新闻门户网站，网站在所有市州设立了分频道，获取全省新闻信息将更加快捷，全年发布图文和音、视频稿件百万篇，制作深度专题 400 余个。其业务范围覆盖了手机报、网站、四川发布厅、舆情信息服务业务、互联网和手机视频业务。

手机 APP 是互联网＋的一个重要媒介，其有着便利、灵活等优点，可以很好地把消费者碎片化的时间充分运用起来，使文化创意产品更好地渗透人们的日常生活中。手

机 APP 也会在不知不觉中让人们消费文化产品，比如一些提供旅游、阅读等文化产品的 APP。新媒体是互联网与传统文化产业相结合的产物，对人们现在的日常生活已经产生了巨大的影响，其在潜移默化中对消费者的消费行为产生影响。

互联网对文化产业的推动作用日益明显，除对文化产品的互联平台建设、文化创意的网络形式的结合外，还需大力发展数字网络产品，加快图书馆、博物馆、名镇、文化娱乐场所的数字化建设，促进传统文化产业的改造升级和结构调整。

（二）文化与金融相融合的产业内生力

金融是诸多产业发展的重要经济要素，对文化产业来说更为重要。一方面文化产业的发展需要资本支持，另一方面文化产业与金融业相结合可以产生强大的产业推动力。主要包括三种能力：一是"文化产业吸融力"，指文化产业吸纳社会各种类型的金融资源进入文化产业领域的能力，文化产业"吸融力"越大，则其能够实现的文化产业资本规模越大；二是"文化产业吸储力"，指文化产业通过为其服务的金融组织体系运营而吸纳社会储蓄的能力。文化产业的"吸储力"越大，则其在特定时期内能够获得的社会储蓄余额越大，储蓄余额是文化产业金融形成信贷能力的前提；三是"文化产业金融置换力"，指文化产业金融资源在被开发或被配置过程中所形成的对文化产业其他生产要素（或经济资源）的替代、置换与重组的能力。

自 2010 年《关于金融支持文化产业振兴和发展繁荣的指导意见》出台以来，各级文化部门与银行、证券、保险等金融机构进行了全方位合作，搭建了多层次、多渠道、多元化的文化产业投融资体系，为解决文化企业融资难题发挥了积极作用，金融支持文化产业成效显著。

文化产业投资基金是文化金融的一种重要形式。随着文化产业在国民经济中的地位进一步提升，文化产业受到越来越多资本的青睐。在政策支持下，各类资本加大进军文化产业的力度，文化企业也希望借助基金形式进行投资收购，实现自身产业整合的目的，催生了各类文化产业基金如雨后春笋般涌现。据统计，截至 2014 年底，共有各类文化产业投资基金 116 支，出资人包括政府、国有资本、文化企业、民营资本等。从四川省发展实际来看，四川具有丰富的文化资源，构建有特色的文化产业区域布局尤为重要。《四川省人民政府关于加快推进文化产业发展的意见》中提出，打造"一核四带"的文化产业布局，积极打造区域特色文化产业集群，促进区域文化产业向集约化、品牌化发展转型。鼓励金融机构创新与地方特色相符合的金融产品和服务，延伸金融服务领域，支持文化产业空间布局。同时，建立区域性文化产业投资基金和风险投资机构，辅以企业信用担保基金，通过参股、委托运作以及提供风险补偿等手段支持担保机构的设立，能够有效分散文化产业风险。

在布局传统金融业态的同时，随着"互联网＋"时代的到来，文化企业开始与互联网结成联盟，互联网金融成为文化企业投资布局的新热点，探索文化、金融、互联网三者的结合，相继布局与搭建 P2P、众筹互联网金融平台。

(三) 文化与其他产业相融合的产业协同发展力

创意文化产业是以创意为核心的产业，是科技、创意与经济的交融，创意文化产业需要与其他产业甚至传统文化产业相融合进行产业集群。厉无畏认为，所谓产业融合是指不同产业或同一产业内的不同行业通过相互渗透、相互交叉，最终融为一体，逐步形成新产业的动态发展过程。其特征在于融合的结果出现了新的产业或新的增长点。产业间的关联性和对效益最大化的追求是产业融合发展的内在动力。

从产业创新和产业发展看，指不同产业或同一产业在不同行业的技术与制度创新的基础上相互渗透、相互交叉，最终融合为一体，逐步形成新型产业形态的动态发展过程。文化产业与制造业、旅游业等产业的融合，是创意要素从文化产业逐渐向制造业和旅游业交叉形成文化制造业和文化旅游业等新兴业态。

推动文化与相关产业及要素的融合发展，对于提高产业效率、加强产业联系、推动产业升级等方面具有重要作用。

一是产业融合突破了产业间的进入壁垒，导致产业发生重组和交叉，有利于产业共享公共技术服务平台，促使要素资源在更大范围内进行有效配置，进一步提高产业的效率。

二是产业融合模糊了产业边界甚至重划产业边界，进而演化为技术、产品、业务和市场的融合，强化了产业间的多维联系，形成规模和范围经济。

三是文化产业与相关产业存在着天然的耦合关系，旅游、工业、农业、体育等相关产业是文化开发的载体和传播的平台，是实现文化经济价值的重要途径；与此同时，传统产业中不断融入文化符号价值、理念、创意等新元素，将有效改变原有产业产品的形态特征和市场需求，加速相关产业向产业链两端延伸、价值链高端攀升，提升产业文化附加值，推动产业优化升级，有效提升产业竞争力。

(四) 文化与创意相融合的产业推动力

创意文化产业的本质特征就是推崇个性化和独创性，所以，创意与创意人才是推动创意文化产业发展的根本动力。英国学者佛罗里达在其论著《创意阶层》中提到，创意文化产业的高速发展要依靠创意人力资本的投入与产出和创意阶层的兴起。创意文化产业最核心的生产要素是创意，创意来源于创意人才。

同时，当前经济新常态也为创意人才与创意文化产业的融合带来了机遇。一方面，新常态下重视文化产业发展，需要创意文化产业刺激消费拉动经济增长，所以需要大量的创意文化人才，同时，国家还鼓励"大众创业，万众创新"，所以大量的创意人才可以进入创意文化产业。不仅如此，创意文化产业的发展为创意阶层的创意能力的培养与发展提供了一种适合其成长的语境和氛围，激发了创意人群的创意活力。

另一方面，根据马斯洛需求层次理论，创造性是人的自我价值实现的具体表现之一，随着我国知识产权保护体制的完善，有价值的创意可以转变为金钱，创意文化产业，无疑为创意阶层将创意转变成物质财富提供了一条新的途径。

成都对创意阶层有着一个强大吸引力。盆地中心平原吸附力，独特的地理环境会对人产生一种同化，成都被称为"来了就不想走的城市"。对创意阶层产生极大吸附力。

移民文化包容力。依据"3T理论"，创意阶层更愿意向一包容开放的城市集聚，而成都的文化环境带给创意阶层一个相对包容开放的文化环境，使创意阶层更加愿意向成都集聚。

高校人才支撑力。成都本地有非常充足的人才供应链，一些大专院校结合自身实际情况开设了设计创意等相关学科，具有深厚的理论基础与明确的专业方向，能够创造性地开展学习和实践，经过调查，该专业培养出的人才颇受各大公司青睐，就业形势向好。

政府引导力。2010年，成都市针对本地工业设计发展出台了《成都市工业设计产业发展的"十二五"规划》，明确指出以打造"工业设计文化名城"为主线，以实现"成都创造为动力，以产业聚集区建设为抓手，以企业引培和人才培养为路径，通过政策引导、市场需求牵引和资源整合，进一步推动成都创意文化发展。

五、新常态下四川省文化产业发展动力的对策建议

（一）优化资源配置，升级产业结构

1. 整合当地资源，优化资源配置

文化产业的发展不仅仅要依靠创意、科技，如果没有资源，文化产业就是巧妇难为无米之炊。要健康地发展文化产业，就要对当地的文化产业进行整合，依托区域资源优势。资源配置要按照比较优势的原则，优化资源配置，文化产业的发展要求专求强。因势利导、因地制宜推动文化产业发展。

2. 创意产业集聚发展和特色发展并重

产业集群化发展是当今产业发展的趋势之一，创意文化产业作为一种新兴产业，本身极强的融合性决定了其在发展过程需要与多种资源进行整合联动，创意文化产业的集群性十分明显。但是，创意文化产业发展的同时还要注意坚持本身的专业化和特色化发展。波特钻石模型认为具有鲜明的行业特色是创意产业未来保持其持续发展的关键。创意产业在集群化发展的同时还要注意品牌建设，打造属于自己的文化符号，形成产业链形态的文化企业集聚。

3. 加强创意产业与其他产业之间的联系

创意产业的发展不仅仅是创意阶层＋文化资源，还需要与其他产业进行联动。建立基于产业链的创意产业战略联盟，将创意、知识与信息通过合作的方式渗透到其他行业，引导其他产业升级。

（二）加快业态融合，促进业态创新

新常态下，文化产业成为调整产业结构，转变经济发展方式的主要力量，创意成为拉动经济增长刺激消费的新热点。将文化产业与制造业、旅游业的传统业态相结合，充分利用科技与创意推动文化产业与相关产业的发展和创新。促进文化产业与传统部门的

融合是新常态下发展文化产业的核心内容。创新文化与其他产业的跨界融合,能够改变传统的生产与消费模式,转变传统的价值增长机制,推动文化创意产业链向附加值高的两端延伸,有利于优化四川整体的经济结构。

将创意与文化内涵以科技的方式植入工业产品和旅游产品等中,提高其文化附加值,利用多种高新技术,创新文化产品及服务模式。依托国家和省的高新技术园区、开发区和实验区等平台,建立文化和科技融合示范基地。

加快业态融合,促进业态创新,要实施文化加快发展战略,把文化发展繁荣作为世界生态田园城市建设的重要内容,实现文化又好又快发展;实施文化创新发展战略,着力构建有利于文化科学发展的体制机制,注重文化与科技结合,提高文化创意能力;实施文化融合发展战略,实现文化建设与经济建设、政治建设、社会建设和生态文明建设互渗互动、融合发展。

(三)完善产业创新模式,推动综合创新

1. 以互联网为平台推动文化产业产品创新

要将四川特色的文化产业融入互联网和新媒体中,充分借助互联网和新媒体技术,由实体到虚拟再到实体,实现对四川文化产品的传播和消费创新与重塑。重视互联网对文化产品的推介与创新,四川文化产业也必然要应对此种大环境的转变,积极推动四川文化产品与文化产业的在线消费和O2O消费模式,比如对非物质文化遗产、工艺美术、文化旅游等文化产业的营销模式加以创新,在线上推出一些具有参与性、互动性的项目,以吸引消费者的关注,从而促进线下的消费。

同时互联网时代的到来,自媒体时代也相应来临,粉丝经济效应突显,人人都是传播节点,人人都是代理商和推广者,中心在分化,而个体的位置在提升。因此,在新常态下的文化产业主体,也在悄然发生变化,以艺术家和个体微商的圈子效应不断凸显。人们对于明星、巨匠的接触方式和途径更为直接。因此,四川文化产业的主体培育中,也要注意这一趋势的变化,在重点培育大型的集团企业的同时,也要加重对微信企业和代表性个体的培育。

2. 创意元素的产业化开发

在全球化时代,地方文化的文化基因是区域文化品牌成长的最基本元素,也是构成区域文化产业体系大厦的基础工程。四川传统的文化产业大多零散独立,产业之间缺乏有效的关联与整合。因此,新常态下,需要以四川文化的三大基因为基础,由具象到抽象再到具象,融入体验与动态元素,对四川文化资源进行整合与再造。从文化产品到文化旅游再到影视、动漫、小说、诗歌等内容文化产业的生产,都需要有一个系统整合的再造。

四川也同样可以鼓励创作以四川神话、童话和历史典故为基点的影视动漫、小说题材,实现文化资源的抽象化,以便于对四川文化和四川文化产业的全球化推广。同时配合文化旅游景点,创设概念文化的体验中心,不断延长新的文化产业链,升级文化旅游产业,以吸引更多的游客和消费者。

（四）升级文化市场体系，优化文化服务平台

1. 构建现代文化市场体系

推动转制文化企业建立现代企业制度，探索实行重要国有传媒企业特殊管理制度。实施省级文化集团产业倍增计划，支持文化企业兼并重组，提高文化产业规模化、集约化、专业化水平。降低社会资本进入门槛，支持非公有制文化企业和小微文化企业发展。健全文化产品和要素市场，促进文化资源在更大范围优化配置，构建以大城市为中心、中小城市相配套、贯通城乡的文化产品流通网络，形成资本、产权、人才、信息、技术等要素相融互动的现代文化市场体系。建立健全文化市场准入和退出机制，依法规范文化市场秩序，提高市场监管水平。在坚持出版权、播出权特许经营前提下，允许制作和出版、制作和播出分开。健全文化产品评价体系，改革评奖制度。

2. 为四川文化产业的发展提供资本市场

加大对国有文化企业和民营文化企业重大项目的支持力度。有条件的市（州）、县（市、区）要设立文化产业发展专项资金，用于扶持文化产业的发展。鼓励和引导省内外股权投资基金，特别是四川产业振兴发展投资基金，对我省重点领域的文化企业及重大文化项目进行股权投资，提升骨干文化企业整体竞争实力。鼓励和引导省内银行业金融机构加大对文化企业及文化项目的信贷支持力度，推动银企对接，充分利用金融工具创新，积极开发适合文化产业特点的信贷产品，为文化产业提供配套金融服务。积极探索推广中小企业文化产业融资交易平台，为优秀艺术人才提供专项资金扶持。

3. 建立文化金融市场

文化企业跨界金融，利用金融手段发展自己，其实质是产融结合。近年来越来越多的企业进军金融业，包括央企、民企、地方国企各类资本通过各种途径对金融业渗透布局，进行金融并购扩张，争食金融业"大蛋糕"，"产融结合"战略已成为所有大型多元化集团的重要发展战略之一。由于文化产业轻资产特性，文化产业资本发展"产融结合"的路径与其他大型资本差异较大，主要以开展多元化经营为主，分散集团风险，扩大集团规模。

（五）实现创意人才聚集升级，推动创意阶层崛起

1. 创意人才的培养

文化产业是以"创造性"为投入要素，所以人才是文化创意产业的核心和灵魂，是影响文化产业发展的一个重要因素。文化创意人才的引进与培育，重在搭建人才引进培育机制。构建文化创意产业人才引进、培育和奖励制度，整合各项人才引进资源。四川省需要花大力气培养和引进创意人才，大力引进与培育高层次文化创意人才，构筑创意人才高地要提高文化创意产业规模化、集约化、专业化水平，特别要重点引进和培养既有深厚文化底蕴和艺术素养，又善于经济管理和市场化运作的复合型高层次人才。建立多层次的政策资源，引进和留住掌握文化创意产业核心技术的团队和领军人物。推进产学研联合机制，实施企业与高校联合培养战略，鼓励全市各高校、社会培训机构加大对

文化创意企业人员进行多层次、多类型的有关文化创意方面的专业培训，通过一系列措施构筑起四川文化创意人才的高地，为全省文化产业的发展、文化品牌的打造提供充足的人才保障和智力支持。

2. 研究机构对文化产业的作用

广泛意义上，所有的研究机构都会或多或少地涉及创意文化产业，以高校为例，高校具有深厚的文化底蕴和丰富的文化资源，为创意文化产业的发展提供了创意源。高校既是培养高等素质人才的重要基地，也是先进文化的创新基地和重要辐射地。同时高校所在区域人口素质高，特别是高校学生数量巨大，容易接受新的创意理念，并把新的创意理念和消费方式向周边辐射，从而起到积极的示范和引导作用。

（六）突破文化产业发展制度性障碍，加快体制、机制的创新

深入推进文化体制改革。深化改革，创新宏观管理体制，创新文化企事业单位运营机制，重点要改善宏观管理，加快职能转变，使政府部门更好地履行政策调节、市场监管、社会管理和公共服务职能；建立健全文化产业政策；生产更多精品力作，促进文化普遍繁荣，使文化发展成果惠及人民群众。各地要将推进重点文化产业发展列入重要议事日程，纳入当地经济社会发展总体规划，结合实际制定支持文化产业发展的配套政策和相关举措。

新常态下四川文化产业发展新动力研究

一、研究背景

（一）宏观背景

文化产业是 21 世纪的朝阳产业，当今世界各国都在大力发展文化产业。世界知识产权组织数据显示，2013 年，全球文化产业增加值占 GDP 的比重平均为 5.26%。文化产业已成为西方发达国家的支柱产业，其产值约占 GDP 的 1/5。在一些发展中国家，文化产业也正在增加其在国民经济总产值中的分量，朝着支柱产业的方向发展。2002 年至 2011 年间，发展中国家在文化创意商品出口方面平均年增长率为 12.1%（UNESCO，2013）。从国内的情形来看，中国经济发展进入新常态，其特征主要体现为：第一，经济增长速度由过去近两位数的高速增长转变为中高速增长的"七时代"；第二，经济增长的动力从"要素驱动""投资驱动"转向通过技术进步来提高劳动生产率的"创新驱动"；第三，经济增长的结构由以工业为主的增长转变为以服务业为主的增长，对外开放由主要靠引进外资和出口导向转向对外投资和资本输出。整体而言，我国经济发展方式正从规模速度型增长转向质量效益型增长，以高知识性、高增值性、低资源消耗、低环境污染为特征的文化产业通过聚焦内容主业、运用科技等要素发展新兴业态等途径，正在实现提质增效升级，不仅能迅速增加第三产业比重从而优化经济结构，而且对传统产业文化内涵和品质的提升具有积极作用，成为新常态下经济发展的重要推动力。在《中华人民共和国国民经济和社会发展第十二个五年规划纲要》中，明确提出推动文化产业成为国民经济支柱产业；十八大报告强调"要增强我国的文化整体实力和竞争力。文化实力和竞争力是国家富强、民族振兴的重要标志。要坚持把社会效益放在首位、社会效益和经济效益相统一，推动文化事业全面繁荣、文化产业快速发展"。中共中央《关于深化文化体制改革推动社会主义文化大发展大繁荣若干重大问题的决定》中，将文化产业作为建设社会主义文化强国战略的重要组成部分。国内外实践证明，文化产业对经济增长的外溢、辐射和带动作用已经凸显。这也印证了联合国教科文组织的观点：一个群体的文化资产可以通过文化产业对经济产生影响，也能够促进社会和文化的复兴，从而为当地的可持续发展提供支撑。

（二）产业背景

1. 产业空间的更新

十八大以来，本着对内和对外双向开放的战略，党中央提出和强化了一系列新的发展举措，包括新型城镇化、"一带一路"、长江经济带和京津冀一体化协同发展，不仅为推动区域经济社会发展提供了新的路径，也为区域文化产业空间布局、特色文化产业发展和文化走出去战略提供了想象和实践的空间以及新的重要支点。作为经济发展重要门类的特色文化产业发展，必然在区域调整格局中面临着新的发展趋势，未来中国文化产业将呈现出专业化、区域化和特色化的布局特征，围绕城市群、产业带的新格局规划和布局文化产业发展将成为各地推动特色文化产业发展的一个新视角。

四川作为长江经济带和丝绸之路经济带两带战略的连接点，在政策上直接受益于国家的"一带一路"经济发和"长江经济带"黄金水道战略，借此背景和新型城镇化战略，对于有效扩大内需、促进经济稳定增长、调整区域经济结构、实现四川经济转型升级具有重要意义。对于有着三千年古蜀文明的天府之国，有必要借国家大势对文化产业的空间布局进行硬性约束，从而根据区位优势、资源禀赋和生产要素聚集程度的不同，结合十八大以来所提出的一系列国家战略，建立起符合四川省情的文化产业空间布局。

城市经济的发展是文化产业发展的基础。城市化进程的推进为四川文化产业的发展提供了更多的需求市场和生存空间。"十一五"以来，四川以成都平原、川南、川东北和攀西四大城市群为重点加速推进城镇化进程，全省城镇化率年均提高1.44%。在多点多极支撑战略下，"一核、四群、五带"为主体的城镇化战略格局正在形成。在此基础之上，四川省依据文化资源分布状况和各地经济发展水平、文化产业发展基础，构筑"一核四带"文化产业区域布局。以各地特色文化资源为依托，加大资源产业化开发力度，着力打造以成都为核心发展区，以红军长征路线、川陕革命根据地、伟人故里、将帅纪念园为主要内容的红色文化产业带，以古巴蜀文化和三国文化为代表的历史文化产业带，以"藏羌彝文化走廊"为核心区域的民族文化产业带，以汶川地震恢复重建区为依托的重建文化产业带，把川西、川中、川南、川东北等四个片区建设成为全省文化产业特色发展区。以园区、基地为平台，以重大项目为载体，推动文化产业集聚发展，提高文化产业规模化、集约化和专业化水平。同时，成渝经济区建设、天府新区建设、灾区发展振兴和中央扶持民族地区、贫困地区跨越发展，也将为四川省文化产业发展的空间布局带来新的局面。

2. 产业结构的更新

从调整产业结构的角度来看，文化产业作为现代服务业重要的组成部分，是城市现代化的重要标志，也是推动城市产业结构优化升级的动力。以互联网为载体的现代服务业正在深刻地改变着世界，网络信息服务业、电子商务、互联网金融等新业态、新模式不断催生新的增长点。在现代信息技术和互联网发展的支持下，文化产业也面临着全面的结构升级和调整。借力文化与科技融合以及互联网经济快速发展的潮流，推动整个文化产业升级转型，也是文化产业进入新常态的关键。

在新一代信息技术的影响下，当代文化产业结构面临深刻的调整，主要趋向是：新兴文化产业将引领文化产业潮流，部分传统的文化行业将逐步走向衰微，适应市场需求的文化行业将继续保持活力，文化内容将成为文化产业的核心竞争力。四川的文化产业在新一轮文化产业结构调整中，还存在着诸多的问题。比如：文化制造业在文化产业中所占比重过大；文化服务业中，传统的演出业、影视业、音像业、图书报刊业等仍占有绝对优势，创意设计业、动漫产业、网络游戏业等新兴产业仍处于起步状态，在文化产业中所占比重过小。在新兴文化产业中，也普遍存在着现代科技应用程度还不高、技术开发能力还不强、原创能力弱等问题。因此，必须按照构建结构合理、门类齐全、科技含量高、富有创意、竞争力强的现代文化产业体系的要求，积极调整优化文化产业结构。改造提升传统文化产业，加快发展新兴文化产业，以适应新形势新技术新市场下文化产业结构更新的需要。

3. 产业组织形式的更新

从产业组织方式来看，"后福特制"生产和消费方式的出现，以其满足个性化需求为目的、极具灵活弹性的生产模式，形成了与消费型社会的相契，实现了以制造为核心的产业形态向以服务与创新为主的新形式的转变，推动了文化产业的全球性兴起。根据美国文化经济研究学者斯科特（Scott. 1988a）的划分，现代文化产业的组织形式有以下几个方面的特征：

（1）文化产品在工业中运用的技术和劳动过程通常需要大量的直接的人力介入（如在服装产业中），同时受到先进的具有灵活性的计算机技术的补充。

（2）生产主要以中小企业的密集网络为主要组织形式，并高度依赖彼此之间的专业化投入和服务。

（3）中小企业之间的网络组成了多层面的产业综合体，诱发对地方劳动力市场的巨大需求，并需要各种各样的劳动技能和物质。

（4）受益于产业关联和学习效应，产业综合体产生外部经济，外部经济由区位集聚而产生。集聚通过突发效果体系导致进一步的外部经济。

（5）集聚促进了各种制度基础结构的出现。制度通过提供一般性服务促使信息流动，推动相互联系的生产者之间的信任与合作，以及确保有效战略计划的完成，最终使地方经济灵活运行。

（6）相关政策为文化产业提供了技术研究服务、劳动力培训和产业间网络的社会管理，同时新的制度构建也为区域文化产业的发展提供了更加协调的制度基础。

4. 产业要素的更新

产业要素（也称生产力要素）是经济活动中形成产品生产能力的必要的经济资源，一般包括土地、资本和劳动力三大要素，此外还有现代经济活动不可缺少的科学技术、组织管理等资源。作为文化产品生产所必需的资源，文化生产要素不仅具备一般产品生产所需的土地建筑物、资本、劳动力、管理等要素，还包括人的精神活动，如文艺创造与策划等文化产品生产的独特要素，这是文化生产要素区别于一般生产要素的特殊性。文化生产要素是进行文化生产的必要条件。文化生产要素的及时获取，使文艺创造和文化生产成为可能；文化生产要素的有效利用，提高了文艺创造和文化生产的效率；文化生产要素的优化组合，产生了风格迥然不同的文化产品。

培育文化生产要素市场是完善文化市场体系的重要内容。建立门类齐全、结构合理、供求关系均衡的文化市场体系，是文化市场全面发展的必然要求，也是推动文化产业发展的重要保证。完整的文化市场体系应该包括以下组成部分：（1）商品和要素市场体系，包括文化商品市场、文化服务市场和文化生产要素市场；（2）文化市场中介组织体系，如版权保护、广告宣传、信息咨询、人才经纪等；（3）法规制度体系，包括文化市场准入、交易、竞争以及监督管理等方面的法律法规和政策制度。文化市场体系是一个有机的整体，缺少任何一个市场或者某一市场发育不健全，都将直接影响文化市场和文化产业的健康发展。鉴于生产要素市场对于经济建设的推动作用，尽管四川文化生产要素市场尚未形成，仍应予以高度的重视和积极的培育。

二、四川文化产业发展现状

（一）与发达地区相比，整体发展相对薄弱

四川北接"丝绸之路经济带"、南临"长江经济带"，具有先天区位优势，随着"两带"经济的发展和"西部大开发战略"的深入实施，四川有条件成为我国未来经济最重要的一个增长极；但是"人口多、底子薄、不平衡、欠发达"的省情还未根本改变。近年来，四川省重视继承与发展传统文化，努力打造川西民族文化产业发展区、川中历史文化产业发展区、川南民俗文化产业发展区、川东北红色文化和历史文化产业发展区，有效地促进文化产业的发展。总体而言，文化产业发展还相对薄弱。2014 年，四川省人均 GDP 超过 3 万元，而居民消费支出中文化消费的比重不足 3%，文化发展与经济发展极不协调。相比全国而言，2013 年全国文化产业法人单位为 91.8 万家，而四川省同年文化产业法人单位为 26339 家，其法人单位数仅为全国总数的 2%。从就业人数和增加值占全国的比重来看，相对薄弱。

整体而言，四川省文化产业占 GDP 比重还相对较少，2013 年四川省文化产业占 GDP 比重不足 4%，而发达国家和地区文化产业占 GDP 比重达 10% 左右，美国甚至高达 25%，由此可见四川的文化产业还有很大的发展空间。

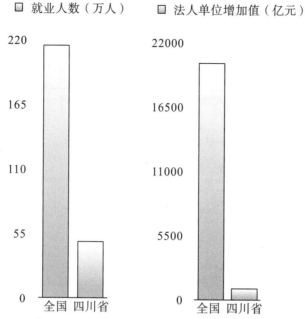

图1 2013年四川省文化产业就业人数与法人单位增加值占全国比重

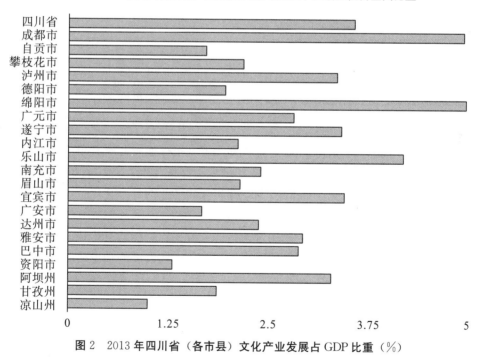

图2 2013年四川省（各市县）文化产业发展占GDP比重（%）

　　根据2012年国家文化产业创新与发展研究基地的对我国文化产业发展表征指数值显示：在全国31个省市中，四川地区的指数值在0—10之间，在全国区域省份排名中处于末位梯队。

表1 我国文化产业发展三大梯队地区

类型	地区名称	指数值
第一梯队	北京、上海	85—90
第二梯队	广东、山东、江苏、浙江	26—52
	辽宁、山西、湖南、河南、福建、湖北和天津	20—26
第三梯队	安徽、四川、河北、重庆、吉林、云南、江西、陕西、黑龙江、广西、海南和内蒙古	10—20
	宁夏、甘肃、西藏、贵州、新疆和青海	0—10

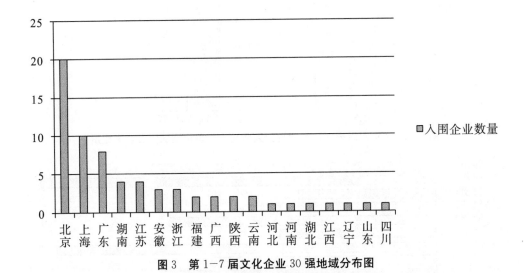

图3 第1—7届文化企业30强地域分布图

自2008年到2015年期间,光明日报社和经济日报社连续七届发布"中国文化企业30强",从第一届到第七届文化企业30强的地域分布图来看,四川省的入围文化企业数量排在了最末位,可见在市场主体方面,四川文化产业的骨干文化企业与其他区域相比,还比较弱小。

综上可见,四川省文化产业与东中部地区的省份相比,仍然有很长的距离。作为西部经济强省,有必要充分分析研究新常态下四川文化产业发展的动力机制,以在新一轮经济竞赛中,取得更好的成绩。

(二)产业结构发展以资源型和休闲服务类为主

从2013年四川文化产业法人单位行业类型来看,文化休闲服务类、文化艺术服务类、文化创意设计类法人单位所占比例相对较高,其中文化休闲娱乐服务类占了整个文化产业法人单位1/3的比例。相对而言,新闻出版发行、广播电视电影服务、文化信息传播服务、工艺美术品生产及文化专用设备生产等对内容生产以及对现代技术结合紧密的行业发展相对薄弱。可见四川文化产业的发展还处于粗放型、资源依赖型阶段。

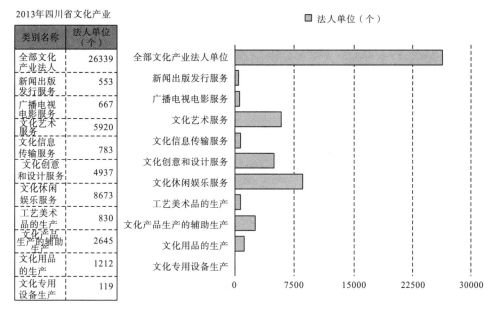

2013年四川省文化产业

类别名称	法人单位（个）
全部文化产业法人	26339
新闻出版发行服务	553
广播电视电影服务	667
文化艺术服务	5920
文化信息传输服务	783
文化创意和设计服务	4937
文化休闲娱乐服务	8673
工艺美术品的生产	830
文化产品生产的辅助生产	2645
文化用品的生产	1212
文化专用设备生产	119

图4　2013年四川省文化产业各行业法人单位数

从经济效益来看，文化用品生产以及文化用品的辅助生产在2013年文化产业法人单位增加值的表现方面明显领先于其他行业。这一数据表现也正好印证了新常态下经济发展的特征，即随着经济的发展人们对文化消费的需求增加，但由于人力成本的增加，文化休闲娱乐业的法人单位增加值也相对要少一些。由此，也对四川文化产业结构转型提出了迫切的要求。

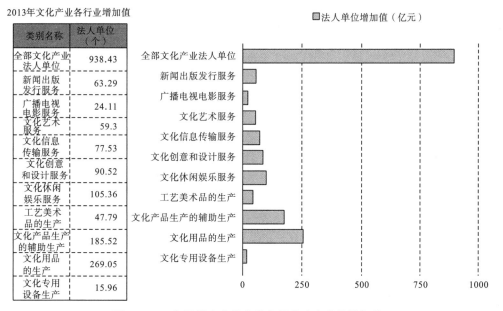

2013年文化产业各行业增加值

类别名称	法人单位（个）
全部文化产业法人单位	938.43
新闻出版发行服务	63.29
广播电视电影服务	24.11
文化艺术服务	59.3
文化信息传输服务	77.53
文化创意和设计服务	90.52
文化休闲娱乐服务	105.36
工艺美术品的生产	47.79
文化产品生产的辅助生产	185.52
文化用品的生产	269.05
文化专用设备生产	15.96

图5　2013年四川省文化产业各行业法人单位增加值

（三）公共文化服务有一定的发展，但还相对不足

根据相关统计资料，四川省自 2000 年以来，在公共文化服务投入方面没有较大的增长和变动。尤其是艺术表演团体，近 10 年来不但没有增加还反而有减少的趋势，公共图书馆和文化站有一定的增加，但数量增加不明显，从人均分配来看，依然存在严重不足的态势。从报纸和图书杂志的出版情况来看，近年来人均出版报纸超过 20 份，但有减弱的趋势，人均年出版图书也有一定的减少，这主要是由于受互联网和移动互联网所带来的新媒体冲击所影响。整体而言，四川省公共文化服务还相对不足，有待大力提升。

表 2　四川省公共文化资源人均占有量

	2000	2005	2006	2007	2008	2009	2010	2011	2012	2013
每百万人有艺术表演团体（个）	1.2	1.0	1.0	1.0	1.0	1.0	1.0	0.9	0.8	0.6
每百万人有公共图书馆（个）	1.6	1.7	1.8	1.9	1.9	1.9	2.0	2.1	2.3	2.4
每百万人有文化馆、文化站（个）	48.4	57.6	46.4	49.1	50.1	51.7	57.3	59.6	59.5	59.3

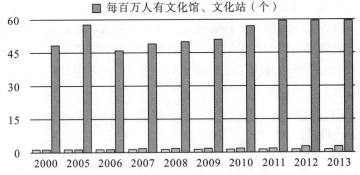

图 6　四川省人均公共文化资源比例图

表 3　四川省公共文化资源人均占有量

	2000	2005	2006	2007	2008	2009	2010	2011	2012	2013
人均年出版报纸（份）	16.9	19.1	19.0	20.7	20.2	19.0	21.0	21.6	21.4	21.1
人均年出版图书杂志	4.1	3.8	3.4	3.6	3.4	3.2	3.7	4.2	4.0	3.8

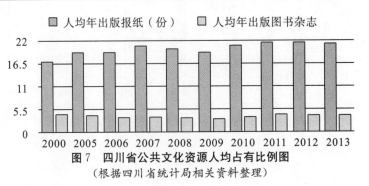

图 7　四川省公共文化资源人均占有比例图

（根据四川省统计局相关资料整理）

三、四川文化产业发展的优势与挑战

（一）四川文化产业发展的优势

1. 多体系文化资源优势

四川作为西部经济强省，也是全国重要的文化资源大省。巴蜀地区是中华文明的重要发源地之一，是中国西部长江上游的古代文明中心，在其基础之上发展出来的巴蜀文化是我国历史悠久的地域文化之一，在长江文明乃至中华文明中都占有独特的历史地位，它与鲁文化、齐文化、吴文化、徽文化、楚文化共同构成了丰富多彩、绚丽夺目的中华民族文化。古蜀文化、文宗文化、革命文化、民族民俗文化和现代科技文化交相辉映，构成了多体系内涵丰富的文化资源优势。巴蜀文化的独特性、唯一性及其在中华文明起源与发展史上的特殊价值，使其成为四川文化资源的灵魂和个性的完整体现。以三星堆、金沙、十二桥商周建筑遗址、商业街战国船棺葬遗址为代表的古蜀文化；以宣汉罗家坝为代表的古代巴人文化；以武侯祠、庞统祠、富乐山、剑门蜀道为代表的三国文化；以茶马古道和南方丝绸之路为代表的商贸文化；以杜甫草堂、望江楼、三苏祠、李白陇西院、郭沫若故居为主要载体的中国诗歌文化；以鹤鸣山、青城山、青羊宫为代表的道教仙游胜地；以峨眉山、文殊院、昭觉寺、安岳石刻等为代表的佛教禅修文化；以阆中古城为代表的名城古镇文化；以刘氏庄园为代表的川西民居文化；以藏传佛教、康巴文化、藏羌碉楼、火把节等为代表的少数民族文化；以川主寺红军长征纪念碑园、伟人故里、川陕苏区为主题的红色文化；以川菜、川酒、川茶为代表的现代民间文化；被誉为东方女儿国的泸沽湖及摩梭族母系文化等，共同构成独具地方特色的文化资源体系。

2. 初具雏形的产业布局优势

四川文化资源类型丰富，同时各类文化旅游资源因其种类的相异性和区域分布的相对完整性，形成了区、带结合，相对集中的空间组合布局。根据《四川省文化改革十二五规划纲要》，四川的文化产业发展布局呈现"一核四带"的布局趋势和"5＋2"重点文化产业行业布局，以重大项目为载体，以园区、基地为平台，推动文化产业集聚发展，提高文化产业规模化、集约化和专业化水平。"一核四带"其中的"一核"是重点建设以成都为中心的文化产业核心发展区，"四带"是以红军长征路线、川陕革命根据地、伟人故里、将帅纪念园为主要内容的红色文化产业带，以古巴蜀文化和三国文化为代表的历史文化产业带，以"藏羌彝文化走廊"为核心区域的民族文化产业带，以汶川地震恢复重建区为依托的重建文化产业带。通过"一核四带"的产业布局，成都和川西、川中、川南、川东北等四个片区整体结合起来，打造成为全省文化产业特色发展区。

（1）成都核心发展区。依托成都厚重的历史文化积淀，发挥成都作为西部交通枢纽和物流、商贸、金融中心的区位优势，抓住国家建设成渝经济区、天府新区的重大机遇，以成都东部新城文化创意产业综合功能区（成都东村）、中国西部文化产业园、国家动漫游戏产业（四川）振兴基地等一批重点文化产业园区（基地）为载体，推动文化产业集聚发展，形成出版发行、广播影视、文化旅游、动漫游戏、演艺娱乐、创意设计、广告会展、文化艺术品原创等产业集群，把成都建设成为全国领先的出版发行产业基地、数字影视传媒产业基地、文化旅游产业基地、动漫游戏研发运营中心、创意设计基地、演艺娱乐中心和民办博物馆示范城市，成为全省文化产业的核心发展区。

（2）川西民族文化产业发展区。依托丰富多彩的少数民族文化资源和九寨沟、黄龙、大香格里拉、大熊猫栖息地、邛海、泸沽湖等自然文化资源，推动藏羌彝文化产业走廊建设，重点发展文化旅游、文化休闲、演艺娱乐、影视制作、民族工艺品生产等产业。

（3）川中历史文化产业发展区。依托峨眉山、乐山大佛、遂宁观音故里、安岳石刻等自然文化资源，重点发展文化旅游和文化休闲产业；依托三苏祠、陈毅故居、郭沫若故居、张大千故里等名人文化资源，重点发展文化旅游、艺术鉴赏、演艺娱乐、影视制作等产业。

（4）川南民俗文化产业发展区。依托酒、茶、盐、灯、恐龙等特色文化资源和竹海、石林等自然文化资源，重点发展文化旅游、文化博览、演艺娱乐、影视制作、民间工艺品制作、广告创意设计、印刷包装等产业。

（5）川东北红色文化、历史文化产业发展区。依托川陕革命根据地、华蓥山游击队根据地和朱德、邓小平、张澜故居以及红军文化纪念园、旺苍红军城等，重点打造红色文化产业；依托剑门蜀道、米仓古道、阆中古城、陈寿故里等三国文化遗址，重点发展文化旅游、影视制作、演艺娱乐、图书出版、文博展览等产业。

（6）藏羌彝文化产业带。四川省是全国唯一的羌族聚集区、最大的彝族聚集区、康藏核心区，是国家藏羌彝文化产业走廊中唯一包含藏、羌、彝3个民族聚集区的省份，民族文化资源富集、历史文化遗存丰富、民族文化形态多样：康定情歌、格萨尔文化、藏羌织绣、壤塘觉囊唐卡、藏茶制作技艺、昭觉彝族服饰、布拖朵洛茶歌舞、雷波彝族民歌等享誉中外。根据《藏羌彝文化产业走廊总体规划》，四川省作为藏羌彝文化产业走廊的重要区域之一，规划内的区域包括：以成都市为城市枢纽，以四川省甘孜藏族自治州、阿坝藏族羌族自治州、凉山彝族自治州为核心区域，以绵阳市、乐山市、雅安市、攀枝花市为辐射区的藏羌彝文化产业带。据统计，藏羌彝文化产业走廊（四川区域）拥有313处重要文化遗产，包括四川省甘孜藏族自治州、阿坝藏族羌族自治州、凉山彝族自治州全境，乐山市金河口区、马边彝族自治县、峨边彝族自治县，绵阳市北川羌族自治县、平武县，雅安市石棉县、汉源县、宝兴县，攀枝花市仁和区、盐边县、米易县等地区以及相关辐射带，涉及范围广泛，具有很大的文化产业发展潜力。

3. 生态要素融合优势

四川生态资源和文化资源的双重优势不仅在于两种资源都很丰富，而且两种资源互为依托、有机融合。丰富的自然植被、复杂的地形地貌，使得四川文化产业在很大程度上能实现文化与生态的有效结合。四川是我国拥有世界自然文化遗产和国家重点风景名胜区最多的省区，九寨沟、黄龙、乐山大佛—峨眉山和卧龙4处被联合国教科文组织纳入《世界自然文化遗产名录》和"人与生物圈"保护网络，都江堰——青城山、剑门蜀道、贡嘎山、蜀南竹海、四姑娘山、西岭雪山等 9 处为国家重点风景名胜区。除峨眉山一乐山大佛、青城山一都江堰、九寨沟一黄龙等著名景区文化旅游资源和生态旅游资源兼蓄并包外，平武王朗绮丽的自然风光与独特的白马藏人风情、兴文石海世界地质公园与僰人文化、盐源泸沽湖与摩梭文化、北川猿王洞自然生态与羌寨风情、合江黄荆老林和佛宝文化、巴中川陕苏维埃和诺水河风景区、剑门雄关与三国文化等，也是典型的自然和人文景观有机结合的文化生态要素融合区域。

四川不仅拥有先天的文化生态融合优势，还具备对文化资源与生态资源的拯救与恢复能力。在四川芦山地震灾后恢复重建旅游专项规划中，借鉴"5·12"汶川特大地震灾后重建经验，与国家旅游局共同创新建设"国家生态文化旅游融合发展试验区"，试验区创造性地提出了"1+N+1"统分结合的规划体系：第一个"1"指引领试验区发展的大旅游总体规划纲要；"N"即雅安的 6 个区县、邛崃市的 6 个乡镇和成都、乐山、眉山、甘孜、阿坝、凉山等受灾的 21 个县（市、区），将以生态为特色、文化为内涵、旅游为载体，大力发展生态旅游、文化旅游，推进特色文化产业发展，形成独具特色的文化旅游体系，充分发挥文化旅游业解决就业、安民富民的作用；后一个"1"是指四川省旅游、文化部门共同牵头编制灾后恢复重建文化旅游专项规划，重点明确文化旅游部门要具体实施的项目——试验区生态文化旅游融合发展振兴项目达 53 项之多。

（二）新常态下四川发展文化产业的挑战

1. 文化资源转化为文化产业的挑战

文化资源丰富不等于文化产业发达，如果一个区域的文化资源不能得到有效的开发，就不会产生任何商业价值，也不会对本地的经济发展带来任何有益的补足和推动。四川文化产业发展的最大优势是丰富而独特的文化资源，这种优势只有通过向文化产品的转化才能成为实质性的产业优势，由于受诸多因素的制约，文化资源开发缓慢，文化产业相对发达地区才刚刚起步。目前，四川的文化资源只有一些知名的文化旅游资源得到一定程度的开发，大多数还处于沉睡状态。同时，文化资源具有非独占性特点，意指在各国文化交流日益频繁的当今时代，文化资源的归属权和所有权的界限已经日渐模糊，任何人类历史上创造的文明成果都将成为人类共同享有的精神财富。比如四川的熊猫作为世界级的珍稀动物，就被美国好莱坞开发成《功夫熊猫》的动画片，并因此创下了巨大的经济收益。同样，四川的羌绣，也被世界知名奢侈品品牌爱马仕开发成为新款的女士挎包图案，也吸引了众多民族风爱好者的追随。诸如此类的文化资源被异地开发的风险还大量存在。因此，四川如果不能主动、及时将本地文化资源进行科学规划与合理开发，完成文化资源向文化产品的转化，这种优势就有可能逐渐弱化并最终丧失。

2. 文化产业人才聚集的挑战

一个区域的文化产业要得到充分的发展，首要条件就是要有大量的相关专业的创意产业人才的聚集，也就是 Florid 所说的创意阶层的形成，而创意阶层由于自身的文化圈层特性，对文化创意产业发展区域的经济、文化环境有着一定的要求，因此一个区域的文化产业发展，往往是在形成了一定的特殊文化氛围之后才会聚集更多的相关人才。

新常态下，文化领域的发展将更加重视发展的社会效应，注意应用创新和最新科技成果，重视客户及个性化的市场需求，同时对于文化创意产业人才的培养与作用发挥也将进一步加大力度。四川由于市场经济发展相对滞后，文化产业对相关专业人士的吸引更多的偏向于传统的诗书画家等相关人士，对融入了新兴技术的现代型文化创意人才聚集还不够，而这些人才大多聚集在经济更为发达的成都及周边城市，在人才聚集方面还存在成都独大的局面。

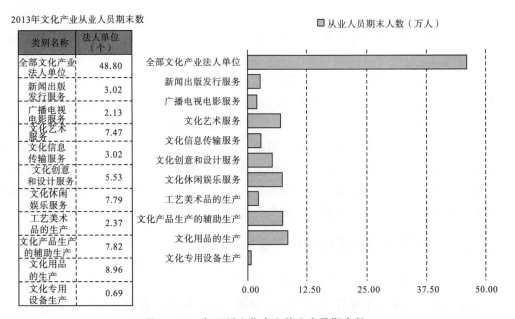

2013年文化产业从业人员期末数

类别名称	法人单位（个）
全部文化产业法人单位	48.80
新闻出版发行服务	3.02
广播电视电影服务	2.13
文化艺术服务	7.47
文化信息传输服务	3.02
文化创意和设计服务	5.53
文化休闲娱乐服务	7.79
工艺美术品的生产	2.37
文化产品生产的辅助生产	7.82
文化用品的生产	8.96
文化专用设备生产	0.69

图 8   2013 年四川文化产业从业人员期末数

从四川省 2013 年文化产业从业人员构成来看，文化用品的生产、文化产品的辅助生产、文化艺术服务、文化休闲娱乐服务几大类所占比例相当，从业人员相对于其他行业要多一些。而工艺美术品、文化信息服务以及新闻出版发行服务类的人才相对较少。这足以说明，四川的文化产业人才与文化产业本身的资源发展是相匹配的。资源型和艺术型人才充足，但与现代科技结合紧密的新型文化创意人才，如动漫设计、网游设计及影视拍摄等方面的人才明显不足。同时经营管理类人员所占比重过低。懂文化、会经营、会管理的人过少，复合型、创新型人才严重紧缺，这对四川文化产业的发展也是一个极大的挑战。

3. 文化产品创新系统的挑战

按照联合国教科文组织（UNESCO，2001）的定义，文化产品是人类劳动（工业、艺术或手工业）的产物，需要发挥人类的创造力才能产生。同时表达或传递某种形式的象征意义，因而具有有别于其可能具有的任何商业价值的某种文化价值或意义。由此可见，文化产品是物质生产能力和精神生产能力的新结合，是需要建立在一定的创造性和创新基础之上的。熊彼特认为创新是对新产品新过程的商业化及新组织结构等进行搜寻、发现、开发、改善和采用的一系列活动的总成，实质上包括制度创新和技术创新。随着经济结构不断优化升级，经济驱动力也从要素驱动、投资驱动转向创新驱动，文化创新驱动代替要素驱动，促进文化发展，产业融合成为文化产业发展的"新常态"。科技与文化历来如影随形，科学技术的每一次重大进步，都会给文化的传播方式、表现形式、发展样式带来革命性变化。因此，科技是文化产业发展的催化剂，"文化＋科技"拓展了文化产业的发展空间，科技创新是文化产业发展的重要引擎。

面对现代信息技术和传播技术迅猛发展，四川丰富的特色文化资源正面临丧失市场竞争力和文化本土地位的危机。一方面，对四川传统文化资源的开发创新性不够。四川文化产品的开发基本处于原生状态，或简单复制，缺乏内容与形式创新，因而文化产品缺乏应有的吸引力和感召力。另一方面，四川传统文化与现代科技结合不够。在经济全球化背景下，特别是现代信息技术和传媒技术迅猛发展带来的全新挑战，四川由于在文化产业资本、人才和技术方面都存在短板和缺陷，也就导致了对科技型文化创意产品比如含有四川文化特色的动漫、电影、音乐等相关领域产品开发的不足。

4. 市场主体培育的挑战

四川文化企业受体制、资金、环境等因素制约，无论国有大型文化企业，还是民营中小文化企业仍处于成长期，还没有形成自己的产业体系。一方面，四川国有大型文化企业由于自身转企改制尚未完成，核心竞争力不强，难以发挥示范带动作用。以文化主体产业的出版发行业为例，四川新华发行集团、四川出版集团有限责任公司等几家旗舰企业，投入大、产出高，但效益不高，活力不够。另一方面，民营文化企业，还处于弱、小、散的稚嫩状态，产业结构脆弱，主要靠仿造、复制和模仿维持生存，创新能力差、抗风险能力低。目前既未形成民营文化企业集聚发展态势，也未产生大型民营文化产业投资集团，使得四川民营文化企业整体尚弱，竞争力不强。

新常态下，四川文化产业的发展从市场培育的角度来看，面临两方面的挑战：一方面需要不断地培养"文化产品供给者"，建立完善文化创业园区，培养文化"创客"；另一方面需要培养文化欣赏，鼓励文化消费，创造文化需求，为文化产业发展提供持续动力。而政府在应对挑战的同时，也面临着放活文化企业主体，改革调整文化生产方式，推动文化结构优化，进一步深化文化体制机制改革的挑战。只有在有效应对以上挑战的情况下，才能创新文化产业发展模式，构建现代文化产业体系，促进文化市场繁荣发展。

四、新常态下四川文化产业发展的新动力分析

（一）核心动力——将文化资源优势转化为文化产业优势

四川拥有丰富的文化资源，在发展文化产业方面有着巨大潜力和独特优势。要把文化产业发展作为调整经济结构的重要抓手，加快推动文化产业发展成为全省支柱性产业。首要任务就是要深入挖掘富集的文化资源，找准比较优势，突出四川特色，培育文化品牌，把资源优势转化为产业发展优势。

1. 统一四川文化标签，提升传统文化产品地域品牌

在全球化时代，地方文化的文化基因是区域文化品牌成长的最基本元素，也是构成

区域文化产业体系大厦的基础工程。四川传统的文化产业大多零散独立，产业之间缺乏有效的关联与整合。四川有很多具有地方特色的文化产品，比如川剧、川茶、川酒、蜀锦、漆器、藤编、年画等，虽然已经形成一定的区域品牌，在新常态的经济背景下，还需要对这些产品赋予统一的四川文化因子。比如实现书画艺术、川剧人物等非物质文化遗产对其他有型产品的文化嫁接，不断提升文化产品的四川标签，抱拳出击，统一四川文化品牌的区域个性。因此，新常态下，需要以四川文化基因为基础，由具象到抽象再到具象，融入体验与动态元素，对四川文化资源进行整合与再造。从文化产品到文化旅游到影视、动漫、小说、诗歌等内容文化产业的生产，都需要有一个系统整合的再造。加强对文化基因的生产和消费性认知，将四川特色的文化基因融入立体文化产业体系中。

2. 融合四川文化基因，运用新媒体技术创新文化产业

根据《四川省文化发展十二五规划》，在内容生产方面，出版发行产业、影视产业、演艺娱乐产业、动漫游戏产业、创意设计产业被作为四川文化产业发展的重点产业之一。这一类产业要充分重视在文化产品中对四川文化因子的植入，通过小说、诗歌、电影、演艺、动漫、创意设计等多元化方式对历史文化资源、宗教派系、人文典故、自然景观等文化名片加以输出，并融合四川的文化基因，形成自己的独特的价值观。优秀的文化不仅要具有传承和观赏价值，还要具备分享和影响价值，同时要借助现代技术的力量，比如互联网技术、先进的创意设计技术、电影拍摄技术、动漫游戏设计技术等，玩转新力量，以时代新思维去承载古老的蜀文化精神。

要将四川特色的文化产业融入互联网和新媒体中，充分借助互联网和新媒体技术，由实体到虚拟再到实体，实现对四川文化产品的传播和消费创新与重塑。随着信息技术、通信网络和交通路网的发达，城市与城市之间的距离在时间上被拉近了，形成了被"压缩的时空"，同时文化成为商品社会消费的主要目的和形式依据，而物品只是人们消费文化的媒介和载体。比如电视、收音机、KTV、电脑、IPAD、手机等，因此内容与物质同等重要。四川文化产业也必然要应对此种大环境的转变，积极推动四川文化产品与文化产业的在线消费和O2O消费模式，比如对非物质文化遗产、工艺美术、文化旅游等文化产业的营销模式加以创新，在线上推出一些具有参与性、互动性的项目，以吸引消费者的关注，从而促进线下的消费。

3. 依托文化资源特色形成点带结合、有机串联的空间布局

文化旅游产业是《四川省十二五文化发展规划》的另一个重要文化产业领域，也一直是四川文化产业的重头戏，但是传统的文化旅游产业太过于单一和孤立，不能很好地起到文化旅游业的区域连带作用。除了目前成功运作的最能代表老成都的城市名片的宽窄巷子、被誉为"成都版清明上河图"的锦里古街等少数文化品牌外，四川仍需打造一批具有区域乃至国际影响力的文化品牌。如深度挖掘和着力打造大熊猫文化核心品牌，以三星堆、金沙等为代表的古蜀文化品牌，以武侯祠、剑门蜀道为代表的三国文化品牌，以及川西藏羌彝文化走廊的民族和宗教文化品牌等，同时对这些文化品牌的打造要做到点带结合，有机串联。

首先，要积极推动区域内文化产业空间融合，如在对川东北城市群、川南城市群、川西高原和成都平原地域划分的基础上，找准区域内的优势文化产业，以重点项目为带动，以高铁、高速公路路网和水运、航空等交通设施为纽带，实施文化产业的区域关联划分。在已有的藏羌彝文化产业带、三国文化产业带、红色文化产业带基础之上，还可以划分丝绸之路产业带、书画之乡产业带、诗酒产业带等文化产业的区域空间布局。在节点设计上，以手工艺品制作中心、旅游胜地、城市为节点，借助发达的高速公路、高铁、航运、水运等路网和综合交通枢纽工程，实现旅游节点之间的通道建设，从而构制一张基于四川文化体系的文旅布局图。在产业带的文化资源布局上，划分大峨眉、大九寨、大熊猫、大三国、红色文化产业带等几大特色文旅板块，以相应的城市文化相对应，将文化旅游资源融入城市生活如客栈、酒店、餐饮和茶艺中去，让人们在生活细节中感受四川文化的基因和气息。

其次，要积极借势"一带一路"和长江经济带，大力拓展四川文化产业的区域空间开放合作。在全球化文化工业背景下，四川文化产业在"引进来"的同时，必然要寻求走出去的路径。"一带一路"为四川文化产业的向外输出提供了极大的便利。积极推动文化产业生产要素"跨区域"空间流动，大力拓展四川文化产品的国际输出，同时积极引入国际国内优势的资本、人才和技术，对四川文化产业实施再开发再利用，从而实现四川文化经济价值和文化价值产出的最大化。

4. 加强对四川文化产业创新能力的培育

随着移动互联网时代的到来，自媒体时代也相应来临，粉丝经济效应凸显，人人都是传播节点，人人都是代理商和推广者，中心在分化，而个体的位置在提升。因此，在新常态下的文化产业主体，也在悄然发生变化，以艺术家和个体微商的圈子效应不断凸显。人们对于明星、巨匠的接触方式和途径更为直接。四川文化产业的主体培育中，也要注意这一趋势的变化，在重点培育大型的集团企业的同时，也要加重对微型企业和代表性个体的培育。文化产业高度推崇个体创造性，因此创意人才是推动文化产业发展的根本动力。创意人才遍布于文化产业的许多部门或行业，他们的工作是"创造新观念、新技术或新的创造性内容"，比如设计师、工艺美术家、创意策划人等，创意人群参与文化产业的发展，可实现对文化产业的直接推动，同时也有利于文化事业和文化"软实力"的提升，因此，文化创意阶层是四川文化产业生态圈形成的重要主体。在新常态背景下，文化企业要运用数字技术、网络技术改造升级传统业务，提升企业装备水平和科技含量，提高文化产品的原创能力，打造一批具有鲜明四川特色和明显比较优势的文化产品品牌、文化企业品牌、特色文化产业品牌、区域文化产业品牌。积极发展电子商务、数字出版、网络游戏、移动电视、无线音乐、手机移动报刊等新兴文化业态，提高文化创意设计和核心技术研发能力，延伸文化产业链条，形成新的增长点。

（二）关键动力——深化文化体制改革，激活产业增长活力

1. 树立全新文化产业管理体制思想理念

科学划分各级管理部门和基层文化企业的管理职能，使管理部门和基层文化企业享

有比较完整的领导权、管理权和运营权。进一步加强和改善党对文化工作的领导,理顺政府与基层文化企事业单位之间的关系,使以树形结构为基本特征的传统文化组织形式,确立以"党委领导、政府管理、行业自律、文化企业单位依法运营为核心的文化产业管理体制"。因此,新时期的文化产业管理体制,从思想理念到组织结构都要进行全面的调整。

2. 加快管理体制创新,创新发展模式

体制性创新是新常态下文化产业竞争的关键所在。政府要退出公共文化产品"垄断性生产和提供者"的地位,创造各种体制条件、政策条件、社会条件,保证文化产品和服务能够有效提供;要打破传统的"条块分割"的文化管理体制,创新发展模式,以发展多元市场主体为突破口,大力发展和培育文化产品市场,培育一批以国有资本为主导的混合经济结构的大型文化流通企业,同时把文化要素市场建设提上日程,加快文化市场法律、法规建设,改革政府审批制度,提高监管水平,逐步建立统一开放、竞争有序、规范发展的文化市场体系,为文化事业和文化产业的发展和繁荣创造条件。

3. 深入推进国有文化企业改革,建立现代企业制度

按照创新体制、转换机制、面向市场、增强活力的原则,加快出版单位、电影发行放映单位、一般性国有文艺院团、非时政类报刊出版单位、重点新闻网站等经营性文化事业单位转企改制,培育更多合格的文化市场主体,形成文化产业发展的中坚力量。培育一批核心竞争力强的国有或国有控股文化企业(集团),在发展产业和繁荣市场方面发挥主导作用。实力雄厚、竞争力强、具有旗舰引领作用的国有文化企业要充分发挥资金和规模优势,以资本为纽带进行跨地区、跨行业联合或重组,不断提高文化产业的集中度和集约化经营水平。大力推进文化产业的战略重组,提升管理水平和经营业绩,通过资产重组整合文化企业资源,做大做强文化企业,进一步扩大四川文化产业的影响力。

(三)配套动力——搭建要素对接平台,培育产业孵化机制

1. 健全文化产品要素市场,优化资源配置

健全文化产品和要素市场,促进文化资源在更大范围优化配置,构建以大城市为中心、中小城市相配套、贯通城乡的文化产品流通网络,形成资本、产权、人才、信息、技术等要素相融互动的现代文化市场体系。进一步转变政府职能,充分发挥行业协会、中介组织的聚合力量,切实提高对民营文化企业的服务水平。支持组建民营文化产业投资集团,整合文化产业各行业和区域优势资源,加快民营文化企业集聚集群发展。结合实施成渝经济区区域规划和天府新区建设规划,依托已有民营文化产业示范基地和天府新区高端高质高新产业优势,实施一批重大文化产业项目。中小民营文化企业要充分发挥机制灵活、市场反应快、专业性强的特点,在"专、精、特、新"上下功夫,打造特色文化产品和实施文化精品工程,不断拓展文化产业的广度和深度。

2. 加快投融资体制改革,推进文化产业的资本化运作

要大力推动文化企业的兼并、重组、上市,打造一批具有核心竞争力的文化产业战

略投资者，加快投融资体制改革，拓宽投融资渠道，为实现文化产业的跨越式发展注入强大动力。为此，要降低市场准入门槛，放宽民间资本和外资进入文化产业的限制。创新资本运作手段，综合利用银行贷款、发行债券、上市融资等方式，通过资源整合和业务重组，提升文化企业经营能力和综合实力，为四川文化产业的发展提供创造性的资本市场。加大对国有文化企业和民营文化企业重大项目的支持力度。有条件的市（州）、县（市、区）要设立文化产业发展专项资金，用于扶持文化产业的发展。鼓励和引导省内外股权投资基金，特别是四川产业振兴发展投资基金，对我省重点领域的文化企业及重大文化项目进行股权投资，提升骨干文化企业整体竞争实力。鼓励和引导省内银行业金融机构加大对文化企业及文化项目的信贷支持力度，推动银企对接，充分利用金融工具创新，积极开发适合文化产业特点的信贷产品，为文化产业提供配套金融服务。积极探索推广中小企业文化产业融资交易平台，为优秀艺术人才提供专项资金扶持。

允许和鼓励文化企业进入资本市场，或直接上市，或与上市公司合作，成立子公司，或通过收购上市公司进入资本市场等。按照国际惯例，逐步放开对外资限制，使各种社会资本参与文化市场竞争；组建文化产业基金和创业投资基金，用于对有市场发展前景的文化资源项目进行产业化开发和中小科技型文化企业创业投资的专项资金支持。

3. 大力实施专业人才培育引进工程

文化产业是以"创造性"为投入要素，所以人才是文化创意产业的核心和灵魂，是影响文化产业发展的一个重要因素。文化创意人才的引进与培育，重在搭建人才引进培育机制。国外特别是美国非常重视应用文化产业管理人才的使用和培养，如文化管理，在美国已经成为一个专门学科，全美有 30 多所大学开办了艺术管理专业，培养了一大批高素质的文化管理人才，为美国文化产业的发展提供了强大的智力支持。同样，四川省也需要花大力气构建文化创意产业人才引进、培育和奖励制度，整合各项人才引进资源。培养和引进创意人才，大力引进与培育高层次文化创意人才，构筑创意人才高地要提高文化创意产业规模化、集约化、专业化水平，特别要重点引进和培养既有深厚文化底蕴和艺术素养，又善于经济管理和市场化运作的复合型高层次人才。建立多层次的政策资源，引进和留住掌握文化创意产业核心技术的团队和领军人物。推进产学研联合机制，实施企业与高校联合培养战略，鼓励高校、社会培训机构加大对文化创意企业人员进行多层次、多类型的有关文化创意方面的专业培训，通过一系列措施构筑起四川文化创意人才的高地，为全省文化产业的发展、文化品牌的打造提供充足的人才保障和智力支持。

新常态下宜宾第三产业发展新动力研究

当前，宜宾经济发展进入新常态，经济增长已由高速增长转为中高速增长，第三产业对经济增长的带动力也在逐步增大。展望"十三五"，随着新常态的特征在西部欠发达地区进一步凸显，如何利用国家加快推进长江经济带、丝绸之路经济带、成渝经济区建设，以及四川省多点多极发展战略等重大机遇，加快服务业发展、加快经济增长方式的转变，是摆在宜宾面前的现实问题。因此，研究宜宾新常态下第三产业发展新动力，对于明确服务业突破方向，提升服务业发展的动力，增强经济增长的可持续性，具有较强的现实意义；同时，对西部欠发达地区加快发展适应新常态的服务业，实现经济的整体转型具有较强的参考价值。

一、宜宾市第三产业发展的实证研究

研究第三产业（服务业）的发展，既要看过去，又要看发展态势，更要看影响因素。下面从宜宾服务业发展历程、总体发展态势分析、影响因素分析、内部结构分析四个方面进行实证研究。

（一）宜宾市服务业发展历程

改革开放 30 多年，宜宾市服务业发展大体分为五个阶段：

1. 第一阶段为 1978 年至 1987 年

这段时间，国民经济处于恢复时期，由于经济工作的重点是工业生产，服务业增长相对较慢，服务业增加值占 GDP 比重呈下降趋势。1987 年宜宾服务业增加值占 GDP 比重为 30.0%，而第二产业的比重首次超过服务业，三次产业结构由改革开放初期的"一、三、二"演变为"一、二、三"。而四川在 1978 年以前就是"一、二、三"结构。

2. 第二阶段为 1988 年至 1993 年

这段时间，工业发展仍是重点，服务业资源投入不足，服务业增加值占 GDP 比重呈下降趋势。1993 年服务业增加值占 GDP 比重为 28.8%，而第二产业的地位首次超过农业，三次产业结构演变为"二、一、三"。而全国在 1978 年以前就是"二、一、三"结构，四川在 1989 年演变为这一结构。

3. 第三个阶段为 1994 年至 1999 年

这个阶段服务业处于快速上升期，农业在 GDP 中的比重逐步下降，第二、三产业增加值占 GDP 的比重明显提升。1999 年服务业增加值占 GDP 的比重为 30.1%，首次超过了农业的比重，三次产业结构演变为"二、三、一"。而全国在 1985 年、四川在 1993 年演变为"二、三、一"结构。

4. 第四个阶段为 2000 年至 2011 年

这个阶段在工业强市战略的背景下，生产结构和消费结构发生变化，工业的地位进一步提高，农业和服务业在 GDP 中的比重呈下降趋势。2011 年，宜宾服务业增加值占 GDP 比重下降到 23.1%。

5. 第五个阶段为 2012 年至今

这个阶段随着中国经济开始进入新常态，产业结构调整、增长方式转变成为经济发展的趋势，服务业在 GDP 中的比重开始呈上升趋势。2014 年，宜宾服务业增加值占 GDP 比重上升到 26.2%。

（二）服务业发展的总体态势分析

这里的实证分析，研究的时期为 2006 年－2014 年，着重两个阶段（2006－2011 年工业加速期；2012－2014 年新常态经济期。新常态经济期一个明显的变化就是中国经济由高速转变为中高速增长，因此本部分以全国 GDP 增速换挡，转为 7.7% 增长的 2012 年作为新常态经济期的起点）的服务业发展与经济发展的相关变化，数据取自相关年份的《统计年鉴》。

1. 宜宾市产业结构的趋势分析

2006－2011 年工业加速期：第一产业比重年均减少 1.1 个百分点，第二产业比重年均增加 2.4 个百分点，第三产业比重年均减少 1.3 个百分点。

2012－2014 年新常态经济期：第一产业比重年均减少 0.2 个百分点，第二产业比重年均减少 0.8 个百分点，第三产业比重年均增加 1 个百分点。

评价：在工业加速期，产业结构呈现第二产业比重逐年上升、第三产业比重逐年下降的态势；在新常态经济期，产业结构呈现第二产业比重逐步回落、第三产业比重稳步提高的态势（见图一）。

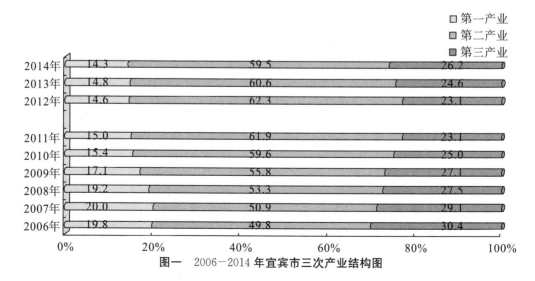

图一　2006－2014 年宜宾市三次产业结构图

2. 宜宾市产业增长的趋势分析

2006－2011年工业加速期：GDP年均增速14.7％，第一产业年均增速3.8％，第二产业年均增速20.1％，第三产业年均增速11.2％。

2012－2014年新常态经济期：GDP年均增速10％，第一产业年均增速4％，第二产业年均增速10.9％，第三产业年均增速11％。

评价：在工业加速期，产业增长态势表现为第二产业增速高于GDP增速，第三产业增速低于GDP增速；在新常态经济期产业增长态势表现为二、三产业增速与GDP增速基本持平，GDP增长双引擎驱动的特征初步显现（见图二）。

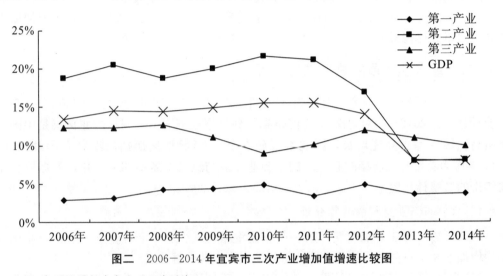

图二　2006－2014年宜宾市三次产业增加值增速比较图

注：本图的增长速度为可比价增速。

3. 新常态经济期宜宾服务业与全国、全省的比较分析

新常态经济期宜宾服务业的发展，从增速看快于全国全省，服务业增加值年均增速为11％，分别高于全国、全省增速2.8个百分点和0.9个百分点，同时高于GDP增速1个百分点（而全省服务业年均增速低于GDP增速0.3个百分点，全国是高0.6个百分点）。从结构看比重提高程度相对较小，宜宾服务业增加值占GDP比重由23.1％上升至26.2％，提高了3.1个百分点（而全省提高了3.4个百分点，全国提高了4.8个百分点）；从位次看总量进位，2014年，宜宾服务业增加值总量居全省第5位，比2011年上升1位；服务业增加值占GDP比重26.2％，居全省第18位，位次与2011持平（见表一）。

表一　新常态经济期宜宾GDP、第三产业增加值与全国及全省的比较表

单位：亿元	GDP			第三产业增加增				
	2011年	2014年	新常态经济期年均增速	2011年		2014年		新常态经济期年均增速
	实际数	实际数		实际数	占GDP比重	实际数	占GDP比重	
全国	473104	636463	7.6％	205205	43.4％	306739	48.2％	8.2％

续表

单位：亿元	GDP			第三产业增加增				
	2011 年	2014 年	新常态经济期年均增速	2011 年		2014 年		新常态经济期年均增速
	实际数	实际数		实际数	占 GDP 比重	实际数	占 GDP 比重	
四川	21027	28537	10.4%	7014	33.4%	10486	36.7%	10.1%
宜宾	1091	1444	10.0%	252	23.1%	378	26.2%	11.0%

（三）宜宾服务发展影响因素分析

一般认为，影响服务业发展水平的因素可归纳为四类：经济发展水平、市场开放度、市场空间配置、服务业资源禀赋。这里通过逐一的实证分析，对新常态经济期的各因素进行评价。

1. 经济发展水平分析

经济发展水平是决定服务需求的最主要因素。一般认为，经济发展水平直接决定居民的收入，居民的购买力越强，则服务需求量越大。这里，我们通过人均 GDP、城镇居民人均可支配收入、农民人均纯收入三个指标进行度量。

从城镇居民人均可支配收入来看，宜宾与全国的差距由 2011 年的 4057 元缩小到 2014 年的 3854 元，与全省的差距由 2011 年的 146 元到 2014 年反超 609 元。

从农民人均纯收入来看，宜宾与全国的差距由 2011 年的 198 元缩小到 2014 年的 61 元，领先全省的优势由 2011 年的 650 元扩大到 2014 年的 1028 元。

从人均 GDP 来看，宜宾与全国的差距由 2011 年的 10774 元扩大到 2014 年的 14334 元，与全省的差距由 2011 年的 1709 元扩大到 2014 年的 2810 元。

评价：经济发展水平（人均 GDP）宜宾和全国、全省还存在明显的差距，但城乡居民收入与全国差距缩小，与全省相比开始显现优势（见表二）。

表二　新常态经济期经济发展水平宜宾与全国、全省的比较表

单位：元	城镇居民人均可支配收入		农民人均纯收入		人均 GDP	
	2011 年	2014 年	2011 年	2014 年	2011 年	2014 年
全　国	21810	28844	6977	9892	35198	46652
四川省	17899	24381	6129	8803	26133	35128
宜宾市	17753	24990	6779	9831	24424	32318

2. 市场开放度分析

市场开放度是决定服务需求的重要因素。一般来说，地区越开放，服务业发展水平越高。这里我们通过招商引资到位国内省外资金、进出口总额两个指标进行度量。

从招商引资到位国内省外资金来看，2014 年排在全省第 4 位，占全省的比重由 2011 年的 4.5% 下降到 4.2%。

从进出口总额来看,2014 年排在全省第 6 位,比 2011 年下降 2 位;占全省的比重由 2011 年的 1.7%下降到 1.3%。

评价:两项指标从总量看处于全省上游水平,但在全省的地位呈下降态势。

3. 市场空间配置分析

市场空间配置是决定服务需求的另一重要因素。一般来说,市场空间配置越有优势,服务业发展水平越高。从中国目前的情况看,城市人均消费水平明显高于农村,因此城镇化水平越高,服务性需求量将越大。这里我们选取城镇化率这一指标进行度量。

城镇化率这一指标,宜宾与全国的差距由 2011 年的 11.9 个百分点缩小到 2014 年的 10.9 个百分点,与全省仍是 204 个百分点的差距。

评价:宜宾和全省的城镇化水平与全国差距仍较大,但呈逐步缩小的趋势(见表三)。

表三　新常态经济期城镇化率宜宾与全国、全省的比较表

单位:%	城镇化率		
	2011 年	2014 年	2014 年比 2011 年±百分点
全国	51.3	54.8	3.5
全省	41.8	46.3	4.5
宜宾	39.4	43.9	4.5

4. 服务业资源禀赋分析

一般来说,服务业的投入要素和效率是服务业发展水平的直接动力。这里我们选取服务业项目固定资产投资、服务业劳动生产率两个指标进行度量。

从服务业项目固定资产投资看,2014 年宜宾服务业项目投资为 526.97 亿元,其占全部项目投资的比重由 2011 年的 37.9%上升到 55%;从三产各行业的情况看,交通运输、仓储和邮政业的比重上升较大,而水利、环境和公共设施管理业比重下降较大(见表四)。

表四　新常态经济期宜宾固定资产项目投资表

单位:亿元	2011 年		2014 年	
	实际数	比重	实际数	比重
本年完成项目投资	486.84		958.41	
一产	8.61	1.8%	49.98	5.2%
二产	293.72	60.3%	381.56	39.8%
三产	184.51	37.9%	526.97	55.0%
交通运输、仓储和邮政业	71.27	38.6%	223.32	42.4%
信息传输、计算机服务和软件业	0.08	0.0%	2.88	0.5%
批发和零售业	5.42	2.9%	33.18	6.3%

单位：亿元	2011 年		2014 年	
	实际数	比重	实际数	比重
住宿和餐饮业	3.78	2.0%	11.16	2.1%
金融业			0.03	0.0%
房地产业	34.23	18.6%	94.96	18.0%
租赁和商务服务业	5.15	2.8%	0.45	0.1%
科学研究、技术服务和地质勘查业	0.58	0.3%	2.43	0.5%
水利、环境和公共设施管理业	40.82	22.1%	90.65	17.2%
居民服务和其他服务业	1.75	0.9%	4.49	0.9%
教育	8.67	4.7%	29.15	5.5%
卫生、社会保障和社会福利业	4.20	2.3%	15.23	2.9%
文化、体育和娱乐业	4.99	2.7%	12.11	2.3%
公共管理和社会组织	3.57	1.9%	6.92	1.3%

注：一产、二产、三产比重指各产业项目投资与全部项目投资的比重；三产下属的各行业比重指各行业项目投资与三产项目投资的比重；2014 年含农户投资。

从服务业劳动生产率看，2014 年，宜宾服务业劳动生产率为 4.03 万元/人、年，比 2011 年提高了 0.87 万元/人、年，但与全省的差距由 2011 年的 1.42 万元/人、年扩大到 2.33 万元/人、年；从比较劳动生产率的变动趋势看（比较劳动生产率为各产业的增加值比重与从业人员比重之比，是衡量经济发展水平的重要指标，比值越大，结构效益越好），2014 年，宜宾服务业比较劳动生产率为 0.91，与 2011 年持平，而全省上升了 0.04，说明宜宾服务业结构效益水平没有明显变化（见表五）。

表五　新常态经济期劳动生产率宜宾与全省的比较表

	2011 年		2014 年	
	服务业劳动生产率（万元/人、年）	比较劳动生产率	服务业劳动生产率（万元/人、年）	比较劳动生产率
四川	4.58	1.04	6.36	1.08
宜宾	3.16	0.91	4.03	0.91

（四）宜宾服务业内部结构分析

从服务业的内部结构看，2014 年，宜宾现代服务业增加值占第三产业增加值的比重为 53.2%，比 2011 年上升了 0.1 个百分点，与此同时，现代服务业对第三产业增加值增长的贡献率为 48.3%，比 2011 年上升了 2 个百分点，特别是金融业比重和贡献率有明显提升。说明在新常态经济期，宜宾现代服务业的地位和作用在不断增强（见表六）。

表六　新常态经济期服务业增加值内部结构表

单位：亿元	服务业增加值				服务业内部各行业对第三产业增长的贡献率	
	2011 年		2014 年		2011 年	2014 年
	绝对值	比重	绝对值	比重	贡献率	贡献率
第三产业	252.22		368.01			
传统服务业	119.02	47.2%	173.31	47.1%	53.7%	51.7%
交通运输、仓储和邮政业	25.88	10.3%	37.37	10.2%	8.4%	10.4%
批发和零售业	52.01	20.6%	71.71	19.5%	23.1%	17.3%
住宿和餐饮业	25.13	10.0%	36.36	9.9%	12.2%	7.2%
居民服务和其他服务业	16.00	6.3%	27.87	7.6%	10.0%	16.8%
现代服务业	133.20	52.8%	194.70	52.9%	46.3%	48.3%
信息传输、计算机服务和软件业	13.22	5.2%	17.70	4.8%	4.6%	5.1%
金融业	24.04	9.5%	43.65	11.9%	9.0%	16.0%
房地产业	18.86	7.5%	22.61	6.1%	3.3%	−0.1%
租赁和商务服务业	5.49	2.2%	9.56	2.6%	3.4%	5.8%
科学研究、技术服务和地质勘查业	2.15	0.9%	3.12	0.8%	0.5%	0.3%
水利、环境和公共设施管理业	1.31	0.5%	1.56	0.4%	0.3%	0.2%
教育	22.06	8.7%	29.66	8.1%	4.9%	3.5%
卫生、社会保障和社会福利业	13.03	5.2%	17.69	4.8%	2.9%	2.1%
文化、体育和娱乐业	3.70	1.5%	6.45	1.8%	2.3%	3.9%
公共管理和社会组织	29.34	11.6%	42.70	11.6%	15.1%	11.5%

二、对新常态经济期宜宾第三产业发展的总体认识

新常态经济期，宜宾服务业呈现比重上升、发展较快的势头，宜宾服务业主要表现出以下特征：

认识一：服务业总体处于落后阶段。从产业结构的演变看，宜宾目前的产业结构为"二、三、一"，1999 年达到这一阶段，宜宾落后了全国 10 多年。从目前产业结构的发展趋势看，宜宾服务业地位开始稳步上升，但与全国、全省差距仍然较大。初步判断，宜宾服务业落后全国总体水平 10 年以上。

认识二：服务业加快发展的基础初步具备。一是地位在上升。2014 年，宜宾服务业增加值占全省的比重比 2011 年略有上升；同时，宜宾服务业增加值占宜宾 GDP 的比重上升了 3.1 个百分点。二是整体规模不断壮大。2014 年，宜宾市服务业增加值为 378.12 亿元，总量居全省第 5 位，处于全省中上游水平。三是吸纳就业能力不断增强。2014 年，宜宾市服务业从业人员 93.8 万人，比 2011 年净增 14 万人。

认识三：服务业内部结构不断优化。2014 年，宜宾市现代服务业和传统服务业分

别实现增加值 194.7 亿元和 173.31 亿元，现代服务业占第三产业的比重上升到
52.9％，对第三产业增长的贡献率也由 2011 年的 46.3％提高到 48.3％。现代服务业的
地位和作用的提升，表明服务业内部结构不断走向高度化。

认识四：推动服务业发展水平的几大要素相对不足。一是经济发展水平不高是阻碍
服务业发展的最大因素。经济发展水平决定居民收入，尽管宜宾的居民收入高于全省平
均水平，但与全国水平相比存在明显差距，因此居民的购买力相对不足，从而导致服务
需求量的偏小和服务需求的层次偏低。二是市场开放度不高决定服务业发展缺乏外来动
力。由于宜宾地处西部欠发达地区，总体看宜宾的市场开放度不高，对国外的开放度更
是偏弱。这直接导致宜宾服务业缺少与国外、省外先进的现代服务业对接的机会，主要
靠内在需求提供动力。三是市场空间配置落后导致服务业发展明显受限。由于城市人均
消费水平明显高于农村，而 2014 年宜宾城镇化率为 43.9％，比全省低 2.4 个百分点，
比全国低 10.9 个百分点，城镇人口比例偏低使得宜宾人均消费水平被大幅拉低，服务
业的发展受到较大的限制。四是资源禀赋投入未转化为效率。从投入要素看，无论是绝
对量还是比重都大幅提高；从配置效率看，劳动生产率上升，但与全省的差距在扩大，
而比较劳动生产率则无明显变化。

认识五：服务业增长的动力仍显传统性。2014 年宜宾传统服务业对第三产业增长
的贡献率仍超过 50％，推动服务业进一步提升的现代型新动力仍显薄弱。

三、新常态下宜宾第三产业发展新动力研究

通过实证分析可以看出，近年来宜宾服务业取得了较大进步，特别是现代服务业的
发展已经引起了高度重视，并且初具成效。但由于宜宾处于西部内陆的欠发达地区，服
务业发展长期滞后，如何认识新常态下服务业的新动力、推动服务业层次的提高，已成
为加快转变经济发展方式的必然选择。

（一）对宜宾第三产业发展机遇的认识

未来 5 年，宜宾面临一带一路和长江经济带建设、西部大开发纵深推进、成渝经济
区加快建设和川南经济区地位提升的历史机遇，将为宜宾在服务业发展上提供更多的支
撑点。

一是区位优势将增大服务业发展的广度。随着综合交通枢纽的建成，特别是宜宾港
的建成和长江航道的改造升级，将极大地拓展宜宾的市场空间配置范围和市场开放程
度，将更有利于我市集聚更大范围的生产要素，发展更具竞争力的现代服务业。

二是资源优势将提高产业升级的开放度。宜宾煤炭、页岩气等矿产资源丰富，水能
资源、农业资源、旅游资源富集，这既是支撑可持续发展的战略资源，又是承接产业转
移、谋求产业升级的优势，有利服务业在更大范围上乘势壮大。

三是产业优势将提供服务业发展的更强动力。四川提出加快川南经济区发展，建设
国家级能源化工基地、装备制造业基地和"中国白酒金三角"核心区。宜宾具有建设世
界顶级白酒生产基地的优势，有较好的能源资源禀赋，优势产业的发展将进一步加快服
务业高度化步伐。

四是生态优势将提升服务业发展的关注力。宜宾地处长江上游，三江交汇，是长江上游生态屏障建设的重点区域，这不仅有利于加强生态环境建设，也有利于充分发挥生态效益。生态环境建设本身属于服务业的范畴，宜宾生态环境建设必将为长江中下游城市关注，在发展上将有更多的助力。

（二）经济新常态对第三产业带来的新变化

从新常态的主要特征看，经济新常态对服务业带来以下几方面的影响：

一是新常态下资源配置模式主要通过市场机制作用探索未来产业发展方向。那么，市场机制发挥的程度对服务业发展更具先导性。

二是新常态下生产组织方式呈现小型化、智能化、专业化的产业组织新特征。那么，小型化、智能化、专业化将成为服务业发展的主流。

三是新常态下市场竞争正逐步转向质量型、差异化为主的竞争。那么，质量型、差异化将成为服务业发展的核心竞争力。

四是新常态下资源环境承载能力已经达到或接近上限，必须推动形成绿色低碳循环发展新方式。那么，低碳循环也将成为服务业发展的新方向。

五是新常态下出口和国际收支方面，高水平引进来，大规模走出去，正在同步发生。那么，市场的开放程度将是服务业发展的重要因素。

六是新常态下投资需求方面，基础设施互联互通和一些新技术、新产品、新业态、新商业模式的投资机会大量涌现。那么，服务业新业态、新商业模式将更为普遍。

七是新常态下消费需求方面，个性化、多样化消费渐成主流。那么，服务业个性化、多样化的布局将成为发展的方向。

（三）经济新常态下宜宾第三产业新动力的重点方向

由于宜宾服务业增长的动力仍显传统性，构建经济新常态下宜宾第三产业新动力就成为第三产业突破的关键。

1. 市场化新动力

市场化决定服务业可持续发展程度，宜宾服务业市场化的突破产业可以选择旅游业。旅游业是关联度高、带动性强的综合性产业，"行、游、住、吃、购、娱"六大要素不仅直接带动生活服务、商贸、餐饮、交通业的发展，还会间接带动通信、金融、房地产等第三产业的发展。宜宾旅游资源丰富，并且发展旅游业已有较好的基础和有利条件，2014年宜宾旅游总收入256.05亿元，居全省市州的前列，但市场主导旅游开发的意识还偏弱，旅游核心竞争力与旅游资源尚不匹配。

市场化是宜宾旅游业的薄弱环节，但经济新常态下推动产业的市场化是发展方向，因此，宜宾服务业新动力之一——旅游业就需要以市场化为主导来构建旅游产业体系。

2. 专业化新动力

专业化是新常态的主流，宜宾服务业专业化的突破产业可以选择现代物流业。现代物流业是以现代运输业为重点，以信息技术为支撑，以现代制造业和商业为基础，集系统化、信息化、仓储现代化为一体的综合性产业。近年来，宜宾在交通和基础设施上投入较大，特别是临港经济开发区的建设使宜宾水路交通的优势凸显，宜宾铁、公、水、空立体交通网络体系在全省独具竞争力，同时，工业全省第3、商业全省第4的地位为现代物流业的发展注入产业基础。但专业化程度偏低，缺乏在全国、全省有影响力的大型物流基地和物流企业。

专业化是宜宾物流业的薄弱环节，但经济新常态下推动产业的专业化是发展方向，因此，宜宾服务业新动力之一——现代物流业就需要以专业化为主导来构建物流产业体系。

3. 创新型新动力

创新型是新常态的重要内涵，宜宾服务业创新型的突破产业可以选择生产性服务业，特别是科技服务业。我国生产性服务业的各个门类都偏弱，这是服务业整体竞争力的低下和结构的非优化的重要因素，形成了经济增长主要依靠工业带动和数量扩张的非良性循环。宜宾工业基础在全省较强，工业门类较多，工业科技水平较高，优先发展生产性服务业，通过实施创新这一要素，可以借助工业优势，推动服务业供给总量的增加和结构的优化，同时，生产性服务业投入效率的提高将有利于减少经济增长对高投资和高资本积累的依赖，有利于推动需求结构的改善。2014年末，宜宾共拥有高新技术企业40家，省级创新型企业76家；全年专利申请量1977件，授权量972件，均排全省第4位。

创新能力是宜宾工业的相对优势，但生产性服务业的创新水平与工业不匹配，经济新常态下推动产业的创新是发展方向，因此，宜宾服务业新动力之一——生产性服务业就需要以创新为主导来构建生产性服务产业体系。

4. 新业态动力

新业态是新常态的标志之一，宜宾服务业新业态的突破产业可以选择电子商务业。宜宾电子商务业已拥有"宜宾聚客商盟""宜宾网上商城""宜宾淘""淘南溪"等综合电子商务平台和宜宾五粮液、宜宾茶叶、豆腐干等有代表性的特色产品专业电子商务平台，目前正重点打造宜宾市翠屏区金融与电子商务孵化园。2015年上半年，宜宾商贸单位通过互联网实现商品零售额1.1亿元，规模较小；全省共有1344家第三方电子商务交易平台企业，宜宾仅10家。从总体看，宜宾电子商务业的发展还远远滞后，发展电子商务业既发展商务及其相关衍生产业，更重要的是扩大对外开放、拓展服务需求。

新业态是宜宾服务业的薄弱环节，但经济新常态下推动产业的新业态是发展方向，因此，宜宾服务业新动力之一——电子商务业就需要以新业态为主导来构建电子商务业产业体系。

5. 先导型新动力

先导型是新常态的产业重点方向，宜宾服务业先导型的突破产业可以选择现代金融业。金融投向对产业发展具有很强的先导性，发展现代金融业既发展金融及其相关衍生产业，更重要的是通过资本的市场投向先导性，带动整个产业结构的优化和竞争力的提升。2012年以来，宜宾金融业比重和贡献率有明显提升；截至2014年末，宜宾共有各类金融机构61家，其中银行机构25家、证券期货机构6家、保险机构29家、企业集团财务公司1家；总体看，宜宾发展现代金融业的基础较强。

先导性是宜宾金融业的薄弱环节，但经济新常态下推动资本在产业配置和发展上的先导性是发展方向，因此，宜宾服务业新动力之———现代金融业就需要以资本先导性为主导来构建现代金融业体系。

四、新常态下宜宾第三产业发展的思路及建议

经济新常态下发展服务业，其目的是转变经济增长方式，提升整个城市经济的竞争实力。因此，结合宜宾服务业的现实发展状况，应按照现代优先兼顾传统的思路，实现生产性服务业集聚式发展，民生性服务业均衡式发展，大力推动服务业新动力的壮大。

（一）发展思路

经济新常态下，需要把服务业新动力的发展融入现代产业体系中来，才能形成合力，促进整个城市经济的可持续发展。这里有四点思路供参考。

思路一，认识新常态，选择新动力。新常态是中国经济发展方式转变的深刻变革，对于宜宾这样的欠发达地区来说，新常态下选择新动力既是解决宜宾深层次矛盾和问题的根本途径，又是促进增长方式转变的必由之路，更是带动服务业提升的大好机遇。

思路二，发挥优势，突出重点。新常态带给宜宾服务业新动力，需要进一步发挥各自新动力的诸多优势，突出各发展阶段的重点内容，从而共推宜宾服务业的整体突破。

思路三，优化结构，注重融合。优化结构就是不断推动传统服务业向现代服务业转变；注重融合就是不断促进现代农业、新型工业和现代服务业的相互连接，形成现代产业体系，这是发展服务业的根本出路，也是产业结构优化升级的突破口。

思路四，统筹兼顾，扩大开放。统筹兼顾就是把服务业发展统筹到"两化互动"上，扩大开放就是加大合作拓展发展空间。

（二）几点建议

对于宜宾这样的欠发达地区来说，新常态下实现服务业新动力的壮大，需要注意需求结构、投资结构、产业结构、科学技术等因素，从而实现服务业发展的新突破。

1. 强化新常态意识，引导服务业发展新动力

从产业演进的规律看，服务业的发展是适应工业化、城市化发展阶段的必然选择，更是新常态下转变经济增长方式的必然要求。目前，宜宾正处于依靠服务业提升经济发展质量和效益的时期，新动力的壮大是经济转型升级的关键。因此，需要针对新动力的各自发展阶段、现实发展状况、优势及短板、新常态下产业趋势等内容，制定特色发展的服务业新动力发展规划，引导新动力快速壮大。

2. 突出重点，布局服务业发展新动力

一是突出重点行业。宜宾服务业新动力中，商贸物流业、金融业、旅游业等已具有相对较强的实力，因此，在经济新常态下，需要明确服务业新动力的先期突破方向，大力推动现代物流业、现代金融业、特色旅游业取得先期突破，从而带动其他服务业新动

力逐步壮大。二是突出地区差别。宜宾两区八县加上临港区，各自具有服务业新动力的不同发展优势，需要突出各地的特点，形成服务业新动力的多点开花、优势互补的发展格局，比如临港区立足港运优势，发展现代物流业；南溪区、江安县应依托长江水系，根据工业园区进展快、工业企业发展较好的特点，应以提高新型工业化水平来发展生产性服务业等等。三是突出重点企业。对服务业新动力的重点企业，特别是属于现代服务业的重点企业，比如物流业的龙头企业安吉物流、电子商务业的龙头企业宜宾淘等等，要加强扶持、引导和推动，通过做强做大重点企业，来引领服务业新动力的壮大。

3. 注重需求结构影响力，提升服务业发展新动力

经济发展水平不高、市场开放度不高、市场空间配置落后、资源禀赋投入未转化为效率是宜宾服务业需求停留在初级阶段的主要原因，也是服务业新动力的壮大的不利因素。一是扩大内需，提高有效消费能力。扩大内需的关键是增加收入、提升消费信心，通过提高经济水平、改善民生，从而持续增加居民的有效消费能力。二是推动开放，活跃市场。一方面要积极引导社会资本，多渠道、多层次、多形式增加服务业的投入资金；另一方面要加大对外开放的力度，积极融入成渝经济区，更好地吸引促进服务业新动力发展的外来优势资本、先进技术。三是大力推进城镇化进程，拓展发展空间。一方面要大力推动二、三产业对农村富裕劳动力的承接，增加城镇人口，另一方面要规划好城镇发展新布局，大力推动城镇拓展。四是有效增加服务业生产能力和效率。通过规划好服务业新动力发展布局和实施政策导向，引导人力资源和优势资本流入更有发展潜力的服务新动力行业，从而提升服务业的发展层次和竞争力。

4. 注重投资结构影响力，加大投入服务业发展新动力

投入是推动服务业新动力发展的前提，而投资结构是反映服务业未来发展结构的关键因素。目前，宜宾在服务业投资上传统服务业比重偏大、现代服务业比重偏小，结构尚待优化，投资的先导性对服务业新动力至关重要。宜宾在投资水平与结构上应进一步向服务业新动力倾斜，特别是目前投入相对不足的生产性服务业和电子商务业，通过投入的导向性，在较短的时间内提升服务业新动力行业的竞争力，从而打造宜宾服务业的新增长极。

5. 注重产业结构和科学技术影响力，融合服务业发展新动力

当前，工业仍是宜宾经济发展的最大支撑力量，因此工业内部的结构调整是整个经济结构优化的关键，而现代服务业是带动工业转型的关键因素之一，因此，服务业要在现有的较低层次实现跨越发展，新型工业化和现代服务业融合是服务业新动力的最好着力点。需要加快从生产加工环节向自主研发、品牌营销等服务环节延伸，提高产品的附加值；需要大力发展第三方物流，提升物流的专业化、社会化服务水平；需要加快发展信息服务业，实现信息化带动工业化，拓展电子商务领域；需要加快发展金融服务业，促进产品、服务和管理创新；需要大力发展科技服务业，鼓励发展专业化的科技研发、技术推广、工业设计和节能服务业；需要大力发展商务服务业，提升法律咨询、会计审计、工程咨询、认证认可、信用评估、广告会展等商务氛围；需要提升改造商贸流通业，推广连锁经营、特许经营等现代经营方式和新型业态。

龙泉汽车制造业与生态建设协调发展问题研究

一、导论

随着我国经济改革的不断深化，国民经济正努力改变以牺牲环境、资源换取经济增长等掠夺性发展"旧常态"，迈向积极调整、主动适应行稳致远的经济"新常态"。在"新常态"里，经济增长速度逐步从高速转为中高速稳步增长，经济结构不断优化、升级，而经济发展的动力则从要素驱动、投资驱动转向创新驱动。

纵观工业文明以来的世界历史不难发现：一国之兴，强族之本在于制造业。在"新常态"的历史契机下，汽车制造产业创新能力的提升、信息技术与制造业的深度结合、资源利用效率的优化以及制造业产业结构、形态的升级对龙泉驿区（简称龙泉）乃至整个天府新区经济的发展至关重要。而走单纯拼资源、规模粗放、能耗大的传统制造业道路是行不通的，天府新区从规划开始，就将区域制造业发展定位于具有国际竞争力的高端制造业，因此，本报告研究的重点为区域生态建设与汽车制造业协调发展问题。

1. 选题背景

2014年10月14日，天府新区正式被批准为国家级新区。天府新区定位于：以高端制造业为主、高端服务业聚集、"宜业宜商宜居"的国际化现代新城区。根据区位已有优势，新区按功能划分为主城区、空港高技术产业功能区、成眉战略新兴产业功能区、南部现代农业科技功能区、创新研发产业功能区、"两湖一山"生态旅游功能区以及本报告论述重点——以汽车制造为核心的龙泉高端制造产业功能区。

与其他西部新区战略规划不同的是，天府新区着力于"宜业宜商宜居"，力图探索出高端制造业与区域生态发展协调并存的道路，开拓建设"四化同步"（新型工业化、信息化、城镇化、农业现代化），"四态合一"（现代化的城市形态、高端化的城市业态、特色化的城市文态、优美化的城市生态）的国际化、现代化大都市新区。

表1 西部新区战略规划差异表

新区名称	发展重点
天府新区	高端制造业、金融商贸、高端服务业
兰州新区	重点发展装备制造、石油化工和生物医药产业
贵安新区	以航空航天为代表的特色装备制造业、高端服务业为重点
重庆两江新区	重点发展现代装备制造业和现代服务业
西咸新区	重点发展高端装备制造、新一代信息技术、生物医药等产业

天府新区的建立对成都、对四川乃至西部的意义重大，它给我们提供了一个展示的平台，一个交流的平台，一个"学习—模仿—创新—开拓"的平台，为区域经济提供了更有利的资金机会、就业机会、新科技新能源研发制造机会以及产业现代化、信息化机会。有利于"新常态"下，成都深入实施创新驱动经济发展战略，推动区域经济结构、产业布局的调整，拓展整个四川地区的经济发展空间。

2. 逻辑路线

本文紧紧围绕龙泉汽车制造产业与生态建设协调发展问题，探讨在最大限度保护生态环境基础上的工业可持续性发展问题。具体而言，本文研究的主要问题是：第一，为什么将汽车制造产业定位于龙泉？第二，天府新区成立以后，龙泉汽车制造产业功能区与生态建设情况；第三，在借鉴其他工业区建设的经验基础上，汽车制造业与生态协调发展的路径有哪些？

基于以上主要研究对象，本文的研究思路是：

第一步，在"新常态"理念、区域发展理论与生态效率理论的指引下，分析龙泉汽车制造产业区定位的原因以及新的历史时代下建设的现状。

第二步，在第一步分析的基础上，对相应生态建设的现状与发展展开研究，从现有材料、数据中总结区域生态建设的背景、面对的压力、实施现状以及未来发展的思路。

第三步，借鉴其他国家和地区工业产业区建设的经验，尤其是工业发展与生态保护如何协调的经验，提出龙泉以汽车制造为核心的高端制造产业工业区基于生态环境保护的规划、发展的思路。

第四步，在前面几个步骤分析的基础上，对龙泉汽车制造业与生态建设协调发展给出建议。本文的逻辑路线如图1。

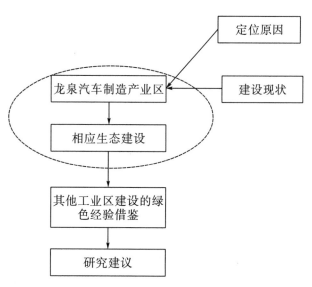

图1 逻辑路线图

二、龙泉汽车制造产业区定位与现状

天府新区的核心功能在于"一门户、两基地、两中心"。"一门户"即内陆开放门户，将新区建设成为承接国际国内产业转移的重要区域，成为西部地区辐射东亚、南亚和欧洲的前沿，成为面向国际的重要通道和交流平台。"两中心"是指西部高端服务业中心和国家自主创新中心。高端服务业建设重点集中于金融商务、商贸物流、会议博览、文化创意、旅游服务等方面；而国家自主创新中心建设则包括了建设国家自主创新示范区、世界一流创新基地和科技园区、国家级军工民用转化基地等工作。

"两基地"则是指高技术产业基地与高端制造业基地。高技术产业基地重点发展信息产业、新能源装备制造、新材料、生物技术等高技术产业和战略性新兴产业；高端制造业基地则重点发展汽车产业、航空航天、工程机械及节能环保设备等高端制造产业，尤以汽车研发制造为重，这也是本文立足于汽车制造业的原因。

值得注意的是，高端制造业产业功能区建设立足于龙泉已有的汽车制造业基础，在其建设过程中，强调以突破关键技术、掌握和控制产品或工艺的核心技术为中心，通过自主创新能力，实现引领汽车行业自动化、信息化、环保生产等的发展，为四川乃至西部地区经济可持续性健康发展提供强大动力。

高端制造业的区域定位，有利于区域汽车制造业在项目管理、建设速度和工艺水平等领域，走向国内乃至国际轿车制造行业的前列；有利于顺应现代工业4.0的趋势，转变已有的制造业发展模式，提升传统制造业的档次，实现制造业发展与生态环境、城市功能的最优化互动、融合；有利于在提升产业发展水平、质量以及自主创新能力的基础上，实现建设全国一流、具有国际竞争力的现代产业集群，增强区域影响力，提高区域生态福利、人民安居乐业的战略目标。

1. 定位原因

早在2010年10月，成都经开区就被国家工信部批准为国家汽车产业新型工业化产业示范基地，随后的几年，龙泉汽车产业建设连续跨上全产业链千亿元、汽车制造业千亿元、整车制造千亿元三大台阶，成为全国汽车产业集群的重要基地。从2012年开始，成都经济技术开发区已累计引进工业项目380余家，其中世界500强企业30余家，上市公司超过40家；建成投产281家。

2012年成功搭建"百万辆乘用车"整车生产平台，已经实现一汽大众成都基地、沃尔沃成都基地、吉利汽车、成都神钢等重大制造项目聚集发展，一汽大众发动机、中国兵装汽配园等汽车主机和关键零部件项目成链发展，川汽、一汽、雷博等新能源客车和成都汽车研究院、银河汽车总部港、九峰汽配商城等汽车产业高端项目加快发展的良好局面。

随着汽车制造产业群的聚集，区域建设开始朝着提高汽车制造科技含量以及汽车制造的国内、国际影响力展开。比如，一汽大众、沃尔沃、吉利等公司的焊装、涂装等工艺都是依靠工业自动化、智能化完成。高端装备的使用，使得汽车企业在竞争严峻的情况下获得了订单和难得的竞争优势。

2013年，汽车（含工程机械）及配套企业共97家，全年产量73.2万辆；销售收入 1092.7 亿元，销售增加值 390.3 亿元，全年实现利润 132.6 亿元，在建项目 90 个，已完成投资 158.1 亿元。以一汽大众为例，其成都基地奠基于 2009 年 5 月，2013 年三期建成，标志着一汽大众西南基地的全面建成，年产能达到 54 万辆。2015 年开始四期建设，四期扩能的重点在涂装车间，建设完成后成都基地将实现严格采用德国大众最完善的工厂建设标准，可以生产 A 级、A0 级、B 级、混合动力和四轮驱动轿车。

2014 年，全汽车（含工程机械）及配套企业共 109 家，比 2013 年增加 12 家；实现整车（机）产量 90.5 万辆，较 2013 年增长 23.5%；实现销售收入 1348.8 亿元，全年实现利润 159.7 亿元，增长 21%，在建项目 68 个，已完成投资 86.7 亿元。2015 年 5 月汽车产业同比增长 0.9%，1—5 月天府新区（成都片区）项目投资 464.6 亿元，同比增加 0.7%。

2. 建设现状

天府新区建设规划的第一步，2014 年—2017 年起步期建设重点工作有：初步形成天府新区核心区域，基础设施网络框架初具雏形，吸引国际国内知名企业入驻，区域性综合经济实力得以增强。2015 年，区域 GDP 达到 2500 亿元。战略性新兴产业、高端制造业和高端服务业集聚收益明显，基本建成以现代制造业为主、高端服务业集聚、宜业宜商宜居的国际化现代新区。

根据天府新区的第一步规划，龙泉高端制造产业区的起步工作正在大步向前、积极开展，朝着实现《四川省成都天府新区总体规划》各分解目标而努力。

根据天府新区总体定位，龙泉片区定位于高端制造，以汽车产业为主导产业，总面积 277 平方公里，起步阶段建设规模约 30 平方公里，主要沿东风渠沿线，北起皇冠湖新城中心，南至成渝客专，东至经开区拓展区。

在成都经济技术开发区的基础上，龙泉高端制造业产业区，力图打造一个以汽车制造、研发为核心，工程机械、航空航天器零部件制造为辅的高端制造业集聚区，以推进高端制造业规模、质量、创新多方面的扩张与提升。

2014 年落户天府新区的外资机构 50 家，世界 500 强企业 51 家，汽车产业主营业务收入 1300 亿元，而以汽车制造为主的高端制造业将以新能源汽车，比如电动汽车为汽车技术突破口，以关键零件引进为手段，实现传统汽车制造业，新能源、新技术学习与跨越的发展，实现整车研发和生产、关键零部件自主制造目标，配套发展汽车商贸等相关产业。

在新区建设过程中，龙泉高端制造产业区将逐步开展 87 个项目，总投资 1500 亿元。其中"起步项目"17 个，总投资 403 亿元，包括 10 个汽车业项目和 7 个配套项目。工业项目大都是汽车项目。包括沃尔沃、上海瑞华纯电动汽车、神钢大吨位起重机、德国博世底盘、一汽大众核心配套、城兴汽车配套科技产业园、一汽铸造汽配项目。据成都市经信委预计，2015 年天府新区内工业企业主营业务收入预计将达到 6500 亿元，对 GDP 贡献率达到 60% 以上。

三、龙泉生态建设的现状与发展

龙泉高端制造产业区在进行生态建设的时候，一方面要注重人均 GDP、城镇化水平、高端服务业比例，人均教育支出以及失业率等经济因素，另一方面要注重人均耕地面积、绿化覆盖率、森林覆盖率、特色湿地覆盖率、全年环境空气质量良好天数等资源保护建设因素。制造业必然带来生态环境的污染、能源的消耗，因此从可持续性发展角度考虑，制造业发展在工业废水排放达标、工业废气处理、工业用水的重复使用以及工业固体废物处置等方面都需立足长远利益，放眼未来考虑。

1. 区域生态建设的背景

天府新区总体定位是以高端制造业为主、高端服务业聚集、宜业宜商宜居的国际化现代新城区。新区根据区位已有优势，将资阳片区的"两湖一山"，建设生态旅游功能区。

天府新区资阳片区中的"两湖一山"，即三岔湖、龙泉湖和龙泉山。资阳生态功能区，总面积191平方公里，承担着生态保护、打造生态"绿肺"的重任。从起步阶段建设来看，天府新区资阳片区起步项目32个，总投资约100亿元，其中三岔湖起步区开工项目17个，总投资84.32亿元。

2. 区域生态建设的压力

一方面，成都平原是由发源于川西北高原的岷江、沱江及其支流等八个冲积扇重叠连缀而成的复合冲积扇平原，按自然条件植被类型应多为亚热带常绿阔叶林。由于长期人为活动，现有植物主要依赖于人工植被；另一方面，成都平原特殊的地理条件，使得大气在盆地上空扩散性差，空气污染以扬尘、机动车排放、煤烟混合物为主且难以流动，加之整车制造过程中冲压、焊装、涂装、总装等工序不同程度的资源能耗和环境污染，使得龙泉高端制造业产业区建设的生态环保压力更重。

而从空气质量角度来说，以2014年5月到2015年5月天府新区、龙泉驿区环境空气质量综合指数（六指标）的数据为例，仅环境空气质量综合指标（六指标），龙泉驿区的环境空气质量综合指标在冬季达到了较高值，污染较严重。而其他月份相对污染较轻，环境空气质量较好，如图2。

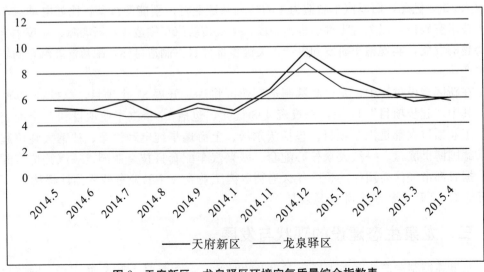

图2 天府新区、龙泉驿区环境空气质量综合指数表

资料来源：成都市环保局、成都市环境监测中心站数据。

AQI 强调的是环境空气质量综合指数（六指标）。它综合考虑了 SO2、NO2、PM10、PM2.5、CO、O3 等六项污染物的污染程度，更加全面地反映一个城市大气环境质量状况，数值越大表明综合污染程度越重。可见，龙泉驿高端制造产业区在空气质量、生态建设等方面有不小压力。

3. 区域生态建设的现状

依据天府新区森林公园整体规划，2013 年龙泉驿区森林面积达 2.2 万公顷，森林覆盖率达 41%。

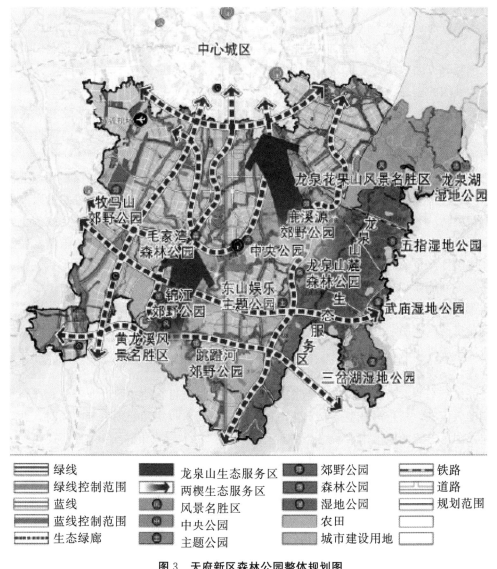

图3 天府新区森林公园整体规划图

工业废水排放量达标率、工业烟尘排放量达标率均达 100%。已有污水处理场 10 个、垃圾处理站 1 个，污水厂集中处理率达到 100%。

以 2014 年为例，龙泉高端制造业功能区开始着力于"工业治水"，出台了《龙泉驱区工业废水治理三年行动计划实施方案》，完成了三个园区污水集中处理设施，开工建设宏阳、大沙、安仁、八都等五个园区集中污水处理厂；发布了《龙泉驿区工业节约用水规划》，开展节水型企业创建工作。

4. 区域生态建设的思路

高端制造产业区既要经济效益、规模发展，又要注意生态规划。因此，龙泉汽车制造产业区建设必须坚持以整体优化、协调共生、生态平衡和可持续发展的基本原理为指导，以环境容量、自然资源承载能力和生态适宜度为依据，多方面齐入手推进龙泉高端制造产业区的园区建设。

汽车制造业的生态化，强调企业符合绿色环保的准入标准。借天府新区建设的大好时机，龙泉汽车制造产业应加快产业转型，在整车制造能力、零部件科技含量以及核心技术创新等方面掌握更多话语权。通过逐步掌握世界最先进的汽车制造技术，来占领汽车制造领域的制高点。

为实现区域"集聚—增强—集聚"的良性经济循环，天府新区在规划之初就制定了"外商投资准入负面清单"，包括禁止投资类 41 项、限制投资类 79 项；"内资投资准入负面清单"共 164 项，包括禁止投资类 113 项、限制投资类 51 项。

在龙泉高端制造业区域建设之初，区域建设就在避免掠夺性发展、保护环境上积极努力。通过产业控制、水污染防治、垃圾处理、大气污染防治、噪声污染防治以及电磁辐射污染防治等六个方面降低环境污染。具体而言：在龙泉高端制造产业区内禁止建设国家、成都市颁布的淘汰、限制产业，禁止不符合环保规定的企业进入；限制发展对生态环境破坏严重的产业，减少一般性制造业的注入；鼓励优先发展新材料、新能源、生物科技等制造业和配套的生产性服务业。严格对产业的准入进行审核，避免由于产业优惠政策而进入的其他不符合规定的产业。

龙泉的汽车制造企业在生产过程中要注意节能减排，区域内的大气污染物、废水、废渣等系统排出的各种废弃物，都要按照各自的特点及时处理和处置，同时加强对噪声的管理，实现制造业生产过程的洁净、环保、低能耗。

龙泉汽车制造产业区的建设要求招商引资和建设项目必须按照产业定位，严格企业环境准入标准，禁止污染型企业入驻；在改造提升污水收集和处理系统的同时，新建城区建成雨污分流的城市排水系统，实现天府新区"污水全收集、全处理"；实现生活垃圾处理的无害化、减量化、资源化；关注电磁辐射污染防治，提前布局确保变电站、移动基站等辐射源不设置在居住区内，并规划相应的防护隔离带，达到电磁辐射安全要求。

四、其他工业区建设的绿色经验借鉴

在打造新的制造产业功能区，迎接新的发展机遇的同时，注重生态的持续性，通过合理的功能布局，加强绿化、公园建设、湿地保护，推动生产过程的智能化、绿色化，监控废气、废水等的达标情况以及提高废旧材料的利用率，实现产业与生态的和谐互促。本部分通过分析中国台湾宜兰县、德国鲁尔工业区、澳大利亚堪培拉、新加坡城市建设、巴西库里蒂巴以及瑞典马尔默等的生态发展经验，更好地理解区域发展与生态建设的共存问题，为龙泉在保障生态良性发展的基础上打造高端制造业提供可以借鉴的经验。

1. 区域总体规划先行

中国台湾宜兰县积极学习新加坡的总体规划理念，首先确定了以 100 万为终极人口承载量，并在此标准下开始建设，以维持宜兰最好的生活品质。第一步，把全县范围内具有生态保育价值或容易发生自然灾害的地区指定为生态敏感地区，尽量避免开发；第二，采用棋盘式布局规划交通线路。将宜兰分成几十个小格，每个小格即一个小区；第三，推动"宜兰厝"活动，试图重新建构民居的建筑文化。由政府补助，由土地所有者提供土地，由县政府甄选建筑师，替他们做房屋设计。房屋设计上尽量采用自然材料，不用围墙，用绿篱将房屋很好地融入周围的农村景观与社区空间。

2. 创新发展摆在首位

鲁尔区工业区是德国典型的传统工业地域，被称为"德国工业的心脏"，也是世界上最重要的工业区。20 世纪 70 年代以后，随着煤炭、钢铁等传统工业的衰退，鲁尔区开始出现结构性危机，为此鲁尔区开展了区域整治，首先发展新兴工业和轻工业，同时拓展南北向交通网，以利新区开发，促进区内经济结构多样化；其次，大力发展文教科研，推进原有企业的技术改造，同时整治环境，消除污染；最后，鲁尔区改造的创新之处在于把城市的历史保留下来，把城市变成一个公园，用机械化向游客展示工业时代的文明。比如其滨河绿带规划。该绿带以步道与自行车道贯穿全区，而且穿过沿线 19 个景观公园，以及七个原有的都会绿带，绿带系统将整个鲁尔工业区串联起来，大幅提升了地区的生活品质，从而吸引新型产业前来投资。

3. 基于法治持续发展

法治是可持续发展的保障。被誉为"花园城市"的澳大利亚城市堪培拉，其城市建设的核心理念即法治。城市规划制定之初，堪培拉依法规定城市 50% 以上的面积为国家公园或保留地，城市建设历经百年都没有影响规划的依法执行。在城市建设上，堪培拉强调可持续发展的城市必须让自然具有历史、自然、文化的结构，唯有严格的法治才能保障城市建设的一贯性。当地政府用法律的武器来保障生态和风景价值高的土地、湿地、水面等。

4. 加强城市公园建设

这方面新加坡具有一定代表性。新加坡的绿化人均指标高达 19.6 平方米。城市的主要干道采用宽度较大的绿带，在绿带上种植树木，既有效地降低了噪音，又让人看不到后面的房屋，仿佛身处森林之中。而绿化植被根据新加坡特有的气候条件分为三个层次：高大乔木、中低灌木、低矮花丛；公园建设方面分为城镇级、邻区级、小区级三个等级。二十万人到三十万人的卫星城镇设置一个城镇级公园；一个卫星城镇划分为 7 到 8 个邻区，设置的邻区级公园里面有比较多的活动空间，如足球场、健身设施、游泳池等；小区级公园：小区里面有小绿地，提供给各个年龄层次不同的活动空间。

5. 健全快速公交系统

位于巴西南部的库里蒂巴被认为是世界上最接近生态城市的城市，它被联合国命名为"城市生态规划样板"。其建设经验有：（1）公交优先。快速公交系统主要由五条呈放射性双向快速道路组成；在每条双向快速道路上，都设计有 3 个车道。在中间的为双向快速公交车道，实行的是全封闭管理，为公共汽车专用道，严禁其他车辆进入。公共汽车专用道与慢车道之间是隔离带及停车带；（2）注重森林、绿地建设。该市拥有 30 个大型公园和森林公园，街心公园和绿地超过 200 多处，人均绿地面积 51 平方米；（3）建立全民参与机制，培养全民环境保护的意识。比如开办"免费环境大学"向家庭主妇、建筑管理人员等提供实用的短期课程，教授日常工作中（即使是最普通的工作）的环境知识。

6. 循环利用创造价值

瑞典马尔默从工业城蜕变成环保城，为我们建设龙泉高端制造产业区提供了很好的借鉴。马尔默实现了垃圾创造价值的理念，在马尔默只有 4.2% 的垃圾直接进入填埋场，生活垃圾按照 3R 原则处理，遵循分类、磨碎处理、再利用的程序，并转化为电能或热水。家家户户的正常照明用电、取暖均来源于垃圾发电。通过特殊管道，厨房里的餐余垃圾能够被统一收集起来，转化成沼气，给街上的公共汽车提供燃料。

生活污水经过发酵处理从而生产沼气，经净化后可以达到天然气的效果，对污水中磷等富营养化学物质进行回收再利用，如制造化肥，以减少其对生态系统的破坏。此外，建筑设计上也强调生态性。公寓墙面上贴附着巨大的太阳能转化装置，整个墙都可以发电，这种装置经过简化处理以后，并不显得突兀，看起来与房子十分协调。

五、汽车制造业与生态建设协调发展的建议

高端汽车制造产业拉动了地区 GDP，但同时也消耗了有限的资源，破坏我们赖以生存的生态环境。高端制造业与生态建设的协调发展，意味着实现企业经济效益和社会效益协调优化。而传统的区域规划主要是从规划区域的建设用地布局出发，在此基础上规划生态用地。这容易导致生态用地得不到保障以及生态用地的破碎化。因此龙泉高端制造产业区在规划上，可优先考虑非建设用地，将区域内的生态基础设施规划放在首位，以此来建立安全的生态格局，然后再在这个基础上对区域其他建设用地进行规划布局。这有利于生态系统的整体性和连续性，将人为干扰活动的影响降到最低，从而维持了区域内生态系统的稳定。

汽车产品的全生命周期消耗大量的资源，如水、电力、天然气、橡胶、玻璃、钢材、石油等，同时也对环境带来巨大的不良影响，如废水（涂装环节）、废气（VOC 以及尾气排放）、固体废弃物（涂装废渣以及报废车体）。源头上，严格准入机制，加强企业项目环境评估制度，通过行政命令或者法律手段限制高能耗、高污染、资源浪费型企业发展；生产过程上，推进先进制造加工设备的使用，采用环境友好的加工工艺和高效的管理流程强化污染监控。

为了寻找汽车制造与生态建设的平衡点，通过借鉴其他国家和地区的建设经验，确

定好产业的绿色定位，研究汽车制造企业绿色制造的可行性将有利于整个区域制造业与生态保护、建设的协调。发展的本质是提升老百姓的生活质量，让老百姓乐业乐家。

1. 产业的绿色定位

20世纪50年代，随着全面建设社会主义事业的启动，成都东郊开始了其"一五""二五"重点工程以及"三线"建设，并逐步形成以发展电子、机械、仪表工业为主体的大型工业区。作为成都最早、最大的工业集中发展区，涌现了西南第一座现代化精密机具厂——成都量具刃具厂、最早的大型综合性电子束器件基地——红光电子管厂、西南第一座高温高压热电厂——成都热电厂、中国热水器市场的"西南王"——"前锋"热水器等。

多个全国第一，将成都工业、成都制造推向鼎盛时代。而正是这些企业与众多的产业工人奠定了成都市现代工业化的基础，为当年的成都城市现代化建设与国家国防建设做出了杰出的贡献。然而，随着成都城市的扩建，原来的东郊逐渐变成了城区的一部分，过度集中的工业企业，使得东郊的"三废"突出，"热岛"效应明显，城市环境受到了严重影响，冒着黑烟的烟囱、隆隆的机器声、破烂的道路、下岗的职工……这成了人们心目中东郊的印象。

而就汽车工业来讲，它是一个高投入、高产出、集群式发展的产业部门。汽车自身的投资、生产、研发、供应、销售、维修，前序的原材料、零部件、技术装备、物流，后续的油料、服务、信贷、咨询、保险等构成了一个无与伦比的长链条和大规模的产业体系，带动了许多产业的发展，提供了大量的就业岗位，对国民经济有巨大拉动作用。

此外，汽车制造的生命周期中伴随着大量的资源消耗和显著的环境影响。据有关统计，全球汽车制造业消耗了大量的资源，每年要消耗全球50%的橡胶、25%的玻璃产品、15%的钢材、33%以上的汽油。此外，汽车制造过程中还要消耗大量的能源，如水、电力、天然气等。

立足产业自身现实，结合成都工业发展的历史经验，在"新常态"的历史趋势下，龙泉汽车制造产业区的定位应聚焦于在创新、保护资源的基础上的产业结构不断优化与升级，既注重短期效益又放眼长期发展。即以汽车制造为核心的龙泉高端制造产业功能区必然也必须将经济效益、环境效益相结合，注重短期效益和放眼长期发展相呼应。从汽车制造业结构的优化、核心技术的掌握、生产的创新以及生态资源的保护利用等多角度出发，走依靠产业支撑区域经济发展，区域生态建设反过来促进产业环境升级、人民生活水平提高的循环发展之路。

2. 汽车的绿色生产

众所周知，汽车在其制造过程中会产生大量的废气（如VOC）、涂装废液、废渣等；在其使用过程中汽车排放的尾气含有上百种不同化合物，其中污染物包括固体悬浮微粒、一氧化碳、碳氢化合物、氮氧化合物、铅及硫氧化合物等，而汽车的生命终期报废后还将产生大量的固体垃圾。因此，从源头开始，汽车的制造应遵循环保、绿色标准。

汽车的绿色生产强调从设计、零部件制造、包装运输、使用到报废处理的整个生命周期的绿色，即通过科技投入、改良技术和规模生产降低汽车生产、使用对环境的影响，最大限度保护生态环境。

（1）绿色产品开发

越来越多的汽车制造企业开始在不同程度上开始推行绿色制造战略。比如，几乎所有知名车企都在发布年度能源消耗及环境报告，重视企业的环境责任；美国福特、德国大众、法国雷诺等车企在汽车制造中导入生态设计，实现材料的再循环、再使用；沃尔沃推出了环境管理体系（VEMS），在汽车制造过程、使用过程、生命终期阶段采取了环境监测措施；日本丰田汽车制定了再生利用蓝图，2015年计划实现报废车95%的实际再生利用率。

绿色设计可以将污染和浪费在制造的源头加以限制，并在原材料（包括辅料）及零部件的选择上进行优化设计。它可以体现在采用清洁原材料，采用可再生、可再新、可循环原材料，采用低能值原材料以及减少使用量等。比如设计混合动力汽车、电力汽车，以及提高节油效率、提高零部件耐用性等。

绿色原材料选择：生产活动开始前制造材料的选择在很大程度上决定了成本、质量、环境以及能源的消耗状况。随着科学技术的飞速发展，现代汽车制造材料的构成，发生了较大的变化，高密度材料的比例下降，低密度材料有较大幅度的增加，汽车材料向轻量化、节省资源、高性能和高功能方向发展。

在欧美发达国家，很多新兴的材料正广泛应用于汽车制造。如日本铝铸材料的83%都是用于汽车制造。高张力钢板、新型弹簧钢、含磷深冲压高强度钢板、镀覆钢板、含锌和铬的高分子化合物涂层钢板、铝合金板（制造发动机罩、行李箱盖、保险杠、车身内外板件、散热器）、镁合金（制造操纵杆托架、大梁、离合器壳和变速器壳）、烧结金属（制造连杆、消声器、离合器、转向系及制动系部件）、泡沫金属等一大批汽车制造用原材料正在研究和初步应用中。在汽车的零部件中广泛采用这些材料，则可以在较大程度上减轻汽车的重量，提高汽车乘坐的安全性，减少汽车制造的能源消耗，并减少了尾气排放。

汽车生产过程的绿色优化涉及汽车产品功能整合、汽车可靠性、耐用性设计，汽车保养、维修的绿色化以及汽车使用的人性化等。而汽车制造企业在绿色制造模式下，通过精简生产工艺环节、选择环境不良影响最小的生产工艺、减少能耗或者采用清洁能源或采用能源循环系统、减少生产废弃物（废液、废气、废渣等）以及减少生产过程辅料或采用清洁的辅料等方式实现生产过程的绿色优化。

（2）绿色工艺规划

绿色工艺规划是清洁生产技术准备的第一步，也是连接绿色产品开发与清洁生产之间的桥梁。绿色工艺规划是一种通过对工艺路线、工艺方法、工艺装备、工艺参数、工艺方案等进行优化决策和规划，从而改善工艺过程及其各个环节的环境友好性，使得零件制造过程经济效益和社会效益协调优化的方法，是改善产品质量、提高劳动生产率、降低加工成本、缩短生产周期并优化利用资源、减少环境废物排放、改善劳动条件的一个重要途径。

区别于传统工艺规划，面向绿色制造的工艺规划需要对每项工艺规划内容进行资源及环境评价。面向绿色制造的工艺规划根据工艺输入，如车间制造能力、工艺装备、工人技术水平等对工艺路线、工艺方法、工艺装备等进行规划，然后对以上工艺各项内容进行环境友好性评价，根据评价反馈，重新规划和协调，最后输出合乎绿色制造要求的工艺规程及其他工艺文档。

（3）绿色清洁生产

绿色清洁生产是指将综合预防的环境策略持续地应用于生产过程和产品之中，以便减少对人类和环境的风险性。清洁生产是一个系统工程，是对生产过程以及产品的整个生命周期工程内采取污染预防的综合措施，涉及产品的研发、设计、使用和最终处理全过程。对生产而言，清洁生产包括节约原材料和能源，淘汰有毒原材料，并在全部排放物和废物离开生产过程以前即减少其数量和毒性；对产品而言，清洁生产旨在减少产品在生命周期中对人和环境的影响。

汽车制造主要涉及冲压、焊装、涂装和总装四个工序。冲压工序主要涉及钣金件的消耗、冲压噪音的极小化问题。解决建议是新材料和新工艺的采用、钣金件的优化下料系统和余料回收，这可提高物料资源的利用率；焊装工序方面，汽车的发动机、变速器、车桥、车架、车身、车厢六大总成均需要通过该工序，其清洁生产解决方案是选用高效节能的焊接设备（如焊接机器人）、先进的焊接技术（电阻焊、弧焊、摩擦焊、激光焊等）、先进的输送设备（如采用激光自动导引车系统）、能源集中供应及循环利用以及焊烟、废气的回收。

汽车制造中的涂装工序产生大量的废液、固体废弃物以及废气，是清洁生产绿色化的重点和关键，多采取物化处理和回收的方式进行处理。以废液为例，由于它大量产生于该工序的多个环节，因此必须需要一个系统的收集及完善的处理方案：废液经过无毒化学反应、酸碱调节、凝聚、沉淀、除磷等工序，实现有害物质的治理和水资源的循环利用。汽车制造过程中的总装工序涉及的主要问题是废水净化处理，解决建议是：总装车间淋雨试验用水循环使用，定期更换，更换的废水进入生化设施处理；装配时产生的少量固体废弃物进行回收。

（4）提高废旧材料利用率

废旧汽车产品生命终期系统优化可以体现在可拆卸设计、可拆卸零部件的循环利用、拆卸零部件的再制造、拆卸零部件的重用、拆卸零部件原材料重生以及最终废弃物的焚烧掩埋等。比如日本的《汽车再生利用法》，其规定了汽车制造全生命周期工程相关方必须履行的义务，汽车制造商需对粉碎机处理后的残渣回收、再生资源化；汽车销售商、汽车修理企业需回收、交付废旧汽车；汽车所有者要交付最终处置费用，在使用后要将报废汽车交给回收企业。

在汽车的循环利用上，日本政府规定 2015 年汽车再利用比例要达 95％以上，欧盟成员国规定到 2015 年废车重量回收率至少达到 95％，材料回收率至少达到 85％，只允许报废车辆有 5％的残余重量被填埋，而韩国 2015 年计划将其循环利用率定位于 85％以上。到目前德国的 ASR（汽车循环利用率）已经超过 80％，美国 90％以上的新汽车都由回收的零部件或材料制造。美国的 ASR 也超过 75％左右。废旧汽车产品生命终期系统优化的最终目的是通过重用、再制造以及材料再生，尽可能把能循环利用的物质返回汽车制造的相应环节，从而形成汽车制造生命周期工程的闭环结构，彻底实现汽车制造全生命周期工程的绿色化。

3. 细化生态效率指标

正如 Schaltegger 强调的，稀缺的自然资源、有限的环境承载能力以及无法恢复（或恢复周期较长）的生态环境，使得经济的增长越来越需要着眼于长远综合收益，需要更多地关注环境和生态效率。

可持续性汽车制造业发展的理想模式应是：清洁的能源、绿色清洁的生产以及低碳环保的汽车产品。在整个汽车制造的过程中减少消耗性材料的使用、能源的脱碳以及把控废料循环利用，将创新理念与长远眼光融于产业发展的全过程，实现以最少的资源损耗、环境污染提供最好的产品或服务，推动产业链的结构优化与竞争力提升。

依据基础 DEA 模型，根据汽车制造实际过程中冲压、焊装、涂装、总装等工序的不同资源能耗、环境代价，我们设计出考核龙泉汽车制造产业功能区生态效率的具体指标以供参考，如表 2。

表 2　龙泉驿区汽车制造业生态效率评价指标表

指标类别	一级指标	二级指标	具体内容
投入指标 X	环境代价	固废排放量	固体废弃物排放量（万吨）
		废气排放量	粉尘＋烟尘＋SO_2排放量（万吨）
		废水排放量	废水排放量（亿立方米）
	资源消耗	水资源消耗	用水总量（亿立方米）
		压缩空气	空气总量（立方米）
		天然气消耗	用气总量（立方米）
		电力消耗	用电总量（度）
		土地资源消耗	制造业用地面积（平方公里）
		煤资源消耗	煤消耗总量（万吨标准煤）
产出指标 Y	经济产出	区域经济效益	区域经济 GDP（亿元）

区域经济产出参考区域经济 GDP，生态影响涉及汽车制造业固体废弃物排放量，汽车制造业废水、废气排放总量，其中废气排放量考查粉尘、烟尘以及 SO_2 三个因素，汽车制造业用水总量、汽车制造业烟尘排放量、汽车制造业电力消耗量、汽车制造业煤消耗总量等指标。此外，在未来的区域建设中，我们还可以参考以下公式来把握区域建设的生态效率问题：

$$EE = (P_Q \cdot \theta) / E$$

其中，EE 代表生态效率，P_Q 代表商品价格，θ 代表商品数量，E 代表商品环境影响。可见，生态效率＝商品价格/商品环境影响，这其中商品环境影响为环境代价＋资源消耗。

4. 系统的绿地建设

植被维护与更新、绿地空间、生态景观（湿地公园等）、低碳建筑、绿道系统等都是维持和优化生态环境的重要因素。根据成都实际情况建议：

（1）植被维护与更新强调的是区域森林植物群落立体化配置，可推广种植市树、市花，即银杏和芙蓉花。还可以选择有利于吸收 CO_2、净化空气作用的冬青、蜡梅、蕨类植物、桂花等；（2）绿地空间建设，转变绿地建设主要依赖开发商的传统，改变将建设景观封闭化的旧况，避免优良山景、水、湿地资源的商品房私有化，因地制宜地建设开放型绿地空间；（3）生态景观建设上，根据龙泉特殊的湿地资源，做好湿地保护工作，湿地既是蓄水池又是水源地，可以调节气候，湿润空气，清除和转化毒物与杂质。

从长远来看，龙泉汽车制造产业区应以扩大绿地面积、提高绿地覆盖率为目标，通过优化绿地结构、丰富植物品种材料，合理布局绿地系统，充分发挥绿地的生态环境效益。首先，确定需要保护的生态资源，将其设立为生态保护战略点，围绕战略点开展蛛网状建设，通过绿道交织、核心绿地区、生态廊道（湿地公园等）等多种形式构建高端制造产业功能区的整体绿化格局。此外，多品种引进和选育适应龙泉地区生态环境条件的实用性兼具观赏性的植物，大力发展城市森林、常绿草坪和攀缘植物和区域特有湿地资源。

区域建设以大型绿地、环城绿带、交通绿地和居住区绿地为重点，强调绿地的大中小相结合、点线面相结合、城乡相结合。可建设一系列特色公园，发展滨河绿带和通风走廊来改善环境质量。此外，积极开发屋顶绿化项目。屋顶的绿色植物不仅可以吸收约50％的雨水，同时起到了防止屋内热量或冷气散失的作用。有些屋顶上还可以种植草莓、葡萄等经济作物。

此外，根据联合国生物圈生态与环境保护组织的建议，城市绿地覆盖率应达到50％，城市居民每人应有 $60m^2$ 绿地。区域绿地建设参考此值来打造区域生态环境，丰富及美化工业区景观。因此，龙泉汽车制造产业区建设上不仅应有较高的绿地指标，如绿地覆盖率、人均绿地面积和人均公共绿地面积，而且还应布局合理，有较高的生物多样性，组成完善的复层绿地系统。

5. 紧跟工业 4.0 步伐

按照德国文件中的说明，"工业 4.0" 即以 CPS 为基础，以生产高度的信息化、智能化为标志的新的工业生产范式。这是站在顶层的角度来整合各种技术，从而实现生产效率的最大化，被称为未来工业生产的趋势。

工业 4.0 的实施，将有利于消除工业控制与传统信息管理之间的障碍，通过建设智能化工厂，实现从原料到生产再到运输的各个环节都以智能设备控制。其重点在于关注产品的生产过程，建成生产的纵向集成；关注产品在整个生命周期不同阶段的信息，通过信息共享平台，实现工程数字化集成；关注全社会价值网络的实现，形成制造业的横向集成。

而在汽车制造产业上使用 CPS 系统，将实现生产的智能化、信息化以及产品使用上的智能化。举例而言，技术标准化和开放标准的参考体系；建立模型来管理复杂的系统；提供一套综合的工业宽带基础设施；建立安全保障机制；创新工作的组织和设计方式；注重培训和持续的职业发展，健全规章制度，提升资源效率。

生产过程的智能化将带来新的生产变革，提高生产效率。比如在传统工厂中，生产线将面临停工，当机器零部件智能化以后，由机器传出的信号可以以数据的形式传输到互联网上，一旦有零部件的数据出现反常，即刻就能有针对性地检修。维修成为可预测的事情，制造过程因此也变得可预测，提高了生产的效率。

产品的智能化，将给消费者提供更人性化的服务。一辆行驶在成都的智能汽车，和一辆在北京的智能汽车可以在虚拟世界中直接对话；传统的汽车发动机只是为汽车提供动力，但当它智能化以后，它就可以感知汽车行驶的路线，并通过网络将这些信息传给其他的机器；轮胎可以提供汽车的行驶性能，在智能化以后，它还能感知汽车的速度变化，并因此总结出驾驶员的驾驶习惯。

龙泉驿高端制造产业区的建设要以工业 4.0 为长远目标，在提升各个工厂智能化、信息化的同时，将整个产业串联起来，实现资源的最优配置和信息的共享。但目前第一步是实现制造业的信息化，改变以往只注重工厂规模的生产模式，强调技术的创新与更新，注重柔性制造，推动汽车制造业真正实现其高端制造的目的。

编委会

新常态下
四川经济发展新动力研究文集
区域篇

四川省统计局　编

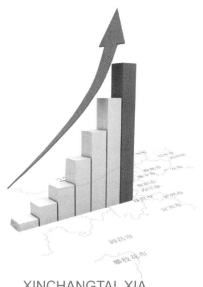

XINCHANGTAI XIA
SICHUAN JINGJIFAZHAN XINDONGLI YANJIUWENJI
QUYUPIAN

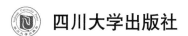

四川大学出版社

前　言

中国经济在经历 30 多年的快速增长之后，经济发展的基本模式、产业业态以及增长动力都已经今非昔比，用过去的眼光看待中国经济、用过去的思维思考中国经济已经既不准确，也不现实了。2014 年 5 月习近平总书记在考察河南的行程中第一次提及"新常态"："中国发展仍处于重要战略机遇期，我们要增强信心，从当前中国经济发展的阶段性特征出发，适应新常态，保持战略上的平常心态。"

四川作为中国西部重要省份，在新常态宏观发展环境下，2013 年经济社会进入中高速发展通道。面对"中高速、优结构、新动力、多挑战"的新常态特征，四川积极认识新常态、适应新常态、引领新常态，先后出台多项相关鼓励扶持政策，引领经济平稳发展。

为更好地服务新常态下四川经济社会发展，翔实地记录四川当前发展历程，深入地分析四川经济社会发展方方面面的有关情况，为各级部门推进新常态下四川经济社会发展提供决策参考和数据支撑，四川省统计局联合省内高校和科研机构，围绕全省、重点区域、21 个市州以及重点行业发展新动力，开展新常态下四川经济发展新动力近 50 个系列课题研究，由此汇编成书。

2016 年，是"十三五"开局之年，是实现全面小康的攻坚之年，是全面深化改革的重要一年。四川省统计局要继续发扬实事求是、勇于创新的精神，不断吸取各方经验，弥补不足，努力提高《新常态下四川经济发展新动力研究文集》的编写水平，为新常态下四川经济社会发展，作出统计人应作的贡献！

四川省统计局

目　录

新常态下自贡市经济发展新动力研究

中国发展前景看好。习近平总书记在印度尼西亚巴厘岛出席 2013 年亚太经合组织工商领导人峰会时发表演讲指出："面对世界经济形势带来的新挑战，无论是发达经济体还是发展中经济体，都在努力寻求新的增长动力。增长动力从哪里来？我的看法是，只能从改革中来，从调整中来，从创新中来。"

2015 年非同寻常。第一，习近平总书记提出的经济发展进入新常态这一科学论述，将成为今年我们制定新阶段发展战略、规划一系列政策的大逻辑；第二，2015 年是"十二五"的收官之年，也是"十三五"的规划之年，承启"五年规划"之前后，意义重大；第三，2015 年是 2020 年完成全面深化改革任务的关键之年。

长期以来，我省经济增长高度依赖投资拉动，导致经济增长质量和效益低下，经济增长内生动力不足。我省各级政府及其相关部门主动适应新常态、牢固树立新理念，进一步加大工作推进力度，新常态下经济发展新动力研究工作取得新进展，相关改革取得新突破。特别是四川省统计局的新常态下市州经济发展新动力专项课题研究项目紧锣密鼓地开展，这对于保持我省经济平稳较快增长、加快转变经济发展方式、全面建成小康社会、实现经济大省向经济强省跨越具有重大战略意义。

尤其是 2012 年以来，受国内外经济环境影响，我省经济增长和投资增速均呈现放缓趋势，保持经济持续快速增长压力加大。因此，寻找新常态下市州经济发展新动力，大力刺激市州经济高速跨越式发展，提高消费对经济增长的贡献率具有很强的紧迫性和必要性，是我省科学发展、加快发展的重大战略举措。

当前，中国经济保持稳定发展态势，呈现出新常态。能不能适应新常态，关键在于全面深化改革的力度。自贡市要适应新常态下的经济发展趋势，就必须全面深化改革，激发市场蕴藏的活力，为创新拓宽道路，推进高水平对外开放，增进人民福祉，促进社会公平正义。

一、中国经济新常态概论

（一）新常态的含义和定义

2014 年 5 月，习近平总书记在河南考察工作时首次提及新常态："我国发展仍处于重要战略机遇期，我们要增强信心，从当前我国经济发展的阶段性特征出发，适应新常态，保持战略上的平常心态。"7 月 29 日他在党外人士座谈会上重申，正确认识我国经济发展的阶段性特征，进一步增强信心，适应新常态；11 月 9 日他在亚太经合组织工商领导人峰会上的演讲中首次系统阐述了新常态："新常态有三特征：中国经济从高速增长转为中高速增长；中国经济结构不断优化升级；中国经济从要素驱动、投资驱动转向创新驱动。"12月5日习总书记主持召开中央政治局会议，分析研究2015年经济工作，强调中国进入经济发展新常态，经济韧性好、潜力足、回旋空间大。12月9日中央经济工作会议对经济发展新常态做出系统性阐述，提出要认识新常态，适应新常态，引领新常态。

从2014年5月习总书记首次提及"新常态"，到11月在北京召开的APEC会议对"新常态"做出具体阐述，直至2014年12月5日中央政治局强调"我国进入经济发展新常态"，12月9日中央经济工作会议提出：认识新常态，适应新常态，引领新常态。新常态一词正在成为中国决策层宏观调控乃至治国理政的重要理念。

中国经济旧常态表现为：经济增长率持续性上升；高储蓄，高投资，为经济增长率持续上升提供了资本供给上的保障；人口红利贡献巨大；对房地产业的依赖度上升，经济、金融和地方财政均有房地产化的倾向；扭曲的国民收入分配结构；在货币层面，旧常态表现为货币供给机制的高度美元本位化的同时，走的是高信贷、高货币投放的通胀之路。

我们认为，新常态的含义为："新"就是"有异于旧质"，"常态"就是固有的状态；新常态就是不同以往的、相对稳定的状态。这是一种趋势性、不可逆的发展状态，意味着中国经济已进入一个与过去三十多年高速增长期不同的新阶段。

中国经济新常态定义为：在增长速度换挡、结构改革阵痛、社会矛盾愈发尖锐时期，集中体现为与潜在增长率相协调、与过去一段时期高增长相较而言相对较低增长率的社会经济形态。

（二）新常态下九大方面的现状特征及其适应方法

2014年9月9日至11日中央经济工作会议指出：经济运行处在合理区间，经济结构调整出现积极变化，深化改革开放取得重大进展，人民生活水平提高；同时，我国经济运行仍面临不少困难和挑战，经济下行压力较大，结构调整阵痛显现，企业生产经营困难增多，部分经济风险显现。会议认为，科学认识当前形势，准确研判未来走势，必须历史地、辩证地认识我国经济发展的阶段性特征，准确把握经济发展新常态。会议从"消费需求""投资需求""出口和国际收支""生产能力和产业组织方式""生产要素相对优势""市场竞争特点""资源环境约束""经济风险积累和化解""资源配置模式和宏观调控方式"等九大方面，全面阐述了经济发展新常态下的九大趋势性变化，系统地总结了我国现阶段经济发展现状和存在的问题。

这些经济发展新常态下九大方面的现状特征及其适应方法（具体见表1）表明，我国经济正在向形态更高级、分工更复杂、结构更合理的阶段演化，经济发展进入新常态，正从高速增长转向中高速增长，经济发展方式正从规模速度型粗放增长转向质量效率型集约增长，经济结构正从增量扩能为主转向调整存量、做优增量并存的深度调整，经济发展动力正从传统增长点转向新的增长点。

表1 新常态下九大方面的现状特征及其适应方法

序号	方面	现状特征	适应方法
1	消费需求	模仿型排浪式消费阶段基本结束，个性化、多样化消费渐成主流	必须采取正确的消费政策，释放消费潜力，使消费继续在推动经济发展中发挥基础作用
2	投资需求	基础设施互联互通和一些新技术、新产品、新业态、新商业模式的投资机会大量涌现	必须善于把握投资方向，消除投资障碍，使投资继续对经济发展发挥关键作用
3	出口和国际收支	高水平引进来、大规模走出去正在同步发生	必须加紧培育新的比较优势，使出口继续对经济发展发挥支撑作用
4	生产能力和产业组织方式	生产小型化、智能化、专业化将成为产业组织新特征	产业结构必须优化升级，企业兼并重组、生产相对集中不可避免，产业结构必须优化升级，企业兼并重组、生产相对集中不可避免，新兴产业、服务业、小微企业作用更加凸显新兴产业、服务业、小微企业作用
5	生产要素	经济增长更多依靠人力资本质量和技术进步	必须让创新成为驱动发展新引擎
6	市场竞争	正逐步转向质量型、差异化为主的竞争	统一全国市场、提高资源配置效率，深化改革开放，加快形成统一透明、有序规范的市场环境
7	资源环境约束	环境承载能力已经达到或接近上限	必须顺应人民群众对良好生态环境的期待，推动形成绿色低碳循环发展新方式
8	经济风险积累和化解	风险总体可控，但化解以高杠杆和泡沫化为主要特征的各类风险将持续一段时间	必须标本兼治、对症下药，建立健全化解各类风险的体制机制
9	资源配置模式和宏观调控方式	全面刺激政策的边际效果明显递减，既要全面化解产能过剩，也要通过发挥市场机制作用探索未来产业发展方向	必须全面把握总供求关系新变化，科学进行宏观调控

（三）中国经济新常态的主要特点

认识新常态，适应新常态，引领新常态，是当前和今后一个时期我国经济发展的大逻辑。下面主要从速度、结构和动力来阐述中国经济新常态的主要特点。

1. 增长速度

特点：从高速增长转为中高速增长。

我国的 GDP 增速遵循经济发展的客观规律，从以前的两位数增长逐步下降为 2014 年的 7.4%，这是经济发展的客观规律，经济增长速度放缓有利于转方式、调结构，去除"经济泡沫"。

中国在经济发展新常态下，经济增长速度让位于经济增长质量；不再单纯追求经济增长，而是追求社会和生态环境等各方面和谐发展，改善居民、企业与政府在国民收入分配中的关系,追求高质量的中高速增长。

2. 经济结构

特点:经济结构不断优化升级。

经济发展增速放慢但结构不断优化是新常态的典型特征,新常态下的经济结构优化必须保证能够增强经济发展的平衡性、协调性、可持续性和提高经济质量、效益。

新常态下经济发展的核心是经济结构优化升级。

主要表现在五个方面。

第一,表现在服务业所占比重上升。服务业比重过去也在变化,但过去的变化是不显著的,而现在服务业正在变成经济增长的新引擎。我们要看到,服务业的发展对就业非常有利,政府工作报告提出2014年新增就业人数要由900万人增加到1000万人即是非常好的佐证。

第二,消费结构正在发生变化。尽管我国目前对投资依赖还很高,但比重正在下降。2013年固定资产投资增长19.6%,是10年来第一次跌破20%,目前是17.2%,这是一个趋势,未来投资增速还会下降。与此同时,消费增长却比较稳定,随着新型城镇化的推进和消费升级(人们对信息产品的消费、旅游的消费将呈上升趋势),消费增速有可能提高,由此将带来一个重要的结构变化,即需求结构优化,消费的贡献率上升,逐步形成消费主导型的经济结构。

第三,产业结构优化。过去30年当中,最开始是劳动密集型产业大发展,后来是重化工业得到大发展,这些高耗能的重化工业产业也是当前雾霾的源头。目前,高端产业正在扩张,如汽车产业、造船业、高铁、大飞机产业。这些产业不是拼资源,而是拼技术、拼创新。

第四,城乡结构的变化。当前,正在有序推进城乡户籍制度改革,但这只是第一步。与世界上其他国家相比,我国城市化程度偏低,原因:一是城乡二元结构长期存在;二是房价过高;三是社会福利制度(社会保障)在城乡之间不平衡和不公平。

第五,区域结构的调整。过去是沿海带动中西部地区,但随着沿海地区的转型升级,未来应该是中西部地区带动沿海地区。

3. 创新动力

特点:从要素驱动、投资驱动转向创新驱动。

新常态对我国经济发展而言,既是前所未有的挑战,也是千载难逢的机遇。我们要认识和适应新常态,积极作为,加快经济的全面转型升级,优化改革红利的分配,使中国经济进入新的境界。

新常态下经济发展的重点是创新驱动。

中共中央、国务院《关于深化体制机制改革加快实施创新驱动发展战略的若干意见》(2015年3月13日)指出,创新是推动一个国家和民族向前发展的重要力量,也是推动整个人类社会向前发展的重要力量。面对全球新一轮科技革命与产业变革的重大机遇和挑战,面对经济发展新常态下的趋势变化和特点,面对实现"两个一百年"奋斗目标的历史任务和要求,必须深化体制机制改革,加快实施创新驱动发展战略。

创新驱动发展战略的总体思路和主要目标：要使市场在资源配置中起决定性作用和更好发挥政府作用，激发全社会创新活力和创造潜能，提升劳动、信息、知识、技术、管理、资本的效率和效益，强化科技同经济对接、创新成果同产业对接、创新项目同现实生产力对接、研发人员创新劳动同其利益收入对接，增强科技进步对经济发展的贡献度，营造大众创业、万众创新的政策环境和制度环境。

创新驱动必须要坚持需求导向，坚持人才为先，坚持遵循规律，坚持全面创新，营造激励创新的公平竞争环境，建立技术创新市场导向机制，强化金融创新的功能，完善成果转化激励政策，构建更加高效的科研体系，创新培养、用好和吸引人才机制，推动形成深度融合的开放创新局面，加强创新政策统筹协调，同时。加强对创新文化的宣传和舆论引导，宣传改革经验、回应社会关切、引导社会舆论，为创新营造良好的社会环境。到 2020 年，基本形成适应创新驱动发展要求的制度环境和政策法律体系，为进入创新型国家行列提供有力保障。

4. 当前新常态下经济工作的主要任务

2014 年 12 月 9 日至 11 日中央经济工作会议指出，2015 年中国经济工作将围绕"努力保持经济稳定增长""积极发现培育新增长点""加快转变农业发展方式""优化经济发展空间格局""加强保障和改善民生"这五大任务展开。这是中央第一次站在"新常态"的角度对全年经济工作进行的具体部署。这五大任务是对中国全面实现公平可持续增长的战略性部署。其中最大的亮点是，把经济工作的着力点放到调结构上来，并提出促进新型工业化、信息化、城镇化、农业现代化（"新四化"）的同步发展。

专家指出，稳增长为第一大任务，第二大任务强调"发现培育新的增长点"，体现了 2015 年经济工作要适应中国经济转型升级的需求，更要实现经济新常态的需求。

新常态对我国经济发展而言，既是前所未有的挑战，也是千载难逢的机遇。我们要认识和适应新常态，积极作为，加快经济的全面转型升级，使中国经济进入新的境界。

二、自贡市经济发展增长速度研究

增长速度的新常态，即从高速增长向中高速增长换挡。这是由潜在增长率的换挡决定的，也是由中国经济总需求结构变化所决定的。

下面利用自贡市 1978—2014 年统计年鉴和公报数据对自贡市经济发展增长速度进行研究。

（一）自贡市经济发展增长速度现状

根据自贡统计年鉴 2014 年数据和自贡市发布的 2014 年的国民经济和社会发展统计公报，自贡市 1978—2014 年的 GDP 值和增长率见表 2 和图 1。

表2 自贡市 1978−2014 年的 GDP 值和增长率

年份	GDP（万元）	增长率（%）	年份	GDP（万元）	增长率（%）	年份	GDP（万元）	增长率（%）
1978	78041		1991	402139	8.7	2004	2333929	21.3
1979	89197	14.3	1992	448444	11.5	2005	2739544	17.4
1980	100354	12.5	1993	556598	24.1	2006	3184606	16.2
1981	102527	2.2	1994	742292	33.4	2007	3901772	22.5
1982	114272	11.5	1995	932399	25.6	2008	4807700	23.2
1983	130490	14.2	1996	1109338	19.0	2009	5410487	12.5
1984	151687	16.2	1997	1228945	10.8	2010	6477251	19.7
1985	183542	21.0	1998	1324995	7.8	2011	7803591	20.5
1986	202143	10.1	1999	1384213	4.5	2012	8847971	13.4
1987	233790	15.7	2000	1428465	3.2	2013	10016028	13.2
1988	290968	24.5	2001	1527267	6.9	2014	10734000	7.2
1989	344151	18.3	2002	1706853	11.8			
1990	370008	7.5	2003	1924271	12.7			

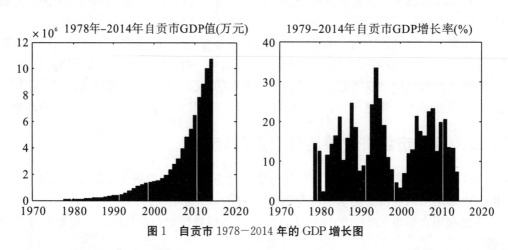

图1 自贡市 1978−2014 年的 GDP 增长图

通过直观的数据和图形分析，我们很容易看出，自贡市经济发展自改革开放以来一直保持增长态势，增长率区间为 [2.2，33.4]，平局增长率 14.8694。将自贡市经济发展划分为 1978−1981 年、1982−1990 年、1991−2009 年、2010−2014 年四个阶段，通过统计样本概率符合度检验，通过分析将 1978−1981 年作为改革初期的政策调整准备期，在后面三个区间内（1986 年和 2009 年分别由于不稳定因素和地震灾害原因 GDP 增长发生异常改变除外）GDP 增长基本符合正态分布，自贡市经济发展与区域经济阶段性发展理论相符。

研究自贡市 1980−2014 年 GDP 增长率改变趋势（见表3，图2），增长率区间为

$[-10.9,12.6]$，增长率绝对值的平均值为 5.4714，通过计算和实际数据检验，2.28 为合理增长率改变期望。

表 3　自贡市 1980－2014 年 GDP 增长率（％）改变表

年份	1979	1980	1981	1982	1983	1984	1985	1986	1987	1988
增长率	14.3	12.5	2.2	11.5	14.2	16.2	21	10.1	15.7	24.5
增长率改变		−1.8	−10.3	9.3	2.7	2	4.8	−10.9	5.6	8.8
年份	1989	1990	1991	1992	1993	1994	1995	1996	1997	1998
增长率	18.3	7.5	8.7	11.5	24.1	33.4	25.6	19	10.8	7.8
增长率改变	−6.2	−10.8	1.2	2.8	12.6	9.3	−7.8	−6.6	−8.2	−3
年份	1999	2000	2001	2002	2003	2004	2005	2006	2007	2008
增长率	4.5	3.2	6.9	11.8	12.7	21.3	17.4	16.2	22.5	23.2
增长率改变	−3.3	−1.3	3.7	4.9	0.9	8.6	−3.9	−1.2	6.3	0.7
年份	2009	2010	2011	2012	2013	2014				
增长率	12.5	19.7	20.5	13.4	13.2	7.2				
增长率改变	−10.7	7.2	0.8	−7.1	−0.2	−6				

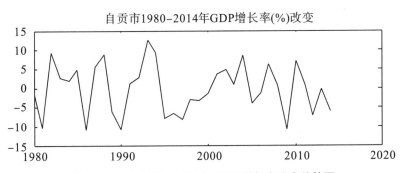

图 2　自贡市 1980－2014 年 GDP 增长率改变趋势图

（二）自贡市经济发展增长速度预测

通过分析原始数据和加权处理后的数据得到三个阶段的 GDP 增长图和增长曲线（见图 2），结合区域经济发展理论建立数据优化拟合预测模型，利用 MATLAB 求解得到自贡市 2015－2030 年 GDP 增长预测曲线（见图 3）。从 GDP 增长预测曲线可以清楚地知道，2015 年至 2020 年 GDP 增长呈上升趋势，2020 年至 2030 年将呈下降趋势。具体 GDP 增长预测见表 4。

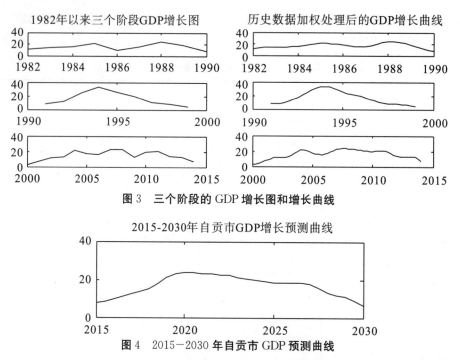

图3 三个阶段的 GDP 增长图和增长曲线

2015-2030年自贡市GDP增长预测曲线

图4 2015－2030 年自贡市 GDP 预测曲线

表4 2015 年至 2020 年 GDP 增长预测值

年份	2015	2016	2017	2018	2019	2020	2021	2022
GDP 增长预测	7.8	9.4515	12.649	15.127	20.804	23.788	23.164	22.507
年份	2023	2024	2025	2026	2027	2028	2029	2030
GDP 增长预测	21.303	19.371	18.423	18.547	17.488	13.307	10.857	6.4

三、自贡市经济结构研究

经济结构是一个由许多系统构成的多层次、多因素的复合体。影响经济结构形成的因素很多,最主要的是社会对最终产品的需求,而科学技术进步对经济结构的变化也有重要影响。一个国家的经济结构是否合理,主要看它是否建立在合理的经济可能性之上。结构合理就能充分发挥经济优势,有利于国民经济各部门的协调发展。经济结构状况是衡量国家和地区经济发展水平的重要尺度。

1978 年以前的中国经济,农业基础薄弱,轻工业和重工业比例失衡。1978 年改革开放以后,通过优先发展轻工业,扩大高档消费品进口,加强基础产业、基础设施建设,大力发展第三产业等一系列政策和措施,使中国的经济结构趋于协调,并向优化和升级的方向发展。

中国各产业之间及其内部的比例关系都有了明显的改善,其中第一产业比重下降,第二、第三产业比重上升;国民经济总量增长从主要由第一、第二产业带动,转为主要由第二、第三产业带动,第二产业的增长构成了中国经济高速发展的主要动力。在整体产业结构变化的同时,各产业内部的结构也发生了较大的变化。

在农林牧渔业总产值中，纯农业产值比重下降，林牧渔业比重上升；在工业内部，轻重工业结构正逐步由偏重"消费补偿"的轻型结构，向"投资导向"的重型结构升级；在第三产业内部，交通运输业、商业等传统产业比重下降，房地产业、金融保险业、电信业、咨询服务业等迅速发展。

总需求各个构成中，最终消费对经济增长的贡献将上升，投资与净出口的贡献将有所弱化；相应的，储蓄—投资关系也将有所改善，经济增长的目的从旧常态扭曲的"为生产而生产"切实转向"为普通大众消费而生产"。实行这一转变，要求从单纯强调做大蛋糕到"做大"与"分好"蛋糕并举，改善居民、企业与政府在国民收入分配中的关系。

下面首先利用自贡统计局2010年以来出版的统计年鉴、2011年以来发布的统计数据和第三次经济普查数据对自贡市经济结构现状进行研究。

（一）自贡市经济结构现状

由自贡市发布经省统计局审定的2011年至2014年的国民经济和社会发展统计公报和2010年至2014年自贡统计年鉴数据（见表5、表6），可看出自贡市近五年国民生产总值和地区生产总值增速放缓，按当年价格计算增速由20.5％降到7.2％，按1952年为100的可比价格计算增速由15.6％降到7.6％。

通过表5和表6数据绘制2010—2014年三类产业产值走势图（图5）和所占比例走势图（图6），可看出如下两点结论。

（1）按当年价格计算生产总值，自贡市第二产业增速最快（升幅达到72.31％），第三产业增速较慢（升幅达到61.91％），第一产业增速最慢（升幅达到45.50％）；以1952年为100，按可比价格计算生产总值指数，仍然为自贡市第二产业指数增速相对最快（升幅达到71.16％），第三产业增速较慢（升幅达到49.54％），第一产业增速最慢（升幅达到17.55％）。

（2）按当年价格计算三类产业产值所占比例，第二产业稳定（均值为0.5903，振幅4.34％），第三产业较为稳定（均值为0.2867，振幅为6.47％），第一产业所占比例连续下降（均值为0.126，降幅为12.20％）；以1952年为100，按可比价格计算生产总值指数所占比例，仍然为第二产业稳定（均值为0.8934，振幅为1.634％），第三产业较为稳定（均值为0.0999，振幅为12.35％），第一产业所占比例连续下降（均值为0.0067，降幅为30.18％）。

【注：升幅＝（终值−初值）/初值，振幅＝（最大−最小）/均值，降幅＝（终值−初值）/初值】

由以上分析可知，自贡市经济增长速度放慢；自贡市经济结构中第二产业所占比重稳定中略有上升，第三产业所占比重较为稳定正由缓降转为缓慢上升，第一产业所占比重降幅很大，降幅达到30.18％。这一切充分证明自贡经济发展符合经济发展增速放慢但结构不断优化的经济新常态的典型特征。可表示如下：

（1）GDP增值为7.6％，处于阶段性发展的底部；

（2）通过加权平均和复权操作，第一产业所占比重为0.67％，第二产业所占比重为89.33，第三产业所占比重为10％。

由此可知，自贡市现在正处于经济发展从高速增长向中高速增长换挡的关键时期，结合前面对自贡经济发展增速预测，2015 年自贡的经济发展和 5 年经济规划对自贡 2016－2021 年的发展增速转换至关重要；自贡市经济新常态下的经济结构优化必须保证能够增强自贡市经济发展的平衡性、协调性、可持续性和提高经济质量、效益。

表5　2010－2014 年国民生产总值和地区生产总值及其指数

按当年价格计算国民生产总值和地区生产总值						
年份	国民生产总值（万元）	地区生产总值（万元）	增长比例（万元）	第一产业（万元）	第二产业（万元）	第三产业（万元）	人均地区生产总值（元）
2010	6498141	6477251		846754	3708387	1922110	23612
2011	7822947	7803591	0.205	989931	4586263	2227397	29101
2012	8866469	8847971	0.134	1093949	5292590	2461432	32787
2013	10036968	10016028	0.132	1194178	5986189	2835661	36746
2014	10757676	10734000	0.072	1232000	6390000	3112000	39623
以 1952 年为 100，按可比价格计算国民生产总值和地区生产总值指数						
年份	国民生产总值	地区生产总值	增长比例	第一产业	第二产业	第三产业	三类合计
2010	7631.68	7499.13		717.96	77405.36	9527.63	87650.95
2011	8814.59	8668.97	0.156	745.24	93445.34	10568.88	104759.46
2012	10039.82	9875.42	0.139	781.02	109044.98	11820.57	121646.57
2013	11174.32	10991.34	0.113	810.70	122784.65	13179.94	136775.29
2014	12025.77	11826.68	0.076	843.94	132484.64	14247.52	147576.09

表6　2010－2014 年地区生产总值三类产业所占比例

按当前价格计算比例			
年份	第一产业	第二产业	第三产业
2010	0.1307	0.5725	0.2967
2011	0.1269	0.5877	0.2854
2012	0.1236	0.5982	0.2782
2013	0.1192	0.5977	0.2831
2014	0.1148	0.5953	0.2899
以 1952 年为 100，按可比价格计算比例			
年份	第一产业	第二产业	第三产业
2010	0.0082	0.8831	0.1087
2011	0.0071	0.8920	0.1009
2012	0.0064	0.8964	0.0972
2013	0.0059	0.8977	0.0964
2014	0.0057	0.8977	0.0965

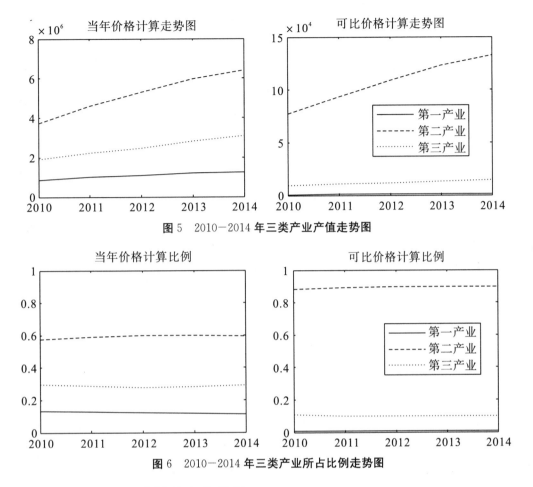

图 5　2010－2014 年三类产业产值走势图

图 6　2010－2014 年三类产业所占比例走势图

（二）自贡市经济结构变化趋势

1. 三次产业分类

我国的三次产业划分是：

第一产业：农业（包括种植业、林业、牧业和渔业）。

第二产业：工业（包括采掘业，制造业，电力、煤气、水的生产和供应业）和建筑业，产业革命往往是由于制造业的革命引发的一场导致三大产业全面变革状态。

第三产业：除第一、第二产业以外的其他各业。根据我国的实际情况，第三产业可分为两大部分：一是流通部门，二是服务部门。具体可分为四个层次：

第一层次：流通部门（物流业），包括交通运输、仓储及邮电通信业，批发和零售贸易、餐饮业。

第二层次：为生产和生活服务的部门，包括金融、保险业，地质勘查业、水利管理业，房地产业，社会服务业，农、林、牧、渔服务业，交通运输辅助业，综合技术服务业等。

第三层次：为提高科学文化水平和居民素质服务的部门，包括教育、文化艺术及广播电影电视业，卫生、体育和社会福利业，科学研究业等。

第四层次：为社会公共需要服务的部门，包括国家机关、政党机关和社会团体以及军队、警察等。

本文主要采用上述分类方法中的"三次产业分类法"对自贡的产业结构进行研究。

2. 其他经济发达国家（地区）产业结构的变化趋势

第一，第一产业的增加值和就业人数在国民生产总值和全部劳动力中的比重，在大多数国家呈不断下降的趋势。直至 20 世纪 70 年代，在一些发达国家，如英国和美国，第一产业增加值和劳动力所占比重下降的趋势开始减弱。

第二，第二产业的增加值和就业人数占的国民生产总值和全部劳动力的比重，在 60 年代以前，大多数国家都是上升的。但进入 20 世纪 60 年代以后，美、英等发达国家工业部门增加值和就业人数在国民生产总值和全部劳动力中的比重开始下降，其中传统工业的下降趋势更为明显。

第三，第三产业的增加值和就业人数占国民生产总值和全部劳动力的比重各国都呈上升趋势。20 世纪 60 年代以后，发达国家的第三产业发展更为迅速，所占比重都超过了 60%。

从三次产业比重的变化趋势中可以看出，世界各国在工业化阶段，工业一直是国民经济发展的主导部门。发达国家在完成工业化之后逐步向"后工业化"阶段过渡，高技术产业和服务业日益成为国民经济发展的主导部门。

3. 自贡市经济结构变化趋势

由上面对自贡市经济结构现状分析结果，我们认为新常态下自贡市经济发展符合发达国家（地区）产业结构的发展趋势，从三类产业的所占比例看，近 5 年第一产业占比连续下降降幅为 12.20%，第二产业稳定发展，处于上升阶段，占比均值为 89.34%，第三产业较为稳定，也处于上升阶段，占比均值为 9.99%。

从自贡市产业比重的变化趋势中可以看出，自贡现在仍处于工业化阶段，工业仍然是国民经济发展的主导部门，离后工业化阶段还有很大的距离。特别是离发达国家（地区）第三产业所占比重超过 60% 还有巨大差距。

经济增长与产业结构相互依赖、相互促进。产业结构必须与经济发展的水平相适应，而经济发展到一定程度，必然会打破原有的均衡，导致产业结构发生相应的改变。合理的产业结构是经济进一步发展的基础，它将促使经济向更高的水平发展；不合理的产业结构将影响甚至阻碍经济的增长。

成功的经济发展都是在一次次产业结构的合理变动后所取得的。产业结构的合理及时变动，可以促进经济的快速、稳定的增长。

因此新常态下自贡市经济结构发展必须经过产业结构的合理及时变动来促进经济结构调整，以使得经济快速、稳定地增长。

（三）自贡市经济结构及三次产业变化趋势研究

1. 自贡市经济结构概况

自贡是四川省的五个双百特大城市之一，川南区域中心城市，成渝经济圈南部中心城市，从清朝中叶以来，自贡一直是中国井盐生产的中心，如今已发展成为一个拥有国家新材料产业化基地和一批全国知名企业及科研院所，并以机械、化工、盐业、纺织、轻工、食品、灯饰、新型建材等为支柱产业的工业城市。

在改革开放初期，自贡市的三次产业已经是"二、一、三"的产业结构，而1978年四川省第一产业占全省GDP的比重为45％，第二产业比重为35.5％，第三产业比重为20％。四川省形成"二、一、三"产业结构的时间是1991年，有趣的是：同年自贡市的产业结构调整为"二、三、一"。由此可以看出：自贡市较早完成了"二、三、一"的产业结构调整，自贡市是具有很强发展能力的地级市。在未来的改革开放中，自贡市利用"创新驱动深化改革"，通过有力的结构调整来挖掘经济发展新动力，争取早日达到发达国家（地区）"三、二、一"的经济结构水平。

我们从《四川省统计年鉴》选取自贡市从1999年至2013年的三次产业各自总产值和相应年份的GDP（见表7），运用相应的分析方法建立相关模型，应用模型对自贡的三次产业结构变化进行预测。

表7　自贡三次产业总值和GDP逐年统计表　单位：亿元

年份	第一产业	第二产业	第三产业	GDP
1999	31.99	63.8	46.6	142.39
2000	32.42	68.45	51.09	151.96
2001	34.38	73.13	56.83	164.34
2002	36.66	82.1	62.47	181.23
2003	39.03	85.91	77.85	207.79
2004	46.23	106.47	96.65	249.35
2005	55.63	117.27	101.05	273.95
2006	57.99	147.56	114.45	320
2007	72.34	187.58	134.23	394.15
2008	82.11	247.93	156.81	486.85
2009	80.17	291.9	168.98	541.05
2010	84.68	370.84	112.21	647.73
2011	98.99	458.63	222.74	780.36
2012	109.39	529.26	246.15	884.8
2013	119.42	598.62	283.56	1001.6

2. 自贡三次产业的变化趋势初步分析

1999年至2013年间自贡的三次产业均发展迅速，呈现以第二产业始终占据龙头地位，以第三产业为辅，第一产业为基础的态势。作为龙头产业的第二产业产值从1999年的63.80亿元到2013年的598.62亿元，实现巨大突破，近乎10倍的涨幅也彰显了自贡市作为一个老牌工业城市的工业实力。三次产业总值与GDP绝对值走势图具体见图7。自贡GDP自1999年起一直呈稳步上升趋势，尤其是在2005年后增长尤为迅猛，当年 GDP 增幅达到 11.3%，其中又以 2009 年增幅最大，增幅达到 14.5%。

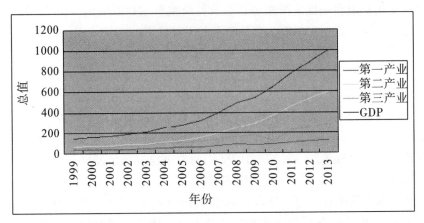

图7　三次产业总值与 GDP 绝对值走势图

我们再来看 1999 年至 2013 年间自贡三次产业与 GDP 比重图，第二产业一直占据着重要的比重，是 GDP 的主要比重，第三产业占据次要比重，第一产业比重最小（具体见图8）。

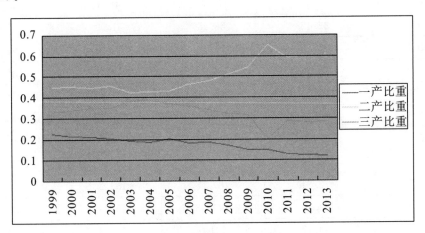

图8　三次产业与 GDP 比重图

3. 自贡三次产业变化趋势与经济增长的联系

1999 年至 2013 年自贡 GDP 有两次大的增幅，一次是在 2005 年，当年自贡的第一产业增幅不大，增幅为 5.1%，而第二产业发展实现历史突破，其中工业增长尤为强劲，规模以上工业实现增加值 143.80 亿元，增长幅度达到 28.5%。在 2005 年，自贡优势产业加快发展，机械、盐化、新材料三大优势行业产值占规模以上工业的 60% 以上。企业创新能力显著增强，更新投资增长 45.4%，

新产品产值率 29.5%，高新技术产业占工业总产值的比重达 35.5%。非公经济成长迅速，新增规模以上民营工业企业 61 户，新增亿元企业 8 户。区县工业支撑作用明显，实现增加值 73.30 亿元，增长 56.8%，占全市工业增加值比重的 51%，而第三产业在 2005 年也突破新高，第三产业实现增加值 134.23 亿元，增长 12.6%，比计划高

1.6 个百分点，为 16 年来的最快增幅。社会消费品零售总额完成 142.24 亿元，增长 17.5%，比计划高 2.5 个百分点。全年接待海内外游客 743.87 万人次，增长 18.5%，实现旅游收入 47 亿元，增长 17.5%。新创建市级示范社区商业示范社区 4 个，专业物流企业发展到 82 家，信息、交通、教育等热点发展较快。

另一次是在 2009 年，当年自贡第一产业增幅为 3.4%，而第二产业增幅达到 19.6% [当年自贡新开工项目达到 1190 个，为历年来开工项目最多的一年。S305 线富荣段全面建成，成自泸赤高速公路、乐自高速公路自贡段开工建设，一大批改善自贡发展环境和增强可持续发展能力的重大基础设施项目取得重大突破；自贡东环线、恐大路道路建设全面启动，自贡火车南站扩建工程进入收尾阶段、自贡汽车客运西站（贡井）已完工，自贡汽车客运南站（沿滩）、自贡旅游车站（大安）进入基础工程建设，荣县新城汽车客运总站前期工作已基本完成。金融生态环境建设加强，争取到国家开发银行 5 年内 50 亿元融资支持。成功引进中铁二局、湖南有色等合作伙伴，共同打造"仙市古镇""沿滩新城"，开发钨钼制品、特种焊条、新型数控机床等拳头产品]。第三产业增幅达到 11.6%。

因为第一产业在两次增幅中增幅较小，故对 GDP 的影响不大，而第二、三产业在两次 GDP 的增幅中表现突出，说明第二、三产业对经济增长有着良性的促进作用。

（四）产业结构对经济增长的实证分析

1. 产业结构对经济增长的影响模型

通过对经济增长的计算，Romer（2000）认为：长期经济增长是由技术进步（含经济制度的变迁）贡献的，而短期经济增长是由资本和劳动等要素投入的增加所贡献的。然而资本、劳动和技术是在一定产业结构中组织在一起进行生产的，对于给定的资本、劳动和技术，不同的产业结构会导致不同的生产。现考虑不同产业结构对生产影响建立线性方程：

$$Y = F(X_1, X_2, \cdots, X_k, A) \tag{4-1}$$

其中 Y 表示总产出，X_k（$i = 1, 2, \cdots, k$）表示第 i 产业的产值；A 表示经济制度和技术水平，将上述函数求全微分

$$dY = \frac{\partial Y}{\partial X_1}dX_1 + \frac{\partial Y}{\partial X_2}dX_2 + \cdots + \frac{\partial Y}{\partial X_k}dX_k + \frac{\partial Y}{\partial Y}dA \tag{4-2}$$

$\frac{X_i}{Y}\frac{\partial Y}{\partial X_i}$ 表示第 i 产业的总产出弹性，记为 β_i，则可把（4-2）式改写为

$$\frac{dY}{Y} = \beta_1 \frac{dX_1}{X_1} + \beta_2 \frac{dX_2}{X_2} + \cdots + \beta_k \frac{dX_k}{X_k} + \beta_0$$

其中，$\beta_0 = \frac{A}{Y}\frac{\partial Y}{\partial A}\frac{dA}{A}$ 表示经济变迁对总产出的贡献。因此可以用建立产业结构对经济增长的影响模型来表示产业结构对经济增长的影响，具体模型如下：

$$\ln Y = \beta_0 + \beta_1 \ln X_1 + \beta_2 \ln X_2 + \cdots + \beta_k \ln X_k + \varepsilon$$

（其中 β_0 为模型常数项，β_1，β_2，$\cdots \beta_k$ 分别表示该产业增长百分之一相应国民生产总值增长的百分系数）

2. 产业结构对经济增长贡献的实证分析

下面对我们的模型进行参数估计,分别将自贡三次产业产值与GDP数据带入SPSS软件

表8 Coefficients

Model		Unstandardized Coefficients		Standardized Coefficients	t	Sig.
		B	Std. Error	Beta		
1	(Constant)	1.075	0.127		8.462	0.000
	LNX1	0.297	0.133	0.206	2.232	0.047
	LNX2	0.603	0.059	0.714	10.190	0.000
	LNX3	0.099	0.058	0.085	1.700	0.117

由上表可知未标准化模型为

$$\ln Y = 1.075 + 0.297\ln X_1 + 0.603\ln X_2 + 0.099\ln X_3$$

我们对此模型作出如下解释:自贡市国内生产总值GDP的增长由第一、二、三产业贡献分别为,第一产业产值每增加1%,国内生产总值将增加0.297%,第二产业产值每增加1%,国内生产总值将增加0.603%,第三产业产值每增加1%,国内生产总值将增加0.099%;并且第一、二产业对GDP的增长效果显著,其Sig值分别为0.047和0.000,均小于0.05;从结果我们可以看到第二产业对GDP增长的贡献最大并且显著最高。

同时上表给出了标准化模型为:

$$\ln Y = 0.206\ln X_1 + 0.714\ln X_2 + 0.085\ln X_3$$

对模型进行方差分析和拟合度检验具体结果见表9和表10。

表9 ANOVA

Model		Sum of Squares	df	Mean Square	F	Sig.
1	Regression	6.255	3	2.085	2341.305	0.000
	Residual	0.010	11	0.001		
	Total	6.264	14			

表10 Model Summary

Model	R	R Square	Adjusted R Square	Std. Error of the Estimate
1	0.999	0.998	0.998	0.02984

以上两表分别为模型的方差分析和模型拟合度检验结果,从方差分析表9可以看到Sig值为0.000,说明模型显著,从模型拟合度检验结果表10可以看到拟合度 $R^2 = 0.998$,非常接近于1,说明此模型的拟合效果很好。

从上面的分析中,我们看到模型参数估计中第三产业的系数检验并不显著,其Sig值为0.117,明显大于0.05,出现这种情况的原因我们考虑其原因是:

首先，作为老工业城市的自贡市，从产业结构的角度来看，具有资金密集的特征，客观上进入壁垒很高的盐业、化工、机械三大支柱等产业占据压倒地位，客观上使许多属于第三产业的民营企业很难从产业内部独立地生长起来，使得第三产业的发展缺乏动力。

其次，对第三产业企业的扶持力度不够，没有树立起有足够影响力的第三产业名牌企业。没有对传统产业进行技术改造，第三产业的相关科技含量不高。

最后，政府在相关法制、规划建设方面的进程还不够快，没有形成适合第三产业发展的温床。

以上原因可以解释第三产业的系数检验为何不显著，因为第三产业在自贡并不发达，难以对 GDP 的增长给予有力的支持并形成推进作用。

基于此，为了能在理论上精确的以我们的数据为基础来建立回归模型，我们考虑采用逐步回归来观察三个产业对 GDP 增长的贡献情况。

表 11　Coefficients

Model		Unstandardized Coefficients		Standardized Coefficients	t	Sig.
		B	Std. Error	Beta		
1	(Constant)	1.524	0.085		17.985	0.000
	LNX2	0.842	0.016	0.998	51.668	0.000
2	(Constant)	1.022	0.133		7.712	0.000
	LNX2	0.585	0.063	0.692	9.340	0.000
	LNX1	0.447	0.107	0.310	4.178	0.001

从表 11 中我们可以看到第二产业首先进入模型，其次是第一产业。在最终模型中并不包含第三产业，这就正好验证了我们在做模型参数估计时第三产业的参数估计结果并不显著。因此我们可以在理论上得出一个精确的回归模型为：

$$\ln Y = 0.206\ln X_1 + 0.714\ln X_2 + 0.085\ln X_3$$

但是事实上我们知道第三产业对于 GDP 的增长不可能是毫无贡献的，所以我们最终选用的预测模型还应该是未标准化模型：

$$\ln Y = 1.075 + 0.297\ln X_1 + 0.603\ln X_2 + 0.099\ln X_3$$

而出现这种结果的原因我们认为可能是因为两点原因：

（1）经济数据样本量少。

（2）信息对称性满足情况较差。

为了能进一步直观地观察产业结构对自贡经济增长的贡献，我们又做了三次产业对经济增长的贡献率和拉动百分比的分析（具体见表 12）。

表12　三次产业对经济增长的贡献率及拉动百分点（单位%）

年份	贡献率			地区生产总值增长率（%）	拉动百分点		
	第一产业	第二产业	第三产业		第一产业	第二产业	第三产业
1999	53.83	25.12	21.05	6.24	0.69	−2.54	−0.07
2000	46.92	48.59	4.49	6.72	−0.93	1.79	−0.01
2001	46.37	37.80	15.83	8.15	1.01	0.02	0.82
2002	33.39	53.11	13.50	10.28	0.19	2.61	−0.06
2003	57.91	14.34	8.92	14.66	0.05	−2.85	5.37
2004	45.24	49.47	17.32	20.00	2.32	8.06	1.65
2005	17.89	43.90	38.21	9.87	0.88	−3.91	−5.78
2006	29.10	65.78	5.12	16.81	−2.57	7.11	3.29
2007	26.68	53.97	19.35	23.17	3.75	3.04	1.99
2008	24.36	65.10	10.54	23.52	−1.16	5.16	0.71
2009	22.45	81.13	−3.58	11.13	−2.41	−3.36	−2.14
2010	−53.22	74.00	4.23	19.72	1.19	6.46	−12.74
2011	23.02	66.19	10.79	20.48	1.51	1.37	25.83
2012	22.41	67.63	9.96	13.38	−0.50	−2.20	−11.16
2013	32.03	59.38	8.59	13.20	−0.04	−0.14	1.58

注：其中，产业产值对国内生产总值增长率的贡献率＝该产业产值增加值增量/生产总值增量；三次产业拉动＝GDP增速×（报告期三次产业增加值—基期三次产业增加值）/（报告期GDP—基期GDP）

1999—2013年自贡经济增长过程中，第一产业的增加值由4.5亿元增长到了37.41亿元，第二产业的增加值由2.1亿元增长到了69.36亿元，第三产业的增加值由1.76亿元增长到了10.03亿元。而一、二、三产业1999年—2013年的平均贡献率分别为32.58%、53.70%、12.29%，第一产业贡献率由53.83%下降到了32.03%，第二产业贡献率由25.12%增长到了59.38%，第三产业贡献率由21.05%下降到了8.59%。

各个产业对经济增长贡献率的增加或减少都说明产业结构的调整会促进经济增长或者阻碍经济增长，当产业产值增加，则对经济的贡献率就加大，经济也就积极发展，当产业产值下降或减少，则对经济的贡献率也就为负数（如表12中2010年第一产业贡献率），就阻碍了经济的发展。

3. 经济结构调整整体优化方案

经过实证研究表明，自贡的产业结构变化确实能够影响自贡的经济增长，其中第二产业对自贡GDP增长率的影响最大，第一、三产业影响较小。

这对于自贡这样一个以工业资源型城市来说，是一个有意义的结论，能给产业结构的调整提供有力的依据。自贡能在产业政策的引导下，深化其传统优势资源型产业，培育出新的支柱性产业，形成与盐化工产业、装备制造业、新材料产业等其他产业协调发展的局面。

产业转型能促进当地经济的增长，使经济增长获得可持续发展的动力。自贡在调整产业结构时，需要注意的是继续维护第二产业作为自贡经济主力发动机的地位，同时为了让第二影响力的第三产业发挥更大的经济效益，需要改善第三产业在自贡的发展条件，给予第三产业更多相关政策扶持。

对此我们提出以下经济结构调整整体优化方案：

（1）在确保优势行业持续快速发展的同时，加快新兴行业的赶超步伐，积极培植新的经济增长点。

（2）扩大开放度，适应多元化供给市场。

（3）采取有效措施，多渠道增加对第三产业的投入。

（4）推进城市化进程，改善城市规模结构。

（5）加大第三产业企业改革力度。

（6）积极培植第三产业名牌企业。

（7）加快经济结构调整步伐，大力推行"退二进三"。

（8）加强人才引进和培养，提高第三产业的整体开发和管理水平。

（9）利用高新技术改造传统行业，提升第三产业科技含量。

（10）加快法制、规划建设，营造健康、有序的外部环境。

四、新常态下自贡市经济发展动力研究

通过上面对自贡市经济结构的研究，我们知道自贡在三次产业结构中第二产业占有重要的龙头地位，对经济增长的贡献率也最高，但本应大力发展的第三产业过于平稳，对经济增长的贡献率还低于第一产业。为了更好地研究新常态下自贡市经济发展新动力，找到新动力的源泉，下面我们针对自贡市现阶段处于工业发展阶段的经济发展原有动力进行研究。

（一）新常态下自贡市经济发展原有动力

自贡市现在处于由工业化中前期到工业化中后期的阶段更替时期。通过对自贡"十一五"和"十二五"期间的经济发展状况进行深入分析和综合研判，宏观经济形势仍然错综复杂，市场需求复苏依然疲弱，结构调整阵痛仍将持续显现，经济下行压力进一步加大。

近几年自贡市坚持稳中求进工作总基调，以提高经济发展质量和效益为中心，以改革创新为动力，以调整优化经济结构为方向，着力强化产业支撑，着力增强内需拉动，着力加快新型城镇化，着力防范化解风险，着力保障改善民生，促进经济平稳健康发展和社会和谐稳定，为建设"五个自贡"、构建区域中心城市、全面建成小康社会奠定坚实基础。

2009年，是21世纪以来自贡市发展面临困难最多、经受挑战最大的一年，也是在危机中抢抓机遇、在逆境中奋勇前进的一年。面对罕见的国际金融危机和复杂的宏观经济形势，在省委、省政府和市委的坚强领导下，在市人大、市政协的监督支持下，认真

贯彻落实科学发展观，团结带领全市人民，以项目为总抓手，突出基础建设、产业发展、社会事业和民生改善，全力"保增长、保民生、保稳定"，全力"谋长远、打基础、增后劲"，较好地完成了市第十五届人大五次会议确定的工作任务。

2010年，全市上下紧紧围绕"上规模、调结构、促消费、惠民生"的主线，坚持项目总抓手，加快推进产业发展，着力加强城乡建设，不断深化改革开放，切实保障改善民生，全市经济社会保持健康快速发展的良好势头，主要预期目标全面完成。

2011年，面对明显趋紧的宏观调控，我们积极应对，有效作为，全力推动高位求进、加快发展，经济连续第8年实现了14%以上快速增长，社会事业协调发展，各项工作取得了显著成绩。

2012年，面对国际金融危机影响持续显现、国内宏观经济下行压力加大等严峻挑战，深入贯彻落实科学发展观，围绕建设"五个自贡"、加快构建成渝经济区西南部区域中心城市，大力推进"两化"互动、统筹城乡发展，保持了经济社会平稳较快发展势头。

2013年，紧紧围绕建设"五个自贡"、推动次级突破加快崛起，着力投资拉动产业支撑，加快"两化"互动统筹城乡发展，切实保障改善民生，全市经济社会保持平稳较快发展，主要经济指标增速高于全省、领先川南。

2014年，始终保持定力、专注发展、积极作为，统筹做好稳增长、调结构、促改革、惠民生、防风险各项工作，持续推进"五个自贡"建设。

全市经济基本面稳定向好，各项事业取得新的成绩，社会保持和谐稳定。在宏观经济下行的重大影响下，经济社会发展和政府工作中还存在一些较为突出的问题和不足。

2009年，经济结构不优、运行效益不高的问题突出，现代服务业和高新技术产业发展滞后，一些骨干企业生产经营困难、效益下降；就业和再就业形势严峻，部分群众生活比较困难，社会保障、住房等关系群众切身利益的民生工作需要进一步加强；一些部门发展意识不强，为企业、为群众服务的主动性不够，形式主义、官僚作风还不同程度地存在。此外，对照2008年《政府工作报告》提出的工作任务，少数重点工作还没有达到预期目标，特别是外贸出口没有完成计划任务。

2010年，面对加快发展的迫切要求，重大产业项目的支撑明显乏力；面对资源要素供给趋紧、环境约束加剧的形势，加快产业结构调整尤其是工业结构调整的任务更加紧迫而艰巨；面对惠及民生的更高要求和自身财力薄弱的现状，保民生与促发展的统筹难度进一步加大；面对日益激烈的发展竞争，少数干部观念不适应、能力不适应、作风不适应的问题愈加突出。

2011年，经济总量不大，运行质量不高，重大产业项目少，保持经济快速发展的任务艰巨；产业结构不优，科技成果转化能力不强，资源环境约束加大，转变经济发展方式的任务艰巨；自身财力薄弱，收支矛盾突出，社会保障压力加大，统筹发展和改善民生的任务艰巨；政府职能转变还不到位，服务质量不够高，缺位越位现象仍然存在，建设人民满意政府的任务艰巨。

2012年，一是稳增长面临更大压力。受宏观经济下行影响，我市经济增速放缓，特别是工业增速明显回落，规模以上工业增加值未能实现预期目标，加之重大产业项目支撑乏力，保持经济平稳较快增长任务艰巨。二是调结构亟待更大突破。我市产业结构不优、产品附加值低等问题依然突出，随着资源环境约束加剧，推进产业转型升级任务十分紧迫。三是保民生任务更加艰巨。虽然民生保障的力度逐年加大，但与群众的期望还有较大差距，特别是在棚户区改造、促进群众增收等方面，还有大量的工作要做；在目前我市财力十分有限的情况下，保障改善民生需要我们付出更多的努力。四是转作风要求更为迫切。个别干部开拓进取精神不强，思想解放不够，创新办法不多，工作效率不高。

2013年，一是经济增长动力不足，特别是工业增速回落明显，投资总量偏小，项目带动能力不强，保持经济持续较快增长的压力较大。二是经济增长质量和效益不高，特别是产业结构不合理，企业创新能力、盈利能力和竞争力不强，推动转型升级的压力较大。三是财政保障能力不强，特别是收入总量不大、质量不高，加之刚性支出剧增和国家、省转移支付政策调整，保障财政支出的压力较大。四是促进群众持续增收的渠道和办法不多，特别是部分低收入群众的生活仍然比较困难，改善民生的压力较大。

2014年，一是稳增长面临更大压力。重大项目特别是重大产业项目支撑不足，投资持续高速增长难度加大，工业经济运行受"三期叠加"影响面临更多困难。二是结构调整亟待更大突破。企业自主创新能力不强，传统优势产业转型升级步伐缓慢，新兴支柱产业还没有培育形成。三是经济运行潜在风险增多。财政收支矛盾突出，部分企业资金更加紧张，债务风险尚未根本消除，房地产市场面临更多不确定因素。四是政府执行力有待更大增强。庸、懒、散、浮、拖现象在少数干部身上仍然存在，联系服务群众还不够到位，一些决策部署和工作措施还没有完全落到实处。

近几年，自贡市经济社会实现了持续快速发展，经济总量不断扩大，产业结构逐步优化，改革开放日益深化，人民生活明显改善，城市面貌深刻变化，全市人均GDP突破5000美元，位居全省第四位，进入工业化中期加快成长阶段，具备了次级突破、加快崛起的基础条件。

雷洪金提出："努力在产业升级、城镇化建设、县域经济发展、基础设施建设、软实力提升、对外开放合作、民生改善上实现新的突破，在全省次级突破发展格局中创造新优势，实现新跨越。"

综上所述，自贡市面对明显趋紧的宏观调控，深入贯彻落实科学发展观，积极应对，有效作为，全力推动高位求进、加快发展，着力投资拉动产业支撑，坚持以项目为总抓手，突出基础建设，加快推进产业发展，加强城乡建设，加快构建成渝经济区西南部区域中心城市，大力推进"新型工业化新型城镇化"互动，推动次级突破加快崛起。

新常态下自贡市经济发展原有动力就是投资加速产业发展，做大产业经济，优化产业结构，在机械装备、盐和盐化工、新材料三大产业基础上培育众多新兴支柱产业；优化产业的空间布局和发展规划，突出区县工业发展，加强自贡老工业基地调整改造，突出新型工业化特色，加强区县经济发展，突出新型城镇化特色，形成"高新引领、四区发力、两翼齐飞"的发展格局。

（二）新常态下自贡市经济发展原有动力的优势

2015 年宏观经济形势仍然错综复杂，市场需求复苏依然疲弱，结构调整阵痛仍将持续显现，经济下行压力可能进一步加大。

新常态下自贡市经济发展原有动力也面临着不少有利条件和因素，国家继续实施积极的财政政策和稳健的货币政策，财政投入力度大于去年，并将在铁路、水利、棚户区改造等方面给予西部地区更多倾斜支持；省委、省政府大力实施"三大发展战略"，推进川南经济区一体化发展，加大高端成长型产业和新兴先导性服务业培育发展力度，有利于自贡市赢得更多的支持和发展机会。

自贡市具有较好的发展基础和潜力，新型城镇化蕴含着巨大的投资和消费需求，航空与燃机等新兴产业正在孕育形成，有利于新型工业化的形成和发展，"两化"可以形成新的经济增长点，随着一批重大交通基础设施的建成，将更加凸显新常态下自贡市经济发展原有动力的优势，主要体现在以下六点。

1. 激发投资和消费，保证经济平稳增长

（1）激发投资增长：狠抓重大项目，确保全年重大项目投资完成 335 亿元；拓展投资空间，规划成自泸铁路尽快纳入省铁路网，加快向家坝灌区、自泸大件公路等项目前期工作；围绕传统产业转型和新兴产业培育，谋划推进一批产业链延伸项目和新兴产业项目；围绕新型城镇化发展，加快一批城镇基础设施项目建设，推进卫生康复职业学院新校区、自贡一中新校区、东部新城康疗中心等项目前期工作；围绕改善民生，谋划推进一批安置房、生态环保、农贸市场改造等民生项目；为社会资本打开投资新通道，加强要素协调保障，把激活社会资本作为重点，建立政府和社会资本合作（PPP 模式）机制，鼓励社会资本参与政府性公共服务项目、基础设施项目的建设和运营；发挥产业发展资金导向作用，支持企业加大新技术、新产品、新业态投入；完善金融投放激励机制，引导金融资本投向实体经济，给予重大项目、中小微企业更多信贷支持。

（2）激发市场需求：积极引导居民消费；认真落实促销政策，扩大汽车、家电等大宗商品消费；组织开展节庆促销、旅游促销等活动，探索实行市内旅游景点"一票通"，挖掘传统消费潜力；适应消费升级发展趋势，加快培育健康养老、体育健身、家政服务、文化娱乐等消费新热点；引导支持企业拓展自贡特色产品网络销售渠道，依靠创新开发个性化、特色化新产品和新服务，开拓消费新市场；加强城市形象品牌宣传，努力吸引外来消费。引导居民合理住房需求，力促房地产市场平稳健康发展。

2. 创新驱动三次产业转型升级

（1）做大做强工业支撑：大力发展航空与燃机产业，全面推进与中航工业集团的战略合作；积极培育新能源汽车产业，规划建设汽车产业园，力促一汽商用汽车整车项目实现量产；发展壮大节能环保装备产业，加快低排放余热高效节能锅炉、环保型成套输送装备产业化项目建设；打造国家节能环保装备产业示范基地；打造国家新材料产业化基地；加大页岩气开采力度，推进就地转化利用；巩固提升盐及盐化工龙头企业；推进现代中药产业园、美乐香辣酱迁建等项目。

（2）持续推进园区建设：围绕园区产业定位，强化项目引进，加快入园项目建设进度，促进产业集中集群集约发展，提高园区产出能力、就业能力和纳税能力。

（3）大力发展现代服务业：培育发展新兴先导型服务业，推进电子商务发展，实施全民触网行动、全企入网工程，构建一批区域电商平台；推动现代物流、现代金融业发展壮大，积极培育科技服务、养老健康、体育休闲、文化创意等新兴服务业，促进服务业优化升级；加快服务业集聚区建设，重点培育大山铺商贸集聚区、自流井综合物流园、川南汽贸产业园，着力推进西南（自贡）无水港、普润产业博览城二期、汽车配件市场等项目建设，加快华商国际城等城市综合体和自流井老街等特色街区打造，增强区域集聚辐射力。

（4）提升发展文化旅游业：加快彩灯产业集群发展，推进彩灯文化产业园建设；实施自贡世界地质公园旅游综合服务工程，加速恐龙王国主题公园建设；加快卧龙湖旅游度假区建设，全面建成盐卤浴项目；积极推进川南通用航空产业园建设，建成通用机场跑道和航站楼，完成航空小镇规划编制，力争开工航空展示中心和航空博物馆建设；加大旅游营销力度，合作推出"川南环线游"精品旅游线路，推动区域旅游一体化。

（5）积极发展现代农业：加快农业产业化发展，继续创建"万亩亿元"国家现代农业示范区；积极发展节粮型草食畜禽；建设富顺、沿滩和自流井农副产品加工园；培育新型农业经营主体，鼓励工商资本投入现代种养业；加强农田水利基本建设，增强农业抗御自然风险能力。

（6）着力强化创新驱动：加快完善技术创新体系，加快南岸科技新区孵化中心建设。加强与四川理工学院、浙大自贡创新中心等高校和研发机构的合作，推进产学研协同创新，重点突破长距离大运量管带式输送机研制及应用等产业关键技术；大力支持大学生和科技人员创业创新，推动科技成果产业化，高新技术产业产值突破 500 亿元。

3. 深化改革，提升开放

（1）加快重点领域改革步伐：推进农村土地流转和交易试点，发展农民股份合作，开展农村集体经营性建设用地入市试点；启动公交公司、大西洋公司混合所有制改革。

（2）深化事业单位改革，创新事业单位管理机制：力争引进 1 所民办高中；加大政府购买公共服务力度；深化机关事业单位工资收入分配制度改革；抓好资源环境价格改革，探索实行居民自来水、天然气阶梯价格制度。

（3）加大招商引资力度：突出产业招商，重点围绕培育五大高端成长型产业和新兴先导型服务业，加强与中航集团、中石油等央企的对接洽谈，争取签约一批重大项目；加大与行业协会、商会的交流合作，进一步挖掘招商信息，全年引进到位市外项目资金 500 亿元以上。

（4）实施对外贸易、外资引进、对外经济技术合作联动发展：启动高新综合保税区建设，支持节能环保装备、新材料、彩灯产业重点企业拓展海外市场。

4. 统筹城乡建设，发展、促进城镇新型化

（1）加快重大基础设施建设：建成自隆、内威荣高速公路，完成乐自高速自流井连接线主体工程，开工建设自隆高速富顺连接线，加快建设成自泸赤高速公路大安、沿滩

连接线；推进国省干线公路和北环路、王贡路改造；开工建设川南城际铁路、大山铺铁路物流园专用线和火车南站三货场扩建工程；加强水利基础建设，确保小井沟水库下闸蓄水，加快狸狐洞等 3 个中型水库建设，做好移民安置工作；抓好能源、通讯、信息基础建设，开工建设 220 千伏等输变电工程，完善 4G 通信网络，扩大光纤网络覆盖面，推进"宽带乡村"试点，不断增强基础保障能力。

(2) 加快新区建设和旧城改造：按照"东拓西调、南优北控"城市空间发展策略，维系组团式发展格局，统筹推进东北部新城、沿滩组团、南湖－卧龙湖组团、成佳组团、舒坪组团开发，建成西苑街南延线、汇园路等 10 条道路，新开工卧龙大道二期等 11 条主干道路，建成南湖公园西大门跨线桥修筑及下沉式广场；启动东部新城起步区"一纵二横"道路建设，建成南岸科技新区"一环二纵三横"道路路网。大力推进旧城棚户区改造，力争完成东兴寺、西山路、光凤片区房屋征收，实施安置房主体工程建设，完成西山路道路改造，启动大安旧城房屋征收。推进"海绵城市"建设，实施生态保护和恢复。强化城市地下空间开发利用，建设地下综合管廊。

(3) 建立大数据运营中心：提高城市建设、管理和服务信息化水平，建设智慧城市。

(4) 推进城镇和新农村建设：着力打造一批工业商贸强镇、文化旅游名镇，重点抓好 12 个省级试点镇建设；围绕"业兴、家富、人和、村美"标准推进新村建设，重点建设 100 个幸福美丽新村，建成 6 个新农村综合体、30 个新村聚居点、50 个新农家大院，加强村落民居环境整治和风貌保护，建设"微田园"。

5. 增进民生福祉，加快社会发展

(1) 办好民生实事：新建和改造农村公路 500 公里；解决 24 万农村人口及学校师生饮水安全问题；为 5.5 万名困难家庭失能老人和 80 岁以上高龄老人提供居家养老服务；实施棚户区改造 17385 户、农村危旧房改造 19472 户；建设农村教师周转房 8600 平方米；建设 50 个标准化乡镇（街道）便民服务中心、200 个标准化村（社区）便民服务室；实施城市老旧燃气管网改造 18 公里；综合整治背街小巷 100 条；新建和改造标准化农贸市场 10 个；改造 111 个城区老旧居民小区供配电设施；城乡居民基本医疗保险政策内报销水平分别达到 72% 和 75%；投放城区高级公交车 100 辆。

(2) 大力实施民生工程：完善覆盖城乡的就业创业服务体系，全年新增城镇就业 3 万人以上；稳定劳务输出规模，开展农村产权抵押融资试点，努力增加群众财产性、工资性、经营性收入。

(3) 健全住房保障体系：加大住房公积金保障力度，新开工保障性住房 5000 套，推进农村廉租房建设。

(4) 协调发展各项事业：开工建设汇东、绿盛实验学校南湖校区二期和富顺西区九年制义务教育学校，加快推进富顺二中改扩建；支持四川理工学院和四川卫生康复职业学院发展；建成市四医院住院大楼及消毒中心综合楼，完成富顺县医院迁建，力争开工建设卧龙湖康疗中心、市一医院儿科住院大楼；建成市文化艺术中心文化馆和富顺文体中心，推进区县图书馆建设。

6. 建设文明生态环境

（1）推进全域绿化美化：实施城区绿化覆盖工程，完成釜溪河复合绿道城区连接段建设，建成卧龙湖湿地公园一期和盐都植物园二期工程，开工建设高峰公园、狮子山公园二期工程；新建一批绿化小广场，实施西山路、朝土路、北环路、卧龙大道等道路绿化和城市节点景观绿化，城市绿化覆盖率提高到40％。

（2）加强环境保护和治理：扎实开展大气污染防治，加大建筑和道路扬尘、汽车尾气治理力度，加强城区空气质量监测，不断改善环境空气质量；加强双溪水库、小井沟水库和乡镇集中式饮用水源地生态功能保护，继续实施釜溪河流域水环境综合整治，持续改善水环境质量。

当前自贡发展正处在转型突破的紧要关头，只要我们始终专注发展、保持定力，善于趋利避害，就一定能从原有动力的优势出发，挖掘出新动力，开创新常态下经济社会发展的崭新局面。

（三）新常态下自贡市经济发展原有动力现状

1. 投资驱动

（1）基础建设

2014年，隆内威荣高速公路完成路基工程，自流井、大安、沿滩高速公路连接线开工建设，自贡汽车客运总站提升改造工程竣工，火车南站二货场建成投用，舒坪汽车货运站、川南公路物流港主体完工。

小井沟水利工程完成大坝填筑，实施移民安置对接1930户，狸狐洞水库建设进展顺利，楼房湾和大坡上水库开工建设。

南湖110千伏等输变电工程和4G通信网络建成运行，"宽带乡村"试点工程全面启动。

（2）大项目

2014年，全社会固定资产投资完成597.61亿元，增长12.4％。坚持主抓投资，强化项目推进责任，力促重大项目加快建设。海川燃机配件制造二期、一汽商用汽车整车生产线等59个项目竣工或部分投产，川南家居城二期等29个项目主体完工，重大项目完成投资334亿元，占固定投资比重为55.89％。

2. 消费驱动

（1）内需

2014年，积极引导居民消费：出台促进房地产业健康发展的政策措施，组织开展汽车、家电、家具展销和房交会等促销活动，城乡消费保持较快增长，社会消费品零售总额实现427.65亿元，增长12.5％。

（2）外贸

自贡市2014年累计实现对外文化贸易总额1214万美元，同比增长70.7％，新增彩灯、仿真恐龙制作等文化类备案企业9户，自贡市对外文化贸易备案企业达44户；4户企业获批2013—2014年度国家文化重点出口企业，占全省36.4％。以彩灯、仿真恐龙产品及境外灯展为主的对外文化贸易出口企业达 15 户，其中当年新增 6 户，占自贡市实绩企业的 40%。

自贡市以彩灯、仿真恐龙等为主的文化产品出口收入 863 万美元，同比增长 64.1%，产品出口覆盖全球 50 余个国家和地区；以境外灯会展演为主的文化服务贸易收入 351 万美元，同比增长 89.2%，成功举办境外灯会展演 12 场次。争取技改研发、拓展国际经营能力、文化服务出口奖励等项目扶持资金共计 420 万元，同比增长 20%，覆盖企业 32 户，占对外文化贸易企业总数的 73%。

2015 年 1 月至 4 月，自贡市实现对外贸易进出口总值 12.4 亿元人民币，较去年同期下降 9.7%。其中出口 6.7 亿元，同比增长 14.2%；进口 5.7 亿元，同比下降 27.4%。

3. 创新驱动

(1) 园区建设

2013 年，"一带一核四园三区"布局更加完善，园区新增承载能力 6 平方公里，新开工项目 43 个，实现主营业务收入 980 亿元，成佳工业园首批项目落地。企业分类培育力度加大，发展省级产业联盟 2 个，25 户企业列入省上市培育后备库，新培育省"小巨人"和"成长型"企业 41 户，新增 30 亿元企业 2 户、10 亿元企业 3 户，新增中国驰名商标 2 件、国家地理标志保护产品 5 个。

2014 年，新增承载能力 5 平方公里，新入驻产业项目 37 个，园区主营业务收入突破 1000 亿元。

(2) 工业创新

2013 年，出台 33 项稳增长措施，规模以上工业增加值完成 476.5 亿元，增长 11.5%。东锅公司大容量、高参数循环流化床锅炉洁净煤燃烧技术走在世界前列，旭阳药业现代中药产业园一期工程建成运行，海川公司燃机配件制造、中天胜公司 1 万吨特种聚酰亚胺树脂及复合材料产业化等项目加快推进，战略性新兴产业增加值占比达到 28%。

2014 年，大力培育五大高端成长型产业，分类制订产业发展规划，完善推进机制和扶持政策，强化项目储备和实施，推动高端成长型产业率先取得实质突破，形成集群效应。积极培育新能源汽车产业，规划建设汽车产业园，着力引进零部件配套企业，力促一汽商用汽车整车项目实现量产。发展壮大节能环保装备产业，积极对接省产业扶持政策，抢抓省重点扶持机遇，加快低排放余热高效节能锅炉、环保型成套输送装备产业化等项目建设；整合交投及相关企业资产，组建信融能源投资公司，做大做强清洁能源装备制造业，打造国家节能环保装备产业示范基地。加快发展新材料产业，重点实施晨光氟硅新材料产业园、中天胜聚酰亚胺泡沫产业化等项目，打造国家新材料产业化基地。积极培育页岩气产业，加大开采力度，增强配套能力，推进就地转化利用。规模以上工业增加值实现 480.24 亿元，增长 7.8%。

(3) 现代服务业

现代服务业加快发展，商贸物流业提档升级，普润产业博览城一期、瑞祥商贸城、恒大商贸城建成运行，川南五金城一期、川南皮革城二期、华商国际城一期主体竣工，川南 IT 数码电器城、荣县美吉特家居城开工建设。川南汽贸产业园集聚发展，奔驰、宝马、奥迪 4s 店相继入驻。电子商务、文化娱乐、健康养老等新兴服务业快速发展。旅游业加快发展，盐卤浴项目主体完工，第 20 届自贡国际恐龙灯会观灯人数和门票收入再创新高，乡村旅游蓬勃发展，全年旅游综合收入达到 200 亿元，增长 25%。服务业增加值实现 311.2 亿元，增长 8.1%，占经济总量比重提高 0.7 个百分点。

（4）现代农业

2014 年，粮食产量达到 127.8 万吨，创建国家现代农业示范区步伐加快，建成 5 个万亩核心区，农业规模化、标准化、品牌化水平稳步提升；新投产农产品加工项目 10 个，新增国家重点龙头企业 1 户、省级重点龙头企业 3 户，荣县农副产品加工园区入驻企业 18 户。农业增加值实现 123.2 亿元，增长 4.1%。

（5）技术创新

2014 年，浙江大学自贡创新中心全面建成，新建省级创新平台 3 个、中小企业研发机构 11 个、企业技术中心 15 个，专利申请量突破 1200 件，获中国专利优秀奖 1 项，新增中国驰名商标 1 件、四川省著名商标 6 件、四川名牌产品 13 个，8 个产品入选省战略性新兴产品培育计划，18 项重点成果转化项目顺利实施，高新技术产业增加值占比达 25%。

2015 年着力强化创新驱动，加强知识产权保护，营造崇尚创新、全民创新的良好环境。深入推进国家知识产权试点市和国家技术创新工程试点示范市建设，加快完善技术创新体系，新创省级企业创新平台，培育市级企业研发机构，组建技术创新联盟，加快南岸科技新区孵化中心建设。加强与四川理工学院、浙大自贡创新中心等高校和研发机构的合作，推进产学研协同创新，重点突破长距离大运量管带式输送机研制及应用等产业关键技术。落实科技成果转化政策，健全科技金融协同创新机制，大力支持大学生和科技人员创业创新，推动科技成果产业化，高新技术产业产值计划突破 500 亿元。

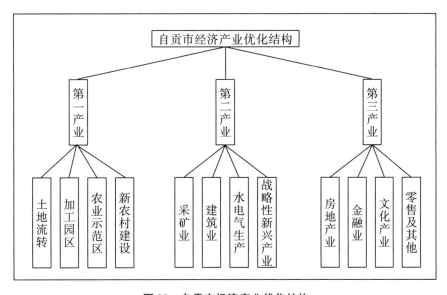

图 11　自贡市经济产业优化结构

(四)新常态下自贡市经济发展的新动力主要因素

根据自贡市属于工业化中前期的现状,结合自贡市原有动力的优势和现状,探索新常态下自贡市经济发展的新动力,以结构调整为中心,以促进新型工业化、信息化、城镇化、农业现代化("新四化")的同步发展为重点,以积极发现培育新增长点为核心,以努力保持经济稳定增长为目标,运用层次分析法和主成分因子分析法建立新常态下自贡市经济发展的新动力主要因素模型来描述自贡市经济产业优化结构。

(五)新常态下自贡市经济发展的新动力和表现形式

通过对自贡市消费需求、投资需求、出口和国际收支、生产能力和产业组织方式、生产要素相对优势、市场竞争特点、资源环境约束、经济风险积累和化解、资源配置模式和宏观调控方式九个方面的现状和特征进行深入分析和研判,围绕"努力保持经济稳定增长""积极发现培育新增长点""加快转变农业发展方式""优化经济发展空间格局""加强保障和改善民生"这五大经济发展任务展开新常态下自贡市经济发展的新动力因素进行探索和研究。新常态下自贡市经济发展的新动力和表现形式如表13所示。

表13 新常态下自贡市经济发展的新动力和表现形式

	产业	新动力	表现形式
第一产业	土地流转	生产相对集中、规模化	市场化,大数据处理,现代农业经营体系
	加工园区	工业化、产业化、劳动力转换	产业转型,网络化,新型农业经营主体
	农业示范区	提质增效、生态循环、技改扩能	农业高新科技,农村经纪人集体经营,股份合作,鼓励工商企业、社会资本投资农业
	新农村建设	产村相融、四级居住新形态	农村生活社区化,美丽乡村、幸福家园
第二产业	采矿业	页岩气产业、盐、盐化工	盐业体制改革,卧龙湖国际盐泉生态城,四川盐产业技术研究院,岩气勘探
	建筑业	交通建设:自内遂、自泸、自威、自乐高速公路建成通车,镇村公路通达率达100%;新农村建设、丘区统筹	"一环三横五纵"大城市骨干路网,重大旅游项目,滏溪河整治
	水电气生产	水利工程、饮水、污水处理、电网改造、变电工程、垃圾焚烧、节能机电、岩气勘探、天然气管网改造、调峰储气站、燃气储配站、天然气阶梯价格	污水处理厂,水环境,小井沟水利工程,狸狐洞水库,向家坝(自贡)灌区工程,南湖110千伏等输变电工程,琵琶山220千伏等输变电工程,向家岭220千伏变电站改造,汇西等输变电工程,110千伏荣县城北等输变电工程,垃圾焚烧发电项目建设,沿滩工业园区获批,节能机电高新技术,燃气储配站

产业		新动力	表现形式
第二产业	战略性新兴产业	岩气、节能环保装备、航空与燃机、新材料、新能源汽车、生物医药、一带四园三区	东锅公司大容量、高参数循环流化床锅炉洁净煤燃烧技术走在世界前列，旭阳药业现代中药产业园一期工程建成运行，海川公司燃机配件制造、中天胜公司1万吨特种聚酰亚胺树脂及复合材料产业化等项目加快推进，中昊自贡化工新材料产业基地、晨光氟化工产业园、大西洋焊接产业园建设全面推进，川玻特种玻璃产业园、海川燃机配件制造基地开工建设，106个项目获国家、省技改和战略性新兴产业资金支持
第三产业	房地产业	房地产市场动态监控、房地产业平稳健康发展、养老地产	引导、稳定居民合理住房消费，出台促进房地产业健康发展的政策措施：做好住房金融服务工作，满足居民家庭住房需求，加大住房公积金对合理住房消费的支持力度，实施财政补贴，强化住宅用地管理，优化房地产项目审批，继续推行保障性安居工程和征地拆迁还房以购代建，继续支持房地产开发企业的合理融资需求
	金融业	完善投融资机制，做大政府融资平台，与高级别银行机构建立战略合作，完善金融投放激励机制，健全科技金融协同创新机制，完善金融服务体系	市国投公司资产规模达62亿元，市农业产业化担保公司成功组建，"政银企"合作共推发展，乐山商业银行自贡分行、全市首家科技银行组建运营，引进国际金融服务机构，小额贷款公司11家、融资性担保公司9家、投资基金2家、金融仓储公司1家，组建自贡农商银行，新发展一批新型金融机构
	文化产业	加快文化自贡建设，公共文化服务体系、健康养老、文化旅游、省级文明城市、彩灯文化、义务教育均衡发展，教育产业化	已形成：自贡世界地质公园，自贡灯会，文化展示馆，群众文化活动馆，乡镇文化示范站，社区书屋，数字电视，义务教育标准化、均衡化，市级文化艺术中心文化馆，县级文体中心；推进区县图书馆建设，加强文艺精品创作，文化旅游名镇、川南综合旅游项目、盐卤浴项目主体完工，国际恐龙灯会海外市场开拓，谋划恐龙王国主题公园建设，新办1所民办高中，加快四川理工学院大山铺新校区建设
	零售及其他	促进市场消费、商贸服务、节庆促销、引导消费、全域绿化美化	已形成：川南服装皮革城，川南汽贸城，川南钢材市场，东方物流工业物流中心；建成"万村千乡"市场工程农家店349个；专业市场群规划、中心城区业态规划，瑞祥商贸物流城、釜溪河复合绿道城区连接段建设，卧龙湖湿地公园一期，盐都植物园二期工程，高峰公园建设，狮子山公园二期工程等还在建设中；新建一批绿化小广场，城市绿化覆盖率提高到40%，继续实施"天保"工程和退耕还林，森林覆盖率提高1个百分点

（六）服务型法治政府建设

持续推进作风转变，建设人民满意的服务型政府和法治政府，是新动力健康稳定发展的重要机制和保障。

我们认为作风建设永远在路上。必须适应新常态的形势和环境变化，必须坚持不懈转变作风，努力建设人民满意的服务型政府和法治政府。确保新常态下的自贡经济健康稳定发展，必须遵循以下六点。

（1）坚持解放思想，与时俱进。面对经济发展新常态，我们要切实增强转型发展意识、改革创新意识，科学谋划新常态下的改革发展工作，高质量编制好"十三五"规划。按照服务型政府建设要求，加快推动政府工作从管理到服务的根本转变。大兴学习之风，不断提高运用新观念、新知识、新方法做好政府工作的能力。

（2）坚持践行宗旨，勤政为民。面对民生改善新期待，我们要了解群众诉求，听取群众呼声，使政府工作更好体现群众需求和群众意愿。扎实开展"走基层"活动，深入察民情、解民忧，建好民生诉求、群众困难、稳定工作"三本台账"，健全问题交办、督查督办、考核问责机制，以解决问题的实际成效增进与群众的血肉联系。

（3）坚持求真务实，勇于担当。面对改革发展新任务，我们要大力弘扬实干作风和担当精神，对决策部署落实、重大项目推进盯住不放、一抓到底，对突出矛盾问题集中攻坚、力求突破，切实增强工作实效。深入贯彻落实中央"八项规定"和省、市委转变作风规定，持续开展庸懒散浮拖专项整治行动，全面提升行政效能和政府执行力。

（4）坚持依法行政，厉行法治。面对依法治理新形势，我们要认真贯彻落实市委全面推进依法治市的决定，忠实践行法治精神，自觉接受市人大及其常委会法律监督、工作监督和市政协民主监督，广泛听取民主党派、工商联、无党派代表人士的意见建议，认真做好人大议案、代表建议和政协提案办理工作。深化政务公开，及时公开重大决策、重大项目、公共资源配置等信息，扩大部门预决算和"三公"经费预决算公开范围。完善重大行政决策程序，探索建立重大行政决策失误责任追究制，推进依法科学民主决策。规范权力行使，促进公正文明执法。

（5）坚持廉洁从政，提升公信。面对从严治党新要求，我们要认真贯彻落实市委全面推进从严治党的决定，切实加强廉政建设，强化廉洁从政教育，引导公务人员时刻保持法纪敬畏、养成廉洁操守。继续完善土地出让、工程招投标、政府采购等公共资源交易的制度设计，开展突出问题专项整治，坚决查处和纠正不正之风。加强财政资金管理，大力压缩一般性支出，推进公务用车改革，切实降低行政成本。强化行政监察、审计监督，严肃查处各类违纪违法行为，不断提升政府的公信力。

（6）时刻牢记并始终以"三严三实"作为行动的基本原则。

（七）自贡市经济发展新动力的源头

通过深入研究，新常态下经济发展的新动力最重要的特点就是：经济结构不断优化，经济增速从高速转为中高速增长，经济发展从要素驱动、投资驱动转向创新驱动。

新动力的源头是：创新驱动、深化改革。下面我们从九个方面来研究创新驱动深化改革，以及优化经济结构，加快中高速发展进程的核心（具体见表14）。

表 14　创新驱动深化改革、优化经济结构和加快中高速发展进程的核心

序号	方面	创新驱动、深化改革	核心
1	消费需求	基于自贡老工业城市的悠久历史和深厚的文化底蕴，制定科学正确的消费政策，突破旧的消费理念，引导形成个性化、多样化消费观，激发消费潜力高度释放	消费政策
2	投资需求	针对自贡工业化中前期的现状，制定固定投资和重大项目的投资主体方向，把握新技术、新产品、新业态、新商业模式的创新战略性投资机会	创新战略性投资
3	出口和国际收支	引进高科技新技术含量产业，联合川南周边市县，打通自贡和世界的贸易通道，培育出新的出口产品	引进高新产业，打通外贸通道
4	生产能力和产业组织方式	以生产组织小型化、智能化、专业化方式，大力发展新兴产业、新兴服务业、小微企业，兼并重组优化产业结构，争取更多的公司在创业板和3板上市	公司上市
5	生产要素	加强工程技术人才培养和高级创新人才引进，以提高人力资源质量；加强产学研、发明专利和创新科技转化为生产力以提高技术进步	创新人才和创新科技
6	市场竞争	引入大数据市场分析和智能化管理机制，打造统一透明、有序规范的市场环境，形成质量型、差异化竞争，逐步提高资源配置效率	大数据和智能管理，资源配置
7	资源环境约束	针对自贡环境污染几度达到全国前几位的现状，环境承载能力已经达到或接近上限，生态环境质量是评价经济社会发达程度的重要指标，工业化程度越高，越应该重视环境约束，必须顺应人民群众对良好生态环境的期待，坚持污染治理的同时，创造绿色低碳循环发展新兴产业	治污与发展
8	经济风险积累和化解	提高投融资的有效性，建立金融大数据监测和管理体制，降低经济风险积累，防止和化解以高杠杆和泡沫化为主要特征的各类风险	金融大数据监测，降低风险积累，化解高杠杆和泡沫
9	资源配置模式和宏观调控方式	基于"二三一"的社会经济发展现状，借助统计调查大数据挖掘，科学宏观调控，全面化解产能过剩，因地制宜，保证三次产业整体上升的同时，大力促进增速为"三二一"的发展趋势	借助统计调查大数据挖掘，科学宏观调控

（八）新常态下自贡市经济发展新动力动态优化

当前自贡发展正处在转型突破的紧要关头，我们从自贡市原有动力及其影响因素，到其新动力及其影响因素，挖掘动力的变化、数据变量结构的变化（未来短期的趋势，中长期方向的把握）、因素的变化，应从规模、结构、速度、效益、开放度等方面将动力分析透彻，进行新动力发展前景预测。

通过本课题组对自贡市近三十年产业结构变化、三次产业产出与总产出的关系以及不同阶段的优势产业及部门的分析，不难发现，自贡市经济发展的原有动力主要是以传统制造业以及自然资源开发作为推手，农业和服务业所做贡献较小。世界主要发达国家或者国内经济较为发达的地区，无论在就业的相对规模上还是增加值占总产出的份额方面，服务业都占有绝对重要的地位（例如，在中国香港、美国、英国等发达经济体2010年前后的就业构成中，服务业就业数量已占到社会从业人员总数的80%以上；中国香港2010服务业增加值已占GDP的90%以上）。基于服务业的特征和功能，我国中央政府越来越重视其在国民经济中的重要地位，《国务院关于加快发展服务业的若干意见》明确指出要尽快使服务业成为我国国民经济的主导产业并形成较为完备的服务业体系；中西部地区要转变观念，积极发展具有比较优势的服务业和传统服务业，承接东部地区转移产业，使服务业发展尽快上一个新台阶。实际上，在就业方面，我国服务业（第三产业）已在2011年成为三次产业中吸纳就业人数最多的产业（2011年，服务业就业约占总就业人数的35.7%，第二产业约占29.5%，第一产业约占34.8%）；在增加值占GDP的份额方面，我国服务业（第三产业）已于2013年成为三次产业中增加值占GDP份额最大的产业（2013年，服务业增加值占GDP的份额约为46.1%，第一产业约占10%，第二产业约占43.9%）。与这些事实相比，自贡市特征鲜明，主要是工业占有绝对较高的地位（无论是从增加值占产出的份额，还是考察其劳动就业的份额），第三产业发展相对落后。

结合自贡市第二产业特别是工业的既有优势、第三产业发展的政策条件及其国内外市场基于当今世界技术革新以及信息化趋势等各个方面的因素，当前和今后一段时期，自贡市经济发展新动力的动态优化可以从以下几个主要方面进行尝试。

1. 巩固农业基础地位，继续推进国家级现代农业示范区建设，促进现代服务业与农业深度融合，在更高水平上推动农业现代化。

对于自贡市而言，以农业为主要代表的第一产业在三次产业中所占的比重已经较低，甚至低于不少发达地区；同时，自贡市地属川南较为平缓的丘陵地带，气候适宜，耕作条件相对较好。这些方面都有利于将现代服务业融入第一产业内部，走精耕细作、科学高效、服务保障的新型农业发展道路。具体而言，自贡市的农业与现代服务业的融合发展，至少在这些方面具有较成熟的条件，并且大有可为：

（1）推进涉农领域科技服务。依托自贡市现有的科研优势（如四川理工学院相关院系所、浙大自贡创新中心相关平台），加强与省内外高校及科研机构的合作，探索发展现代都市型农业的新路径，形成农业科技联盟。积极推动科技下乡下村，为农业生产提供全程咨询式服务。健全农机技术推广服务，建立资源共享机制，开展示范推广、农机作业、技术培训、销售维修、信息咨询和中介等多领域、专业化、社会化服务，逐步形成以市场为导向、服务为手段，融示范、推广、服务为一体的多元化的新型农机化服务机制。

（2）完善自贡市农业信息化服务体系，打造农业科技服务云平台。建立农业问题专家分类信息库、农产品信息库、常见问题信息库，利用现代互联网、移动互联网、物联网等技术手段，让农业从业者能够迅速获得相关资讯，涉农服务商能够迅速对农业经营者的问题做出响应。

（3）创新自贡农业流通服务体系。一是要加强以批发市场为中心的农产品市场载体建设，重点发展鲜活农产品物流。依托蔬菜批发市场、农产品配送中心、水产大市场、中冷物流配送中心等鲜活产品市场，重点支持蔬菜、水果、肉禽、蛋奶、水产品等鲜活农产品物流发展，加快实施冷链物流标准化，营造公平的冷链物流环境，逐步解决鲜活农产品"最后一公里"瓶颈问题。二是要加快农产品市场体系转型升级，着力加强设施建设和配套服务，健全交易制度。三是推进农业合作社与超市、学校、企业、社区的对接，清理整顿农产品运销乱收费问题。四是大力支持电商、物流、商贸、金融等企业参与涉农电子商务平台建设，在条件成熟的情况下，开展电子商务进农村综合示范工程。

2. 借力"大数据、云计算"时代的到来，加快制造业转型升级，促进自贡市制造业生产走信息化、智能化生产道路。

挖掘自贡市作为传统工业强市走新型工业化之路的优势潜力，并以此为基础，促进传统工业产品走精品化路线，大力发展生产性服务业。以传统优势产业为依托，强化对科技创新和市场开发的投入力度，促进传统优势产业不断向微笑曲线的延伸。

（1）科技服务生产，促进科学技术向现实生产力的转化。鼓励企业加大对 R&D 投入，做好专利保护和试错成本分摊。探索生产型企业与高等学校和科研机构科研合作长效机制，整合现有资源，发挥企业创新主体作用，推进产学研用合作，加快创新成果产业化步伐。目前，自贡市规模较大的企业都与清华大学、四川理工学院、西南交通大学等高校建立了科研攻关合作，并取得阶段性成果。政府有必要在适当的时机，组织具有价值的多方（学校、科研单位、生产企业、供应商、销售商等利益相关者）论坛，通过恰当的方式分享和推广现有合作成果，探索多方科技合作新途径。顺应工业智能化趋势，挖掘"大数据、云计算"服务生产制造的潜力。在现阶段，自贡市可以优先鼓励大型龙头企业在研发领域加大创新投入，通过多种形式开展研发设计服务，加强新材料、新产品、新工艺的研发和推广应用。大力发展工业设计，培育企业品牌、丰富产品品种、提高附加值。促进工业设计向高端综合设计服务转变。支持研发体现自贡文化要素的设计产品。当前，自贡市的一些企业也具备一定的条件，有必要鼓励其在研发设计创新领域继续发挥带头作用。

（2）注重与工业、制造业等第二产业相关的服务业，巩固自贡市作为传统工业强市的底蕴，提升第二产业健康持续发展的潜力。生产性服务业是与制造业直接相关的配套服务业，本身并不向消费者提供直接的、独立的服务效用，但这一新兴行业对保持工业生产过程的连续性、促进工业技术进步、产业升级和提高生产效率、提供保障服务等方面具有越来越重要的作用。就目前自贡市的工业发展情况而言，生产性服务业的各个门类都较为薄弱，加之其他相关服务业整体竞争力的低下和结构的非优化，形成了自贡市长期以来的经济增长主要靠工业带动和数量扩张的非良性循环。然而，加快发展生产性服务业，提升其现代化水平，可以从供给和需求两方面促进经济结构调整和产业结构的优化升级：一是推动服务业供给总量的增加和结构的优化；二是有利于推动需求结构的改善，生产性服务业投入效率的提高将有利于减少经济增长对高投资和高资本积累的依赖，增加人力资本积累，从而有益于改变投资率畸高、消费率偏低的局面，促进经济增长方式转变。

结合国务院2014年第26号文件（《国务院关于加快发展生产性服务业促进产业结构调整升级的指导意见》）和自贡市制造业等相关工业的实际发展情况，可以通过发展电子商务、第三方物流行业、融资租赁、信息技术服务、人力资源服务和品牌建设等方面来优化整合第二产业内原有发展动力，促进新的发展动力在新常态背景下发挥引领作用。

（3）在巩固生产过程本身、供应链上游的基础性研发的同时，加大市场开发和终端服务模式创新力度。当今时代的产品竞争，已经远远超越了产品性能本身。鼓励自贡市三大类型优势工业行业在提升服务水平上做出新的表率：在渠道方面，更妥当地服务客户；在终端方面，更周到地服务用户。具体而言，市场和终端服务领域，当前和今后一段时期的工作重点可以放在完善售后服务标准，加强售后服务团队建设，增强服务功能，健全服务网络，提升服务质量，完善服务体系等方面。在此过程中，要积极运用互联网、物联网、大数据等信息技术，积极探索远程检测诊断、运营维护、技术支持等售后服务新业态。同时，积极发展多种形式的（特别是第三方的、社会化的）专业维护维修服务，加快技术研发与应用，促进服务业务和服务模式创新，鼓励开展设备监理、维护、修理和运行等全生命周期服务。

3. 转变观念，充分重视服务业在经济发展中的作用，促进形成三次产业良性互动的发展格局。

（1）首先是要逐步提高服务业增加值在地区生产总值中的占比，提高服务业从业人员在全社会从业人员中的比重。对于这两个跨区域可比的一般性相对指标，目前自贡市的水平远落后于全国平均水平，尚有较大的提升空间。国务院关于服务业发展的一般性意见是，到2020年，全国要基本实现经济结构转变为以服务经济为主，服务业增加值占国内生产总值的比重超过50%，考虑到自贡市经济结构的先天条件和主要比较优势增长点，不一定一蹴而就达到50%这一建议水平，但可结合实际，提出服务业的阶段性发展目标。例如，自贡市"十三五"服务业发展规划可提出科学可行的数量化目标及其实现路径。

（2）打开思路，发展新兴服务业。新兴服务业是相对于传统（低技能劳动密集型）服务业而言的，其新在于以信息技术革命和知识经济为温床，以消费结构升级和需求个性化发展为推手。除前面已经提到的生产性服务业及其相关的信息技术服务业之外，健康服务业、养老服务业、文化产业、旅游产业、房地产服务、家庭服务、法律服务等等都是重要的新兴服务业。自贡市具有较为丰富的旅游资源和深厚的城市文化底蕴，可以将灯城文化、盐文化、恐龙文化等结合起来，继续打好精品文化旅游牌，甚至可以将体育结合起来，举办一定规模的"文化-运动-休闲"旅游节。健康产业、养老产业对于自贡市来讲，还属于朝阳型产业，在未来五到十年，有必要通过形成多元办医格局、优化配置医疗服务资源、发展健康养老和健康保险等方式形成多样化的健康服务产业和相关产业支持体系。推动医疗机构与养老机构等加强合作，统筹医疗服务与养老服务资源，合理布局养老机构与老年病医院、老年护理院、康复疗养机构等，形成规模适宜、功能互补、安全便捷的健康养老服务网络。发展社区健康养老服务。提高社区为老年人提供日常护理、慢性病管理、康复、健康教育和咨询、中医保健等服务的能力，鼓励医疗机构将护理服务延伸至居民家庭。鼓励发展日间照料、全托、半托等多种形式的老年人照料服务，逐步丰富和完善服务内容，做好上门巡诊等健康延伸服务。探索养老产业和房地产合作新机制，发展养老地产；加强社区服务设施建设，综合发挥多种设施作用，实施社区无障碍环境改造。居家养老、社区养老、机构养老协调发展。建立以企业和机构为主体、社区为纽带、满足老年人各种服务需求的居家养老服务网络。通过制定扶持政策措施，积极培育居家养老服务企业和机构，上门为居家老年人提供助餐、助浴、助洁、助急、助医等定制服务；大力发展家政服务，为居家老年人提供规范化、个性化服务。支持企业和机构运用互联网、物联网等技术手段创新居家养老服务模式，发展老年电子商务，建设居家服务网络平台，提供紧急呼叫、家政预约、健康咨询、物品代购、服务缴费等适合老年人的服务项目。

总而言之，这个动态优化的过程就是要充分挖掘结构红利、改革红利和技术红利，将创新作为当前和今后一段时期经济发展的新动力，全面深化改革，不断推进社会治理体系和治理能力现代化。

总　结

创新驱动、深化改革激发自贡市经济发展新动力。

抓住新一轮改革开放的机遇，适应经济发展新常态，全面深化改革、提高开放水平，发挥创新驱动的领航作用。自贡市在各经济领域要按照稳产增收、提质增效、创新驱动的总要求，全面深化改革，全面推进法治进程，推动新型工业化、信息化、城镇化和现代化同步发展，促进三次产业协调发展和良性互动。努力在提高区域经济总规模上挖掘新潜力，在优化产业结构上开辟新途径，在转变经济发展方式上寻求新突破，在促进城乡居民收入上获得新成效，在建设"产业自贡、生态自贡、文化自贡、创新自贡、幸福自贡"上迈出新步伐，努力实现经济社会持续健康发展。

在各领域强化科技创新驱动作用。健全科技创新激励机制，完善科研院所、高校科研人员与企业人才流动和兼职制度，推进科研成果使用、处置、收益、管理和科技人员股权激励改革试点，激发科技人员创新创业的积极性。建立优化整合科技规划、计划和科技资源协调机制，完善重大科研基础设施和大型科研仪器向社会开放机制。加强对企业开展科技研发的引导扶持，使企业成为技术创新和应用的主体。加快科技创新，在现代农业、智能工业、现代服务业等领域取得重大突破。建立科技协同创新联盟，依托科技园区搭建科技融资、信息、品牌服务平台。探索建立各类重要科技成果交易中心。充分发挥科研院所、高校、职业院校、科技特派员队伍在科研成果转化中的作用。

进一步推进各项改革。按照国有经济布局战略性调整的要求，以市场为导向，将国有资本集中在重要产品和服务领域。在自贡市较为薄弱的服务业领域，要深化电信、高速公路等服务行业改革，放宽市场准入，引入竞争机制，推进国有资产重组，实现投资主体多元化。明确教育、文化、广播电视、社会保障、医疗卫生、体育等社会事业的公共服务职能和公益性质，对能够实行市场经营的服务，要动员社会力量增加市场供给。建立公开、平等、规范的服务业准入制度。鼓励社会资金投入服务业，大力发展非公有制服务企业，提高非公有制经济在服务业中的比重。凡是法律法规没有明令禁入的服务领域，要向社会资本开放；凡是向外资开放的领域，都要向内资开放。进一步打破市场分割和地区封锁，推进统一开放、竞争有序的市场体系建设，各地区凡是对本地企业开放的服务业领域，应全部向外地企业开放。

基于全要素生产率的
攀枝花发展新动力实证研究

当前，宏观经济形势依然复杂多变，从外部环境来看，世界经济发展格局深度调整，随着全球化的不断深入和中国在全球经济中地位和影响力的提升，中国的经济发展也越来越受到世界经济发展格局的影响。从内部环境来看，经济发展受到约束的广度和强度前所未有，科技创新能力不足与转型发展紧迫要求之间矛盾尖锐，经济发展对资源环境的新压力与人民群众对改善生存环境的新要求之间矛盾空前。攀枝花作为"四川南向门户""一带一路"与"长江经济带"沿线的重要支撑城市，"发展不足、发展不够、发展不充分"依然是最大的实际。在新时代背景下积极寻找新动力，加快促进攀枝花发展极为重要。

一、攀枝花经济发展现状和运行规律

（一）当前基本情况

2015 年，攀枝花市经济总体平稳、稳中有进，实现地区生产总值（GDP）925.18 亿元，增长 8.1%，其中，第一产业增长 4.1%，第二产业增长 8.5%，第三产业增长 7.2%。

1. 从产业看，农业生产形势稳定，工业经济稳中有进，服务业平稳发展。一是农产品产量增长，价格稳定，外销状况良好，2015 年，全市实现农林牧渔业总产值 54.9 亿元，增长 4.4%。二是工业经济稳中有进。2015 年，全市规模以上工业增加值增长 9.0%，分别比全国、全省平均水平高 2.9 个、1.1 个百分点。三是服务业增势平稳。2015 年，全市服务业增长呈逐步上升态势，全年完成服务业增加值 232.85 亿元，增长 7.2%。

2. 从需求看，投资规模扩大，消费品市场发展较快，外贸出口快速增长。一是投资规模持续扩大。2015 年，全市完成全社会固定资产投资 644.51 亿元，增长 4.5%，其中，基础设施投资 186.83 亿元，增长 21.2%；民生及社会事业投资 155.62 亿元，增长 6%；房地产开发投资 58.94 亿元，下降 21.6%。二是消费品市场较快发展。2015 年，全市实现社会消费品零售总额 286.20 亿元，增长 11.8%，其中，商品零售额 232.5 亿元，增长 11.3%，占社会消费品零售总额的比重为 81.2%；实现餐饮零售额 35.5 亿元，增长 13.8%；城镇市场实现零售额 262.48 亿元，增长 11.9%；乡村市场实现零售额 23.72 亿元，增长 10%。三是外贸出口快速增长。2015 年，全年完成外贸进出口总额 2.57 亿美元，其中，出口 2.19 亿美元，增长 28.7%。

3. 从质量看，财税收入下降，城乡居民稳定增收，节能降耗形势良好。一是财税收入下降。2015 年，公共财政预算收入 53.34 亿元，下降 15.2%；国税组织收入 35.67 亿元，下降 27.7%；地税组织收入 40.93 亿元，下降 21.0%。二是城乡居民稳定增收。2015 年，全市城镇居民人均可支配收入 30362 元，增长 8.5%；农村居民人均可支配收入 12861 元，增长 9.3%。三是节能降耗形势良好。2015 年，规模以上工业企业综合能源消费量 1061.86 万标准吨煤，下降 8.7%。

4. 从环境看，城市物价稳定，工业生产者出厂价格低位运行，金融运行平稳。一是城市物价稳定。2015 年，全市居民消费价格（CPI）上涨 1.5%，工业生产者出厂价格（PPI）下降 7.3%，工业生产者购进价格下降 6.6%。二是金融运行平稳。12 月末，全市金融机构人民币存款余额 856.81 亿元，比年初增长 3.8%，其中，住户存款 462.44 亿元，比年初增长 7.1%；金融机构人民币贷款余额 697.15 亿元，比年初增长 5.9%。

（二）主要运行规律

1. 经济增长放缓，逐步进入中速增长期

自 2000 年以来，除 2008 年、2009 年金融危机影响外，全市经济增速基本保持高于全国、全省，逐年加快发展态势，GDP 增速由 2000 年的增长 7.4%，上升到 2011 年增长 15.3%。但从 2012 年以来，随着全国经济持续回落、进入"三期"叠加阶段，攀枝花经济增速也明显放缓，2012 年、2013 年、2014 年、2015 年 GDP 增速分别回落至 14%、10.7%、9.3%、8.1%。其中，"十五"年均增速 11.8%，"十一五"年均增速 13.8%，"十二五"年均增速 11.5%。

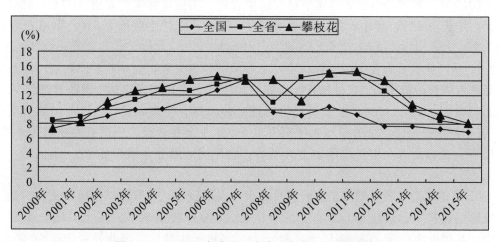

图 1　2000—2015 年全国、全省、全市 GDP 增速情况

2012 年以来，不论是经济运行动力还是政府宏观调控目标，都显示全国经济正处于从高速增长阶段向 7% 左右的中速增长阶段转换时期。在这个过程中，全省、全市也不能独善其身，从数据可以看出，全国在 2011 年便以 9.2% 的增速换挡至中高速阶段，全省、全市 2012 年开始减速，由于全省、全市连续处于远高于全国的经济运行高位，

回落幅度较大。

从人均水平来看，减速换挡也是必然趋势。2013年攀枝花人均GDP实现65001元，首次突破1万美元大关，2014年达到70646元，是全国平均水平的1.5倍，全省平均水平的2倍，长期位居四川第1位，处于工业化后期向后工业化时期过渡阶段。一方面按照国内外发展经验，该阶段经济增长速度将相对放缓，进入提升质量和总量扩张并举的平稳发展期；另一方面从当前的运行情况看，已经出现外需下降，土地、劳动力等生产要素供给的传统竞争优势逐渐削弱等问题。在"十三五"时期，全市经济将不可避免地进入中速增长期。

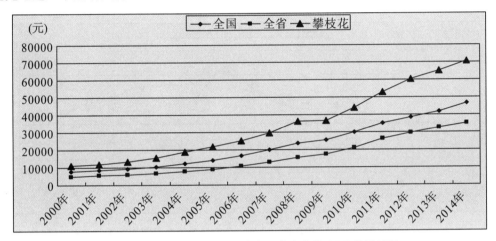

图2　2000—2015年全国、全省、全市人均GDP总量情况

2. 投资拉动减弱，消费市场不断升级，出口起伏波动大

2000年以来，随着攀枝花机场、攀西高速公路等大项目陆续开工建设，攀枝花固定资产投资快速增长，直到进入"十二五"时期，才逐步由20％以上的高速增长回落至10％—20％区间，其中，"十五"年均增长29.5％，"十一五"年均增长28.4％。但从图3可以看出，近年来增速逐步放缓，"十二五"年均增速14.3％。从投资环境看，随着经济下行压力加大，投资增速持续下滑，对经济增长的拉动力也正逐渐减弱。

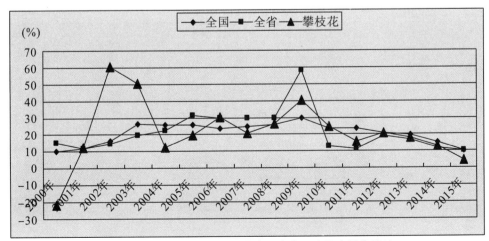

图3　2000—2015年全国、全省、全市固定资产投资增速

随着经济社会快速发展，居民生活水平不断改善和提升，消费市场不断繁荣升级，增势稳定。特别是"十一五"以来，增速提升明显，基本保持15%以上的增速，2008年达到21.2%，2012年以来，以每年2个百分点左右的增速逐年平稳放缓，由2011年的18.2%，回落至2012年的16%、2013年的14.2%、2014年的12%。其中，"十五"年均增速11.2%，"十一五"年均增速17.8%，"十二五"年均增速14.8%。消费与经济发展、就业形势、居民收入、人均消费水平等高度相关，在当前形势不景气、人均消费水平偏高等影响下，从中长期看，全市服务消费需求、更新换代需求、新兴和高端消费需求不旺，全市消费市场将总体保持稳中有缓。

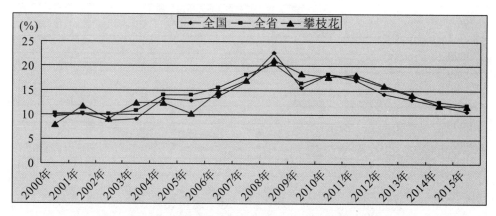

图4　2000－2015年全国、全省、全市社会消费品零售额增速

2000年以来，全国出口增长较快，且增势平稳，2000－2011年基本保持在20%以上增速，2012年以来增速回落到个位数，全国出口总额由2000年的2492亿美元，提高到2014年的23428亿美元；全省2013年以来增速回落个位数，由2000年的13.94亿美元，提高到2014年的448.5亿美元，全国、全省出口增幅均高于GDP，对经济增长的贡献逐步提高。全市呈波浪起伏，2000年出口1.67亿美元，2014年1.7亿美元，十四年基本保持不变，其间经济总量由119.82亿元提高到870.85亿元，出口量小、市场不稳、拉动不强。

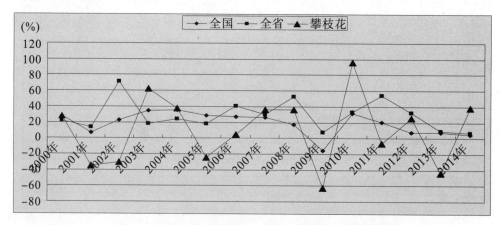

图5　2000－2014年全国、全省、全市出口总额增速

3. 城乡居民持续增收，"两化互动"进程加快

在经济社会加快发展的同时，人民群众也共享发展带来的实惠，收入不断增加，生活水平日益提高。全市城镇居民人均可支配收入由 2000 年的 6732 元，提高到 2015 年的 30362 元，高于全省、低于全国；农村居民人均纯收入由 2000 年的 2439 元，提高到 2015 年的 12861 元，高于全国、全省。

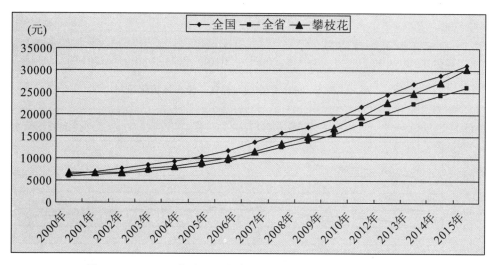

图 6 2000－2015 年全国、全省、全市城镇居民人均可支配收入

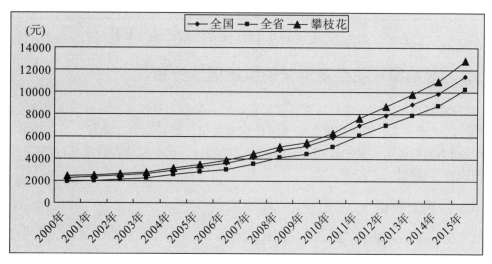

图 7 2000－2015 年全国、全省、全市农村居民人均纯收入

近年来，攀枝花不断完善政策环境、要素保障及政策措施，加快推进"两化"互动，大力推进工业向园区集中，鼓励农民向城镇集中。2014 年，全市工业化率 70.3％、城镇化率达 64％，高于全国、全省平均水平。

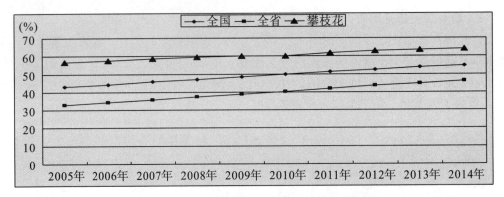

图 8　2005－2014 年全国、全省、全市城镇化率

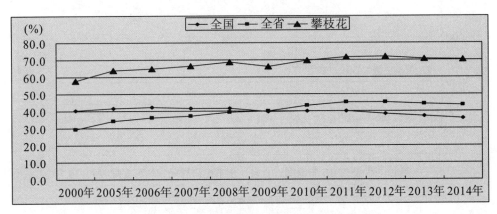

图 9　2005－2014 年全国、全省、全市工业化率

二、影响攀枝花经济增长的供给因素分析

攀枝花经济经历了多年的持续快速增长，增长的动力是什么？随着全国经济发展进入新常态，"十三五"期间攀枝花经济增长前景如何，增长动力又是什么？国内外对经济增长动力问题做了大量的研究，下面，本文将结合一些专家学者的观点，就攀枝花经济增长动力问题做一些探讨。

（一）因素分析

1. 全要素生产率增长率和经济增长的关系

新古典主义增长理论认为经济增长的源泉包含了资本、劳动和技术进步三因素（图10）。全要素生产率（Total Factor Productivity）的增长，通常就叫作技术进步率，系新古典学派经济增长理论中用来衡量纯技术进步在生产中的作用的指标的又一名称，是指"生产活动在一定时间内的效率"。

全要素生产率是宏观经济学的重要概念，也是分析经济增长源泉的重要工具，尤其是政府制定长期可持续增长政策的重要依据。全要素生产率一般的含义为资源（包括人力、物力、财力）开发利用的效率。从经济增长的角度来说，生产率与资本、劳动等要素投入都贡献于经济的增长。从效率角度考察，生产率等同于一定时间内国民经济中产出与各种资源要素总投入的比值。从本质上讲，它反映的则是一个国家（地区）为了摆脱贫困、落后和发展经济在一定时期里表现出来的能力和努力程度，是技术进步对经济发展作用的综合反映。

全要素生产率是用来衡量生产效率的指标，它有三个来源：一是效率的改善；二是技术进步；三是规模效应。在计算上它是除去劳动、资本、土地等要素投入之后的"余值"，由于"余值"还包括没有识别带来增长的因素和概念上的差异以及度量上的误差，它只能相对衡量效益改善技术进步的程度。全要素生产率增长率并非所有要素的生产率，"全"的意思是经济增长中不能分别归因于有关的有形生产要素（劳动力、资本）的增长的那部分，因而全要素生产率增长率是用来衡量除去所有有形生产要素以外的纯技术进步的生产率的增长，这里的纯技术进步不单指工艺改进，而是包括一切在资本、劳动投入不变的条件下引起产出增加的因素。具体包括：制度变迁、技术知识进步、结构变动等方面。估算全要素生产率有助于我们进行经济增长因素分析，即分析各种因素（劳动、资本、技术进步）对经济增长的贡献，识别经济是投入型增长还是效率型增长，确定经济增长的可持续性。

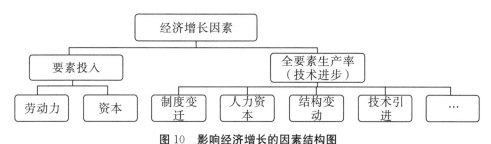

图 10 影响经济增长的因素结构图

2. 攀枝花市全要素生产率增长率的估算

本文通过估算出全要素生产率增长率，来分析要素投入和全要素生产率对经济增长的贡献，判别 2000 年以来，攀枝花市的经济增长是属于投入型增长还是效率型增长。

（1）生产函数模型

全要素生产率的测算方法较多，本文采用较为常见的索罗余值法。我们假设生产函数为 $Y = AL^{\alpha}K^{\beta}e$，其中 Y 为现实产出，L 为劳动投入，K 为资本存量，α、β 分别为平均资本产出份额和平均劳动力产出份额，通常我们假设 $\alpha + \beta = 1$，即规模收益不变，将生产函数两边取自然对数得到公式：$\ln Y = \ln A + a\ln K + \beta \ln L$ (1)

由于 $\alpha + \beta = 1$ 故 K 和 L 的系数可标准化为 $\alpha_k = \alpha/(\alpha + \beta)$ $\alpha_l = \beta/(\alpha + \beta)$ (2)

（2）数据说明

① 总产出 Y，我们由历年《攀枝花统计年鉴》中攀枝花市的地区生产总值按照各年的地区生产总值指数进行平减处理，换算为 2000 年不变价。

②资本存量 K，由于初始存量估算和折旧率的采用对固定资本存量影响较大，赵伟、马瑞勇、何元庆（2005）提出用全社会固定资产投资来代替资本存量，数据取得较为方便，且具有一定可信度。为此，本文也采用全社会固定资产投资表示资本投入量，同时利用各年投资价格指数对数据进行平减处理，换算为 2000 年不变价。

③ 劳动投入 L ，从理论上讲，实际的劳动投入量指的是在生产过程中实际消耗的活劳动，是使用标准强度的劳动时间来衡量的，但在实际测算时我们无法取得这个指标（沈坤荣，1999）。因此，鉴于数据的可得性，本文中劳动投入量用攀枝花历年的从业人数来近似替代。

（3）结果分析

我们利用相关数据在 SPSS 进行回归分析，得到回归方程为：

$$\ln Y = -0.556 + 0.555 \ln K + 1.816 \ln L \tag{3}$$
$$\text{T} \qquad (11.02) \qquad (2.048)$$

$F=342.716$ ，回归方程通过 T 检验和 F 检验，调整后的拟合优度 $R^2=0.981$ ，且 $DW=1.396$ 。由以上的检验结果，可以看出回归结果显著，符合模型要求。这样得到平均资本产出份额 $\alpha=0.234$ ，平均劳动力产出份额 $\beta=0.766$ 。我们分别用 $\Delta K/K$ ，$\Delta L/L$ ，$\Delta Y/Y$ 表示资本、劳动和产出在 2000－2014 年的平均增长速度，则资本对产出的贡献率为 $\alpha\Delta K/K/\Delta Y/Y=0.37$ ，劳动对产出增长的贡献率为 $\beta\Delta L/L/\Delta Y/Y=0.05$ ，则全要素生产率贡献为 $1-0.37-0.05=0.58$ 。根据数据结果，我们基本判断 2000－2014 年期间攀枝花经济增长基本是靠资本和技术推动，劳动力贡献很小，全要素生产率贡献度为 58% ，说明技术进步已成为推动这 15 年经济增长的重要力量。

将 α 、β 实际产出增长率、劳动力增长率和资本存量增长率代入公式，便得到了全市 2001－2014 年的全要素生产率增长率情况（如图 11）。

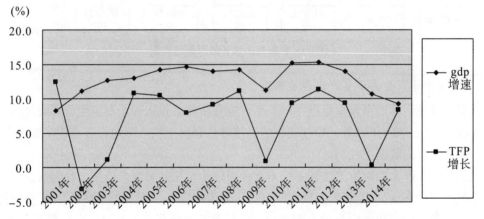

图 11　2001－2014 年攀枝花 GDP 与全要素生产率增长率

①全要素生产率总体变化趋势与经济增长保持同步

由上图可知，2001－2014 年估算的攀枝花市全要素生产率变化较大，主要是由于固定资本存量总体变化较大所致，特别是攀枝花机场、西攀高速公路等大项目建设造成 2003 年较 2002 年投资增长较快，2009 年地震灾后重建和 4 万亿投资刺激也造成当年投资增长较快。总的来看，除 2002 年、2009 年等特殊情况外，全市全要素生产率与 GDP 增长趋势基本一致，并在逐步趋同，2014 年已基本在同一水平。由此可见，攀枝花全要素生产率增长率变化与宏观经济波动密切相关。

②攀枝花市经济增长由资本驱动起主导作用

从表1可以看出，2000年以来攀枝花经济持续高增长的主要动力是来自要素投入的增加，其中资本投入的增加是主要动力，劳动投入的影响比较弱。2000－2014年，资本对经济增长的贡献达到37％。在变动趋势上资本投入成分表现出涨跌更替且幅度较大的特征，大多数年份的资本投入增长率远高于GDP和全要素生产率增长率，这也表明攀枝花市经济增长由资本驱动起主导作用，而劳动投入对经济增长的贡献只有4.6％，仅拉动经济增长0.5个百分点。

表1　各因素对经济增长的贡献率

	GDP增长	资本贡献率（％）	劳动力贡献率	全要素生产率贡献率
2000－2004年	12.3	0.462	−0.005	0.543
2005－2009年	13.5	0.422	0.034	0.545
2010－2014年	11.2	0.279	0.115	0.606
2000－2014年	12.7	0.370	0.046	0.584

③全要素生产率在推动攀枝花经济增长中发挥了重要作用

2000－2014年全要素生产率对经济增长的贡献率达到58.4％，年均拉动经济增长7.4个百分点，分阶段来看，"十五""十一五""十二五"三个阶段全市全要素生产率贡献呈逐步增长趋势。全要素生产率对经济增长的贡献集中体现了结构变动、人力资本效率提高、制度变迁等因素的共同作用。

3. 影响攀枝花市全要素生产率增长率的因素

由于全要素生产率是包括一切在资本、劳动投入不变的条件下引起产出增加的因素，它所包含的内涵非常广泛，这里我们将分析不同因素对全要素生产率增长率的影响。在模型的设定和变量的选取上参考发表在2006年第5期《经济研究》上邱晓华等人的《中国经济增长动力及前景》一文，并根据统计数据的可得性进行适当的修改。邱晓华的模型引入资本投入、劳动投入、结构变动、人力资本、制度创新，同时考虑使要素生产率持续提高的其他因素，他采用1978年不变价GDP来表示总产出，用1978年不变价资本存量和全社会从业人员分别反映资本投入和劳动投入，用第一产业增加值表示结构变量，用高中以上毕业生人数占从业人员比重表示人力资本存量，用非国有工业总产值比重和进出口额相当于GDP的百分比表示制度变量。

由于前面测算部分全要素生产率为负数，不能用两边取对数的方法进行分析，故本文采用总产出为因变量，在保留资本存量和劳动力投入的基础上，引入了结构变动、人力资本、制度变迁、对外商品贸易等变量，来分析这些变量对经济增长的影响，进而分析对全要素生产率增长率的影响。具体形式为：

$$Y = F(K, L, ST, ZD, OPEN, HC) = K^{\alpha}L^{\beta}ST^{\eta}ZD^{\theta}OPEN^{\delta}HC^{\xi} \quad (3)$$

对模型（3）两边取对数，并加入随机变量 u_t，变形如下：

$$\ln(Y) = \alpha\ln(K) + \beta\ln(L) + \eta\ln(ST) + \theta\ln(ZD) + \delta\ln(OPEN) + \xi\ln(HC_t) + u_t \quad (4)$$

其中，Y、K、L、ST、HC、ZD 分别为总产出、资本投入、劳动投入、结构变动、制度创新、对外开放、人力资本，α、β、η、θ、δ、ξ 分别为资本、劳动、结构变动、制度创新、对外开放、人力资本弹性。

结构变量 ST 用第二、三产业增加值比重来表示；制度变量 ZD 用非国有工业总产值占工业总产值的比重来表示；对外开放程度 open 用进出口贸易额相当于 GDP 的百分比来表示；人力资本指标用具有大专以上学历劳动力占总就业人口比重或适龄人口劳动力受教育年限来表示更为合理，也有研究采用中等及高中以上在校学生数占总人口的比重来表示，但鉴于统计资料难以取得，所以我们采用教育投入占一般预算支出的比重来表示人力资本。

利用 2000—2014 年相关数据对方程（4）进行参数估计，结果如下：

$$\ln(Y) = -11.16 + 0.228\ln(K) + 1.864\ln(L) + 2.992\ln(ST) + 0.255\ln(ZD) - 0.034\ln(OPEN) + 0.213\ln(HC_t) \tag{5}$$

$F = 165.021$，且各参数通过 T 检验，调整后的拟合优度 $R^2 = 0.987$，且 $DW = 2.52$。由以上的检验结果，可以看出回归结果显著，符合模型要求。从经济意义来看，对外开放的弹性系数为负，主要是由于全市出口贸易额占 GDP 的比重由 2000 年的 10.7% 下降到 2.1%，符合实际情况。

由于前面我们已经对资本存量和劳动力投入进行了单独分析，对剩余的全要素生产率分析，我们沿用前面分析 0.58 的结果，结合回归方程（5）的结果，就结构变动、制度创新、对外开放、人力资本人几方面对全要素生产率贡献进行分析。

我们假设全要素生产率为 A，同时采用全要素生产率贡献率为 0.58 的结果，为便于分析，同时假设结构变动、制度创新、对外开放、人力资本基本完全代表全要素生产率，则根据以上方程（5）系数可得出各要素的弹性系数。

其中，结构变动弹性系数=0.873，制度创新弹性系数=0.071，对外开放弹性系数=-0.01，人力资本弹性系数=0.062。

通过计算，可以看出，2000 年以来，结构变动、制度创新是影响攀枝花全要素生产率增长率的主要因素，其对全要素生产率增长的贡献率分别达到 21.2%、30.9%，而对外开放、人力资本的影响程度相对较小。

（1）制度变革是影响攀枝花全要素生产率增长率的最主要因素。2000 年以来，攀枝花市不断培育和壮大非公有制经济的发展，连续出台多项鼓励非公有制经济发展的政策措施，截至 2014 年底，全市非公有制经济增加值占地区生产总值比重达到 47.9%，比重逐年提高。全市非国有规模以上工业企业总产值占全部规模以上工业总产值的比重从 2000 年的 11.61% 上升到 2014 年的 65.52%，说明全市民营工业企业在不断壮大，经济发展对攀钢等大企业的依赖程度在不断减弱。

（2）产业结构调整是影响攀枝花全要素生产率增长率的重要因素。2000 年以来，攀枝花的第一产业增加值比重不断下降，二、三产占 GDP 的比重不断提升，由 2000 年的 93.1% 提升为 2013 年的 96.6%。产业结构调整引起生产要素从生产率较低的部门向生产率较高的部门流动，要素使用效率得以提高，产生了资源再配置效应，促进了经济增长，产业结构变动对全要素生产率增长率的贡献达到 21.2%。

（3）人力资本在经济增长中发挥越来越大的作用。随着教育投入的不断加大，劳动力素质不断提高，人力资本累积效应不断增强，在生产过程中不断产生外溢效应，大大提高了科技水平，直接促进了经济增长。2000－2014年，人力资本对全要素生产率增长率的贡献达到4.1%。需要指出的是，受资料所限，我们仅以教育投入占一般预算支出的比重来表示，无法定量描述劳动力在工作过程中通过继续教育和"干中学"等方式所形成的人力资本积累。如果将其他人力资本要素考虑在内，人力资本对经济增长的贡献可能还会高些。人力资本存量对经济增长的贡献呈现出在波动中上升的趋势，在经济增长中发挥作用越来越大。

（4）对外贸易是攀枝花的短板。由于受区位、交通等客观因素的影响，攀枝花的进出口总额一直偏低，占全市经济的比重逐年下滑。2000－2014年，攀枝花进出口总额从15.45亿元增加到18.23亿元，仅增长17.9%，年均增长1.2%；进出口总额占GDP的比重由12.9%下降到2.1%。

（二）存在问题

1. 产业结构有待优化

工业传统优势逐渐消失。一方面土地资源与环境硬约束日益趋紧，劳动力成本上升，市场需求不旺，工业品价格持续走低，企业经营成本不断攀升；另一方面，攀枝花传统产业规模大，总体技术水平还比较低，多数产品处于产业价值链的低端环节，附加值较低。在企业经营困难、实现利润偏低的情况下，产业转型升级缺乏资金和技术支持，工业结构优化和调整依然处于阵痛期。

服务业对经济支撑拉动不强。当前，服务业已逐步成为全国、全省乃至多数地区经济发展的主要支撑，攀枝花服务业增速却持续慢于经济增速，贡献力有待增强。从近十年数据看，全国服务业增速除2010年外，其余9年均跑赢经济增速，占GDP比重呈逐年稳步提升态势，由2005年的40.5%，升到2010年的43.2%，再到2014年的48.2%。而十年间，全市三产增速没有一年超过GDP增速，且与经济增速的差距较大，导致三产比重由2005年的25.9%，降到2010年的22.1%，2011年和2012年最低达到20.7%，2014年逐步回升到23.5%，与全国、全省差距较大。

表2　十年来第三产业与GDP对比

年份	第三产业增加值占GDP比重			第三产业增速与GDP增速差异		
	全国	全省	攀枝花	全国	全省	攀枝花
2005年	40.5	38.4	25.9	0.9	−2.0	−6.1
2006年	40.9	38.2	25.2	1.4	0.7	−5.4
2007年	41.9	36.7	24.2	1.8	−2.0	−2.9
2008年	41.8	36.2	22.6	0.8	1.1	−4.2
2009年	43.4	36.7	24.5	0.4	−2.1	−1.2
2010年	43.2	35.1	22.1	−0.6	−4.9	−6.1

续表

年份	第三产业增加值占 GDP 比重			第三产业增速与 GDP 增速差异		
	全国	全省	攀枝花	全国	全省	攀枝花
2011 年	43.4	33.4	20.7	0.1	−3.8	−5.1
2012 年	44.6	34.5	20.7	0.4	−1.0	−3.5
2013 年	46.1	35.2	22.0	0.6	−0.1	−2.7
2014 年	48.2	36.7	23.5	0.7	0.3	−0.5

2. 创新能力有待增强

企业研发意识不强。2014 年，攀枝花 R&D 经费内部支出 10.56 亿元，占 GDP 比重 1.2%，比全国（2.1%）低 0.9 个百分点。市内企业还属于依靠要素成本低、资源环境成本低的外延式发展模式，没有进入内生增长、创新驱动发展阶段，开展研发活动的企业比例低，设立内部研发机构的企业少。截至 2014 年，全市依然有 90.64% 的规上工业企业没有开展研发活动，大型企业科技投入占了全部科技投入的 89%，平均每 14.87 家企业仅拥有 1 家研发机构。

科学研究和原始创新活动弱化。全市企业研发活动集中在技术水平相对成熟的传统产业，研发活动中原始创新活动较少，而以集成创新、引进消化吸收再创新活动为主导，一般都是试验发展活动。2014 年，在全市 10.56 亿元企业研发经费支出中，基础研究和应用研究经费为 1.21 亿元，仅占 11.46%。

技术水平不够，人才储备不足。全市绝大部分企业还是技术追赶型，而不是技术领先型，企业研发的目的更多地在于跟踪、掌握和应用国内外已有的先进技术。企业开展科学研究需要的人才资源储备相对缺乏，2014 年，全市企业研发机构中，研究生学历以上人员仅占 0.23%，年轻科技人员对企业的工作环境、科研经费支持力度、科技创新的激励制度以及培训制度的满意度较低。

3. 制度环境有待改善

思想观念转变力度不够大。客观上，攀枝花地处内陆山区、远离中心城市、信息相对闭塞，制约了对新理念、新思路和新办法的认识和思考；主观上，攀枝花作为在"三线"建设背景下发展起来的城市，仍有部分干部群众和企业家习惯于条条框框的约束，不能全面深刻把握特殊市情和发展新要求，对重点工作把握不准，习惯于按部就班。

体制机制障碍仍然存在。一些不合理的制度机制仍然是资源综合开发利用、发展方式转变、产业转型升级等关键环节和重点工作的顺利开展的约束，没有得到有效破解。"重管理、轻服务"的体制机制在一定程度上仍然存在，成为企业发展的障碍。影响企业争取资金、吸引人才、加强管理的不合理政策仍然有待进一步清理和规范。

三、"十三五"期间攀枝花经济增长前景和因素分析

(一)"十三五"期间攀枝花经济增长前景

1. 潜在增长速度的估算

由于总供给和总供给的增长速度无法直接观测到,在实际工作中常常用潜在产出和潜在增长速度来反映。潜在产出通常被认为是指所有资源全部使用时的最大可能产出,但在实际应用中,多数将之定义为可以持续且不会增加通胀压力的一种产出状态。就是说,潜在产出不是不可超出,只是一旦实际产出超出了潜在水平,经济运行会绷得较紧,会带来通货膨胀的压力。一般认为经济增长总是围绕潜在产出波动的,宏观经济政策可以根据两者的关系进行反向调整。

关于潜在产出的估算方法很多,常用的有趋势法、滤波法、奥肯法则、生产函数法等等。邱晓华等人的《中国经济增长动力及前景》一文对全国 2005-2020 年的潜在增长速度进行了测算,结论是 2005-2020 年中国经济增长的适度区间在 7%-9%。《国务院发展研究中心调查研究报告》第 144 号(总第 3899 号)《中国经济增长速度转折的时间窗口测算》一文认为基于全国数据测算 2016-2020 期间,中国 GDP 年均增速 6.5%,基于省际数据测算年均增速为 7.3%,基于用电量测算年均增速 7.1%,基于钢铁产量测算年均增速 6.7%,平均测算结果为 7.1%。2014 年全国 GDP 增长 7.4%,2015 年上半年 GDP 增长 7.0%,对测算结果也做了印证,因此我们以"十三五"期间全国 GDP 增长 7%左右对攀枝花潜在增长速度进行推算。近年来,受工业品价格大幅下滑的影响,攀枝花经济下滑的幅度远大于全国,增速从 2011 年的 15.3%(近 10 年高点)下滑到 2015 年的 8.1%,由于"十三五"期间经济增长的不确定因素较多,我们预计攀枝花经济增长有望保持在 8%左右。

2. 供给要素分析

判断攀枝花经济未来的增长,需要对驱动增长的各个要素(资本、劳动力和全要素生产率)的走势做出分析。总的来说,投资增速会有所放缓,但仍然是经济增长的有力支撑;劳动力增速会随着人口老化而逐渐降低,劳动生产率提升将受到限制。影响经济增长的关键因素是全要素生产率,今后攀枝花经济增长率的提高,核心就在于如何提高全要素生产率。

(1)劳动力分析

我们按照过去全社会年末从业人员的增速和目前劳动力增长面临的形势,对未来"十三五"期间的劳动力增长进行分析。一是从本地劳动力来讲,攀枝花人口少,劳动力不足,按照第六次人口普查的结果,2010 年全市劳动力(16-60 周岁)83 万人,在不考虑人口增减和外出务工的情况下,推算 2015 年全市劳动力 85.3 万人,2020 年达到 86.9 万人,劳动力呈缓慢增长态势,对经济增长将有一定的支撑。二是从吸引外来劳动力来讲,攀枝花消费水平较高,加之近年来经济增长下滑,导致部分劳动力流出,而结构性用工难的问题日益凸显,且从这几年的人才引进情况来看,攀枝花对高端人才

的吸引力不高。所以，综合历史数据和面临的形势分析来看，预计"十三五"期间，攀枝花的劳动力将面临一个缓慢增长的阶段，劳动力平均增速约为 0.3% 左右。

(2) 资本存量分析

通过对过去 10 年资本存量（全社会固定资产投资）增长趋势的分析，预计"十三五"期间攀枝花市资本存量增速将有所下降，加之目前固定资产投资方法制度改革对投资带来许多不确定因素，据初步测算攀枝花投资将会缩减。但考虑到"十三五"期间攀枝花将大力推进"攀西战略资源创新开发试验区"建设、大力推进"三个加快建设"，同时积极对接国家"一带一路"倡议，成昆复线、银江水电站等大项目的建设都会对全市投资形成支撑。综上分析，"十三五"期间全市投资不会大幅急降，仍然是经济增长的重要支撑，预计攀枝花市的资本存量的平均增速约为 10% 左右。

按照前面的模型（3）推算，"十三五"期间资本投入对经济增长的贡献率为 29.3%，劳动投入对经济增长的贡献为 2.9%，要实现全市经济（GDP）8% 的增长，全要素生产率的贡献需达到 67.8%。这既说明攀枝花经济增长放缓不可避免，也说明改革空间还比较大，全市"十三五"经济增长的主要动力需要依靠要素投入来拉动。

(3) 能源供需分析

能源的生产和消费对地区经济、社会实现持续、健康、协调、快速发展起着至关重要的作用。因而，能源消费与经济增长之间的内在依从关系便成为值得重视的问题。攀枝花正处于工业化、城市化加快推进的阶段，而能源储备却严重不足，能源需求与能源消耗的矛盾日益凸显。从全市近年来的情况看，"无油、缺煤"是主要特点。特别是"8.29"事故以来，全市的煤炭（原煤，下同）供需缺口逐年加大，2014 年，70% 左右的煤炭需外调，煤炭需求缺口达 1800 万吨，而油气则全部靠外调。2014 年，攀枝花 GDP 增长 9.3%，煤炭消费增长 2.9%，若按照其弹性系数来计算，"十三五"全市经济要保持 8% 的增速的话，煤炭消费要增长 2.5% 左右，全市煤炭供需缺口将达到 2000 万吨以上。因此，要保障"十三五"全市经济的快速发展，能源问题需提前谋划。

（二）"十三五"期间支撑攀枝花经济增长的新动力

通过前面的分析，我们可以看出 2000 年以来，攀枝花经济主要是依靠资本投入和全要素生产率的双轮驱动式增长，且资本投入呈下降趋势，全要素生产率的作用在逐步增强。目前，攀枝花正处于全面建成小康社会的"关键期"，"两化"互动、"四化"同步、城乡一体化发展的"加速期"，老工业基地持续发展的"振兴期"，改革开放、创新驱动的"突破期"，扶贫解困的"攻坚期"，由资源之都向产业之都、经济之都跨越的"质变期"，向全面小康社会跨越的阶段性特征明显。在这种关键时期，在劳动力、土地等生产要素投入面临瓶颈之时，提升全要素生产率更是提高经济发展质量的重要途径。所以，我们认为"十三五"期间攀枝花培育经济增长的新动力应主要围绕提高全要素生产率来展开。

从前面模型（5）的结果来看，制度创新和结构调整是攀枝花构成全要素生产率增长率的主要因素。"十三五"期间，攀枝花更多地需要依靠降低内部的一些体制性束缚，提高竞争来改善资源的配置效率，从而提高生产效率。"十三五"期间支撑攀枝花经济增长的因素总的来说可以概括为加大改革力度、实施创新驱动、加快结构调整。只有在改革创新上实现新突破，进而形成能够重塑经济发展新动力的体制机制，使经济发展的强大动力和内需潜力释放出来，才能形成改革创新和经济发展的良性互动。只有进一步向改革创新要动力，向结构调整要助力，从制度红利中释放新的增长动力，才能实现攀枝花经济的持续健康发展。

1. 深化结构调整增强拉动力

一是以建设攀西战略资源创新开发试验区为契机，推进新型工业化发展。要始终坚持工业强市战略，着力产业升级，做强钒钛、钢铁、矿业等传统优势产业，做大机械制造和太阳能、风能、生物、轻工等新兴产业，重点发展钒钛新材料、低微合金铸造和零配件及总装、新能源汽车配件及储能电池、新能源利用与设备、节能环保及循环经济利用与设备等五大高端成长型产业。二是加快现代服务业发展，优化产业结构。服务业是现代经济发展的主要动力和最大潜力，要把加快服务业发展作为全市经济结构优化升级的战略性举措，力促服务业发展提速、比重提高、水平提升。借首届中国康养产业发展论坛在攀枝花成功举办之东风，充分发挥气候资源优势，探索实践旅游、养老、养生、文化、卫生、体育、保险等产业的有机融合，高标准规划、包装和引进、实施一批新的康养项目，积极争创国家康养产业发展试验区。

2. 全方位对外开放培育辅助力

从前面全要素生产率各构成要素分析可知，对外开放是短板，对经济增长贡献少。一是以建设"四川南向门户"为契机，不断深化改革、扩大开放。积极融入泛珠三角经济圈和"一带一路"、长江经济带、东盟自由贸易区及中印缅孟经济走廊，加强与台湾、东南亚、南亚等地区和产业关联城市的合作，力争培育一批跨区域的产业集群；二是加强与周边区域合作联动发展。深化川滇黔十二市州互利合作，发挥攀凉区域合作联席会平台作用，增强区域性中心城市的辐射力和影响力。三是大力发展外经外贸，促进钢城贸易、东方钛业、白云铸造等企业进出口稳步增长，推动十九冶、攀钢冶建等企业开展境外投资、国际工程承包和劳务合作，争取外经外贸工作实现新突破。

3. 新型城镇化建设增添承载力

新型城镇化建设是经济发展的重要载体，也是扩大内需的强大动力，"十三五"时期，按照国家、省发展战略，新型城镇化将是经济增长一个重要的引擎。一是以打造"中国阳光花城"为载体，完善基础设施建设。加大路网骨架完善、公共基础设施配套、环境绿化、景观打造力度，强化建设资金、土地指标、施工环境等措施保障，加快推进花城新区连线成片开发；二是积极开展"百镇建设试点行动"，协调推进幸福美丽新村建设。积极开展第一、二批"百镇建设试点行动"，启动实施第三批省级试点镇建设，加快农村人口向城镇转移进程，带动全市小城镇加速发展。认真落实"两化"互动、统筹城乡发展战略，将推进幸福美丽新村建设与农村产业发展、精准扶贫有机结合起来，扩展农村市场需求，持续夯实农村发展基础。

4. 创新驱动发展积蓄推动力

进入经济新常态，必须坚持走创新驱动发展之路，加快转变经济增长方式，努力消除经济增长具有的较强要素和投资驱动惯性。一是围绕建设"中国钒钛之都",建立健全科技创新制度机制,建立以政府引导、企业为主体、市场为导向、产学研相结合的协同创新体系。二是搭建好创新平台和载体,加强国家和省级重点实验室、企业技术中心、创新中心建设,增强科研能力。三是完善科技成果转化机制和建立科技合作与交流新机制,推动市内企业、科研院所与国内外相关科研机构的交流合作,引进海外高层次人才、技术成果,拓宽全球引智和引项目的渠道。四是大力发展循环经济,以工业为重点,大力提高能源、水、矿产和土地等战略资源的高效利用和循环利用水平,积极推动新能源和可再生资源的开发利用。

　　总之,改革、创新、调整三者相辅相成、互为驱动,改革是创新和调整的前提,创新是改革与调整的动力,而调整是改革与创新的必然结果。要在重点领域和关键环节实现新突破,提高政府行政效率,消除转变经济发展方式的制度性障碍,更好地发挥市场这只"无形的手"在资源配置中的基础性作用。

新常态下泸州经济发展新动力研究

2012 年以来，我国经济增长速度、经济结构、增长动力、发展模式正发生历史性的变化，经济发展进入新常态。泸州经济在历经多年的高速增长之后，正步入转型发展的新阶段。新常态下的泸州经济要实现"换挡不失速""量增质更优"，就必须不断充实发展的动力，不断增强发展后劲，这样才能使经济在从高速向中高速转变的过程中，迈上中高端水平。本文旨在深入分析新常态下泸州经济增长的动力机制，深刻把握未来经济社会发展阶段性特征及动力源泉，为泸州适应新常态，抓住新机遇，谋求新发展，促进经济持续健康发展，加快全面建成小康社会提供决策参考。

一、新常态下泸州经济发展阶段性特征

泸州地处四川盆地东南、川滇黔渝四省市结合部、长江经济带和丝绸之路经济带叠合部，长江、沱江和赤水河在境内交会，自西汉置郡已有 2000 多年历史，素有"西南要会"之称。2014 年，全市 GDP 增长 11.0％，增速列全省榜首，尽管增速不低，但速度从 2010 年的最高值 16.5％调回到 2014 年 11.0％，增速为近五年的低值，泸州经济发展进入具有本地区特点的"新常态"。随着发展阶段的演进、发展条件的变化和发展要求的提升，传统的发展路径和动力依赖已经发生深刻变化，泸州经济发展已到发展模式转换和动力"换挡"的转型关键期。

（一）经济总量不断扩大，但发展速度逐步回落，经济发展从高速增长转向中高速增长

我市经济总量从 2010 年的 714.8 亿元到 2014 年的 1259.7 亿元，5 年间经济总量不断扩大，但是，从增速来看，2010 年—2014 年我市各年的 GDP 增速分别为 16.5％、15.9％、14.8％、11.2％、11.0％，全国为 10.6％、9.5％、7.7％、7.7％、7.4％，四川则为 15.1％、15.0％、12.6％、10.0％、8.5％，虽然我市经济增速不仅高于四川省而且远远超过全国平均水平，但是，从我市五年间的 GDP 增速来看，总体处于下降的趋势，但是这种趋势是逐步回落，这主要是我市推行的产业结构调整转型所致。从总体来看，我市经济发展在新常态下和全国、全省经济一样，经济发展从高速增长转向中高速增长。

（二）结构调整有新进展，但工业仍然占主导，经济结构调高调优还有难度

从 2011－2014 年数据看，我市产业属于"二三一"模式，二产在国民经济中占据主导地位，对经济增长起着主要作用。由表 1－1 可知，从 2011 年到 2014 年，我市第一产业占地区生产总值比重的比率逐渐下降，向二、三产业转化，第二产业比重较大。第三产业从 2013 年呈逐年增加趋势，2014 年，第三产业增加值占地区生产总值的比重达到 26.8%，对全市经济增长贡献率达到 26.2%。这说明，在"十二五"期间，全市经济发展态势良好，产业结构逐渐优化。

虽然第三产业在"十二五"期间稳步发展，但是第三产业比重远低于全国平均水平。2014 年全国第三产业比重 48.2%，而泸州第三产业比重仅为 26.8%，低于全国平均水平 21.4 个百分点。推动我市经济发展占比最重的仍然是第二产业，特别是工业。2011－2014 年，工业占地区生产总值比重高达 56.6%、57.1%、55.9%、55.8%。短时间内推动产业结构升级，对于我市来说，难度很大。

表 1－1　泸州市 2011－2014 年三次产业比重情况表（%）

年份	第一产业	第二产业	♯工业	第三产业
2011 年	14.5	59.7	56.6	25.8
2012 年	13.9	60.6	57.1	25.5
2013 年	13.6	60.0	55.9	26.4
2014 年	12.9	60.3	55.8	26.8

（三）内需拉动作用增强，但仍以投资为主，消费持续增长动力还不足

随着经济结构调整以及居民收入的增加，我市投资和消费需求稳步扩大，内需对经济增长的拉动作用逐渐增强。2014 年全市社会消费品零售总额 468.3 亿元，同比增长13.7%，高出全省平均水平 1 个百分点。2014 年，完成全社会固定资产投资 1181 亿元，同比增长 36.3%，高出全省平均水平 24.3 个百分点。

从内需的两个组成部分的发展看，2011 年以来，全市社会消费品零售总额增速呈下降趋势，全社会固定资产投资呈快速增长态势。2011－2014 年社会消费品零售总额增速逐年下降，分别为 17.8%、16.3%、14.9%、13.7%。2011－2014 年全社会固定资产投资增速逐年上升，分别为 23.5%、27.8%、29.1%、36.3%。消费需求对泸州经济增长的拉动力仍然较弱，我市经济增长主要依靠投资拉动的局面没有根本改观。目前全市人均 GDP 已超过 4000 美元，2014 年全市最终消费率达 51.5%，投资率达到55.3%，最终消费率低于同期投资率 3.8 个百分点，反映出消费需求对经济发展的影响作用不够突出，对经济增长的带动能力减弱。

表1-2　泸州市 2011-2014 年固定资产投资与社会消费品零售总额增速情况（％）

年份	固定资产投资增速	社会消费品零售总额增速
2011 年	23.5	17.8
2012 年	27.8	16.3
2013 年	29.1	14.9
2014 年	36.3	13.7

（四）创新驱动加力，但科技创新能力仍有较大差距，创新带动力较弱

科技创新是推动经济社会发展的决定力量，党的十八大明确提出了实施创新驱动发展战略的要求，并强调科技创新是提升社会生产力和综合国力的战略支撑。全市高度重视创新能力建设，自 2008 年以来连续开展自主创新年活动，财政科技投入逐年增加，创新平台层次明显提高，产学研合作进一步深化，人才队伍规模持续扩大，科技创新及成果转化取得突破，企业科技创新能力显著提高。2014 年，我市实现全社会 R&D 经费支出 5.2 亿元，比 2013 年增长 5.6％，占 GDP 的比重达到 0.41％。2014 年，全市发明专利申请量和授权量分别为 1337 件和 781 件，比去年增长 6.1％和 43.3％。R&D 投入强度不断提高充分反映出我市自主创新能力和创新型城市建设的有效推进，但该比重仍低于全省 1.52％的平均水平，与发达地区相比，全市的研发能力在相当程度上还是外源性的。拥有自主知识产权的核心技术和在国际市场上叫得响的自主品牌不多，在科技创新能力方面也与发达地区存在明显差距，创新带动力仍然较弱。

二、泸州经济增长新动力分析

从改革开放至今 30 多年，泸州经济综合实力不断加强，经济建设取得了非常瞩目的成绩。2014 年，泸州 GDP 达 1259.7 亿元，比上年增长 11.0％，增速比全省平均水平高 2.5 个百分点，增速位列全省第一。泸州经济的快速发展的新动力，除了制度红利外，主要来自供给和需求两大动力源。

（一）从生产要素的层面看支撑泸州经济增长的新动力

（1）人力资源将成为泸州经济增长的主要动力

从人口结构来看，2014 年末泸州市全市公安户籍登记总人口 508.88 万户，其中农业户籍人口 354.91 万人，非农业户籍人口 153.97 万人。年末常住人口 425.00 万人，其中城镇常住人口 190.57 万人，乡村常住人口 234.43 万人。2014 年末泸州市城镇化率达 44.84％，比上年提高 1.55 个百分点，低于全国 54.77％的平均水平，所以稳妥推进城镇化进程，着力提高城镇化质量将会成为泸州经济的一大增长动力。

从人口素质来看，劳动力素质的提升必然提高劳动生产率，成为经济增长的重要源泉之一。2014 年泸州市学龄儿童入学率 99.63％，小学毕业生升学率 100％，初中毕业生升学率 89.5％，高中毕业生升学率 84.4％，成人识字率 97.85％，高等教育在校学

生 43364 人。与 2010 年相比，高中毕业生升学率提高 12 个百分点，高等教育在校学生增加 0.69 万人，普通高考上线率提高 5.8 个百分点，全市人口受教育结构正在实现向更高水平发展。2014 年全市公共财政支出中教育支出 54.7 亿元，较 2010 年增加 30.7 亿元，教育支出占全市公共财政支出的比重由 2010 年的 13.4% 提升到 2014 年的19.5%，持续改善的教育水平和不断增加的教育投入将大幅提高劳动者素质，从而为经济发展提供动力。

(2) 资金投入支撑泸州经济进一步提升

一是金融支持力度加大。2014 年末，金融机构人民币贷款余额由 2000 年末的120.4 亿元增加到 920.8 亿元，为企业发展提供着资金支持。二是财力提供重要支撑。2014 年，公共财政收入由 2000 年的 8 亿元增加到 115.9 亿元；公共财政支出由 2000 年的 14.5 亿元增加到 281.3 亿元，财政实力显著提升为满足经济发展需要发挥着重要作用。

(3) 科技创新将增强泸州经济发展内生动力

一是科技投入明显增加。2014 年，我市实现全社会 R&D 经费支出 5.2 亿元，比上年增长 5.6%，相当于 GDP 的比重达到 0.41%；二是高新技术产业快速发展。2014 年末，泸州高新区创新创业服务中心创建成省级科技企业孵化器；泸州高新区创建国家高新区通过国家部委会审；建成国家工程技术研究中心 1 个并通过验收。全市国家级高新技术企业本年新增 8 户，年末达 36 户；国家高新技术培育企业本年新增 20 户；省级创新型企业本年新增 8 户，年末省级创新型企业达 64 户。

(4) "互联网+"模式将成为泸州经济发展的新动力

"互联网+"模式将为泸州经济带来许多新的经济增长点。2015 年 6 月，四川省政府办公厅正式下发《四川省 2015 年"互联网+"工作重点方案》。《方案》提出，将通过植入互联网的 DNA，重点在制造、农业、能源、金融、民生服务、电子商务、物流、交通等 13 个领域，深度探索"互联网+"。到 2015 年底，"互联网+制造"云平台的用户企业，将达到 10000 家以上。而泸州市和德阳市，将成为"中国制造 2025"公共服务平台、工业云等"互联网+制造"试点区域。"互联网+"泸州已然先行。"互联网+"的新型产业模式，将从本质上推动泸州的产业结构和产业模式转型，提高生产效率，减少社会流通成本，从而从生产角度为泸州的经济发展提供动力。

(二) 从需求层面看支撑泸州经济增长新动力

(1) 投资仍然是泸州经济增长的一大驱动力

泸州固定资产投资由 2011 年的 525.3 亿元增加到 2014 年的 1181 亿元，年均增长31.0%。2011—2014 年，泸州投资年均增速 31.0%，同期 GDP 年均增速 13.2%，泸州固定资产投资增速与 GDP 增速的波动几乎是同向的，但投资增长率的变动先于 GDP增长率的变动，二者的变化趋势和波动周期基本相同。在资源数量以及技术水平既定的前提下，经济增长的快慢在很大程度上取决于投资总量的大小以及投资增长幅度，我市投资对全市经济增长仍然有很强的拉动作用。

(2) 消费结构的升级成为推动经济发展的新动力

一是居民收入提高促进消费结构升级。2015 年上半年泸州市城镇居民人均可支配收入 13093 元，同比增加 1059 元，增长 8.8%，上半年农村居民可支配收入 5032 元，同比增长 11.0%。城乡居民可支配收入的提高，为泸州消费增长及消费结构升级带来有利影响。一方面，随着可支配收入的提高，城镇居民的基本消费需求已得到较好地满足，而用于教育、旅游、医疗、保健、休闲娱乐、信息服务等方面的支出将大幅增加，政府和社会集团对公共服务的购买支出也将实现较快增长，服务消费占居民消费支出的比重将有较大幅度提升。与此同时，随着农村经济的进一步发展，农村居民汽车等耐用消费品消费需求将快速增长，农村居民消费对总消费的带动作用将进一步增强。

二是城镇化建设加快促进消费增加。泸州作为全省唯一跻身"国家新型城镇化综合试点"的地级以上城市，2014 年末泸州市城镇化率达 44.84%，比上年提高 1.55 个百分点。城镇化引发消费升级从而创造需求。农村人口向城镇的大量转移所创造的消费需求也是巨大的。按泸州市推进新型城镇化综合试点工作方案的预计目标，至 2017 年全市转移 38 万农村居民进入城镇，则年均转移新增 12.7 万城镇居民，按 2014 年的城乡居民生活消费支出水平，将至少每年为全市净增 14 亿元城市消费增量。

三是电商发展加快促进消费增长。现代信息技术发展日新月异，网络购物支付、配送条件日益改善，促进网络消费飞跃发展，带动消费需求快速增长。泸州积极引导"白酒交易中心""泸州购""拉货宝"等一批电商平台完善功能、扩大品牌知名度；积极引导酒类企业和特色农产品企业与"天虎云商""最西南"等电商平台深度合作，引导西南商贸城等专业市场运用电商平台，为商户提供更广阔的展示平台、更便捷的营销手段；加快海吉星物流园、叙永农特产品冷链流通项目建设，加强城市生鲜农产品电商配送体系研究，推动农产品电商发展。新型的消费模式将成为泸州经济发展的新动力之一。

（三）制度支撑成为泸州经济发展的新动力

过去 30 年，通过市场经济改革，泸州发展取得了显著成效。针对社会发展以及市场需求，泸州稳步推进企业改革、价格改革、财税体制改革和住房制度改革，为泸州经济发展带来新动力。近年来，针对工业经济下行压力，泸州出台了 30 条稳增长措施，以及加快工业率先突破、促进民营企业中小微企业健康发展、促进医药产业发展等一系列政策措施，对于推进工业投资，加大政策兑现力度，切实减轻企业负担，支持小微企业加快发展等方面，起到积极的作用。针对服务业发展，泸州出台了《泸州市现代服务业发展规划》及《2015 年泸州市现代服务业产业发展实施意见》，确立了梯次推进商贸、物流、金融、教育、文化等十大现代服务业，以强有力的保障为服务业发展护航。在保障民生方面，全面落实各项就业促进政策，完善基本养老和社会救助制度体系，加大民生投入力度。以乌蒙山片区为主战场，深入推进"七大扶贫攻坚行动"，加快贫困地区、边远山区基础设施建设，大力开展精准扶贫。切实减少全市贫困人口。

四、新常态下泸州经济发展新动力的对策建议

"十二五"时期泸州市经济增速保持较快增长，但总量并不具备明显优势，地区生产总值仍居全省第八位。在"十三五"即将到来的时期，泸州市依旧面临着经济发展换

挡、产业转型升级、内需拉动减弱、创新动力不足等多重困难。破解这种困难，唯有转变思路，以新思路创造新动力。结合经济增长的各种因素，提出如下建议。

（一）抢抓体制改革、政策机遇新优势，发挥其对经济增长的最大动力

（1）深化重点领域改革。改革是促进经济增长的最大动力，深化重点领域改革是加快转变经济发展方式的关键。要进一步加快转变政府职能，进一步简政放权，加大事业单位分类改革、公务用车制度改革、国有企业改革、投融资体制改革、财税体制改革、农业农村体制改革等推进力度，不断释放市场主体的潜力，激发经济增长的活力。同时，围绕与人民利益密切相关的社会保障和社会事业，改革收入分配制度，增加中低收入阶层的收入水平，让老百姓充分享受改革开放、经济发展的成果。

（2）制定完善各项扶持政策。细致全面地研究在稳增长、促发展方面的主要矛盾和问题，对原有的有关产业发展扶持政策进行修改完善，区别制定完善各项扶持政策，引导各类资源向重点区域、重点产业、重点企业集聚。继续发挥产业政策与财政政策、税收政策、信贷政策、投融资政策、土地使用政策的协调配合，建立长期有效的协调配合机制，发挥政策的综合效力，强化政策在全市经济增长动力中的催化剂作用。

（3）强化创新驱动机制。进一步完善创新驱动机制，鼓励创新资源向企业流动，引导资金、人才、技术等创新要素向企业集聚，加大对中小企业、微型企业技术创新的扶持力度，以泸州国家高新技术产业开发区为主战场，大力实施创新型企业和国家高新技术企业培育计划。在全市拥有国家固态酿造工程技术研究中心、国家高性能液压件高新技术产业化基地、国家酒检中心、国家酒类包装产品质量监督检验中心等一批国家级科技创新平台的基础上，加快推进医药、新能源新材料等专业孵化器建设，加快"川南科技成果与专利技术实体交易市场"建设，推动泸州经济转型升级。

（4）抢抓政策机遇。围绕国家战略和重大部署，泸州积极争取，列入了国家新型城镇化综合试点城市、全国重要区域性综合交通枢纽（节点城市）、全国首批养老服务业综合改革试点城市、全国首批水生态文明建设试点城市、全国第二批新能源汽车推广应用示范城市、全国第三批资源枯竭转型发展试点城市、国家智慧城市试点城市。这些试点工作为泸州加快发展提供了良好机遇，将给泸州带来政策红利，有利于我们进一步放大优势、挖掘潜力、加快发展。

（二）优化资源、要素配置，有效挖掘经济增长潜力

（1）促进民间资金向民间资本转化。制定并落实帮助民营企业、中小微企业发展的政策，积极筹建泸州优势产业发展基金和新兴产业扶持资金，并引导民间资金向民间资本转化，破解发展难题。

（2）重视人才培养和使用，发挥人力资本动力。坚持把人才引进、培养和使用与产业转型升级紧密结合起来，以高素质人才助推产业转型升级。加大城乡教育的统筹发展力度，加强城乡劳动者技能培训。优化人才环境，实施"酒城科技英才"计划，进一步落实完善引进人才的各项政策措施，不断吸引高素质人才来泸州落户，提升人力资本的存量。

（3）加大科技研发投入，推进科技成果的转换。加大科技研发经费投入，不断提高R&D经费支出占生产总值的比重，引导更多企业自主创新，增强发展的内生动力。健全完善以企业为主体、以市场为导向、产学研相结合的技术创新体系，以重大产品和关键核心技术为主攻方向，推进科技成果向经济增长动力的转换。

（4）加快推进区域综合交通枢纽建设。加快实施交通建设三年攻坚行动，进一步完善"水公铁空"立体交通网络，以长江航道重庆至泸州段整治工程、隆黄铁路叙永至毕节段、渝昆铁路、泸州至昭通高速叙威段等重大项目建设为支撑，完善出川、出海、出境通道网络，同步推进干线路网、公交枢纽站、客运中心站等建设，加强交通基础设施建设。依托综合交通枢纽，大力发展多式联运、联程联运，提升客运服务、物流服务现代化发展水平，完善运输服务体系。同时着力推进"智慧交通""绿色交通""平安交通"建设，提升运输支持体系综合服务水平，形成支撑区域中心城市建设的综合运输体系。

（三）稳步扩大内需，有效增强经济增长的内生动力

坚持把扩大内需作为战略基点，优化调整投资结构，着力扩大消费需求，有效增强经济增长的内生动力。

（1）保持投资合理较快增长。扎实抓好事关全局的重大项目建设，把握国家出台的棚户区改造、城镇化建设和加快铁路建设等重要经济政策的投资机遇，积极争取国家支持，增加与城镇化、区域发展等相关的利长远、增后劲的农业、水利、交通、能源、环保、市政等基础设施和民生工程项目储备，全面提升项目对产业发展的支撑带动作用。继续狠抓招商引资不放松，以优势产业的产业链延伸为切入点，有针对性实施重点招商，多元化招商。继续以优化投资结构为重点，突出抓好重点产业项目建设，加大战略性新兴产业投资力度，进一步提高投资效益，增强经济发展后劲。

（2）稳步扩大消费需求尤其是居民消费需求。近年来，泸州GDP以11％以上的速度增长，但居民收入增长速度长期相对落后于经济增长速度。消费拉而难动的根本症结在于老百姓的收入增长确实有限。居民消费能力取决于收入水平、收入结构和支出预期等因素，要提升居民即期消费能力，需要完善收入分配政策，健全社会保障等机制。因此，我们必须加快调整国民收入分配格局，做到老百姓收入提高和经济增长同步，只有在收入水平大幅度提高的前提下，居民的消费潜力才有条件释放出来。

（3）促进消费升级，挖掘消费热点。依托"中国国际酒业博览会"，拓展会展经济促进泸州消费持续繁荣。加快华润购物中心、海吉星农产品商贸物流园一期、万诚国际红星美凯龙商城、步步高购物中心等项目建成投用。积极拓展信息产品、电信服务等信息消费市场空间，培植壮大家庭信息服务产业链，使信息消费成为新一轮居民消费的热点。大力发展电子商务，通过培育网购等网络新业态促进消费，打造一批行业性、综合性电商平台，积极抢占电商发展新空间。大力发展文化产业和旅游业，提高文化消费和旅游消费在城乡居民生活消费中的比重。加快旅游目的地建设，强化区域合作，开展旅游营销，着力打造"醉游中国"白酒金三角旅游线、"长征丰碑"红色旅游线。打造玉蟾国际温泉度假区、凤凰湖旅游开发等精品旅游线。

（4）优化城乡消费环境，提升居民消费意愿。这既是一项增强消费的长期性政策，也是当前提振消费信心的一项紧迫任务。一要切实保障安全消费，加大对市场监管和服务体系建设支持力度，健全市场监管公共服务体系；二要着力推进便利消费，落实好《国务院关于深化流通体制改革加快流通产业发展的意见》，加强市场流通体系建设，鼓励大型流通企业建设乡镇商贸服务中心和物流配送中心，进一步降低商贸物流成本和居民出行费用；三要积极促进信用消费，研究实施信用消费促进政策，鼓励银行业金融机构开拓消费信贷业务，有针对性培育消费信贷增长点，推进大宗商品和服务消费信贷。四是快速推进一体化建设工程。在川南经济区一体化建设和合作发展背景下，推进公共服务对接共享，方便群众生活、促进区域间的交流、实现互联互通、打造整体优势，从而打造智慧生活生态体系，提高居民的生活质量和消费感知，实现城市管理与决策创新，为川南市民提供方便快捷的一站式信息服务平台。尽快实现宜宾、自贡、内江、泸州川南一卡通服务体系，在公共交通、居民健康、长途客运、旅游园林、公共自行车和小额支付等六个方面实现川南四市公共服务的基础支付功能同步，为川南智慧城市建设奠定基础，提升川南城市群的核心竞争力。

（四）构建现代产业体系，积极培育经济发展新引擎

（1）加快推进传统产业提档升级。坚持调高调优调轻的思路，努力提升传统产业，加强现有规模企业培植力度，加大大企业集团的培育，提升企业规模竞争力，夯实经济增长基础。传统产业仍然是全市经济增长的原动力，泸州经济稳增长将在一段时间内继续依赖于白酒、化工、机械、能源四大传统产业。加快调整优化白酒产业，支持泸州老窖、郎酒等优势酒类企业创新营销模式，加大对"小巨人"企业的扶持力度，引导中小微酒类企业整合壮大。大力发展纯粮固态酿造，打造"泸州酿"区域品牌、抢占市场份额，推进白酒产业持续稳定发展。化工产业抓转型升级，推动蛋氨酸等重大项目落地，确保煤制气项目一期建成投产。建成年产 15 万吨润滑油加氢项目，依托中海沥青打造100 亿元石油化工产业链。争取东方雨虹防水材料项目开工建设。机械产业着力抓好园区建设，拓展俄罗斯、巴西、中东、东南亚等地市场。能源产业抓好复工复产，推进石屏煤矿二期、岔角滩煤矿、箭竹坪煤矿、观文煤矿等大矿竣工投产；推动叙永 $2 \times$ 350MW 低热值煤发电项目开工。四大传统产业仍有较大的发展潜力挖掘。

（2）加快发展现代农业。农业现代化是泸州在经济新常态下保持"稳中求进，加快发展"的迫切需要。泸州在全国或区域范围内具有竞争力的农业主导产业有 8 个，即优质粮食（水稻、高粱）、精品果业（荔枝、龙眼、真龙柚、柑橘等）、绿色蔬菜业、特色经作业（茶叶、中药材）、高效林竹业、现代养殖业（猪牛羊林下鸡和水产）、加工物流业和休闲农业。按《泸州市现代农业发展规划》目标，预计到 2020 年，泸州农林牧渔业产值将达 430 亿元，2013-2020 年年均增速达 8.2%（名义增长率，即不考虑价格因素），8 大主导产业的不断升级突破是泸州现代农业发展新常态的核心支撑。

（3）加快发展战略性新兴产业。加快培育发展新能源新材料、高端装备制造、现代医药等新兴产业，集中资金和政策手段，实施一批具有较强带动力的产业项目，新兴产业有望快速发展成为泸州经济增长的重要支撑。围绕打造"川滇黔渝结合部医药产业制

造高地"和"国家生物医药产业基地"目标，做强做大生物医药产业。重点抓好步长生物制药及新药产业化基地、泸州新药评价研究中心、天台山药业孵化器等重大项目达产见效，继续招大引强，加快向生物医药领域转型升级。在新能源新材料产业方面，加快推进北辰电力智能电网项目建设。进一步抓好重大项目的招商引资，建设西部智能电网装备产业园。推动南瑞集团西部产业基地项目落地。积极对接知名汽车企业，力争引进上海瑞华、重庆力帆、深圳比亚迪等公司发展新能源汽车产业。加快信息化建设，全面启动智慧城市建设，编制完成《泸州智慧城市建设概念性规划》，推进西南地区数据灾备基地和四川大数据中心在泸建设。促进新兴产业提质增效发展壮大，打造出泸州经济新增长点。

（4）加快发展现代服务业。加快发展商贸服务业、现代物流业、现代金融业、旅游休闲业、健康服务业、健康养老服务业、教育培训业、会展业、文化产业和智慧城市经济产业等十大服务业，立足泸州市的资源禀赋和产业基础，根据各区域产业发展基础、城市空间拓展进度和基础设施配套等条件，加快布局调整，优化空间结构，围绕沱江新城、长江经济开发区（泸州临港产业物流园区）、白塔商圈、西南康健医疗中心、老窖总部基地、长江湿地新城等重点区域，提升、建设、规划一批现代服务业集聚区，促进服务业发展提速、水平提升，为我市经济发展积极培育新的经济增长点。

（5）加快"三大园区"建设。加快"三大园区"建设，促进产业集聚集约发展。泸州高新区突出"科技引领，一区多园，产城一体"，加快构建高端装备产业园、新能源（智能电网及新能源汽车）产业园、新材料产业园、现代医药产业园、机器人产业园、电子科技及节能环保产业园"六大专业园"，着力建设科技新城、产业新城、生态新城。四川泸州长江经济开发区依托长江黄金水道，优化整合沿江临港产业布局，推进"港、产、城"一体化发展。泸州酒业集中发展区是全国第一个白酒产业综合工业园区，在已形成白酒酿造、基酒储存、灌装生产、包材供应、仓储物流、金融会展、文化旅游等功能齐全、链条完整的白酒产业集群的基础上，加快园区功能完善和品质的进一步提升。

（五）加快新型城镇化进程，为经济增长提供可持续动力

（1）构建多极多层次的现代城镇体系。随着城镇化的推进和大量进城农民的市民化，将带来巨大的消费需求，城镇及基础设施建设将是发展的最大潜力所在。以全国新型城镇化综合改革试点为契机，构建多极多层次的现代城镇体系，提高城镇综合承载能力，促进城市和城镇协调发展。要把生态文明理念和原则全面融入城镇化全过程，走集约、智能、绿色、低碳的新型城镇化道路。要按照十八大提出的"城镇化质量明显提高""工业化和城镇化良性互动、城镇化和农业现代化相互协调"的总要求稳妥推进泸州城镇化进程。

（2）构建以人为本，建设高质量的城镇。遵循城市发展客观规律，构建城市经济、社会、文化、生态、环境相互协调有序的城市有机系统。一方面，加快中心城区建设。完成"两江新城"分区规划，两江新城规划面积100平方公里，人口规模100万人。"两江新城"建设的全面启动，必将创造出巨大的投资需求。完成西南商贸中心、蜀泸大道工程、川滇黔渝结合部医教园区、西南医疗康健中心、城西城市综合体等项目。另

一方面，推进县城和小城镇建设。着力建设一批基础条件好、发展潜力大、示范作用强的重点集镇，重点围绕"两线两点一基地一龙头"，加快建设幸福美丽新村。

（3）统筹推进城乡一体化建设。完善户籍、土地、住房、就业、医疗、教育、社会保障等方面的制度体系建设，积极稳妥解决新生代农民工融入城镇问题，促进就业创业，逐步实现社会保障、医疗卫生、住房保障等公共服务的均等化。统筹城乡一体化建设，积极推进城乡产业发展、基础设施、公共服务和环境治理，努力实现城市化、工业化和农业现代化的同步发展，促进城乡共同繁荣。

（4）保护与发展并重，实现可持续发展。在推进泸州新型城镇化进程中，实施绿色开发和绿色生产，实行严格的环境保护和控制制度。以节约资源、保护生态，改善生存、生产、生活环境质量为目的，发展绿色环保产业。以创新生态可持续发展模式和运行机制为动力，实行对资源及生态环境"保护优先、合理利用、持续发展"方针，引导生产要素相对集约利用、人口相对集中居住、产业相对集聚发展，全力打造生态文明、产城一体协调发展的美丽和谐泸州新城镇。

新常态下德阳经济发展新动力研究

当前，我国经济发展进入新常态，增长速度正从高速转向中高速，发展方式正从规模速度型粗放扩张转向质量效率型集约增长，经济结构正从增量扩能为主转向调整存量、做优增量并存的深度调整，发展动力正从传统增长点转向新的增长点。在这种现实背景下，德阳依靠要素驱动的传统经济增长模式暴露出诸多弊端，并与不断显现新矛盾新问题相互交织，使得当前全市经济发展面临的转方式、调结构、促转型任务十分艰巨。为此，准确研判新常态下德阳经济运行基本特征，科学评估德阳经济发展的动力和前景，并在此基础上有效培育经济发展新动力，对于促进德阳经济持续健康发展、实现德阳新跨越具有重要意义。

一、新常态下德阳经济运行基本特征

纵观德阳经济发展大势，呈现出鲜明的阶段性特征。

（一）处于经济中高速增长期

自 2012 年以来，随着全国经济进入"三期"叠加阶段，德阳经济增速也同步放缓，2014 年全市经济增长 9.0%，分别比 2012 年和 2013 年下降 4 个和 1 个百分点，进入个位数增长时期。德阳人均 GDP 已超过 6000 美元，正处于工业化中后期阶段。国内外发展经验表明，该阶段经济增长速度将相对放缓，进入提质增效和总量扩张并举的平稳发展期。同时，当前德阳土地、劳动力等生产要素供给的传统竞争优势逐渐削弱，资源环境约束不断强化等问题不断显现，全市潜在经济增长率明显放缓，经济难以维系高速增长，将进入中高速增长时期。

（二）处于产业结构调整的关键期

"十二五"以来，德阳产业结构优化调整，三次产业结构从 2012 年的 15.1∶60.2∶24.7 调整为 2014 年的 13.4∶60.2∶26.4，第三产业比重提高了 1.7 个百分点。但同时，德阳第一产业比重较全国高 4.2 个百分点，而第三产业比重较全国低 21.8 个百分点，产业结构不合理问题比较突出。当前，新一轮产业革命正在酝酿，国内外产业布局正面临深刻调整，德阳要在这一轮产业革命中赢得先机，就必须顺应形势，抢抓机遇，加快产业结构调整，积极构建起具有强大竞争力的产业体系，否则就可能在未来的竞争中处于不利地位。

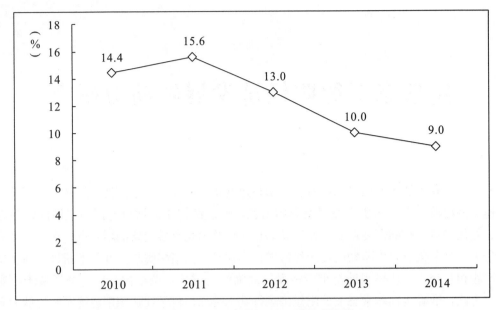

图1　2011－2014年德阳GDP增速变化情况

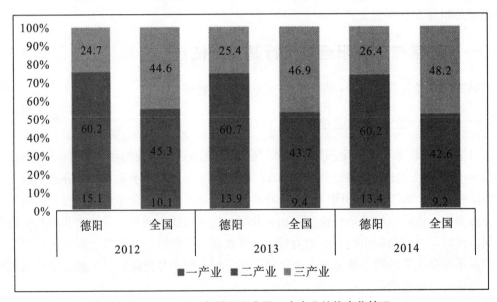

图2　2012－2014年德阳和全国三次产业结构变化情况

（三）处于固定资产投资的稳定期

"5·12"特大地震灾后重建结束后，德阳市固定资产增速开始明显放缓，2014年全社会固定资产投资增长10.8％，与2013年增速基本持平。当前，大规模灾后重建使德阳基础设施和产业建设相对完备、制造业产能过剩使企业缺乏投资热点、房地产市场去库存压力持续增加、财政支出压力加大等因素都将对投资增长形成一定阻力；但同时，德阳处于西部地区发展空间较大、战略性新兴产业建设开始启动、国家多项鼓励民间投资政策落地等因素也将会对全市固定资产投资仍形成有力支撑。综合考虑以上因素，未来一定时期内，德阳固定资产投资将进入稳定期。

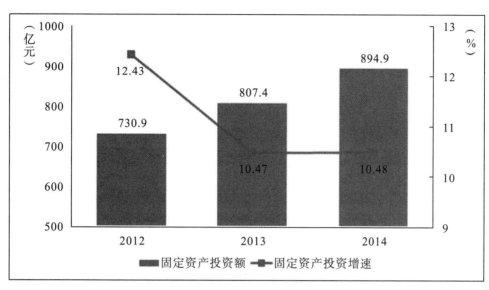

图 3　2012-2014 年德阳固定资产投资变动情况

（四）处于消费升级的加速期

当前，德阳消费能力和结构已发生明显变化。从总量上看，2014 年，社会消费品零售总额增长 13.1%，高于 GDP 和投资的增速；从结构上看，汽车、信息产品等大宗和高档消费品以及教育、旅游、文化娱乐等个人发展型和享受型消费占比明显提升。根据国际经验，在人均 GDP 超过 5000 美元后，将进入消费加速转型阶段。德阳人均 GDP 已超过 6000 美元，居民更新换代需求、服务消费需求、新兴和高端消费需求日渐旺盛，正步入消费升级加速期。

（五）处于改革开放、创新驱动的突破期

进入经济新常态后，面对国内外产业布局深刻调整和新一轮大众创业、万众创新浪潮，德阳主动对接融入国家"一路一带"和长江经济带战略，加强与沿海沿江城市通关协作步伐，积极提升海关商检服务能力、加快推进综合保税区建设，全市内陆开放新优势不断显现；同时，德阳成功创建为国家创新驱动示范市后，国家层面的高水平智力支持和科技支撑将助力德阳发展。总体上看，德阳对外开放和创新驱动的"数量"累积正趋于成熟，将迎来开放层级提升、创新驱动发展由"量变"转向"质变"的重要突破期。

二、全要素生产率视角下德阳经济发展动力实证分析

新古典经济学认为，经济发展的动力主要来源于全要素生产率、资本投入和劳动投入三者的贡献。其中全要素生产率是指除去所有有形生产要素以外的纯技术进步的生产率增长，这里的纯技术进步不单指工艺改进，而是包括一切在资本、劳动投入不变的条件下引起产出增加的因素，具体包括技术进步、结构变动、制度变迁等方面。通过计算

全要素生产率，可以评估各类经济增长动力对经济增长的贡献以及发展前景。

（一）理论介绍与模型设定

全要素生产率的估算主要有索洛残值法、代数指数法、超越对数生产函数法、曼奎斯特生产率指数法等，本文采用索罗残值法来估计德阳 1987—2014 年的全要素生产率。索罗残值法认为，全要素生产率是生产率增长值中无法被劳动和资本生产率所解释的部分。在实际测算中，常采用柯布-道格拉斯生产函数，其形式为：

$$Y_t = AK_t^{\alpha}L_t^{\beta} \tag{1}$$

其中 Y_t 为现实产出，K_t 为资本存量，L_t 为劳动投入，A 为技术水平，其变化率代表全要素生产率增长率。α 和 β 分别表示平均资本产出份额和平均劳动力产出份额，且会随时间的变化而变化。在规模收益不变（$\alpha + \beta = 1$）和中性技术假设下，全要素生产率（TFP_t）为：

$$TFP_t = Y_t / K_t^{\alpha}L_t^{\beta} \tag{2}$$

在得知 TFP_t 后，可以计算出 TFP_t 的增长率 $\Delta TFP_t / TFP$，并进一步得到 TFP_t 对经济增长的贡献率（$\dfrac{\Delta TFP_t / TFP_t}{\Delta GDP / GDP}$）。

根据（2）式，要计算出全要素生产率（TFP_t），必须计算出 α 和 β 值，可对（1）式取对数：

$$\ln Y_t = \ln A + \alpha \ln K_t + \beta \ln L_t + \varepsilon_t \tag{3}$$

其中 ε_t 残差项，将 $\alpha + \beta = 1$ 带入（3）式，便可以得到回归方程：

$$\ln(Y_t / L_t) = \ln A + \alpha \ln(K_t / L_t) + \varepsilon_t \tag{4}$$

（二）指标选取与数据说明

基于数据的可得性，本课题选取 1987—2014 年数据对德阳经济发展的全要素生产率进行分析。

1. 总产出量指标（Y）

以 1987 年为基期对各年 GDP 数据进行处理，对当年价的 GDP 数据进行处理，换算成以 1987 年为基期不变价的指标数据。

2. 劳动投入量指标（L）

采用历年全社会就业人员总数作为劳动量投入指标。

3. 资本投入量指标（K）

选取固定资本存量作为资本投入量的衡量指标，采用目前广泛应用的戈登史密斯（Goldsmith，1951）开创的永续盘存法，其基本公式为：

$$K_t = I_t / P_t + K_{t-1}(1 - \delta) \tag{5}$$

式（5）中 K_t 表示第 t 年的固定资本存量，K_{t-1} 表示第 t−1 年的固定资本存量，I_t 表示第 t 年的投资额，P_t 表示固定资产投资价格指数，δ 表示固定资产折旧率。其中 δ 依照 Hall 和 Jones（1999）的方法，取 6%，基期资本存量按国际常用方法计算，即 $K_0 = I_0 / (g + \delta)$，其中，g 为样本期真实投资的年平均增长率。

数据来源于德阳市统计年鉴（2014）、德阳市 2015 年国民经济和社会发展公报；其中由于缺乏德阳市固定资产投资价格指数，课题用四川省固定资产投资价格指数替代，该数据来源于四川省统计年鉴（2014），具体指标值详见表 1。文中涉及模型的参数估计由 Eviews 6.0 完成。

表 1　1987－2014 年德阳 GDP、资本存量与劳动力情况表

单位：亿元、万人、%

年份	GDP（Y）	固定资产投资额	资本存量（K）	就业人数（L）	GDP增长率	资本增长率	劳动增长率
1987	30.88	8.26	43.94	206.2	—	—	—
1988	33.64	7.86	49.16	206.7	8.94	11.88	0.24
1989	34.89	4.99	51.20	216.2	3.71	4.15	4.60
1990	38.61	4.94	54.23	218.9	10.66	5.91	1.25
1991	43.99	6.53	59.45	226.2	13.93	9.64	3.33
1992	51.05	9.53	69.28	230.3	16.06	16.52	1.81
1993	58.87	11.95	84.25	232.2	15.31	21.61	0.83
1994	61.79	13.46	107.88	232.4	4.96	28.05	0.09
1995	67.87	12.14	129.19	235.0	9.83	19.76	1.12
1996	73.21	12.20	149.69	235.1	7.88	15.87	0.04
1997	79.68	12.77	171.70	236.1	8.83	14.70	0.43
1998	87.18	16.84	203.19	241.9	9.41	18.34	2.46
1999	93.15	17.37	233.03	232.4	6.85	14.69	−3.93
2000	100.69	20.31	268.44	228.7	8.10	15.19	−1.59
2001	110.46	22.42	307.32	225.9	9.70	14.48	−1.22
2002	123.25	26.93	355.93	226.4	11.58	15.82	0.22
2003	138.38	31.82	414.20	225.9	12.27	16.37	−0.22
2004	157.33	35.08	479.07	244.7	13.69	15.66	8.32
2005	178.88	38.96	556.75	226.6	13.70	16.22	−7.40
2006	203.92	42.27	643.30	221.6	14.00	15.55	−2.21
2007	233.69	53.93	762.18	228.6	14.60	18.48	3.16
2008	233.23	63.64	911.01	210.0	−0.20	19.53	−8.14
2009	266.81	221.11	1616.88	210.3	14.40	77.48	0.14
2010	305.22	173.49	2106.47	203.5	14.40	30.28	−3.23
2011	352.84	178.37	2598.24	204.1	15.60	23.35	0.29
2012	398.71	198.51	3165.79	204.9	13.00	21.84	0.39

年份	GDP (Y)	固定资产 投资额	资本存量 (K)	就业人数 (L)	GDP 增长率	资本 增长率	劳动 增长率
2013	438.58	218.44	3780.14	205.2	10.00	19.41	0.15
2014	478.06	240.83	4443.43	208.9	9.00	17.55	1.80

注：原始数据来源于德阳市统计年鉴(2014)、德阳市2015年国民经济和社会发展公报，表中数据以1987年为基期进行调整。

(三) 实证过程与结果分析

由表1中的数据，对(4)式进行 OLS 估计，结果如下：

$$\ln(Y_t/L_t) = -0.881 + 0.585\ln(K_t/L_t) + \varepsilon_t$$

常数项和系数项均通过显著性检验，调整后 R^2 为0.990，由此可以得出 α 和 β 的值分别为0.585和0.415，据此，将表1相关数据代入(2)式，可以得到1988年到2014年德阳经济发展的全要素生产率和全要素生产率增长率(详见表2)。

表2 德阳经济发展全要素生产率及其增速 (1987-2014)

年份	1987	1988	1989	1990	1991	1992	1993
TFP	0.370	0.377	0.375	0.399	0.425	0.448	0.459
增长率	—	1.91	−0.59	6.46	6.50	5.33	2.50
年份	1994	1995	1996	1887	1998	1999	2000
TFP	0.417	0.410	0.406	0.407	0.399	0.400	0.401
增长率	−9.21	−1.61	−1.06	0.27	−1.85	0.27	0.18
年份	2001	2002	2003	2004	2005	2006	2007
TFP	0.408	0.418	0.430	0.434	0.467	0.493	0.505
增长率	1.88	2.30	2.84	1.01	7.50	5.73	2.45
年份	2008	2009	2010	2011	2012	2013	2014
TFP	0.471	0.385	0.382	0.390	0.392	0.389	0.383
增长率	−6.86	−18.27	−0.66	2.12	0.50	−0.90	−1.57

根据以上实证结果，可以得出以下结论：

1. 全要素生产率在两轮升降过程中窄幅波动

1987年到2014年，德阳全要素生产率在[0.35，0.55]这一区间波动，其间经历了先升(1987-1993)，后降(1994-1998)，再升(1999-2007)，再降(2008-2014)的发展过程。整个期间内，全要素生产率最低的年份是1987年，为0.370，最高的是2007年，为0.505。总体上看，1987年到2014年，德阳全要素生产率变化不大，特别是2012年以来，全要素生产率呈现出缓慢下降的态势。这与这期间全国全要素生产率逐步增长的发展态势(谢保嵩、文青等，2014)不一致。

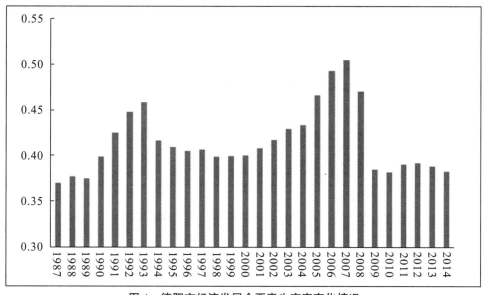

图4 德阳市经济发展全要素生产率变化情况

2. 全要素生产率与经济增长率总体保持同步

从图5可以看出，全要素增长率变化走势与GDP增长率的变化基本一致，当1994年、2008年经济增长处于阶段性波谷时，全要素生产率增长率也分别在1994年（－9.21%）和2009年（－18.27%）达到阶段性最低点；反之，当1992年、2011年处于阶段性波峰时，全要素生产率增长率也分别在1991年（6.50%）和2011年（2.12%）达到阶段性最高点。自2012年以来，全要素增长率呈现缓慢下滑走势，经济增速也相应逐步放缓。

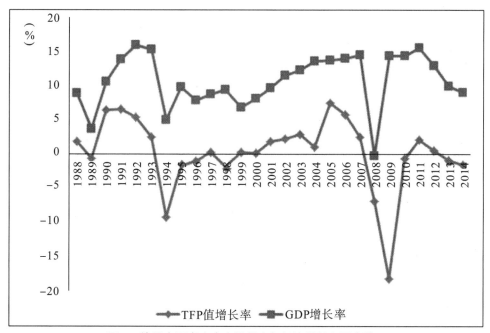

图5 德阳全要素生产率增长率与经济增长率同步情况

3. 德阳经济发展的资本驱动型特征十分明显

1988 年以来，德阳经济增长的动力主要是依靠要素投入的增加，其中资本投入的持续增加是主要动力。全要素生产率对经济的拉动作用没有得到有效体现，1988 年到 2014 年期间甚至有 11 年全要素生产率对经济增长的贡献度为负数，特别是自 2012 年以来，全要素生产率对经济增长贡献明显下降，分别为 0.45％、－14.13％和 －22.34％。同时，劳动力数量因素对经济的贡献也不明显，2012 年到 2014 年，该因素对经济增长平均贡献度仅为 3.34％。

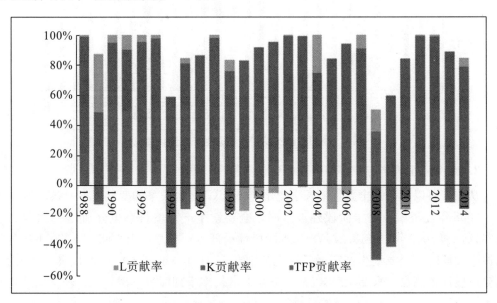

图 6　德阳经济发展各动力因素贡献率变化情况

总体来看，1987 年以来，德阳经济发展的资本投入驱动型特征十分明显，全要素生产率在经济发展过程中未呈现出稳步上升的态势，对经济发展的拉动作用未见明显显现，特别是经济进入新常态后，德阳资本驱动经济的动力不仅没有减弱，反而不断强化，全要素生产率对经济的贡献度不仅没有提升，反而不断降低，与全国全要素生产率对经济拉动力不断提高的走势明显背离。可能的原因主要有以下几点：

一是产业结构不优。一方面，工业传统优势逐渐消失，德阳传统机加、化工、食品等行业产业链条相对较短、产品附加值不高，同质化竞争激烈，另一方面，现代服务业发展不足，德阳的服务业企业普遍规模比较小，市场地位不高，生产性服务业正处于起步阶段，研发、信息、中介等服务业态发展滞后，消费服务业同质化明显，特色化、差异化竞争优势尚未形成。

二是创新能力有待提高。一方面，原始创新能力比较薄弱，2013 年，德阳全社会 R&D 经费支出 21.24 亿元，占 GDP 的比重为 1.40％，远低于全国 2.08％的平均水平；另一方面，创新人才资源缺乏。德阳高层次创新科技型人才相对缺乏，具有大学本科及以上学历的人才在从事 R&D 活动的人员中仅占 28.78％。同时，对高端人才的新引力不足，人才在德阳的发展平台和机会远不及成都等省会城市，也逊于绵阳等兄弟城市。

三是制度环境尚需改善。德阳近年来在解放思想上迈出的步伐不大，思想相对保守。同时体制机制性障碍依然存在，有形之手在不同领域仍存在越位、错位的现象，市场在资源配置中发挥决定性作用还未完全显现。

三、新常态下德阳经济发展动力因素分析

对新常态背景下德阳经济发展动力机制的分析，可遵循前文所述的古典经济学分析范式，对驱动经济增长的资本、劳动力和全要素生产率等动力因素做出判断，进而综合评估。

（一）投资仍是德阳经济发展的重要动力

从资本投入来看，投资一直在拉动德阳经济增长过程中发挥着举足轻重的作用。前文分析指出，德阳正处于固定资产投资稳定期，全市投资总额和增速出现断崖式下降的可能性很小，下一段投资仍是驱动经济增长的主要力量，因此，投资拉动作为经济发展主要动力的基本思路不能动摇。但同时也应看到，投资增速继续维持高速增长的概率也不大，投资对经济的贡献率也难以再继续升高，更进一步看，德阳的投资效率正呈现出稳步下降态势，对经济增长的边际贡献逐步下滑。

（二）劳动在德阳经济发展中的作用不断弱化

从劳动来看，作为驱动经济增长的重要因素，该因素在德阳经济发展过程中总体发挥了有益的作用。从下一步发展看，德阳作为劳动力输出大市，经过2008年金融危机外出务工劳动力集中回流浪潮后，后期劳动力输出与回流将总体保持动态平衡态势。更为重要的是，德阳已进入老龄化阶段，劳动力增速会随着人口老化而逐渐降低，人口红利窗口逐步关闭。因此，劳动因素不会成为驱动德阳经济发展的主要动力。

（三）全要素生产率是德阳培育经济发展新动力的关键环节

从全要素生产率来看，据前文实证分析可以看出，尽管全要素生产率增速变化走势与经济增长走势高度相关，但自1987年以来，全要素生产率对德阳经济发展的驱动作用总体不明显，特别是2012年以来，对德阳经济增长的贡献甚至为负数，这与全国全要素生产率对经济增长贡献度逐步提升的发展态势出现背离。一方面，说明全要生产率的变化对经济发展的作用十分重要，另一方面，也意味着德阳全要素生产率的提升还有很大的空间。因此，要寻找德阳经济发展的新动力，其核心在于提高全要素生产率。一般而言，技术创新、结构调整、制度变革是决定全要素生产率的高低的主要因素。提高全要素生产率，探求新常态下德阳经济发展的新动力，关键在于围绕着实施创新驱动、加快结构调整、加大改革力度等方面进行。

1. 创新驱动将成为推进德阳经济发展的核心力量

德阳是西部职业教育基地，拥有四川建筑职业技术学院、四川工业技术学院等国家级重点高职院校，各类高级专业技术人才资源丰富，加之在2015年成功创建为"国家

创新驱动助力示范区城市"后,将得到来自国家层面的高端智力支持。同时,德阳东汽、东电、二重、英杰电气等国家级高新技术企业104家,这些企业的科技创新能力雄厚,科研成果的现实转化率高。这些因素为德阳加快推进技术创新、管理创新,以创新推动和深化改革,为创新驱动产业升级和结构调整提供了有利的支撑和保障。

2. 结构调整的深入推进将增强经济发展后劲

结构调整既指产业结构的优化升级,也指区域结构的调整优化。当前,全球技术创新和产业变革正在孕育新突破,移动互联网技术、人工智能、3D打印、新能源、新材料等领域取得不同程度的突破,新技术和信息技术与传统产业融合发展趋势明显,新的生产方式、商业模式、发展模式和增长空间加快形成,这都将有助于德阳加快传统产业优化升级,推动三次产业融合互动发展,培育战略性新兴产业,提升产业层次和竞争力。同时,四川正加快区域经济一体化,将成德绵同城化作为加快成都平原城市群建设的重点,加之成德绵乐城际铁路的正式通车,成都德阳的同城化进程将不断加快,德阳的区位优势更加明显,区域结构、城乡结构将得到进一步的调整优化,这无疑为德阳全方面融入成都,培育新的经济增长点创造巨大空间。

3. 改革开放将为德阳经济发展带来巨大红利

党的十八届三中全会对全面深化改革任务做了总体部署,制定实施了一系列专项改革方案,为全面深化经济、政治、社会、文化、生态等各领域体制机制改革做了顶层设计和制度安排。四川省委省政府也提出系统的改革举措,决定深入实施三大发展战略,进一步简政放权,深化经济体制改革,全面推进统筹城乡综合配套改革,提升区域创新能力。这些重大决策部署的实施落地,有助于德阳进一步理顺政府、市场、社会的关系,破解阻碍经济社会发展体制性难题,充分释放改革发展动力,激发市场主体的积极性,提高经济社会发展的创新驱动能力,推进全市经济社会持续健康发展。同时,当前国家正在全面实施内陆沿边开放战略,加快"一带一路"(丝绸之路经济带、21世纪海上丝绸之路)和长江经济带建设。德阳虽然地处内陆腹地,但是正处于"一带一路"、长江经济带两大国家战略的交汇点和支撑点,这对德阳造产品特别是重装优势产品利用交通优势大力拓展外省市场创造了十分有利的条件,也有助于德阳在更大区域范围内加强产业协作、开拓市场空间、配置资源要素。

四、新常态下德阳培育经济发展新动力的路径选择

新常态要有新思路,新常态需要新作为。就德阳而言,需在客观分析自身所面临挑战与机遇的现实基础上,深入研究、积极探索培育经济发展新动力的现实路径。

(一)创新驱动,加快推进经济转型升级

科技进步和应用直接影响了全要素生产率的高低,创新能力的强弱是决定一个国家(地区)经济增长潜力大小的关键因素。德阳经济只有强化创新驱动,提升潜在经济增长力水平,才能实现持续平稳发展。

一是改造提升传统工业支柱产业。以市场为导向,加强对德阳机械加工、食品和化

工等三大传统支柱产业的技术改造和创新，大力促进传统支柱产业由低端向中高端迈进。其中，机械加工行业立足新高精尖，着力向研发设计、智能制造、营销和服务等高附加值环节延伸；化工行业要加强资源整合，对什邡、绵竹沿山的小化工厂要坚决取缔，对大型化工企业，要加大技改投资力度，积极引进新技术、新工艺、新设备，向精细化工、特种化工、清洁生产方向发展；食品产业要紧盯新政治生态和新健康生活理念下市场需求的变化，强化先进食品科学技术应用，在调整产品结构的基础上，着力向大众、绿色安全方向发展。

二是积极培育发展战略性新兴产业。战略性新兴产业代表科技创新的方向和产业发展的方向，体现新兴科技和新兴产业的深度融合，对经济社会发展具有较强关联带动作用，是引导未来经济社会发展的重要力量。对德阳而言，考虑到现有产业基础，可大力发展新能源、新材料、高端装备制造业、生物业等战略性新兴产业，当前着力推动以东汽燃机、明日宇航、信义玻璃等重点项目建设，推动战略性新兴产业尽快起步见效。以企业为主体，联合高校科研院所在燃气轮机、油气钻采装备、电工专用设备、通用航空、储能电池等领域开展核心关键技术攻关，力争获得突破性成果并实现产业化。

三是推动工业化与信息化深度融合。加快重点领域装备、生产过程和制造工艺的智能化，推动智能制造生产模式集成应用，积极发展网络制造新型生产方式，培育发展物联网产业。加快"智慧德阳"建设，全面推进"三网融合"。

四是抓好国家创新驱动助力示范区建设。用足用好用活德阳成功创建为"国家创新驱动助力示范区"后获得的人力、政策、资金等资源支持，大力鼓励企业同高校、科研院所联合建立研究开发机构、产业技术联盟等技术创新组织，加快培育一批以高新技术企业为骨干的创新企业集群。同时，要借助中国科协等国家层面的各类学会这一高层平台，积极引进一批对德阳产业发展布局具有战略影响的创新技术项目，充分利用国家高端专家资源，强化科技联合攻关，促进科技创新成果就地转化，增强德阳经济发展后劲。

（二）优化产业，着力构建现代产业体系

产业结构的优化使得资源配置更为合理化，能够有效提高资本、劳动力等要素的使用效率，促进整个实体经济生产效率的提升并以此实现经济的持续增长。德阳要实现长足发展，必须要在当前全球产业分工格局正发生深刻变革的过程中，加快产业结构调整优化，促进产业升级，全力构建起质量效益好、特色鲜明、竞争力强的现代新型产业体系。

一是要突出发展工业，促进工业提质增效。工业尤其是现代制造业是德阳的立市之基、发展之要。要紧跟市场需求新趋势，以市场和技术为导向，加快推进航空与燃机、新能源汽车、新材料等高端成长型产业发展，力争尽快实现重点突破形成现实生产力。同时，要进一步优化工业园区布局，要加快德阳综合保税区建设，推动德阳高新区、广汉高新区早日升格为国家级高新区，要积极建立黄许物流园区，并适时筹建全省第二个铁路口岸，通过以园区主导产业为重点，带动关联企业聚集和配套发展，延伸产业链条，打造具有强大核心竞争力的产业集群。此外，要加快发展大企业大集团，通过做优

存量、做大增量,实施梯度培育和兼并重组,打造一批百亿、千亿龙头企业,全面提升德阳的企业在四川、全国甚至全球产业链分工中的地位。

二是大力发展现代服务业,充分发挥带动作用。健全生产性服务业和制造业融合发展的服务机制,加快城乡生活性服务业发展,抓好现代物流、健康养老等新兴先导服务业发展,积极发展电子商务、会展经济等新兴业态。同时,以三星堆、文庙、庞统祠、德孝城等拳头旅游品牌为核心,深挖尚未有效开发的什邡黑卡、中江三清洞历史文化价值,不断打造文化游、乡村游、古镇游、赏花品果游,以此带动商贸、餐饮、住宿等服务业联动协同发展。

三是加快推进农业发展,夯实农业基础地位。农业是德阳经济发展的基础性产业。当前,要以农村产权改革为农业发展的突破口,加快土地确权颁证,建立健全产权流转平台,促进农村资产变资本。要积极培育和扶持家庭农场等新型经营主体、农业产业化龙头企业、农民专业合作社,提高农业生产组织化水平,并在此基础上推进多种形式适度规模经营。要全力抓好现代农业、林业、畜牧业重点县和粮经复合种植基地建设,不断培育壮大西部特色农产品深加工基地规模。巩固发展水果、中药材特色效益产业,加快构建现代农业优势区域布局和专业生产格局。

(三)扩大内需,推进消费与投资协调并进

正如前文分析指出,当前投资拉动作为经济发展主要动力的基本思路不能动摇,在此基础上更应看到经济发展进入新常态后,在提高居民生活水平和生活质量方面孕育着巨大消费需求。为此,要积极在不断优化投资结构的同时扩大有效投资,立足居民消费能力和需求促进消费,推动投资与消费协调并进。

一是积极优化投资结构。一方面,严控高能耗、高物耗、高污染行业的投资,大力支持有利于提高产业技术水平、发展循环经济、加强薄弱环节的行业投资;另一方面,加快推进已确定的省市重点项目建设,积极协调项目推进中遇到的资金、土地等难题,确保项目按时投产,同时,要立足于国家和四川省关于投资的政策导向,以生态环保、重大水利、道路交通、能源等领域为重点,抓紧谋划一批具有全局性、基础性、战略性的事关德阳长远发展的重大工程。

二是努力扩大民间投资。一方面,进一步扩大准入领域,拓宽民间投资渠道。要加快在目前民营经济比重低、进入难的领域,放松管制,撤除壁垒,降低门槛,为民间资本进入铺平道路。另一方面,进一步激发民间资本的活力,畅通民间资本投资渠道。通过积极运用减免税费、财政补贴等扶持政策,大力推行PPP经营模式等多种方式,不断激发民间资本投资积极性。同时,改进对民间资本投资的政务服务,进一步简化审批程序,确保民间资本投资更为便捷高效。

三是不断引导消费升级。一方面,增加居民收入。有效扩大消费需求的前提在于增强居民消费能力。为此,拓宽居民增收渠道,建立起工资收入、财产性收入、经营性收入、投资性收入、转移补贴性收入等多种渠道收入增长渠道体系,不断提升居民收入水平;同时,进一步健全社会保障体系,逐步缓解教育、医疗、养老等后顾之忧,增强居民消费信心。另一方面,培育新的消费增长点。针对居民对教育、文化、交通、通讯、

医疗保健等服务型消费需求不断增长的现实情况，加快培育拉动力强的住房、汽车、文化等消费增长点，鼓励节能环保产品消费，大力发展电子商务、网购网销、信贷消费、租赁消费等新型业态，促进旅游休闲、健康医疗、家政养老消费发展。

四是有效激发消费潜力。抓住成德绵城际高铁投运、成德同城化进一步加快的良好机遇，大力发展德阳本地特色餐饮、休闲旅游等产业，吸引外来消费，同时积极参与"惠民购物全川行""川货全国行""万企出国门"等三大活动，大力推荐"德阳造"名优特色产品，不断扩大区域外市场需求。

（四）统筹城乡，塑造区域协调发展新格局

统筹城乡是改革从表层推向纵深、从单一改革走向综合改革、从微观层面走向宏观层面，释放经济增长动力的重要抓手。德阳是全国农村改革先行地，并在 2007 年被四川省列为全省统筹城乡综合配套改革试点市，前期已积累了一定的经验，需在此基础上积极深入探索，促进城乡发展一体化格局加快形成。

一是着力推进新型城镇化，加快构建科学合理的城镇体系。从城镇化进程看，德阳正处在优化城乡布局的关键阶段，规划形成合理的城镇体系至关重要。考虑到德阳区域的地貌、经济、社会和人文条件，以市域一体化为目标，坚持两手同时抓，即一手抓中心城区和县城建设，增强其要素集聚、产业发展和就业吸纳能力，一手抓小城镇发展，增强小城镇产业发展、公共服务、吸纳就业、人口集聚功能，促进富余农村劳动力就地就近转化，更为重要的是，要加强德阳中心城区与各县城的连接，加快出城干道的城市化改造和产业布局，用城市干道将旌阳与三市两县连接，构建起 1 个中心城市、5 个县城以及若干个小城镇（1+5+X）全域联动、同步协调发展的城镇群体系。

二是强化中心城市支撑引领作用。坚持走集约、智能、绿色、低碳发展道路，健全多规融合的规划体系，在进一步完善德阳主城区功能、挖掘城市人文内涵的基础上，强化高端装备制造业、战略新兴产业和现代服务业的发展，加速产业和人口集聚，充分发挥德阳主城区对全市经济社会发展的支撑引领作用。

三是大力促进县域城市发展。德阳各县域空间间距不大，要加快县域快速通道建设，加强县域间一体化交通联系，降低城际间交易成本。同时，应统筹县域产业发展规划，在联动抓好产业园区和县域城市新区发展的基础上，按照"一县一策"的方式，发展各具特色的产业体系。此外，要加强县域市政基础设施和公共服务设施建设，进一步完善社会服务及居住服务功能，有效提升综合承载能力。四是加快幸福美丽新村建设。加快推进城市教育、医疗等公共服务向农村延伸覆盖，强化农田水利灌溉基础设施改造力度，提高乡村公路等级，全面推进村内道路硬化，进一步改造农村基础设施条件。坚持产村融合，因地制宜发展种养殖、农产品加工、手工艺品、乡村旅游等特色产业，大力促进农村特色经济发展。有序推进农业转移人口市民化，引导符合条件的农户到城镇落户。

（五）改革开放，抢抓区域竞争优势和先机

改革是最大的红利，只有改革开放，才能拥有不竭的内生动力。德阳应积极发扬敢

为天下先的精神，以超常规的改革开放力度，奋力探索，大胆试验，力争在本轮全面深化改革中获得先机。

一是加快经济财税体制改革。当前，应坚持问题导向，大力推进以下几方面的改革：第一，深化以管资本为主的国资监管体系改革，推进德阳市属国有停产企业"人资分离"改革，大力发展以现代产权制度为基础的混合所有制经济，加快国有企业生活区移交给属地社区管理；第二，推进财税体制改革，深化财政专项资金管理改革，完善市、区分税制财政体系，合理控制政府性债务；第三，深化以土地经营权为重点的农村改革，加快农村产权确权颁证，推进土地经营权流转，建立农村产权交易服务体系。在这些改革的推进过程中，要特别注意学习借鉴先进地区的好做法好经验，不断完善推进改革的思路和方法，确保各项工作落到实处、见到实效，真正使改革成为推动德阳科学发展、加快发展的强大动力。

二是以大改革促大开放。实施更大力度、更宽领域、更高水平的开放，推进对外开放合作迈上新台阶。把握"一路一带"和长江经济带机遇，以重大装备产业为切入点和支撑点，全面融入"一路一带"和长江经济带发展，加快德阳综合保税区建设，加快培育德阳开放型经济竞争新优势。大力推进成德同城化进程，抓好与成都在基础设施、产业协作等方面的对接。加快成德工业园、德阿产业园建设，支持罗江与绵阳开展产业合作。

三是加强对外宣传交流，强化招大引强。大力拓展国内外市场，通过参加各类高端产品博览会、投资推介会等，集中开展投资促进、宣传营销，不断宣传德阳投资环境优势，提升德阳造产品在技术、品牌、质量和服务的知名度和影响力。实行精准招商，定点发力，对重点国家、重点地区、重点企业开展"点对点"招商，对有利于德阳产业转型发展的行业，尤其以世界500企业强为主攻方向，积极引进一批大企业、大集团，突出引进高端制造业、战略性新兴产业、现代服务业重大项目，全面提升德阳产业的核心竞争力。

五、新常态下德阳培育经济发展新动力的政策建议

新动力的形成是一个系统工程，也是一项艰巨任务。要完成这一艰巨任务，迫切需要通过进一步转变思想，营造良好政策环境，强化要素保障，充分凝聚各方力量奠定坚实保障。

（一）以发展的理念适应新常态

当前，德阳传统的以要素驱动为主要特征的高投入、高能耗、高污染式经济增长模式依然具有较大惯性，政府部门、企业和居民对这一模式还存在"路径依赖"。经济发展进入新常态时期后，旧的动力尚未完全衰竭，经济新动力的孕育形成还需一个过程。为此，必须着眼长远，以发展的眼光，主动适应经济发展新常态，扫清培育新动力的认识障碍。

一是在发展理念上，要将增长与发展有机统一。增长与发展的关系是现代经济发展理论的本质问题。增长不等于发展，发展是增长的目的，增长是发展的手段。没有增长

就不会有发展，但没有发展增长也不能持续。经济发展进入新常态后，首先应抛弃狭隘的发展观，彻底抛弃唯 GDP 论成败的观点，真正确立以增长促发展、发展促增长的发展理念，最终实现经济发展提质增效转型升级取得实质性进展。

二是在发展思维上，要正确处理政府和市场的关系。政府和市场的关系是现代市场经济的核心问题。党的十八届三中全会提出，要使市场在资源配置中起决定性作用和更好发挥政府作用。为此，就德阳政府而言，应摆正在发展经济培育经济新动力中的位置，应着重建设和完善市场体系，界定和保护好产权，积极克服市场失灵缺陷；同时，在市场能够充分发挥作用的竞争性领域，坚决做到不能越位、不替代市场。这样，通过政府与市场共生互补、各司其职，经济发展的内生才能得到有效释放，多元化经济增长的新动力机制才能真正建立起来。

三是在发展战略上，要坚持立足长远与着眼当前并重。经济发展新常态需要改变旧有的经济运行机制，但在新增长动力孕育形成过程中，不仅增长的波动是可能的，而且产能过剩、债务负担等潜在风险和各类社会矛盾会积聚交织，这就使得实现经济稳定增长的任务十分艰巨。为此，在发展战略上，必须要有长远目光，在各种新问题新挑战面前沉着应对，忍得住阵痛。但同时，也应着眼当前，充分考虑到"三期叠加"特有的阶段性风险和集聚的矛盾，为可能出现的困难做好预案，为困难群众兜底线，缓解改革产生的阵痛。

（二）营造鼓励创新的外部环境条件

构建营造有效的鼓励大众创业万众创新的条件和环境，能显著降低创新活动的不确定性，提升创新成果向现实生产力转化的效率，进而最终实现增长动力从要素驱动向创新驱动的转换。

一是加快完善保障创新的基础设施。按照"政府引导、规范管理、企业运作、资源共享"的发展思路，完善通信与广电普遍服务补偿机制，加大通信普遍服务财政支持力度，充分调动通信运营商的积极性，加快电信网、互联网和广电网升级改造和三网融合，强化德阳光纤入户、无线网络全覆盖和功能性服务设施建设，促进网络速度明显提高和上网资费明显下降；着力推进城乡信息通信基础设施一体化发展，有效提高宽带用户使用率，为大众创业万众创新提供良好基础。

二是建立健全激励创新的政策体系。全面梳理、清理影响创新能力提高的制度障碍，构建公开透明、长期稳定的创新激励机制。建立稳定的财政对创新投入增长机制，加大对企业购买科技成果、开展产学研合作、组建或收购境内外研发机构等方面的支持力度。强化知识产权保护，加大对假冒侵权行为的打击力度，加强知识产权行政执法和司法保护的结合，用法治保障创新的权益，切实保护创新者的积极性。

三是引进培养创新型人才队伍。创新人才是德阳创新驱动发作的核心因素。要大力引进培养一批科技领军人才和创新团队，使其成为德阳创新驱动的中坚力量。一方面，要积极为这些高层次人才队伍创造良好的工作条件和生活环境。重视引进人才的拴心留人工作，解决他们住房、子女入学、知识更新等后顾之忧；另一方面，要积极探索制定与人才贡献相匹配的收益分配政策，开展企业股权激励、专利产品利润分成、项目承包责任等激励机制试点，构建起重实绩、重贡献的薪酬激励机制，充分体现创新人才的人力资本价值。

四是培育宽容失败、包容创新的城市文化。创新文化是创新的"土壤"。一方面，要坚持尊重劳动、尊重知识、尊重人才、尊重创造，在全社会形成创新的良好风尚。另一方面，要大力宣扬"厚德务实、敢为人先"的德阳城市精神，鼓励探索的创新，激发创新活力，营造创新氛围，保护创新成果，使创新成为德阳市民的一种价值导向与生活方式，进而真正实现创新驱动发展。

（三）充分激发市场的潜力和效力

政府主导经济发展的模式尽管能有效地动员资源并在特定历史时期促进经济高速增长，但这种模式却使市场在资源配置中的决定性作用却被"边缘化"，使经济发展付出沉重的代价。在经济发展进入新常态后，这种模式越发难以为继。为此，必须理顺政府与市场的关系，不断健全市场经济体系，进一步摆脱种种束缚，充分激发市场的潜力和效力。

一是积极推进简政放权。积极深化行政管理体制改革，在全面梳理政府行政职能的基础上，构建起权力清单、责任清单、效能清单和负面清单"四项清单"，对清单之内的事项要建立规范、透明的程序，做到减少审批环节、减少审批机构、减少审批时间、规范审批行为，切实提供高效、优质的服务；而对清单之外的事项都由市场、社会主体依法自主决策。

二是规范政府行政行为。要坚持法定职责必须为、法无授权不可为，全面推进政务公开，把该管的管住、该放的放开。要坚持把合法作为行政决策的第一要件，发挥好法律顾问团作用，严格执行重大行政决策法定程序。同时，应建立健全行政过错责任追究制，明确责任追究的范围、种类、实施机构和具体程序，将责任追究落实到具体的单位、工作岗位和责任人员。要坚持公正文明执法，规范行政执法自由裁量权，推进跨部门、跨行业综合执法。

三是要创新和改善管理。要充分激发和释放市场潜力，政府不仅要减少和下放权力，应创新和改善管理，将工作的重心从干预微观经济主体的经营决策转移到提供公平竞争的市场环境上来，转到维护社会公平正义上来，转到建设公共服务型政府上来，将本不应由政府承担的工作交给社会，将本应由政府承担而政府没有承担的工作接过来，管住、管好该管的事。要通过民营化、政府采购、项目招标、合同外包、特许经营、志愿者服务、委托代理、公众参与等方式，探索建立和完善多元化的政府购买公共服务机制，降低行政成本，提升政府公共服务水平。与此同时，政府应主动接受人大、政协、司法、舆论媒体和纳税人等各个方面的监督，积极改善政府自身的管理，做到政府"法定职责必须为"。

（四）强化新动力孕育形成的要素保障

土地、资金、人力等要素是经济发展的基础。尽管传统依靠要素投入驱动经济增长的发展模式难以为继，但缺少了这些要素的基本保障，经济发展新动力孕育形成也就成了无源之水、无本之木。为此，仍应高度重视经济对要素需求的满足，为经济新动力的形成提供重要保障。

一是强化土地保障。要盘活存量，加大对批而未用土地的清理力度，积极探索通过协商收回、鼓励流转、协议置换、合作经营等多种形式，稳妥地推进低效利用土地的二次开发利用。要优化现量。实行项目土地利用效率与财政、税收政策相挂钩的综合激励机制，提高土地空间配置效率和产出效率，将用地指标向优势企业和好项目集中。要用好增量，对新增用地指标应坚持用途最佳、效率最高、效益最大的原则统筹安排用地，优先保障能形成未来经济增长点的重大项目用地需求，并坚决对"三高一资"项目、产能过剩项目等不予供应。

二是强化资金保障。强化德阳经济社会发展成就宣传，加大德阳融资项目推介力度，争取省级金融机构向德阳倾斜匹配信贷资源，为德阳重大投资领域争取批量、规模化信贷支持，着力提升重点产业中长期贷款投放规模。各金融机构在风险可控的前提下，要合理降低申贷门槛，优化信贷审批流程，要加快创新，根据不同企业特点和市场潜在需求，开发个性化、差异化和前瞻性的金融产品，采用并购贷款、融资租赁、理财产品、信托融资、贸易融资、供应链融资、消费按揭等方式，充分满足经济主体各种金融需求。在大力发展间接融资的同时，还应充分发挥直接融资渠道作用，大力支持符合条件的企业通过期货交易、保险赔付、产权交易、资本重组、股份合作和发行企业债券、短期融资券和中期票据融资，特别是要积极探索中小企业发行集合投资债券和票据，进入银行间市场筹集资金。

三是强化人力保障。人力是"第一资源"和"第一生产力"。要为德阳经济社会的发展提供人力支撑。需从人口总量和结构上双管齐下，共同努力。要积极落实德阳建设百万人口城市各项举措，不断增强德阳城市、产业的人口吸引力。在加强高层次和急需紧缺人才的培养引进的基础上，充分发挥德阳作为西部职教基地职业教育资源丰富的优势，大力培养年轻技术型操作人才。同时，强化对农民工的职业技能培训，不断提升农民工的能力素质，此外，要在财政、金融、税收等方面创造优惠条件，吸引外出务工人员回乡创业就业。

绵阳市新常态下经济增长动力研究

在持续 30 多年高速增长后，如今推动经济增长的需求特征、供给条件乃至竞争环境、资源配置模式等都在发生深刻的趋势性变化，传统增长引擎动能减弱，绵阳市经济步入了一个发展动力重构的新时代，面临着发展方式转变、结构优化升级和增长动力调整的重大挑战。我们需要主动适应经济发展新常态，把转方式、调结构、促转型放到更加重要位置，致力于确立新的经济增长战略，再塑新的增长动力和增长优势、新的增长结构和增长模式，推动经济发展进入"以科技为龙头，以创新为动力"的健康轨道。

本文介绍了"新常态"下绵阳经济发展现状、水平以及经济结构变化，着重剖析了绵阳积极探索培育经济发展的动力，主动适应经济发展"新常态"，最后分析了现阶段影响绵阳经济发展的主要因素，指出了绵阳经济发展面临的机遇和挑战，提出了加快推进绵阳经济发展的对策和建议。

一、中国经济发展的"新常态"

（一）中国经济"新常态"含义

习总书记第一次提及"新常态"是在 2014 年 5 月考察河南的行程中。他说："中国发展仍处于重要战略机遇期，我们要增强信心，从当前中国经济发展的阶段性特征出发，适应新常态，保持战略上的平常心态。"新常态之"新"，意味着不同以往；新常态之"常"，意味着相对稳定，主要表现为经济增长速度适宜、结构优化、社会和谐；转入新常态，意味着我国经济发展的条件和环境已经或即将发生诸多重大转变。

（二）中国经济"新常态"的特征

一是从高速增长转为中高速增长。经济增长将与过去 30 多年 10% 左右的高速度基本告别，与传统的不平衡、不协调、不可持续的粗放增长模式基本告别。

二是经济结构不断优化升级，第三产业消费需求逐步成为主体，城乡区域差距逐步缩小，居民收入占比上升，发展成果惠及更广大民众。

三是从要素驱动、投资驱动转向创新驱动。过去劳动力成本低是最大优势，引进技术和管理就能迅速变成生产力，农业富余劳动力减少，要素的规模驱动力减弱，经济增长将更多依靠人力资本质量和技术进步，必须让创新成为驱动发展新引擎。

新常态是我国政治经济社会发展进入新阶段的必然要求。认识新常态，就是要深刻认识和把握一个阶段、一个时期经济社会发展的特征、趋势、规律。适应新常态，就是要从这种阶段性特征出发,既保持战略上的平常心态,又顺势而为、积极作为、奋发有为。绵阳经济发展就要主动作为,认识新常态、适应新常态的发展。

二、绵阳经济发展的现状

(一)经济增长速度放缓

经济新常态的一个基本表现形式就是增速的换挡。自"十二五"以来,我市GDP增速逐年放缓,可比价增速由2011年的15.2%下降到2014年的9.1%,年均增速11.8%。绵阳市经济已经告别过去30多年两位数的高速增长的时代,转入中速增长的新常态区间,2014年经济下行压力加大,增速回落到个位时代。经济增速换挡是经济发展到一定阶段的必然结果,是一种不可逆转的规律性现象。虽然2014年我市经济稳中回升,但从未来几年发展趋势看,由于工业增速放缓、企业过剩产能需要一个漫长时间消化、投资和出口拉动边际效益递减等各种因素叠加,以及新的经济增长点也还在培育过程中,今后绵阳市经济仍会处于增速趋缓的发展阶段。

(二)经济结构逐步优化

在增速换挡的背后,新常态下的经济发展将进入结构调整的关键期。"十二五"期间,在经济增速回落的背后,绵阳市经济结构调整的步伐也有所加快。体现在:经济结构进一步优化。从三次产业结构来看2011年的16.7:51.9:31.4,调整为2014年16.0:51.0:33.0。四年间,第三产业增加值占GDP比重提高了1.4个百分点,而第一产业增加值占GDP比重下降了0.7个百分点,第二产业增加值占GDP比重则下降了0.9个百分点。

从三次产业对经济增长贡献率看,2011年三次产业贡献率为:4.4%、73.5%、22.1%,2014年三次产业贡献率调整为:5.8%、60.8%、33.4%四年之间,第一产业贡献率提高了1.4个百分点,第三产业贡献率提高了11.3个百分点,第二产业贡献率下降了12.7个百分点,其中:虽然工业仍是对经济增速贡献最高的产业,2014年工业贡献率为48.9%,但四年间工业贡献率下降了15.6个百分点。

(三)创新驱动能力明显增强

伴随着经济增速换挡后,新常态下的经济发展转向进入创新驱动的突破期。与经济结构调整和发展方式转变相伴而行的是发展动力的转变,即由过去的要素和投资驱动向创新驱动转变。近几年,绵阳市科技创新投入力度加大,研发活动更加频繁,"十二五"期间2011年地方财政一般预算支出中科研技术支出26922万元,占一般预算支出的1.3%,2014年科技支出76637万元,占一般预算支出的比重比2011年提高了1.3个百分点。2014年全市共组织申报国家级科技计划项目116项,落实无偿资金6407万元。组织申报省级科技计划项目158项,落实无偿资金7460万元。全市已通过高新技术企业认定119家,有国家级工程技术研究中心5家,省级工程技术研究中心14家。全市全年共申请专利5991件,同比增长20.0%,专利授权3071件,同比增长7.2%。

2014 年建成创新中心一二期、工业技术研究院、中科育成中心、国家大学科技园等孵化平台 34 个，入驻企业和科技服务机构 1580 余家。

"十二五"以来，绵阳经济发展逐渐进入一个新的阶段，其特征基本符合"新常态"。目前，绵阳投资需求依然低迷，工业经济稳定增长基础并不牢固，消费需求对经济拉动作用有限，绵阳市委、市政府面对经济持续下行压力的困难局面，积极谋划，牢牢抓住科技城建设机遇，坚持走军民融合，科技创新之路，努力培养新兴产业，提升绵阳竞争力，着力发展七大战略型新兴产业，五大先导型服务业，使之成为绵阳经济发展新的动力。

三、绵阳经济"新常态"发展三大动力

绵阳原有经济增长方式的惯性在较大范围和程度上制约着经济发展。近年来绵阳市主动积极探索培育新的经济增长动力，大力发展战略性新兴产业、现代服务业，大力鼓励科技创新，主动适应经济发展的"新常态"。

（一）以"4＋3"战略性新兴产业为发展动力

结合绵阳产业发展实际，2012 年，根据国务院《十二五国家战略性新兴产业发展规划》，结合绵阳实际，制定了《绵阳市战略性新兴产业发展规划》，提出了发展新一代信息技术、新材料、节能环保、高端装备、新能源汽车、生物医药、新能源等七大战略性新兴产业，打造绵阳工业升级版，促进产业结构进一步换代升级。2014 年，绵阳战略性新兴产业完成总产值 707 亿元，占全市工业总产值的 30.6％，同比增长 16.6％。

2014 年绵阳战略性新兴产业产值

战略性新兴产业类别	产值（万元）
新一代信息技术	4830572
新材料	898011
节能环保	796745
生物	434198
高端装备制造	60335
新能源汽车	9647
新能源	41420
合计	7070929

1. 新一代信息技术

电子信息产业是推动绵阳经济社会发展的第一支柱产业。绵阳拥有以长虹、九洲为产业龙头代表，以中国工程物理研究院、中国空气动力与研究中心（总装 29 基地）、中国燃气涡轮研究院（624 院）、西南应用磁学研究所（中国电子科技集团九所）、西南自动化研究所（中国兵器装备集团公司第五八研究所）、西科大等单位为技术策源地的重

要产业发展基础。2014 年实现产值 483 亿元，占到战略性新兴产业总产值的 68.3%。

2. 新材料产业

新材料产业作为传统材料产业的升级，在绵阳具有较好的研发和产业基础，高性能金属材料、高分子材料、磁性材料、新型建筑材料、超硬材料、超细粉体、纳米材料的研发和生产都具备一定的基础和规模。2014 年实现产值 89 亿元，其中：金属材料 35 亿元，高分子材料 30 亿元，磁性材料 14.6 亿元。产值亿元以上企业达 12 家，其中攀长钢、金发科技、东材科技等企业产值过 10 亿。

3. 节能环保产业

绵阳节能环保产业军民融合特色明显，在环境污染治理、节能环保产品及设备开发生产和环保咨询服务等方面资源丰富，产业链较完整。2014 年节能环保产业实现产值 78 亿元。在节能环保及相关领域，绵阳拥有"国家烟气脱硫工程技术研究中心""国家城市污水处理及资源化工程技术研究中心"和"国家非动力核技术工业化应用工程技术研究中心"等国家工程实验室，

4. 高端装备制造产业

绵阳在高端装备制造领域特别是航空装备产业方面具有较深厚的技术沉淀和较强的研发能力，拥有中国空气动力研究与发展中心、中国燃气涡轮研究院、西南科技大学等科研院所和一批重点企业，涉及航空器装备制造、卫星应用技术设备、卫星应用服务、智能测控装备制造、重大成套设备制造等类别，但产业化起步较晚、发展程度尚不高，2014 年实现产值 7 亿元。

5. 新能源汽车

经过多年发展，绵阳的汽车及零部件产业发展已初具规模。以此为基础，综合绵阳在动力电池及材料、驱动电机、电源管理、电机控制、电动转向、车载电子等领域的科技优势，新能源汽车产业发展具有较大的潜力。2014 年新能源汽车实现产值 9647 万元。目前，"绵阳特斯拉"纯电动汽车、天津力神动力电池、四川新能源汽车研究院的研究开发等相关新能源汽车工作正在有序推进中。

6. 生物医药产业

绵阳的生物产业主要涉及生物药品制造和生物农业用品制造两个类别。集中在中成药生产、化学药品制剂制造、中药饮片加工、兽用药制造、生物药品制造、化学药品原料药制造、生物医疗设备制造等行业。拥有好医生、安特药业、宇峰科技、九九天目、太极集团绵阳制药等重点企业，2014 年实现产值 40 亿元。

7. 新能源产业

绵阳新能源类企业在核电、风能、太阳能、生物质能以及智能电网等产业均有涉足，但尚未形成规模和产业链。2014 年绵阳新能源产业实现产值 4 亿元，纳入统计的仅有两家以生产太阳能热水器为主的企业。目前在建和引进在谈的重点项目有盈基新能源投资 2.89 亿元在盐亭县新建生物质发电项目、中广核计划投资 2.76 亿元在梓潼县新建风电场等。

（二）以现代服务业的快速提升为发展动力

深入实施现代服务业提速发展行动计划，促进服务业发展提速、比重提高、结构提优。"十二五"期间服务业发展迅速，占 GDP 比重逐年提升，2014 年占 GDP 比重为 33.4％，比 2011 年提高了 2 个百分点。在加快经济转型过程中，绵阳优先发展现代服务业，推动现代服务业高端化、聚集化发展，探索将创新资源转化为新兴产业要素的新兴服务业态和商业模式，重点发展电子商务、现代物流、现代金融、科技服务业和养老健康服务业五大新兴先导型服务业，着力构建推动新兴产业发展的服务体系。

1. 现代电子商务服务业

2014 年以来，绵阳市电商交易额 1612 亿元，同比增长 34.3％；其中网络零售交易额 51.26 亿元，同比增长 55.3％。电子商务主体队伍不断壮大。绵阳现有企业自建电子商务平台 30 多家；生产制造业大企业电子商务应用率近 30％，商贸流通大企业电子商务应用逐步增加。

2. 现代物流服务业

加快建设绵阳物流产业园，建立完善现代物流网络体系，推进物流服务现代化发展。推进信息技术与物流产业融合，发展第三方物流、物流平台、一体化物流、供应链管理、智慧物流等，2014 年规上现代物流业营业收入大 23.51 亿元，同比增长 4.3％，占全部规上服务业 21.7％。

3. 现代金融业

现代金融业有序推进，以金家林总部经济试验区为核心载体，建设金融服务示范区，支持建立科技银行、科技支行，引进民营银行、自保公司等新型金融机构。鼓励发展互联网金融、物流金融、融资租赁、第三方支付等新型商贸金融。随着金融业改革的不断深入，我市经济实力不断增强，金融业得到了前所未有的发展，为进一步推动建立现代金融业奠定了良好基础。2014 年 12 月末，全市金融机构本外币各项存款余额 2630.8 亿元，比年初增加 208.7 亿元，增长 8.6％；各项贷款余额 1428.6 亿元，比年初增加 154.6 亿元，增长 12.1％。存贷规模达到 4059.4 亿元。

4. 现代科技服务业

2014 年，全市实现地区生产总值 1579.89 亿元，增长 9.1％，高新技术产业产值达到 1200 亿元，占工业总产值比重的 51.5％；全市面向行业技术创新需求，建设专业领域技术创新服务平台，引进一批专业化、市场化的科技中介服务机构；以及一批公共服务平台，提供研发设计、检验检测、技术转移、知识产权、人才培训等服务。建成了科技城创新中心、中物院军转民孵化基地、西科大国家大学科技园、科技城软件产业园、经开区积家工业园、科技城工研院、大型科学仪器资源共享服务平台、绵阳市中小企业信息化公共服务平台、"绵阳 IBM 大数据分析竞争力中心""绵阳云计算中心"等一批基础功能齐全的科技创新创业服务载体和平台。

5. 现代健康养老服务业

目前，全市拥有社会养老机构 243 家，覆盖全市所有乡镇。一批符合现代服务业发展要求的新兴服务模式和服务架构运用到养老服务领域，信息服务业进入养老服务，发展智慧养老、个性化养老等新型养老服务推动医养融合发展，促进医疗卫生资源进入养老机构、社区和居民家庭。建立健全医疗机构与养老机构的协作机制，支持有条件的养老机构设立医疗机构，开通养老机构与医疗机构的预约就诊绿色通道，开展面向养老机构的远程医疗服务试点。力争到 2017 年，健康养老服务覆盖所有居家老年人，二级以上综合医院开设老年病科比例达 30% 以上。

（三）以科技创新为发展动力

科技资源富集是绵阳最大亮点，大众创业、万众创新是支撑绵阳未来发展的核心动力。绵阳是全国科技进步先进市、全国创业先进城市，拥有国家重点国防科研院所 18 家、西南科技大学等高等院校 14 所、国家重点实验室 8 个、国家级工程技术研究中心 5 个、国家级企业技术中心 6 家、省级工程技术中心 12 个、省级重点实验室 8 个、省级企业技术中心 27 户，企业在海外设立开发机构 16 个，各级生产力促进中心 10 家，各类专业孵化器 12 家；聚集了包括 26 位两院院士、818 位享受国务院政府特殊津贴专家在内的大批人才，仅次于成都。接纳高校毕业生 13577 人，其中硕士 985 人、博士 304 人，以绝对优势居全省第二位。2014 年专利申请量 5991 件，授权量 3071 件，均实现两年翻番。国家知识产权示范培育城市实力评定，绵阳市居 33 个参评城市第二位。2014 年，北京长城企业战略研究所就绵阳城市创新能力与国内 57 个国家创新型试点城市（区）进行了比较分析，绵阳在城市环境指数、研究与发展投入、高技术产业占比等多项指标上均名列全国前茅，明显领先于省内除成都之外的其他市州。

四、新常态下经济运行中值得关注的问题

新常态下，我市经济转型升级发展虽然已经取得不少成就，但是与新常态下经济发展的任务相比，我市的经济转型还有许多亟待解决的问题和瓶颈。

（一）产业布局不尽合理

绵阳战略性新兴产业发展主要集中在主城区的高新区、科创区和经开区，其他市、县、园区战略性新兴产业集中度较低，有的甚至是空白，历史形成的产业布局对产业科学发展有所影响。已有的战略性新兴产业领军企业不多、整体规模不大、产业集聚度不高，部分企业重复投资有呈现产品趋同化趋势，产业资源内耗大，竞争优势相互抵消。

（二）投资增长后劲不足

投资增长乏力是拖累当前经济增长的主要原因，也是未来一段时间经济下行风险的主要来源。各主要投资领域和投资主体都面临着一些困难与问题。一是受制造业持续产能过剩、需求不足影响，投资意愿减弱，2014 年绵阳市全社会固定资产投资额为 1080.37 亿元，同比增长 7.9%，虽比上年同期提高了 0.5 个百分点。但比全省 12% 的增速，低了 4.1 个百分点，二是房地产开发销售增长继续放缓，2014 年，全市完成房地产开发投资 210.74 亿元，同比增长 24%，增幅提高了 7.4 个百分点。商品房销售面

积和销售额下降明显。全市商品房销售面积302.84万平方米，下降7.9％，增幅回落14.2个百分点。全市商品房销售额112.31亿元，下降12.3％，增幅回落15.7个百分点。三是新开工项目减少，全年全市新开项目917个，比上年减少58个，同比下降5.9％。国有大中型企业和外商企业投资增长缓慢。部分地区在建项目和储备项目接续不好，一批重大项目陆续开工投产后，项目的补充跟进出现了不同程度的"断档"，将直接影响投资增长的可持续性。

（三）产业结构调整还有待进一步提高

近年来，我市产业结构虽然得到了一定的调整优化，但在经济转型升级中，产业结构调整还存在很多不足。我市制造业总体上处于产业链的低端，传统产业升级缓慢，高新技术产业产值与财政贡献不配比，大企业大集团数量较少，而工业结构升级程度直接关系到其他产业乃至整个经济增长质量的提高。近年来，全市工业较快增长，但增速逐渐放缓，2011－2014年规上工业总产值分别达到1711.90亿、1821.13亿元、2063.02亿元和2329.05亿元，增加值总量在全省分别排第四、第三、第三和第三位，增速依次为23.7％、17.9％、12.0％及8.1％，增速在全省的排位分别是第八位、十位、十八位和十一位。从行业来看，贡献较大的主要是农副产品加工业、化学原料、通信和其他电子设备制造业等传统产业。新型科技型产业发展还有待进一步提高。从三次产业结构来看：三次产业结构调整虽然有所改善，但结构变化跟全省相比还存在一定差距，2014年绵阳市的三次产业结构为16.0：51.0：33.0，而全省的三次产业结构12.4：48.9：38.7，第一、二产业比全省比重高了3.6、0.1个百分点，第三产业比重比全省低了5.7个百分点，第三产业比重落后明显。

（四）产业核心竞争力不强，新的增长动力不足

绵阳科技人才资源富集，但受政策、体制等因素限制，科技优势尚未充分转化为竞争优势、产业优势，电子信息、汽车及零部件等传统优势产业调整周期较长，企业自主创新能力不强，存量企业发展后劲不足，产品市场占比不高，优势地位受到挑战。"4＋3"战略性新兴产业和五大新兴先导型服务业虽布局较早，但推进进展不一，个别产业"醒得早、起得晚"，尚未形成整体绝对优势。文化旅游产业虽有较大发展，但在GDP中占比不高，离支柱型产业要求还有差距，对经济增长的贡献率仍需提升。

（五）创新服务较为缺失，创新创业环境有待改善

绵阳创新平台以政府主导建设为主，市场化、专业化程度有待提升。部分产业联盟缺乏有效的组织和运营机构，行业引导力和影响力较为有限。部分孵化器缺少检验检测认证、科技咨询等公共服务平台，缺乏支持创新联盟、服务平台建设，创新、创业孵化服务能力有待进一步提升。

五、主动适应新常态经济发展的对策建议

当前我市经济从高速增长放缓到中速增长，新常态经济特点鲜明，在经济发展转型

时期，我们既要着力于结构调整和提升质量，又要着力于抓好稳增长，从而为深化改革、经济转型赢取时间和空间。同时也要致力于关键环节、关键领域，抓住产业链、资金链、价值链，疏导不利因素，化解潜在风险，增强发展动力，形成发展合力。

（一）以政策为先导，加快"科技城"发展

2014 年党中央、国务院批准同意科技城适用相关先行先试政策，鼓励科技创新和产业化的"1+6"系列先行先试改革政策，其中主要包括中央级事业单位科技成果处置权和收益权改革试点、税收优惠试点、股权激励改革试点、高新技术企业认定试点等 6 方面扶持政策。四川省相继成立省科技城建设领导小组，省政府下放 19 项省级经济管理权限，以科技创新为核心出台《支持科技城加快建设政策措施》积极支持科技城发展。同时绵阳市政府也出台了多项专项政策，用好国家、省、市出台的一系列加快发展科技城的措施政策，以科技创新为龙头，积极构建"一核三区多园"发展格局，努力将集中发展区打造成为绿色低碳、宜居宜业、产城一体现代科技新城。

（二）加大招商引资力度，推进投资项目落到实处

把引进培育高新技术产业和战略性新兴产业作为全市产业发展的"一号工程"和第一要务，抓紧抓好出成效，重点围绕高新产业招商引资力度，广泛宣传推介绵阳"科技城"特色和优势，寻求合作机会。突出高端产业，注重科技含量、发展潜力和人才团队，紧紧围绕电子信息等传统优势产业和"4+3"战略性新兴产业，重点引进产业关联性强、带动性大、环境友好的企业和项目。推行重大关键项目"一事一策""资源技术换项目"等方式，吸引国家和省级重点项目来绵布局发展。同时，要加快推进在谈和已签约项目落地，逐项明确推进落实责任，研究制约落地的瓶颈问题，一个一个推动解决，促使尽快落地开工，形成更多实物工作量。

（三）强化工业支撑作用

坚持用信息技术和先进适用技术改造六大传统优势产业，加强自主研发和协同创新，鼓励企业走高端化、信息化、绿色化发展路子。不断深化国有企业改革，充分挖掘企业潜力，释放企业活力，激发创新能力。重点培育发展"4+3"战略性新兴产业，高起点完善产业发展规划、时间表和路线图，着力建好新项目、开发新产品、形成新增量，迅速抢占产业发展高地和市场空间，形成整体优势和局部强势。强力实施科技型中小企业"涌泉计划"，大力发展科技型中小企业，更加注重企业质量，培育支撑绵阳未来发展的"苗圃"，打造科技"小巨人"。大力实施"园区千百亿工程"，按照"产业为主、特色突出、多元发展、功能齐备"原则，加快在建、拟建园区进度，逐步做大做强电梯产业园、节能环保产业园、软件产业园、留学人员创业园、文化创意产业园等特色产业园区，完善基础设施和功能配套，推动相关产业、要素和服务向园区集中，实现集群抱团发展，打造成相关产业发展高地。

（四）加快培育壮大现代服务业

要加快发展以生产性、生活性服务业为主的现代服务业，大力发展高端服务业。将电子商务作为首要的新兴先导型服务业进行培育，依托产业集群和产业园区，加快培育以网络零售平台、行业电子商务平台、综合性电子商务平台为主的电子商务平台，发展壮大网商队伍。实施全企入网，发展跨境电商，大力普及和深化电子商务应用，促进网络经济和实体经济融合发展，建设四川电子商务示范城市和第二大电子商务集聚区。加快启动中国科技城·绵阳物流产业园建设，提升毅德商贸城、剑南食品城、龙门农产品交易市场业内知名度，打造绵（阳）广（元）巴（中）辐射陕（西）甘（肃）新（疆），连接中亚、欧洲的川北国际物流大通道。大力发展会展经济，加快建成 10 万平方米会展中心，把绵阳建成四川第二、西部一流的会展经济城市。

（五）改革创新，积极推进转型升级

加快建设以企业为主体，以工程（技术）研究中心、重点实验室、企业技术中心为主要形式的产业技术开发体系。构建新兴产业技术创新和支撑服务体系，加大企业技术创新的投入力度，依托骨干企业，组织实施前沿性技术研究、关键共性技术攻关、引进技术消化吸收再创新、高新技术产业化项目等，着力培育自主知识产权和自主品牌，提升产业核心竞争力。鼓励企业积极发展研发外包服务和专业技术服务。调动企业、高校和科研机构互动创新的积极性，建立开放式的科技交流合作平台，集成社会创新资源，推动新技术、新知识的形成和聚集，打造技术创新新优势。

（六）坚持走创新驱动、军民融合之路

充分挖掘科技创新潜力。坚持实施创新驱动、军民融合发展战略，进一步优化"众创"生态，发展军民融合产业，加快把绵阳建设成"创新驱动试验区"和"军民融合试验田"，巩固和扩大在全省的领先优势。着力激发创新创业活力。用好用活用足现有政策，加强政策研究解读和宣传推介，细化完善配套政策，抓好政策落实执行，最大限度发挥政策效能，进一步打响科技城品牌。做好国家层面军民融合特殊支持政策研究争取工作。加快建设创新中心二期配套工程，支持各县市区、园区孵化平台建设，力争今年孵化器面积达到 100 万平方米。高效利用已有孵化器，进一步完善孵化器功能，尽可能整合科技成果交易、科学仪器共享、融资担保等各类服务平台，为科技型企业提供"一站式"服务。加强重点实验室、企业技术中心、工程研究中心、院士专家工作站、博士后科研流动（工作）站和创新实践基地建设，发挥好战略性新兴产业联盟作用，广泛开展资源共享、信息互通和集体攻关，支持多方协同创新，鼓励多出成果、多转化专利项目。深入实施绵阳科技城"千英百团"聚才计划，用好人才发展专项资金，引进一批高层次创新创业人才特别是领军人才。

着力壮大军民融合产业。加快建设绵阳科技城军民融合创新驱动核心示范区，加快推进"空气动力新城""航空新城"建设，全力争取中物院重大专项落户，实质性启动"科学新城"建设。加速军民两用技术的转移、转化，加快中物院军民融合产业示范园、

中国兵器集团第 58 研究所军民融合产业园、中航工业航空产业园、中电科集团 9 所电子元器件产业园等特色园区建设，深化与十大军工集团的合作，加强与国际军民融合发展先进国家和地区的交流，培育发展军民融合企业，壮大军民融合产业，努力探索军民融合发展的"特色路径"。加快推进军民两用技术交易中心和技术转移中心等各类创新平台建设，进一步深化军民融合产学研协同创新，全面提升创新效能。结合编制国民经济和社会发展"十三五"规划，推动军民融合顶层设计，争取国家出台支持军民融合发展先行先试政策，破除瓶颈障碍，打造"政策洼地"，拓宽"军转民""民参军"路径。

新常态下广元经济发展动力研究

广元市地处四川盆地北部、嘉陵江上游、川陕甘三省结合部，面积16311平方公里，为四川的北大门。当前在我国经济发展进入新常态的情况下，增长速度正从高速转向中高速，发展方式正从规模速度型粗放扩张转向质量效率型集约增长，经济结构正从增量扩能为主转向调整存量、做优增量并存的深度调整，发展动力正从传统增长点转向新的增长点。因此研判广元市未来经济发展方向，寻找未来经济增长新动力，是当前广元市亟须解决的现实问题。

一、广元经济发展现状

（一）综合实力明显增强

经济总量不断扩大。"十五"期间广元市GDP由2001年的87.89亿元增长到2005年的147.78亿元，增幅达59.89亿元；"十一五"期间广元市GDP由2006年的169.29亿元增长到2010年的321.87亿元，增幅达152.58亿元；"十二五"期间广元市GDP由2011年的403.54亿元增长到2014年的566.2亿元，增幅达162.66亿元。

图1 2000－2014年广元市GDP变化情况（单位：万元）

全社会固定资产投资总额不断增长。在"十五"期间，广元市固定资产投资规模较小，2001－2005年间固定资产投资总额仅为223.44亿元；"十一五"期间由于5.12地震灾后重建带动固定资产投资迅速扩张，2006－2010年固定资产投资总额达到了

1302.77 亿元，其中 2009 年和 2010 年固定资产投资分别达到了 439.14 亿元和 480.15 亿元；"十二五"以来广元市固定资产投资维持在较高规模，2011－2014 年 4 年间固定资产投资总额达到了 2118.5 亿元。

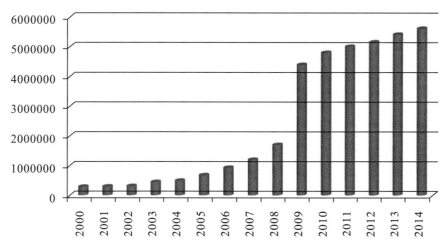

图 2　2000－2014 年广元市全社会固定资产投资变化情况（单位：万元）

地方公共财政收入总额不断增加。"十五"期间地方公共财政收入水平较低，五年总收入仅为 178151 万元；"十一五"期间地方公共财政收入增长明显，特别是灾后重建的 2009、2010 年，分别达到了 102497 万元和 167267 万元；"十二五"期间广元市地方公共财政收入继续保持增长，到 2014 年，"十二五"前四年地方公共财政收入达到了 1148653 万元。

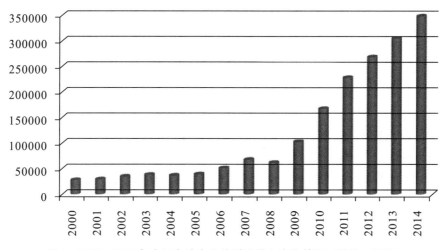

图 3　2000－2014 年广元市地方公共财政收入变化情况（单位：万元）

（二）发展速度稳步加快

"十五"前期，广元市 GDP 增速落后于四川省 GDP 增速，但增速差距逐渐缩小。2003 年广元市 GDP 增速达到 11.58%，首次超过四川省 GDP 的增速 11.3%，2004 年和 2005 年广元市 GDP 增速分别高于四川省 GDP 增速 8.9 和 3.1 个百分点；"十一五"

期间广元市 GDP 增速均保持在较高水平,即使 2008 年受地震灾害影响,广元市 GDP增速也达到了 11.88%,高于四川省 11%的增速水平。该时期内,广元市仅在 2009 年GDP 增速略低于四川省 0.14 个百分点;"十二五"期间,广元市 GDP 增速继续保持较高的水平,且期间一直高于四川省的增速,但增速呈现出下降的趋势,从 2011 年的25.37%,逐年下降到 2014 年的 9.15%,保持经济持续快速增长的压力较大。

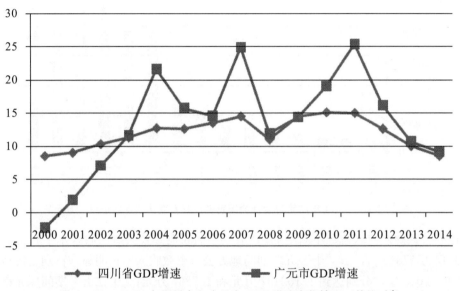

图 4 2000-2014 年四川省和广元市 GDP 增速变化情况（单位:%）

（三）产业结构逐步趋优

三次产业结构占比优化。2001 年以来,广元市第一产业占比呈现出逐年下降的趋势,第一产业占比从 2001 年的 32.46%下降到 2014 年的 17.4%。第二产业呈现出不断增长的态势,但前期增长较为缓慢,2006 年第二产业占比首次超过第一产业,达到30.92%,2010 年第二产业占比首次超过第三产业,在三次产业中占比达到最高,2014年第二产业占比达到 47.67%。第三产业占比相对较为稳定,占比均维持在 33%-43%之间,2014 年占比 34.91%。第一、第二和第三产业占比在"十二五"时期差距较前两个时期更为明显,产业结构更趋优化。

工业化率显著提高。"十五"时期,广元市工业基础薄弱,2001 年工业化率仅为16.5%,在"工业强市"战略指导下,工业发展迅速,工业化率明显提高,2014 年广元市工业化率提高到了 40.8%。

新兴产业发展迅速。2014 年战略性新兴产业产值 106.70 亿元,增长 6.5%;高新技术产业产值 75.74 亿元,增长 12.5%。物流、网购、电子商务等新产业、新业态发展迅速,2014 年通过互联网实现的商品零售额同比增长 48.4%。

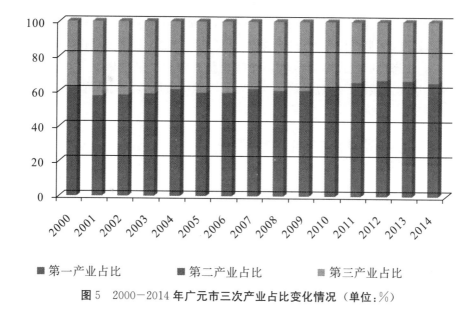

图5 2000—2014年广元市三次产业占比变化情况（单位:%）

下方图例：■ 第一产业占比　■ 第二产业占比　■ 第三产业占比

（四）发展基础得到夯实

"畅通广元"基本建成。围绕建设基本形成连接西南西北、通江达海的广元次级综合交通枢纽目标，大力推进"一枢纽三中心"建设，广元交通发生了翻天覆地的变化，铁路、高速公路、干线公路、航空、水运"五位一体"的立体交通运输体系基本形成。绵广、广陕、广甘、广南、广巴高速公路建成通车。兰渝铁路即将建成，西成客运专线加快建设。广元港红岩作业区一期竣工。广元机场直航北京、上海、深圳、杭州、乌鲁木齐等城市。全市公路总里程19520公里，通航河流常年通航里程568.6公里，行政村通公路100%，实现了蜀道难变蜀道通。

能源保障极大改善。已探明天然气储量4000亿立方米、海拔－200米以上煤炭蕴藏量6.38亿吨、水能理论蕴藏量2960MW、风能资源约1000MW，现有水电站总装机容量200万千瓦，基本形成以电力生产及供应，天然气勘探开发、供应与天然气化工，煤炭生产与精加工，电、气、油输送及销售等门类齐全的能源产业，以水电、火电、风电、太阳能、生物质能（含垃圾焚烧发电）等传统能源与新能源、可再生能源相结合的发电产业。天然气管网、配气站、信息通信设施、广电网络等不断完善。

园区建设成效显著。2014年末，全市建有各类园区近90余个。工业园区9个，国家级开发区1个，省级开发区3个。开发区面积超80平方公里，园区基础设施建设投资100余亿元，入驻工业项目1000个以上，现有国家级高新技术企业27个，省级重点实验室2个，省级工程技术研究中心1个，省级技术长信联盟5个，市级产业发展研究院2个，市级企业工程技术研究中心41个。

（五）生态文明显著改善

近年来，广元市按照建设"资源节约型、环境友好型"社会的基本要求，以建设川陕甘结合部经济文化生态强市为目标，以生态市建设、低碳创建为抓手，大力推进生态

市、县区、乡镇、村等生态文明建设，全市环境质量持续改善，低碳产业快速发展，污染物总量排放下降明显，民生工程加快推进，环境保护优化经济发展作用明显，环境安全稳定可控，生态文明建设卓有成效，先后荣获"全国首批低碳发展突出贡献城市""中国低碳生态先进城市""杰出绿色生态城市""四川省环境优美示范城市""第二批国家低碳试点城市"等称号。

二、广元经济发展的阶段性特征

（一）经济发展不充分，仍有较大的发展空间

纵向比较，广元市经30年的快速发展已发生天翻地覆的变化，经济总量、经济增速、产业结构、财政收入、固定资产投资及居民生活品质均得到了极大的提高和改善。但通过横向比较发现，发展不足、发展滞后依然是广元现阶段最大的市情。2014年广元市人均GDP仅相当于全省的62.59％，全国的47.25％；2014年广元市工业增加值231亿元，位居全省第17位，较上年增长9.1%，增速位于全省第14位；2014年广元市地方公共财政收入34.8亿元，处于全省第17位，相比上年增长12%，增速在全省第11位；广元市2014年农民人均纯收入7202元，位于全省的第19位，相当于全省的81.8%，全国的72.8%。城镇居民可支配收入为20547元，位于全省的21位，相当于全省的84.3%，全国的70.9%；广元市2014年城镇化率仅为39.3%，处于全省的第15位，比四川省城镇化率46.3%低7个百分点，比全国城镇化率54.8%低15.5个百分点。工业化率为40.8%，处于全省第15位，比四川省工业化率43.5%，低2.7个百分点。从各项指标的绝对值、增速、在全省的位次以及占全省和全国的百分比来看，广元市总体经济发展状况仍处于较低水平，发展不足、发展不充分仍是目前广元市经济发展的阶段性特征。

（二）迈入工业化中期，工业化和城镇化处于加速推进期

工业化迈入中期阶段。根据赛尔奎因与钱纳里对工业化阶段的划分标准，当第一产业的比重降低到20%以下、第二产业的比重上升到高于第三产业而在GDP结构中占最大比重时，工业化进入了中期阶段。当第一产业的比重再降低到10%左右、第二产业的比重上升到最高水平时，工业化进入后期阶段。通过对广元市"十二五"时期三次产业结构占比分析，目前广元市正处于工业化中期阶段。

工业化和城镇化处于加速推进期。"十一五"以来，广元市城镇化率和工业化率不断提高，但提高的速度相对缓慢。在整个"十一五"时期，广元市城镇化率均高于工业化率，但工业化率增速明显高于城镇化率提高速度。"十二五"时期，广元市工业化率开始超过城镇化率，2011－2014年广元市工业化率分别超过城镇化率3.94、4.08、3.7和1.5个百分点，差距呈现出先扩大后缩小的趋势。通过对广元市"十一五"以来工业化率和城市化率变动的分析，目前广元市正处于工业化和城镇化的快速发展期，工业化的发展带动城镇化的发展，而城镇化的发展又为工业化的发展提供了要素和市场。工业化和城镇化"两化互动"的发展正是广元市目前发展的内生动力之一。

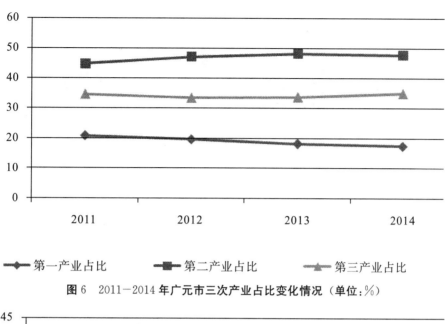

图 6 　2011－2014 **年广元市三次产业占比变化情况**（单位：%）

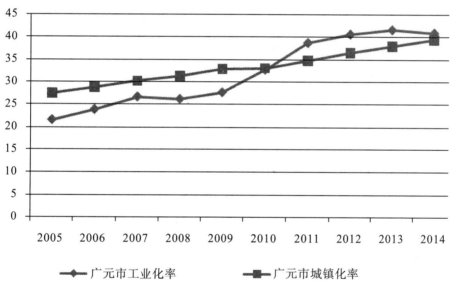

图 7 　2005－2014 **年广元市工业化率和城镇化率变化情况**（单位：%）

　　"两化互动"发展的空间仍较为广阔。从广元市与四川省的工业化率与城镇化率的对比中可以发现，目前广元市与四川省工业化率差距呈现出逐渐缩小的趋势，但城镇化率差距仍然较大。因此未来一段时间，广元市"两化互动"发展仍具备巨大的潜力，若能把新型工业化作为推动新型城镇化的主要动力，带动"两化"互动从"低位平衡"到"高位协同"发展，充分发掘内生增长的新动力，广元市将有条件继续保持高于全国、领先中部的发展态势。

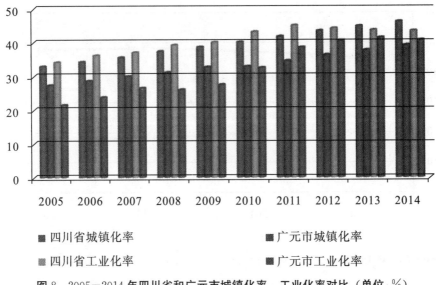

图8　2005－2014年四川省和广元市城镇化率、工业化率对比（单位：%）

■ 四川省城镇化率　　　　　　　　　　■ 广元市城镇化率

■ 四川省工业化率　　　　　　　　　　■ 广元市工业化率

（三）发展速度放缓，经济增长面临换挡期

"十二五"以来发展速度放缓的趋势明显。"5·12"地震以来，广元经济增长明显快于全国、全省的经济增长速度，但在经历多年高速增长后，经济增长率有所下降，2014年比上年经济增速降低1.5个百分点，并且自2014年开始经济呈个位数增长。支撑广元市经济发展的要素条件正在发生深刻变化。"十二五"以来，广元市社会固定资产投资总额虽仍然逐年增加，但增速呈现出不断下降的趋势，2014年社会固定资产投资增速下降到3.8%，固定资产投资对经济增长的带动作用正不断降低。在消费和出口尚难以发挥带动经济实现新的快速增长的情况下，未来一段时间广元市经济增长将面临增速换挡期。

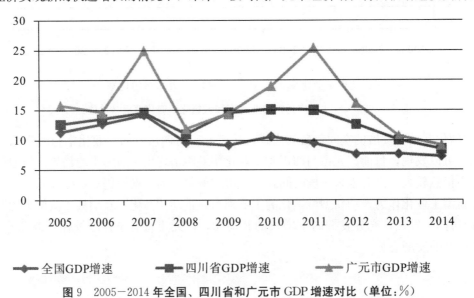

◆ 全国GDP增速　　　　■ 四川省GDP增速　　　　▲ 广元市GDP增速

图9　2005－2014年全国、四川省和广元市GDP增速对比（单位：%）

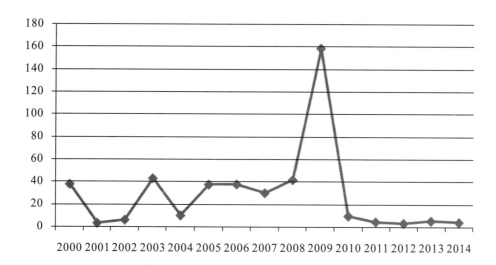

图 10　2001－2014 年广元市全社会固定资产投资增速变化情况（单位：%）

（四）发展方式面临结构转换，经济进入产业结构调整期

目前广元市产业发展滞后，经济粗放型特征明显，发展方式面临结构转换需要。从广元市产业结构情况来看，仍属高投入、低效率的粗放型增长模式，主要依靠资金、土地、劳动力、自然资源等生产要素扩张，重在追求规模、数量和速度，而企业创税率低，科技含量不高，掌握和拥有核心技术、自主知识产权的不多，品牌实力不强，资源要素的配置不合理，经济增长的质量和效益不高，内生动力不足。

三次产业内部结构进入调整期。工业方面，以资源型传统工业为主，重化工业占比较高，且存在一定的产能过剩，而战略性新兴产业、高新技术产业发展不够。过去在"工业强市"战略和工业低基数的条件下，工业经济得到较快增长，对经济的拉动力较强，而在新常态下工业高增长的时代一去不复返，工业产业结构也暴露出许多制约工业较快发展的的问题。广元市服务业比重偏低，新兴产业发展不足。目前，广元市第三产业产值和就业比重仅为 35.4%，与全国相比差距较大。从内部结构看，传统服务业占比大，现代服务业发展不足。仍以传统的交通运输，批发和零售业，住宿和餐饮业等服务业为主，一些基础性第三产业（如邮电、通讯）和新兴第三产业（如金融保险、信息、咨询、科技等）仍然发育不足，吸纳就业能力不强。

（五）人口红利优势正在消失，科技创新投入不足

人口红利逐渐消失。近两年，广元人口数由长期逐年增加变为减少，老龄化提高，劳动力成本上升，广元市全部单位就业人员工资总额呈现出不断上涨的趋势，劳动力成本的优势正在减弱。随着传统制造业的转型升级和"互联网＋"等新的经济发展需要，人力成本优势已经难以继续支撑经济在未来的发展，粗放型的增长方式难以为继。经济发展新阶段必须合理配置人才、技术、资本等各类关键要素，依靠要素转型升级带动经济可持续发展。

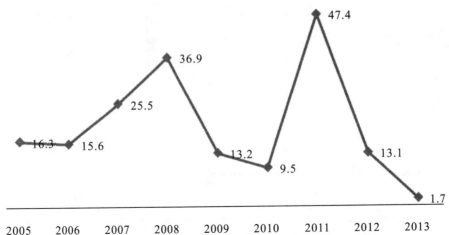

图11 2005－2014 年广元市全部事业单位就业人员工资总额增速变化（单位：%）

科技创新投入不足。长期以来，广元经济发展在很大程度上得益于人口红利，企业依赖低成本、低价格竞争，创新能力不足。研发投入远远低于全国、全省平均水平，科技投入和创新能力不足。2013 年广元市研究与实验发展（R&D）中 R&D 人员折合全时人员为 169 人年，仅高于省内的阿坝藏族羌族自治州，为巴中市 353 人年的 47.9%，绵阳市 21361 人年的 0.79%，远低于省内其他市州。2013 年广元市 R&D 经费内部支出为 6368 万元，仅高于甘孜藏族自治州，为巴中市 7441 万元的 85.6%，绵阳市 954354 万元的 0.67%，远低于省内其他市州。广元市县级以上政府部门属研究与开发机构及情报文献机构数、人员数 2013 年合计分别为 5 个、130 人。分别居全省的第 6 位和第 13 位。广元市县级以上政府部门属研究与开发机构及情报文献机构 2013 年经费支出总额 13037 万元，位于全省的 14 位。

（六）区域经济发展不平衡

各县区经济总量差距较大。对比"十二五"时期广元市各县区 GDP 数据可以发现，各县区不同年份 GDP 差距较大，区域发展不平衡的现象突出。2014 年 GDP 最高的利州区为 194.1 亿元，最低的青川县为 27.61 亿元，相差 166.49 亿元。并且 2011 年至 2014 年的差距分别为 118.47 亿元、137 亿元、152.16 亿元和 166.49 亿元，差距呈现出逐年扩大的趋势。其他县区各年份的 GDP 和 GDP 增速差距也较为明显，区域发展不平衡呈现出不断扩大的趋势。

各县区工业化发展水平差距较大。从广元市各县区工业增加值占 GDP 的比重数据来看，各县区发展不平衡的现象也较为明显。工业增加值占 GDP 比重最大的旺苍县与工业增加值占 GDP 比重最小的苍溪县 2011－2014 年差距分别为 26.8、26、26.9 和 25.3 个百分点。工业增加值占 GDP 比重最小的剑阁县和苍溪县 4 年间差距也分别为 5.1、5.1、5.9 和 2.9 个百分点。各县区之间工业发展不平衡尚未有缩小的趋势。

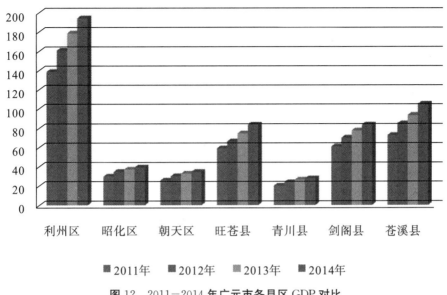

图 12 2011—2014 年广元市各县区 GDP 对比

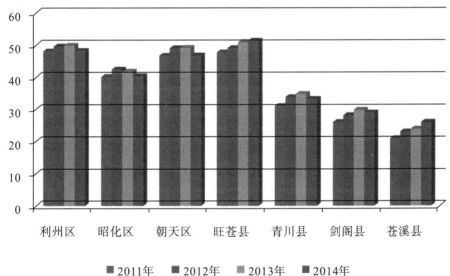

图 13 2011—2014 年广元市各县区工业增加值占 GDP 比重对比

（七）改革全面推进，发展活力持续增强

以放活土地经营权为重点，加快农村改革步伐，以"七权同确"为主要内容的农村产权制度改革经验在全省交流，"1＋3"广元特色新型农业经营体系初步形成。积极推动投融资体制改革，落实省政府投资项目核准目录，鼓励社会资本投资重大项目。一元化户籍制度改革取得实质性突破。"营改增"试点不断推进，税收分享体制改革基本完成，财政绩效预算管理改革取得新进展。启动了公车改革。农村金融创新步伐不断加快。完善推动民营经济发展的体制机制，实现民营经济增加值 312.1 亿元，增长10.7％，对 GDP 增长贡献率达 62.5％。稳步推进价格改革，完成市城区供水阶梯水价

和农村客运票价改革。企业注册资本实缴改认缴、年检改年报、信用信息公示等商事制度改革全面实施。就业和社会保障、人事人才、教育、科技、文化、医疗卫生等领域改革有力推进。

三、广元市经济增长原有动力分析

"十五"以来广元市产业结构发生了较大的变化，同时作为经济增长主要动力的投资和消费在不同时期对经济的贡献也有所不同。因此，通过分析不同时期产业结构中三次产业对经济增长的贡献以及消费和投资对经济增长的贡献，可以清楚了解在不同时期广元市经济增长的主要动力来源。

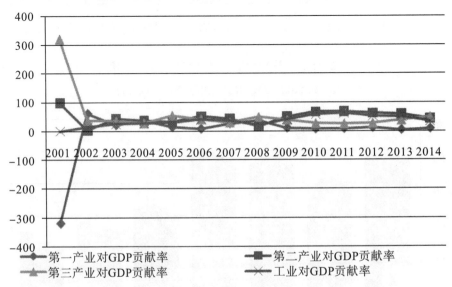

图 14 2001－2014 年广元市三次产业对 GDP 贡献率变化情况（单位:%）

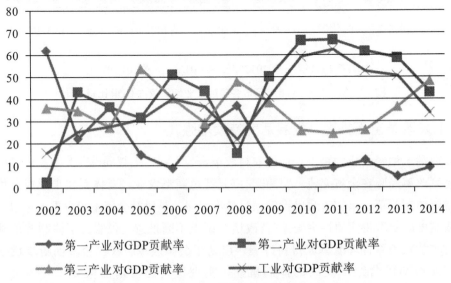

图 15 2002－2014 年广元市三次产业对 GDP 贡献率变化情况（单位:%）

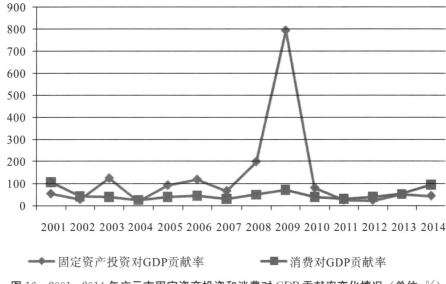

图 16　2001－2014 年广元市固定资产投资和消费对 GDP 贡献率变化情况（单位：%）

（一）"十五"时期增长动力分析

第三产业的发展成为本时期广元市经济增长的主要动力。从三次产业对经济增长的贡献率来看，虽然各产业该时期在不同年份对经济增长的贡献率波动较大，但就总体来看，第一产业对经济增长的贡献有限且逐渐下降，2001 年贡献率甚至为－318%，第二产业和第三产业是经济增长的动力源，特别是第三产业是该时期广元市经济增长的主要动力。"十五"末期的 2005 年第一、二、三产业对经济增长的贡献率分别为 14.74%、31.59% 和 53.67%。

工业对经济增长的贡献不断增加。虽然该时期广元市工业基础较为薄弱，但随着"工业强市"战略的提出，工业发展不断加速，工业在该时期对经济增长的贡献率呈现出增长的趋势，2005 年工业对经济增长的贡献率达到了 30.78%。

固定资产投资该时期对广元市经济增长的贡献率波动较大，消费对经济增长的贡献率呈下降趋势。本时期从固定资产投资和消费对经济增长的贡献率来看，2003 年和 2005 年固定资产投资对经济增长的贡献率大于消费对经济增长的贡献率，其他年份投资对经济增长的贡献率均小于消费的贡献。其中 2001、2002、2004 年投资对经济增长的贡献率分别为 52.74%、27.4% 和 19.2%，低于同时期消费对经济增长的贡献率 106.66%、43.05% 和 24.46%。

（二）"十一五"时期增长动力分析

第二产业和第三产业共同拉动了本时期的经济增长。从三大产业对经济增长的贡献率来看，第一产业在"十一五"前期对经济增长的贡献率不断上升，到 2008 年达到了 36.8%，但之后贡献率开始下降并稳定在较低的水平。第二产业对经济增长的贡献率在"十一五"前期 2006－2008 年不断下降，到 2008 年下降到 15.44%，但由于 5.12 地震灾后重建带来的强烈拉动，第二产业对经济增长的贡献率持续上升，2009 年第二产业对经济增长的贡献率超过第三产业，达到了 50.02%。其中工业发展仍是经济增长的主要动力之一。由于继续坚持"工业强市"发展战略，广元市工业获得了较大的发展，2010 年工业对经济增长的贡献率达到了 58.88%，工业开始成为经济发展的最主要动力之一。第三产业对经济增长的贡献率在该时期波动较大，但从整个时期来看，第三产业仍是广元市经济增长的一大主要动力。

投资对经济的拉动作用远远超过消费的作用。"十一五"时期，投资对经济增长的贡献率全面超过消费的贡献率。特别是由于 5.12 地震灾后建设带来的巨大的固定资产投资，2009 年投资对经济增长的贡献率甚至达到了 792.14%，投资成为 5.12 地震后广元市经济增长的最主要动力。

（三）"十二五"时期增长动力分析

第二产业仍是主要增长动力，但贡献率趋缓。从三大产业的贡献率来看，第一产业的贡献率较为有限，第三产业的贡献率呈现出逐渐上升的趋势，并于 2014 年超过第二产业，达到了 48.09%。第二产业在该时期的贡献率虽然一直维持在较高的水平，但第二产业和工业对经济增长的贡献率均逐步下降，第二产业的贡献率在 2011－2014 年分别为 66.73%、61.61%、58.48% 和 42.91%。在目前依靠房地产带动，但产能过剩、经济低迷的情况下，工业和建筑业对经济增长的贡献将进一步趋缓。

投资对经济增长的作用不断下降，消费对经济增长的推动作用逐渐增加。5.12 地震灾后重建时期，广元市经济增长长期依靠投资拉动，但大的投资项目、产业项目和资金投入在高基数的基础上难以持续，投资的驱动力减弱。"十二五"时期，随着灾后重建任务的结束，固定资产投资对于广元市经济的拉动作用迅速降低，2011－2014 年，固定资产投资对经济的贡献率分别为 24.75%、22.93%、51.47% 和 43.52%，已经完全低于同时期消费对于经济增长的贡献率 30.06%、40.32%、52.85% 和 94.35%。

四、新常态下广元市经济发展的新动力分析

（一）投资拉动仍将是一个不可缺少的发展动力

投资拉动作为经济发展主要动力的基本思路不能动摇。从资本投入来看，投资一直在拉动广元市经济增长过程中发挥着举足轻重的作用。并且从广元目前的发展阶段来看，2014 年广元市 GDP 为 566.2 亿元，居于全省的第 17 位，经济规模较小，广元市仍然是一个欠发达地区。对于欠发达地区经济发展而言，消费和出口对于经济的拉动作用极为有限，投资仍然是该地区经济发展的重要动力源。对比不同时期广元市经济增速和全社会固定资产投资额可以发现，只有在全社会固定资产投资额较大的"十二五"时期广元市经济增长速度快于全省的增速，其他时期均慢于全省平均增速，主要原因就是广元投入严重不足、投入严重欠账，广元市的投资强度一直低于全国、全省，未来加大投资仍然是广元发展的抓手。因此未来一段时期，对于广元市这个欠发达地区来说，投资拉动仍将是一个不可缺少的发展动力。但同时也应看到，投资增速继续维持高速增长的概率不大，投资对经济的贡献率也难以再继续升高。

为了继续发挥投资对经济增长的带动作用需要在不断优化投资结构的同时扩大有效投资。一是积极优化投资结构。一方面，严控高能耗、高物耗、高污染行业的投资，大力支持有利于提高产业技术水平、发展循环经济、加强薄弱环节的行业投资；另一方面，加快推进已确定的省市重点项目建设，积极协调项目推进中遇到的资金、土地等难题，确保项目按时投产，同时，要立足于国家和四川省关于投资的政策导向，以生态环保、重大水利、道路交通、能源等领域为重点，抓紧谋划一批具有全局性、基础性、战略性的事关广元长远发展的重大工程。二是努力扩大民间投资。一方面，进一步扩大准入领域，拓宽民间投资渠道。要加快在目前民营经济比重低、进入难的领域，放松管制，撤除壁垒，降低门槛，为民间资本进入铺平道路。另一方面，进一步激发民间资本的活力，畅通民间资本投资渠道。通过积极运用减免税费、财政补贴等扶持政策，大力推行 PPP 经营模式等多种方式，不断激发民间资本投资积极性。同时，改进对民间资本投资的政务服务，进一步简化审批程序，确保民间资本投资更为便捷高效。

（二）工业转型升级增添新动力

传统工业产业是广元市目前经济发展的主要动力。通过对广元市经济发展阶段的分析，目前广元市仍处于工业化中期的初期阶段，工业仍有较大发展潜力，并且工业对经济增长的贡献率在"十二五"时期已经超过 40%，工业对经济的支撑作用决定了发展工业仍是发展壮大广元经济的必然选择。但是通过对 2014 年广元市规模以上工业的分析可知，传统工业产业仍然是广元市目前的主要工业门类。广元市五大特色支柱产业产值占全部规模以上工业产值 82.9%；两大特色培育产业产值占全部规模以上工业产值 6.8%；战略性新兴产业产值占全部规模以上工业产值比重与上年持平为 15.7%。

表 1 2014 年规模以上工业 5+2+1 产业产值表

	产值（亿元）	增长（%）	贡献（%）	占比（%）
全部规模以上工业	680.7	7.4	100	100
五大特色支柱产业	564.1	6.5	73.8	82.9
建材产业	123.8	12.7	29.8	18.2
电子机械产业	79.28	13.4	20	11.7
食品饮料产业	194.6	2	8.2	28.6
金属产业	41.66	−19.3	−21.2	6.1
能源化工产业	124.77	16.2	37	18.3
两大特色培育产业	46.26	4.9	4.6	6.8
医药产业	32.47	5.4	3.5	4.8
纺织服装产业	13.79	3.7	1.1	2
战略性新兴产业	106.7	6.5	13.8	15.7

新时期工业转型升级为广元经济发展增添新动力。根据"中国制造 2025"，坚持创

新驱动、智能转型，鼓励中国的制造业从低端向高端转型，加快我国从制造大国向制造强国转变的步伐的精神。在未来一段时间，加快传统工业产业转型升级，提高工业产业园区集聚效应，形成工业化和信息化互动发展的新格局，在"工业强市"和"资源转化"战略的引领下，推进广元市工业经济得到更好的发展，将成为拉动经济增长的新动力。因此，一方面需要积极培育发展战略性新兴产业。战略性新兴产业代表科技创新的方向和产业发展的方向，体现新兴科技和新兴产业的深度融合，对经济社会发展具有较强关联带动作用，是引导未来经济社会发展的重要力量。对广元而言，考虑到现有产业基础，可大力发展新能源、新材料等战略性新兴产业。以企业为主体，联合高校科研院所在生物质能、蓄电池材料等领域开展核心关键技术攻关，力争获得突破性成果并实现产业化。二是推动工业化与信息化深度融合。加快重点领域装备、生产过程和制造工艺的智能化，推动智能制造生产模式集成应用，积极发展网络制造新型生产方式，培育发展物联网产业。

（三）加快现代服务业和生产性服务发展

现代服务业的发展严重不足，传统服务业发展的潜力和动力不足。服务业对于广元市的经济增长的贡献一直相对稳定，是经济增长的重要动力之一。但从服务业内部14个行业占服务业的比重看，交通运输、仓储和邮政业，批发和零售业，住宿和餐饮业，居民服务和其他服务业，公共管理和社会组织五大传统服务业2014年占比仍高达57.9%，占据了"半壁河山"，与1985年建市时相比，仅下降了2.8个百分点。从服务业内部行业比重位次来看，五大传统服务业分别居第3、第1、第6、第4和第2位，现代服务业（其余9个行业）位次与建市时相比，基本未发生变化，且位次均靠后，现代服务业的发展严重不足，因此服务业发展的潜力和动力不足。

表2　广元市服务业内部行业结构情况

行业	1985 年		2014 年	
	比重（%）	位次	比重（%）	位次
交通运输、仓储和邮政业	11.5	2	11.6	3
批发和零售业	21.9	1	14.4	1
住宿和餐饮业	7.7	7	8.6	6
金融业	8.0	6	4.8	9
房地产业	5.8	9	6.9	8
信息传输、计算机服务和软件业	2.7	11	4.5	10
租赁和商务服务业	2.2	12	2.9	12
居民服务和其他服务业	8.5	5	10.4	4
文化、体育和娱乐业	3.2	10	4.1	11
科学研究、技术服务地质勘查业	1.5	13	1.4	13
水利、环境和公共设施管理业	0.5	14	1.4	13

行业	1985 年		2014 年	
	比重（%）	位次	比重（%）	位次
教育业	8.7	4	8.9	5
卫生、社会保障和社会福利业	6.7	8	7.2	7
公共管理和社会组织	11.1	3	12.9	2

加快现代服务业和生产性服务业发展。未来一段时间内，加快现代服务业和生产性服务业发展，提高服务业整体素质和竞争力，是未来广元市服务业作为经济增长重要动力的出路所在。因此，要健全生产性服务业和制造业融合发展的服务机制，加快城乡生活性服务业发展，抓好现代物流、健康养老等新兴先导服务业发展，积极发展电子商务、会展经济等新兴业态。同时，以广元市低碳城市、生态城市以及特色农产品品牌为核心，不断打造生态游、乡村游、赏花品果游，以此带动商贸、餐饮、住宿等服务业联动协同发展。

（四）顺应"互联网＋"发展机遇

"互联网＋"就是利用互联网的平台和信息互联技术，把互联网和包括传统行业在内的各行各业结合起来，在新的领域创造一种新的生态，本质上是"互联网营销＋传统产业基础"的商业模式创新。当前，"互联网＋"不仅正全面挖掘可以嫁接的第三产业，而且正在向第一和第二产业渗透。广元市要紧抓"互联网＋"发展的历史机遇，并结合自身的资源、产业优势，实现新时期的大发展，将"互联网＋"转化成新时期经济发展的一大动力。

依托"互联网＋"促进农业大发展。广元生态环境优良，土壤富含锌硒，农业资源禀赋优势较好，特色产业优势突出，是全省发展无公害农产品、绿色食品和有机食品的优势产区。顺应"互联网＋"发展趋势搭建农副产品公共信息服务平台，提升农产品专供电商销售模式，完成优质粮油、畜禽、优质水果、名茶、绿色蔬菜、优质食用菌、竹器、藤编等农副产品互联网品牌包装。

依托"互联网＋"促进新兴产业大发展。依托地域特色的风能、生物质能、太阳能等新能源，新型材料，新能源汽车组装、生物医药产业等战略性新兴产业，在广元经济开发区、有色金属工业园、电子工业园、天然气工业园和纺织服装产业园实施电商集聚。

依托"互联网＋"促进旅游业大发展。开发集广元旅游移动 APP、景区智能导游等线上线下联动配套的广元智慧旅游平台，以智慧旅游管理、智慧旅游服务和智慧旅游营销三大体系，打造"一心、一轴、一带、三区、五线"旅游休闲产业新格局，促进广元旅游事业大发展。

依托"互联网＋"促进物流业大发展。依托"川陕甘节点枢纽"发展电商物流，推动物流、仓储、运输、配送企业依托信息化提高社会化服务水平。

（五）融入区域发展新格局

广元市作为"一带一路"中丝绸之路经济带的重要节点，并通过嘉陵江连接长江经济带，是未来中国区域发展战略格局中的重要一环。广元市借力"一带一路"，在通道经济、产业发展、洼地机遇方面，潜力和优势明显，区域发展将迎来前所未有的大好局面。通过将广元建设成为长江经济带中转枢纽港和物流集疏地，主动融入长江经济带和"一带一路"是未来广元市发展的一大动力所在。其次，广元位于川陕甘结合部，区位优势突出。公路、铁路、航运和航空等交通运输便捷，发挥自身的区位与交通优势，将广元打造成为川陕甘商贸中心，从而真正将广元打造成为区域性中心城市也将是未来广元发展的动力之一。

（六）推进新型城镇化发展

新型城镇化建设是经济发展的重要载体，也是扩大内需的强大动力。2014 年，广元市市城镇化率仅为 39.3％，与四川省城镇化率相差 7 个百分点，与全国城镇化率相差 15.47 个百分点，城镇化建设有较大的空间。"十三五"时期，按照国家、省发展战略，新型城镇化将是经济增长一个重要的引擎。新型城镇化在统筹城乡发展，改变二元经济结构，实现城乡人口转移，优化城镇空间布局，助推产业结构、消费结构升级，加快生产要素流动和集聚等方面具有积极的意义。有序推进城镇化，正确处理城镇化与新农村建设，与工业化、信息化，与公共服务均等化，与产业布局，与基础设施配置等诸多关系，将真正实现各要素的良性互动，为广元市经济发展提供强大动力。因此需要一方面加快构建科学合理的城镇体系，另一方面需要强化中心城市支撑引领作用，大力促进县域城市发展。

（七）紧抓加大扶贫攻坚，建设全面小康社会的发展机遇

"十三五"时期是全面建成小康社会的时间节点。全面建成小康社会最艰巨最繁重的任务在农村，特别是在贫困地区。广元市作为国家连片贫困地区、革命老区、边远山区和地震重灾区"四区合一"地区，是国家和省新一轮扶贫攻坚主战场之一。

省委十届六次全会审议通过《关于集中力量打赢扶贫开发攻坚战，确保同步全面建成小康社会的决定》，提出集中力量解决贫困突出问题，着力抓好幸福美丽新村建设、富民产业培育、乡村道路畅通、饮水安全工程、农村电网改造、信息网络覆盖、教育事业发展、基本医疗服务、生态环境保护、新风正气塑造 10 个方面重点工作。《决定》的实施将对广元市扶贫工作带来重大的政策支持和经济支持。农村基础设施的建设、富民产业的培育以及医疗卫生事业等方面的投入将极大地推进地区扶贫工作的开展，同时扶贫工作的推进在未来一段时间将极大地推进本地区经济的发展，特别是农村地区经济的发展，将成为"十三五"时期广元市经济发展的重要动力之一。

（八）全面提升区域性能源枢纽地位

广元市煤炭、天然气、水电资源丰富，太阳能、风能、生物能等新能源资源蕴藏量

也极为丰富。同时能源管网建设较为完善，目前广元市境内已经形成较为完善的输油输气网络，年输气能力达 240 亿立方米以上。

广元市通过大力推进建设国家级煤炭物流园区，提高天然气生产能力和油气储备能力，加快智能电网建设和发展新能源产业，建设国家级煤炭物流节点城市、区域性油气输配中心和区域性电力联网枢纽，从而将广元建设成为"区域性能源供应中心"和"国家新能源示范城市"，能够全面提升区域性能源枢纽地位。区域能源中心和区域性能源枢纽的建设不仅能够充分发挥本地区的资源优势，更能够利用自身的能源枢纽地位大力发展能源产业，能源产业在未来一段时间内将是广元市经济增长的一项重要动力。

（九）加快生态旅游和康养产业发展

广元市作为国家园林城市、国家卫生城市、中国优秀旅游城市、国家低碳城市试点市、中国温泉之乡、中国西部最具竞争力城市之一，具有丰富的旅游、生态资源。生态旅游和低碳城市作为广元市城市名片对于康养产业的发展具有独特的优势和促进作用。大力发展生态旅游和康养产业是"十三五"及更长时间内广元市经济增长的重要动力之一。

（十）科技创新助推经济可持续发展

进入经济新常态，必须坚持走创新驱动发展之路，加快转变经济增长方式，努力消除经济增长具有的较强要素和投资驱动惯性。通过"大众创业，万众创新"的开展推动经济良性发展。一方面，通过万众创新，创造出更多的新技术、新产品和新市场，提高经济发展的质量和效益；另一方面，通过大众创业，增加更多的市场主体，增加市场的动力、活力和竞争力，从而成为经济发展的内在原动力引擎。通过创业推进产业化创新，有利于将创新成果转变为现实产业活动，形成新的经济增长点。新产品、新服务的涌现将创造新的市场需求，有利于充分发挥技术进步对产业结构调整的积极作用，带动现代服务业和现代制造业发展。新一轮创业浪潮的兴起有利于以创业带动就业，更好发挥市场在促进就业中的作用。

（十一）统筹推进改革，释放改革红利

改革作为我国经济发展的强大动力，一直对于推动经济发展起到重要的作用。我国经济发展中存在的诸多问题亟须通过改革释放的改革红利来解决。目前国家推进的行政审批制度改革，国企改革，财税金融体制改革，科技体制改革等改革政策正逐步推进，这给广元市体制改革和经济发展提供了政策基础，广元市在新常态下可以从改革中获得无限动力。

新常态下广元市需要敢于冲破陈旧观念束缚，破除体制机制障碍，为发展注入新的动力。进一步深化政府机构改革，落实机构、职能、权限、程序、责任法定化要求，完善"负面清单"。继续鼓励和支持非公有制经济的发展，积极培育和壮大非公有制企业，优化经济结构。加大投资体制改革力度，有序推进省、市、县三级联合审批和跨区域审批，激发投资活力。加快市、县部门预算改革，积极开展政府购买服务试点。

五、新常态下广元市经济发展新动力的对策建议

（一）强化资本投入、夯实发展动力

1. 争取发展政策，储备实施重大项目。紧紧围绕"十三五"规划、"一带一路"、长江经济带和扶贫开发等国家战略，积极争取国家和省委、省政府对广元市给予更多的政策、项目和资金支持，以及扶贫开发、移民搬迁等，加快重大项目储备和实施。优化财政支出结构，提高重大基础设施和产业项目以及民生工程等方面支出比重，增大财政投入。

2. 深化开放合作，做大招商引资规模。坚持以开放思维、全球视角和全局观念谋划推进发展，创新"引进来""走出去"新机制，加强与世界、全国大企业和省内外区域经济合作交流，加快融入全球创新网络，全面提高广元市开放合作水平。积极承接东部沿海产业战略转移，突出产业链招商、以商招商、精准招商，招引纳入国家产业政策规划的高新技术产业项目和配套产业企业落户广元，做大招商引资规模。

3. 降低市场准入，激发民间资本活力。大力发展非公有制经济，积极推进工商登记制度改革，降低市场准入门槛，促进民间资本通过独资、合作、参股、特许经营等方式进入基础设施、市政公用事业、金融服务、教育文化、医疗卫生、养老健康等领域。进一步完善和落实财政、金融、税收、信用担保、技术创新等方面的政策，支持民营企业做大做强，引导民营企业加强制度创新、管理创新和商业模式创新，大力扶持科技型、创新型、成长型中小微企业加快发展。

4. 完善融资体系，增强金融资金支持。创新国有资产盘活机制，做大做强市域投融资平台；推进村镇银行、资金互助组织、小贷公司、融资性担保公司、金融仓储、典当等融资机构发展壮大；鼓励市外各类投融资机构来广元设立分支机构或开展投融资业务；创新融资模式，重组整合各类资产，做实做优融资项目，大力推动债券发行，积极推进企业场外市场挂牌融资和上市融资，提升融资能力。

（二）推进消费投资、实现协调发展

1. 以投资为抓手，优化产业结构。新常态下适度的投资增速是广元能否实现"追赶型"的关键中的关键。一是要高度重视发展和保护实体经济，严控高耗能、高污染和产能过剩行业的盲目扩张。二是要加大对广元新兴产业、生产性服务业、传统产业改造的投资力度，特别要积极引导资金流向成长型产业，加快培育新的投资增长点。三是要加大对保障性住房、基础教育、公共卫生、基础设施建设等领域的投入力度，加大对农村的投入力度。

2. 以新型城镇化建设为抓手，着力提振消费。一是加强智慧城市建设，以提振住房消费和信息消费为抓手，推进城乡基本公共服务均等化，改善居民消费预期，以新一轮产业革命为突破，进一步拓展内需空间，创造和培育新的消费需求，释放市场的潜在需求，引导庞大的居民储蓄转化为强大的现实购买力。二是要推进市场载体建设，优化消费环境，加强市场监管力度，做好消费品行业管理。

3. 以园区建设为突破口，统筹城乡发展。在园区建设的规划中，首先要考虑人的发展，要把留住人才、留住就业者、留住家庭作为首选方案，避免入驻企业招工难和园区"空城"现象。要形成园区与城市错位互补和园区引领城市发展的格局。园区建设要有利于三农的发展，促使农业发展、农村变样、农民增收。

（三）优化产业结构、强化产业支撑

坚持淘汰落后、改造提升与发展先进并举，提高产业档次和行业效益，形成传统优势产业、新兴支柱产业和生产性服务业协调互动的发展格局。

1. 重视和突出工业的转型升级与规模发展的并行。立足现有工业优势和实际，加大技术改造投入，积极对接"中国制造2025"，全面提升制造业产品、装备、生产、管理和服务的智能化应用水平；引导企业向转移过剩产业和低端产业过渡，实现第二创业。做大一批战略性新兴产业，向掌握行业话语权的目标努力。

2. 坚持工业带动农业发展的理念，发展网络农业，提高绿色农业的信誉。农业发展要适应工业发展需要，要让工业企业来带动或发展农业，实现农业生产、销售、管理的现代化、技术化、信息化，解决了农业比较效益差、发展后劲不足等问题。利用现代网络，做好广元农业"无公害、环保、原生态"这张名片，促使生态优势向生产要素转变。

3. 大力发展新兴先导型服务业。促进生产性服务业与先进制造业的融合发展；发展"农旅一体"经济，加强城市旅游与农业旅游的互动，加强农产品与旅游的互动；变独特的城市品牌为发展资本，全面发展医养结合的健康养老模式，加强与成都、重庆等重点医院合作，建全省一流的医与养保障体系。

（四）加快科技创新、提高发展竞争力

1. 构建创新创业平台，支撑新型工业发展。推动产学研合作，积极引进省内外高等院校在广元设立分支机构，抓好科技创新平台建设，促进科技资源集成与信息共享；积极帮助企业引进高层次人才，大力开展研发活动。

2. 培育科技创新企业，提高自主创新能力。积极实施科技创新企业培育计划，大力发展科技型企业和培育高新技术企业，扩大开放合作，加大招商引资力度，力争引进一批技术含量高、辐射带动力强的优势企业。充分发挥企业创新的主体作用，激励和引导企业自主创新，加快创新成果应用。树立品牌产权意识，实施品牌振兴战略，着力打造具有广元优势特色的品牌群体，重点扶持有技术含量、有自主知识产权、在市场具有潜力的名牌商品企业，进一步扩大广元品牌的市场竞争力和影响力。

3. 加大科技创新投入，营造良好发展环境。强化组织领导，把创新驱动发展战略纳入目标考核，加大对科技环境、科技投入、科技人才等指标考核力度；相关部门要建立健全工作协调机制，细化工作推进方案和措施；完善科技创新和成果转化考核评价体系，加强分类指导和评价考核，定期督促检查，确保政策落实到位。增加创新投入。通过以奖代补、贷款贴息等方式加大财政支持科技活动的投入力度，确保科技经费投入的增长幅度高于同期财政收入幅度，逐步接近或达到省内发达地区的水平，力争R&D经

费支出占 GDP 的比重达到或接近 2.5%；注重科技经费投入结构的调整，力求经费最优化使用，切实提升自主创新能力；建立金融支持科技体系，完善金融科技服务平台，推行知识产权和股权质押贷款；充分发挥市场的作用，鼓励和引导民间资本支持科技创新。营造良好氛围。广泛开展科技普及和创新实践活动，强化科技宣传和舆论引导作用，形成全社会支持科技全新的良好氛围。

4. 实施人才强市战略，造就科技人才队伍。牢固树立"以人为本"的科技发展思路，建立健全科技人才体系，坚持培养和引进并重、以用为本。推动企事业单位与省内知名高校联合培养创新人才，鼓励省内外知名专家来广元工作，支持科技人才以入股等方式参与企业创新。实行职务科技成果转化激励机制，认真落实科技人才激励政策，对科技创新有突出贡献的个人和集体给予奖励。

新常态下遂宁经济发展新动力研究

遂宁是四川的"发展中地区"，总量小、基础弱、欠发达是最大的市情，传统产业比重大、经济结构不优、技术含量低是制约经济转型升级的最大问题，加快发展仍将在较长时间内成为遂宁的主题。加之我国经济发展进入以"中高速、优结构、动力转换"为主要特征的新常态阶段，挖掘经济增长源，培育增长新动力，实现经济持续健康快速发展，是当前迫切需要解决的问题。

本文将从需求动力、供给动力、产业动力和区域经济动力等角度探索遂宁经济社会发展的新动力，供参阅。

一、遂宁经济发展历程及主要原动力

改革开放以来，遂宁经济发展大致划分为以下三个阶段：

（一）以消费为主动力的经济发展阶段（改革开放之初到2000年）

经济发展主要特征：一是起步晚，发展速度缓慢，与全省差距逐渐拉大。"七五"期间遂宁市 GDP 年均增长 6.5%，比全省平均增速低 0.3 个百分点；"八五"期间 GDP 年均增长 8.8%，比全省平均低 2.6 个百分点；"九五"期间 GDP 年均增长 8.0%，比全省平均低 1.2 个百分点。到 2000 年，遂宁人均 GDP 比全省平均低 5712 元，占比由 1980 年的 46% 下降到 2000 年的 40.4%。二是工业化水平提升缓慢。到 2000 年，遂宁工业化率为 23.3%，仅比建市初的 1985 年提高 8.5 个百分点。三是服务业发展快于第二产业。1985 年第二产业占 GDP 的比重为 17%，比服务业（占 GDP 比重 12.7%）高 4.3 个百分点。到 2000 年，服务业增加值占 GDP 的比重达 33.9%，反超第二产业（占 GDP 比重 29.1%）4.8 个百分点。15 年间，服务业占比提高 21.2 个百分点，比第二产业多提高 9.1 个百分点。

经济发展动力的主要表现形式：一是以政府消费为牵引。1980~2000 年，政府消费年均增长 15%，分别比 GDP、资本形成快 6.9 个百分点、8.4 个百分点。二是消费对经济增长的贡献远远超过投资。到 2000 年最终消费占 GDP 的比重达 66.1%，比固定资本形成高 39.0 个百分点，比净出口高 63.6 个百分点。三是信息传输、交通运输、教育等基础产业成为经济的重要推动力，1980~2000 年年均分别增长 41.2%、15.7% 和 14.3%。

（二）以投资为主动力的经济发展阶段（2001~2010年）

经济发展主要特征：一是经济高速增长，快于全省平均水平。"十五"期间GDP年均增长12.9%，比全省平均高1.8个百分点；"十一五"期间GDP年均增长14.5%，高于全省平均0.9个百分点。二是工业化水平快速提升。2000年全市规模以上工业企业171户，到2010年达453户。2010年工业化率达44.5%，比2000年提高21.2个百分点，工业年均增速达30.8%。三是城镇人口快速集聚。到2010年，遂宁城镇人口达到124.84万人，比2001年增加60.23万人。十年间，全市城镇化率提高13.6个百分点。四是服务业发展相对缓慢。2001~2010年，服务业增加值年均增长13.3%，比工业低17.5个百分点；到2010年服务业增加值占GDP比重为26.7%，比2000年低7.2个百分点。

经济发展动力的主要表现形式：一是资本迅速集中和积累。到2010年全市固定资本形成总额达201.29亿元，自2001年以来年均增长18.6%，占GDP的比重41%，比2000年提高13.9个百分点。二是工业投资巨大。2010年工业投资达166.65亿元，比2000年增加163.18亿元，工业投资占投资的比重（不含房地产和农户）由2000年的16.5%提高到2010年的41.9%。三是政府在经济中的牵引作用突出。2001~2010年，政府对经济的投入年均增速达17%，接近资本形成总额17.9%的增速。四是房地产、租赁商务等现代服务业对经济的作用逐步提升，年均增速分别达12.8%和23.4%。

（三）投资与消费双动力转型的经济发展阶段（2011年至今）

经济发展主要特征：一是经济增速快速有所回落，但较全省平均增速的优势逐步扩大。2011年~2014年，遂宁GDP增速由15.2%回落到9.7%。但每年比全省平均分别高0.2、1.3、1.1和1.2个百分点。二是工业化水平相对稳定。2012年~2014年，工业化率基本稳定在46.5%左右，处于建市以来最高点。三是城镇化进程加快。2014年建成区面积达143.23平方公里，比2010年增加42.23平方公里；城镇化率为44.61%，比2010年提高6.21个百分点。四是服务业对经济的作用逐步提高。2010~2014年服务业在GDP中的比重年均提高0.5个百分点，其中2014年服务业增速实现了继2003年以来首次赶上GDP增速。

经济发展动力的主要表现形式：一是消费与投资对经济的双轮驱动作用明显。2011~2014年最终消费和固定资本形成分别增长21.5%和18.2%；2014年最终消费占GDP比重达58.9%，投资占GDP比重达50.7%，分别比2000年提高4个百分点和9.8个百分点。二是城市扩张对消费的拉动显著。2014年城市常住人口达146.43万人，比2010年增加21.5万人；2011~2014年，城镇消费年均增长32.5%，成为拉动内需的重要动力。三是现代服务业快速提升。2011~2014年金融业年均增长16%，租赁和商务服务业年均增长16.5%，文化体育娱乐业年均增长16.5%，卫生社会保障和社会福利业年均增长12%，均远远高于传统服务业增速。

综合分析改革开放以来的发展历程，遂宁经济发展的主动力在不断转移和深化，目前，基本形成了"制造业向服务业转移、工业化向城镇化转移、传统服务业向现代服务业转移"的格局，这是投资与消费双动力时期最显著的特征。

二、遂宁经济进入新常态的动力分析

（一）新常态下遂宁经济发展面临的形势

从国际来看，世界各国都在积极推动经济转型升级。美国正在通过"振兴制造业""再工业化"战略，着力推进智能制造业转型升级；欧盟大规模发展绿色能源，推动经济从"高碳"向"低碳"转型；新的科技革命带动全球产业链升级，数字制造、大数据、云计算等都在向制造业渗透。只有掌握先机，才会争取到更多发展权。同时，伴随着经济转型升级，世界开始进行以"双向转移"为主要特征的第五次产业大转移。一方面，受"再工业化"的影响，产业高端链条回流欧美发达国家；另一方面，受成本上升影响，产业低端链条开始从中国向成本更低的地区转移。

从我国来看，经济转型升级正处于阵痛期：经济增速正从高速增长转向中高速增长，经济发展方式正从规模速度型粗放增长转向质量效率型集约增长，经济结构正从增量扩能为主转向调整存量、做优增量并存的深度调整，经济发展动力正从传统增长点转向新的增长点。

受世界经济大调整和中国经济新常态的影响，遂宁承接发达地区产业转移的步伐将有所减缓，在要素成本上升影响下，面临产业向低成本地区转移的风险。同时，也为遂宁提出了新的发展要求，在新常态下，遂宁要紧抓新一轮技术和产业革命带来的机遇，促进新旧动力转变，寻找培育新动力，促使经济实现科学、可持续发展。值得注意的是，新常态下的经济发展并非完全摒弃传统动力，而是要总结传统动力的不足，在改进传统动力的同时，寻找新动力，已形成更为先进、有效、科学的发展动力。

（二）新常态下遂宁经济面临的主要问题

1. 处于工业化中期前半阶段，发展压力大

按照三次产业结构占 GDP 的比重和工业化发展阶段的标准来划分，我国已进入工业化发展后期，第三产增加值占 GDP 的比重达到 48.2%，超过第二产业（42.6%），且第一产（9.2%）低于 10%。四川已进入工业化中期的后半阶段，第二产业比重为 50.9%，高于第三产业（36.7%），且第一产（12.4%）低于 20%并接近于 10%。而遂宁还处于工业化中期的前半阶段，第二产业为 55.5%，远高于第三产（27.3%），第一产业（17.2%）接近 20%。按照国际经验，遂宁在这一发展阶段，工业仍然是经济增长的主要动力，三次产业结构将继续优化，服务业对经济的贡献将逐步提高，但所占比重在短期内难以实现显著提升。这是遂宁所处发展阶段所具备的特征，也是遂宁经济发展的需求。顺应经济发展规律，遂宁在未来较长一段时间内，仍要保持一定的经济增长速度，加快工业发展，扩大经济规模，缩小与发达地区的差距；同时，也要把握国内外经济结构大挑战的发展机遇，在加快经济发展的同时，提高经济发展质量。

2. 承接发达地区产业转移的矛盾突出

改革开放以来，遂宁承接了大量发达地区大量低端链条产业，实现了自身的快速发

展。但随着经济进入新常态，以消耗人力、土地等资源要素为代价的增长模式问题日益突出，主要表现为产业技术含量低、转型升级迟缓、产能过剩突出、家族式管理现象严重、小微企业占主导等。从产业内部发展看，遂宁第一产业主要以传统农业为主，现代农业发展还处于起步阶段；在工业方面，纺织、食品、化工、机械配套四大传统产业产值占比较大，而电子信息、生物技术、新型能源等新兴产业发展不足；在服务业方面，传统服务业比重大，而金融、物流等现代服务业发展明显滞后。从研发投入情况看，2013 年，遂宁 R&D 经费内部支出仅 3.58 亿元，R&D 经费内部支出占 GDP 的比重 0.49%，分别低于全国和全省平均水平百分点和百分点。

3. 发展基础差，经济欠发达

从经济规模看，经济欠发达仍然是遂宁最大的市情。近年来，遂宁经济发展虽然取得了长足进步，但总体来看，经济总量小、人均水平低，2014 年全市地区生产总值为 809.6 亿元，人均 GDP 为 24691 元，地方公共财政收入 39.7 亿元，均居全省第 16 位。

4. 要素保障不足

遂宁地处涪江中上游，属于国家生态保护区，土地资源和水资源均十分匮乏，人均耕地仅 0.6 亩，低于全国、全省平均水平；人均水资源不足 270 立方米，仅为全省平均水平的 1/12。在劳动力资源方面，就业人口文化素质不高，专业技术人才存量不足，高层次人才、高端人才紧缺。第六次人口普查资料显示，遂宁就业人口中，初中、小学文化程度占比达 84%，具有大专以上程度的仅占比 3.8%。

5. 区域发展不平衡

2014 年，船山区（含小船山、国开区和河东新区）和射洪县 GDP 占全市 GDP 的比重分别为 27.9% 和 32.1%，而安居区、蓬溪县和大英县分别只占 12.4%、13.2% 和 14.4%。除船山区城镇化率达 79.01% 外，其余区县城镇化率均不高，安居区、蓬溪县、大英县和射洪县城镇化率分别为 24.19%，31.4%、35.3% 和 46.9%。

（三）新常态下遂宁经济发展的新动力源及论证分析

1. 改革的动力：释放红利，发展潜力深入挖掘

一是全面深化改革释放的红利，为遂宁发展注入新的活力。行政审批制度改革、国企改革、财税金融体制改革、科技体制改革等国家改革政策逐步推进为遂宁经济发展提供了强大动力。

二是西部大开发、"一带一路"、城市群规划建设等国家战略调整和实施给遂宁发展带来新的机遇。国家作出"把成渝城市群打造成为现代产业基地、西部地区重要经济中心和长江上游开放高地，建设深化内陆开放的试验区和统筹城乡发展的示范区"等系列部署，进一步明确了成渝城市群一体化发展的重要地位，必将推动遂宁加快发展。

三是遂宁改革创新为进一步挖掘发展动力提供了保障。深入推进简政放权，严格执行"两集中""两到位"；持续优化行政审批流程，压缩审批环节 86 个。持续深化商事制度改革，大力推行工商营业执照、组织机构代码证、税务登记证"三证合一"。加快农村产权制度改革，全面完成集体土地所有权、集体建设用地使用权和农村房屋产权确

权，创新推出"欣农贷"等金融产品。出台了 39 条稳增长措施、9 条促进房地产业平稳健康发展的意见、12 条财税支持政策、八大成长型产业推进方案等。出台了加强投资促进、推动工业转型升级、推进 PPP 模式、推动大众创业万众创新、促进房地产业、设立企业应急转贷资金池、建立产业发展引导资金等 7 个重点领域 78 条政策措施。设立创业创新引导资金，支持高校毕业生、返乡农民工、失业人员，以及有创业能力、创业愿望的普通群众创业创新。

2. 区域发展的动力：扩大内需，市场开放不断扩大

一是新型城镇化建设的动力。根据相关调查资料测算，一个农村居民转变为市民，将增加 12 万元左右的投资和消费需求。以市中心城区为例，到 2018 年中心城区（包括市主城区、国开区、河东新区、安居县城和金桥新区）预计将达 103 万人，较 2014 年增加 33 万人以上，将增加投资和消费近 400 亿元。预计到 2018 年，射洪、蓬溪、大英等城镇人口将增加 40 万人，将增加投资和消费达 480 亿元以上。从购买力看，资金十分充足。2010~2014 年，遂宁居民储蓄净增加 288 亿元，比消费总额净增加额还多 135 亿元，充足的居民储蓄，为扩大消费提供了有力的资金保障。从发展空间看，前景十分广阔。2010~2014 年，遂宁社会消费品零售总额年均增长 15.5%，比全省平均高 1.1 个百分点；人均消费年均增长 14.2%，比全省平均高 0.2 个百分点。2014 年，遂宁人均消费额为 10609 元（按当年常住人口计算），比 2010 年增加 4198 元。

二是市城区与区县协调发展的动力。市城区中环线及各区县至市城区快捷通道的建设是实现市城区与区县协调发展的重要工程。城市中环线建成后，将大大缩短区县与市城区的空间距离，提升交通效率，促进市城区与区县联动发展、协调发展，加速新型城镇化进程。

三是与成都同城化发展的动力。2013 年，省住房和城乡建设厅初步完成新一轮城市总体规划修编，将遂宁纳入成都平原城市群统筹规划布局。全方位提升在成都经济圈的战略地位，特别是实现在交通、产业、信息、市场、民生方面的"五个同城化"发展，将成为遂宁经济发展的新动力。遂宁全方位参与成都同城化发展的基础较好：在资源环境承载力、科技文化竞争力和区域经济聚集力等方面遂宁走在全省前列，其中资源环境承载力居全省第二位。同时，随着一环八线高速公路网络、七向二十一线铁路枢纽以及全国重要的 4C 级训运两用机场的相继建成，遂宁作为四川重要的次级综合交通枢纽地位将不断强化。2014 年遂宁 GDP、固定资产投资、社会消费品零售总额和公共财政预算收入增速分别比成都高 0.8、11.7、1.5 和 4.3 个百分点。

3. 转型升级的动力：创新驱动，三产联动协调发展

从条件看，转型升级基础具备，三产联动更加紧密。近几年来，遂宁大力实施"六大兴市计划"，加快推进产业优化升级，突出发展区位优势型、传统优势型、环境优势型和资源优势型等四类优势产业，建成配套成渝的天然气基地、传统产业改造升级基地、高端电子产业配套基地、现代物流中心和休闲度假旅游目的地，三次产业相互依存、相互融合。

从投资看，转型升级与三产协调发展的步伐加快。一是投资结构不断优化。服务业

投资成为投资的重中之重。2010～2014年服务业投资年均增长28.1%,比投资增速高12.6个百分点,占投资的比重由2010年的41.6%提高到2014年的60.7%。2010～2014年更新改造投资年均增长18.3%,比投资增速快2.8个百分点。二是以提升消费平台为主的基础设施建设发展势头良好。2011年、2012年、2013年基本建设投资增速分别为30.6%、32%、24.4%,分别比投资增速高7.3、9.9和1.5个百分点,2014年基础设施投资增长22.8%,比投资增速高9.3个百分点。

从平台看,园区集聚为转型升级和三产联动提供了发展空间。一是多功能园区的快速发展,成为培育技术创新和产业转型升级的良好基地。目前,遂宁已形成了遂宁经济技术开发区、金桥新区、射洪西部国际技术产业园等14个现代园区与城市协调发展的格局。五大现代农业园区以点连线、以线带面、成片推进,加快了农业的转型升级。以西部现代物流港为中心,县(区)物流基地为支点的物流网络逐步形成,公铁联运、保税物流、城市分拣配送、电子商务配送、供应链金融结算等功能逐步完善和成熟。二是产城一体的园区招商与发展模式,为产业集聚与三产联动提供了有力保障。从招商上看,以商招商、产业链招商等有利于发挥产业磁场作用,降低政府招商成本。从发展上看,加速了园区三次产业的融合互动,将技术、人才、资本与企业有机结合,为园区的技术创新、产业转型升级提供了要素保障。比如,射洪西部国际技术产业园,按照"科研引领、产业集成、NCC服务支撑、产城一体"的发展思路,着力建设生产生活配套服务体系,实现了工业企业主辅分离。目前已签约芯片制造、高端装备制造等企业11个。

从趋势看,转型升级内生动力不断滋生,催生三产联动新的动力源。一是传统农业经营方式不断转变。企业化、工业化深度融入传统农业,有效整合了生产要素,促使农业生产进一步标准化、规模化。农企合作组织成为农业发展的重要推动力,先进的生产方式打造出一批农业品牌。比如,四川香叶尖茶业公司以"公司+基地+专业合作社+农户"的模式进行产业化经营,荣获第十一届"四川名牌"称号;齐全农牧有限公司与市铜锣养猪农民专业合作社共同组建了遂宁市多农农牧有限公司,共同建设现代畜牧业养殖基地;以"绍兵家庭农场"为代表的一批家庭农场将零散土地流转到一起,获得了良好经济效益。二是工业企业自主创新能力不断加强。以制造为中心逐步转向制造与服务并重,引入"互联网+";按照以企业为主体、市场为导向、产学研结合的原则,组建了锂电产业联盟,带动企业与高校、科研院所协同创新;电子信息、新材料、生物医药等领域多项关键技术瓶颈得到突破。比如,沱牌舍得集团开发了生态小酒,在占领中低端市场上取得成效;四川久大蓬莱盐化有限公司,由基础盐向精细盐化工转变;四川奥尔珀电梯有限公司把"互联网+"运用到电梯的售后服务监管上,在行业举步维艰的背景下,实现了订单大幅提升。三是服务业萌生新的增长点。近年来,遂宁的技术研发与设计服务、物流服务、生产性金融服务、租赁和生产性商务服务等生产性服务业迅速崛起,服务业发展空间得到拓展,促进了经济转型升级。2013年末,全市生产性服务业企业787个,占服务业企业的34.8%;企业资产总计1770.6亿元,占52.2%;从业人员21949人,占36.2%。

三、新常态下遂宁经济发展新动力的对策建议

（一）抢抓改革开放的先机，激发社会发展活力

改革是最大的红利，开放是最大的出路。在新一轮改革开放中，遂宁要抢抓区域发展优势和先机，为释放经济发展新动力提供坚强的制度保障。

一是制定转型升级的产业政策，加大对战略性新兴产业、致力于改造升级的传统产业、创新型小微企业、三农等领域的支持力度，鼓励大众创业、万众创新，激发市场主体活力。

二是以"六大兴市计划"为切入点和支撑点，全面融入"一路一带"和长江经济带，大力拓展国内外市场，把招商与产业转移有机结合起来，把优存量与增存量有机结合起来，把招大与引优有机结合起来，加快综合保税区、国际陆港城市、国家级示范物流园区建设，激发对外开放活力。

三是变文化资源优势为生产要素，将"观音文化"、书画诗酒等历史文化底蕴，与现代生态文明、现代产业文明结合起来，为经济发展注入新的生机。

四是深入推进要素市场化配置改革，加快优化发展环境体制改革，全面清理和废除妨碍公平竞争的各种规定，促进生产要素的自由流动和有序竞争。

（二）科学定位于成渝经济圈，提高市场开放水平

遂宁是成都、重庆两个特大城市的重要节点，具有很高的战略地位。科学定位遂宁在成渝经济圈的战略地位，切实解决市场、人才、技术和资金等要素对遂宁发展的制约因素，借势提升参与成渝经济圈建设的重要作用。

一是建设发达的铁路网络。发展铁路是提升遂宁市场化水平最大的捷径，是缩短遂宁与成渝经济圈空间距离最有效的方法。一是规划和建设成都—遂宁—重庆高铁，将遂宁与成渝两大城市的时间距离缩短至半小时以内。二是开设遂宁至成渝的动车专列，建立始发站，提升遂宁积极参与成渝经济圈建设的效率。三是实现所有途经遂宁的动车在遂宁站停靠，增加预留车票的计划，解决遂宁动车票紧张的问题。四是建设遂绵内宜铁路网络。

二是主动承接成渝经济圈的产业链转移。全方位提升在成渝经济圈的战略地位，产业承接是关键。积极推进与成渝经济圈的产业配套，实现产业链的延伸和补充，实现借势发展。加快产业资源向遂宁集聚和产业链条向市外拓展，做大做强优势产业，实现错位发展。依托优势资源和条件，深度开展务实合作，加快共建产业园区，实现借地发展、借智发展。

三是借势发展"三大市场"。金融、人才、技术是发展的基础，是发展中的生产力。发展现代金融市场，借助融入成渝经济圈的时机，引进国内外银行、保险、证券、信托等设立分支机构，切实解决"融资难、融资贵、融资慢"问题。发展人才市场，深入推进人才高地建设，以承接成渝高校的部分教学或科研活动为基础，培育高素质创新创业型、基础应用型人才队伍。发展技术市场，加强与省经委合作，建立企业主体、政府引

导、科研机构积极参与的合作机制。

（三）狠抓创新驱动夯基础，提升综合竞争力

一是深入实施创新驱动战略。认真贯彻落实《中共中央国务院关于深化体制机制改革加快实施创新驱动发展战略的实施意见》，加大研发投入，完善创新体系，在技术创新、品牌创新、业态创新、管理创新等方面取得新突破，增强产业集群的内生动力和核心竞争力。

二是创新招商策略。推进政府招商与以商招商、以企招商等并重发展，减少招商成本和社会资源浪费，按照市场资源配置的要求，实现招商价值的最大化。比如，四川绿然商贸集团的招商模式，既招了企业，还引来了技术、资本和人才，实现了园区市场化管理。

三是做强绿色产业。遂宁是"全球绿色城市""绿色经济示范城市""全国绿化模范城市"，良好的生态环境已成为遂宁创新驱动的前提保障和核心竞争力。坚持绿色发展理念，以现代物流、电子商务、电子信息、新能源、新材料等环保类的产业为抓手，严控传统产业企业的污染耗能，并充分运用信息化技术推动产业转型升级。

四是培育战略性新兴产业。抓住国家相继实施"高端装备、信息网络、集成电路、新能源、新材料、生物医药"等重大项目的契机，培育一批战略性新兴产业。比如，天齐锂业要用好推动建立新材料风险补偿政策，加快发展步伐；紧跟国家"互联网＋"行动计划，推动移动互联网、云计算、大数据、物联网等与现代制造业结合。

五是集聚创新要素。加强政府创新体系和科技基础设施建设，大力推进企业与企业、企业与高校、企业与科研机构之间的协同创新，依托五大现代农业园区、中国西部现代物流港、国开区、河东新区以及特色产业基地等，集聚各种创新要素。

（四）着力优化产业结构，强化产业支撑

坚持淘汰落后、改造提升与发展先进并举，提高产业档次和行业效益，形成传统优势产业、新兴支柱产业和生产性服务业协调互动的发展格局。

一是要重视和突出工业的转型升级与规模发展的并行。立足现有工业优势，加大技术改造投入，积极对接中国制造2025，全面提升制造业产品、装备、生产、管理和服务的智能化应用水平；引导企业向转移过剩产业和低端产业过渡，实现第二创业；做大一批战略性新兴产业，向掌握行业话语权的目标努力。

二是坚持工业带动农业的理念，发展网络农业，提高绿色农业的信誉。农业发展要适应工业发展需要，让工业企业来带动或发展农业，实现农业生产、销售、管理的现代化、技术化、信息化，解决农业比较效益差、发展后劲不足等问题。利用现代网络，做好遂宁农业"无公害、环保、原生态"这张名片，促使生态优势向生产要素转变。

三是大力发展新兴先导型服务业。促进生产性服务业与先进制造业的融合发展；提升现代物流示范市的战略地位，建立成渝经济圈物资集散中心；发展"农旅一体"经济，加强城市旅游与农业旅游的互动，加强农产品与旅游的互动；变独特的城市品牌为发展资本，全面发展医养结合的养老模式，加强与成都、重庆等地重点医院合作，建全

省一流的医养保障体系。

（五）推进消费与投资协调发展，刺激内需扩大

一是以投资为抓手，优化产业结构。新常态下适度的投资增速是遂宁能否实现"追赶型"跨越的关键中的关键。首先，要高度重视发展和保护实体经济，严控高耗能、高污染和产能过剩行业的盲目扩张。其次，要加大对新兴产业、生产性服务业、传统产业改造的投资力度，特别要积极引导资金流向天然气、电子信息、机电装备与制造、新材料等四大成长型产业，加快培育新的投资增长点。第三，要加大对保障性住房、基础教育、公共卫生、基础设施建设等领域的投入力度，加大对农村的投入力度。

二是以新型城镇化建设为抓手，着力提振消费。首先，推进与成都同城化发展，建立城市群统一的商贸物流、旅游营销、就业服务、通信等信息网络共享平台。其次，加强智慧城市建设，以提振住房消费和信息消费为抓手，推进城乡基本公共服务均等化，改善居民消费预期，以新一轮产业革命为契机，进一步拓展内需空间，创造和培育新的消费需求，释放市场潜在需求，引导庞大的居民储蓄转化为强大的现实购买力。第三，要推进市场载体建设，优化消费环境，加强市场监管力度，做好消费品行业管理。

三是以园区建设为突破口，统筹城乡发展。在园区建设的规划中，首先要考虑人的发展，要把留住人才、留住就业者、留住家庭作为首选方案，避免入驻企业招工难和园区"空城"现象。要形成园区与城市错位互补和园区引领城市发展的格局。园区建设要有利于三农的发展，促使农业发展、农村变样、农民增收。

新常态下内江经济发展新动力研究

2014年5月10日，习近平同志在河南考察时首次明确提出新常态。他指出："我国发展仍处于重要战略机遇期，我们要增强信心，从当前我国经济发展的阶段性特征出发，适应新常态，保持战略上的平常心态。"7月29日，他在中南海召开的党外人士座谈会上进一步指出：正确认识我国经济发展的阶段性特征，进一步增强信心，适应新常态，共同推动经济持续健康发展。11月9日，习近平同志在北京召开的亚太经合组织工商领导人峰会开幕式的演讲中，集中阐述了我国经济发展新常态下速度变化、结构优化、动力转化三大特点，指出新常态将给中国带来新的发展机遇。在12月9日举行的中央经济工作会议上，习近平同志详尽分析了中国经济新常态的趋势性变化，并强调指出：我国经济发展进入新常态，是我国经济发展阶段性特征的必然反映，是不以人的意志为转移的。认识新常态、适应新常态、引领新常态，是当前和今后一个时期我国经济发展的大逻辑。这一重要论断将新常态提升到国家战略层面。2015年3月30日，在同出席博鳌亚洲论坛年会的中外企业家代表座谈时，习近平同志进一步对新常态下实现经济新发展、新突破提出了明确要求。他强调，中国经济发展已经进入新常态，向形态更高级、分工更复杂、结构更合理阶段演化，这是我们做好经济工作的出发点。

新常态是对我国经济发展阶段性特征的高度概括，是对我国经济转型升级的规律性认识，是制定当前及未来一个时期我国经济发展战略和政策的重要依据。我国经济发展进入新常态后，增长速度正从高速增长转向中高速增长，经济发展方式正从规模速度型粗放增长转向质量效率型集约增长，经济结构正从增量扩能为主转向调整存量、做优增量并存的深度调整，经济发展动力正从传统增长点转向新的增长点。

在认识新常态、适应新常态、引领新常态的"大逻辑"下，内江经济要秉持怎样的发展新理念？从何发掘经济发展新动力？如何营造经济发展新环境？

一、内江经济增长的动力分析

（一）经济增长的供给要素动力分析

从投入要素分析，资本、劳动力和包含技术进步、制度改革等在内的全要素是经济增长的长期动力，各国经济实践也充分证明这些要素是经济增长的主要源泉。按照诺贝尔经济学奖获得者罗伯特·索洛的经济增长理论，采用柯布—道格拉斯生产函数 $Y(t) = A(t)K\alpha(t)L\beta(t)$，方程两边取自然对数，得到进行经济增长率计量核算的基础形式：$\ln Y(t) = \ln A(t) + \alpha \ln K(t) + \beta \ln L(t)$。资金、劳动和全要素对产出增长速度

的贡献率 EK、EL、EA 分别为 $EK = \alpha k / y \times 100\%$；$EL = \beta L / y \times 100\%$；$EA = a / y \times 100\%$。

◆变量确定。产出量 Y 选用地区 GDP、资本投入（K，用固定资产投入和资本形成两项指标的年均增速加权处理测算）和劳动力投入（L，用就业人数和劳动者报酬年均增速计算）作为变量。

◆参数确定。近年来，国内外经济学界通过对大量实验数据测算和分析，进行了广泛和深入的研究，提出了若干确定产出弹性系数的方法，同时也有许多学者沿用了世界银行所采取的两种分割方式：资本和劳动的产出弹性系数分别为 0.4 和 0.6。本课题采用国家发改委和国家统计局推荐的 α 为 0.3，β 为 0.7 进行分析。

◆测算结果。测算时，增长速度用 GDP、资本形成总额和劳动者报酬可比价计算。当 $\alpha = 0.3$ 和 $\beta = 0.7$ 时，计算各要素对经济增长的贡献率见表 1。

表 1　内江 2005—2014 年各生产要素的贡献率

年份	总产出增长率/%（Y）	资本增长率/%（K）	劳动增长率/%（L）	资本贡献率/%	劳动贡献率/%	全要素贡献率/%
2005 年	12.1	13.8	5.1	34.2	29.5	36.3
2006 年	14.5	17.9	4.8	36.9	23.0	40.1
2007 年	15.5	17.3	4.9	33.5	22.1	44.4
2008 年	15.7	23.7	5.6	45.3	25.0	29.7
2009 年	15.5	29.3	3.2	56.7	14.5	28.8
2010 年	16.2	28.0	3.5	51.9	15.2	33.0
2011 年	15.3	22.2	5.0	43.5	22.9	33.6
2012 年	13.6	18.4	4.9	40.6	25.2	34.2
2013 年	10.3	12.4	4.2	36.1	28.5	35.3
2014 年	8.9	9.8	4.0	33.0	31.5	35.5

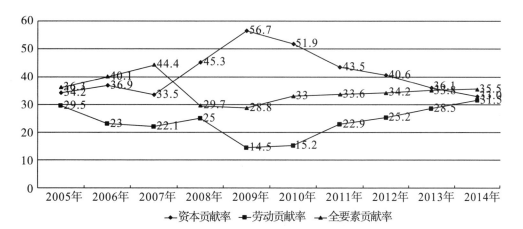

图 1　2005－2014 年各生产要素的贡献率走势图（单位：%）

◆测算结果分析。本次测算收集并整理 2005 年以来相关数据，对内江从 2005 年到 2014 年的资本贡献率和劳动贡献率等指标进行了测算，呈现以下特点。

1. 全要素贡献率呈平稳增长的运行态势。2008 年，受 5 · 12 大地震灾后重建的影响，经济的增长主要依靠投资拉动，科技进步、制度改进等其他要素对经济增长的贡献率跌破 30%。但随着科技的不断发展和制度的逐步完善，全要素贡献率开始逐步回升，从 2009 年的 28.8% 提高到 2014 年的 35.5%，呈现出平稳增长的良好态势。

2. 经济增长对资金依赖仍然较大。内江经济增长在资金投入方面的依赖性较大，2005－2014 年资本贡献率均保持在 30% 以上。虽然资本的贡献率总体呈下降趋势，2014 年较最高点 2009 年下降了 23.7 个百分点，但仍然保持在较高的水平上，可见内江经济增长依然主要靠投资拉动。

3. 劳动力投入贡献率增势明显。全市劳动对经济增长的贡献份额相对较低，除 2014 年外，均在 30% 以下，特别是在 2009 年和 2010 年，内江劳动力投入对经济的贡献率仅为 14.5% 和 15.2%，说明当时内江劳动力投入对经济增长的影响相对较小。但随着劳动者素质的增强，劳动生产率水平的不断提高和全社会劳动报酬的不断上涨，内江劳动力投入对经济的贡献率逐年提高，内江劳动力优势正逐步转化为推动经济发展的重要力量。

（二）经济增长的需求要素动力分析

内需规模不断扩大对全市经济增长发挥了巨大的拉动作用，而外需不足则对内江经济增长形成了一定制约。2014 年内江资本形成总额 450.07 亿元，最终消费额 686.56 亿元，货物和服务净出口为 20.14 亿元，分别是 2005 年的 5 倍、4.4 倍和 2.1 倍。从三大最终需求占 GDP 比重看，总体呈投资上升、消费平稳、净出口比重始终在低水平徘徊的趋势。2005 年至 2014 年，投资率由 34.9% 上升到 38.9%，消费率由 61.4% 小幅下降到 59.4%，净出口率由 3.7% 降至 1.7%。

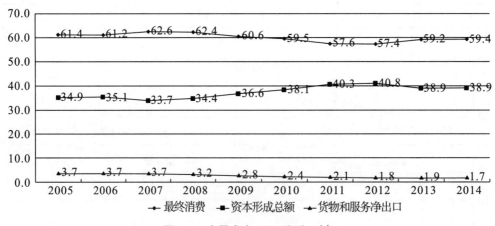

图 2　三大需求占 GDP 比重（%）

1. 消费需求是拉动经济增长的主要因素。2005－2014 年，平均消费率为 60.1%，对经济增长的年平均贡献率达 59.4%。通过回归分析发现，内江消费与总产出高度线性正相关（$y = 1.7358c - 19.8390$），表明当前消费的不断扩大，为全市经济的快速增长创造了有利条件。近年来，内江消费率、消费贡献率不断回升，超过了投资对经济增长的拉动，成为全市经济增长的主动力。

2. 投资需求是促进经济增长的重要支撑。2005－2014年，全市平均投资率为37.2%，对经济增长的年平均贡献率为39.3%。投资率呈稳步上升趋势，在2012年达到40.8%，2013年和2014年随着房地产市场低迷和产业结构调整升级，投资需求有所减弱，投资率回落至38.9%；从贡献率来看，2009年受5·12震后重建影响，全市投资贡献率达到51.2%，虽从2010年开始贡献率逐渐下降，但2014年仍达到38.9%，对全市经济增长的贡献仍然很大。

3. 净出口需求是经济增长的"短板"。全市对外依存度低，净出口需求对全市经济增长的作用小。内江是一个内陆地区，大量的消费品、投资品从外地流入，并没有真正创造属于本地的增加值，而是拉动了生产地的增加值，对经济发展的拉动作用有限。2005－2014年，全市净出口对经济增长的年平均贡献率为1.2%。

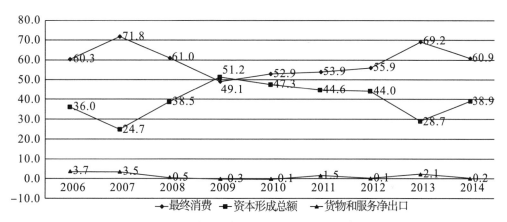

图3　三大需求对GDP增长贡献率（%）

（三）经济增长的产业结构动力分析

从动态的角度看，经济增长的快慢与产业结构水平高度相关，产业结构在一定程度上决定经济增长方式，任何一个时期经济的增长都是受一定产业结构的制约。从三次产业的贡献率角度分析，二、三产业对经济的拉动作用大于一产业，并且二产业的拉动作用强于三产业。为定量考察产业结构变化对经济增长的影响，引入统计分析中的因素分析方法来分析产业结构变动对经济增长的贡献率。计算过程如下：

$$g = \sum_{i=1}^{3} W_i g_o$$

g 表示国民生产总值的增长率；w_i 为第 i 产业增加值占GDP的比重；g_i 为第 i 产业增加值的增长率。借鉴因素分析方法测定产业结构变动对经济增长的贡献率，以各产业的报告期增长率，乘以基期（本文以2005年为基期）的增加值比重来求得GDP增长率，与报告期实际GDP增长率相减就是产业结构变动对经济增长的贡献率。计算结果表明，产业结构对经济增长有较大的影响作用，在2011年贡献达到最大，后逐渐减小，表明全市产业结构优化对经济增长推动作用有所减弱。

表 2　产业结构贡献率（%）

年份	实际增值率	测算增长率	产业结构贡献率
2005	12.1	12.1	0.0
2006	14.5	14.6	0.1
2007	15.5	14.9	0.6
2008	15.7	14.7	1.0
2009	15.5	14.1	1.4
2010	16.2	14.1	2.1
2011	15.3	13.0	2.3
2012	13.6	11.9	1.7
2013	10.3	9.5	0.8
2014	8.9	8.3	0.6

综上所述，2005 年以来，内江经济发展基本上形成三条推动经济增长路径，即：以内需为主的增长，外需动力不足；以要素投入为主的增长，而自主创新动力不足；以工业化为主的增长，产业优化动力不足。三条路径虽然在过去一段时期有力推动了内江经济的快速增长，但经济增长过程中的问题也日益凸显，传统增长动力面临越来越多的挑战，增长方式转变迫在眉睫。

二、新常态下原有增长动力正在逐步衰减

（一）传统人口红利正在消失，劳动力要素配置在发生转换

学界通常用人口抚养比来定义人口红利。即当一个国家的人口抚养比较低时，可为经济发展创造比较有利的人口条件。根据劳动年龄人口的两种不同定义（15 岁—59 岁人口或 15 岁—64 岁人口），计算总抚养有两种方式。为便于数据收集，根据公安系统户籍人口年龄阶段划分，此处采用 15—60 岁人口大致测算，内江近几年来人口抚养比呈现逐年上升的态势，总人口总抚养比早在 2012 年达到 50% 的临界点，2014 年达 52.7%，高于全国平均水平（同口径）5.6 个百分点，表明内江传统人口红利消失快于全国。

劳动力要素配置在发生转换，劳动力供给的短缺逐步显现，"刘易斯拐点"正在到来。根据公安系统人口数据显示，2008 年以来内江劳动年龄人口持续出现绝对下降，从 2008 年到 2014 年，内江 18—60 岁劳动年龄人口减少 14.46 万人，而 60 岁以上年龄人口增加 17.94 万人，达到 85.29 万人，占全部总人口比重 20%，达到老龄化程度标准，这意味着全社会劳动投入增长将逐步放缓。因此，这就从客观上决定了依靠劳动力资源丰富、劳动力成本低廉的"传统人口红利"支撑经济高速增长模式已经难以为继。

（二）传统工业产能过剩严重，产业亟待转型升级

过去 30 多年内江、四川乃至全国走的都是高投入、高消耗、高污染、低产出的经济发展路子。2014 年，内江单位 GDP 能耗 1.278 吨标准煤/万元，大约是全省平均水平的 1.5 倍，传统产业普遍产能过剩。投资增长与消费增长严重失衡，2000 年以来，内江固定资产投资增速除 2011 年外其余年份均保持在 15％以上，而消费增幅均低于投资增速。投资在当期为需求，到下一期则形成供给，供给能力持续地以快于需求增长，造成产能过剩问题。显然，目前依靠要素驱动和投资驱动的经济高速增长模式已难以为继。

产品价格作为评判产能过剩的标准之一，也充分暴露了传统工业产能过剩问题。2015 年 1—10 月，内江工业生产者出厂价格指数（PPI）同比下降 6.3％，而全国、全省分别下降 5.1％和 3.5％，内江降幅均高于全国、全省平均水平。截至 2015 年 10 月，内江 PPI 涨幅已连续 19 个月处于负增长区间。有关数据表明，钢铁、煤炭、水泥等产能过剩行业 PPI 负增长 20％，对整个工业 PPI 下降的贡献占 70％以上，也就是说，这些重工业的严重过剩产能在拖累整个工业的企稳，进而对全市经济造成实质性的负面影响。PPI 持续下降表明工业产能过剩，特别是钢铁、水泥、煤炭等高消耗、高污染行业尤为突出。

（三）投资对经济增长的拉动减弱，产业投资回落

中国是个"投资驱动型"特征颇为明显的国家，特别是政府投资一直处在一个"亢奋"的状态，投资对经济增长长期起着重要支撑作用。内江总投资率自 2009 年超过 40％以来，已持续长达 6 年之久，特别是近两年，投资率在高位运行中连续突破 50％、60％两个大关。在此背景下，资本边际效率或者资本边际生产率在不断递减，原来依靠"投资拉动"的增长动能趋于衰减。

作为西部城市，今年上半年内江受产能过剩和实体经济低迷影响，工业投资呈现负增长且缺乏新开工重大项目，对经济增长的拉动明显减弱。主要表现：一是投资保持高位增长难度增大，受长期垫高投资基数影响，内江投资率已高达 60％左右，虽然推出了一批面向社会的 PPP 项目，但民营企业参与度不高，离预期还有一定差距，难以继续保持高速增长。二是基础设施建设后续大项目不多，产业投资回落，发展后劲不足，今年上半年，内江产业投资额同比下降 8.1％，新开工项目平均规模由年初的 9600 万元/个下降至 7755 万元/个。

（四）消费拉动不确定因素增加，受电商影响面临外流风险

电子商务近年快速发展，由于其交易快速便捷、价格合理透明，满足了新一代消费者的现实需求，在相当大程度上抢占了传统批发零售业的市场份额，也导致了消费力外流。2015 年天猫"双十一"成交额仅用 12 分 28 秒破 100 亿，比去年快 25 分钟，人口超过 4 亿的 80 后和 90 后，是造就了淘宝和天猫的"双十一"销售奇迹的主力，同时也不断刷新电子商务的世界纪录。2015 年以来，内江快递业延续了高增长势头，预计全

年快递业务量接近 500 万件,业务收入约 8000 万,均同比增长 30% 以上,表明内江网购消费正在爆发式的增长。目前,内江本土电子商务企业发展却相对滞后,成规模、知名度高的网店相对少,龙头企业缺乏,与沿海城市等外销大市相比,内江电子商务的增长主要依靠购买,而不是销售。2014 年,全市电子商务交易额破千万的电商企业仅威远黄老五和内江供销土特产公司两户,网购的兴起使得内江消费外流严重。

(五)银行抽贷现象突出,企业直接融资不足

国家虽然实施宽松的金融政策,但在本轮经济下行,特别是商业银行贷款责任追究终身制不断强化的情况下,金融机构信贷投入越加谨慎,惜贷、抽贷、限贷现象突出,部分银行"多收少贷"或"只收不贷",实体经济普遍存在融资难。内江支柱企业川威集团生产波动就主要受银行抽贷影响,工业企业融资中银行贷款比例下降,民间借贷增多,但民间借贷的高利率让企业难以承受。据统计,美国中小企业平均寿命 7 年左右,大企业平均寿命 40 年左右,而中国中小企业的平均寿命仅 2.5 年,集团企业的平均寿命仅 7-8 年,表明企业生产经营中风险是必然存在的,如果银行都只做 100% 稳当的贷款,那么民营企业特别是中小企业在成长期将普遍得不到银行资金支持,包括其中极具潜力的优秀企业,当前证券市场规模尚小,离开了银行支持,民营经济发展将举步维艰。

另一方面,长期以来,企业融资形成了对银行信贷的高度依赖。2015 年 2 月底,我国银行业总资产已突破 170 万亿元,相当于 2014 年 GDP(63.64 万亿元)的 267%,而 2014 年底我国股票总市值为 37 万亿元,相当于 GDP 的 58%,债券余额为 35.64 万亿元,仅为 GDP 的 56%。我国直接融资比重与美国相去甚远。美国债券存量相当于美国 GDP 的 250% 左右,股票总市值相当于 GDP 的 162%,而银行业总资产却不及美国 GDP 的 90%。内江作为西部内陆城市,证券业发展相对滞后,企业直接融资比重更低,目前,内江通过上市直接融资的企业总共 7 户,仅占规模工业户数的 1.6%,直接融资比例严重不足。

三、新常态下内江经济面临新的机遇和动力

(一)成渝高铁助推经济发展升级

一是内江日渐衰减的交通区位优势将重新得到巩固和放大。成渝高铁以及规划中的绵遂内自宜铁路的全线开通运营,将使内江整个区位格局发生新的重大变化,不仅可以巩固在省内承东接西、沟通南北的"十字交叉"交通枢纽地位,更加有利于冲破地方行政壁垒,形成区域大市场、大流通格局,提升我市的集聚力、辐射力和影响力。二是高铁新城将成为内江城市拓展、品质提升、影响扩大的重要抓手。内江启动建设的高铁片区与主城区是无缝对接的,通过深入推动高铁片区、高桥片区融合发展,可为内江新型城镇化创造更加广阔的地理空间、更加现代的城市形态、更加良好的城市生态,从而让高铁新城成为展示幸福美丽内江的一扇窗口,推动内江早日建成"双百"大城市。三是每年 3000 万人次以上的过境和中转旅客,将为内江现代服务业发展注入强大动力。成

渝高铁通车后，每年在内江北站过境和中转旅客近期将达3000万人次，远期将达4800万人次，将极大地推动内江商贸业、餐饮业、住宿业、旅游业等传统服务业提档升级，为电子商务、现代物流、现代金融、会展经济、总部经济、文化产业及服务外包等现代服务业的加速发展提供了契机，为房地产业的发展插上了翅膀。四是有助于进一步放大劳动力、资源要素等比较优势，为内江承接产业转移创造更强竞争力。内江地处成渝腹心地带，劳动力成本优势比较突出，产业基础比较扎实，老工业基地调整改造等政策优势比较明显，页岩气、绿色农产品等物产比较丰富。成渝高铁的开通，形成了内江与成都、重庆"半小时经济圈"，必然加快促进经济要素的自由流动，促进产业要素的均等化，为在产业上与成、渝实现同城化布局打下了基础，也为承接产业转移甚至高端产业转移创造了条件。

（二）创新驱动构筑经济增长新引擎

内江以创新驱动为动力，全面推进高新技术产业发展、科技成果转化、企业创新主体培育和产学研用协调创新"四大工程"，科技实力明显增强，自主创新成效显著。一是实施高新技术产业发展工程，推进产业转型升级。内江农业科技园区被认定为国家级农业科技园区，这是内江取得的第一块高新技术"国"字号招牌；隆昌经开区和内江经开区组建的高新技术创业服务中心成功创建为省科技企业孵化器；成功创建省高新技术产业园区，并确立了新一代信息技术、节能环保和新材料三大主导产业。目前内江已拥有国家高新技术企业42户，2014年高新技术企业产值增速比规模工业增速高32.8个百分点。页岩气产业培育加速，威远区块首条外输干线建成投运，域内建成钻井平台12个、开钻气井43口、日产气20万立方米，年度投资14.5亿元。信息安全产业高速发展，今年6月，内江经开区被确定为全省首批"信息安全产业示范区"，是全省除成都外仅有的4个示范区之一。二是实施科技成果转化工程，支撑产业做大做强。成功举办"2014川南高新技术成果交易暨科技金融对接推进会""2014四川省青年科学家内江行"等多层次多形式的成果转化专题活动，已促成市农科院、内江永辉农业科技有限公司与中国农业大学在蔬菜、饲料及黑猪，四川效率源信息安全技术有限责任公司与中科院计算机所等方面的一批科技合作项目。效率源的《缺陷硬盘的数据恢复设备和恢复方法》项目，在第一届四川专利实施与产业化奖评选中获得二等奖，内江也因为这一技术成为数据恢复技术领先城市。三是实施企业创新主体培育工程，提升企业创新能力。四川威玻新材料集团有限公司成功创建为省玻纤复合材料工程技术研究中心，并通过技术改造，成功跻身池窑拉丝行业全国前三强，企业产值持续保持30%左右的增速；四川效率源信息安全技术有限责任公司与内江师院联合创建的数据恢复省重点实验室已通过专家评审，四川省川威集团有限公司技术中心成为省科技厅评选认定的内江首家省企业高水平研发机构。成立了四川省高新技术产业金融服务中心内江分中心，实现我市高新技术产业金融服务中心零的突破。四是实施产学研用协同创新工程，构建区域技术创新体系。川南4市政府成功签订区域科技创新合作框架协议，市政府与电子科技大学、西南交通大学、西南大学、四川农业大学、四川师范大学签订市校战略合作协议，实现高等院校科技成果在我市落地和转化。同时，鼓励企业联合高等院校、科研院所建立产学研技术联盟或产业技术研究院，充分释放各创新主体和要素间人才、资本、信息、技术等活力，实现协同创新。

（三）线上线下齐发力激发市场新活力

电子商务"井喷式"发展。近年来，内江市着力推动大型传统企业加快信息化步伐，提升中小企业信息化应用普及率，电子商务发展已初具规模，电子商务在工业、农业、商贸物流、交通运输、金融保险等领域的应用不断拓展，正在形成与实体经济深入融合的发展态势。一方面，内江信息基础设施水平不断提升，电话普及率达到78.8部/百人，互联网用户普及率接近50%，网络服务能力不断增强。另一方面，据商务部门对重点行业的抽样调查显示：全市68.5%的企业实施了网络化经营，其中，37%的企业建立了自己的网站或网页，另外21%的企业利用淘宝网等平台，开展市场营销与供需信息发布等应用。此外，内江还涌现了甜城团购网、内江第一城等专业网站。今年上半年，内江电子商务交易额突破263亿元，居全省第3位；网购交易额突破22亿元，居全省第5位，相当于全市社会消费品零售总额的12.4%。电子商务的快速崛起，进一步激发了市场消费活力，依托内江的区位优势、交通优势、院校人才优势，结合特色产业，"电子商务第二城"正在快速崛起。

同时，内江引资逾百亿打造商贸集聚区，解决内江现代大型商贸设施缺乏，全面改善内江商贸流通业发展困局。按照"布局聚集化，建设现代化，业态品牌化，经营特色化"的原则，引资116亿元打造了内江万达广场、北京华联内江购物中心、大商兆信城市综合体等一批商贸基础设施项目，已基本建成内江北部新城商贸集聚区。其中，内江万达广场立足内江，辐射川南，是集五星级酒店、大型购物中心、国际级影城、写字楼、高级公寓、文化、休闲、娱乐、住宅等于一体的大型城市综合体，同时也是川南首个大型综合体。万达广场等新兴商圈的形成，有效提升了城市消费环境，带动了周边城市的消费，深度挖掘了市场潜力，体验式的服务也回流了部分电商消费。

（四）川南四市一体化助推优先发展

自贡、泸州、内江、宜宾4市共同构成的川南地区，是全省人口密度较高、经济实力较强、工业化进程较快、城镇化水平较高的区域。面对国家深入实施新一轮西部大开发战略、打造长江经济带、建设成渝经济区、培育中西部地区城市群，以及省委优先发展川南城市群等重大机遇，川南经济区正逐步成为继成都经济区之后的全省新兴经济增长极。川南四市将推进基础设施一体化建设，共同推进川滇黔渝结合部综合交通枢纽建设，加强经济区对外通道建设，提升长江干支流航道等级；构建城际半小时交通网络，加快建设川南城际铁路、隆黄铁路，加强高速公路、国省道改造和城际快速通道建设，打通县乡"断头路"，整合机场、港口资源，推动铁公空水联运，实现区域交通运输一体化；加快推进向家坝灌区工程等重点水利工程建设，跨区域电力、天然气、输油管道等联网工程建设；加快推动区域一体化信息服务平台建设，完善公共信息数据库，建设信息资源共享平台，逐步统一电话区号。

面对优先发展川南城市群的战略，有"成渝之心"的内江可以凭借交通、区位优势，在区域合作中跳一支交通先行的"交谊舞"。目前，内江正全力打造"30 分钟"内江，到 2015 年，将建成 8 条高速公路、5 条铁路、1 条快速铁路，基本形成西部区域性综合交通枢纽，实现"内江"变"外江"。成渝高速铁路客运专线的建成通车使内江到成、渝两地只需要 30 分钟。"双核同城效应"和"双向半小时经济圈"让"成渝之心"的优势进一步凸显和释放。同时，随着渤商西部物流中心的建设，以及沱江航运有望复航，内江在川南城市群中的门户地位也将被逐渐认同。

（五）"一带一路"和长江经济带发展机遇

面对国家规划建设"一带一路"和长江经济带的历史机遇，内江拥有国家级经开区和省级高新区，有上乘的商务环境，可借"一带一路"和长江经济带来提高开放水平，深化与有关国家的经贸合作。特色凸显、充满活力的国家经开区和省级高新区将成为内江对外开放的重要平台和融入"一带一路"的重要载体。与此同时，内江海关的获批成立，则对内江加快与"一带一路"在产业发展上实现融合注入了全新活力。结合内江实际，内江市坚定不移地实施两个"一号工程"，大力发展特色优势产业，推动机械汽配、食品饮料、节能环保、电子信息等优势产业做大做强，提升产品档次，培育出口竞争力。

近年来，内江市大力开拓海外市场，加快实施国际化战略。随着改革开放步伐加快，经济持续快速增长，内江的中小企业也因此得到了长足的发展，其中不乏有远见的企业把目光投向全球市场，为国际化经营战略迈出可喜的步伐。据了解，截至目前，内江市对外投资项目有 8 个，境外投资总额 8397 万美元，境外投资国家和地区主要有中国香港、美国、泰国、英国、越南及沙特，主要涉及新材料、资源、生物医药、对外工程建设、进出口贸易等。内江汇宇制药在英国设立欧洲公司、凤凰集团和英国联合利华集团建立供应关系，以色列农科院教授到威远县举办无花果技术培训、效率源成为伦敦和曼切斯特有关机构司法取证产品的供应商，放眼"一带一路"沿线国家，已然留下了内江的足迹。

四、新常态下内江经济发展新动力的对策建议

（一）以高铁通车为契机，深度融入成渝经济区

一是构建"成渝立交桥"，把与高铁配套、互联互通作为交通枢纽建设的着力点。加快交通基础设施建设的配套和完善，构架成渝立交桥，把内江建设成为成渝地区区域性的交通中心。内江境内现已建成通车 5 条高速路、5 条铁路，正加快建设另外三条高速路，两条铁路，要尽快推进川南城际铁路的开工建设，强化内江的交通枢纽定位，成为连接东南西北的交通枢纽。二是争当"川渝合作桥头堡"，主动服务成渝，承接成渝地区产业转移。内江是成渝电子信息、汽车摩托车等支柱产业的配套基地和成渝农副产品的供应基地，要做好自身定位，充分依托自身优势，在零部件制造、配套加工、物流配送等方面服务成渝借力发展，主动承接成渝两地产业转移，吸引更多高端成长型和新兴先导型服务业落户内江。三是打造"新型休闲度假旅游目的地"。内江拥有得天独厚

的人文地理资源，包括全国规模最大的古牌坊群、全球唯一的穹窿地貌、"中川第一禅林"圣水寺、艺术大师大千博物馆、新闻巨子范长江纪念馆，更设立了"大千龙舟经贸文化旅游节""隆昌牌坊文化旅游节"等特色节庆，旅游资源十分丰富。因此，要借助成渝高铁的开通，充分发挥内江处于成渝经济区"中段区位"的优势，大幅扩展成渝及沿线的客源流量与市场规模，届时，内江将是广大游客"周末游"、"小长假游"的不二之选，只需半小时，成渝两地的朋友就可以过来吃喝玩乐，时间紧的，要完坐高铁又回家，不赶时间的，便可夜宿内江，赏甜城夜景。以此大力促进内江旅游业的崛起。

（二）以川南四市一体化为助力，坚持协同错位发展

一是致力推动政策落地，实现互利互赢。要把《川南一卡通建设推进协议》《向家坝灌区北总干渠一期工程合作》《川南轨道交通一体化合作协议》《川南经济区创投基金合作协议》《越溪河、沱江、隆昌河流域综合治理合作协议》等五大专项协议落到实处，深度开展跨区域重大项目合作。二是致力推动交通发展，实现互联互通。借助成渝客专通车契机，进一步扩大巩固交通优势，抓紧启动连乐铁路建设，加快内威荣高速、自隆高速等交通主干道建设，启动兴泸路、吴荣路、资安路升级改造工程，全力打造"30分钟内江"，加快推进沱江航道通航的前期工作，努力建设西部区域性综合交通枢纽。三是致力推动产业优化，实现互接互补。针对目前内江的产业发展优势，加快建设内江原酒基地、西部钒钛资源综合利用基地、长宁－威远国家级页岩气示范区建设，形成与川南其他市州协作配套、错位发展的产业布局。四是致力推动区域合作，实现互动互助。内江是四川境内仅次于成都的第二大交通枢纽，是川东南乃至西南各省交通的重要交汇点，素有"川中枢纽""川南咽喉"之称，自古就是西南重要的物资集散地。凭借得天独厚的区位优势，内江要积极构建城际半小时交通网络，全力配合川南城际铁路、过境高速建设，搭建川南四市合作平台，整合泸州、宜宾机场、港口资源，推动铁公空水联运，实现区域交通运输一体化，推动区域内生产要素合理流动，优化配置，建成川南区域物流中心。

（三）以消费与投资为支撑，刺激内需扩大

贯彻实施扩大内需战略，增强投资和消费对经济增长的拉动力。就内江而言，今后较长的一个时期，投资仍然是拉动经济增长的主要动力。要把握好投向，注重质量和效益，重点加大重大基础设施、特色优势产业、战略性新兴产业、高新技术产业、民生和社会事业、生态文明建设等领域的建设和投入，严格控制"两高一资"和产能过剩行业扩张。一是扩大投资需求，坚持需求导向。加大农村公路、水利等基础设施建设力度；加大农村文化旅游投资力度，推进农业与旅游、文化等融合发展，打造一批特色的观光体验农业精品区。抓住新常态下内江老工业基地改造、产业转型升级发展契机，加快淘汰落后和过剩产能工作进程，加大特色优势产业的建设和投入，优化投资结构，推动冶金建材向新材料、机械汽配向高端装备制造、医药化工向生物医药产业转型升级，充分发挥传统优势产业的基础性作用；大力发展高端成长型产业，加大页岩气、节能环保、信息安全产业等高端成长型产业的投资力度，积蓄发展后劲。大力发展现代服务业，加

大对传统消费综合设施的建设，优化消费环境；加大电子商务、现代物流等新兴服务业的投入，把措施落在具体项目上，促进政策落地见成效。二是扩大消费需求，优化需求结构。经济新常态下，要更加注重内需尤其是区域内消费需求拉动经济增长的主引擎作用，充分利用创建百万人口大城市契机，实现消费扩大与升级新常态。要认真落实国家、省扩大消费的政策，坚持扶贫攻坚与精准扶贫并重，不断拓宽就业渠道，增加城乡居民收入，提高城乡居民消费能力，挖掘城乡消费潜力，培育一批拉动力强的消费增长点，实现消费扩大与升级新常态。要鼓励社会资本兴办医院、养老院等服务机构，投资旅游、文化等设施建设，拓展消费领域。加强农产品批发市场、冷链物流、粮油仓储、宽带网络等消费基础设施建设，降低流通成本。鼓励发展电子商务、网络购物、服务消费等，加强市场监管，优化消费环境。

（四）以新型城镇化建设为着力点，构建新的区域增长带和增长极

改革开放以来，内江的城镇化取得了显著进展，2014年城镇化率达到了44.1%。但与全国全省相比，无论在水平上还是在质量上，内江城镇化都存在明显差距，越来越不适应人民群众日益增长的对现代城市文明与宜居生活的需求。改变这种状况，不仅要通过加快农业人口向非农产业的转移提高城镇化水平，而且要通过完善城市基础设施、提高城市公共服务水平和管理水平提升城镇化质量。在推进高质量城镇化的进程中，要按照"五个坚持、五个更加注重""三个转变"的思路，着力构建以中心城区、县城、重点小城镇为支撑的现代城镇体系，加快推进新型城镇化进程。突出抓好城市新区建设，加快建设和优先完善基础设施、公共服务设施、公园绿地系统以及城市生态系统，同步推进老城棚户区、危旧房和老旧院落改造提升，加大货币化安置力度，不断改善市民居住环境。新型城镇化的推进，将会带来城市基础设施、公共服务设施和住宅建设等巨大的投资需求，将为新常态下的经济发展提供持续的动力。

"十三五"乐山经济增长新动力研究

乐山经济经过 30 多年的高速发展后，发展速度面临逐步放缓，发展方式面临结构转换，发展要素面临转型升级。新常态下，积极培育新的经济增长点，转变经济发展方式，成为"十三五"期间全市经济发展重中之重。本课题在详细分析改革开放以来乐山经济发展的驱动力的基础上，针对乐山当前经济发展的阶段特征，提出乐山经济增长动力转换的总体判断，并探索"十三五"期间乐山经济新的增长源，对合理规划乐山经济发展、制定经济政策具有一定的参考意义。

一、改革开放以来乐山经济增长动力分析

1978 年以来，乐山经济进入快速发展时期，经济总量由 8.5 亿元提高到 2014 年的 1207.6 亿元，36 年间平均增速达到 10.3%。本文从供给、需求、产业、区域四个角度分析乐山经济多年快速增长的原因。

（一）从供给角度分析，乐山经济增长主要依靠资本和技术的推动

新古典增长理论认为，资本、劳动力和技术进步等因素的长期作用是经济增长的动力。为考察各要素拉动经济增长的贡献度，我们应用 Solow 增长速度方程：$y = a + \alpha k + \beta l$。即总产出的增长率＝广义技术进步增长率＋资本投入的增长率＋劳动力投入的增长率。其中：y 为总产出的年平均增速，即 GDP 增速；a 为技术进步的年平均增长速度；k 为资金投入的年平均增长速度；l 为劳动力投入的年平均增长速度；α 为资金的产出弹性系数，β 为劳动力的产出弹性系数。国家发改委、国家统计局推荐的取值 α 在 0.25—0.45 之间，β 取值在 0.55—0.75 之间。根据上述模型，技术进步、资金、劳动力对经济增长的贡献率 EA、EK、EL 可分别通过以下公式计算得到：

$$EA = a/y \times 100\% \qquad EK = \alpha k/y \times 100\% \qquad EL = \beta k/y \times 100\%$$

测算结果见表 1

表 1　不同经济发展阶段要素贡献率（%）

阶段划分	GDP 年均增速	资本贡献率	劳动力贡献率	技术进步贡献率
1978—2014 年	10.3	49.3	9.3	41.4
其中：1978—1990 年	8.7	44.5	22.6	32.9
1991—2000 年	7.7	53.2	9.1	37.7

阶段划分	GDP 年均增速	资本贡献率	劳动力贡献率	技术进步贡献率
2001－2010 年	10.4	53.9	6.9	39.2
2011－2014 年	11.9	50.2	4.2	45.6

通过表 1 可以看出，资本投入仍是经济增长的主要推动力量。1978－2014 年，资本投入对 GDP 增长的贡献率达到 49.3％。从 20 世纪 90 年代以来，资本投入对经济增长的贡献均超过了一半以上，特别是 2001－2010 年的这一阶段，在"5·12"汶川特大地震灾后恢复重建和国家 4 万亿投资计划的拉动下，资金投入贡献率达到峰值。所以，从供给角度来讲，大量资金的投入仍然是当前推动乐山经济增长的主要力量。技术进步对经济增长的贡献逐步突显。乐山技术进步贡献率由 1978－1990 年间的 32.9％上升到 2011 年以来的 45.6％，且技术进步贡献率连续三个阶段提高，表明乐山经济增长方式得到不断改善，逐渐由"粗放型"向"集约型"转化，由外延式扩大再生产向内涵式扩大再生产转化的步伐大大加快。科技创新逐渐成乐山经济增长的核心动力。劳动力对经济增长贡献明显减弱。改革开放初期，劳动力规模持续扩大，人口红利因素明显。1978－1990 年，全市劳动力贡献率达到了 22.6％。据测算，全市劳动力人口由 1978 年的 181 万人快速提高到 1990 年的 232 万人，年均增加 4.3 万人。全社会就业人员由 127 万人提高到 187 万人，年均提高 5 万人。20 世纪 90 年代以来，劳动力规模总体稳定，经济增长方式由劳动密集型向资本密集型转变，在资金投入、劳动力投入和技术进步这三要素中，劳动力对经济增长的贡献率始终最低，而且呈现出不断下降的趋势。特别是近年来随着乐山经济加快转型升级，引进一批资金投入量大、科技含量高的资本密集型企业，对乐山劳动力增长有一定的制约。2011－2014 年，劳动力对经济增长的贡献率仅 4.2％。

（二）从需求角度分析，投资拉动作用突出，消费贡献逐步提高

投资成为改革开放以来拉动经济增长的最主要动力。1978 至 2014 年，乐山最终消费支出由 6.2 亿元增加到 565.6 亿元，年均增长 9.0％；资本形成总额由 2.4 亿元增加到 550.5 亿元，年均增长 12.5％；货物和服务净出口由 123 万元增加到 2.7 亿元，年均增长 8.2％。资本形成总额增速分别高于最终消费、货物和服务净出口增速 3.5、4.3 个百分点。同期全社会固定资产投资增速达到 18.1％，社会消费品零售总额增速为 15％。投资增速高于消费 3.1 个百分点。"十一五"期间，全市累计完成固定资产投资 1533.6 亿元，是 1978 年—2005 年投资总和的 2 倍。2011 年—2014 年全市四年累计完成投资 2842 亿元，比"十一五"期间投资总和多出 1308 亿元。2014 年，全市投资率达到 71.5％（投资与 GDP 之比），比 2000 年提高 38.8 个百分点。

消费需求逐步提高。从消费需求内部结构看，居民消费仍是最终消费的主体，2014 年居民消费占最终消费的比重为 70.8％，而政府消费仅占 29.2％。随着城乡居民收入稳步增加和国家一系列鼓励消费政策的出台，有效刺激了居民消费需求。"十二五"以来，乐山城乡居民人均消费支出分别增长 8.4％、5.9％。最终消费对经济增长的贡献

已连续 4 年提高,由 2010 年的 39.6% 提高到 2014 年的 51.3%。

表 2　乐山"三驾马车"对经济增长的贡献率（%）

	最终消费	资本形成总额	货物和服务净出口
1978—2014	45.5	54.5	0.0
其中：1978—1990	52.7	47.6	−0.3
1991—2000	73.9	25.7	0.4
2001—2005	49.8	49.5	0.7
2006—2010	42.3	58.8	−0.1
2011—2014	47.2	52.5	0.3

（三）从产业角度分析,工业主导地位突出,服务业贡献稳步提高

产业结构理论研究表明,经济增长的快慢与产业结构水平高度相关,产业结构在一定程度上决定经济增长方式。1993 年起,乐山第三产业比重超过第一产业,经济结构由"二一三"转变为"二三一"格局。从三次产业的贡献率角度分析,二、三产业对经济的拉动作用大于第一产业,并且第二产业的拉动作用强于第三产业。

第二产业,特别是工业,占国民经济的主导地位。工业占 GDP 比重由 1978 年的 40.5% 提高到 2014 年的 55.9%,在全省仅次于攀枝花、内江和德阳,居第 4 位,高于全省平均水平 12.4 个百分点。1978 年—2014 年,乐山全部工业增加值年均增长 12.7%,分别高于 GDP、服务业增加值增速 2.4、2.1 个百分点。36 年中,有 28 年工业增速超过 GDP 增速。正是因为乐山工业占比高、增速快,成为推动经济增长的主要产业。1978—2014 年,工业对经济增长的贡献率达到 59.3%,高于服务业贡献率 31.8 个百分点。但"十二五"以来,乐山工业经济增速逐步回落,由 2010 年增长 25.1% 回落到 2014 年的 6.1%。在此背景下,服务业对经济增长贡献不断增强。2011 年以来,乐山服务业占 GDP 比重由 25.7% 提高到 2014 年的 29.2%,年均提高 1.2 个百分点。服务业增速保持在 10.5% 以上,贡献率也由 21.2% 提高到 29.2%。另外,第一产业增加值增速较低,一般保持在 3—4% 之间,受二、三产业快速发展挤压,占 GDP 比重逐步降低。

（四）从区域角度分析,重点区县发展加快,但发展不平衡问题突出

法国经济学家朗佩鲁认为,区域经济发展实际上是非均衡的,主导地区、部门和具有创新能力的行业集中的大城市或地区以较快的速度优先发展,成为区域经济的增长极,然后通过不同渠道向外辐射扩散,带动整个区域经济增长。经济增长极具有两方面效应,一是在发展初级阶段,经济增长极从其他地区吸引人口、资金等要素流入,从而加快自身发展,区域间发展差距扩大;二是在增长极达到一定规模,将其资本、人才等要素向周边地区进行扩散,从而带动区域经济增长,逐步缩小区域发展差距。

我们利用地区经济发展差异系数来反映全市 11 个区县经济发展的差异程度。地区

经济发展差异系数是指各地区经济发展水平（人均地区生产总值）的差异系数。计算公式为：

$$V_\sigma = \frac{\sqrt{\dfrac{1}{n}\sum_{i=1}^{n}(PCY_i - \overline{PCY})^2}}{\overline{PCY}}$$

其中 n 为辖区内地区个数，PCY_i 为地区 i 的人均 GDP，$\overline{PCY}$ 为 n 个地区的平均人均 GDP。地区经济发展差异系数 V 反映的是各地区之间经济发展差异情况，V_σ 值越大，各地区之间经济发展差异程度越大，反之亦然，但一般不超过 60%。从图 1 可以看出，乐山 11 个区县地区经济发展差异系数在 2000 年以来不断上升，说明乐山经济主要依靠重点区县增长拉动。

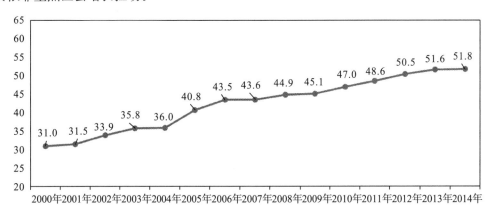

图 1　2000 年以来乐山地区经济发展差异系数

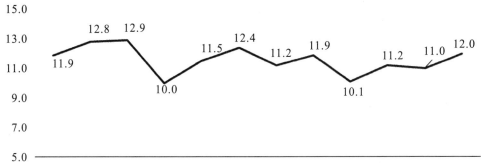

图 2　2011−2014 年乐山市及各区县 GDP 年均增速（%）

"十二五"以来，差异系数上升幅度有所放缓，说明区县经济发展差异不断扩大势头有所遏制。但发展不平衡问题依然突出，仍处于差异化发展阶段。2014 年，全市 GDP 总量最大与最小区县差距高达 8.9 倍。市中区 GDP 总量是峨边县、马边县、金口河区、沐川县四个县总和的 1.9 倍。

二、当前乐山经济发展的阶段特征

参考国际上对经济发展阶段的划分标准（表 3），2014 年，乐山人均 GDP 已超过

5000 美元，非农产业达到 88.8%，城镇化率达到 45.9%，农业从业人员占全部从业人员比为 38.5%，通过以上指标可以明确判断出，当前乐山经济仍处于工业化中期阶段。

表 3 乐山经济发展阶段判断

评价指标	前工业化阶段	工业化中期			后工业化阶段	2014 年乐山指标	发展阶段判断
		初期	中期	后期			
人均 GDP（美元）	720－1440	1440－2880	2880－5760	5760－10810	10810 以上	>5000	中期
三次产业结构（%）	A>I	A>20%，A<I	A<20%，I>S	A<10%，I>S	A<10%，I<S	A<20%，I>S	中期
城镇化率（%）	30% 以下	30%－50%	50%－60%	60%－75%	75% 以上	45.9%	中期
第一产业就业人员占比（%）	60% 以上	45%－60%	30%－45%	10%－30%	10% 以下	38.50%	中期

注：A、I、S 分别代表第一、二、三产业增加值占 GDP 的比重。

乐山以钢铁、化工、有色金属为代表的重工业占全市工业的 70% 以上，工业占 GDP 的 50% 以上，在经济发展中的主导地位明显，成为 30 多年乐山经济发展的核心力量。但 2012 年以来，在全球经济复苏放缓，国内外市场需求明显不足等因素的合力作用下，特别是全国经济发展进入新常态下，全市经济发展呈现三个阶段特征：即发展速度面临逐步放缓，发展方式面临结构转换，发展要素面临转型升级。

（一）发展速度面临逐步放缓

2000 年以来，乐山经济连续 14 年保持两位数增长，并在 2010 年达到 16.2% 的历史最高水平。虽然"十二五"以来，乐山经济年均增速 11.9%，居改革开放以来各发展阶段之首，但从各年增速分布看，分化严重，且呈单边快速回落走势。2011 年增速最高，达到 16%，以后逐年回落，到 2014 年，仅增长 7.0%，为 2000 年以来增速最低水平。随着经济总量的增加，经济增速每提高一个百分点所需增量不断增大。2010 年，GDP 增速每提高 1 个百分点，需新增 7.4 亿元，2015 年，每提高一个百分点，需新增 12 亿元，是 2010 年的 1.6 倍，保持较快增长的难度加大。

（二）发展方式面临结构转换

乐山工业主要以高耗能产业为主，高耗能企业总产值占规模以上工业的 50%，而能耗却占全部工业的 70% 以上。传统产业多，新兴产业少，新兴产业与传统产业之比约为 1：3；工业产品以初加工为主，深加工产品少。2014 年，乐山重工业比重为 71.7%，高于全省平均水平 5 个百分点。万元工业增加值能耗 2.179 吨标煤，明显高于全国、全省水平。全市工业每度电产生增加值仅为 3.7 元，而全省为 8.5 元，乐山仅为全省的 43.5%。服务业以传统服务业为主，现代化服务业发展不足。2014 年。现代服务业增加值占 GDP 的 12.8%，远低于全国 2012 年 30% 的平均水平。乐山传统产业面临全国性的产能过剩，钢铁、不锈钢、草甘膦价格持续下降，PPI 自 2012 年以来连续 44 个月回落。同时又受到"互联网＋""工业 4.0"等技术革命的冲击。两者将共同倒逼乐山经济结构转换。

（三）发展要素面临转型升级

近年来，全市投资率一直保持在 60％以上，经济增长对投资拉动依赖性较大。中央多次表示，不再单纯依靠刺激政策和政府对经济大规模直接干预来促进经济增长，靠投资拉动经济增长的模式将在"十三五"难以复制。人口红利逐步消失，人口老龄化问题愈加突出和劳动年龄人口在短期内难以快速增加，使乐山劳动力成本优势有所减弱，反映在要素价格上，导致了工资的持续上涨。"十二五"以来，乐山城镇单位职工工资年均增长 14.2％。能源消费不断增加，2005－2014 年乐山能源消费总量由 833 万吨标准煤增加到 1659 万吨标煤，翻了一番，年均增长 8％。依靠资本、能源等要素规模的巨大投入支撑经济增长的发展模式难以长期维持，必须将经济发展方式转换到依靠技术进步上来，才能推动全市经济持续、健康发展。

三、"十三五"乐山经济增长动力分析

"十三五"时期，乐山经济发展外部环境面临较大挑战。从国际看，世界经济仍将处于深度转型调整期，国际金融危机的影响还将持续。世界经济脆弱性、不确定性和不平衡性问题突出，存在诸多风险。从国内看，全国经济正处于增长速度换档期、结构调整阵痛期、前期刺激政策消化期"三期"叠加的发展关键期。全国经济增速自 2011 年以来逐步放缓；结构性矛盾突出，产能利用率低，产能过剩问题比较严重。同时，乐山经济发展也存在很多机遇。全国经济发展由工业化中期向中后期过渡，新技术革命初露端倪，传统产业的转型升级。总体来讲，"十三五"时期，乐山经济增长动力将在依托资本、投资、传统产业三大传统动力的基础上，逐步由投资驱动向消费驱动、由资本驱动型向技术进步驱动型、由传统产业驱动型向现代产业、由重点区县驱动向区域协调发展驱动转换。

（一）消费需求形成拉动力

消费是经济活动的起点和归宿，也是决定经济增长的关键性因素，只有将消费作为经济增长的主要动力，经济的增长才算是回归本意。"十二五"以来，随着经济发展阶段的变化，投资动力逐渐减弱，消费需求处于平稳上行的通道，消费对经济增长的相对贡献趋于上升。由 2010 年的 48.1％提高到 2014 年的 51.3％，首次超过投资成为拉动经济增长的首要动力。预计"十三五"时期，消费需求将成为拉动经济增长的主要动力。首先，"十三五"时期城乡居民收入将稳步增长。党的十八大提出城乡居民收入要在 2010 年的基础上翻一番的目标，各级各部门努力采取有效措施，积极扩大就业，提高城乡居民收入，消费需求能够稳步增加。其次，城镇化进程拉动需求。"十二五"以来，乐山城镇化率年均提高 1.6 个百分点，意味着每年有超过 5 万人从农村转移到城市。"十三五"时期若城镇化率年均提高 1.5 个百分点，意味着有近 30 万人从农村转移

到城市。2014年城镇居民人均可支配收入是农村居民人均纯收入的2.55倍，城镇居民人均消费支出是农民的2.8倍，必然带动更多的需求。再次，乐山居民消费仍处于第三次消费升级阶段，其特征是以汽车、住房、通信产品为代表的发展享受型消费为主，消费数量级为数万元至数十万元，明显高于前两个阶段。因此，居民消费将在"十三五"时期快速增长。从而拉动经济增长。

表4　城乡居民三次消费升级情况

	第一次消费升级	第二次消费升级	第三次消费升级
持续时间	20世纪60年代至80年代末	20世纪90年代初至90年代末	21世纪初至今
代表商品	自行车、手表、缝纫机	彩电、电冰箱、洗衣机	汽车、住房、通信产品
目标	温饱型	由温饱向小康型	发展享受型
消费重量级	百元级	千元级	万元、几十万元以上
持续时间	30多年	10年左右	数10年以上

来源：王智. 优化消费结构 加快升级转型，中国信息报，2010.6。

（二）技术进步形成驱动力

"十二五"以来，随着各种要素和资源价格的连续上涨，传统依靠低成本的要素规模扩张推动经济增长的模式已难以为继，经济增长将全面转向创新驱动，让位于更多依靠人力资本和技术进步的质量效率型集约增长方式。"十三五"时期，随着企业创新研发能力的增强以及劳动力素质的提升，将逐渐取代传统要素规模投入，对经济增长的贡献率有望超过50%，成为推动全市经济增长的新动力。根据第六次全国人口普查资料，2010年，全市高中以上劳动力人口占全部劳动力人口的21.7%，分别高于1990年、2000年13.2个、7.8个百分点。目前，高中阶段毛入学率在90%以上，高等教育入学率达到30%以上，意味着新进入市场的劳动力中，劳动者素质将进一步提高，形成新的人口红利。目前，全市已建成乐山国家高新区、乐山国家农业科技园区、乐山五通桥国家可持续发展实验区等国家级创新平台。建成省级工程技术研究中心12家、省级以上创新型企业66家、国家高新技术企业56家，拥有量分别居全省第三、四、五位，基本形成了以国家高新技术企业、省级以上创新型企业、市级科技型企业的建设培育梯队。2013年，乐山有R&D（研究与试验发展）活动的企业52家。其中，大中型企业20家。R&D经费总支出由2000年的0.64亿元提高到2013年的5.78亿元，年均增长18.4%，远高于同期GDP14.2%的增速。

（三）工业升级形成拉升力

工业方面，在经历多年的高速扩张后，传统工业面临成本上涨、产能过剩和有效需求不足，工业高速增长时代已很难再现。乐山工业将在"十三五"时期重点通过大企业带动抱团发展、绿色低碳循环发展、高端成长产业引领发展，实现工业产业升级，以改变长期以来单纯依靠资本、资源等要素扩张推动增长的发展模式。一是大企业带动抱团发展。以德胜公司、金广集团等 4 家企业主营业务收入超过百亿为龙头,以配套企业群为支撑,形成专业化分工、特色化经营、集群式发展。以西南不锈钢公司为例,通过大力引进下游冷轧、制品、交易等企业抱团发展,构建了"冶炼→热轧→酸洗→冷轧→制品→交易"的完整产业链条。近年来,引进下游企业 53 家,成功开发出不锈钢磨砂镜面板、钛金系列板、印花薄板等高附加值产品,全产业链年产值达到 400 亿元。二是绿色低碳循环发展。通过发展循环经济,推动能源资源在生产环节之间、企业之间、产业之间循环利用,形成经济生态的叠加效应。德胜集团钒钛综合利用项目采取余热余压发电等先进技术,吨钢综合能耗大幅下降。五通桥区以卤水、黄磷为基础,推动盐磷化工、硅材料、稀土材料等产业耦合共生、互动发展,把各类副产品"吃干榨尽"。三是高端成长型产业引领发展。全市在航空碳纤维飞机部件、新能源汽车、页岩气开采取得明显突破。航空碳纤维飞机部件以新万兴公司为依托,与成飞公司等飞机制造企业加强合作,加快打造碳纤维飞机零部件产业基地。新能源汽车领域,依托华发科技、东风电机等企业,引进知名品牌整车生产企业和电池、电机、电控三大关键零部件制造企业,推动配套成链发展。页岩气领域,井研—犍为三维勘探项目取得阶段性成果。目前已探明天然气和页岩气资源总量 10271 亿立方米,其中页岩气资源量达 6262 亿立方米。

(四)旅游业转型形成引擎力

乐山旅游资源丰富、文化底蕴深厚,是举世闻名的旅游文化圣地,拥有世界级遗产 3 处,A 级景区 20 处,其中 5A 级景区 2 处、4A 级景区 8 处。"十二五"以来,乐山国内旅游接待人数年均增长 18.9%,国际旅游人数由 2010 年的 8.1 万人增加到 2014 年的 12.6 万人,旅游经济总收入居全省第二位。"十三五"时期,乐山将以全域化、休闲化、特色化、国际化为取向,加快打造建设国际旅游目的地,突出峨眉山、乐山大佛两大核心极,整合旅游线路,延长游客在乐停留时间。开辟彝区山地旅游第三极,努力打造黑竹沟生态旅游、金口河湿地公园、犍为桫椤湖、沐川竹海、工业休闲游等一批新产品,延伸旅游产业链,满足多层次、多方面的旅游需求,逐步改变单纯依靠"门票经济"的局面。同时,依托旅游资源优势,发展会展经济、休闲度假、健康养生等旅游产业,把资源优势转化为产业优势,加快实现旅游转型升级,带动整个服务业向前发展。

(五)县域协调发展形成推动力

"十二五"期间,全市经济总量突破百亿区县由 2010 年的市中区、峨眉山市 2 个增加到 2014 年的市中区、峨眉山市、沙湾区、五通桥区、犍为县、夹江县 6 个,县域经济的发展促进全市经济总量扩张,2012 年全市经济总量突破千亿元,成为第 8 个全省千亿俱乐部成员。"十三五"时期,全市经济的健康可持续发展仍将依赖于县域经济间的协调发展推动。一方面将实现地区差异化发展。目前已形成以高新区、市中区、峨眉山市为代表的新兴产业,以沙湾区、夹江县为代表的冶金建材产业,以五通桥、犍为县为代表的盐磷精细化工产业,以金口河区、峨边县、马边县为代表的电冶产业逐步形成乐山四大产业集聚区。"十三五"时期,区县将形成既良性竞争,又相互依存的多点支撑的良好发展态势。另一方面将补齐短板.对乐山而言,小凉山彝区是发展短板。自

2011 年大小凉山综合扶贫开发建设以来，彝家经济建设取得明显成效，经济总量由 2010 年的 58.8 亿元提高到 92.7 亿元。"十三五"时期，随着大小凉山综合扶贫开发示范区建设的深入推进，彝家新寨建设等"十项扶贫工程"的落地建成，将更有力的补齐乐山发展短板，推动乐山发展新高度。

（六）交通次枢纽形成支撑力

"十二五"以来，乐山以建成"四川综合交通次枢纽"为目标，加快推进"千亿交通工程"建设，着力建成集水陆空运一体的现代综合交通运输体系。水运方面，乐山拥有四川大件运输的第一港——乐山港，是商品的重要集散地。公路方面，随着乐自、乐雅高速的建成通车，乐山向北、向南、向西、向东"十字交叉"的高速公路网络形成，与周边市州全部实现高速路网联通。铁路方面，2014 年末，成绵乐成际铁路开通，"十三五"时期，成贵铁路、成昆铁路复线、西成铁路将建成开通。乐山机场项目也在加快推进，预计在 2018 年建成通航。高铁、机场的建成将极大缩短乐山与华北、华中、长三角、珠三角、北部湾、东盟的空间距离，增强乐山经济社会发展的后发优势。

四、强化"十三五"乐山经济增长动力转换的建议

（一）着力推进经济发展"三个转变"

一是经济发展要从主要依靠投资拉动向主要依靠投资、消费协调拉动转变。长期以来，投资一直是我国经济增长的重要支撑因素，消费的贡献率偏低。对于乐山而言，多年以来全市经济增长主要依靠投资拉动，对外贸易依存度低。若投资拉动型结构长期延续下去，势必会造成土地、矿产等资源的过度浪费，加剧产能过剩与有效需求不足的矛盾，不利于经济的长期稳定增长。要从逐步增加城乡居民收入，建立完善促进消费政策措施，扩大消费入手，发挥消费对经济增长的支撑作用，促使生产、再生产过程的良性循环，实现投资与消费"两轮驱动"，推动经济加快发展。

二是经济发展要从主要依靠第二产业带动向依靠二、三产业协同带动转变。要通过巩固加强第一产业、优化提升第二产业、加快发展第三产业来促进全市经济加快发展。特别要加快工业内部结构调整和转型升级力度，促进冶金建材、盐磷化工等传统产业规模化、产品高端化，推动电子信息、新材料、新能源等新兴产业高端化、产品市场化，带动提升第二产业整体发展质量。同时，要通过推进新型工业化、新型城镇化，借助大交通、大产业、大城市发展战略，继续发展壮大交通运输、批发零售等传统服务业，重点加快现代物流、商贸会展、金融保险证券、健康养生等现代服务业，推动服务业加快发展，不断提升服务业比重。从而，实现由第二产业"一枝独秀"带动到二、三产业"比翼双飞"转变，推动经济加快发展。

三是经济发展要从主要依靠增加物质资源消耗向主要依靠科技进步转变。要通过加大科技投入，加大资金支持，培育扶持一大批科技性、创新性企业，争取建设一批国家和省级工程技术研发中心，全面提升自主创新能力和水平，促进科技和经济深度结合；同时，要加强生态保护，狠抓节能减排，大力发展循环经济，降低资源消耗。从而，实

现经济发展从要素驱动向创新驱动、集约节约利用资源转变，促进经济加快发展。

（二）着力培育新的经济增长点

一是主动抓住新机遇。要主动引导全市广大干部认识经济发展新常态、适应新常态、服务新常态，准确把握经济发展新常态的规律和特征，准确把握新常态下乐山经济社会发展的阶段性目标定位，切实转变发展观念，努力把智慧和力量凝聚到建设国际旅游目的地、全省高新技术产业增长极、四川综合交通次枢纽、大小凉山综合扶贫开发示范区的总体目标上来，推动全市经济"转型升级、美丽发展"。要清醒地看到新常态下我市经济发展的不利因素，更要看到经济发展的积极因素和有利条件，特别要抓住"一带一路"、长江经济带、成都经济区等发展机遇，把国家实施新一轮西部大开发战略、产业转移、支持民族地区和贫困地区等政策利用好，抓住全市正处于工业化中期、城镇化加速期、经济步入快速发展的重大战略机遇期，增强信心、抢抓机遇，推动全市经济持续健康发展。

二是加强区域合作。一方面，要抓住高铁、港口、机场经济时代机遇，加强与成都、川南经济区的融合，促进一批新兴市场随着高铁、港口、机场的兴建和运营而崛起。另一方面要加强县域之间的合作，通过延伸产业链，推进县域经济协同发展。

三是提升产业层次。一产方面，要以茶叶、中药材等特色农产品为龙头，重点发展生态农业、现代农业、新型农业，鼓励发展农业专业合作经济组织，培育科技型、经营型的现代农业人才，建立农村职业经理人队伍，着力打造农业经济发展新亮点。二产方面，抓住高端成长型产业发展的机遇，根据乐山的产业基础、资源禀赋和地域特点，积极发展壮大不锈钢、高端陶瓷产业等特色工业园区，大力支持企业自主创新，特别是对于一些市场占有率高、科技含量高、发展前景看好的企业要给予重点关注和扶持，将节能环保装备、航空燃机、新能源汽车3个产业作为重点突破，培育产业领头羊、经济增长突破点。三产方面，抓住建设四川交通次枢纽的重要机遇，大力发展现代物流业，积极构建立足乐山，辐射川西南、攀西的重要物流中心。抓住新兴先导型服务业发展的机遇，加强"乐山造"电子商务平台建设，大力发展电子商务产业；深入推进四川金融次中心建设，引导金融机构加大对实体经济的信贷支持力度。

（三）着力打造国际旅游目的地

一是坚持把旅游业作为龙头产业、主导产业来培育，以全域资源、全面布局、全境打造、全民参与为主线，以峨眉山——乐山大佛为轴心，推进旅游业全域发展，推进景城一体建设，推进与其他产业充分融合。坚持走特色化、差异化、品牌化的路子，打造独具特色的景区、文化、业态和节庆活动品牌，用特色来提升乐山旅游的吸引力和竞争力，推动实现"慢游"目标。

二是做到"三结合"，打造旅游资源。做到开发与保护相结合，在打造新的旅游景点景物景观的同时，更要注重对现有景点景物景观的保护，特别是要下功夫保护好峨眉山—乐山大佛景区这个世界自然和文化遗产资源，防止过度开发遭到破坏。做到总体与局部相结合，要树立全市旅游发展"一盘棋"的思想和"大旅游"的观念，站在全市的高度谋划旅游产业发展，发挥好峨眉山—乐山大佛景区拳头作用，包装组合好其他旅游资源，防止各地为政、小打小闹。做到旅游与休闲相结合，进一步延长旅游产业链条，在观好光的同时，要积极开发武术文化、佛教文化、饮食文化、彝族风情、演艺文化、养生资源等一批有特色、有亮点的资源和项目，吸引更多游客留下来休闲。

三是加大旅游资源宣传，扩大知名度。要从传统的开阔视野、增长见识，转变为旅游者通过自己喜爱的相对自由的方式旅游，通过包装宣传，提升乐山旅游整体形象，探求不同客源，打造知名品牌。要注重进一步提升广大游客对我市旅游的认知率。在国内要重点加强对东部沿海等发达地区的宣传攻势，在国外要重点加强对欧美等经济发达国家的宣传力度。要通过主流媒体、互联网播放有关美景图片制作专题片、宾馆酒店发放宣传资料等方式及时传播我市旅游市场的新动向，让游客第一时间了解乐山、喜欢乐山。

新常态下眉山经济发展新动力初探

2014年，习近平总书记5次提及"经济发展新常态"。其中，在12月9日举行的中央经济工作会议上，习总书记首次明确了"经济发展新常态"的九大趋势性变化，提出"认识新常态，适应新常态，引领新常态，是当前和今后一个时期内我国经济发展的大逻辑"。我国经济发展进入新常态，是党的十八大以来以习近平同志为核心的党中央在科学分析国内外经济发展形势、准确把握我国基本国情的基础上，针对我国经济发展的阶段性特征所做出的重大战略判断，是对我国迈向更高级发展阶段的明确宣示。眉山和全国、全省一样，经济发展进入新常态，正从高速增长转向中高速增长，经济发展方式正从规模速度型粗放增长转向质量效率型集约增长，经济结构正从增量扩能为主转向调整存量、做优增量并存的深度调整，经济发展动力正从传统增长点转向新的增长点。本文通过分析眉山建区设市以来经济发展情况、当前面临的机遇与挑战，探索新常态下经济发展动力转换和动力释放的保障措施，以期对眉山经济持续健康稳定发展有所借鉴。

一、眉山建区设市以来经济发展基本情况

眉山，1997年8月建立地区，2000年12月撤地建市。回首建区设市18年，历届市委市政府团结带领全市人民艰苦创业，苦干兴眉，在发展中创造了眉山速度，在创新中创造了眉山经验，在逆境中创造了眉山精神。实现了从农业地区向中级工业化市的重大转折，实现了从温饱型社会向小康型社会的重大转变，开创了经济快速发展、社会全面进步、人民安居乐业的新局面。

（一）经济发展有了量的积累

建区以来，眉山在改革开放的创新实践中，自强不息，顽强奋进，实现了经济平稳较快发展，综合实力影响扩展壮大。2014年，眉山地区生产总值（GDP）944.89亿元，经济增长从2002年开始连续13年保持两位数增长，2015年跃上千亿元层级平台。人均GDP 31664元，突破5000美元大关，达到中等收入地区水平。地方一般公共预算收入75.2亿元，跃居全省第9位。招商引资到位资金连续7年居全省第2位。西博会签约金额连续4年居全省第2位。城镇居民人均可支配收入24135元，接近全省平均水平；农村居民人均纯收入10433元，超过全省平均水平1630元。城镇居民收入和农村居民收入增速双双跑赢GDP，城乡居民收入比缩小为2.31∶1。

（二）结构调整有了质的飞跃

建区设市之初，眉山是农业市，第一产业在经济总量中占有较大份额，居三次产业之首。随着工业强市战略的实施，眉山第二产业特别是工业发展迅速提升，以年均17.8%的增长，有效改善了产业布局和结构。三次产业结构由1997年的39.0：34.7：26.3优化为2014年的15.8：56.6：27.6，实现了由一二三结构的农业市向二三一结构的工业中级化市转变。18年间，第一产业比重下降23.2个百分点，第二产业比重提高21.9个百分点，第三产业比重提高1.3个百分点。眉山已向着以工业为主体，三次产业协调发展的多元化经济发展格局推进。

（三）产业发展有了坚实的基础

经过18年的发展，眉山产业形态实现了由传统农业型向工业化中期的转变。培育形成了新能源、新材料、油气化工等7大支柱产业，打造了精细化工、机械制造、新能源新材料、建材、农产品加工5个百亿产业。全市13个重点工业园区产值占全部工业总产值的比重达到67.1%，工业集中度超过70%。规模以上工业企业壮大到629户，工业化率提升至48.8%。这为眉山转方式、调结构、促发展夯实了基础。

（四）区域发展板块已经成型

经过18年的努力，眉山已经形成了"一体两翼三带"[1]的区域经济发展格局，每个板块通过互联互通立体交通网络连为一体，实现通江达海。经济发展由过去的以点带动转化成现在的以点带面，点极共兴，点、线、面协调发展，发展活力显著增强，这为眉山发展提供了强有力的韧劲和支撑。

（五）处于新一轮发展优势的交汇点

眉山是国家级天府新区的核心组成部分，位于丝绸之路经济带和21世纪海上丝绸之路"一带一路"交汇点，处于西南连接东盟大通道的最前沿。借助天府新区的"虹吸效应"以及对周边区域的"溢出效应"，主动承接天府新区的辐射和带动，推动全域天府新区战略，以及全面进入高铁时代、临港时代、高速时代，眉山区位交通优势将进一步凸显。

二、眉山新常态面临的主要问题

新常态下，经济发展出现了一些重大的趋势性变化，与发达地区相比，眉山的最大市情是发展不足和发展不平衡。2014年，GDP总量只占全省的3.3%，仍然处于全省第三方阵；第三产业占GDP比重仅为27.6%，城镇化率只有40.46%，远远低于全国、全省平均水平。

（一）实体经济发展不足，抗风险能力较为薄弱

一是市场有效需求不足。眉山和全国、全省一样，工业生产者出厂价格指数

（PPI）已连续 30 多个月下跌。受此影响，相关领域投资不增反降，难以形成新的增长点。二是产能过剩加剧。2014 年，纳入工业生产能力统计的 16 个行业中，有 9 个行业出现不同程度的产能过剩。其中，原煤产能过剩 20.4%，化肥产能过剩 34.4%，水泥产能过剩 30.3%，钢材产能过剩 57.8%，电解铝产能过剩 26.6%，化解产能过剩的任务非常艰巨。三是创新能力薄弱。大部分传统产业自主创新体系尚未完全形成，现仍然依靠低成本优势获利，面临在高技术领域缺乏核心技术的严峻考验，在一些具有战略意义的行业和领域遭遇技术约束，不得不依赖进口得以解决。四是转型升级任务加剧。煤炭、水泥、造纸、陶瓷、铝业等行业具有产业层次偏低、产品初级化、低端化、附加值不高的特点，在转型升级过程中的债务增加，劳动力失业等各类隐形风险会逐渐显性。

（二）投资热度降温，高速增长难度加大

新常态下，受整个宏观经济下行压力影响，市场预期普遍趋于谨慎，多数业主持等待观望态度，加之融资难、回款难和资金使用成本高等压力，项目投资明显放缓。一是民间投资回落大。2014 年，眉山民间投资增长 17.9%，增速明显低于 2013 年 6.8 个百分点、低于 2012 年 24.5 个百分点，至 2015 年上半年，仅增长 3.1%，比上年同期低22.1 个百分点。二是重点项目预期放缓。2015 年，全市重点项目 100 个，总投资1053.68 亿元，比 2014 年减少 88.38 亿元，下降 7.7%；重点项目计划投资 179.47 亿元，减少 37.78 亿元，下降 17.4%；重点项目计划投资占全社会固定资产投资的比重为 22.4%，下降 1.4 个百分点。三是签约项目开工缓慢。2015 年上半年，眉山新签约项目 52 个，签约项目开工率 30.8%，其中重大项目开工率仅为 18.8%。履约率、开工率、资金到位率分别低于全省 1.98、4.07、3.48 个百分点。

（三）消费品市场回归理性，传统模式受到冲击

一是餐饮消费回归理性。随着居民生活方式的变化和生活节奏的加快，高端餐饮企业面临多数客户群流失的压力，经济实惠、方便快捷的大众化餐饮受到市场欢迎，厉行节约已经成为餐饮业新风尚，"光盘行动"得到市场进一步认可。二是汽车消费回归理性。近年来，传统汽车消费迅猛增加，造成城市污染和城市交通拥堵日益严重，越来越多的城市不得不通过采取限购、限行的措施来缓解城市交通和环境压力。汽车消费群体不再像以前那样盲从，消费观念转向为追求个性化消费和适合自身的适度消费，炫耀式消费随之弱化，加之消费市场的相对饱和，购买需求和空间不断压缩。三是住房消费回归理性。近年来，眉山通过廉租房、公共租赁房、棚户区改造房等方式解决了多数城镇困难家庭的住房问题，加之多年来房地产市场的快速发展，住房刚性需求已基本满足，目前住房消费方面投资与需求的高峰期已经过去，去库存化的压力加大，"高端有市场、中端有支持、低端有保障"的住房格局需加快培育。

（四）现代农业发展受限，规范引领有待提升

一是资金投入不足。农业发展仅靠地方财政支撑是远远不够的，特别是受经济下行压力影响，民间资金又难以得到充分发挥的情况下，农业基础设施承载力难以支撑现代

农业产业的发展。二是缺乏企业集团影响。眉山现代农业已经形成了一些规模化的特色产业，且部分产业已经具有了一定的影响力，但总体规模较小、产业层次偏低，核心竞争力不强，各种资源整合效率不高，缺乏大企业大集团引领带动。三是农业生态维护难度加大。和多数农业发展地区一样，眉山农业经过几十年的高投入、高产出后，耕地基础地力下降，保水保肥、耐水耐肥性能差，对干旱、养分不均衡更加敏感，造成土壤更加吃肥、吃水，要提高产量必须依靠大量使用化肥、农药、农膜等，必然会增加土壤重金属污染。

（五）城镇化发展滞后，要素集聚能力不强

眉山城镇基础设施建设相对不足，教育、卫生、文化、体育、交通、环保等方面的公共服务水平难以满足城市扩张和群众的需求，弱化了城镇的要素集聚和辐射带动能力。2014年，眉山城镇化率仅为40.46%，低于全国14.31个百分点、低于全省5.84个百分点。

三、眉山新常态面临的机遇与挑战

（一）进入新常态，眉山正迎来三大发展机遇

一是面临国家实施"一带一路"倡议机遇。眉山位于丝绸之路经济带、长江经济带"一路一带"交汇点，处于西南连接东盟大通道的最前沿。随着成都二机场启动建设，成德绵眉乐高铁、岷江航电、成赤、雅眉乐、遂资眉高速等综合交通项目的建成，眉山将全面进入高铁时代、港口时代、高速时代，交通发生颠覆性巨变，县县实现"双高速"，区位优势集中爆发，诸多千载历史机遇汇聚眉山。二是面临天府新区升格为国家级新区机遇。天府新区获批成为国家级新区，省委、省政府出台了《关于加快推进四川天府新区建设的指导意见》，作出了一系列重大调整。对于眉山来讲，这正是一个做好"发展定位、体制机制、规划对标"三大重构，最大化释放新区效应，最大化释放红利的机会。三是面临扩区调位拓展城市发展潜力的机遇。彭山"撤县设区"正式获批，眉山由"一区五县"成为"两区四县"。行政区划的调整，将进一步扩大眉山的发展空间和发展潜力，更好地发挥彭山"融入成都、同域发展"桥头堡的作用，有利于接受成都都市和产业的辐射。

（二）进入新常态，眉山正面临三大严峻考验

一是面临既要加紧转又要加快赶的考验。加紧转就是转方式、调结构，这是新常态下国家发展的大趋势，也是眉山发展的大必然。眉山第一产业占GDP比重比高于全省3.4个百分点，而第三产业占比低于全省9.1个百分点，结构不优的矛盾非常突出，已经到了只有转型才能持续发展的重要关口。加快赶就是加快发展，就是要保持高于全国全省的发展速度。眉山作为四川最年轻的地级市之一，从一个农业市起步，经济总量不大、产业支撑不强、发展不足滞后，是眉山面临的主要矛盾，解决这些问题的关键还是在发展。加紧转和加快赶，这是车之双轮、鸟之双翼，这也是眉山经济发展的基本逻

辑。二是面临既要讲平衡又要求突破的考验。讲平衡就是要在稳增长和调结构中寻找平衡点，就是要在稳增长、促改革、调结构、惠民生的协同并进中寻找平衡点。目前，眉山面对传统动力减弱，新的发展引擎还没有形成的艰难时期，出现了投资消费乏力、动力支撑有限和要素成本上升的新常态。面对企业生产经营困难、房地产投资大幅回落、金融风险加剧等诸多问题，不能因为稳增长而放弃调结构转方式，要勇于承受导致的经济增长下滑，更何况，发展速度高一点不一定就"好得很"，发展速度慢一点不一定就"糟得很"；也不能因为调结构转方式而放弃稳增长，要勇于担当不让经济滑出合理区间。求突破就是在薄弱环节中实现突破，就是要致力于在基础设施建设、工业生产经营、现代服务业发展等方面的短板上去改革创新求突破，去精准发力求突破。在突破中求平衡，在平衡中求突破，这也是眉山经济发展的重要思维。三是面临既要为当前又要利长远的考验。实事求是讲，过去的高速发展掩盖了一些矛盾和风险，现在伴随着经济增速下调，各类隐形风险会逐渐显性化。比如，要淘汰落后产能，就要接受速度下降和工人失业的痛苦；要调结构转方式，就得将经济增长下调到合理区间；要加大基础设施建设，就得增加政府债务等。面对当前和长远，经济发展是不可能停下来研究好了再发展的，它只能在行进中权衡利弊，在两难中把准方向。我们既不能抽象地看长远，不负责任地把当前的发展慢下来；也不能只管当前，为眼前速度做出有损长远的事。应当在当前和长远之间找到最佳平衡点，在坚持对人民负责，对长远负责的前提下，寻找破解当前难题的新思路、新办法。在当前加大力度招商引资时，要将更多的政府资源倾向高端产业项目；在稳定投资增长时，要坚持更多的优化投资领域和结构。所以，利当前又利长远的要抓紧干，利长远不利当前的要创造条件干，利当前不利长远的要适可干，这也是眉山经济发展的根本取向。

（三）进入新常态，眉山正处于大有作为的战略机遇期

一是处于经济发展的战略机遇期，有望缩小与全省差距，但也面临结构调整和提高质量效益的挑战。作为工业化后发地区，我市仍处于发展的战略机遇期，工业化、城镇化将保持较快发展势头，经济增速有望继续高于全省平均水平，与全省的差距将进一步缩小。但未来国际环境复杂多变，国内环境增速放缓，将给传统工业化模式带来很大挑战，迫切需要加快转型升级步伐。二是处于城镇化加速推进期，城镇化进程将明显加快，但也面临人口转移和优化公共服务的挑战。随着国家新型城镇化和天府新区建设的深入推进，我市城镇建设将快速推进，城镇化水平将明显提高。但未来城镇化的重心将是人口的城镇化，需要以扩大人口就业、完善公共服务作为城镇化的核心推动力，眉山产业支撑和城市基础设施建设依然薄弱，亟须加快完善，为新型城镇化的发展创造更多的有利条件。三是处于改革开放全面深化期，发展红利和发展空间将进一步扩大，但也面临改革失利风险和区域竞争加剧的挑战。在改革开放进程中，眉山将处于全面深化期，将在重点领域和关键环节改革上寻求新突破，将更好地参与国际和区域分工协作，不断拓展发展新空间。但也要看到改革已进入到深水区，改革失利的风险将增大，各地对市场、资金、人才等要素的争夺将加剧，区域竞争将更趋于激烈。四是处于资源环境约束加剧期，生态文明建设有望得到加强，但也面临强化节能减排和环境保护的挑战。

国家将制定更为严格的节能减排、环境保护目标和责任考核制度，经济发展与资源环境承载之间的矛盾将进一步加剧，这会倒逼各地更加注重加强生态建设和环境保护，提高资源节约集约利用水平。眉山传统产业居于主导地位，高耗能行业、落后产能行业短期内难以转型升级，节能减排和环境保护任务压力加大。五是处于民生持续改善期，人民生活水平将进一步提高，但也面临居民增收和提高公共服务质量的挑战。随着经济的持续发展，民生将会有较大改善，人民群众将分享更多发展成果，基本公共服务水平和均等化程度将进一步提高，居民生活水平将显著提升。但在经济增速下行、产业结构调整加快的情况下，居民就业和收入增长将会面临一定的困难，而政府债务的高企，也会对提高公共服务质量形成制约。六是处于社会转型加快期，社会治理体系和结构将不断完善，但也面临社会矛盾和风险增多的挑战。眉山社会转型将进一步加快，社会治理体系和治理结构将进一步完善，民主法制和公平正义程度将进一步提高。但社会结构、文化形态、价值观念等将发生深刻变化，社会利益多元化、结构复杂化、诉求偏激化等趋势将增加社会不稳定因素，社会冲突和社会风险可能会增多，维护社会安全和稳定的压力较大。

四、眉山新常态下的动力转换

（一）从空间格局看，开放格局的扩展和天府新区上升为国字号将带来新动力

随着"融入成都、同城发展，三化联动、统筹城乡"发展思路的强力实施和"一带一路"、天府新区升格为国家级新区等历史机遇的有效推动，眉山将形成更大规模的跨行政区域城市群建设、更大空间的资源整合优化配置、更大范围的区域经济一体化发展，与之对应的城市空间布局、农业空间布局、生态空间布局以及相关产业的市场布局、投资布局、生产研发布局、综合物流链布局等都将随之发生深刻的积极变化，催生经济增长新的动力。

（二）从需求看，投资仍是重要动力，消费渐成新动力

长期以来，眉山始终坚持投资引领发展战略，将投资作为经济增长的抓手和动力、作为优化产业结构的重要支撑。建区设市以来，投资以年均 23.7% 的速度强力支撑了眉山经济发展和稳定增长。三次产业投资结构优化为 2.0：39.4：58.6，反映出眉山投资的主要方向已经转向为与经济结构调整相衔接的第三产业。实践证明，投资为眉山经济发展和结构优化提供了强有力的支撑，并将在未来的一段时间内继续发挥着不可或缺的重要作用。但无论是历史的经验还是别国的经验，都已经证实了这种靠投资拉动的粗放型增长方式是难以为继的，经济增长的最终目的还是为了更好地改善人民生活，扩大消费，这也符合科学发展观的要求。消费需求是经济活动的起点和归宿，是决定经济增长的关键性因素，当消费需求成为经济增长的主要动力时，投资结构也将随之而优化升级，特别是信息消费、文化体育消费、健康养老消费等新型消费模式将催生新的投资机会，也将促进经济发展产生新的动力和增长点。

（三）从产业调整看，传统产业和新兴产业双驱动将成为新动力

眉山的产业结构调整致力于加快改造提升传统产业，培育壮大战略性新兴产业，促进农业、工业转型升级；致力于加快发展现代服务业和现代都市近郊农业，优化产业空间布局，提升产业竞争力。从农业格局看，随着农村改革的深入推进，农业现代化的加快发展，"千湖之城""绿海明珠""百园之市"的有力实施，可持续发展水平将得以提升。从工业内部看，传统产业格局正在加快转变，三产融合、高端高质、信息化引领的发展渐成新常态，新行业、新产业、新业态、新模式正在加速成长。从服务业看，文化旅游业、现代物流业、康养服务业、科教服务业以及与互联网和电子商务有关的新兴业态正在高速发展。随着农业现代化，工业信息化，以及服务业与农业、制造业的深度融合，眉山传统优势产业和高端制造业、新兴服务业将成为经济增长的多点支撑。

（四）从人文内涵看，"眉山特色"将产生辐射形成新动力

眉山生态资源丰富、文化底蕴深厚、拥有独具魅力的东坡文化，每个区县都有发展文化旅游业的优势。随着东坡文化、长寿文化、忠孝文化、康养文化、大雅文化的深度挖掘和大力推广，与成都、乐山、雅安深度合作打造形成的峨眉山、瓦屋山、周公山三山环线黄金精品旅游线路，眉山将形成"文旅互动、文旅相融、景城一体"的发展格局，人文交流与旅游发展得以相互促进，各种优势资源将得以充分发挥，"东坡老家"将产生更大的辐射和影响，为经济发展培育更多的新动力。

（五）从要素发展看，质量提升将成为新的动力

从驱动经济增长的劳动力、资本和技术看，随着经济发展进入新常态和要素资源禀赋结构的变化，特别是人口结构老龄化和劳动年龄人口绝对量减少导致的用工成本快速上升，以及其他要素和资源价格的连续上涨，传统依靠低成本的要素规模扩张推动经济增长的模式已难以为继，经济增长将全面转向创新驱动，让位于更多依靠人力资本和技术进步的质量效率型集约增长方式。

（六）从制度供给看，新一轮改革红利释放将激活更多的新动力

在简政放权领域，眉山将继续减少审批事项，在全省率先推进建立权力清单、责任清单和负面清单，增强发展内生动力。在深化投融资体制领域，将创新金融服务，有效解决中小企业融资难、融资贵、融资慢和金融系统性风险，加快释放民间投资活力。在深化经济体制改革领域，将培育壮大金融市场主体，推动"营改增"扩面等，大力支持实体经济发展。此外，眉山还将以深化行政审批制度改革为突破口，协调推进各项领域改革，最大限度激发市场和社会活力，为经济发展注入新的动力。

五、助推眉山新常态下动力释放的保障措施

(一)突出深化改革,激发内在活力

一是深化行政体制改革。以"减、放"为原则,以"不减、不放"为特例,纵深推进简政放权、放管结合,全面取消非行政许可审批事项,实行省市县联动审批。深入推进商事制度改革,营造宽松平等的市场准入环境。积极推进政府购买公共服务,有序推进事业单位分类改革、公务用车制度改革等。二是深化经济体制改革。深化金融体制改革,大力支持实体经济发展。着力培育金融市场主体,实现眉山农商行和仁寿、青神、丹棱农商行挂牌营业。深化财税体制改革,推动"营改增"扩面,全面推行预算改革,规范政府债务管理。启动不动产登记,进一步理顺和完善国有资产监督管理体制。创新投融资体制,加快政府投融资平台转型发展,推广使用 PPP 模式,积极发展混合所有制经济。三是深化农村综合改革。以放活土地经营权为突破口,深化农村土地制度改革,加快土地确权颁证。积极发展适度规模经营,建立农村产权流转交易综合服务信息平台。加快彭山全省农村综合改革试点工作,力争在放活土地承包经营权、健全社会服务体系、农村金融制度等重点领域、关键环节取得突破。四是深化社会领域改革。深化教育领域综合改革,引导民办教育机构规范发展。深化科技体制改革,加大科技金融创新力度。深化医疗卫生体制改革,鼓励社会资本进入医疗卫生领域,推进县级公立医院综合改革试点,实施分级诊疗制度。深化文化体制改革,推进文化大发展大繁荣。深化户籍制度改革,有序推进农业转移人口市民化。

(二)突出项目投资,优化产业结构

一是强力推进招强引优。围绕世界 500 强、中国 500 强、行业领军企业,引进一批引领型、补链型、核心型高端产业项目;围绕战略性新兴产业,引进一批创新能力强、税收贡献高、资源占有少的优质企业;围绕优势产业,在上下游、左右链、曲线两端补足配套项目,形成中小企业铺天盖地、大型企业顶天立地的格局。二是强力推进高端产业发展。瞄准产业高端和高端产业,着力引进具有突破性、创新性、战略性和引领性的产业项目,进一步优化产业结构,延长优势产业相配套、相关联的产业链。以培育发展新一代电子信息技术、新能源、高端装备制造和生物医药等战略性新兴产业为目标,充分发挥世界 500 强和国内大企业大集团集聚效应,带动关联企业进入,不断壮大产业规模,逐步使战略性新兴产业成为推动经济发展的重要力量。三是强力推进基础建设。加快推进"四箭齐发"[2]和成都经济区环线眉山段全线全段全面开工建设。全面推进成昆铁路扩能改造眉山段、仁沐新高速仁寿段、大峨眉国际旅游西环线、眉彭大道等项目建设。加快推进植物园、生活垃圾焚烧发电等重大城市基础设施项目建设。抓好东坡宋城、苏母公园和蟆颐观等开发建设与改造,充实文化元素,打造城市文化地标。

(三)突出转型升级,提升经济实力

一是融合新技术发展,改造提升工业传统产业。顺应"互联网+"的发展趋势,以

信息化与工业化深度融合为主线，重点推进"互联网＋工业"发展，促进机械制造、食品及农产品加工、新型化工、新型建材等传统优势产业升级换代。积极消化和化解水泥、造纸等行业的过剩产能和落后产能，为工业转型升级腾出环境容量和资源空间。加快现代企业制度建设，提高企业自主创新能力，鼓励优势企业对外开展兼并重组和战略合作，努力培育一批带动作用强的大企业、大集团。二是突出比较优势，加快发展现代服务业。发挥靠近四川中心城市的区位优势，依托大峨眉旅游环线，深入挖掘和整合旅游资源，打造旅游精品线路和重点旅游景区，推动旅游业加快发展，促进旅游业与文化、商贸、房地产、健康养老等产业的协同发展。依托区域交通枢纽建设，围绕制造业的发展，利用成本优势，加快发展现代物流、金融保险、融资租赁、信息技术、服务外包等生产性服务业。围绕城镇化，以提升人民生活水平为导向，大力发展家政、社区、养老、健康、文化、体育等就业吸纳能力强和市场需求大的生活性服务业。依托互联网发展，积极发展电子商务，推动电子商务与其他产业的融合发展。三是以都市近郊型农业为重点，大力发展现代农业。加快"两城三园七片"[3]等重点区域建设，打造提升具有明显资源优势和地方特色的农业产业带，大力发展以都市近郊型农业为重点的现代农业。创新农业产业化经营机制，加快培育新型农业经营主体，引导土地承包经营权向专业大户、家庭农场、农业企业流转，鼓励发展适度规模经营。加强以山水田林路为重点的农业基础设施建设，建设高标准农田示范区，强化耕地保护，稳定粮食播种面积，提高粮食单产。深入推进"粮安工程"，积极鼓励种植业园区化、养殖业小区化，继续做大做强优质水果、优质粮食、优质茶叶、优质水产等特色优势产业，大力发展农产品精深加工和现代流通业，加快把眉山建成成渝城市群重要的农产品配送基地和农业观光旅游目的地。四是整合重点产业园区，优化产业空间布局。按照"产业集聚、布局集中"的思路，积极引导产业向园区集中，引导产业合理布局，做大做强工业园区。整合眉山现代工业新城7个园区，促进产业高端和高端产业发展，再造"产业眉山"。依托天府新区，发展壮大仁寿视高经济开发区和文林工业园区。通过合理分工，促进东坡区泡菜产业园区、青神县工业开发区、洪雅县工业园区和丹棱县机械产业园区等园区提升现有产业体系。

（四）突出重点区域，发挥辐射引力

一是天府新区要"一马当先"。抢抓天府新区上升为国家级新区机遇，重构产业发展、重构体制机制、重构规划对标，打造眉山经济发展的重要引擎。大力培育高端装备制造、现代物流、精细化工、新一代电子信息产业集群。规划建设环天府新区，推动全域天府新区建设。二是工业新城要"七驾齐驱"。持续优化（彭山经济开发区、成眉工业集中发展区、成眉石化园区、眉山经开区新区、金象化工产业园区，甘眉（铝硅）工业园区、机械产业园区）七大园区的机械装备、日用化工、新型建材、新一代电子信息技术等主导产业。推动眉山经开区创建国家级经开区。全面启动总部经济区项目策划、控制性详规编制。三是县域经济要"六极共振"。深化"两扩两强"[4]改革试点，激发六区县经济发展活力。坚持因地制宜、分类指导，突出地域特色和资源优势，做实做强县域产业。深入实施多点多极支撑发展战略，支持县域开发区和工业集中区加快发展，加快建设一批宜居宜业的新型小城镇和富有活力的经济强镇。四是区域合作要"四城联动"。深入推进眉山与成都、甘孜、雅安的合作，加快推进成眉工业集中区、成眉石化园区、甘眉园区建设，大力推进雅眉交通设施、旅游资源、要素市场协调发展。积极融入国家和省对外开放战略布局，抢抓国家建设"一带一路"、长江经济带的历史机遇，深化全方位开放合作，争取纳入国家战略规划的重要节点城市，密切与周边地区经济交流，大力发展开放型经济。

（五）突出创新驱动，增强经济动力

一是激发企业创新活力，建设区域创新体系。加大财政支持力度，加快实施企业创新主体培育工程，培育引进若干国家高新技术企业、省级以上创新型企业及省级以上企业技术中心等，构筑起以企业为主体、市场为导向、政产学研金用相结合的区域创新体系。进一步完善科技创新体制机制，推动企业成为技术创新决策、研发投入、科研组织和成果转化中的主体，鼓励支持有条件的企业建立研发机构和中试基地，支持科技型中小微企业的创新活动。完善科技创新绩效评价机制，建立科技进步目标责任制、企业技术创新绩效评估制，激发科技创新创业活力。二是加快产业技术创新，推进科技成果转化。促进科技创新与经济社会发展深度融合，围绕特色优势产业和战略性新兴产业的技术需求，突破关键共性技术，加快构建眉山创新产品快速发展的产业技术支撑体系，推动传统产业高端化、高端产业规模化。强化高新技术对传统产业的改造和升级作用，提升产业整体竞争力。完善科技成果转化平台和机制，进一步发挥技术创新工程公共服务平台和科技成果转化区域服务平台作用，推进重大科技成果转化和规模化应用，促进科技成果产业化。三是建设科技创新平台，完善科技创新创业服务体系。充分利用临近成都区位优势和成都创新资源密集优势，依托大型企业集团、科研院所和产业园区，布局建设一批科技创新平台。优化和完善现有创业服务机构的服务业态和运营机制，构建一批满足大众创新创业需求和特点，低成本、便利化、全要素的创业服务社区，形成开放式的创业生态系统。加强研究实验室基地和科技公共服务共享平台建设，促进创新资源共享。完善科技创新服务体系，加快建立专家咨询委员会，探索组建科技创新委员会。加快培育、引进科技服务机构和中介服务企业，壮大科技服务企业规模，提升科技服务水平。四是实施人才强市战略，建设创新型人才高地。深入实施人才强市战略，坚持引进与培养并重，做好"千人计划"引才工作，加快本土人才的培养和储备，努力造就一批科技领军人才和高水平创新团队。鼓励符合条件的科研人员，带着科研项目和成果开展创新工作或创办企业。以园区为孵化器，吸引创新创业人才开展双创活动。完善创新人才评价、使用、激励机制，探索建立灵活多样的创新型人才流动与聘用方式，最大限度激发科技人员的创新热情和创造活力，实现人才、技术与经济的紧密结合，为经济转型升级提供智力支持。

（六）突出城乡统筹，释放发展潜力

一是始终坚持布局优化。继续优化经济空间布局，做大做强"一体两翼三带"，努力构建眉山经济发展新地图。抢抓彭山撤县设区的历史机遇，加快建设东坡、彭山城市版块经济，推进彭山区与东坡区同城发展，努力打造"两区双轮"的现代都市经济带。抢抓成德绵眉乐高铁、遂资眉高速、岷江汉阳航电建成投运和成都二机场规划建设的历史机遇，加快谋划引进一批新兴产业和重大项目，努力打造"两高双港"的现代枢纽经济带。加快推进天府新区青龙、视高两大区域建设，努力打造"两极双核"的现代产业经济带。二是始终坚持聚焦城镇。以新型城镇化建设为总揽，扎实推进以人为核心的城镇化。进一步完善城镇规划体系，启动新一轮眉山城市总体规划修编。大力实施"十大工程建设计划"，不断完善城镇基础设施建设。强力推进岷东新区建设，加快推进东坡岛和北部郊区建设。继续抓好"百镇建设行动"，坚定不移做优小城镇，大力推进10个国家级重点镇、13个省级试点镇和22个市级特色镇建设。三是始终坚持城乡一体。加快推进"四种模式""四个转变"实现"四有目标"[5]，推进城市基础设施向农村延伸，城市公共服务向农村辐射，城市现代文明向农村传播。统筹"物的新农村"和"人的新农村"，建成幸福美丽新村200个以上。成片推进新农村建设，确保3个省级新农村建设成片推进示范县和7个市级新农村示范片全面完成。加快推进"1+6"村级公共服务体系[6]建设，创建一批"美丽乡村"示范村庄、国家级和省级生态文明乡村。四是始终坚持建管并重。加强城市管理综合执法机构建设，提高执法和服务水平。健全数字城管工作机制，提升城市管理网格化、信息化和标准化水平。建立健全城镇基础设施管理体制机制，抓紧建立城镇基础设施电子档案，着重加强城镇地下管网综合管理。积极创建第四届四川省文明城市。

（七）突出生态文明，彰显环境魅力

一是严守生态保护红线。严格环境准入，优化项目环评审批。加强环境监测预警和监管执法，深入实施环保专项行动狠抓重点区域、重点流域污染整治，严厉打击环境违法犯罪行为。开展企业环境信用评价，建立环保"黑名单"制度。深入推进城乡环境综合治理，加强农村环境保护。二是坚持不懈节能减排。落实节能减排目标责任制，加快淘汰落后产能，化解过剩产能，力争单位工业增加值综合能耗年均下降3.0%以上、工业固废综合利用率年均提高到85.0%以上，工业废气排放量年均控制在指标以内。三是努力打造生态品牌。强力推进"绿海明珠"建设，森林覆盖率保持46.0%以上，新增城区绿地1万亩。强力推进"千湖之城"建设，恢复和新增水域面积25平方公里，争创全国水生态文明试点市。强力推进"百园之市"建设，新建和改造各类公园10个，全面建成"四大文化主题公园"。

注解：

[1]"一体两翼三带"：2015年，眉山市委、市政府《关于主动适应新常态实施八大攻坚战推进经济跨越发展的决定》（眉委发〔2015〕1号）提出，"一体"，即沿岷江流域城镇群，从天府新区青龙片区沿岷江、成乐高速和成德绵眉乐高铁，由北向南串起彭山、东坡、青神城区和青龙、观音、太和、松江、黑龙等若干重点镇，构成眉山区域经济发展的"主体"。"两翼"即东翼和西翼，东翼是指以仁寿县城为核心的东部发展翼，西翼是指以洪雅、丹棱县城为核心的西部发展翼。"三带"即以岷江为中轴，中部城镇发展带依托彭山、东坡、青神城区，形成一条沿江以现代城市经济为主导的发展带；西部产业发展带以现代工业新城为主体，由南北组团七个园区构建并延伸至青神，形成产城一体的新

型工业产业带；东部产业发展带以文林、视高、汪洋、富加等工业园区和两个现代农业示范园区为主体，形成新兴工业、现代农业和现代城镇相结合的产业发展带。

[2]"四箭齐发"：规划建设工业大道、岷东大道、滨江大道、天府仁寿大道，全面对接成都，实现基础同网。

[3]"两城三园七片"："两城"即中国泡菜城、中国竹编艺术城；"三园"即岷江现代农业示范园区、眉山天府花海观光农业示范园区、四川省现代粮食产业仁寿示范园区；"七片"即东坡区白马龚村产村相融示范片、彭山区彭祖养生果蔬示范片、洪雅县止戈镇五龙产村相融新农村建设示范片、洪雅县花溪·柳江产村相融新农村建设示范片、丹棱县幸福桔园产业示范片、丹棱县紫玉葡萄产业示范片、青神县甘家沟椪柑产业示范片。

[4]"两扩两强"：《四川省人民政府办公厅关于印发2015年县域经济改革发展重点工作推进方案的通知》要求，出台进一步向扩权试点县（市）下放部分市级管理权限的目录，增强扩权试点县（市）承接管理权限的能力；有序推进扩权强镇改革，建设目标是三批试点镇共300个镇完成项目建设投资120亿元，就地就近吸纳农业人口30万人。

[5]"四种模式""四个转变""四有目标"：坚定不移地推进具有眉山特色的"以城为主、以工为主、以农为主、以游为主"统筹城乡"四种模式"，加快农民向城镇居民、产业工人、现代农场业主、三产经营（从业）者转变，实现"有资产、有岗位、有技能、有保障"。

[6]"1+6"村级公共服务体系：即一个村两委活动室加上便民服务中心、农民培训中心、文化体育中心、卫生计生中心、综治调解中心、农家购物中心。

新常态下广安经济发展的新动力研究

认识新常态、适应新常态、引领新常态，是当前和今后一个时期我国经济发展的大趋势。我市经济发展的新动力，既有前期动力的继承和发展，也有全新的探索。在经济新常态下，广安应该主动适应新常态，培育经济发展新动力，促进经济持续健康发展。

一、新常态的概念和特征

（一）概念

新常态跟"旧常态"相对，新常态之"新"，意味着不同以往；新常态之"常"，常态，即"正常的状态"，跟"变态"相对。新常态表明进入一个相对平稳有序、可以合理预期的新阶段、新周期，所呈现出的一种相对理性的状态。主要表现为经济增长速度适宜、结构优化、社会和谐；转入新常态，意味着我国经济发展的条件和环境已经或即将发生诸多重大转变，经济增长将与过去 30 多年 10％左右的高速度基本告别，与传统的不平衡、不协调、不可持续的粗放增长模式基本告别。

（二）主要特征

经济新常态是一个含义丰富、具有深意的重要表述。保持战略上的平常心态最核心的是对经济增速下滑不必过分惊慌，要认清其必然性，要在尊重规律中顺势而为，不要动辄进行过度干预。未来的政策不应频繁变动，而应保持相对稳定，给企业和社会稳定的预期。

第一，发端于中国的发展理念（发展观）、发展战略的调整和转型。也就是说，经济新常态是在科学发展观和均衡发展战略的引领下开启的，这表明十八大前后中国经济的衔接和递进，是一脉相承又与时俱进的，不是另起炉灶新开张，前后两个阶段不是相互否定的关系。

第二，经济新常态是中国共产党和政府近年来持续转方式、调结构、促创新"多管齐下"的必然结果。也就是说，经济新常态不是天上掉下来的，也不是人们头脑中臆想出来的。

第三，经济新常态表明中国的"各项主要经济指标处于合理区间"，增长的速度、经济的结构、发展的动力达到新的"默契"，即相互适应的状态，"虚热""水分""泡沫"等症状有了很大程度缓解，趋于相对理性的发展。

第四，经济新常态表明经济体制改革将按照既定方针有序推进，经济发展进入相对平稳的阶段和周期，对经济发展趋势和前景的可预测性（预期）增强，规避风险的能力提高，引导人们"保持战略上的平常心态"，增强务实发展的信心。

第五，经济新常态有利于缓解地方政府的发展压力，不再盲目追求 GDP 的增长，为地方优化经济结构、转变发展方式和实现科学发展创设有利条件。

第六，中国经济新常态降低对国外经济体的刺激特别是对全球市场的影响；中国经济发展趋于平稳理性，对双边合作和世界经济都是有利的。

二、新常态前我市经济发展主要支撑

2012 年，全市 GDP 总量为 752.2 亿元，是 2008 年的 1.9 倍。全市非公有制经济 2012 年实现增加值 423.1 亿元，是 2008 年的 2.2 倍。

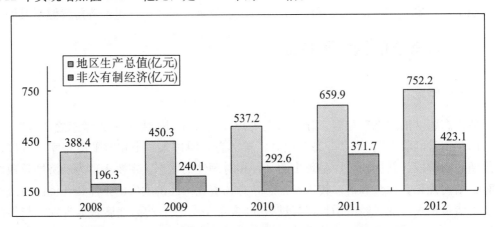

图 1　2008-2012 年广安市 GDP 和非公有制经济总量对比图

（一）传统农业是一产业发展支撑

从三次产业结构上看，近年来，一产业比重逐年下降，由 2008 年的 25.0％下降到 2012 年的 18.6％，下降了 6.4 个百分点。从内部结构上看，2012 年一产业主要为种植业带动，占比达 53.3％以上，畜牧业占比也相对较高，为 39.0％。传统的种植业和养殖业是农业发展的主要支撑。

（二）工业是经济快速发展的核心力量

近年来，全市经济发展的主要带动行业为工业，对 GDP 的贡献率均超过 50％，最高的 2011 年达到 61.3％。一是规模持续扩张。2012 年末，全市规模以上工业企业总户数为 446 户，比 2008 年净增 185 户。全市规模以上工业企业完成总产值 1058.5 亿元，是 2008 年的 3.7 倍，年均增加 193.0 亿元。二是速度快速增长。2012 年，全市规模以上工业企业总产值增长 17.8％；全市规模以上工业增加值增速为 17.3％，分别比全国（10％）、全省（16.1％）快 7.3、1.2 个百分点。

（三）投资是经济发展主要力量

核算支出法资料显示，近年来，固定资本形成总额占 GDP 的比重均超过 50％，固定资本形成总额对 GDP 的贡献率超过居民消费对 GDP 的贡献率，如 2010－2012 年，固定资本形成总额对 GDP 的贡献率比居民消费对 GDP 的贡献率分别高 12.7、20.6 和 9.3 个百分点，成为推动经济发展的主要动力。一是从总量上看，2012 年，广安全社会固定资产投资完成 524.1 亿元，是 2008 年的 2.6 倍；二是从速度上看，2012 年，全市全社会固定资产投资增速为 23.3％，居全省第 7 位，比 2008 年的第 19 位上升 12 位。

三、新常态下经济发展动力转换的必要性

我市 2013 年以前一段时期经济处于高速增长期，但经济发展中存在的问题也不容忽视。

（一）前期经济发展主要问题

一是规模整体偏小。近年来，全市经济尽管实现了快速发展，但主要经济指标总量仍难实现突破，仍居全省 21 个市州的中下游。2012 年，全市 GDP、全社会固定资产投资、社会消费品零售总额总量分别居全省第 14 位、第 13 位、第 14 位。从财政收支上看，地方公共财政收入实现 32.8 亿元，居全省第 14 位，地方公共财政支出居全省第 15 位。二是经济结构不优。从 2012 年数据看，一产业比重偏高，分别比全国、全省高 8.5 和 4.8 个百分点，三产业比重偏低，分别比全国、全省低 15.4 和 4.2 个百分点。同时城乡居民收入结构不优，2012 年，全市城乡收入比为 2.67（农民人均纯收入为 1），高于南充市和达州市。三是经济运行质量不高。首先，财政收入占 GDP 比重较低，2012 年，全市地方公共财政收入占 GDP 比重仅为 4.4％，比全国、全省分别低 18.2、5.8 个百分点。其次，2012 年，全市税收收入占地方公共财政收入比重为 60.9％，比全国（85.8％）、全省（75.5％）低 24.9、14.6 个百分点。

（二）新常态下我市经济发展动力转换的必要性

中国经济正在进入新常态，表现是经济发展正在从高速增长转向中高速增长。按照经济规律，经济规模大了以后，传统的内生动力在减弱，增速有一个逐步趋缓的过程。其次，资源环境的压力迫使我们要转变发展方式。过去经济增长是传统的方式，最大的特点就是低廉的劳动力为基础和以资源消耗、环境破坏为巨大代价，高速增长的背后积累的问题，迫切需要转变发展方式来解决，若这些问题得不到解决，将会影响新常态下我市经济发展新动力的形成。

四、新常态下我市经济发展新动力分析

2014 年以来良好的经济发展环境为我市经济发展提供了强大的动力和有力的支撑。推进实施西部大开发、长江经济带、多点多极支撑发展等战略，建设川渝合作示范区、西部承接产业转移示范区和开展全国中小城市综合改革试点等机遇成为我市追赶跨越的强大引擎。推动我市进入新型工业化、信息化的快速发展时期，"6＋4＋4"发展战略促进各区、市、县及产业园区等新兴增长极竞相加快发展，为我市经济保持良好发展态势

提供强势保障，效果明显。

（一）传统工业向现代新型工业化发展转变

1. 轻重工业结构在反复调整中逐步得到改善。2014 年以来，全市规模工业增加值增速重工业均高于轻工业增速。重工业对工业增长的贡献率呈逐步上升趋稳形势，最高月份到达了 74.5％，全年贡献率为 67.4％，拉动工业增长 10 个百分点。我市工业化进入重工业化的特征充分体现，轻重工业构成和工业增长基础，发生了明显变化。具体看，轻重工业增加值构成比由 2013 年 1：1.1 调整为 2014 年的 1：1.5。利用霍夫曼系数也可对我市工业阶段做出初步判断。可用轻工业总产值比重与重工业总产值比重的比值近似计算。如下表所示，2013 年，我市霍夫曼比例为 0.78，2014 年为 0.71，比 2013 年下降 0.07 个百分点，表明我市重工业化程度在反复调整中进一步提高。

表1　2013-2014 年广安市轻、重工业比重和霍夫曼比例

年份	轻工业比重（％）	重工业比重（％）	霍夫曼比例
2013	43.8	56.2	0.78
2014	41.5	58.5	0.71

2. 高技术制造业飞速发展。高技术产业是推动技术集约化的重要力量，是实现产业构升级的重要载体。近年来市委、市政府在加强科技创新体系建设、营造科技创新环境和培育骨干高新企业等方面采取了一系列措施，高技术产业生产企业科技投入增加，技术改造力度加大，对工业发展的贡献度明显提高，高技术产业已逐渐成为我市经济发展的支柱。一是产业规模不断扩大，主要表现在：企业数量平稳增长，截至 2014 年底，我市规模以上高技术制造业共有企业 26 家，比 2013 年增加 5 家；占规模以上制造业企业数的比重为 6.2％；企业就业规模扩大，2014 年我市高技术制造业从业人员 6400 人，比 2013 年增长 6.7％，占全部制造业企业的比重为 8.5％；主营业务收入较快增长，2014 年我市高技术制造业实现主营业务收 70.3 亿元，比 2013 年增长 25.3％，占全部制造业企业的比重为 6.5％。二是经济效益较快增长。2014 年我市高技术制造业实现利润总额 6.59 亿元，比 2013 年增长 11.7％，增幅比其他制造业平均水平高出 22 个百分点；高技术制造业利润总额占全部制造业的比重为 15.4％。高技术制造业利润总额与主营业务收入之比为 9.4％，比 2013 年提高 1.3 个百分点，比其他制造业平均水平高 5.5 个百分点。

3. 装备制造业在推动我市工业发展中发挥着重要的支撑作用。装备制造业是实现工业化的必备条件，加快发展高端装备制造业是促进我市工业企业转型升级的关键因素。目前，全市已经形成涵盖七大行业的装备制造业。2014 年全市拥有装备制造业企业 147 家，职工 2.2 万人，资产总额达到 104.1 亿元，实现产值 369.9 亿元，销售收入 354.5 亿元，利税 24.7 亿元，利润 15.8 亿元。工业总产值、资产、主营业务收入、利润、从业人员平均人数分别比 2013 年增长 68.2％、104.1％、62.1％、39.8％和 10.1％，装备制造业产值超亿元的企业发展到 79 户，与去年同期相比增加 16 户。装备

制造业企业主要集中在汽车制造业、金属制品业、铁路船舶航空航天和其他运输设备制造业、电气机械和器材制造业四大行业中。产品主要有汽车摩托车零配件、矿山专用设备、电子设备零配件、家用电器等。

表 2 2014 年广安市装备制造业分行业主要指标

单位：亿元

行业名称	工业总产值	资产总计	主营业务收入	利润总额	从业人员平均人数（人）
装备制造业企业合计	369.9	104.1	354.5	15.8	21773
金属制品业	50.2	8.73	48.28	2.02	2718
通用设备制造业	12.2	3.04	11.67	0.73	856
专用设备制造业	34.3	9.95	32.82	1.29	2223
汽车制造业	142.6	45.23	135.76	5.99	6908
铁路船舶航空航天和其他运输设备制造业	62.6	16.78	60.25	2.20	3810
电气机械和器材制造业	36.0	10.00	35.26	1.77	2208
计算机通信和其他电子设备制造业	31.9	10.38	30.48	1.79	3050

4. 战略新兴产业快速发展，成为我市工业经济发展又一支撑极。一是战略新兴产业快速增长，发展规模初步形成。2014 年我市战略性新兴产业完成投资 51.7 亿元，占工业投资的 20.2％；完成产值 103.9 亿元，增长 40.5％，占全市工业总产值的 7.8％。其中节能环保、新材料、生物产业、新一代信息技术产业分别实现产值 31.8、29.7、34.7、4.9 亿元，分别占战略性新兴产业总产值的 30.6％、28.6％、33.4％、4.7％。二是涌现部分领军企业，产业技术优势明显。立足于川渝合作示范区，我市大力优化发展环境，促进土地、资金、人才等要素资源向有效益的新兴技术产业集聚，初步建立了新兴产业发展的资源共享体系。"十二五"以来我市拿出大量人力物力财力聚焦战略性新兴产业项目，引进和培育了国内部分行业的领军企业或先进技术企业。其中高科德，高科龙，国雅电子，科伦药业等处于我市所在行业的技术领先水平。

（二）由农业与工业主导向工业与服务业共同支撑转变

国际经验看，进入工业化中后期，发展型消费需求越来越有赖于生活性服务业的快速发展，由此带动生活性服务业比例的快速提高；传统农业和工业生产方式的改造和升级更有赖于生产性服务业的快速发展，由此带动生产性服务业比例的快速提高。我国已进入消费新时代，紧紧把握消费需求升级的大趋势，加快发展现代服务业，才能抓住发展新阶段的新机遇，释放新动力。从我市近三年来农业、工业和服务业对经济发展的贡献率来看，农业贡献率基本稳定，工业贡献率逐步降低，服务业对经济发展的贡献率稳步提高。

表3 近三年广安市农业、工业和服务业对经济增长的贡献率

年度	农业（%）	工业（%）	服务业（%）
2012 年	6.2	58.3	24.6
2013 年	5.5	49.7	28.6
2014 年	6.4	41.1	33.9

1. 服务业对经济贡献不断增强。一是服务业规模不断扩大。2014 年，全市服务业实现增加值 281.0 亿元，增长 11.7%，高于 GDP 增速 1.5 个百分点；服务业增加值占 GDP 比重为 30.6%，比 2013 年提高 0.9 个百分点，拉动经济增长 3.5 个百分点。其中，2014 年全市金融业增加值为 17.1 亿元，是 2008 年的 2.7 倍，年均增长 18.0%；房地产开发业、营利性服务业等实现快速发展，对三产业增长的贡献率达 51.5%，拉动三产业增长 6 个百分点；旅游业保持较快发展；2014 年新创建国家 4A 级景区 4 个，全市旅游总人数 2768.2 万人次，增长 38.6%，旅游总收入 194.5 亿元，增长 43.7%。二是对经济的贡献率加大。2014 年，全市服务业对经济的贡献率反弹后明显增强，达到 33.9%，比 2013 年提高 5.3 个百分点。三是服务业税收贡献突出。2014 年，全市国税和地税共完成服务业税收收入 37.0 亿元，同比增长 14.7%，服务业税收总量占全部税收的 57.5%，占服务业增加值的 13.2%，比 2013 年提高 0.2 个百分点。四是吸纳就业能力不断增强。随着服务业规模的扩大、服务领域的拓宽以及现代服务业的逐渐兴起，服务业吸纳就业的能力不断增强。2014 年，预计全市常住人口中服务业从业人数达 61.8 万人，占全社会从业人员 29.7% 左右，较 2008 年提高 1.6 个百分点。

2. 服务业发展态势日趋向上。一是服务业投资增长强劲。近年来，服务业成为固定资产投资增长最快的领域，是拉动全市固定资产投资增长的主要力量。2014 年，全市服务业完成投资 638.7 亿元，同比增长 57.7%，比全社会固定资产投资增速快 21.0 个百分点，占全社会固定资产投资的 69.5%，比 2013 年提高 9.3 个百分点。二是政策导向愈加清晰。近年来，广安着力经济结构调整和经济增长方式的改变，扎实推进省级服务业综合改革试点市和现代物流业发展试点示范市建设。2014 年广安市委、市政府制定《关于加快发展新兴先导型服务业的意见》，重点培育电子商务、物流、现代金融、科技、养老健康和通信产业，实现增加值 79.6 亿元。2015 年 1 月就推进六大新兴先导型服务业进行了详细规划。2015 年 5 月，广安成立重大产业推进工作组，将现代金融、旅游、物流、养老健康和电子商务产业工作进一步细化分工。

（三）消费成为拉动我市经济发展的重要动力

从 2012 年开始，我市消费的贡献率逐步上升，2014 年投资贡献率为 53.8%，消费贡献率为 41.7%，仅相差 12.1 个百分点，与投资对 GDP 增长的贡献率差距逐渐缩小。城镇化进程加快，不断推进消费扩张转型，消费成为我市经济增长的重要拉动因素。

1. 城镇化进程加快。广安市城镇化率从 2008 年的 25.8% 提高到 2014 年的 35.8%，年均增长 5.6 个百分点，全市城镇化水平与全国平均水平的差距由 2008 年的 19.9 个百分点缩小到 2013 年的 19.0 个百分点。全市城镇布局逐步优化，先后建成广

安经济技术开发区、枣山物流商贸园区、协兴生态文化旅游园区，各区市县依托城市的新型园区逐渐扩大，初步形成了层级合理、分布均衡、梯次分明的城镇体系。全市突出以人为核心的城镇化建设，加快东南片区、官盛新区建设，推进化龙沟、岔路口等片区旧城改造，推进智慧城市和"宽带乡村"工程建设，逐步完成主城区市政配套建设，各城镇实施完成城市路网、燃气供水、污水处理、园林绿化、公共事业、安置房建设等基础设施项目，城镇承载能力大步提高。

2. 城镇化推进消费扩张转型。随着经济水平的提高，人们开始逐渐抛弃了自然经济模式下自给自足的消费观念，代之以量入为出、注重消费效益，更加注重养身保健、文体娱乐、旅游出行等，强调消费带来的精神满足等新型消费观念。近年来，我市社会消费品零售总额从 2008 年的 160.1 亿元增长到 2014 年的 367.1 亿元，增长了 1.3 倍，年均增长达 14.8%，高于三产业年均增长速度 1.5 个百分点。2014 年我市人均 GDP 达 28489 元，开始由生存型消费向发展型消费转变，住房、汽车、养老、家政和教育培训、旅游休闲、健康医疗成为新兴消费热点。2011 年限上汽车企业从无到有，限上企业汽车消费零售额从 2012 年的 13.6 亿元到 2014 年的 20.3 亿元，年均增长 22.2%。

（四）新的产业能量正在积聚，发展后劲明显增强

1. 产业集群初步形成。2013 年以来我市各地主动适应经济发展新常态，以基地建设为支撑，川东交通枢纽和百万组团城市打造为载体，围绕成渝经济区重要经济增长极的目标，积极打造岳池生物医药、华蓥电子信息、邻水装备制造、前锋机械加工、武胜节能环保新材料、广安区现代服务业和高新技术产业六大产业集群，在整合了我市旅游资源的基础上，筹建了华蓥山旅游基地，以及建立起了电子商贸物流基地。在提高发展质量和效益上下功夫，积极搭建园区平台，延伸产业链条，做大做强龙头企业，加快实现产业集群化发展，实现了集群成链发展，有力推动了经济高速度、快节奏、超常规发展。

表 4 2014 年广安市六大高端产业分布情况表

单位：户

行业名称	广安市	广安区	前锋区	岳池县	武胜县	邻水县	华蓥市
合计	203	5	44	27	27	51	49
高端装备制造业	93	1	9	9	14	36	24
精细化工产业	20	1	6	4	4	3	2
生物医药产业	10			4	5		1
电子信息产业	29	1	5	3	3	1	16
高端轻工与服装产业	29		13	5		8	2
节能环保与新材料	22	1	11	2	1	3	4

2. 县域经济蓬勃发展。2014 年，我市 GDP 最高的县不足 200 亿元，武胜 173.3 亿元，岳池 172.8 亿元，邻水 180.7 亿元，华蓥 122.6 亿元。地方公共财政收入均未超

过 10 亿元，最高的为岳池县，仅有 7.5 亿元。立足于此，我市制定出台支持县域经济改革发展政策措施，切实为区市县发展松绑减负，为园区建设破除体制机制障碍，在 2015 年县域经济呈现出蓬勃发展的良好势头。广安区建成官盛新区 10 平方公里雏形，启动临港都市产业园建设，进入四川省首批旅游十强县。前锋区基本形成 15 平方公里城市骨架路网，城市综合体规划设计方案获得国家级金奖，轻纺和装备制造两大主导产业快速壮大。华蓥市资源枯竭型城市加快转型，电子信息产业实现由零部件加工到手机整机生产的历史跨越，高兴铁路物流园区纳入省级规划。岳池县被评为全省县域经济发展先进县，大力发展医药产业集群，入园企业快速增加。武胜县创建为全国休闲农业与乡村旅游示范县，宝箴塞旅游区、白坪－飞龙乡村旅游度假区创建为国家 4A 级景区，太极湖列为国家级水利风景区。邻水县成功创建为全省生产性服务业功能示范区，渝广共建机电产业园快速发展，以汽摩配件为主的机电产业成为首个百亿级产业集群，高滩工业园被授予"重庆空港工业配套园"。广安经开区加快建设千亿级产业园区，精细化工、新材料、新型住宅等产业链条不断延伸，拓展园区面积 10.5 平方公里，基本形成 30.8 平方公里道路骨架。枣山园区 10 平方公里基础设施基本完成，一批商贸物流专业市场快速建设。协兴园区建成 20 平方公里骨干路网，生态、文化、旅游等产业龙头项目相继落地，爱国主义教育基地影响力进一步提升。同时，充分运用市场法则，推动投融资平台建设，广安发展建设集团全年直接融资 5.7 亿元，广安交通投资建设开发集团、广安金财投融资集团完成组建并投入运行。

五、新常态下夯实经济发展新动力的对策

(一) 突出投资消费拉动，努力保持经济较快增长

充分发挥投资消费拉动经济增长的主引擎作用，从需求方面施策，从供给方面发力，努力扩大投资规模和消费需求。

保持投资持续增长。准确把握国家产业政策、中省投资方向，开展具有全局性、战略性的重大问题研究，科学编制"十三五"规划。用好川渝合作示范区、承接产业转移示范区等支持政策，主动对接生态环保、重大水利、交通、能源等 7 大类建设重点，精心策划包装、筛选上报一批重大项目，确保更多重大项目挤进中省"十三五"规划盘子。稳定和扩大政府公共投资规模，运用政府与社会资本合作的多种投融资模式，加强生态环保、重大水利、交通、能源等领域的项目建设，增加公共产品有效供给。充分挖掘产业投资潜力，提高研发创新和高端制造业投资比重，支持企业加大技术改造和创新投入，促进产业投资稳定增长。加快实施 517 个投资 1000 万元以上的重大项目（含市列重点项目），确保重大项目投资完成 682.5 亿元。

努力扩大消费需求。顺应群众个性化、多样性的消费需求，重点挖掘养老健康家政、信息、旅游、住房、教育文化体育等领域消费潜力，培育新的消费热点。积极参加"惠民购物全川行动""川货全国行"活动，大力举办各类展会展销活动，提高名优特新产品市场占有率。支持城乡消费设施和信息基础设施建设，继续打造主城区中央商务区和县城核心商圈，加快武胜、邻水农产品交易市场建设，升级改造农贸市场，推进家居

建材、汽车销售等专业市场建设，完善农村电商配送网络，着力引进电商企业在广安设立总部或区域结算中心，加快构筑城乡现代流通体系。认真落实增加城乡居民收入各项政策，努力提高中低收入群众收入，不断增强群众消费能力。

积极发展外向型经济。积极拓展市场空间，提高出口创汇对广安经济的贡献率。优化外贸出口结构，支持生产型出口企业集聚发展，重点打造华蓥电子信息产业、前锋轻工产业、邻水装备制造基地。继续争取广安设立海关和商检机构，积极服务外贸企业发展。深入推进"万企出国门"活动，支持一批成长型、潜力型企业拓展外贸业务。鼓励优势企业"走出去"，开展工程承包和劳务合作。提高外资利用水平，实际利用外资4000万美元。

（二）坚定走转型发展之路，积极发现培育新的增长点

坚持创新发展、高端发展，依托科技进步和全面创新，推动产业结构优化升级，不断提升经济发展质量和效益。

努力促进工业提质增效。依托创新培育工业发展新优势，大力发展六大高端及百亿产业，推进产业集群集约发展，实现产值345亿元，占比提升3.2个百分点。整合政府技改支持资金，抓好重点企业技术改造，完成技改投资182亿元、增长15%。深入实施大企业大集团培育计划，做大做强一批龙头企业，培育发展中小微企业，新增规上企业50户、小微企业1200户。持续优化工业布局，抓好重点产业园区建设，推动产业园区提档升级、转型发展。继续发挥市场作用化解过剩产能，淘汰落后产能。

加快发展现代服务业。经济转型发展，突破口在服务业。坚持把服务业发展放在更加重要位置来抓，扎实推进服务业综合改革试点市和现代物流业试点示范市建设，推动服务业发展提速、比重提升、水平提高，实现服务业增加值315亿元，增长10%。优先发展六大新兴先导型服务业，力争在服务业中占比提升0.5个百分点。加快重点旅游项目建设，打造精品旅游景区景点，配套完善旅游基础设施，加强省内外旅游交流合作，整体提升旅游业发展质量，力争旅游收入增长20%以上。推进6个省列"双百工程"项目建设，努力建设区域服务中心城市。实施"主辅分离"工程，加快发展与工农业配套的电子商务、物流配送、文化创意、科技服务等服务业，进一步提高生产性服务业在服务业中的比重。

着力推进科技创新驱动。对接产业链布局重大关键技术攻关、科技成果转化与创新产品培育，强化技术研发与推广运用。加快完善创新平台，创建省级技术创新工程示范县3个。支持企业提升自主创新能力，新培育国家级高新技术企业5家、省级创新型企业5家。鼓励和引导各类创业投资基金重点扶持小微企业创新，推进科技企业孵化器建设。深入实施人才强市战略，进一步激励科技人才创新创业。深入推进国家商标战略实施示范城市建设。做好创建国家知识产权强县工程试点工作。

（三）加快转变农业发展方式，促进农村发展农民增收

始终把解决"三农"问题作为工作的重中之重，围绕农民增收这个核心，大力推进农业现代化和农村改革发展。

加快发展现代农业。坚持走产出高效、产品安全、资源节约、环境友好的现代农业发展道路，以国家现代农业示范区建设为抓手，加快推进产村相融"111"工程建设，新建现代农业产业基地 16 万亩，确保粮食稳产、农业增效。大力推进农业产业化经营，深入实施品牌发展战略，加大力度推介营销"邓小平故里华蓥山优质农产品"公用品牌，不断提升广安农产品影响力和市场竞争力。强化农业科技创新和重大技术推广，提升农业机械化水平，加强高素质职业农民队伍培育。加快建设猫儿沟、回龙寺、应家沟水库和渠江堤防工程，开工建设向阳桥水库，搞好灌区节水改造，进一步改善现代农业基础条件。

全面深化农村改革。积极争取改革试点试验。完成农村集体土地承包经营权确权登记颁证，同步推进"多权同确"。引导土地经营权有序流转，发展各类新型农业经营主体。建立完善农村产权评估、交易机构，促进农村产权流转交易市场健康发展。加强涉农资金统筹整合和管理，推进财政支农资金股权量化改革和农村土地流转收益保证贷款试点，探索建立农村资金互助合作组织。

持续推进新农村建设。坚持"物的新农村"和"人的新农村"齐头并进，统筹推进基础设施、新型村庄、主导产业、公共服务、社会管理和生态文明建设，建成幸福美丽新村 220 个，建设新民居 2.3 万户、农村廉租房 4000 套。加强农村传统文化、乡土文化保护工作。建立农村留守老人、留守儿童、留守妇女关爱服务体系，进一步优化农村养老、教育、医疗等公共服务，让"三留守"有依靠有保障。

多渠道促进农民增收。稳定农产品价格，持续增加家庭经营收入。加大各类农民技能培训资源整合，稳定农民转移输出规模，做响劳务品牌，提升劳务经济质效。大力发展农产品加工、运输物流、休闲农业、乡村旅游等二、三产业，拓展非农就业增收空间。发展壮大村集体经济，开展农村集体资产股份制改革试点。认真落实强农惠农政策，切实增加农民转移性收入。

（四）强化城乡统筹和多点多极支撑，不断优化经济空间格局

坚持规划引领，优化空间布局，加速培育新的经济增长点，继续保持多点多极竞相发展的良好势头。

加速推进新型城镇化。积极探索"多规合一"规划编制，突出分区规划和控详规编制。加快主城区与岳池、华蓥、前锋城市组团融合发展，推进武胜、邻水区域中心建设，加快建设 50 个特色集镇，新增城镇面积 18 平方公里，城镇化率提高 2 个百分点。深入推进城镇化改革，落实户籍制度改革方案，推进农村转移人口均等享受城镇基本公共服务。集中开展"双违"治理，严格规范用地和建设秩序。创新机制和办法破解城镇化发展难题，鼓励社会资本参与新型城镇化建设；深化土地要素配置和差别化用地机制改革，支持城镇低效用地再开发，拓展城乡建设用地增减挂钩、工矿废弃地复垦等试点，不断满足新型城镇化建设用地需求。

持续发展壮大县域经济。深入贯彻落实加快县域经济改革发展政策措施，促进县域经济追赶跨越、竞相发展。支持广安区现代服务业、前锋轻纺加工、华蓥电子信息、岳池医药、武胜节能环保、邻水装备制造等主导产业做大做强，努力壮大县域经济产业支

撑。充分发挥民营经济在推动县域经济发展中的主体作用，有效激发民营经济发展活力和创造力，不断壮大县域经济实力。

做实做强市级园区和国有企业。围绕建设千亿园区目标，推进广安经开区奎阁、新桥园区建设，着力做强精细化工、新材料两大主导产业，做实有色金属、装备制造、新型住宅三大优势产业，力争建成全省规模最大的精细化工基地和全省的新材料基地。围绕打造对接重庆、辐射川东北商贸物流集散地，加速推进枣山园区物流通道和配套设施建设，积极引进大中型商贸综合体、专业市场、现代物流企业，指导企业创新经营机制，科学配置业态，搞活经营，加快构建枣山总部经济集群。围绕建设世界级旅游目的地，加快完善协兴园区基础设施配套，着力打造集爱国教育、教育培训、文化创意、休闲度假等于一体的文化旅游产业新城；加强华蓥山旅游资源保护和地质灾害区治理，提档升级石林、天意谷景区，加快建设华蓥山自然保护区和宝鼎禅修文化旅游景区，积极创建华蓥山国家级旅游度假区，推动旅游资源优势向旅游经济优势转变。支持市发展建设集团、交通投资集团、金财集团抓好主营业务，搞好经营管理，实现国有资产保值增值，在市域经济发展中发挥更大的作用。

新常态下达州经济发展的动力研究

"新常态"这一概念最先由美国太平洋基金管理公司总裁埃里安提出，意指国际金融危机后世界经济缓慢而痛苦的低增长过程。中央从当前我国经济发展的阶段性特征出发，对其进行了新的定义，特指我国经济发展在新阶段呈现的一种崭新的而且将持续一段时间的发展态势。在 2014 年的 APEC 会议上，习近平总书记指出中国经济呈现出新常态，并概括其有三个主要特点：一是从高速增长转为中高速增长；二是经济结构不断优化升级，第三产业消费需求逐步成为主体，城乡区域差距逐步缩小，居民收入占比上升，发展成果惠及更广大民众；三是从要素驱动、投资驱动转向创新驱动。对达州而言，新常态意味着经济增长新旧动力的转换，催生着经济转型发展的新动力。认识新常态、适应新常态、引领新常态是做好今后一段时期经济工作的大前提。

一、近六年达州经济发展成效显著

近年来，特别是 2008 年第二次全国经济普查以来，面对极其复杂的宏观经济运行环境，市委、市政府主动作为，牢牢把握科学发展、加快发展、追赶跨越的工作基调，保持专注发展定力，深入实施"三大总体战略工程"，积极采取一系列"稳增长、促发展"的政策措施，全市经济保持了较快发展势头，成绩显著。

（一）生产经营实体快速增加

据第三次全国经济普查结果显示，2013 年末，全市有企业法人单位 5947 家，其中规模以上企业（含规模以上工业、限额以上批零业、有资质等级的建筑房地产业、重点服务业）1125 家，与 2008 年比，五年分别增加了 1592 家、438 家，增长 36.6%、63.8%。全部企业法人资产总计 4049.93 亿元，比 2008 年增长 90.1%。从事个体生产经营的个体户（不含农户）有 20.1 万户，比 2008 年增长了 10.4%。

（二）经济总量不断攀升

2008 年，全市地区生产总值（GDP）604 亿元，历经三年快速发展，到 2011 年地区生产总值成功突破千亿大关，达到 1011.83 亿元，在川东北与南充一道率先迈入"全省千亿俱乐部"。在此基础上，2012 年和 2013 年 GDP 先后达到 1135.46 亿元和 1245.41 亿元。2014 年，在全国全省经济下行压力持续加大的不利形势下，达州经济与全国、全省大势保持了基本一致，全年实现 GDP1347.83 亿元，增长 8.4%。按可比价格计算，六年年均增长 12.8%，高于同期全省平均水平 0.2 个百分点。粮油产量、工业增加值、全社会固定资产投资、社会消费品零售总额等主要指标总量在川东北和秦巴地区四省十市中均位居前列。

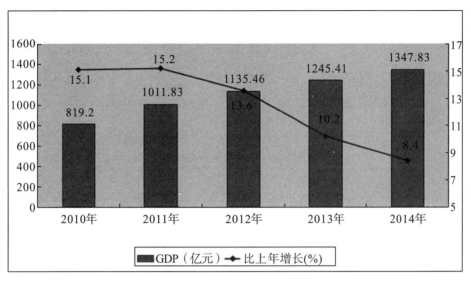

图1 2010－2014年达州地区生产总值（GDP）及增速

（三）产业结构调整出现可喜变化

伴随着经济总量的不断扩大，经济结构也得到了较大改善，三次产业结构渐趋合理。全市三次产业结构比由2008年30.6：40.7：28.7演变为2013年的21.4：53.1：25.5。2014年进一步优化调整为20.6：52.3：27.1，工业主导型经济初步形成。各产业内部结构也得到不断的优化，农业的产业化、集约化、商品化日趋加强。"工业强市"战略深入实施，到2013年，有战略性新兴产业活动的企业法人单位发展到13个，从业人员1356人；煤炭、冶金、天然气产业产值均超百亿元，"1+7"园区发展格局加速构建，达州经开区和宣汉、大竹产业园区进入百亿园区，百亿企业达到2家，经开区成功创建为全省唯一一家首批国家级低碳工业园区和循环改造试点园区，宣汉县、大竹县被评为全省首批14个工业强县示范县。2014年在工业经济持续走低的形势下，全年工业增加值突破600亿元，达到624.15亿元，六年平均增长19％，工业在国民经济中的地位得到显著提升。现代服务业快速发展，交通物流、电子通信、金融保险等第三产业日益成为新的经济增长点。2014年服务业实现增加值364.79亿元，是六年前的2.1倍。六年间城市商业网点布局进一步优化，中青家居、沃尔玛、国美、苏宁、新世纪、摩尔百货等一批国内外知名企业先后入驻营运，达州被列为全省服务业发展示范城市。

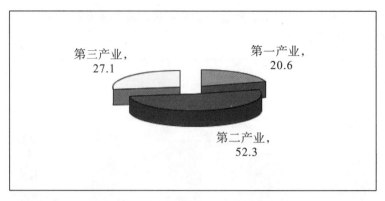

图2 2014年达州三次产业结构图（%）

（四）财政实力大大增强

六年间，全市地方公共财政收入一步一个台阶，相继突破20、30、40、50、60和70亿元大关，2014年达到72.41亿元，年均增长24.2%；占GDP的比重也由2008年的3.33%提高到2014年的5.37%。

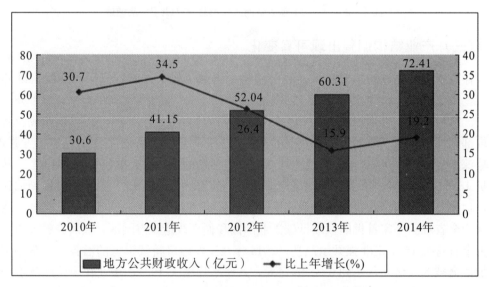

图3 2010—2014年达州地方公共财政收入及增速

（五）城乡居民收入大幅增长

随着经济快速发展，广大人民群众的收入越来越多。2008年，全市城镇居民人均可支配收入9748元、农民人均纯收入4096元，到2014年分别增加到20939元和8945元，年均增长11.5%和11.8%。2014年，全市在岗职工人均工资38271元，比2008年增长86.7%，年均增长9.3%。2014年末，全市城乡居民储蓄余额1304.62亿元，比2008年增长1.65倍。

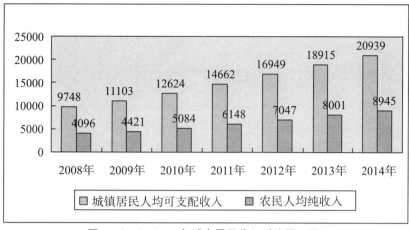

图 4　2008－2014 年城市居民收入对比图（元）

（六）区域内总体实力靠前

达州位处川渝鄂陕四省结合部，2014 年在四省十市区中除城镇居民人均可支配收入居第 8 位，排位靠后外，其余主要经济指标排位均在 2—4 位，总体实力明显靠前，发展潜力巨大。

二、近期达州经济发展呈现新特征

经过多年的高速增长，达州经济在近期表现出了一些不同于以往的阶段性特征：

（一）增长速度进入新区间

改革开放 30 多年间，达州经济实现了年均近 10％的增长，但从 2012 年开始增长速度出现连续下滑，到 2014 年只有 8.4％。大家开始意识到经济增速的滑落可能是一种持续态势，达州经济正从高速增长转入中高速增长阶段。

（二）需求结构出现新变化

从 2010 年以来三次产业对经济增长的贡献看，一产业对经济增长的贡献率基本稳定；二产业对经济增长的贡献率由 80.2％回落到 59％，呈逐年下降趋势；而三产业对经济增长的贡献率越来越大，由 13.4％上升到 32.8％，与全市经济发展的总体趋势一致。

表 1　2010—2014 年达州三次业产对经济增长的贡献率

年份	一产业对经济增长的贡献率（％）	二产业对经济增长的贡献率（％）	三产业对经济增长的贡献率（％）
2010 年	6.4	80.2	13.4
2011 年	5.5	77.2	17.3
2012 年	7.2	73.2	19.6
2013 年	7.2	67.9	24.9
2014 年	8.2	59.0	32.8

表2 2014年川渝陕鄂四省十地市主要指标对比

	地区生产总值		服务业增加值		全社会固定资产投资额		社会消费品零售总额		城镇居民人均可支配收入		农民人均纯收入		地方公共财政收入		工业化率	
	总量（亿元）	排位	总量（亿元）	排位	总量（亿元）	排位	总量（亿元）	排位	总量（元）	排位	总量（元）	排位	总量（亿元）	排位	绝对值（%）	排位
南充	1432.02	1	389.66	2	1244.54	1	593.4	1	21223	7	8553	5	76.55	2	40.2	8
达州	1347.83	2	353.21	3	1176.2	2	592.6	2	20939	8	8945	4	72.41	3	46.3	2
汉中	991.05	4	349.15	4	845.04	6	281.42	5	24605	4	7935	6	40.89	7	36.1	9
十堰	1200.8	3	439.3	1	1040.3	3	548.7	3	22143	6	7046	9	85.8	1	45.9	3
巴中	456.66	10	163.94	10	847.77	5	203.43	9	20887	9	6892	10	33.04	9	27.1	10
广安	919.61	5	281	6	919.19	4	330.37	4	24475	5	9511	3	46.06	6	40.8	5
安康	689.44	8	216.43	8	605.56	8	193	10	25000	3	7490	7	28.09	10	42.2	4
广元	566.19	9	197.68	9	561.74	10	247.16	7	20547	10	7202	8	34.78	8	40.8	5
万州	771.22	6	324.4	5	612.06	7	251.65	6	25919	2	9562	2	54.1	4	40.5	7
涪陵	757.48	7	243.41	7	578.6	9	206.3	8	26149	1	9963	1	50.1	5	53.5	1

（三）服务业就业吸纳能力增强

随着经济的发展，达州新增城镇就业人数持续扩大，2013 年末全市第二产业和第三产业单位从业人员 56.63 万人，有证照个体经营户从业人员 27.39 万人，分别比 2008 年末增长 13.8％和 17.4％。就业吸纳能力的提升与产业结构的变动不无关系，服务业开始提供更多的就业岗位。2013 年第三产业就业人数占比为 38.5％，比第二产业高出 8.4 个百分点，比 2008 年高出 6.1 个百分点。

（四）新兴产业加速发展

进入 21 世纪第二个 10 年，长期以来高歌猛进的重化工业遭遇重创，钢铁、水泥、化工等行业或出现产能过剩，或出现价格下跌，致使这些行业发展放缓，重化工业和新兴产业呈现冰火两重天。2014 年，达州天然气开采业下降 2.4％、黑色金属冶炼与压延加工业下降 4.9％、非金属矿物制品业仅增长 5.2％，而装备制造业中金属制品业、计算机通信和其他电子设备制造业、通用设备制造业分别增长 26.2％、17.5％和 14.9％，这些行业总量小、增速快、潜力大，成为拉动装备制造业快速发展的重要支撑。特别是大竹、渠县工业园区引进了四川越洋电子科技有限公司、四川省维奇光电科技有限公司、四川乐仕达电子科技有限公司、四川东顺光电科技有限公司等一批计算机通信其他电子设备制造业投产升规，成为新兴产业发展的一大亮点。

（五）民众需求变化更加多元

当前人民生活水平大幅提升，人民群众的需求开始从单纯的物质需要转向多元，更加注重教育、医疗、娱乐等方面的品质提升，2014 年城镇和农村居民生活消费支出中食品消费的比重为 45.4％和 48.7％，分别比 2013 年下降了 0.8 个百分点、2.3 个百分点，而家庭服务、教育、文化娱乐、交通、通信等支出在城镇和农村居民生活消费支出中的比重为 33.8％和 30.5％，分别比 2013 年提高了 0.7 个百分点、1.5 个百分点。

三、当前驱动达州经济发展的主要动力在递减

改革开放以来，要素驱动、投资驱动是达州经济实现快速增长的主要动力。而从近两年达州经济发展表现出的一些新特征来看，支撑达州经济发展的各方面条件都在改变，要素驱动力逐渐在减弱，有些方面甚至成为经济发展的阻力，以资源消耗为主的传统粗放式增长模式难以为继，潜在增长率趋于下降。

（一）从"三驾马车"看，投资驱动力减弱

从消费、投资和出口看，达州经济受投资驱动的影响较大，但投资拉动力在减弱，投资对经济的贡献率由 2008 年的 64.9％逐年下降到 2014 年的 47.2％，连续两年低于消费对经济的贡献率。同时，在国内经济整体下行的压力下，投资增长后劲乏力。一是民间投资意愿不足。2014 年，达州民间投资完成 527.33 亿元，增长 13.1％，比全社会固定资产投资增速低 4.2 个百分点。二是更新改造投资增速回落明显。全年更新改造投

资完成 238.85 亿元，增速由上年的增长 17.7% 转为 0.9%，回落了 16.8 个百分点。三是重大项目投资减少。达州计划总投资 10 亿元以上项目比同期减少 3 个，完成投资较同期减少 24.5 亿元，同比下降 31.3%。四是项目投资规模减弱。达州平均每个项目计划投资由上年 0.9 亿元减少到 0.8 亿元，同比下降 6.5%。五是房地产市场持续低迷。全年房地产开发投资完成 94.98 亿元，下降 5.5%，同比回落 23.6 个百分点。

（二）从三次产业看，第二产业拉动力下降

目前，达州经济的产业结构不尽合理，呈现出"一产较重、二产不强、三产滞后"的特点，经济增长的主要动力来自第二产业特别是工业的较快增长。近年来，由于整体经济的下行特别是工业经济增速的大幅回落，第二产业对经济增长的影响力呈逐年下降趋势。2014 年，第二产业对达州经济的贡献率只有 59%，比 2010 年（80.2%）下降了21.2 个百分点。

（三）从工业内部结构看，传统资源型行业支撑力降低

2014 年，达州规模以上工业增加值 344.7 亿元，增长 8.2%。其中：重工业增加值289.7 亿元，增长 7.1%；轻工业增加值 55.0 亿元，增长 15.1%；轻重工业比由上年的 14.2：85.8 调整为 16：84。偏重的工业结构中尤以传统的资源性行业煤炭采选业和黑色金属冶炼与压延加工业为主，近年来其发展放缓、支撑力下降，在工业中比重明显下降。2014 年规上工业中煤炭采选业和黑色金属冶炼与压延加工业占规上工业比重35.2%，较上年下降 4 个百分点。

（四）从要素投入角度看，科技研发能力严重不足

达州企业的研发投入低、创新水平不高。第三次全国经济普查结果显示：2013 年，达州开展研究与试验发展（简称 R&D 或研发）活动的规模以上工业企业法人单位仅 12个，占规上工业企业比重 2.4%；规模以上工业企业法人单位 R&D 全年经费支出 1.14亿元，R&D 经费投入强度仅为 0.1%，低于四川省 0.37 个百分点。

（五）从农业生产发展看，传统农业比较效益低

达州传统农业占比大，比较效益低下。以水稻为例，种一亩杂交水稻，平均需要水稻种 1kg，价值在 30 元左右；化肥用量一般投入 40 元，农药费用在 30 元以内；一般需用劳力 7 个，人工费约 560 元，成本约需 660 元。以目前达州水稻平均单产 464.8 公斤、收购价 2.76 元/公斤计算，农民每亩收益 623 元，只相当于达州本地务工者 3—4天的收入。由于传统农业的比较效益低，农民对土地再生产的投入不断减少，土质日趋恶劣，贡献越来越低，有的地方甚至出现了撂荒。加之达州农业基础设施薄弱，抗灾减灾能力有限，农业成本居高不下，价格上升空间有限，部分农产品生产处于微利或亏本状态。

（六）从服务业发展现状看，传统服务业大而不强

目前，达州服务业还是以传统型服务业为主，"低、小、散"现象明显，缺乏具有带动区域性发展的上规模上档次的企业，发展后劲乏力。2014 年达州批发零售、交通运输、住宿餐饮等行业在服务业中所占比重相对较高，分别是：17.03％、9.47％、11.92％；从企业数量来看，三个行业达到规模以上（限额以上）的企业共 362 家，成为服务业发展的主力军。信息、居民服务、商务服务、娱乐业等新兴服务业比重偏低，分别是 2.97％、5.64％、0.93％、1.6％；从企业数量来看，这些行业达到规模以上的企业仅 20 家，外向型、智力型、技术型服务业企业数量少、规模小、发展速度较慢。一方面，中小型企业凭着低成本的优势和灵活的机制，在市场经济初创阶段显示出极大达的活力，但随着经济发展到特定阶段，企业单体竞争力弱等特点逐渐显示，一定程度上阻碍和影响了企业的进一步发展。另一方面，近年来，沃尔玛、家乐福、摩尔百货、中青家具建材、豪德商贸城等一批重大服务业项目落户，但达州服务业集聚化、规模化程度不高，企业规模普遍较小，优势产业龙头企业少，综合竞争力相对不强，适应市场化的商业运营模式创新不足的问题依然突出。总体上看，服务业重点集聚区、重点企业和重点项目建设成效不够明显，拉动服务业加快发展的格局尚未形成。

四、新常态下达州经济发展面临的机遇与挑战

当前，世界经济正处于深度调整之中，复苏动力不足，地缘政治影响加重，不确定因素增多。我国经济下行压力较大，发展中深层次矛盾凸显。同时，我国发展仍处于可以大有作为的重要战略机遇期，有巨大的潜力、韧性和回旋余地。新型工业化、信息化、城镇化、农业现代化持续推进，发展基础日益雄厚，改革红利正在释放，宏观调控积累了丰富经验。在此背景下，达州作为西部欠发达地区，对全国经济的依附性更强，经济发展既面临重大战略机遇，又存在严峻挑战，但总体上机遇大于挑战。

（一）新常态下达州经济发展面临的机遇

1. 达州产业结构升级的重要时期

2014 年达州三大产业之间的比例为：20.6∶52.3∶27.1，与全国（9.2∶42.7∶48.1）、全省（12.4∶48.9∶38.7）平均水平相比，达州的产业结构不尽合理，未来一段时期是我市各行业面临新的"洗牌"、产业升级提速的重要时期。积极推动传统产业的转型、升级，大力发展高新技术产业和新兴产业，抢占未来发展制高点，提高经济整体素质和竞争力，必然会带来劳动生产率和产品附加值的提高，将大大提高达州产业的竞争力。

2. 达州经济增长"三驾马车"协调发展的重大战略机遇期

目前，我国经济发展已从过去投资、消费、出口驱动转变为消费、投资、出口，消费发挥基础作用，投资发挥关键作用，出口发挥支撑作用。对达州而言，消费尤其是民间消费旺盛，投资还有继续发挥作用的空间。

3. 达州消费升级的重大战略机遇期

在新常态下，达州的社会消费正加速从生存型消费转向享受型消费、发展型消费，信息消费、休闲旅游、文化娱乐、医疗保健上的比重将大幅上升。不止于此，消费的形式也在悄然"升级"，更多地从"线下"走到"线上"。消费升级将给达州的行业、企业带来重大机遇。以提升居民消费能力为核心，增强群众消费能力和消费意愿，还会从供给方面对扩大消费形成巨大拉动。

4. 达州科技创新驱动的重大战略机遇

达州在冶金建材、天然气化工、农产品加工等领域具有一定的区域优势，到了可以依靠创新驱动发展的崭新时期。国家瞄准薄弱环节定向调控、精准发力，对中西部地区实行差别化政策，达州抓住这个机遇，积极推动大众创业万众创新，势必能给达州经济增长增添前所未有的强劲动力。

5. 城镇化加快城市扩容提质的重大战略机遇期

城镇化是达州最大的内需潜力所在。通过推进新型城镇化综合试点、城市综合配套改革和户籍制度改革，有序推进农业转移人口市民化，提高城镇集聚效应和生产效率，大力推动土地、投融资体制改革等，把达州潜在的需求释放出来。

（二）新常态下达州经济发展面临的挑战

1. 土地瓶颈问题凸显

近年来，随着国家土地保护政策的刚性不断加强，用地指标控制更加严格，国家下达的农用地转用计划指标非常有限。同时，随着土地开发、复垦力度不断加大，土地后备资源逐年减少，整理复垦的实施难度越来越高，资金投入也越来越多，占补平衡压力很大。征地拆迁补偿标准不断提高，项目用地的征地拆迁安置难度增大、成本增加。

2. 交通、水利等基础设施建设的"短板"

目前，达州尚未形成与经济发展相适应的快速化、枢纽化、通达化交通格局，城市综合功能与日益增长的城市人口不适应。2014年高速公路里程仅有370公里，环城路、快速通道还没有形成通行能力，高速铁路尚未规划建设，农村部分公路改造还未全面完成，极大地影响了项目、资本、人才等生产要素的流入。同时，城镇基础设施建设欠账多，农村部分农田水利设施损坏严重，河道治理任务艰巨，在一定程度上阻碍了经济的快速发展。

3. 资源和环境压力的挑战

改革开放以来，资源要素扩张在达州经济增长过程中发挥了重要的作用，但高投入、高污染、高耗能的粗放式增长方式已严重透支了资源和环境，火电、水泥、钢铁、化工等高能耗和高污染行业比重较大，污染物排放强度高，结构性污染突出。同时我市地处盆周山区，经济欠发达，短期内难以实现产业结构和生产方式的根本性转变，个别企业不能保持稳定达标排放，存在个别时间个别指标超标现象，有待进一步加强管理和整治，工业污染防治任务艰巨，环境安全压力巨大。

五、新常态下达州经济发展的动力源分析

我国经济发展进入新常态，进入了速度变化、结构优化、动力转换的新阶段。加快经济结构转型升级、打造增长动力源、培育新的增长点，是推动当前经济发展的首要任务。为此，达州也要主动适应新常态，积极培育新常态下经济发展的动力源。

（一）扩大内需

1. 适度投资

一直以来，投资在拉动达州经济增长方面贡献很大，尽管过分依靠投资拉动对优化达州地区的经济结构等方面产生一些消极影响，但是对于达州这样一个欠发达地区，保持适度投资规模，仍然是推动达州经济发展的主要动力。从拉动经济的三驾马车看，达州投资对经济的贡献率由 2008 年的 64.9％ 逐年下降到 2014 年的 47.2％，2013 年、2014 年投资连续两年低于消费对经济的贡献率。投资贡献率的减弱，意味着还有较大空间提升投资强度。

2. 消费升级

达州的城乡消费水平总体上还处在较低的水平。2014 年，达州城镇居民人均消费支出 14463 元，城镇居民恩格尔系数为 45.4％；农村居民人均消费支出 5785 元，农村居民恩格尔系数为 48.7％。尽管近几年来居民消费对达州经济增长的贡献率逐年上升，但与国内、省内平均水平相比，还有差距。因此，提高居民的消费水平，将对达州的经济增长做出巨大贡献。

表 2 2014 年达州与四川、全国城乡居民消费情况对比

2014 年	全国	全省	全市
城镇居民人均消费支出（元）	19968	17760	14463
城镇居民恩格尔系数		34.9％	45.4％
农村居民人均消费支出（元）	8383	8301	5785
农村居民恩格尔系数		39.7％	48.7％

（二）新型城镇化

改革开放 30 多年来，达州城镇化进程不断加快，到 2014 年，达州的城镇化率达到 39.4％。尽管如此，这与我国整体 54.77％ 的城镇化率相比，还有很大的发展空间。达州的城镇化率要达到目前我国的平均水平，需再提高 25 个百分点，按照城镇化率年增长 1.6％ 的速度，仍有十年的黄金发展期。

新型城镇化在统筹城乡发展，改变二元经济结构，实现城乡人口转移，优化城镇空间布局，助推产业结构、消费结构升级，加快生产要素流动和集聚等方面具有积极的意义。有序推进城镇化，正确处理城镇化与新农村建设，与工业化、信息化，与公共服务均等化，与产业布局，与基础设施配置等诸多关系，将真正实现各要素的良性互动，为

达州经济发展提供强大动力。

（三）传统农业转型

达州是四川农业大市和全国重要的商品粮生产基地，农业在国民经济中占的份额比较大，2014年，第一产业增加值277亿元，占地区生产总值的20.6%。但目前，达州农业还在一定程度上是经营规模小、专业性差、商品率低、生产手段落后和竞争力不强的半传统半现代农业，受到资源和环境的双重制约，面临国际和国内市场的双重挑战。

当前，达州农业迫切需要转型，大力推进现代农业发展，提高土地的产出率以及资源的利用率，集约节约使用自然资源和生产要素，减少环境污染，保护生态环境，突破资源环境的瓶颈，生产出量大质优的安全农产品，对满足工业化、城镇化的需要和稳定农业发展具有十分重要的作用。

（四）工业结构调整

达州是资源大市，大部分工业企业属于劳动密集型和资源密集型企业，对自然资源和劳动力依赖性较强，资源的利用率较低、环境污染严重、对生态容易造成破坏。2014年，达州轻、重工业比达16∶84；从主要支柱行业看，煤炭采选业占28%、天然气开采业占20.5%、非金属矿物制品业占8.4%、黑色金属冶炼及压延加工业占7.2%，这四大资源性行业占比达到64.1%。对此，达州通过继续调整工业结构，在促进工业大力发展方面还大有可为。

（五）人力资本提升

当代世界经济发展历程表明，在经济发展的诸多因素中，人力资本的重要性在不断上升，并日益成为推动经济增长的核心要素。世界银行专家曾对世界各国的资本存量做过一项统计，提出了国民财富新标准，认为目前全世界人力资本、土地资本和货币资本三者构成比约为64∶20∶16，充分说明人力资本是国民财富中最大的财富，是推动社会经济发展的决定性因素。

2014年末，达州户籍人口688万人，常住人口553万人，人口规模在四川各市州中排第三位。虽然达州人口众多，但人力资源状况还存在人才数量偏少等诸多不足。截至2015年6月，全市获得初级工证书4.2万人，中级工证书8.95万人，高级工证书0.57万人，技师（含高级工程师）证书0.1万人。在一些经济社会发展的重点领域，人才缺口很大，例如教育、医疗、科技等方面存在着很大的人才缺口。达州如果能在实践中有效提高工人的技术水平，这将提升工人的人均生产技术水平，将大大提升达州经济的竞争力。因此，人力资本的提升将成为推进达州经济社会发展的持久动力。

六、新常态下加快培育达州经济发展动力源的对策措施

新常态，意味着达州经济追赶跨越的新机遇，催生着达州转型发展的新动力，孕育着达州稳定增长的新高地。保持经济平稳较快发展，积极培育新常态下达州经济发展的动力源，促进经济增长提质增效，将是推进新一轮发展的重头戏。

（一）狠抓项目投资建设，发挥投资对经济增长的促进作用

利用好国家重点推进中西部地区的铁路、公路等交通基础设施建设的机遇，充分发挥基础设施投资在稳增长、调结构方面的关键作用，形成新的经济增长点。继续深入开展实实在在的"项目落实年活动"，实施重大项目带动战略，持续推进 25 个重大工程项目，带动 150 个重点项目建设，用建设项目施工进度考核取代全社会投资完成额的考核。大力开展"三年交通建设大会战"，确保南大梁高速公路、达巴铁路早日建成通车；加快达营高速公路和达宣、达开快速通道等项目建设进度，做好达州机场迁建、渠江航道升级改造、达渝和达万城际铁路等项目前期工作。推进"3+10+1"控制性水利工程建设，加快白岩滩、刘家拱桥、寨子河、土地滩、石峡子 5 座在建水库工程进度，力争开工建设土溪口、双河口水库。同时，加快政府职能转变，精简投资领域行政审批。加大招商引资力度，加强项目前期工作，切实做好征地、拆迁等工作，力促项目早落实、早开工，确保如期建成投产，发挥效益。发挥好政府投资的引导作用，积极推进政府和社会资本融合模式，放宽民间投资领域，积极鼓励民间资本参与重大项目建设。

（二）促进消费需求释放，增强服务业的拉动作用

继续完善消费设施，完善物流基础设施，加强市场监管，维护市场秩序，优化消费环境；加快消费信贷支持，鼓励金融机构在有效控制风险的前提下，结合已经出台的促进消费的政策，开发多样化的消费信贷产品，在扩大大众消费的同时，多层次培育如医疗、养老、文化、汽车等新的消费热点，增强消费的拉动作用。大力发展"节会经济"，积极组织参加"惠民购物全川行""川货全国行"等活动，提高达州产品的市场占有率。着力推进电子商务发展，推进区域电商平台建设，完善农村电商配送网络，鼓励达州名特产品电商化。整顿规范市场秩序，改善消费环境，让群众放心消费。

（三）加快传统农业转型，促进农业可持续发展

针对目前农业发展存在的问题，特别是要解决当下农业生产水平低、效益不高等突出问题，只有不断夯实农业基础，强化科技兴农，促进传统农业转型，加快农业产业化经营步伐，积极推进现代农业发展，才是达州农业的出路和希望所在。

1. 夯实农业基础，提高农业综合生产能力

近年来，达州农业基础设施建设得到了长足发展，但是，农业靠天吃饭的局面还没有从根本上改变。要想实现农业稳定发展，必须改善农业基础设施条件。先要治水。水是农业生产的命脉，要加大水利建设力度，争取新建一批水利灌溉设施，用三到五年时间，将我市病险水库除险加固工作全面完成，力争在短期内修复可以修复的机电提灌站，改造、新建一定数量的机电提灌站以满足农业生产的需要。次要治山。要加强农村生态建设，由一般造林绿化转到健康森林、绿色通道、秀美村庄建设上来，大力开展植树造林、封山育林、退耕还林，进一步加大"裸露山地"绿化攻坚力度。科学划定生态红线，切实加强州河源头水土流失重点防御，建立完善生态保护与建设激励机制。还要治地。争取完成市政府规划的到 2020 年，全市 7 个县（市、区）建设集中连片、旱涝

保收的高标准农田 340 万亩，耕地质量提升技术推广率达 85％以上，有效控制水土流失的任务。控制野外焚烧秸秆、农膜残留和畜禽养殖粪便等农业方面的污染源，改善农业生态环境，促进农业循环经济发展。同时，要持续不断地推进农村改革，大力开展农村"六权"同确工作，加大农业投入，最大限度地保护和利用土地。

2. 以科技创新为突破口，提升农业发展水平

农业科技创新是突破资源环境约束的必然选择，是加快现代农业建设的决定力量，可以说，实现农业持续稳定发展的根本出路在科技创新。因此，达州要加强科技创新和成果转化，实施"科普惠农兴村计划"，提高农业科技服务水平。推行"农业科技大推广"工程，力争在每个乡镇农技推广站建立一个 100 亩以上的新技术示范片，在全市建立 2 万亩科技示范基地，培育科技示范户 7000 户，辐射带动周边农户 10 万户以上，实现农业均衡增产增效。施行"粮食生产大示范"工程，在全市各县（市、区）稳定实施小麦、玉米、水稻、洋芋生产大示范工程，力争粮食生产示范区单产水平比非粮食生产示范区总体高 2 个百分点以上。加快信息化，增强科技创新驱动。加强现代农业科技示范区建设；加快推进信息进村入户试点建设，发展农村电子商务，支持电商、物流、商贸、金融等企业参与涉农电子商务平台建设，用信息化助推农业现代化。

3. 以集约经营为重点，加快现代农业步伐

要改变粗放型的农业发展模式，必须大力发展集约经营，降低农业生产成本，增加经济效益，推动农业发展步入数量、质量和效益同步增长的快车道。一是积极实施"新型主体大培育"工程，力争每年新发展专业大户 500 个、联户经营 100 个、家庭农场 100 个、农民专业合作社 100 个。二是大力培育龙头企业。坚持以工业化理念推动发展农业，培育壮大农业产业化龙头企业，在把巴山雀舌茶叶、东柳醪糟、玉竹麻业、宕府王食品、灯影牛肉、巴山食品、宏隆肉类、利根葛业、天源油橄榄、天友乳业等农业产业化龙头企业继续做大做强的基础上，积极培育新的龙头企业，以期加快传统农业向现代农业转变的步伐。三是坚持一二三产业融合发展理念，最大限度延长农业价值链和产业链，配套发展休闲观光农业。

（四）力促工业经济转型升级，大力发展循环经济

经过长期的发展，达州已经在汽摩配、机械、化工、纺织、建材、食品等领域初步形成了一批工业产业群，但缺乏产业集群之间的横向联系，产业链难以形成。总体上看，我市工业结构偏重化、低端化、传统化的弊端较为明显，亟待进一步提升和优化。一是要加大对现有企业技术改造力度，改造提升煤炭、冶金、机械、建材、纺织等传统优势产业，积极推广应用新技术、新设备、新材料，促进产业上档和产业升级。二是实施产业发展路线图引领计划，培育发展节能环保装备、新能源汽车、新材料、页岩气等高端成长型产业和战略性新兴产业，全力协助中石油宣汉净化厂等项目竣工投产，开工建设不溶性硫黄、金属装饰保温一体板等项目，加快达钢搬迁改造步伐。三是要大力培育和发展产业集群，发展循环经济。重点是通过延伸产业链，完善产业上下游配套，从纵向拉长来培育产业链。以达州经开区创建国家级循环试验园区为契机，引领全市"7

+1"工业园区突出重点、资源共享、协调配合发展，逐步形成富有达州特色的现代工业体系。

（五）发展职业技术教育，提高人力资本存量

职业技术教育直接面向市场需要，培养生产、管理、服务第一线的中等或高等技术应用型人才。达州是人口大市，也是四川省内传统的农民工输出大市，2014年，达州农民工外出务工人数达到了182万人。因此，大力发展职业技术教育，能够有效提高达州人力资本的存量和质量，从而对地方经济发展作出贡献。

1. 优化职业学校区域布局和专业结构，构建以西南职教园区为窗口、县（市）以职教中心为主体的区域布局。把西南职教园区建设成为现代职业教育示范区，把职教中心建设成为县域内的职业学历教育、职业技能培训和社区教育中心。做大做强机械加工技术、汽车运用与维修等骨干专业，突破发展服务"三农"、产业转型升级、新型城镇化和社会治理现代化需求的新专业。

2. 巩固提高中等职业教育发展水平，创新发展高等职业教育。支持达州职业技术学院建成为秦巴地区职教龙头、技术服务中心和高端技能人才培养摇篮；支持达州广播电视大学转型为开放大学，成为达州继续教育的资源研发中心和服务指导中心。

3. 引导支持社会力量举办职业教育。社会力量举办的各层次职业院校应与公办职业院校具有同等法律地位，依法享受教育、财政、土地、金融等相关扶持政策。在设置标准、准入审批、督导评估等方面，与公办职业院校一视同仁。健全政府补贴、购买服务、助学贷款、基金奖励、捐资激励等扶持民办职业教育发展的制度。

新常态下雅安市经济发展新动力研究

一、经济发展新常态的含义

（一）经济发展新常态的内涵

1. 经济增长动力变化

随着我国经济总量的不断攀升，经济增长速度从高速增长转为中高速增长。原有的动力机制已不能适应我国未来增长的需要，我国经济发展将更多依靠内需拉动、产业带动、创新驱动、节能环保推动、城乡区域互动。当前四川省已总体进入速度换挡期，宏观政策、市场需求、发展动力、资源环境等方面，已发生了很大变化，不能支撑过去那样的高增长。四川仍然处于工业化中期前半阶段，还需要几年才向后期转变。正因为在发展阶段上滞后于全国，其常态也会与总体特征有一些差异，目前呈现以下六大特征：一是模仿型排浪式消费没有完全结束，个性化、多样化消费比重也在上升。尤其是服务业比重较全国低 10 多个百分点，可提升的空间较大。二是传统投资领域还有较多空间，综合性和新产业投资也在迅速扩大。除少数城市外，一般制造业发展还不充分，需要继续扩大规模和增加门类。三是生产成本虽然迅速提高，但与发达地区比较仍有一定竞争优势。四是重化工业虽然普遍过剩，但一些服务西部投资的企业还有市场空间。五是数量型增长的基础依然存在，但向技术进步要增长的压力增大。六是环境承载能力虽然明显下降，但相对于东部而言还有一定容量。除了与四川省经济增长动力的转变相同之处，雅安市有以下特殊之处：1）未来几年，投资仍将是经济增长的主导驱动；2）消费对经济的贡献率不断增强，特别是农村消费的巨大潜力，消费将是今后雅安市的经济增长支撑。2011－2014 年，雅安市农村居民的农村消费增长速度不断加快，人均消费倾向也从 67％增长到 76％；3）环境承载能力明显高于全省；4）第三产业发展滞后于全国、全省平均水平，从 2013 年开始，我国第三产业增加值占 GDP 比重达 46.1％，首次超过第二产业；2014 年，我省第三产业增加值占 GDP 比重达 36.7％，而雅安市这一占比仅为 27.9％，第三产业极具发展潜力，特别是交通运输物流、旅游业的发展空间巨大。

2. 经济结构调整

经济结构是由许多系统构成的多层次、多因素的复合体。影响经济结构形成的因素很多，同时，不同经济发展趋向的国家和地区，经济结构状况差异甚大。当前我国根据国民经济发展状况，对经济结构正在进行战略性调整，是国民经济发展的迫切要求。2014 年，我国第三产业增加值占全国 GDP 的比重为 49.5%；消费对 GDP 贡献率已经超过投资，成为推动经济增长的关键力量。而四川还存在有别于全国及其他地区的一些情况：一方面，四川经济结构性矛盾突出。目前，四川三次产业仍是"二三一"结构，二产占 GDP 比重超过 50%，一产比重高全国近 3 个百分点，三产占 GDP 比重低于全国 10.8 个百分点，服务业仍然是四川经济社会发展中的"短板"。同时，工业还没有完全摆脱粗放式增长模式，四川重化工业比重高达 67.5%，六大高耗能行业、传统资源性行业比重达 40%左右，而以装备制造和高新技术产业为代表的先进制造业占比只有 22%左右，比全国平均水平低 4 个百分点以上。特别是化工、冶金、建材、白酒等产业存在的产能过剩问题。另一方面，四川工业化、城镇化进程落后于全国，这既是发展的差距，也蕴含着巨大的潜力和机遇。与四川省经济结构的问题相似，雅安市"二三一"结构矛盾十分明显，第二产业的贡献率远高于第三产业贡献率，2014 年，雅安市第二产业占生产总值的 57.5%，贡献率达到 68.60%，第三产业占生产总值 27.90%，贡献率仅为 25.50%。在制造业中，雅安市以装备制造和高新技术产业为代表的先进制造业占比只有 17%左右，可见雅安市在第二产业虽然占比大，但是内部产业的调整和升级是进一步增强第二产业对经济增长支撑的关键点。

3. 资源配置方式转换

资源配置由市场起基础性作用是经济新常态的机制保障。减少和克服以往行政手段的路径依赖，注重运用经济手段和法律手段，最大限度地增强和保护经济发展的内生动力、市场主体的创造活力，发挥市场在资源配置中起决定性作用。当前，我国存在市场体系不完善、市场规则不统一、市场秩序不规范、市场竞争不充分、政府权力过大、审批范围和程序过杂、干预过多、监管不到位等问题，严重影响了经济发展活力和资源配置效率，进而延缓了发展方式转变的进程。新常态的制度安排，就是要在理论上找准市场功能和政府行为的最佳结合点，在思想上更加尊重市场决定资源配置作用，在行动上大幅度减少政府对资源直接配置，推动资源配置依据市场规则、市场价格、市场竞争，努力实现资源配置效率最优化和效益最大化。在新形势、新条件下，政府发挥作用的途径和方法确实要改变。要改变传统的发挥作用的路径依赖，更多运用市场的办法去实现政府的意图。雅安市应重点强调：一是坚持政策引导。要用好政府资金，带动和吸引社会资金跟进；制定发展新兴产业、淘汰落后产能的产业政策，鼓励企业加大研发投入、开展技术创新；要营造良好的创业政策环境，引导吸纳就业。二是创新搭建平台。积极搭建经济合作平台，促进不同经济主体的协同发展；要打造更加开放的引资平台，吸引外来资金、项目的进入；要完善科技创新转化平台，推进产学研一体化。三是创优政务服务。要深化行政审批改革，简政放权；推进依法行政，做到行政权力公开透明；加强事中事后监管、保障公平竞争。四是形成良好的机制。政府要通过形成科学、规范的工作机制、运行机制和制度机制，保障市场的健康发育，激发市场的生机活力，规范市场的有序运行。

4. 国民福利共享

调整国民收入分配格局，进一步提高劳动报酬在初次分配中的比重，努力实现劳动报酬增长和劳动生产率提高同步。完善最低工资和工资支付保障制度，努力缩小城乡、区域、行业收入分配差距。建立公平可持续的社会保障制度，整合城乡居民基本养老和医疗保险制度，统筹城乡最低生活保障制度，加快健全覆盖全民的基本公共服务体系，建立与我国经济社会发展水平和发展阶段相适应的社会保障制度。目前雅安市人均GDP已从2011年的全省第8位降为2014年第11位，农村居民纯收入和城镇居民可支配收入在全省的相对位置没有变化，分别为位于全省第14位和第10位。但雅安市各区县所处的地理位置不同，自然资源、人口数量的差异较大，因此雅安市各区县差异较大：以2012年为例，GDP总量雨城区最大为100.39亿元，宝兴县最小只有17.89亿元，相差了近4.6倍。以人均水平分析，人均GDP最高的石棉县达38004元，最低的汉源县只有12768元，相差了近1.98倍。人均财政一般预算收入最高的石棉县为2982元，最低的芦山只有550元，相差4.42倍。城乡居民人均储蓄余额最高的是雨城区达到24939元，最低的名山县只有11438元，相差了近1.18倍。雅安市的国民收入区县差异、城乡差异明显，相差倍数明显高于全省平均水平。

（二）经济发展新常态下的新动力

1. 产业优势

打破传统产业格局，三产融合、信息化引领的发展，新产品、新行业、新产业、新业态、新模式正在加速成长。尽管新经济在规模上短期内难以替代传统产业，但与互联网和电子商务有关的新兴业态呈现高速发展态势。努力着力培育以互联网为核心的信息经济，推进工业化与信息化、服务业与制造业的深度融合，推动产业从低端迈向中高端，形成新兴产业、现代服务业对经济增长的"多点支撑"，形成新的产业优势。

2. 贸易优势

我国依靠廉价劳动力和资源要素投入获得的经济比较优势正在逐步减弱。在新常态下，应打造新的竞争优势，努力转变外贸增长方式，从追求市场份额、出口规模和数量转移到提升质量和效益上来。推进劳动密集型产业向研发和营销两端延伸升级，提高高技术、高附加值、差异性特色产品出口，优化出口贸易结构，增强贸易优势。

3. 市场优势

新常态下，我国需要发挥市场优势。我国消费市场具有巨大潜力，我国经济增长的前景，在很大程度上取决于能否充分释放13亿人消费需求的巨大潜力。经济发展进入新常态以后，消费增速虽然也出现一定程度的下行，但是稳定性最好。要实现经济有质量的增长，必须稳住投资，倚重消费。因此，在新常态下，巨大的消费市场已成为中国经济增长的最大潜力所在。

4. 创新优势

创新是一项复杂的系统工程。推进创新，明确创新的关键领域，统筹利用各种创新资源，创造良好的创新生态环境。适应新常态下内外发展环境和条件的变化，把握全球科技进步的总趋势，调动一切创新资源，推动中国由创新资源大国变成创新能力强国，使创新真正成为引领和推动转型发展的强大引擎。

5. 人力资本优势

过去劳动力成本低是我国最大优势，引进技术和管理就能迅速变成生产力，现在人口老龄化日趋发展，农村富余劳动力人口减少，要素规模驱动力减弱。同时，随着中国进入后工业化阶段，经济重心将实现从制造业到服务业，从一般制造业到高科技先进制造业的转换，整个社会对从事单纯物质产品生产的劳动者的需求量相对减少，而对人力资本、R&D、技术进步等知识资本的要求大大增强。因此重构人力资本，加速人力资本形成，利用人力资本、知识（教育）资本等将抵自然资源的消耗，以及经济增速的下滑，真正告别追赶型增长过程中的数量扩张型高增长阶段，迈向质量提升型中高增长阶段。

二、雅安市经济发展现状

（一）雅安市经济发展现状概述

1978 年至 2010 年间，雅安市伴随全国宏观经济的大环境和总体趋势，保持了较快的经济增长速度，GDP 年均增长速度达到 14.6%，经济总量持续增长，人均 GDP 在 2007 年突破万元，达到 11725 元。2011 年后，雅安市经济增长速度进入波动放缓趋势，特别是在 2013 年，由于雅安芦山"4·20"地震等原因，增长速度由 2011 年的 14% 下降到 5%。2014 年，在灾后重建等项目的拉动下，GDP 增长速度上升至 11%。这 4 年以来，全社会固定投资增长趋势与生产总值增长趋势基本一致，投资的波动幅度大于生产总值的波动幅度，投资增长速度由 2011 年的 17.7% 下降至 2013 年的 -1.2%，又猛增至 2014 年 33.6%，呈现"V"型波动增长状态。消费价格指数 CPI 增长速度变动小于生产总值和全社会固定投资的波动幅度，并且从 2011 年开始，增长速度呈现下降放缓趋势，由 2011 年的 5.3% 下降至 2014 年的 2.1%。2010 年后，雅安市经济增长呈现出低增长低通胀、经济增长波动大、稳定性差、投资拉动力强的特点（详见图 1）。

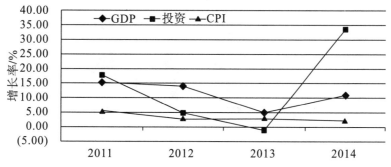

图 1　雅安市国内生产总值、投资与物价波动状况图

2014 年，雅安市人均国内生产总值 30052 元，增长 10.4%。三次产业结构比为 14.6∶57.5∶27.9，全社会固定资产投资 471.43 亿元，比上年增长 33.6%。全年城镇居民人均可支配收入 24435 元，增长 9.8%，全年农民人均纯收入 9056 元，增收 963 元，增长 11.9%。全年全部工业增加值 227.24 亿元，增长 11.3%，对经济增长的贡献

率为 53.6％。从这些指标中可以看出，目前雅安的经济增长和城市发展进入了工业化、城市化、市场化加速推进，人民生活质量需要快速提高，经济增长动力由投资驱动型逐步向创新驱动型转换的关键阶段。

（二）雅安市经济在全省经济中的位置

雅安市经济发展不足、发展水平不高，与省内成都市、绵阳市等经济发达城市经济发展差距巨大。近几年，雅安市国内生产总值在全川 21 市州中位于第 18 位，经济总量仅占四川省经济总量的 1.6％左右。为更好地明确雅安市在全省的经济位置，将其与基本处于同一经济发展水平下的广元市和巴中市进行对比。

表1　雅安市经济总量在全省中的占比

单位：％

年份	2011	2012	2013	2014
经济总量占比	1.62	1.60	1.52	1.62

1. 经济总量排名靠后，与前面梯队差距较大

根据全省 21 市州的经济总量，大概可以将 21 市州划分为 5 个梯队。第一梯队为省会城市成都，2014 年国内生产总值（GDP）10056.6 亿元，跨入万亿级别。第二梯队为绵阳、德阳等 8 市州，生产总值达到千亿级别。第三梯队为自贡、攀枝花、遂宁等 8 市，生产总值将近千亿左右。第四梯队为广元、雅安、巴中 3 市，生产总值达到五百亿级别，第五梯队为阿坝、甘孜州，生产总值百亿级别。从以上分析可以看出，雅安同广元、巴中国内生产总值处于同一水平，在全省排名靠后，并且由表 2 可以看出 3 市在国内生产总值的全省排名近年来没有变化，与前面梯队经济总量差距巨大，并且增长相对速度有所放缓。

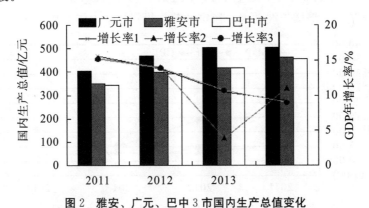

图2　雅安、广元、巴中 3 市国内生产总值变化

表2　雅安、广元、巴中3市国内生产总值和年增速在全省中情况

年份	地区	国内生产总值			
		绝对数（亿元）	位次	比上年（±%）	位次
2011	广元	403.5	17	15.6	4
	雅安	350.1	18	15.3	8
	巴中	343.4	19	15.2	14
2012	广元	468.66	17	13.8	13
	雅安	398.05	18	14	7
	巴中	390.4	19	13.9	10
2013	广元	518.8	17	10.5	11
	雅安	418	18	3.9	21
	巴中	415.9	19	10.7	8
2014	广元	566.19	—	9.2	—
	雅安	462.41	11		
	巴中	456.66	—	9	—

2. 产业整体发展滞后，第三产业发展潜力巨大

在产业发展上，水电矿冶、机械制造、农产品加工是雅安的优势产业，而广元市以建材、电子机械和能源化工为支柱产业，巴中市则以农产品加工业、矿产资源开采、非金属矿物制品为支柱产业。从表3来看，3市的三次产业均排名较后，在全省中处于相对落后的地位。与其他两市对比，雅安市在第二产业具有比较优势，但从2013年开始，广元市第二产业产值开始超过雅安市。雅安市第一、第三产业均在3市中处于最后一位，并且增速也低于广元和巴中市，由此来看，雅安市第三产业在全省经济发展水平相近的城市中，也处于落后地位，与雅安市独特的地理位置和丰富的旅游服务资源不相称，因此雅安市第三产业发展具有巨大潜力。

表3　雅安市、广元市、巴中市三次产业发展对比

年份	地区	第一产业			第二产业			第三产业		
		绝对数（亿元）	位次	增速（%）	绝对数（亿元）	位次	增速（%）	绝对数（亿元）	位次	增速（%）
2011	广元	83.8	17	4.4	180.2	18	26.2	139.6	16	11.6
	雅安	56.9	18	3.4	200.4	17	21	92.9	19	11.4
	巴中	86.3	16	4	139	19	31.4	118.1	18	9.2
2012	广元	91.82	17	4.9	220.29	18	22.2	156.55	16	9.1
	雅安	60.39	18	4	233.56	17	18.3	104.1	19	10.6
	巴中	93	16	3.7	167.45	19	23.6	129.95	18	11

续表

年份	地区	第一产业			第二产业			第三产业		
		绝对数(亿元)	位次	增速(%)	绝对数(亿元)	位次	增速(%)	绝对数(亿元)	位次	增速(%)
2013	广元	94.3	16	3.6	249.6	17	13.8	174.9	17	10
	雅安	63.3	18	2.1	240.2	18	3.2	114.5	19	6.4
	巴中	79	17	3.4	191.5	19	15.5	145.5	18	9
2014	广元	98.57	—	4.2	269.94	—	9.5	197.68	—	11.5
	雅安	67.49	—	4.6	266.03	—	12.7	128.89	—	10.6
	巴中	82.42	—	3.1	210.3	—	10	163.94	—	10.9

从产业结构对比来看,3市均是第二、第三产业占比较高,第一产业占比最低,到2014年第一产业占比均低于五分之一。与其他两市相比,雅安市第一产业占比最低,第二产业占比最高,但第三产业占比明显低于其他两市,可知雅安市工业等发展基础较好,但第三产业发展滞后,在产业结构中占比远低于三分之一,对经济发展的贡献率不高。因此,综上所述,目前雅安市第一产业发展平稳,第二产业结构适中,但产值增长放缓,第三产业发展滞后,是产业发展的薄弱点。

表4 雅安市、广元市、巴中市产业结构变化对比

单位:%

产业	广元	雅安	巴中	年份
第一产业	20.8	16.3	25.1	2011
	19.6	15.1	23.8	2012
	18.2	15.1	19.0	2013
	17.4	14.6	18.0	2014
第二产业	44.6	57.2	40.5	2011
	47.0	58.7	42.9	2012
	48.1	57.5	46.0	2013
	47.7	57.5	46.0	2014
第三产业	34.6	26.5	34.4	2011
	33.4	26.2	33.3	2012
	33.7	27.4	35.0	2013
	34.9	27.9	36.0	2014

3. 人均GDP、农村与城镇居民收入位居全省中位

截至2013年,雅安市、广元市、巴中市常住人口分别为153.37万人、254.5万人、331.75万人。从人均来看,雅安市人均GDP、农村居民纯收入以及城镇居民可支

配收入均高于广元、巴中两市。从增速来看，雅安市农村居民纯收入增速由 2013 年的全省垫底，到 2014 年增长 11.9％，从排名靠后升至全省第七。从全省来看，各市州收入的绝对差异在继续扩大，而相对差异处于不均衡状态并略有缩小的趋势；特别是农村居民人均纯收入差异梯次分明，内部发展水平不平衡特征十分显著。

表5　雅安市、广元市、巴中市人均 GDP、农村居民人均纯收入、城镇居民可支配收入变化

年份	地区	人均 GDP（元）		农村居民人均纯收入（元）			城镇居民可支配收入（元）		
		绝对数	位次	绝对数	位次	比上年±％	绝对数	位次	比上年±％
2011	广元	16225	19	4895	18	21.3	14635	19	9
	雅安	23147	8	6269	14	21	17326	10	10
	巴中	10438	21	4667	19	21.3	14609	21	15
2012	广元	18672	19	5649	19	15.4	17012	19	16.2
	雅安	26157	11	7187	14	14.6	20049	10	15.7
	巴中	11823	21	5387	20	15.4	16999	20	16.4
2013	广元	20443	19	6442	19	12.7	18713	21	11.3
	雅安	27317	11	8093	14	12.6	22254	11	11
	巴中	12556	21	6137	20	13.9	18937	19	11.4
2014	广元	2247	19	7202	—	11.8	20547	—	9.8
	雅安	30149	11	9056	—	11.9	24435	—	9.8
	巴中	13766	21	6895	—	12.3	20887	—	10.3

（三）雅安经济增长的动力机制分析

为了多维度、宽视角地把握雅安经济发展的趋势，我们从经济增长动力机制构成的需求、结构、资源要素、体制等方面进行分析、考察。

1. 雅安经济增长需求动力及特征

投资、消费和净流出（进出口）是拉动城市经济增长的三大需求动力要素。2011年以来，雅安的投资率一直在 80％－102％区间内，呈波动上升趋势，投资贡献率在2011年和2013年，均为－22％，而2014年，由于投资大幅增加，投资贡献率高达267％。雅安市以政府消费、城镇居民消费、农村居民消费计量的总消费率稳定增长，2013年达到69％。2013年消费贡献率高达392％（是年投资贡献率为－22％），其主要原因是政府消费由29.17亿元激增至75.94亿元，城镇居民和农村居民也均有所增长。可见投资是雅安经济增长的主导需求驱动，消费是重要需求支撑，雅安市的经济增长受到两者共同拉动。（详见表6）如果以外贸进出口来替代净流出计量的话，2011年至2013以来，雅安净出口分别为－507、3370、6162万美元，虽然净出口在不断增长，但是对全市生产总值的贡献率仍然很小。这不仅反映出近几年城市及其产业发展在城市化和产业链的全球化配置中，对外来资源需求的不断减少，而且也说明，雅安市本地产业对外辐射力和竞争力相对弱小，区域内产业资源配置效率较低。

表6　雅安市投资与消费结构变动状况

单位：%

年份＼指标	投资/万元	投资率	投资贡献率	政府消费	城镇居民消费	农村居民消费	总消费率	消费贡献率
2011	3409667	97	−22	26.07	73.18	80.06	51	73
2012	3572046	90	34	29.17	87.55	93.08	53	64
2013	3528242	84	−22	75.94	100.52	111.43	69	392
2014	4713731	102	267	—	—	—	—	—

　　2011年以来，雅安市投资率和投资贡献率呈明显的波动不稳定趋势性。主要是因为雅安处于快速工业化和提高城市化质量阶段，消费结构升级带动产业结构升级使金属制品、机械制造、设备制造、汽车制造等行业迅速增长，使基本建设和更新改造投资需求增长强劲；房地产和服务业加速发展以及桥梁、道路等城市基础设施大规模建设，也使近几年雅安投资大幅上升。（如表7、表8）而且，2013年雅安在四川21市州中，全社会固定投资总规模名列第16位，投资增长率名列第21位，可见雅安与其他市州发展的差距巨大。

表7　雅安市2013年工业总产值占比前五行业

类别＼行业	2011年工业总产值（亿元）	2013年工业总产值（亿元）	增长率（%）	占比（%）
总计	387.27	394.22	1.79	100.00
电力、热力生产和供应业	123.26	125.08	1.48	31.73
黑色金属冶炼和压延加工业	44.98	47.9	6.49	12.15
有色金属冶炼和压延加工业	31.87	34.52	8.32	8.76
非金属矿物制品业	28.28	33.76	19.38	8.56
汽车制造业	23.58	26.78	13.57	6.79

表8　雅安市2013年工业总产值增长率前五行业

行业＼项目	2011年工业总产值（亿元）	2013年工业总产值（亿元）	增长率（%）	占比（%）
总计	387.27	394.22	1.79	100.00
金属制品业	0.62	1.04	67.74	0.26
电气机械和器材制造业	2.53	3.94	55.73	1.00
专用设备制造业	4.78	6.37	33.26	1.62
非金属矿物制品业	28.28	33.76	19.38	8.56
汽车制造业	23.58	26.78	13.57	6.79

　　相反，2011年以来，雅安市总消费率和消费贡献率稳中有升，尤其是2011，政府

· 188 ·

消费、城镇居民、农村居民消费均明显稳步上升，呈现出收入水平提高、消费倾向上升的趋势特征。除2014外，城乡居民人均收入增长均高于生产总值增长，但2011－2014年人均消费支出增长均低于生产总值增长，并且2014年出现较大的负增长，消费倾向呈现下降趋势，特别是2014年消费倾向由64％下降到49％，下降幅度较大；农民人均纯收入由2011年的6269元提高到2013年的8093元，消费倾向也由2011年的67％上升为2013年的75.98％；从人均储蓄余额来看，2011－2013年人均储蓄余额增长不断加快，2014年增长出现明显减缓，伴随消费需求不断增加的趋势，居民储蓄率可能逐步下降（详见表9）。

表9　雅安市居民及农民收入与消费状况

单位：%

年份	生产总值增长速度	城市居民人均可支配收入增长	农民人均纯收入增长（%）	城市居民人均消费支出增长	城市居民人均消费倾向	农民人均消费支出增长	农民人均消费倾向	人均储蓄余额增长
2011	15.3	16.2	15.3	8.80	68	20	67	16.8
2012	14.0	15.7	14.6	8.30	64	15	67	20.0
2013	5.0	11.0	12.6	10.20	64	21.80	73	32.0
2014	11.0	9.8	11.9	−15.1	49	—	—	11.8

从对雅安市投资、消费和净流出三大需求动力要素分析，未来，雅安市应注意个性化的消费和创新供给。随着城乡差距、区域差距的缩小，农村消费能力消费的增加，很大程度上改变了以往的消费模式。信息消费、绿色消费、旅游消费、教育文体消费、养老消费等领域的投资是投资的一个重要关注点。

2. 雅安经济发展结构动力及特征

产业结构的优化升级是经济增长的重要推动力量，产业结构的优化程度影响经济增长稳定程度和可持续性。投资结构是经济结构的基本点。近几年，雅安市着眼四川，建设西部经济发展高，推进新型工业化、新型城镇化、农业现代化，加强开放合作，加强基础设施建设，以加快发展为总体取向，以工业富民强市为主导，以初步建成国际化区域性生态城市为目标，坚持生态立市。立足雅安，定位成为"成渝经济区成都都市圈增长极""川西综合交通枢纽""国际化区域性生态城市"，以投资结构调整来带动产业结构的优化升级。从表10可以清楚地看出，2011年以来，除2012年外，雅安市第一产业投资保持在30亿元左右，第二产业波动中不断增加，但是制造业投资逐年小幅下降，第三产业投资比重较大，尤其在2014年，第三产业投资从2013年的180.72亿猛增到281.25亿。房地产投资比较稳定，维持在25－30亿之间，在固定资产投资中占比较小，并呈逐年下降趋势。从固定投资的建设性质来看，新建建设投资比重远大于改建和扩建，反映经济增长内涵提升状况的更新改造投资的力度不够（如图3）。

表 10　雅安市固定资产投资结构状况

单位：万元

项目 年份	第一产业	第二产业	第三产业	交通运输仓储 和邮政业投资	采矿业	制造业	房地产
2011	29.74	158.13	269.6	57.7	11.22	73.25	28.6
2012	17.00	129.14	180.91	52．48	13.98	70	30.01
2013	30.69	141.42	180.72	30.14	12.41	60.84	27
2014	29.74	160.34	281.35	—	—	—	25.46

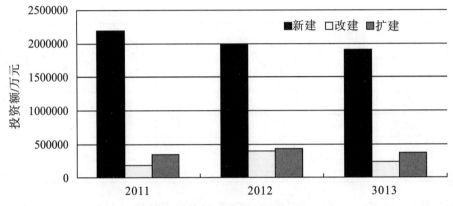

图 3　雅安市固定投资性质状况

　　表 11 给出了 2011 年以来雅安市一二三产业结构变动状况，可以看出，几年来一产业对经济增长贡献呈下降之势，二产业贡献在稳定中呈下降趋势，三产业贡献则呈上升趋势。这与一二三产业的投资比重结构不相吻合，三产业的结构效益要低于二产业。三次产业的生产总值构成显示出非常明显的"二三一"次序，呈二、三产业共同支撑雅安经济增长的结构动力特征。作为城市（地区）经济体，雅安主导产业为水电电冶、机械制造、农产品加工，新能源（新材料）特别是水电电冶、机械制造产业优势尤其明显；同时，雅安独特的自然资源禀赋和丰富人文和地理资源，使雅安市旅游业非常具有潜力。"3＋1 共同支撑"，充分反映了雅安市的城市功能特征，也符合工业化发展的一般规律。

表 11　雅安市一二三产业结构变动状况

项目 年份	第一产业		第二产业		第三产业	
	占生产总值 （亿元）	贡献率 （％）	占生产总值 （亿元）	贡献率 （％）	占生产总值 （亿元）	贡献率 （％）
2011	16.20	4.00％	57.20	76.00％	26.50	21.00％
2012	15.10	4.50％	58.70	75.40％	26.20	20.10％
2013	15.10	7.70％	57.50	49.60％	27.40	42.70％
2014	14.6	5.90％	57.5	68.60％	27.90	25.50％

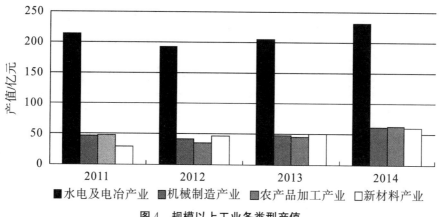

图4 规模以上工业各类型产值

作为军工工业基础传统强市，雅安市重工业结构偏重的特征非常典型，重工业比重一直高于轻工业（如表12）。水电、矿产、机械装备制造等重化工业或传统产业占有相当大的比重，对全市经济贡献也大，并估计在今后一段时期内仍将呈上升趋势。同时，雅安市作为四川省规划的六个汽车产业发展重点市之一，雅安汽车生产制造业具有成熟的产业发展基础。20世纪90年代，雅安通工汽车作为雅安汽车工业的代表，具有较强的市场知名度。截至目前，雅安已成为国内最大的微型车后桥研发生产基地和西南最大的汽车驱动桥半轴专业生产基地。其中，微型车后桥市场占有率超过60%。2014年7月，雅安市又引进了中国恒天集团雅安汽车生产基地项目，总投资30亿元，年产10万辆大型SUV越野车，本地生产配套率超过50%。雅安制造业将进入以增强产业竞争力为核心，以先进制造业为主导，全面提高产业技术能级和产业效率的阶段。

表12 雅安市规模以上轻重工业结构状况

年份	2012			2013		
类型	企业单位数（个）	工业总产值（亿元）	资产总计（亿元）	企业单位数（个）	工业总产值（亿元）	资产总计（亿元）
重工业	59	51.23	34.21	61	53.2	40.7
轻工业	267	336.04	847.31	267	341	897.9

雅安拥有中国优秀旅游城市、中国十佳魅力城市等多项殊荣，素有"川西咽喉""西藏门户""民族走廊"之称，历来是川西地区服务中心，传统的生活性服务业占有较大比重，生产性、知识性服务业发展后，在第三产业占比也不高。从2011年至2013年，旅游业在第三产业中占比较大，超过了60%，但2013年的自然灾害也给旅游业进一步发展带来一定阻碍，所以应抓住灾后重建的机遇打造旅游业。从交通运输、仓储、邮政行业看，在第三产业中占比较小，发展也比较缓慢，呈现停滞不前的趋势。从批发、零售业看，其发展趋势缓慢，增长乏力。因此，雅安市服务业的发展进入了提高内部层次和全面提升服务质量与能级的阶段，尤其是着力提升旅游业档次（详见表13）。

表 13　雅安市服务业内部结构变动状况

行业 \ 结构变动	2011		2012		2013	
	总额(亿元)	占第三产业(%)	总额(亿元)	占第三产业(%)	总额(亿元)	占第三产业(%)
旅游业	63.5	68.38	79.65	76.51	70.51	61.58
交通运输、仓储、邮政	9.73	10.48	10.89	10.46	11.73	10.25
批发、零售	11.06	11.91	12.47	11.98	14.15	12.36

新常态下,全国范围内工业制造业出现滑坡,工业企业利润出现大幅回落,我国经济发展正在逐渐摆脱环境污染的烙印。另一方面,第三产业成为驱动经济的"新引擎",从 2013 年开始,我国第三产业增加值占 GDP 比重达 46.1%,首次超过第二产业;由此来看,雅安市第二产业占比高,其中多以水电矿冶、机械制造为主。新常态下,响应国家政策和产业发展规律,必须调整产业结构,同时增强科技创新对第二产业的贡献,避免在调整第二产业的过程中影响整个经济的发展。对于第三产业,雅安市必须加快步伐,特别是利用自身地理位置和自然资源优势,发展旅游和运输物流业,逐渐提高第三产业占比,降低对第二产业的依赖。

需求结构方面,与全国、全省相同,雅安市的消费需求作用不断增强。2013 年消费对经济增长贡献率占比首次超过投资,成为拉动经济增长的第一引擎。经济增长结构正逐步从"投资驱动型"转为"消费驱动型"。

3. 雅安市资源要素供给动力及特征

要素投入与产业结构存在一定相互关系,一定的产业结构水平对应一定的要素配置结构。表 14 给出了 2011 年以来雅安市经济增长的收入结构变动状况。其间,财政收入增长高于生产总值增长,财政收入占生产总值比重逐年降低,但其比重低于发达国家 45%。从生产总值收入法核算角度看,劳动者报酬占 44% 以上,与全国平均水平相当。而固定资产折旧占比在 18% 左右,生产税净额占比在 12% 左右,并呈逐年小幅波动趋势;反映出城市可使用财力明显不足。营业盈余占比有逐年小幅上升趋势,反映出企业微观效益持续缓慢增长。

表 14　雅安市经济增长收入结构

年份 \ 指标	财政收入		劳动报酬		生产税净额		固定资产折旧		营业盈余	
	总额(亿元)	占比(%)	总额(亿元)	占比(%)	总额(亿元)	占比(%)	总额(亿元)	占比(%)	总额(亿元)	占比(%)
2011	38.33	6.18	156.57	44.72	43.86	12.53	64.24	18.35	85.46	24.41
2012	39.60	7.59	175.58	44.11	50.60	12.72	73.26	18.40	98.61	24.77
2013	24.10	5.40	184.87	44.23	52.69	12.61	76.46	18.29	103.95	24.87

固定投资资金来源构成变化可以分析出雅安经济增长对资本需求的结构状况。从表 15 可以看出,"十五"期间基本建设资金来源以自筹和国内贷款为主,两者分别占 40%

和 20％以上，且国内贷款逐年下降，自筹资金逐渐上升；而债务融资和利用境外资金比例过小。

表 15　雅安市固定投资资金来源构成

年份＼项目	国家预算内资金		国内贷款		自筹资金		其他资金	
	总额（万元）	占比（％）	总额（万元）	占比（％）	总额（万元）	占比（％）	总额（万元）	占比（％）
2011	211879	7.78	1176969	43.20	1099176	40.356	236251	8.67
2012	595689	17.55	1032293	30.41	1489824	43.88	277038	8.16
2013	587111	20.96	613525	21.9	1273034	45.46	326804	11.67

　　近 5 年来，雅安市要素投入配置结构的波动源于产业内部结构变动，雅安资本密集型的重化工业占有比较大的份额，产业发展对资本要素的依赖较大，同时制造业和服务业规模扩大也增加了对劳动力需求。从从业人数来看，制造业、采矿业从业人数最多，总体从业人数呈下降趋势。从从业人员增加趋势来看，服务业（金融、住宿、餐饮等）、房地产业从业人数增加较快（如图 5）。

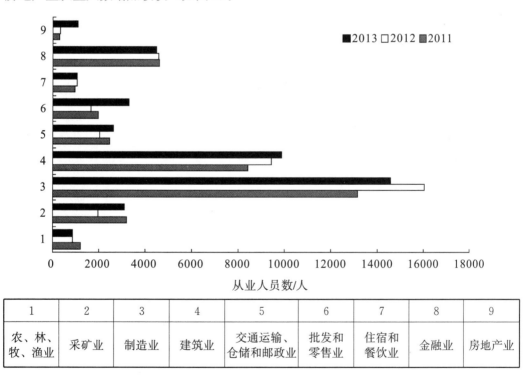

1	2	3	4	5	6	7	8	9
农、林、牧、渔业	采矿业	制造业	建筑业	交通运输、仓储和邮政业	批发和零售业	住宿和餐饮业	金融业	房地产业

图 5　雅安市各行业从业人员分布图

　　人力资本的质量提升和创新驱动，新常态下中国经济的引擎，在这一点上，恰好是雅安市的薄弱点，人力资本质量不好，创新驱动力弱，但不同于全国情况的是雅安市人口红利对 GDP 的贡献仍然有较大空间，雅安市经济增长主要依靠劳动力、资金、环境等要素禀赋在生产力中贡献仍会存在一段时间。雅安市也要做好人力资本从数量型向质量型转变，从无限投入低成本的劳动力，向提高人力资本的质量转换，逐渐把经济增长转向依靠技术进步和创新。

4. 雅安市体制变迁动力及特征

雅安经济增长能保持持续增长，经济发展的活力不断增强，在很大程度上得益于体制改革以及市场化推进所释放的强大能量。雅安市发挥通工汽车资源优势和建安、泛华、川西等军工企业技术优势，主动参与成渝经济区生产分工，扩大机械制造业规模，建成汽车零配件为主的机械加工基地。做大做强新型建材、太阳能光伏等产业链，形成以多晶硅、单晶硅、电极箔、锂电池等为主导的新材料（新能源）产业，在节能环保、生物医药、高端制造业等新兴产业不断有所突破。大力实施林竹、茶叶、果蔬、畜禽、中药材等优势农产品精深加工项目，形成特色农产品加工产业集群。2013 年，在雅安国内生产总值中，公有制经济占 41.4%，比 2011 年下降 2.1 个百分点；非公有制经济占 58.6%，比 2011 年上升 2.1 个百分点。外资及港澳台投资经济占比极低且不断下降，由 2011 年 1.68 下降到 2013 年 1.40%。在固定资产投资经济类型中，国有投资比重由 2011 年的 32.50% 下降至 2013 年的 27.67%，个体及私营经济又从 2011 年的 11.17% 上升到 37.44% 占 60%，非国有经济正成为投资的主体，经济增长的内生自主力逐步在增强。但是，总消费率变化不大，从消费需求角度看，经济增长的内原动力不是很强。

表 16　国内生产总值经济形式结构状况

年份	公有制经济		非公有制经济		个体私营经济		外商经济		港澳台经济	
	总额（万元）	占比（%）	总额（万元）	占比（%）	总额（万元）	占比（%）	总额（万元）	占比（%）	总额（万元）	占比（%）
2011	1522636	43.5	1978614	56.5	1919588	54.83	6703	0.19	52323	1.49
2012	1708213	42.4	2272311	57.6	2215831	55.67	828	0.03	55652	1.40
2013	1730138	41.4	2449560	58.6	2391054	57.20	843	0.02	57663	1.38

表 17　固定投资资金来源经济类型结构

年份	总计（万元）	国有经济		集体经济		个体及私营经济		其他经济	
		总额（万元）	占比（%）	总额（万元）	占比（%）	总额（万元）	占比（%）	总额（万元）	占比（%）
2011	3409667	1108076	32.50%	—	—	380988	11.17%	1920603	56.33%
2012	3572046	1194743	33.45%	16820	0.47%	381080	10.67%	1979403	55.41%
2013	3528242	976140	27.67%	—	—	1321090	37.44%	1231012	34.89%

随着进入经济新常态，体制变迁对经济发展越来越重要。截至 2014 年，国务院取消下放的行政审批事项已达 463 项。在简政放权，尤其是工商登记改革的刺激下，新登记企业出现井喷式增长。2015 年，四川省提出从 8 个方面推进经济体制改革，包括深化企业改革、完善现代市场体系、转变政府职能、完善城乡统筹发展体制机制、加快构

建开放型经济体制、深化社会事业体制改革、建立健全生态文明制度体系、完善创新驱动发展体制机制等。从整体来看，加快、完善和深化是三个重要的关键词。因此，雅安市应该紧跟中央政府和四川省政策的思路，加快深化改革，在企业发展、创业支持上提供更多利好政策，由以前的管理者变为服务者，进一步增强社会活力，进一步夯实微观经济基础。同时抓住完善城乡统筹发展体制机制的机会，从农村集体资产股份制改革试点，探索开展生猪、粮食目标价格保险试点等多维度系统推进农村改革。

5. 雅安市经济增长动力及特征总结

总体而言，雅安市经济增长的动力机制具有工业化、城市化推进过程中的典型特征：（1）国家宏观调控的地区效应在雅安不明显，经济波动周期与全国总体一致，政府拉动经济的力量偏大。（2）产业结构偏重，二、三产业支撑，水电载能、新能源（新材料）、机械制造等产业发展空间大，通工、建安和泛华等传统产业的龙头带动作用明显；（3）旅游业居主导，生产性、知识性现代服务发展缓慢；（4）经济增长以投资拉动为主，投资、消费共同推动雅安经济增长，对外贸易是短处；雅安居民消费倾向不高，人均收入水平增长幅度逐渐下降，城乡二元结构特征明显；（5）资源要素驱动型动力特征明显，经济发展对资金、能源及土地的依赖性较大。（6）虽然非公有经济发展迅速，但国有经济仍然占有较大比重，经济发展活力和对外开放水平亟待进一步增强与提高。在经济新常态条件下，雅安市这些经济增长动力机制所表现出来的特征，也预示着动力机制应该做出转变。新常态是新时期，是经济发展的新阶段，必须先改变旧习惯，转变目前粗放型的经济增长方式，实现经济增长动力机制由要素驱动型、投资驱动型向创新驱动型转换。另一方面，改变经济发展靠行政力量运动式的发展的习惯，经济发展应当靠健全的市场机制的力量，靠内生的力量有节奏地发展。

三、雅安市发展潜力分析

（一）最终需求的潜力

1. 居民收入水平明显增加，内需潜力巨大

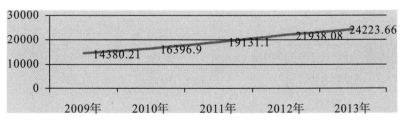

图6　人均年现金总收入单位：元

从图6可见，雅安居民的收入水平逐年增加，说明随着雅安经济社会的不断发展，人民的生活质量也得以提升，随着收入的提升，消费也会逐步增加。

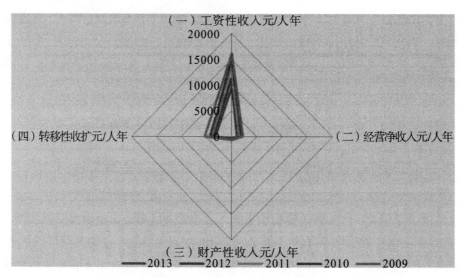

图7　各年居民收入来源构成

从7图可见，居民收入构成中，工资性收入仍是主要收入来源，财产性收入非常低，随着居民收入来源结构的调整，财产性收入会逐步增加，居民的消费倾向会更加明显，这些都可能使消费成为激发雅安经济增长潜力的重要动力。

2. 全社会固定资产投资更偏向具有发展潜力的第三产业

表18　主要行业全社会固定资产投资

单位：%

行业	2011 年	2012 年	2013 年
农、林、牧、渔业	0.71	4.42	9.80
采矿业	3.67	3.91	3.52
制造业	23.94	19.60	17.24
电力、燃气及水的生产和供应业	31.20	20.76	18.38
建筑业	0.00	0.66	1.18
交通运输、仓储和邮政业	18.87	14.69	0.85
信息传输、计算机服务和软件业	0.04	0.10	8.92
批发和零售业	0.71	1.52	1.72
住宿和餐饮业	1.31	1.27	0.00
金融业	0.05	0.05	0.23
房地产业	11.04	20.46	20.69
租赁和商务服务业	0.00	0.26	0.53
科学研究、技术服务和地质勘查业	0.01	0.12	0.07
水利、环境和公共设施管理业	3.50	6.45	9.77

行业	2011 年	2012 年	2013 年
居民服务和其他服务业	0.14	2.11	3.60
教育	1.56	0.97	0.52
卫生、社会保障和社会福利业	1.61	0.70	0.52
文化、体育和娱乐业	0.44	1.07	1.44
公共管理和社会组织	1.20	0.88	1.02

从上表分行业投资来看，第一产业、建筑业、房地产业、批发零售业、金融业、水利、环境和公共设施管理业和文化、体育、娱乐业的投资有一定幅度上升。其中，雅安灾后重建中，农业作为产业恢复重建的重点，单独安排产业发展专项资金，并规划了多个项目，2013 年投资比 2012 年上升了 4.38 个百分点。并且投资更偏向具有发展潜力的第三产业。

（二）产业发展的潜力

1. 三次产业总体发展潜力

（1）第二产业仍是经济发展的主要动力，第三产业潜力巨大。

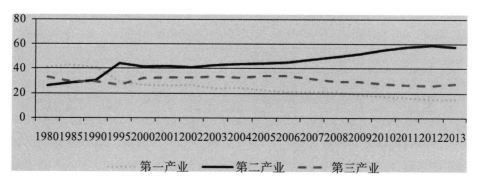

图 8　三次产业对经济增长的贡献率　单位：%

从图 8 可见，第一产业对雅安市地区生产总值的贡献率逐步下降，第二产业成为促进地区经济增长的主力，而第三产业的推动作用近几年有逐步提高趋势。1995 年以前，第一产业几乎占到地区生产总值的一半，到 2013 年其贡献率降低为 15.1%；第二产业的贡献率快速上升，到 2012 年为 58.7%，2013 年回落了 1.2 个百分点，仍占地区生产总值的半壁江山；第三产业一直占地区生产总值的三分之一左右，2012 年贡献率为26.2%，2013 年上升了 1.2 个百分点。

表 19 三次产业拉动经济增长百分点

单位:%

年份	第一产业拉动力占比	第二产业拉动力占比	第三产业拉动力占比
1980	41.03	25.90	33.08
1985	42.42	28.18	29.39
1990	40.00	30.00	30.00
1995	29.39	44.08	26.53
2000	26.58	41.26	32.07
2001	25.96	41.44	32.60
2002	26.41	40.78	32.82
2003	23.85	42.64	33.52
2004	24.00	43.57	32.43
2005	22.39	43.81	33.81
2006	21.12	44.91	33.97
2007	20.99	47.32	31.69
2008	21.04	49.48	29.48
2009	18.72	52.01	29.33
2010	17.39	55.10	27.52
2011	16.21	57.19	26.47
2012	15.07	58.71	26.21
2013	15.13	57.44	27.44

从三次产业拉动雅安市经济增长百分点来看,1995 年以前,第一产业对经济增长的影响程度最高,之后第二产业对经济增长的拉动力最强,历年都占三次产业总拉动力的一半左右,近年,第三产业对经济增长的拉动百分点有上升趋势,2013 年第三产业对经济增速的拉动力占比较 2012 年升高了 1 个百分点,可见,第三产业在促进经济增长上具有较大的潜力。

(2)各区县错位发展以带动全市经济增长。

表 20 2013 年分地区三次产业贡献率

单位:%

地区	第一产业	第二产业	第三产业
雨城区	15.13%	57.48%	27.39%
名山区	11.34%	49.28%	39.38%
荥经县	28.64%	46.05%	25.31%
汉源县	11.69%	62.87%	25.44%

地区	第一产业	第二产业	第三产业
石棉县	20.14%	53.98%	25.87%
天全县	8.12%	76.27%	15.61%
芦山县	14.91%	61.69%	23.40%
宝兴县	17.51%	59.65%	22.84%

从表 20 可见，对于雅安市的所有区县来说，第二产业都是推动经济发展的主要力量，但由于各个地区的发展条件不同，三次产业的贡献率仍有差异。其中天全县第一产业对地区生产总值的贡献率最低，仅有 8.12%，最高的是荥经县，为 28.64%；第二产业贡献率最高的是天全县，为 76.27%，最低的是荥经县，为 46.05%；名山县第三产业的贡献率最高，为 39.38%，而天全县最低，仅有 15.61%。

由于各区县发展条件优势不同，错位发展才能给全市经济增长带来动力。东部片区的雨城区、名山区应突出地缘优势，重点发展第三产业，承担城镇布局、人口集聚和产业发展的主要功能；南部片区的石棉县和汉源县充分发挥水能、矿产、光能等资源优势，重点发展果蔬农业、基础工业和参与攀西战略资源创新开放实验区建设；西部的芦山县、天全县、宝兴县和荥经县要充分发挥生态优势，重点发展生态经济。

2. 第一产业发展潜力

（1）农牧业呈现良好发展势头。

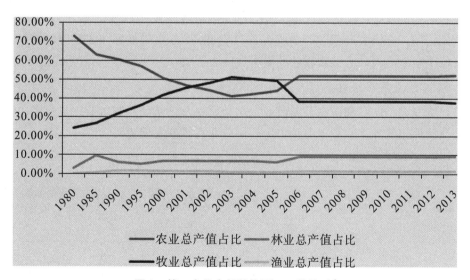

图 9 第一产业内部结构图 单位：%

从图 9 可见，农业和牧业是第一产业发展的主力，农业总产值占整个第一产业总产值历年平均为 50% 左右，牧业总产值占整个第一产业总产值历年平均为 40% 左右，林业总产值占整个第一产业总产值历年平均 8% 左右，而渔业只有 2% 左右。可见，雅安的农牧业呈现出良好的发展势头。这得益于雅安抢抓建设国际化区域性生态城市和大力发展生态高端农牧业的大好机遇,依托生态优势,大力发展生态农业。

(2)依据良好的基础条件,有机农业潜力的挖掘将使之成为雅安经济增长的新动力。

一方面,雅安市有机农业发展有良好的政策机遇。2013 年发布的《国务院关于"4·20"芦山强烈地震恢复重建总体规划》和省政府通过的《农村建设专项规划》中,都要求要大力发展生态有机农业,明确要将 150 亿元专项用于生态修复、地质灾害治理和产业发展。市农业局编制的《灾后科学重建农业项目实施指导意见》也明确指出,用三年时间,把雅安市打造成国家级绿色有机农业示范区,全面推进全市现代农业建设。这些政策的出台都为雅安的有机农业发展奠定了坚实的基础。

另一方面,雅安市有机农业发展有良好的区位条件。经过多年的发展和结合各个区县的条件,雅安已形成"南果蔬、北茶叶"的发展格局。雅安北部六区县为茶叶、猕猴桃和中药材生产最适区,南部两县为水果、干果及特晚熟柑橘和淡季蔬菜生产最适区。全市经济作物总面积 173 万亩,茶叶 69 万亩、水果 43 万亩、蔬菜 36 万亩。茶叶面积和产量分别列全省第三、第一位。经济作物集中连片规模在 5000 亩以上的乡镇 78 个,占全市乡镇总数的 50%以上。畜牧业在稳定发展生猪的基础上,林下生态鸡快速发展,已建成标准化示范区 76 个,适度规模养殖户 1000 多户。经过工商登记的农民专业合作社 896 个。可见庞大的产业基地和得天独厚的地理优势为发展绿色有机农业奠定了坚实的基础。

另外,雅安有机农业发展迅速。近年来,雅安加快转变农业发展方式,瞄准高端市场,以国际有机农产品、有机食品标准为目标,形成了一批有机农产品品牌,2014 年,雅安市新增有机农畜产品认证 27 个,比 2013 年新增数多了 12 个,累计 87 个产品获得有机食品认证,有机农产品生产基地从 2011 年的 9200 亩增加到 30332 亩,有机农业发展势头位于全省前列,有机农牧业发展潜力巨大。

3. 第二产业发展潜力

(1)雅安酒、饮料和精制茶制造业、化学原料及化学制品制造业、非金属矿物制品业、金属冶炼压延加工业和电力热力生产供应业有较好发展势头。

表 21 2014 年分行业规模以上企业主要经济指标

工业行业	子行业	企业单位数(个)	工业总产值(当年价格:亿元)	利润总额(亿元)	全部从业人员年平均人数(万人)
采掘业	煤炭开采和洗选业	11.28	2.80	1.41	12.69
	黑色金属矿采选业	0.30	0.13	0.13	0.19
	有色金属矿采选业	2.13	1.40	−0.33	5.77
	非金属矿采选业	2.74	2.01	3.19	1.73
	其他采矿业	0.30	0.19	−0.03	0.00

续表

工业行业	子行业	企业单位数（个）	工业总产值（当年价格：亿元）	利润总额（亿元）	全部从业人员年平均人数（万人）
食品制造业	农副食品加工业	0.61	0.12	0.03	0.19
	食品制造业	0.91	1.57	2.40	1.73
酒、饮料和精制茶制造业	酒、饮料和精制茶制造业	7.93	5.42	5.00	5.58
纺织业	纺织业	5.79	2.79	0.76	6.54
	纺织服装、服饰业	0.30	0.07	0.00	0.00
	皮革、毛皮、羽毛及其制品和制鞋业	0.30	0.18	0.49	0.38
木材加工家具制造和造纸业	木材加工和木、竹、藤、棕、草制品业	0.91	0.73	0.13	2.12
	家具制造业	0.00	0.00	0.00	0.00
	造纸和纸制品业	1.22	0.95	0.23	1.15
石化业	化学原料和化学制品制造业	7.93	5.05	6.71	6.35
	医药制造业	0.91	1.65	6.71	1.54
	化学纤维制造业	0.00	0.00	0.00	0.00
	橡胶和塑料制品业	1.52	0.54	0.30	0.58
非金属矿物制品业	非金属矿物制品业	12.80	8.56	5.50	9.23
金属冶炼及制品业	黑色金属冶炼和压延加工业	11.89	12.15	−0.13	9.04
	有色金属冶炼和压延加工业	7.93	8.76	2.44	7.50
	金属制品业	0.61	0.26	0.00	0.19
装备制造业	通用设备制造业	1.22	1.97	0.82	2.88
	专用设备制造业	1.22	1.62	0.10	2.69
	汽车制造业	2.44	6.79	2.86	6.35
	电气机械和器材制造业	0.61	1.00	0.46	1.92
	计算机、通信和其他电子设备制造业	1.22	1.37	−0.07	0.77

续表

工业行业	子行业	企业单位数（个）	工业总产值（当年价格：亿元）	利润总额（亿元）	全部从业人员年平均人数（万人）
电力热力燃气生产供应业	电力、热力生产和供应业	14.63	31.73	60.55	12.69
	燃气生产和供应业	0.30	0.21	0.33	0.19

从表21可见，酒饮料和精制茶制造业、化学原料和化学制品制造业、非金属矿物制品业、金属冶炼和压延加工业，以及电力热力生产供应业五个行业的规模以上企业个数、工业总产值和从业人数都较多，可见，这五大行业不论从对工业经济增长的贡献来说还是从解决就业的角度来说，都是雅安发展的重点和优势行业。

（2）利用茶制造业的先天优势，品牌效应的推进将使其成为雅安经济增长的新动力。

雅安茶制造业发展具有先天优势。雅安市生态环境良好，雨水十分充足，是茶叶种植的最佳区域，截至2014年年底，茶园种植面积近75万亩，产量和产值均为全省第一。早在2000年，自退耕还林政策开始，雅安就着手大面积种植茶树，发展至今，雅安茶的商业化程度已非常高，是全国少有的种植加工集中区。并且雅安茶业历史文化厚重，蒙山名茶的兴起从唐代开始，宋明两代最为兴旺，达到盛期，品种繁多，琳琅满目。可见，厚重的历史文化、良好的生态环境、坚强的科技支撑和完整的加工链，使得雅安茶的产业优势十分鲜明。随着四川省政府1号文件出台，在政策支持下，到2020年，雅安市茶园种植面积将会达到100万亩。这都为雅安精茶制造业奠定了基础。

虽然雅安市从建设现代茶产业基地、培育雅安茶产业的著名品牌、扶持产业龙头企业、激活产业贸易和拓展产业化发展路径等多方面入手推动雅安茶产业的发展升级，并着力打造了"蒙顶山茶"和"雅安藏茶"等著名茶品牌，还通过组建茶业集团、整合龙头企业的方式推进蒙顶山茶的市场影响力。但在全国市场上的品牌价值并不乐观，蒙顶山作为茶叶产地品牌的认知还远远没有达到预期。为此，雅安也正在积极通过茶文化的宣传来提高其茶品牌影响力，这将使雅安茶业通过品牌效应的推进走向全国、走向世界，可见，未来茶制造业的发展潜力巨大。

（3）利用汽车制造业的产业链优势，推动新能源汽车制造业，使其成为雅安经济增长的新动力。

雅安是四川省规划的六个汽车产业发展重点市之一，其汽车生产制造业具有悠久的历史，20世纪90年代，雅安通工汽车作为雅安汽车工业的代表，就具有较强的市场知名度。并且有较强的政策支持，为了支持雅安在灾后重建过程中全力发展产业经济，中央和四川省在财政、税收、金融、土地、产业等10个方面给予政策支持，雅安当地在用地指标、留存电量、专项信贷和审批权限等方面也给予了诸多优惠政策，为汽车制造业的发展创造了良好的条件。目前，雅安已成为国内最大的微型车后桥研发生产基地和西南最大的汽车驱动桥半轴专业生产基地。其中，微型车后桥市场占有率超过60%。2014年7月，雅安市又引进了中国恒天集团雅安汽车生产基地项目，总投资30亿元，年产 10 万辆大型 SUV 越野车，本地生产配套率超过 50%。

汽车产业作为经济发展的重要支柱，探索新的发展模式将会极大促进经济发展。而雅安具备发现新能源汽车产业的基础，既有生产磷酸铁锂、石墨等锂电池正负材料的企业，也有生产锂电池的企业，还有生产新能源纯电动汽车整车的企业，产业链完整，大力发展新能源汽车产业符合实际，也符合雅安生态立市的战略。布局新能源汽车发展作为全球竞争条件下解决能源安全与环境治理的重大战略举措，若能成功实现雅安汽车产业的转型升级，将给雅安的经济发展注入新的动力。

4. 第三产业发展潜力

（1）交通运输、仓储和邮政业、金融业和批发零售业对雅安第三产业的拉动力较强。

表 22　2014 年雅安服务业内部行业发展

行业名称	总量（万元）	增速（%）	比重（%）	贡献率（%）	拉动服务业增长（百分点）
服务业	128.90	10.6	100.0	100.0	10.6
交通运输、仓储和邮政业	13.02	9.4	10.1	9.3	1.0
批发和零售业	15.47	8.7	12.0	10.1	1.1
住宿和餐饮业	12.80	6.9	9.9	6.1	0.6
金融业	15.38	17.7	11.9	19.0	2.0
房地产业	8.73	8.0	6.8	5.3	0.6
信息传输、计算机服务和软件业	7.51	9.4	5.8	5.7	0.6
其他营利性服务业	9.12	11.7	7.1	7.6	0.8
公共管理和社会组织	23.47	10.2	18.2	17.3	1.8
其他非营利性服务业	23.39	11.8	18.1	19.6	2.1

从表 22 可见，雅安市交通运输、仓储和邮政业、金融业、营利性服务业增长较快。交通运输、仓储和邮政业增加值 13.02 亿元，增长 9.4%；金融业增加值 15.38 亿元，增长 17.7%；营利性服务业（信息传输、计算机服务和软件业，租赁和商务服务业，居民服务和其他服务业，文化、体育和娱乐业）增加值 16.63 亿元，增长 10.6%。其中对第三产业拉动力比较强的行业是交通运输、仓储和邮政业、金融业和批发零售业。

（2）雅安历史文化悠久，生态环境优美，生态文化旅游业发展潜力的释放将使之成为雅安经济发展的新动力。

雅安具有生态文化旅游业发展的坚实基础。首先，雅安历史文化悠久，富林文化遗址、女娲补天传说、邓通造币的严道古镇遗址是历史的见证，战国、秦汉在这里也留下了丰富的遗产，汉阙、汉碑、汉隶书、汉神兽、汉石棺、汉浮雕，件件是国宝。其次，雅安气候适宜，自然风光优美，其四季气候湿润，降雨量丰富，被称为"天然氧吧"，生物种类多样化，是"动物基因库"，"旅游舒适期"和"旅游最舒适期"较长，被誉为

"绿色宝石""西部生态乐园",有国家级森林公园 2 个,国家级和省级自然保护区各 1 个,省级风景名胜区 6 个。再次,雅安是世界茶文化的发源地,是世界茶文化圣山蒙顶山的所在地,也是中国南路边茶马古道的起始地,其龙行十八式茶技和"蒙顶山派"茶道、茶艺、茶烹饪、茶文化蜚声海外。第四,雅安也是大熊猫的理想家园,雅安市境内野生大熊猫活体存量和密度名列全国前茅,宝兴、天全、芦山、荥经、石棉等县均有大熊猫栖息,在"四川大熊猫栖息地世界自然遗产"的核心区面积中,雅安占 52%。最后,雅安的红色文化丰富,中国工农红军把辉煌的业绩和深深的脚印留在雅安,石棉中国工农红军强渡大渡河纪念馆、纪念碑、遗址,宝兴红军长征翻越夹金山和陈云出川纪念馆,名山红军百丈关战役纪念馆等已成为红色旅游的重要景点。

充分发挥雅安的生态文化优势,可以将生态文化旅游打造成新的经济增长点,把整治现有景点和开发新的景区(点)结合起来,以"世界茶源""熊猫家园"为主题构建山水生态、休闲度假与历史文化三大旅游主导产品体系,形成雅安旅游的核心吸引点,提高雅安旅游业的竞争力。

(3)利用区位交通优势,带动商贸物流业发展将使之成为雅安经济发展的新动力。

雅安市被列为四川省 2014 年 6 个物流重点发展地区之一,其旅游、自然资源优势都为物流业的发展奠定了基础,并且现代物流业的发展早有规划,在《雅安市现代物流业发展规划》(2009-2020)中就明确提出了建设"一园区、四中心、三服务站"的现代物流体系,拟形成东、西、南、北 4 个对外物流通道运输系统,为物流业的发展提供了强有力的支撑。而且雅安历来就有"川西咽喉"之称,区位条件重要,位于川藏、川滇公路交会处,是四川盆地与青藏高原的结合过渡地带、汉文化与民族文化结合过渡地带、现代中心城市与原始自然生态区的结合过渡地带,是古南方丝绸之路的门户和必经之路,也被称为"西藏门户""民族走廊",具有依托大城市、吸引大企业来投资的发展机会,所以其商贸物流业潜力巨大,不但会对全市经济增长注入新鲜血液,也能带动全省经济增长。

(4)依托汽车制造业优势,激发汽车服务业发展潜力将使其成为雅安经济增长的新动力。

雅安本就是四川省规划的六个汽车产业发展重点市之一,汽车制造业的基础条件也比较好,汽车服务业作为汽车制造业的下游产业,其发展潜力也应该充分地释放出来。截至 2011 年全市汽车服务行业就已有企业和个体工商户 1748 户,从业人员 18201 人,随着 2011 年雅安汽车服务业商会的正式成立,更促进了此行业的抱团发展,加快了全市汽车服务行业上档升级步伐,但是,与成渝经济区成都核心增长极的其他城市相比,无论是发展速度和发展质量,还是发展规模、服务水平和经济实力,都有较大差距。所以,若能充分发挥上游产业的优势将汽车服务业的发展潜力充分激发出来将使其成为雅安未来经济增长的重要动力。

(三)资源要素的潜力

1. 依托丰富的水电资源,发挥水电产业对其他行业推动力将刺激雅安经济发展

雅安是全国十大水电基地之一,水力资源理论蕴藏量达 1601 万千瓦,可开发水电

1322 万千瓦，可开发量约占全国的 1/40、全省的 1/10。截至 2014 年年底，雅安有 800 个水电站，其中绝大部分是小型水电站。水电经济对雅安的贡献已经超过 60％。水电已经成为雅安经济发展的一张名片。

虽然雅安水电资源丰富，然而雅安从这一丰富资源中并未得到充分共享。由于体制问题，雅安绝大多数电站建成后直接并入国家电网，地方电网只能接纳小水电站，且绝大部分没有调节能力，导致发展工业所需的电力电量严重不足，不得不以高电价从国家电网下电，从而推高销售电价，也出现了"丰期不丰""电窝缺电"等电力供需矛盾。

2. 依托丰富的矿产资源，合理开发利用，充分释放资源对行业发展的支撑力，将使其成为雅安经济增长的新动力

雅安地区矿产资源丰富，已发现包括黑色金属、贵金属、稀有金属、冶金辅助原料、化工原料、能源矿产、地下水及地热水、建材及其他非金属矿产等 9 大类 62 个矿种。探明大、中、小型矿床 40 余处，其他各类矿产地 400 多处，投入开发的有大理石、花岗石、铅锌矿、金矿、芒硝、磷矿、锰矿、硫铁矿、石棉等 23 个矿种。区内还发现世界仅有的辉铋碲矿原生矿种，极具科学研究价值和开发价值，被誉为"第二国宝"。总体来看，雅安矿产资源的特点是种类多、储量大、中型矿床多，工业利用价值高，开采条件好，为资源型工业行业的发展奠定了坚实的基础。

但矿产资源开发利用结构不尽合理，方式较为粗放，集约化程度偏低，生产技术落后，采选能力不匹配，产品结构单一。并且露采矿山植被破坏严重，采空区不及时复耕复垦，造成土地资源的浪费和自然斜坡的不稳定，部分地下开采矿山片面追求经济效益，矿柱、煤柱不按规定留足甚至被回采，造成边坡失稳、地表裂缝、山体崩塌。还有部分矿山及延伸企业"三废治理"工作滞后，废石、废渣、尾矿堆积不规范，形成堵塞河道水土流失甚至成为泥石流的物源区。这些都使本身矿产资源丰富地区的发展潜力未充分释放出来，所以，转变矿产资源开发利用和管理方式，优化矿产资源开发利用的布局结构，加强矿山地质环境治理恢复和矿区土地复垦，发展矿产资源勘查开发领域循环经济，以充分发挥绿色矿业对雅安经济社会发展的贡献。

（四）民营经济发展潜力

雅安民营经济发展速度。2014 年上半年，雅安民营经济增加值同比增长 12.1％，增幅比 2013 年同期高出 7.7 个百分点，较 2013 年全年提高约 5.4 个百分点，增加值总量突破 100 亿元，达到 114.3 亿元，占 GDP 比重达 58.9％，比 2013 年提高 1.7 个百分点。从全市各县区来看，民营经济增加值增长率超过 10％的有 7 个，并且所有县区的民营经济增加值占 GDP 比重均超过 50％。从民营经济对全市经济增长的贡献率来看，高达 64.5％，拉动 GDP 增长 7.1 个百分点。从全市民营企业数量来看，注册登记户数为 9360 户，占企业总数的 76.4％，新增 761 户，比 2013 年末增长 8.85％，注册资金 205.15 亿元，比 2013 年年末增长 15.79％，雇工人数 13.9 万人，比 2013 年末新增约 0.5 万人。可见，民营经济的速度发展使其成为刺激雅安未来发展的重要动力。

四、新常态下雅安经济增长新动力的激发途径

(一) 最终需求潜力的激发

1. 继续发挥投资对雅安经济的推动，并扩大"有效投资"面

雅安在全省来看，仍是相对落后的地区，从经济发展的不同阶段的推动力来看，投资仍是不应放弃的，并继续发挥投资对雅安经济的拉动。但投资的方向要有所优化和调整，应该向效益好的优势和潜力行业，向对经济贡献率大的方向倾斜，以期在相同的投入下获得更高的产出，并承接产业转移，狠抓招商。

2. 进一步提高居民收入和完善社会保障，激发消费对经济的推动力

从三大需求来看，消费是最具有持续力的推动经济发展的力量，应从两方面入手激发消费对经济的推动力。一方面是进一步提高居民收入，只有收入提高，人民才敢消费，而收入的提高中优化收入结构，扩大财产性收入就是一重要途径，另一方面是完善社会保障，只有消除了居民的后顾之忧人民才更敢消费，而社会保障制度的完善是国家上级部门需要讨论和采取的重要措施。

3. 充分发挥省际贸易对经济的拉动力

雅安作为内陆城市，进出口对经济的拉动力非常小，而雅安资源丰富，作为全省重要的资源型行业发展城市，发展省内城市之间和省际贸易就异常重要，一方面需要相关的政策支持来发展省际贸易，另一方面也需要相应的交通条件来节约贸易成本，充分发挥地区资源对全省和全国经济的拉动力。

(二) 产业潜力的激发

1. 以标准化、规模化和品牌化经营带动生态有机农业的发展

雅安具有良好的区位优势、独特的资源禀赋、成熟的发展平台、良好的产业基础和优惠的重建政策，为绿色有机农业发展奠定了坚实的基础。在有机农业的发展过程中要遵循"统筹安排、协调发展、分步实施、逐步推进"的原则，以绿色食品原料标准化生产基地和有机农业示范基地建设为载体，建成安全高效的优质农产品基地，实现有机农业的标准化、规模化、品牌化经营，并与国家级农业产业化龙头企业对接，强势推进绿色有机农业发展，使其成为雅安经济增长的新动力。

2. 以龙头企业的培育和茶品牌建设推动茶业的发展

雅安茶业的发展既具有资源优势，又具有文化优势，在促进茶业发展的过程中一方面要引进和培育龙头企业，选择几家具有一定规模和发展潜力，并且与农户利益连接紧密的企业进行重点扶持，通过做大茶叶企业的方式来提高全市茶业的市场影响力，另一方面要推进茶品牌的建设，除了蒙顶山茶（绿茶）和雅安藏茶（黑茶）两大区域品牌外，还要增加茶产业中的中国驰名商标数量。通过龙头企业的培育和茶品牌的推进来实现雅安茶业的跨越式发展，给经济增长注入新的活力。

3. 以汽车产业园建设和汽车项目为支撑推动雅安新能源汽车产业的发展

雅安的汽车制造业历史悠久，产业链完整，发展潜力巨大，新能源汽车在未来将会成为国际主流的情况下，应该在我国政策支持下充分发展新能源汽车产业，使其成为雅安重要的经济增长极。一方面将雅安的新能源汽车工业园建立起来，减少产业配套的成本，另一方面引起新能源汽车项目，通过大项目支撑雅安新能源汽车的发展。

4. 依托生态环境、自然风光和历史文化全力打造生态旅游业

旅游业是雅安最具发展潜力的行业之一，要充分利用其优良的自然生态环境、旖旎的自然风光和丰富的历史文化旅游资源，将雅安打造为生态休闲、乡村度假特色的生态旅游胜地。在旅游资源开发和旅游品牌建立的过程中，要把整治现有景点和开发新的景区（点）结合起来，把提升观光旅游产品、休闲度假产品与开发专项旅游产品结合起来，着力提升景区产品的市场吸引力和竞争力，以"世界茶源""熊猫家园"为主题构建山水生态、休闲度假的旅游品牌，以红色旅游资源和多元民族文化为载体提升旅游地文化品位。

5. 改变物流业"小、弱、散"的产业格局，形成现代物流业增长极

虽然雅安地处要位，区位优势明显，但却呈现出物流资源分散、专业水平低、产业链不完备等问题，阻碍了现代物流业的发展，为了将物流业的潜力充分激发出来，首先，要明确雅安物流业的定位，构建"西部民族地区特色物流产业体系"，其次，要培育特色产业物流企业，以行业为纽带，整合行业资源，重点打造引领行业发展且具有产业特色的物流企业，再次，要结合政府、市场和企业三大合力的作用，以重点基地建设和重点政策扶持为契机，来保证物流业发展的要素，最后，加强物流业的专业化，实现对传统服务业的整合和专业化服务的创新。

（三）资源要素配置潜力的激发

1. 充分激发水电资源、矿产资源优势对雅安产业的带动力

充分激发雅安水电资源和矿产资源对产业的支撑推动力，一方面，合理开采矿产资源，并优化矿产资源开发利用布局，根据全市经济社会发展布局和矿产资源分布特点，将矿产资源开发利用和区域经济发展紧密结合起来，稳步推进矿业经济重点发展区建设。另一方面，为解决水电资源的体制问题，应逐步将水电资源的发电量回归雅安地方电网，避免高电价给产业发展带来阻碍。

2. 各区县优势互补、错位发展，推动全市经济增长

由于雅安各区县的资源禀赋和发展条件不同，应以提升全市经济增长为总目标，因地制宜，注重实际，坚持各地特色发展，走一条错位发展模式之路，将各个地区的发展优势充分发挥出来。西北片区以生态产业为优势，重点发展生态经济，南部片区充分利用其水能、矿产、光照等资源优势，重点发展资源型产业，东部片区以地理区位为优势，承接成都经济，重点发展中下游产业。

（四）推动民营经济的发展

为充分发展民营经济以带动全市发展，需要采取以下措施：一方面需要加强扶持政策，既要用优惠政策扶持有发展潜力的民营企业，又要帮助民营企业协调解决发展中遇到的困难和问题，另一方面要强化金融支持，通过搭建银企合作平台，支持银行设立民营企业贷款的方式使民营企业在资金的获取上更为容易。

新常态下加快巴中经济发展的动力研究

本文围绕新常态下促进经济发展动力转换，提高经济发展质量和效率总要求，从"资本、劳动、科技创新、体制机制"要素驱动层面，深入分析巴中经济发展动力及特征，为挖掘既有动力潜力，培育发展新动力，促进巴中经济加快发展提出建议，供参考。

一、巴中经济发展动力及特征

（一）资本投入是驱动经济增长的主要动力

从金融投放看，2014 年金融机构贷款余额 345.03 亿元，是 1993 年（建地区时）的 18.1 倍，是 2000 年（建市时）的 5.8 倍，是 2010 年（"十二五"末）的 2.7 倍，21 年年均增长 14.8％。从财政投入看，2014 年公共财政支出 204.9 亿元，是 1993 年的 65 倍，是 2000 年的 26.5 倍，是 2010 年的 2 倍，21 年年均增长 22％。从引进资金看，2014 年招商引资到位资金 359.81 亿元，是 2000 年的 117 倍，是 2010 年的 15.4 倍，14 年年均增长 40.5％。2010－2015 年一季度末累计到位资金 1018.5 亿元。从固定资产投资看，2014 年全社会固定资产投资 847.8 亿元，是 1993 年的 246 倍，是 2000 年的 43.7 倍，是 2010 年的 3.4 倍，21 年年均增长 30％。从经济增长贡献看，资金多渠道汇集支撑巴中资本投入高速增长，驱动经济发展作用明显。通过采用索洛余值法对巴中 1993－2014 年的经济增长状况实证分析，测算出 2014 年巴中资本投入增长率为 21.6％，分别比 1993 年、2000 年提高 14.1 个和 10.1 个百分点，比 2010 年下降 5.7 个百分点；资本投入对经济增长的贡献率为 83.4％，比 1993 年下降 5.6 个百分点，分别比 2000 年、2010 年提高 14.1 个和 8.4 个百分点。1993－2014 年，资本投入年均增长率为 19.7％，对经济增长的年均贡献率为 72.5％。无论从现实看，还是从历史看，资本投入都是巴中经济增长最主要力量。

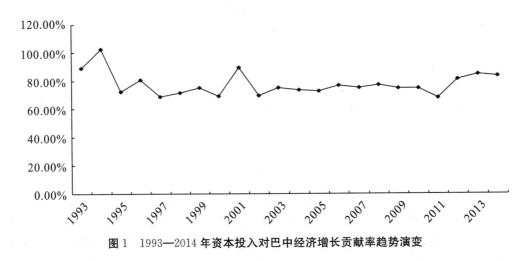

图1 1993—2014 年资本投入对巴中经济增长贡献率趋势演变

（二）劳动力对经济增长贡献总体趋于下降

从劳动力资源总量看，2014 年劳动力资源总量为 252.48 万人，比 1993 年增长 32%，比 2000 年增长 14.9%，比 2010 年下降 2.4%，劳动力资源总量 2009 年达到最高值（265.8 万人）后逐年下降。从劳动力素质看，据 2010 年第六次全国人口普查结果显示，劳动年龄人口占常住人口的比重为 68.3%，比 2000 年上升 2.8 个百分点；文盲率由 13%下降到 6.3%，下降了 6.7 个百分点；每 10 万人中具有大学文化程度的由 2000 年的 1022 人上升到 3232 人，具有高中文化程度的由 5546 人上升到 12039 人，具有初中文化程度的由 27081 人上升到 37672 人，具有小学文化程度的由 48959 人下降到 35023 人。2014 年拥有各类专业技术人员 6.4 万人，比 1993 年增长 72.9%，比 2000 年增长 82.6%，比 2010 年增长 70.9%，21 年年均增长 2.6%。其中，高级 0.47 万人，年均增长 12%；中级 2.33 万人，年均增长 5.8%；初级 3.59 万人，年均增长 1%。据教育局和人社局等部门资料评估分析，2011 年至今巴中劳动力资源文化素质在进一步提升。据从业人员看，2014 年全社会从业人员 212.98 万人，分别比 1993 年、2000 年、2010 年增长 33.5%、16.9%、4.2%。从经济增长贡献看，通过采用索洛余值法对巴中 1993−2014 年的经济增长状况实证分析，测算出 2014 年劳动力增长率为 0.4%，分别比 1993 年、2000 年、2010 年下降 0.1 个、1.6 个和 1.2 个百分点；劳动力投入对经济增长的贡献率为 2.4%，分别比 1993 年、2000 年、2010 年下降 6.4 个、15.4 个和 5.1 个百分点。1993−2014 年，劳动力投入年均增长 1.9%，对经济增长的年均贡献率为 14.8%，劳动力对经济增长的贡献仅次于资本投入，但部分年度波动较大，继 2001 年以后总体呈下降趋势。

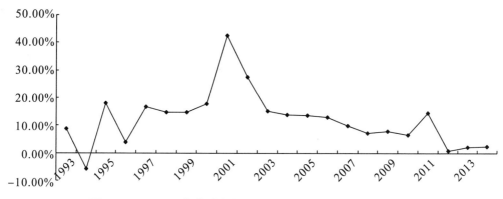

图 2   1993—2014 年劳动力投入对巴中经济增长贡献率趋势演变

（三）科技创新对经济增长贡献力逐步提高

从活动规模看，科技创新活动实现从无到有，2014 年全市科技活动经费支出 1.89 亿元，是 2000 年的 8.5 倍，年均增长 16.5%。其中，R&D 经费支出 1.1 亿元，是 2000 年的 9.1 倍，年均增长 17.1%；占 GDP 的比重为 0.24%，比 2000 年提高 0.24 个百分点；全部科技项目 98 个，是 2000 年的 11 倍。从成果转化看，全年申请专利 379 件，其中发明专利 64 件；授权专利 242 项，其中发明专利 11 项。争取国家级科技项目 6 项、省级科技项目 65 项。引进和转化科技成果 48 项，科技成果转化产值 12.8 亿元。评审市级科技进步奖 32 项，荣获四川省科技进步三等奖 1 项。全年技术合同登记 22 项，交易总额 3677 万元，比上年增长 31.9%。培育高新技术企业 4 户、省级创新型企业 49 户、科技型中小企业 89 户，高新技术产业实现总产值 19.4 亿元。从经济增长贡献看，通过采用索洛余值法对巴中 1993－2014 年的经济增长状况实证分析，测算出 2014 年技术进步率为 1.8%，分别比 1993 年、2000 年提高 1.7 个和 0.9 个百分点，比 2010 年下降 0.9 个百分点；科技创新对经济增长的贡献率为 14.2%，分别比 1993 年、2000 年提高 12 个和 1.2 个百分点，比 2010 年下降 4.3 个百分点。1993－2014 年，技术进步率年均为 1.4%，对经济增长的年均贡献率为 12.7%，科技创新对经济增长的贡献力部分年度仍有较大波动，但总体上在逐步提升。

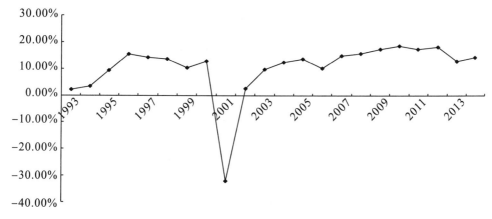

图 3   1993—2014 年科技创新对巴中经济增长贡献率趋势演变

2001 年科技创新贡献率出现负值，从经济意义上可以解释为资金与劳动力等要素没有得到合理的配置与利用，虽然产出有所增加，但是产出的增长速度低于资金与劳动力的增长速度的加权和，经济增长的质量不高，因此，表现在科技创新贡献率上就出现了负值。

（四）制度优化是推动经济发展的特殊动力

不断创新和优化体制机制，提高资源配置效率，推进资源向优势产业集聚，促进产业结构调整升级，是推动经济快速增长的特殊动力。自建地设市以来，巴中认真贯彻落实党中央国务院、省委省政府一系列决策部署，力促经济追赶跨越、加快发展。1993－1996 年，在全国经济体制改革由农村向城市和整个经济领域全面推进的宏观环境下，着力推进计划、财税、金融、价格、劳动工资、外贸、物资等体制改革和企业经营机制初步改革，积极释放改革活力，经济增长取得显著成效。GDP 由 1993 年的 40.3 亿元增加到 1996 年的 50.9 亿元，年均增长 9.3％；人均 GDP 由 1993 年的 1381 元增加到1996 年的 1802 元；三次产业结构由 1993 年的 68：13.7：18.3 调整为 1996 年的 65.2：12.7：22.1。1997－2001 年，巴中按照中央提出的建设社会主义市场经济体制统一部署，进一步推进经济体制改革，扩大和发展市场经济，解放生产力，虽受 1998 年金融危机和 2001 年旱灾影响，但经济增速仍保持在合理区间。GDP 由 1997 年的 56.4 亿元增加到 2001 年的 71.6 亿元，年均增长 6.6％；人均 GDP 由 1997 年的 2000 元增加到2001 年的 2427 元；2001 年三次产业结构调整为 47.9：13.6：38.5。2002—2010 年，巴中深入贯彻落实科学发展观，积极实施开放合作，深入推进行政审批制度、农村综合、金融保险、户籍管理、市场经济、城镇化管理等一系列体制机制改革，实现经济快速增长。GDP 由 2002 年的 79.1 亿元增加到 2010 年的 205.8 亿元，年均增长 12.4％；人均 GDP 由 2002 年的 2666 元增加到 6386 元；2010 年三次产业结构调整为 24.8：35.8：39.4。2011 年以来，巴中坚持全面深化改革，把改革创新贯穿于经济发展各个领域，以与全省同步建成小康社会为总揽，深入实施省委"多点多极发展战略"，坚持城乡统筹发展，奋力推进"两地两区一中心"建设，充分扩大开放合作，市场活力进一步释放，经济持续快速增长。GDP 由 2011 年的 238.9 亿元增加到 2014 年的 456.7 亿元，年均增长 11.7％；人均 GDP 由 2011 年的 7260 元增加到 2014 年的 13756 元；2014年三次产业结构调整为 18：46：36。2014 年 GDP 总量是 1993 年的 17.5 倍，是 2000年的 6.5 倍，是 2010 年的 1.7 倍，21 年年均增长 10.7％。三次产业结构不断优化，一产业占比大幅下降，二、三产业占比快速上升，其中工业占比累计提高了 15.1 个百分点，工业推动经济发展成效显著。

综上，通过对 1993 年以来各阶段年度深入分析，巴中经济增长各要素的投入力度、投入质量均有不同程度的提高。1993－1996 年，巴中 GDP 年均增长 9.3％，资本、劳动投入分别增长 18.8％、1.2％，技术进步率为 1％，资本投入增速明显高于其他要素，资本、劳动、科技创新对经济增长的贡献率分别为 79.4％、10.9％和 9.7％，经济增长的驱动基本依赖资本投入。1997－2001 年，巴中 GDP 年均增长 6.6％，资本投入、劳动分别增长 11.7％和 1.9％，技术进步率为 0.8％，资本、劳动、科技创新对经济增长的贡献率分别为 67.9%、25%、7.1%。资本、科技创新贡献率较上一阶段均有不同的下降，劳动贡献率上升，科技创新贡献率仍小于资本、劳动对经济增长的贡献率。2002-2010 年，巴中 GDP 年均增长 12.4%，资本、劳动投入分别增长 23%和 2.6%，技术进步率为 1.6%，资本、劳动、科技创新贡献率分别为 71.9%、15.4%、12.7%，劳动贡献率下降，资本和科技创新贡献率上升。2011-2014 年，巴中 GDP 年均增长 11.7%，资本、劳动投入分别增长 23.5%和 1%，技术进步率为 2%，资本、劳动、科技创新贡献率分别为 74.9%、8.5%、16.6%，科技创新逐渐成为推动巴中经济增长的重要因素。由此可见，资本投入是驱动巴中经济增长的最主要动力，科技创新从无到有，贡献率阶段性上升，作用逐步显现，劳动力投入贡献有所减弱，更多着眼于人力素质的提高。省委、省政府出台的《关于实施创新驱动发展战略 增强四川转型发展新动力的意见》明确提出：到 2020 年，科技创新对全省经济增长的贡献率力争达到 53%。《意见》也明确指导了今后巴中经济增长的动力取向，即由以资本投入为主要驱动转向创新驱动，力促巴中经济社会持续加快发展。

二、主要问题

（一）资本增长难度增大，资源环境问题凸显

从金融投入看，近年来虽然巴中金融机构贷款余额保持高位增长，但存贷比较低，2014 年仅为 44.4%，比全省平均水平（66.1%）低 21.7 个百分点，列全省市州第 18 位、川东北五市第 4 位。市内资金处于净流出状态，近几年差距保持在 20%-30%之间，"抽血"严重，资金流出比流进多得多，企业融资困难，不利于经济发展。从投资方面看，近年来巴中固定资产投资高速增长，基数不断增大，2015 年将突破 1000 亿元，以交通、水利、城镇化等重大基础设施项目建设逐年减少，持续保持近几年高增长态势压力巨大。投资以基础设施建设、民生及社会事业投资为主，产业投资占比较低，形成资本较少，2014 年固定资产投资额与 GDP 的比例为 1.85，远远高于全国、全省水平，资本投入持续高拉动能力将有所减弱。从资源环境看，基础设施、城镇化、巴山新居、企业发展等建设消耗大量土地，2010-2014 年报批各项建设用地 4.36 万亩，土地利用水平已达到相当高的水平，农村撂荒土地面积多，农村旧房拆迁复耕难，这些都导致耕地占补平衡难度很大。全市水资源全部来源于境内的大气降水，受天气影响很大。随着城镇化建设进程和工业企业快速发展，工业用水和生活用水量不断增加，工程性缺水以及水土流失、环境污染等问题日益突出。天然气尚处于初探生产阶段，天然气为主的新型清洁能源在生产中尚未普及，煤炭限制开采，企业生产耗用的能源产品主要靠外购，成本较高，在一定程度上限制了经济发展。

（二）人口红利逐步减弱，人力素质急需提高

根据调查数据显示，近年来巴中人口出生率总体低于全省平均水平，且出生率有所下降，老年人口不断增加。截至 2014 年末，全市 65 岁及以上老年人口已达到 42.5 万人，占总人口的比例达到 12.8%，与 2010 年第六次人口普查相比，增加了 9.3 万人，

比重提高了 2.7 个百分点，老年人口数量显著上升，整体呈现"老年型"结构。人口老龄化导致供养负担增加，2014 年巴中市老年人口抚养比达到 17.9%，比 2010 年提高了 3.1 百分点，2010-2014 年老年人口的比重上升幅度比劳动人口比重上升幅度高 5.1 个百分点，劳动人口赡养老人的负担快速加重，社会各项付出大幅增加。同时，大量农村劳动力外出务工经商，大中专毕业学生不愿回乡就业创业，高素质人才和较高文化程度的劳动力外流，导致本地区劳动力结构性矛盾突出，企业招工用工困难，劳动力成本快速上升，很大程度上制约着巴中经济社会的发展。

（三）科技活动规模偏小，创新拉动明显不足

巴中与全省比较，科技创新驱动能力和水平差距很大。投入严重偏少。2013 年全社会 R&D 经费内部支出 0.74 亿元，占 GDP 比重仅为 0.18%，比全省低 1.34 个百分点。成果转化不多。2013 年巴中专利申请数仅是全省的 0.1%，发明专利数是全省的 0.07%，专利授权、专利所有权转让、植物新品种权授予、出版科技著作尚属空白。规模以上工业新产品产值仅占全部产品的 2.1%。主体创新不足。2014 年全市 191 户规模以上工业仅有 27 个有科技机构，占比不到 15%，多数企业研发投入低于销售收入 1%，与高新技术企业 5-10% 投入的要求相差很大。大部分企业对科技研发重视不够，依靠技术创新发展的意识不强，绝大多数企业从事着产品的简单加工和组装生产，处于整个产业链的低端环节，技术上仍以引进为主，严重缺乏国内外先进技术和核心技术。高素质人才缺乏。全市参与科技活动人数仅占全省的 0.45%。其中本科及以上学历人数占全部比重 25.9%，低于全省平均水平 22.4 个百分点。R&D 活动研究人员占全部比重仅为 42.2%，低于全省平均水平 10.4 个百分点。其中，博士、硕士、本科学历占全部比重分别为 1.6%、4.9%、13.6%，分别小于全省平均水平 5.1、11.7、14.7 个百分点。研究机构博士、硕士学历人数占全省比重分别为 0.12%、0.15%。研究机构 R&D 人员数占全省比重仅为 0.22%。

（四）体制机制仍不完善，改革活力亟待释放

近年来，市场经济反映出层出不穷的新问题，原有的体制机制已不能更好地适应新常态。要素价格形成机制尚不健全，土地、劳动力等生产要素价格扭曲现象仍不同程度存在；非公有制企业市场准入"玻璃门"现象尚存；多层次的资本市场体系尚未健全，间接融资比例较大，小微企业融资难融资贵现象并存；部门权力边界尚未厘清，权责不一、互相推诿现象时有发生；部门和区域无序竞争、互设障碍、条块分割、区域封锁现象仍然存在；部分政策贯彻落实不到位、执行有偏差；部分规划缺乏前瞻性、科学性、全面性，执行力度不强；部分干部改革创新、谋事干事、认识解决新问题能力不足，也在一定程度制约了经济发展。

三、对策建议

巴中与全国、全省所处的发展阶段不同，还处于工业化发展初期向中期过渡阶段（四川处于工业化发展中期向后期过渡阶段、全国处于工业化发展后期阶段），发展滞后

尚未根本改变,人均水平与全国、全省差距很大,有的还在进一步拉大,2014 年巴中GDP 占全省总量的比重为 1.6%,比 1993 年下降 0.2 个百分点,人均 GDP 仅是全省的39.2%,比 1993 下降 9 个百分点,现阶段正是提高速度、做大总量、缩小差距、以总量促进结构转换升级的关键时期。基于巴中经济发展和资源要素供给实际,要继续走好争取发展大政策,改善发展大环境,深化改革大开放,增大资本投入总量,夯实经济发展基础,培育壮大支柱产业,突出抓好工业发展,快速做大经济总量,增强综合实力之路,以资本大投入、高增长驱动经济大发展,然后在此基础上优化产业结构,促进经济转型升级,提升经济发展效率质量。

(一)强化资本投入夯实发展原动力

1. 争取发展政策,储备实施重大项目

紧紧围绕"十三五"规划、"一带一路"、长江经济带和扶贫开发等国家战略,积极争取国家和省委、省政府对巴中给予更多的政策、项目和资金支持,研究谋划好汉巴铁路和成巴铁路等重大基础设施、四大成长型产业和石墨产业、五大先导型服务、五大特色优势农业、光雾山—诺水河等生态旅游开发项目,以及扶贫开发、移民搬迁等,加快重大项目储备和实施。优化财政支出结构,提高重大基础设施和产业项目以及民生工程等方面支出比重,增大财政投入。

2. 深化开放合作,做大招商引资规模

坚持以开放思维、全球视角和全局观念谋划推进发展,创新"引进来"、"走出去"新机制,加强与世界、全国大企业和省内外区域经济合作交流,加快融入全球创新网络,全面提高巴中开放合作水平。加快推进交通、水利、城镇、产业园区、企业孵化器等基础设施和创业就业载体建设,加快政府职能转变,提高行政审批效率,以土地、矿产、林业、生态旅游、劳动力资源和现实发展需求空间为基础,积极依法出台和落实更多的优惠政策,为招商引资构建良好的空间平台和发展环境,积极承接东部沿海产业战略转移,突出产业链招商、以商招商、精准招商,招引纳入国家产业政策规划的高新技术产业项目和配套产业企业落户巴中,做大招商引资规模。

3. 降低市场准入,激发民间资本活力

大力发展非公有制经济,积极推进工商登记制度改革,降低市场准入门槛,促进民间资本通过独资、合作、参股、特许经营等方式进入基础设施、市政公用事业、金融服务、教育文化、医疗卫生、养老健康等领域。进一步完善和落实财政、金融、税收、信用担保、技术创新等方面的政策,支持民营企业做大做强,引导民营企业加强制度创新、管理创新和商业模式创新,大力扶持科技型、创新型、成长型中小微企业加快发展。

4. 完善融资体系,增强金融资金支持

创新国有资产盘活机制,做大做强市域投融资平台;推进村镇银行、资金互助组织、小贷公司、融资性担保公司、金融仓储、典当等融资机构发展壮大;鼓励市外各类投融资机构来巴设立分支机构或开展投融资业务;创新融资模式,重组整合各类资产,

做实做优融资项目，大力推动债券发行，积极推进企业场外市场挂牌融资和上市融资，提升融资能力。

（二）提升劳动者素质，激发发展新活力

1. 实施创业行动，推进实现充分就业

加快创业就业平台建设，支持建立一批孵化楼宇、创客空间、星创天地、创新创业部，推进巴中经开区科技企业孵化器、中小企业孵化园、返乡农民工创业园建设。加快培育创业主体，深入实施省级企业型城市创建工作，推进发展"互联网＋""＋互联网"创业新模式，大力吸引巴中籍在外企业家、毕业大学生和农民工回乡创业。建立创业服务和创业投入新机制，完善城乡一体就业制度，建立健全财政促进就业投入正常增长机制，扩大城乡就业规模。完善就业援助制度，建立统一、规范、灵活的人力资源市场，促进群众充分就业。

2. 加强技能培训，提升就业人员素质

完善职业培训多方投入和购买培训成果机制，构建多层次的覆盖城乡劳动者的终身职业培训体系，大力实施农民工职业技能提升计划、青年劳动者技能培训行动、技师培训项目、妇女居家灵活就业培训项目、离校未就业高校毕业生就业促进计划等，积极推进职业技能鉴定社会化。加快推进"四级职教体系"建设，深化产教融合、校企合作、集团办学，完善职业教育服务巴中经济社会加快发展的激励机制。

3. 强化基础教育，提高全民文化水平

统筹城乡学校校点规划布局，优化城乡教育资源配置，加快学校标准化信息化建设。完善农村留守儿童、贫困学生教育关爱制度和进城务工人员随迁子女纳入城镇教育制度，推动城乡义务教育均衡发展，深化中考制度和高中招生制度改革，优化人才成长通道。加强城乡公共图书场馆和覆盖城乡的公共文化服务设施网络建设，推动文化惠民项目与群众文化需求有效对接，加强宣传引导，激发城乡居民读书热情，养成终身学习习惯。着力提高教师素养和教育质量，坚持立德树人，推进全民文化素质大提高。

（三）实施科技创新提高发展竞争力

1. 构建创新创业平台，支撑新型工业发展

加快建设科技创新园区。大力发展机械电子、食品饮料、新能源新材料、生物医药等四大成长型产业，推动建设省级高新技术产业园区；加强农业新品种、新技术推广应用，围绕特色优势产业推动建设山地种养业和产业化园区；推进建设县区特色科技创新园区。加快建设科技企业孵化器。积极推动巴中经开区和县区建设符合标准的科技企业孵化器，提高企业科技孵化器的孵化水平，增强园区核心竞争力。推动产学研合作。积极引进省内外高等院校在巴设立分支机构，抓好科技创新平台建设，促进科技资源集成与信息共享；积极帮助企业引进高层次人才，大力开展研发活动；协助巴中职业技术学院建立科技园，为工业的发展提供技术服务公共平台。

2. 培育科技创新企业，提高自主创新能力

积极实施科技创新企业培育计划，大力发展科技型企业和培育高新技术企业，扩大开放合作，加大招商引资力度，力争引进一批技术含量高、辐射带动力强的优势企业。充分发挥企业创新的主体作用，激励和引导企业自主创新，加快创新成果应用。树立品牌产权意识，实施品牌振兴战略，着力打造具有巴中优势特色的"巴食巴适"综合品牌群体，重点扶持有技术含量、有自主知识产权、在市场具有潜力的名牌商品企业，进一步扩大巴中品牌的市场竞争力和影响力。加强自主知识产权保护，加大对盗窃知识产权涉案人员的惩处力度，提高企业创新创造的热情。

3. 加大科技创新投入，营造良好发展环境

健全考核体系。完善科技创新和成果转化考核评价体系，把创新驱动发展战略纳入目标考核，加大对科技环境、科技投入、科技人才等指标考核力度；相关部门要建立健全工作协调机制，细化工作推进方案和措施；加强分类指导和评价考核，定期督促检查，确保政策落实到位。增加创新投入。通过以奖代补、贷款贴息等方式加大财政支持科技活动的投入力度，确保科技经费投入的增长幅度高于同期财政收入幅度，逐步接近或达到省内发达地区的水平，力争 R&D 经费支出占 GDP 的比重达到或接近 2.5%；注重科技经费投入结构的调整，力求经费最优化使用，切实提升自主创新能力；建立金融支持科技体系，完善金融科技服务平台，推行知识产权和股权质押贷款；充分发挥市场的作用，鼓励和引导民间资本支持科技创新。营造良好氛围。广泛开展科技普及和创新实践活动，强化科技宣传和舆论引导作用，形成全社会支持科技全新的良好氛围。

4. 实施人才强市战略，造就科技人才队伍

牢固树立"以人为本"的科技发展思路，建立健全科技人才体系，坚持培养和引进并重、以用为本，实施"巴山科技英才1126计划"，着力培养引进专业人才、科技领军人才、企业经营管理人才和实用型人才。推动企事业单位与省内知名高校联合培养创新人才，鼓励省内外知名专家来巴工作，支持科技人才以入股等方式参与企业创新。实行职务科技成果转化激励机制，认真落实科技人才激励政策，对科技创新有突出贡献的个人和集体给予奖励。

（四）优化体制机制，增强政企互动力

1. 加快转变政府职能，改善发展软硬环境

深化行政审批制度改革。进一步简政放权，减少行政审批事项，简化行政审批程序，降低市场准入门槛，打破行业垄断，允许民营经济在各行业公平竞争和发展；加快转变政府职能，提高政务服务水平，积极围绕市场化标准打造发展平台，优化和落实发展政策，着力改善发展环境。建立健全奖励激励政策。积极发挥财政资金的引导激励作用和财政政策的杠杆效应，有效激发市场主体活力，落实好财政支持产业发展"五个"基金，加大对创新创业企业、人员和有突出贡献的企业、人员的扶持和奖励力度，推进企业和群众创新创业激情。改革考核考评体制。转变唯 GDP 论英雄理念，以发展质量为核心，建立科学有效的考评体系，创新对企业、部门和下级政府的考评方式，真正考

核出谋事、干事、促发展的实效和激情。要继续发挥产业与财政、税收、信贷、投融资、土地使用、价格、就业、对外经济合作和贸易等政策的协调配合，建立长期有效的协调配合机制，发挥政策的综合效力，强化政策在全市经济（产业）转型升级中的催化剂作用。

2. 推进市场公平配置，实现资源高效利用

深化资源要素市场化配置改革。建立健全重点产业生产要素保障机制，切实降低企业要素使用成本；推进工业用地弹性管理制度改革，新增用地重点投向投资强度大、附加价值高、带动能力强的企业或产业；建立低效用地退出并向高效用地产业项目流入机制；健全重要资源及生产要素价格市场形成机制，实现资源要素市场配置公平化、均等化，引导各类资源向重点区域、重点产业、重点企业、重点创新人才集聚，强化资源要素集约节约利用。建立公开透明的市场规则。引导各类市场主体强化市场规则意识，按照市场规则公平竞争；加快完善市场监管体系，建立企业资信、个人信用、行业诚信数据库，构建统一高效的社会信用信息共享平台，探索建立诚信激励和失信惩戒机制。

3. 创新经营管理模式，促进企业转型升级

企业是转型升级和创新发展动力的主体，要主动适应新常态，顺应国家经济结构调整战略布局，创新发展理念和思路，确立与宏观经济相适应的企业发展规划，推进建立"互联网＋"和"＋互联网"新模式，加快发展具有战略价值和引领作用的产业模块，从要素投入驱动转向创新驱动，以技术优势取代低劳动力成本、低原材料成本与低环境成本优势，不断提升产品质量与附加值，更好地满足消费需求。企业要结合自身实际，不断优化企业治理，规范内部管理，重新确立与新常态相适应的战略定位与运营模式，逐步放弃靠量取胜的规模扩张和营收增长策略；要提升企业管理水平，强化安全生产、营销服务、劳动人事、财务管理等方面的制度建设，推动企业管理向科学化、环保化、服务化方向发展。在生产环节上强化科技创新和品牌意识，坚持高标准化生产，提升产品质量，提高自身产品在市级、省外甚至国外的竞争力。在销售环节上，用先进的营销理念和营销方式打开产品的销路和市场，扩大市场占有份额，多管齐下抓好产品售后服务，奋力打造和提升企业形象。积极推进商业模式创新，把商业模式创新作为推进企业转型升级的战略措施。

新常态下资阳服务业发展新动力研究

新常态下，经济发展呈现速度变化、结构优化、动力转换的新特征，面临转方式调结构，提升发展质量效益，挖潜力激活力，培育增长新动力的新要求。当前，全国已进入服务业主导的新阶段，在优化结构、增加税收、促进就业等方面发挥出越来越重要的作用。就资阳而言，服务业虽然是发展的"短板"，但随着区位交通条件的改善，我们正面临诸多重大战略机遇，服务业成为加快发展的潜力和后劲所在。本文在对资阳服务业发展形势分析的基础上，提出了发展目标和空间布局，明确了发展的重点行业和发展方向，着力寻求和培育新常态下经济发展的新动力，加快推动资阳服务业转型提质加快发展。

一、新常态下资阳服务业发展成效及存在问题

（一）新常态下资阳服务业发展成效

资阳市委、市政府高度重视服务业发展，坚持用抓工业的力度抓服务业，资阳服务业保持持续增长。2014 年，资阳服务业实现增加值 284.3 亿元，是 2006 年的 3.3 倍。速度上，"十一五"以来，资阳服务业增加增速年均达到 11.5%，比全省平均增速快0.1 个百分点。比重上，"十一五"以来，服务业不断加快发展，产业结构逐年优化，在 2009 年，资阳产业结构实现历史性突破，服务业增加值占 GDP 比重为 25.4%，首次超过第一产业，产业结构呈现了"二三一"模式。2014 年，资阳第三产业实现增加值占 GDP 比重为 23.4%，产业结构继续呈现优化态势。

1. 企业逐渐发展壮大

2014 年，资阳市营业收入上亿元的服务业企业达 70 户。其中：5—10 亿元的 2 户，10—20 亿元的 1 户企业，20 亿元以上的 3 户。近年来，资阳服务业企业创国省品牌 20余个。其中：四川海底捞餐饮公司成功创建中国驰名商标和四川名牌，川橡天发物流、吉星物流、川渝物流等升级为 2A 级以上物流企业，佳美物业等 3 户物业企业获评二级以上企业。成功引进唯品会、家乐福、香港世茂、普洛斯等一批国内外知名企业，为资阳服务业发展注入新动力。

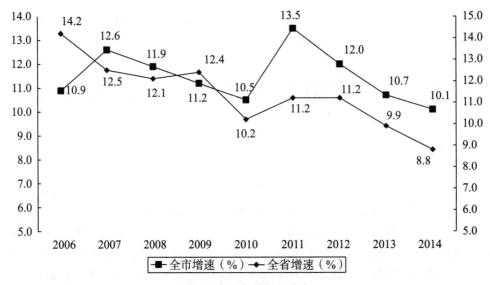

图1 资阳市服务业增速

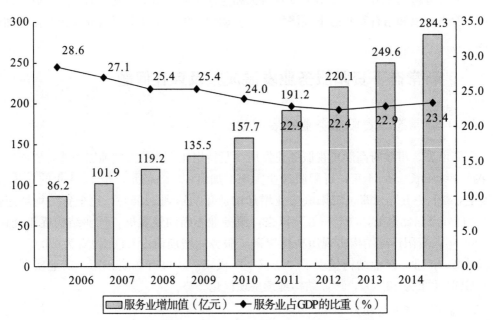

图2 资阳市服务业增加值和服务业占GDP的比重

2. 项目投资持续扩大

2014 年, 资阳市服务业全社会固定资产投资完成 592.7 亿元, 是 2006 年的 15.2 倍, 年均增长 35.3%, 占全社会固定资产投资比重为 65.3%, 比 "十一五" 期间投资占比高 17.1 个百分点。随着成渝客运专线、资阳万达商业广场、大华国际物流中心、豪生国际酒店等一批重大项目加快建设, 将进一步完善城市功能, 支撑产业发展。

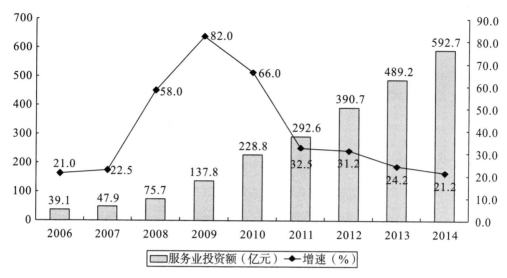

图3 资阳市服务业投资额

3. 新型业态发展加快

近年来,资阳市新兴服务业不断发展壮大,资阳规模以上第三方物流企业由天发物流公司1家增加到目前8家,经营收入由2000万元增加到2.27亿元。其中,纳入省物流重点联系企业13家,韩国现代格罗唯视株式会社签约入驻,普洛斯签约并启动建设。2013年资阳被确立为全省现代物流试点示范市(州)。唯品会西南基地2012年落户资阳,2014年实现销售额49.0亿元、税收7000余万元,浓情商贸、资阳唯尔、雷蒙商务等一批资阳本土电商企业逐步发展壮大,简阳成功创建四川省电子商务示范基地。

4. 集聚发展渐成规模

随着资阳城市化进程的加快,重大基础设施和重大项目的引导作用不断增强,服务业逐渐向城区集中,城区服务业增加值占资阳服务业比重逐步提高,四个县(市、区)城区成为资阳服务业发展的主要空间载体。商贸、旅游、物流、电子商务等行业集聚发展态势已初步显现,雁江老城中央商业区、简阳香港城集聚区、简阳电子商务集聚区、安岳柠都商务集聚区、乐至天池服务业集聚区等多种类型的服务业集聚区和功能区已初具雏形。

5. 经济贡献不断增强

服务业对资阳市经济社会的贡献不断增强,"十一五"以来,服务业对资阳经济增长的贡献平均水平保持在24%左右。2014年,资阳市服务业税收收入达49.8亿元,同比增长23.8%,占资阳税收收入比重由2008年的48.8%提升到62.6%,服务业税收收入对资阳税收收入增长贡献率达87.2%。2014年服务业就业人数达到59.9万人,比2006年增加14.95万人,年均增加1.66万人,占全社会就业人数的比重达到30.7%,比2006年提高7.1个百分点。

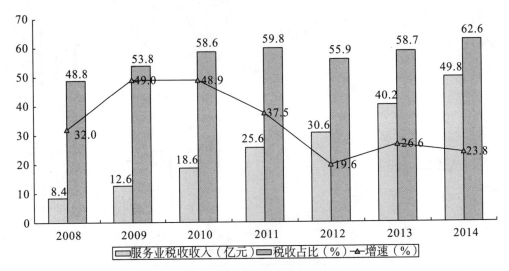

图 4　资阳市服务业税收收入

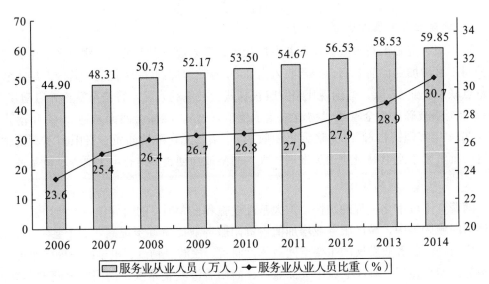

图 5　资阳市服务业从业人员发展状况

（二）新常态下资阳服务业发展存在的问题

1. 总量规模偏小

资阳作为成都经济区的重要一员，地处成渝经济区腹心地带，是全省唯一连接成都、重庆两个特大城市的地区，尽管资阳市近年服务业保持快速发展态势，但总量规模仍然偏小，发展水平较低，与资阳具有的区位优势不匹配，资阳要实现省委提出的"多点多极支撑"战略发展新要求，服务业发展面临的压力较大。

（1）在全省的影响力较弱。2014 年全省服务业增加值 11043.2 亿元，增长 8.8%；资阳服务业增加值 279.45 亿元，比上年增长 10.2%。资阳服务业增加值仅占全省的 2.53%，对全省贡献较弱，但资阳服务业发展速度较快，2014 年增幅比全国高 2.1 个百分点，比全省高 1.4 个百分点。

（2）在成都经济区中水平偏低。从总量、发展速度、人均和贡献四个方面对成都经济区八市 2013 年服务业发展水平进行比较分析。

2013 年成都经济区服务业发展总体水平比较

地区	服务业增加值（亿元）	服务业增加值发展速度（%）	服务业增加值比重（%）	服务业就业比重（%）	人均服务产品占有量（元/人）	服务密度（万元/平方公里）
成都市	5190.99	8.6	51.6	43.1	32128	3774
德阳市	362.94	9.9	26.0	33.3	10289	614
绵阳市	468.55	9.1	32.2	33.9	10058	231
遂宁市	197.63	10.5	26.8	31.5	6041	371
乐山市	305.04	10.5	26.9	30.7	9371	240
眉山市	224.24	12.0	26.1	25.6	7544	314
雅安市	114.49	6.4	27.4	37.9	7483	76
资阳市	249.62	10.7	22.9	27.7	6973	314

可以看出，资阳服务业的发展总体水平在八市中处于中等水平，服务业增加值总量高于遂宁、眉山和雅安，居第 5 位；发展速度加快。在 2013 年，资阳服务业增速在八市中与眉山并列居第 2 位，比眉山低 1.3 个百分点，比绵阳和雅安增幅高 1.6 个百分点和 4.3 个百分点；服务业增加值占 GDP 的比重居倒数第 1 位，比周边的遂宁、眉山低 3.9 个百分点和 3.2 个百分点；服务业就业比重居倒数第 2 位，仅比眉山高 2.1 个百分点，比最高的成都低 15.4 个百分点；人均服务产品占有量相对较低，仅比遂宁高 938元，在八市中居倒数第 2 位；服务业的服务密度与眉山并列第 4 位，除雅安外比德阳市每平方公里高 83 万元，与德阳差距较上年缩小了 37 万元，但与成都比较不及其 10%。

2. 结构比重偏低

一是服务业增加值占 GDP 比重低。近年来，服务业在 GDP 中所占比重虽然与国家和全省一样呈下降态势，但仍低于国家和全省平均水平，2006 年全市服务业增加值占GDP 比重为 28.6%，比全国低 12.3 个百分点，比全省低 9.6 个百分点。2014 年资阳服务业增加值占 GDP 比重仅为 23.4%，低于全国 24.8 个百分点，低于全省 13.3 个百分点，低于成都经济区 18.1 个百分点。特别是受宏观经济影响，服务业增速呈下滑趋势，与全国、全省和区域发展差距进一步拉大。二是服务业内部结构不优。资阳市服务业主要以传统服务业为主，交通运输业、商贸流通业占服务业增加值比重接近 40%，生产性服务业仅占 27%，现代物流、电子商务、健康养老等现代服务业发展不足。同时，资阳服务业缺乏高技术、高附加值产业，企业普遍缺乏现代经营管理理念，自身竞争力不强。

3. 区域发展不平衡

近年来，四个县（市、区）服务业发展情况来看，第三产业占 GDP 的比重和第一产业占 GDP 的比重差距参差不齐，雁江区和简阳市已实现"三产超一产"，2006 年服务业增加值占 GDP 的比重比第一产业分别高 6.9 个百分点和 0.7 个百分点，然而安岳县和乐至县服务业增加值占 GDP 的比重分别比第一产业比重低 14.1 个百分点和 6.2 个百分点；2013 年雁江区和简阳市服务业增加值比重分别比第一产业高 6.4 个百分点和 4.3 个百分点，然而安岳县和乐至县服务业增加值占 GDP 的比重分别比第一产业比重低 8.9 个百分点和 1.2 个百分点。2014 年乐至服务业增加值占 GDP 比重首次超过第一产业，产业结构实现了"三超一"，四个县（市、区）中有三个县产业结构呈现"二三一"模式，仅安岳县服务业增加值占 GDP 比重比第一产业仍低 6.8 个百分点，雁江区、简阳市和乐至县服务业增加值占 GDP 比重比第一产业增加值高 7.6 个百分、5.8 个百分点和 0.3 个百分点。

4. 骨干企业不多

从企业规模看，中小企业数量众多，缺乏龙头企业带动，资产在 2000 万元以下的企业占 55.4%，年营业收入上亿元的服务业企业占 2% 左右，经营管理水平低，市场竞争力较弱。从企业品牌看，资阳服务业企业品牌建设滞后，品牌化企业较少，除四川海底捞餐饮公司以外，没有获得省级以上品牌的企业，没有 1 户企业进入中国服务业企业 500 强。

5. 创新能力不足

当前资阳市为一、二产业服务的国家级、省级研发（技术）中心还不多，熟悉服务业管理工作的干部缺乏，推动服务业创新发展的办法还不多。服务业人才资源总量不足，企业家、创业人员等专业服务人才匮乏，在管理水平、营销技术与营销理念等方面，难以适应激烈的竞争需要。

二、新常态下资阳服务业发展机遇分析

（一）国省加快服务业发展的战略机遇

2013 年，我国服务业占 GDP 比重首次超过第二产业，标志着中国经济正迈入"服务化时代"，国务院相继出台了支持生产性服务业、信息服务业、健康养老服务业等方面政策意见。省委、省政府把服务业放在更加突出的位置，特别是要求成都平原经济区率先推进服务业改革试点，进一步释放服务业发展潜力。特别是省委、省政府大力实施服务业发展"四年行动计划"，着力构建以重点服务业为支柱、新兴服务业为引领、社会服务业为基础，核心城市和区域性中心城市充分发展、中小城镇加快发展的服务业新格局。

（二）成渝经济区和天府新区规划建设的特殊机遇

国务院颁布的《成渝经济区区域规划》，明确提出要把成渝经济区建设成为西部地区重要的经济中心，打造中国新的经济增长极。资阳是四川省 21 个市州中唯一直接连接成都、重庆的地级市，是成渝经济区的轴线和核心区，资阳加快发展更具条件。国家

级天府新区规划建设，打造成渝经济区乃至西部地区发展的核心增长极和引擎，资阳片区着力打造国际旅游文化功能区，这将为资阳服务业发展拓展新空间。

（三）综合立体交通优势为服务业发展带来新机遇

资阳市在建高速公路里程居全省第1位，内资遂、遂资眉高速建成通车，成安渝、成都第二绕城、成都经济区环线高速公路正加速建设，新机场高速公路、资安潼广高速公路即将开工建设；成渝客运专线即将通车，从资阳到成都不到20分钟，到重庆仅40分钟；规划建设的成都新机场距简阳城区只有15公里、资阳城区仅21公里，新机场建设将加快空港新城及临空经济发展，必将推动物流配送、商贸商务、金融保险、会展旅游、公共服务等快速发展，加快形成高端服务业集聚区，使资阳在全省乃至西部地区的战略地位进一步凸显。

（四）工业化城镇化"双加速"机遇

资阳市正处于工业化、城镇化"双加速期"，为服务业发展创造了机遇。资阳正处于工业化初期向中期迈进的关键阶段，工业规模不断扩大，转型升级步伐加快，规划到2020年，规模工业企业总产值和增加值实现双倍增，实现千亿产业群、千亿园区、百亿企业群的三突破，这必将带动和促进服务业特别是生产性服务业快速发展。新型城镇化加快推进，中心城市"一城三区"建设拉开了100平方公里大城市框架，各县（市、区）城区快速拓展，雁江城东、简阳"两湖一山"、安岳龙台、乐至天童4个发展新区建设全面铺开，为服务业发展搭建起了更广的承载平台和更大的市场空间。

三、新常态下资阳服务业发展动力的重点选择

在新常态下，资阳服务业发展的总体思路应该是围绕抢抓天府新区和成都新机场规划建设重大机遇，坚持做大存量与引进增量并举，以项目为抓手，以服务业集聚区为载体，以改革创新为动力，优化空间布局，突出发展重点，实施重点工程，突破发展电子商务、现代物流等现代服务业，提质发展传统服务业，提高服务业对资阳经济增长贡献率，推动资阳市服务业提质转型，努力建设成渝经济区现代服务业特色发展区。根据以上思路，结合资阳服务业发展规划的目标，可以确定以下行业为资阳服务业发展的重点领域：电子商务、现代物流、旅游文化、商贸流通金融保险和健康养老等现代服务行业。

（一）积极发展电子商务业

1. 做大做强第三方服务平台

大力引进国内外知名电子商务服务企业在资阳设立区域运营中心、结算中心、呼叫中心及研发中心，支持有基础、有潜力的第三方平台做大做强，鼓励支持打造形成一批知名的第三方服务平台及产业集群，着力打造国家级电子商务集聚区。

2. 大力发展行业电子商务

大力推进电子商务进企业、进社区、进农村的"三进工程"，以工业集中发展区、

现代服务业重点集聚区为主要载体，引导商贸、旅游、金融、物流、会展、制造业、农业等行业发展电子商务应用。从柠檬、家居建材、鞋类、食品等优势行业入手，积极支持发动中小企业开展网上营销，提高电子商务应用水平；支持传统批发和零售企业开展电子商务改造，做大做强企业品牌和实力。

3. 完善电子商务配套体系建设

以推进资阳市省级现代物流试点示范工程建设为契机，鼓励和引导物流企业加强信息技术的运用。支持现代物流业与电子商务协同发展，按照效能原则进行跨部门、行业、系统和地区的重组，依托省级物流电商公共服务信息平台，逐步实现资阳制造业、商贸企业与物流企业数据信息的无缝对接。加快信用认证体系建设，为电子商务的发展提供可靠保障。

（二）加快发展现代物流业

1. 加快物流基础设施建设

全面落实省、市现代物流业发展规划，着力推进资阳"一空港、五园区、三中心和四服务站"建设，规划建设一批各具特色的物流园区。积极打造雁江城东现代物流集聚区、简阳空港服务业集聚区、安岳现代物流园区和乐至童家现代物流园区，促进物流产业集聚集约发展。

2. 着力培育物流龙头企业

支持简阳川橡天发物流、简阳大华物流、雁江吉星物流、南骏瑞宇物流、安岳川渝物流、乐至大象物流等本地重点物流企业发展壮大，努力培育一批具有区域竞争力的现代物流企业。在加快雁江普洛斯物流、雁江格罗唯视物流、简阳广汽物流、简阳天慧物流等项目落地建设同时，继续引进一批国内外知名物流企业入驻资阳。

3. 创新物流发展模式与方式

推动资阳物流信息化和标准体系建设，推广应用物流新技术，着力发展高端物流；推动传统交通运输企业向现代物流企业转变。

（三）大力发展文化旅游业

1. 加快旅游基础设施建设

推进简阳三岔湖旅游集聚区建设，围绕"两湖一山"旅游产业发展，加快建设环湖、沿山旅游道路、公共设施、标志标牌等基础设施、配套设施，规划建设观光、休闲、娱乐、体验等景观项目，提升旅游硬件设施档次和水平，增强服务能力，吸引成都、重庆及周边城市市民到资阳休闲度假。推进安岳圆觉洞旅游业集聚区建设，围绕安岳石刻、陈毅故里等旅游资源开发，加快连接重庆大足旅游快速通道、县内重点旅游景点快速环线通道，加强景区周边环境整治和配套设施建设。以各县（市、区）主城区居民休闲旅游为内容，集中打造一批生态休闲公园、城郊生态观光旅游项目，满足本地居民消费需求。

2. 加快旅游精品和品牌建设

以两湖一山、安岳石刻、陈毅故里资源为重点，培育农业观光、文化体验、红色旅游、生态旅游、康体养生、休闲度假等旅游消费热点，发展自驾游、文化创意、网络在线、旅游装备、旅游传媒等新业态，着力打造具有核心吸引力的旅游品牌。创建国家 A 级旅游景区，国家生态旅游示范区、国家级度假旅游区、国家和省级休闲农业与乡村旅游示范县、旅游特色村和连锁品牌乡村酒店，推进乡村旅游上档升级。

3. 完善旅游要素支撑体系

提升旅游景区综合管理水平。新建高星级酒店、特色主题酒店和乡村度假酒店，积极引进知名大型旅游企业集团，开发设计适销对路的特色旅游商品，规划建设大型旅游购物中心、特色购物街，完善旅游购物设施。

（四）提质发展商贸流通业

1. 加大商贸基础设施建设力度

引进国内外大型商贸企业（集团）投资建设中心城区商业综合体、中央商务区项目，提升传统商贸服务档次，进一步提高服务能力和水平。适应城市规模拓展、功能完善和百姓消费升级需要，加大资阳主城区大型批发市场和农贸市场建设力度，有序推进重点商贸镇项目建设。

2. 构建覆盖城乡的商贸流通体系

实施资阳城市商业网点规划，培育、引进大型商贸流通企业，积极发展城市连锁经营，大力发展购物中心、超市、便利店、社区商业等多层次流通网络，打造"一刻钟便民服务圈"；大力建设农村消费品、农业生产资料和农产品流通网络，支持大型超市与农村合作组织对接，支持连锁经营、物流配送、电子商务等现代流通方式向农村延伸，构建便利实惠通畅的城乡商贸服务体系。

3. 以现代信息技术应用推动商贸流通业转型发展

以建设成渝经济区区域性商贸流通中心为目标，推进传统商贸流通业向现代商贸流通业转变，加快现代信息技术在资阳批发、零售、住宿和餐饮业的推广应用，鼓励流通技术创新、商业模式创新和服务产品创新，推动传统商贸流通业提质转型发展。

（五）创新发展金融保险业

1. 推进金融组织和市场体系建设

争取辖外金融机构在资阳设立分支机构或开办业务，新引进 2—3 家大型股份制商业银行入驻。推动遂宁市商业银行、乐山市商业银行、成都农商银行实现县（市、区）机构全覆盖。积极争取建行在乐至恢复设立支行。规范发展金融咨询服务中介机构，筹建培育资阳本土资产评估、信用评级等中介机构各 2—3 家。进一步做大做强政策性担保公司，引导各商业性担保公司和会员制担保公司加强信用管理，提升信用等级，有效增进银担合作。

2. 增加有效信贷投入

发挥国有商业银行和农村信用社在金融信贷方面主导作用，着力提高资本充足率、不良贷款率等稳健性指标，用活用好再贷款、存款准备金优惠等政策和工具，稳步推进农村信用社改制成为农村商业银行。发挥异地股份制商业银行和村镇银行信贷流程短、品种多样、服务灵活的优势，加大对小微企业信贷投放力度。发挥好小额贷款公司对"三农"、小微企业信贷支持的补充作用。

3. 创新金融保险产品和服务

加快信贷产品和服务方式创新，加大对小微企业和"三农"的信贷支持力度，针对不同类型、不同发展阶段小微企业的特点，不断开发特色产品，为小微企业提供量身定做的金融产品和服务；积极推动农村土地流转收益保证贷款试点，探索推动大型农机具、林权、农村宅基地等为标的抵押贷款业务。推进资本市场直接融资，大力发展债券融资，推动股权投资、信托、租赁等直接融资方式创新，稳步发展金融衍生品交易，扩大社会融资总规模。

（六）鼓励发展健康养老业

1. 加强健康养老服务设施建设

市、县两级政府在制定城市总体规划、控制性详细规划时，必须按照人均用地不少于0.1平方米的标准，分区、分级规划设置健康养老服务设施。凡新建城区和新建居住（小）区，要按照规划和标准配套建设社区健康养老服务设施，与住宅同步规划、同步建设、同步验收、同步交付使用。发挥社区服务中心（服务站）和社区卫生、文化、体育及其他服务设施的健康养老服务功能。

2. 加强健康养老机构建设

支持社会力量发展健康养老服务业；鼓励民间资本整合和改造企业厂房、商业设施及其他社会资源用于健康养老服务，举办规模化、连锁化养老机构；鼓励境外资本投资健康养老服务业。发挥公办养老机构托底作用，重点为城乡"三无"老人、低收入老人、失独老人、经济困难的失能半失能老人提供无偿或低收费的供养、护理服务。推动医疗卫生资源进入养老机构、社区和居民家庭。支持有条件的养老机构设置医疗机构，符合条件的可申请纳入城镇职工（居民）基本医疗保险和新型农村合作医疗定点范围。建立医疗机构与养老机构的协作机制，加快推进面向养老机构的远程医疗服务试点。建立社区医院与老年人家庭医疗契约服务关系。有条件的二级以上综合医院应开设老年病科。鼓励医疗机构转型或增设老年护理机构。支持社会力量举办护理院、康复医院和提供临终关怀服务的医疗机构。鼓励和引导商业保险公司为老年人提供健康、意外伤害和长期护理等保险保障。

3. 大力发展养老产业

利用资阳与成渝两个特大城市相邻的区位优势，发挥资阳生态环境好的资源优势，打响中国长寿之乡品牌，针对成渝和资阳市内外两个庞大的需求市场，重点打造健康养老产业。尤其在"两湖一山"片区在发展旅游文化产业的同时，要针对成都市庞大的消费群体，大力发展训练竞赛、健身娱乐、体育培训、健身指导、场馆运营等体育服务，在成都到资阳交通干线、旅游通道两侧规划建设健康产业走廊和中高档养老服务社区（公寓）。围绕适合老年人衣、食、住、行、医、文化娱乐等需要，鼓励支持开发和生产适合老年人的助行器具、视听辅助、起居辅助、营养保健、服装饰品等生活用品；引导商场、超市、批发市场设立老年用品专区专柜；鼓励开展适合老年人特点的健康促进、医疗护理、心理咨询等服务，大力发展健康服务业；鼓励建设老年文化传播网络，开办养老服务网站、老年大学；开辟和增加老年活动场所，开展适合老年人身心特点的体育健身活动；加大老年人休闲娱乐、健康养生、异地养老等旅游产品开发力度，培育老年旅游市场；鼓励开发适合老年人的储蓄、保险、投资、理财、以房助养等金融产品，增强老年人消费能力；结合城镇化建设、保障房建设和商品住宅开发，规划建设老年公寓、老年护理院、托老所等老年宜居住宅。加快推进以医疗服务、养生养老、康体休闲为主体的健康产业园区规划建设。大力发展养老服务中小企业，做强做优龙头骨干企业，培育服务品牌，形成一批产业链长、覆盖市内外中高端老年需求、经济社会效益显著的产业集群。

四、新常态下推动资阳服务业发展的对策建议

（一）提高认识，树立服务业发展观

要扩大服务业发展，首先要做好思想引导工作，充分认识服务业对国民经济发展的促进作用，树立服务业发展观。资阳要围绕"调优一产、做强二产、加快三产"的产业发展规划，要树立"抓工业理念来抓服务业"，大力推进服务业发展。一是把服务业提高到国民经济主导产业的位置来认识，从产业的高度出发，制定合理的发展规划，尤其是要做好"十三五"服务业发展规划，为资阳服务业发展谋篇布局。在安排资金、立项、贷款等方面，把服务业摆上合理的位置。二是把加快发展服务业作为产业结构调整的主要着力点，扩大总量，优化结构，拓宽服务领域，提高服务水平，显著提高服务业的增加值比重和就业比重。

（二）加强指导，有效实施政策扶持

加大服务业发展指导工作机构的力量，加强对服务业工作的总体规划制定、政策制定和协调指导，研究制定促进城乡就业的政策措施。根据国家产业政策，结合实际，制定资阳重点行业、重点领域的短线投资和长线投资发展规划，引导企业合理布局，防止盲目建设和低水平重复建设。对重点发展行业采取必要的政策倾斜，培育有竞争优势的大企业集群。在功能上要不断引导其向集约化、规模化、档次化、文明化方向推进，在布局上要相应调整集中，形成各具特色的相对集中的专业服务区域，在发展总量和规模上要宏观控制，防止盲目无序过剩发展而导致无序残酷竞争，使其在合理的范围内优胜劣汰。

（三）强化管理，营造服务业发展大环境

树立经营城市理念，加强城市建设和管理，营造舒适高效的城市环境。同时抓好涉及服务业发展的各项配套改革，建立完善的社会保障体系，进一步加强法制建设，规范市场环境。

1. 大力推进工业化，为服务业发展创造良好的基础

工业是服务业发展的重要基础。工业发展的进一步高级化，对促进服务业发展具有重大作用。加快服务业发展，必须以工业化为动力，扩大招商引资，做大做强优势产业，加快发展高新技术产业，延长先进制造业链条，增加对服务业的有效需求；加强先进适用技术向服务业渗透，提高产业的信息化水平和附加值。

2. 加速城市化进程，改善服务业发展环境

积极推进城市化进程，是促进服务业发展、缓解就业压力、提高居民收入与消费水平、调节供求矛盾的一个重要突破口。首先，大力推进城镇化建设进程，使农村剩余劳动力逐步转移到城市，为服务业的发展形成强大的需求主体，同时也提高了服务业吸纳劳动力的能力，因此，要加快推进城镇化建设步伐，统筹城乡经济社会发展，努力形成"以城带乡、以工促农、城乡一体化"的发展格局，促进服务业发展，充分发挥城镇对农村的带动作用，推动农村城镇化；其次，优先建设中心城镇，以利带动农村人口及各种资源的适度聚集，面向农业、农村和农民因地制宜发展农业生产性服务和农村社区生活性服务，鼓励优势商贸流通企业向农村发展，以城镇为依托，加快农村服务业的发展。

3. 改善就业和创业环境

坚持市场调节就业与政府促进就业之间的有机结合，完善就业服务体系。对一些刚刚开业或资本很小的商贸企业，采取"多予、少取、放活"的扶持政策，不收或缓收一些管理费用，使其充分发展，待他们站稳了脚跟，再补交或减半收取，也就是采取蓄水养鱼、涵养税源的办法来发展第三产企业，同时拿出一部分专项资金，根据一定时期内创造就业岗位的数量多少，对企业主给予奖励，或根据其支付的劳动成本给予一定比例的补贴，也可以对创造就业超过一定规模的企业主给予适当优惠。

4. 健全社会信用体系

一般来说信用状况是一个地区环境竞争力和要素聚集力的决定性因素。一是加快建立和完善社会信用体系，倡导诚实信用的道德规范，进一步健全信用法规，巩固政府信用，提升企业信用，建立个人信用。早日建成与国际接轨、符合现代市场经济要求的社会信用体系。二是加强政府对市场的监管，提高政府管理效能，建立信用信息的征集和发布机制、奖励和惩戒机制，规范和调节社会和经济行为，形成信用文化和诚实守信的良好习惯，降低社会交易成本，形成良好的商务和投资环境，维护市场经济秩序和金融稳定，使人才、资本、技术、信息和物资等在资阳聚集和有效流动。

（四）拓宽领域，加快服务业市场化步伐

服务业的优化升级离不开投资结构的调整。面对投资主体多元化的新形势，要进一步解放思想，多渠道筹措资金。打破行政性和行业性的垄断保护，鼓励市场竞争，进一步放宽各行业投资领域。要改进政府投资管理，把握和处理好发展服务业与经济增长、要素培育的关系，坚持有所为有所不为，集中资金，重点投向对当前或今后发展潜力大的领域和行业，投向就业高、创业成本低的领域，以资本运作为重点，扩大社会融资，最终形成"政府引导、社会参与、市场运作"的多元化投资格局。放宽服务业市场准入，鼓励民间资金进入服务业。改变部分服务行业垄断经营严重、市场准入限制过严和透明度低的状况，鼓励民间资金投入服务业。在投入方面，坚持"谁投资、谁所有、谁受益"的原则，鼓励社会力量投资兴办各种所有制组成的服务业企业，鼓励集体、个人、外资等以资金、房产、设备、技术、信息、劳务等多种形式投放服务业，实现三产发展机制上的根本转变。要通过银行贷款、企业投放、社会集资、引进外资、政府贴息等手段，逐步形成多渠道、多层次的全社会三产投入体系。建立良好的服务业发展机制，合理划分服务业中的基础性、公益性和经营性行业，不同性质的行业实行不同的运行模式和经营管理方式。

（五）加大投入，推动现代服务业加快发展

加强对人才的培养和引进工作力度。重视人力资本，积极培养和引进服务业人才，尤其是高素质的管理人才。在世界经济全球化的形势下，知识经济成为现代经济社会发展的重要特征，世界各国、各个地区对人才的竞争越来越激烈。不同行业、不同企业的长远发展，都离不开人才资源的支持。因此，加快服务业发展，提高经营水平，就要注重加强专业技术人才和管理人才的培养，引进和利用服务业方面的高级管理人才，提高三产的技术和科技含量，努力实现服务人才知识化、服务手段现代化。

（六）扩大合作，吸引外力推动服务业发展

地区发展离不开外部环境，资阳充分利用交通、区位优势，瞄准国内外500强，借助西博会、渝洽会等重要展会平台，围绕资阳服务业重点产业、重点领域发展，着力引进一批带动性、示范性、引爆性强的大企业、大项目。用好成渝经济区、天府新区和成都新机场"金字招牌"，大力引进现代物流、电子商务、旅游会展、总部经济项目。拓展区域市场，巩固区域合作成果，在服务本土市场的同时，把资阳产品和服务更多地推向区域市场。将资阳物流配送、电子商务、休闲旅游、健康养老等产品和服务辐射到成渝两地乃至西部地区，实现本土市场和区域市场同步发展。立足成都经济区和成都城市群一体化发展，充分发挥资阳的区位优势、资源优势和产业优势，利用川渝直线经济联盟、渝洽会等平台广泛开展交流合作。

新常态下阿坝州经济发展动力研究

2014 年 12 月 11 日中央经济工作会议闭幕,新常态成为这次会议的核心词之一。以新常态为统领,中国正在形成指引未来经济改革与发展,涵盖一系列新理念、新战略、新政策的战略大框架。认识新常态、适应新常态、引领新常态,是当前和今后一个时期我国经济发展的大逻辑。在这个大逻辑下,抓住新机遇、培育新动力显得尤为重要。中国经济语境下的新常态带有"结构优化,经济均衡,全面转型"的深刻内涵,这与发达国家所指的金融危机之后进入"经济增长较低、周期波动较大,结构调整缓慢痛苦"的新常态存在着很大不同。新常态既是对中国经济发展新阶段、新规律的描述,更是对中国经济发展新理念、新路径、新要求的阐述。

新常态下,经济发展是挑战,也是机遇,孰重孰轻,关键看能否把持久动力掌控在自己手中。未来十年是打造中国经济升级版的关键十年。面对增速换挡的"新常态",阿坝州经济工作该如何审时度势,及时调整,以激发经济发展的新动力?为摸清阿坝州经济增长动力配置和转换趋势,找准新常态下动力磨合的新变化,本文结合当前发展实际,开展了 swot 战略分析,作出了新常态下阿坝州经济发展动力的总体研判,对应提出了对策建议。

一、新常态下阿坝州经济发展现状

(一) 新常态下阿坝州经济运行基本情况

2014 年,阿坝州经济在国内外复杂多变的大环境以及灾后恢复性高增长的基础上保持平稳的发展态势。实现地区生产总值 247.79 亿元,按可比价计算比上年增长 5.6%,增速低于全省 2.9 个百分点。

1. 从生产看,农业生产稳定,工业增势平稳,服务业增长趋缓。第一产业增加值 37.25 亿元,增长 4.7%,第二产业增加值 125.31 亿元,增长 5.9%,第三产业增加值 85.23 亿元,增长 5.6%。农业生产稳定。农林牧渔业总产值达 56.56 亿元,比上年增长 4.9%,比全省水平高 1.1 个百分点,居全省第一。工业增势平稳。规模以上工业增加值增长 7.6%,主要行业增速明显。其中,黑色金属矿采选业增长 1.3 倍,非金属矿物制品业增长 82.9%,黑色金属冶炼和压延加工业增长 53.8%,计算机、通信和其他电子设备制造业增长 32.9%,电力、热力生产和供应业增长 12.7%。服务业增长趋缓。2014 年,阿坝州服务业增加值从一季度下降 2.8% 到全年增长 5.6%,呈逐季上升态势。生产性和营利性服务业增加值增长较快,增长 15.6%,

2. 从需求看,投资增长稳中趋缓,消费市场高速增长,外贸出口较快增长。投资增长稳中趋缓。2014年,阿坝州完成全社会固定资产投资383.34亿元,比上年下降5.6%。消费市场高速增长。实现社会消费品零售总额59.21亿元,比上年增长13.4%,增速分别比全国、全省高1.4和0.7个百分点。旅游业增速明显加快,全年共接待海内外游客2876.17万人次,实现旅游收入242.74亿元人民币,分别比上年增长25.6%和24.1%。进出口增长较快。全年实现外贸进出口总额4758万美元,比上年增长21.2%,其中出口2685万美元,增长17.9%,进口2073万美元,增长25.6%。

3. 从运行质量看,企业经济效益提升,财政收入较快增长,城乡居民持续增收。工业经济效益提升。2014年,规模以上工业企业实现主营业务收入163.14亿元,增长18.3%,实现利税16.6亿元,增长74.8%。实现利润总额7.05亿元,同比增长14.4倍。财政收入较快增长。完成地方公共财政预算收入28.58亿元,比上年增长16.8%,增速比上年提高22.1个百分点。城乡居民持续增收,增幅超过GDP。2014年,全州城镇居民人均可支配收入达25150元,居全省第7位,比上年增收2035元,增长8.8%。全州农牧民人均纯收入7866元,居全省第18位,增收1073元,增长15.8%,增速居全省第2位,分别高于全国、全省4.6和4.3个百分点。

4. 从运行环境看,价格水平涨幅较低,金融行业运行平稳,就业形势总体稳定。价格水平涨幅较低。全年居民消费价格(CPI)比上年上涨1.6%。金融行业运行平稳。12月末,全州金融机构人民币各项存款余额473.6亿元,比上年增长8.8%,各项贷款余额205.68亿元,增长10.3%。就业形势总体稳定。2014年,阿坝州城镇登记失业率为3.56%。

(二)新常态下阿坝经济发展面临的困难和问题

1. 下行压力较大,回落趋势明显。2008年地震灾害后,阿坝州经济2009年恢复性高速增长,达36%,之后,在重建项目的推动及企业自身重组发力生产带动下,经济连续保持快速增长,2010—2013年分别增长18.1%、15.2%、13.7%、10.2%,但呈现逐步放缓的态势,增长速度在全省的位次由2010年的第1位下降到14位,到2014年,仅增长5.6%,居全省第20位,只高于甘孜州的4.2%。近4年来,虽然全州紧随全省快速发展的步伐,各方面指标取得了较大突破,人均GDP平均增长10.8%,工业化率年均提高2.1个百分点,人口城镇化率年均提高0.8个百分点,产业结构持续优化,但各项指标增幅还是被全省甩在了身后,差距不断扩大。农业薄弱,基本动力不足,服务业尤其是生产性服务业贫瘠,后续动力不足,工业单薄,主要动力不足,经济难以继续高速增长,将与全国同样步入中高速增长时期。

2. 产业结构不合理,难以形成有效增长。一切决定和影响经济增长的因素都会不同程度上对产业结构的变动产生直接的或间接地影响。受2008年地震灾害影响,阿坝州三次产业结构出现较大变化,当年第三产业比重达45.4%,随着工业企业的正常生产及大规模重建投资,全州第二产业比重强劲走高,每年以2~3个百分点的速度递增,第三产业比重却大幅下降,2014年,州委、州政府提出工业转型升级,大力发展绿色低碳工业,关闭高耗能企业,全州经济承受结构调整的阵痛,三次产业比重为15:

50.6：34.4，第一产业高于全省 2.6 个百分点，第二、第三产业分别低于全省 0.3、2.3 个百分点，与全省的差距进一步扩大。虽然阿坝州第三产业占 GDP 的比重居全省第 5 位，但第三产业内部结构不均衡，非营业性服务业占比高达 46.4%，对经济质量的提升不能发挥拉动效应。

3. 投资规模高位扩张困难，增长回落。随着灾后重建的结束，阿坝州固定资产在高基数基础上增速逐步放缓，在国家加快西部和藏区发展的政策刺激下，都汶高速全线贯通、红原机场建成通航，成兰铁路开工建设，全州投资规模保持相对平稳，2011－2014 年，全州全社会固定资产投资规模达 1565.34 亿元，年均达 390 亿元，增长1.4%，但增长速度逐年回落。"十三五"期间，全州投资仍将按照超过"十二五"目标安排，交通项目投资、民生、扶贫投资、新能源投资和环红原机场旅游经济圈项目投资将成为阿坝州投资热点，投资保持相对稳定。

4. 收入差距扩大，群体差距悬殊。一是城乡居民收入差距扩大。2014 年全州城镇居民人均可支配收入比农村居民高 17284 元，差距比 2010 年扩大 5086 元。二是城乡居民内部高收入和低收入群体差距悬殊。2014 年，城镇居民最高收入群体与最低收入群体收入比为 6.4：1，农村居民最高收入组与最低收入组收入比为 7.8：1。三是区域收入差距过大。在全州 13 个县中，仅有汶川县、马尔康县、红原县农牧民人均纯收入高于全省平均水平，有 5 个县还低于全州平均水平。城镇居民人均可支配收入最高与最低县差距达 2667 元。虽然全州城镇居民人均可支配收入已经高于全省水平 769 元，但依然有汶川、理县 2 个县未达到全省平均水平。四是不同行业收入差距悬殊。从各行业城镇单位就业人员平均工资来看，2014 年工资最高行业（信息传输、软件和信息技术服务业）与最低收入行业（采矿业）相差近 2 倍，具有一定垄断性质的金融业、电力生产和供应业平均工资均居前列。

二、新常态下阿坝州经济发展动力总体判断

（一）阿坝州经济发展战略分析

1. 机遇。西部大开发实施以来，西部地区不负众望，迅速成长为中国经济新的增长极，如今全国上下正处在调结构、转方式的关键时期，广大西部地区经济基础更加坚实，承载空间和市场潜力巨大，未来仍将释放巨大动能。同时，四川立足于向经济强省和全面小康跨越，作出的实施多点多极支撑发展战略的科学决策，为川西北经济生态区的持续健康发展确立了功能定位，也将带来相关产业的聚集和政策支持的倾斜。

2. 挑战。一是外围市场依旧低迷。目前全球经济增速远低于金融危机前 5% 的平均水平，国际贸易增速也低于世界经济增速，中国经济进入"三期"叠加的新常态，潜在增长率下降，工业品价格指数持续负增长，需求明显下滑，扩大生产面临挑战；二是竞争环境加剧。新一轮技术革命孕育突破，在各地大力竞逐"工业 4.0"和"互联网＋"的浪潮中，阿坝州还扮演着追赶者和模仿者的角色，输出产品竞争力不强。

3. 优势。最大的优势应该是生态文化资源优势。阿坝州是世界生态旅游最佳目的地，是成都平原及长江、黄河上游的绿色生态屏障，也是民族走廊。全州有世界自然遗

产3处，占全国的60％。植物资源富集，是著名的"珍贵生物基因宝库"，野生中药材占全省的50％。矿产资源丰富，发现矿种54个，金矿探明储量占全省的49％，锂辉矿探明储量居全省第2。境内江河纵横，水能蕴藏量达1933万千瓦，占全省的14％；其次，是后发优势。后发地区拥有"免费搭乘"效应，加上新一轮产业革命为阿坝州产业发展高端切入提供了有利时机。

4. 劣势。一是生产不足。由于阿坝州经济基础薄弱，产业链附加值低，产业结构不完善，大企业大集团引领带动不够，投资生产过程中需要从州外调入大量中间消耗物资，导致全州资本形成总额远大于地区生产总值，净流入特征明显；二是技术进步有差距。我州科研资源缺乏，科技创新能力和应用转化不够，劳动力素质整体不高，经济增长规模效应减弱后全要素生产率下滑严重。

总体来说，机遇大于挑战，优势长于劣势，发展中的劣势完全可以通过优势的放大予以弥补，经济长期保持平稳较快增长的基本面没有改变，相反新型"两化互动"、统筹城乡、改革创新、调结构转方式等空间较大，对阿坝州经济增长适应新常态持谨慎乐观态度。

（二）新常态下阿坝经济发展动力分析

当前，中国经济呈现增长速度换挡期、结构调整阵痛期、前期刺激政策消化期"三期"叠加的阶段性特征，中央政府做出了经济发展进入新常态的总体战略判断。这个阶段的主要特征是：增速必然从高速增长转向中高速增长，从结构不合理转向结构优化，从要素投入驱动转向创新驱动，从隐含风险转向面临多种挑战。纵观阿坝经济发展轨迹，笔者认为，生态、旅游、水能、扶贫开发几个方面是阿坝新常态下经济发展的新动力。灾后重建以来，阿坝经济社会发生翻天覆地变化，我州拥有得天独厚的资源禀赋，大美的自然风光、浓郁的民族文化、丰富的宗教文化，为开发健康养生、休闲旅游等产业提供了广阔空间。量大质优的生态农畜产品，符合都市人的高端消费需求。全州遵循省委省政府主体功能区定位，立足生态资源和区位特色，以绿色循环为导向，全面推进传统工业转型升级。随着红原机场建成通航，汶马高速、成兰铁路全线动工，茂绵路、马俄路、雪山梁隧道、巴郎山隧道等项目加快推进，初步构建起公路、铁路、航空"三位一体"的综合交通运输体系，为我们加快发展提供了纵深腹地和有力支撑，全州经济发展由"量变"转向"质变"，进入蓄势突破的关键阶段。

1. 生态经济之新动力。生态经济简称ECO，取自"经济的（economic）"和"生态的（ecological）"两个英文单词的词头，生态经济是指在生态系统承载能力范围内，运用生态经济学原理和系统工程方法改变生产和消费方式，挖掘一切可以利用的资源潜力，改造提升传统产业，发展新型生态产业，加快经济转型发展，减少资源消耗和降低对生态环境破坏，发展一些经济发达、生态高效的产业，建立具有良好经济、生态效益产业体系，实现经济、社会与自然协调可持续发展的一种经济发展模式。生态经济是实现经济腾飞与环境保护、物质文明与精神文明、自然生态与人类生态的高度统一和可持续发展的经济。四川省委十届三次全会明确提出：实施多点多极支撑发展战略，积极推进川西北生态经济示范区建设，加强生态环境保护，大力发展生态经济，促进生态建设与生态经济发展有机结合、协同发展。持续推进长江上游生态屏障建设，实施川西北草原生态保护、湿地保护与恢复、水资源保护等生态安全工程，加快地震灾区生态修复和治理，力争到 2020 年森林覆盖率达到 37%。阿坝州委、州政府及时提出了全州生态经济发展的战略定位：是国家重要生态屏障区、国际生态与文化旅游目的地、西部地区生态经济发展重要带动区。生态是阿坝州立州之本和发展生命线，阿坝州是四川省重要的天然林保护区，拥有森林 209.82 万公顷，森林覆盖率 24.85%；是全国五大牧区之一的川西北牧区的重要组成部分，具有良好的水源涵养、土壤保持、生物多样性保护等生态服务功能。也是我国三大天然湿地保护区之一，湿地面积约占四川省湿地面积的25%，"若尔盖高原沼泽湿地"被国家定为 33 个重点保护区域之一，是我国面积最大、分布最集中的泥炭沼泽湿地，是全球气候影响的敏感区，湿地蓄水量总量近 100 亿立方米。在国家生态安全、民族和谐和西部地区可持续发展中具有重要的战略地位。突出绿色循环导向、传统工业转型升级，大力发展有机生态农业、现代林业和现代草原畜牧业，着力培育联户经营、专业大户、"家庭农（牧）场"等新型经营主体，突出旅游支柱地位，加快文化生态旅游发展等发展生态经济基本路径的确定，都将成为阿坝经济发展的新动力。

2. 旅游经济之新动力。阿坝自然资源得天独厚，民族文化绚丽多姿，人文风光秀美独特，发展优势鲜明突出，拥有高密度、高品位、垄断性的世界级旅游资源，在全国民族地区发展大局和四川区域发展格局中具有极其重要的战略地位。当前，以九寨、黄龙为龙头的阿坝旅游已经成为四川在全国乃至世界都有很高知名度和影响力的亮丽名片。旅游业作为朝阳产业，蕴含着极其巨大的市场空间和极其广阔的发展前景，越来越成为支撑经济发展的支柱产业。全域资源、全域规划、全域打造、全民参与的"全域旅游"思路的提出，更是将旅游定位为全州主导产业，通过旅游来带动老百姓的增收，通过旅游来发展阿坝。旅游二次创业将成为阿坝新常态下经济发展的主要动力。

3. 水能优势之新动力。阿坝州清洁能源资源富集，水资源总量 446 亿立方米，水能理论蕴藏量 1933 万千瓦，占四川省水能蕴藏量的 14%，目前水电开发量仅占可开发量的 14.8%。2014 年全州规模以上水电企业实现的增加值占全州的 62.7%，对全州经济增长的贡献率达 30%。在生态保护的前提下，阿坝将继续发挥水能优势对经济的带动作用。双江口、金川、安宁、巴拉、达维、卜寺沟、上寨、绰斯甲等大中型水电站建设建成投产，将是又一轮水电经济的高增长。

4. 扶贫开发之新动力。消除贫困、改善民生，事关群众福祉和全面小康。历届州委州政府始终把扶贫开发摆在突出位置，接力奋斗、持续攻坚；特别是党的十八大以来，全州坚持综合施策、统筹推进，实现了减贫人口与人均增收双向而行、基础设施与生活条件同步改善、自我发展与产业带动相互促进、社会事业与生态建设协同发展，走出了一条具有阿坝特色的扶贫开发之路。但是也要清醒认识到，当前我州贫困人口数量多，截至 2014 年末，全州仍有 11 余万贫困人口。要与全国全省全面同步实现小康，必须要在 2020 年实现全面脱贫。国家、省启动的精准扶贫政策，将会是阿坝州农牧民增收的新动力，相关产业项目的实施也将带动阿坝投资增加，经济增速。

三、转变阿坝州经济发展方式的对策建议

根据阿坝州经济发展阶段的新环境和新要求,适应增速换挡、经济转型的新常态,使得"十三五"时期经济增长从根本上实现提质增效转型升级,是阿坝州加快科学发展、跨越发展、实现赶超任务的关键。多年经济的高速增长也为阿坝州调结构、促转型赢得了更大的空间和回旋余地。当前,要把转变经济发展方式作为深入贯彻落实科学发展观的重要目标和战略举措,在"十三五"时期,阿坝应充分发挥自身特色和现有优势,围绕扩大有效需求,以优化经济结构、提高自主创新能力为重点培育经济增长新引擎,努力实现生态好、产业优、百姓富的发展目标。

(一)扎实推进产业转型升级,走好结构优化促进经济增长之路

坚持把优化调整产业结构作为经济转型升级的主攻方向,推动先进制造业和现代服务业并举发展,着力构建结构优化、技术先进、清洁安全、附加值高的现代产业体系。三次产业结构调整重点在服务业,服务业是制约阿坝州经济发展的主要瓶颈,阿坝州服务业企业的基本状况是"低、小、散、弱",即档次低、规模小、分布散、竞争力弱,缺乏具有带动区域性发展的规模企业。多数企业是自发投资形成的,小规模经营,服务内容仍主要集中在传统服务等行业,较高层次的知识、技术型服务业包括现代中介咨询、物流、信息等较为落后。服务业发展滞后很大程度上制约了消费需求的扩大,影响了产业结构升级。加快阿坝州结构调整,关键是要以社会需求为导向,把推动产业转型、方便居民生活作为出发点,坚持"绿色工业、有机农业、文化生态旅游、清洁能源和文化产业"五条发展路径,着力构建新常态下阿坝州多元产业体系。充分利用川西北生态经济示范区建设契机和中央、省藏区发展的有利政策,加快服务业发展步伐,观念上要"新",选资上要"特",切实发挥民间资本优势,支持民间资本和社会力量兴办服务业,努力在大项目和重点项目上实现突破。承接一线城市转移的现代服务业和总部经济项目,在商贸、金融、保险、医疗、教育、文化等领域加快与内地合作。利用当前工业结构性回落的契机,做好产业结构调整和产业动力转化,逐步摆脱经济增长对工业的过度依赖,把工作的重心和政策的着力点向潜力更大的服务业尤其是生产性服务业转移,想尽一切办法促进服务业发展提速、比重提高、水平提升。工业内部结构调整重点要紧密结合州政府已经出台的发展生态绿色工业经济意见,优先发展特色优势产业、加快发展循环经济,促进锂产业链条延伸,改造提升传统产业,做大做强龙头企业,切实提升高技术产业、农特产品制造业和大企业比重,提升旅游加工等传统优势产业的科技含量,做强做优自主品牌,使工业增长的动力立足于优化结构、转型升级和劳动生产率的提高。

(二)增强投资对消费的带动能力,走好扩大有效内需尤其是消费需求促进经济增长之路

增强投资对消费的带动能力。扩大消费领域投资,提高投资在扩大就业、拉动产业、带动消费等方面的关联效应,通过投资创造新的消费需求,拉动经济增长。处理好

投资与消费的比例关系。解决投资率长期过高，投资与消费的结构失衡的问题，关键不在于简单地压投资，而在于通过积极地调整收入分配政策，切实不断提高各阶层居民的收入水平，使不断扩大消费建立在居民收入增长与经济增长相匹配的基础上，使消费增长真正成为拉动经济增长的主要动力。在宏观经济稳定快速增长的同时，使投资和消费的结构关系趋于合理。"十三五"时期，经济增长方式要在投资平稳拉动的基础上，更加注重消费的培育，进一步强化消费的拉动。要以提高居民收入水平为切入点，尤其是大力提高农村居民收入水平，下大力气扩大消费需求，建立居民收入和消费与经济同步增长的联动机制，保证劳动报酬增长与经济增长、企业利润增长同步，切实提高居民的消费能力和预期。着力解决长期以来阿坝州消费偏低的问题，补齐经济发展中的"短板"。扩大旅游消费，利用旅游资源国际化优势，发展高端旅游。继续加快推进中查沟国际旅游休闲度假中心、九鼎山国际高山滑雪场、古尔沟温泉小镇等重点项目建设，加快旅游产品由单一的生态观光游向康养旅游、度假旅游、特种旅游等高端复合型旅游升级，提升旅游产品的核心吸引力。推进智慧旅游。优化大九寨环线智慧旅游带项目，积极创建全省"智慧旅游"示范州。通过智慧旅游建设提高全域旅游服务和管理的信息化、智能化、人性化水平，吸引国内外游客来阿坝旅游，让蓝天白云、青山绿水、生态优美成为阿坝的第一资源。

积极增加有效投入，优化投资结构。发挥好政府投资的引导带动作用，进一步突出重点，加大民生领域投入，主要投向保障性安居工程和城乡基础设施。细化鼓励民间投资的各项政策措施，为民间投资发展营造更多发展机遇、创造更大发展空间，充分释放民间投资潜力。以城市化带动消费增长。着力解决符合条件的农业转移人口逐步在城镇就业和落户，扩大在城市消费。改善农村消费环境，开拓农村市场，扩大农村消费和服务。积极推动消费转型创新，推动消费模式革新，引发新的消费增长点，挖掘出潜力巨大的新市场，进而牵引制造业和服务业同步升级。逐步建立资源节约型、环境友好型社会。

(三) 以扶贫开发促增收，不断强化"自我造血"能力，走好提升内生动力促进经济增长之路

要坚持"以区域发展带动扶贫开发、以扶贫开发促进区域发展"思路，紧扣结构调整、提质增效主题，切实加强基础设施建设，全力抓好特色优势产业、多元富民产业的发展壮大，统筹编制扶贫攻坚计划方案和"十三五"规划、"十三五"藏区发展专项规划，真正实现扶贫开发与连片开发、统筹城乡发展的良性互动。发挥专项扶贫示范引领作用和市场资源配置作用，创新社会扶贫参与机制，形成政府主导、扶贫主抓、行业主帮、社会主动、群众主体的扶贫开发新格局。全州上下要深度对接、逐一落实，联动推进基础扶贫、产业扶贫、能力扶贫、政策扶贫"四大扶贫行动"，努力实现扶持生产和就业发展带动一批、移民搬迁安置带动一批、灾后重建帮扶带动一批、低保政策兜底扶持一批、医疗救助扶持一批，切实提升贫困地区经济社会发展整体水平。要充分发挥行业、社会、援藏等各方力量优势，着力从注重专项扶贫向政策、项目、产业、社会、援藏扶贫"五位一体"转变，发挥专项扶贫示范引领作用和市场资源配置作用，创新社会扶贫参与机制，形成政府主导、扶贫主抓、行业主帮、社会主动、群众主体的扶贫开发

新格局。

（四）深化改革，推进粗放型经济增长方式转变之路

"向深化改革要动力""改革是最大的红利。"李克强总理在数次讲话中反复提及改革的重要性，同时也被认为这展示了本届政府推进改革的决心。未来我国潜在经济增长率放缓的趋势难以被逆转，如果继续强行维持以往的高经济增速，就很难脱离传统的增长主义发展模式。阿坝州要坚持统筹兼顾，从全局上谋划、从整体上推进，通过经济体制改革的突破，牵引和带动其他领域改革的突破，以推进经济发展方式的转变。紧紧围绕"加快建设川西北生态经济示范区"的目标定位，加强对国有资产监管、生态保护、新能源建设、依法治理等关键环节和重点领域的改革研究，不断挖掘潜在优势、激发内生动力。加快行政体制改革并深化经济体制改革，将政府职能从"做大蛋糕"转变为"分好蛋糕"和"做绿色蛋糕"。改变政府的增长主义定位，完善对地方政府的绩效考核机制，改变以 GDP 为核心的相对绩效考核机制。完善对地方政府的考核机制可以改变地方政府的目标体系和行为方式，减轻地方政府过度干预市场的动机。建立体现社会公平的分配方式，着力降低贫富差距。严格执行最低工资制度，加强对垄断行业工资水平的调控力度，缩小行业收入差距，增加收入分配的透明度。大力推进资源品价格改革，逐渐实现资源品市场定价机制。逐步推动能源和矿产等资源品价格改革，建立起市场化的资源品价格形成机制，使资源品的价格能够合理反映市场供求关系、资源稀缺程度和环境污染成本。大力推进资源品价格改革能够有效改变资源品在不合理的低价格下被过度使用的状况，激励生产者积极推动技术进步，促使生产模式从粗放型向集约型转变。制定鼓励绿色产业发展和约束非绿色产业发展的产业政策，引导产业结构向资源节约型和环境友好型的方向发展。积极推进社会改革，将"以经济建设为中心"的基本路线转变为"经济建设与社会建设并重"，完善社会基本公共服务体系。推进基本公共服务均等化，大力缩小区域和城乡间公共服务水平的差距。提高社会管理水平，维护社会和谐稳定。全面有效地扩大就业和促进再就业。逐步消除城乡二元的就业体制障碍，建立城乡统一的人力资源市场，创造城乡劳动者平等的就业环境。以全面深化改革为动力实干攻坚，努力推动新常态下阿坝经济社会持续健康发展。

（五）建立有利于转变发展方式的体制机制，做好经济增长政策保障之路

健全市场机制。市场机制是价格、供求、竞争等相互作用、相互影响，由此推动经济运行和资源配置的机能，是能够有效配置资源的一种方式。完善社会主义市场经济体制，必须充分发挥机制作用。完善要素价格形成机制，逐步建立反映市场供求关系、资源稀缺程度和环境损害成本的价格形成机制。健全现代资源产权制度和环境产权制度，推进矿产资源补偿费制度改革，尽快形成科学合理的自然资源有偿使用制度和生态补偿制度。深化财税体制改革，拓宽地方财源、增强财力。完善政绩考核体系，在考核操作上，从注重"过程规范"向注重"结果运用"转变。在考核指标上，从注重"经济增长"指标向注重"综合性"指标转变。

新常态下甘孜州经济发展新动力研究

与改革开放 30 多年来接近两位数的高速增长相比，中国经济步入以中高速增长为标志的"新常态"，不仅意味着经济增速的放缓，更意味着经济增长动力的转换和经济发展方式的转变。新常态经济是与 GDP 导向的旧经济形态与经济发展模式不同的新的经济形态与经济发展模式。新常态经济用发展促进增长、用社会全面发展扬弃 GDP 增长，用价值机制取代价格机制作为市场的核心机制。

全国经济进入新常态，经济增速放缓，甘孜州经济增长也面临较大下行压力。加之甘孜州经济增长主要是由资源密集型产业和投资驱动，产业结构单一，自我发展能力不足，甘孜州面临的形势更加严峻。结合"新常态"时期，甘孜州经济发展面临新的发展机遇和挑战，深入分析新常态下甘孜州经济发展现状和存在问题，通过数据分析，科学评估甘孜州经济发展的动力和前景，在此基础上提出甘孜州经济发展新动力路径选择并给出对策建议，这对于甘孜经济实现跨越式发展，促进藏区和谐稳定有重要意义。

一、新常态时期甘孜州经济发展现状及存在问题

（一）新常态下甘孜州经济发展现状

进入新常态时期，甘孜州的经济实现从高速发展到中高速发展的稳步转型。本文首先将对甘孜州的经济发展现状进行描述，分别从主要经济指标分析以及现有支柱产业两个方面进行分析。

1. 主要经济指标分析

从 GDP 角度分析，2014 年甘孜州 GDP 增速下行明显。2011 年到 2013 年，甘孜州年均 GDP 增幅分别为 14.2%、15%、12.1%。2014 年，是甘孜州经济发展最为困难、自然灾害最为频繁的一年，全州实现地区生产总值 206.81 亿元，增长为 4.2%，低于全国 GDP 增速 3.2 个百分点，低于四川省 GDP 增速 4.3 个百分点。

从三次产业角度分析，甘孜州三次产业产值不断上升，且产业结构趋于稳定。以旅游业为主的第三产业增速较为显著。图 1-1 显示近四年甘孜州三次产业结构产值所占比重。2014 年，第一产业增加值 51.48 亿元，增长 4.6%；第二产业增加值 77.20 亿元，增长 2.4%；第三产业增加值 78.13 亿元，增长 6%。2014 年甘孜州三次产业结构为 24.9∶37.3∶37.8。

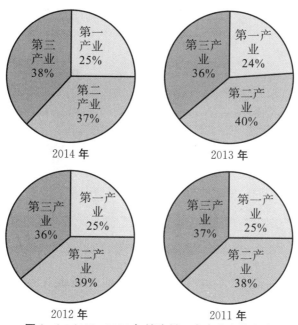

图1-1　2011-2014年甘孜州三次产业产值占比

数据来源：历年《甘孜统计年鉴》

从可支配收入角度分析，甘孜州城镇及农牧民可支配收入总量不断增加，增速下降较为明显。生活水平日益改善，但仍低于四川省平均水平。由图1-2、图1-3可知：2012年，城镇居民人均可支配收入19083元，增长12%；农牧民人均纯收入4641元，增长30%。2013年，城镇居民人均可支配收入21418元，增长9.5%；农牧民人均纯收入5435元，增长17.9%。2014年城镇居民人均可支配收入23303元，增长8.8%；农牧民人均纯收入6307元，增长16%。

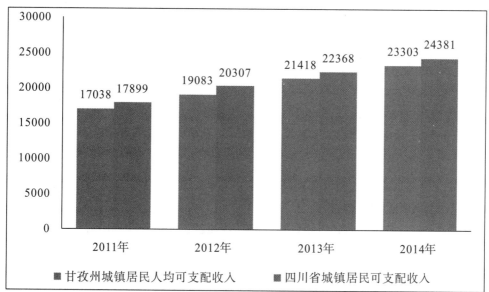

图1-2　2011-2014年四川省与甘孜州城镇居民人均可支配收入

数据来源：历年《四川统计年鉴》

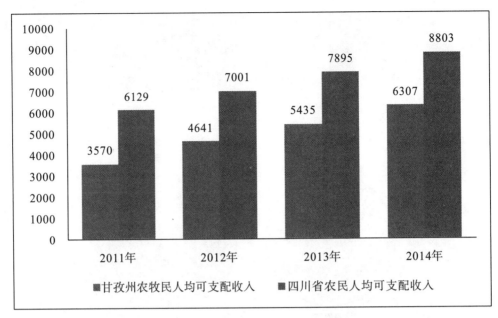

图 1-3 2011-2014 年四川省与甘孜州农村居民人均收入

数据来源:《2014 年甘孜州国民经济和社会统计公报》、历年《四川统计年鉴》

从投资需求角度分析,甘孜州全社会固定资产投资总量增加,但增速下降明显。从 2012 年至 2014 年,全社会固定资产投资分别为 334.92 亿、406.93 亿和 465.72 亿,年均增速分别为 22.7%、21.5%、14.4%。投资规模的扩大意味着国民经济不断采用先进技术装备,建立新兴部门,进一步调整经济结构和生产力的地区分布,增强经济实力,为改善人民物质文化生活创造物质条件。

从消费需求角度分析,甘孜州居民消费总量增长,但增速略有下降,反映人们物质文化生活水平日益提高,商品购买力逐渐增强,以及零售市场规模日益增大。2012 年,社会消费品零售总额 50.60 亿元,增长 15%。2013 年,社会消费品零售总额 57.35 亿元,增长 13.3%。2014 年,甘孜州社会消费品零售总额为 64.48 亿元,增长 12.4%。

2. 甘孜州现有支柱产业分析

甘孜州因地制宜,将生态旅游、生态能源、生态矿产业、生态农业、生态药业和民族文化作为支柱产业,很大程度上促进了甘孜地区的经济发展。

特色农牧业实现新发展。作为甘孜州的基础产业,具有高原特色的现代农业的发展促进农业增效、农民增收。2014 年,农业生产实现了"七连增",农业科技贡献率达到 52 个百分点。农业的发展推动了农产品加工企业发展,"酒、肉、茶、菌、果、蔬、水、药"八类产品开发取得实效。"圣洁甘孜"农产品区域公用品牌的打造,在成都等地建成了"圣洁甘孜"的营销专柜,甘孜州的优质特色产品正受到广大消费者的热捧。

生态能源产业逐渐摸索新路子。近年来,甘孜州在大力推进"两江一河"的水电能源开发的同时,也加快开发太阳能、风能、地热等新能源,太阳能、地热综合利用取得重大突破。随着"全力支持大型、全面参与中型、全域规范小型"的水电开发新思路的提出,2014 年,甘孜州完成了水电投资 174 亿元,年末总装机达 620 万千瓦;全省单体投资最大的两河口水电站核准开工。

全域文化旅游业日益成为甘孜经济发展的助推器。2014 年，全州接待游客 800 万人次，实现旅游综合收入 80 亿元，较之 2013 年，全州接待游客 638 万人次，实现综合收入 63 亿元，有了显著增长。投资 40.83 亿元，实施旅游"十大工程"，也完成了 16 个重点项目建设，甘孜州的全域旅游打开了新局面。甘孜州是我国的第二大藏区，也是康巴的核心区，蕴藏着灿烂多彩、底蕴深厚的康巴文化：情歌文化、格萨尔文化、香巴拉文化、红色文化、宗教文化、其他民俗文化。近年来，甘孜民族文化产业得到新提升。情歌文化园区建设的推进，文化产业区的积极培育，演艺中心的建设，精品剧目的储备，手工艺品市场营销，"圣洁甘孜"文化旅游区域商标的申报，甘孜州文化产业增加值不断上升。文化产业已成为甘孜州新的经济增长点。

矿产开发迈出新步伐。随着矿山企业建成投产、冶炼基地建设成功、矿业扩规项目加快推进、废渣废石回收利用项目基本竣工，目前，甘孜州初步实现了"做大做强一批，加快建设一批，勘察储备一批，关闭暂停一批"的目标。在科学开发与保护生态并重的情况下，矿业增加值不断上升，对本地的经济发展有大幅提升。

特色汉藏药业产业优势逐渐显现。如今，博大精深的汉藏药不仅能更多更好的服务群众健康，也可提升汉藏医药业的产值。甘孜地区药用植物资源丰富，2014 年，摸清全州地产汉藏药材品种，对 15 个独有品种开展驯化、繁育工作；对特色新藏药进行研发；实施汉藏药材种植推进方案，种植面积达 2 万亩；藏药产业园如海螺沟"中国南派藏医药传承创新基地"和德格麦宿汉藏药产业园的加快推进建设；州内 337 个藏药制剂品种纳入医保报销；州藏医院成立 30 年来，年收入首次过千万。甘孜州正围绕"种植规模化、研发系统化、生产标准化、服务特色化"的目标，努力把丰富的药材资源优势转化为产业优势。

（二）甘孜州经济发展存在的问题

1. 经济发展水平仍然较低

自甘孜州建州以来，经济基础较为薄弱，虽然近年经济有了很大发展，经济总量较过往有了很大的增速，但是无论是经济总量或是质量，与四川省、全国的平均水平依旧存在较大差距，在四川省地级市综合排名中处于末尾。2011 年至 2013 年，甘孜州 GDP 分别为 152.2 亿元、175.02 亿元、201.22 亿元，虽然总量上有所上升，但与四川省其他市州相比，相距甚远。受频繁的自然灾害的影响，2014 年，甘孜州 GDP 仅有 4.2% 的增速，总值 206.81 亿元，远低于四川省的 GDP 增速及总值。

2. 支柱产业品牌缺乏

甘孜州拥有特色农牧业、清洁能源、生态文化旅游、矿业和汉藏药业等支柱产业，但产业品牌却相对缺乏。凭借天然地理优势，且依靠资源原产地优势，甘孜州的物质文化是极具特色的。但由于在产品营销与推广的过程中缺乏优势，过分依赖外来企业，使得甘孜本地企业所获的利润低薄。近年来，甘孜州逐渐打造自身特色品牌，如"圣洁甘孜"特色农产品与旅游品牌、"最康巴"品牌。但产品意识、品牌意识还需进一步提升，不仅在旅游业与民族文化上,还可打造在能源、矿产、药业的特色品牌上。

3. 资源利用程度低、资源环境约束日益增强

甘孜州拥有丰富的生态绿色能源、矿产资源。近年来,甘孜州水电能源开发的发展较为迅速,取得不少成绩。但由于开发规模较小、发展不平衡,资源未能完全利用,甘孜州水能理论蕴藏量 4119 万千瓦,占全省的 29%;技术可开发量 3658 万千瓦,约占全省的 30%。截至 2014 年末,总装机达 620 万千瓦,仅占理论蕴藏量的 15%。资源的开发还需考虑对生态环境的保护加强。资源环境约束不断增强,"坚持生态优先""每挖必复,谁开挖谁恢复"的制度意味着对资源的开发受限。

4. 基础设施建设滞后

甘孜州是少数民族聚居地,社会环境相对封闭,长期处于自给自足的原始农业或牧业状态,州内基础设施建设滞后。基础设施落后已成为影响甘孜州更好发展的瓶颈,在新常态时期旅游业等支柱行业的带动下,全州市政基础设施有效提升。地方公共财政支出不断增加,对基础设施的改善的投入力度逐渐增大。交通环境不断改善,通乡公路、通村公路的改造,安保设施的建成,客运站的建设不断为当地居民提供便利,也吸引更多游客。但受甘孜州地理条件以及基础设施建设起步较晚,其过程任重而道远。

二、新常态时期甘孜州经济发展动力影响因素实证分析

(一)经济增长理论基础

1. 古典经济增长理论

在古典经济增长理论中,土地、劳动力和资本被认为是决定经济增长的三要素,代表人物为亚当·斯密和李嘉图。亚当·斯密所著的《国富论》被视为现代经济学的开端,斯密认为劳动数量和劳动生产率是经济增长的决定性来源,而劳动数量和劳动生产率又是由资本积累所决定的。他强调市场规模的重要性,并认为只要有合适的市场规模和一定量的资本积累,通过劳动分工提高劳动生产率和利润率,经济增长就能持续下去。李嘉图在《政治经济学及税赋原理》中也强调资本积累是经济发展的关键,因此,他也注重储蓄。在古典经济增长理论中,经济增长取决于劳动力投入和资本投入,而资本积累是决定经济增长各要素中最重要的因素。

2. 哈罗德-多马模型

"二战"后,英国经济学家哈罗德和美国经济学家多马提出了内容基本相同的经济增长模型,人们统称为"哈罗德-多马模型",这标志着西方经济增长理论的产生。该模型是建立在凯恩斯有效需求理论上的一种经济长期稳定增长所需条件的模型,强调资本对经济增长的作用,把资本的不断形成看作经济增长的决定性因素。但是,由于给出的经济长期均衡增长的条件过于苛刻,不太符合实际情况。

3. 新古典经济增长理论

该理论是对哈罗德-多马模型的发展,认为经济增长是劳动、资本和技术进步共同

作用的结果，并特别强调技术进步的作用，由美国的经济学家索洛和澳大利亚经济学家斯旺提出。这一理论假定生产中使用的资本和劳动两种要素是能够相互替代的，并将技术进步作为经济增长的一个因素进行分析。

4. 新经济增长理论

新经济增长理论又被称为内生增长理论，以罗默、卢卡斯、贝克尔等经济学家为代表，发表了一批以"内生技术变化"为主要内容的论文，以新的视角来探讨劳动质量的提高对经济增长的推动作用，提出了关于经济增长的新见解。与其他模型不同的是，新增长模型将知识和人力资本因素引入经济增长模型，强调了二者在经济增长中的重要作用。新增长理论的出现也使得"人力资本优势"逐渐替代"比较成本"和"资源优势"，成为新的国际贸易原则。

5. 稳态经济增长机制

现代经济增长的关键在于以技术进步、技能提升等为驱动力量，以人均资本拥有量、人均消费不断增加为特征的。经济增长表现出一个稳定的常数，这也与发达国家实际的经济增长表现相吻合，发达国家基本都实现了以技术创新和技能提高为驱动力的经济增长，其增长速率基本是一个比较稳定的中低数值，其社会生产力在创新的基础上不断发展。经济增长的最终动力是技术进步、科技创新与生产发展，但到了工业和后工业时代，经济增长的动力所具体表现的形态及作用方式却有所差异。稳态经济增长机制通常对人力资本禀赋、科技水平、企业能力、产业内部组织以及教育体系都有较高的要求。

（二）实证分析

本课题以甘孜州总量经济数据以及甘孜州各县市经济数据为基础，分别用时间序列数据和横截面数据分析甘孜州纵向和横向经济发展情况。这样不仅能总体把握甘孜州经济运行情况，而且能对其各县市经济发展情况做进一步的了解。在分析时分别采用了要素分析、需求分析和主成分分析法。

1. 要素分析

新古典经济增长理论中的柯布－道格拉斯生产函数总体考察资本、劳动力和技术进步对甘孜州经济增长的影响。柯布—道格拉斯生产函数的基本的形式为：

$$Y = A(t)L^\alpha K^\beta \mu$$

式中 Y 是工业总产值，At 是综合技术水平，L 是投入的劳动力数，K 是投入的资本，α 是劳动力产出的弹性系数，β 是资本产出的弹性系数，μ 表示随机干扰的影响，$\mu \leqslant 1$。

为了消除异方差，对模型进一步变换为双对数

即：$\ln Y = \ln A + \alpha \ln L + \beta \ln K + \mu$

基于数据的可得性，本课题选取 2001－2014 年数据对甘孜州经济发展进行分析。其中 Y 为 GDP，采用历年全社会就业人员总数作为劳动量投入指标。投资指标采用全社会固定资产投资额。基本数据如表 2－1 所示：

表 2-1   2001—2014 年甘孜州基本经济数据

年份	GDP（亿元）	固定资产投资额（亿元）	就业人数（万人）
2001	27.57	18.80	50.44
2002	31.33	27.49	50.49
2003	35.23	32.19	51.50
2004	42.10	43.29	54.40
2005	50.05	57.65	58.40
2006	60.02	79.24	55.40
2007	78.87	98.98	58.10
2008	94.01	122.90	62.46
2009	103.15	160.06	61.85
2010	122.83	211.11	63.06
2011	152.20	257.43	66.62
2012	175.02	323.23	64.29
2013	201.22	406.93	65.50
2014	206.81	465.72	65.10

数据来源：历年甘孜州统计年鉴和甘孜州 2014 年国民经济和社会发展公报

运用 Eviews7.2 对模型进行 OLS 回归，结果如下：

$$lnY = -0.1048 + 0.4094lnL + 0.6328lnK + \mu$$

常数项和系数项均通过显著性检验，调整后的可决系数 R^2 为 0.994，α 值为 0.4094，β 值为 0.6328。可以看出，甘孜州近年来经济增长主要由投资资本驱动，在其他条件不变的情况下，全社会固定资产投资每增加 1%，会引起甘孜州经济增长 0.6328%。随着技术进步对经济影响越来越大，劳动力对经济增长的影响变得有限。

2. 需求分析

从支出角度看，GDP 是最终需求——投资、消费、净出口这三种需求之和，因此经济学上常把投资、消费、出口比喻为拉动 GDP 增长的"三驾马车"。通过整理甘孜州 2001 年至 2014 年投资、消费、净出口的数据发现，净出口对于甘孜州经济发展的贡献很小，虽然也在逐年增长，但因其体量太小，几乎可以忽略不计。因此，我们将重点放在投资与消费上。由于甘孜州经济社会发展相对落后，统计资料不太完善，基于数据的可得性，本文主要选取全社会固定资产投资总额、社会消费品零售总额分别衡量投资和消费的总体情况，从图 2-1 可以看出其变动趋势。

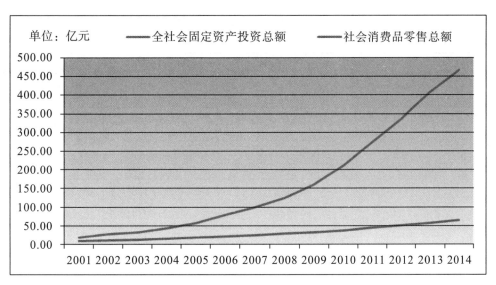

图 2-1 甘孜州投资、消费变动趋势图

数据来源：历年《甘孜州统计年鉴》

从上图可以发现，过去十多年以来，甘孜州投资的增速明显快于消费的增速，对经济增长的贡献率相对较大。在新常态时期，更加注重消费对经济的拉动作用。过去甘孜州消费具有明显的模仿型排浪式特征，随着经济社会的不断发展，个性化、多样化消费渐渐发展起来，并将成为今后消费发展的一个重要方向。

3. 主成分分析

主成分分析法是一种降维分析方法，由英国的皮尔逊首先提出并使用，之后经过众多统计学家的不懈努力逐步发展和成熟起来，是将多个变量通过线性变换以选出较少个数重要变量的一种多元统计分析方法，又称主分量分析。在区域经济中，对特定区域的研究往往需要多个指标进行统计，而这些指标又相互关联，指标变量个数太多就会增加研究的难度和复杂度，而选取的指标太少又不能充分证明结果的可靠性。所以为了用较少的指标变量得到较多的信息完成研究项目，这就需要使用主成分分析法来减少指标变量，用几个关联性不强的综合指标代替，从而使研究过程变得简单而结果保持准确。

研究地区经济发展情况，不能只考虑国民生产总值这单独的一项，还需要其他相关的经济指标形成一个指标体系，才能做出全面的评价。本课题根据甘孜州 2014 年经济统计指标选取了以下 9 个指标的原始数据：GDP、工业增加值、建筑业增加值、人均GDP、城镇化率、全社会固定资产投资、社会消费品零售额、财政一般预算支出、居民储蓄余额，运用 SPSS 20.0 统计分析软件对甘孜州 18 个县市经济指标进行主成分分析。

表 2-2 2014 年甘孜州各县市主要经济指标

单位：万元

地区	GDP	工业增加值	建筑业增加值	人均GDP（元）	城镇化率（%）	全社会固定资产投资	社会消费品零售额	财政一般预算支出	居民储蓄余额
康定市	503027	110305	123161	37793	50.01	1149478	142923.8	189164	423977
泸定县	185265	85787	7821	21101	39.58	328422	194777.8	118490	274482
丹巴县	122056	35806	11262	17462	28.48	167797	36785.6	106652	114442
九龙县	224276	139046	15993	35319	19.56	184685	19072.6	122524	85667
雅江县	89615	1817	33151	17469	20.00	399968	21545.7	108164	54196
道孚县	67558	5236	5064	11915	26.85	97713	16560.7	97297	45248
炉霍县	51628	4285	4227	10778	28.68	76871	20933.9	86949	66116
甘孜县	77035	1980	7462	11021	28.78	155187	43110.9	106590	70164
新龙县	75992	1706	11704	14813	13.62	148812	10389.3	88838	34974
德格县	67218	1328	9774	8021	15.00	77007	15808.9	109200	40688
白玉县	98376	39640	7828	17199	16.00	132141	18827.3	93988	39580
石渠县	70688	980	3907	7228	14.90	83693	24718.5	125508	40963
色达县	56049	1151	5571	9357	20.02	120054	14277.8	101679	86621
理塘县	89579	5021	13571	12688	34.80	150754	39101.2	133452	60644
巴塘县	105752	17726	32861	21066	27.10	350922	32994.4	96528	76248
乡城县	70808	6597	17370	21264	25.89	129038	17563.1	74045	40362
稻城县	55418	1772	12527	17264	22.15	249256	15746.9	126466	46146
得荣县	57787	2239	17301	21724	19.40	134097	9188.5	102727	37593

数据来源：甘孜州统计局提供的 2014 年甘孜州各县主要经济指标

从上表可以看出，康定市作为甘孜州的州府所在地，其各项经济指标都处在全州各县市的前列，经济基础相对较好，其他县无论经济总量上还是人均 GDP 上与康定市都存在较大差距。在多指标评价体系中，由于各评价指标的性质不同，通常具有不同的量纲和数量级。为了保证结果的可靠性，需要对原始指标数据进行标准化处理。将甘孜州 18 个县市的原始指标数据处理后进行主成分分析，分析结果如下：

表 2-3 解释的总方差

成分	初始特征值			提取平方和载入		
	合计	方差的 %	累积 %	合计	方差的 %	累积 %
1	6.576	73.068	73.068	6.576	73.068	73.068
2	0.935	10.384	83.453	0.935	10.384	83.453
3	0.768	8.528	91.981			

成分	初始特征值			提取平方和载入		
	合计	方差的 %	累积 %	合计	方差的 %	累积 %
4	0.385	4.281	96.261			
5	0.204	2.263	98.524			
6	0.091	1.010	99.534			
7	0.022	0.240	99.774			
8	0.017	0.190	99.964			
9	0.003	0.036	100.000			

由表 2−3 可以看出，第一主成分的特征根值为 6.576，方差贡献率为 73.068%，第二主成分的特征根值为 0.935，前两个特征根累计方差贡献率为 83.453%，表明前两个主成分的数值变化可以基本代表前述 9 个原始变量的变化，同时得到主成分载荷矩阵表，见表 2−4。

表 2−4　成分矩阵[a]

	成分	
	1	2
Zscore（GDP）	0.974	0.148
Zscore（工业增加值）	0.765	0.406
Zscore（建筑业增加值）	0.872	0.100
Zscore（人均 GDP）	0.779	0.543
Zscore（城镇化率）	0.796	−0.447
Zscore（全社会固定资产投资）	0.928	−0.007
Zscore（社会消费品零售额）	0.780	−0.436
Zscore（财政一般预算支出）	0.816	−0.064
Zscore（居民储蓄余额）	0.952	−0.221

由表 2−4 可以看出，地区生产总值、全社会固定资产投资、居民储蓄余额在第一主成分上有较高载荷，说明第一主成分基本反映了经济总量指标；人均 GDP 在第二主成分上有较高载荷，说明第二主成分基本反映了人均经济指标。所以提取两个主成分是可以基本反映全部指标的信息。

此外，甘孜州各县市城镇化率相对偏低，消费对经济的拉动作用还不够显著，这些都整体制约了甘孜州各县市经济的发展。

（三）新常态时期甘孜州经济发展动力影响因素分析

1. 投资仍是甘孜州经济发展的重要动力

甘孜州经济受投资推动明显，投资仍是甘孜州经济发展重要动力。从投资需求看，经历了 30 多年高强度大规模开发建设后，传统产业相对饱和，但基础设施互联互通和一些新技术、新产品、新业态、新商业模式的投资机会大量涌现，对创新投融资方式提出了新要求，必须善于把握投资方向，消除投资障碍，使投资继续对经济发展发挥关键作用。前文通过生产函数分析以及主成分分析，我们发现投资在甘孜州经济增长中起着不可替代的作用，相较于其他地区，甘孜州由于经济发展起步晚、水平低，经济发展阶段具有滞后性，很多地区的基础设施较为落后，严重制约了甘孜州经济社会的发展。加大以基础设施建设为主的投资力度仍然是甘孜州今后要坚持的方向，但是，由于经济发展进入新常态，投资规模和增速不可能像过去一样保持高速增长，因此，提高投资质量、统筹全局、合理引导投资方向非常重要。

2. 经济发展对劳动力数量要求降低，对劳动者技能要求提高

劳动力总量因素已不是经济发展的重要影响因素。伴随着科学技术的发展，现代经济发展对劳动力数量要求降低，对劳动者技能要求提高。甘孜州地处川西高原，是少数民族聚居区，受制于自然环境和历史文化影响，甘孜州劳动者平均受教育年限较低，高素质的劳动者偏少。同时，甘孜州专业人才量少质弱、青黄不接，已成为制约经济和社会发展的最大瓶颈。在产业转型升级的背景下，本地劳动者需适应新形势，接受职业技能培训，为甘孜州迎接产业转型升级、经济社会的可持续发展提供人才保障。此外，甘孜州近年来也非常重视引进高素质人才，给予了一系列优惠政策，也有益推动了甘孜州的人才队伍建设。

3. 旅游业正成为经济增长的助推器

旅游业正成为甘孜州经济发展的"助推器"、群众增收的"摇钱树"。2014 年，甘孜州以全域旅游统筹城乡发展，大力实施旅游优先发展、全域发展，实施旅游精品战略。投资 40.83 亿元，实施旅游"十大工程"，建设重点项目 16 个。制定幸福美丽示范新村旅游导则，实施乡村旅游"提升行动"，稻城、乡城乡村旅游示范县和海螺沟创建5A 级景区实施方案通过省级评审。全年接待游客 801.43 万人次，实现旅游综合收入83.3 亿元，分别增长 25.60% 和 24.90%，创历史新高。在旅游业加快发展的带动下，第三产业实现增加值 78.13 亿元，增长 6%，第三产业比重较 2013 年提高 1.4 个百分点。发展旅游业是甘孜州产业发展路径的最优选择，发展旅游业能带动包括餐饮、文化娱乐等服务业的发展，对拉动就业、增加群众收入、增进民族团结、实现社会稳定都大有裨益。发展旅游业是甘孜州实现跨越式发展的重要机遇和选择。

4. 新型城镇化是推动新常态经济发展的内部动力

新型城镇化为甘孜经济发展搭建新平台，将成为甘孜经济发展的内部动力。新型城镇化不是简单的城市人口比例增加和面积扩张，而是产业支撑、人居环境、社会保障、生活方式等由"乡"到"城"的转变。2014 年，甘孜州的城镇化率为 26.87%，与全省、全国都有较大差距，说明甘孜州城镇化的空间还很大。新型城镇化是以人为核心的城镇化，对经济持续增长的贡献将不可限量，一方面，新型城镇化必将带来较大规模的投资需求，带动包括交通、教育、医疗等方面的需求，进一步扩大内需。另一方面，新型城镇化必须建立在坚实的实体经济基础之上，必须以产业为支撑，通过产业发展创造

就业岗位，推进城镇化的合理分布。甘孜州现有经济增长原动力主要依靠资源密集型产业和投资驱动，随着新型城镇化的不断推进，结合自身资源优势，甘孜经济将健康可持续发展。

5. 创新驱动将成为经济发展的新引擎

实施创新驱动发展战略，提高经济增长的质量和效益、加快转变经济发展方式。2014 年，党中央、国务院将"大众创业、万众创新"定义为中国经济转型升级的新引擎，在"互联网＋"时代，甘孜州各级各部门紧紧围绕加快实施创新驱动发展战略，主动适应经济发展新常态，实施创新创业甘孜行动，有效整合资源，集成落实政策，完善服务模式，培育创新文化，激发全社会创新创业活力，搭建创新创业转化孵化平台，构建创新创业生态体系，形成想创、会创、能创、齐创的生动局面，实现新增长、扩大新就业，促进全州经济平稳健康发展。近年来，甘孜州大力推进"飞机＋X"产业发展新模式，科技投入的放大效应日益明显，科技合作的开放度进一步提升，科技支撑产业发展创造了亮点，这些都是驱动甘孜经济发展新的引擎，也是今后甘孜州需要长期坚持的发展路径。

三、新常态时期甘孜经济增长面临的机遇与挑战

（一）甘孜经济增长面临的机遇

1. 中央民族工作会议精神

支持民族地区加快经济社会发展，是中央的一项基本方针。2014 年 9 月 28 日至 9 月 29 日，中央民族工作会议暨国务院第六次全国民族团结进步表彰大会在北京举行。这次会议的主要任务是：准确把握新形势下民族问题、民族工作的特点和规律，统一思想认识，明确目标任务，坚定信心决心，提高做好民族工作能力和水平。会议指出，要加强基础设施、扶贫开发、城镇化和生态建设，不断释放民族地区发展潜力。要大力发展特色优势产业，增强民族地区自我发展能力。要以推进基本公共服务均等化为重点，着力改善民生。甘孜州是新中国成立以来全国建立的第一个地区级民族自治地区，是我国第二大藏区。甘孜是中央推行民族工作的先行区和示范区，甘孜经济社会的发展关系到民族自治地区的繁荣稳定。坚持中国共产党的领导，深入贯彻落实中央民族工作会议精神，充分把握党和国家给予的政策优惠，做好模范带头作用，引领藏区经济再发展。

2. 国家、省重大改革的深入推进

把握深化改革，释放制度红利的机遇。十八届三中全会通过的《中共中央关于全面深化改革若干重大问题的决定》，深刻剖析了我国改革发展稳定面临的重大理论和实践问题，阐明了全面深化改革的重大意义和未来走向，提出了全面深化改革的指导思想、目标任务、重大原则。其中加强社会主义民主政治制度建设，坚持和完善民族区域自治制度是重要内容。我国工业化、信息化、城镇化、市场化、国际化不断推进，国家综合实力不断增强，正从经济大国走向经济强国，国内发展形势对甘孜发展趋势向好。特别是国家和四川省出台了一系列支持藏区发展的重大政策措施，投资力度不断加大，产业

政策更加倾斜；深入实施第二轮西部大开发，更加注重推进区域协调发展，更加注重扩大内需，更加注重消费需求，更加注重绿色发展；深刻调整经济结构、强力转变发展方式，西部地区面临承接产业转移、构建现代产业体系的有利时机，这些都为甘孜新常态时期经济健康发展提供了历史性机遇。

3. 长江经济带发展战略

甘孜地处长江之源，将充分利用长江经济带的发展契机。2014 年 9 月 25 日，国务院发布了《关于依托黄金水道推动长江经济带发展的指导意见》。同年 11 月，中央经济工作会议把长江经济带与一带一路、京津冀协同发展并列为当前推进的三大战略。随着长江经济带上升为国家战略，长江流域的交通一体化、市场一体化为该地区少数民族经济发展带来重大机遇。甘孜州经济发展水平较低，可利用长江源头的战略优势，抓住发展机遇，充分发挥本地区自身的比较优势，进一步优化产业结构，不断提升经济发展总体水平，改变经济发展落后的面貌。

4. 积极培育新的经济增长点

在多点多极支撑发展战略与全域旅游战略的背景下，优先发展旅游业。2013 年 2 月 19 日，四川省委常委会会议讨论了《中共四川省委四川省人民政府关于实施多点多极支撑发展战略的指导意见》，指出实施多点多极支撑发展战略，是新的发展条件下四川省推动科学发展、加快发展的重大举措，是促进全省区域协调发展、同步全面建成小康社会的必然选择，对于实现经济大省向经济强省跨越具有重大意义。2014 年 12 月 18 日至 19 日，四川省委经济工作会议召开，此次会议明确提出，今后要把旅游业放在更加突出的位置来抓。积极打造中国最美藏区，加强省内外旅游交流合作，联合打造省际旅游线路，加快构建川藏旅游经济走廊，与云南、西藏共同推出中国香格里拉旅游线。甘孜州位于川西高原，旅游资源是甘孜州最大的优势，是甘孜州跨越发展的最大资本，被世界旅游组织定位为中国推向世界的自然生态旅游和康巴文化旅游目的地。旅游业也成为甘孜州经济发展的助推器，成为甘孜州的战略支柱产业。

（二）甘孜州经济增长面临的挑战

1. 经济减速不减势，下行压力大

新常态的首要特征是经济从高速增长转为中高速增长。2011 年至 2013 年，甘孜州地区生产总值增速保持在 12% 以上，2014 年，受频繁的自然灾害的影响，甘孜州经济发展较为困难，全年经济增速 4.2%，远低于全省平均水平，经济下行压力加大。不过自 2013 年推出全域旅游发展战略以来，甘孜州产业培育取得新进展，旅游业成为甘孜州经济增长的助推器，今后将重点发展生态旅游、生态农业、生态能源等产业，实现甘孜州经济社会的可持续发展，为实现建设美丽生态和谐幸福新甘孜不断探索与奋斗。

2. 社会投资缺乏，投资增量有限

进入新常态，甘孜州社会投资缺乏，投资增速放缓。2011 年至 2013 年，甘孜州全社会固定资产投资增速都保持在 20% 以上，增速快，充分发挥了投资对经济社会发展的支撑作用。2014 年，甘孜州不断加大投资调控力度，投资规模逐步扩大，全社会固定资产投资达到465.72亿元，比上一年增长14.4%，增速放缓。从投资的产业结构上看，主要投向了以水电开发和电网建设为龙头的第二产业和以交通建设和民生及社会事业项目为主的第三产业。虽然总体上呈现出良好运行态势，但在投资增长中也存在一些问题。如交通投资进度趋缓、矿产投资未达到预期效果、新开工项目入库管理重视度不高、前期工作重视度不够、投资增量有限等。

3. 产业结构调整受资源、环境约束明显

甘孜州经济发展受资源、环境约束明显，产业结构的调整亦是如此。甘孜州位于四川省西部，青藏高原东南缘，地势高亢，气候以高原气候为主，地处长江、黄河的源头地区，天然草原面积占总面积的61.7%，畜牧业是传统优势产业，同时，甘孜州能源矿产资源丰富，为经济的发展提供了良好的基础条件，但是随着经济社会的不断发展，传统的粗放式经济发展模式已经不适合新常态下甘孜州经济的发展，产业结构调整势在必行。但由于资源、环境的约束，甘孜州不可能走其他市州的发展道路，产业结构的调整需要结合自身实际进行。2013年，甘孜州结合自身比较优势，提出了全域旅游的发展战略，着力将旅游业打造为战略支柱产业，为甘孜州经济社会的发展找到了新的方向和动力。此外，传统畜牧业、采矿业也面临着转型和调整，和藏区文化相结合，因地制宜地发展现代畜牧业、采矿业、民族文化产业和藏医药业，走可持续发展之路是转型的方向。

4. 旅游支柱产业品牌缺失

甘孜州旅游产品在旅游市场上缺乏号召力、影响力，旅游品牌建设不足。品牌是市场经济发展的产物，是自主创新的结晶，是质量和信誉的载体，反映着一个国家、地区和产业的技术发展水平和综合竞争能力。甘孜州发展旅游产业具有得天独厚的优势，但由于其起步晚、基础设施落后等原因使得其与周边的西藏、云南甚至阿坝州都有不小的差距。虽然全域旅游战略的实施与推广使得甘孜州的一些旅游资源与品牌逐渐被人们所熟知，但比起旅游发展成熟地区，品牌的推广度、熟知度差距比较明显。而品牌建设有利于优化旅游资源配置，扩大旅游产业的无形资产和旅游服务的增值空间，还可以延伸旅游产业链条，拓展市场发展空间。甘孜州有很多精品旅游资源需要加强品牌建设，加大宣传推广力度，让旅游业真正成为甘孜州经济社会发展的助推器。

四、甘孜州经济增长新动力发展路径

新常态下，甘孜州发掘经济增长新动力路径，必须着力推进改革、开放、创新三项关键任务。改革为开放和创新营造体制条件，开放为改革和创新拓展经验借鉴，创新为改革和开放提供实践的基础，三者相互关联、互为支撑，是实现全州经济新常态发展目标的必然选择。

（一）以产业转型升级为主攻方向，构建优势特色产业新体系

经济理论和实践表明，随着人均收入的提高，第三产业的比重会上升，产业结构的高级化是普遍的规律。结合甘孜实际州情，推进全州产业链向中高端迈进，将以产业转

型升级为龙头，构建优势特色产业新体系。

1. 转变农牧业发展方式，提升生态农牧业生产率和产业化水平

结合国家、省、州对主体功能区规划的要求，以农业增效、农民增收为核心，以科技进步为支撑，推进农业结构调整，加快构建现代农业产业体系和产业化水平，促进农牧产品深加工，推进生态特色效益农牧业发展，积极建设生态经济强州和特色农牧业产业高地。坚持多渠道争取和整合建设资金，加大对农业基础设施建设的投入，改善农业生产条件。优化农业产品结构，以青稞、马铃薯、优质牦牛和优质藏羊为重点，推进特色农畜产品生产基地建设，大力发展特色林业、林下经济。培育和引进龙头企业，提高产业化经营水平，推进研发、加工、销售一体化，增强龙头企业对农业产业化的带动能力。

2. 抓住机遇，着力完善清洁能源产业体系

把握国家加快水电开发的机遇，依托甘孜州丰富的生态能源资源，创新水电开发机制，加快干流电站建设，合理开发中小流域水电，在保护生态和做好移民安置工作前提下，构建以水电为主的生态能源产业，同时积极开发太阳能、风能、地热资源等新能源。

3. 突出文化特色，培育甘孜现代生态文化旅游产业新体系

加快甘孜全域旅游战略的实施和全国民族地区全域旅游试验区的创建。充分利用甘孜独特稀缺的生态文化旅游资源，突出"锅庄文化""茶马文化""格萨尔文化"和"情歌文化"特色，统筹交通基础设施建设，优化空间发展布局。实施文化旅游品牌战略，构建生态文化旅游产业链，把甘孜建成世界级生态旅游目的地，把生态文化旅游产业培育为富民产业和战略性支柱产业，成为全州经济发展新增长极，将甘孜州建设成西部生态文化旅游经济强州。

4. 坚持保护与开发并重，有序开发优势矿产业

以矿产资源合理利用与保护为主线，正确处理代内与代际公平、资源开发与环境保护的关系，充分发挥市场配置资源的基础性作用，加强矿产资源勘查开发宏观调控，统筹安排矿产资源勘查、开发、利用与保护的任务。进一步加大矿产资源勘探力度，扩大矿产资源采选规模，增加采选品种，提高资源综合利用效率，做大做强优势矿业，提升优势矿业对全州经济社会发展支撑能力。

5. 依托科技创新，推进特色汉藏药业规模化发展

以种植基地化、生产规范化、制药现代化、药品标准化、产品品牌化、市场国际化，形成药材种养、药品生产加工、服务商贸相互衔接的产业链，培育甘孜汉藏药特色产业。

（二）实施创新驱动发展战略，建设藏区创新创业基地

新常态时期，旧常态依靠大规模投资驱动的高速增长已经不能维持，必须找到新的增长动力。努力转变经济发展方式，创新驱动，优化结构，提高效率是其中的关键。在

经历了生产要素驱动、投资驱动发展阶段后，经济增长必须让创新成为驱动发展新引擎。

1. 创新引领甘孜产业结构优化升级

实施创新驱动发展战略是新常态时期推进甘孜州经济发展方式转变和经济结构调整的核心。甘孜将着力打造若干具有创新示范和带动作用的区域性创新平台，激发全民创新创业创造的能力。在新常态时期推进创新必须落实到创造新的增长点上。实施创新驱动战略，落实创新活动的全面化和创新成果的产业化，需要技术创新和金融创新"双轮驱动"，需要展开新一轮的创业创新浪潮。

2. 借力"互联网＋"推进藏区电子商务发展

以促进优质特色农牧产品网上销售为工作重点，全力推进藏区乡村电子商务建设。近年来电子商务、互联网技术、金融创新、物流新业态不断出现，传统的市场竞争格局、经营模式出现了重大变化，市场进入的门槛低、交易成本低，方便业主也方便客户。甘孜可借助这些优势推进全州中小企业、农牧民新一轮创业潮，提高就业水平提高，活跃市场主体，促进经济增长。

3. 加强科技文化下乡和创业就业指导

切实加强对藏区群众的技能培训，推动以科技创新为核心的全面创新，增强科技进步对经济增长的贡献度，全面激发农牧民群众勤劳致富的动力。加强创业就业指导，为群众提供政策咨询、岗位信息等免费就业指导服务，对符合条件的自主创业藏区群众发放创业补贴。

4. 运用创新开放思维和模式推进高原藏区生态产业基地建设

产业基地是多重发展要素的聚集之处，经济、技术、人才、管理、贸易、市场、利益等在此交融。甘孜整体是个经济欠发达地区，需充分发掘经济运行要素之间、产业之间、行业之间、企业之间、城乡之间的互补互利性功能，重视和开发上游产业与下游产业之间、中间产品与前后两端、生产环节与流通环节之间、工业基地与农业基地之间、内向产业与外向产业之间等的互补互利关系，促进产业基地升级。适应经济新常态变化，树立新的产业基地建设理念，整合资源要素，重视产业基地的保护，进行管理创新，推进高原藏区生态特色产业园区和特色小镇建设。

（三）以深化改革来释放红利，建设统筹城乡改革发展的藏区新型城镇化示范区

1. 以人为本，大力推进集约、低碳、绿色、智能的藏区新型城镇化

藏区新型城镇化就是探索一条适合高原藏区要素禀赋特征的集约、低碳、绿色、智能的新型城镇化之路。严格遵循国家主体生态功能区定位，坚持"以人为本，公平共享，协调发展，良性互动"的发展理念和原则，坚持"三化联动"的发展主线，按照"一切为了人，为了一切人，为了人的一切"，以生态特色产业为支撑，优化城镇体系结构，促进当地就业，通过文化教育、医疗卫生和社会保障的社会事业的快速发展，建立惠及全民的基本公共服务体系，有序推动农牧民向居民的转移转化，人民群众安居乐

业，强调宜居宜游宜业。

2. 以新型城镇化为平台，重点推进民生、土地、文化等配套改革

将甘孜新型城镇化作为与生态特色产业协调发展的重要载体和多项配套改革的平台，推进产业发展围绕城市繁荣而壮大，推进与事关百姓福祉的户籍、土地、金融、卫生、文化等改革迈出实质性步伐，解决当前民生问题，用民治、民有、民享的成果，建设产业互补、生态低碳、科学智慧、文明和谐、社会公正、城乡共荣的生态甘孜州。

3. 实施非均衡发展战略，引导形成"产村融合"发展模式

甘孜州全域幅员辽阔，人民群众居住分散，必须坚持走特色化城镇发展之路，优化城镇布局，健全城镇体系，提升城镇承载功能，培育城镇经济，增强城镇辐射带动能力，加快推进城镇化进程，促进工业化与新型城镇化互动协调发展，形成"产村融合"发展模式。

五、培育新常态时期甘孜州经济增长新动力的对策建议

（一）认识、适应、引领新常态，建设绿色低碳的生态甘孜州

"新常态"关键在"新"，甘孜州经济发展必须从传统动力切换到新动力，即依靠改革创新带来的"制度红利"。甘孜州经济社会发展起点低、起步晚、基础差、底子薄，要全面建成小康社会，没有一定的发展速度不行。适应经济新常态，甘孜州既要加快发展，更要注重发展的质量和效益。在全面深化改革的背景下，甘孜州在新型城镇化、生态文化旅游产业、现代生态农牧业、清洁水电业、优势矿产业、特色汉藏药业、国企改革等重点领域将持续稳步推进改革。适应经济新常态，在落实对口支援项目的同时，甘孜州需注重"市场推动"和"金融撬动"的作用。同时，坚守环保安全红线，严禁破坏生态环境的企业向甘孜州转移，建设绿色、低碳的生态甘孜州。

（二）构建完善城乡基础设施，拓展区域发展空间

随着国家实施西部大开发等战略以来，中央不断加大对藏区基础设施建设的推进力度，特别是近年来随着甘孜州交通攻坚战的完成，甘孜州群众生产生活环境日益改善，大大增强了甘孜州人民奔小康的能力与信心。

（三）实施创新驱动，新兴产业与传统产业并重

经济新常态下，如何在改造提升传统产业的同时，大力发展新兴产业，成为甘孜州关注的热点。新常态时期，新兴产业和新兴业态是竞争高地。甘孜州要积极挖掘传统优势产业的转型升级，将清洁能源产业、生态文化旅游产业、生态农牧业、优势矿产业、汉藏药业培育成主导产业；制定"互联网+"行动计划，因势利导，进行藏区群众创业技能培训，发展众创空间，为产业创新加油助力。

（四）建立生态补偿修复机制，处理好发展与保护之间的关系

建设绿色低碳、持续发展的生态甘孜是立州之本。生态补偿修复机制正是以保护生

态环境、促进人与自然和谐为目的，根据生态系统服务价值、生态保护成本、发展机会成本，综合运用行政和市场手段，调整生态环境保护和建设相关各方之间利益关系的环境经济政策。甘孜州将充分利用国家推进主体功能区建设，省州争取实施《青藏高原东南缘——川西北地区生态环境保护与建设规划》的重要机遇，大力实施生态建设与环境保护工程，强化资源开发中的环境保护工作，建立健全生态补偿修复机制，建立完善生态环境保护补助奖励政策，提高生态产品供给能力，促进经济、社会、资源、环境相互协调发展。

新常态时期是甘孜州全面推进生态文明建设、实现持续健康发展的重要战略机遇期，基础设施等瓶颈制约因素有效改善的攻坚期，优势资源可持续开发的推进期，经济增长方式和经济结构调整的转型期，公共服务能力的提升期，社会管理体制的创新期和全面建设小康社会的关键期。科学发展、产业转型升级将对环境保护和生态建设工作提出更高的要求，需要全面控制污染和持续改善生态环境，实现甘孜州经济发展与人口资源、环境的和谐相处。切实治理污染和破坏生态环境的行为，绝不以污染环境为代价来求得一时的发展，特别是要处理好经济社会发展和生态文明之间的关系，推动构建更加科学合理的城镇分布格局、产业发展格局、生态安全格局，确保生态文明建设取得更大的成效，保护好甘孜州良好的生态环境，为全国生态文明建设作出示范和表率。

（五）建立健全公共服务体系，让城乡居民享受均等化公共服务

建立和完善覆盖城乡、功能完善、分布合理、管理有效、水平适度的基本公共服务体系，增强公共产品和公共服务供给能力，使甘孜人民群众更好地共享改革开放的成果，是新常态时期一项常抓不懈的民生工程。建立健全基本公共服务体系，促进基本公共服务均等化，实现社会保障全覆盖，真正让全州农牧民群众住上好房子、过上好日子、养成好习惯、形成好风气，对于加快甘孜州实现新常态时期顺利转型升级、持续健康发展和长治久安，具有十分重要的意义。

甘孜州经济发展相对滞后，作为全国14个集中连片特困地区之一和全省扶贫攻坚"四大片区"的重要组成部分，是全国、全省扶贫攻坚的主战场。全州贫困"量大、面广、程度深"的状况还未根本改变，脱贫致富的基础还十分脆弱，离"精准发力"工作要求还有较大差距，统筹协调还存在薄弱环节。新常态时期，要坚持问题导向，针对甘孜"行路难、用电难、饮水难、住房难、增收难、通讯难、就医难、就业难、上学难"等最突出的民生难题，围绕精准识别、精准帮扶、精准管理展开。在精准帮扶方面，做到结队帮扶、产业扶持、农村危房改造到村到户、扶贫生态移民到村到户、基础设施到村到户。到2020年实现全州农牧民人均纯收入比2010年翻一番，农牧区贫困人口全部脱贫，1360个贫困村全部"摘帽"，全面消除绝对贫困。

（六）强化保障措施，确保经济增长新动力持续发力

从资金保障看，结合甘孜州实际情况，新常态时期仍需重视投资对经济增长的拉动作用，保持投资持续快速增长，确保社会固定资产投资规模适应经济发展的要求。抢抓发展机遇，积极争取中央、省、州及对口支援资金支持；充分利用优势资源，发挥市场

机制作用，强力吸引社会资金；加强银企、银政合作，建立完善投融资平台；放宽民间投资市场准入范围，创新投资方式，增强投资内生动力。

从人才保障看，甘孜州工作艰苦，对高素质的专业技术与管理人才吸引力差，建议甘孜进行人才发展战略规划，并结合甘孜州实施"一村一大"村干部政策和人才扶贫计划，倾斜引进支柱产业急需专业人才，制定人才引进和培育政策，以优惠政策从全国、全省引进清洁能源、生态文化旅游、生态农牧业、优势矿业、汉藏药业等方面的专业技术人才。

从科技保障看，科技兴州是甘孜州新常态时期依靠创新驱动发展的基本策略。经济发展支柱产业的技术引进、创新与研究，是甘孜提升竞争力的重要保障。大力引进先进信息技术，建设智慧甘孜，尤其是积极推进甘孜智慧旅游的发展，有效解决当前甘孜旅游业经营管理效率较低、信息传递不畅、信息共享水平低等问题。重视甘孜产业科研软投入，增进与科研院所合作，展开甘孜资源及产业发展专题科学研究及规划。引进高新的资源利用工艺和环境污染整治设备，做到在甘孜经济发展和资源开发过程中资源和环境得到保护和改善。

新常态下凉山州经济发展新动力研究

与我国总体情况相似，当前凉山州的经济发展已进入新常态。在此背景下，凉山州应立足其相对特殊的发展阶段和区域禀赋，积极创造和吸收有利条件来探索推动经济发展的新动力。本文基于对凉山州经济发展基本形势、禀赋条件、外部环境的分析，探讨了新常态下凉山州经济发展的新动力及相关问题，并提出建议。

一、凉山州经济发展特征及新常态的影响

（一）凉山州经济发展的主要特征

1. 经济规模稳步增加，增长速度先升后降

1990 年以来，凉山州经济规模稳步增加，在四川省内的地位也有所上升。据统计，1990 年凉山州地区生产总值仅为 32.93 亿元，在全省排在第 12 位，占四川省地区生产总值的 3.7%；到 2013 年凉山州地区生产总值已达到 1214.4 亿元，在全省排位上升至第 7 位，占四川省地区生产总值比重也小幅上升至 4.62%（见表 1），到 2014 年凉山州地区生产总值进一步增加至 1314.3 亿元。

在经济规模持续增加的同时，凉山州经济增速呈先升后降的变动态势。从 1990 年到 2010 年，凉山州地区生产总值增速由 5.71% 上升至 17.5%，累计增加约 11.79 个百分点，与四川省地区生产总值增速比较由低于其 3.39 个百分点变化到高于其 2.4 个百分点；地区生产总值增速在全省排位由第 12 位升至第 1 位，在 2010 年凉山州成为全省经济增速最快的市（州）。然而，伴随经济环境的变化，凉山州经济增速出现下滑，到 2013 年地区生产总值增速降至 10.2%，在全省排位也骤降至第 17 位（见表 1）；到 2014 年地区生产总值增速进一步下降至 8.5%。

表 1　凉山州经济规模和增速情况（选择年份）

年份	凉山州地区生产总值			凉山州地区生产总值增速		
	地区生产总值（亿元）	全省排序 —	占四川省比重（%）	地区生产总值增速（%）	全省排序 —	四川省地区生产总值增速（%）
1990	32.93	12	3.70	5.71	12	9.1
2000	144.87	9	3.69	8.31	6	8.5

续表

年份	凉山州地区生产总值			凉山州地区生产总值增速		
	地区生产总值（亿元）	全省排序—	占四川省比重（%）	地区生产总值增速（%）	全省排序—	四川省地区生产总值增速（%）
2010	784.19	7	4.56	17.5	1	15.1
2013	1214.4	7	4.62	10.2	17	10

数据来源：《四川经济社会发展60年》和历年《四川统计年鉴》。

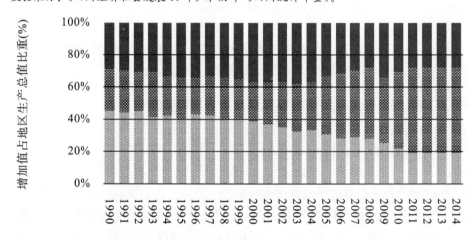

图1　凉山州产业结构变动情况（1990～2014）

数据来源：《四川经济社会发展60年》和历年《四川统计年鉴》。

2. 二产比重显著提升，产业结构逐步优化

总体而言，凉山州产业结构逐步优化。1990年到2014年，凉山州第一产业增加值占地区生产总值比重呈下降态势，由期初的45.16%逐步降至期末的19.27%，累计下降约25.8个百分点；第二产业增加值占地区生产总值比重则有所提升，由期初的26.57%逐步提升至52.76%，累计上升约26.19个百分点；第三产业增加值占地区生产总值比重先升后降，1990年为28.27%，最高升至2003年的37.35%，到2013年又降至27.97%。需要说明的是，2003年以后凉山州第二产业发展提速，第二产业所占比重显著提升，这也导致第三产业增加值占地区生产总值比重被挤压而下降（见图1）。

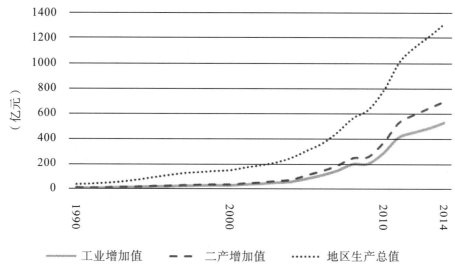

图 2　凉山州工业、第二产业增加值和地区生产总值变动情况（1990～2014）

数据来源：《四川经济社会发展 60 年》和历年《四川统计年鉴》。

3. 经济依赖工业拉动，第三产业贡献有限

凉山州第二产业的快速发展与工业发展密不可分。自 2003 年凉山州委、州政府首次提出"工业兴州"的发展思路起，凉山州工业发展步入快车道（见图 2）。2003 年到2014 年，凉山州工业增加值由 51.06 亿元快速增加至 530 亿元，11 年间累计增加约9.37 倍；同期，工业增加值占第二产业比重虽小幅下降（由 81.59％下降至 76.43％），但工业增加值占地区生产总值比重却有较大提升（由 24.76％上升至 40.33％）。

从对经济增长的贡献来看，凉山州经济增长对第二产业特别是工业发展的依赖较重。如表 2 所示，2005 年到 2012 年，凉山州第二产业对经济增长的贡献率基本保持在60％至 75％之间，其中 2005 年低于 60％（59.7％），而 2010、2011 年分别高达 74.1％和 73.4％，2014 年为 69.1％；同期，凉山州工业对经济增长的贡献率基本保持在 47％至 61％之间，其中 2005 年和 2012 年最低（47.2％），2008 年达到 59.1％，2014 年达到 60.5％。

与第二产业相对应，凉山州第三产业发展对经济增长的贡献却有限，虽然贡献率在2009 年超过 30％达到 32.3％，但其他年份都仅维持在 20％至 27％之间，2014 年为 21.6％。

表 2　凉山州三次产业对经济增长的贡献（2005～2012，2014）

年份	对经济增长的贡献率（％）			
	第一产业	第二产业	工业	第三产业
2005	15.4	59.7	47.2	24.9
2006	12.2	61.4	47.5	26.4
2007	13.4	60.0	56.2	26.6
2008	9.4	65.2	59.1	25.4

续表

年份	对经济增长的贡献率（%）			
	第一产业	第二产业	工业	第三产业
2009	7.1	60.6	52.3	32.3
2010	5.1	74.1	54.4	20.8
2011	6.3	73.4	52.7	20.3
2012	6.6	69.3	47.2	24.1
2014	9.3	69.1	60.5	21.6

数据来源：历年《凉山州国民经济和社会发展统计公报》。

4. 民营经济稳健发展，经济贡献总体稳定

从不同所有制性质观察经济发展，凉山州的民营经济发展稳健，其对经济增长的贡献也基本稳定。2005年到2014年，凉山州民营经济增加值由129亿元持续增加至747.4亿元，增加值占地区生产总值比重由43.0%持续上升至56.87%，发展趋势良好。同期，凉山州民营经济对经济增长的贡献率则围绕60%左右波动，但波动幅度较小（见表3）。

需要说明的是，尽管凉山州民营经济发展稳定，但与其他市州或全省相比仍有发展空间。2012年凉山州民营经济占地区生产总值比重在全省各市（州）中仅排在第14位（眉山市62.38%排在第1位，成都市58.51%排在第5位），同年四川省民营经济占地区生产总值比重和对经济增长的贡献率分别为58.96%和68.3%，分别较凉山州高3.36个百分点和4.1个百分点。

表3 凉山州民营经济发展情况（2005～2012，2014）

年份	凉山州民营经济		
	增加值（亿元）	增加值占地区生产总值比重（%）	对经济增长的贡献率（%）
2005	129.0	43.0	56.2
2006	160.7	44.7	57.5
2007	211.2	46.9	62.6
2008	274.0	48.8	58.6
2009	316.9	50.5	62.9
2010	417.1	53.2	65.3
2011	551.2	55.1	64.4
2012	624.7	55.6	64.2
2014	747.4	56.9	65.7

数据来源：历年《凉山州国民经济和社会发展统计公报》。

5. 投资总额增势强劲，消费市场逐步繁荣

在西部开发和工业拉动的经济环境及发展思路下，21世纪初起凉山州的固定资产

投资总额增势强劲。2000 年凉山全社会固定资产投资总额仅为 35.34 亿元，到 2014 年已经增加至 1045.9 亿元，累计增加约 28.6 倍。从投资构成来看，凉山州第二产业投资额占固定资产投资总额比例较高，2010 年第二产业投资占固定资产投资总额比例接近七成（69.63%），2014 年有较明显下降，但当年第二产业投资占固定资产投资总额比例也超过五成（51.12%）。

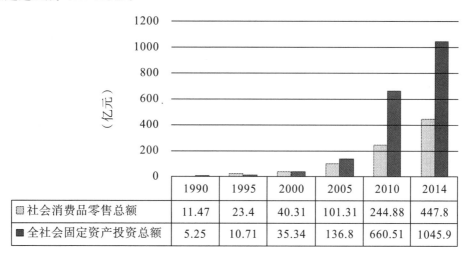

图 3　凉山州社会消费品零售和固定资产投资总额变动情况（选择年份）

数据来源：《四川经济社会发展 60 年》和历年《四川统计年鉴》。

与固定资产投资的巨量增长不同，凉山州社会消费品零售总额的增速相对平缓，城乡消费市场逐步繁荣。2000 年到 2014 年，凉山州社会消费品零售总额由 40.31 亿元逐步增加至 447.8 亿元，累计增加约 10.12 倍。此外，凉山州城乡消费品零售总额的差距有所扩大。2005 年到 2014 年凉山州城镇和农村社会消费品零售额分别由 68.71 亿元和 32.6 亿元增加至 331.3 亿元和 116.5 亿元，城乡社会消费品零售额比例由 2.12 上升至 2.84。

（二）新常态下凉山州经济发展动力切换的必要性

2014 年以来，习近平总书记基于经济规律和国内、国外发展大势作出了我国经济发展进入新常态的重大战略判断。具体而言，我国经济发展正面临着增长速度下降、发展方式转变、结构调整压力加大、发展动力切换这四个方面的转换。

新常态是由现阶段我国经济发展的阶段性特征所决定的，这不仅是国家层面需要应对的现实，新常态下各地区的区域经济发展也都需要正确面对上述四个方面的转变。2014 年 12 月四川省委经济工作会议提出全省"要主动适应经济发展新常态"，2015 年 1 月的凉山州委经济工作会议和 2015 年 2 月的凉山州政府工作报告分别指出要"做好新常态下的全州经济工作"和"既要有定力保持经济平稳增长，又要有耐力经受结构调整的阵痛"。可见，无论四川省还是凉山州，其经济发展也都与全国一样步入新常态，如何正确看待这一不可避免的发展趋势以及如何转化有利条件来探索新的发展动力，成为当前区域经济发展的关键。

尽管新常态意味着宏观经济系统出现较大的调整压力,但经济发展并非将无可作为。中央强调,在新常态下要以提高经济发展的质量和效益为中心;四川省则进一步强调要冷静理性看待新常态下经济增速的变化,坚持发展并主动作为,加快转型和结构调整,挖掘潜力并积极发现培育新的增长点。2015年1月凉山州委经济工作会议则认为,凉山州的政策机遇优势叠加,产业特色优势鲜明,投资潜力优势巨大,资源比较优势突出,在新常态下仍有较大的发展机遇,并且提出要保持较高增速、提高经济发展质量和效益以及培育新的增长点。

新常态是我国经济长期高速增长的结果,也是经济规律下我国经济发展进入的一个新时期,它带来挑战的同时也倒逼着经济系统加速调整和转型,凉山州目前的经济发展特征决定了其在新常态下经济发展动力切换的必要性。

第一,凉山州经济发展表现出对工业发展以及投资较重的依赖,2005年以来凉山州工业对经济增长的贡献率围绕50%左右波动,固定资产投资总额更是自2005年前后开始显著增加,其中对包括工业在内的第二产业投资占比很高(2005年为66.7%,2012年为68%)。工业和投资在推动经济增长中的积极作用毋庸置疑,但在区域经济健康可持续发展的要求下应充分考虑对工业和投资过度依赖而可能产生的风险。

第二,凉山州第三产业和民营经济则仍有较大发展空间,一是凉山州第三产业占比仅为28%(我国2014年48.2%,发达国家平均70%左右),第三产业对经济增长的贡献多年维持在20%左右;二是凉山州目前民营经济比重和对经济增长的贡献与全省平均水平相比还有差距。从经济增长效率角度来看,第三产业和民营经济有较大发展潜力表明其有可能逐步在推动经济增长中扮演更为重要的角色。

第三,凉山州在四川省总体发展中还承载一定的生态功能,2013年的《四川省主体功能区规划》将大小凉山作为水土保持和生物多样性功能区而限制开发。由于在目前技术水平下工业生产对生态环境有较为明显的消极影响,因此凉山州过分依赖工业和投资的经济增长模式不利于其生态功能的保持。

由以上分析可见,凉山州转变经济发展方式和寻找经济发展新动力具有必要性。需要说明的是,凉山州经济发展仍处在工业化中前期阶段,工业发展在未来一段时间内的区域经济增长中需要而且必然继续发挥重要作用。具体而言:其一,按照产业结构标准[1]判断,凉山州2014年产业结构约为19.3:52.7:28,第一产业比重小于20%且第二产业比重大于第三产业比重,处在工业化中期;其二,按照制造业占比标准[2]判断,凉山州2014年工业增加值占地区生产总值比重40.3%,处在工业化初期向中期过渡的阶段。

总之,凉山州经济发展的特征决定了新常态下经济发展动力切换的必要性;但就发展阶段而言,凉山州未来仍需重视工业这一传统动力在经济发展中的积极作用。

---

[1] 陈佳贵,黄群慧,钟宏武,中国地区工业化进程的综合评价和特征分析,《经济研究》2006年第6期。

[2] 同上。

（三）关于新常态下凉山州经济发展问题的基本判断

基于上述讨论，关于新常态下凉山州经济发展问题可作如下基本判断：

一方面，工业拉动和投资驱动是凉山州经济发展的主要动力。一是从生产视角观察，以工业为主体的第二产业是凉山州经济发展的主要拉动力，第三产业对经济增长的贡献有限；二是从支出视角观察，投资对凉山州经济发展有重要作用，消费支撑经济发展的潜力仍需释放；三是从所有制视角观察，民营经济发展稳健但仍有发展空间。

另一方面，新常态为凉山州同时带来挑战和机遇。凉山州工业对经济增长的贡献较大，由工业生产本质以及依赖投资拉动的发展方式所引致的一系列结构性问题和生态问题在新常态环境下显得更为突出。中央强调新常态下经济发展要以质量和效益为中心，新常态也倒逼凉山州经济发展质量和效益的提升。然而，凉山州目前处在工业化初期向中期过渡的阶段，工业这一传统动力仍将发挥积极作用。

总之，凉山州经济增速已明显下降，经济发展传统动力面临较大调整压力，产业优化升级和消费市场繁荣的任务依然较重。可以明确的是，当前凉山州经济发展必然要面对新常态带来的系列影响，要承担经济结构加速转型和经济发展方式加快转变的压力，因此应变被动为主动，在新常态下及时把握有利条件的同时努力抵御潜在风险，积极发现和培养新的经济发展动力。

二、新常态下凉山州经济发展的禀赋和环境分析

对凉山州自身禀赋条件和当前所面临外部环境的清晰、准确把握是新常态下凉山州经济发展新动力发现和培养的基本前提，本文对此简要分析。

（一）新常态下凉山州经济发展的禀赋条件

区域禀赋条件与要素投入和市场环境都有紧密的联系，对新常态下经济发展新动力的培养可能具有重要影响。

第一，自然资源丰富是经济发展的积极因素。一是矿产资源蕴藏丰富。凉山州已发现的矿种有 100 多种，黑色、有色、稀土、贵金属等矿产都有丰富的共生、伴生矿产，稀土储量和产量居全国第二，钒、钛、铜矿、铅锌矿等在四川省乃至西部和全国均占有重要地位[①]。二是水资源丰富。凉山州内江河纵横，水能可开发量达到 6387 万千瓦，占全国的 15％和全省的 57％，州内建有数十座大型水电站和多座中、小型水电站[②]。

第二，民族文化资源有序开发有利于经济发展。凉山州是全国最大的彝族聚集区，也是全省民族类别最多、少数民族人口最多的地区，常住人口中彝族人口占 49.1％，少数民族人口共占 52.45％。民族特色产品开发以及特色文化旅游等行业有较大潜力。

第三，产业发展现状为进一步优化升级奠定基础。一是农业产业条件好。凉山州土地广，光热丰富，雨量充沛，农业和生物资源极具特色，被誉为各类动植物的基因库，

---

① 2010 年《四川省凉山彝族自治州矿产资源总体规划》。

② 凉山州招商引资网，http://zsj.lsz.gov.cn。

是四川省三大牧区、三大林区之一。二是工业发展基础好。凉山州矿产资源开发、电力生产、烟草生产等优势资源工业发展基础稳固,生物医药、新能源等潜力行业发展趋势向好。三是自然旅游和人文旅游资源都极为丰富,旅游服务等行业发展潜力大。

第四,区域人口条件满足经济发展需要。一是消费人口和劳动力人口增加。凉山州1990 年户籍人口数有约 360.72 万人,到 2013 年增加至 506.4 万人[①];2010 年 15-64岁人口约 297.23 万人,较 2000 年增加约 1 个百分点。二是人口结构相对年轻。2010年凉山州 65 岁及以上人口占比为 7.1%,较四川省平均水平低 3.85 个百分点;0-14岁人口占比为 27.33%,较四川省平均水平高 10.36 个百分点[②]。

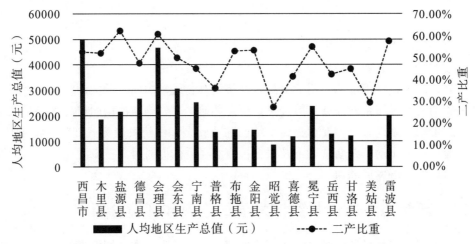

图 4　2013 年凉山州各县(市)人均地区生产总值和二产比重差异

数据来源:《四川统计年鉴(2014)》。

第五,经济发展水平的区域差异大。如图 4 所示,2013 年凉山州人均地区生产总值最低的县是昭觉县(8684 元)和美姑县(8354 元),与人均地区生产总值最高的西昌市(50342 元)和会理县(47119 元)有非常显著的差距。除人均产出之外,产业发展的区域差异也非常明显,如昭觉县(27.58%)和美姑县(29.67%)的二产比重都小于30%,而盐源县(62.76%)和会理县(61.28%)的二产比重均高于 60%。凉山州各县(市)的产业发展和人均产出都存在明显差异,这不利于凉山州的整体经济发展水平提升;然而从另一方面看,部分地区经济发展严重滞后可能成精准扶贫等措施高效实施的条件,这反而对新常态下区域经济增长做出较大的贡献。

第六,创新驱动的支撑力量还十分有限。2013 年凉山州在四川省各市(州)R&D人员折合全时人员排序中仅列第 15 位(凉山州为 798 人年,成都、德阳、绵阳排名前三,分别为 51846、21361 和 9783 人年)。

第七,自然地理和交通条件制约经济发展。凉山州内山峰林立,山原、丘陵起伏,边远地区的自然地理条件艰苦,交通条件也相对不便,这成为制约凉山州经济发展的因

---

① 1990 年和 2013 年数据分别来自《四川经济社会发展 60 年》和《四川统计年鉴(2014)》。

② 四川省和凉山州第六次全国人口普查公报。

素之一。

（二）新常态下凉山州经济发展的外部环境

一是经济发展的外部形势严峻。新常态下全国和多数地区遭遇经济增速的明显下滑，要素在产业间的转移和经济结构调整需要一定时间，中小企业发展、居民就业等压力加大，这样严峻的环境不利于区域经济发展。

二是土地、生态等经济发展的环境约束加大。土地供给的减少限制了企业生产要素投入和区域财政收入的大幅增加，并且凉山州承载四川省部分生态功能的现实要求其逐步摆脱对生态的消极影响大但却较易保证高增长的传统发展方式的依赖。

三是凉山州政策优势叠加。除企业发展的财税扶持、金融保障等一般性政策支持外，凉山州还争取乌蒙山片区区域发展和扶贫、大小凉山综合扶贫开发、攀西战略资源创新开发试验区、全面建设特困民族自治州同步小康试验区等扶贫攻坚和民族团结政策支持。此外，全面小康要求下积极争取并高效落实对严重落后和贫困地区的精准扶贫政策，对凉山州整体经济发展水平的提升也具有积极作用。

四是主动降速以提质升级的机遇窗口出现。区域经济依赖传统模式的高速增长不可持续，但在各地都比拼 GDP 的环境中特定地区很难下定决心主动调整经济结构以换取长远发展。新常态的提出和充分讨论为区域经济主动调整以确保可持续发展打开机会窗口。2015 年 2 月《凉山州政府工作报告》中已经提出，对按高速增长安排的"十二五"部分经济指标进行下调。

总之，对凉山州而言新常态带来的既有挑战也有机遇，区域经济发展应充分发挥自有禀赋优势的前提下稳妥应对当前挑战并及时把握难得的经济调整机遇。

三、凉山州经济发展的新动力分析

在明确把握当前经济发展阶段、特征以及经济发展禀赋条件、外部环境的前提下，凉山州应大胆探索并主动发现和培育经济发展的新动力。本文从以下三个方面对新常态下凉山州经济发展可能的新动力进行简要讨论。

（一）跨越式发展旅游产业，引领产业优化升级

经济发展离不开产业支持，新常态要求区域产业优化升级，要求服务业增长代替工业增长成为经济结构变动的主要内容。基于凉山州经济发展现状、禀赋条件和外部环境的分析，本文认为跨越式推进凉山州旅游及相关服务行业发展，可以作为引领区域产业优化升级、促进经济发展的新动力之一，主要原因包括：一是凉山州拥有旅游产业发展的禀赋优势；二是旅游产业的产业链长，对交通、住宿、餐饮、零售等行业有直接带动作用，2011 年数据显示我国与旅游相关的行业超过 110 个，旅游业对住宿业的贡献率超过 90％，对民航和铁路客运业的贡献率超过 80％[①]；三是凉山州旅游产业仍有较大

---

① 邵琪伟：我国旅游业增加值已经占到 GDP 的 4％以上. 中央政府门户网站，http：//www. gov. cn/jrzg/2011-12/28/content _ 2032070. htm。

的发展空间，如有学者认为在泸沽湖旅游开发方面过于偏重自然资源开发而对民族文化开发不够重视①，事实上民族文化是凉山州的一张重要名片，民族文化旅游资源的有序开发将为凉山州旅游相关行业发展带来重要的积极影响；四是旅游行业对消费有直接刺激作用。

目前，凉山州旅游产业基本具备引领经济结构转型升级，成为经济发展新动力的基础条件。一是旅游产业初具规模。凉山州有代表性景区或景点超过 160 个，其中 4A 级景区 3 个，国家和省级风景名胜区、自然保护区 7 个，邛海泸山、泸沽湖、西昌卫星发射中心以及螺髻山等景区世界闻名；2015 年春节黄金周，凉山州是四川七个旅游收入增幅超过 30％的市（州）之一，邛海泸山国家级风景名胜区接待人次名列全省景区第 1 位②。二是旅游资源内容丰富。凉山州不仅拥有绝美的山川、湖泊、冰川、溶洞等自然旅游资源，而且拥有以彝族人口为主的众多少数民族居民，这些少数民族所传承的民族文化更是一座宝库；此外，凉山州还有彝海结盟、冕宁红军纪念馆、会理会议会址等多处红色旅游资源，可以说仍有众多旅游资源仍待进一步有序开发。三是旅游产业发展的交通条件改善，如西昌机场已经开通北京、上海、广州等多条航线，雅攀高速公路通车，成昆铁路复线计划于 2020 年建成等，不断改善的交通条件助力凉山州旅游产业的跨越式发展。

当然，凉山州旅游产业发展还存在一些值得注意的问题，这也是培育旅游产业成为区域经济发展新动力的着力点，如旅游基础设施和配套条件等有待提高、民族旅游资源开发广度和深度不够、旅游产业发展投入和人才支撑不足、旅游品牌打造和推广力度不够等。总之，凉山州应将具有天然发展优势和基础的旅游产业作为新常态下经济发展的新动力予以重视，着力将其打造成为凉山州的支柱产业甚至主导产业。

（二）大力度提升创新能力，创新驱动经济发展

新常态要求经济发展由"要素驱动"和"投资驱动"模式向基于技术进步和劳动生产率提升的"创新驱动"模式转变。凉山州也应适应新常态，紧抓发展机遇，将创新培育成为驱动经济发展的新动力。

凉山州旅游产业基本具备引领经济结构转型升级、成为经济发展新动力的基础条件。具体而言：一是政策保障充分。凉山州近年来先后出台了《关于进一步加快科技进步与创新的决定》《凉山州科学技术奖励办法》《关于大力加快农业科技创新的实施意见》《关于深入实施创新驱动发展战略的意见》《凉山州专利资助专项资金管理暂行办法》等一系列政策鼓励科技进步和创新发展，创新的环境和氛围良好③。二是科技和创新成果逐步显现。凉山州先后实施了"双十亿"工程、星火计划、富民强县等州级以上科技计划项目 3900 余项，其中包括省级以上项目近 300 项；共有 720 余项科技成果获

① 肖雪. 四川泸沽湖景区民俗旅游资源开发研究 [J]. 安徽农业科学，2008（19）.
② 四川省旅游局 2015 年春节黄金周综述. 凉山州旅游政务网，http://www.lszta.gov.cn/xcyx/mtbd/system/2015/02/25/000584328.html。
③ 创新驱动在凉山 [N]. 凉山日报，2014 年 5 月 27 日。

得州级以上奖励，其中国家级和部省级分别有 18 项和 146 项[1]，累计获得专利授权 512 项，其中发明专利约占 22.7%，高于全省平均水平（2014 年四川省为 9.9%）；此外，数据显示 2013 年凉山州科技对经济增长的贡献率达到了 43.4%[2]。三是高新技术企业发展向好。2014 年凉山州有 3 户企业通过国家高新技术企业认定，全州国家高新技术企业达到 6 户，省创新型企业 16 户，省级科技型中小企业 134 户，2014 年凉山州高新技术产业总产值突破 30 亿元。[3]

尽管基础条件具备，但凉山州以创新驱动经济发展仍面临一些困难，其中最重要的就是人才短缺。人才是创新的必要条件，由于区位特征及经济水平限制，凉山州对人才的吸引力相对较弱。据报道，目前凉山州各类专业技术人才仅有 8 万人，高层次人才和高层次专家仅有 2.3 万人和 500 多人[4]，人才严重匮乏的局面仍未得到扭转。

凉山州创新驱动的关键包括：一是科技创新，提高科学技术水平；二是组织管理方式创新，提高经济生产效率；三是企业和商业创新，强化企业竞争力；四是制度创新，进一步创造和收获改革红利。总之，新常态下创新已经被全国和各地区作为经济发展的新动力，大力提高创新能力，加快创新驱动发展不但是凉山州的发展机遇，同时也是发展客观要求。

（三）有序推进新型城镇化，促进消费市场繁荣

新常态要求消费在区域经济发展中的角色更加重要，有序推进新型城镇化正是凉山州促进消费市场繁荣的重要抓手。原因包括以下几个方面：一是城镇化提升区域整体消费需求。理论上看，城镇化过程实际也是农业经济向非农经济转变的过程，人口和产业资本等要素在城市逐步集中，有利于整体消费需求的扩张；有对我国的实证研究对此予以了证明[5]。二是城镇化可促进农村消费并影响农村消费结构。城镇化通过提高农民收入增强农村居民消费能力，同时推动农村居民消费需求和结构升级，拓展农村消费市场等；如有研究表明我国城镇化进程中农民各项生活消费支出都得到不同程度的提高，衣着、医疗保险、交通通信、家庭设备支出占生活总支出的比重在慢慢上升[6]。三是凉山州城镇化发展空间大。2014 年凉山州城镇化率仅为 31.44%[7]，约相当于我国 1997 年的水平（31.9%），远低于 2014 年全国城镇化率（54.77%）[8]，更离发达国家城镇化末期约 80% 的水平还有巨大差距，可见凉山州城镇化还有非常大的发展空间。四是具有后发优势。因我国城镇化率快速提升出现各种问题，国家提出新型城镇化发展战略。在此背景下凉山州推进城镇化发展可以吸取其他地区的经验，总结教训，真正围绕"人"来推进城镇化，也即着力满足人的吃、穿、用、住、行、学、业等各方面需求，有序推

---

① 创新驱动大发展，支撑引领大跨越 [N]. 凉山日报，2015 年 6 月 1 日。
② 添翼创新驱动，助力经济转型 [N]. 凉山日报，2014 年 1 月 5 日。
③ 《凉山州科学技术和知识产权局 2014 年度工作总结》。
④ 创新驱动大发展，支撑引领大跨越 [N]. 凉山日报，2015 年 6 月 1 日。
⑤ 潘明清，高文亮. 我国城镇化对居民消费的影响效应 [J]. 宏观经济研究，2014 (1).
⑥ 甘小文等. 城镇化对农民消费结构影响的实证研究 [J]. 企业经济，2011 (6).
⑦ 凉山彝族自治州人民政府网，http://www.lsz.gov.cn/lszrmzf/xwtj/1922170/index.html。
⑧ 中国经济网，http://www.ce.cn/xwzx/gnsz/gdxw/201501/20/t20150120_4386891.shtml。

进新型城镇化，同时促进消费市场繁荣。

目前凉山州的新型城镇化已经起步，新型城镇化建设完全具备促进消费并且成为新常态下凉山州经济发展新动力的基础条件。2011年10月四川省推进新型城镇化建设工作会议在凉山州召开后，凉山州于2012年8月出台了《关于加快推进新型城镇化进程的若干意见》，提出到2020年城镇化率力争达到50％的目标，确立"一圈四群"①的城镇空间布局。同时，凉山州积极构建有利于新型城镇化健康发展的体制机制，包括修改《凉山州公安机关户籍管理工作规范》来深化户籍制度改革、成立融资平台和加大财政投入以深化投融资体制机制改革以及深化社会保障、土地管理制度改革以及调整行政区划等。此外，凉山州以彝家新寨为重点的幸福美丽新村建设持续推进，人的核心地位得到突出；城市基础设施建设得到加强，城市综合承载能力不断提高。2014年，凉山州城镇化率较2011年提高约3.28个百分点，城镇化质量也得到全面提升。

总之，凉山州应全体动员和全方位配合，逐步扭转城镇化底子薄、起点低的不利局面，借助新型城镇化挖掘城乡居民的消费需求，释放城镇化的消费促进和消费结构调整效应，充分发挥后发优势，在未来较长一段时间内有序推进城镇化发展，促进城乡消费市场繁荣，以新型城镇化促进新常态下经济持续健康发展。

四、结论和建议

本文尝试回答了四方面问题：一是凉山州当前经济发展的主要动力是什么？二是凉山州所处的发展阶段是否需要在新常态下进行动力切换？三是凉山州切换经济发展动力的禀赋条件和外部环境如何？四是什么可能成为新常态凉山州经济发展的新动力。

分析表明，凉山州经济发展对包括工业在内的第二产业依赖较重，投资在经济中的角色非常重要，第三产业和消费对经济增长的促进作用有待加强。新常态带来的是全局性影响，凉山州处在工业化中前期发展阶段，传统模式增长仍是主要动力，经济结构调整压力大，并且经济增速回落已经成为现实，可见新常态下凉山州有必要也需要寻找新的经济发展动力。凉山州所拥有的自然和文化资源、产业基础、人口条件等禀赋以及政策和后发优势有利于其经济发展，而区域差异、区位交通、生态约束等可能限制其经济发展。新常态下凉山州经济发展的新动力可能包括旅游产业、创新能力和新型城镇化等，可考虑通过跨越式发展旅游产业、大力度提升创新能力以及有序推进新型城镇化来应对新常态带来的挑战。

经济发展新动力的培育是系统性工程，有限篇幅所提建议难以周全，本文仅就需要注意的问题简要说明。

第一，培育新动力的同时不能忽视传统动力。新常态下凉山州经济首先要求"稳"，其次才是求"进"，而且凉山州工业发展有资源好和根基好的优势，发展旅游产业不能忽视传统产业发展，促进消费的同时不能忽视投资的作用，更可行的办法是兼顾调整工业和投资结构。

---

① 包括西昌经济圈和东、西、南、北四个城镇群。

第二，新常态下经济增长动力切换要把握节奏。正是由于工业、投资等传统动力在凉山州未来一段时间发展中仍将发挥重要作用，因此在新常态下不能盲目进行动力切换，而应首先从战略上进行科学设计和规划，逐步培育成熟新动力发挥作用的条件，不断优化新动力发挥作用的环境，有规划、有节奏、有部署地逐渐实现凉山州经济发展的动力切换。

第三，关于上文所述凉山州经济发展的新动力，有以下几点需加以说明：首先，加大旅游资源开发深度和广度时一定要注意保护民族文化生态，避免过度开发、无序开发所导致的难以挽回的后果，做好自然资源开发的同时打造和经营好民族文化品牌是可以行的思路。其次，要真正下决心下大力气提升创新能力，借力良好的创新舆论氛围，在人才培养和引进、项目扶持、成果转化、企业创新等方面真正给予大力度政策支持，挖掘创新驱动的潜力。最后，推进新型城镇化一定要在"新"上下功夫，事实证明传统城镇化模式不可持续，而关于新型城镇化的讨论实际仍在进行当中，凉山州可大胆进行积极探索，挖掘和释放新型城镇化的经济驱动效应。

新常态下四川秦巴革命
老区经济发展新动力研究

——以四川省巴中市为例

　　秦巴革命老区四川部分主要包括巴中、达州、广元、广安四个市，其整体发展水平相对落后，许多发展指标不仅低于全国全省，即便与其他革命老区比较，也非常滞后。巴中市是四川秦巴革命老区中最具代表性的城市：集革命老区、贫困地区、边远山区为一体；是全国老区中的特困户、四川省各市州中的特困户、秦巴革命老区中的特困户；是国家确定的秦巴山片区三大中心城市之一。因此，本研究课题选定巴中市作为四川秦巴革命老区的样本，立足巴中市社会经济发展现实状况，研究新常态下巴中市经济发展新的驱动力，寻求区域经济发展新的增长点，并与落实国家关于秦巴山区集中连片扶贫规划相结合，消除四川秦巴革命老区绝对贫困，缩小发展差距，提高贫困人口和低收入人群自我发展能力。并试图为四川秦巴革命老区其他市寻求新常态下经济发展新动力提供借鉴参考。

　　课题主要观点：四川秦巴革命老区属于欠发达地区，传统发展动力还没有完全释放，又面临新的动力转换驱动。但是经济发展动力的转换，不是推倒重来，不是非此即彼，而是一个均衡协同、循序渐进、优化增强的过程。通过改造传统引擎，把促进经济增长的传统手段与创新驱动、结构优化、要素升级驱动"三大新的驱动力"有机结合，秦巴革命老区完全能够实现"追赶式"发展。

一、挖掘新常态下四川秦巴革命老区经济发展新动力具有重大价值

1. 四川秦巴革命老区是新常态下稳定四川经济增长的一支重要力量

　　秦巴革命老区四川部分所包含的四个市在各项经济指标上均处于较为落后的位置，属于欠发达地区。在新常态背景下，欠发达地区经济发展动力机制将从传统发展动力没有完全释放就面临动力转换，将从较低层次直接向较高层次换挡，这对于四川秦巴革命老区来说既是一个巨大的挑战，但也是一次弯道超车的机遇。从区域发展看，改革开放的前30多年，东部沿海是中国经济增长的发动机，资本、劳动力、技术向沿海地区大规模流动，沿海地区的资本积累水平、基础设施水平、生产能力、人均 GDP 和人均收入等领先于中西部地区，地区发展的差异非常明显。进入新常态后，发达地区的改革红

利逐步减少，科技创新步伐减慢以及出口受阻，大量的资本从发达地区向欠发达地区转移。欠发达地区如果抓住机遇，提升基础设施水平，健全市场体系，能大量承接发达地区的产业转移梯度。四川秦巴革命老区如果能把其后发优势、资源优势、土地和劳动力要素相对低廉的优势有效转化为竞争优势和经济优势，就能够成为这种转移的受益者，也就完全能够成为新常态下稳定四川经济增长的一支重要力量。

2. 四川秦巴革命老区经济发展动力转换事关 2020 年全面小康目标能否顺利实现

秦巴革命老区是集革命老区、贫困地区、边远山区为一体的欠发达区域。基于各种历史原因，历史欠账很多。如果不加快发展，其与全省平均水平的差距会越来越大，甚至有可能影响到 2020 年全省乃至全国全面小康目标的实现。以巴中为例，2014 年巴中全市人均 GDP 为 13776 元，要达到人均 GDP60000 元的同步小康目标，巴中经济必须保持年均增长 22％左右。即使按照同步小康目标实现 70％计算，巴中经济也必须保持年均增长 15％左右。习近平总书记 2015 年 6 月 18 日在贵州考察时再次强调：确保农村贫困人口到 2020 年如期脱贫。面对如此艰巨的任务，如果单纯依靠传统经济增长模式，没有新的经济发展驱动力，要实现 2020 年全面小康的目标，基本没有可能。

二、新常态下巴中经济发展制约因素及优势条件分析

（一）经济发展制约因素

1. 创新驱动相对不足

东部沿海地区因受益于改革开放初期国家区域政策倾斜发展战略，为发展营造了良好的经济环境，拓展了资源配置空间，初步完成了原始积累，为进一步发展打下了雄厚的物质基础，更为重要的是制度环境和经济环境得到空前提升。相比较而言，巴中市的社会发展一直以来是传统的发展模式，所辖所有县均为国定贫困县、所有区均为省定贫困区，2014 年全市贫困发生率 14.2％，比全省高 6.5 个百分点。同时又面临基础设施相对滞后、生态环境脆弱、宏观管理手段相对落后的现实状况，加之在思想观念、政府服务、工作机制、法制环境以及人文环境等都需要进一步提高，因此必须以创新的思路拓展局面。但面对较为落后的面貌，受制于制度约束，地方经济发展创新驱动明显不足。主要表现在以下方面：

（1）创新意识不够。在调研中，很多被访谈人员强调，巴中的历时地位未能被充分认识，巴中是集革命老区、贫困地区、边远山区为一体的欠发达区域，历史上对中国革命胜利作出了巨大的贡献和牺牲，但新中国在建设上对巴中投入不足："三线建设"时期，国家和省重大生产力布局主要沿襄渝铁路展开；改革开放初期未享受到优惠政策、市场经济观念未被有效培育；1993 年从原达县地区分离组建原巴中地区时底子薄弱；"十一五"期间全省在重大生产力布局方面巴中只有一条广元——巴中高速公路。随着国家整体经济实力的提高，现在应该有一些补偿机制、反哺机制，非常希望国家能对该地区实行一些差异化政策、特殊政策、扶持政策。这一方面反映了老区人民希望加快发展的愿望，另一方面也反映了创新意识不强、突破性、创新性改革办法不多的现实。

（2）金融创新缺失。投融资体制上以政府为主，金融创新力度不够，对实体经济支持力度较弱。调研数据表明，2014 年巴中市金融机构存款余额 850 亿元，受制于人民银行成都分行的相关政策规定，金融机构贷款余额仅为 380 亿元，本土金融机构存贷比不足 50%。贫困地区本已非常稀缺的金融资本，失血严重，使区域内不多的优势产业得不到必要的技术和资金支持。金融机构设置门槛较高，城乡存量资本找不到合适的途径进入实体经济，民间借贷反而十分活跃，也加大了金融风险；传统的转移支付模式对扶贫、创业等缺乏促进作用。

（3）技术创新不充分。受制于技术人才流失非常严重的状况，技术创新不能大规模展开。如巴山生态农牧业科技有限公司联合四川畜牧兽医学院培育的巴山土猪，每头猪的价格在 1 万元左右，附加值高于普通猪的若干倍，就是通过科技创新培育生态农业的典型成功案例，但类似的科技创新受制于人才、资金、机制等因素，没有能够大规模展开。

（4）区域合作不充分。与我国其他区域类似，受传统发展思想限制，区域行政分割严重，区域经济形成了一个以行政区为主导的经济体系，人为造成市场分割，各地资源利用互补性不强，产业关联性和升级能力较差，影响到经济发展速度。以巴中为例，虽然在地理位置上居于西安、成都、重庆三大省会城市的几何中心，但成渝经济区、关西—天水经济区两大国家级经济区均排出了巴中，甚至连四川省的《川东北经济区发展规划（2014——2020 年）》所提出的"双核五带"也将巴中居于边缘地位。在目前的投融资体制下，巴中一方面不易获得较大的项目投资机会，另一方面国家级经济区对巴中等边缘化城市的经济辐射能力微弱。例如在旅游产业上未能与四川其他市州、陕西汉中等地的旅游资源结合，未能形成有效的环形大旅游圈，制约了巴中旅游业的发展；在工业上没有充分融入成都、重庆等地大型骨干企业的产业链条，不能有效参与社会分工。

（5）规划多但缺乏重点且落地的少。调研中各部门普遍反映，近年来，各级政府、政府的各个部门都在制定各种规划，既导致规划混乱，又使得规划落实的极少。如革命老区扶贫规划早已出台，但至今仍未真正启动，对发展巴中经济支持作用较弱。

2. 严重滞后的基础设施成为制约经济社会发展的刚性约束

以交通、水利、电力为代表的基础设施建设滞后是巴中市所面临的最为顽固的"刚性约束"，削弱了区域竞争力。

（1）交通成为制约巴中经济发展的瓶颈。交通运输是国民经济的先导行业，是现代社会最能拉近时空距离的基础设施之一，是一个地区物质文明、精神文明和政治文明的重要标志，直接影响到一个地区的经济发展水平高低。巴中在地理位置上虽然是成都、重庆、西安三大中心城市的几何中心，南北分别有成渝经济区和关中经济区，但因为秦岭和大巴山的自然阻隔，历史上巴中的区位条件反而成为一种劣势。目前该地区的交通连接性仍然较差，高速通道严重缺乏，与外部的合作交流受到很大限制，受成都、重庆、西安三大省会城市的辐射带动影响很小。

图1四川省旅游交通主线网络①。从图1可以看出：四川省的主干线路恰好是避开了巴中市所在的川东北地区，因此巴中实际上处于"空心"状态，难以分享三大省会城市的辐射带动和两大经济区的发展红利，甚至反而造成各种优质生产要素的外流。除成巴高速外，目前巴中市乐巴铁路、巴达铁路、巴南高速、巴达高速、巴汉高速、广巴高速等"六路"建设进入快速发展期，但截至目前，基本未能实现通车能力。高速公路还未形成便捷高效的网络，铁路通车里程短、速度慢，发挥的实际作用有限。由于难以逾越的交通障碍，巴中的经济发展实际上游离于三大省会城市和两大国家经济区之外，市域人口、消费、生产要素（劳动力、资本）等长期被"反吸附"到广元、达州、南充和汉中等周边城市，甚至被"反吸附"成都、重庆、西安等经济实力更强的省会城市，这进一步制约了巴中市的经济发展。

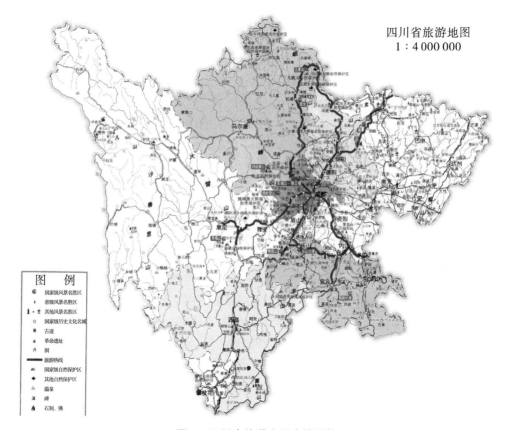

四川省旅游地图
1：4 000 000

图1　四川省旅游交通主线网络

（2）水利、电力设施难以支撑发展升级。根据测算，巴中年生产、生活用水缺口1.3亿立方米以上，超过总需求量的22%，电网供电缺口超过用电量的15%，难以支撑产业发展升级。

3．经济总量低、产业结构失衡、缺乏特色产业

（1）经济总量过低，经济社会发展对政策依赖程度高。2014年巴中市辖区面积

---

① 此图从四川省旅游局官方网站获取。

12301 平方公里，占全省面积的 2.5%；人口 331.72 万，占全省的 4.14%。但是地区生产总值（GDP）仅为 456.7 亿元，仅占全省经济总量的 1.58%，人均 GDP13766.43 元，仅为全省人均 GDP35200.07 元的 39.11%。地方公共财政收入 33 亿元，占全省的 0.98%，人均公共财政收入仅为 994.41 元；公共财政支出 204.91 亿元，公共财政收入支出比为 16.11%，经济社会发展对政策依赖程度特别高。巴中以全省 2.5% 的面积、4.14% 的人口，创造的经济增加值仅占 1.58%、公共财政收入仅占 0.98%。这些数据既表明了巴中所面临的经济困难程度，也反映了我省经济发展的非均衡。

（2）经济总量低水平下的产业结构不合理。2014 年，巴中三次产业比重为 18：46：36，农业占 GDP 比重居全省第 6 位，工业以传统的农产品初加工和矿产品开采加工为主，占到全市工业总产值的 80% 以上，服务业以低端批发零售和餐饮业为主，加上公共管理和社会组织，占到全市服务业增加值的 50% 以上。这组数据反映了巴中仍然处于工业化前期阶段，与全省的工业化水平相去甚远。调研中有群众把巴中的产业总结为"巴中的三大产业：重工业——背背篼，轻工业——擦皮鞋，手工业——打麻将"。这虽然是民间笑谈，但也反映了巴中产业发展非常低端的现实。

（3）与经济总量薄弱相对应的是，巴中缺乏特色产业、优势产业。规模以上企业少、技术含量低、经济效益差、抵御风险能力弱等突出问题无法得到有效解决，资源优势没有充分发挥，产业发展始终在低端徘徊。2014 年巴中全部工业增加值 123.94 亿元，规模以上工业企业 191 户，实现主营业务收入 439.7 亿元，利税总额 30.99 亿元，利润 12.21 亿元，实力极为弱小。实力弱的一个重要原因是缺乏特色产业、优势产业。一个城市如果有了发展前景看好的特色支柱产业，能够产生良好的示范带动作用，带动整个地区的经济发展。但是巴中缺乏类似"科技城""酒城""航空城"等世人皆知的城市所具有的特色产业、优势产业。

4. 贫困程度严重，资金实力弱

（1）贫困程度严重。巴中是集革命老区、贫困地区、边远山区为一体的欠发达区域。2014 年人均地区生产总值 13766.43 元，仅为全国平均水平的 29.58%、全省平均水平的 39.11%。农村居民人均纯收入 6895 元，为全省农村居民平均人均纯收入的 78.33%。农村居民人均生活消费支出 6988 元，农村居民恩格尔系数为 46.7%。按农民人均纯收入低于 2736 元（2010 年不变价）的新标准，年末农村贫困人口为 43.06 万人。城镇居民人均可支配收入 20887 元，为全省人均城镇居民可支配收入的 85.67%。巴中不仅是全国老区中的特困户，也是四川省各市州中的特困户，更是川陕革命老区中的特困户。在调研中被当地很多人自嘲为"处于又红又穷的状态"，建设与发展任重道远。如果不加快发展，巴中与全省平均水平的差距会越来越大，甚至有可能影响到 2020 年全省乃至全国全面小康目标的实现。

（2）资金实力弱，地方配套资金跟不上，中央投资的公益性项目达不到预期效果。2014 年巴中全市地方公共财政收入 33 亿元，在目前的财税管理体制下，对筹集大量的配套资金显得力不从心。虽然单个项目配套资金不多，但是由于项目较多，财政困难，因此在实际执行工程中，常常出现"小马拉大车""拆东墙补西墙"的现象。因无法承受过多的配套资金要求，结果是项目开工后，先把中央资金用了，但本级配套资金跟不上，造成一些资金缺口，甚至产生"半拉子"工程，使得中央投资的公益性项目不能达到预期效果。

5. 城镇化、工业化发展水平滞后，对经济带动能力较弱

巴中市 2014 年城镇化率仅为 36.12%，低于全省 46.3% 的城镇化率，与全国 54.77% 的城镇化率水平相去更远。从工业化水平来看，虽然 2014 年第二产业增加值占比达到 46%，但其总量仅为 210.3 亿元，处于极低的水平。作为经济发展的两个重要端口，工业化提供供给、城镇化带来需求，但是两者较低的发展现状，对经济的带动作用极弱。

6. 生态保护与加快发展的两难选择

巴中处于国家秦巴生物多样性生态功能区的核心区域，是长江中上游重要的生态屏障，生态环境优良，拥有理想的宜居宜业环境。然而，巴中国土面积的 80% 属于国家层面限制开发区和禁止开发区，能够重点开发的面积不足国土面积的 10%，在如此密集的区域实施大规模建设，对脆弱的生态系统构成了严峻的挑战。

（二）经济发展优势条件

1. 具备成为连接我国西北—西南的新兴经济带的潜力

巴中有一定的自然区位优势，如果转换为经济区位优势，就具备成为连接我国西北—西南的新兴经济带的潜力。重庆经济圈、成都经济圈和以西安为中心的关中城市群为支撑的"西三角经济圈"，总面积达到 22 万平方公里，经济总量约占西部经济总量的 33%。随着交通条件的改善，巴中市与成都、重庆、西安三个中心城市如果能构成"三小时高速公路经济圈""一小时高铁经济圈"，成渝经济区、关中—天水经济区以巴中为交融中心，如果能加强创新，改善交通，加强区域合作，能够获得较多的两大经济区的辐射红利。

2. 资源优势较为明显

较为丰富的资源优势，红色旅游资源、生态旅游资源、特色农副产品资源、石墨资源等为新常态下"稳增速、调结构"提供了资源支持。

（1）红色文化旅游资源丰富。巴中市是川陕革命根据地的中心，当年 12 万人参加红军，4 万多人牺牲。这里有红四方面军总政治部旧址、全国最大的红军碑林、红军烈士陵园等众多红色旅游资源，红色文化链接的政治资源和人脉资源非常丰富。

（2）生态旅游资源丰富。巴中旅游资源涵盖了国家标准的绝大多数。共有 8 个主类 26 个亚类，基本包括了除沙漠及海洋资源之外所有的旅游资源类型。同时旅游资源特色鲜明。有诸多具有对国内外游客构成吸引力的特色资源，有部分资源在国内外具有垄断性质，在四川和中国西部旅游发展中有独特的优势和巨大的潜力，为旅游发展提供了鲜明的主题和强大的资源基础支撑。再者，空间分布广泛且具有地域分异的特点。自然旅游资源主要集中在北部，而人文旅游资源则集中在中南部，为形成特色旅游区提供了条件。四是旅游资源富储。旅游资源占城市国土资源面积的 12%，高出全国比例 10% 以上。

（3）鲜明的特色农副产品资源。巴中具有众多的特色农副产品、知名特色地理标志产品，如通江银耳、南江黑木耳、南江金银花、南江核桃、南江杜仲、南江黄羊等，如果能够注入科技含量，提升绿色特产的附加值，加强市场开拓，有很大发展潜力，都是能够支撑地方经济发展带动民众致富的宝贵资源。

（4）巴中石墨资源十分丰富。现已探明的储量近 7000 万吨，总储量居亚洲第二。天然石墨属于宝贵的天然矿产和战略资源，在科技领域应用广泛，特别是在新能源的电力、电池、电机等领域，石墨是重要的原材料。

3. 秦巴山区集中连片扶贫政策机遇优势

在新常态的大背景下，充分利用国家对秦巴山区集中连片扶贫的政策优势，为四川秦巴革命老区"稳增速、调结构"提供了极好的政策支持。

2012 年 5 月，国务院扶贫办、国家发改委联合发布了《秦巴山区区域发展与扶贫攻坚规划（2011—2020 年)》，提出了"重点建设十堰、汉中、巴中三大中心城市"的战略性布局，标志着巴中市的城市建设正式上升为国家战略，为巴中加快发展提供了千载难逢的战略机遇。

4. 后发优势明显

巴中发展滞后，与国内、省内其他地区的差异非常明显。区域发展的不平衡，一方面制约着总体发展水平，另一方面又构成新阶段的发展机遇和动力。

（1）从区域发展看，从我国经济进入新常态后，发达地区的改革红利逐步减少，大量的资本、产业从发达地区向欠发达地区转移，秦巴革命老区有可能成为其中的受益者。

（2）土地和劳动力生产要素价格相对低廉，具有成本优势。巴中一方面有大量农村人口外出务工，但大多数农民故土难离，外出务工取得收入后就回乡建房。如果巴中能从战略高度拓展发展空间，为城乡人民创造更多的创业就业机会，巴中劳动力优势就会体现出来。

（3）基础设施极为落后，潜藏大量的投资机会。从国家战略上看，国家始终把基础设施建设和投资拉动作为稳增长的重要措施，西部地区是中央财政投入支持基础项目和民生项目的重点，客观上国家对基础项目、民生项目在历史上有一些欠账，巴中有机会争取更多的投资。

三、新常态下巴中经济发展新的驱动力

经济总量太小、结构不优、支柱产业不突出、贫困面大的区域经济特征不会随着新常态的到来而自然消亡。对落后地区来说，在新常态下，贫困地区在招商引资上的难度会更大，受制于收入水平，短期内消费需求也难以增加。因此，巴中经济发展的新动力主要应该来自创新驱动、要素升级驱动、结构优化驱动。

（一）新动力之——创新驱动

从动力层面看，新常态下，巴中经济增长内生动力不足，必须从要素驱动、投资驱动转向创新驱动。经济增长不可能再依靠生产要素和环境的低成本、生产技术的简单模仿等传统方法来获得，要更多依靠创新。创新又包含三个层面——制度政策创新、政府管理模式创新、科技创新。

1. 制度与政策创新

进一步加强制度及政策创新和政府管理模式创新，为科技创新提供坚实保障和良好环境，推进地方经济发展模式的多元化和差异化。只有通过大胆创新产业、财税、金融、土地等领域的制度及政策，依靠特殊优势大幅提升资源要素的吸附集聚能力，加快构建具有核心竞争力的现代产业体系，培育自我造血功能，增强自主发展和可持续发展能力，才能彻底摆脱靠"天"吃饭、低水平的发展道路。

（1）以巴中为主体设立秦巴扶贫开发实验区。为确保 2020 年全面完成小康目标以及真正实现四川秦巴革命老区成为新常态下稳定四川经济增长的一支重要力量，建议大胆进行制度创新，以巴中为主体设立秦巴扶贫开发实验区，以新的生产关系适应现实生产力，以期能在投融资、资源综合利用开发、生态补偿、基本公共服务均等化、扶贫开发等方面，创新体制，政策上有所突破，实现追赶式、跨越式发展。

（2）金融创新。争取将巴中纳入全国农村金融改革试点地区，创新金融产品和服务，向中央建议出台针对老区振兴发展的差异化政策，扩大信贷规模，起码做到巴中本地金融机构吸收的储蓄存款能绝大部分用到巴中当地经济建设中（目前巴中本地金融机构存贷比不到50%）；降低金融机构设置门槛，鼓励支持巴中民间资金投资设立地方商业银行、村镇银行，吸收城乡存量资本、民间资本依法有效进入实体经济，同时加大对本土中小企业信贷支持力度；设立一些相关基金项目，凝聚金融力量，投资有发展前途的创业项目，推动区域经济发展，促进产业升级。试点推进中小企业发行私募债，筹建中小微企业融资担保公司；完善农村产权评估、资产抵押等中介服务，扩大农村产权抵押融资贷款；出资设立政府控股参股的融资担保和再担保机构。

（3）财税政策创新。基于巴中基础设施极为落后以及经济实力太差的现实，需要加大中央对其基础设施建设政策的支持力度。在安排巴中公路、铁路、水利、能源等基础设施项目时，能参照实施国家藏区投资优惠政策，将国家专项建设资金的补助标准注入比例由 60% 提高到 100%，降低地方自筹资金的难度。同时，创新现有转移支付模式，拿出一部分转移支付的资金，设立扶贫基金、巴中市大众创业基金、创业再贷款基金等基金项目，提高转移支付资金的实际使用效果。

（4）建立利益补偿机制。在国家和省主体功能区规划中，南江、通江、平昌三县属于国家层面限制开发区，其中南江、通江是国家层面生态功能区，平昌是国家层面农产品功能区；巴州区和恩阳区的城区及周围地区属于省级层面重点开发区。这种主体功能规划实际上不利于巴中进行大规模经济开发，事实上就使得各个主体功能区存在地位不对等和优势不对称，维系这种合作关系的动力需要以政府为主导提供"利益补偿"的制度供给。通过政府为主导建立规范的财政转移支付制度和建立"共同发展基金"，以规范的利益转移来实现地区利益的补偿机制，促进区域合作的稳定性。

（5）农村产权制度改革创新。以放活经营权为重点，加快推进农村土地承包经营权、集体土地所有权、集体建设用地使用权、房屋产权、林权等确权颁证。积极推进农村产权流转交易体系建设，探索创新农村产权交易流转模式，加快形成农村产权市场化定价机制。

（6）土地管理制度创新。支持巴中开展土地利用总体规划调整完善工作，国家单列专项下达新增建设用地规划指标，增加巴中新增建设用地规模。加大巴中增减挂钩指标的投放力度，将巴中全域纳入低丘缓坡土地综合开发利用试点地区，支持巴中率先开展农村集体经营性建设用地入市和改革完善农村宅基地制度等试点。

（7）鼓励城乡合作，促进大众创业。一方面，巴中市大量农民工外出务工，大量外派劳务，锻炼了大批在发达地区见过世面的青壮年就业创业骨干，他们中很多人掌握了一些创业技能。另一方面，巴中具有绿色农产品深加工的优势，其山地地形决定了农产品的原生态，目前的"互联网＋"的模式为大众创业提供了较好的机遇。目前，巴中市农产品电商大约有400多户，未来仍然有很大的发展空间。

2. 政府管理模式、人文环境创新

（1）政府管理模式创新。以市场决定资源配置为导向，改变政府主导的经济发展模式，严格按照"法无禁止市场主体即可为、法无授权政府部门不能为"的原则，让市场和政府各归本位，实现"有为政府"与"有效市场"的协调配合，更好地发挥市场在资源配置中的决定性作用和政府对经济的宏观调控作用。全面落实"两集中、两到位"和并联审批，部门行政审批机构整体进驻政务中心集中审批、提供服务，部门政务服务窗口授权到位，构建以窗口为主导的行政审批运行机制，提高现场办结率。规范运行保留的行政许可项目，构建审管分离的行政审批机制，建立省、市、县三级联动审批服务机制，实现网上审批和相关服务。全面实行"先照后证"和"三证合一"，推进企业注册全程电子化，加快建立企业信用联合惩戒机制，加强事中事后监管。

（2）人文环境创新。人文环境是一种文化环境，它是适应经济社会发展的综合氛围，特别是能够吸引资金、技术、信息和人力资源等资源要素的一种区域发展的软环境。就巴中市而言，其发展的资源要素非常稀缺，这主要是因为发达地区主导着资源要素的流向与运行体系。面对巴中市既要发展又缺资源的现实，要使其获得持久的发展动力，就必须从制度完善与制度创新着手，营造良好的人文环境，运用"弹性机制"，由稳定到吸引、从聚集到辐射，使各种资源要素能在巴中市的发展中发挥积极的作用。

（3）强化政府服务职能，促使各种规划尽快落地。重新梳理巴中市级政府部门的各种规划，突出重点，并围绕规划开展各项工作；对于省级、中央级的各种规划，主动对接相关部门，协同尽早落地。

3. 科技创新驱动

经济增长实践表明，任何国家或地区都无法依靠一种增长模式实现经济的长期繁荣，在不同的发展阶段需要增长动力的转换。在经济发展新常态下，需要推进要素扩张驱动向技术创新驱动转换，不断提高经济运行的质量和效益。通过集中力量推进科技创新，实现经济提质增效，保持中高速增长，进而增强经济整体竞争力。结合巴中市市情，针对创新能力不够强、创新主体不活跃、创新机制不健全、创新人才不适应等问题，应以科技创新为创新驱动着力点，以制度创新、政策创新为保障，提升巴中经济发展的内生动力。具体而言：

（1）在农林渔牧业上，通过科技创新，大力发展有机农业和生态农业。巴中发展有机农业的优势得天独厚：森林覆盖率超过56%，全市各区县全部获得全省首批有机认证示范创建区，主要农产品产地土壤富含硒、碘、硫、锌等微量元素，未受到重金属污染，非常适合有机农业发展。可以选择茶叶、食用菌（香菇、木耳）、核桃等品种作为优势产业，加大科技研发力度，重点突破。巴山生态农牧业科技有限公司联合四川畜牧兽医学院培育的巴山土猪，每头猪的价格在1万元左右，是普通猪售价的若干倍，就是通过科技创新培育生态农业的典型成功案例。

（2）在工业上，根据巴中资源禀赋特点，重塑产业体系。巴中石墨资源已探明储量6700万吨，居亚洲第二位，在石墨资源开发方面，紧紧抓住国家加速发展新材料工业的有利机遇，通过科技研发、抓紧招商引资，构建以石墨烯产品为主导的石墨产业集群。

（二）新动力之二——要素升级驱动

基于巴中经济发展的诸如交通基础设施、水利设施、人才、资本等基本要素缺失极为严重的情况，一方面需要补充完善经济发展的各项要素，另一方面还需要对各项要素提档升级，提升全要素生产率。

1. 交通基础设施升级驱动

交通的改善对巴中经济社会的发展具有革命性意义，无论提升到何种高度都不为过。巴中要想在新常态下，经济获得突破性发展，融入成都、重庆、西安三大省会城市，分享两大国家级经济区建设发展的红利，必须加快交通建设的步伐，早日实现交通现代化，释放区位优势的潜力。

（1）按照"打开通道、构建枢纽、完善路网"的思路，推进巴中市交通体系建设。以推进铁路、高速公路建设为突破口，以加快干线公路升级和农村公路断头路、联网路建设为着力点，加强枢纽站点、物流中心体系建设，形成以高速公路、铁路为骨架，省线干道为支撑，农村公路为基础的综合交通运输体系。

（2）完善区域间铁路骨架。抓紧落实《长江经济带综合立体交通走廊规划（2014—2020年）》提出的汉中—巴中—重庆高速客专铁路、巴南城际客专的建设开工；规划成都—金堂—三台—巴中—万源城际铁路，形成巴中链接成都、重庆、西安1小时高铁、3小时高速公路经济圈，吸纳优质要素，带动产业崛起和城市群的发展。

（2）完善区域间高速公路网络。加快建设巴—汉中高速公路、绵阳—巴中—万源高速公路、巴中—营山—广安—重庆高速公路、广安—渠县—平昌—通江—陕西镇巴高速公路，与铁路实现有效衔接形成立体交通网络。

2. 强化水利、电力供给水平，确保其能有效支撑发展升级

（1）水利设施。新建一批大中型水利工程，着力实施渠江流域综合治理，新建一批城市防洪堤，全面完成病险水库除险加固，提高抗旱防涝能力，从根本上解决巴中资源性缺水、工程性缺水、水质性缺水问题。

（2）能源供应。结合巴中的天然气资源，加快通江、南江、巴中气田勘探开发，加快建设天然气分布式能源项目；推进水能、生物质能、太阳能、风能等清洁能源和可再生能源利用；加强油气管道和民用天然气管道设施建设。为巴中的经济发展提供能源支持。

3. 人才要素升级驱动

（1）落实"巴山科技英才1126计划"（指巴中市确立的引进1000名专业人才、培育1000名科技领军人才、2000名企业经营管理人才和6000名实用型科技人才），探索灵活多样的科技人才柔性流动与聘用机制，吸引省内外高层次人才以全职、兼职或短期工作方式到巴中工作。

（2）加强基础教育与职业教育，提升劳动力要素供给质量。2014年巴中市有216.38万常住农村人口，其中转移输出农村劳动力高达120.7万人，但务工收入却不高，总共实现劳务收入仅148.6亿元，人均月劳务收入仅为1025元。其背后的根本原因在于劳动力供给质量太低。因此，基础教育与职业教育并重，继续实施农村义务教育，大力发展职业教育，建设一批国家级、省级示范性中等职业学校。

（3）技术人员管理体制创新。巴中技术人才流失非常严重，但新常态下发展经济对技术人才（如电子商务人才、互联网+人才）的依赖性越来越强，因此必须创新技术人员管理体制，建立有效激励机制，支持科技人才以技术入股、技术服务、技术转让等形式创办领办科技型企业，鼓励技术人员在本职工作之余到企业兼职。

4. 提升新兴产业与资本要素的亲和度，打造电子商务基地

优化招商引资环境，统筹全市产业布局，积极承接重大产业转移，加快发展市内"飞地工业"项目，探索发展市外"飞地工业"模式。打破行政区划界限，统筹基础设施规划与建设时序衔接，加快生产要素自由流动。建设一批功能完善、产业特点鲜明的电子商务产业园，打造电子商务基地。加快电子商务在特色产业和农产品流通领域的运用，建设农产品、特色产业电子商务平台，推动农产品和特色产业网上交易，实现农产品购销常态化对接。

5. 加强区域合作，分享经济发达地区的发展红利

加强同成渝西和周边城市、西部地区、东中部地区的经贸合作和人员往来，主动融入成渝经济区、关天经济区，主动接受成都、重庆、西安三大中心城市的辐射带动，加强与环渤海、长三角、珠三角、台港澳等地区的经贸合作，深化与成渝西及友好城市在经贸、科技、教育、卫生、文化、人才等领域交流合作水平，进一步健全同汉中、十堰等秦巴山片区中心城市及川东北友邻城市在重大基础设施、重大产业项目、扶贫开发等领域的合作机制，不断拓展对外开放的广度和深度，形成全方位、多层次的对内对外开放合作格局。

（三）新动力之三——结构优化驱动

结构优化驱动主要包括：三次产业结构调整优化驱动，投资结构调整优化驱动，新型城镇化与新型工业化协同推进，驱动"三驾马车"带动力优化。

1. 三次产业结构调整优化驱动

在经济总量仅仅为456.7亿元处于极低水平下，2014年巴中三次产业结构比为18：46：36，其中第一产业比重远远超过全省12.37％的水平，表明巴中还处于工业化初期的阶段。因此巴中急需在提高经济总量的同时，优化经济发展结构。立足巴中资源禀赋，巩固特色优势产业，加快发展新兴产业，把巴中建设成为秦巴山区有机富硒食品基地、成渝西机械电子配套加工基地、国家重要清洁能源精细化工基地、西部现代中药产业基地、知名红色生态旅游区和川陕渝联结地商贸物流中心。

（1）农业。巴中的气候属于亚热带湿润季风气候，四季分明，光照适宜，平均相对湿度74％。境域水稻土面积占耕地总面积的56.32％，有利于农业的发展。由于巴中发展基础薄弱，因此应从战略高度展开特色竞争和标准竞争，精选特色产品，从引导扶持的角度，以国际标准和国际经验为参照，构建特色产品认证体系，使巴中市的特色产品获得更好的市场信誉和综合竞争力，引导农业产业科学发展。按照"巴山新居＋特色农业＋生态旅游"的大农业发展思路，着力构建新型农业产业链，推动农业提速增效、农民增产增收。加快创建山区现代农业示范市，深入实施核桃、茶叶、巴药"三百工程"，大力发展林业经济。

（2）第二产业。2014年巴中全部工业增加值123.94亿元，规模以上工业企业191户，实现主营业务收入439.7亿元，利税总额30.99亿元，利润12.21亿元，实力相当弱。因此必须坚持产业兴市、工业强市，走新型工业化之路，突出工业园区载体建设，依托资源优势，配合成都、重庆、西安三大中心城市，重点培育发展机械制造、食品饮料、纺织服装、建材家居、生物医药、清洁能源、新材料等重点产业，突出发展机械制造、生物医药、新能源新材料和食品饮料"四大重点成长型产业"。依托巴中丰富的石墨资源，建设新材料产业园，通过引进高技术企业对石墨进行产品研发和深加工，全力打造石墨碳素新材料基地。重点发展石墨烯、人造金刚石、炭黑、碳素、碳复合材料及其下游产业，逐步形成石墨新材料产业集群。

（3）第三产业。依托交通枢纽，构建仓储、物流、配送功能集聚发的现代物流网络体系，把巴中建设成为川东北重要的商贸物流集散地和"成渝西"区域性商贸物流枢纽。突出红色文化优势，大力发展生态红色旅游，打造巴中—南江—光雾山—诺水河—通江—平昌—巴中旅游大环线，光雾山—米仓山休闲度假养生旅游区、红军城—诺水河—空山—王坪红军纪念园观光科考红色旅游区、江口水乡—白衣乡村特色休闲旅游区、南龛文化产业园—恩阳古镇旅游区、陈河—北极特色农业与温泉疗养区。重点建设光雾山、关坝、诺水河等20个旅游集镇，构建"一环、五区、多点"旅游发展总体格局，建成全国知名的红色旅游经典景区、国际山地运动和生态观光休闲度假旅游目的地。

2. 投资结构优化驱动

（1）以制造业为重点加大招商引资力度。值得注意的是，传统引擎本身对经济的拉动作用在欠发达地区仍然未完全释放。巴中一般制造业发展还非常不充分，传统投资领域还有较多空间，需要继续扩大规模和增加门类，具有承接产业转移的基础，仍可围绕产业集群集聚、延长产业链,加大招商引资力度。

(2)加大基础设施项目投资。要抓住国家加大中西部地区投资力度的契机,抓住一些有效需求旺盛,但有效供给不足的领域和产业,实施一批重大基础设施项目和民生项目,保持合理投资规模,更加注重突出投资重点、改善投资结构、改革投资方式、提高投资效率、扩大有效投资。

3. 提升城镇化率、新型工业化率,驱动经济增长

全面系统、综合协调发展。坚持城镇化与培育区域增长中心相结合,城镇化与老区新农村建设相结合,城镇化与老区扶贫相结合,城镇化与老区产业结构转型相结合,城镇化与老区农业现代化相结合。

新常态下

四川经济发展新动力研究文集

综合篇

四川省统计局　编

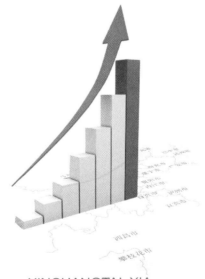

XINCHANGTAI XIA
SICHUAN JINGJIFAZHAN XINDONGLI YANJIUWENJI
ZONGHEPIAN

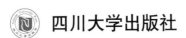

四川大学出版社

前　言

　　中国经济在经历 30 多年的快速增长之后，经济发展的基本模式、产业业态以及增长动力都已经今非昔比，用过去的眼光看待中国经济、用过去的思维思考中国经济已经既不准确，也不现实了。2014 年 5 月习近平总书记在考察河南的行程中第一次提及"新常态"："中国发展仍处于重要战略机遇期，我们要增强信心，从当前中国经济发展的阶段性特征出发，适应新常态，保持战略上的平常心态。"

　　四川作为中国西部重要省份，在新常态宏观发展环境下，2013 年经济社会进入中高速发展通道。面对"中高速、优结构、新动力、多挑战"的新常态特征，四川积极认识新常态、适应新常态、引领新常态，先后出台多项相关鼓励扶持政策，引领经济平稳发展。

　　为更好地服务新常态下四川经济社会发展，翔实地记录四川当前发展历程，深入地分析四川经济社会发展方方面面的有关情况，为各级部门推进新常态下四川经济社会发展提供决策参考和数据支撑，四川省统计局联合省内高校和科研机构，围绕全省、重点区域、21 个市州以及重点行业发展新动力，开展新常态下四川经济发展新动力近 50 个系列课题研究，由此汇编成书。

　　2016 年，是"十三五"开局之年，是实现全面小康的攻坚之年，是全面深化改革的重要一年。四川省统计局要继续发扬实事求是、勇于创新的精神，不断吸取各方经验，弥补不足，努力提高《新常态下四川经济发展新动力研究文集》的编写水平，为新常态下四川经济社会发展，作出统计人应作的贡献！

四川省统计局

目　　录

新常态下四川经济发展动力转换研究

当前，我国经济发展进入新常态发展时期，经济增速正从高速增长转向中高速增长，经济发展动力正从传统增长点转向新的增长点。寻找新的发展动力、培育新的发展动力，成为当前经济工作的重中之重。过去，支撑四川经济增长的传统动力主要表现为：需求动力以投资为主、内外需发展不足；供给动力以要素投入为主、创新动力不足；产业动力以工业为主，服务业发展不足；区域动力以成都经济区为主，区域协调动力不足。适应新时期、新常态的新要求，推动四川经济发展的新旧动力正处在转变之中，主要表现在：一是需求动力由投资带动逐步向内外需协调拉动转变；二是供给动力由要素规模扩张带动向质量提升带动转变；三是产业动力由工业带动向三产联动转变；四是区域动力由成都经济区带动向多点多极转变。本文运用翔实的统计数据对支撑四川经济增长的原动力进行全面的剖析，对新常态下四川经济发展面临的基本形势进行系统的阐述，从需求动力、供给动力、产业动力和区域动力四个方面有针对性的找出新常态下四川经济发展的新动力，并从新的"三驾马车"——改革、创新和转型入手提出促进四川经济发展动力转换的政策建议，为省委省政府提供决策参考。

一、四川经济发展阶段及原动力分析

按照三次产业结构划分经济发展阶段的方法，本文对改革开放以来四川经济发展阶段及每个阶段的发展原动力进行分析：

（一）稳定发展时期（1979—2000 年）：以消费为主要拉动力

经济发展的主要特征：一是经济发展平稳，增速略低于全国平均水平。1978 年四川 GDP 仅 184.6 亿元，1991 年突破千亿元，2000 年达 3928.2 亿元，年均增速为9.4%。比全国平均水平低 0.3 个百分点。二是人均发展水平稳步提升，增速略高于全国平均水平。1978 年四川人均 GDP 仅 261 元，2000 年达 4956 元，与全国平均水平的差距从 1978 年的 120.2 元扩大至 2000 年的 2901.7 元；年均增速为 8.8%，比全国平均水平高 0.5 个百分点。三是经济发展阶段从前工业化阶段向工业化初期迈进。三次产业结构从 1978 年的"一、二、三"结构调整为 1999 年的"三、二、一"结构。四川第一产业比重不断下降，而工业化发展平缓，1991 年，四川第二产业比重超过第一产业比重，四川经济进入工业化初期发展阶段。与此同时，第三产业加快发展，并逐步超过第二产业比重。

经济发展的原动力：一是从需求动力看，消费贡献率远超投资。1978～2000 年，四川最终消费所占比重基本保持在 70％左右，而资本形成总额所占比重不足 40％；最终消费对经济增长的平均贡献率达 70.3％，而资本形成总额的平均贡献率仅为 31.9％。二是从产业动力看，工业、第三产业带动作用相当。第三产业比重从 1978 年的 20％持续上升至 2000 年的 39.4％；而工业比重基本保持在 30％左右；1978～2000 年，工业、第三产业对经济增长的平均贡献率均为 36％。三是从要素动力看，农村剩余劳动力向第二、三产业转移是经济发展的主要动力。第一产业就业人员比重从 1978 年的 81.8％降至 2000 年的 56.7％，下降了 25.1 个百分点，而第二、三产业就业人员比重分别提高了 9.6 和 15.5 个百分点。

（二）加速发展时期（2001—2012 年）：以投资和工业为主要拉动力

经济发展的主要特征：一是经济加快发展，增速高于全国平均水平。四川经济总量连跃一万亿、二万亿和三万亿台阶，至 2012 年四川 GDP 总量达 35491.3 亿元，居全国第 8 位，年均增速达 12.7％，比全国高 2.6 个百分点。二是人均发展水平快速提升，增速高于全国平均水平。2012 年四川人均 GDP 达 29608 元，相当于全国平均水平的 77％，2001～2012 年四川人均 GDP 年均增速为 12.5％，比全国平均水平高 3 个百分点。三是经济发展进入工业化中期发展阶段。四川工业化加快发展，工业化率从 2001 年的 29.2％增至 2012 年的 44.2％。2006 年，四川第一产业比重降至 20％以下，第二产业比重超过第三产业，四川经济进入工业化中期发展阶段。与此同时，第三产业增速有所下滑，其比重不断下降，并低于第二产业。四是城镇化发展进程加快。城镇化率从 2001 年的 27.2％增加至 2012 年的 43.5％，提高幅度比全国高 1.4 个百分点。

经济发展的原动力：一是从需求动力看，投资成为经济增长的主要推动力。2001～2012 年，四川最终消费所占比重基本保持在 50～65％，而资本形成总额所占比重不断增加，从 2001 年的 39.4％增加至 2012 年的 52.3％；资本形成总额对经济增长的平均贡献率为 54.6％，而最终消费的平均贡献率为 48.9％。二是从产业动力看，工业对经济增长的带动作用大。工业对经济增长贡献率不断提高，至 2010 年，工业贡献率达 63.6％；而第三产业对经济增长的贡献率有所下降，至 2012 年第三产业贡献率为 31.4％。三是从要素动力看，劳动力、资金、土地、能源等要素的规模扩张是主要推动力。2001～2012 年，四川全社会固定资产投资年均增速达 23.7％，其中"十一五"期间年均增速高达 31.3％。实际利用外资额年均增速也高达 22.8％。能源消费总量从 2001 年的 6809.7 万吨标准煤增加至 2012 年的 16897.6 万吨标准煤，增加了近 3 倍。

（三）新常态发展时期（2013 年—至今）：以投资和消费为双重拉动力

经济发展的主要特征：一是经济增速从高速转向中高速，增速换挡迟于全国。2013 年，四川 GDP 增速降至高档与中高档的分界点 10％。2014 年，四川 GDP 增速进一步降至 8.5％，全面转向经济中高速增长阶段，而全国于 2011 年便以 9.2％的增速换挡至中高速阶段。二是第二三产业增速均有所下滑，但均高于全国平均水平。2014 年第二产业增速降至 8.9％，比全国高 1.6 个百分点；第三产业增速降至 9.4％，比全国高 1.6 个百分点。第三产业占比有所增加，但仍与全国差距较大，2014 年第三产业占比为

38.7%，比全国低 9.4 个百分点。2013 年全国第三产业占比已反超第二产业，全国已进入工业化后期发展阶段。

经济发展的原动力：一是从需求动力看，投资和消费形成经济增长的双重动力。2013 年，四川最终消费和资本形成总额所占比重和对经济增长的平均贡献率基本相当，最终消费所占比重为 50.4%，资本形成总额所占比重为 51.4%；最终消费对经济增长的贡献率为 48.5%，资本形成总额贡献率为 48.2%。2014 年，最终消费占比为 50.9%，资本形成总额占比为 50.5%。二是从产业动力看，工业仍然是经济增长的主要动力。2014 年，工业对经济增长的贡献率为 52.5%，比第三产业贡献率高 17.2 个百分点。

二、新常态下四川经济发展面临的基本形势

（一）发展环境：新一轮技术革命和以双向转移为特征的产业大转移与国内外经济结构大调整

2008 年金融危机后，世界各国都在积极推动经济转型升级。美国正在通过"振兴制造业""再工业化"战略，着力推进智能制造业转型升级；欧盟大规模发展绿色能源，推动经济从"高碳"向"低碳"转型；新的科技革命带动全球产业链升级，数字制造、大数据、云计算等都在向制造业渗透。同时，伴随着经济转型升级，世界开始进行以双向转移为主要特征的第五次产业大转移。一方面，受"再工业化"的影响，产业高端链条回流欧美发达国家；另一方面，受成本上升影响，产业低端链条开始从中国向成本更低的地区转移。当前，我国进入经济转型关键期，经济新常态将成为未来一段时期中国经济的阶段性特征。为此，四川要正确认识新常态下的新变化、新趋势，适应新常态，抢抓机遇，加快调整经济结构，形成新的经济增长动力。

（二）发展基础：发展不够，发展水平不高

当前，发展不足、发展水平不高仍然是四川最大的省情。2014 年，四川人均GDP35128 元，只相当于全国的 75.3%，居全国第 23 位；城镇居民人均可支配收入24381 元，相当于全国的 84.5%，居全国第 18 位；农村居民人均纯收入 8803 元，相当于全国的 89%，居全国第 21 位；城镇化率 46.3%，比全国低 8.5 个百分点，居全国第24 位。截至 2014 年，四川省农村贫困人口为 497.65 万人，贫困发生率为 7.7%。对四川而言，要确保 2020 年与全国同步实现小康和消除贫困，必须要解决发展不足的问题，因此，应该保持适当高于全国水平的发展速度。

（三）发展阶段：工业化和城镇化加快发展时期

当前，四川工业化、城镇化进程落后于全国，这既是发展的差距，也蕴含着巨大的潜力，在新常态下追赶空间大。按照国际上对工业化进程的划分来看，四川总体上处于工业化中期阶段，且人均 GDP 已突破 3000 美元，按照国际经验，这将是经济发展的重要时期。在这一发展阶段，三次产业开始优化，服务业发展逐步加快，但所占比重难以显著提升，工业仍然是拉动经济发展的重要动力；同时，经济发展质量将显著提升，城

镇化率将持续快速上升，居民收入也将更快增长。而在新常态背景下，四川工业、服务业将有很大的发展空间，在投资、消费领域会释放出相当规模的需求，特别是国家为了推动新常态下经济持续健康发展，在政策上给予了中西部地区更多的倾斜支持，四川应把握和抓住这些政策优势，进一步开拓新的发展空间。

（四）发展结构：结构性矛盾突出

目前，四川三次产业仍是"二三一"结构。2014 年，第二产业占 GDP 比重为 48.9%；第一产业比重比全国高 3.2 个百分点；第三产业比重比全国低 9.4 个百分点，服务业仍然是四川经济发展中的"短板"。同时，工业资源型行业比重较大，重型化、资源型特征明显。六大高耗能行业、传统资源性行业比重达 35% 左右，而以装备制造和高新技术产业为代表的先进制造业占比只有 20% 左右，化工、冶金、建材、白酒等产业还存在产能过剩问题，面临较大的结构调整压力。

（五）区域发展：区域间发展极不平衡

四川各市州发展不平衡，成都已率先进入工业化后期发展阶段，在成都的辐射影响下，德阳、绵阳等市也相继进入工业化加速发展阶段，而巴中、甘孜等 7 个市州仍处于工业化前期发展阶段，发展相对滞后。同时，四川区域性贫困特征明显，全省共计 88 个国家级扶贫开发重点县，攀西大小凉山彝区、川西北高原藏区、川北秦巴山区、川南乌蒙山等四大连片贫困区，是四川贫困人口相对集中、贫困程度最深、致贫因素最复杂、扶贫工作难度最大的地区之一。四川唯有加快贫困地区发展、尽快消除贫困，才能实现四川经济社会协调可持续发展。

（六）资源基础：资源环境约束凸显

四川是长江、黄河和各大支流的重要水源发源地及涵养区，是长江上游重要的生态屏障，在全国生态地位显著。四川生态环境的状况，不仅关系自身的长远发展，更直接关系长江流域乃至国家的生态安全和可持续发展。而同时，四川矿产资源丰富且种类比较齐全，已发现各种金属、非金属矿产 132 种，占全国总数的 70%；已探明一定储量的有 94 种，占全国总数的 60%，有 32 种矿产保有储量居全国前 5 位，其中钛矿、钒矿、硫铁矿等 7 种矿产居全国第一位。凭借丰富的矿产资源，四川工业化发展迅速，但四川工业资源型特征突出，在发展过程中稍有不慎即会对资源和环境造成重大损害，从而削弱四川作为长江上游生态屏障的生态保护功能。当前，四川经济增长的资源环境制约因素日渐凸显，迫切需要加快调整经济结构，找寻新的发展动力。

三、新常态下四川经济发展新动力分析

（一）需求动力：内外需共同拉动

1. 内需市场发展潜力大

一是内需市场规模大。2014 年，四川常住人口达 8140.2 万人，居全国第四位，四川一个省的人口总量与世界排在第 17 位国家的人口规模基本相当，比英国、法国等欧洲国家人口规模还大，本身就是一个巨大的消费市场。

二是市场购买力强。2014 年，四川个人储蓄存款余额达 2.5 万亿元，约占全国的 5%，人均储蓄达 3.2 万元，表明四川居民具有较大的市场购买潜力。近年来，四川出境旅游和出境消费急速增长，也表明四川居民购买力强。

三是城镇化发展潜力大。2014 年，四川城镇化率为 46.3%，比全国平均水平低 8.5 个百分点，这是差距也是潜力。据测算，我省城镇化水平每提高 1 个百分点，就能新增城镇人口 90 万人左右。城镇化发展不仅使城镇消费群体扩大，还将改善资源配置效率，使得消费结构不断升级，促进服务业快速发展，是促进内需发展和产业结构转型升级的重要抓手。

四是轻工业市场发展潜力大。四川产业结构偏重型化，直接满足居民消费需求的轻工业发展不足。四川拥有西南地区最大的成都平原和四川第二大的安宁河谷平原，是国内重要的商品粮油基地，然而，除酒业全国市场占有率较高外，农副产品制造业、食品加工业等产业的产品附加值低、市场占有率低，省内中高端消费市场基本被外省、外国企业和产品所占有。2013 年，四川农副食品加工业销售产值为 2491.42 亿元，居全国第 10 位，占全国销售产值的比重仅为 4.2%；四川食品制造业销售产值为 775.63 亿元，居全国第 9 位，占全国销售产值的比重仅为 4.3%。加快轻工业发展，提高农副产品制造业、食品加工业、纺织业等产业附加值和市场占有率，必将成为四川经济发展的又一增长点。

2. 外需市场开拓空间大

与东部地区外需型产业结构相比，四川省外贸依存度只有 15% 左右，外需发展对经济发展的贡献率较低。近年来，四川引进企业和走出企业总量均大幅增加，四川企业和品牌影响力不断提升。2014 年，四川外商直接投资企业达 10472 家，引进的世界 500 强企业有 210 家，分别是 2008 年的 1.2 倍和 1.5 倍；四川境外投资企业总量达 524 家，是 2008 年的 3.8 倍。当前，国家部署"一带一路"发展战略，将进一步提升四川区位优势，为四川外需市场提供了重要的发展机遇，带动四川优势企业、技术、产品和服务向外输出。加大对外开放格局，建立更开放的外向经济模式，也将是新常态下四川经济发展的新动力之一。

（二）供给动力：创新拉动、要素升级

1. 创新能力培育空间大

一是四川科技创新主体发展空间大。2014 年，四川科学研究和技术服务业就业人员达 26.94 万人，占全省就业人员的比重仅为 0.56%，其中，城镇科学研究和技术服务业就业人员规模达 21.1 万人，仅次于北京、上海、广东和江苏。2014 年，四川规模以上工业企业 R&D 人员达 6.2 万人，居西部首位，居全国第 15 位，与江苏、浙江、广东相比，差距还较大，有较大的提升空间。

二是四川科技创新资金投入力度的增长空间大。2014 年，四川科技支出达 81.8 亿

元，居全国 11 位，占全省财政总支出的比重为 1.2%，比全国低 1.03 个百分点，比北京、上海和浙江分别低 5.05、4.13 和 2.83 个百分点。2014 年，四川 R&D 经费内部支出达 449.3 亿元，R&D 经费投入强度仅 1.57%，低于全国 2.1% 的平均水平，与发达地区相比存在较大差距，更是明显低于发达国家和新兴工业化国家。

2. 人口质量红利挖掘空间大

从劳动力资源看，四川 65 岁及以上人口占比为 12.8%，老龄化程度居全国第 2 位，人口负担系数较大，人口红利优势已逐渐减弱。但四川人口总量较大，劳动力资源绝对数量仍然较多，同时，近年来，四川工业化、城镇化发展吸引部分外出务工人员回流，因此，四川劳动力比较优势虽然有所减弱，但减缓趋势慢于全国。与此同时，在人口素质方面，四川 6 岁及以上人口的平均受教育年限为 8.4 年，低于全国平均水平，劳动力素质提升空间大。

3. 资源集约有效利用前景广阔

四川自然资源富集，但也存在人均耕地资源低于全国平均水平、部分矿产资源人均占有率低、重要矿产富矿不足等问题。同时，四川高耗能产业、传统资源产业比重较大，工业资源性特征明显，四川资源集约有效利用的压力较大。近年来，四川采取了强化战略资源保护、严格准入、淘汰落后产能、发展循环经济等措施，提高土地和矿产资源的综合利用效率，为资源集约有效利用做出了巨大努力。今后四川还应加强资源开发利用方面的技术创新，在资源集约利用的技术基础、新技术新设备研发和利用等方面取得进步，推动资源利用方式的根本性转变。

（三）产业动力：传统产业改造升级、新兴产业快速发展与三产联动发展

1. 传统产业转型升级成效明显

当前，四川传统资源型产业占比较大，是四川经济发展和吸纳就业的重要支撑，在新常态下，四川传统资源型产业将可能面临一定的困境和冲击，但通过技术创新和改造提升仍然具有广阔的市场前景，并将继续发挥基础性作用。2015 年，酒类、非金属矿物制品业等传统产业通过产品调整、创新营销等方式，转型升级效果明显。例如，在酒业转型方面，四川白酒企业主要采取了以下措施：一是以市场为导向，研发推出"玉龙圣山""圣鹿源"等养生酒产品，着力满足多层次市场消费需求；二是积极探索"传统零售＋网络销售"营销模式，建立名优白酒贸易中心、电子交易所、公共信息平台等现代市场体系；三是名优白酒产业与商贸、物流、金融等现代服务业协调发展，建立名优白酒贮存、包装、物流配送一体化专业园区，形成名优白酒生产性服务业集约集聚集群发展。2015 年上半年，酒、饮料及精制茶制造业增加值占全省规上工业比重达 8.2%，居 41 个工业行业之首。2015 年，四川出台了"互联网＋"重点工作方案、银行业服务实体经济发展等多项政策措施，推动四川重点产业发展。在政策效应的释放和带动下，企业充分把握"互联网＋"战略，把握发展先机，通过产品结构调整、企业兼并重组等方式主动转型寻找新出路，传统产业的转型升级必将成为四川经济发展的主动力之一。

2. 新兴产业发展前景广阔

在新兴产业方面，各国、各地区都处在同一起跑线上。当前，四川新兴产业发展较快，主要表现在以下几个方面：一是高新技术产业规模持续扩大。2014 年，四川规模以上工业高新技术企业 1779 户，实现工业总产值 10521.4 亿元，是 2011 年的 1.6 倍；从业人员上升至 96.9 万人，比 2011 年增加 22.4 万人。二是高新技术产业对工业发展贡献显著。2014 年，四川省规模以上工业高新技术企业实现总产值同比增长 10.4%，占全部工业总产值的比重为 26.8%，比 2013 年高 0.9 个百分点；主营业务收入在四川省的占比为 27%，较 2013 年提高 1.4 个百分点；高新技术产品出口交货值高达 192.1 亿美元，同比增长 9.6%，对当年规模以上工业产品出口的贡献率达到 92.4%。

3. 现代农业发展潜力大

四川是人口和农业大省，也是中国西部稳定可靠的农副产品生产基地。在经济新常态背景下，四川农业发展方面存在农业增效、农民持续增收的难度加大，农业资源短缺，农村空心化、老龄化问题日益凸显等问题，亟须探寻四川农业发展的新动力。在农业主体方面，四川是劳务输出大省，农业劳动力大量外流，同时，农业劳动力素质还较低。在新常态下，要实现从传统农业向现代农业的跨越，可加大对农业科技的投入和推广力度，加快培育更多高素质的新型职业农民。在农业发展模式方面，四川可推动农业适度规模经营，引导农业集约化、专业化、社会化发展，同时，还可推动"互联网＋农业"新业态发展，实现现代农业与信息技术的有效结合。由于四川广大农村地区地处丘陵、山区，农业网站建设和农业电子商务发展还相当很滞后，虽然建设、推广任务十分繁重，但发展潜力巨大。在农业发展方向上，一是可发展特色农业，培育具有产业带动力和市场竞争力的特色农业品牌；二是可实现一、二、三产业融合互动发展，延长农业产业链，从单纯的农作物生产向农产品加工、流通及休闲服务业等领域延伸。

4. 现代服务业拉动空间大

在新常态和工业化、城镇化加速发展期的双重发展背景下，四川服务业具有较大的发展空间。2014 年，四川服务业增加值突破万亿大关，增长 9.4%，增速高于全国，服务业增速呈现平稳增长态势。同时，四川现代服务业发展良好，信息消费服务业、现代服务业、高技术服务业和科技服务业企业的社会贡献总额增速、质量效益水平均高于四川重点服务业企业平均水平。

5. 生态产业创新发展先发优势突出

党的十八届五中全会指出生态文明建设将成为"十三五"的重要工作。四川生态地位显著，生态资源丰富，在发展生态产业和建设生态文明方面具有得天独厚的优势，若能在生态产业发展方面先行先试，抢占发展先机，这也将可能成为助推四川经济可持续发展的又一大动力。2015 年，四川的阿坝州、华蓥市、南江县和西充县 3 县 1 州成为国家首批生态保护与建设示范区，四川可抓住这次机会，在这 3 县 1 州探索市场化的生态补偿机制，发展生态旅游业、生态农业等生态产业，开发生态产品，实现生态效益与经济效益的有机结合。

（四）区域动力：区域协调发展

四川各市州间经济发展不平衡是制约四川经济发展的一大问题。成都经济区各市相继进入工业化加速发展时期，而巴中、甘孜等地区仍处于工业化前期发展阶段，贫困问题突出，发展相对滞后。当前，四川提出了构建多点多极支撑、加快新型城镇化发展以及精准扶贫等发展战略，推动四川区域协调发展，成为四川经济发展的又一动力。

四、促进四川经济发展动力转换的政策建议

为促进四川经济发展动力的有效转换，应从新的"三驾马车"——改革、创新和转型上寻找出路，具体而言，就是要全面推进改革，释放改革红利；实施全面的创新驱动，强化自我发展；加快经济结构调整，提升经济发展质量。

（一）着力全面深化改革，强化制度保障

全面深化改革，充分释放改革红利，将"改革红利"转变为"发展动能"，是新常态下推动四川经济发展的重要基础。

1. 深化财税体制改革，夯实市场主体发展基础

一是完善税收体系。推进税制改革，充分发挥财税政策在企业投资、居民消费中的引导作用，对传统产业改造提升、新兴产业发展、循环经济、双创新业态等具备较大发展潜力的领域，制定财税产业支持政策，减轻相关领域企业的税收负担，激发市场主体的活力。

二是优化收入分配体制。在收入分配方面，建立健全工资正常增长机制，稳步提高居民收入水平；规范收入分配秩序，调整行业工资标准，缩小收入分配差距，激发消费需求。

三是建立跨区域利益分享机制。对总部经济、项目合作共建、飞地经济、跨区域水电项目等跨区域经济合作项目的税收分配进行统一规范，理顺地区间利益分配关系，促进区域经济协调发展。

四是调整转移支付结构。建立完善转移制度，进一步加大基建、民生、环保等公共需求投入；加大对边远地区、民族地区、欠发达地区的财政转移支付力度，同时，应考虑由于要素资源的不平衡导致的区域产业布局、发展的不平衡，建立县级财力保障制度，探索合理的横向转移支付，解决区域发展不平衡问题。

2. 加大金融支持力度，优化金融资源配置

一是建立健全多层次的金融市场体系。发展多层次的资本市场，大力发展资金市场、保险市场和各类债券市场，紧抓四川矿产资源、水资源和农业资源优势，探索发展要素交易市场，建立间接融资和直接融资"双轮"驱动的金融体系，打造市场化金融资源配置平台。建立多层次的社会信用体系，培育和发展各类信用服务机构，构建诚实守信、公平有序的金融市场环境。建立多层次的融资担保体系，鼓励和支持融资担保机构开展实体经济、创新企业、小微企业、三农等融资担保业务。

二是建立健全差别化的金融支持体系。增强资金支持的针对性和有效性，加大对有市场发展前景的先进制造业、战略性新兴产业、现代信息技术产业和信息消费、服务业、传统产业改造升级以及绿色环保等领域的资金支持力度；加大对成长性高的创新型、创业型、成长型中小企业的资金支持力度；加大对作为发展基础的实体经济、小微企业、三农等领域的资金支持力度，对产能过剩行业区分不同情况实施差别化政策，严禁为产能严重过剩行业违规建设项目提供融资，防止盲目投资加剧产能过剩。

三是鼓励金融创新。加快发展民营金融、农村金融、互联网金融等，鼓励发展金融新业态、新产品和新服务，支持金融机构创新经营模式和服务方式，聚集金融资源，为四川经济发展提供更为有效、更多层次的金融服务。适当放宽创新型、成长型企业的创业板准入标准，鼓励私募股权投资基金、风险投资基金产品创新，促进创新型、创业型中小企业融资发展，推动大众创业、万众创新。

3. 加快市场化改革，构建公平的市场体系

一是简政放权，建立服务型政府。在投资领域，让投资主体获得更多的投资自主权；在生产经营活动领域，基于市场机制有效调节、行业组织自律管理的范围内取消政府审批，变事前批为事中和事后监督；在资质资格许可、认定和评估、知识产权保护等领域，政府主要负责依法制定标准或评价规范，变直接参与为间接管理；在工商登记和社会组织管理制度领域，降低准入"门槛"，实行宽进严管的政策，充分发挥市场在资源优化配置中的基础作用，激发市场主体的发展活力和创造力。

二是打破垄断，加快发展市场经济。推进国有企业改革，加强分类管理，梳理绝对控股、相对控股、持股参股及退出的企业清单，深化行业改革，增强国有经济活力和动力。进一步优化非公有制经济发展体制环境，放开放宽民营资本准入领域，逐步建立完善政府与社会资本合作的新格局，在国有资本相对集中的领域，有序放宽市场准入。

（二）着力创新驱动，强化自我发展能力

当前，新的技术革命正改变着世界科技和经济社会发展形态，世界各国都在寻找科技创新的突破口，抢占未来经济发展的先机。四川要突破发展瓶颈，实现区域经济可持续发展，就必须抓住新一轮科技革命和产业变革的机遇，实施全面的创新战略，用科技融合传统的生产要素，实现资源的优化配置，把创新作为四川经济发展的核心推动力。

1. 搭建创新平台，吸引集聚创新要素

一是加强创新创业载体建设。各地区要着力建设创新创业园区、科技企业孵化器等创新平台，健全公共科技服务平台，搭建高水平的科技资源服务共享平台；联合高校、科研院所和企业研发中心，建立协同创新示范基地，鼓励科研院所开放科技资源平台，为创新创业企业提供优质服务。

二是加强高端智库建设。围绕创新驱动战略和当前国内外科技发展趋势，吸纳科研院所高端人才，建设高端科技智库，就各项改革、产业结构调整、重大项目建设等开展多层次、多领域、多形式的决策咨询工作，为政府决策和企业发展提供有效支撑。

三是建立科技创新基金。科技创新往往具有周期长、风险高、资金投入的特点，应

建立科技创新基金，加大对科技创新的资金扶持力度，对双创、科技转化、核心技术等领域落实专项资金予以支持。同时，还要落实和完善双创企业、高新技术企业的财税优惠政策。

2. 培养创新主体，不断增强创新活力

一是明确企业创新主体地位，引导创新要素向企业集聚。引导大中型企业建立研发机构，大力培育创新型中小企业，鼓励企业与科研院所进行科技合作，支持和引导创新要素向企业集聚，不断增强企业创新动力、创新活力、创新实力。

二是要加快培养科技人才队伍。支持企业引进海外高层次人才，加强专业技术人才和高技能人才队伍建设，加强对企业科研和管理骨干的培训，健全科技人才流动机制，鼓励科研院所、高等学校和企业创新人才双向流动，鼓励和支持科技人才创业，充分调动科技人才创新积极性。

3. 强化成果转化，充分释放创新活力

一是要鼓励和支持基础应用研究。围绕当前国内外科技发展趋势和国内产业发展特点，开展大批具有前瞻性的科学技术研究，掌握一批核心关键技术和自主知识产权，引领未来经济发展。

二是要着力推动科技成果转化。建立健全科技成果转化机制，改革科技成果转化评价机制，建立财政支持、社会参与的科技成果转化投入机制；规范科研院所科技成果管理制度和流程，加强知识产权保护和运用；鼓励和支持企业向科研院所、中介服务机构征集所需的科技成果或科技成果转化的合作者，促进科技成果推广应用，实现科技成果的产业化和市场化，释放创新活力。

4. 鼓励多层次、多元化创新，提高资源配置效率

创新不仅是技术创新，还包括生产创新、产品创新、服务创新、管理创新、商业模式创新等，我国经济发展中创新空间很大，创新增长点很多。为此，既要鼓励新兴产业发展，也要鼓励传统产业技术改造；既要鼓励技术创新，也要鼓励技术创新与产业的生产创新、组织创新、管理创新等结合起来，改善生产经营模式，降低生产经营成本，降低物化劳动消化，提高产业增加值率，促进生产资源的有效配置，提高资源配置效率，培育经济发展新动力。

（三）着力转型与规模发展并行，提升经济发展质量

从宏观形势来看，加快经济结构大调整是大势所趋，而就四川自身发展而言，发展不够、发展水平不够高是基本省情，为此，四川应以经济转型和规模发展并重，在扩大经济规模的同时，加快转变经济发展方式和调整经济结构，提高经济发展质量和效益。

1. 优化需求结构，强化需求支撑动力

一是在投资方面，要在投资规模和增速上保持适度和稳定的基础上，实现投资结构的进一步优化和完善。首先在投资领域上，要加大对保障性住房、基础教育、公共卫生、基础设施建设等领域的投入力度，加大对民族地区、贫困地区、农村的投入力度。第二，在产业投资上，要重视发展和保护实体经济，严控高耗能、高污染和产能过剩行

业的盲目扩张。要加大对四川五大高端成长型产业和五大新兴先导型服务业的投资力度，加大对双创企业、小微企业和三农等领域的投资力度，加快培育新的投资增长点。第三，在投资资金来源上，要推进投资主体多元化，支持民间投资进入铁路、市政、金融、能源、社会事业等领域。

二是在扩大内需方面，以新型城镇化建设和轻工业市场发展为抓手，加快培育消费点，扩大居民消费。首先，以新一轮产业革命为契机，着力发展四川农产品加工业、纺织业等轻工业市场，创造和培育新的消费需求，改善居民消费预期，进一步拓展内需空间，释放市场潜在需求，引导庞大的居民储蓄转化为强大的现实购买力。第二，以新型城镇化建设为契机，促进消费结构升级，进一步挖掘农村消费市场和消费需求，同时，改变公共服务长期供给不足和供给不平衡的问题，推进城乡基本公共服务均等化。第三，要推进市场载体建设，优化消费环境，加强市场监管力度，做好消费品行业管理。第四，通过构建多层次的商业服务体系、加强物流信息化建设等措施，有效降低消费品流通成本，稳定商品零售价格，提高居民消费水平。

三是在扩大外需方面，要紧抓全国区域政策大调整的契机，加大对外开放力度。四川应将丝绸之路经济带、长江经济带建设与新一轮西部大开发、扩大内需、南向开放等战略有机融合，进一步实施"引进来"与"走出去"战略。首先，要具有前瞻性和战略眼光，加快基础设施建设，拉近与国际国内市场的时空距离，进一步提升四川对外开发的区位优势。其次，要加快培育四川优势产业、优势产品和优势品牌，与相关国家和地区建立互动共推机制，带领川企、川货走出去，扩大四川经济的影响力和市场份额。要积极推动钢铁、建材、水能、化工等富余产能有序转移，通过开拓国际市场消化过剩产能。第三，积极参与国际经济技术合作和竞争，吸引更多高端生产要素，提高四川外向型产业集中集约发展水平。

2. 优化产业结构，强化产业支撑动力

一是要重视和突出工业的主动力作用，实现传统产业转型升级、新兴战略加快发展并重的局面。首先，对资源依托型企业，要把资源优势转化为产业优势，加强对资源的深度加工，提高产品附加值，提高资源综合开发和回收利用率，拉长产业链条。其次，加快发展优势产业，通过做强企业、做大市场、做精技术、做优产品，构建完善和整合延伸优势产业链。第三，要通过技术创新、管理创新、产业重组和优化布局等方式改造传统产业，促进传统产业升级换代，有序淘汰一批高污染、高能耗的落后产能。第四，积极培育新兴战略产业，抓好页岩气产业、节能环保装备产业、信息安全产业、航空与燃机产业、新能源汽车五大高端成长型产业的建设与发展，以新兴战略性产业发展带动四川工业的转型升级。

二是加快构建现代农业体系。四川是我国粮食作物和经济作物的重要产地，具有发展现代农业的资源优势，应结合开发和小康建设，加快培育高素质的现代农业经营主体，加强农业基础设施装备建设，推进农业科技和经营机制创新，构建现代农业产业体系，推进农业规模化、标准化、生态化，实现农业生产、销售、管理的现代化、技术化、信息化，促使农业资源优势向农业产业优势转变。

三是加快发展现代服务业。首先，要建立完善服务业发展的政策和措施，破除制约服务发展的体制机制障碍。其次，要把握服务业发展的新趋势、新热点，积极培育服务业新业态和新产业，加快发展具有广阔发展前景的文化产业、养老服务业、家庭服务业等，拓展服务业发展空间，增强服务业发展动力。第三，促进生产性服务业与先进制造业的融合发展，加快电子商务、现代物流、金融、信息技术服务、研发设计等生产性服务业发展，促进四川产业结构调整升级。

3. 促进区域协调发展，强化区域支撑动力

首先，应进一步加快多点多极发展。为解决四川区域经济发展不平衡的问题，四川提出要着力构建多点多极支撑，在提升首位城市、推动天府新区领先发展的同时，着力次级突破，加快川南经济区、攀西经济区等地区发展，指导和推动有基础有条件的市州加快发展；夯实底部基础，发展壮大县域经济，推动民族地区、革命老区、贫困地区跨越发展，从而促进四川区域经济协调发展。在"十三五"时期，生态文明建设和贫困地区脱贫是区域经济发展的重点，对于资源环境承载力较低的限制开发区，四川应加快探索生态特区，加强生态保护和生态建设，同时，还应加快实施精准扶贫，以期2020年四川贫困人口如期脱贫。

二是加快新型城镇化发展。当前，四川城镇化率还低于全国水平，农业人口占比还比较大，提高户籍人口城镇化率、加快新型城镇化建设是四川经济增长的又一支撑点。为此，首先，要做好四川全域性的城镇化建设规划，构建科学合理的城镇体系，在支持成都发挥特大中心城市的引领带动作用的同时，要加快发展区域性中心城市，推动一批市州所在城市发展成为特大城市和大城市，加快发展中小城市和小城镇。第二，推进统筹城乡发展，有序推动人口合理流动，有序推进农业转移人口市民化，有效解决农民工社会融合问题。第二，要注重提高城镇化质量，加快实现公共服务均等化和加快基础设施建设，增强中小城市、小城镇的人口吸纳能力，完善大城市的城市治理功能，有效解决"大城市病"问题。

新常态下四川经济发展的新动力研究

一、引言

美国金融危机爆发以后，世界经济遭受了巨大的重创，至今尚未完全恢复元气，尤其是欧美发达经济体的经济低迷态势依然可能持续较长时间。正所谓"西边不亮东边亮"，在西方发达国家经济长期徘徊难有起色的状况下，国际发展环境悄然改变，世界经济发展的重心正逐渐由西方国家转向东方国家，这突出地表现为产业、资本向中国等亚太新兴经济体的大规模转移。与此同时，整个世界正在被新一轮的科技革命浪潮洗礼，先发国家与后发国家你争我赶，正全力寻找新的突破口，力求占据未来经济发展的制高点。可见，当今世界经济形势不容乐观，发展环境极为复杂，中国经济在未来一段时期内将面临较大的外部压力，再加上国内日益高企的生态环境与资源成本，中国经济转型发展已到了势在必行的关键时刻。

反观国内，中国经济发展正处于高速转向中高速增长换挡期、结构调整阵痛期与前期刺激政策消化期的三期叠加阶段已成为不争的事实。对于中国经济阶段性特征的描述，"新常态"的提法从中央高层至地方基层和经济学界已经取得了高度的共识。那么，何为中国经济的新常态，它与发达国家面临的"经济增长乏力、失业率持续高企、私有部门去杠杆化、政府管制加强、公共财政面临挑战以及增长要素与财富活力向新兴经济体转移"的常态特征又有什么不同呢？

中国经济"新常态"并不是总供需失衡导致的经济周期性衰退，其本质是一种经济结构性调整与回落的状态。在这一调整回落过程中，趋缓的经济总量增长伴生了经济结构优化升级、消费需求持续释放、就业与物价水平基本稳定、发展成果城乡共享与包容程度提高等。中国经济新常态有两个典型的特征：一是规模总量增速由高速向中高速，甚至中速转换；二是增长方式由速度粗放型增长向效率集约型增长转变。中国经济新常态，表面上是速度的降低，但其背后隐含的是增长动力的深刻转变，即由传统的要素、外需与投资驱动转向科技、内需与改革驱动。借助增长动力及方式的转变，最终将加快推动结构优化，实现经济提质增效目标，成功打造新常态下的中国经济升级版。

发展不够，发展水平不高，结构性矛盾突出依然是四川最大的省情。加快转型升级发展是解决四川所有问题的根本途径与核心关键。当前，四川经济发展面临巨大的挑战与困难：一方面，四川经济增速快速下滑，地方政府债务风险突出，白酒、煤炭以及化工等重点行业产能显著过剩；另一方面，四川的工业化与城镇化水平依然滞后于全国平均水平，产业整体结构仍是以二产与高耗能产业为主，战略新兴产业与高端成长产业的发展难以弥补传统产业的快速萎缩。经济新常态下，深挖四川经济发展的新动力，以实现四川加快转型升级发展是极为重要的。

本研究基于国内外经济发展形势，全面把握四川经济发展整体概况，试图明晰四川经济新常态的五大特征，探寻经济新常态下四川经济发展的四大动力，并给出经济新常态下促进四川经济加快转型升级发展的若干政策建议。

新常态下，四川经济发展呈现出五大显著特征：第一，经济规模稳步攀升，但增速降档仍然高于全国。这表现为经济总量平稳增长，步入新常态比全国晚，经济增速仍高于全国和经济增速下滑比全国快。第二，产业结构调整有进展，但结构性矛盾依然突出。一方面，产业结构近年来逐步调整；另一方面，三产占比提升有空间；此外，结构性矛盾较突出，不同忽视。第三，多点多极格局已然形成，但区域差距有所扩大。可由进入"GDP千亿俱乐部"的市州已过半，"十强县"强势发展以及市州之间的差距有扩大趋势三个方面看出。第四，经济发展效益初步显现，但需进一步优化改善。地方财政收入规模不断增加，而且增速较高，但是GDP含金量在西部地区排位靠后。第五，对外开放程度逐年提高，但仍需加大开放力度。经过主客观多方努力，我省对外贸易规模逐年爬升，持续保持贸易顺差格局，外商直接投资增势良好，但是对外开放成效需加快提升。

新常态下，四川经济加快发展需要注重培养四大动力：一是，本源动力：深入推进改革，持续释放市场活力。政府与市场各安其道，且并行不悖是提高市场经济效率与发挥市场经济规律的要求。不断加大简政放权力度，还权于市场，有利于我省厘清政府与市场边界，全面激发民营经济活力，持续释放改革动力，加快经济发展。二是，内生动力：加强科技创新，提高技术进步贡献率。加强科技创新是经济自我发展能力提升的必然要求，也是实施创新驱动发展战略的题中要义。近年来，四川科技创新投入增势明显，提升空间仍较大，而且与发达区域相比较科技进步贡献率依然不高。三是，助推动力：有进有出，提高引进与走出企业规模。四川发展离不开世界，坚持深化对外开放，符合当今时代特征和世界经济发展规律，将助推新常态下经济发展。当下，全省引入外企的总量可进一步突破，走出去的企业规模也有较大的提升空间。四是，三重拉力：全力协调三驾马车，夯实既有支撑。地处内陆的四川经济发展较滞后，加快发展依然是一项紧迫任务，"三驾马车"缺一不可。四川经济发展进程中的"三驾马车"失衡特征突出，亟须加强投资与扩大出口，同时不断挖掘新消费增长点，维持消费稳定增长也是极为必要的。

从政策角度考察，新常态下促进四川经济加快发展的进程中有以下五点建议可供参考。一，继续推进改革，促进政府和市场和谐互动。要以省属国有企业改革引领市场化改革，要以简政放权为切入点加快市场化改革，要以量化改革绩效为抓手促进市场化改革。二，全力推动科学技术创新，强化自我发展能力。要加强科学思想智库建设，要加快科技协同创新示范基地建设，要转变科技创新资金投入模式，要搭建高水平的科技资源服务共享平台。三，正视投资与转型关系，增投资与调结构并举。要加强基础设施投资，提升基础设施水平；要加强高端产业和产业高端投资，优化投资结构。四，多管齐下着力提升消费需求，确保内需稳定。要扩大川货影响力与市场份额，要促进实物消费与服务消费相协调，要千方百计提振大众消费潜力。五，充分发挥政府引导支持功能，提升对外开放质量。要加大推介宣传引导功能，要强化政策鼓励支持功能。

二、新常态下四川经济发展的五大特征

所谓"新常态"并不是总供需失衡导致的周期性衰退，本质上是一种结构性回落状态。这突出地表现为，趋缓的 GDP 增速伴生了结构加速优化升级、要素投入日益集约、生态环境持续改善等。当前，四川经济已开始步入"新常态"，并表现出与全国和其他地区不一样的特点。

（一）经济规模稳步攀升，但增速降档仍然高于全国

四川依然是发展不充分、发展水平不高的大省，经济总量保持快速增长极为必要。从这个意义上说，我省经济增速高于全国平均水平也是合理的。

1. 经济总量平稳增加

近年来，四川经济规模逐年提高。2010 年，四川 GDP 达到 17185.5 亿元，至 2014 年 GDP 总量已升至 28536.7 亿元，年均增加 2837.8 亿元。

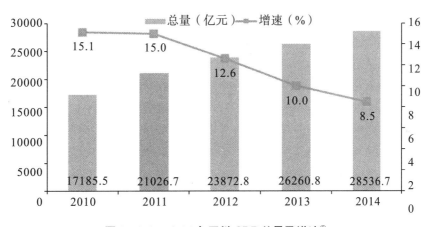

图 1　2010－2014 年四川 GDP 总量及增速[①]

2. 步入新常态比全国晚

从新常态下经济增速普遍由两位数降至一位数的特征考察，四川经济增速由高档转换为中高档的时间要比全国晚两年。2002－2013 年，四川经济总量连续十二年保持 10％以上的增速，GDP 年均增长约 12.8 个百分点。2013 年，四川的 GDP 增速降至高档与中高档的分界点 10％。2014 年，四川的 GDP 增速进一步下降为 8.5％，全面转向经济中高速增长阶段，而全国在 2011 年便以 9.5％的增速宣告换挡至中高速阶段。

3. 经济增速仍高于全国

以全国与四川步入新常态的时间为节点，我省经济增速仍高于全国。2011 年，全

[①]　数据来源于四川省统计局的统计年鉴、国民经济和社会发展公报。下文如无说明，数据来源均同此。

国步入新常态时的 GDP 增速为 9.5％，四川 GDP 增速为 15％，高于全国 5.8 个百分点。2014 年，四川以 8.5％的经济增速转向新常态阶段，而同期全国为 7.3％，比四川低 1.1 个百分点。新常态下，我省经济增速高于全国具有一定的合理性，这是四川加快发展，在发展中解决面临所有问题的必然要求。

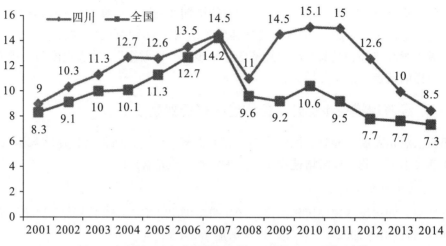

图 2　2001－2014 **年全国与四川的 GDP 增速**（单位：％）①

4. 经济增速下滑比全国快

十余年来，四川与全国经济增速走势近乎一致，表现出同升同降的共性。然而，近几年四川的经济增长速度下滑显著快于全国。2011 年，全国进入新常态时，四川 GDP 增速比全国高 5.5 个百分点。2012 年，二者的差距进一步缩小为 4.8 个百分点。2013 年，四川位于 GDP 增速的高档与中高档分界点时，比全国高 2.3 个百分点。2014 年，四川全面转向新常态时的 GDP 增速仅比全国高 1.2 个百分点。这是与新常态下产能过剩未得到有效缓解以及内外需求有所疲软分不开的。

（二）产业结构调整有进展，但结构性矛盾依然突出

调整优化产业结构是经济新常态的本质特征，也是实现经济发展方式转型的根本要求。当前，全国上下均在加速调整优化产业结构，四川也不例外。

1. 产业结构逐步调整

随着经济发展阶段的变化与经济回暖形势的不确定性，我省不断加大结构调整力度，产业结构优化已取得了一定成效。整体看，2010 年，四川三次产业结构为 14.4：50.5：35.1，至 2014 年调整为 12.4：48.9：38.7。

2. 三产占比提升有空间

尽管四川整体结构调整有所成效，但是与全国相比较，我省三产发展的空间仍然比较充足。2010－2014 年，四川三产占比共提升 3.6 个百分点，而同期全国的三产占比

---

① 国家数据来源与中国统计年鉴、中国国民经济与社会发展公报。下文如无说明，国家数据来源同此。

提升了 3.9 个百分点。2014 年，四川三产占比低于二产 10.2 个百分点，与 2010 年相比较，这一差距仅缩小了 5.2 个百分点。然而，全国 2012 年的三产占比已反超二产，2014 年全国的三产占比更是高出二产 5.4 个百分点。

表 1　2010—2014 年四川与全国的三次产业结构

年份	一产（%）		二产（%）		三产（%）	
	全国	四川	全国	四川	全国	四川
2010	9.6	14.4	46.2	50.5	44.2	35.1
2011	9.5	14.2	46.1	52.4	44.3	33.4
2012	9.5	13.8	45.0	52.8	45.5	33.4
2013	9.4	12.8	43.7	51.3	46.9	35.9
2014	9.2	12.4	42.7	48.9	48.1	38.7

3. 结构性矛盾依然突出

看到四川产业结构优化升级取得一定成绩的同时，但结构性矛盾带来较大的调结构压力依然存在，不容忽视。一方面，我省三产的发展依然较慢；另一方面，我省战略性新兴产业有所发展，但对经济的带动力量仍不足。2010—2014 年，四川二产的贡献率下降 11.3 个百分点，三产的贡献率增加了 10.3 个百分点。这说明，四川的经济发展仍然显著倚重二产，在二产萎缩的同时，三产发展并没有快速跟进。而且，以"双五"产业为代表的战略性新兴产业在四川正蓬勃发展，但仍难以弥补传统工业快速萎靡产生的缺口，进一步凸显了结构性矛盾，加大结构调整压力。

（三）多点多极格局已然形成，但区域差距有所扩大

为破除域内不平衡、不协调的发展局面，四川省委省政府提出"提升首位城市、着力次级突破、夯实底部基础"的多点多极发展战略构想，指引着区域经济发展。

1. 多点多极格局初步形成

一方面，四川迈入"千亿元 GDP 俱乐部"的市（州）已过半。市州梯队竞相发展，努力做大市州经济蛋糕是多点多极发展格局的重要特征。数据显示，2014 年四川有成都、绵阳、德阳、宜宾等 12 个市州的 GDP 超过千亿元。另一方面，全省县域经济发展良好，十强县发展依然保持良好的发展势头。2014 年，十强县的 GDP 比上年增长 9%，高出全省 0.5 个百分点。

表 2　2014 年四川市州 GDP "千亿俱乐部"成员

单位：亿元

市州	GDP	市州	GDP	市州	GDP
成都	10056.6	南充	1432.0	乐山	1207.6
绵阳	1579.9	达州	1347.8	资阳	1195.6

市州	GDP	市州	GDP	市州	GDP
德阳	1515.7	凉山	1314.3	内江	1156.8
宜宾	1443.8	泸州	1207.6	自贡	1073.4

2. 区域发展差距有所扩大

从市（州）的 GDP 总量看，2014 年成都的 GDP 最高达到 10056.6 亿元，甘孜州的最低为 206.8 亿元，二者相差 9849.8 亿元，2008 年它们的差距仅为 3806.9 亿元。从县域经济发展情况看，2014 年十强县县均 GDP 为 510.7 亿元，是全省县域平均水平（139.1 亿元）的 3.7 倍，较 2012 年约高出 0.2 倍。平原县 2014 年的县均 GDP 为 305.9 亿元，超出民族县 269.3 亿元，这一差距比 2012 年高了 57.1 亿元。

（四）经济发展效益初步显现，但需进一步优化改善

地方公共财政收入是经济发展效益的重要衡量指标，地方公共财政收入占 GDP 的比重（GDP 含金量）反映了地方政府调控经济，提供公共服务的能力。从此角度考察，近年来四川的经济发展效益与公共服务供给能力均有显著提升。

1. 地方财政收入规模不断增加

四川地方公共财政收入规模不断扩大，经济发展效益显著提升。2008 年我省地方公共财政收入为 1041.8 亿元，此后财政收入规模快速增加，至 2014 年达到 3061.1 亿元，年均增加 336.6 亿元。

2. 地方财政收入增长速度高

四川地方公共财政收入的增速不仅高于全国，而且跑赢了本省的 GDP 增速。2014 年，四川地方公共财政收入比上年增长 9.9%，比全国公共财政收入的增速高出 1.3 个百分点，比全省 GDP 的增速高 1.4 个百分点。

3. GDP 含金量在西部地区排位靠后

尽管四川地方公共财政收入规模快速提升，公共服务供给能力的底气更加充足，但与西部其他省市相比仍有差距。2008－2014 年间四川地方公共财政收入规模的高速增长，至 2014 年四川地方公共财政收入总量已位列西部十二省市的第 2 位。与此同时，四川地方公共财政收入占 GDP 的比重由 2008 年的 8.27% 增加至 2014 年的 10.7%，约提高 2.3 个百分点，但是这一指标在西部地区十二个省市中仅排在第 9 位，比首位的贵州约低了 4.2 个百分点。然而，四川依然是不发达大省，经济社会建设的任务重，贫困人口多，民族地区维稳压力大，尽管全省地方公共财政收入的增速较高，但地方公共财政收入规模总量还需要加快提升，以更好地促进四川发展。

表3　2014年西部十二省（市）的公共财政收入及其占GDP比重

省（市）	公共财政收入（亿元）	GDP（亿元）	公共财政收入占GDP比重（%）
贵　州	2132.1	9251.1	23.0
新　疆	2457.8	9264.1	26.5
重　庆	1921.9	14265.4	13.5
宁　夏	565.1	2752.1	20.5
西　藏	164.8	920.8	17.9
陕　西	3144.9	17689.9	17.8
青　海	385.5	2301.1	16.8
云　南	1610.7	12814.6	12.6
四　川	3058.5	28536.7	10.7
内蒙古	1843.2	17769.5	10.4
甘　肃	672.2	6835.3	9.8
广　西	1422.1	15672.9	9.1

注：公共财政收入与GDP数据来源于各省市2014年的国民经济和社会发展公报。

（五）对外开放程度逐年提高，但仍需加大开放力度

世界经济一体化潮流难以回避，内陆省份四川顺势而为，着力融入新时代的世界经济发展格局，大力发展对贸易和引入境外合格投资者，对外开放程度日益提高。

1. 对外贸易规模逐年爬升

2008年，全省进出口总额为220.4亿美元，至2014年提升至702.5亿美元，年均增加了80.4亿美元。其中，2014年全省出口规模448.5亿美元，约是2008年的3.4倍；进口规模254亿美元，比2008年增加164.7亿美元。

2. 持续保持贸易顺差格局

伴随外部需求逐年扩大，我省持续保持贸易顺差态势。2008年全省净出口规模仅为41.8亿美元，2014年这一贸易顺差规模增至194.5亿美元，年均增长25.5亿美元。

3. 外商直接投资增势良好

在良好的软件与硬件环境吸引下，外商投资规模不断增加。2008年，四川外商直接投资企业为8628家，2014年增至10472家，增长了1844家；同时，全省实际利用外商投资总额也由2008年的33.4亿美元一路攀升至2014年的106.5亿美元。

4. 对外开放成效需加快提升

在国外经济形势低迷，徘徊不定之时，四川持续加大对外开放力度，成效已显。但是，与东部地区上海、广东等发达省份相比较，四川对外开放的效益依然有较大差距，仍需加大力度提升对外经济发展水平。2014年四川进出口总额位列31省市的第11位，仅占首位广东的6.5%。同年，四川以448.5亿元的出口额居全国省市排序第11位，

比第 7 位的重庆低 185.6 亿元；四川进口额居第 12 位。

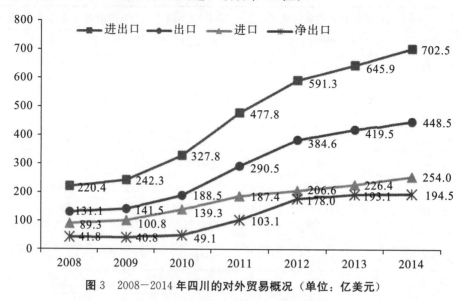

图 3   2008—2014 年四川的对外贸易概况（单位：亿美元）

三、新常态下四川经济加快发展的四大动力

新常态下，四川经济加快发展的新动力不是唯一的，而是多元化的。四川经济新常态下的多元动力有四个：本源动力、内生动力、助推动力与双重拉力。

（一）本源动力：深入推进改革，持续释放市场活力

政府与市场各安其道，且并行不悖是提高市场经济效率与发挥市场经济规律的要求。长期以来，我国经济发展进程中政府与市场边界的模糊饱受诟病。新常态下，加大改革力度，还权于市场，着力厘清政府与市场边界更是经济发展的本源动力。

1. 简政放权，还权于市场

近年来，四川着力通过取消、下放或转为服务事项等方式简政放权，优化政务环境，将决策权交还市场。以行政许可为具体事例，2014 年，省本级保留的行政许可事项 273 项，较 2011 年减少了 205 项[①]。

---

① 数据来源于《四川省人民政府关于公布第四批取消调整行政审批项目和省本级行政许可项目清单的决定》川府发〔2014〕49 号。

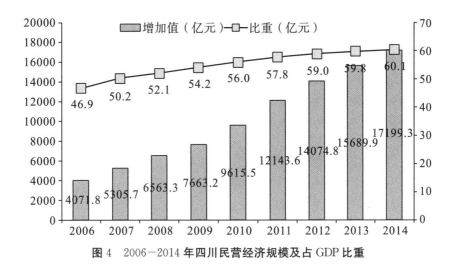

图4　2006-2014年四川民营经济规模及占GDP比重

2. 民营经济发展成效显著

四川还权于市场的行为进一步激发了微观主体积极性，市场活跃程度不断提升，民营经济发展成效极为显著。2006年，四川民营经济的增加值为4071.8亿元，占国内生产总值的比重为46.9%，2014年民营经济的规模体量已高达17199.3亿元，占GDP的比重较2006年高13.4个百分点。

民营主体在推动四川经济发展方面的作用愈来愈大，不容小觑。因而，在坚持公有制为主体地位的同时，有必要继续深化改革，创造良好且优质的政府服务环境与市场环境，坚决促进"政市"并行不悖，以全面激发市场活力，持续释放改革动力，加快促进四川经济发展。

（二）内生动力：加强科技创新，提高技术进步贡献率

技术水平决定了国际或区域的经济地位，对经济的持续性增长有着重要影响。技术进步源于科技创新。从这个意义上说，加强科技创新是四川经济自我发展能力提升的必然要求，也是四川实施创新驱动发展战略的题中要义。

1. 科技创新投入增势明显

四川科技创新的智力与财力投入规模双双增长。在践行创新驱动发展战略的进程中，四川的科学技术和研究人员规模总量从2008年的13.3万人，增至2014年的26.9万人，年均增长约2.3万人。与此同时，四川科技创新的资金投入也大幅增长。2014年，四川地方财政科学技术支出达到81.8亿元，约是2008年25.8亿元的3.2倍；全省的R&D经费支出规模由2008年的162.3亿元，提升至2014年的449.3亿元。

2. 创新投入提升空间较大

四川科技财力投入强度有所提高，但提升空间仍然较大。随着四川科技经费规模的逐年增加，全省的R&D投入强度也随之提高，但仍需加大投入力度。2008-2014年，四川R&D投入强度共提高了0.23个百分点，涨幅低于全国的0.6个百分点。2014年达到1.52%，但仍低于全国平均水平0.53个百分点，比北京低4.38个百分点，比上

海低 2.09 个百分点，与欧美发达国家或地区 10％以上的 R&D 投入强度相比差距更大。

3. 科技进步贡献率不高

四川的科技进步贡献率依然不高。四川省科技厅的相关资料表明，在科技投入强度不断提升的推动下，全省科学技术水平日益提升，科技进步贡献率虽稳步提高，但仍不足 50％，与东部发达地区或发达国家 60％－80％的技术进步贡献水平相比较，差距显而易见。

整体而言，四川在科技创新规模与强度等相关方面投入的努力与成绩有目共睹。然而，科学技术进步贡献率低下的现状严重影响了四川创新驱动发展能力的提升。在依托资源、劳动、资本等传统要素推动经济发展力不从心的新常态阶段，加大科学技术投入，提升科技创新能力，推动传统生产要素与科技要素融合与技术进步贡献率提高，将是四川经济持续与转型发展的动力。

（三）助推动力：有进有出，提高引进与走出企业总量

经济一体化发展大势下，可谓"你中有我、我中有你"，不同区域之间彼此相互交融、相互影响、相互促进。四川发展离不开世界，坚持深化对外开放，努力提升对外开放水平，符合当今时代特征和世界经济发展规律，是助推新常态下四川经济加快发展的有力抓手。

1. 引入外企的总量可进一步突破

四川对外招商的成效突出，引入外商总量进一步增加的可能性高。近年来，省委省政府着力加大对外择商与招商的力度，外商直接投资企业（FDII）与世界 500 强企业落户四川的规模逐年增加。2006 年，四川批准的 FDII 企业 7807 家，至 2014 年扩大为 10472 家，年均增长 333 家；同期，四川引进的世界 500 强企业也由 2006 年增加到 2014 年的 210 家，其占 FDII 企业规模的比重也由期初的 1.6％提升至 2.01％。

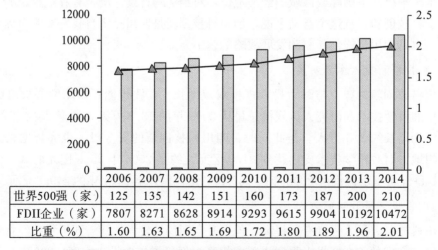

	2006	2007	2008	2009	2010	2011	2012	2013	2014
世界500强（家）	125	135	142	151	160	173	187	200	210
FDII企业（家）	7807	8271	8628	8914	9293	9615	9904	10192	10472
比重（％）	1.60	1.63	1.65	1.69	1.72	1.80	1.89	1.96	2.01

图 5　2006－2014 年四川引进外商直接投资企业情况

2. 走出去的川企规模提升空间大

川企走出去的规模逐年增加，四川影响力日益显现，提升空间依然充足。2008 年四川境外投资企业的总量仅为 138 家，2014 年该指标已经达到了 524 家，约是 2008 年的 3.8 倍。值得一提的是，2008－2013 年，四川境外投资企业年均增长约 50 家，而仅 2014 一年便新增了 137 家境外投资企业。

这表明，一方面在国家"一带一路"倡议以及四川"万企出国门"行动和税收优惠等相关政策的作用日益显现；另一方面，四川企业与品牌在国外得到了认可，影响力不断提升。此外，尽管四川境外投资企业规模日益庞大，但是与"万企出国门"的战略目标仍有较大差距，且在全国境外投资企业的占比依然不高，进一步提高境外投资川企规模的空间是充足的。

四川对外开放水平快速提升，这一点可从川企赴境外投资规模和川内的外商直接投资企业数量，尤其是落户四川的世界 500 强企业总量得以说明。相对既有的经济地理空间、发展潜力与新一轮改革开放机遇，四川承载吸纳外商直接外资企业入驻数目与引导鼓励走出国门的本土企业数量上升的可能性依然较高，将助推新常态下四川经济发展迈上更高台阶。

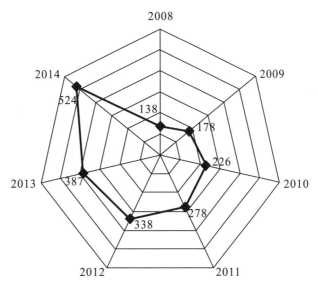

图 6　2008－2014 年四川境外投资企业总量

（四）三重拉力：全力协调三驾马车，夯实既有支撑

经济理论与发展实践表明，投资与出口是促进经济增长的重要动力。当前，地处内陆的四川经济规模总量、基础设施水平、城镇化程度等若干方面仍然较为滞后，加快发展依然是一项紧迫的任务，"三驾马车"缺一不可。

1. 投资与出口亟须加强

四川经济发展进程中"三驾马车"失衡特征突出，亟须加强投资与扩大出口。表 4 的数据表明，2008－2014 年，拉动四川经济总量上升的"三驾马车"均出现不同程度的下降。其中，社消零增速尽管有所下跌，但仍保持两位数的高增长速度。然而，进出口（总额与分项）增速与固定资产投资增速均大幅下跌，表现出显著的"断崖式"下滑特征。这表明，在国内外经济形势均表现出疲软态势，经济复苏时段难以预估，经济新常态下的四川尤其有必要注重加强以基础建设为代表的固定资产投资，加大对出口的支持力度，双管齐下，以维持"三驾马车"平衡态势。

表4　2008－2014年四川GDP与"三驾马车"增速

年份	GDP增速	固投增速	社消零增速	进出口总额增速	进口增速	出口增速
2008	11.0	29.5	19.6	53.3	54.7	52.3
2009	14.5	58.1	20.0	9.6	12.3	7.8
2010	15.1	13.0	18.7	35.6	39.3	33.0
2011	15.0	17.7	18.1	46.2	35.3	54.2
2012	12.6	19.3	16.0	23.9	10.5	32.5
2013	10.1	16.7	13.9	9.2	9.5	9.1
2014	8.5	12.0	12.7	8.8	12.3	6.9

注："固投"指全社会固定资产投资，"社消零"指社会消费品零售总额。

2. 注重挖掘新消费增长点

对发展不足的四川而言，新常态下依然需要保持适当的经济增速，加快提升经济总量，失衡的"三驾马车"显然难以实现这一目标。在内需增长空间逐渐收窄的背景与投资、出口支持力度不断加大的状况下，不断挖掘新的消费增长点，维持消费稳定增长是极为必要的。

农村消费增长较快。2014年，四川社会消费品零售总额达到11665.8亿元，同比增长12.7%。其中，以日常平价快速商品消费为主要支撑的农村消费快于城镇1.4个百分点，差距较上年和全国分别扩大0.2和0.3个百分点。

大众消费增势强劲。以餐饮业为例，2014年，全省餐饮收入1671亿元，同比增长10.1%。其中，以大众消费为代表的限下餐饮企业增长15.7%，高于限上9.1个百分点。

服务消费引领消费转型。以观影为例，成都2014年票房收入首破10亿元，位列全国第5，绵阳、德阳、乐山等地也进入全国前百强。此外，四川旅游总收入进一步增长，2014年实现旅游总收入4891.0亿元，同比增长26.1%。

四、新常态下促进四川经济加快发展的对策建议

（一）继续推进改革，促进政府与市场和谐互动

政府与市场是经济发展进程中的两只巨大的手，这两只手在不同领域、不同层面发挥作用，二者之间的关系是否和谐决定着经济发展的健康状况。经济新常态下，四川加快发展尤其要注重构建政府与市场的良性互动关系。

1. 以省属国企改革为重点引领市场化改革

加快推进省属国有企业改革，形成以重点带动全面的市场化改革局面。国有企业改革是深化经济体制改革的重中之重，也是促进政府与市场形成和谐互动关系的关键着力点。为此，要创新国企经营模式，如采用PPP混合所有制模式，充分发挥国有资本的引领引导功能，以撬动社会资本更好地服务经济；要鼓励国企适当变卖部分优质资产，寻求合作伙伴，新增投资中要敢于吸纳多类别的投资者；要改进国企用人制度，尤其要将中层经营管理人员选聘权力交由市场。

2. 以简政放权为切入点加快市场化改革

加大简政放权工作力度，全力构建服务型政府。简政放权是加快政府职能转型的重要抓手，也是市场化改革进程中还权于市场的行为体现。要继续推进投融资、生产经营、资质审核等行政审批事项的取消与下放；要深入清理与严格规范行政事业收费，要鼓励政府购买社会服务行为，采用边试点边拓展的方法，缩减政府服务范围，降低工作压力；要加大简政放权工作的监督力度，成立简政放权工作巡视小组，对不同部门、不同政府简政放权工作的落实开展不定期的摸排检查，发现不作为的应及时予以行政处理，并定期形成工作简报及时上呈直管领导。

3. 以量化改革绩效为抓手促进市场化改革

完善考核机制，量化改革绩效。考核是推进经济体制改革的有效手段，只有将改革指标纳入考核体制，才能切实激励政府人员落实工作。因而，要尽可能地对经济体制改革顶层设计中的若干事项加以量化，制定指标考核体系，实行总目标与阶段目标综合考核机制，并将最终考核结果纳入年中绩效考核体系中，实现整体改革绩效与公务人员经济绩效的有效融合，以加快推进政府与市场和谐互动关系的加快形成。

（二）全力推动科学技术创新，强化自我发展能力

当今社会，科学技术已成为最为重要的生产投入要素。创新驱动不仅是国家战略要求，也是四川的一大发展战略。科学技术创新是创新驱动发展战略的核心内容。在中国全面步入经济新常态阶段，四川科技进步贡献率依然较低的背景下，全力推动科学技术创新，用科技融合传统的生产要素，提升要素贡献率，是我省加快发展、转型发展、跨越发展的必然要求。

1. 要继续加强科学思想智库建设

在现有科学思想智库的基础上，要加强不同行政级别的科技学会或协会以及高校科协的联合，充分发挥人才优势与智力优势，大力开展多层次、多形式的决策咨询工作。要不断加大投入，着力建设2-3个科学思想智库基地，服务地方党委政府。要围绕重大科技课题、科技热点与难点，深入科技工作第一线调研，及时将科技工作者建议等调研信息汇编成册上报，以供相关部门领导参阅。

2. 要加快协同创新示范基地建设

协同创新是加快科技创新的重要途径。为此，建议由特定学会或产业高端龙头企业

牵头，组织联合高校、科研院所和企业研发中心，为各类园区或者某一产业提供科技服务与人才支持，由企业主导、多方参与的协同创新示范基地5-10个。以更好地围绕面临的重大技术难点联合攻关，共同培养使用人才，研究成果共享，推动成果转化，促进科技进步。

3. 要转变科技创新资金投入模式

科技创新往往具有周期长、风险高、资金投入的特点，政府财政补贴与企业自有资金的投入模式往往难以有效支撑科技创新。因而，应在政府财政支持科技型企业的基础上，提升科研创新奖金额度，鼓励企业采用公募或私募等形式自筹资金，强化企业自主创新能力。对于前景好、收益高的微观科技创新行为，政府应牵头出资或出面担保，吸纳不同金融机构、不同性质的资本，共同成立科技创新基金，加快促成企业科技创新行为变为现实。

4. 要搭建高水平的科技资源服务共享平台

科技资源服务共享有利于缩减科技创新成本，推动科技创新。四川目前已有诸如科技情报文献检索数据库等资源服务共享平台，但是普遍存在着信息更新不及时等缺陷。因而，有必要尽快建立或完善以重大科技装备设施、科技成果信息资源、科技金融服务、科技咨询服务为代表的高水平科技资源服务共享平台。

（三）正视投资与转型关系，增投资与调结构并举

四川发展滞后依然是现实省情。增加投资，促进经济增长与调整结构，加快经济转型需要同时进行。高质量的投资可助推结构优化与经济转型，低水平的重复投资只会带来粗放地增长，为转型发展添堵。经济新常态下，四川正确处理投资与转型之间的关系，实现增投资与调结构并举显得更加重要。

1. 要继续加强基础设施投资，提升基础设施水平

首先，四川平原面积较少，山地与丘陵地理地貌特征突出，以交通为代表的物质性基础设施水平仍然落后于发达地区，也滞后于经济发展速度。因此，四川要强化高速公路、城际快速通道、城际铁路等跨行政区域的陆路交通设施投资，建立投入资金的财政投入分担机制与工程项目建设协调机制，确保跨行政区域项目的及时竣工；要注重城市内部基础设施水平的提升，资金紧缺时要敢于制度创新，充分发挥政策性银行、商业银行、社会资本的融资功能，及时拓宽融资渠道，以缓解域内水路、航空、地铁、高架桥等立体交通网络建设的财政压力；要优化供排水网、电网、燃气管道、信息传输网、生态绿化带等物质基础设施建设，加大教育、医疗、社保等社会性基础设施投入，提升辖区的软环境。

2. 要加强高端产业与产业高端投资，加快优化投资结构

基础设施投资能直接拉动经济增长，但是基础设施建设的最终目的是服务于产业，撬动经济增长的动力。某种程度上可以认为，基础设施投资促进经济增长的作用远大于带动经济转型的作用。结构调整与经济发展转型最终要落脚到特定的产业、特定的行业，需要依托产业投资。当前，基础设施投资依然是四川投资的主要构成。从长远看，

优化投资结构将是四川经济新常态下加快转型发展的着力点。为此，四川要加快调整投资结构，在加大基础设施投资力度的同时，更应将投资重点逐渐转向产业。这里的产业并不是产能过剩的传统产业，而是指特色优势产业，尤其是特色优势产业中的高端产业与产业高端，比如电子商务、现代物流、现代金融、科技服务与养老健康服务等新兴先导产业，页岩气、节能环保装备、信息安全、新能源汽车、航空与燃机等高端成长型产业。此外，产业投资应选择实力强，符合产业发展方向的龙头企业为核心，认真审查核实项目的真实性、技术水平以及产能水平；项目运作模式应顺应改革潮流，发挥财政资金、国有资本的引导引领功能，有效融合社会资本，以撬动更多的资源为产业结构转型升级服务。

（四）多管齐下着力提升消费需求，确保内需稳定

消费是拉动经济增长的重要马车。近年来，四川消费始终保持两位数增长，但下滑趋势明显。千方百计提振大众消费潜力，稳定消费马车是新常态下四川经济加快发展的一大着力点。

1. 继续发挥政府引导功能，扩大川货影响力与市场份额

充分发挥政府看得见的手干预经济的作用，继续开展由政府组织牵头引导，采用市场运作模式以企业为主体，以省内外知名展会、重点展会、区域展会、网络展会、专项促销展等平台为载体的"惠民购物全川行动"与"川货全国行"活动，借此机会，在扩大消费规模的同时，促进消费品省外市场的拓展。

2. 顺应消费结构升级，协调实物类消费与服务类消费

四川实物类消费比重较高，因而，在扩大消费需求规模的同时，应不断提高服务类消费比重，调整消费需求结构，促进消费的"轻型化"发展。一要努力提高服务业比重，扩大服务业生产规模，增加服务性消费品；二要加大服务业发展的支持力度，以公共政策为基础，引导不同收入阶层服务类消费占比；三要及时转变营销模式，实体销售与网络销售相结合，线上销售与线下体验相结合，积极适应消费模式转型。

3. 千方百计增加居民收入，提振大众消费的潜力

收入水平是决定消费的基本因素。人均收入水平不高已成为四川消费持续提升的制约，从多个角度入手提升居民收入极为必要。为此，一要适时提高最低工资水平，保障初次分配的公平性，同时要以政府干预为支撑，加大转移支付力度，支撑低收入阶层收入的提高，逐渐缩小收入差距；二要继续加大教育、医疗为代表的基本公共服务支出，以财政专项资金为基础，弥补不同区域之间、城乡之间的财力差距，推动基本公共服务均等化，降低居民"预防性储蓄"的动机，以增强大众消费的底气；三要加强对万众创业、就业及再就业的指导与支持，完善创业就业服务体系，全力营造良好的创业就业环境。

（五）充分发挥政府引导支持功能，提升对外开放质量

对外开放是政府与市场共同作用的行为。一般而言，市场经济体制下，国内企业走

出去、国外企业引进来是大势所趋，市场作用占主导，政府辅助引导。当前，国内外经济环境依然不容乐观，政府在提升对开放质量方面的作用显得更加重要，地处内陆的四川更加需要重视发挥政府的引导支持功能。

1. 要加大推介宣传引导力度

一方面，四川投资促进等官方部门应大力开展"四川行、总部行、园区行"活动，组织联合异国异地的商务部门、商会组织以及知名企业代表来川考察，实地走访大企业、大项目所在的经济开发区（如天府新区等），向外宣传推介四川投资环境，吸引国内外龙头企业来川设立总部、分支机构或办事处。另一方面，四川官方应借深化改革开放东风，积极组织川内产业、行业中的佼佼者，抱团出击，大胆走出去，在化解产能过剩的同时，展示川企实力，扩大四川品牌影响。此外，有必要抓住信息化机遇，加大中英文网络宣传投资环境、行业企业龙头概况，并及时公布四川引进来与走出去的信息等。

2. 要强化政策鼓励支持功能

对于有意引进的外资、外企，在充分审核考查其真实性的基础上，要简化审批程序，必要的时候可采取先让外资、外企落地，而后补办相关手续的便利政策；在有条件的地区，可开展一般化的咨询、审核、登记于一体的"一站式"外汇管理服务；同时，对于引进外资额度较大、符合国家与区域战略以及产业发展政策的重大项目，可由直管领导特批并报备，及时开通外汇业务办理的"绿色通道"，尽快使企业落地生产。对于走出去的资本、企业，亟须注重发挥多元政府优惠组合激励作用，既要使用出口退税、出口额度补贴等税收、财政优惠工具，也要加快体制机制创新，如尽快建立对外投资便利化机制、完善企业境外并购重组机制、通过供应链金融增信与多元金融机构以及社会资本参与的方式创新融资机制，还要适时主动牵头开展"万企出国门"活动，全力推动有实力的龙头企业与创新性企业走出去。

创新驱动下经济增长方式转变
的 GDP 核算研究

目前中国经济进入了 7% 左右的增速平台，这意味着我国正在经历一个与过去高速增长不同的探底寻稳新常态，经济增长目标开始从经济增长速度向经济增长质量转变，在经济结构调整和经济增长新动力方面也表现出了不同的新的阶段性特征。

2015 年 3 月，中共中央国务院发布《中共中央国务院关于深化体制机制改革加快实施创新驱动发展战略的若干意见》，其中指出"把科技创新摆在国家发展全局的核心位置，统筹推进科技、管理、品牌、组织、商业模式创新，实现科技创新、制度创新、开放创新的有机统一和协同发展"，同时指出"在完善创新驱动导向评价体系方面，改进和完善 GDP 核算方法，体现创新的经济价值"。这是继关注环境资本（包括自然资源消耗和环境污染损失的价值）而提出的"绿色 GDP""福利 GDP""可持续发展 GDP"等概念之后，结合我国现阶段经济发展新常态和经济增长方式转型关键时期而提出的，创新驱动导向下 GDP 核算方法的新要求：把创新驱动经济发展成效纳入 GDP 政绩评价考核体系中。

结合我国现阶段创新驱动下经济发展新常态的基本特征，为贯彻落实"不以 GDP 论英雄"的科学发展观和政绩观，从统计核算角度，我们关注三个问题：第一，如何对现行 GDP 核算方法进行补充，从而在 GDP 统计数据中体现创新驱动下经济增长方式转变的增加值？第二，为真正体现经济增长质量的提升，凸显创新驱动下经济增长方式转变的现实，GDP 统计核算重点和测度路径又如何选择？第三，政府部门创新统计工作该如何有序推进，以适应经济增长方式转变下 GDP 数据服务于国民经济发展的需要？对此，我们以经济增长方式转变的微观基础（产品）入手进行探索性研究——从微观层面上，界定企业在创新驱动下经济增长方式转变的增加值核算统计标准和测度方法，到宏观层面上，反映经济增长方式转变的 GDP 核算制度的构建。并就此结合政府统计调查工作现状，借鉴国际经验，为基于四川省工业行业经济增长方式转变的测度评价制度的建立提供可能的思路或路径选择的参考。

一、GDP 核算方法新思路的提出

（一）现实的审视

1. 贯彻落实"创新驱动"这一新动力经济发展战略的必然要求

基于现行经济新常态，资源环境约束既是传统经济增长方式的结果，又可成为撬动经济增长方式转变的杠杆。所谓"穷则变,变则通,通则久",卫兴华、侯为民(2007)认为转变增长方式的出路在于两个创新:科技创新和体制创新,创新是实现经济可持续增长的不竭动力。体制创新可以形成新的制度安排,使负外部效应内部化,降低交易费用,提高经济增长效益;然而,体制创新的一个重要基础,是要塑造集约型增长方式的微观载体——企业。所以,企业是市场经济和创新的主体,转变经济增长方式,最终要落实到企业的创新驱动上来。同时,"创新"活动可减少和避免自然资源消耗、环境资源污染损失等负经济外部性的产生,实现良性可持续、有质量的经济增长,是转变经济增长方式的强大推动力。因此,创新是突破经济增长方式转变的资源环境瓶颈和践行可持续发展战略的唯一途径,在 GDP 数据中体现经济增长质量,注重创新驱动下经济增长方式转变的 GDP 核算内容,是现阶段我国经济发展战略的必然要求。

2. SNA2008 的核算修订对我国科技统计发展的内在要求

随着科技创新的长足发展,知识产权产品对经济发展起到了巨大作用,在经济生活中也渐显出其重要性。新版国民经济核算体系 SNA2008 在基本概念中引入了"知识产权产品",对核心统计指标 GDP 的核算口径和范围也进行了修订[①]。鉴于研究与开发支出测算方法的改进,使研究与开发项目资本化,作为资本支出的一部分计入 GDP 中。研发支出包括人力资本、智力资本、知识资本等一系列的投资创新活动,虽然我国 20 年前就已开展对科研投入统计的调查和核算探索,统计局也进行了工业企业科技统计,但现行科技统计的调查方法只是按企业分类进行统计,对高新技术产业也只是按"行业法""企业法"标准,通过搜集现有工业年报的资料对高新技术产业的创新进行测算,获取的相关创新统计数据纯度不高(权贤佐,1999)。在创新统计调查上,我国的企业创新调查到目前为止是"宏观多,微观少"、"局部多,全局少"(杨艳,2006)。关于创新投入、产出、来源、动因与障碍因素的调查多,观察企业产品创新的具体流程、组织和价值实现等问题涉及很少;多数调查只是在局部区域内展开,缺乏全国性调查。而且有关企业技术创新的调查多为一次性孤立的,只能提供静态信息(玄兆辉,2014)。因此,在我国创新驱动经济增长方式转变的经济新常态下,顺应 SNA2008 核算新标准的内在要求,就要注重创新在微观层面的组织流程、市场价值实现过程,以及其增加值在宏观 GDP 核算数据中的体现。通过借鉴国际创新调查理论与实践,以我国已有的科技统计调查制度为基础,进一步建立符合我国经济新常态下常规的创新统计调查制度,同时完善创新驱动下研究与开发项目的 GDP 指标,从而提高我国 GDP 数据的完整性和国际可比性。

3. GDP 拓展体系理论研究在实践中的障碍:纸上谈兵的"非刚性因素"

不管是绿色 GDP、可持续发展 GDP 还是所谓的 3G-GDP 指标体系,一方面虽然理论研究"如火如荼",但存在内涵表述不规范、计算公式不统一、核算内容不一致、资源环境成本估算方法标准不明确和局限于指标设计等现实问题(蒋志华、李瑞娟,2010)。另一方面在实际 GDP 核算的技术层面上,缺乏市场化的资源、环境定价机制;

---

① 详见 2008SNA 基本概念中知识产权产品、基本统计指标中 GDP 的修订内容。

自然资源由于生产性和非生产性的产权界定模糊，其评估价值也存在难点；环境因具有不可分割、非排他、非竞争的性质，虽然环境成本的概念比较容易提出，而实现核算却在时间和空间上都难以量化，尚未有成功的国际经验可以借鉴（丁述军，2009）。因此，基于创新驱动经济发展新动力的提出，要把创新驱动因素作为 GDP 评价考核体系改革的重点，注重创新驱动评价导向，在 GDP 核算数据中体现创新价值增量。同时鉴于理论层面的规范性与技术层面的可操作性，创新能创造可测度的市场价值，通过界定创新驱动经济增长方式转变的统计内涵和外延范围，也在技术层面上规避了现有 GDP 拓展体系实践改革中资源环境成本、社会福利、居民幸福感等需要扣除的、难以量化的"非刚性因素"。

（二）理论研究的反思

1. 现有 GDP 核算体系理论研究的不足：经济增长方式转变下 GDP 的工具导向功能没有充分重视

现有对我国经济增长方式转变难点的问题研究，主要是从资源稀缺角度、政府因素、宏观的体制因素等角度来进行论述，但 GDP 作为测量经济发展的工具导向这一体制转变难点问题没有得到充分的重视（彭斌，2010）。也就是说，人们只注重了 GDP 反映经济增长"量变"的检索功能，它是一个数量指标，却忽略了 GDP 反映经济增长"质变"的工具导向功能：注重创新驱动经济增长方式转变带来的 GDP 增加值，它更可以是质量指标。首先，观念上，能够改变政府考核经济发展的绩效观，注重增长速度中的质变；其次，微观层面上，能够引导企业因地制宜地转变经济增长方式，提升产品质量；再次，宏观层面上，能够以 GDP 统计数据反映某一地区或全国经济增长方式转变的质量和效益，为宏观经济可持续健康发展提供导向。因此，从观念和制度设计上完成 GDP 工具性导向功能的转变，发挥"核算理论指导经济实践"的反馈作用，不仅是测度经济增长质量和经济增长方式转变效率的必然要求，也是对国民经济核算体系中 GDP 核算理论的必要补充。

2. 现有经济增长质量理论的研究视角：缺少经济增长"质变"分析范式

叶初升（2015）对现有经济增长质量的研究进行评述，认为可分为狭义和广义两个维度：狭义经济增长质量，是要素投入与总产出量之间的比较，即是经济增长的效率，使用全要素生产率增长率衡量经济增长质量的高低；广义经济增长质量研究，则根据不同的研究目的，从经济增长数量视角出发，把除增长数量以外的各种因素都纳入经济增长质量的范围之中，由此形成的对经济增长质量的测度思路是综合评价指标体系。然而，全要素生产率从投入产出意义上讲，仍然是经济增长速度之外的"量"的补充，因为它把除了生产要素投入之外的经济结构、创新、制度等动力因素放在一个黑箱里，无法揭示经济体内部的作用机制，也无法为经济发展指明方向；综合评价指标体系建立在对广义经济增长质量外延与内涵清晰界定的基础上，由于经济增长质量的外延无法得以确定，缺乏一个统一明确的标准，混淆了质变与量变、原因与结果、手段与目的、存量与增量等，因而没有揭示经济增长中真正的"质"，对同一研究对象经济增长质量水平的测度结果也往往存在较大的偏差。故此,大多数研究落脚点仍然是经济增长的数量,而非经济增长过程中的"质变",缺少经济增长"质变"分析范式。

3. 现有经济增长方式转变研究:缺少宏观和微观的统计核算角度

主流经济学者认为狭义经济增长质量的提高,其实就是经济增长方式转变问题。用全要素生产率增长率的大小反映经济增长质量的高低,也即经济增长方式转变的程度。围绕这一共识,国内外学者在"量变"分析范式下,综合考虑了经济效率、社会环境、生态质量等方面,通过计量建模法、综合指标体系法、效率分析法等,对经济增长方式转变的动力结构、影响因素、转变程度和效率进行了大量理论阐述和部分实证分析。

从发展经济学的效率和效益意义上讲,我们已然知道经济增长方式转变效应是:技术进步贡献率提高、产业结构优化升级、能源利用效率提高、污染减少、生态环境质量改善等。然而,统计核算意义上,创新驱动经济增长方式转变的宏微观研究:一是,从微观创新主体(企业)入手的经济增长方式转变测度标准和统计方法;二是,创新驱动经济增长方式转变的宏观 GDP 核算内容却少有问津。也就是说,尚未有研究探讨经济增长质量、创新驱动下经济增长方式转变增加值、GDP 工具导向三者之间的反馈作用机制——一方面,在 GDP 核算数据中"识别"出经济增长质量的提升,核算创新驱动带来的经济增长方式转变的增加值,进而补充和完善 GDP 核算方法;另一方面,通过建立创新驱动经济增长方式转变的 GDP 核算制度,为经济增长方式转变效率提供直接数据,指导和监测我国经济发展改革转型方向和进度。简言之,就是没有理清"创新驱动经济增长方式转变体现的是经济增长质量的提升,创新在 GDP 核算中的增加值就是测度经济增长质量的直接依据"的作用机理。

那么我们想要探讨的问题就是:站在统计核算角度,在"质变"的分析范式下,从微观企业着手谈经济增长方式转变的具象内容——对微观企业来讲,采用何种新的要素投入、何种新的生产组织方式意味着其经济增长方式发生了转变?依据何种测度标准去度量企业、区域创新驱动经济增长方式转变的程度和效率,并以此在宏观 GDP 核算数据中体现经济增长质量?

(三)GDP 核算方法新思路:在现有 GDP 总量中"识别"出创新驱动增加值

1. 现有 GDP 考核指标体系的局限性

转变"单纯以 GDP 作为政绩考核指标""不以 GDP 论英雄"的观念已被专家学者普遍提及,学者们也从不同角度提出建立一个 GDP 与环境、社会、生态、民生等等指标相互制约的考核体系。然而新的指标体系不是"万能"的,当然有其作用,但也有其局限性:第一,在充分性方面,虽然指标数量比原有的以 GDP 增长率为准则的指标更全面充分,但也导致了指标随机性混沌性的增加;第二,在指标的可观测性和齐备性方面,新加入的指标更多的是难以测度,同时也大幅度提高了测度费用;第三,在测算的持续性和稳定性方面,在政府主导的传统经济体制中,伯乐相马准则占据主导地位。为了适应"伯乐"的偏好,"千里马"甚至可以投其所好地创造数据,而且这种一次性的研究只能满足政府部门一次性的需求，缺乏可比性。

2. 政府机构测算的特殊性

专家学者对生产率进行研究，无论用什么样的假设前提和模型，选择什么变量和整理数据，只要能自圆其说都不为过。学术研究者采用的更高级、高复杂的分析方法，虽然为分析某一经济问题提供了科学的理论依据，却不一定有合理的测算结果。而公信力对政府机构的测算则是十分重要的，要求数据有一定的稳定性、连贯性和可比性。测算方法和测算过程越是简明，假设条件就越少，也就越有公信力，而这恰恰是统计机构等政府部门定期发布和提供经济数据所必要的（何锦义，2012）。

鉴于学术研究所得测算结果与实际政府部门对数据质量的要求存在差异，以及政府机构测算的特殊性，要求我们正确认识市场经济体制下，统计这一生产要素及其在提高市场配置资源效率方面的作用（聂富强，2011）。同时，基于上述现实意义与理论意义，我们认为，"创新驱动"突破了经济增长过程中的资源环境瓶颈，同时在 GDP 核算上避免了难以测度的资源环境成本等扣除项的经济负外部效应，从经济增长的过程和结果上反映了经济增长的"质"。因此，以质变的视角去把握经济增长质量的内容，狭义经济增长质量就是创新驱动下的经济增长方式转变问题。

那么我们应采用什么样的指标反映经济增长质量、测度经济增长方式转变效率呢？我们提出：在 GDP 总量中"识别"出创新驱动的 GDP 增加值，将 GDP 核算体系中创新驱动的经济增长方式转变增加值制度化。这是以 GDP 数据本身体现经济增长质量、测度经济增长方式转变效率的最优选择。这样一来，既可以用 GDP 数据测度出经济增长方式转变效率，以创新驱动的经济正外部性效应克服 GDP 拓展体系指标设计固有的缺陷；同时，以此为出发点的测算，也可以进行时间上的动态比较和空间上的区域比较，不失连贯性和可比性，满足政府部门对统计数据质量的要求。因此，在 GDP 总量中"识别"出创新驱动的增加值并将其在核算体系中制度化，是对现有 GDP 核算方法进行改进和补充的新思路。

二、经济增长方式转变的 GDP 核算重点及路径选择

（一）经济增长方式转变的 GDP 核算重点：工业行业的创新驱动增加值

1. 三次产业中工业行业结构优化是经济增长方式转变的重点

经济增长方式转变是经济增长追求质量的要求，而产业结构的调整升级则是加快经济增长的一个本质要求。同时，产业结构升级带来的技术进步的加快和生产率的提高反过来再次促进产业结构的升级，也就是说产业结构的调整不仅有经济增长效应，还带来集约效应，促进了经济增长方式的转变（吕铁，1999）。因此，三次产业的协调发展是经济增长方式转变的重要保证。进一步地，经济增长方式转变所需的产业结构调整升级不仅是以三次产业划分的工业化进程，同时也是产业内部重点行业的结构升级过程。

利用中经网数据库数据资料[①]，从全国和地区生产总值指标变化趋势可以看出，多年来第二产业占 GDP 的比重一直大于第三产业占 GDP 的比重，工业仍占较大比重，工业增加值逐年上升。且近两年来第二产业比重略有上升，第三产业比重也呈上升趋势，说明了我国三次产业工业化进程中结构调整的优化作用。具体从四川省三次产值情况来看，2005 年到 2014 年第一产业增加值年均增速 3.85%，第二产业增加值年均增速 16.57%，第三产业增加值年均增速 11.29%，总体经济发展格局依然呈"二、三、一"的模式。其中，GDP 总值年均增速 12.72%，工业年均增速 19.34%，从绝对量上工业增加值也大于第三产业增加值。表明工业行业是国民经济增长的主导行业，工业化资源配置过程的速度和质量很大程度上决定着经济增长的速度和质量。

吕铁（1999）认为工业化的资源配置优化进程得益于消费需求的收入弹性和生产率增长率的共同拉动：从需求方面看，随着人们收入水平的提高，必需性消费的比重减少，逐渐转向其他非必需性产品，这就意味着工业产品需求的层次化、多样化，体现的是工业化的数量；从供给方面看，工业尤其是制造业的生产过程具有经济效益递增的性质，可获得规模效应、学习效应，具有比其他产业更高的生产率，体现的是工业化的质量。同时，从上述数据分析可知，我国数量上的工业化已基本完成，因此经济增长方式转变问题就不仅仅是简单地关注数量上"工业比重是否太高、服务业比重是否太低"，关键是在协调发展三次产业的同时，实现工业信息化、工业服务化与生产性服务业的相互促进发展，重点关注工业化的质量提升，优化工业行业的资源配置效应。

根据曹新（1998）提出的，按罗斯托"起飞"经济学的解释，主导部门通过三种方式带动国民经济增长：一是，对向它提供生产资料部门的回顾效应；二是，对周围地区的旁侧效应；三是，对"创新"的吸收和引诱作用，以便解决生产过程中的瓶颈问题，从而形成前瞻效应。进而，在工业化的重化工化、精加工化、技术集约化的工业结构转变升级过程中，其资源配置效应所蕴含的生产能力和知识积累对推进我国三次产业结构优化和经济发展起着长期的驱动作用，是提升工业化质量、促进经济增长方式转变的重要推动力。因此，以工业产品为核心反映经济增长质量和经济增长方式转变效率，才是反映我国创新驱动经济发展绩效的 GDP 核算重点。

2. 工业行业推动国民经济增长方式转变的动力源泉：创新

产业经济学理论认为，产业结构的优化与经济增长有密切关系。而工业结构优化升级的根本因素有两个：一是需求结构的变动作用，除了多样化、多层次化的直接消费需求之外，更重要的是由此引发的生产要素的间接需求导致了主产业的调整；二是技术进步，一方面通过开发新产品和新市场扩大消费需求，另一方面通过改进生产过程提高生产率，由于不同部门的生产率差别，引导工业结构升级。进一步讲，技术进步有两条路径选择，技术创新和技术引进。虽然短期内技术创新不一定促进经济增长方式转变，但技术创新能力决定了技术引进战略最终能否成功向自主创新战略的转变，因此，更要重视技术创新在长期内对经济增长方式转变的作用（唐未兵，2014）。

---

① 注：数据来源于中经网数据库：全国宏观年度库－国民经济核算－国内生产总值数据。

从微观角度看，经济增长方式转变是一系列生产函数配置方式由低级向高级的动态性结构演变，是创新和要素在产业内及产业间流动与重新配置的综合体现（曹新，1998）。那么创新是如何通过产业结构优化，进而促进经济增长方式转变的呢？具体体现在微观经济生产领域，就是创新可以有效替代物质要素投入，通过资源减量化节约资源；提升投入要素质量，改善要素配置结构，实现资源配置效率；通过生产制造过程的改造，充分利用资源投入，减少资源耗费，降低污染排放，实现绿色低碳、清洁生产；创新循环利用技术，减少产品浪费，实现循环经济（朱津鹏，2009）。鉴于工业行业在国民经济中的主导地位和经济增长的引擎作用，创新通过对整个生产过程的渗透作用，在技术、产品、模式、产业、组织等方面的创新将会层出不穷，改变工业投入产出方式，实现工业结构优化，进一步通过工业产业的示范效应、规模效应，产业间的关联效应、学习效应等引致其他行业的创新，带动其他产业的技术升级实现三次产业结构调整。所以，创新是带动经济增长方式转变的本质因素，是我国经济增长方式转变的重要动力源泉。

3. 对创新内涵的界定

如何从数量上评价创新驱动经济增长方式转变效率，这是我们在明确了"'识别'出创新驱动经济增长方式转变的 GDP 增加值并将其制度化"的必要性和核算重点之后应该给予回答的问题。因此，着手获取微观层面上企业创新驱动经济增长方式转变的基础数据，即"新产品"的市场价值显得更为重要。进一步说，基于统计调查的可操作性和统计数据的可比性，通过借鉴国际创新测度理论研究成果、现行国际创新调查实践方法，对企业产生过程的相关创新（比如新技术、新产品、新工艺、新材料、新能源等）内涵和测度标准进行界定，我们考虑从横向（空间）和纵向（时间）两个维度界定创新的测度标准。进而开展相关创新的统计调查，直接测度"新产品"[①] 在 GDP 总量中的增加值。

熊彼特、奥斯陆手册对创新的分类和界定都是着眼于企业层面做出的。熊彼特提出了五种创新模式，包括新产品、新生产方式、新市场、新材料及其来源和新组织形式（Schumpeter，1934）。李善民，陈文婷等（2011）进一步指出"创新"这一概念主要包括以下五种情况：（1）采用一种新的产品，也就是消费者还不熟悉的产品或产品的一种新的特性；（2）采用一种新的生产方法，也就是在相关制造部门中尚未通过检验检定的方法，这种新的方法不需要建立在科学新发现的基础上，可以是商业上处理产品的新的方式；（3）开辟一个新的市场，也就是国家某一制造部门以前不曾进入的市场——不管该市场以前是否存在过；（4）掠取或控制原材料或半制成品的一种新的供应来源——不论这种来源是已经存在的，还是首次被创造出来的；（5）实现任何一种工业的新的组织，如获得垄断地位（如"托拉斯化"）或打破垄断地位（Schumpeter，1934）。

《奥斯陆手册》——创新数据的采集和解释指南（2005 年第 3 版）从统计角度测度创新活动，给予创新比较清晰的定义，规范了创新统计的范围，为创新内容的调查实施

[①] 指结合了相关创新：作为最初投入的新技术、新工艺、新材料、新能源等，和中间投入的半成品生产出来的，最终进入市场，其价值纳入 GDP 统计核算的最终创新产出。

提供了基本准则。将创新类型划分为四类：（1）产品创新：指引入在属性或用途上全新的或有重大改进的商品或服务。包括在技术规范、成分和材料、装配的软件、用户友好性或其他功能特色等方面的重大改进。（2）工艺创新：指出现新的或明显改进的生产方式或交付方式。它包括在技术、设备和软件等方面的重大改变。（3）营销创新：指新的营销方式的实现，包括产品设计或包装，产品分销渠道、产品促销方式或产品定价等方面的重大变革。（4）组织创新：指商业实践、工作场所组织或外部关系等方面新的组织方式的实现。

因此，创新包括五个组成部分：产品创新、原材料创新、工艺创新、管理创新和市场创新，其根本核心是产品创新（张同健，2009）。也就是说，最终生产出能够被纳入GDP核算体系，并且体现经济增长质量的"新产品"，才是创新活动的成功标志。更进一步说，创新是一个创新活动和创新产出的过程，始于科技研发的投入，通过最初投入的新技术、新工艺、新材料、新能源，中间投入的新产品等创新活动，终于"新产品"的市场价值实现。从微观层面的GDP统计核算角度来说，创新活动引起的经济增长方式转变内容就体现在每个企业最终的创新产出即"新产品"的市场价值实现中。

（二）"新产品"的GDP统计核算测度路径选择："纵横维度"

弗里曼说："定义和测量所面临的问题，并不是科技系统所独有的，即便世界上最广泛使用的经济指标GDP，在测量中也存在问题"（邓华，2011）。毋庸置疑，创新过程、经济增长方式转变都是一个不断探索的过程，也是一个不断变化的目标。因此我们要把绝对的概念定义融入相对的测量标准，在明确了创新的具体内涵之后，需要对创新产出"新产品"之前的一系列创新过程①，进行时间和空间维度上的动态统计标准界定，即在横向（空间维度）和纵向（时间维度）两方面考虑：

一是，横向标准。就是说某项创新活动在某一企业、地区、国家、全世界四个层面上是否是新的，是区域空间维度的比较。对企业而言是新的，是最低程度的创新；对地区或国家是新的，是中等程度的创新；对全世界而言是新的，是最大程度的创新。创新的最低标准是它必须对企业而言是新的，最先实现创新的企业认为是创新过程的驱动者，考察创新对经济增长方式转变的影响范围即取决于某种创新被其他企业的采用程度。因此，横向的区域空间维度其实是对创新统计对象范围的界定，可以从创新的新颖度上反映不同区域范围的经济增长方式转变程度和效率。二是，纵向标准。就是说某项生产工艺、材料、能源，某项生产、销售形式是否对企业本身而言是未引用过的，是新的。纵向的时间维度就是针对每个微观企业主体，其中涉及在特定考察的某一段具体时期内，与历史状况相比，创新的投入采用程度。纳入GDP核算的创新最终产出"新产品"至少结合了创新形式中的一种，因此可以具体测度出各个企业自身的经济增长方式转变程度和效率。

通过在纵横两个维度上对创新驱动经济增长方式转变的微观统计标准进行界定，既可以纵向对各个企业自身的历史状况进行对比考察，也可以横向对本地区的经济增长方

---

① 即最初投入的新技术、新工艺、新材料、新能源，中间投入的半成品等。

式同其他地区进行对比分析与评价。同时，通过对"纵横维度"的对比探讨，我们知道微观层面经济增长方式转变的增加值核算，其研究对象不论是单个企业还是某个区域、省份、国家，根本出发点都是单个企业的创新活动，只有获得每个企业的"新产品"增加值才能在横向范围进行层层汇总分析。因此，创新驱动下经济增长方式转变的 GDP 核算路径选择应首先从纵向维度展开，深入企业内部的创新过程，从技术、组织、市场价值实现方面进行分析研究。

进一步地，无论是纵向还是横向维度，都涉及"新产品"核算对象的框选、核算周期的确定和核算方法的细化三个要点：

1. 核算对象的框选

我们借鉴《奥斯陆手册》采用的企业法，根据行业、规模大小、所属地区等标准分层抽样调查，抽样范围依据上一轮考察期的最后一年企业的创新情况而定[①]。就此需要注意的问题是，由于每类创新都有不同的更新时限，那么若某项创新的使用时限比统计核算周期长，那么在下一轮统计核算中使用该创新产出的"新产品"是否仍在经济增长方式转变的 GDP 核算范围内？其次，创新产出"新产品"需要至少一种创新类型，那么多大程度上的创新投入产出才是"新产品"？另外，由于产品生命周期理论[②]的发展和创新标准的动态变化，产品更新周期的长短也会影响到下一轮核算对象的框选。

2. 核算周期的确定

创新统计核算制度化要求有固定的"新产品"核算周期。周期太短，如一个月或一个季度，由于创新价值实现的时滞性所带来的经济增长方式转变价值增量就无法核算，尤其在纵向维度增加值很可能为零，而且统计数据容易受偶然因素影响；周期太长，如十年二十年，由于创新的示范效应、关联效应，创新增加值与该考察对象核算期 GDP 总量相差无几，尤其是在横向维度的区域比较，不能充分体现经济增长质量的动态变化。因此，核算周期太长或太短，测度经济增长方式转变效率问题都是没有意义的。在《奥斯陆手册》阐述中，由于创新在经济生产过程起着越来越大的作用，创新核算采取年度周期最为合适；但又由于创新活动的周期性波动推进，同时考虑数据搜集成本和实际经济情况，核算周期可以确定为 2—4 年。我们认为可以以产品生命周期理论为基础计算工业产品的平均创新周期，以此作为核算周期的标准。此外，纵横维度应设置不同的"新产品"核算周期，以满足不同的分析研究目的。

3. 核算方法的细化

由于工业产品种类的复杂性，传统的工业企业增加值的统计核算方法采用"企业法"，即以企业为核算单位，计算某一时期内生产的全部最终产品市场价值。然而，SNA2008 对知识产权产品的资本化处理，要求我们重视创新投入带来的经济成果，应结合采用"产品法"。即在对企业进行统计核算时，制定一份详细通用的"新产品"目

---

① 《Olso Manual》chapter4，7，8. The 3th，2005.

② R. Vernon. International Investment and International Trade In The Product Cycle [J]. Quarterly Journal of Economics，May，1966，(5).

录，对号入座，凡生产目录中的产品即为"新产品"，从而在企业生产出的全部最终产品中识别出"新产品"的市场价值。"新产品"的核算方法仍是产出端的生产增加值法，相较于以创新产业、创新企业为统计对象，这种以产品为统计对象进行调查所获取的数据更全面、更可靠。适用于区域经济总量分析、结构分析和比较分析。

需要注意的是，一方面，由于创新标准的时间动态性和区域相对性，"新产品"目录需要周期性调整，避免统计上的重复与遗漏；另一方面，这一方法的制约条件是对全部企业进行调查，涉及调查成本的问题。因此，需要进一步考虑如何在创新型中小企业进行抽样调查，确定抽样总量、样本数、推断的可信度与精度要求等问题。

三、创新驱动导向的 GDP 核算对政府统计工作的建议

理念决定出路，创新驱动经济增长方式转变是经济增长质量的提升的体现。为经济增长质量效率的测度提供更准确、有可比性的基础数据，在 GDP 总量中"识别"出创新驱动下经济增长方式转变的增加值并将其 GDP 制度化，才是进一步改进完善我国 GDP 核算体系的航向标。因此，着眼于创新驱动经济增长方式转变的 GDP 统计核算的顶层制度建设，是长远的、根本的发展理念。当然，改革不是一朝一夕、一蹴而就的事情，我们对政府部门"创新驱动导向的 GDP 核算体系制度化"的统计工作提出以下几点建议：

（一）在已有创新理论体系基础上，尽快建立创新驱动经济增长方式转变的 GDP 统计核算制度，在 GDP 总量中识别出创新增加值。在纵向和横向两个维度上，完善具体创新形式的使用时限标准、确定"新产品"的核算范围，这也是下一步研究和实施统计调查的重点和难点。

（二）树立正确的政绩观，建立创新驱动下"GDP 工具导向"的政绩考核体系。以创新驱动优化经济生产过程，视创新为经济增长方式转变的重要动力，从而减小或避免对资源、环境等带来的沉没成本，提升经济增长质量。注重提高创新驱动的经济增长方式转变在 GDP 核算中的增加值，也为政绩考核观念提供了新的评价准则。

（三）加大对我国企业创新的微观数据统计调查范围和力度。我国已经建立起一批专业的科技统计调查队伍，国家统计局从 2006 年 4 月起在其网页上发布"大中型工业企业自主创新统计资料"，主要从自主创新活动分布、投入、产出、研发项目开展、技术获取和科技机构设置等方面进行数据统计（杨艳，2006）。但这样的数据只是从企业分类出发的科技统计，对创新如何影响工业经济增长方式转变过程关注不够，同时也缺乏对小企业的调查。统计部门有必要进行专业化、垂直化的创新调查，深入到本土企业的创新生产活动过程，真正做到企业的创新统计调查从"报表型"向"分析型"转变。从技术、市场、组织等多方面来了解创新现状，不仅能因地制宜地为企业的创新管理提供帮助，更能为工业企业 GDP 核算提供准确全面、有质量的数据信息。

推及四川省经济发展新常态，针对四川省工业产值占比仍较大、经济发展创新效率低的现状，以创新驱动的工业行业经济增长方式转变内容为突破进行尝试性探索：（1）在测度创新的"纵横标准"维度下，选择纵向路径首先对单个企业创新进行试点调查研究，建立企业的创新投入产出调查制度；（2）结合四川省工业经济发展现状，设计针对

性的工业企业的创新统计调查方案，以历史数据为资料选取重点、典型企业进行滚动式轮流调查；（3）以调查获取的基础数据计算出各行业的创新贡献率系数，核算出工业行业创新产出"新产品"的市场价值总量。依据这些实地调查获取的经验数据，归纳完善创新统计标准和内容，不仅为促进四川省经济协调可持续发展指明了方向，也可为国家层面的创新驱动经济增长方式转变的 GDP 核算体系改革提供了遵循。

概言之，不断提高基于创新驱动的经济增长方式转变所带来的增加值占 GDP 总量的比重，是顺应国际 SNA2008 核算新标准的内在要求，也是推动我国经济向创新驱动型、质量增长型模式转变的现实需要。由此带来的创新价值核算问题就必然地构成了我国 GDP 核算改革的重点，并成为各级政府统计工作创新的基本出发点。

新常态下四川农村循环经济发展新动力研究

1 引言

2014 年中央经济工作会议指出，中国经济步入形态更高级、分工更复杂、结构更合理的新阶段新常态。2014 年 8 月 5 日、6 日、7 日，《人民日报》连续三天在头版位置刊登了"新常态下的中国经济"系列评论，以《经济形势闪耀新亮点》《经济运行呈现新特征》和《经济发展迈入新阶段》为题，对中国经济形势进行了多角度的分析，具体阐释了"中国经济新常态"的内容和意义。

改革开放以来，中国经济的飞速发展是以牺牲自然资源和环境为代价的。目前，资源耗竭和环境破坏已大大约束了我国的经济发展。因此，为了实现经济增长与资源环境保护共存，促进经济社会可持续发展，对循环经济思想的重视被提升到国家高度，2008年 12 月，国务院颁布了《中华人民共和国循环经济促进法》，我国成为第一个提出将循环经济作为国家发展战略的国家，也是第一个提出以闭合再生系统为基础来促进经济发展的国家。2013 年国务院颁布了《循环经济发展战略及近期行动计划》，分行业制定了循环经济发展内容和目标，是近期我国最重要的有关发展循环经济理的法律法规。体现了政府务实以及继续推行循环经济发展的战略方向。因此，我们认为，进一步切实推进循环经济是实现各产业切实降低能耗的有力保障，是帮助实现经济转型、实现转型过程中经济与环境可持续发展的最重要的新动力之一。

对于农村地区而言，资源、能源与环境三大问题相互交织，经济增长的资源环境约束强化，以高能耗、牺牲环境资源为代价的增长方式弊端日渐显现，资源和环境已难以承受长期粗放型增长方式。发展农业循环经济，通过资源利用的节约化、生产过程的清洁化、农业废弃物资源化、生产和生活的无害化，运用农业循环经济原理和方法，把整个经济活动组织成一个"资源—产品—再生资源"的反馈式流程，对解决传统农业"三高一低一依赖"带来的环境污染、资源耗竭、生态破坏等问题具有十分重要的意义。

在此背景下，四川积极推进循环经济发展，尤其是农村地区以"创建全国生态乡镇"为依托，发展非常迅速。

2014 年以后，如何客观、科学地寻找新常态下四川经济发展的新动力变得尤为重要。以下通过对 2010—2014 年四川与全国的三次产业结构的对比进行初步观察与分析。

表1 2010-2014年四川与全国的三次产业结构

年份	一产（%）		二产（%）		三产（%）	
	全国	四川	全国	四川	全国	四川
2010	10.1	14.4	46.7	50.5	43.2	35.1
2011	10.0	14.2	46.6	52.4	43.4	33.4
2012	10.1	13.8	45.3	52.8	44.6	33.4
2013	10.0	12.8	43.9	51.3	46.1	35.9
2014	9.2	12.4	42.6	50.9	48.2	36.7

注：数据来源于国家统计局及四川省统计年鉴。

表1为2010-2014年四川与全国的三次产业结构的对比情况。如表1所示，经济新常态下，四川与全国一样，产业结构逐步调整，三产比重的提升空间依然较大。尽管四川三产的比重不断提升，但与全国水平相比，其差距缩小甚微。反观一产在全国与四川所占比例，可以发现一产在四川的产业结构中所占比例一直以来高于全国水平。由此可见，一产在四川的经济发展中占据明显优势地位。四川省在新常态下进一步发展一产具有较好的基础。

另一方面，虽然四川整体产业结构有所优化，但结构性矛盾依然突出，调结构的压力较大。从三次产业贡献率来看，2010-2014年，一产的贡献率呈逐年下降趋势。与此同时，三产的贡献率增加了10.3个百分点。这说明，四川的结构性矛盾是比较突出的：三次产业中占比最大的一产已经有所萎缩，服务业的发展并没有快速跟进。此外，相关数据表明，尽管以"双五"产业为代表的战略性新兴产业在四川正蓬勃发展，但仍难以弥补传统工业快速萎靡产生的缺口，进一步凸显了结构性矛盾，加大了调结构的压力。而从我国粮食安全需求等角度考虑，四川省也有必要在新常态下，提高一产的产能，而不是任其萎缩。可以说发展一产是全国对四川的必然需求。

同时，应该看到四川省拥有得天独厚的自然资源（包括气候、土壤、地形等自然资源，此处限于篇幅，恕不赘述）和劳动力资源（四川为劳动力流出大省）。以上不难看出，如果我们一味地强调发展三产，将必然导致对二产的投入减少从而必然导致其进一步萎缩。那么，我们是应该放弃四川省本身拥有的优势资源，挺着巨大压力着重发展三产而减少对一产的投入，还是利用四川省本身是农业大省的特质，寻找其低投入与高效产出的发展途径呢？显然，基于四川省农业大省的特质及一产在产业结构中所占的重要程度，四川省在社会经济发展的新常态下，寻求优化农业发展的新动力是重中之重。而推进基于循环经济理念的农业科学技术、实现精细化农业，是提升农业投入产出效率的必然选择。同时，由于循环经济所具有的闭合再生系统内实现物质流循环的基本特性，在循环经济模式下发展第一产业，即农村循环经济，也将对二产、三产带来积极的影响。例如，在农村推行循环经济，一方面，可以帮助二产的原料提供与废弃物再利用，将潜在地降低二产的原材料投入成本并提高其产出效率；另一方面，在农村实现循环经济模式，可以通过生态旅游、农业体验等促进和带动三产发展的多样性；当然、在提供环境教育机会及提高公民的环境意识方面都具有积极的意义。因此，对四川农村循环经济发展状况进行定性评估，对其发展水平进行定量研究变得非常重要。这将为发现新常态下四川省经济发展新动力的驱动因素，提供客观依据。

基于以上对我国及四川省经济发展新动力需求的分析，本研究提出以下两个基本观点，这两个基本观点也是为什么要开展本研究的原因所在。

1.1 发展循环经济是新常态下四川经济发展的新动力之一；

1.2 着重发展农村循环经济是四川经济发展最重要的新动力之一。

在本研究中，如果我们定义 2008～2014 年为四川省农业循环经济发展的旧常态时期，则 2015 年之后如何更有效地发展四川省农业循环经济，则是本研究需要寻找和发现的新常态下的新的动力源。

本研究在结合大量相关的文献和实地调研的基础上，首先对四川省农村循环经济发展的现状和制约因素进行了定性分析；然后，从农村循环经济的"3R"基本原则入手，结合数据可获得性、动态可比性，建立相关指标体系；进一步地，结合灰色关联模型实证通过分析农业循环经济发展与农业经济增长之间的关系，发现四川农村循环经济发展新的动力点，得出以下结论：第一，循环经济体系中的三大指标因素都成为四川省农业经济的增长的动力，尤其以可再生能源利用指标中太阳能热水器和沼气池的总量的关联度最高；第二，资源再利用指标的关联度值也较高，这说明如果能加大对资源的回收再利用，将成为农业经济增长的新的动力因素；最后，基于四川省农村循环经济发展特点，针对目前其发展还受到市场、资金、技术等方面的制约等问题提出了有针对性的政策建议。

2 国内外研究综述

循环经济思想萌芽于 20 世纪 60 年代，正当美国实施阿波罗登月计划之时，最早提出生态经济学概念的美国经济学家鲍尔丁提出了"宇宙飞船经济理论"。理论认为，地球就像飞行在太空中的一艘宇宙飞船，如果仅依靠不断消耗和自身有限的再生资源，最终将因资源耗尽而毁灭。要想延长飞船寿命，唯一途径是要实现宇宙飞船内的资源循环利用，并尽可能减少废弃物排放。因此，他提出，要把传统的依赖资源消耗的线形增长经济，转变为依靠生态型资源循环发展的经济（K. E.，1996），即循环经济。这一概念提出后，很快引发学术界的共鸣和公众的认同。各国也陆续开始对循环经济的理论探讨和实施应用。

20 世纪 70～80 年代，发达国家开始初步重视环境问题。值得一提的是，联合国1972 年于斯德哥尔摩召开了人类环境大会，会议通过了《联合国人类环境会议宣言》，从此开始把节约资源和保护环境，拯救地球，实现农业的可持续发展提到了重要议程。特别是这个时期包括中国在内的许多发展中国家，纷纷开展以减少和节约资源和能源、保护生态环境，实现农业可持续发展为目的的以生态农业为主要形式的农业循环经济理论研究与实践，收到了很好的社会、生态和经济效果。

2.1 农业循环经济的内涵

关于农业循环经济，学术界还存在着不同的理解，目前还没有较明确和统一的定义。陈德敏等（2002）较早地提出循环农业必须在建设生态农业的同时，推进农业清洁生产，开展农业废弃物的综合开发利用。但并没有给出一个关于农业循环经济的明确定义。周震峰等（2004）强调农业循环经济的本质是一种以低投入、高循环、高效率、高技术、产业化为特征，是吸收传统生态农业与可持续农业的思想精神形成的新型农业发展模式。

就农业循环经济而言，其内涵重点在三个方面：一是农业循环经济的首要原则是节地、节水、节种、节药、节电、节油、节柴（煤）、减人。二是对农产品，林产品及水产品及其初加工后的副产品、有机废弃物进行系列开发、反复加工，不断增值，其效益可以远远超过其主产业。三是对生态环境的研究，保护利用好生态环境就能产生经济效益。

2.2 农业循环经济的原则

农业循环经济遵循三大基本原则，简称"3R原则"：即以资源投入最小化为目标的"减量化"（Reduce）原则，亦称低投入（low input）原则。以废物利用最大化为目标的"再利用"（Reuse）原则，亦称资源化原则。以污染排放最小化为目标的"再循环"（Recycle）原则，亦称无害化原则。

减量化原则（Reducing）。现代农业的发展不可避免地加大了化肥、农药、地膜、农机等人工能量的投入，加速了农业生产的发展水平，但同时也加大了能农业能源的消耗，增加了农业的生产成本，也带来了一系列的环境问题。发展农业循环经济，必须根据减量化的原则，从源头上尽量控制外部购买性资源的投入量，特别要控制无效或过量投入，以保证低碳节能，实现农业的低投入高效益的目的。

再利用原则（Reuse）亦称资源化原则。农业生产不同于工业，在生产过程中产生的废弃物多为有机物质，这些有机废弃物可以借助生态学的食物链原理，通过食物链加化和农业生产的初级产品的深度加工等接口技术进行废物资源化处理与资源产品的加工与再利用，以延长农产品生产加工链，达到提高资源产品的再利用系数，增加产品附加值，提高经济和生态效益的目的。因此，在发展农业循环经济中，必须强调按照再利用的原则，对农业生产过程中产生的秸秆、粪便等中间资源等进行多级化的再利用，还要根据市场需求，重视对初级产品的深度加工，以实现产品的附加值，提高农业经济效益。

再循环原则（Recycle），亦称无害化原则。在农业生产中，除了必须强调按照生态学的物质循环再生原理，将农业废弃物（秸秆）、畜禽养殖业废弃物、农村生活垃圾等，通过微生物这一还原者的作用，在农业生态系统中把废物加以资源化循环利用，以实变废为宝，提高效益的目的，同时还应根据生态学原理，进行食物链的加环，以促进有毒或有害物质的降解，富集和回收，保证无废物生产，无公害排放，以提高农业的整体效益。

2.3 国内外农业循环经济的发展模式

在国外，许多国家都已开始农业循环经济的实践，不过多数习惯将其称为生态农业。不管是生态农业还是农业循环经济，其目的都是为了协调环境与发展之间的矛盾，实现农业可持续发展。

生态农业发展处于世界领先地位的瑞典，主要采用轮作型生态农业模式。即为保持土壤肥力，减少病虫害，瑞典采用年轮作的种植方法，同时生态饲养禽畜主要采用室外放养、喂养生态饲料等方法，对禽畜传染病以预防为主，一般不用药，用过抗菌类药的禽畜要满一定年限后才能出售，以保证禽畜体内不残留对人不利的成分。

为了控制粪肥污染和循环利用各种废物，菲律宾在玛雅农场建立起十几个沼气生产车间，每天产生沼气十几万立方米，提供了农场生产和家庭生活所需要的能源。另外，从产气后的沼渣中，还可回收一些牲畜饲料，其余用作有机肥料。产气后的沼液经藻类氧化塘处理后，送入水塘养鱼养鸭，最后再取塘水、塘泥去肥田。农田生产的粮食又送面粉厂加工，进入又一次循环。这样的生产过程由于符合生态学原理，合理地利用资源，实现了生物物质的充分循环利用，构成了典型的农业循环经济模式。

沙漠国家以色列，因其土地资源及其匮乏，以色列充分发挥自己的高科技优势：一是直接向植物提供无机营养液，以代替由土壤和有机质向植物提供确保其生长发育所必需的营养；二是采取将太阳能以有氧吸收的方式直接转化为热量的栽培方式，基本形成了粮食、经济作物、林业、畜牧业和渔业协调发展的良胜态势，实现了可持续发展。

美国和日本分别采用了低投入可持续农业和环保型可持续农业。所谓低投入可持续农业，是指通过尽可能减少化肥、农药等外部合成品投入，围绕农业自然生产特性利用和管理农业内部资源，保护和改善生态环境，降低成本，以求获得理想的收益，这也正体现了农业循环经济的减量化原则。环保型农业是以合理利用资源和有效保护环境为基础的"环境保全型"农业持续发展模式。其基本内容是以有机物还田与合理轮作为基础，通过对人工合成化学制品的限制利用和生物肥料、生物农药的大力开发与扩大应用，促使永续利用资源，将有效保护环境同提高农业生产率紧密结合起来，以达到农业可持续发展的目的。日本更是通过贯彻循环经济理念，达成了精细生产，也是世界上节能减排做得最好的国家，其能源使用效率相当于中国的15倍之多。在新常态下，如果我们能够通过实施循环经济提升能源使用效率，将是经济、产业发展的一个非常重要的新动力。

我国农业循环经济起步时间短，没有形成比较完善的发展模式、技术和支撑保障措施，但各个地区农业循环经济的发展势头可谓与日俱增。目前，我国主要的农业循环经济模式主要分为：政府主导的大循环模式、农业循环经济示范园区为主体的中循环模式、企业为主体的小循环模式、"家庭绿岛"式的微循环。

政府主导的大循环模式顾名思义，由政府采取有效措施，形成各产业部门之间，在质上相互依存、相互制约，在量上按一定比例组成的多功能有机整体。比较典型的有江苏省吴江县。政府在认真总结经验的基础上，制定全面的农业发展规划，在稳定粮食生产的基础上，充分利用本地资源，发挥自身优势，积极发展无污染、少污染的农产品加工业和林、牧、副、渔各业生产，重点发展植桑养蚕和缫丝等苏南地区传统产业，为纺织、服装行业提供原料，逐渐形成了植桑、养蚕、缫丝、纺织、丝绸服装加工一条龙生产，该模式在政府的积极引导之下，使产业链条合理延长，形成农、副、工相互促进的联合生产系统的良性循环，取得了显著的经济效益和环境效益。

农业循环经济示范园区为主体的中循环模式，是通过把有联系的、可以互相提供资源、消纳废物的几种农业生产组织到一个规划空间内，进行统一管理、生产运作，以此达到园区内农业资源利用效率最大化、废物排放最小化和农业生产效益最大化。典型的例子像资中县农作物病虫综合防治示范园区，资中县农业局组织实施，市植保站配合完成的农作物病虫综合防治示范园区，主要通过用药时间、用药量的控制，结合生物防治等措施的落实，努力提高防治效率，实现低投入、低污染、高品质的农业循环经济模式。园区内不用长效和高残留农药，确保农产品品质，实现病虫综合防治达80%以上，农业产量提高15%～20%，农药投入降低10%。

企业为主体的小循环模式，此种模式以实力较强的企业为龙头，从清洁生产、绿色管理抓起，在农业生产和废物再利用之间建立起一体化经营的循环经济模式。比较典型的有泸州老窖，丢糟转化为饲料，既解决酒厂规模化后的固体废渣污染，又为企业增加了利润。酒糟是酿酒产生的废弃物，生物工程分公司通过多年的研究和应用，将酒糟制成糟粉作为农业饲料等，并开发出一种在国内具有领先水平的饲料添加剂，为公司创造了利润，成为企业为主的小循环经济模式典范。

"家庭绿岛"式的微循环经济模式，以单个家庭为主体，在庭院内或庭院周围的有限空间内，运用循环经济理念和技术手段，有效利用庭院空地资源，发展家庭实用性果菜栽培、家禽饲养等家庭农业，并建立沼气池处理有机垃圾，资源再生，生成有机肥，肥料还田，维持土地质量，沼气提供家庭生活能源之用。这种方式是我国目前最为普遍的，也是最为快捷的微型农业循环经济建设模式。比较典型的如由内江市市中区农业局组织实施，市农经站配合完成的庭院经济及优质果蔬高产示范园区，主要在示范园区内展示庭园经济模式，完成优质水果和蔬菜的高产示范栽培333.3 hm²，庭园经济200户。引导农民正确选用水果及蔬菜优良品种，实现庭园经济，建设自己的美好家园。

3 四川农村循环经济发展状况及特点

为了更好地把握四川农村循环经济发展状况及特点，本部分主要从"四川省农业发展现状""四川农村循环经济发展特点"和"四川循环经济发展制约因素"三个方面展开论述，并通过对四川省农业循环经济发展典型案例分析，为新常态下设计农村循环经济的有效模式提供参考。

3.1 四川省农业发展现状

四川省是一个农业大省，地处中国西南内陆、长江上游，虽地形地貌复杂，气候特征差异较大，但雨量丰沛、江河纵横，地域辽阔，人口众多，资源丰富，地理环境优越，自然条件较好，其中，森林、水利资源和河川径流量位居西部乃至全国前列。全省土地总面积48.5万平方公里，其中：平坝占9.23%，丘陵山区占55.63%，高原占

35.14%。农作物种类繁多，主要农产品在全国占有重要位置，素有"天府之国"的美称。

改革开放 20 多年来，四川省委、省政府带领全川人民实施"绿化全川"战略和"长治"工程，四川的生态农业环境建设得到了长足发展。在"十五"期间，管护好天然林及其他森林约 1920 万公顷，造林约 127 万公顷，封山育林约 43 万公顷，退耕还林还草约 67 万公顷。有效遏制了 3.4 万平方公里土地上的水土流失和滞留泥沙约 5.6 亿吨，森林覆盖率也由过去的 24.23%上升到了 26.62%，全省自然保护区从 46 个增加到90 个，并推广使用了高效、低毒、低残留农药，把生态农业与农业生产紧密结合在一起。目前，已建立了洪雅、眉山等两个国家级生态农业县和珙县、温江、郫县、都江堰市的 3 个国家级和 6 个省级生态示范区，为发展和繁荣农村经济、改善农业生态环境起到了良好的示范作用。全省已有水果、蔬菜、茶叶、粮食等绿色农业基地 20 多万公顷，从事绿色农业的农户达到 400 多万户，绿色食品产量达到 13 万吨；还有 170 多个产品获得了绿色食品标志使用权，产品涵盖了农牧业各个领域。但四川省人多、可耕地少，96%的辖区面积属于长江水系，是全国农村生态建设和环境保护的重点地区。

3.2　四川农村循环经济发展特点

四川在实践农村循环经济的过程中，其发展主要体现为以下特点。

（1）资金、科技带动循环经济的发展

近年来经过建设，四川农业循环经济已经初见规模，截至 2009 年，四川省拥有耕地面积 397.61 万 hm^2，自 2000 年以来，有效改造中低产农田、建设基本农田102.4 万 hm^2，累计投资 40 亿元，通过中低产田改造，农田生态环境得到改善，综合生产能力明显提高。为了保证加大"三农"投入，四川省每年安排财政扶持资金近 1 亿元用于开展节水农业灌溉、测土配方施肥、沼气建设等以发展农业循环经济。四川在发展农业循环经济过程中加速科技成果在实践中的应用，选派科技人员进村指导农户发展循环经济，在田间地头实地开展科技培训，通过课程培训、媒体宣传，大力提倡减少使用农药和化肥，多施用农家肥、沼肥等有机肥，发展无公害和有机绿色优质特色产品，宣传普及循环经济的意义和实施方法，提高了农户的科技意识。

（2）示范引领农业循环经济的发展

大力实施农村沼气"一池三改"工程，积极推广"猪—沼—稻""猪—沼—菜""猪—沼—果"循环经济模式，倡导农作物秸秆还田，改良土壤结构，增强土壤肥力，展现农业生产无害化、生活环境优美化和农村能源持续利用的新景象。积极推进立体复合型循环农业模式，将处于不同生态地位且具有不同特点的各生物类群（如林木、农作物、鱼、药材、食用菌等）在系统中组合在一起，建立起一个空间上多层次、时间上多序列的产业结构，提高资源的利用效率，获得较高的经济效益和生态效益。推广观光生态农业发展模式，以绿色农业为基础，构建集农业种植、养殖、观光、度假、食品加工、销售为一体的生态观光园。通过农田水利建设及生态农业建设等项目，支持绿色食品产业和生态农业园区建设，改善"山、水、园、林、路"等基础设施，发展绿色生态农业。

（3）服务促进农业循环经济的发展

以"送科技下乡""农业科技进村入户"等活动为契机，开展农业循环经济培训，引导广大农户树立发展农业循环经济的意识，营造发展农业循环经济氛围，发挥农业技术协会和专合组织作用，做好产前、产中、产后服务，解决资金、技术、信息难题，提高农民发展农业循环经济的积极性，推进农产品无害化、绿色化和有机化建设，大力协助农户进行无公害农产品、绿色食品、有机食品的认证，设立专项发展基金补贴较高的认证费用，提高投资者申请无公害（绿色）认证的积极性。政府承担公共服务职能，通过信息发布体系为农户提供市场需求指导，让消费者了解产品详情，通过发展合作化经营，降低农户种植风险，创造品牌及知名度，鼓励循环农业与生态旅游共同开发，延长农业效益产业链，使循环型的旅游农业成为经济增长的新亮点。

3.3 四川循环经济发展制约因素

近年来，四川各地在选择农业循环经济模式时，坚持以市场为导向，以效益为中心，依托现有农业科技资源，通过机制创新，发展与整合四川的农业优势产业，实现示范农业资源的循环利用、农业生产的高效益和可持续发展。为此形成了一些立体农业循环模式和示范园区。如：以内江、洪雅等地为首的以沼气建设为纽带，开展的一系列循环经济试点示范区；以资中、眉山等地为代表的优质水果和蔬菜高产示范区等。在带动当地人民群众致富的同时，使当地的生态环境得到了较好保持，同时也建立起片区效应和品牌效益。但是，我们也应该看到，虽然整个四川地区发展起了许多的循环经济示范区，但就全省而言这些示范区仍是十分有限的。目前其发展的主要制约因素可归纳为以下几点。

（1）好的循环经济模式复制困难

四川作为一个农业大省，区域自然生态环境差异明显，农业类型多样，不同区域有不同农业生产类型。根据自然地理条件和社会经济条件，四川省可划分为五大经济区：成都平原经济区、川东北经济区、川南经济区、攀西经济区和川西北经济区。各经济区内的农业差异性大，对于同一个成功的循环经济模式无法具有普遍适应性，从而给开发循环经济发展模式带来了许多阻力，往往一个地区借鉴去之后需要花上许多年时间实践、改进才能取得较好的效果，甚至出现借鉴过去之后无法进行下去，最终无疾而终。

（2）农村循环经济市场还不完善

一方面，我国天然气、水、土地、电力、煤炭等处于产业链上游环节的资源性产品总体价格水平偏低，既不反映资源的真实价值，对资源市场供求关系的变动不敏感，也没有体现资源的破坏和环境污染治理的成本。资源性产品价格扭曲，经济发展过程中能源和资源消耗量大、利用效率低，资源开发、生产过程中对资源和生态环境的破坏等外部成本没有做到合理的内部化，经济发展呈现出资源依赖性特征。另一方面，企业发展循环经济带来的外部收益未能内部化，企业通过投资开发或引进新技术、新设备在生产经营过程中保护环境、节约资源，由此导致的生产成本增加又得不到补偿，使采用循环经济的企业与不采取循环经济的企业在竞争中失去成本优势。

（3）缺乏发展农村循环经济的有效机制

我国在充分激发和引导企业自觉开展循环经济建设方面存在机制缺失问题。有效的循环经济发展机制应包括税收调节和财政补贴机制、资源价格机制、生态补偿机制及干部考核机制等方面。现阶段，我国农村循环经济发展机制建设尚处于起步阶段。机制的缺失客观上会使地方政府和企业失去发展循环经济的动力，导致生态环境的加速恶化。

（4）科技创新不足制约农村循环经济的发展

科技进步是发展农村循环经济的关键因素，由于缺乏技术创新的激励机制，我国大部分农村企业发展循环经济的技术创新能力不强，总体上还是延续过度消耗资源、经营粗放为特征的传统发展模式，不能适应循环经济发展的要求。

3.4 四川省农业循环经济发展典型案例分析

四川在实践农村循环经济的过程中，有很多成功的典型案例。这些案例值得四川省在新常态下，进一步推进我省农业循环经济的切实有效发展而进行参考。在此，根据我们的实地调研，以沱牌舍得酒业在企业内部及与农村循环经济的互动为例，进行四川省农业循环经济发展的典型案例分析（见图1）。

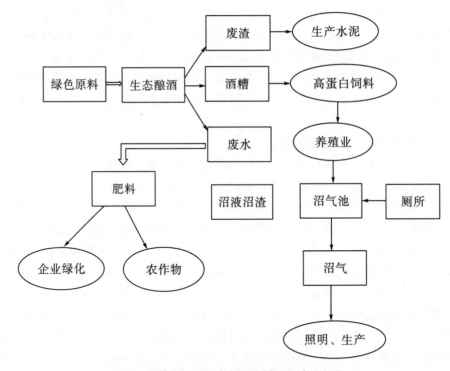

图1　沱牌曲酒企业内部实施循环经济流程图

图1为沱牌曲酒企业内部实施循环经济流程图。它反映出沱牌镇的循环经济模式是依托企业和农村共同构建的循环经济模式。在这一模式下，沱牌舍得酒业将储粮、酿酒、废料处理、热电厂、包装、园区绿化等各环节整合起来，将酿酒产生的废渣作为原料转卖给水泥生产企业，生产白酒剩下的酒糟干燥后制成高蛋白饲料及饲料添加剂提供

给当地农村养殖户，生产过程中产生的废水通过固液分离后进行沼气发酵或直接当作有机肥料满足企业内部绿化需求，或提供给当地农村作为农作物、果园和鱼塘的肥料。当地养殖业所产生的粪便及会同企业生产所产生的废液等一起被作为沼气池的原料进行沼气发酵，而沼气池生产出的沼气被作为原料进行了电厂发电，为当地农户提供了照明和生产用电，同时，沼气池所产生的沼液和沼渣通过处理后为农业提供有机肥料。通过这样一个过程，沱牌实现生态酿酒工艺流程闭路循环，使废水、渣、气、节能减排实现低消耗、低（无）污染的良性生态循环，最终达到使废物在共生工业体系内交换、增值，实现综合利用。

从经济效益来讲，沱牌将生产所剩的废弃物转卖给饲料生产商或者水泥制品厂，在这个过程中将资源效用进行了最大化，同时也免去了企业处理这些废物的烦恼。而电厂利用沼气作为原料进行发电更是将废物的作用发挥到极致，不仅省去了发电原材料的费用，还对环境保护作出了巨大贡献。对于农户来说，饲料或有机肥料又省去了农作物、鱼塘养殖业等生产上的投入，且对于农产品销售来讲，利用沼液或沼渣生产出的农产品相比使用无机化肥生产出的更具市场吸引力，销售价格也更加具有优势。

从环境效益来看，饲料厂、沼气池、水泥生产企业作为中间环节，将沱牌产生的废物变废为宝的同时，减少了这些废水废渣对于环境的污染，加上沱牌将农户囊括到该系统中，使得沱牌镇所有的生活污水、垃圾、人畜排泄物都得到了良好的控制，且利用沼液和沼渣进行的农业活动，从根源上杜绝了农业生产对于土壤、水体等自然资源的破坏，有效地解决了人类生产生活对生态环境之间的矛盾。

4 四川省农村循环经济发展新动力的定量评估

本部分的定量研究主要通过两个部分来完成。首先，从农村循环经济的"3R"基本原则入手，结合数据可获得性、动态可比性，建立相关评估所需的指标体系；然后，结合灰色关联模型实证通过分析农业循环经济发展与农业经济增长之间的关系，发现四川农村循环经济发展新的动力点。

4.1 评价方法

基于前期对相关评价方法的文献研究，本研究采用灰色关联分析法进行四川省农村循环经济发展新动力的定量评估。该方法是一种用灰色关联度顺序来描述因素间的关系的强弱、大小、次序的方法，其基本思想是根据各因素变化曲线几何形状的相似程度，来判断因素之间关联程度的方法。此方法通过对动态过程发展态势的量化分析，完成对系统内时间序列有关统计数据几何关系的比较，求出参考数列与各比较数列之间的灰色关联度。由于四川省循环经济发展起步较晚，尚未公布完整的统计数据，在统计制度等方面还不完善，统计年限短，指标变化规律性不强且较为零散。因此，为了在这种限制条件下避免定量结果与定性分析不符的情况，本文拟用灰色关联分析法进行研究。灰色关联度应用范围广泛，尤其在社会经济研究领域，如产业结构调整、区域经济优势分析等方面都取得了良好效果。

灰色关联分析法是根据各因素变化曲线的几何形状的相似程度，来判断因素间关联程度的方法。基本思想是将评价指标原始观测数进行无量纲化，计算关联系数和关联度，最后根据关联度的大小对待评价指标进行排序。通过比较，能够得出参考数列与各比较数列间的灰色关联度，其中，与参考数列关联度越大的比较数列，与参考数列的关系越密切。具体步骤如下：

(1) 确定分析序列。建立因变量参考数列（即母系列）$X_0(k)$，自变量比较数列（即子序列）$X_i(k)$ $(i=1, 2, \cdots, n)$，k 为系列长度。即

参考数列：$X_0(k) = \{X_0(1), X_0(2), \cdots, X_0(k)\}$ （4-1）

比较数列：$X_i(k) = \{X_i(1), X_i(2), \cdots, X_i(k)\}$ （4-2）

(2) 对变量序列进行无纲量化。用均值化法消除数量级大小不同的影响（也可用初值法），即

$$X_i(k)' = X_i(k)/X_i$$ （4-3）

(3) 求出差序列、最小差和最大差，即

差序列：$\Delta O_i(k) = |X_0(k) - X_1(k)|$ （4-4）

最小差：$\min = \min|X_0(k) - X_1(k)|$ （4-5）

最大差：$\max = \max|X_0(k) - X_1(k)|$ （4-6）

(4) 计算关联系数，即

$$\delta_i(k) = \min|X_0(k) - X_1(k)| + \rho\max|X_0(k) - X_1(k)|/|X_0(k) - X_1(k)| + $$
$$\rho\max|X_0(k) - X_1(k)|$$ （4-7）

其中，ρ 为分辨系数，一般取 $\rho=0.5$ $(i=1, 2, \cdots, n)$

(5) 计算关联度，即

$$r_i = \frac{1}{n}\sum_{k=1}^{n}\delta_i(k)$$ （4-8）

(6) 依关联度排序。对各比较数列与参考数列的关联度从大到小排序，关联度越大，说明比较数列与参考数列变化的态势越一致。

4.2 评估指标体系构建及数据来源

依据农村循环经济的"3R"（Reduce，Reuse，Recycle，即减量化、再利用、再循环）核心原则，选取减量投入指标、废物再利用指标和资源再循环利用指标作为三类一级指标。在实地调研考察过程中，发现四川省农村的循环经济体系尚未健全，循环经济中的相对指标数据并不全面。考虑到指标取得的可行性、动态可比性，本研究选取《中国环境统计年鉴》为数据的基本来源。最终整理和选取了 3 个一级指标，10 个二级指标进行观察和分析。指标体系的结构如表 2 所示。

表 2　四川省循环经济发展指标

一级指标	二级指标	序号	单位
资源减量投入指标	农药使用强度	X1	kg/ha
	化肥施用强度	X2	kg/ha

一级指标	二级指标	序号	单位
可再生能源利用指标	沼气池产气工程	X3	万立方米
	大中型沼气工程	X4	万立方米
	太阳能热水器	X5	万立方米
	太阳房	X6	万立方米
	太阳灶	X7	台
资源再利用指标	塑料薄膜使用量	X8	吨
	地膜使用量	X9	吨
	地膜覆盖面积	X10	公顷

以下对表2中涉及的3个一级指标及其他各二级指标进行简要说明。

1）资源减量投入指标

传统的农业发展模式，是以资源的大量消耗实现农业产值增长，是一种不可持续的发展模式。为了减轻农业经济增长对资源供给的压力，在发展的源头实现资源的减量化是极其重要的。

X1：农药使用强度（kg/ha）

指化学农药使用量占农作物播种面积的比例。计算公式为：

$$农药使用强度 = \frac{农药使用量}{农作物播种面积} \tag{4-9}$$

它是反映资源投入产出比的一个指标。该指标说明以较少的原材料消耗得到较高的产出。

X2：化肥施用强度（折纯，kg/ha）

指一年内单位耕地面积的化肥施用量，按折纯量计算。折纯量是指将氮肥、磷肥、钾肥分别按含氮、含五氧化二磷、含氧化钾的量进行折纯后的数量。复合肥按其所含主要成分计算。计算方法为：

$$化肥施用强度 = \frac{化肥施用量}{农作物播种面积} \tag{4-10}$$

循环经济发展要求减少化肥的使用量。该指标越小说明实现以较少的原材料消耗得到高的产出。

2）可再生能源利用指标

在农业循环经济生产中，将农业废弃物（秸秆）、畜禽养殖业废弃物、农村生活垃圾等，通过微生物这一还原者的作用，在农业生态系统中把废物加以资源化循环利用，以实变废为宝，提高效益的目的；同时采用太阳能、风能等新型能源作为农业生产和生活能源来源，降低生产成本，减少环境污染。作为二级指标，本研究采用统计年鉴中沼气池产气总量、大中型沼气工程、太阳能热水器、太阳房、太阳灶五个指标代表资源再利用指标。

3）资源再利用指标

发展农业循环经济中，按照再利用的原则，对农业生产过程中产生的秸秆、塑料薄膜等中间资源等进行多级化的再利用，降低农业生产成本，以提高农业经济效益。考虑到数据获取的可行性，本研究采用统计年鉴中塑料薄膜使用量、地膜使用量、地膜覆盖面积三个指标代表资源再利用指标。

为了从循环经济的角度，找出与四川农村经济发展关联度最大的一个或几个指标，本研究采用的农业总产值数据来自 2003 年—2012 年的《中国统计年鉴》，农村循环经济的指标数据来自 2003 年—2012 年的《中国环境统计年鉴》。对个别残缺数据，通过其他统计途径获得信息，进行估算。

4.3 四川省农村循环经济发展定量评估

在进行四川省农村循环经济发展定量评估时，我们根据 NIIP 模型和"钻石"模型，首先，选取"四川省第一产业增加值（亿元）"作为参考数列 $X_0(k)$，$k=1$，2，…，10；然后，利用表 2 中的 10 个二级指标作为比较数列 $X_i(k)$，$i=1$，2，…，10，$k=1$，2，…，10；最后，采用初值化法，对各因素进行无量纲化处理，得到各地区标准化序列 $Y_i(k)$，$i=1$，2，…，10，$k=1$，2，…，10，如表 3 所示。

表 3　四川省循环经济发展指标各因素数据序列无量纲化表

因素	2003 年	2004 年	2005 年	2006 年	2007 年	2008 年	2009 年	2010 年	2011 年	2012 年
农林牧业渔业总产值（亿元）	1	3.12	1.25	1.42	5.41	2.28	0.30	3.00	6.21	3.89
农药使用强度（kg/ha）	1	1.00	1.00	0.97	1.07	1.08	1.09	1.10	1.08	1.05
化肥施用强度（kg/ha）	1	1.01	1.02	1.04	1.11	1.12	1.14	1.14	1.15	1.14
沼气池产气总量（万 m³）	1	1.18	1.40	1.66	1.91	2.14	2.40	2.62	2.92	3.07
大中型沼气工程（万 m³）	1	1.00	0.80	1.03	1.51	4.62	6.97	9.14	20.25	25.04
太阳能热水器（万 m²）	1	1.05	1.13	1.37	1.45	1.60	1.95	2.76	3.94	4.88
太阳房（万 m²）	1	1.00	0.85	0.10	0.10	0.13	0.23	0.28	0.57	0.57
太阳灶（台）	1	1.00	1.00	14.54	69.69	133.83	139.13	140.67	130.19	130.19
塑料薄膜使用量（t）	1	1.05	1.12	1.18	1.22	1.26	1.34	1.40	1.50	1.55
地膜使用量（t）	1	1.00	1.05	1.17	1.17	1.22	1.30	1.36	1.45	1.51
地膜覆盖面积（ha）	1	2.00	2.08	−5.40	2.25	2.39	2.52	2.59	2.72	2.83

进一步地，根据表 3，求得 $\Delta min=0.05$，$\Delta max=137.67$。令 $\rho=0.5$，由此计算出

关联系数，如表 4 所示。

表 4 四川各比较因素数据序列的关联系数

因素	2003 年	2004 年	2005 年	2006 年	2007 年	2008 年	2009 年	2010 年	2011 年	2012 年
农药使用强度	1.00	0.97	1.00	0.99	0.94	0.98	0.99	0.97	0.93	0.96
化肥施用强度	1.00	0.97	1.00	0.99	0.94	0.98	0.99	0.97	0.93	0.96
沼气池产气总量	1.00	0.97	1.00	1.00	0.95	1.00	0.97	0.99	0.95	0.99
大中型沼气工程	1.00	0.97	0.99	0.99	0.95	0.97	0.91	0.92	0.83	0.76
太阳能热水器	1.00	0.97	1.00	1.00	0.95	0.99	0.98	1.00	0.97	0.99
太阳房	1.00	0.97	0.99	0.98	0.93	0.97	1.00	0.96	0.92	0.95
太阳灶	1.00	0.97	1.00	0.84	0.52	0.34	0.33	0.33	0.36	0.35
塑料薄膜使用量	1.00	0.97	1.00	1.00	0.94	0.99	0.99	0.98	0.94	0.97
地膜使用量	1.00	0.97	1.00	1.00	0.94	0.98	0.99	0.98	0.94	0.97
地膜覆盖面积	1.00	0.98	0.99	0.91	0.96	1.00	0.97	0.99	0.95	0.98

最后，根据已有信息，计算关联度并进行优势因素分析，求得比较因素 Xi 和参考因素 X0 的关联度，如表 5 所示。

表 5 各比较因素数据序列与参考因素的关联度

因素	关联度	值
农药使用强度	R01	0.9736
化肥施用强度	R02	0.9741
沼气池产气总量（万立方米）	R03	0.9824
大中型沼气工程（万立方米）	R04	0.9297
太阳能热水器（万平方米）	R05	0.9831
太阳房（万平方米）	R06	0.9683
太阳灶（台）	R07	0.6042
塑料薄膜使用量（吨）	R08	0.9759
地膜使用量（吨）	R09	0.9755
地膜覆盖面积（公顷）	R010	0.9736

根据上述关联度分析结果，按各类要素来看，资源减量投入量指标中，化肥施用强度与农业经济增长加值之间的关联度高于农药使用强度；可再生能源利用指标中，太阳能热水器的关联度最高，太阳灶的关联度最低，关联度值仅仅只有 0.6042；资源再利用指标中，塑料薄膜使用量、地膜使用量和地膜覆盖面积的关联值相差不大，基本保持在 0.97 左右。

分析发现，可再生能源的利用是四川省农业经济发展最为重要的动力之一。由于沼气池使用范围广及太阳能热水器普及率较高，可以为农业生产带来更低廉、更清洁的能源，因此与农业经济增长值的关联度较高。作为对策建议之一，可以说，加大对太阳灶和大中型沼气池工程的建设，将进一步推动四川省农业经济的发展。同时，在发展过程中，要注意随时听取使用者（农户）的意见，以便及时对实施过程中遇到的问题进行调整。例如，针对有的农户由于沼气提供的能源不稳定而不愿意使用沼气这一问题，应避免一家一户小作坊式的沼气开发模式，而摸索集约式的沼气能源开发。

资源再利用指标与四川省农业经济增长的关联度也较高，这说明如果能加大对资源的回收再利用，将成为农业经济增长的新的动力因素。

除此之外，资源减量投入指标也是四川农业增长的强劲动力。这是因为循环经济的实施将降低化肥和农药的使用量，不仅可以降低生产成本，也将减少环境污染，并有效提高农产品的安全性。同时，应该引起重视的是，这种农产品安全性的提高，也可能潜在具有提升农产品质量因而带来提高其生产收益或附加价值的可能性。

综上所述，循环经济体系中的三大指标因素都成为四川省农业经济的增长的动力，未来四川省农业经济的增长需继续推进农村循环经济的建设，扩大循环经济的发展模式。

5　结论和政策建议

5.1　结论

随着经济增长进入新常态，四川省基于循环经济理念发展精细化的农业经济，将成为四川省经济发展的新动力所在。通过对四川省农村循环经济发展新动力进行定量评估，本研究获得以下研究结论。

（1）农业是社会运作的根本，农业推行循环经济是整个国民经济体系全面发展循环经济、建立循环社会的基础环节。论文对农业循环经济的理论基础、内涵、基本原则、发展模式等做了较为完善的阐释，形成了本文研究的重要理论基础。

（2）本研究在结合大量的相关文献基础上和实地调研的基础上，对四川省循环经济发展的现状和制约因素进行了分析发现：第一，尽管四川省已形成了一些立体农业循环模式和示范园区，但是由于四川省区域自然生态环境差异明显，好的循环经济模式复制困难；第二，农村环境经济发展市场部完善；第三，缺乏发展农村循环经济的有效机制；第四，科技创新不足制约农村循环经济的发展科技进步是发展农村循环经济的关键因素。

（3）本研究建立灰色关联模型实证分析了农业循环经济发展与农业经济增长之间关系。本研究从农村循环经济的"3R"（Reduce，Reuse，Recycle，即减量化、再利用、再循环）基本原则入手，并结合数据取得的可行性、动态可比性，最终整理和选取减量投入指标、废物再利用指标和资源再循环利用指标三类一级指标，农药使用强度、化肥施用强度、沼气池产气总量、大中型沼气工程、太阳能热水器、太阳房、太阳灶、塑料薄膜使用量、地膜使用量、地膜覆盖面积 10 个指标。通过灰色关联模型进行分析发现：①循环经济体系中的三大指标因素都成为四川省农业经济的增长的动力；②尤其以可再生能源利用指标中太阳能热水器和沼气池的总量的关联度最高；③其次，资源再利用指标的关联度值也较高，这说明如果能加大对资源的回收再利用，将成为农业经济增长的新的动力因素。

5.2 政策建议

循环经济是兼顾经济和环境效益的双赢经济，它给全球带来全新的环境理念和经济效益。本文通过分析得出农村循环经济将给未来农业经济发展带来更大的助力，同时四川省循环经济发展还受到市场、资金、技术等方面的制约。为此，结合我们的研究发现，我们提出以下政策建议：

（1）建立发展循环经济的宏观政策机制。充分发挥市场机制对资源配置的作用，利用各种经济手段，包括建立征收环境税费制度、财政信贷鼓励制度、排污权交易制度、环境指标制度、押金制度等，通过治污、清洁生产等途径使外部不经济性转入内部化圈，就可以实现符合农村循环经济发展要求的 3R 原则。

（2）制定必要的较具体的"循环经济法规"。发展循环经济涉及社会、经济、环境各个方面，需要建立有效的行政管理体制和机制，制定必要的"循环经济法规"，做到有法可依，有章可循。同时，循环经济要实现环境资源的有效配置，还需要建立整套绿色保障制度，明确各级政府、部门、单位的责任，通过宣传四川省以及国内外企业先进的循环经济实施案例，鼓励企业和公众为发展循环经济做出努力。

（3）构建农村循环经济产业链。在生态种植业、生态林业、生态渔业、生态牧业及其延伸的生态型农产品生产加工业、农产品贸易与服务业、农产品消费领域之间通过废物交换、循环利用、要素耦合和产业生态链等方式形成呈网状的相互依存、密切联系、协同作用的生态产业体系。各产业部门形成在质上为相互依存、相互制约的关系，在量上是按一定比例组成的有机体，使其资源得到最佳配置、废弃物得到有效利用、环境污染减少到最低水平。

（4）加深对农业生产具体过程的科学分析。农村循环经济的建立离不开先进的科学技术作为支撑和推动力，如何大力提高资源的利用效率，实施资源综合利用模式发展农村循环经济，成为农村循环经济建设的重点。第一，促进技术研究和开发，建立以产业为主体、市场为导向、产学研相结合的技术创新体系，有针对性地推进原始创新、集成创新；第二，通过对生产过程进行分解分析，推行包括用于消除污染物的环境工程技术，废弃物再利用的资源化技术，生产过程无废少废的清洁生产技术，达成每一具体过程中实施循环经济的真实性。

破除要素流动障碍，促进四川省区域协同发展研究

一、引言

（一）研究背景与意义

中国经济步入中高速、优结构、新动力、多挑战的新常态时期，作为西部战略高地的四川省，其经济发展也面临着一些新情况、新趋势、新问题：经济发展速度放缓趋势明显，产业结构仍为"二三一"型，各类隐形风险逐步显性化；总的来看，四川省处于经济增速换挡期、结构调整阵痛期、前期刺激政策消化期，稳增长和调结构、促改革成为两难选择。

本项目认为区域差距过大和经济结构失衡是四川省在实现转型升级、缓中趋优目标过程中一个亟待解决的重要问题；解决该问题的关键是实现经济一体化和市场一体化。实现一体化则需要破除全省要素流动阻碍、加快要素流动、引导要素合理分布，以此助力次级中心的形成和壮大，培育出多个经济增长点，形成完整网络布局，最终促进全省协同发展。

这个思路不同于传统的"马车拉动论"，也异于以单个产业、部门或区域为研究对象的研究；它以四川省整体经济面为研究对象，以要素流动为主要手段，以促进全省协同发展为目标，发掘出当前四川省经济发展新动力。

（二）相关理论与经验研究

区域之间天然存在差别，在区位粘性、市场扩大效应、聚集租金的作用下[①]，区域间的差距将日益扩大。同时，通过优化生产要素组合、破除要素流动障碍、充分释放技术溢出效应，可以有效缩小区域差距，促进区域协同发展。

1. 区域经济差异存在扩大的可能性

自然条件和要素初始禀赋是区域经济差异的重要原因，同时区域经济差异存在扩大的可能性。

---

① 何雄浪. 新经济地理学新发展：溢出效应、空间相关性与要素流动 [M]. 北京：经济科学出版社，2014：1

第一，区位黏性，即历史选择了某种产业分布模式或发展路径，那么在较长的发展过程中经济活动都将顺延这种模式或路径进行，要改变这种模式或路径需支付很大的成本或存在较强的外生冲击。

第二，本地市场放大效应，即当有某种外生冲击改变原有需求的空间分布、扩大某区域的需求，本地市场规模扩大，大量的企业将改变原来的区位，向该区域集中；从而初始微小的差别导致持久的经济发展的巨大不平衡。

第三，聚集租金。当聚集是稳定均衡时，劳动力的转移将产生成本损失；因此当经济系统处于稳定的中心－外围均衡时，政策的边际变动不会带来经济状况的变化。

经济运行中集聚力与分散力的相互作用形成区域对称结构或中心－外围结构，在多重外力作用下这些区域结构可能形成局部的长期稳定均衡结构。要突破固有循环闭合系统，打通经济协同发展大动脉，需要从更高的视角下寻求构建区域经济一体化和市场一体化。

2. 一体化建设是解决区域结构失衡的有效政策选择

区域经济一体化通过统一的基本方略、规划布局和发展政策，破除行政自然边界、人为干预等区域壁垒，在区域内部进行资源整合，形成不受区域限制的产品、要素自由流动的统一区域市场。

一体化建设充分发挥商流的集聚效应和分散效应，通过产业转移实现要素的合理布局，推动产业分工协作的专业化生产，实现自由市场的贸易一体化；建立合理的利益调节机制、健全有效的激励约束制度，最大限度地减少内部损耗（恶性竞争、行政壁垒等），保障区域内部有序运转、分工科学、扬长避短、合作共赢，实现更大的规模经济并促进经济增长。

3. 要素的充分流动加快一体化建设

不同区域的要素禀赋具有数量的差异性和质量的层次性，形成不同的要素组合方式和不同的经济发展方式与路径，落后地区要突破经济发展迟滞的恶性循环可从自身的要素组合重置方面考虑。区域整体要实现协同发展则需要理顺要素组合思路，破除要素流动固有阻碍，保障要素充分流动，使得各种要素在空间转移过程中形成最优配置，实现以最小的要素消耗取得最佳的发展目标，从而实现一体化建设。

4. 外部效应影响要素流动方向

外部效应分正负，知识技术溢出产生正的外部性，环境污染产生负的外部性。

当地区间的技术差距较小或贸易成本较低，技术溢出效应产生。技术溢出将加强地区间的知识要素的交流与合作、提高经济系统的知识总量、促进差异化产品生产、产生规模报酬递增。

环境污染会改变企业的边际生产成本和社会成本，由此形成离心力引导要素从中心向外围流动或形成双中心的空间分布模式。

5. 中心－外围结构扩大区域差距

改革开放以来，中国的非平衡增长战略获得巨大成果，地区经济增长形成了以东部沿海地区为中心，西部为外围的中心－外围产业空间分布模式。随着经济的快速增长，我国区域间要素流动性加强，地区间合作不断增加但区域差距扩大是不争的事实。

省际的壁垒效应阻碍国内市场走向一体化、区域差距进一步扩大。张可云认为统筹未来中国区域发展就是要实现经济一体化，在区域内实现资源共享、优势互补、分工协作、统筹布局进而提高区域经济综合竞争力。

要素流动差异扩大东西经济差距。实证表明，东部沿海各省直辖市是资本和劳动力的净流入地，内陆各省自治区直辖市是资本和劳动力的净迁出地；地区间要素流动速度不同，沿海地区显著快于内陆地区，由此拉大了沿海与内陆之间的经济发展步伐、经济发展效率，扩大经济差距。

产业分布不平衡加剧要素分布不均衡。要素和产业同向集聚是在经济发展中完成的，沿海和内陆的要素和产业分布的不平衡一方面是要素、产业区际转移的结果，另一方面也是对各地工业化和城市化不同步的反映。因此，缩小地区差异的区域发展政策应有助于加速内陆地区内部的要素、产业空间集聚以及结构转换，通过提高内陆地区经济增长、工业化和城市化速度来缩小内陆和沿海的经济发展差距。

（三）本课题主要观点

第一，区域差距过大和经济结构失衡是四川省在实现转型升级、缓中趋优目标过程中一个亟待解决的重要问题。首位城市成都市极化效应日益明显，在全省范围内吸引要素、资源、产品的净流入，全省成为成都市的生产腹地与消费市场；次级中心城市实力较低，无法与首位城市构成产品要素资源流动的循环网络，中心城市的扩散带动作用难以发挥，区域差距日益扩大、经济结构趋于不平衡，全省整体实力的提高受到制约。

第二，解决区域差距过大和经济结构失衡问题的关键是构建区域经济一体化。坚持优势互补、互利共赢的原则，统筹协调合作区域内各项规划，打通经济发展大动脉；突破行政区划限制和体制障碍，全面清理阻碍生产要素和商品自由流动的不合理规定，统一市场规则，加快发展统一开放的市场体系，促进生产要素和产品资源自由流动。

第三，四川省构建经济一体化首先需要破除要素流动阻碍、激活要素流动。四川省特殊的历史地理社会因素在天然上导致要素分布的不平均、要素流动的相对缓慢；加上后天的行政、人为壁垒等进一步阻碍了要素的充分流动和资源的合理配置，因此四川省的一体化建设首先需要破除这些障碍与壁垒。

第四，要素在区域间的流动主要是伴随产业布局进行，要从根本上激活要素流动还需沿着优化产业结构、合理化产业布局的路径出发。

二、四川省经济发展新特点

（一）四川省与全国及其他地区的比较

同全国及部分地区相比，四川省总的经济发展程度还不高、产业结构亟待优化升级、居民收入和城镇化率还有较大的增加空间。

1. 经济总量大幅增加，但综合水平相对不高

全省 GDP 从 1997 年的 3241.47 亿元增长到 2014 年的 28536.7 亿元，增长约 8 倍，

年均增率约 13.6%；人均 GDP 从 4032 元增至 35128 元，增长约 8 倍，年均增率约 13.6%。但与全国及部分地区相比仍有一定差距。

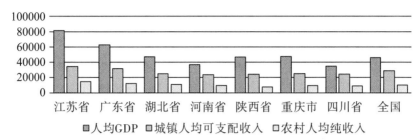

图 1　2014 年全国及部分省市①人均 GDP、城镇可支配收入及农村纯收入（单位：元）

数据来源：《中国统计年鉴 2015》

四川省的人均 GDP 与其他省市及全国存在一定差距；居民收入与全国差距相对较小，发展空间仍然较大。

2. 产业结构优化，但仍为巩固的"二三一"型

全省三次产业的产值比重从 1997 年 27.2：39.1：33.7 变为 2014 年的 12.8：51.3：35.9，就业人口比重从 1997 年的 61.3：14.1：24.6 变为 2014 年的 39.5：26.4：34.1；农村富余劳动力得到转移，工业化进程加快，服务业得到长足发展，产业结构实现优化升级。但横向与全国及其他地区相比仍有一定差距。

表 1　2014 年全国及部分省市三次产业增加值及就业人员占比

单位:%

比重 地区	第一产业 产值比重	第二产业 产值比重	第三产业 产值比重	第一产业 就业比重	第二产业 就业比重	第三产业 就业比重
全国	9.2	42.7	48.1	29.5	29.9	40.6
江苏省	5.6	47.4	47.0	19.3	43.0	37.7
广东省	4.7	46.3	49.0	22.4	41.4	36.2
湖北省	11.6	46.9	41.5	40.3	22.6	37.1
河南省	11.9	51.0	37.1	40.7	30.6	28.7
陕西省	8.8	54.1	37.0	49.4	20.4	30.1
重庆市	7.4	45.8	46.8	32.7	27.4	39.9
四川省	12.4	48.9	38.7	39.5	26.4	34.1

数据来源：《中国统计年鉴（2015)》江苏省、广东省、湖北省、河南省、陕西省、重庆市、、四川省《统计年鉴（2015)》。

从增加值占比来看，四川省的"二三一"结构相对突出。从就业人员占比来看，第一产业就业人员占比相对较高，第二产业相对较低，第三产业大致持平。

---

　①　分别从中国东、中、西部选取两个较有代表性的省份与四川省进行对比，考察作为西部高地的四川省同中国东中西部的差距。

可见，一方面，四川省的第二产业劳动生产效率较高，以较少的劳动人口比重创造较大的产值比重；另一方面，一次产业中滞留过多劳动力，如果将这些富余劳动力转移至三次产业，必将促进四川省产业结构优化升级。

3. 城镇化率显著提升，但仍然较低

四川省城镇化率从 2005 年的 33% 提高到 2014 年的 46.3%，现代化进程加快。但相对全国水平仍然较低，2014 年全国城镇化率为 54.77%，江苏、广东、湖北、河南、陕西、重庆市分别为 68.7%、67.8%、55.67%、45.2%、52.57%、59.6%，四川省的城镇化率在六省市中处于中下水平。

4. 贸易发展起步晚，但规模不断增大

2014 年四川省进出口总额达到 702.5 亿美元，其中出口额达 448.5 亿美元，外商投资实际到位资金 102.9 亿美元，较之于 1997 年都有数十倍的增长；四川省的投资环境获得较大改善，贸易规模不断增大。

5. 基础设施发展起点低，但日趋完善

全省交通等基础设施得到逐步完善，四川铁路已形成 5 条干线、8 条支线和 4 条地方铁路的铁路网；长江、金沙江、岷江等河流形成了天然的水路运输网络，近年来的河道梳理和航线升级更让水路运输能力获得大幅度提升。

目前四川省公路里程居全国第一，高速公路里程为西部第一，公路网络四通发达，极为方便；航空的旅客吞吐量已排在全国第五。强大的综合交通网络的形成四川省进一步发展奠定了非常好的基础。这都是近年来四川省经济社会快速发展所取得的成绩。

另一方面，四川省还存在经济发展模式相对粗放、投资依赖度较高，部分产业产能过剩，新兴产业发展动力缺乏及区域差距扩大、经济结构失衡等问题。

(二)四川省区域经济结构分析

1. 五大经济区①综合实力差距大、层次分明

(1)经济实力差距明显、中心领先、南部次之、北部最末

综合来看，作为四川省中心的成都经济区经济实力最强，南部的川南和攀西次之，北部的川东北和川西北最末。

GDP 总量从高到低依次为成都经济区、川南、川东北、攀西、川西北；成都经济区 GDP 总量是川南和川东北的 3.5～3.7 倍、攀西的 8 倍多、川西北的 37 倍多，差距悬殊。

人均 GDP 从高到低依次为成都经济区、攀西、川南、川西北、川东北；五大区中除成都经济区外，人均 GDP 均低于全国平均水平（46629 元，2014 年）。

---

① 成都经济区包括成都市、德阳市、绵阳市、眉山市、遂宁市、资阳市、雅安市、乐山市 8 个市；川南经济区包括自贡市、泸州市、内江市、宜宾市 4 个市；川东北经济区包括广元市、南充市、广安市、达州市、巴中市 5 个市；攀西经济区包括攀枝花市、凉山州 2 个市（州）；川西北生态经济区包括甘孜、阿坝 2 个州

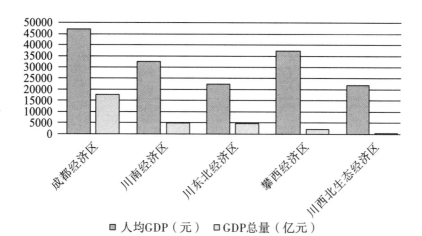

图2 2014年四川省五大经济区GDP总量及人均GDP

数据来源：《四川省统计年鉴2015》

（2）产业结构均为"二三一"型，工业化进程不一致

成都经济区的第三产业增加值比重最高，逐渐向"三二一"结构转变。川南和攀西"二三一"结构十分牢固，处于工业化深化过程。川东北工业化程度全省居中。川西北的工业化程度最低。

表2 2014年五大经济区三次产业增加值及就业人员比重

单位：%

比重 经济区	第一产业 产值比重	第二产业 产值比重	第三产业 产值比重	第一产业 就业比重	第二产业 就业比重	第三产业 就业比重
成都	12.6	47.7	39.7	31.9	29.2	38.9
川南	13.6	60.1	26.3	40.8	28.5	30.7
川东北	21.9	49.1	29.0	47.1	23.2	29.6
攀西	12.7	60.9	26.4	54.2	19.6	26.2
川西北	19.4	44.6	36.0	66.4	5.6	28.0

数据来源：《四川省统计年鉴2015》

成都经济区的三次产业就业人员比重相对均衡，第三产业相对较高，产业化进程领先。

川南、川东北第一产业就业人员比重均较高、产值比重较低，表明该产业生产效率较低、滞留大量劳动力。

攀西的第二产业产值占比最高、就业人员比重较低，劳动生产效率高；第一产业滞留过多劳动力。

川西北的第一产业就业人员占比超过0.6，表明其第一产业效率极低、发展相对滞后。

（3）城镇化率低，城镇化程度不一致

2014年四川全省城镇化率为46.3%，成都经济区为54.1%，川南经济区为

44.7%，川东北经济区为39.2%，攀西经济区38.3%，川西北生态经济区为30.8%。

2. 各经济区城市布局各具特色、结构待优

（1）成都经济区呈现"一城独大"的典型中心外围结构

整个成都经济区的布局以成都市为中心，其他7个市分别围绕在成都市的东北部、东部、东南部、南部、西南部，形成稳定的中心－外围结构。成都经济区综合实力雄厚，但首位城市成都市与第二梯队城市在城市规模、经济发展程度、综合竞争力等各方面均差距悬殊，

第一，成都市经济总量远大于其他七市之和。

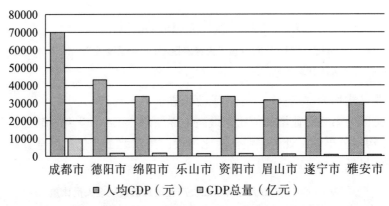

图3 2014年成都市经济区GDP总量及人均GDP

数据来源：《四川省统计年鉴2015》

2014年成都市GDP为10056.59亿元，而其他7市的GDP总量之和为7715.58亿元，远不及成都一市的水平。人均GDP方面，成都市达到70019元，远远超过全国平均水平46629元；其他7市中最高人均GDP为德阳市的43091元，最低的仅为遂宁市的24691元。

第二，经济区内除成都市外的其他七市产业结构均为典型的"二三一"。

表3 2014年成都经济区8市三次产业增加值及就业人员比重

单位：%

比重 地区	一次产业 产值比重	二次产业 产值比重	三次产业 产值比重	一次产业 就业比重	二次产业 就业比重	三次产业 就业比重
成都市	3.6	44.8	51.6	16.2	35.1	48.7
德阳市	13.2	59.7	27.1	36.2	24.8	39.0
绵阳市	15.7	51.0	33.3	35.3	31.4	33.3
遂宁市	16.8	55.5	27.7	37.8	28.6	33.6
乐山市	11.2	59.6	29.2	42.1	22.4	35.5
眉山市	15.8	56.6	27.6	47.2	23.2	29.6
雅安市	14.4	57.1	28.5	44.7	24.2	31.1

比重 地区	一次产业 产值比重	二次产业 产值比重	三次产业 产值比重	一次产业 就业比重	二次产业 就业比重	三次产业 就业比重
资阳市	20.2	56.0	23.8	49.8	22.1	28.1

数据来源：《四川省统计年鉴2015》

成都市"三二一"的产业结构大幅增加对劳动力要素的需求，本地市场扩大效应日益明显，进一步形成要素洼地，增长极的辐射带动作用更难以释放出来。

第三，经济区的中心-外围结构进一步巩固。

整个成都经济区的进一步发展依托于成都市这个增长极的辐射扩散与带动，其余7个城市相互间的协同合作力量薄弱。目前绵阳-德阳-成都-眉山-乐山贯线畅通，产品要素流动便利，但雅安市、乐山市、眉山市、资阳市、遂宁市之间经济活动的互联互通与生产要素的相互流动仍然存在极大的不方便。

（2）川南中心城市优势不明显、区域缺乏梯度性

川南经济区四城规模、体量比较相似，区域层次不明显。

表4　2014年川南经济区4市三次产业增加值及就业人员比重

单位：%

比重 地区	第一产业 产值比重	第二产业 产值比重	第三产业 产值比重	第一产业 就业比重	第二产业 就业比重	第三产业 就业比重
自贡市	11.3	59.3	29.4	34.0	32.2	33.8
泸州市	12.7	60.2	27.1	43.7	30.6	25.7
内江市	15.8	61.5	22.7	33.1	27.5	39.3
宜宾市	14.3	59.5	26.2	47.0	24.9	28.1

数据来源：《四川省统计年鉴2015》

四个城市2014年的经济总量均为1000多亿，都是典型的"二三一"结构，二次产业产值比重均为0.6左右，工业多集中于机械、食品、酒业、化工、能源等领域，这增强了经济区的工业实力、推动其工业化深化过程；但是城市间产业结构的趋同在一定程度上制约了城市群间产业的融合优化和优势企业跨地区迁移、兼并等动态发展，延缓经济区经济一体化进程；区域内难以形成一个强有力的核心城市带动整个区域的发展。

（3）川东北整体实力低，城市规模较小，区域梯度性缺乏；但具有特别的区位优势

2014年川东北的人均GDP为224495.2元，在五大经济区中靠后。但它具有特别的区位优势，西与成都经济区交接，东与重庆市接壤，行政上附属于四川省、经济上与重庆市紧密联系，是成渝地区的衔接地带、发展通道轴，尤其是广安市，作为川渝合作示范区，立足四川、融入重庆，更应当把握这一重要的战略机遇，充分利用成渝资源，加快自身发展。

（4）攀西增长极雏形初现，但其凝聚力向心力不足，资源整合能力弱

攀西地区资源丰富、产业特色明显、经济增长潜力大，2014年攀枝花市人均GDP

全省第一,为 70646 元,凉山州为 28556 元,增长极雏形初现。但是攀西总体经济总量较小,极化效应不突出,增长极的资源整合能力弱,向心力凝聚力不足。

(5)川西北城市数量不足,产业结构落后,交通设施不完善,产品与要素的相互流动缓慢停滞,整体经济发展落后

三、四川省要素流动格局分析

(一)要素基本布局

总的来看,成都经济区是要素的净流入地,是全省要素的主要聚集地。其他经济区的要素相对较少,要素的数量与质量分布差距大。

资本要素主要流向成都经济区。2014 年成都经济区固定资产投资总额达到 12675.6 亿元,约占全省总规模的 53.8%;其次为川东北经济区 4749.4 亿元,川南经济区 3606.7 亿元,攀西经济区 1662.68 亿元,而川西北生态经济区固定投资总额最少,为 849.06 亿元。成都经济区所获得的固定资产投资总额分别为川东北的 3 倍,川南的 3.5 倍,攀西的 7 倍和川西北的 15 倍。

劳动力的数量与质量在各经济区间分布非均质,主要流向成都经济区。四川省是全国的劳动人口净流出省,省内劳动力流向也多偏向中心地区。以高等院校为例,整个成都经济区所拥有的高校数量大大多于其他城市群,尤其是成都市,坐拥四川大学、电子科大、西南交大、西南财大教育部直属的重点高校,培养了众多各行各业的精英,然而重点大学毕业生大多倾向于留在大城市工作,这导致成都经济区拥有无法比拟的人才优势。

技术信息要素多聚集在成都经济区。成都市是四川发展高新技术的桥头堡,拥有国家级新区天府新区、高新西区前沿阵地,另外绵阳科技城等其他城市的高新区进一步增强成都经济区的技术优势。2014 年,成都经济区的政府部门属研究与开发机构及情报文献机构经费收入总额为 40.5 亿元,川南为 1.4 亿元,川东北为 1.2 亿元,攀西为 1.3 亿元,川西北为 0.9 亿。

(二)要素收益率、要素供求、要素流动分析

要素收益率差是要素流动的重要原因,区域间的要素流动常常在收益率差别的驱动下伴随产业布局和迁移进行。当要素的边际贡献(边际收益)大于边际成本,增加一单位要素投入有利于生产,表明对要素的需求大于其供给;反之,当要素的边际贡献(边际收益)小于边际成本,增加一单位要素投入不利于生产,表明这种要素的供给大于其需求。在生产最优的状态下,要素边际贡献等于边际成本,要素市场实现均衡;但在实际生产活动中,这种状态必然难以实现,本项目仅仅通过估量资本和劳动要素的边际产出来大致把握四川省多年来要素流动及供求的粗略情况。

采用 VES(Variable Elasticity of Substitution)生产函数形式,有

$$Y = AK^{\frac{u}{1+c}} \left[L + \left(\frac{b}{1+c} \right) K \right]^{\frac{u}{1+c}} \tag{1}$$

对式（1）处理得到[①]：

$$\ln Y = \ln A + \frac{\mu}{1+c}\ln K + \frac{\mu c}{1+c}\ln L + \frac{\mu bc}{(1+c)^2}\frac{K}{I} + \varepsilon$$

$$令\ \alpha = \frac{\mu}{1+c}, \quad \beta = \frac{\mu c}{1+c}, \quad \gamma = \frac{\mu bc}{(1+c)^2} \tag{2}$$

$$MP_L = \frac{\mu cY}{(1+c)L + hK} \tag{3}$$

$$MP_K = \frac{\mu(L+bK)}{(1+c)L + hK} \times \frac{Y}{K} \tag{4}$$

式中，Y 为产出；A 为技术进步参数；K，L 分别为资本、劳动力要素投入；μ 为规模报酬参数，$\mu > 1$ 表示规模报酬递增；b，c 为外生参数。α，β 分别代表资本、劳动投入产出弹性，即资本、劳动要素的生产效率；γ 代表人均资本产出弹性。

MR_L 表示劳动边际产出（即增投单位劳动力带来的产出的增加，单位为万元/人）；MR_K 表示资本边际产出（即增投 1 单位资本带来的产出的增加，单位为万元/元）。平均工资单位为万元。

Y 由 GDP 确定，K 由固定资产投资总额确定，L 由全部从业人员年平均人数确定。数据来自《四川省统计年鉴 2001－2015》、四川省各市州统计年鉴及统计公报 2000－2015 年。

1. 成都经济区资本相对多于劳动；但成都一市劳动供过于求

（1）整体对劳动要素的相对需求大于对资本的相对需求，劳动要素的供给相对不足

2000 年至 2014 年成都经济区劳动与资本要素边际产出如图 4－图 5 所示。[②]

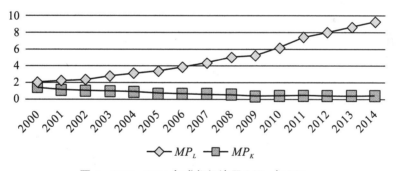

图 4　2000－2014 年成都经济区 MP_L 与 MP_K

成都经济区的资本边际产出呈下降趋势，劳动边际产出呈上升趋势，前者始终低于后者，二者差距逐年扩大；可以推断，成都经济区整体对劳动要素的相对需求大于对资本的相对需求，即经济从起步期进入成熟成长期，资本深化过程逐渐被要素配套过程代替。

---

① 杨帅. 中国制造业要素替代效应的计量研究 [D]. 长春：吉林大学，2013

② 具体数据见附录。

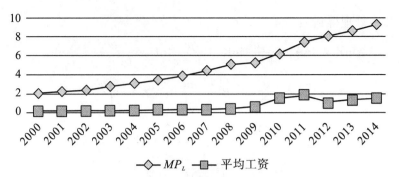

图5　2000－2014年成都经济区 MP_L 与平均工资

　　整体来看，成都经济区的劳动边际产出大于平均工资，即增加单位劳动要素带来的边际产出高于其边际成本，可以推断劳动力要素供给相对不足，需要更多的劳动要素来与资本要素配套。

　　（2）成都市三次产业的资本和劳动要素配套良好，但第二和第三产业劳动力要素供过于求

　　产业布局带动要素流动，依照不同的产业对成都市的劳动与资本要素作出进一步剖析。分析比较三次产业劳动与资本边际产出，如图6－图8所示。

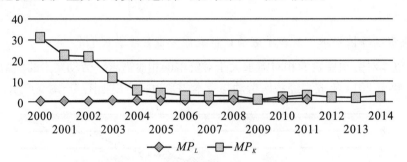

图6　2000－2014年成都市第一产业 MP_L 与 MP_K

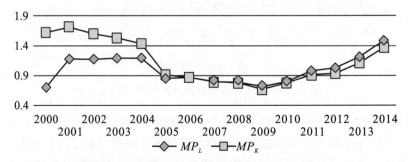

图7　2000－2014年成都市第二产业 MP_L 与 MP_K

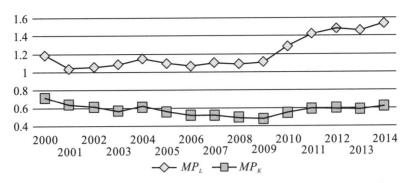

图 8　2000－2014 年成都市第三产业 MP_L 与 MP_K

成都市第一、第二产业的资本和劳动边际产出都从 2005 年起趋同，第三产业的劳动边际产出则始终大于资本边际产出；样本年间，三次产业的资本和劳动要素边际产出都没呈现出明显上升或下降趋势，变化比较稳定。由此可以推断，成都市产业结构的优化升级过程顺利，要素间实现了良好配套。

以劳动力要素为例探索成都市要素动态变化过程，如图 9－图 11 所示。

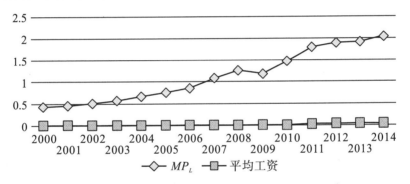

图 9　2000－2014 年成都市第一产业 MP_L 与平均工资

成都市第一产业的劳动边际产出始终高于平均工资；这是多重因素形成的结果，从要素角度可理解为成都市的第一产业发展缺乏有效劳动供给。

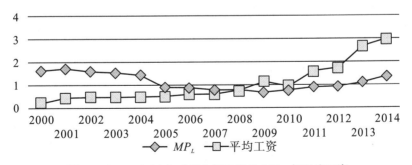

图 10　2000－2014 年成都市第二产业 MP_L 与平均工资

2008 年之前成都市第二产业的劳动边际产出高于平均工资，2008 年起平均工资高于劳动边际产出；即增加单位劳动要素投入所带来的边际产出由高于转变为低于其边际成本，表明成都市第二产业的劳动要素相对供给在 2008 年实现了从缺乏到饱和的转变。

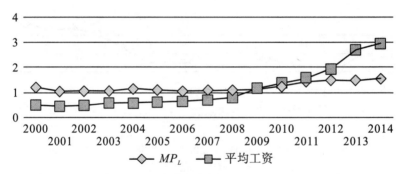

图 11 2000－2014 年成都市第三产业 MP_L 与平均工资

2010 年之前成都市第三产业的劳动边际产出高于平均工资，自 2010 年起平均工资高于劳动边际产出；即增加单位劳动要素投入所带来的边际产出由高于转变为低于其边际成本，表明成都市第三产业的劳动要素在 2010 年实现了从缺乏到饱和的转变。

2. 川南劳动相对不足，供给缺口逐渐缩小

（1）整体处于发展深化期，劳动要素供给相对不足

2000 年至 2014 年川南经济区劳动与资本要素边际产出，如图 12－图 13 所示，

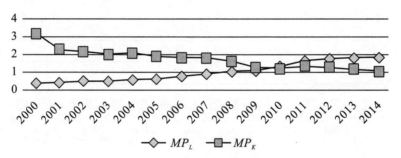

图 12 2000－2014 年川南经济区 MP_L 与 MP_K

川南经济区的资本边际产出呈下降趋势，劳动边际产出呈上升趋势；2009 年之前资本边际产出高于劳动边际产出，2009 年之后劳动边际产出高于资本边际产出；可以推断，近年来川南经济区对劳动要素的相对需求开始大于对资本的相对需求，经济逐渐步入快速发展期，生产要素的配套支撑在这一阶段尤其重要。

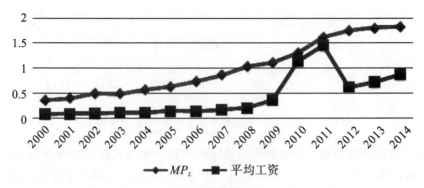

图 13 2000－2014 年川南经济区 MP_L 与平均工资

整体来看，川南经济区的劳动边际产出大于平均工资，即增加单位劳动要素带来的边际产出高于其边际成本，可以推断劳动力要素供给相对不足，需要更多的劳动要素来与资本要素配套。

川南经济区最大的区域特点表现为川南四城规模、体例相似，因此以宜宾市为例探讨川南城市要素的相对供求情况。

（2）宜宾市第一和第二产业劳动要素供不应求，但供给缺口逐渐缩小，要素有流入趋势；第三产业劳动要素供过于求

宜宾市三次产业资本与劳动要素的边际产出如图14－图16所示。

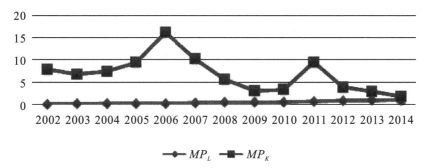

图14　2000－2014年宜宾市第一产业 MP_L 与 MP_K

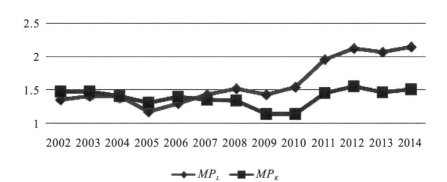

图15　2000－2014年宜宾市第二产业 MP_L 与 MP_K

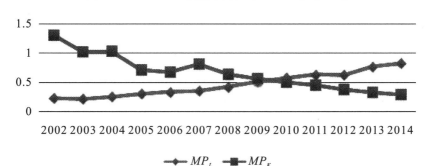

图16　2000－2014年宜宾市第三产业 MP_L 与 MP_K

宜宾市三次产业劳动与资本边际产出关系互不相同。第一产业中资本边际产出始终

大于劳动边际产出；第二产业资本与劳动边际产出变动趋势大致相同，2005 年起劳动边际产出开始大于资本边际产出，但差距不大；第三产业资本边际产出呈下降趋势，劳动边际产出呈上升趋势，2009 年起劳动边际产出开始大于资本边际产出。由此可见，宜宾市三次产业的发展阶段各不相同，第一产业相对落后，仍处于资本深化过程；第二产业实现了资本与劳动要素的配套，发展步入转型升级阶段；第三产业结合产业特性，充分发挥劳动要素的优势，发展趋势良好。

三次产业各自的发展及整体产业结构的优化有赖于劳动要素的充分流动与合理布局，如图 17—图 19 所示。

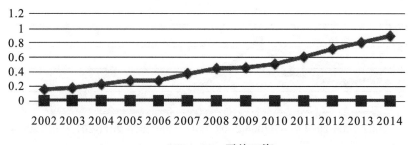

图 17 2000—2014 **年宜宾市第一产业** MP_L **与平均工资**

宜宾市第一产业的劳动边际产出始终高于平均工资，这是多重因素形成的结果，从要素角度可理解为宜宾市的第一产业发展缺乏有效劳动供给。另外劳动边际产出与平均工资的差距日趋扩大，这在一定程度上说明第一产业中的劳动力有一部分流失掉，实现了要素转移。

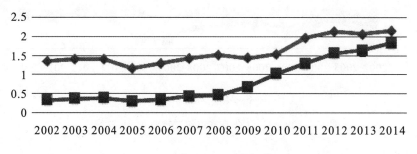

图 18 2000—2014 **年宜宾市第二产业** MP_L **与平均工资**

宜宾市第二产业的劳动边际产出和平均工资呈波动上升趋势，劳动边际产出始终高于平均工资，但差距逐渐缩小。这表明宜宾市第二产业发展趋于成熟，但劳动力要素相对供给不足，供给缺口近年缩小。

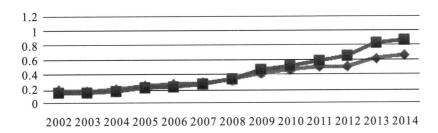

图 19 2000－2014 年宜宾市第三产业 MP_L 与平均工资

宜宾市第三产业的劳动边际产出和平均工资的绝对数值和相对变化基本趋同；2008年之前边际产出稍高于平均工资，2008 年之后平均工资开始高于边际产出，表示劳动力要素的相对供给逐渐增多，逐渐超过均衡水平。

3. 川东北资本相对少于劳动，劳动供求趋于平衡

（1）整体对资本要素的相对需求较大，劳动要素供求平衡

2000 年至 2014 年川东北经济区劳动与资本要素边际产出如图 20－图 21 所示。

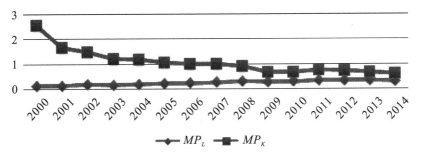

图 20 2000－2014 年川东北经济区 MP_L 与 MP_K

川东北经济区的资本边际产出呈下降趋势，劳动边际产出呈上升趋势；2012 年之前资本边际产出始终高于劳动边际产出，2013 年劳动边际产出高于资本边际产出；可以推断，川东北经济区整体对资本的相对需求大于对劳动要素的相对需求，经济体仍处于资本深化过程，发展过程漫长，有待进一步巩固。

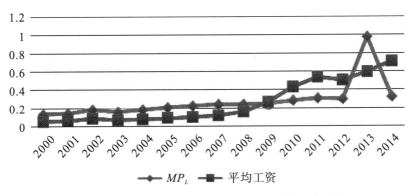

图 21 2000－2014 年川东北经济区 MP_L 与平均工资

2000−2009 年和 2013 年劳动边际产出大于平均工资，2009−2012 年平均工资大于劳动边际产出；二者差距变化频繁、振幅小。2013 年川东北经济成果良好，对劳动力要素的需求大幅增加；但在此之前劳动力要素的供给基本同需求相当。

川东北经济区的显著区域特征是经济区内存在两个梯队，即两个核心城市和三个中心城市，发展程度和综合实力差距较大，因此分析川东北内部要素情况时将分情况讨论，以南充市为代表讨论核心城市的情况，加总广安、广元、巴中市的经济数据讨论经济区第二梯队发展情况。

（2）南充市第一产业劳动要素不足，第二、第三产业的劳动要素相对饱和

南充市三次产业资本与劳动要素的边际产出如图 22−图 24 所示。

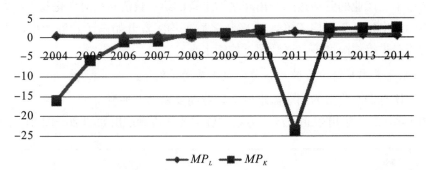

图 22　2004−2014 年南充市第一产业 MP_L 与 MP_K

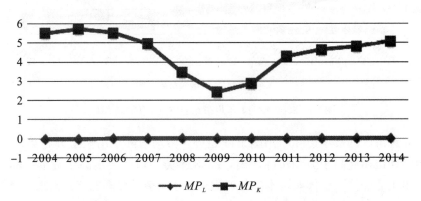

图 23　2004−2014 年南充市第二产业 MP_L 与 MP_K

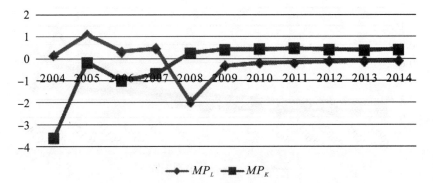

图 24　2004−2014 年南充市第三产业 MP_L 与 MP_K

南充市三次产业的资本与劳动边际产出各不相同。第一产业资本边际产出多数年份均为负，劳动边际产出则长期在0线附近徘徊，劳动生产率低、资本要素使用效率低。第二产业的资本边际产出始终大于劳动边际产出，对资本的相对需求大于对劳动的相对需求。第三产业的资本边际产出在2008年由负转正，并开始超过劳动的边际产出；但二者差距不大。表明资本的使用效率提高，资本要素需求增多。

南充市劳动力要素边际产出和平均工资情况如图25—图27所示。

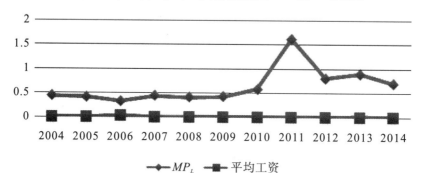

图25 2004—2014年南充市第一产业 MP_L 与平均工资

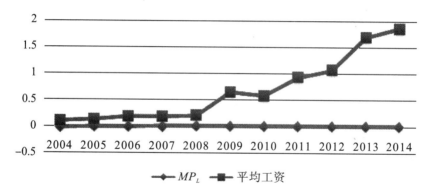

图26 2004—2014年南充市第二产业 MP_L 与平均工资

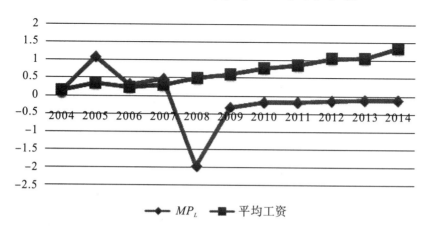

图27 2004—2014年南充市第三产业 MP_L 与平均工资

南充市第一产业的劳动边际产出始终高于平均工资，劳动力要素相对需求大于其供给；其第二产业的平均工资始终高于劳动边际产出，表明有部分劳动力要素滞留在第二产业，供给大于其实际需求；第三产业的平均工资从 2007 年起高于劳动边际产出，劳动力要素供给饱和。

（3）第二梯队城市（广安、广元、巴中）第一产业劳动要素相对饱和、缓慢漏出，第二产业的劳动要素仍然缺乏，第三产业劳动要素却相对饱和。

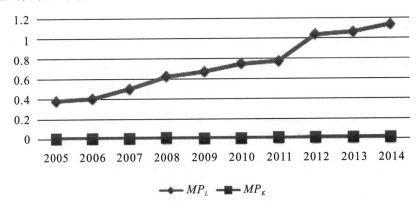

图 28　2005—2014 年川东北第二梯队城市第一产业 MP_L 与 MP_K

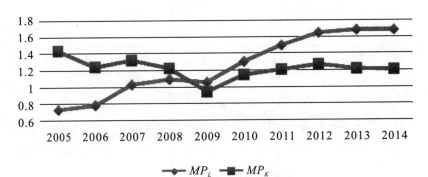

图 29　2005—2014 年川东北第二梯队城市第二产业 MP_L 与 MP_K

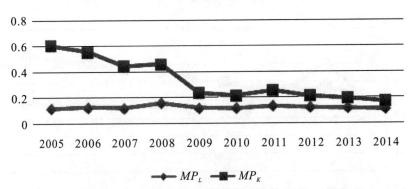

图 30　2005—2014 年川东北第二梯队城市第三产业 MP_L 与 MP_K

川东北第二梯队城市的第一产业资本要素生产效率极低，劳动的边际产出则逐年上升，这一定程度上反映了第一产业劳动力要素的向外转移。第二产业在 2009 年之前，资本边际产出大于劳动边际产出，2009 年之后劳动边际产出大于资本边际产出；二者

差距较小，表明川东北第二梯队城市正经历工业深化过程，资本劳动要素配套，劳动要
素从富裕到稍有缺乏，显示了劳动要素的相对流出。第三产业的资本边际产出呈下降趋
势，但始终高于劳动边际产出；劳动边际产出多年变化不大；表明该产业的资本要素相
对需求逐渐减少，对劳动力的需求稳定不变。

劳动力要素边际产出和平均工资情况如图 31－图 33 所示。

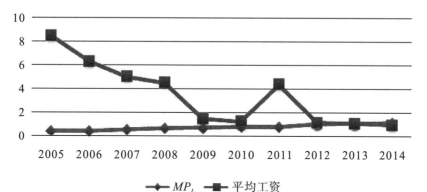

图 31　2005－2014 年川东北第二梯队城市第一产业 MP_L 与平均工资

第一产业的平均工资呈下降趋势，劳动边际产出缓慢上升；2012 年之前平均工资
始终高于劳动边际产出，2012－2013 年二者基本相同。表明第一产业发展趋于稳定，
劳动要素有缓慢漏出。

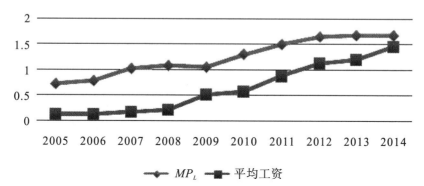

图 32　2005－2014 年川东北第二梯队城市第二产业 MP_L 与平均工资

第二产业的劳动边际产出和平均工资都呈波动上升趋势，前者始终大于后者，表明
该产业的劳动要素相对缺乏，供给小于需求。

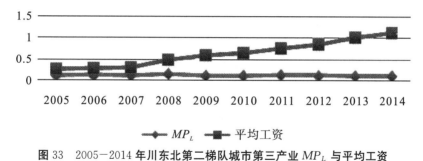

图 33　2005－2014 年川东北第二梯队城市第三产业 MP_L 与平均工资

第三产业的平均工资呈波动上升趋势，劳动边际产出变化不大；前者始终大于后者，差距逐渐扩大；表明该产业的劳动力要素基本饱和，需通过产业升级来实现进一步的吸收或引导劳动力要素的流出。要素在经济区内的流动得到实现，但产业结构仍有待升级转化。

4. 攀西劳动供给相对不足，伴随要素流出趋势

（1）整体步入快速发展期，要素需求逐渐增加，供给相对不足

2000年至2014年攀西经济区劳动与资本要素边际产出如图34－图35所示。

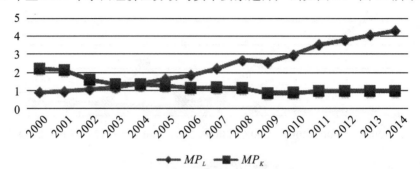

图34　2000－2014年攀西经济区 MP_L 与 MP_K

2000年至2004年攀西经济区的资本边际产出高于劳动边际产出，2004年起劳动边际产出高于资本边际产出；多年来资本边际产出呈下降趋势，劳动边际产出呈上升趋势；可以推断，攀西经济区对劳动要素的相对需求从小于转为大于对资本的相对需求，经济逐渐步入快速发展期、工业化程度不断加深，生产要素的配套支撑在这一阶段尤其重要。

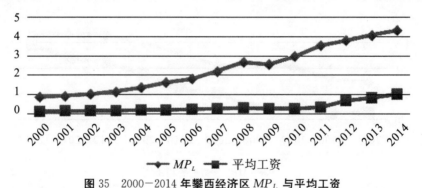

图35　2000－2014年攀西经济区 MP_L 与平均工资

（2）攀枝花市劳动要素相对缺乏，伴随流出趋势

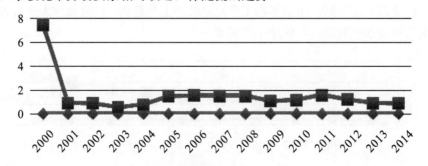

图36　2000－2014年攀枝花市第一产业 MP_L 与 MP_K

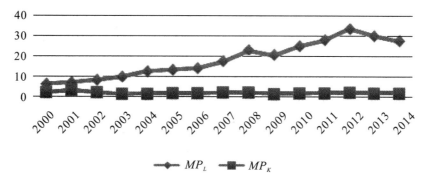

图 37　2000－2014 年攀枝花市第二产业 MP_L 与 MP_K

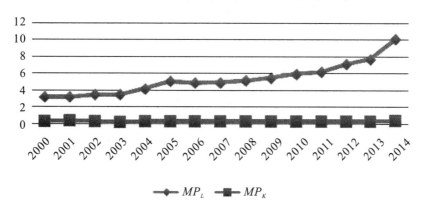

图 38　2000－2014 年攀枝花市第三产业 MP_L 与 MP_K

攀枝花市第一产业的资本边际产出始终大于劳动边际产出，表明对资本要素的相对需求大于对劳动要素的相对需求，资本要素相对缺乏。第二和第三产业的劳动边际产出大于资本边际产出、差距逐年扩大；表明对劳动要素的相对需求大于对资本要素的相对需求，劳动要素相对缺乏。

劳动力要素边际产出和平均工资情况如图 39－图 41 所示。

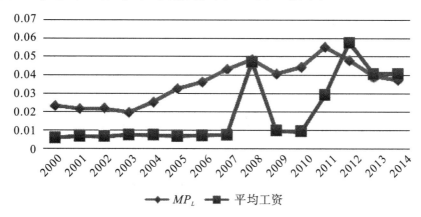

图 39　2000－2014 年攀枝花市第一产业 MP_L 与平均工资

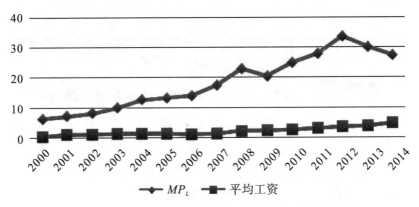

图40 2000－2014年攀枝花市第二产业 MP_L 与平均工资

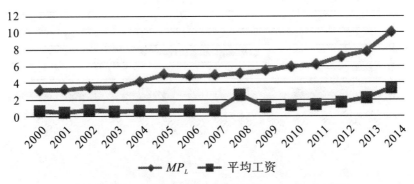

图41 2000－2014年攀枝花市第三产业 MP_L 与平均工资

攀枝花市三次产业的劳动边际产出与平均工资都呈波动上升趋势,且前者始终高于后者;表明该市的劳动要素相对缺乏,逐年漏出。

5. 川西北劳动和资本都相对缺乏

2000年至2014年川西北生态经济区劳动与资本要素边际产出如图42—图43所示。

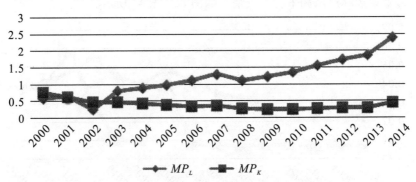

图42 2000－2014年川西生态经济区 MP_L 与 MP_K

川西北生态经济区的劳动边际产出呈波动上升趋势,资本边际产出则呈波动下降趋势;2002年起前者开始大于后者,差距日趋扩大;表明该经济区经济发展趋势良好,劳动要素相对缺乏。

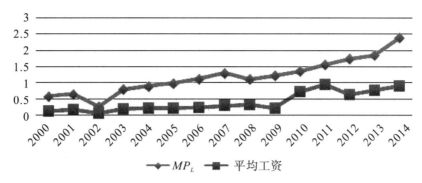

图 43　2000－2014 年川西生态经济区 MP_L 与平均工资

川西北生态经济区的劳动边际产出和平均工资都呈波动上升趋势，前者始终大于后者；表明劳动要素始终相对缺乏。

四、四川省要素流动的动力

（一）多点多极支撑战略打破固有要素流动闭合系统

1991 年至今中国致力于实施推进区域协调发展战略，四川省也因时因地制宜将全省划分为五大经济区、四大城市群，大力实施多点多极支撑战略，增强首位城市同次级中心的经济联系，打破固有要素流动闭合系统，促进要素双向充分流动，夯实全省经济基础，推动全省协同发展。

（二）产业结构优化升级促进要素流动与配套

四川省工业化进程日趋深化和广化，要素间的配套合作日益紧密，要素流动全面激活、要素布局愈加合理。成都市"三二一"产业结构和日渐发达的战略性新兴产业吸引大量要素聚集。

成都市工业化进程进入中后期、城市化进程如火如荼，新材料、电子信息、汽车产业、石油产业、航天航空、生物医疗等十大优势支柱产业已形成集群，战略性新兴产业初具规模，金融、文化、旅游、餐饮、物流等服务业稳中快进，这为成都市在新常态下的发展注入源源不断的动力与血液，显著提升成都市对资本、劳动、技术信息要素的吸引力与凝聚力。

（三）基础设施与公共服务趋于完善为要素流动提供保障

区域经济一体化的重要内容是基础设施、公共产品和服务等的物质一体化，它们为要素的形成、流动、配置、组合提供重要的外生环境及基本保障；尤其是对地势地形复杂、人口民族构成多元的四川省，良好的公共产品和服务环境对加强地区间经济文化交流、促进产品要素互通、带动区域协同发展尤为重要。2000 年以来四川省着力推进基础设施和公共服务的普遍化、均衡化，卓有成效。以交通、教育和医疗卫生为例，

表5 2014年四川省五大经济区公路网密度

单位：公里/百平方公里、公里/万人

指标＼地区	成都经济区	川南经济区	川东北经济区	攀西经济区	川西北经济区
面积指标	115.6	137.3	138.7	43.8	18.4
人口指标	26.80	31.9	42.3	50.7	207.0

注：面积指标表示每百平方公里区域面积拥有的公路公里数，人口指标表示每百万人拥有的公路公里数。

川西北生态经济区的面积指标值最小、人口指标值最大，这与其高原地区地广人稀的基本特征符合。考虑面积指标，由大到小依次为川南、川东北、成都、攀西经济区，其中前三者的数值差别较小；人口指标由大到小依次为攀西、川东北、川南、成都经济区。总的来看除攀西外，其他经济区的公路网密度差距较小。攀西经济区人口众多、幅员辽阔，交通条件仍有较大改善空间。

表6 2014年四川省五大经济区各类学校教师人数与学生人数之比

教育程度＼地区	成都经济区	川南经济区	川东北经济区	攀西经济区	川西北经济区
小学	0.06	0.05	0.06	0.05	0.08
普通初中	0.09	0.07	0.08	0.06	0.08
普通高中	0.07	0.06	0.05	0.06	0.08
中职教育	0.04	0.03	0.04	0.04	0.07

表7 2014年四川省五大经济区万人拥有的医疗机构数、床位数、医护人员数

单位：个/万人、人/万人

医疗资源＼地区	成都经济区	川南经济区	川东北经济区	攀西经济区	川西北经济区
机构	8.3	10.1	11.2	11.2	21.6
床位	63.9	55.2	46.1	50.2	45.1
医护人员	87.6	69.6	64.8	68.0	79.5

五大经济区的教师学生比和万人拥有医疗机构数、床位数、医护人员数相差不大；尤其是川西北生态经济区，虽然经济发展水平低、发展相对滞后，但它基本的教育和医疗卫生资源同其他四个区大体相同、甚至更多，在数量上保持了全省平均水平；这对改善民族地区经济社会发展环境、加强区域间科学文化交流、产品要素互通、社会协同发展具有重要的战略意义。

当然，四川省在推进公共服务普遍化、均衡化的进程中，公共品的质量层次在五大经济区间仍有较大差距，亟待进一步改善优化，从而为要素自由流动创造更优环境。

（四）正外部效应（技术溢出）突破行政自然边界

要素特别是劳动要素在从中心向外围扩散的过程中会产生技术溢出效应，如知识扩散、观念革新、制度创新等。尽管这种效应发生作用的时间漫长、影响不明显，但它打破行政自然边界和人为干预等壁垒，在区域间建立起隐形联系，有效提升区域间合作水平。这种方式不同于交通通信和电子信息技术等，它们侧重于为区域间技术信息要素互通提供技术手段和维护环境，溢出效应则是通过不同观念的碰撞、交融与重塑来从内核加强要素交流互通，更深刻、更有效、更具有可持续发展的可能性，从根本上增强次级中心聚集力。

（五）负外部效应（环境污染）促进要素从中心向外围扩散

随着区域中心外围结构的巩固和稳定，外部效应将实现量变到质变的变化，从而对区域的聚集力和分散力产生重要影响，由此改变要素流动方向和流动势力，形成新的要素组合和要素分布格局。首位城市成都市随着经济社会的发展，其城市环境承载力面临严峻挑战，环境污染、交通拥堵、生产成本和生活成本急升形成区域离心力，促发要素向外围地区扩散，如企业换址并在新的地区形成集聚、项目重建或劳动力返乡就业等。

五、四川省要素流动的阻力

（一）历史地理、社会人口等第一条件因素

四川省自然特征差别显著，各地社会经济发展状况差异大；地形地貌复杂，整体交通条件落后且分布不均、交通布局不统一；各区域相互割裂，客观上阻碍了要素的自由流动。

成都地区"天府之国"，长期以来都是四川的政治、经济、文化中心，各要素纷纷涌向中心地区。

川东北、川南是川甘陕鄂渝和川滇黔渝交界，人口众多，要素流动频繁、要素流向分散。

攀西干热河谷气候，不宜传统农耕，历史上经济发展落后、经济活动少、产品要素互通少。川西自然条件恶劣，不宜农耕；少数民族聚居地，地广人稀，经济活动贫乏，要素流动停滞。

（二）中心外围结构日益巩固

在区位粘性、本地市场扩大效应、聚集租金的合力下中心外围结构日益巩固，要素呈现单向流动趋势。基于第一条件，四川省基本形成以成都平原地区为中心，以西部的川西北和攀西为自然生态保护屏障区、民族文化保护区、战略资源开发区，以东部的川东北和川南为能源化工基地、农产品深加工基地的经济社会版图。这一中心外围结构日趋巩固，成都平原周围的四大区域源源不断向成都平原输送产品服务、生产要素等，成为成都平原的经济腹地和重要消费市场，要素的单向流动趋势日益明显。

（三）不平衡增长战略下要素循环流动受阻

四川省注重对省内发展极的培育，从配套设施、区域政策等多方面为增强成都市综合实力提供服务。首位城市综合实力进一步提升，要素吸引能力大幅增强；另一方面，省内次级中心城市基础薄弱、发展相对滞后，与首位城市差距悬殊，未能从整体布局上与首位城市相互呼应并形成完整的网络布局，阻断成都市辐射带动作用的发生路径，要素的循环流动受到阻碍。

（四）落后的产业结构阻碍要素在产业间的转移

川南传统产业产能过剩，要素留滞于传统部门。川南四市产业结构类同、产业布局重点相近，集中于机械、食品、酒业、化工、能源等行业，产能相对过剩，产业结构优化升级过程慢，要素留滞于传统部门。

川东北产业效率低，要素在产业间的转移受限。川东北工业化进程相对滞后，直到2006年才实现"二三一"结构；主导产业多属资本和资源密集型，资本要素生产效率逐年降低，产业效率低，束缚要素在产业间的转移。

攀西产业配套协作、交通网络对接不完善，要素供给缺口大。攀西处于川滇交界、少数民族人口多，人口区际流动量大，有效劳动供给不足；交通条件尤其是路网交通仍然落后，区内分割、市场不统一，资源未得到整合配置、生产要素隔离阻滞。

全省的第一产业多数存在产业链短且不连续、区际贸易贫乏等问题，使得产业内滞留大量低技能劳动者而有效劳动却大量稀缺，整体劳动要素收益率低，产业生产效率低，制约了产业结构升级过程和要素转移过程。

（五）行政边界和人为干预等壁垒形成要素流动障碍

行政区划与经济活动范围不一致形成要素流动阻力。全省以经济区或城市群为单位发展，推动了经济区内的资源整合、优化配置和产品要素的充分流动，但区际的资源、产品、要素自由流动相对受阻，尤其是地缘相近地区的经济交流反而可能减弱。

区域过度竞争形成要素阻力。部分城市争当区域中心，产生保护主义、重复建设、分工协作不足等问题，使得资源浪费、要素互通阻碍。

区域划分标准变化后的磨合阵痛期可能形成要素阻力。如遂宁市，2010年从川东北正式纳入成都经济区，极大加强川东北同成都地区的经济联系，但磨合期存在一些困难：

第一，在遂宁仍属于川东北的时期，各要素在遂宁市集聚扩散，不仅增强了遂宁本市的综合实力，还充分发挥了它对川东北的支撑带动作用，要素循环流动。但它纳入成都经济区后，各要素在成都市极化效应日益增强的背景下加速流向成都市，这在一定程度上对遂宁和川东北的要素流动形成阻力。

第二，遂宁与成都经济区之间产业互补的层次较低，产业合作成果有限。当前，与成都经济区区域产业的合作仅限于互通相关信息、共建基础设施等表层方面的合作，深入具体实质分工合作难以有效进行。

六、政策建议

（一）深刻认识多点多级支撑战略，夯实区域协同发展基础

多点多极支撑战略的实质是在进一步提升首位城市综合实力和凝聚力、向心力的基础上，突出大力培育次级增长点、做强市（州）经济梯队、做大区域经济板块，夯实区域协同发展基础。

成都经济区应着力减慢成都市极化效应进一步扩张的速度。成都经济区以成都市为中心，分为纵向、横向两条线。纵向从北至南为绵－德－成－眉－乐，横向从西向东为雅－成－资－遂。

纵向五市应进一步增强成都市以北和以南城市间的联系，逐渐减小它们对成都市的过度依赖，并从产业结构和布的局、区际贸易等多方面形成城市互通的内在动力。

横向四市应以雅安、遂宁两市为关键点，推动四市在城市空间结构、产业配套协作、交通网络对接、生态环境治理和协同发展机制等方面进行资源共享、优势互补、分工协作和统筹布局，更充分发挥整体优势，更大幅度提高综合竞争力。

川南应巩固区域合作观。引导各城市良性合作与竞争，加强区域分工协作，整合优势资源，提升整体实力。

川东北应着力提升核心城市综合实力、增强区域凝聚力。双核城市应加强协作配合，在关键行业和部门共同发展、互惠互利，在特色行业和部门则充分利用自身优势实现多元化发展。第二梯队城市应充分利用区位优势、融合成渝资源，增强自身实力，加强同核心城市的联系。

攀西应加速培育增长极。着力提高攀枝花和西昌两市综合实力、加强两市经济联系，充分发挥资源整合能力、增强中心城市凝聚力和向心力，由此发挥辐射扩散作用、带动区域整体发展。

川西北应从交通网络对接方面加强各州、各县的经济社会联系。

（二）着力培育区际节点，促进区际良好合作与竞争

雅安市、遂宁市、广安市三市是联结川西北、攀西、川东北和成都经济区以及川渝地区的关键节点，对于巩固区域一体化发展格局具有重要意义。要充分发挥其作用需从以下几方面着手：

第一，深刻认识三市的战略地位。它们不仅是联结区际的节点，更是协同全省发展的重要阵地，要将它们的发展前景提高到全省战略部署层面。

第二，加快三市经济发展，提高综合实力。增强要素、产品、经济活动在当地集散、中转、活动的经济社会环境承载力，为充分发挥区际联结作用提供基础保障。

第三，在全省范围形成三市遥相鼎立格局，巩固区域一体化发展格局。加强三市的产业合作、互补和分工，充分磨合、深入实质，完成对接工作。

第四，从交通网络对接方面提供物质一体化条件。为发挥区际节点的关键作用、促进区际良好竞争与合作提高基础保障与良好环境。

（三）加快市场一体化建设，整合优势资源

生产要素市场一体化建设的基本目标是放宽市场准入政策、提高市场准入效能，突破行政区划限制、体制障碍、人为隔离，全面清理阻碍生产要素和商品自由流动的不合理规定，统一市场规则，初步形成较完善的区域共同市场体系，构建多层级的区域市场网络，基本形成经济区内和经济区间商品和要素无障碍自由流动的一体化市场机制。建设路径可从以下几方面把握。

第一，充分发挥政府职能。破除妨碍市场互动发展的陈旧规章制度；制定促进市场一体化的政策，通过执法、监管完善区域市场环境；制定市场规则，使市场一体化具有健全的体制和机制的保障；为市场一体化提供公共产品，积极构筑区域间的交通、信息、物流等网络，为市场协作与区域发展提供良好的硬件设施。

第二，根据各区特点，培育和建设资本和产权中心市场、生产资料中心市场、人才劳动力中心市场、商品物流中心市场、旅游中心市场、信息中介服务中心等。把握住建设共同市场的关键环节，逐步建立起市场准入的资质、标准、认证等各市互认制度，实现无障碍的区域通。

第三，构建市场一体化的协调机制。建立多层次的区域协调机制。

政府层面的协调机构，主要研究政策、市场规制、重大基础设施项目决策的一致性。政府各部门之间，也应有相应协调机构，如教育、科技、文化、卫生部门的资源共享，质量技术监督、工商管理、交警部门的相互协调、合作执法、设立共同的规范标准等。

企业间协调主要是开展工艺技术协作、协商制定生产标准、交流信息、避免恶性竞争等，但不应成为一种协商定价、管制市场的垄断组织。

要建立非官方的对话机制，发挥政协和非官方机构如学会、协会、研究会的作用，发挥位置超脱、人才集聚的优势，通过组织政协委员、专家学者开展调研，向党政决策机构提供智力支持和参谋意见，同时也为"官、产、学"之间搭建一个对话的平台。

（四）提升产业层次，优化产业结构

四川省全省仍处于工业化深化阶段，提升产业层次、优化产业结构不应急于从第二产业向第三产业迅速过渡，而应基于四川省各地特色优势资源、发展优势产业，提升产业生产效能，优化产业布局，建立现代产业体系，巩固主导产业龙头带动作用。

成都经济区重点发展高端装备制造、信息技术、生物医药等优势产业。经济区内也需实现布局优化，以企业迁移、产业转移将成都市内相对饱和的第二产业布局在外围地区，着力发展第三产业，引领全省产业结构升级过程。外围七市也应依托本地特色资源发展特色服务业，吸纳第一产业中的富余劳动力，加快产业优化步伐。

川南应注重以创新驱动提高产业生产效率和产业层次，实现新型业态，不断提升产业的自主创新能力、核心竞争能力和区域辐射带动能力。

川东北应当充分利用成渝资源，以高新技术产业为主导，重点发展技术含量高的先进制造业和现代服务业，逐步建成川渝陕甘结合部的区域经济中心，国家重要的清洁能

源化工基地、特色农产品生产基地、生态文化旅游区和川陕苏区振兴发展示范区。

攀西应充分利用丰富的农业、能源、旅游、人口资源，建立特色农产品生产及加工基地；培育光伏、光热发电等战略性新型产业；打造阳光生态旅游业。

川西北生态经济区应在保护生态环境安全的基础上，发展生态旅游业、牛肉制品加工业、山珍食品加工业等，促进自身经济社会发展。

（五）改善基础设施与公共产品质量层次，保障有效供给

在城市公共交通建设方面。应完善公共交通网络体系；积极发展次级中心城市大容量地面公共交通，加快换乘枢纽、停车场、公交站点和加气站等配套服务设施建设。

在区际交通设施方面。尤其重视对川西北和攀西经济区交通设施条件的改善，以先进路网技术克服高原地区恶劣环境对国道公路造成的损害，提高国道维护工作的质量，保障国道畅通。

在医疗卫生和教育事业方面。进一步加强区际合作，以发达地区带动相对落后地区，并保持政策的连贯性和持续性；进一步加强相对落后地区人才队伍建设、完善制度激励机制，引导人才流向贫乏地区，促进公共产品与服务的质量在区域间的均衡协调，保障有效供给。

（六）促进知识创新与扩散，广泛激活技术信息要素流通

加强组织协调和协作配合，推进产、学、研紧密结合，促进信息共享，加强科技成果在落后地区的转化工作，及时形成现实的生产力。

着力强化创新要素集聚。以聚集和整合创新资源为基础，依托各类产业化基地，完善公共研发平台和技术支撑平台，为企业行业提供设计、生产、测试、质量保障等社会化、专业化和规范化服务。

全力打造人才高地。突出人才培养、吸引、使用等关键环节，以人力资源开发为着力点，以人才队伍建设为主题，以调整人才结构为主线，以培养实用型人才和引进高层次人才为重点，以创新人才开发机制和深化人事制度改革为动力，培育引进一批企业经营管理型人才、专业技术型人才、实用技能型人才队伍。

整合创新资源和服务平台。引导、整合重大创新资源向高新区集中，汇聚产业技术联盟、重点公共技术平台、科技成果转化和交易平台、重大综合性科技创新平台和重大高新技术产业化项目，不断深化知识载体的层次，提高创新资源的富集水平。

（七）推动生态文明建设，增强城市环境承载力

四川省在经济深化、城市建设、区域发展的过程中要减轻负外部效应需立足长远，将生态文明建设放在突出地位，融入经济、政治、文化、社会建设的各方面和全过程。

成都经济区中成都市应防范大城市病的爆发，通过体制机制创新，强力推动成都生态环境保护和城市建设；运用经济和行政手段促进水环境综合治理、大气污染防治、排污权交易等工作的创新。建立区域联动机制，形成跨区域协作格局，与德阳、绵阳、遂宁、乐山、雅安、眉山、资阳7市合作协调，在环境规划、环境应急、监察执法、农村

环保等方面进行探索实践。

川南与川东北工业发达，应注意提高产业生产效率、降低能耗，科学排污。坚持预防为主、综合治理，强化从源头防治污染，加强环境保护基础设施建设。加大产业结构调整力度，加强减排管理，促进化工、造纸、印染、钢铁、等重点领域污染物减排。

攀西与川西北应着力构建生态文明示范区，加大对生态资源与环境的保护和维护。以生态保护为核心，大力发展生态文化旅游业、生态农林业和现代草原畜牧业，以生态文明促进经济良性循环发展。

附录一

五大经济区 2000－2014 年劳动边际产出、资本边际产出、平均工资数据

表 1－1　2000－2014 年四川省五大经济区劳动边际产出

单位：亿元/万人

年份＼地区	成都经济区	川南经济区	川东北经济区	攀西经济区	川西北经济区
2000	2.02498	0.36503	0.13338	0.86653	0.58481
2001	2.23550	0.40128	0.14205	0.93186	0.64843
2002	2.34267	0.49325	0.18346	1.03001	0.25401
2003	2.75082	0.48775	0.16101	1.16061	0.79388
2004	3.07464	0.57012	0.18638	1.36639	0.89649
2005	3.39330	0.63130	0.20553	1.62127	0.98360
2006	3.82088	0.74189	0.22058	1.81769	1.11937
2007	4.39120	0.86443	0.24298	2.19550	1.29774
2008	5.04468	1.03848	0.24219	2.67015	1.10970
2009	5.24518	1.11306	0.24602	2.54601	1.22798
2010	6.19806	1.30953	0.27998	2.96710	1.35168
2011	7.42940	1.61902	0.30479	3.52572	1.55033
2012	8.03736	1.74689	0.30143	3.78035	1.73306
2013	8.66370	1.80392	0.98054	4.06756	1.85591
2014	9.28866	1.82608	0.31931	4.30123	2.38414

表 1－2　2000－2014 年四川省五大经济区资本边际产出

单位：亿元/万人

年份＼地区	成都经济区	川南经济区	川东北经济区	攀西经济区	川西北经济区
2000	1.46783	3.16364	2.57607	2.18753	0.75437
2001	1.17498	2.28786	1.66127	2.09805	0.62391

续表

地区 年份	成都经济区	川南经济区	川东北经济区	攀西经济区	川西北经济区
2002	1.04052	2.14584	1.48980	1.56455	0.46432
2003	0.96288	1.98580	1.20760	1.32087	0.46436
2004	0.89194	2.07629	1.19594	1.31155	0.42194
2005	0.71566	1.87486	1.07377	1.23967	0.38047
2006	0.63564	1.80074	1.01175	1.12140	0.34654
2007	0.59031	1.79122	1.01079	1.16678	0.36764
2008	0.51808	1.61396	0.90874	1.12309	0.26768
2009	0.35051	1.25563	0.66285	0.84164	0.24744
2010	0.39422	1.19803	0.67496	0.85551	0.25438
2011	0.42717	1.34746	0.76026	0.97328	0.27568
2012	0.39764	1.27214	0.72056	0.94928	0.28483
2013	0.38693	1.14964	0.66098	0.94561	0.29563
2014	0.38665	1.03649	0.61079	0.95929	0.44119

表1-3　2000－2014年四川省五大经济区平均工资

单位：万元

地区 年份	成都经济区	川南经济区	川东北经济区	攀西经济区	川西北经济区
2000	0.12444	0.07284	0.05346	0.14094	0.13280
2001	0.14049	0.08241	0.05969	0.15885	0.18327
2002	0.14705	0.09415	0.08218	0.17457	0.06794
2003	0.17404	0.10279	0.06943	0.18874	0.20510
2004	0.18635	0.10992	0.07474	0.20140	0.21577
2005	0.22584	0.14182	0.09013	0.22031	0.22199
2006	0.25610	0.14041	0.09967	0.23924	0.24016
2007	0.29227	0.16864	0.11833	0.27478	0.29671
2008	0.36257	0.20269	0.15659	0.32169	0.33345
2009	0.57327	0.35294	0.26409	0.28095	0.21730
2010	1.48062	1.14579	0.43159	0.29740	0.72977
2011	1.81244	1.45536	0.53418	0.35352	0.94854
2012	1.00887	0.61929	0.50560	0.71060	0.65107
2013	1.31250	0.72072	0.59110	0.82993	0.77540
2014	1.49942	0.86969	0.70796	1.02947	0.90660

附录二

成都市、宜宾市、南充市、攀枝花市三次产业劳动边际产出、资本边际产出、平均工资数据

1. 第一产业

表 2-1 2000-2014 年四市第一产业劳动边际产出

单位：亿元/万人

年份 \ 地区	成都市	宜宾市	南充市	攀枝花市
2000	0.43494	—	—	0.02331
2001	0.46342	—	—	0.02175
2002	0.51283	0.20784	—	0.02181
2003	0.57169	0.22744	—	0.01969
2004	0.66848	0.29181	0.44644	0.02517
2005	0.75761	0.34990	0.42206	0.03238
2006	0.84848	0.35606	0.33959	0.03615
2007	1.07654	0.47229	0.44527	0.04295
2008	1.25941	0.56190	0.41770	0.04820
2009	1.17884	0.57602	0.43073	0.04070
2010	1.46448	0.63748	0.58839	0.04409
2011	1.80008	0.76103	1.61368	0.05506
2012	1.88971	0.89834	0.80787	0.04782
2013	1.91130	1.01237	0.90433	0.03924
2014	2.04229	1.11841	0.70685	0.00375

表 2-2 2000-2014 年四市第一产业资本边际产出

单位：亿元/万人

年份 \ 地区	成都市	宜宾市	南充市	攀枝花市
2000	30.9308	—	—	7.4395
2001	22.5995	—	—	0.9411
2002	21.8302	7.9426	—	0.9205
2003	11.9917	6.8479	—	0.5632
2004	5.4318	7.5053	−15.9325	0.7980
2005	4.2336	9.4823	−5.7984	1.5251
2006	2.7550	16.2755	−1.0654	1.5962

续表

地区\年份	成都市	宜宾市	南充市	攀枝花市
2007	2.7519	10.3693	−0.8829	1.5458
2008	2.9134	5.6779	0.9248	1.5453
2009	1.0819	3.1804	1.0073	1.0924
2010	2.3058	3.4126	1.8704	1.2000
2011	3.2750	9.5592	−23.4372	1.6071
2012	2.5257	3.9328	2.2147	1.2201
2013	2.0633	2.9616	2.3714	0.9475
2014	2.5273	1.8983	2.5602	0.0405

表 2-3　2000-2014 年四市第一产业平均工资

单位：万元

地区\年份	成都市	宜宾市	南充市	攀枝花市
2000	0.00224	—	—	0.00594
2001	0.00247	—	—	0.00674
2002	0.00278	0.00159	—	0.00649
2003	0.00408	0.00169	—	0.00755
2004	0.00273	0.00170	0.00280	0.00726
2005	0.00242	0.00151	0.00322	0.00657
2006	0.00268	0.00150	0.03415	0.00710
2007	0.00369	0.00179	0.00436	0.00758
2008	0.00438	0.00174	0.00433	0.04707
2009	0.00806	0.00119	0.00199	0.00976
2010	0.00405	0.00104	0.00526	0.00924
2011	0.02561	0.00321	0.00798	0.02914
2012	0.03328	0.00882	0.00900	0.05763
2013	0.03774	0.00779	0.01017	0.04078
2014	0.03582	0.00914	0.00447	0.04053

2. 第二产业

表2-4　2000-2014年四市第二产业劳动边际产出

单位：亿元/万人

年份＼地区	成都市	宜宾市	南充市	攀枝花市
2000	0.6985	—	—	6.4747
2001	1.1754	—	—	7.2825
2002	1.1729	1.3484	—	8.2570
2003	1.1933	1.4022	—	10.0182
2004	1.1915	1.4105	−0.0187	12.7299
2005	0.8616	1.1671	−0.0145	13.3139
2006	0.8640	1.2983	−0.0073	14.1317
2007	0.8131	1.4286	−0.0059	17.5125
2008	0.8147	1.5201	−0.0033	22.9333
2009	0.7295	1.4335	−0.0019	20.5946
2010	0.8018	1.5372	−0.0020	24.9771
2011	0.9848	1.9572	−0.0023	27.9761
2012	1.0285	2.1290	−0.0023	33.6309
2013	1.2121	2.0660	−0.0024	30.1918
2014	1.4808	2.1470	−0.0025	27.5805

表2-5　2000-2014年四市第二产业资本边际产出

单位：亿元/万人

年份＼地区	成都市	宜宾市	南充市	攀枝花市
2000	1.61877	—	—	2.06729
2001	1.71456	—	—	3.23032
2002	1.59866	1.47079	—	2.12937
2003	1.53465	1.47627	—	1.11765
2004	1.43292	1.40880	5.50889	1.37942
2005	0.91354	1.30890	5.71023	1.69328
2006	0.86954	1.39302	5.50988	1.71060
2007	0.78665	1.35089	4.93911	2.03857
2008	0.76902	1.34295	3.43565	2.07943
2009	0.66900	1.13985	2.41844	1.47773
2010	0.76929	1.13908	2.85469	1.56372

续表

地区 年份	成都市	宜宾市	南充市	攀枝花市
2011	0.89981	1.45126	4.30165	1.75788
2012	0.93050	1.55235	4.63258	1.95646
2013	1.10820	1.46568	4.79119	1.81239
2014	1.36305	1.50902	5.08345	1.86280

表 2-6　2000-2014 年四市第二产业平均工资

单位：万元

地区 年份	成都市	宜宾市	南充市	攀枝花市
2000	0.24121	—	—	0.40346
2001	0.44427	—	—	1.04662
2002	0.47710	0.33261	—	1.14423
2003	0.47978	0.36695	—	1.31830
2004	0.48817	0.38953	0.10256	1.41547
2005	0.51581	0.30736	0.13102	1.30891
2006	0.59694	0.34141	0.18554	1.24304
2007	0.60211	0.43714	0.18558	1.42030
2008	0.74798	0.46269	0.20353	2.24905
2009	1.15067	0.68139	0.64837	2.44494
2010	0.96800	1.02363	0.58539	2.56388
2011	1.58312	1.30058	0.93329	3.08912
2012	1.75183	1.56711	1.06809	3.62848
2013	2.67771	1.65693	1.69355	3.94048
2014	2.97378	1.84233	1.86035	4.81675

3. 第三产业

表 2-7　2000-2014 年四市第三产业劳动边际产出

单位：亿元/万人

地区 年份	成都市	宜宾市	南充市	攀枝花市
2000	1.1826	—	—	3.1833
2001	1.0364	—	—	3.2241
2002	1.0558	0.2219	—	3.4861

地区 年份	成都市	宜宾市	南充市	攀枝花市
2003	1.0823	0.2069	—	3.4282
2004	1.1446	0.2444	0.1339	4.1598
2005	1.0964	0.2987	1.0919	5.0096
2006	1.0644	0.3274	0.3201	4.8264
2007	1.0981	0.3467	0.4771	4.9065
2008	1.0881	0.4147	−1.9695	5.1622
2009	1.1090	0.5119	−0.3264	5.4584
2010	1.2833	0.5688	−0.1782	5.9338
2011	1.4208	0.6274	−0.1753	6.1698
2012	1.4844	0.6222	−0.1311	7.1154
2013	1.4623	0.7645	−0.1064	7.6917
2014	1.5412	0.8176	−0.1025	10.0541

表 2−8　2000−2014 年四市第三产业资本边际产出

单位：亿元/万元

地区 年份	成都市	宜宾市	南充市	攀枝花市
2000	0.7118	—	—	0.3225
2001	0.6412	—	—	0.3658
2002	0.6133	1.3109	—	0.3094
2003	0.5688	1.0268	—	0.2005
2004	0.6138	1.0286	−3.6073	0.2808
2005	0.5607	0.7085	−0.1757	0.3022
2006	0.5156	0.6691	−1.0049	0.2653
2007	0.5199	0.8038	−0.6897	0.2477
2008	0.4924	0.6323	0.2472	0.2533
2009	0.4802	0.5568	0.4175	0.2497
2010	0.5504	0.4961	0.4254	0.2603
2011	0.5909	0.4518	0.4549	0.2684
2012	0.5996	0.3677	0.4155	0.2792
2013	0.5838	0.3226	0.3869	0.2909
2014	0.6165	0.2838	0.4060	0.3431

表 2-9　2000-2014 年四市第三产业平均工资

单位：万元

地区 年份	成都市	宜宾市	南充市	攀枝花市
2000	0.51681	—	—	0.63064
2001	0.45799	—	—	0.44389
2002	0.48441	0.18209	—	0.69689
2003	0.58485	0.17662	—	0.51553
2004	0.58636	0.19892	0.15856	0.66867
2005	0.62872	0.26667	0.34998	0.62159
2006	0.67110	0.28085	0.24609	0.60155
2007	0.71227	0.32140	0.31139	0.64645
2008	0.81462	0.40897	0.49914	2.50162
2009	1.16273	0.57204	0.60951	1.08476
2010	1.37121	0.64066	0.78552	1.28063
2011	1.57259	0.72901	0.87667	1.35703
2012	1.92101	0.80775	1.05152	1.59493
2013	2.69980	1.03579	1.06480	2.15868
2014	2.9390	1.08374	1.34838	3.34619

新常态下四川创新环境与创新绩效研究：基于要素流动视角

一、创新环境的内涵和特征

（一）创新环境的内涵

1. 创新能力

创新能力本质上是指某一具体区域的创新知识的投入与创新产品产出的转化效率。区域创新能力是指区域的创新主体在充分利用创新环境基础上，将科技知识转化为新产品、新工艺和新服务，并能推动当地经济发展的能力。

科技知识不应局限于本地区特有的、独创的创新知识，还应该包括通过技术贸易、技术外溢、干中学等通过交换和学习获得区域外的知识。尤其原创能力不强的欠发达地区，获取、吸收、消化和转化区域外知识特别重要。

2. 创新环境

区域的创新活动，必须有一个良好的创新环境作为基本支持平台。创新环境是在一定的地理区间内，与创新相联系的政府和创新主体（创新的机构和组织），与非主体要素（创新所需要的物质和非物质条件），通过相互之间的协同和学习，影响区域内创新活动，获得成功的各种条件总和。因此，从本质上说，区域创新环境是指能促进创新能力提高的一切条件和保障。创新环境包括：基础设施、人力资源素质、金融支持力度等。

创新环境是一个能够促进创新能力的提升，获得较好的创新绩效。因此，良好的创新环境可以优化、整合区域内的创新资源，推动区域经济的持续发展，提高区域经济的竞争力，为区域经济内产业结构升级提供技术支撑，形成更大规模的经济增长效应。随着区域创新体系建设和创新活动的开展，区域创新环境在区域创新发展中的地位和作用变得日益重要。

因此，创新环境的实质就是支撑区域创新知识的投入与创新产品产出的转化效率的各种条件，是在创新体系内一切有利于创新能力提高的因素和条件。创新环境通过创新所需要的物质条件（如劳动力、资本）和非物质条件（如知识流动、吸收的便利与否），影响创新主体的行为和产出，进而影响了创新产品的投入以及产出效率。

（二）创新环境的特征

1. 系统性与复杂性

区域创新环境是由人力资源素质、金融支持力度、基础设施条件共同组成的系统。系统的各个组成因素之间既有区分，又是相互联系、相互影响的。在现代社会，很难找到一个能够脱离区域创新环境，完全依靠单一要素，从而具有优秀创新能力的国家或地区。环境系统又是复杂的，区域的多样性和复杂性决定了区域环境的多样性和复杂性。环境系统是区域物质环境与社会环境、人文环境等非物质环境的综合。既有静态环境，又有动态环境。另外，环境的复杂性还表现在制约因素的复杂，创新环境通常包含了对创新能力产生重大影响的很多制约因素。

2. 动态性与学习性

从区域创新环境的内涵中可以看出，区域创新环境是政府和创新主体（包括科研机构、大学、企业等创新组织和机构）与非主体（人力资源素质、金融支持力度、基础设施等创新所需的支撑条件）之间的协同作用和创新主体之间的学习过程。协同作用和学习的过程，是区域创新环境根据外界条件的变化，不断调整区域内的各个因素的过程，是使创新活动保持活力，并保持或扩大这种领先优势的过程。创新知识不是每个区域都具备的能力，一些知识创新不强的区域或组织，可以通过系统内外的交流、学习和模仿，获取发展所需的创新知识。总之，面对市场和技术的不确定性，整个系统应该在协同的基础上，不断地学习，使系统高效正常的发挥作用，最终促成创新的产生。

3. 特色性与差异性

区域创新环境产生和发展于所在具体的区域。区域要素条件的特色性和差异性特征，造成了创新环境的特色性和差异性。各区域科技创新成果是参差不齐的，不是均匀分布在所有地区，而是存在着一定的空间聚集，并向其他地区扩散，即技术创新存在一定的地区差异。创新能力相同或接近的区域，其创新环境会千差万别。区域创新环境的特色性和差异性，决定了成功的区域创新环境发展的经验不能被落后地区简单的复制实施。要针对不同区域创新主体的不同需求，使用不同的方法和途径，培育和发展区域创新环境。

而且，发达和落后地区在自主创新和创新知识引进消化吸收方面存在明显差异。发达地区可能有更强的自主创新能力和知识技术的吸收能力，而落后地区更多地考虑知识技术的购买、模仿或协作参与研发，欠发达地区可以通过便于知识的流动和吸收的环境的改善，来提升本区域的创新能力。

但是，在同一个国家的各地区的政治环境没有太大的差异。因此，本课题研究也没有把政治环境考虑在区域创新环境之内。

4. 生产性和激励性

区域创新环境通过向创新主体提供创新所需的人、财、物的投入，并通过相关的条件刺激创新主体的生产，从而使得创新活动更易实现，获得更高的产出。创新环境还可以通过传导的作用消除知识流动障碍，把创新知识扩散，扩大创新的范围。在创新的产出阶段，创新环境可以通过产业集群的引导，创新环境的知识产权保护制度激励，维护创新的活力，提高产出的生产效率。

二、创新绩效的内涵和评价

（一）创新绩效的内涵

区域创新绩效是一个复杂而广泛的概念，目前还没有比较一致的说法。从本质上看，区域创新系统是一个典型的投入产出过程。区域创新的投入表现为人员、设备、资金等，产出表现为专利技术、工艺方法、产品、产值等。

区域创新的最终目的是促进区域经济和社会的进步。因此，对区域创新绩效的考察，不能单纯地考察其投入产出过程，即区域创新效率，还要考察区域创新最终对经济和社会发展的贡献，即区域创新的效果，只研究任何一方面都是片面的。因此，区域创新绩效的内涵包括两个方面，即区域创新效率和区域创新效果。区域创新活动的投入产出效率要高，即投入的资源要得到有效利用；区域创新活动要能够促进区域经济和社会发展，即产出的成果得到有效利用。区域创新绩效应该是上述两个方面的综合反映。

（二）创新绩效的评价

1. 确立评价原则

（1）框架必须考虑区域创新体系建设情况，即强调大学、研发机构、企业、中介机构和政府等创新要素的网络化，把知识在几个要素间流动的程度作为衡量区域技术创新系统化的关键。

（2）框架必须考虑区域科技创新的链条建设。大多数情况下，技术创新先是来自于一个创新的思想和发明或科技突破，其中大学、科研院所的知识创造活动是重要的创新来源。

（3）有很强的知识创造活动，不等于该地区就有较强的创新能力。科技实力强不等于技术创新能力强，许多地区没有较强的科技基础，但仍然具有很高的技术创新能力。问题的关键是一个地区能否有效地利用全球范围内的各种知识为本地区的创新服务，必须考虑知识流动或技术转移的能力。

（4）企业是技术创新的主体，而不是科研部门或高校。一个地区技术创新能力的高低，关键是企业有没有足够的创新动力和创新能力。本报告的指标框架强调企业是技术创新主体这一价值判断。

（5）框架强调创新环境建设的重要性。在市场经济体系下，衡量政府工作的重要内容不是传统的计划和干预的多少，而是如何创造一个有利于企业创新的环境。政府远离市场，不能直接指导企业的技术创新，其职能调整的关键就是从依赖计划转向创造创新环境来推动企业的技术创新。

（6）框架必须兼顾一个地区发展的存量、相对水平和增长率三个维度。在洛桑的《国际竞争力报告》中，比较强调存量、相对水平，但不强调增长率，而增长率反映了一个地区的经济发展潜力。本报告将综合指标分解为实力指标、效率指标和潜力指标。

2. 构建评价体系

根据上述原则，本研究构建的创新能力指标体系，包括 3 个一级指标：创新主体、创新环境、创新结果。4 个二级指标：创新动力、创新成果、金融支持、基础设施。21 个三级指标（表1）。

一级指标包括知识创造、知识获取、知识运用、获得产品的创新主体。其中，知识创造用来衡量区域不断创造新知识的能力；知识获取用来衡量利用一切可用知识的能力；企业创新用来衡量区域内企业应用新知识、推出新产品或新工艺的能力；创新环境用来衡量区域为知识的产生、流动和应用提供相应环境的能力；创新绩效用来衡量区域创新的产出能力。

另外，体现开放包容程度的指标还有经济对外开放度和依存度，城市化指数（工业化与城镇化率），市场管制程度和户籍制度等因素。

表1 创新指标体系

创新能力	创新主体	科技创新动力	高新企业个数 高新企业研发机构数 高新企业 R&D 人员 高新企业投资额 高新企业新增固定资产 劳动者平均受教育年限（人力资源素质） 教育经费支出
	创新绩效	科技创新成果	高新企业产品开发项目数 高新企业产品产值 高新企业专利申请数 高新企业有效发明专利数 高新企业技术市场交易合同金额 高新企业技术创新转化指数（TSI）
	创新环境	金融支持力度	银行业各类金融机构存款余额 银行业各类金融机构贷款余额 股票市价总值 保险机构保费收入
		基础设施条件	货物周转量 公路里程拥有量（公路里程数） 长途光缆线路长度 固定资产投资总额

注：在同一个国家各地区的政治环境无差异。本研究的创新环境没有考虑政治环境。

3. 研究方法与假设前提

（1）研究方法

主要运用：文献归纳整理，比较分析，案例解剖，影响因子聚类分析、因子主成分分析，回归计量分析。

（2）研究假设

区域创新环境创造了有益于各创新主体产生协同作用，并推动产业体系的创新活动获得成功的各种因素和条件。区域创新环境将参与技术创新活动的各主体要素组织起来，形成一个相互联系、相互作用、相互支撑的创新体系，为各创新主体提供基础设施体系、人才资源体系、信用体系、创新知识的吸收和扩散体系等创新支撑条件。因此，根据前面假设，区域创新环境分别是基础设施水平、劳动力素质、金融支持力度。

创新环境对创新能力的推动作用表现在区域内基础设施的完善，信息交流顺畅，物流、人员流动便利，有益于创新能力的提高，也能促进区域经济的增长，降低交易成本。

区域内劳动力素质高，就容易形成倍加的劳动效率，可能在相同投入的情况下，创造出更多的创新成果；金融支持力度优越，能够为创新活动提供持续、充足的资金支持，使得区域创新能力加强；良好的创新创业文化和传统，有利于形成良好的创新创业氛围，创新创业水平就越高，使得创新活动容易通过创业得以实现。

创新活动和创新成果产业化将大大地推动创新活动的深度和广度，提高创新的效率。因此，创新能力就越强；创新参与者之间的合作和交流越紧密，利用技术贸易（有偿利用）和技术外溢（无偿利用）越有效，流动越充分，创新能力就越强。对外开放的程度越高，越容易使落后地区更方便的模仿、学习先进国家和企业的管理经验、科学技术，获得发达国家和地区的技术信息和知识的可能性越大，创新能力就越强。

因此，由基础设施、人力资源素质、创新创业水平等要素构成的环境是决定创新能力的重要变量，是区域创新的持续因素。创新环境越好，区域创新能力就越强，创新效果越显著；相反，创新环境越不好，创新能力就越不强，创新水平很低，创新效果越不显著。

三、新常态下四川创新环境与绩效判断

（一）四川经济整体形势判断

1. 新常态基本判断

"新常态"的内涵是什么？新常态作为治国理政新理念首次见诸报端，是2014年5月习近平在考察河南时提出来的概念。"我国发展仍处于重要战略机遇期，我们要增强信心，从当前我国经济发展的阶段性特征出发，适应新常态，保持战略上的平常心态。"7月在与党外人士的座谈会上，习近平重申了上述观点。在把"新常态"作为执政新理念关键词提出6个月后，习近平2014年11月9日首次系统阐述了"新常态"。他表示："新常态将给中国带来新的发展机遇。"习近平是在亚太经合组织（APEC）工商领导人峰会上讲这番话的。在题为《谋求持久发展 共筑亚太梦想》的主旨演讲中，习近平向包括130多家跨国公司领导人在内的世界工商领袖们，阐述了什么是经济新常态、新常态的新机遇、怎么适应新常态等关键点。

中国经济在经历30多年的快速增长之后，经济发展的基本模式、产业业态以及增长动力都已经今非昔比。中国经济基本面不仅发生了量的巨变，更是发生了质的飞跃，用过去的眼光看待中国经济、用过去的思维思考中国经济既不准确，也不现实。

习近平指出中国经济呈现出新常态，有几个主要特点：

图1　2004年－2014年上半年GDP增速

主要特点是：一是速度——从高速增长转为中高速增长；二是结构——经济结构不断优化升级；三是动力——从要素驱动、投资驱动转向创新驱动。

2. 全国新常态下四川整体经济形势判断

改革开放以来（1979－2014年），四川经济发展很快，尤其是中国加入WTO后至今，四川经济连续十多年保持着10％以上的增长速度，发展步伐始终快于全国。经济增长的同时，经济调整在不断加快，经济结构得到不断优化，1979年全省三大产业增加值在国民经济中占比为44.5：35.5：20，2013年则为12.8：51.3：35.9。

目前，四川经济正步入减速通道，逐步踏入新常态。通过数据可以发现，四川GDP增速从2011年的15％持续下降到2014年的8.5％，三年共降低了6.6个百分点，而差不多的降幅，全国花了6年时间，可见四川经济减速步伐之大。经济结构调整虽加快，但三大产业结构依然矛盾重重，第一产业占比不断下降，第二产业占比不断提高，甚至超过50％，而第三产业占比近年来处于下降趋势，潜力还待挖掘。经济的高速增长更多的是依靠资源要素的投入，而在未来新常态下，资源要素型增长方式不可靠，必须更多地转向技术密集型和知识密集型增长模式，这要求四川必须提高创新能力。只有提高创新能力，才能够逐步实现产业升级，完善经济结构，解决四川经济发展乏力之困，最终实现经济的可持续发展。

归纳起来，四川经济经历十多年的高速发展后，当前的现实状况如下：

（1）经济增速下滑，影响战略转型

区域经济基础的薄弱决定区域创新资本投入的多少，最终影响区域创新能力的高低。近年来，四川GDP增速连续下降，从2010年至2014年五年分别为15.1％、15％、12.6％、10％、8.5％。显然，经济增速减缓是目前的基本态势。未来四川经济面临增速下滑的巨大风险，而且受国际与国内影响，衰退阴影还在。长期以来，仅仅依赖政府投资的独角戏，投资结构单一，经济的长期增长将是乏力的，将影响整体经济社会的战略转型。

（2）投入占比不高，创新动力不足

首先，从2002年开始，全省固定资产投资中，用于技术设备更新改造的资金投入占比低于20％，甚至在2012－2013年间保持在12％，远低于全国平均15％水平，且有逐年继续降低的趋势。这不多的15％投入只是分配给机器设备、研发、勘探等单一渠道。其次，R&D研究经费虽然在不断地增长，但是它在GDP占比依旧很低。资金投入是创新活动的"粮草弹药"，没有多元的科技投入，既可能走不远，也可能飞不高。

（3）国企创新乏力，民企活力增强

近年来，从市场主体数量看，四川高新企业总数量略有上升。其中，国有高新企业

数量略微下降，民营高新企业数上升较多。

其次，从从业人员数量看，四川高新企业从业人员总数略有下降。其中，国有高新企业从业人员数量略有上升，民营高新企业从业人员数下降较多。

第三，企业资产总量看，四川高新企业资产总量略有下降。其中，国有高新企业数量略微上升，民营高新企业资产总量下降较多。

第四，出口交货值看，四川高新企业总数量下降较多。其中，国有高新企业数量增长较快，民营高新企业数量下降较快。

第五，利润总量看，四川高新企业总数量略有上升。其中，国有高新企业数量下降较多，民营高新企业数上升较快。

第六，利税看，四川高新企业总数量略有下降。其中，国有高新企业数量下降较多，民营高新企业数上升较快。

综上所述，随着混合经济发展模式的推行，按照竞争性行业应该国退民进，非竞争性行业应该做大做强的原则判断，四川的国有高新企业的创新乏力，民企创新则显得活力四射（表2、3）。四川国有企业数量占四川高新技术企业比例差不多10.2%，这意味着民营企业数量接近90%，同时，总资产占比不足60%，在产品研发经费支出上，在全省占比也只有30%左右。这一悬殊的差距反映的是在国家R&D研究经费获取上，创新绩效更低的国有企业对民营企业产生了"挤占效应"，加上国内知识产权保护制度的不健全，科技金融发展的不够完善，民营企业获取产品和技术研发资金更加少。

表2　2012年四川高技术产业生产经营情况　　　　　　　单位：亿元

地区	企业数		从业人员平均人数		资产总计		利润总额		利税		出口交货值	
	2012	2013	2012	2013	2012	2013	2012	2013	2012	2013	2012	2013
四川高新企业	841	813	515131	501539	4712.3	3434.7	369.9	304.2	625.6	538.4	2440.6	1556.7
四川国有高新企业	86	83	122204	126485	1477.3	1590.6	57.1	39.3	115.9	96.65	66.9	162.48
四川国企占比（%）	10.23	10.21	23.72	25.22	31.35	46.30	15.44	12.92	18.53	17.95	2.74	10.44

表3　2012年四川高技术产业新产品开发和生产情况　　　　　　　单位：万元

地区	新产品开发项目数（项）		新产品开发经费支出		新产品销售收入		出口	
	2012	2013	2012	2013	2012	2013	2012	2013
四川高新企业	5522	6267	692761	853626	5895644	7309076	206589	284826
四川国有高新企业	3724	4268	513575	569256	4161689	5434459	97702	147671
四川国企占比（%）	67.44%	68.10%	74.13%	66.69%	70.59%	74.35%	47.29%	51.85%

（4）人才规模较大，增长速度减缓

四川高新技术从业人数逐渐增多（2000－2014年），规模达到50多万人。前期增长快速（2000－2010年），前五年增长率为3%，后五年则为59.82%。最近几年，从业人员增长缓慢，增长率逐步缩小，2011年与2012年增长率分别为30.93%、20.79%，甚至2013年出现了负增长（-2.64%）。

与全国对比，在此期间不论是东部地区、中部地区，还是东北地区，或者所处的西部的周边省份的高新技术产业从业人员数量均呈现稳定增长，只有四川在下降。显然，四川从业人员数量的锐减趋势说明，四川的人才环境在退化，对于高技术人才的吸引力在减少。但是，四川高新技术产业经营情况无论是从业人员数量、主营业务收入，还是利润总额和出口交货值，在整个西部地区占比均接近一半（表4）。显然，四川无论是创新人才投入还是创新产出，均有很好的表现。

表4　各地区高技术产业生产经营情况

地　　区		全　　国	东部地区	中部地区	西部地区	东北地区	四　　川
企业数（个）	2000	9835.00	6734.00	1361.00	1028.00	712.00	277.00
	2005	17527.00	13174.00	1920.00	1485.00	948.00	563.00
	2010	28189.00	20795.00	3773.00	1999.00	1622.00	830.00
	2011	21682.00	15582.00	3239.00	1654.00	1207.00	727.00
	2012	24636.00	17227.00	3805.00	2311.00	1293.00	813.00
	2013	26894.00	18761.00	4319.00	2502.00	1312.00	841.00
从业人员平均人数	2000	3922875.00	2385858.00	532438.00	658980.00	345599.00	197771.00
	2005	6633422.00	5171091.00	569739.00	588365.00	304227.00	203812.00
	2010	10922252.00	8644117.00	1130945.00	754912.00	392278.00	325736.00
	2011	11469153.00	8805608.00	1378481.00	885502.00	399562.00	426474.00
	2012	12686722.00	9377423.00	1675962.00	1184464.00	448873.00	515131.00
	2013	12936870.00	9388752.00	1855971.00	1238387.00	453760.00	501539.00

（二）四川创新环境与绩效判断

根据《中国区域创新能力报告》和《中国生育竞争力蓝皮书》，我们发现：首先，2012年，四川创新综合能力排名全国第11位，比2011年下降2位。其中，知识创造能力、知识获取能力、企业创新能力、创新环境和创新绩效5个指标的排名分别为第9位、第8位、第16位、第11位和第19位，均较2011年下降，尤以企业创新综合指标和创新环境指标下降最快（表5和表6）。

表 5　四川省 2012 年创新能力综合指标排名

类别 项目		知识创造 综合指标	知识获取 综合指标	企业创新 综合指标	创新环境 综合指标	创新绩效 综合指标	综合指标
指标值		27.17	28.41	28.99	24.47	33.22	28.35
排名		9（-2）	8（+6）	16（-6）	11（-5）	19（+1）	12（-2）
分项 指标	实力	7（+1）	10（-1）	8（0）	9（-4）	12（-1）	8（0）
	效率	13（+2）	24（+1）	19（-5）	22（-4）	23（+2）	22（-4）
	潜力	7（-2）	2（+15）	15（-6）	8（+1）	11（+1）	5（-1）

资料来源：《中国区域创新能力报告 2012》和《中国省域竞争力蓝皮书》等数据

其次，2012 年四川省创新实力、创新效率和创新潜力的排名分别为第 8 位、第 12 位和第 5 位，与上一年相比创新实力位次不变，但创新效率下降了 4 位，创新潜力下降了 1 位（表 5 和表 6）。其中，企业创新的效率和潜力及创新环境的实力与效率下降最快。说明，四川企业创新和创新环境均面临效率下降的风险。

另外，将研究开发投入综合指标归类于创新环境，而专利综合指标和科研论文综合指标则划分到创新绩效。四川省 2012 年创新环境指标维持在全国中上游水平，其中，创新基础设施指标、劳动者素质指标和金融环境综合指标均呈现下降趋势；而创新绩效全国综合排名波动较大，处于中游水平，分项指标除就业综合指标大幅上升外，其余基本处于稳定水平（表 6、表 7）。

表 6　四川省 2012 年创新环境综合指标全国排名

指标名称	2012 年综合指标	2012 年分项综合指标排名		
	排名	实力	效率	潜力
创新环境综合指标	11（-5）	9（-4）	22（-4）	8（+1）
创新基础设施综合指标	14（-11）	7（-4）	23（-1）	19（-17）
市场环境综合指标	8（0）	8（0）	23（-4）	4（-1）
劳动者素质综合指标	5（-1）	7（-1）	16（+1）	3（-1）
金融环境综合指标	21（-5）	16（-4）	28（-10）	11（-5）
创业水平综合指标	15（+5）	8（+1）	11（0）	20（+10）
研究开发投入综合指标	6（0）	7（0）	7（-2）	4（+3）

资料来源：《中国区域创新能力报告 2012》和《中国省域竞争力蓝皮书》等数据

表 7　四川省 2012 年创新绩效综合指标全国排名

指标名称	2012 年综合指标	2012 年分项综合指标排名		
	排名	实力	效率	潜力
专利综合指标	12（-2）	8（-1）	17（0）	9（-4）
科研论文综合指标	18（-3）	10（0）	13（+3）	18（-2）

续表

指标名称	2012 年综合指标	2012 年分项综合指标排名		
	排名	实力	效率	潜力
创新绩效综合指标	10（+10）	12（−1）	23（+2）	11（−1）
宏观经济综合指标	18（−1）	8（+1）	25（−1）	15（0）
产业结构综合指标	11（−3）	8（0）	10（0）	15（−8）
产业国际竞争力综合指标	15（0）	13（−2）	23（−4）	5（+3）
就业综合指标	20（+9）	22（+5）	21（+7）	16（+9）
可持续发展与环保综合指标	17（−1）	21（0）	13（0）	7（−12）

资料来源：《中国区域创新能力报告 2012》和《中国省域竞争力蓝皮书》等数据

注：实力指标：指一个地区拥有的创新资源，如绝对的科技投入水平、科研人员规模、创新的产出水平、专利的数量、新产品的数量；效率指标：指一个地区单位投入所产生的效益，如单位科技人员和研究开发经费投入产生的论文或专利数量；潜力指标：指一个地区发展的速度，即与 2011 年相比的增长率水平；括号内负数表示排名下降，正数表示排名上升，0 表示排名不变。

通过，将四川省创新能力和竞争力数据域沿海发达城市进行对比后发现，北京、上海、广州、浙江等长三角和珠三角地区的技术创新能力越强，创新环境越好，综合竞争实力越高，四川这些方面都处于全国中游。总体看来，四川的创新环境不优，创新绩效欠好。

四、新常态下四川创新环境与创新绩效的关系

（一）四川创新环境与绩效关系的统计描述

1. 创新动力

创新成果是通过创新主体企业实现的。科技创新主体产出的高低是一个地区经济有没有活力的重要标志。科技创新主体产出越高，创新能力就越强。

创新活动和创新成果变成了产业，将大大地推动创新活动的深度和广度，提高创新的效率。体现科技创新主体的主要指标有：高新企业个数，高新企业研发机构数，高新企业 R&D 人员，高新企业投资额，高新企业新增固定资产。用 R&D 人员数来衡量创新主体规模形成的创新动力（表8）。

2. 创新成果

创新成果体现在科技合作、技术转移、科技交易，知识流动水平考察当地创新参与者之间的技术交往关系，间接反映创新网络中各参与者之间交换和合作强度。一般来说，创新参与者之间的合作和交流越紧密，利用技术贸易（有偿利用）和技术外溢（无偿利用）越有效，流动越充分，创新能力就越强。一个地区的创新能力不仅取决于原创知识的创造能力，对于落后地区来说，更取决于本区是否能够获得和运用创新成果，取决于各部门之间能否进行顺畅的知识合作与分享。

体现科技创新成果的主要指标有：高新企业产品开发项目数，高新企业产品产值，高新企业专利申请数，高新企业有效发明专利数，高新企业技术市场交易合同金额，高新企业技术创新转化指数（TSI）。用高新技术企业产值衡量创新绩效（表8）。

表8 2000-2014四川高新技术创新主体形成的创新动力

年份	企业数（个）	研发机构（个）	R&D人员（人）	高新技术投资额（亿元）	高新技术新增固定资产（亿元）
2000	277	75	2425	31.05	28.93
2001	300	68.	2803	45.32	32.67
2002	348	64	6521	52.60	38.44
2003	383	47.	8933	63.21	42.68
2004	523	76.	7735	69.87	44.03
2005	563	54	9401.	99.58	33.00
2006	652	71	8989	121.17	53.86
2007	739	77	13555	171.43	41.92
2008	863	62	14561	242.59	62.67
2009	830	147	18678	324.64	291.23
2010	830	63	13425	334.43	378.69
2011	727	93	17690	459.90	365.08
2012	813	235	19119	643.59	489.19
2013	841	178	26689	823.59	461.98

数据来源：根据《中国统计年鉴》《四川统计年鉴》《高新技术统计年鉴》等数据整理。

表9 2000—2013四川科技创新成果

年份	新产品产值（万元）	专利申请数（件）	有效发明专利数（件）	技术市场的交易合同金额（万元）	新产品开发项目数（项）	TSI
2000	28.93	146	81.	136758	75	0.10
2001	30.52	176	51.0	154728	68.	0.10
2002	32.11	98	40.0	172389	64	0.12
2003	40.57	260	53.0	185254	47.	0.11
2004	44.03	328	186.0	196632	76.	0.12
2005	33.00	261	91.0	205576	54.0	0.18
2006	53.86	383	264.0	259323	71.0	0.21
2007	41.92	863	323.0	303878	77.0	0.15
2008	62.67	854	598.0	435313	62.0	0.18
2009	291.23	1301	392	545977	147	0.16

年份	新产品产值（万元）	专利申请数（件）	有效发明专利数（件）	技术市场的交易合同金额（万元）	新产品开发项目数（项）	TSI
2010	378.69	1452	417	547393	63	0.14
2011	365.08	1965	1856	678330	93	0.21
2012	489.19	5054	2393	1196254	235	0.30
2013	461.98	5029	3684	1716585	178	0.30

数据来源：根据《中国统计年鉴》《四川统计年鉴》《高新技术统计年鉴》等数据整理。

3. 人力资源素质

人力资源素质是一个综合指标。创新活动都是以人为主的创造活动。人的因素是创新能力关键因素，也是促进经济发展的重要条件。由于创新过程的互动性，创新会从大量高素质劳动力的存在中受益。一般来说，当地教育水平越高，人力资源素质也越高。区域内劳动力素质高，创新需要的人才就容易获得，就可能在投入一定的情况下，创造出更多的创新成果。

体现人力资源素质的主要指标有：劳动者平均受教育年限（设置权数：小学 6 年，中学 12 年，大学 16 年的占比）、教育经费支出。用劳动者平均受教育年限指标衡量人力资源素质（表 10）。

表 10　2000－2013 四川人力资源素质

年份	劳动者的平均受教育年限（年）	教育经费支出（万元）
2000	8.35	1083406
2001	8.68	1337988.7
2002	8.98	2437437.2
2003	9.17	1614052.1
2004	9.44	2662491.1
2005	9.68	2055506.6
2006	9.73	2346786.3
2007	9.83	3408342
2008	9.88	4764513
2009	10.00	4514428
2010	10.13	5406546
2011	10.27	6846561
2012	10.30	9932010
2013	10.50	30298.85

数据来源：根据《中国统计年鉴》《四川统计年鉴》《高新技术统计年鉴》等数据整理。

表 4.4 　2000—2013 四川金融支持力度　　　　　　　　　　　单位：亿元

年份	银行类金融机构存款余额	银行类金融机构贷款余额	股票市价总值	保险机构保费收入
2000	4513.2	4053.46	1135.20	59.1
2001	5256.78	4498.55	1178.75	75
2002	6075	5158	1253.54	107.2
2003	7411.79	6096.65	1343.37	143.65
2004	8621.37	6648.32	1179.26	159.60
2005	10050.00	6898.63	1079.69	189.40
2006	11943.58	8003.13	2267.59	240.20
2007	14088.99	9416.16	7425.74	335.80
2008	18787.69	11395.36	2772.70	494.27
2009	25127.78	15979.37	5803.73	579.03
2010	30504.05	19485.73	7429.84	765.77
2011	34971.21	22514.23	5912.46	778.07
2012	41576.8	26163.25	52929.00	819.53
2013	48112.1	30298.85	5579.02	914.7

数据来源：根据《中国统计年鉴》《四川统计年鉴》《高新技术统计年鉴》等数据整理。

4. 金融支持力度

金融支持力度反映区域的金融部门对技术创新活动的支持程度。由于创新活动本质上是一种经济活动，离不开资金的支持，需要金融支持力度为其提供活动所需资金。资金充足，金融生态环境优越，能为创新活动提供良好的资金支持，区域创新能力容易得到加强。相反，资金的短缺，金融生态环境脆弱，无法为创新活动提供资金支持，就会降低创新能力，也因此阻碍经济的正常发展。

体现金融支持力度的指标有：银行业各类金融机构存款余额、银行业各类金融机构贷款余额、股票市价总值、保险机构保费收入。银行业各类金融机构贷款余额，该指标反映区域的金融部门对企业技术创新活动的支持程度，或者说金融系统在创新系统中发挥的作用。选取银行类金融机构贷款余额指标来衡量金融支持力度。具体数据见表 4.4（没有包括风险投资与政府补贴）。

5. 基础设施条件

基础设施条件是一个地区创新要素自由流动的环境。包括信息和知识的载体，如有线和移动电话、互联网、计算机的发展水平等；公路、铁路、民航和水运等物流环境。基础设施的条件好，信息交流顺畅，可以降低搜寻成本和成交成本，提高学习交流的效率；交通便利使得物流顺利流动，大大降低了信息和物质的交易成本，提高了要素的流动效率。

体现基础设施的主要指标有：货物周转量、公路拥有量、长途光缆线路长度、固定资产投资额。用公路拥有量反映基础设施条件。具体数据见表 11（没有包括航空与高等院校科研院所）。

表 11　2000－2013 四川基础设施条件

年份	公路拥有量（万公里）	长途光缆线路长度（公里）	货物周转量（亿吨公里）	固定资产投资总额（亿元）
2000	9.09	－	622.9	491.60
2001	10.88	－	675.1	478.22
2002	11.01	－	695.4	1976.68
2003	11.25	－	768.3	949..54
2004	11.30	－	837.3	2818.4
2005	11.47	3.65	916.60	3585.18
2006	16.47	3.92	968.70	4412.88
2007	18.94	5.59	1059.10	5639.80
2008	22.45	5.86	1578.66	7127.81
2009	24.92	7.73	1590.52	11371.87
2010	26.61	5.78	1807.88	13116.72
2011	28.33	5.35	2016.17	14222.22
2012	29.35	5.46	2238.28	17040.00
2013	30.18	5.62	2248.60	20326.11

数据来源：根据《中国统计年鉴》《四川统计年鉴》《高新技术统计年鉴》等数据整理。

（二）四川创新环境与绩效关系的计量分析

本研究认为，通过主体创新动力状况、创新环境好坏、创新成果多少等三个方面，可大致反映创新能力强弱和创新水平高低。根据《中国统计年鉴》《四川统计年鉴》《高新技术统计年鉴》等数据整理获得此三者的数量（表 12）。

表 12　2000－2013 年四川各选择变量情况

时间	创新成果		创新动力		创新环境	
年份	高新技术企业产值（万元）	有效专利授权数（个）	R&D人员（人）	劳动者平均受教育年限（年）	银行类金融机构贷款余额（亿元）	公路拥有量（万公里）
2000	28.93	81	2425	8.35	4053.46	9.09
2001	30.52	51.0	2803	8.68	4498.55	10.88
2002	32.11	40.0	6521	8.98	5158.00	11.01
2003	40.57	53.0	8933	9.17	6096.65	11.25

续表

时间	创新成果		创新动力		创新环境	
2004	44.03	186.0	7735	9.44	6648.32	11.30
2005	33.00	91.0	9401.	9.68	6898.63	11.47
2006	53.86	264.0	8989	9.73	8003.13	16.47
2007	41.92	323.0	13555	9.83	9416.16	18.94
2008	62.67	598.0	14561	9.88	11395.36	22.45
2009	291.23	392	18678	10.00	15979.37	24.92
2010	378.69	417	13425	10.13	19485.73	26.61
2011	365.08	1856	17690	10.27	22514.23	28.33
2012	489.19	2393	19119	10.30	26163.25	29.35
2013	461.98	3684	26689	10.50	30298.85	30.18

数据来源：根据《中国统计年鉴》《四川统计年鉴》《高新技术统计年鉴》等数据整理。

1. 创新绩效与创新环境的相关分析

用 Eview6.0，处理表13数据得出，四川创新环境和创新绩效间的数量关系如下（表13）。

表13 相关关系分析 （Pearson correlations）

高新企业产值		R&D人数	劳动者平均受教育年限	银行类金融机构贷款余额	公路里程数	有效专利发明数
X_1		X_2	X_3	X_4	X_5	X_6
	Pearson correlations	0.999	0.998	0.760	0.967	0.906
	Pr.	0.000	0.000	0.001	0.000	0.00
	N	14	14	14	14	14

（1）创新绩效与R&D人数的关系

创新绩效以高新技术企业产值表示，知识流动水平用地区R&D人员数表示，经过统计检验得出，四川省的创新绩效与R&D人数间存在着正相关关系，相关系数为0.999（样本容量为14，Pearson分布双尾检验，显著性概率 $p=0.000$）。其内在机理是企业R&D人数提高能够提升创新能力，提高创新产出，创新绩效越好。

（2）创新绩效与劳动者平均受教育年限的关系

劳动者素质用劳动者平均受教育年限表示，是创新能力的重要标志。经过统计检验得出，四川省创新绩效与劳动者平均受教育年限间存在着正相关关系的结论，相关系数为0.998（样本容量为14，Pearson分布双尾检验，显著性概率 $p=0.000$）。企业劳动者平均受教育年限高，创新能力超强，创新绩效越好。人力资源素质的提高对四川创新能力的贡献非常巨大，加大教育的投资力度有助于四川区域创新能力的提升。

（3）创新绩效与银行类金融机构贷款余额的关系

银行类金融机构贷款余额反映创新环境对创新主体进行创新活动的金融支持力度，经过统计检验得出，四川省创新绩效与银行类金融机构贷款余额间存在着正相关关系的结论，相关系数为 0.760（样本容量为 14，Pearson 分布双尾检验，显著性概率 $p = 0.000$）。金融支持力度越强，越能提升创新能力，越能提高产出绩效。

（4）创新绩效与公路里程数的关系

公路里程数反映创新环境对创新主体的创新活动的支撑状况。经过统计检验得出，四川省创新绩效与公路里程数间存在着正相关关系的结论，相关系数为 0.967（样本容量为 14，Pearson 分布双尾检验，显著性概率 $p = 0.000$）。基础设施水平的提高能够提升创新能力，基础设施的改善对四川创新能力的贡献非常巨大，提高基础设施水平是提升创新能力的有效举措。

（5）创新绩效与有效专利发明数的关系

有效专利发明数既体现创新成果，也反映创新主体的创新能力。经过统计检验得出，四川省创新绩效与有效专利发明数间存在着正相关关系的结论，相关系数为 0.906（样本容量为 14，Pearson 分布双尾检验，显著性概率 $p = 0.000$）。有效专利发明数越多，创新产出能力超强，创新绩效越好。

2. 创新绩效与创新环境的回归分析

主体创新动力状况、创新环境好坏、创新成果多少等三者的关系，可大致反映创新能力强弱。根据几者间的关系，可建立四川创新环境各要素与创新绩效间的回归模型为：

$$x_1 = \beta_1 + \beta_2 x_2 + \beta_3 x_3 + \beta_4 x_4 + \beta_5 x_5 + \beta_6 x_6 + \mu$$

回归方程中的自变量为：x_1 为高新技术产业产值；x_2 为 R&D 人员数；x_3 为劳动者平均受教育年限；x_4 为银行业各类金融机构贷款余额；x_5 为公路拥有量。因变量为有效专利发明数 x_6。四川创新环境各要素与创新绩效间的回归方程如下。

$$x_1 = -1.23 \times 10^{-11} + 1.16 \times 10^{-15} x_2 + 1.53 \times 10^{-2} x_3 - 1.27 \times 10^{-16} x_4 - 1.0 \times 10^{-13} x_5 + 1.0 x_6$$

$$(-2.70) \quad\quad (0.26) \quad\quad (2.77) \quad\quad (-1.35) \quad\quad (-1.51) \quad\quad (28.8)$$

$$R^2 = 1.00 \quad\quad \overline{R}^2 = 1.00$$

从设置模型获得的按拟合方程来看，拟合优度为 1.00，可以认为总体拟合得很好，但 x_2, x_4, x_6 的参数估计值未通过 t 检验，原因可能是模型可能存在共线性，异方差、自相关。

检验多重共线性，采用逐步回归法，分别回归如下：

表 14　四川创新绩效与创新动力、创新环境间的回归关系估计

拟合方程	拟合优度	拟合优度调整
$\dot{x}_1 = -78.63 + 2.63 x_2$	$R^2 = 0.618$	$\overline{R}^2 = 0.586$

续表

拟合方程	拟合优度	拟合优度调整
$\hat{x}_1 = -1925.94 + 217.25x_3$	$R^2 = 0.978$	$\bar{R}^2 = 0.943$
$\hat{x}_1 = -87.43 + 0.02x_4$	$R^2 = 0.936$	$\bar{R}^2 = 0.931$
$\hat{x}_1 = -219.6843 + 20.70x_5$	$R^2 = 0.822$	$\bar{R}^2 = 0.807$
$\hat{x}_1 = -3.04 + 1.00x_6$	$R^2 = 1.000$	$\bar{R}^2 = 1.000$

以上方程，根据经济理论和统计检验，x_3，x_5，x_6为重要的解释变量，用逐步回归的方法选出最优拟合的回归方程：$\hat{x}_1 = -87.43 + 0.02\hat{x}_4$，将其余的变量逐个引入到方程中，结果如表15所示。

表15 四川创新模型的估计

	β_1	β_2	β_3	β_4	β_5	β_6	R^2
（1）$x_1 = f(x_4)$	-87.4 (2.5)			0.02 (7.8)			0.931
（2）$x_1 = f(x_4, x_6)$				-4.01×10^{-18} (-2.57)		1.00 (1.03×10^{16})	1.00
（3）$x_1 = f(x_3, x_4, x_6)$	1.43×10^{-2} (3.30)		1.72×10^{-2} (3.05)	3.88×10^{-2} (3.18)	1.00 (2.49×105)		1.00
（4）$x_1 = f(x_4, x_5, x_6)$				-3.01×10^{-17} (2.48)	-9.13×10^{-17} (-2.71)	1.00 (2.48×10^{15})	1.00
（5）$x_1 = f(x_3, x_4, x_5, x_6)$	7.29×10^{-13} (0.549)		-7.39×10^{-14} (-0.45)	8.45×10^{-17} (3.14)	-3.70×10^{-14} (-1.89)	1.00 (9.8×10^{14})	1.00
（6）$x_1 = f(x_2, x_3, x_4, x_5, x_6)$	-1.32×10^{-11} (-2.70)	-1.16×10^{-15} (0.26)	-1.53×10^{-12} (2.27)	-1.27×10^{-16} (-1.35)	-1.00×10^{-13} (-1.50)	1.00 (2.88×10^{14})	1.00

通过对各拟合方程的经济意义检验，统计检验和计量经济检验。综合考虑，拟合方程3能较好地反映各变量间的关系。

$$x_1 = 1.43 \times 10^{-2} + 1.72 \times 10^{-2}x_3 + 3.88 \times 10^{-2}x_4 + 1.00x_6$$

(3.30)　　　　(3.05)　　　　(3.15)　　　　(2.49×10⁵)

$R_2 = 0.99$　　　$F = 3.96 \times 10^{19}$

由此拟合方程可知：人均受教育年限 X3 每增加 1 个单位，高新技术产值 X4 平均增加 1.72×10^{-2} 个单位；银行业类金融机构贷款增加 1 个单位，高新技术产值平均增加 3.88×10^{-2} 个单位；有效发明专利数 X6 每增加 1 个单位，高新技术产值平均增加 1 个单位。显然，人财物的关系表明，要素能否高效的组合并提高产出效率的关键是：（1）要素能流动；（2）要素流动很畅通；（3）要素流动与畅通流动的制度创新与保障。

五、研究结论与对策建议

（一）研究结论

通过以上定性与定量研究和分析，有如下重要发现：

1. 四川创新环境各要素与创新能力与水平之间都存在着较强的正相关关系。这表明，创新环境中基础设施、劳动力素质、金融支持力度、创新创业水平、知识流动水平、知识吸收水平都显著的影响区域创新能力。创新环境各要素的提高会提升区域创新能力与水平，创新绩效较好。

2. 四川创新环境构成要素对各自的贡献大小存在着明显的差异。实证分析对贡献度可以进行精确测量和排序。按照贡献度的排名是：（1）创新产值；（2）创新成果；（3）人力资源素质；（4）金融支持；（5）基础设施。其中，创新创业水平对创新能力的影响最大，人力资源素质、金融支持、基础设施次之。具体测量结果为：知识流动水平每增长1%，拉动创新能力为0.302%左右；创新创业水平每增长1%，拉动创新能力为0.201%左右；人力资源素质每增长1%，拉动创新能力为0.163%左右；知识吸收水平每增长1%，拉动创新能力为0.160%左右；基础设施每增长1%，拉动创新能力为0.137%左右。这说明，创新能力并不是由单一的某个因素影响或者决定的，而是由多个因素共同作用的结果。知识创新能力、产业创新能力、制度创新能力、科技创新能力、服务创新能力和环境创新能力的第一主成分是各自创新要素共同作用的结果，各创新要素的提高能够提升相应的创新能力水平，创新绩效也会随之得到提高。

3. 创新能力并不是独立存在的，不同的创新能力之间存在着相互影响。不同的创新能力对创新绩效的时间效应并不相同，有些可能在短期内有显著影响，而有些则具有一定的滞后性。不同创新能力对创新绩效的影响效果存在差异性。通过实证分析发现，科技创新能力对工业发展影响最大，其次是制度创新能力，然后是环境创新能力和服务创新能力，知识创新能力作用效果最小但发挥着基础作用。

（二）对策建议

1. 政府要"有所为，有所不为"

本文强调政府在区域创新中的重要作用，并不是强调"万能政府"。技术创新是企业行为，它的主要驱动力主要是企业家和企业，但其活动成败与否则主要依赖于企业所在区域是否提供了必要的创新环境。在中国现行体制和转轨过程中，政府凭借其行政权力和生产供给政策法规等公共产品的垄断力，特别是改革开放的主导力，在区域创新中地位和作用非常关键和无可替代的。

四川区域创新环境的各个要素对创新能力的影响不是均等的，创新的产出绩效也就想去相去甚远，其中知识流动水平和创新创业水平对创新能力的影响最大，人力资源素质、知识吸收水平、金融支持力度、基础设施次之。基于此，政府部门在制定政策时更应有所区别，应"有所为，有所不为"，尤其是在资金有限的客观条件下，重点改善科技合作、技术转移等对知识创新起显著作用的要素，加大对区域创新能力提高贡献较大的知识流动水平和创新创业水平的投入。同时为科技合作、技术转移创造良好的环境。

2. 建立创新投入的长效机制

基于四川区域创新能力实证分析的结果，四川存在创新投入严重不足和金融行业对创新缺乏有效性支持的问题。由于创新活动本质上是一种经济活动，离不开资金的持续投入支持。因此，加大科技创新投入力度，提高单位 GDP 的创新投入强度，是提高区域创新能力首先要解决好的问题，是区域创新能力培育的重要基础，也是衡量一个国家或地区创新能力高低的重要标尺。

四川省尽管已经成立了由政府主导、国有企业参与的投资企业和贷款担保企业，但缺少民间和海外资本的广泛参与，缺乏相对完善的风险投资进退出机制。因此，建立健全四川省区域科技投入稳定增长法律保障机制，优化四川省财政科技的投入结构，建立四川省多元化的科技投入体系，建立严格的创新投入管理制度，建立和完善投入责任制，通过加大转移支付、拓宽融资渠道与严格创新投入管理制度并举，建立健全四川区域创新投入体系，不断提高科技创新投入水平，才能可持续地强化四川区域创新能力。

3. 建设支持创新的金融环境

创新活动是一项高资金投入、高风险的经济活动。因此，仍然需要加大金融资本市场对创新的支持作用。创新环境的改善也离不开相关社会主体的共同努力，各种行为主体之间的相互联系和相互作用，必然会给区域创新环境的营造贡献力量。

四川创业投资经过几年的磨炼和发展，取得了一定的发展效果。但由于缺乏一个完整的体系，使得投资盲目，短期行为严重，不仅未脱离国资背景和政府框架范围，而且至今也未能与科技创新企业、科研院所形成一种互动互进的良好关系。在当前发展的关键阶段，要为其构建一个完整的创业投资体系，引导其快速稳步前进。构建创业投资体系，可以从创业投资的环境建设、筹资、投资、退出等方面考虑。

(1) 拓宽创业投资的融资渠道。在发达国家，创业资金来源于养老金，保险公司、捐赠基金、外国投资者、个人投资者等。多元化的资金来源推动了发达国家创业投资的快速发展。

四川目前创业投资过多地依赖政府和国企，资本来源单一，金融机构及个人提供的资金不够，外资引进规模也非常小。创业投资资本来源过于单一，极大地限制着创业资本的发展规模。

四川要克服地理位置、经济因素等方面对四川发展创业投资带来的障碍。政府要鼓励组建民营基金，设计合理的基金规模，对于成立时间较早、基础条件较好、经验丰富的创业投资机构可采取渐进式发展策略，逐步扩大基金运作规模，提高其运作的规模效益；建设省外资本、海外资本进入我省创业投资领域的渠道，通过引进省外资本和海外资本，组建合资合作的创业投资企业，吸取我国发达地区以及国外成熟的创业投资管理理念、管理经验和技术，借鉴其对风险的识别与分析能力，吸引国内外专业化的投资人才。

(2) 改善民营企业融资环境。进一步完善中小企业融资和信用担保体系，努力破解民营中小企业融资难的问题。坚持政府推动与市场化运作相结合，鼓励支持民营企业、社会自然人出资创办信用担保机构。建议省财政每年拿出5000万元，用于增加省中小企业信用担保基金规模。探索建立再担保机构，完善中小企业再担保体系。充分发挥各类商会、专业协会的作用，建立中小企业互助基金会，为会员企业提供短期借贷或银行贷款担保。大力推动民营企业上市工作，鼓励和积极支持具备条件的民营企业特别是高科技企业进行股份制改造和通过发行企业债券、股票上市等方式直接融资。有关部门要把民营企业上市列入规划，积极提供咨询服务，帮助搞好规范管理，创造条件上市融资。政府有关部门要进一步加强银企关系的协调，建立起协调服务机制。

（3）建设多层次股权交易市场。多层次资本市场是创业投资可持续发展的重要保障。首先，在我省今后的创业投资发展中，我们要完善区域性的产权交易市场，积极进行业务创新，拓展服务领域，加强与其他省市产权交易市场之间的合作，进一步扩大产权交易市场的交易品种，放宽交易条件。其次，中国证监会发布了《首次公开发行股票并在创业板上市管理暂行办法》，对我国经济的复苏不可或缺，恰逢其时。它是中小企业解决融资问题的一个最好途径。我省当前应该加大对中小企业的评估，鼓励符合条件的中小企业板、创业板正式启动后上市。第三，在政策的支持下，考虑建立如美国场外柜台电子交易系统的场外市场，探索在南昌开展场外柜台交易，重点选择一些资本实力雄厚、信誉度高的证券公司开展场外柜台交易。

（4）建立省市创业投资引导基金。引导基金是由政府设立并按市场化方式运作的政策性基金，主要通过扶持创业投资企业发展，引导社会资金进入创业投资领域。国内外经验证明，在创业投资初期，政策性引导基金是解决企业和个人不愿意进入创投领域的有效途径，以色列的经验很值得我们学习。我省创业投资的发展过程中，要合理设置基金的运行模式，坚持"参股而不控股，引导而不干预"的原则，不以赢利为目的，保证市场化运作，设计合理基金规模，满足不同发展阶段创业企业需求。

4. 加快创新人才开发建设

四川的高层次人才，尤其是国家级、世界级的人才缺乏，现有的专业人才队伍的总体素质有待提高。人才是知识的载体，是重要的创新源和创新生产力要素之一。因此，进一步完善人才环境、人文环境和创新创业环境，切实培养人才、吸引人才、用好人才，是区域创新发展的关键。这意味着四川要加快创新人才资源的开发。中共四川省委、四川省人民政府对四川省区域科技创新人力资源政策，均有较完整的体系。但政策针对的对象是科技人才，而从现代区域创新建设和发展来看，支撑区域创新发展的人力资源不仅是科技创新人才，还应包括创意人才、知识产权人才。因此，应在现行的政策框架内，将对象范围由科技创新人才，拓宽为涵盖科技、创意、知识产权人才，即创新型人才。

5. 优化创新创业环境

通过创新环境与创新能力之间的关系实证结果，我们得出创新创业水平每增长1%，拉动创新能力为0.201%左右。基础设施每增长1%，拉动创新能力为0.137%左右的结论。因此，在资源约束的现实情况下，大力发展具有较强拉动作用的创新创业水平和基础设施建设，营造良好的创业投资环境，可以提高有限资源的利用效率，提高创新效率。同时，实证结果也表明金融系统在创新中没有发挥应有的支持作用。基于金融环境是创新活动中非常重要的支持产业，创新活动的可持续发展离不开金融环境的支持。因此，有必要建设支持创新的良好金融环境，通过对创新的良好保护和刺激，来支持创新的发展。区域创新成果转化服务体系作为创新创业环境的内容，可以降低交易成本和机会成本，实现创新成果经济价值。因此，也有必要加强。

6. 制定与实施知识产权战略

创新和技术扩散是一个两难问题。基于创新的高风险和较强的外部效应，一方面要通过知识产权的制定和规范对创新进行引导，准许其获得高回报。另一方面，政府恰当的引导关键技术的扩散能够促进经济社会发展。因此，要注重创新和技术扩散之间的平衡。

知识产权制度是开发和利用知识资源的基本制度。知识产权制度通过合理确定人们对于知识及其他信息的权利，调整人们在创造、运用知识和信息过程中产生的利益关系，激励创新，推动经济发展和社会进步。知识产权日益成为区域发展的战略性资源和区域竞争力的核心要素，成为建设创新型区域的重要支撑。

7. 整合资源提高自主创新能力

创新是将知识转化为新产品、新工艺和新服务的过程，知识创造能力是一个地区技术创新的基础。高等学校、研究开发机构在知识创造中起着重要的源泉作用。企业直接地将新的技术转化为商品，企业直接面向市场，市场又通过企业有效地引导科技研究的方向。基于前文实证分析的结果，我们发现四川的科技体制与运行机制的改革和创新滞后，相关研究单位很难独立完成技术集成水平较高的项目，对企业综合技术需求无能为力。因此，有必要充分利用和整合现有的科技资源，创新产学研有机结合的机制，最终建立以企业为主体的区域技术创新体系，提高自主创新能力。

8. 打造创新技术交流合作平台

目前，四川的原创创新能力不足。四川创新能力的提升，主要依靠技术的合作和交流来实现。技术的合作和交流对创新能力的贡献度非常高：知识流动水平每增长1％，拉动创新能力为0.302％左右，知识吸收水平每增长1％，拉动创新能力为0.160％左右。因此，四川可以根据自身特点和具体情况，强化技术的合作和交流能力，通过引导区域学习环境的建立，通过加强技术扩散机制，通过发挥外商投资的技术外溢效应，通过扩大技术扩散计划，通过建设跨行政区域的创新体系，促进区域内外的技术交流、技术合作、技术转移等，加速外部科技创新资源向本区域聚集或为本区域所用，从而获得更大的创新能力的拉动。

9. 加强教育提供高素质劳动力

基于前文实证分析，劳动者素质显著影响了创新能力，劳动者素质每增长1％，拉动创新能力为0.163％左右。因此，我们除了高水平人才的培养和引进外，还应重视对社会劳动者素质的培养和提高，在不断提高城市化水平的同时，加大进城务工人员和农民的职业素质教育力度，培养大批的创新人才，为科技创新提供大批的合格劳动者。

10. 完善创新产出服务体系

四川的创新现实是，高校和科研机构的研究开发活动对市场需求和规律缺乏把握，其成果往往缺乏市场竞争能力或达不到产业化生产的要求，这是四川多年来科技成果转化率不高的根本原因。因此，四川的区域创新能力在中部地区处于中下水平，创新投入和创新产出整体水平不高，总量不大，存在着投入的相对过剩和产出的不足和低效等现象。而且，在知识的产出方面，要构建以市场需求为导向的研究开发模式，健全和完善四川区域创新成果转化的服务体系和保障体系；在高效生产方面，要以工业园区为平台，发挥高科技引领和高新技术改造传统产业的作用，实现规模经济和范围经济。通过完善创新产出服务体系，实现创新能力的提升。

新常态下四川经济发展的科技创新动力实现研究

引 言

科技支撑发展，创新引领未来。金融危机之后，全球范围内正悄然孕育新一轮的科技革命和产业革命，这成为包括我国在内的世界各国竞相追赶，必须把握的重大时代焦点与发展机遇。党的十八大已明确指出："科技创新是提高社会生产力和综合国力的战略支撑，必须摆在国家发展全局的核心位置。"这充分展现了我国对科技创新的重视。

科技创新上升为国家发展战略，并不是空调口号，而是我国处于内外环境交困背景下，经济发展的必然选择。当前，我国正处于三期叠加的新常态发展阶段。本质上，中国经济新常态并不是经济周期性的衰退，而是经济结构性调整的过程。它表面上是经济增长速度的降低，但背后隐含着增长动力的转变，即由要素与投资驱动转向创新驱动，尤其是科技创新驱动。

回顾四川发展历程可以发现，传统要素驱动力占主导，科技创新驱动力较缺乏。当前，在四川三大发展战略中，创新驱动发展战略的推进也稍显滞后。基于此，本研究由四川科技创新动力的整体现状着手分析，挖掘科技创新动力存在的主要问题，探讨科技创新动力实现的若干路径，最后给出促进我省科技创新动力顺利实现的机制保障。

近年来，四川不断加强科技创新工作，科技创新劳动与资金两个基本要素的状况已有明显改善，表现为以科学研究和技术服务人员、R&D活动人员规模衡量的科技创新劳动投入强度不断提高；以财政科技支出和R&D活动经费支出总量衡量的科技创新资金投入规模逐年扩大。从科技创新产出角度考察，四川科技创新成果产出增势显著，科技创新要素投入的经济效益有所显现。一方面，专利申请批准总量增势强劲，个人与企业的创新主体地位尤其突出，且企业已成为专利获批的绝对主力；另一方面，四川达到国际先进及以上水平的科技成果有所增加，处于国内先进与国内领先水平的科技成果呈现双增长的态势；此外，高新技术产业规模持续扩大，高新技术产业对规上工业发展贡献显著。

看到四川科技创新发展取得成绩的同时，研究发现一些不容忽视的问题：第一，技术进步贡献率需加快提升。四川经济增长依然主要依靠资本驱动，且技术进步贡献率未能稳步提升，极不利新常态下的转型发展。第二，科技创新劳动投入需加快提升。科学研究和技术服务人员增速高，但比重低于全国；规上工业企业R&D人员占全国比重居西部首位，但仍有提升空间。第三，科技创新资金有待进一步提高。财政科技支出增幅大，但占财政总支出的比重较低；R&D 投入强度有所改善，但与全国及发达省市仍有差距。第四，市州科技创新发展差异大。成都科技创新劳动与资金投入总量均最大，且远高于末位的市州；成都高新技术工业产出能力最强，且远远领先其他市州。

如何强化我省科技创新动力是此课题的重点，我们认为有以下几条路径可鉴：一是，加强科技人才队伍建设。要大量引进高端科技人才，且要有年龄梯度；要以项目为支撑，积极培养后备科技创新苗子；要重点突破，全力打造一批科技创新型团队。二是，加大科技创新资金支持。要继续加大财政科技支出；要坚持扩大 R&D 经费支出规模；要加强金融支持科技创新，促进金融与科技融合。三是，促进科技创新成果转化。要打造科技创新"集市"；要促进国外科技项目对接。四是，打造科技创新协同格局。市州协同：以"两带"为突破，激发全域科技创新活力；区域协同：以成渝西昆为支撑，共建西部科技创新中心；人文协同：以营造创新氛围为抓手，促进创新基因显性化。

新常态下，促进四川科技创新动力顺利实现需要一系列机制给予保障。首先，健全人才引进机制。做到三个结合：项目与智力相结合，引商与引智相结合，乐业与安居相结合。其次，优化资金投入机制。做到三个坚持：财政科技支出总量增长与优化结构并重；扩大研发经费规模与丰富经费来源并重；灵活使用税收工具，打好税收政策组合拳。再次，完善协调联动机制。做到两个协调：加强组织领导，做好部门、区域协调工作；强化产业联动，完善成果转化配套链条。最后，强化考核督查机制。做到两个强化：加强科技创新绩效考核；严把科技创新审核关口。

一、四川科技创新动力的整体现状

(一) 科技创新要素投入状况

科技创新要素包括科技创新劳动、资金、制度等。其中，科技创新劳动与资金是最为基本的要素，也是易观测、易获得、易量化的变量。近年来，四川不断加强科技创新工作，科技创新劳动与资金两个基本要素的状况已有明显改善。

1. 劳动投入强度不断提高

科学研究和技术服务人员总量不断增加。2010 年，四川科学研究和技术服务人员为 13.7 万人，2014 年达到 26.9 万人，年均约增加 3.3 万人。与此同时，科学研究和技术服务人员占就业人员总规模的比重也由 2010 年的 0.29％提升至 2013 年的 0.56％，提高 0.27 个百分点。

表1　2010－2014 年四川就业人员、科学研究和技术服务人员①

单位：万人；万人；%

年份	就业人员	科学研究和技术服务人员	占比
2010	4772.5	13.7	0.29
2011	4785.5	14.7	0.31
2012	4798.3	16.2	0.34
2013	4817.3	19.2	0.40
2014	4803.6	26.9	0.56

注：科学研究和技术服务人员由国有经济单位、城镇集体单位和其他单位合并加总所得；占比为科学研究和技术服务人员占就业人员总量的比重。

R&D 活动是科技创新的核心，是技术进步的关键。随着国家对科技创新重视度的提高，我省从事 R&D 活动的人员规模有所扩大。2010－2014 年，R&D 人员由 4.5 万人增至 6.3 万人，共增加 1.8 万人。同期，折合为全时的 R&D 人员由 2011 年的 8.4 万人提高至 2014 年的 12 万人。

---

① 数据来源于历年四川省统计年鉴。下文如无说明，数据来源均同此。

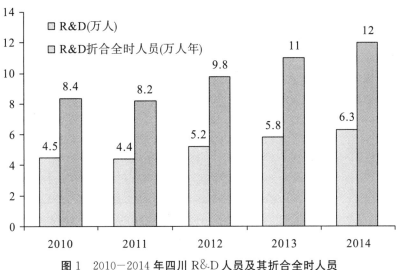

图 1 2010—2014 年四川 R&D 人员及其折合全时人员

2. 资金投入规模逐年扩大

科技创新是一项长期活动，任何国家或地区的主体短期内都难以快速实现一项技术革新。科技创新活动的持续性需要大量且充足的资金予以保障。

2010—2014 年，四川财政科技支出均保持两位数的高增长速度，财政科技支出总量快速提升。2010 年，财政科技支出规模为 34.7 亿元，占公共财政支出总量的比重为 0.81%。此后，财政科技支出持续增长，2014 年增至 81.8 亿元，占公共财政支出的比重也超出 1%，达到 1.12%，较 2010 年高 0.39 个百分点。

表 2 2010—2014 年四川公共财政支出及财政科技支出

单位：亿元；亿元；%；%

年份	公共财政支出	财政科技支出	同比增速	占比
2010	4258.0	34.7	15.4	0.81
2011	4674.9	45.7	31.8	0.98
2012	5451.0	59.4	29.8	1.09
2013	6221.0	69.5	17.0	1.12
2014	6816.7	81.8	17.7	1.20

注：占比为财政科技支出占公共财政支出的比重。

2010—2014 年，四川 R&D 活动经费总量平稳增加。2010—2014 年，R&D 活动经费以年均增加 43.1 亿元的速度提高至 449.3 亿元。然而，R&D 投入强度（R&D 经费占 GDP 的比重）走势并不稳定。这可能与内外部经济环境不景气、产能过剩等因素挫伤创新主体的 R&D 活动积极性有关。2010 年该指标为 1.57%，2011 年滑落至 1.4%。伴随经济环境好转及政府的支持引导，创新积极性不断提高，R&D 投入强度缓慢爬升，2014 年升至 1.57%。

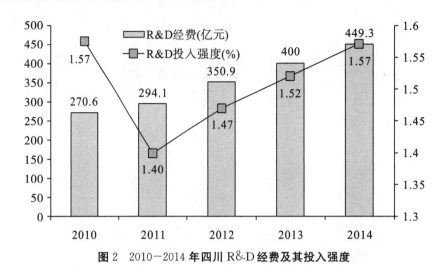

图2　2010－2014 年四川 R&D 经费及其投入强度

（二）科技创新成果产出状况

科技创新的成果产出情况是检验科技创新要素投入效益的有效指标。近年来，四川科技创新成果产出增势显著，科技创新要素投入的经济效益显现。

1. 专利批准量显著增加

从整体规模看，专利申请批准总量增势强劲。2010 年，全省专利申请批准量 32212 项，至 2014 年达到 47120 项，年均增加 3727 项。

从主体结构看，个人与企业的创新主体地位尤其突出，且企业已成为专利获批的绝对主力。2010－2014 年，四川个人与企业的专利申请批准量在全省中的比重始终在 90％以上。但，个人专利申请批准量有所下降，企业则不断上升。2010 年，个人专利申请批准量为 19030 项，2014 年下降为 8124 项，共减少 10906 项。同期，企业专利申请批准量由 11612 项增加至 34153 项，其在全省中的占比也达到 72.48％，较 2010 年高 36.4 个百分点。

表 3　2010－2014 年四川专利申请批准量

单位：项；%

年份	全省	个人		大专院校		科研单位		企业	
	数量	数量	占比	数量	占比	数量	占比	数量	占比
2010	32212	19030	59.08	856	2.66	581	1.80	11612	36.05
2011	28446	10449	36.73	1543	5.42	710	2.50	15523	54.57
2012	42220	14095	33.38	2075	4.91	1408	3.33	24183	57.28
2013	46171	13699	29.67	2539	5.50	1093	2.37	28334	61.37
2014	47120	8124	17.24	3060	6.49	1173	2.49	34153	72.48

注：占比为不同主体专利申请批准量在全省中的百分比。

2. 科技成果水平有所提升

以国际先进为尺度，四川达到国际先进及以上水平的科技成果有所增加。2014 年，我省国际先进与国际领先水平的科技成果共计 254 项，比 2010 年增加 55 项。其中，国际领先水平增加 19 项，国际先进水平增加 36 项。

立足国内，四川国内先进与国内领先水平的科技成果呈现双增长的态势。2014 年，全省国内先进与国内领先水平的科技成果分别为 190 和 455 项，较 2010 年分别增加 76 和 216 项，二者合计增长 292 项。

表 4　2010－2014 年四川科技成果水平

单位：项

	2010	2011	2012	2013	2014	增幅
国际领先	56	51	63	55	75	19
国际先进	143	144	195	171	179	36
国内领先	239	272	426	414	455	216
国内先进	114	103	174	187	190	76

注：增幅为 2014 年的数值减去 2010 年的数值。

3. 高新技术产业持续发力

高新技术产业规模持续扩大。2014 年，四川规上工业高新技术企业 1779 户，实现工业总产值 10521.4 亿元，是 2011 年的 1.6 倍；从业人员上升至 96.9 万人，比 2011 年增加 22.4 万人；资产总额达到 10346.5 亿元，较 2011 年增加 0.5 倍。

高新技术产业对规上工业发展贡献显著。2014 年，全省规上工业高新技术企业实现总产值较 2013 年增长 10.4%，占全部工业总产值的比重为 26.8%，比 2013 年高 0.9 个百分点；主营业务收入在全省的占比为 27%，较 2013 年提高 1.4 个百分点。此外，2014 年高新技术产品出口交货值高达 192.1 亿美元，同比增长 9.6%，对当年规上工业产品出口的贡献率达到 92.4%。[①]

二、四川科技创新动力存在的主要问题

（一）科技创新劳动投入需加快提升

1. 科学研究和技术服务人员增速高，但在就业人员中的比重低于全国

近年来，全国与四川的科学研究和技术服务人员总量均有所增加，且四川的增速高于全国。2010－2014 年，全国科学研究和技术服务人员由 292.3 万人增加至 408 万人，年均增长 8.7%，比四川低 9.7 个百分点。

---

① "高新技术产业持续发力"的相关数据来源于四川省科学技术厅。

表5　2014年31省市科学研究和技术服务人员占比及位序

单位:%

地区	占比	位序	地区	占比	位序	地区	占比	位序
北京	7.91	1	广西	2.43	12	安徽	1.84	23
青海	3.62	2	云南	2.41	13	山西	1.62	24
天津	3.62	3	吉林	2.36	14	广东	1.62	25
上海	3.47	4	河北	2.21	15	河南	1.48	26
西藏	3.44	5	湖南	2.16	16	浙江	1.46	27
陕西	3.44	6	海南	2.16	17	山东	1.45	28
甘肃	2.66	7	湖北	2.15	18	江苏	1.34	29
四川	2.60	8	新疆	2.07	19	福建	1.30	30
黑龙江	2.56	9	内蒙古	2.06	20	江西	1.19	31
辽宁	2.54	10	宁夏	1.92	21			
贵州	2.51	11	重庆	1.85	22			

注:基础数据来源于《中国统计年鉴》。"占比"为科学研究和技术服务人员总量在城镇单位就业人员总量中的比重。

然而,四川科学研究和技术服务人员占就业人员总量的比重仍然较低。2014年,四川科学研究和技术服务人员在全省城镇单位就业人员中的占比为2.6%,位居全国31省市第8位,但是与首位的北京比较,低了5.31个百分点。

2. 规上工业企业R&D人员占全国比重居西部首位,但仍有提升空间

四川规上工业企业R&D人员占全国比重在西部十二省市中最高。2014年四川省规上工业企业R&D人员全时当量达到6.2万人年,占全国的2.35%,领先西部地区其他省市,比排位最低的西藏高个百分点。

四川规上工业企业R&D人员占全国比重仍有较大的提升空间。2014年,四川规上工业企业R&D人员占全国的比重为2.4%,在31省市中排在第14位。前9省市的比重均高出四川1个百分点以上。其中,第1位的广东是四川的6.84倍,第2位的江苏是四川的6.8倍,第3为的浙江是四川的4.67倍。

表6　2014年31省市规上工业企业R&D人员占全国比重及位序

单位:%

地区	占比	位序	地区	占比	位序	地区	占比	位序
广东	16.08	1	河北	2.84	12	广西	0.86	23
江苏	16.01	2	辽宁	2.40	13	贵州	0.59	24
浙江	10.99	3	四川	2.35	14	甘肃	0.54	25
山东	8.74	4	北京	2.19	15	云南	0.49	26
河南	5.08	5	陕西	1.92	16	新疆	0.25	27
福建	4.20	6	重庆	1.66	17	宁夏	0.22	28

地区	占比	位序	地区	占比	位序	地区	占比	位序
安徽	3.61	7	黑龙江	1.42	18	海南	0.13	29
上海	3.55	8	山西	1.35	19	青海	0.08	30
湖北	3.46	9	江西	1.09	20	西藏	0.00	31
天津	2.99	10	内蒙古	1.02	21			
湖南	2.93	11	吉林	0.92	22			

注：基础数据来源于《中国统计年鉴》。

（二）科技创新资金有进一步提高的可能

1. 财政科技支出占财政总支出的比重较低

尽管四川财政科技支出规模不断扩大，但其占地方财政支出总量的比重提升空间较为充足。2014 年，四川财政科技支出占财政总支出的比重为 1.2%，比全国低 2.3 个百分点，比前三位的北京、上海和浙江分别低 5.05、4.12 和 2.83 个百分点。在 31 省市排位中，四川仅居第 20 位，比广西、新疆分别低 7 和 1 个位次，增长空间较充足。

表 7　2014 年 31 省市财政科技支出占比及位序

单位：%

地区	占比	位序	地区	占比	位序
北京	6.25	1	吉林	1.25	17
上海	5.33	2	海南	1.23	18
浙江	4.03	3	新疆	1.22	19
江苏	3.86	4	四川	1.20	20
天津	3.78	5	湖南	1.18	21
广东	3.00	6	宁夏	1.17	22
安徽	2.78	7	重庆	1.15	23
湖北	2.73	8	黑龙江	1.15	24
辽宁	2.14	9	陕西	1.13	25
山东	2.05	10	河北	1.10	26
福建	2.04	11	云南	0.97	27
山西	1.76	12	内蒙古	0.85	28
广西	1.72	13	甘肃	0.83	29
江西	1.50	14	青海	0.77	30
河南	1.35	15	西藏	0.37	31
贵州	1.25	16			

注：基础数据来源于《中国统计年鉴》。"占比"为财政科技支出占地方财政总支出的比重。

2. R&D 投入强度与全国及发达省市仍有差距

四川 R&D 投入强度仍低于全国平均水平，与北京、上海、天津等发达省市相比差距较大。2014 年，四川 R&D 投入强度为 1.57%，比全国低 0.48 个百分点。在 31 个省市中，四川排第 11 位，比首位的北京低 4.38 个百分点，比第 2 位的上海低 2.09 个百分点，比第 3 位的天津低 1.39 个百分点。而且，四川的 R&D 投入强度与欧美发达国家 10% 左右的投入强度相比较，差距更加明显。在创新驱动已成为我国新常态发展阶段主要动力的当前阶段，四川加大 R&D 投入力度，切实保障创新驱动战略落实到微观主体显得极为重要。

表8　2014 年 31 省市 R&D 投入强度及位序

单位:%

地　区	投入强度	位序	地　区	投入强度	位序
全　国	2.05		山　西	1.19	16
北　京	5.95	1	河　南	1.14	17
上　海	3.66	2	甘　肃	1.12	18
天　津	2.96	3	黑龙江	1.07	19
江　苏	2.54	4	河　北	1.06	20
广　东	2.37	5	江　西	0.97	21
浙　江	2.26	6	吉　林	0.95	22
山　东	2.19	7	宁　夏	0.87	23
陕　西	2.07	8	广　西	0.71	24
安　徽	1.89	9	内蒙古	0.69	25
湖　北	1.87	10	云　南	0.67	26
四　川	1.57	11	青　海	0.62	27
辽　宁	1.52	12	贵　州	0.6	28
福　建	1.48	13	新　疆	0.53	29
重　庆	1.42	14	海　南	0.48	30
湖　南	1.36	15	西　藏	0.26	31

注：数据来源于《2014 年全国科技经费投入统计公报》。

（三）市州科技创新发展提升空间充足

1. 成都科技创新劳动与资金投入总量均最大，且远高于末位的市州

从科技创新劳动投入看，2014 年成都科学研究和技术服务人员规模达到 13.66 万人，比末位的雅安高 13.53 万人点；同年，成都 R&D 人员全时当量为 59337 人年，居 21 市州首位，约是末位阿坝的 297 倍。

从科技创新资金投入看，2014 年成都市财政科技支出占全省的 37.8%，达到 25.4 亿元，是末位巴中的 37.5 倍。同年，成都 R&D 经费投入 219.5 亿元，近乎全省的一半，约是末位甘孜的 921 倍。

2. 成都高新技术工业产出能力最强，且远远领先其他市州

以规上高新技术工业为例，2014 年，全省 21 个市州高新技术产业中规上工业总产值位居首位的成都达到 4941.9 亿元，比第 2 位的绵阳高 3912.2 亿元，约是第 3 位德阳的 6.3 倍。此外，德阳、乐山和资阳规模在 500～1000 亿元之间，泸州和雅安规模在 50～100 亿元之间，凉山、巴中和阿坝在 10～50 亿元之间，甘孜仍不及 10 亿元，其余 10 个市州均在 100～500 亿元之间。[①]

三、四川强化科技创新动力的主要路径

（一）加强科技人才队伍建设

科技创新本质上是智力与思想现实化的过程，这使得科技型人才顺其自然地成为其核心。目前，四川科学研究和技术服务人员在就业人员中的比重仍不及全国平均水平，R&D 活动人员规模也与发达省市存在较大差距，极不利于我省科技创新能力的提升赶超，加快科技人才队伍建设极为重要。

1. 高端科技人才需大量引进，且要有年龄梯度

高端科技人才是抢占未来科技创新制高点的基础要素。高端研发活动人才规模偏小和这一部分人力资源的平均年龄偏大是我省科技人才结构性矛盾的突出表现。亟须从两个方面入手缓解这一结构性瓶颈。

一方面，使用海外公民权与国民待遇同享等政策组合，以优越的创新研发软硬环境为吸引，着力引进高精尖特等关键性技术领域的海外华人、华裔等科技研发人才，力争至 2020 年新增海外高端研发人才 800 人，不断壮大我省高端科技人才规模，加快提升科技创新能力水平。

另一方面，本着科技创新年轻化与把握未来的原则，注重引进高端人才的年龄结构，着力打造 304050 高端人才梯队，即要接纳 50 岁以上的"落叶归根"型科技人才，也要吸纳 40 岁以上的中年研发人员，更要引进 30 岁左右的青年科研工作者。

2. 以项目为支撑，积极培养后备科技创新苗子

年轻科学技术人才不能全靠引进，引进来的也不一定服水土，因而自己培养一批后备人才就变得更加重要。四川有电子科技大学、四川大学、中科院成都生物研究所、中科院光电研究所等众多科研院所，具备培养科技创新苗子的独特优势。

以"双五"产业为代表的战略性新兴产业、特色优势产业以及高新技术产业等重点领域项目为支撑，通过我省科技创新苗子项目建设，梳理出 20-30 个甚至更多项目，

---

① 数据来源于：四川省科技厅。

在川内高等院校、科研院所与博士后流动站，选拔一批年龄30岁以下的在读高校生、4年内持续从事科技研发的毕业生及小部分示范高中在校生，资助其开展科学技术研究、应用开发、成果转化以及发明创造相关活动，培养一批创新意愿强和科技创新创业能力高的后备科技创新队伍。

3. 重点突破，全力打造一批科技创新型团队

短时间内，我省科技创新难以实现全面突破，应着力重要领域，组建科技研发团队，重点突破，实现以点带线、由线及面的战略目标。

围绕电子信息、轨道交通、生物制药、光电设备、机器人等重点产业行业领域，采取"项目＋带头人＋团队"的模式，打造扶持25～40个取得或具有较大可能取得国际领先或重大突破性成果，

具有较强竞争力、发展潜力大的高层次科技创新研究团队，每个团队3年给予80－200万元的研发配套经费。

(二) 加大科技创新资金支持

资金是科技创新活动顺利实现的一大必备要素，没有充足的资金支持，科技创新只能是一纸空谈。近年来，四川财政科技支出在财政总支出中的比重和R&D投入强度均滞后于全国平均水平，且与发达地区相比也存在较大差距，极大程度上限制了科技创新能力提升。

1. 继续加大财政科技支出

政府战略意志力是科技创新实现的重要驱动。政府战略意志推动科技创新有大力宣传、推动改革等多种表现，其中真金白银的财政科技支出是主要途径。当下，四川财政科技支出总量依然不高，继续加大支出规模，强化创新驱动号召力。

从总量增长上来说，财政科技支出规模要尽可能地保持20％～28％同比增速，力争2020年我省财政科技支出规模占财政总支出的比重在31个省市中排名提升8～10个位次。

从支出方向上考察，省市两级财政科技支出要支持"双五"战略性新兴产业、高技术产业和特色优势产业中的企业创新；要支持科研院所的基础研究、应用研究、公益技术研发及其硬件基础；要支持科技成果转化、孵化平台建设；要支持引进与培养人才专项计划建设等。

2. 扩大R&D经费支出规模

R&D活动是科技创新能力提升的关键环节。R&D活动顺利开展有必不可少的要素之一是资金。经过多年努力，四川R&D经费支出已有大幅提升，但R&D投入强度却不足2％。新常态下，我省快速提升R&D经费支出规模，不仅有利于提升科技创新能力，而且有利于增强争取创新试点省份的底气。

R&D经费支出增速要高于GDP增速。每年要尽可能地确保8％－10％的R&D经费支出增速，促进R&D经费支出平稳快速增长，争取2020年我省R&D投入强度达到甚至超越全国水平。

从经费来源看，有必要加速扩大外资 R&D 经费规模。2013 年，四川企业 R&D 资金占 R&D 经费支出的比重最高，达到 50.1%；政府资金占比为 38.2%，排第 2 位；境外资金所占比重最小，仅为 0.3%，远低于与美国的 1/3、全国的 5% 水平。因而，我省可充分抓住新一轮西部大开发、沿长江经济带、"一带一路"建设机遇，以天府新区、绵阳科技城等园区为平台，围绕省内重点产业行业，大力引进国外科技型企业和创新研发实力强的企业。

3. 加强金融支持科技创新

欧美等发达国家或地区经验表明，金融对科技创新的支持力度通常较高，金融市场是科技创新资金的重要来源。四川的上市公司数量居西部首位、全国第 7 位，证券、信托、银行等金融机构数量以及交易额等均为西部首位。借助金融市场，扩充科技创新资金来源是切实可行之举。

利用银行支持科技创新。一方面，要充分考虑科技创新的风险以及企业的偿款能力，政策性银行、国有商业银行、地方商业银行发放科技贷款的授信额度不超过年贷款总量的 3%、2% 和 1%，根据科技创新成效可适当追加额度；另一方面，要鼓励采用 PPP 模式，积极组建科技发展银行，专门用于服务企业的科技创新活动。

借助资本市场支持科技创新。充分学习和研究其他国家或地区的成功案例，鼓励我省优质的科技型企业与综合实力强、科技创新潜力的企业在主板、创业板以及新三板和中小板上市，以获得充足的研发资金。

稳步推进风险投资与科技创新融合。美国、以色列以及我国香港、我国台湾等地区的风险投资多投向于高新技术企业。四川可借鉴这些地区的成功经验，由政府牵头或出面担保成立风险投资基金，搭建科技创新与股权众筹、天使投资等对接的平台，由高技术、高附加值、有潜力的大企业入手，建立完善市场化的长效运行机制，逐步投向科技型的中小企业。

（三）促进科技创新成果转化

依据社会循环生产理论，科技成果转化是科技创新活动完成社会大生产循环的关键环节。某种程度上可以说，科技成果能否顺利实现产业化已成为科技创新价值高低的重要参考标准。因而，四川有必要加快推进科技创新成果转化，促进科技创新良性循环，增强科技创新创造 GDP 的能力。

1. 打造科技创新"集市"

熊彼特创新理论表明，创新要素的充分集聚与完善的市场配套是科技创新顺利实现及科技成果成功转化的必备条件。

要搭建创新要素集聚平台。应基于既有的天府新区、绵阳科技城以及高新区等科技创新园区，强化功能协同，完善硬件环境建设，搭建高质量的平台，汇聚创新要素。

要完善市场载体配套。应加快科技创新活动及成果转化的产业链配套，打造资金、人才、技术、专利以及关联企业等创新要素完备的市场载体，营造良好的科技创新环境土壤，促进科技创新研发及其成果转化成为常态。

2. 促进国外科技项目对接

依据我省高端装备、电子信息、轨道交通、光伏机电、智能机器人等高端战略产业发展需求，借助中美、中欧、中以等科技项目对接会，参加国内外科技成果专题展览会以及国际科技创新合作交流等，促进国外科技项目与我省产业发展需求对接，推进国外高新技术成果落地四川。

（四）打造科技创新协同格局

科技创新协同有助于避免科技创新要素无序流动，汇集要素凝聚合力，提升科技创新能力。四川地处内陆，尽管拥有丰富的科技资源基础，但是各自为战，创新要素外流趋势明显，科技创新合力难以发挥，打造科技创新协同格局将强化我省科技创新动力，增强科技竞争力，促进经济发展转型。

1. 市州协同：以"两带"为突破，激发全域科技创新活力

四川辖下有 21 个地级行政区，科技创新要素散布其中，科技创新合力迟迟难以形成。市州协同要求在全省科技创新大容器中，不同市州均应做出积极响应，明确自身功能定位。因而，我省应着力加强"两带"建设，重点突破，实现"点线结合"与"由线带面"，激发全域科技创新活力。

以成德绵高新技术产业带为基础，加快建设"成德绵"科技创新协同干线带。成德绵占据全省七成左右的科技资源，成德绵高新技术产业带提出已有十余年，三城各自发展的成就可圈可点，但各自为战往往多于协同发展。一要，围绕高端产业与产业高端梳理出诸如轨道交通、软件开发、智能机器人、航空航天、光伏和核电装备等高技术产业；二要，以绵阳科技城天府新区为载体平台，大力发展技术交易、创新咨询服务、多元金融机构等科技服务业及关联产业，加快完成科技创新产业链配套，打造全域科技创新集市；三要，加快构建产业科技创新联盟，突破关键共性技术，形成一批国际领先的，且迅速产业化的高端产品。

抓住长江经济带建设机遇，着力构建"攀宜泸"长江上游科技创新协同示范带。攀宜泸地理位置得天独厚，可辐射川南及攀西各城市，且具备一定的科技创新基础，可从三个方面着手建设沿长江科技创新协同示范带。一是，依托既有平台硬件（如攀枝花高新区、钒钛高新技术产业园区、宜宾港和泸州港）向其腹地纵向及长江沿线横向发展，建设高质量的孵化园区，集聚科技型企业及关联企业；二是，围绕中药制药、能源开采装备、稀土钒钛资源、新材料与新能源等高端产业，采用"优势发展＋联合攻关＋资源共享＋链条延伸"的方式，不断壮大高新技术产业；三是，要注重完善科技创新服务平台建设，融合信息化打造集科技创新信息发布、专利申请转让、技术市场交易等于一体的"长江上游科技创新服务中心"。

2. 区域协同：以成渝西昆为支撑，共建西部科技创新中心

区域协同是指四川应主动与周边其他省市联动，利用更加完备的产业链条配套和更广阔的市场，提高科技创新水平和成果转化能力。就"川陕渝滇"单一省市而言，科技创新力量有限，均与北京、上海、广东等发达地区有较大差距，难以独自建立辐射整个

西部地区的科技创新中心。

我省应主动邀请其他三省市，以"成渝西昆"菱形空间结构为支撑，通过构建跨区域的大科技线上综合服务平台+四个线下科技服务一体化市场载体；共享域内人才、资金、设备等科技资源，组建跨区域的产学研用协同科技创新体系；寻找航空航天、电子信息、装备制造等高端产业共同点结盟共进等方式共建西部科技创新中心，增强个体及整体的科技创新能力。

3. 人文协同：以营造创新氛围为抓手，促进创新基因显性化

受历史文化积淀以及风俗习惯影响，四川人普遍具有显性化的追求稳定安逸与享受生活的特质，而爱冒险与勇于创新则表现得比较隐性。营造科技创新氛围，促进创新基因显性化，实现两种文化特质协同，有利于激发万众创新热情，助推科技创新协同格局形成。

多渠道、多形式加大宣传力度。借助电视、广播、报纸等传统媒体及时公布并解读国家、省市关于科技创新的相关政策及会议精神；与三大移动网络运营商合作，运用点对点推送技术，以短信、彩信、电邮等方式向移动媒介使用者发送科技创新相关信息；以展板、海报、宣传册等形式，加强居民区的科普宣传。

定期举办草根科技创新大赛。每2年或3年由省市科技局、科技协会或学会共同筹办面向全省，针对普通大众的草根科技创新比赛，对实用性强、市场需求大、原创度高的创意及成果给予物质和精神双重奖励，推荐申请专利，并联系相关企业进行标准化生产，促进成果转化，激发民间创新热情。

四、新常态下促进四川科技创新动力实现的机制保障

（一）健全人才引进机制：三个结合

人才是科技创新动力实现的基础要素。与科技创新水平高的地区相比较，四川相对缺乏的是高、中端型科技人才。亟须不断健全人才引进机制，不断壮大我省科技人才梯队。

1. 项目与智力相结合

本着"来去自由"的基本原则，采用短期签证或免签方式以及短期协议形式，吸引海外研究与应用型专家学者及学子，外省市的专家学者、技术人员等为我省的重大工程项目建设提供智力与技术支撑。

2. 引商与引智相结合

抓住对外开放机遇，围绕我省战略新兴产业、特色优势产业和高新技术产业，引进国外企业或兴办三资企业，并借此机会，大力吸纳具有中高级职称的技术人员、工程师、博士及博士后研发人员来川工作。

3. 乐业与安居相结合

以天府新区等创新高地为平台，不断完善教育、医疗、商贸服务、政务一体中心等

居住工作配套，为来川工作的科技型人才提供优越的环境，同时辅以支持、奖励或补贴高新技术产业等领域中高端人才、研发人员、技术骨干的人才发展和科技创业资金及政策，不断集聚科技人才。

（二）优化资金投入机制：三个坚持

四川科技创新研发资金支出存在总量不足、结构不合理等问题。提升科技创新经费效率，确保科技创新研发活动有序开展需要我省不断优化资金投入机制。

1. 坚持财政科技支出总量增长与优化结构并重

继续保持财政科技支出总量的高速增长，用以支持扶持、奖励激励、补贴补偿微观主体的科技创新行为；要进一步优化财政科技支出结构，对重点区域、重点产业、重要主体、主要项目予以优先、集中、大比例支持，避免"撒胡椒面"式的支出模式；针对跨区域的协同创新项目工程，要明确规定各方出资比例。

2. 坚持扩大研发经费规模与丰富经费来源并重

继续鼓励企业扩大自有资金用于创新研发活动，加快转型升级；继续提升政府创新研发经费支出，保障重大科技基础研究与应用研发项目稳步推进；要大幅提升社会资本、风险投资以及境外资金等用于创新研发活动的比例，丰富创新研发经费来源。

3. 坚持灵活使用税收工具，打好税收政策组合拳

针对科技型、自主创新型小微企业自注册登记日起可给予 3 年的税收减免，降低其生产运行成本；对于大中型的科技型企业可给予 1 年的免税和长期税收折扣；高新技术产品出口交货值在 1000 万元以上的可予以一定比例的出口退税减免优惠。

（三）完善协调联动机制：两个注重

科技创新要素及行为具有较强的开放性与流动性，科技成果转化也要涉及多个部门、多个主体，这在客观上要求科技创新需要协同，更需要进一步加强协调联动机制建设。

1. 注重组织领导，促进部门与区域协调

成立由省领导负责、省科技厅牵头，省发改、经信、商务等部门和 21 市州参与的省级科技创新动力实现协调小组，统筹全省科技协同创新工作，规划引导区域创新资源要素的整合和流动，协调市州及跨市州的重大科技创新项目工程、平台基地与孵化载体等建设布局，最大程度发挥整体创新合力。

2. 注重产业联动，完善成果转化配套链

围绕高新技术产业发展重点，遴选一批龙头企业组建科技创新联盟，共同打造重大项目研究实验室攻克关键共生技术，共同培养使用人才，共享研发设备与成果；引导科技成果转化的科研院所、政务管理、科技金融、科技咨询、技术服务、律师事务所、会计师事务所等关联企业或部门加速向天府新区、绵阳科技城等创新高地集聚，打造科技创新大市场，加速成果商品化、标准化和产业化。

（四）强化考核督查机制：两个加强

考核是为了全面把握科技创新发展的现状，激发参与主体的创新热情。督查是为了加强科技创新管理，提升科技创新水平和质量，促进科技创新动力持续释放。

1. 加强科技创新绩效考核

要继续优化科技创新绩效评估体系，量化知识产权管理，促进知识产权保护；要在科学界定成果转化率的基础上，将成果转化率纳入科技创新绩效考核指标体系中，激励主体加快成果产业化；要以产出为考核导向，适时调整科技成果产出代理指标的权重，引导创新主体提升投入效率。

2. 加强科技创新审核把关

要对科技活动，尤其是重大科技攻关创新、技术引进和输出等活动的知识产权严加审查，优先支持知识产权清晰合理的项目；要对已经获取科技经费支持的项目进行阶段性审核，对存在虚假瞒报、知识产权纠纷、创新度低于预期的科技项目予以追回所有或部分经费，并禁止项目负责人3年内不准申报科技项目资助；对已批准结项的项目，应及时核查其项目经费使用情况，不合理的经费支出应予以追回。

新常态下四川农业转移人口市民化研究

当前，我国经济进入新常态发展阶段，经济增速从高速增长转为中高速增长，经济发展动力从传统增长点转向新的增长点。过去 30 年，我国经济发展主要是依靠以大量农村剩余劳动力转移带来的人口数量红利、土地资源红利等要素数量驱动。但随着世界经济转型升级和以双向转移为特征的产业大转移，以及劳动力成本上升等因素影响，我国要素比较优势已逐渐丧失，亟须寻找新的经济驱动要素。部分学者提出，新型城镇化是持久的增长动力，是未来中国经济增长最大的引擎。新型城镇化是新常态下中国经济发展的新动力，也是全面建成小康社会的重要任务。而实现农业转移人口市民化是推进新型城镇化发展、提高城镇化质量的核心内容和重要动力。

四川是我国的人口大省，也是劳务输出大省。截至 2014 年底，四川常住人口城镇化率为 46.30%，而户籍人口城镇化率仅 29.41%，均低于全国平均水平。课题组结合四川省人社厅、四川省统计局和国家统计局四川调查总队的统计监测数据以及课题组的问卷调查，以四川为例对农业转移人口市民化问题进行探讨，对新常态下农业转移人口市民化的有利条件和现实困难进行深入分析，为新常态下四川经济发展寻求动力源，为四川相关部门制定政策措施提供决策依据，也可为其他地区提供一定的借鉴。

一、农业转移人口市民化的内涵和研究意义

（一）农业转移人口市民化的内涵

农业转移人口的提法始于 2009 年 12 月召开的中央经济工作会议，十八大报告以"农业转移人口"替代"农民工"，提出要"加快改革户籍制度，有序推进农业转移人口市民化，努力实现城镇基本公共服务常住人口全覆盖"，推进农业转移人口市民化成为我国当前乃至更长一个时期推进城镇化的核心任务。与过去的"农民工"等称谓相比，农业转移人口的概念和内涵更为准确和丰富。从字面理解，农民工是指进城务工的农业人口，直接体现的是职业，有一定的歧视色彩，而农业转移人口是指由农村转移到城镇的农业人口或由农业转移到其他产业的农业人口，体现的是身份、职业和地域的转换。从范围来看，农民工实际上是农业剩余劳动力，而农业转移人口既包括农业剩余劳动力，也包括农村非劳动年龄人口，其内涵更丰富、范围更广。大量农业转移人口虽然已成为城镇常住人口，但其户籍仍然是农业户口，农民的身份没有改变，也往往无法享有与城镇居民一样平等的公共服务和社会保障权益。

农业转移人口市民化，是指农业人口在经历城乡迁移或实现职业转变的基础上，获

得与城镇户籍居民均等一致的社会身份和权利，能公平公正地享受城镇公共资源和社会福利，全面参与政治、经济、社会和文化生活，实现经济立足、社会接纳、身份认同和文化交融。农业转移人口市民化过程，实际上就是公共服务和社会权利的均等化过程。其内涵主要包括以下几个方面：一是户籍变动，即由农业人口变为城镇人口；二是权利平等，即平等享受选举、被选举和社区管理等权利，平等享有公共服务和社会保障权益；三是就业趋于稳定，即就业逐步正规化和固定化；四是综合素质提高，即受教育程度、工作能力、社交能力、身体素质等均得到较大的提高；五是生活质量提升，即经济生活条件不断改善，逐渐形成现代市民的生活方式和行为习惯；六是社会地位不再边缘化，即逐步被城镇居民和城镇社会认同和接受。

（二）新常态下农业转移人口市民化的现实意义

1. 全面建成小康社会的新目标新要求

中共中央《关于制定国民经济和社会发展第十三个五年规划的建议》中提出了全面建成小康社会新的目标要求，即加快提高户籍人口城镇化率，并提出要推进以人为核心的新型城镇化，深化户籍制度改革，促进有能力在城镇稳定就业和生活的农业转移人口举家进城落户，并与城镇居民有同等权利和义务。习近平总书记在关于《中共中央关于制定国民经济和社会发展第十三个五年规划的建议》的说明中也指出，户籍人口城镇化率直接反映城镇化的健康程度，十三五规划提出户籍人口城镇化率加快提高，是要加快落实中央确定的使1亿左右农民工和其他常住人口在城镇定居落户的目标。可见，以人为核心的新型城镇化建设将成为未来一段时期中国经济新常态下工作的重点。而人的城镇化建设，就是要解决半城镇化问题，实现农村转移人口市民化，释放我国农村巨大的潜在消费需求。以农业转移人口市民化为主要内容和重要动力的新型城镇化将带来我国第二次人口红利，成为我国未来经济发展的重要驱动力。

2. 提升城镇化发展质量的迫切需要

过去30年，以大量农村剩余劳动力转移为支撑的城镇化，其实质是一种半城镇化。以中国廉价劳动力为特征的第一次人口数量红利已经释放，而人口从农村走向城镇的人口城镇化红利还远未完成。大量农业转移人口虽然实现了职业的转换和地域的转移，但是没有实现身份的转变，形成了以农业转移人口"就业在城市，户籍在农村；工作在城市，家属在农村；收入在城市，积累在农村；生活在城市，根基在农村"为主要特征的"半城镇化"现象。目前，我国城镇人口城镇化率达54.8%，而户籍人口城镇化率仅35.9%，城镇常住人口达7.5亿，其中2.5亿以农业转移人口为主体的外来常住人口，在城镇还不能平等享受教育、就业服务、社会保障、医疗、保障性住房等方面的公共服务，带来一些复杂的经济社会问题，成为制约城镇化健康发展的主要原因。

在经济新常态下，传统城镇化高速发展也应转向质量发展。考虑适应经济发展新常态和提升城镇化质量的要求，城镇化发展不应追求过高的城镇化速度，而应改变传统城镇化推进路径，突出以人为本的理念，推进农业转移人口市民化，改善当前制约农业转移人口市民化的制度环境，推动城镇化健康发展，提升城镇化发展质量。

3. 促进经济结构调整的重要支撑

城镇化是扩大内需和促进产业升级的重要抓手，推动农业转移人口市民化将有助于推动新型城镇化与工业化、信息化、农业现代化四化联动发展，为我国中高速增长注入动力。当前，农村居民人均消费水平远低于城镇居民，主要消费品数量、质量均低于城镇居民，住房质量和环境也远远落后于城镇居民。促进农业转移人口市民化，将有助于通过消费意愿的改变、消费环境的改善和消费能力的提高，带动消费升级，从而释放农村巨大的潜在需求，促进消费结构的调整，为我国经济平稳较快发展提供重要支撑。此外，农业转移人口市民化，还可实现与城镇居民在劳动力市场上公平竞争，实现劳动要素的最优化配置，为经济发展提供稳定的劳动力市场，并推动二、三产业的快速发展，加快产业结构优化升级。

二、当前四川农业转移人口市民化总体状况

（一）四川农业转移人口市民化基本情况

当前，学术界对于衡量农业转移人口市民化程度并无一个统一的指标，而是常运用常住人口城镇化率和户籍人口城镇化率两个指标的比较来说明城镇化的水平。由于常住人口城镇化率和户籍人口城镇化率的统计口径和数据来源不同，数据存在一定的差异，但两者的差距在一定程度上也可以说明农业转移人口市民化的情况。

从城镇化率指标来看，四川城镇化发展具有以下特征：一是四川城镇化率稳步提升，但总体低于全国平均水平。截至 2014 年，四川常住人口城镇化率为 46.3%，比全国低 8.5 个百分点。四川户籍人口城镇化率为 29.41%，比全国低 6.5 个百分点。二是四川常住人口城镇化率与户籍人口城镇化率的差距逐渐扩大。2000 年，四川常住人口城镇化率与户籍人口城镇化率的差距为 8.09 个百分点，至 2014 年，两者差距扩大至 16.89 个百分点（见图 1）。三是城镇化发展的地区差距较大。成都、自贡、攀枝花、德阳、绵阳 5 市常住人口城镇化率高于全省平均水平，广元、广安、巴中、资阳、阿坝州和凉山州常住人口城镇化率不足 40%，而甘孜州不足 30%。成都、自贡、攀枝花、泸州、德阳、绵阳、乐山等 7 市户籍人口城镇化率高于全省平均水平，其中，成都高达 62.43%。资阳、甘孜和凉山州户籍人口城镇化率不足 20%，其中，凉山州仅 11.97%。成都市常住人口城镇化率与户籍人口城镇化率的差距仅为 7.94 个百分点，而内江、宜宾、资阳等地差距在 20 个百分点以上（见表 1）。从以上分析可以看出，四川农业转移人口市民化水平还比较低，亟须加快农业转移人口市民化进程。

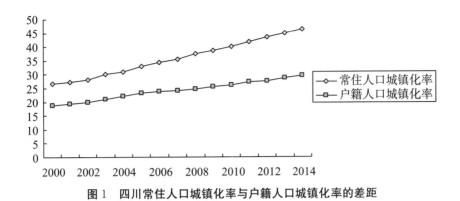

图1　四川常住人口城镇化率与户籍人口城镇化率的差距

数据来源：四川统计年鉴。

表1　2014年四川各地区常住人口和户籍人口城镇化率

	常住人口城镇化率（％）	户籍人口城镇化率（％）	差距（％）
四川省	46.30	29.41	16.89
成都市	70.37	62.43	7.94
自贡市	46.62	34.30	12.32
攀枝花市	64.03	53.17	10.86
泸州市	44.84	30.26	14.58
德阳市	47.27	30.73	16.54
绵阳市	46.51	29.70	16.81
广元市	39.33	23.70	15.63
遂宁市	44.61	26.08	18.53
内江市	44.21	22.86	21.35
乐山市	45.93	33.85	12.08
南充市	42.43	23.60	18.83
眉山市	40.46	28.50	11.96
宜宾市	43.85	19.52	24.33
广安市	35.81	19.95	15.86
达州市	39.39	20.96	18.43
雅安市	41.30	27.74	13.56
巴中市	36.12	20.67	15.45
资阳市	38.20	17.88	20.32
阿坝藏族羌族自治州	35.69	22.56	13.13
甘孜藏族自治州	26.87	14.56	12.31
凉山彝族自治州	31.44	11.97	19.47

数据来源：四川统计年鉴2015。

(二)四川农业转移人口基本趋势

1. 四川农业转移人口转移数量持续增加

从转移人口总量看,四川省人社厅统计数据显示,四川农业转移人口[①]转移输出数量逐年增加。2014年,全省农业转移人口转移输出总量达2472.3万人,约占全省总人口的1/4。从增长情况看,四川农业转移人口转移输出量的增幅有所减少。其中,2012年、2013年和2014年分别比上年增加114.1万人、40.4万人和17.3万人。

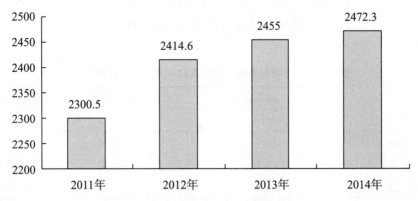

图2　四川省农业转移人口转移输出趋势

数据来源:四川省人社厅农民工处。

2. 四川农业转移人口从向省外转移为主向省内转移为主转变

随着国家区域经济布局的调整和西部大开发等政策的深入实施,四川农业转移人口的区域流向发生了改变,省内转移就业增幅明显,省外转移就业逐年减少。四川省人社厅统计数据显示,2011年,四川农业转移人口省外转移人数比省内转移人数多113.5万人,而2012年,四川农业转移人口开始出现回流,省内转移人数超过省外转移人数,至2014年,四川农业转移人口省内就业1313.1万人,比省外就业多158.4万人。成都市就业局资料也显示,截至2014年6月底,全市劳务转移输出规模为205.8万人,以离开成都市为标准统计,农村劳动力跨省输出22.4万人,同比减少7.7%。成都调查队调查显示愿意在本地务工的农业转移人口占比高达95.0%。

---

① 注:人社厅的农民工监测数据是指农业转移人口中的就业人口部分,不包括非就业农业转移人口。

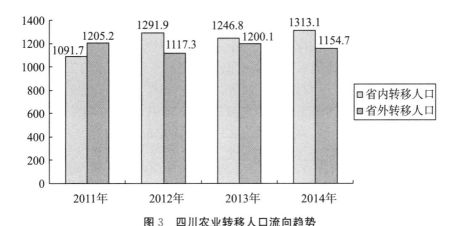

图3 四川农业转移人口流向趋势

数据来源：四川省人社厅农民工处。

3. 四川农业转移人口从个体迁移向举家迁移转变

多项调查显示，四川农业转移人口转移已由过去的个体迁移转为举家迁移。2014年，国家统计局四川调查总队的调查数据显示，子女随父母到务工地接受教育的比例达60.8%；2015年，四川省统计局的调查数据显示，与配偶、子女共同生活的比例为49.8%，另有12.2%的农业转移人口与配偶生活，而子女在农村留守；课题组调查数据也显示，农业转移人口举家迁移的比例已超过50%。

三、四川农业转移人口市民化的有利条件及现实困难

（一）有利条件

1. 城乡二元社会制度障碍逐步消除

随着城镇化进程的不断推进，越来越多的农民从农业中解放出来，脱离农村，进入城市工作和生活。我国计划经济时期形成的城乡二元社会经济结构，造成城乡居民之间从户籍制度到就业、养老、医疗、教育等一系列社会保障制度的巨大差异，农民的政治、经济、社会权益严重受损，成为日益突出的社会问题。2003年，党的十六大提出了城乡共同发展战略，并在部分城市试点实施统筹城乡经济社会发展战略，其后在全国范围内全面推开。2012年国务院发布的《关于积极稳妥推进户籍管理制度改革的通知》以及2014年国务院正式发布《关于进一步推进户籍制度改革的意见》，打破了几十年的户籍制度坚冰，从根源上破除城乡二元体制和社会结构，逐步消除体制性障碍，同时，推进统筹城乡就业和社会保障配套改革，取得了显著成绩，为农业转移人口市民化逐步消除了制度障碍。例如成都市早在2011年就已取消农业户口与非农业户口性质区分，统一登记为居民户口，开始实施一元化户籍制度。

2. 政府加大政策支持力度

党的十八大和中央城镇化工作会议对我国新型城镇化发展进行了顶层设计和总体部署，明确提出城镇化是我国现代化建设的历史任务，也是扩大内需的最大潜力所在，要

围绕提高城镇化质量，因势利导、趋利避害，积极引导城镇化健康发展，为积极稳妥推进城镇化指明了方向。国务院印发的《关于进一步推进户籍制度改革的意见》也明确提出建立财政转移支付同农业转移人口市民化挂钩机制。《2015年政府工作报告》中也从农业转移人口的生存现状、生存环境、收入待遇、权益保护、医疗保险、教育文化、社会关系等问题，对城镇化发展进行了重点部署。党的十八大五中全会再次明确提出了要推进以为核心的新型城镇化，并将加快提高户籍人口城镇化率作为"十三五"时期经济生活发展和全面建成小康社会新的目标要求。

四川省积极落实中央政府的相关政策精神，出台了《加快推进新型城镇化建设的意见》《四川省进一步推进户籍制度改革实施方案》《促进800万左右农业转移人口和其他常住人口落户城镇实施意见》等政策措施，编制了《四川省新型城镇化规划（2014～2020年》等发展规划，从户籍、教育、住房、社会保障等方面都出台了推进农业转移人口市民化的保障和促进措施。四川省城镇化工作会议指出，四川积极落实户籍制度改革，除成都市外全面放开大中小城市和建制镇落户条件，2014年全年有70万农业转移人口在城镇落户；有序推进基本公共服务均等化，在全省15个县（市、区）开展基本公共卫生服务示范县省级试点，22所省级定点医院和137所市（州）或区（县）级医院分别实现全省和全市范围内跨区域即时结报；解决随迁子女教育问题，简化随迁子女在当地接受义务教育入学条件，全年共解决54.40万进城务工人员随迁子女接受义务教育。

（二）现实困难

为深入分析四川农业转移人口市民化面临的现实困难，课题组对四川农业转移人口进行了问卷调查和访谈，了解农业转移人口的就业、生活、社会保障及市民化意愿等情况。调查共回收有效问卷1935份。

1. 就业及未来生存潜力困境

过去30年，大量农村剩余劳动力进入城市劳动力市场，为经济发展提供了有力的人口红利。进入经济发展新常态，产业发展从低附加值、初级化向高附加值、中高端化转变，生产要素从规模扩张向质量提升转换，作为重要劳动力生产要素的农业转移人口也在劳动就业、工资收入等方面面临着新变化、新挑战，成为制约农业转移人口在城市的生存的主要因素。

一是农业转移人口自身发展滞后于产业升级。调查数据显示，农业转移人口主要集中于制造业、建筑业、住宿餐饮业、批发零售业等行业（见图4）。这些行业技术含量相对较低、对文化程度的要求不高。但随着产业结构的变化和用工成本的增加，企业对农业转移人口的技能和素质要求也有所提高，这在一定程度上会影响农业转移人口就业。调查数据显示，农业转移人口找工作遇到的最大困难就是学历低和缺乏技能。调查数据也显示，受访者初中及以下文化程度占56%，同时也缺乏专业技术技能。文化水平和专业技能的缺乏是影响农业转移人口就业及在城市生存的主要因素（见图5、图6）。

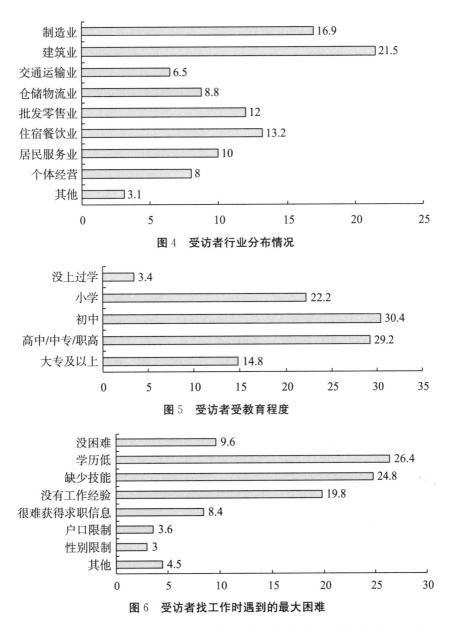

图 4　受访者行业分布情况

图 5　受访者受教育程度

图 6　受访者找工作时遇到的最大困难

　　二是农业转移人口工资、福利待遇不高，就业保障差。农业转移人口集中在制造业、建筑业、住宿餐饮业等行业，他们工作时间长、劳动强度大，但工资待遇相对较低，仍存在不签合同、拖欠工资等情况。调查显示，农业转移人口平均月收入主要集中在 1000~3000 元，占比达 51.8%，且有 30% 的受访者工资存在拖欠的情况（见图 7）。同时，调查数据也显示，近半数受访者没有与用工方签订合同（见图 8）。

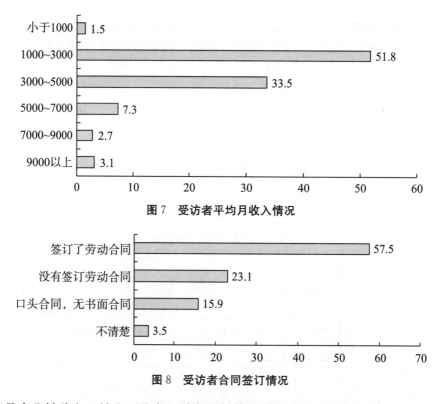

图 7　受访者平均月收入情况

图 8　受访者合同签订情况

三是农业转移人口就业不稳定。受产业结构转型和房地产宏观调控的影响，传统制造业在逐渐萎缩，房地产业、建筑业发展也逐渐放缓，使得企业对农业转移人口的需求量有所减少。这使得农业转移人口临时性就业、短暂性就业和流动性就业的比重有所扩大。

2. 公共服务和社会权益困境

农业转移人口享受的基本公共服务和社会权益仍然不足，是影响农业转移人口市民化的又一因素。

在社会保障方面，由于农业转移人口承担社会保险个人成本的支付能力相对较弱，农业转移人口参加城镇居民社会保险的比例较低。农业转移人口在城市定居需自行负担个人及子女的生活和教育费用，绝大多数农业转移人口还需支付平均 30.5 万元/户的购房成本①。在农业转移人口带着承包地、宅基地、林地等经济权利进入城市还存在法律、政策障碍的情况下，工资收入是其主要资金支持。据统计，2014 年外出农业转移人口人均月收入仅 2864 元②，按城镇职工标准缴纳"五险一金"的话，其支出约占其工资总额的 23%。在受访者中，除工伤保险参保率超过 30%外，其余城镇居民社会保险参保率均未超过 30%，同时，还存在单位不购买社会保险的现象，且该比例高达31%（见图9）。

---

① 李瑞英. 中国社科院发布 2013《城市蓝皮书》[EB/OL]. 光明网，2013－07－31.
② 2014 年全国农民工监测调查报告 [EB/OL]. 中华人民共和国国家统计局，2015－04－29.

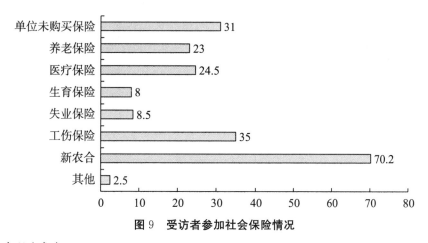

图9　受访者参加社会保险情况

注：本题为多选。

在农业转移人口市民化进程中，农业转移人口享受的公共服务和社会权益不足，其主要原因在于政府对这部分公共成本的支付能力压力太大。以成都市为例，以2015年公布的2014年度四川省城镇非私营单位在岗职工平均工资45697元①，2014年度成都市城镇全部单位就业人员平均工资51681元②为基数，缴费年限平均8年，测算成都市征地农转非人员参加社会保险年均政府应承担的公共成本：中心城区人均129323.8元，其他区（市）县人均112684.76元。其中：

基本养老保险：中心城区政府应承担公共成本人均为：$45697 \times 20\% \times 8 = 73115.2$元，其他区（市）县政府应承担的公共成本人为：$45697 \times 80\% \times 20\% \times 8 = 58492.16$元。

基本医疗保险：$51681 \times 7.5\% \times 8 = 31008.6$元。

失业保险：中心城区政府应承担公共成本人均为：1050（上年基数③）×24＝25200元，其他区（市）县政府应承担的公共成本人均为：966（上年基数④）×24＝23184元。

保障性住房：按照经适房套均60平方米计算，修建1套经适房政府需承担公共成本为122814元；按照限价商品住房套均75平方米面积计算，修建1套限价商品住房政府需承担公共成本为139902元；按照公共租赁住房套均45平方米计算，农业转移人口承租1套公共租赁住房政府收取月租金约368元，收取年租金约4409元。

基于以上原因，农业转移人口参加城镇居民社会保险的比例较低，难以获得城镇良好的医疗服务以及公租房、廉租房、经济适用房等保障性住房的权利。

在子女教育方面，近年来，政府积极解决随迁子女教育问题，但仍存在教育服务不足的问题。调查数据显示，在适学受访农业转移人口子女中有42.2%的农业转移人口

---

① 四川省统计局关于2014年就业人员平均工资的公告［EB/OL］. 四川省人民政府，2015－05－28.

② 成都市统计局关于2014年就业人员平均工资的公告［EB/OL］. 成都统计信息网，2015－06－03.

③ 关于调整全市失业保险金发放标准的通知（成人社发［2015］21号）［EB/OL］. 成都市人力资源和社会保障局，2015－07－03.

④ 国务院关于2014年中央决算的报告［EB/OL］. 中华人民共和国财政部，2015－06－29.

子女可以在城市公立学校读书，但有 17.8％的需要交借读费，27.4％的农业转移人口子女仍留在老家读书，有 19％的农业转移人口子女在民办学校读书（见图 10）。

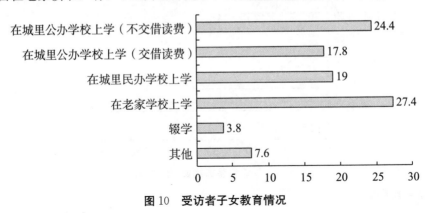

图 10　受访者子女教育情况

3. 生活及社会融入困境

除经济因素和制度因素外，农业转移人口的生活方式、行为习惯等因素也是影响农业转移人口市民化的一大因素。调查显示，大部分农业转移人口对自己的身份认知是即使在城里打工，仍然觉得自己是农村人，融入城市的主动性还不够强。在平时交往联系方面，家人和老乡占比为 61.6％，而城里的朋友只有 15.9％（见图 11）。在参加社会活动方面，有 70.6％的受访者没有参加过任何社会活动（见图 12）。在生活习惯方面，大多数农业转移人口还不能完全适应城市生活，对于城乡生活差异，有 31.9％的受访者坚持自己的想法和习惯，有 22.5％的受访者能够接受差异，但自己适应困难（见图 13）。

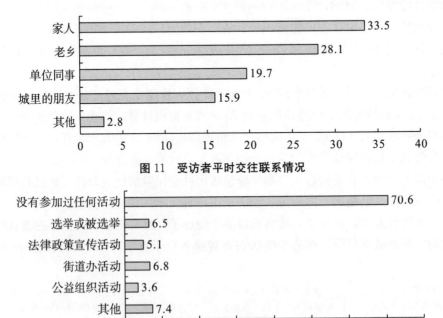

图 11　受访者平时交往联系情况

图 12　受访者参加社会活动的情况

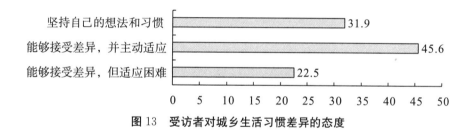

图 13　受访者对城乡生活习惯差异的态度

4. 市民化意愿及障碍

农业转移人口的市民化意愿是决定农业转移人口市民化的最关键因素。调查显示，近四成的农业转移人口愿意长期在城里工作生活，但超过半数的农业转移人口仍打算回老家或老家附近生活（见图 14）。四川省统计局关于进城务工人员市民化现状的调查也显示，半数以上农业转移人口不愿将农村户口转为城镇户口。

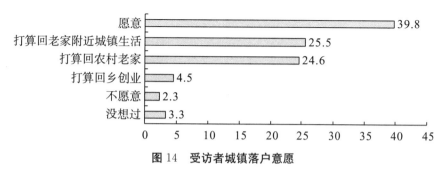

图 14　受访者城镇落户意愿

从调查情况看，土地归属感、生活成本低、亲戚朋友多、生活方式习惯是影响农业转移人口希望回到农村的主要原因，其中土地归属感占比最大，达到 48.1%（见图 15），表明农业转移人口在收入较低且不稳定、城市生活成本高的现实情况下，附着在土地上的收益及潜在利益，是影响农业转移人口市民化意愿最主要的原因。我们在访谈中也了解到，许多农业转移人口不愿将户口迁入城市，主要是担心失去老家的土地今后可能带来的收益，部分地区（如成都市）的农业转移人口即便不将户口迁入城市，只要在城市工作和居住，也同样可以享受相关福利和保障。而城市消费高、房价高、教育费用高、政策受限是农业转移人口不愿落户城镇的主要原因（见图 16）。

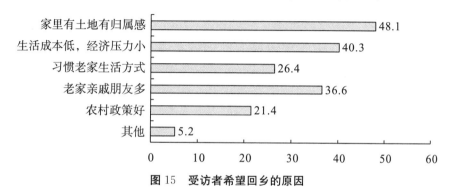

图 15　受访者希望回乡的原因

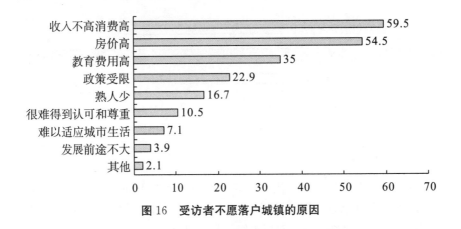

图16 受访者不愿落户城镇的原因

四、新常态下四川农业转移人口市民化的对策

经济发展新常态下，为充分释放农业转移人口市民化的第二次人口红利对四川省经济发展的驱动作用，必须联系新常态下四川省农业转移人口市民化进程中出现的问题和困境，提出政策建议，改革现有的制度体系，完善配套措施，突破制度障碍，构筑政府——企业——农业转移人口"三位一体"的成本分担机制，推动社会公共服务均等化，提高农业转移人口市民化后的收入，稳定就业，保障其子女的教育，为释放人口红利提供制度基础，真正做到"以人为核心"的市民化，有效驱动经济新常态的发展。

（一）做好农业转移人口市民化的顶层制度设计

农业转移人口市民化是一个长期的过程。在制度尚不完善、农业转移人口市民化意愿还不够强的现实下推动市民化进程，需要找准问题关键，做好顶层制度设计，突破制度障碍，使农业转移人口愿意进城、能够进城、容易进城。具体而言，就是把土地改革和户籍改革结合起来，在保护农业转移人口土地权益的同时，增强农业转移人口进城的资本；把城乡结构、产业结构、城镇结构、区域结构的优化调整结合起来，提高城镇综合承载能力，为农业转移人口提供足够的就业岗位和生活空间；把劳动力市场建设与人力资本投资结合起来，提高农业转移人口市民化能力；把加强公共服务供给与财政体制改革结合起来，逐步实现公共服务均等化。

（二）深化改革，解决农业转移人口进城资本

新型城镇化是以人为核心的城镇化，要解决农业转移人口的后顾之忧，就需要解决农业转移人口进城发展的资本问题。

首先，应加快农村土地改革，保障农民的土地权益。农村土地承包经营权、宅基地使用权和农房所有权的确权登记颁证工作，是明确农村土地产权的前提和基础，到目前为止，仍有部分地区没有完成这项工作，各地方政府应继续推进这项工作的有效开展，保障进城农民的土地权益。推进农村集体经济组织产权制度改革，保护农业转移人口的集体财产权和收益分配权。要尊重农民意愿，允许农民按照"依法、自愿、有偿"原

则，以多种形式流转土地承包经营权，促进农民土地收益权转变为资本，同时，注意防止土地流转后出现的非农化、非粮化现象。

二是要发展农地金融和土地融资制度，利用担保权和抵押权，让农业转移人口能够用自己土地的资本化红利来解决进城所需要的资金，让农民安心进入城市发展，提高农业转移人口的市民化意愿。

在深化土地改革的基础上，要本着以人为本、尊重群众意愿的原则推进农业转移人口市民化，要保留转户进城群众土地承包经营权、宅基地使用权、集体收益分配权，不得以退出土地承包经营权、宅基地使用权、集体经济收益分配权作为落户条件；对于落户后又返乡的农民，可将户口迁回，消除城乡户籍障碍，实现城乡的自由流动，使农业转移人口进得来、回得去；对于进城后不愿意或不符合在城镇落户条件的农民，能享受城镇基本公共服务，同时继续保留农村原有的各项权益。

（三）调整结构，促进农业转移人口就地城镇化

城镇化发展要以产业为基础，实现"产城共融"发展。推进农业转移人口市民化要与产业结构调整、区域结构调整等结合起来。

一是要以"产城融合"发展为基础，合理引导农业转移人口市民化。四川应依托综合交通枢纽建设，大力发展通道经济、城市经济和县域经济，提升城镇化发展的内生动力，着力进行产业结构调整和优化升级，大力培育和发展以金融、教育、商贸物流、现代服务、旅游文化、休闲娱乐等以就业为取向的城市产业，以拓展农业转移人口的就业容量，提升城市的就业吸纳能力。

二是要以区域均衡发展为基础，引导农业转移人口分层、梯度市民化。在保持成都市和天府新区吸纳农业转移人口优势的同时，全面放开大中小城市和建制镇落户条件，依托优势资源发展特色产业，强化中心城市与周边县镇的基础设施建设和产业分工协作联系，将教育、医疗等公共资源更多向县城和集镇配置，营造更好的创业环境，增强聚集要素的吸引力。

三是要顺应农业转移人口返乡大趋势，鼓励农业转移人口返乡创业和再就业，实现省内流动的农业人口就地城镇化。

（四）促进就业，提升农业转移人口收入水平

面对农业转移人口就业难题，首先应实施农业转移人口技能提升计划，解决缺少技能农业转移人口就业难问题。二是要大力发展农业转移人口就业容量大的中小微企业、第三产业等。三是完善就业创业政策环境，鼓励在省内转移就业。放宽创业主体资格、经营范围、出资限制等准入条件，加强对农业转移人口创业的政策引导、项目开发、风险评估、小额担保贷款、跟踪扶持等一条龙服务。四是建立就业信息平台，加快构建城乡沟通、信息充分的劳动力市场和就业服务网络体系，为农业转移人口免费提供便捷的就业信息和政策咨询服务。

(五) 保障权益，实现农业转移人口公共服务均等化

通过建立覆盖城乡社会保障制度，将助于改善劳动力要素市场运行效率，消除或减少劳动力要素转移和重新配置的成本。

在教育保障方面，要确保农业转移人口及其他常住人口随迁子女平等享受教育权利，将随迁子女义务教育纳入各地区教育发展规划和财政保障范畴，保障进城农民随迁子女以公办学校为主接受义务教育，解决农业转移人口随迁子女因户籍原因造成的升学限制等。

在社会保险方面，应尽快实现农业转移人口医疗保险和医疗救助无缝衔接，确保农业转移人口按规定实现养老保险、医疗保险、失业保险、工伤保险、社会救助等基本社会保障全覆盖，完善基本医疗保险、养老保险等社会保险的全省转移接续办法；对符合享受各种社会保障和公共服务条件的农业转移人口，切实做到应保尽保、一视同仁；要将农业转移人口纳入社区卫生和计划生育服务体系，提供基本健康教育、妇幼保健、预防接种、传染病防控、计划生育等公共卫生服务。

在住房保障方面，要完善住房保障制度，将农业转移人口纳入城镇保障性住房保障范围。

在资金保障方面，要建立健全由政府、企业、个人共同参与的农业转移人口市民化成本分担机制。农业转移人口为流入地经济社会发展做出了重要贡献，如果由流出地政府来承担其社会保险等公共服务支出，不仅不符合受益原则，而且在事实上形成了经济相对落后地区对经济发达地区的补贴，有失公平原则。如果完全由流入地政府来负担域外户籍农民工社会保险等市民化成本，势必会给其带来明显的财政压力。根据农业转移人口市民化成本分类，明确成本承担主体和支出责任，探索流入地与流出地政府间的转移支付形式。建议国家及省级财政以专项转移支付为主要手段，加大对农业转移人口流入地的财政支持，鼓励和推动地方政府在农业转移人口市民化住房保障、公共服务、义务教育等方面的建设，确保专款专用。地方政府应重点担负起农业转移人口市民化过程中的城市建设与公共服务成本，着力为市民化的农业转移人口提供良好的生活环境和均等化的公共服务。企业应在确保农业转移人口享有合理工资待遇和福利保障的基础上，严格按照国家法律规定，为农业转移人口办理养老、医疗、失业、工伤和生育等基本保险，分摊农业转移人口市民化的社会保障成本。农业转移人口要按照规定承担相关费用，积极参加城镇社会保险、职业教育和技能培训等，提升融入城市社会的能力。

(六) 加强教育，提升农业转移人口综合素质

有序转移农业人口市民化不仅仅是从农民到市民的身份转变，更重要和艰巨的任务是提升转移农业人口的素质能力。因此，首先，应加大人力资本的投入，加强对农业转移人口的教育培训，特别是职业技能培训，不断提高农业转移人口的技能水平和综合素质。其次，还要加强农业转移人口的文化服务。在加强教育引导和强化城市规范的同时，为农业转移人口基本文化权益提供制度化保障，提供公共文化服务，如加强图书馆、文化馆、美术馆、博物馆等公共文化服务设施建设并向社会免费开放服务，让农业转移人口在城市文化环境中提升文化素养和综合素质。对于市民化的主体个人来说，应

在力所能及的范围内积极担负起个人及其家庭生活与发展的成本。个人要注重对自身的知识技能投资，不断适应技术变化的要求，提高自身的职业技能素质，丰富自身精神文化生活，真正融入城市之中。

附件：加快农业转移人口市民化的制度及相关政策研究调查问卷

尊敬的受访者：

您好！我是"加快农业转移人口市民化的制度及相关政策研究"课题组的调查员，目前正在开展相关调研，以供政府部门决策参考。本次调查内容可能与您的利益密切相关，如果能得到您的支持，我们将不胜感谢！

我们向您郑重承诺：本次调研不涉及任何个人身份信息，也不会对您的生活与工作产生任何不利影响，调查数据仅用于课题研究。再次感谢您的配合！

本问卷请受访者独立完成，如有任何疑问，调查员将向您耐心的解答。请在符合您的情况的选项下打"√"，可以多选，如果没有您所想的答案，可以补充说明。

A 基本信息

性别_____ 年龄_____ 户籍所在地_____ 户口属性：□农村 □城镇

1. 您的婚姻状况是_____：

A. 未婚 　　　　B. 已婚 　　　　C. 离异 　　　　D. 丧偶

2. 您的受教育程度是_____：

A. 没上过学 　　B. 小学 　　　　C. 初中 　　　　D. 高中

E. 中专/职高/技校 F. 大专及以上

3. 您是否具有务农经验_____：

A. 没有干过农活，无经验 　　　　B. 干过少量农活，经验不足

C. 长时间务农，经验丰富

4. 您老家的地现在是如何处置的_____：

A. 没有耕地 　　B. 家人或亲友耕种 　C. 转租给别人耕种 D. 入股分红

E. 抛荒 　　　　F. 已被政府/集体征收（或收回） 　　　G. 其他_____

5. 哪些家人与您一起在城里生活（可多选）_____？

A. 只有自己 　　　　　　　　　　B. 配偶（或男/女朋友）

C. 子女 　　　　D. 父母 　　　　E. 其他_____

B 就业状况和未来城市生存潜力

6. 您在外地打工有多长时间了_____？

A. 1年以下 　　B. 1~3 年 　　　C. 3~5 年 　　　　D. 5~10 年

E. 10 年以上

7. 近 3 年您更换了几个工作（或工作地点）_____？

A. 没有更换过   B. 更换过 1~3 个

C. 更换过 4~6 个   D. 更换过 7 个及以上

8. 您工作的行业是属于_____：

A. 制造业   B. 建筑业   C. 交通运输业   D. 仓储物流业

E. 批发零售业   F. 住宿餐饮业   G. 居民服务业   H. 事业单位

I. 个体经营   J. 其他

9. 您目前在单位是_____：

A. 普通工人或服务人员   B. 技术工人   C. 基层管理人员

D. 中层管理人员   E. 高层管理人员   F. 个体老板

10. 您主要是靠什么方法找到工作的（可多选）_____：

A. 自己去劳务市场找   B. 靠亲戚、朋友介绍   C. 通过网上招聘

D. 电视、报纸、广告等   E. 中介机构   F. 其他

11. 在工作上，您是否具有一技之长_____？

A. 工作方面有一技之长   B. 工作方面没有一技之长

12. 您在找工作中遇到的最大困难有哪些（可多选）_____：

A. 没困难   B. 学历低   C. 缺少技能

D. 没有工作经验   E. 很难获得求职信息   F. 户口限制

G. 性别限制   H. 其他

13. 您主要考虑了哪些因素（可多选）_____：

A. 工资收入   B. 工作时间   C. 劳动强度

D. 工作环境   E. 工作是否体面   F. 是否交纳社保

G. 是否提供住宿   H. 领导是否尊重员工   I. 工作发展机会

J. 是否提供培训   K. 其他

14. 您现在每天工作多长时间_____：

A. 8 小时及以下   B. 8~10 小时   C. 10~12 小时   D. 12 小时以上

15. 您每月全部收入平均下来大概有_____元。

16. 您每月工资是否能按时发放_____？

A. 工资能按时发放   B. 单位偶尔拖欠工资   C. 单位经常拖欠工资   D. 其他

17. 您与打工单位是否签订了书面劳动合同_____：

A. 是   B. 否   C. 有口头合同，但没签订正式书面合同   D. 不清楚

18. 您是否愿意在业余时间参加培训学习_____：

A. 愿意   B. 不愿意   C. 视情况而定

19. 您一般参加职业技能培训的途径有哪些（可多选）_____：

A. 没有参加过任何技能培训   B. 单位提供的无偿培训

C. 单位提供的有偿培训   D. 政府组织的无偿培训

E. 自费参与社会机构提供的培训   F. 网络学习

G. 其他

20. 目前企业雇主（单位）为您购买（缴纳）或您自己购买（缴纳）的社会保险有（可多选）_____：
    A. 未购买（参加）任何保险　　B. 养老保险　　　　C. 医疗保险
    D. 生育保险　　　　　　　　　E. 失业保险　　　　F. 工伤保险
    G. 人身意外或伤害保险　　　　H. 新农合保险　　　I. 其他

21. 当正当权益被侵害时，您打算选择的维权方式主要有_____（可多选）：
    A. 忍气吞声，不维权　　　B. 个人与用人单位协商　C. 求助亲友找公司说理
    D. 借助单位工会的力量与用人单位协商　　　　E. 寻找政府帮助
    F. 报警　　　　　　　　　G. 通过法律途径　　　H. 寻求媒体帮助
    I. 其他

C　生活和城市融入

22. 您在城里的居住方式是_____：
    A. 住单位宿舍　　　　　　B. 与他人合租　　　　C. 个人或家庭单独租房
    D. 在城市拥有自己的住房　E. 临时居住在亲戚或朋友家　F. 其他

23. 您每月的收入够花吗_____：
    A. 够花，并且能有较多剩余　　　　　B. 够花，但是只有很少剩余
    C. 刚好够花　　　　　　　　　　　　D. 不够花

24. 您现在每个月最大的开支是_____，其次是_____，再次是_____
    A. 寄钱回老家养家　B. 住宿费用　　C. 日常饮食费用　D. 通信费用
    E. 交通费用　　　　F. 衣物费用　　G. 自身学习费用　H. 子女教育费用
    I. 娱乐消费费用　　J. 还按揭贷款　K. 人情交往费用　L. 其他

25. 您子女的上学情况是_____：
    A. 没有子女　　B. 子女还小，没上学　　C. 在城里民工子弟学校上学
    D. 在城里公办学校上学（不交借读费）　　E. 在城里公办学校上学（交借读费）
    F. 在城里普通民办学校上学　　　　　　　G. 在老家学校上学
    H. 子女未满 16 岁，但没上学　　　　　　I. 子女满 16 岁，已参加工作
    J. 其他

26. 您平时的娱乐活动主要有（可多选）_____：
    A. 没什么娱乐　　B. 玩手机　　C. 看电视　　　D. 和朋友聊天
    E. 打牌下棋　　　F. 逛街　　　G. 去网吧　　　H. 去电影院看电影
    I. 去 KTV　　　　J. 泡吧　　　K. 看报纸杂志　L. 体育锻炼
    M. 其他

27. 您平时主要与哪些人联系和来往（可多选）_____：
    A. 家人（男/女朋友）B. 老乡　　C. 单位同事　　D. 当地城里的朋友
    E. 网友　　　　　　F. 其他

28. 您在城里参加过以下哪些活动（可多选）_____：

A. 没有参加过任何社会集体活动　　B. 选举或被选举　　　C. 法律宣传活动

D. 政策宣传活动　　　E. 党团小组活动　　F. 工会活动　　　G. 妇联活动

H. 街道办活动　　　　I. 公益组织活动　　J. 网络组织举办的活动

K. 通过集会抗议的方式维护自己的权益　　L. 通过法律途径维护自己的权益

M. 其他

29. 当您的想法和习惯与城里人有差异时，您一般会怎么做_____？

1. 坚持自己的想法和习惯

2. 能够很快接受这种差异，并主动适应

3. 能够接受这种差异，但适应起来比较困难

D　市民化意愿和障碍

30. 您对城里的工作和生活还满意吗_____？

A. 非常满意　　B. 满意　　C. 基本满意　　D. 不满意　　E. 非常不满意

31. 您在城里打工，感觉自己是_____：

A. 农村人　　　　B. 城里人　　　C. 说不清　　　D. 没想过

32. 您愿意长期留在城市工作和生活吗_____？（若选除 A 以外的其他选项，则直接跳至 35 题）

A. 愿意　　　　B. 现在愿意，老了以后打算回到老家附近的城镇生活

C. 现在愿意，老了以后打算回到农村老家

D. 在城里先干着，机会合适还是打算回家乡创业

E. 不愿意　　　F. 没想过

33. 假如没有城市户口，您愿意长期留在城里工作和生活吗_____？

A. 愿意　　　B. 不愿意　　　C. 无所谓　　　D. 没想过

34. 如果您愿意留在城里工作和生活，主要的原因是（可多选）_____：

A. 市民收入高　　B. 城里发展机会多　　C. 市民生活质量高，娱乐活动多

D. 市民社会地位高，有优越感　　　　E. 市民有各种社会保障

F. 医疗条件好　　G. 子女教育环境好　　H. 交通便利，生活方便

I. 家人、朋友都在城里　　　　　　　J. 其他

35. 如果您打算以后回到老家或老家附近的城镇工作和生活，主要的原因是（可多选）_____：

A. 老家有房和土地，生活有保障　　　B. 老家生活成本低，压力小

C. 习惯老家的生活方式　　　　　　　D. 老家亲朋好友多，有归属感

E. 现在农村政策好，老家创业有发展机会　F. 老家空气好，环境质量高

G. 其他

36. 您觉得要留在城里工作和生活，主要的困难是（可多选）_____：

A. 收入不够，城市日常消费高，家庭无法负担　　　B. 城市房价太高

C. 城市子女教育费用太高　　　　　D. 没有城市户口，政策上受到限制

E. 城里熟人少　　　　　　　　　　F. 在城里很难得到认可和尊重

G. 想法和习惯难以适应城市生活　　H. 个人发展前途不大

I. 其他

E　市民化认知和需求

37. 您认为成为城里人的主要标志是（可多选）＿＿＿＿＿：

A. 取得了城市户口　　B. 在城里工作和收入都比较稳定　　C. 在城市拥有住房

D. 在教育、医疗、社保等方面和城里人待遇一样

E. 具有和城里人一样的习惯和想法　　　F. 其他

38. 您平时主要通过哪些方式了解外界信息（可多选）＿＿＿＿＿？

A. 亲戚朋友　　　B. 单位公告　　　C. 社区公告　　　D. 电视

E. 报纸杂志　　　F. 手机　　　　　G. 网络新闻　　　H. QQ、微信、微博等

I. 广播　　　　　J. 其他

39. 您对政府为农业转移人口提供的相关政策和服务满意吗＿＿＿＿＿？

A. 非常满意　　　B. 满意　　　　　C. 基本满意　　　D. 不满意

E. 非常不满意

40. 为了能在城里更好的工作和生活，您现在最希望政府能帮助解决的问题包括（可多选）＿＿＿＿＿：

A. 就业与培训　　B. 劳动安全　　　C. 劳资关系　　　D. 工作环境

E. 户籍问题　　　F. 居住状况　　　G. 养老保险　　　H. 医疗保障

I. 子女教育　　　J. 选举权和被选举权等政治权益　　　K. 法律援助

L. 在城里得不到尊重　　　　　M. 社会治安　　　N. 公共基础设施

O. 公共文化服务　　P. 其他

41. 为了能更好地在城里工作和生活，您还有什么话想对政府说？（可不作答）

_____

_____

新常态下四川省新型城镇化演进动力研究

前　言

经过改革开放后 30 多年的高速增长，2010 年中国经济总量首次超越日本，成为世界第二大经济体。中国也进入中等收入国家行列。但近年来，受资源、环境的供给从较为宽松到现在不断趋紧，农业劳动力从供给充分到刘易斯拐点的来临，人口红利的不断消退，以及新阶段需求对经济的拉动作用还不能接替供给的推动作用等方面的影响，我国原有的经济增长动力正在不断衰减，经济的增长速度也正由"八九不离十"的高速增长转为"七上八下"的中高速增长，进入了经济增长的新常态。中国经济转型要面临"四大阵痛"，即制造业去产能化，金融去杠杆化，房地产去泡沫化，环境去污染化。与此同时，过去拉动经济的传统"三大引擎"，即房地产投资、民间投资、基础设施建设投资都面临着前所未有的挑战，导致经济下行压力进一步加大。中国经济发展"老路"的竞争武器是低成本、低技术、低价格、低利润、低端市场，进而付出的代价是高能耗、高物耗、高污染、高排放。这样一种"老路"已不能继续，当前非常重要的问题是稳增长。

习近平总书记指出，新常态有三个主要特点：一是经济增长速度从高速增长转为中高速增长；二是经济结构将不断优化升级，第三产业逐步成为主体；三是增长动力从要素驱动、投资驱动转为创新驱动。新常态的四大标志：一是速度变化，过去 35 年来中国经济年均增长接近 10%，相当多年份接近两位数的增长，而当前经济两位数的高速增长不可能再维持。二是动力变化，从要素驱动、投资驱动要切换到新的动力，也就是创新驱动和改革红利。三是结构变化，过去中国的工业增长一直快于服务业，制造业比重一直高于服务业，如今这种产业结构已发生重大变化。四是质量变化。从规模速度型粗放增长转向质量效率型集约增长。

什么是新型城镇化？怎样提高城镇化质量？这是新型城镇化建设需要回答的两个关键议题。中共十八大报告强调，要坚持走中国特色的新型工业化、信息化、城镇化、农业现代化道路，推动信息化和工业化深度融合、工业化和城镇化良性互动、城镇化和农业现代化相互协调，促进工业化、信息化、城镇化、农业现代化同步发展。因而，新型城镇化就是按照统筹城乡、布局合理、节约土地、功能完善、以大带小的原则，由市场主导、政府引导的城镇化机制，推动实现城镇化与工业化、信息化和农业现代化良性互动，大中小城市和小城镇的合理布局与协调发展，形成以资源节约、环境友好、经济高效、社会和谐、城乡一体的集约、智慧、低碳、绿色城镇化道路。在新常态下，新型城镇化的发展将对经济增长发挥怎样的作用？以及新型城镇化的发展动力将发生怎样的变化？怎样发现、培育、释放新动力？新常态下市场主体应当怎样做？新常态下政府如何保障新动力的培育和释放？这些都是政府和学者急需研究和解决的问题。

一、新常态下城镇化对经济、社会发展的重要作用

（一）城镇化是"稳增长"的强大支撑

"新常态"概念的提出，在社会各界引起热烈的讨论和剧烈的反响，其中政府部门和学界对该提法尤为关注。但在这个过程中，很多人容易陷入一个误区，即把"新常态"作为经济下行的代名词和经济下行的借口。这是一种错误的认知，中高速增长不是自然形成的，也不是我们放慢速度去配合"新常态"的增长目标，中高速增长是根据我国客观经济条件的变化而提出来的，如果不努力发展，根本就达不到中高速增长的目标。城镇化是中国转变经济发展方式的重心之所在，城镇化对保证"新常态下"经济的中高速增长具有重要作用，是"保七之战"的重要支撑。诺贝尔经济学奖获得者斯蒂格利茨曾预言，中国的城镇化和美国的新技术革命将是带动 21 世纪世界经济发展的两大引擎。

首先，城镇化能够拉动消费需求。虽然近年来，国家政策不断向农村倾斜，农村居民的收入不断增加，农村居民和城市居民的消费水平的差距不断减小。但城市居民的人均消费水平仍远高于农村居民。2013 年四川省城市居民的人均消费为 17899 元，农村居民的人均消费为 8074 元，城镇居民是农村居民的 2 倍左右。城镇化的推进使得大量农村居民转为城市居民，一方面进入城市的居民由于生活方式和居住环境的改变，消费需求必然会增加；另一方面，随着农村人口的不断转移，农村土地流转制度的进一步推进，农村的生产经营将有机会实现规模化运作，农民的收入将进一步增加，从而农村居民的消费需求也将随之增加。

其次，城镇化能拉动投资需求。农村居民从农村转移到城市，首先必须解决住房问题，城镇化过程中人口对住房的大量"刚需"将刺激大量的房地产投资。随着城镇化的不断推进，城市人口数量的不断增加，对教育、医疗、文化、体育等方面的公共性服务以及对餐饮、住宿、休闲娱乐、商业、金融等方面的生活性服务需求也必然增加，这必将会拉动公共服务和生活服务方面的投资，另外，政府也必将加大基础设施建设方面的投资，诸如地铁、BRT 快速公交、绕城高速、水电、通信、燃气等来缓解城市人口不断增多带来的压力。

（二）城镇化是"调结构"的重要抓手

新常态下，经济增长从高速转为中高速，不是降低发展的要求，而是为了提高发展质量，保证中高速增长的可持续。我国经济结构失衡问题较为严重，农业基础薄弱，工业大而不强，服务业占比较低发展滞后。而城镇化则是推动经济结构调整升级，提高经济发展质量的重要抓手。

第一，城镇化有利于推动农业现代化。随着城镇化的推进，大量农业剩余人口脱离农村和农业，转移到城市工作和定居。随着农民人数减少，农村土地流转制度的推行和完善，农民所能耕种的人均土地面积将会大幅增加，为农业生产的规模化经营提供了条件和保障，这对推动农业现代化，提高农业生产效率，增加农民收入起到了重要作用。

第二，城镇化有利于工业结构转型升级。城镇化使大部分农村剩余劳动力向城市转移，有利于人力资源的聚集。随着城镇化进程的推进，城乡二元体制也将逐步被打破，逐渐实现城乡一体化，城乡之间的资源和要素可以有序流动，实现合理配置，有助于实现区域协调发展，形成充分竞争，增强创新能力，推动我国从工业大国发展为工业强国。

第三，城镇化有利于改善第三产业发展滞后的现状。长期以来我国第三产业发展都较为滞后，第三产业在 GDP 中的比重较低，2013 年我国第三产业在 GDP 中的占比为46.1%，而四川省 2013 年第三产业占 GDP 的比重仅为 43.7%。而在大多数发达国家中，第三产业对 GDP 的贡献大多在 80% 以上。即便是与我国人均收入水平差不多的中等收入国家的第三产业占比也大多在 60% 左右。而城镇化的发展将逐渐改变这一不平衡的现状，城镇化将会带来人口聚集和产业集中，这将会推动旅游、餐饮、住宿、娱乐、金融、商业、物流、医疗、教育等一系列服务业的发展与创新，使第三产业的比重不断上升，质量不断提高，从而改变当前第三产业发展相对滞后的现状。

（三）城镇化是解决"三农"问题的重要途径

农业仍是国民经济中最薄弱环节，农村经济社会发展仍明显滞后，农民总体上仍是收入水平最低的社会群体等状况并未得到根本改变。新常态下实现经济平稳较快发展，社会更加和谐稳定，重点在于解决好"三农"问题。因为它关系到农民的收入，关系到粮食等农产品的供给等一系列社会经济问题。尽管我国一直把"三农"问题放在首要位置，但我国"三农问题"历史性欠账太多，想要解决好"三农问题"并非易事。而城镇化为"三农"问题的解决提供了重要途径。

首先，在城镇化进程中，农村剩余劳动力脱离农业生产部门，转移到第二、三产业就业，这会直接增加他们的收入。其次，大量农村人口迁移到城市后，农村人口减少，土地的流转使得人均耕地增加，这将有利于实现规模经营和农业现代化，使农业生产效率提高，农民农业收入增加。第三，城镇化有利于促进新农村的建设，对改善农村的村容村貌，改善农村居民的居住环境，丰富农村居民的文化生活，以及提高农村居民生活水平有重要作用。因此，要解决"三农"问题，必须发展城镇化，走城镇化道路。

二、四川省城镇化发展现状及问题

（一）城镇化发展历程

我国城镇化在解放初期发展较快，从 1949 年的 10.64%，增加到 1960 年的19.75%，年平均增长约 0.83 个百分点。到 60 年代初，受"知识青年上山下乡"、"支援三线建设"等运动影响，出现了"逆城镇化"现象，城镇化率由 1960 年的 19.75%

下降到 1965 年的 17.98%。"文化大革命"爆发后，我国的城镇化发展一度处于停滞甚至倒退状态，城镇化率一直停滞在 17% 左右。改革开放以后，特别是到了 90 年代中后期，城镇化逐渐被提上议程，开始上升到国家战略高度，我国的城镇化发展在此阶段取得了巨大成就，城镇化率从 1998 年的 33.35%，上升到 2011 年的 51.27%，我国的城市人口首次超过农村人口，再到 2014 年的 54.77%，年平均增长约 1.34 个百分点。

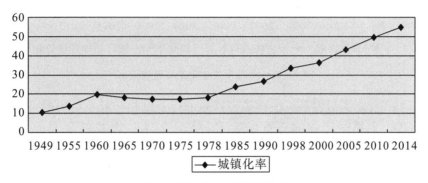

图 1　我国重要年份城镇化率

四川省的城镇化发展历程与全国类似，但由于四川地处西南，其地理条件、自然环境、经济基础、民族构成等诸多因素在不同程度上都限制着城镇化的发展，故四川的城镇化发展水平与中东部省份存在明显差距，且远落后于国家平均水平。2014 年四川省的城镇化率为 46.3%，虽然比上年提高 1.4 个百分点，但仍落后于国家平均水平 8.5 个百分点，只相当于全国 2008 年的水平。

（二）四川省城镇化进程中所存在的问题

近年来，四川城镇化率从 2004 年的 31.1% 上升到 2014 年的 46.3%，年均增长约 1.52 个百分点，从增长率来看，四川近年来取得了较大成就。但四川省的整体城镇化水平低于全国水平，且质量不高，在城镇化的发展过程中仍存在不少问题，主要表现在以下几个方面：

1. 城镇化发展滞后于工业化发展，与农业现代化发展不协调

首先，四川的城镇化发展明显滞后于工业化。我国在解放初期就提出了工业化的设想，并在第一个"五年计划"（1953—1958）中将集中力量发展工业作为主要任务。而在改革开放前，国家层面从未正式提过城镇化问题，直到 90 年代中后期，才逐渐将城镇化问题提上议事日程，城镇化的发展明显晚于工业化的发展。近十年来，四川的城镇率虽已逐渐接近工业化率，但以户籍为统计口径的城镇化率和工业化水平仍有相当大的差距。

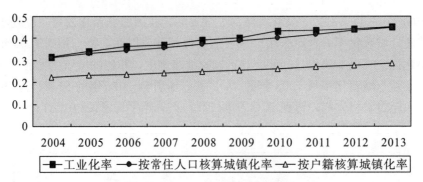

图2 近十年四川工业化率与城镇化率

其次，城镇化的滞后发展，使得第一产业的产业结构与就业结构严重失衡。2013年四川省 GDP 中第一产业的比重仅为 12.8％，而第一产业就业人员比例却高达40.6％。由于城镇化发展的滞后，第一产业剩余劳动力不能有效转移到第二三产业。这不利于农业生产的规模经营，不利于现代大型农业机械的使用，将阻碍农业现代化的发展，使得农民的就业收入和务农收入得不到提高，不利于"三农问题"的解决。

2. "半城镇化"明显，城乡矛盾突出

近十年来，四川的城镇化发展取得了长足的进步，城镇化率从 2004 年的 31.1％上升到2014 年的 46.3％。然而，随着城镇化率的提高，"半城镇化"居民的数量也在不断增加。

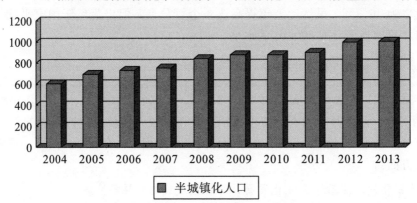

图3 四川近十年"半城镇化"人口数

四川省 2004 年拥有城镇户口的人数为 1914.3 万人，占总人口的 22.27％，而城市常住人口为 2516 万人，城镇化率为 31.1％，"半城镇化"人口为 601.69 万人。到 2013年四川拥有城镇户口的人数为 2632.4 万人，占总人口的 28.82％，而城市常住人口为3640 万，城镇化率为 44.9％，"半城镇化"人口数量达到 1000 万人。这 1000 万人每天在城市中穿梭，却不能融入他们每天所生活与工作的城市，为城市建设贡献了力量，却不能分享城市发展的成果，他们被城市边缘化了。这样的"半城镇化"并不能有效地缩小城乡之间差距，反而会使城乡差距进一步拉大，城乡矛盾进一步凸显。

3. 产业支撑不强，不能给"半城镇化"居民带来持久收入

四川省在 2001 年的 GDP 为 4293.49 亿元，其中第一产业为 981.67 亿元，第二产

业为 1572.01 亿元，第三产业为 1739.81 亿元。第一产业、第二产业、第三产业比重分别为 22.9%、36.6%、40.5%。而进入新世纪后到 2013 年的十余年间，四川的城镇化经历了快速的发展，产业结构也发生了改变。到 2013 年，四川的生产总值达到 26260.77 亿元，其中第一产业为 3368.66 亿元，第二产业为 13472.05 亿元，第三产业为 9420.06 亿元。第一产业、第二产业、第三产业比重分别为 12.8%、51.3%、35.9%。可以看到四川省的第二产业比重提高了约 15 个百分点，正是以工业为主的第二产业的发展，推动了四川省城镇化的发展。同时也应看到，十余年间第三产业的发展比较缓慢，第三产业比重呈缓慢下降趋势。四川省第三产业发展的滞后，使得四川城镇化的发展缺乏后续动力，缺乏足够的产业支撑。

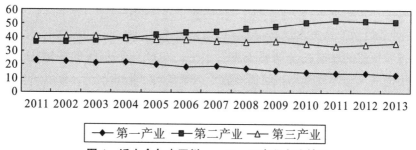

图 4　近十余年来四川一、二、三产业占比情况

四川第二、三产业发展不充分，直接导致城镇对劳动力的吸纳能力不足。目前四川省进城务工的"半城镇化"人口主要集中在建筑业、制造业等劳动密集型行业，而这些行业具有典型的"吃青春饭"特征，到了一定年龄，身体素质下降，就不得不退出该行业。且大量建筑行业的农民工容易受到行业周期的影响，近年来随着房地产行业的不断降温，一部分农民工将面临失业和的收入降低的风险。这些行业和农民工自身的特征就注定了他们不能在城市获得持久性的收入，这也是对城镇化的一大挑战。

4. 发展方式粗放，盲目大破大立，对资源造成严重破坏和浪费

目前四川很多城市在城镇化的发展过程中，都存在"摊大饼"式的空间扩张行为。主要以工业化为主导、以做大经济总量和承载投资为主要目标、以土地批租为重要手段、以劳动力城镇化为主要特点、以发展特大城市和大城市为重点、以行政等级化的城镇管理体制为支撑。这种城镇化模式在拉动我国经济快速增长的同时，也积累了投资消费失衡、产能过剩、资源浪费、环境破坏、公共资源配置失衡、中小城镇发展滞后等突出问题。

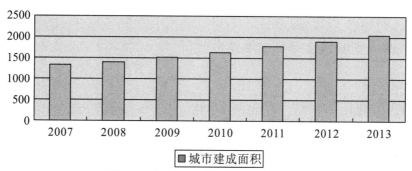

图 5　近年来四川省城市建成面积情况

近几年来，四川的城市建成区面积从 2007 年的 1328.35 平方公里，增加到 2013 年的 2058.11 平方公里，城区面积扩大了 55%，年均增长约 9 个百分点。而城镇化率从 2007 年的 35.6% 增加到 2013 年的 44.9% 的年平均增长率仅为 1.55 个百分点，土地城镇化速度明显快于人口城镇化速度。

在大拆大建的过程中，许多城市不注意文化传承，使得大批古建筑、古遗迹等文物资源和旅游资源遭到严重破坏，使得城市失去了应有的文化底蕴，原有的地方特色和民族特色也被大量模样一致的新建筑物所掩盖。还有很多城市喜欢盲目模仿国外建筑，在四川无论走到哪个城市，都能见到各式各样的诸如"法国风情小镇""荷兰风情水街"等"欧陆风"建筑。各个城市原有的个性与魅力消失殆尽，变得"川东川西一个样，大城小城一个样"。

5. 地区之间发展不均衡

四川省城镇化的发展在全国属于靠后水平，2014 年四川省的城镇化率为 46.3%，虽然比上年提高 1.4 个百分点，但仍落后于国家平均水平 8.5 个百分点，只相当于全国 2008 年的水平。在四川省内部各地市州的城镇化水平也参差不齐，差距较大。2013 年，成都市的城镇化率接近 70%，攀枝花到达 63.4%，德阳、自贡、绵阳、乐山在 45% 左右，泸州、遂宁、内江、宜宾、南充在 40% 到 45% 之间。而广安、巴中、资阳、阿坝等地市的城镇化水平仅在 35% 左右，凉山、甘孜则更低，分别为 30.57% 和 25.81%。

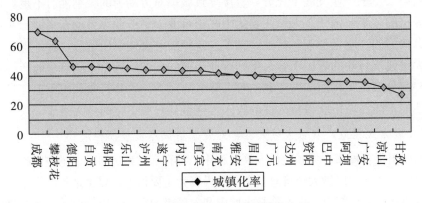

图 6　2013 年四川各市、州城镇化水平

三、四川省城镇化发展的演进动力分析

（一）四川省城镇化原有发展动力分析

1. 政府主导

中国的城镇化是一种政府主导型的城镇化。在中国的城镇化进程中，政府的推进作用集中体现在三个方面：一是确定优先发展小城镇的城市化战略，全面推进城镇化；二是政府供给城镇化制度、规划城镇布局、确定城镇建制；三是各级政府作为主体从事城镇建设。长期以来，中国的城镇化建设不是市场经济推动的结果，没有经历传统城市的

自然发育和成长过程，而是政府人为推动的结果。在市场发育并不充分、法制建设仍不健全、社会自治能力尚显不足的情况下，政府执政技术的历史因子以及科层官僚的惯性思维，决定了政府在城镇发展的角色扮演中仍有其强大的资源、组织与管理优势。

四川省近年来的城镇化发展主要以政府推动为主，市场拉力为辅。除成都、南充、绵阳、泸州、自贡、达州等市的市场驱动力比较强以外，其他各地市州的市场力量都较为薄弱。

表1 2013年四川省各市州私营单位就业人员数

市州	私营单位就业人员	市州	私营单位就业人员	市州	私营单位就业人员
全 省	342.07	广元市	8.20	广安市	11.43
成都市	101.81	遂宁市	8.08	达州市	17.87
自贡市	18.62	内江市	4.11	雅安市	6.57
攀枝花市	6.27	乐山市	6.41	巴中市	5.70
泸州市	23.21	南充市	31.24	资阳市	6.23
德阳市	12.69	眉山市	7.23	甘孜、阿坝	3.42
绵阳市	30.77	宜宾市	22.46	凉山州	9.76

成都市在私营单位就业的人数占到了整个四川在私营企业就业人数的30%，南充、绵阳、泸州、自贡、达州等市相对较高，而雅安、乐山、资阳、巴中、内江、阿坝、甘孜等市（州）连2%都不到。说明四川省大多数市州的城镇化发展主要还是依靠政府力量来推进，主要表现为各地政府投入大量资本建设开发区，规划产业园区、工业园区，设置新城，大规模的城市改造等。通过这些重点项目来使城市范围不断向外扩展，通过一些优惠条件吸引外地企业和资本来投资办厂，增加就业岗位，促进农村剩余劳动力的转移，从而带动城镇化的发展。攀枝花市是四川省城镇化发展中依靠政府政策及投资驱动发展的最好城市，它依靠政府投资和规划的钢铁产业使其城镇化率达到63.4%，仅次于成都。

2. 市场驱动

市场是资源优化配置的有效方式，市场竞争是活力与效率之源。市场促进各种要素的自由流动，加速了城镇化的步伐，是农村城镇化最有效率的动力。改革开放以来，我国农村经济和城镇化发展速度显著加快。市场化改革改变了政府大一统的管理模式，基层社会自下而上的发展模式在城镇化的发展中显示出重要的作用，并成为中国城镇化加速发展的强劲动力。首先，体制转轨所释放的空间为城镇化发展提供了契机，并激发出了无穷的活力。以政府为主体的超大型科层组织，分解为包括企业、市场、中间性组织和政府在内的多元组织形式，企业和个人成为城镇化的重要推动者。其次，1994年分税制改革改变了中央与地方的关系，使配置性资源的导向发生了很大的改变，市场机制使各级地方政府自身的利益倾向日益明显。如地方政府财政收入最大化，地方政府对资源配置的权力扩大化，保护在原有体制下的既得利益，争取本地人民的政治支持等。在这种情况下，由权力中心确定的自上而下的城镇化发展模式，难以通过各级地方政府而顺利实施。各级地方政府出于发展地方经济的需要，大力推行自下而上的城镇化。最后，市场机制通过生产要素的合理配置，推动城镇化有序发展。在城镇化的推进过程中，最本质的问题是生产要素在城乡之间的流动与重新配置，使得城市集聚经济蓬勃发展，发展到一定阶段，各规模等级城镇在各自科学合理的规模下协调发展，从而实现生产要素的优化配置与动态均衡。

而从市场驱动力来看，四川省城镇化的市场拉力主要集中在制造业、建筑业、餐饮及住宿业等劳动密集型产业。

表2　2013年四川省非农就业各行业就业人员比例

行业	制造	建筑	住宿、餐饮	采矿	批发、零售	居民服务	交通运输	教育行业	公共管理	其他
就业比例	20.2%	18.6%	14.8%	3.7%	8.2%	9.7%	4.7%	3.8%	3.6%	12.7%

如表2所示，除农林牧渔以外的非农就业中，制造业、建筑业以及餐饮住宿业就业比例最高，分别为20.2%、18.6%、14.8%，三个行业的就业人数超过了整个非农就业人数的50%，这些行业也主要是进城务工人员比较集中的行业。不可否认，这些行业吸收了大量的农村剩余劳动力，在城镇化发展的初期起到了至关重要的作业。然而，随着我国经济增长进入新常态，房地产业、制造业都进入严冬，调整经济结构，转变经济增长方式成了当务之急，依靠劳动密集型的制造业、建筑业等行业来促进城镇化发展的方式已经变得不再牢靠。

3. 人口推动

城镇化的根本问题，说到底还是农民问题。发动和组织农民，是农村城镇化成败的关键。农民对城镇化的助推作用，来源于农民的生存理性和计算理性。中国传统农民的勤劳、节俭、互惠等特质，嵌入到制度变迁的进程中，构成了城镇化建设的巨大动力。一方面，在人地矛盾紧张的背景下，诱致型的制度变迁使传统农民进入到一个空前开放的社会分工体系中，并释放出强大的适应能力和创造能力。农民可以自由跨越经济结构，向非农领域流动，并按照其在农业社会中形成的理性行事。农民理性的优质因素与现代工商业社会的优质因素有机结合，释放出传统农业社会和现代工商业社会都未有的巨大能量，从而产生强大的"叠加优势"。另一方面，市场经济的发展使农民在就业选择上拥有了更多的自主权，农民的就业结构发生了重大变化。城镇化带动了巨大的消费和投资需求，创造了更多的就业机会。改革开放以来，两亿多农民从耕地上解脱出来，转到了二、三产业中去就业，给农村逐步推进规模经营创造了条件。同时，大量的农民到城镇务工经商，获得了增收的机会。更重要的是，三次农民工潮对中国的工业化、城镇化以及城市化建设作出了重大贡献，对中国的社会结构转型产生了革命性的影响。新一代农民工虽然在整体素质上优于老一代农民工，他们基本都有初高中文化水平，会电脑，懂网络，更有可能进入一些有技术含量的部门，但他们面对竞争对手是每年几百万的大学毕业生，想要在大城市留下来的压力也是比较大的。可见，从中长期发展来看，在一个农业大国的基础上推进城镇化，向现代化迈进，是我们最大的国情。积极稳妥地推进城镇化进程，不但关系到"三农"问题的解决和全面建成小康社会，而且关系到国家现代化建设的全局。

（二）新常态下四川省城镇化新的发展动力探析

进入新常态，城镇化的动力依然可以分为政府驱动、市场驱动、人口驱动三种类型。但要保证城镇化又快又好地向前发展，必须转变发展方式，依靠创新驱动和改革红利，培育新的发展动力。

1. 政府引导与市场主导相协同

中国城镇化是与经济体制转型同步推进的，而经济体制转型又是在政府的主导下进行的。在市场经济体制下，政府在城镇化中的最大作用，是生成、催化与提升市场力量。只能充分尊重和发挥市场作用，政府在城镇化中的作用才能有效发挥。政府主要通过制度创新和公共政策来发挥作用，而市场则主要通过产业结构转换的核心动力、聚集经济效应的内生动力、生产要素流动的直接动力和经济全球化的加速作用，以促进人口流动和产业的空间聚集，从而推动城镇化的发展。因此，从动力机制角度看，城镇化可看作是政府行为与市场机制相结合，引导人口从农村向城市的集中流动，以及由此所带来的产业的空间集聚和人们生活方式、观念意识转变的历史变迁过程。当前，政府仍然掌握大量的配置性资源，应通过工业反哺农业、城市反哺农村的方式，拉动新型城镇化建设，以推进城乡一体化发展。一是可以通过一系列的制度安排或者制度变迁来推动城镇化的发展，比如土地改革、户籍制度改革以及农民工市民化改革等；二是可以通过转变政府投资方向来促进城镇化的发展，如减少一些缺乏规划和重复建设的城市基础设施建设投资，增加对公共产品、公共服务的投资，增加转移支付，增加扶贫、新农村建设等民生工程的投资等。其次，在市场驱动方面，新常态下城镇化最重要的是处理好政府与市场的关系，即一定要让市场来主导。按照十八届三中全会所指出的，使市场在资源配置中起决定性作用和更好发挥政府作用。一是可以通过促进民营企业发展，创造更多就业岗位，从而促进城镇化的发展；二是可以利用"大众创业，万众创新"来推动城镇化的发展；三是可以通过活跃金融投资、融资活动来促进城镇化的发展；四是可以通过促进产业结构调整升级，为城镇化发展提供强大产业支撑。

2. 城镇建设与乡村发展相协同

中国的城镇化，不应是削弱农业、剥夺农民、凋敝农村的过程，而应当是加强农业、富裕农民、繁荣农村的过程，这是中国城镇化能否健康、可持续发展的关键之一。新型城镇化是以城乡统筹、城乡一体、产城互动、节约集约、生态宜居、和谐发展为基本特征的城镇化，是大中小城市、小城镇、新型农村社区协调发展、互促共进的城镇化。具体来说，一是要准确把握我省城镇化的阶段性特点，着力突破城乡之间存在的户籍等制度性界限，促进城乡要素资源的优化配置；二是要积极创新农村用地制度和市镇建设体制，充分释放农村土地资源的空间价值，培育城乡产业融合的新动力；三是要加快完善政绩考核评价机制，把推动城乡产业融合与转变经济发展方式结合起来，同步实现城镇化与农村现代化。十八届三中全会提出的"赋予农民更多财产权利，推进城乡要素平等交换和公共资源均衡配置，完善城镇化健康发展体制"，就是城乡协同的总体思路。

3. 物的城镇化与人的城镇化相协同

政府在推进新型城镇化建设的过程中，应与社会组织、企业等各种社会力量良性互动，释放基层社会的潜在能量，更多地放权给城乡居民，创造社区居民参与规划的各种途径，让他们能按照自己的生活需求和居住需求推进城镇化。同时，建构以公共交往空间与规则为核心，由基层党委和政府、农村居民、市场发展商、基层社区、社会团体等利益相关方平等参与的城镇化事务共治格局。当然，新型城镇化的核心，是实现产业发展、就业吸纳和人口集聚相统一。城镇化不是简单地让农村人口进城当市民。产业发展是城镇化的支撑，就业提供是城镇化的基础。做到以"业"兴"城"，以"业"移"人"。脱离产业发展和就业机会的人为造城，片面追求人口城镇化速度，一定会出问题。释放城镇化的最大潜力，必须加快推进人口城镇化的转型与改革。而人口城镇化的突破口，在于积极解决有条件的农民工市民化问题，关键在于加快推进农村土地制度、城乡户籍制度、基本公共服务、财税体制、行政体制、社区管理体制、人口政策等领域的综合配套改革，为有序转移农业人口、提高城镇化质量提供制度保障。

四、新常态下四川省城镇化发展的对策建议

新常态下新型城镇化最终要解决三个问题：一是城乡规划发展真正实现一体化，二是城乡要素流通和交换真正实现市场化，三是城乡公共服务真正实现均等化。我们必须正视城镇化发展中出现的问题，认识到原有发展动力的可取之法和不足之处，并积极发掘和培育新阶段的新动力，才能更好地促进四川新型城镇化又好又快的发展。

（一）树立科学发展观，走集约发展道路

科学发展观的核心是以人为本。因此，在城镇化的发展过程中应该以农村居民的生活方式的转变和生活质量的提高为标准，而不是简单地以空间的转移或者城镇化率的增加为标准。因为很大一部分农村居民虽然实现了空间的转移，被统计成了城市居民，但他们的生活并没有得到根本性的改变，这样的城镇化是没有意义的，最多叫作"半城镇化"。而如果通过新农村建设，加大农村公共服务投资等方式使农村居民在农村也能享受到城市的生活方式，虽然他们在空间上没进入城市范围，但这种发展也是有意义的，也应该定义为城镇化，也应该纳入城镇化的考核指标。

科学发展观的基本要求是全面协调可持续，根本方法是统筹兼顾。而之前存在的"重数量轻质量""重面子轻里子""重短期轻长期""重硬件轻软件"等问题就没有做好统筹兼顾。发展过程中存在着好大喜功，盲目攀比的风气，在建设过程中，偏重城市形象，比马路宽，比广场大，比楼层高等问题，这些都对资源造成了巨大的浪费，是不可持续的，是粗放的。因此必须要注重集约发展，坚定不移地走资源节约、环境友好、可持续发展的新型城镇化道路。

（二）以户籍改革为抓手，全面推进基本公共服务体制的改革

城镇化涉及五大要素：人、业、钱、地、房。人和地这两大要素的改革，涉及户籍改革和土地改革，绝不能盲目化。因为城镇化是双刃剑，做得好是黄金机遇，否则可能会产生灾难性后果。我们需要趋利避害，稳步推进。过去城镇化取得了一定成果，但付出了沉重的代价。几亿农民工离乡背井，留守儿童和留守老人问题日益突出。要避免这种代价，最好的办法就是推进农民工就地转移。调查发现，在户籍改革过程中，一部分人不能落户，还有一部分人不愿意落户。他们不愿意脱掉农民的"三件衣服"——承包地、宅基地、林地。因而，户籍改革应因城而异，还要因人而异，要存量优先，以基本公共服务全覆盖为基础，保障转移者的权益。让农民工穿上市民的教育和医疗的"衣服"，也要保留农民的"三件衣服"。

我省基本公共服务存在总量不足、分配不均的突出问题，优质医疗、教育等资源集中在大城市，而小城市、乡村资源严重匮乏。未来要强化政府公共服务职能，加大投入力度，创新体制机制，逐步解决城乡基本公共服务均等化的问题。通过稳步推动户籍制度改革，促进城乡之间要素的自由流动，确保城乡居民获得公平的竞争机会，破除城乡对立，真正实现城乡一体化。同时还应积极推行农民工市民化，保证他们能够与城市居民同工同酬，让他们的随迁子女能够获得同等的受教育机会，保证农民工与城市居民享有同等的医疗服务和社会保障，通过建设保障性住房、提供住房补贴等解决农民工基本住房问题，让现在大量的"半城镇化"居民能真正融入城市，能在城市站稳脚跟，能享受和城里居民一样的生活方式。新型城镇化更强调人的城镇化，需大量的基础设施和公共服务投资，带动大量的消费，是未来经济发展新动力，也有助于实现社会公平正义

（三）稳步推进土地改革，保障土地确权流转及集约使用

农村土地制度改革提出要坚持"土地公有制性质不改变、耕地红线不突破、农民利益不受损"三条底线。农村土地流转意见提出"三权分置"，即承包地所有权归属集体不变，承包权归属农民不变，经营权可以流转。"三权分置"和城市土地的两权分置不同，城市土地的所有权归国家所有，使用权可以依法转让，这种产权的改革设计可以避免土地私有化，同时又能推动土地市场化和资本化。我们不要土地私有化，但要推进土地的市场化和资本化。土地通过流转形成集约化经营，能够提高效率，提高农民的财产性收入。要尊重农民意愿，允许农民按照依法、自愿、有偿原则，以多种形式流转土地承包经营权。制度的约束不是完全自由的准入，对工商企业租赁农户承包地，要有严格的门槛，建立资格审查、项目审核、风险保障金制度，所以是有条件的市场化和资本化。要强调"三个适应"，即农业适度规模经营要与城镇化进程和农村劳动力转移规模相适应，与农业科技进步和生产手段改进程度相适应，与农业社会化服务水平提高相适应。确保不损害农民权益、不改变土地用途、不破坏农业综合生产能力。

我省当前70%的土地没有流转，流转下一步还会继续。习近平总书记指出，农地流转要尊重农民意愿，不搞行政瞎指挥。土地流转重在稳。要避免强行流转，保障农民的合法权益，要改变土地承包关系不稳定、土地流转机制不健全、财产权益保障不力的

局面。当前非常重要的工作是农村土地的确权登记颁证。土地确权后，农民应有"三权三证"，"三权"是农民承包土地的经营权、农民宅基地的使用权、农民在宅基地之上自建住房的房产权；"三证"是农民承包土地经营权证、农民宅基地使用权证、农民在宅基地之上自建住房的房产证。

我省城市建设用地未来的潜力在存量而非增量。要建立统一的城乡建设用地市场，使土地集约化使用。另外，要进行征地制度的改革，合理分配土地增值收益，改变地方政府对土地财政的过度依赖。进而要发展农地金融和土地融资制度，利用好担保权和抵押权，让农民工能够用自己土地的资本化红利来解决进城所需要的资金，实现农民工的创业路、安居路、市民路。

（四）拓宽融资渠道，活跃投资平台，引导创新驱动和产业结构调整

产业支撑不强是四川省城镇化发展过程中大一大软肋，不能很好地做到"以业移入"，四川中小民营企业一直以来面临的生存困境对此有一定影响。因此，应积极拓宽民营企业的融资渠道，解决民营企业融资难问题，促进民营企业的发展，从而带动更多农村居民就业。同时还要大力活跃金融投资平台，发挥市场的力量，通过对大量创新项目的投资来引导创新驱动，通过对大量科技项目的投资来引导科技创业，通过对大量新兴第三产业的投资来引导产业结构调整。随着经济增长方式的转变和经济结构的调整，让第三产业逐步成为主体，可以吸纳更多的农村劳动力进入服务业就业，为城镇化的发展提供强大的产业支撑。另外，在新常态下产业互联网化，可以有效提升城市的内生动力经济动力。用互联网来武装传统的企业，用新的模式做传统的事情是大势所趋。未来所有的企业都是互联网企业，无论我们身处在第一产业、第二产业和第三产业，我们都面临这样一些挑战。把互联网产业和传统企业结合起来可以增强企业的竞争力，可以推动国家经济转型。

（五）结合"大众创业，万众创新"，鼓励农民工返乡创业

"大众创业，万众创新"是新阶段经济发展的双引擎之一，鼓励农民工返乡创业也是除推动农民工市民化之外的另一个解决"半城镇化"的有效途径。推动农民工返乡创业不仅能解决自己的就业问题，增加他们的收入，还能带动一大批人就业，甚至解决下一代的就业问题，对推动四川省的城镇化建设具有非常重要的作用。因此，政府应当出台一系列的政策引导和支持农民工尤其是新一代农民工返乡创业，让他们能够在自己户籍所在地的小城镇实现城镇化。首先，要简化登记注册、办理营业执照等手续为农民工创业提供方便；其次，对返乡创业实施一系列的减税政策，免征部分管理类、登记类和证照类行政事业型收费；第三，通过鼓励银行加大信贷支持和服务，对创业贷款贴息等方式提供返乡创业的资金保障；第四，安排专项资金，结合地方特色和优势发展返乡创业园和孵化基地；第五，加强创业培训，将返乡创业农民工纳入医疗、教育、社保等公共服务体系；第六，政府采购向返乡创业企业倾斜，帮助其拓宽市场、改善经营。

（六）结合"精准扶贫"及民族帮扶政策推进贫困地区的城镇化发展

四川地处西南，除成都平原和周围丘陵地区以外，其他大部分地区的地理条件都相当恶劣，川东北有秦巴山区，川南有乌蒙山区，川西大部分省域面积都为高原藏区，攀西地区有大小凉山彝区。恶劣的地理条件导致了四川贫困人口多，全省有 625 万贫困人口；贫困面积广，秦巴山区、乌蒙山区、高原藏区、大小凉山彝区四大连片特困地区面积占全省 70％以上；贫困程度深，"国贫县"和国省片区县 88 个，将近全省的一半。四川的城镇化发展将很大程度上取决于这些贫困地区的发展，因此应结合"精准扶贫"和少数民族帮扶政策推动这些贫困地区的发展。一是要加强道路、水电等基础设施建设，逐步实现村村通水泥路、通班车，保证自来水和天然气普及率进一步提高，全面解决用电问题；二是要结合"巴山新居""乌蒙新村""藏区新居""彝家新寨"等民生工程，做好规划，促进贫困地区的城镇化发展；三是要在有资源有条件的地区大力发展乡村旅游，鼓励有条件的农户从事旅游服务业；四是要结合各地实际情况，培育特色产业，开展技能培训，发展农村电子商务；五是要加强医疗、文体等公共服务配套设施的建设，改善居住条件。

（七）结合"幸福美丽新村"建设，促进新型城镇化的发展

"幸福美丽新村"建设是四川于 2013 年正式提出，目标是要建设一批业兴、家富、人和、村美的幸福美丽新村，打造新农村建设的"升级版"，让广大农村居民住上好房子、过上好日子、养成好习惯、形成好风气。各地政府应结合"幸福美丽新村"的建设，加强农村基础设施建设、提升公共服务水平、改善居民生活环境，实施全面产业提升战略，夯实新村建设的产业支撑，让更多的农村居民可以就近就业，让他们在农村也能享受到和城里一样整洁的生活环境，和城里一样便捷的交通条件，和城里一样方便优质的医疗、教育等公共服务，和城里人一样方便的水电气以及和城里一样丰富的文化生活等。通过"幸福美丽新村"的建设真正实现城乡一体化发展。

新常态过渡期下四川稳增长、调结构的动力机制研究

一、新常态过渡期四川省稳增长、调结构的动力机制研究基础

(一)"新常态"及过渡期的基本内涵和特征

1. "新常态"及过渡期的基本内涵

"新常态"最先是由美国太平洋基金管理公司总裁埃里安提出,在宏观经济领域被西方舆论普遍形容为危机之后经济恢复的缓慢而痛苦的过程。国际金融危机后,我国经济增速在波折中持续下降,进入2012年后,经济运行在7%-8%的狭窄区间内,今年上半年GDP增长7%。出口由危机前超过20%的平均增速下降到不足10%,消费对GDP增长的贡献与投资逐渐持平,服务业的占比和增长贡献均超过工业。在此背景下,"新常态"概括了与高速增长阶段不同的经济运行状况,并得到广泛使用。

国内不同经济学者对其内涵与本质的理解存在一定差异。林毅夫(2012)指出全球经济很可能在相当长的时间内都将处于"新常态","新常态"是指经济增长率很低、风险非常大、失业率高企的经济状态[①]。安宇宏(2014)认为中国经济的"新常态"至少蕴含了以下几个政策寓意:一是经济增速正式告别8%的快速增长,二是宏观政策告别常态的调控和刺激,三是经济增长的动力悄然转换,四是推动新型工业化使命的同时,强力扶持服务业,调整经济结构,五是告别货币推动型增长模式[②]。余斌(2014)认为,新常态是指经济运行顺利度过经济增速换挡期、转入中高速增长阶段后的均衡状态,这种过渡阶段有两种类型,技术前沿国家的增长与后发国家的增长。当前,我国经济面临下行压力,经济增速逐步回落,是向"新常态"的过渡阶段,而不是已经完全处在"新常态"下,只有当我国经济顺利实现增长阶段的平稳转换,以新的增长动力、新的发展方式继续追赶进程,才能成功跨越中等收入陷阱,进入"新常态"[③]。

总的来说,随着经济形势发展和讨论的不断深入,对"新常态"的共识在增多。"新常态"代表着一个相对意义上的状态和发展特征。"新"是指它在中国经济发展历程中刚刚出现,与过去的发展特征有所差异。"常态"是指它会在中国经济发展新阶段形

---

① 林毅夫. 展望未来20年中国经济发展格局 [J]. 中国流通经济. 2012 (6):4-7.

② 安宇宏. 经济新常态 [J]. 宏观经济管理. 2014 (6):81.

③ 余斌,新常态的本质与内涵 [N]. 瞭望,2014 (32)

成相对的稳态，不同于经济周期中的阶段性状态或经济波动中的临时性状态。"新常态"意味着经济发展的动力与机制将会发生深刻变化，而从旧常态转向新常态需要一定时间的过渡期。

2. "新常态"及过渡期的特征

2014 年 8 月，人民日报评论员文章——《经济发展迈入新阶段》一文归纳了中国经济新常态的四个主要特征——"中高速""优结构""新动力""多挑战"。2014 年 11 月中旬，在 APEC 工商领导人峰会上，习近平同志论述了"新常态"的三个重要特征：一是增速落入中高速区间，二是经济结构出现明显变化，三是增长动力和机制发生改变。

国内多位经济学者也对新常态下中国经济的特征进行了概括。刘伟、苏剑（2014）指出，在"新常态"过渡期，中国经济会表现出生产成本上升，技术进步率下降，出口受到限制，经济增长率下降；成本推动型通货膨胀将成为常态，通货膨胀的结构性特征将更明显；劳动力出现短缺，就业压力减轻；投资增长率与出口增长率下降，消费占比提高；产业向资金密集型和知识密集型转变；"后发优势"逐渐减弱，技术进步将更多依靠自主创新[①]。刘世锦（2014）认为，进入新常态后，经济将表现注以下特点：经济增长率从原来的 10% 左右，逐步过渡并稳定在 7% 左右这一新的均衡点；经济结构出现转折性变化，消费、服务业、内需将成为增长的新动力；产业升级和创新驱动加快，劳动生产率提高，要素成本上升压力缓解；就业压力减小，产业结构与人力资本结构基本相适应；财政、金融产业等方面风险得到有效控制并下降；企业总体上能实现稳定盈利，政府财政与居民收入稳定增长，中等收入群体稳步扩大[②]。

总的来说，在新常态及过渡期，经济发展一般会呈现如下特征：增长速度换挡，从高速增长转为中高速增长；经济结构调整，不断优化升级；动力机制调整，从要素驱动、投资驱动转向结构驱动、技术驱动和创新驱动；矛盾风险凸显，随着经济增长的减速、落后产能累积的结构矛盾、金融杠杆形成的债务风险、流动性泛滥造成的价格泡沫、粗放发展加剧的生态和资源危机等都将逐步显现。

（二）经济增长因素和经济结构调整理论基础

1. 稳态经济增长机制

稳态增长机制的核心是人力资本进步与科学技术的发达，围绕着这两个核心是其他的一些因素——技术的引进、学习和交流机制，产业整体结构布局，教育体系的现代化等。经济增长的最终动力显然是技术进步、科技创新与生产发展。结合现有增长理论和发达国家实际，这种增长机制具有以下几个方面。第一，具有较高的人力资本禀赋。第二，具有较强的科技水平，并且科技活动已成为文化传统的一部分。第三，企业要具备相当的技术学习、交流、扩散能力与机制。第四，产业内部组织严密，有一套能完整应对技术进步的产业转移、分布和规划机制。第五，完善的现代化教育体系，教育是人类

---

① 刘伟，苏剑. "新常态"下的中国宏观调控［J］. 经济科学 2014（02）
② 刘世锦. 在改革中形成增长新常态［M］. 北京：中信出版社，2014

社会养成技能、传承文明的最重要方式，一个社会发展程度是否完善，与其教育体系是否完善有着极大的关系。

2. 经济结构调整机制

按照层次划分，经济结构可以体现为整体结构、部门结构、区域结构、产业结构等。经济结构调整包含两重内涵，其一是"转型"，即消除经济运行中的各类扭曲性的结构矛盾，改善经济中不适应发展需要的结构性问题，实现经济结构转型；其二是"升级"，即围绕市场经济规律，根据国家发展战略，主动实现经济结构升级，提升整体竞争力。经济结构调整的意义重大，可以有效促进经济增长和经济发展，具体途径包括：一是改善需求结构，增加有效需求，提高需求层次；二是改善供给结构，改造传统产业，打造新兴主导产业，为经济增长带来新的产业动力。值得注意的是，经济结构评价十分复杂，在实践中不能简单地套以一定的比例关系来衡量经济结构是否合理，而应将具体的经济结构问题纳入特定的时代背景和现实条件加以动态考察。

（三）产业结构优化升级的动力机制

产业结构的不断优化升级过程，就是随着生产力的发展和社会的进步，第一产业比重持续下降、第二产业比重由上升变为下降、工业内部不断高级化、第三产比重稳定上升的过程。而国民经济增长的主要拉动力亦由第一产业转为第二产业再转为第三产业的过程。其动力机制主要体现在以下四个方面。

1. 消费需求对产业升级的拉动机制

随着社会生产力及人均收入的提高，人类的消费需求也不断得到提高，从而促进产业结构不断升级优化，即由农业－工业－服务业－信息产业变动。因此，随着需求结构的变动，一些产业较为迅速地形成和发展，而另一些产业则相对发展缓慢、收缩、甚至停滞不前，即消费需求变动拉动产业结构的变动。

需求拉动力是产业形成的基本动力，也是产业最终得以持续发展的拉动力。在市场经济条件下，企业以追逐利润为最高目标，必然以市场为导向，开发市场需求产品，服从优胜劣汰法则。消费需求的不断高级化，必然引起企业生产的相对变化，进而促进产业结构升级。消费需求变化包括需求总量变化和消费结构变化。从需求总量来看，人口数量的增加以及人均国民收入水平的提高都会扩大消费需求，从而影响相关产业的发展。从需求结构来看，消费结构的变化会使生产结构和供给结构随之改变，从而影响产业的优化升级。

2. 投资对产业升级的推动机制

投资的规模则决定了产业的成长速度和成长的程度，投资的方向决定了产业结构调整的方向。投资代表企业对资本物的需求，从而成为经济和收入增长的原因；经济和收入的增长，反转来成为引致投资的原因，使得投资成为生产增长的结果。

根据经济学生产函数的定义，产业总量的增长是由投入生产要素的数量和技术进步水平决定的，其中的资本和技术水平又起到了关键作用。从经济总量上来看，资本使用效率的提高和资本数量的增加，表现为投资规模扩张，从而带来产出的增加，推动产业的成长。从经济结构上来说，投资方向则是根据市场需求结构或者地区的产业政策布局来进行变动，从而促使产业结构升级换代，为经济增长带来源源不断的动力。

3. 技术创新对产业升级的带动机制

产业结构与技术结构之间存在着内在的必然联系。技术结构是导致产业结构向高度化演进的重要因素，技术结构合理化及高级化的程度直接关联产业结构合理化与高级化。合理的技术结构促进产业结构优化体现在两个方面：一是在生产要素不发生流动的情况下本身就带来产业结构的改进；二是能够促进生产要素在不同产业之间流动，在新的生产要素组合的基础上带来产业结构的提高。

由于产业结构升级的核心是技术升级，因而就势必形成较大规模的设备更新，形成对先进技术的大量需求；要求提高技术自主创新能力，改变对引进技术的过度依赖；要求加快发展高新技术产业，并向传统产业渗透；要求创新需求和培育市场，增强技术供给对经济增长的支撑。因此，技术进步是带动产业结构升级的物质基础。

4. 产业政策对产业升级的保障作用

产业结构的优化升级离不开产业政策的支持。产业政策对于产业的升级形成具有至关重要的作用，产业政策能够创造良好的环境，使得社会资源向产业结构调整方向集聚，突出重点支持产业。政府的产业政策分为中央政府政策和地方政府政策，具体政策涉及财政、税收政策、金融政策、土地政策、创新激励政策、创新平台建设扶持政策等。这些产业政策的制定，对于战略性产业的成长具有保障作用。

具体作用体现：（1）为产业发展营造良好市场环境。制定产业政策的目的之一，就是在产业结构调整的过程中，有效地整合资源，避免出现资源浪费的外部不经济现象，提高资源配置和利用效率，并且引导和促进新兴产业发展。（2）通过制定和实施产业政策，引导社会的各种生产要素向重点产业流动，提高资源配置效率，同时，促进企业有效竞争，优化产业组织结构。（3）通过产业政策也会对产业布局起到指导性意见，引导产业技术升级，保障区域产业协调发展起到重大作用。

二、新常态过渡期下四川省稳增长、调结构的内外环境

（一）新常态过渡期四川省面临的外部环境

1. 全球经济进一步失衡，新贸易保护主义抬头

金融危机后，TPP（跨太平洋伙伴关系协定）、TTIP（跨大西洋贸易与投资伙伴协议）、BIT2012（双边投资协定 2012 年范本）、TISA（服务贸易协定）、欧日"经济合作协定"、竞争中性等一系列协定改变着全球经济规则局势。2012 年、2013 年，在光伏组件等新能源领域，我国已与欧美出现了严重贸易终端。未来一段时期，遭遇新贸易保护主义干扰态势将持续，处理好与各类国家在产业发展上的竞争合作关系面临新考验。

在这一大环境下，四川企业也面临各类贸易摩擦问题。2013 年，欧洲对中国光伏产业采取了反倾销措施，对光伏产品收以高额关税。欧盟委员会曾在 2013 年 6 月 4 日宣布，从 6 月 6 日起对产自中国的光伏产品征收临时反倾销税，前两月税率为 11.8%，

并在此后升至 47.6%。这一政策对四川省光伏企业产生了巨大的冲击，包括通威集团、川投能源、天威新能源等企业将面临巨额的亏损。但经过谈判后，中国光伏产业代表与欧委会就中国输欧光伏产品贸易争端达成价格承诺，使得光伏产业保住了欧洲市场。服贸纺织产业是四川传统优势产业，而在 2005 年左右，其服贸纺织业遭受了来自南亚、欧洲等多国的反倾销调查，2005 年，内江丰泰鞋业有限公司、成都艾民儿皮制品有限公司等 15 家企业遭受了来自欧盟的反倾销调查，涉案金额为 681 万美元。由此可见，在大环境下，贸易摩擦对四川外贸也产生了巨大的负面影响。

贸易摩擦虽然对经济发展产生了负面影响，但同时也对经济发展产生了相应的刺激作用，对经济结构和产业布局的转型提出了更高的要求。目前来看，四川省对外贸易呈现疲软态势。2015 年，四川省实现对外贸易进出口总值 3190.3 亿元，较去年同期下降 26%，而同期全国整体进出口下降 7%。其中出口额 2056.5 亿元，下降 25.3%，同期全国出口下降 1.8%；进口 1133.8 亿元，下降 27.2%，同期全国进口下降 13.2%。由此可见，四川省外贸情况不容乐观。这进一步要求四川省充分优化经济结构与产业布局，强化多点多极支撑。四川省应优化贸易结构，加强对优势产品贸易的市场性支持，提高对劣势产品贸易性扶持，并结合未来四川省的产业优化布局情况，不断调整贸易与进出口的产品产业。其次，在保持优势产业发展的同时，要对现行贸易中的劣势产品以及相关产业进行升级换代，提高其利润附加值与贸易水平。同时，除了对本省的实体经济进行调整外，还可将单纯的出口商品转变为直接对外投资，通过有目的地开发市场，实施"走出去"战略，在国外有目的地投资建厂。可以利用低成本优势吸引技术水平高的外国企业前来投资或者与它们进行合作。在技术上，企业则需要不断强化新技术，通过自主研发实现产品技术溢出效应，搞产品技术含量，从而缓解产品频繁遭遇反倾销调查的现状。

2. 大宗商品市场波动加大，提高经济运行风险

世界银行刚刚发布的最新《大宗商品前景》称，今年世界大宗商品市场很可能出现史上少见情况——9 项主要大宗商品价格指数全线下跌。在原油价格出现二次世界大战以来最大幅度暴跌的同时，其他大宗商品近几个月来也逐渐趋向疲软。而这种广泛的疲软预期将会持续到 2015 年年底，2016 年才有可能出现温和回升。在原油市场，从 2014 年 6 月中每桶 108 美元跌至两天前的 47 美元。目前的油价下滑趋势如若持续，可能会打破 1985~1986 年连续 7 个月下跌 67% 和 2008 年下跌 75% 的历史记录。此外，世界银行的能源、金属矿产和农业原材料三项大宗商品价格指标在 2011 年年初至 2014 年年底期间经历几乎相同的下滑，降幅均超过 35%，而且今年还将继续收缩。贵金属价格继 2014 年下跌 12% 之后，预期在 2015 年还将下跌 3%。同样，供应充足、需求疲软和美元升值也压低了这些大宗商品的价格。食品类大宗商品价格自 2011 年以来下跌 20%，考虑到目前 2014~2015 年当季粮食、食油和肉类及饮料（以咖啡为首）作物丰收前景良好。大宗商品分布广泛，对农产品市场、工业、建筑业等行业的发展影响较大，也牵扯着金融体系的安全。应通过市场方式自发消化多年积累的泡沫，减少其对经济运行造成压力。

3. 国内经济面临持续下行压力，结构调整力度加大

2015 年第三季度，我国经济同比增长 6.9%，较 2014 年第四季度下降 0.3 个百分

点。2015 年一至三季度，经济增长率始终维持在 7.0%左右，较 2013 年第四季度下降 0.3 个百分点。2014 年一至四季度，我国经济同比分别增长 7.3%，7.4%，7.2%，7.2%，整体季度持平，最高增速与最低增速之间仅相差 0.2 个百分点。从图可见，2013 年、2014 年、2015 年一季度我国经济保持平稳态势，与 2008 年国际金融危机爆发后前四年的经济增长表现形成鲜明对比，但由于产能过剩矛盾突出，企业生产经济困难较多，经济下行压力依然较大。

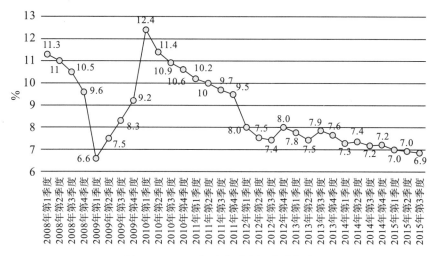

图 2-1　2008 年以来季度经济增长率

数据来源：国家统计局

与此同时，我国经济结构调整力度不断加大。一是第三产业增速不断提高，从 2013 年开始超过第二产业占 GDP 比重，为 1952 年有 GDP 历史数据以来的最大值，也是首次超越第二产业比重，到 2014 年，第三产业的拉动作用也首次超过第二产业。二是固定资产投资增速放缓，投资结构改变。2015 年三次产业投资所占的比重表现为"二升一降"。第一产业投资占全部投资的 2.3%，比 2013 年提高 0.2 个百分比；第二产业投资所占比重 41.5%，比 2013 年下降 0.8 个百分比；第三产业投资占 56.2%，比上年增长 0.6 个百分比。三是消费结构发生变化，新兴消费模式不断发展。当前中国经济正值调整结构，转型升级阶段，消费结构相应表现出从低收入、低支出、低品质需求向相对的高收入、高支出、高品质需求转型，新兴消费模式不断兴起。信息消费快速发展。绿色消费受到更多消费者支持。养老健康消费愈发受到重视。四是进出口产品结构转变。在出口方面，由于新兴经济体总体需求疲软，对资本品、投资品需求不足，机电产品出口增长有所放缓，但劳动密集型产品和高新技术产品增长速度水平较高。

2014 年在全国"三期叠加"的大背景下，经济下行压力持续加大成为贯穿全年的突出矛盾，四川省政府及时推出稳增长"十六条"，相继出台一系列支持实体经济发展、创新区域协调发展、务实推动"五大经济区"发展的政策措施。川南经济区、攀西经济区面临着更多的发展机遇，全省多点多极支撑发展的格局将进一步显现。同时，四川省也面临着诸多挑战。省内产业发展层次较低、产业结构不合理、主导产业以高能耗、高污染的资源型产业、产能过剩等问题都会增加产业结构调整的难度。四川省需要紧追国内产业结构调整浪潮，确保经济运行的合理区间，走绿色、低碳、集约的发展道路，把握好稳增长和调结构的平衡点，既要防止经济增速的惯性下滑，又要把握机会加快产业结构调整。

4. "一带一路"以及"长江经济带"等战略带来多重机遇与挑战

"一带一路"倡议作为我国最先倡导的致力于形成区域大合作的创新合作模式，对我国以及周边国家乃至世界经济格局具有十分深远的影响。长江经济带是我国增强国际竞争力的重要支撑点和增长极，长江下游也是发展水平较高的经济板块。随着资源的消耗和竞争，下游的一部分产业和生产要素将向长江中游和上游转移。

西部大省四川，是陆上丝绸之路和海上丝绸之路的交汇点，是连接西南、西北，沟通中亚、南亚、东南亚的重要交通走廊，是长江上游经济板块的重要组成部分，内陆开放的前沿阵地和西部大开发的战略依托。四川制造业门类多、层次丰富，尤其是轻工业和重工业方面的产品在中亚、东南亚、中东、东欧等产业门类相对单一的国家都具有广阔的市场。四川省在能源电力、油气化工、钒钛钢铁、装备制造等产业上具有一定的优势，其相关产品可由"一带一路"进行贸易，充分对接中亚、东南亚、中东等市场，构建国际性区域化的产品市场与产业链。借由"一带一路"所提供的政策支持，四川省可进一步大力发展成绵乐广遂电子信息产业带、成德资自宜泸装备制造产业带、成德绵南资汽车产业带、攀西钒钛稀土产业带、成乐眉雅绵硅产业带、川南沿江重化工产业带、川东北天然气化工产业带、成遂南达纺织服装鞋业产业带。

四川具备得天独厚的地理优势与自然资源环境，同时又具备丰富的历史文化底蕴与人文环境。"一带一路"有助于四川发挥文化与旅游资源，开辟高质量的旅游、娱乐与休闲产业，吸引海外游客与资本入驻四川，但四川如何取长补短，通力合作，发挥增值效应、如何拓展发展空间将会是一个巨大的挑战。

（二）新常态过渡期四川省面临的内部环境

1. 经济结构性矛盾突出

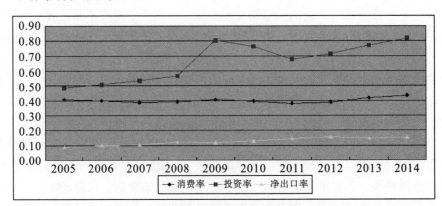

图 2-3　消费、投资、净出口占 GDP 比重

经济增长过于依赖投资。最近 5 年，四川省净出口额与全省生产总值比例基本稳定

在 15％左右，社会消费品零售总额比例也基本维持在 40％左右，而从 2011 起，投资率在经历两年的大幅下跌后开始显著回升，在 2014 年投资率达到 82％，比 2009 年还要高出 2 个百分点。由此可见，四川省近三年经济增长过度依赖投资，消费和外需拉动不足，民间投资活力有待激发。

区域、城乡发展不够协调。2014 年，四川全省 21 个地市州的 GDP 只有 12 个超过千亿元，其中，成都市 GDP 达到 10056.59 亿元，仅次于成都的绵阳市 GDP 达到 1579.89 亿元，不足成都的六分之一，人均 GDP 不足成都的一半，而巴中市人均 GDP 甚至不足成都的五分之一。除各地市州经济发展差距悬殊之外，四川的县域经济发展也比较薄弱，2014 年全国百强县中，四川只有双流县入围，其中主要还是因为成都的辐射作用。

产业结构性矛盾突出。2015 年四川省第三产业增加值发展速度 9.4％，第三产业占 GDP 比重首次突破 40％，较上年提高 0.9 个百分点，相比第二产业增加值增长速度比上年增长 1.5 个百分点，第二、三产业增加值发展速度差距逐年缩小，四川省产业结构持续优化。但是产业结构性矛盾依然没有得到显著缓解：重化工业特征仍然明显，2015 年全省轻工业总产值为到重工业的一半；全年高新技术产业实现总产值 13500 亿元，比上年增长 10.4％。

2. 资源、环境约束不断增强

四川省资源种类多、总量大，但由于人口基数大，人口增长速度快，导致资源、环境压力与日俱增，资源相对不足和生态环境恶化对国民经济持续、快速、健康发展和人民生活水平的制约作用日益明显。此外，由于四川地形复杂，生态环境脆弱，自然灾害频发，造成严重经济损失，2014 年全省发生地质灾害灾情、险情 2307 处，其中滑坡 1635 处、崩塌 309 处、泥石流 240 处、其他 123 处。

3. 社会问题愈加显现

城乡居民生活水平差异显著，城镇居民家庭人均可支配收入、消费性支出以及其他生活质量指标明显高于农村；医疗卫生体系不健全，医疗资源总量不足的矛盾依然突出，特别是基层卫生服务体系不完善；食品安全问题仍大量存在，有的涉及严重违法犯罪，性质严重，手段恶劣，社会影响极坏；人口老龄化趋势发展迅速，2014 年全省 60 岁及以上老年人口 1649.03 万人，其中 65 岁及以上人口 1114.28 万人，但养老资源总体不足，特别是优质办公养老资源经常出现一床难求的现象。此外，还存在就业形势严峻，社会保障体系不完善，信用缺失等问题。

4. 省委省政府相关政策措施及影响

综合施策稳定经济增长。2015 年，四川省在稳投资上，深入研判经济走势，开展两次大规模督查调研，打出"4＋1"政策组合拳，破解企业、行业和实体经济发展难题。降低工商业用电用气成本约 61.5 亿元，落实降税清费政策减轻企业和社会负担 600 亿元左右，有序推进房地产去库存。综合施策稳投资。争取到 653 个国家专项建设基金项目，启动一批重大项目建设。制定铁路投融资体制改革实施意见，铁路投资突破 400 亿元。加强银政企合作，社会融资新增近 6000 亿元。推广政府与社会资本合作模式，签约项目总投资近 1600 亿元。全社会固定资产投资完成 2.6 万亿元、增长 10.2%。大力拓市场促消费。组织 9 万户企业参与市场拓展"三大活动"，扩大健康、养老、电商等新兴消费和服务供给，社会消费品零售总额增长 12%。

加速产业转型升级。出台新型城镇化、中国制造 2025 四川行动、"互联网＋"等实施意见。加快推进现代服务业改革发展，2015 年服务业增加值增长 9.4%。其中，金融业增加值增长 15.9%。加快现代农业发展，粮食生产持续稳定，农村居民收入增幅快于经济增速，建成高标准基本农田 45 万公顷，培育各类新型农业经营主体 20.1 万个。启动"工业转型升级三年行动计划"，推动白酒等传统优势产业改造升级，完成技改投资 5318 亿元，关停淘汰煤炭等落后产能企业 436 户；狠抓"7＋7＋5"产业培育发展，设立产业引导基金，组织实施一批重点产业项目。三次产业结构从 2014 年的 12.8：51.3：35.9 到 2015 年的 12.4：50.9：36.7。

着力深化改革创新。成功争取我省列入国家系统推进全面创新改革试验区域，成都高新区获批国家自主创新示范区，天府新区、绵阳科技城创新创业工作扎实推进。2015 年安排 30 亿元专项资金支持创新驱动和五大高端成长型产业发展，新增省级以上企业研发机构 141 家、科技型中小微企业 1.3 万家。专利申请首破 10 万件。有力促进大众创业万众创新，一大批科技人员、大学生、海外人才和草根能人迈入创业创新主战场，农民工和川商返乡创业成效初显。成都加快打造西部经济核心增长极和现代化国际化大都市，成都经济区同城化发展步伐加快；川南、川东北和川西北经济区发挥比较优势，优势特色经济不断壮大。同时，抓住长江经济带发展的机遇，规划建设了一批支撑性和引领性的重大项目。

认真办好民生大事实事。在财政收入增速放缓、支出压力加大的情况下，2015 年全省各级政府用于民生方面支出达 4882.6 亿元，占地方一般公共预算支出比重 65%。推进精准扶贫，2015 年 117 万人摆脱贫困。加快加快危旧房改造和保障房建设，棚改货币化安置比例达 49.5%。将农民工全面纳入城镇就业登记，促进城镇新增就业 101.9 万人。实施机关事业单位养老保险制度改革，打通城乡居民与企业职工养老保险转移衔接通道。实施第二期学前教育三年行动计划，推进义务教育均衡发展，开展职业学校首批现代学徒制试点，高等教育健康发展。率先建立全域分级诊疗制度，全面实施城乡居民大病保险，搭建异地就医结算省级平台。深化国有文艺院团改革，开展文化惠民活动，成功举办第五届国际非遗节、首届四川艺术节和全国第九届残运会暨第六届特奥会。

三、新常态过渡期下四川省经济增长的基本态势和动力机制分析

（一）四川省经济增长的基本态势分析

1. 四川省经济增长现状分析

经济增速下降。从 2013 年开始，全省地区生产总值同比增长开始向 10% 以下下

滑，到 2015 年，同比增速为 7.9%，基本与国内生产总值同比增长水平一致。其中，第二产业增加值 14293.2 亿元，增长 7.8%，比上年同期回落 1.5 个百分点，第三产业增加值 12132.6，增长 9.4%，增速与上年同期增加 0.6 个百分点，经济结构重心逐渐向第三产业转移。

工业生产增速趋缓。2014－2015 年，全省规模以上工业增加值比上年增长 9.6% 和 7.9%，2013 年工业增长走势总体较为平稳，增速高于全国平均水平，2014 年－2015 增速逐渐回落，工业增长走势放缓。到 2015，规模以上工业增加值同比增长 7.9%，增速比上年同期回落 1.7%，但仍然高于全国水平，增速比全国平均水平高 1.8 个百分点。分行业看，规模以上工业 41 个行业大类中有 36 个行业增加值增长。其中，电力、热力生产和供应业增加值比上年增长 2.3%，酒、饮料和精制茶制造业增长 11.4%，非金属矿物制品业增长 20.1%，汽车制造业增长 10.0%，农副食品加工业增长 5.6%，化学原料和化学制品制造业增长 11.6%，纺织业增长 13.2%，计算机、通信和其他电子设备制造业增长 2.5%，石油和天然气开采业增长 17.7%，医药制造业增长 12.3%。

消费品市场整体运行稳定。从 2013 年至 2015 年，全省社会消费品零售总额增幅始终维持在 10% 以上。2015 年全年社会消费品零售总额 13877.7 亿元，比上年增长 12.0%。从热点商品看，粮油、食品、饮料、烟酒类增长 19.1%，服装、鞋帽、针纺织品类增长 12.3%，日用品类增长 19.4%，化妆品类增长 15.7%，金银珠宝类增长 5.0%，家用电器和音像器材类增长 10.9%，中西药品类增长 17.3%，家具类增长 20.3%，建筑及装潢材料类增长 13.8%，汽车类增长 6.3%，石油及制品类下降 3.6%。

投资增速下降，投资结构逐渐转变。2013 年 2 月－2015 年 12 月，全社会固定资产投资增速平稳下降，增速从 23.4% 下降至 10.2%，主要表现在工业与房地产增长乏力。2015 年全年完成全社会固定资产投资 25973.7 亿元，比上年增长 10.2%，其中固定资产投资（不含农户）24965.6 亿元，增长 10.2%。分产业看，第一产业投资 840.1 亿元，增长 31.8%；第二产业投资 7462 亿元，增长 3.5%，其中工业投资 7361 亿元，增长 2.7%；第三产业投资 17671.6 亿元，增长 12.4%。

市场物价低位运行。2013 年、2014 年和 2015 年全民居民消费价格总水平同比上涨 2.8%、1.6%、1.5%，持续低位运行，且呈下降趋势。2015 年其中食品类价格上涨 2.9%，居住类价格上涨 0.5%。商品零售价格上涨 0.2%，农业生产资料价格上涨 1.5%。工业生产者出厂价格（PPI）比上年下降 3.6%，其中生产资料价格下降 4.7%，生活资料价格下降 0.2%。工业生产者购进价格（IPI）比上年下降 3.3%。

城乡居民收入持续增长。2013 年城镇居民人均可支配收入和农村居民人均纯收入分别为 22368 元和 7895 元，比上年增长 10.1% 和 12.8%，城镇居民和农村居民恩格尔系数分别为 39.6% 和 43.5%。2014 年城镇居民人均可支配收入和农村居民人均纯收入分别为 24381 元和 8803 元，比上年增长 9% 和 11.5%，城镇居民和农村居民恩格尔系数分别为 40.1% 和 43.2%。2015 年城镇居民人均可支配收入 26205 元，比上年增长 8.1%，全年农村居民人均可支配收入 10247 元，比上年增加 900 元，比上年增长 9.6%，城乡居民收入增幅均超过同期 GDP 增幅。

产能过剩日益普遍。近年来，大力度的基础设施投资虽然支撑了四川经济的高速增

长，但也是省内制造业产能过剩问题呈现出行业涉及面越来越广、绝对过剩程度越来越高、持续时间越来越长的特点。必须明确经济发展对基础工业的合理需求，才能推动产业资源向战略性新兴产业流动，促进产业结构升级。

政府债务规模扩大。从四川省审计厅于 2014 年 1 月所发布的《四川省政府性债务审计结果》来看，截至 2013 年 6 月底，全省各级政府负有偿还责任的债务 6530.98 亿元，负有担保责任的债务 1650.90 亿元，可能承担一定救助责任的债务 1047.74 亿元。自 2009 年为应对国际金融危机冲击，地方政府债务规模迅速扩大。亟须降低经济增长对投资的依赖，避免举新债还旧债，累积债务风险。

2. 新常态及其过渡期四川省经济潜在增长率分析

潜在产出是宏观经济学的重要概念，不同学派对于潜在产出的界定不尽相同，主要以两类为代表。第一类定义以凯恩斯理论为基础，认为潜在产出是当经济中各种投入要素达到充分利用，特别是失业率达到"非自愿失业"时的最大产出水平。该潜在产出是"最高产出"，实际经济很难达到。第二类定义以新古典理论为基础，认为潜在产出是在给定实际约束条件下，不引起通货膨胀率改变（变大或变小）时经济所能实现的产出。实际产出围绕潜在产出上下波动。

同近年大多数学者的研究一样，文中所述潜在产出沿用后者的定义。即潜在产出是在非加速通货膨胀的条件下，一国或一个地区现有的资本、劳动力和技术进步完全利用所能达到的产出水平。"潜在经济增长率"是由潜在产出延伸而来的概念，指经济处在潜在产出水平时的经济增长率，即通货膨胀稳定（或非加速）情况下的经济增长率。本文采用消除趋势法将宏观经济运行看作是潜在增长和短期波动的某种组合，因而可运用计量技术将实际产出序列分解为趋势成分与周期成分，其中的趋势成分即潜在产出，周期成分即产出缺口。文中使用的数据是 1978－2014 年四川省年度 GDP，数据来源于《四川省统计年鉴 2014》和四川省 2014 年国民经济与社会公报。使用的软件为EVIEWS7.0。结果如下图。

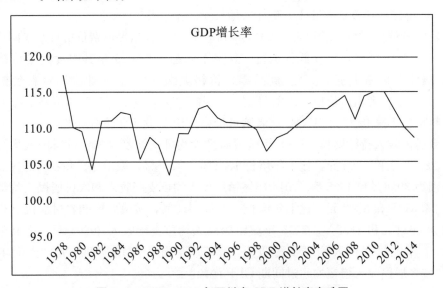

图 3-1　1978－2014 年四川省 GDP 增长率变动图

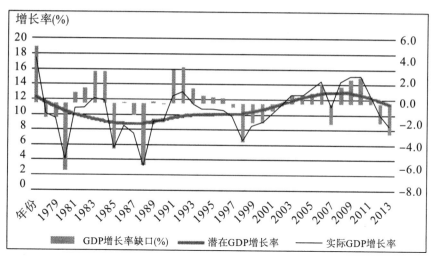

图3-2　四川省潜在GDP增长率和实际增长率（1978-2014）

应用平滑参数100HP滤波器对四川省GDP指数进行滤波，得到其中的趋势成分和波动成分。由图3-2可知，1978-1989年GDP增长率缺口波动幅度较大，随后波动幅度进一步减小，趋于平稳，其最大正缺口为5.2%，最大负缺口为-6.2%。同时分析1978-2014年四川省的潜在经济增长率序列，可以发现，增长路径表现出显著的周期波动特点，有一个波谷（1988年），有一个波峰（2009年），区间为[8.66%，12.93]。总的来说，对于处于转轨时期的四川省，地区层面经济增长的波动性较大，GDP增长率缺口的波动较好地刻画了结构变动、制度因素、国际金融危机等对四川省潜在经济增长率的影响。

同时，观察图3-2，1978年-2014年四川省平均潜在增长率为10.66%，适度增长区间为[8.6%，12.9%]。可以发现自1997年来，由于受到亚洲金融危机的影响，我省宏观经济增长持续减速，出现了生产力过剩的现象。2000年以来，随着中国经济形势持续好转，我省的经济增长持续加快，出现了较大的正产出缺口。经济在较小波动位势上持续适度高位运行，呈现为起伏平缓、峰谷落差较小的波动轨迹。2008年9月，国际金融危机全面爆发，四川汶川发生8.0级大地震，四川省经济快速回落，并且波及面仍在不断扩大，影响深度持续增加，多数发达国家经济复苏迟缓，美国经济复苏渐稳，欧盟经济持续低迷，新兴经济体经济增长乏力，对世界各国经济的负面影响难以估测，四川省经济增长不可避免地受到较大冲击，从而导致四川省潜在经济增长率从2008年的最高点14.5%逐步下降和回落。四万亿计划的推行，使四川省实际GDP增长率有了小幅的增长，但2012年以来，四川经济增速明显下降，经济增长进入新常态。需进一步提升经济发展结构与总量的适应性，加快转变经济发展方式，逐渐实现集约型增长。就长期来看，结合四川省潜在经济增长率周期波动特点，随着产业结构的调整、城市功能定位的明确，四川省第二产业所占比重会逐年降低，受经济结构调整的影响，以及新常态下宏观经济增长乏力的状况，四川省潜在经济增长率会继续有所下降，潜在经济增长率将继续呈现紧缩状态和下行趋势，未来五年潜在经济增长率适度增长区间为[9%，11%]。

（二）四川省经济增长动力机制及结构分析

1. 投资、消费、净出口占经济比重和贡献率变化

投资、消费、净出口是拉动经济发展的三驾马车，四川省的消费和投资对拉动四川省经济发展的动力旗鼓相当，而四川省的净出口则对四川经济发展作用很小。在"十三五"期间，投资的贡献率明显下降，而消费的贡献率却明显上升，短期内，投资、消费仍会双头并进，但是长期内，消费占经济的比重和对经济的拉动作用会越来越明显。

消费比重长期平衡，贡献率上升

"十二五"较"十一五"期间，消费比重长时间内表现平稳，最终消费率维持在50%左右，低消费水平仍有持续的趋势。但是消费对经济的贡献率却出现明显的上升趋势，2014年贡献率为57.85%，比2010年高出11个百分点。说明消费在国民经济的占比在短时间内不可能突然出现跳跃式增长，但是其对经济的拉动作用却是明显上升。

投资比重轻微回落，贡献率下降

"十二五"较"十一五"期间，投资比重出现轻微回落，但是仍然在50%以上的高位运行，高水平投资仍然会持续。投资贡献率却出现了明显的下降，2014年投资贡献率为40.31%，比2010年下降9个百分点。说明长期大规模投资的不可持续性和投资对经济拉动的作用不断降低，但是在短时间内，投资仍然会是四川经济发展的重要环节。

净出口比重轻微上升，贡献率较小

四川省的净出口占比长时间内均为负值，出口量较小于进口量，但是净出口占比有不断增大趋势。净出口的贡献率在2006－2009年均为负值，而在"十二五"期间在正负间徘徊，波动性较大，整体上对经济的拉动作用很小。

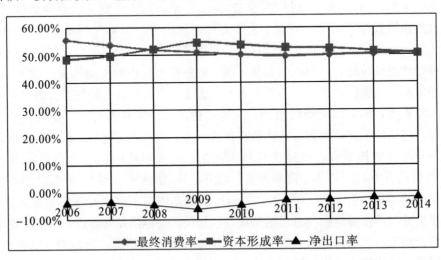

图3－3　2006－2013年消费、投资、净出口占GDP比重变化

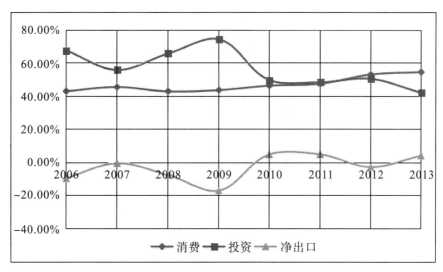

图 3-4 2006-2013 年消费、投资、净出口贡献率变化

根据以上的分析，四川省的经济增长长期是依靠投资拉动，作为国民经济的"三驾马车"，投资在促进四川经济中起到关键作用，可以说投资不稳经济下行甚至于停滞。"十二五"期间，投资对经济增长的贡献率仍在高位上下徘徊，消费对经济增长的贡献率呈稳步上升趋势，出口对经济增长贡献几乎为零。在宏观经济下行压力不断加大和市场有效需求不足的情况下，四川省经济承受着前所未有的下行压力，经济增速从 2013 年的 10% 回落到 2015 年的 7.9%，经济结构性矛盾突出，去年四川在全国率先推出稳增长的 16 条措施，随后又相继在减轻企业负担、支持中小微企业发展和支持外贸及县域经济发展等方面推出一系列政策，着力培育新的经济增长点，涉及范围之广、力度之大，近年少有。新常态过渡期下，必须适应四川经济发展新特点，稳增长、调结构，实现全面、协调和可持续发展。

2. 产业结构优化和升级，进入工业化中后期阶段

三次产业结构重心发生转移，第三产业对经济的拉动作用逐渐提高，2015 年第二产业对经济贡献率 53.9%，比 2012 年同期下降将近 19 个百分点，第三产业经济贡献率 41.1%，较 2012 年同期提升将近 17 个百分点。

四川省多数地区处于工业化中期或者前期，工业化进程仍处于加速器。经济发展质量效益不高，工业没有完全摆脱粗放式增长模式，规模工业增加值增速在全国仅排 21 位。同时，以装备制造和高兴技术产业为代表的先进制造业占比只有 22% 左右，比全国平均水平低 4 个百分点以上。经济结构性矛盾突出，高附加值产业占比不大，六大高耗能行业、传统资源型行业比重达 39.4%。但随着经济发展，传统制造业的比重在达到一个高点之后必然会下降，服务业占比会逐步提高。因此，经济结构将会逐步增加服务业占比，减少传统制造业大的占比，大力发展高端成长型产业和新兴先导型服务业。将新兴产业壮大为先导性和支柱性产业，提高产业核心竞争力和经济效益，集中力量突破高端装备、系统软件、关键材料等重点领域的关键核心技术，优化产业布局，促进产业结构升级，提升产业核心竞争力。不断调整和改善经济结构与经济发展方式，进入工

业化中后期阶段,以此适应经济发展的需要。

3. 要素供给增长放缓,加快调整投资结构比例

一、三产业投资增速处于高位,第二产业投资增速回落

产业投资结构符合产业结构调整方向。从 2014 年开始,受支农政策的积极影响,第一产业投资增长速度显著提升,2015 年 4 月底累计增长速度基本达到全国平均水平;从 2014 年开始,第二产业投资增速持续下行,2015 年 1 月开始已连续 4 个月出现负值,4 月底第二产业累计投资增速 -2.9%,较上月下降 2.3 个百分点;第三产业投资增速基本维持在 15% 左右,投资增速明显高于第二产业,其差异还有继续扩大趋势。2014 年三次产业的固定资产投资比约为 1∶12∶27,充分体现了产业投资对产业结构调整的精确导向和有力推动。

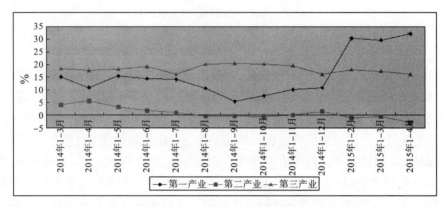

图 3-5 三次产业累计投资增长

民间总量增大,结构优化

2014 年我省民营经济整体上发展势头良好,总量规模不断壮大。截至 2014 年底,省非公经济实现增加值达到 17195.43 亿元,同比增加 1426.16 亿元,增速达 9.5%。2014 年我省民间投资总量达 13210.2 亿元,同比增长 14.8%,增速比全社会投资快 2.8 个百分点,主要集中在房地产业和制造业,分别占比 35.9% 和 33.4%。民营经济的产业结构不断优化,逐渐向先进制造业、现代服务业和战略性新兴产业领域拓展和延伸。第一、二、三产业非公经济增加值分别达到 1422.06 亿元、10549.6 亿元和 5223.77 亿元,民营经济市场主体三次产业注册资本比例为 1∶74.26∶3.67,私营企业一、二、三产业户数比重为 2.94∶12.33∶48.9。说明民间投资意愿更为强烈,具备投资理性。

政府投资体现定向倾斜

2014 年,政府在铁路建设、棚户区改造等领域推出了一系列重点投资项目,体现了政府投资的民生导向。全省全面实施"百万安居工程建设行动",建设城乡住房 104 万套,其中改造危旧房棚户区 40.6 万户、居全国第二位。同时,为突破城镇建设相对减速对城镇化的桎梏,政府投资大量投向城镇基础设施及公共服务体系。另外,为克服环境污染和消费安全对经济发展的紧约束,政府投资还积极致力于能耗管控、雾霾治理、食品安全与可追溯等领域。

4. 消费需求内外协同

消费需求结构性差异逐渐改善

2015 年一季度，消费劳动生产的态势得以稳固，四川消费品市场运行平稳，实现社会消费品零售总额 3180.6 亿元，同比增长 11.8%，快于全国平均增速 1.2 个百分点，增速显著高于 GDP 增速。城乡市场发展趋于均衡，发展差距缩小，消费方式和消费对象方面，网络零售快速发展，网络零售、电子商务及服务等新型消费占据主流，而房地产、汽车及其相关消费表现低迷。

贸易区域结构差异明显，但已出现改善迹象

贸易规模层面，2014 年四川外贸进出口平稳增长，对外贸易进出口总值 4314.7 亿元人民币，约合 702.5 亿美元，较 2013 年增长 7.7%。在 31 个省市区中，四川外贸进出口排名第 11 位，居中西部第二。贸易结构层面，加工贸易增长较快，其中，以便携式电脑、集成电路等为主的机电产品的出口增长较快，达 7.3%。而传统劳动密集型产品如服装和家具等产品的出口有明显下降，分别达到 5.3% 和 44.1%。在产品进口方面，四川在 2014 年进口逾 7 成为机电产品，但金属矿砂进口大幅下降。同时，与美国的双边贸易快速增长，与欧盟国家的贸易额则较 2013 年下降了 2.3%。四川外商投资企业成为四川最大进出口贸易主体，民营企业则成为增速最快的外贸主体。

5. 区域协调发展格局进一步优化

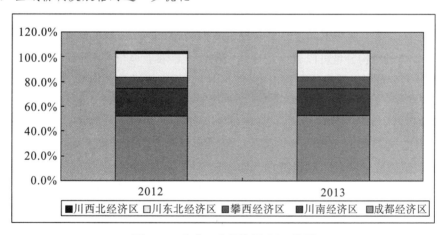

图 3-6　全省五大经济区 GDP 比重

一直以来区域发展不平衡都是经济发展的主要常态特征之一。产出方面，全省经济发展水平主要依赖成都经济区，尽管在 2013 年成都经济区 GDP 比重下降 0.5 个百分点，但仍占全省总产出半数，相比川西北经济区总产出占全省不足 2%，区域经济不平衡的现状依然严峻。但从增长速度角度看，截至 2013 年，川西北经济区、攀西经济区经济增长速度已经超过成都经济区，分别高 3.9 和 1.6 个百分点，川东北经济区、川南经济区经济增速与成都经济区经济增速基本一致，如果未来几年能继续保持这一增长水平，四川省区域经济结构将得到有效改善。2014 年，川东北经济区实现社会消费品零售总额 299.0 亿元，比上年增长 13.2%，增速高于四川省平均水平 0.5 个百分点，居五大经济区首位，分别比成都经济区、川南经济区、攀西经济区、川西北生态经济区快0.8、0.2、0.7、0.3个百分点。

四、四川省稳增长与调结构的动力机制模型研究

(一) 偏离-份额分析

根据偏离-份额分析法，我们把四川省经济变化看作一个动态过程，把地区经济总量（G）在某一时期的变动分解成三个分量：份额分量（N）、结构分量（P）、和竞争力分量（D）。份额分量指因国家经济增长引起的地区经济增长因素，结构分量指在国家层面上的特定产业的增长引起的地区经济增长因素，这两个分量在国家层面上解释了地区的预期经济增长量。竞争力分量是三个指标中最有用的一项，它解释了地区独有的竞争优势而引起的地区经济增长因素。特定产业增长的竞争力分量等于该产业总增长减去由国家经济引起的该产业的预期增长量（份额分量和结构分量）。份额分量用来解释一个产业是否属于主导产业，相对于其他产业来说，该产业的份额分量越大，说明其在地区经济总量中占有的份额越大。特定产业的结构分量的正负用来说明在国家层面上该产业是处于成长阶段还是处于衰退阶段。特定产业的竞争力分量的正负用来说明该产业在该地区相对于国家是否有竞争优势，而不管这个产业在国家层面上是处于什么发展阶段。

1. 以 GDP 增加值分类的产业分析

第一产业竞争力优势不明显，总量增加有所放缓

从图 4-2 的结构分量可以看出，在国家层面上，农业地位有不断走弱的特点。从图 4-3 的竞争力分量可以看出，在四川省，农业的竞争优势呈现周期性波浪式变化，但是其整体趋势为 0，即没有竞争优势可言。尽管农业所占经济总份额不断减少，对经济拉动的作用逐渐减少，但是四川省农业占比在 8 个大类行业中仍为第二名，所占经济份额较大，在相当长一段时间内，农业仍然会是四川省经济总量的第二名，对经济的影响较大。

工业竞争力优势明显，对经济拉动作用显著

从图 4-1 的份额分量可以看出，四川省工业在 2010、2011 年间快速增长，然后减缓平稳增长，整体增长水平与 2010 年相等。图 4-2 的结构分量来看，在国家层面上，工业却处于衰减的状态中，这与我国经济处于工业化中后期相匹配。四川省处于工业化中期，四川省工业增长速度要快于全国工业增长率，并且其基数巨大，所以其竞争力分量为正，从 2007 年不断增涨，在 2011 年达到峰值，然后逐渐减缓，相对其他产业，仍存在明显竞争力优势。在今后的发展过程中，工业仍然会是四川省的主导产业，对经济的拉动作用有着举足轻重的作用，但是其增长率却会随着工业化进程不断减缓，对经济的拉动作用不断减少。

建筑业在第三产业占比较高，有较大发展空间

从图 4-1 的份额分量来看，四川省建筑业的份额分量比第三产业内各产业要高，说明建筑业经济总量高于第三产业内部各产业，尽管其竞争优势不是特别明显，但是仍然对经济的贡献较大。因为四川省基础建设设施比发达省份有较大投资空间，在西部大开发的战略实施下，四川省建筑业仍有待提高，会是拉动四川省经济增长的重要一极。从图

4-1 中可以看出，第三产业中的交通运输、仓储和邮政业、住宿和餐饮业、房地产业这三个产业份额分量较少，对经济的整体影响较小，竞争力的优劣势不明显。四川省批发和零售业要比上述三个的结构份额大，但是四川省批发和零售业的竞争力分量逐渐减小，其所占份额也在逐步减少中。从 2011 年开始，四川省的金融业高速发展，但是 2013、2014 年其增长速度较 2012 放缓，趋势不太明显。从结构分量来看，国家在金融业从 2012 年处于上升阶段，在一定程度上带动四川金融业发展。尽管金融业近期的高速发展，经济总量已经成为第三产业行业中第一名，但是因为四川省金融业基础薄弱，其份额分量依旧较小，要低于建筑业份额。在我国居民资产配置调整、地方债务证券化、大众创业和金融化改革等宏观前景下，金融业一定会快速发展，四川省也一定要迎头赶上。

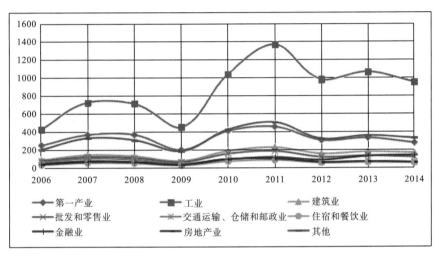

图 4-1　2006-2014 年四川省各产业份额分量动态图

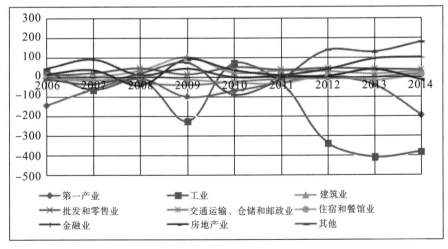

图 4-2　2006-2014 年四川省各产业结构分量动态图

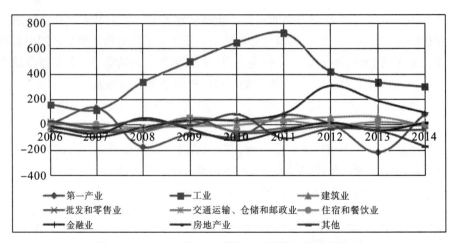

图4-3 2006—2014年四川省各产业竞争分量动态图

2. 工业内部行业分析

采矿业对经济拉动作用大，但处于衰减过程中

2011—2013年间，从结构分量来看，国家采矿业增长持续下降，并且速度较快，而四川省从2010年开始，采矿业的竞争力分量绝对值大幅度下降，说明国家经济增长正在摆脱原材料开采的带动，四川省则以更快的速度摆脱对采矿业的依赖。但是从份额分量中可以看出，采矿业份额很高，从2009—2011年为工业内部第一大行业。在2012年才被高技术产业超过。尽管四川的采矿业在不断地衰退过程中，但是在相当长一段时间内，采矿业仍然会是工业内部重要产业。

农副食品加工业、纺织业对经济推动力有限

2011—2013年，四川省农副食品加工业增长率仅为国家农副食品加工业增长率的1/7，为工业增长率的1/4。其竞争力分量为负，且其绝对值与份额分量、结构分量相一致，几乎抵消了国家层面上农副食品加工业的增长。四川省纺织业增长率也较低，其为国家纺织业增长率的1/2，但是其竞争力劣势却并不明显，因为国家纺织业增长率要远小于国家工业增长率，导致其结构分量也为负。这两个产业在四川省工业内部占比较小，对经济推动力有限。

在生意社发布的《2013年度中国大宗商品经济数据报告》中，我国农副食品加工业和纺织业有较有严重的产能过剩，现在这些产业正处于存量消耗期，所以在今后几年，四川省在这两个产业的发展会依旧迟缓。

六大装备制造业分析

因为四川省正处于工业化中期阶段，在工业内部以重工业为主，且工业内部在不断深化的过程中，所以四川省的装备制造业是工业内部的主导产业，且其增长率要远高于其他产业。在装备制造业内部，各产业差异比较明显，其中计算机、通信和其他电子设备制造业增长率是国家该行业增长率的4倍，交通运输设备制造业是国家该行业增长率的3倍，通用设备制造业是国家该行业的2倍。但是因为基数不一样和增长率的较大差距。从图4-4中可以看出，计算机、通信和其他电子设备制造业的份额增加值是交通设备制造业的 2 倍，而交通设备制造业又是通用设备制造业的 2.5 倍，三个产业差距明显。在今后的发展中，计算机、通信和其他电子设备制造业仍然会独树一帜，成为四川省经济增长的主要推力，交通运输设备制造业也会成为工业内部的主导产业，对于通用设备制造业，应当加以培养，在国家该产业增长缓慢的情况下，使其成为四川省发展的独特产业。

对于专用设备制造业、电气机械和器材制造业，整体上优势不明显，这两个产业有等培育发展。

六大耗能行业分析

2011—2013 年，四川省六大耗能行业增长率为 12%，低于国家 9 个百分点，在其内部，除了石油加工、炼焦和核燃料加工业、电力、热力生产和供应业外，其他产业增长率均低于该行业的国家增长率。从图 4—4 可以看出，尽管石油加工业的竞争力分量为正，但是十分小，并且其结构分量为负，导致其增长量有限。四川省在化学原料和化学制品制造业、非金属矿物制品业、黑色金属冶炼和压延加工业这三个产业中，竞争力分量为负，但是其份额分量却较其耗能产业大，说明这些行业曾经是占四川省工业的份额较大，但是现在却处于衰退的过程中。在《2013 中国大宗商品产能过剩数据报告》中显示，化工、能源、有色、橡塑行业产能过剩严重，在今后的发展过程中，这些产业仍会有衰退的倾向。

高技术行业独树一帜，快速发展

无论国家还是四川省，高技术产业都在快速发展，但是四川省高技术产业发展速度要远快于国家。从图 4—6 可以看出，高技术产业竞争力分量呈波浪向上快速发展形态，四川省在高技术行业竞争力优势突出。从 2012 年开始，高技术的份额分量是工业内部各产业最大，且其竞争力分量值仅小于计算机、通信和其他电子设备制造业，但是其总增加值却高于计算机、通信和其他电子设备制造业。四川省高技术产业正处于高速发展阶段，今后将成为工业内部的主导产业，这也是工业内部不断深化，产业结构不断优化的必然结果。

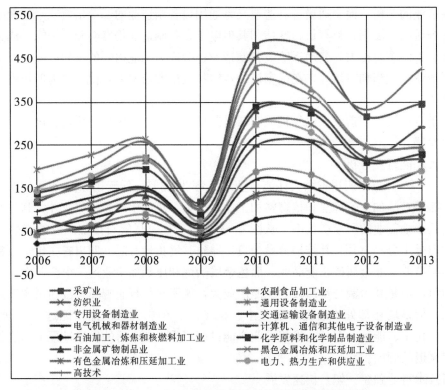

图4—4 2006—2013年四川省工业内部份额分量动态图

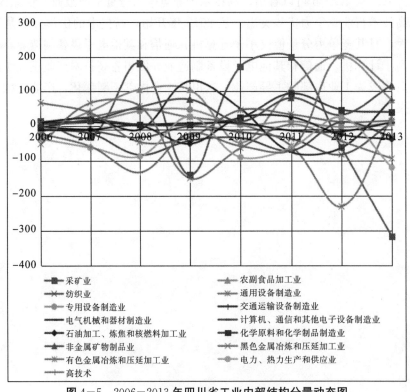

图4—5 2006—2013年四川省工业内部结构分量动态图

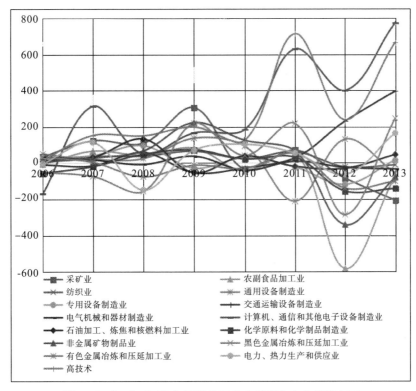

图4-6 2006-2013年四川省工业内部竞争力分量动态图

3. 未来产业发展的主导方向

对于以 GDP 增加值划分的产业大类，四川省在过去一直以工业为主导产业，在今后，工业会依然为四川省主导产业。这主要是因为四川省处于工业化中期阶段，工业依旧为保持较高增长率，并且其产值占比在各产业中为最。尽管四川省第三产业较工业份额占比小，并且其整体增长速度低于工业，但是第三产业内部的金融业则快速发展，远高于工业增长率，并且四川省在金融业有竞争优势，可以重点培养，在今后的发展中，承接工业的主导地位。同时，由于四川省的旅游、住宿和餐饮业相对全国来说，具有竞争优势，可继续加以保持。

对于工业内部，应该持续不断深化，使其结构不断高级化。装备制造业的超强优势，应当持续保持，尤其对计算机、通信和其他电子设备制造业应当加大扶持力量，使的其在工业内部的主导地位更加突显；在西部大开发和"一带一路"的带领下，四川省的基础设施建设会进一步加大，能够推动已经具有竞争优势的交通运输设备制造业进一步发展。四川省的高技术行业有快速的增长率，竞争优势明显，但是现在其份额占工业总体份额仍然较少，这一方面应当重点培养，不断使得工业内部高级化、合理化。

（二）主成分分析

1. 主成分分析指标的选取

我们认为影响 GDP 的动力由下列五个方面构成：

产业结构方面：用第二产业，第三产业增加值占 GDP 的比重代表。为了消除多重共线性，省略了第一产业增加值占 GDP 的比重。

投资结构方面：用其他方面固定资产投资占总固定资产投资的比重代表，其中其他方面固定资产投资为总固定资产投资减去公有制经济方面固定资产投资，用国有经济和集体经济固定资产投资加总代表公有经济方面固定资产投资。

需求结构方面：分为城乡消费结构，用农村人均生活性消费支出占人均消费支出（指城镇人均消费支出加上农村生活性消费支出）的比重代表；还有进出口结构，用出口总额占进出口总额的比重代表。

区域结构方面：用成都经济区，川南经济区，川东北经济区 GDP 占四川省 GDP 的比重代表。四川省有五大经济区，为了消除多重共线性，省略了 GDP 最小的两大经济区，攀西，川西北经济区占四川省 GDP 的比重。其余三大经济区的 GDP 已经占四川省 GDP 的 90％左右。

风险结构方面：用财政支出超出财政收入的比例衡量，比例越高说明四川省政府的债务越多，风险越高。

原始数据是从 2000 年到 2013 年，来源于国家统计局，四川省统计年鉴，中国经济与社会发展统计数据库，实际中所用指标由原始数据加工计算而得出。

下面表 4-1 为四川省发展动力指标体系，表 4-1 为指标数据。

表 4-1：四川省发展动力指标体系

产业结构	二次产业比重	x1
	三次产业比重	x2
投资结构	其他方面固定资产投资比重	x3
需求结构	农村人均消费占人均消费比重	x4
	出口占进出口比重	x5
区域结构	成都经济区比重	x6
	川南经济区比重	x7
	川东北经济去比重	x8
风险结构	财政支出超过财政收入比例	x9

表 4-2：指标数据

年份	GDP	x1	x2	x3	x4	x5	x6	x7	x8	x9
2000	3928.2	0.3648	0.3945	0.3952	0.2347	0.5475	0.5495	0.1988	0.1984	0.9325
2001	4293.5	0.3661	0.4052	0.3895	0.2244	0.5101	0.5582	0.2004	0.1972	1.1912
2002	4725.01	0.3669	0.4114	0.4344	0.2272	0.6064	0.565	0.2012	0.1966	1.4036
2003	5333.1	0.3778	0.4106	0.5023	0.2327	0.5694	0.5609	0.2006	0.1975	1.1756
2004	6379.63	0.3902	0.3935	0.5644	0.2399	0.5796	0.5516	0.2029	0.2025	1.3206
2005	7385.11	0.4153	0.3842	0.409	0.2481	0.5947	0.5166	0.1883	0.1902	1.2546

年份	GDP	x1	x2	x3	x4	x5	x6	x7	x8	x9
2006	8690.24	0.4344	0.382	0.4205	0.2414	0.6009	0.5099	0.1866	0.1877	1.2176
2007	10562.4	0.4401	0.3675	0.4356	0.2402	0.5983	0.5078	0.19	0.1938	1.0695
2008	12601.2	0.4621	0.362	0.4257	0.2442	0.5939	0.4936	0.1986	0.1929	1.8467
2009	14151.3	0.4743	0.3674	0.4159	0.2761	0.584	0.5019	0.1994	0.1936	2.0573
2010	17185.5	0.5046	0.3509	0.3937	0.2436	0.575	0.5029	0.1989	0.191	1.7266
2011	21026.7	0.5245	0.3336	0.4304	0.2545	0.6079	0.513	0.2012	0.1927	1.2863
2012	23872.8	0.5166	0.3453	0.655	0.2629	0.6505	0.5247	0.2018	0.1931	1.2883
2013	26260.8	0.5171	0.3525	0.8018	0.2727	0.6495	0.5298	0.2015	0.1935	1.2369

2. 主成分分析

首先为消除量纲的影响，将所有的数据标准化，然后对四川省的发展动力做主成分分析。用 matlab 软件对 x1－x9 做主成分分析可以得到，四川省发展动力的九个主成分，如下表 4－3。

表 4－3：四川省发展动力主成分

指标	F1	F2	F3	F4	F5	F6	F7	F8	F9
二次产业比重	0.4516	0.086	0.0542	−0.322	−0.113	−0.1557	0.092	0.6071	0.518
三次产业比重	−0.432	−0.038	−0.049	0.5561	0.0108	−0.1592	0.0301	−0.005	0.6886
其他方面固定资产投资比重	0.1716	0.5551	−0.306	0.221	0.1288	−0.1118	0.6867	−0.068	−0.12
农村人均消费占人均消费比重	0.4008	0.1889	0.068	0.2578	0.6722	−0.2282	−0.473	−0.069	0.0152
出口占进出口比重	0.3473	0.2414	−0.349	0.3412	−0.498	0.43116	−0.379	−0.051	0.0542
成都经济区比重	−0.384	0.3465	−0.121	0.076	−0.191	−0.4307	−0.312	0.5053	−0.371
川南经济区比重	−0.046	0.5439	0.4745	−0.254	−0.29	−0.2105	−0.127	−0.478	0.1983
川东北经济去比重	−0.322	0.4029	0.2261	−0.095	0.3363	0.6847	−0.024	0.2941	0.0698
财政支出超过财政收入比例	0.2141	−0.104	0.6953	0.5255	−0.193	0.03629	0.1935	0.2219	−0.241

每个主成分对应特征值及累计贡献度，如下表 4－4。

表 4－4：主成分特征值及累计贡献度

主成分	F1	F2	F3	F4	F5	F6	F7	F8	F9
特征值	4.487	2.141	1.281	0.491	0.283	0.180	0.121	0.013	0.003
累计贡献度	0.499	0.736	0.879	0.933	0.965	0.985	0.998	1.000	1.000

前三个主成分的累计贡献度已达 88%，即前三个主分可以解释 88% 的四川省的发展动力来源。结合表 4-3，第一主成分是主要反映二，三次产业比重，农村人均消费比重，出口比重，成都经济区比重这五个指标的综合指标；第二主成分是主要反映其他方面固定资产投资比重和川南经济区比重这两个指标的综合指标；第三主成分主要反映财政支出超过财政收入比例这一指标。由表 4-3 可以观察到区域结构方面的指标，成都经济区，川南经济区，川东北经济区比较均匀地分散在第一，二，三主成分中，在这三个主成分中所占的比重没有绝对优势。我们认为区域结构在四川省发展动力具有一般作用。因此，将第一主成分命名为产业结构和需求结构因子；第二主成分命名为投资结构因子；第三主成分命名为风险结构因子。四川省的发展动力主要来源于第一主成分：产业结构和需求结构，其所占权重最大；其次来源于第二主成分：投资结构，其他方面的固定资产投资比重所占权重次之；第三主成分：风险结构在四川省发展动力方面所占比重最小。至于指标体系中区域结构比较均匀地分散在第一，二，三主成分中。

3. 主成分回归

用标准化的 GDP 对第一，二，三主成分做回归得：

由回归方程得，第一主成分产业结构和需求结构因子每增长 1%，GDP 增长 0.42%，结合表 4-2 数据，这说明了四川省近些年来产业就够不断在优化，二次产业所占比重不断增大，四川省工业发展迅速，由此为四川省 GDP 的增长带来了很大的活力；另一方面，农村消费比重也不断加大，为四川省 GDP 的增长也做出了很大的贡献；第二主成分投资结构因子每增长 1%，GDP 增长 0.26%，结合表 4-2 数据，其他方面固定资产投资比重一直在不断稳定的增长，这说明民营经济方面等固定资产投资为 GDP 的增长有很大贡献，现在 GDP 的增长不能单纯地依靠地方政府和国家等公有制方面的投资，要充分利用起民间投资，建立更完备的社会主义市场经济体制，民间投资在 GDP 增长方面具有举足轻重的作用，同时这是符合我们的认知的；第三主成份风险结构因子，每增长 1%，GDP 减少 0.026%。风险结构因子对 GDP 的影响不是很显著，这是因为在一定风险程度的范围内，风险越大，财政支出超过财政收入的比例越大，对 GDP 的增长具有较大的贡献，可是当风险不能无限放大，即财政支出超过财政收入比例达到极限时，这个比例又会减小，但 GDP 是一直在增长的，所以这可以解释风险结构因子对 GDP 的影响不是很显著。所以我们要利用好风险，把风险控制在可控的范围内，这样才能对 GDP 的增长发挥积极的作用。

五、四川省稳增长与调结构的动力机制配套建议

(一) 以技术和产业创新为主要动力

根据分析可知，四川省在装备制造业、高技术产业和金融业方面相对全国具有较强的竞争优势。因此，我们提出在四川省稳增长与调结构的动力机制调整中，以技术和产业创新为主要动力。

1. 夯实"互联网+"发展基础，发展"产业互联网"新业态

加大对信息基础设施建设的投资力度，进一步夯实"互联网+"的发展基础。鼓励和支持产业互联网这一新兴业态的发展。通过对产业生产、流通、融资、交付体系进行整体改造，加速产业升级转型。通过设立产业互联网示范企业、示范园区等手段，鼓励并指导省内企业参与，形成涵盖开发、制造、投融资、电子商务、云服务平台等在内的跨平台合作生态系统。

2. 建立以企业为主体的创新体系

加速推进各类技术和知识产权交易平台的建设，提高知识产权转化率。鼓励高校、科研机构等与企业加强对接，建立以企业为主体的创新体系。多方位的为各种高新技术产业孵化基地、示范区等提供服务和优惠政策。建设创新云服务平台，为大众创新、万众创业创造积极条件。

3. 进一步激发金融创新活力，完善风险控制

顺应金融数字化、网络化、普惠化、大众化和全球化的发展趋势，鼓励小微企业、创业者等通过众筹等新兴模式直接融资，鼓励民间及外资参与金融市场竞争，改善资本市场结构，进一步激发金融创新活力。同时，完善相关法律法规，通过大数据建立实时风险预警指标体系，提高金融监管效率。

（二）以经济结构发展为导向

1. 推进农业现代化进程

根据分析可知，农业在我省经济结构中占比较高，但增长率低于全国水平。因此，必须加大对农业的提升力度，推进农业现代化进程。鼓励规模经营，延长产业链，完善农产品质量安全监管体系，把我省打造成为全国重要的农产品深加工基地。

2. 提升工业和建筑业竞争优势

工业和建筑业处于我省经济的主导地位，但须进一步提高其竞争力。因此，应加快推动多点多极战略实施，优化产业结构和空间布局，提升产业集中集群集约程度，形成一批具有核心竞争力的产业集群。充分利用新型城镇化的建设浪潮，推动我省建筑业由劳动密集型向资金密集型和技术密集型转变。同时，应把握好新一轮产业革命的发展方向，科学规划，避免产生新的产能过剩。

3. 加快推进现代服务业发展

第三产业在我省所占经济份额偏小，除金融业外，竞争优势并不明显。因此，应加快推进服务业重点领域的发展，着重培育电子商务、现代物流、现代金融、科技服务、健康养老等五大新兴先导型服务业。促进生产性服务业与先进制造业的融合发展，帮助产业向价值链高端延伸。通过新技术、新模式、新理念的推广，促进生活性服务业新业态的形成。

（三）深化开发、扩大合作

1. 积极融入"一带一路"等国家开放战略实施

积极融入国家"一带一路"等国家开放战略，发挥政策引导和服务功能，帮助我省优势产业"走出去"和"走进去"。通过参与"一带一路"地区基础设施互联互通和资源能源开发利用等项目建设，充分发挥和提升我省在装备制造业、技术和劳务输出方面的优势。同时，加强与亚投行、国开行等金融机构的合作沟通，为省内资本"走出去"提供政策咨询和法律援助，拓展省内资本的国际视野和投资渠道，提高投资风险管理水平。

2. 加强区域经济合作，充分发挥四川优势

继续深化与泛珠三角、长江经济带、北部湾、京津冀等重要经济区的合作，充分发挥四川在电子信息、装备制造业、战略性资源开发、高技术和金融等领域的优势，有针对性地承接产业转移。加强与中西部省份的协调与合作，共同发展，避免陷入恶性竞争。

3. 全面深化改革，建设和谐社会

深化体制机制改革，加强民主法治建设，依法治省。简政放权，加快建设服务性政府，加快建立规范透明的政府债务管理制度。加快建设资源要素的市场化交易平台，促进资源要素的优化配置。破除二元体制，建立更加公平的就业和分配体系。积极推进国企改革，采取措施保障非公有制经济享有同等机会和权力。建立有效的环境保护制度和食品安全监督体系，建设和谐社会。